2015

衡陽年鑑

衡 阳 市 人 民 政 府 主 办
衡阳市地方志编纂委员会办公室编

方志出版社
Publishing House of Local Records

图书在版编目（CIP）数据

衡阳年鉴 . 2015/衡阳市地方志编纂委员会办公室编 . —北京：方志出版社，2015. 12
ISBN 978 - 7 - 5144 - 1859 - 0

Ⅰ. ①衡…　Ⅱ. ①衡…　Ⅲ. ①衡阳市—2015—年鉴
Ⅳ. ①Z526. 43

中国版本图书馆 CIP 数据核字（2015）第 303219 号

衡阳年鉴（2015）

编　　者：衡阳市地方志编纂委员会办公室
责任编辑：陈菁、顾洁

出 版 人：冀祥德
出 版 者：方志出版社
地址　北京市朝阳区潘家园东里 9 号（国家方志馆 4 层）
邮编　100021
网址　http：//www. fzph. org
发　　行：方志出版社发行中心
电话（010）67110500
经　　销：各地新华书店
印　　刷：衡阳顺地印务有限公司

开　　本：889 × 1194　　1/16
印　　张：37. 5
字　　数：1136 千字
版　　次：2015 年 12 月第 1 版　　2015 年 12 月第 1 次印刷
印　　数：0001 ~ 2000 册

ISBN 978 - 7 - 5144 - 1859 - 0　　定价：300. 00 元

《衡阳年鉴》编辑委员会

蒋勋伟　衡阳市文体广电新闻出版局（版权局）局长
周小风　衡阳市民政局局长
陈　森　衡阳市统计局局长
徐阳林　衡阳市档案局局长
蒋宏来　中共衡阳市委保密办公室（市保密局）主任（局长）
邹小敏　中共衡南县委副书记、县人民政府县长
熊超群　中共衡阳县委副书记、县人民政府县长
秦方进　中共衡山县委副书记、县人民政府县长
廖义智　中共衡东县委副书记、县人民政府县长
杜登峰　中共祁东县委副书记、县人民政府县长
李　涛　中共常宁市委副书记、市人民政府市长
刘革生　中共耒阳市委副书记、市人民政府代理市长
曾建华　中共南岳区委副书记、区人民政府区长
陈　骏　中共雁峰区委副书记、区人民政府区长
黄　辉　中共石鼓区委副书记、区人民政府区长
陈礼洋　中共珠晖区委副书记、区人民政府区长
林喜洋　中共蒸湘区委副书记、区人民政府区长
杨伟东　衡阳市地方志编纂委员会办公室主任
肖　泓　衡阳市地方志编纂委员会办公室副主任
胡朝伟　衡阳市地方志编纂委员会办公室副主任
蒋大英　衡阳市地方志编纂委员会办公室副调研员

《衡阳年鉴》编辑部

主　　编　杨伟东

副 主 编　肖　泓（执行）　胡朝伟　蒋大英

编　　辑　曾士青　陈　俊　周嘉晖　郭　琦　熊　雯　申沁生
　　　　　李旭东

编　　务　张艳辉　胡东捷　陈怡静　阳　敏　陈　胜　祝胜强

《衡阳年鉴》2015 年卷总撰稿人

（按姓氏笔画顺序排列）

市直单位　王　帆　王　亮　王　威　王　超　王　湘　王　磊
王少英　王延禄　王孟戈　王国朝　王洪明　王凌云
王基伟　王楚植　王豫麟　毛增禄　文新华　尹　炎
仇海燕　邓　坤　邓石成　邓润青　邓翠婷　孔邯郸
左新伟　卢　霞　冯　栋　冯　哲　成朝阳　朱　辉
朱明生　伍　涵　伍凌波　全志军　刘　轲　刘　毓
刘小云　刘自生　刘再根　刘吉锐　刘知生　刘明绍
刘忠贤　刘国欣　阳建斌　刘俞辰　刘春峰　刘乾一
刘雪芬　刘黎红　许　钧　许　鸿　阳哲军　杨　纯
杨　斌　杨祚唐　杨晓超　杨澄莉　李　朴　李　沛
李　娟　李　振　李　湘　李　智　李长君　李文杰
李兴隆　李孝古　李宏敏　李依蓓　严海山　肖　孝
肖东庚　肖国成　肖建勋　肖恒兵　肖春红　肖挽澜

肖新启　旷碧峰　吴　钊　吴　悠　吴喻洁　何　雄
何少吉　何继伟　何晓钦　何谦礼　何敦彭　邹　琰
邹东亮　冷晓君　汪　明　汪双平　宋俊辰　宋奕宏
张子良　张艺于　张新宇　陆　璐　陈　云　陈　洁
陈　科　陈　艳　陈　清　陈　雪　陈　静　陈　燕
陈文芳　陈石军　陈冰寒　陈志鹏　陈洪志　张明明
陈国柱　陈晓春　陈高峰　陈栖梧　陈铭浩　陈智慧
邵　密　林　强　易　芳　易宣传　罗仁田　金　轶
周友元　周开军　周王艳　周乐天　周立平　周仲辉
周智毅　胡　波　胡　敏　胡舒婷　赵　双　赵　俊
赵利民　钟　辉　钟玲玲　段安圭　段海文　祝　琼
姚贤辅　贺仕阳　贺光清　贺国庆　秦　斌　袁志明
夏平平　徐佳琳　殷秀成　郭　娟　郭红军　高　龙
高尚海　唐　凌　唐　琛　唐　鹏　唐　薇　唐东荣
唐宁琪　唐志军　涂闻卿　宾　丹　宾金琳　黄　俊
黄　彪　黄　鹏　黄舜梅　彭　超　彭隽华　蒋　永
蒋荣华　粟愿丹　湛玉平　谢　扬　詹剑平　廖　斌
廖文基　廖芬良　廖章立　谭　娟　谭文兵　谭方明
谭国球　谭晓华　熊　亮　熊　斌　熊逸彦　滕　洁
颜娟华　戴佳兵　魏　英　魏忠奇

县市区　刘　丰　刘　阳　李云志　肖晓初　谷琼峰　陈楚南
周　婷　胡英武　洪　雨　胡青燕　莫　彪　徐文成
唐　剑　唐知生　宾科鹏　谢剑波　颜知明

编 辑 说 明

一、《衡阳年鉴》是由衡阳市人民政府主办、衡阳市地方志编纂委员会办公室编辑出版的综合性地方年鉴，系统记述衡阳市自然、政治、经济、文化、社会等方面情况，是具有权威性、综合性、信息性、史料性、实用性的资料文献、工具书。1994 年创刊，每年一卷，本卷是第 22 卷本。

二、本卷年鉴以中国特色社会主义理论为指导，全面、系统、真实地记载 2014 年全市经济社会发展情况和发展特点，突出经济建设和改革开放的新情况。全书共 31 个部类，依次是：特载、大事记、衡阳概况、中共党务、纪检监察·巡视、政权、政务、政协、民主党派·工商联、人民团体和社会组织、武装、法治、综合经济与管理、农业·林业·水利·气象、工业、园区建设、城建·城管·环保、交通·邮电·燃气、商贸服务业、财政·税务、银行·保险·证券、政府投融资平台、科学技术、教育、文化·体育、卫生·计生、社会福利与保障、县市区概况、人物、经济统计数据、政策法规选登。

三、本年鉴所载稿件由市直机关、县（市）区政府及国省属单位撰写，并经有关单位领导审核。全市国民经济和社会发展的数据以统计公报为准，其他数据由各部门提供。

四、本年鉴刊登的市、市直机关、县（市）区及国省驻衡单位、市属大型企业领导人名录（不含非领导职务人员），原则上收录到 2014 年 12 月底止，范围为行政正、副职和党内专职正、副职，以及纪委书记（纪检组长）、工会主席。

五、本年鉴采用分类编辑法，以部类编纂下设分目、条目，以条目为主体。部类、分目用不同字号、字体区别，条目标题用黑体字加【 】表示。

六、本卷年鉴的出版得到市委、市政府及各部门、各县市区和有关单位的大力支持，在此谨表谢意。因时间仓促，疏漏和差错之处在所难免，敬请社会各界和广大读者指正。

目　录

特　　载

大 事 记

衡阳概况

中共党务

纪检监察·巡视

政 权

政 务

政　　协

民主党派·工商联

人民团体和社会组织

武　装

法 治

综合经济与管理

农业·林业·水利·气象

工　业

园区建设

城建·城管·环保

交通·邮电·燃气

商贸服务业

财政·税务

银行·保险·证券

政府投融资平台

科学技术

教　育

文化·体育

卫生·计生

社会福利与保障

县市区概况

人 物

经济统计数据

政策法规选登

彩版插图

A 组

B 组

衡阳高新技术产业开发区
工业重镇·文化名城·旅游胜地·宜居家园

C 组

衡阳警备区
衡阳陆军预备役后勤保障旅
中国人民武装警察部队衡阳市支队
衡阳市公安消防支队
衡阳市农业委员会
衡阳市人力资源和社会保障局
衡阳市经济和信息化委员会
衡阳市交通运输局
衡阳市公路管理局
衡阳市住房公积金管理中心
衡阳市人民防空办公室
衡阳市水文局
衡阳市煤炭工业局
衡阳市体育局
衡阳市文化市场综合执法局
中国银行衡阳分行
华融湘江银行衡阳分行
中国工商银行衡阳分行
中国农业银行衡阳分行
中国农业发展银行衡阳市分行
衡阳市公安局石鼓分局
衡阳市公安局蒸湘分局
衡阳县国土资源局
湖南省地质矿产勘查开发局四一七队
湖南省地质测绘院
衡阳顺地印务有限公司
湖南衡南南方水泥有限公司
湖南天之衡酒业有限公司
中国石化销售有限公司湖南衡阳石油分公司
湖南省邮政公司衡阳市分公司
耒阳市城市和农村建设投资有限公司
耒阳市中医医院
湖南省衡阳市蔬菜研究所

市委书记、市人大常委会主任李亿龙和市委副书记、市长周海兵等市领导视察南岳机场

衡阳南岳机场

衡阳南岳机场首航仪式

衡阳南岳机场是衡阳基础建设的一项标志性工程。机场立足于高起点、高标准、高质量，瞄准全国一流的建设水平，从2012年2月获得可研批复，5月开始征地拆迁，8月开始动工。只用两年时间，机场建设全面竣工。

衡阳南岳机场按照国内支线机场建设，飞行区等级为4C，新建跑道一条，标准为2600×45米；停机坪站坪机位数5个；航站楼14300平方米；停车场一个，面积7300平方米；货运站300平方米；辅助生产、办公及生活服务设施6744平方米；航管楼800平方米，并建有通信导航、助航灯光及其配套设施。工程共征地2100亩，总投资为8.9亿元。

衡阳南岳机场于2014年12月23日正式开通衡阳至北京航线，2015年1月8日正式开通衡阳至上海航线，并将陆续开通衡阳至全国各地航线。

厅

联航飞机

停机坪及跑道

湖 南 融 兴 融 资

法人代表兼总经理　段　明

湖南融兴融资担保有限公司成立于2006年3月21日，2015年3月经省金融办批准，在市工商局注册登记，注册资本由1.5亿元增加到2亿元，成为衡阳市民营类担保公司中资本金最多的“巨头”。公司遵照“诚信为本、锐意创新、追求卓越、共谋发展”的经营理念，“以服务中小企业搭建融资平台”为宗旨，全心全意为中小微企业服务，旨在打造成湖南地区乃至全国优秀担保机构。几年来，公司为本市近500家中小微企业和个体经营户提供融资性担保和履约担保等业务服务，累计担保额近18亿，未发生代偿损失。2011年，公司获得省金融办颁发的融资性担保机构经营许可证；2012年、2013年连续两年获得湖南省中小企业信用与担保协会“湖南省优秀中小企业信用担保机构”称号；2014年获得省评级机构AA级信用评级，并与合作企业形成较好的合作关系，社会信誉度高。

公司采取扁平式管理模式，设立风险管理体系。法人治理结构逐步完善，成立董事会、监事会以及工会组织。公司内部组织架构为“四部一会”，“四部”即担保业务部、风险控制部、综合部、计划财务部；“一会”即风险控制委员会，设立了首席风控官。

公司高管以及中层干部均由具有丰富管理经验的高素质人员担任，公司总经理及副总经理等高层领导从事银行金融工作几十年，金融管理工作经验丰富。经营团队专业性强，素质较高，具有较强的风险识别能力和风险控制能力。

认真严谨的工作态度

公司地址：衡阳高新技术产业开发区光辉街20号C、D栋101号（星欣花苑）

担保有限公司

团结和谐的融兴大家庭

丰富多彩的员工活动

湖南鼎和投资

左一：总经理　申炎东　中：董事长　李建村　右一：副董事长　段极平

湖南鼎和投资担保有限公司于2010年8月在工商行政管理机关登记注册成立，实收资本为1亿元人民币。2012年4月获得湖南省人民政府金融办颁发的融资性担保经营许可证；2013年和2014年经湖南友谊信用评估有限公司综合分析和评估，公司的资信等级均被评为AA级；在第五届全国担保行业系统“中国担保先锋·中国担保英才”评选活动中荣膺“最佳担保创新奖”；2015年2月成为湖南省中小企业信用与担保协会常务理事单位。

自开业以来，公司加入了湖南省再担保体系，并与湖南农业信用担保有限公司、湖南省中小企业信用担保有限责任公司和湖南中御投资担保有限公司等建立了横向合作业务关系；先后与建设银行衡阳分行、农业银行衡阳分行、华融湘江银行衡阳分行、衡阳市珠晖区信用合作联社、衡南县浦发村镇银行、衡阳县沪农商村镇银行和常宁市珠江村镇银行等多家银行建立了合作关系，目前正与招商银行、中信银行、广发银行、交通银行等金融机构洽谈合作事宜。

公司地址：衡阳高新技术产业开发区延安路36号　　咨询电话：0734-8599006　8599008

担保有限公司

公司按照“服务一流、团队一流、管理一流、业绩一流”的新体系标准，高起点定位创建。通过公开、公平对外招聘，吸纳了一批精通金融专业知识、操作技能的高素质专业人才；完善了严密的组织管理体系，业务严格按照调查、评审、审批的程序规范操作；设置了严密的风险控制体系，从管理层面、制度层面和业务流程层面进行系统的、全面的风险控制。担保业务资产质量逐渐得到提升，截至2014年公司累计担保金额突破10亿元，在保余额突破5亿元，并实现了担保业务零代偿、零损失。

公司成立之初就拟定了五年经营发展规划，即“前二年探索、规范、夯实基础；后三年拓展、创新、专业化管理，创建全省性投融资服务平台”，公司为中小微企业的经营发展输送正能量，极大改善中小微企业的融资需求，助力发展地方经济。

团结奋进的鼎和投资担保团队

鼎和投资担保有限公司团结和谐的企业文化

湖南四海神龙

神龙大酒店大堂

神龙大酒店外景

湖南四海神龙实业集团有限公司成立于1995年，是一家集星级酒店、房地产开发和培训学校为一体的综合性合资企业。旗下拥有神龙大酒店（四星）、神龙·寿岳国际大酒店（四星）、神龙·新世界大酒店（四星）、神龙·蒸阳大酒店（待评四星）、神龙·盈佳大酒店（待评四星）、神龙·百度大酒店（三星）、神龙·传媒大酒店（三星）、神龙花园大酒店（五星筹建中）八家星级酒店，同时还拥有神龙大地房地产开发有限公司及神龙培训学校等。公司注册资本5000万元。公司现安置就业人员3000多人。年创税收2000多万元。是我省旅游饭店业最具规模的民营企业之一，是衡阳市旅游饭店业的领军企业。公司董事长许冬生先

实业集团有限公司

耒阳神龙·新世界大酒店外景图

衡阳县神龙蒸阳大酒店

衡山神龙盈佳大酒店外楼

衡阳县神龙蒸阳大酒店夜景

生，现任湖南省旅游饭店协会副会长、衡阳市旅游饭店协会会长、衡阳市工商联合会副主席、衡阳市企业家协会副会长。

公司以“满意每一位宾客，关心每一位员工”为宗旨，在许冬生董事长的领导下，通过全体员工的共同努力，公司不断发展壮大，公司及旗下所辖酒店先后获得：“中国优秀民营企业”“泛珠三角最佳服务旅游饭店”“湖南省优秀非公有制企业”“湖南省最佳星级饭店”“湖南优秀品牌酒店”“湖南省顾客最满意酒店”“雁城名店”“衡阳十大明星企业”“衡阳最受欢迎好品牌50强”等众多荣誉称号。公司党团工妇组织建全，积极投身社会公益事业，资助寒门学子和福利院孤寡老人，援助边远乡村和灾区灾民，捐建一所神龙春华希望小学等。近六年来向社会捐资捐物400多万元。

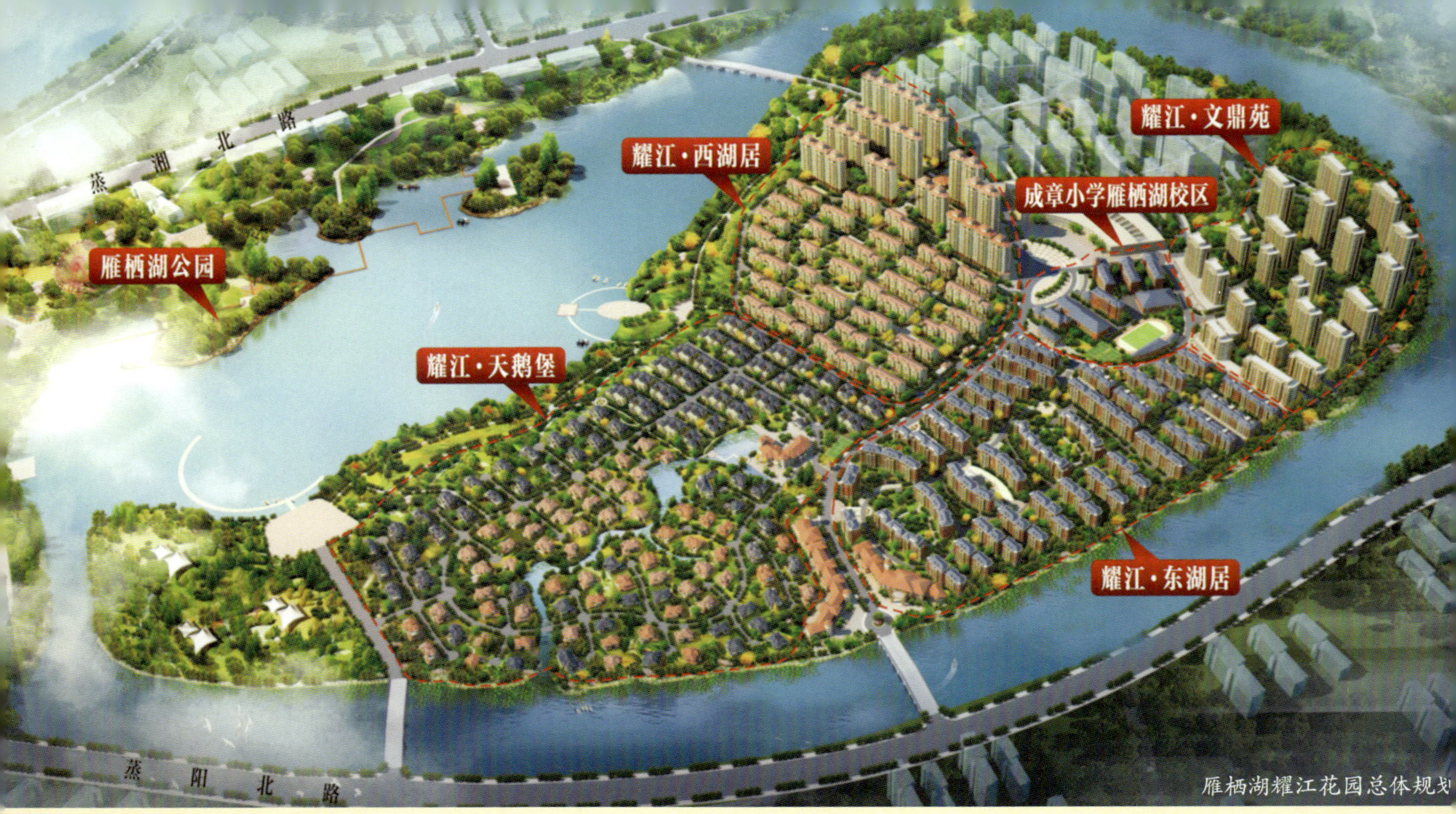

衡阳市耀江实业开发有限公司

三湘首瞻，唯一湖居岛墅养生大境

浙江省耀江集团，开发项目遍及北京、上海、杭州、海口、武汉、衡阳等全国大中城市，21载高端物业研发经验，致力提升城市顶级豪宅居住价值。

衡阳耀江，十年精筑！先后投资修建了望城路、新杨柳排渍站、雁栖大桥、蒸阳北路延伸一期工程、建设路改扩建工程等5大城市基础设施，极大地提升了片区居民的生活品质。耀江站在城市运营的高度，持续深耕衡阳市场，筑就业界优异口碑与品质。充分挖掘与利用雁栖湖独特的自然景观与人文资源，倾力打造千亩大盘雁栖湖·耀江花园，给衡阳人民带来独一无二的湖岛慢生活体验。

区域升级，创领城市中心岛居生活新价值

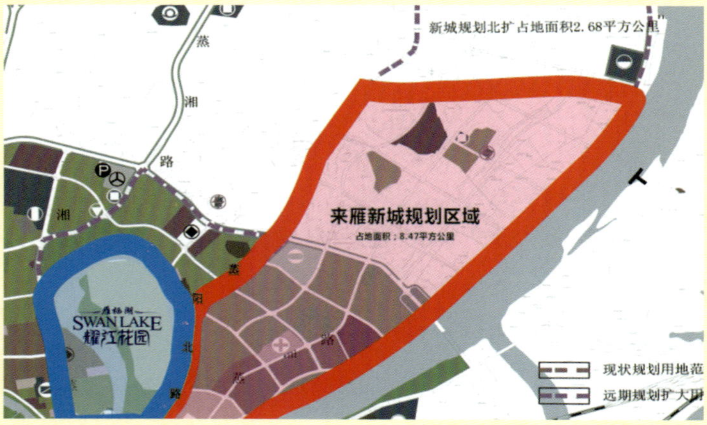

雁栖湖耀江花园区域图

两岸新区引领北城蝶变。雁栖湖·耀江花园即将纳入来雁新城规划版图，以湖岛共生的翘然姿态，融身“衡阳最美的核心地带”，缔造无愧于时代、无愧于城市的“翡翠新城”。

千亩浩瀚大城，史诗级钜作

雁栖湖·耀江花园，总占地面积约1136亩，私享3000亩原生雁栖湖，10里黄金雁栖湖岸。项目以【成章小学/幼儿园雁栖湖校区】为中心规划“四类物业组团”，匠心营建衡阳唯一墅级岛居建筑群。

物业形态涵盖：独栋/双拼/联排别墅、多层/花园洋房、湖景小高层/高层、风情商业街等；逾90万平方米规模体量，是湖南乃至国内罕见的集生态公园、浩瀚湖景、高尚墅区、商业配套、奢华会所、国际教育等于一体的大型岛屿住区。

目前一期东湖居多层洋房已经售罄，二期耀江·天鹅堡高尚别墅（南湖居）、三期耀江·文鼎苑湖心电梯洋房（北湖居）热销中。四期耀江·西湖居是衡阳改善型购房首选品质社区，启动在即。

耀江天鹅堡联排别墅效果图

耀江文鼎苑湖心小高层效果图

【成章小学/幼儿园雁栖湖校区】，国际精英教育圈

成章小学、幼儿园雁栖湖校区

耀江集团携手衡阳成章名校实力打造【成章小学/幼儿园雁栖湖校区】为社区家庭提供从幼儿园直升小学，毕业后优先就读成章初中的一站式国际化高端教育配套，让孩子赢在起跑线上。成章小学已于2013年9月正式开学。

10000平米社区风情商业街，醇熟已至

为岛居生活而生。社区总规划四条商业带：入口风情商业街、文鼎艺术商街、北区/西区商业街等围合布局，汇集农贸集市、百货超市、银行、餐饮、娱乐、休闲、文化等商业配套，雍享365天岛居人生，居家无忧。

雁栖湖耀江花园商业街实景

千亩大盘 | 唯一岛居 | 实力房企 | 国际教育 | 皇家园林 | 风情商街 | 定制物管

岛居热线：0734-8525888　　地址：石鼓区西湖公园北侧雁栖桥头

★本资料图文仅供参考之用，最终以政府部门批文及买卖合同记载的内容为准。

珠江合创
ZHUJIANG HE CHUANG
精品世家　筑就未来

衡阳合创：做

衡阳合创房地产开发有限公司系湖南珠江合创投资集团旗下子公司，成立于2006年11月22日，是一家具有国家一级开发资质的房地产开发企业，诚信企业A级单位，企业注册资本5200万人民币。主要从事房地产开发与销售等业务，目前拥有开发及储备用地近146.67多公顷，已竣工面积90多万平方米，在建面积约80多万平方米，正在报建面积约170万平方米。

八年开拓，公司载誉前行。先后于2008年度被衡阳市建设局评为年度城市建设综合开发“优秀企业”；2011年成为衡阳市50强企业，并荣获2002—2012年衡阳市“十大风云房企”；2012年被湖南省房地产协会湖南省房产开发协会评为“湖南房地产优秀企业”；2013年1月被衡阳市房地产协会评为衡阳市房地产业“诚信单位”；2013年3月被衡阳市房产管理局评为衡阳市房地产开发企业“先进单位”；2013年被中国房地产协会评为“2013年度全国诚信优秀企业”等诸多奖励和荣誉。

企业管理方面，公司秉承“精品世家、筑就未来”的经营理念，培育和弘扬“责任、思路、激情”为核心的企业文化，让企业文化贯穿于各项工作之中，管理上，推行务实、高效的扁平化管理架构，推行“目标化、规范化、制度化”的“三化管理”。客户服务方面，公司建立起一整套完善的

企业近三年捐赠信息

单位：万元

捐赠时间	捐赠现金（万元）	捐赠物资折价（万元）	接收方名称	捐赠用途或项目名称	是否减免税	凭证编号
2013.8.20	500.00		衡阳市慈善总会	慈善基金		
2013.11.12	4.00		衡阳市慈善总会	阳光敬老		湘财通字〔2013〕00338525
2013.11.14	6.70		衡阳市花鸟画家协会	举办画展		
2013.12.25	5.00		衡阳市蒸湘区慈善总会	慈善基金		湘财通字〔2013〕b00129052
2014.3.21	8.00		衡阳市慈善总会	助学基金		
2014.5.2	5.00		共青团青年创业圆梦资金专户	创业圆梦		湘:000007787879
2014.5.3	5.00		共青团青年创业圆梦资金专户	创业圆梦		湘:0000011712652
2014.7.31	20.00		衡阳市慈善总会	慈善基金		湘财通字〔2013〕00345672
2014.8.20	20.00		衡阳市慈善总会	慈善基金		湘财通字〔2013〕00345713
2014.9.20	507.00		衡阳市慈善总会	慈善基金		
2015.5.10	90.00		衡阳市一中教育集团	教师基金		
2015.5.14	20.00		衡阳市慈善总会	慈善基金		
2015.5.14	20.00		衡阳市慈善总会	慈善基金		
2015.5.14	10.00		衡阳市慈善总会	慈善基金		湘财通字〔2013〕00069404
2015.5.14	10.00		衡阳市慈善总会	慈善基金		湘财通字〔2013〕00069403
小计	1230.70					
2013.8		23000.00	衡阳市高新区、蒸湘区	一桥一路一风光带		
2013.8		5000.00	衡阳市高新区、蒸湘区	延安路大桥		
2013.9		1500.00	广东省丰顺县留隍镇	文化活动中心		
2014.3		500.00	广东省丰顺县留隍镇	山岭公园		
2014.5		700.00	衡阳市蒸湘区呆鹰岭镇新阳小学	综合教学楼		
小计		30700.00				
合计	31930.70					

社会责任感的企业

公司投资2.3亿元修建的“一带一路一桥”

客户服务体系，从规划设计到工程质量，从注重生态环保到追求人性化设计，从售前的服务到售中、售后的服务，为每位客户提供尊贵的服务。团队建设方面，公司尊实施企业人才发展战略，培育人才竞争成长机制。2014年，公司管理机构人数达到200多人，其中专业技术职称人员43人，持证上岗专业人员150余人。

回馈社会方面，作为具有社会责任感的企业，公司大力支持衡阳的城市建设，2007年至2013年，公司累计纳税额2.88亿，大力支持衡阳的基础设施建设，投资5000万元建设全国最大的水幕景观大桥——蒸水合创大桥（又名延安路大桥），投资3000万元建设蒸水河风光带。大力支持衡阳市文化美术事业的发展，与衡阳市美术协会合作设立“珠江合创美术创作奖”，并与湖南省美术协会联合筹备成立“衡阳美术创作中心”，与衡阳市慈善总会共同设立“珠江合创汇助学基金”及“珠江合创慈善基金”，对贫困学生和困难家庭给予资助。此外，还成立了代表几千户业主利益的群众性组织“珠江合创汇”，并出版了内部刊物《合创汇》。

公司将在珠江合创集团品牌的指引下，继续弘扬“责任、思路、激情”，励精图治，开拓发展，做大做强企业，为企业和社会的发展作出新的努力和贡献。

衡阳 地方史资料

稿 约

《衡阳地方史资料》由衡阳市人民政府主管，衡阳市地方志编纂委员会办公室主办。2013年创刊，每年编纂1-2辑，系内部资料，免费向社会各界赠阅。

《衡阳地方史资料》通过征集衡阳境内自然、政治、经济、文化和社会的历史与现状的资料性文献，记述衡阳的过去和现在，为衡阳当下和未来的发展提供历史参照，以起到地方志“存史、资政、教化”的作用。

稿件要求内容真实，资料翔实，秉笔直书，文字流畅。来稿一经刊用，即致稿酬。

地址：湖南省衡阳市先锋路98号衡阳市志办《衡阳地方史资料》编辑部
邮编：421001
电话：0734-8226327
传真：0734-8143228
电邮：hynj8226327@126.com
联系人：周嘉晖　申沁生

衡陽年鑑

当年之积　来年之鉴
今人可用　后人可考

《衡阳年鉴》是由衡阳市人民政府主办，衡阳市地方志编纂委员会办公室承编出版的地方综合年鉴，是全面、系统、翔实地载录衡阳市自然、政治、经济、文化和社会等方面基本面貌和发展情况的年度资料性工具书；创刊于1994年，尔后逐年出版，一年一鉴，国内外公开发行。至2015年，《衡阳年鉴》共出刊22卷，为传承文明、资政育人、服务社会、宣传衡阳发挥了积极作用。

地址：湖南省衡阳市先锋路98号衡阳市志办《衡阳年鉴》编辑部
邮编：421001
电话：0734-8226327
传真：0734-8143228
电邮：hynj8226327@126.com
联系人：郭　琦　熊　雯　李旭东

衡陽年鑑

YEARBOOK OF HENGYANG

衡陽年鑑

2015（总第22卷

挑战·跨越·成长

特　载

在市委经济工作会议上的讲话

（2014年12月29日）

中共衡阳市委书记　李亿龙

同志们：

这次会议的主要任务是，贯彻落实中央、省委经济工作会议精神，总结2014年经济工作，部署2015年经济工作，动员全市上下统一思想、坚定信心，适应新常态、抢抓新机遇、谋求新发展。下面，我讲四点意见。

一、充分肯定成绩，增强发展信心

2014年，是我市发展史上极不平凡、极具挑战的一年。面对宏观经济下行、处理衡阳破坏选举案、调整产业结构、淘汰落后产能、清理历史虚增因素等多重压力叠加的严峻形势，市委团结带领全市广大干部群众开拓创新，攻坚克难，积极应对大环境，着力营造小气候，以大建设推动大发展，开创了经济社会发展新局面。

（一）经济发展稳中有进。今年，全市经济总体保持了平稳较快增长态势。经济实力不断提升。前11月，全市完成财政总收入199亿元，增长13%，增速全省第一。完成固定资产投资1561亿元，增长23%；完成社会消费品零售总额738亿元，增长12.9%；完成进出口总额25.6亿美元，增长65.7%，增速均居全省第四。预计全年地区生产总值增长9.5%，财政总收入增长12%，固定资产投资增长23%，社会消费品零售总额增长12.9%。综合实力可望继续稳居全省第一方阵。结构质量不断优化。三次产业结构预计调整为15.4∶46.6∶38。农业经济平稳发展，农业生产规模化、产业化、机械化程度逐步提高，粮食总产量实现“十一连增”，达到330多万吨；新增省级农业产业化龙头企业15家，居全省首位。规模工业增加值预计增长9.5%，战略性新兴产业增加值占规模工业增加值的比重达到31.4%，高技术产业总产值占规模工业总产值的比重提高了6.1个百分点。服务业增加值预计增长12.9%，对经济增长的贡献率提高到50.2%，服务业对经济支撑作用明显增强。截止11月末，全市金融机构存贷款余额分别达到2392亿元、1222亿元，增长15%、22.7%。单位工业增加值能耗下降9%，单位GDP能耗下降4%。发展后劲不断增强。实施重点项目445个，完成投资820亿元，分别增长32%、25.4%，项目个数和投资规模均创历史新高。衡山科学城、富士康工业新城、水口山金铜、特变电工输变电产业园等重点工业项目，国家农业科技园、华夏湘江国际农业产业示范园、云兴湖现代农业科技生态园等重点农业项目，华耀城、来雁新城、滨江新区、崇盛国际中心、衡阳商业步行街等重点服务业项目大力推进。以高新开发区和衡山科学城为龙头的高新技术、健康医药业，以白沙洲工业园、松木经开区和水口山循环经济园为龙头的先进制造业，以来雁新城、滨江新区、华耀城为龙头的现代服务业，以南岳衡山、石鼓书院、东洲岛、蔡伦竹海为龙头的文化旅游业7大产业板块正在逐步形成，为全市经济发展奠定了坚实基础。

（二）城乡面貌明显改观。围绕建设“宜居家园”的目标，加快推进新型城镇化和新农村建设。立体交通体系更加完善。南岳机场、衡茶吉铁路正式通航通车，土谷塘航电枢纽一期完工投运，怀邵衡铁路、娄衡高速、南岳高速东延线等重大交通项目进展顺利，船山东路、二环路、衡西快速干线、衡云快速干线等30余条城市主次干道正抓紧推进，“对外大联通，对内大循环”的立体交通格局正加速形成。城市扩容提质成效明显。按照“一江两岸、九桥四环、南工北旅、东文西商、三横四纵、主辅相连、东延北扩、靓河纳山”的城市总布局，修改完善了《衡阳市城市总体规划（2006～2020）》。以打造“现代商贸核心区、文化风情展示区、旅游休闲引领区、城市开放示范区”为目标，大力推进来雁新城、滨江新区建设，“两岸新区”建成后将成为衡阳城市新名片。南湖公园一期建成并向市民开放，蒸水南堤北堤风光带、耒水东岸西岸风光带和幸福河改造工程加快推进，东洲岛、酃湖公园规划已完成。高标准实施衡州大道、船山大道、蔡伦大道、蒸湘路、蒸阳路、湘江东路六条城区主干道两厢提质改造，城市规模和品位不断提升。城乡人居环境得到改善。扎实推进湘江保护与治理“一号重点工程”，关停并转涉重金属污染企业111家，完成重金属污染源治理项目47个。全面开展农村环境综合治理，“五乱”现象得到遏制。加强农村水利基础设施建设，80座小Ⅱ型水库除险加固工程和10个中小河流治理项目顺利推进，解决了34万农村人口的饮水安全问题。新农村示范村建设年度任务全部完成，“美丽乡村”建设先进村通过省考核验收，对全市新农村建设形成示范带动效应。大力开展造林绿化工作，完成人工造林34万亩，全市森林覆盖率达45.9%，全市上下对宜居家园的认同感不断增强。

（三）改革开放扎实推进。坚持把改革开放作为富民强市的首选战略，充分释放改革红利，不断增强开放活力。重点领域改革有序推进。行政审批制度改革成效明显，市本级行政审批事项由373项精简至147项。商事登记制度改革稳步实施，企业注册资本由实缴制改为认缴制，全市新登记企业和注册资本分别增长70.8%、115.7%。国有工业企业改制全部完成，市本级集体企业改制也已完成立项。财税体制改革初见成效，在全省率先开展年度部门决算账表一致性核查。农村综合改革扎实推进，农村土地承包经营权确权登记颁证试点工作进展顺利；“一流转五服务”工作逐步推广，新流转土地486万亩，新增新型农业经营主体2800多个，衡南县被农业部批准为“信息进村入户整建制推进试点县”，常宁市在全省率先成立林权交易管理中心；并村工作在衡阳县井头镇、长安乡完成试点。金融服务“三农”走在全省前列，2家县级信用社完成改制任务，4家村镇银行开业运营，耒阳市在全省率先实行农村土地承包经营权、农村房屋资产和农机具打包抵押贷款模式。市县两级政府机构改革即将实施，事业单位改革已完成分类工作。市本级国有经营性文化单位完成转企任务。生态文明体制、司法体制、社会体制、纪律检查体制和党的建设制度等改革正在抓紧推进。对外开放不断扩大。坚持把招商引资作为经济工作的第一菜单，组团赴北京、上海、广州、台湾等地招商引资，对接重点项目110多个，14家世界500强企业来衡考察洽谈，签约大型项目72个，承接重大产业转移项目18个。大力加强开放平台建设，衡阳综保区正式封关运行，注册入园企业10家；衡山科学城招商来势较好，20余个高科技项目即将进驻；铁路口岸建设扎实推进，全市对外开放水平进一步提高。

（四）民生福祉稳步提升。坚持公共财政向民生倾斜，前11月全市民生支出占财政总支出的比重达到61%。16项重大为民办实事项目全部完成。就业增收形势较好。新增城镇就业7.6万人，城镇零就业家庭实现动态清零，农村劳动力转移就业6.2万人；城乡居民收入分别增长10.5%、12.5%。社会保障更加完善。全市社保参保总量达到769万人次，城乡低保、五保持续扩面提标，企业退休人员养老金实现“十连调”。开工建设2.39万套保障性住房，建成1.49万套；5890套农村危房改造任务全部完成；新开工建设安置房118万平方米。社会事业全面进步。教育事业稳步发展，教育规划更加完善，编制了中心城区2014～2020年中小学布局规划；教学质量不断提升，高考二本上线人数全省第二；职业教育发展进一步加强，形成了30多个省级特色精品专业。文化体育事业日益繁荣，市图书馆、体育馆、游泳馆、影剧艺术中心、青少年活动中心全部开工建设，群众文化体育活动蓬勃开展。人口计生和卫生工作有力推进，“单独两孩”政策有序实施，医疗卫生服务体系更加健全。殡葬改革初见成效，文明节俭的祭祀氛围正在形成。社会治理成效明显。安全生产“四大三基”行动计划扎实推进，安全生产形势持续好转，在全省年度考核中继续排名第一；信访积案“大排查、大接访、大化解”活动成效明显，信访总量、越级非正常上访量、重复非正常上访量明显下降；深入开展“平安衡阳”创建工作，积极推进网格化管理、扁平化指挥、社会化治理和信息化建设，大力开展治理“两抢一盗”、打黑除恶、禁赌禁毒等专项行动，综治工作荣获全省先进。

（五）发展能力不断增强。今年，是我市经济发展史上困难最大、挑战最多的一年。市委、市政府审时度势，积极应对，理清思路抓发展，驾驭全局有定力，强化责任抓落实，领导和推动经济工作的能力不断增强。准确把握经济形势。面对经济下行压力加大的严峻形势，我们见事早、研判准，把项目建设作为推动经济发展的主抓手，大力推进重大产业、重大基础设施、重大民生工程建设，以项目稳增长、调结构、促转型。从去年8月份就着手谋划项目包装，春节前和7月份分两批发布了重点项目建设任务，其中投资100亿元以上的项目4个、50亿以上的7个、10亿以上的84个，平均每天就有1.2个项目和2.24亿的投资落地，投资拉动经济增长6.2个百分点，有力支撑了全市经济稳定增长。着力破解发展难题。受经济下行和清理历史虚增因素影响，5月份开始我市工业增速严重下滑。面对这一严峻形势，市委、市政府综合施策，精准发力，召开了工业经济运行调度会，出台了稳定工业增长系列政策举措，组织了多次银企对接，帮助企业解决融资难、用工难、销售难等问题，使工业经济实现了企稳回升，9月份规模工业增加值增长8.9%，全年可望增长9.5%。针对重大项目建设融资难的问题，市委、市政府着力完善市本级7大投融资公司治理结构，不断增强投融资公司融资能力，今年7大投融资公司融资规模达121亿元。同时，积极协调和引导金融机构扩大信贷规模，到11月末，银行放贷比年初增加204亿元，存贷比提高到51.1%，为企业发展和项目建设提供了资金保障。沉着应对复杂局面。面对破坏选举案带来的负面影响，我们化压力为动力，变被动为主动，一手抓案件查处，一手抓经济发展，一手抓社会稳定，一手抓舆论引导，净化了衡阳政治生态，重塑了干部队伍良好形象；针对干部队伍存在的不良风气，结合党的群众路线教育实践活动，加强理想信念教育，严肃党内政治生活，整治“四风”突出问题，转变干部工作作风，引导全市干部群众把心思和精力集中到抓建设促发展上，以实实在在的发展成效，让群众看到了希望，让干部振奋了精神，让投资者坚定了信心。强力推动工作落实。面对艰巨繁重的发展任务，我们坚持以上率下，示范引领，层层传导压力、层层强化责任、层层推动落实。在推进项目建设中，分五大板块由四大家领导牵头负责，坚持“一个项目、一名领导、一套班子、一抓到底”，主管领导旬调度、板块领导月调度、主要领导季调度的工作机制，召开项目调度会、现场办公会160多次，形成了齐心协力抓项目、一心一意促发展的浓厚氛围。实践证明，不管形势多么严峻、情况多么复杂，只要我们科学谋划、沉着应对、团结协作、奋力拼搏，就一定能战胜一切艰难险阻，开创新的工作局面。

历尽天华成此景，人间万事出艰辛。即将过去的2014年，我们走过了艰难，经受了考验，收获了成果。成绩的取得，是省委、省政府正确领导、大力支持的结果，是几大家班子密切配合、团结协作的结果，是全市干部群众攻坚克难、扎实工作的结果。

在肯定成绩的同时，我们也要清醒地看到发展中存在的困难和问题：经济下行压力较大，特别是工业经济增长动力不足，传统产业经济效益不高，不少企业生产经营困难；结构调整、产业升级的任务还十分艰巨，战略性新兴产业和现代服务业占比有待提高；创新动力不足，创新能力不强，不少企业缺少自主知识产权，产品技术含量和附加值不高，处于产业链的低端，经济效益不佳；少数地方和部门在改革中过份强调自身利益，积极性、主动性不高；城乡差距还比较大，县域经济发展依然滞后；生态保护和治理任务还十分繁重，特别是湘江流域重金属污染治理力度还需加大；一些干部为官不为、庸懒散拖问题还不同程度地存在。对这些问题，大家必须保持清醒认识，采取有效措施加以解决。

二、适应经济新常态，抢抓发展新机遇

准确把握和深刻认识国际国内宏观经济形势，是谋划和做好明年经济工作的前提和基础。中央立足“三期叠加”阶段性特征，作出我国经济发展进入新常态的重大战略判断。我们要紧密结合衡阳实际，认真领会和把握新常态战略思想的深刻内涵，认识新常态，把握新要求，抢抓新机遇，谋求新发展。

（一）正确认识新常态。中央经济工作会议指出，经济发展进入新常态，经济增长速度正从高速增长转向中高速增长，经济发展方式正从规模速度型粗放增长转向质量效率型集约增长，经济结构正从增量扩能为主转向调整存量、做优增量并存的深度调整，

经济发展动力正从传统增长点转向新的增长点，整个经济正在向形态更高级、分工更复杂、结构更合理的阶段演化。经济发展进入新常态，没有改变我国发展仍处于可以大有作为的重要战略机遇期的判断，改变的是重要战略机遇期的内涵和条件；没有改变我国经济发展总体向好的基本面，改变的是经济发展方式和经济结构。经济发展进入新常态，绝不意味可以放松发展，增长调速不等于经济失速，任何时候都必须坚持发展第一要务不动摇，不断发现和培育新的经济增长点，努力做到调速不减势、量增质更优。我们必须打破惯性思维，既要摆脱“速度情结”、“换档焦虑”，又要防止“安于现状”、“无所作为”，科学认识新常态，辩证看待新常态，积极适应新常态。

（二）准确把握新要求。新常态提出了新要求，我们要辩证分析市情，把握有利因素，把新常态、新要求转化为新优势、新动力。从发展速度看，我市与全国一样，经济增长总体上已经进入速度换档期，中高速增长将成为我市经济增长的常态。但是，我们也要清醒地认识到，发展不足仍是我市最大的市情，要找回湖南第二大城市的历史荣光，发展速度必须高于全省平均水平。从三大需求看，今年投资对我市经济增长的贡献率达65%，仍然是经济增长的主动力；消费的贡献率达45%，正在发挥越来越重要的作用；出口增速较快但总量还很有限，增长的空间还很大。我们必须创新投资方式、优化投资方向，完善消费政策、释放消费潜力，培育竞争优势、积极开拓市场，充分发挥投资的关键作用、消费的基础作用和出口的支撑作用。从三次产业看，2013年我市农业占比高于全国5.6个、全省2.9个百分点，三产占比低于全国9.6个、全省3.8个百分点，工业增加值占GDP比重为42.1%，正处在工业化中期加速发展阶段，我市三次产业的发展还面临着巨大的潜力、韧性和空间。我们必须把培育壮大产业、加快转变方式作为我们面临的重大现实问题和重大历史任务。从空间结构看，城市经济与县域经济发展不平衡，县域经济仍然是我市发展的一块短板。2013年，7个县市财政收入之和只占全市财政总收入的38.8%；全省县域经济10强我市没有一个。我们必须加快发展县域经济，补上县域经济这块短板。从生产要素相对优势看，我市是人口大市，劳动力资源丰富，劳动力数量多、成本低的相对优势仍然存在。同时，自主创新能力逐步提升，创新驱动发展潜力正在显现。我们必须乘势而为，促进要素和创新两轮驱动，形成共同推动经济发展的新动力。从资源环境约束看，“三高两低”的粗放型发展方式已难以为继，老百姓对清新空气、清澈水质、清洁环境的需求越来越迫切。我们必须顺应人民群众对良好生态环境的期待，坚持走绿色低碳可持续发展的路子。

（三）牢牢抓住新机遇。新常态蕴含新机遇。我们切不可坐而论道，错失良机。要抓住世界经济温和复苏的新机遇。明年世界经济仍处在国际金融危机后的深度调整期，世界经济温和复苏态势基本确立，经济增速可能会略有回升，对我市扩大出口贸易、获取能源资源、加快“走出去”步伐提供了相对有利的国际环境。要抓住国家改善宏观调控的新机遇。明年中央将保持宏观政策的连续性和稳定性，继续实施积极的财政政策和稳健的货币政策。财政政策将更加有力度，继续向中西部铁路、棚户区改造、水利、能源、生态环保、“三农”等领域倾斜。货币政策将更加注重松紧适度，继续实行“有保有压”，加大对实体经济的支持力度。这些将给我市带来更多投资机会、更多项目布局、更大市场空间。要抓住国家加快全面深化改革的新机遇。明年国家将加快行政审批、投资、价格、垄断行业、特许经营、政府购买服务、资本市场、民营银行准入、对外投资等领域的改革，改革的力度更大，范围更广，程度更深。通过深化改革，企业的主体地位更加凸显，市场的活力进一步激发，将为我市发展提供良好环境。要抓住区域合作不断深化的新机遇。随着国家“一带一路”和长江经济带发展战略系列政策的出台，泛珠三角、长江中游城市群的合作日益深化，东部沿海地区产业加速向中西部地区转移。我市作为长江流域的重要城市和湖南承接产业转移的“桥头堡”，必将引来更多的企业和项目。要抓住新型城镇化深入推进的新机遇。城镇化是最大的内需潜力、最大的结构调整。目前，我市城镇化率只有48.1%，低于全国平均水平5.6个百分点，新型城镇化的动力强劲、空间广阔、潜力巨大。今后一个时期，是城镇化加速推进阶段，国家已陆续出台户籍制度改革等配套政策，将进一步加快我市城镇化步伐，对经济增长形成巨大的拉动力。

总之，全市上下必须把思想和行动统一到中央对宏观经济形势的认识和判断上来，统一到中央、省委的决策部署上来，认清经济发展新常态的特征和要求，把握好我市经济发展的现状与趋势，做到观念上适应、认识上到位、方法上对路、工作上得力，牢牢把握经济发展主动权，推动我市经济社会发展取得新成效。

三、明确目标要求，突出工作重点

2015年是全面深化改革的关键之年，是全面推进依法治国的开局之年，也是全面完成“十二五”规划的收官之年，做好经济工作意义重大。明年工作的总体要求是：全面贯彻党的十八大、十八届三中、四中全会和中央、省委经济工作会议精神，应对大环境，营造小气候，适应新常态，谋求新发展。继续坚持稳增长、促改革、调结构、惠民生的工作方针，以改革为动力，以创新为支撑，以法治为保障，促进经济持续健康发展和社会和谐稳定。

主要预期目标是：地区生产总值增长9%，力争增长9.5%；财政总收入增长11%，力争增长12%；全社会固定资产投资增长20%以上；社会消费品零售总额增长12.5%以上；进出口总额增长20%以上；规模工业增加值增长9.5%以上；城乡居民收入分别增长10%、11%以上；城镇登记失业率控制在4.5%以内；节能减排等约束性指标全面完成省里下达的任务。

围绕上述目标，重点要抓好以下五个方面的工作。

（一）抓项目稳增长。稳增长仍然是明年经济工作的首要任务。实现稳增长，“三驾马车”均衡发力至关重要。项目建设具有扩大投资、拉动消费、增加出口的强劲带动力，抓住了项目建设就牵住了经济工作的“牛鼻子”。要以项目扩大投资，发挥投资的关键作用。集中力量抓好400个以上、总投资4000亿元以上、年度投资900亿元以上的重点项目建设。千方百计破解项目建设资金难题，充分发挥政府投资的引导作用，加大政府债券和专项债券发行力度，探索建立市级产业投资基金、风险补偿基金，强化财政资金引导效能；充分发挥投融资公司作用，不断增强融资能力；激活民间投资，大力推广政府和社会资本合作新模式，有效撬动社会资本参与重点领域建设。着力解决好用地难、拆迁难等问题，继续推行项目五大板块分工负责制，使各方力量向项目集中、各种要素向项目聚集、各项服务向项目倾斜。要以项目扩大消费，发挥消费的基础作用。努力提高城乡居民特别是中低收入群体的收入，增强居民消费能力。更加注重市场和消费心理分析，着力提升商贸、餐饮等传统消费，稳定发展房产、汽车等大宗消费，培育发展信息网络、健康养老、文化旅游、物流快递等新的消费热点，满足群众多层次的消费需求。完善城区商业网点布局，抓好共创国际广场、崇盛国际中心、美美世界、铜锣洲等城市综合体和中亿汽贸城、杨柳4S店街区二期等专业市场项目建设。健全农村市场体系，扎实推进“万村千乡市场工程”和“县乡流通再造工程”。整顿和规范市场秩序，加强市场监管，强化市场服务，让老百姓放心消费、安全消费。要以项目扩大开放，发挥出口的支撑作用。大力实施“开放带动”战略，坚持外经、外贸、外事、外宣、外派共同发力，形成全方位、多层次、宽领域的对外开放格局。积极发展服务贸易，拓展外贸出口，努力培育新的竞争优势。加大招商引资力度，围绕战略性新兴产业、现代服务业、现代农业等重点产业，依托来雁新城、滨江新区、衡山科学城、综合保税区和各县市产业园区等重点平台，瞄准世界500强企业和央企等重点对象，积极开展形式多样的招商活动，全力引进一批引领型、支撑型、补链型的大项目、好项目。继续加强开放平台建设，扎实抓好综合保税区、铁路口岸建设和航空口岸申报工作。支持有实力的“雁字号”企业走出国门、走向世界。

（二）抓创新调结构。调整产业结构是适应经济新常态的必然选择，调得越早越快，越能赢得主动、抢占先机。调结构核心在效益，关键在创新。要加快推进新型工业化。突出结构调整，大力发展先进装备制造、电子信息、生物医药、新能源、新材料等战略性新兴产业，全力支持富士康、欧姆龙、五矿铜业、特变电工、南岳电控、汉森制药、共创光伏等企业做大做强；加快机械、煤炭、冶炼、化工、食品、纺织等传统产业高端化、低碳化、智能化改造，焕发产业新活力，形成新的增长点。突出创新驱动，实施企业信息化“登高计划”，推进技术中心平台建设，促进产学研结合，突破一批关键高端技术，力争新增高新技术企业15家以上，新建省级以上工程技术研究中心、重点实验室2家以上；加快“工业企业知识产权运用能力培育工程”建设，确保全市专利申请量增长12%以上。突出两型发展，抓好重点用能企业节能管理，促进6大高耗能产业节能降耗；进一步淘汰落后工艺装备，坚决关闭不符合国家产业政策的“五小企业”。突出园区建设，高新技术开发区和白沙洲工业园要力争早日建成千亿园区；松木经济开发区要打造成全国循环经济示范园；衡山科学城要科学定位，真正成为科技创新的示范区、总部经济的集聚地。要加快发展现代服务业。发展服务业是促进结构调整、推动转型升级的重要途径。要充分发挥国家服务业综合改革试点城市的政策优势，提升改造传统服务业，加快发展现代服务业，努力将我市打造成为区域性现代服务中心。大力发展商贸物流业。按照“培育大市场、发展大商贸、搞活大流通”的思路，推动汽配、机电、钢材、建材、农产品等专业市场建设，抓好华耀城、万达商业广场、城市新天地、连卡福百货和白沙洲物流园、衡缘物流等重点商贸物流项目建设，促进商贸物流业发展提速提质。积极发展金融业。大力支持国内外金融机构在我市设立银行、证券、保险、基金、信托等分支机构，重点引进兴业银行、长沙银行等股份制银行。推进农村信用社改制，确保明年全面完成组建农商行任务。健全社会信用体系，加强民间融资监管，坚决遏制区域性和系统性金融风险。加快发展旅游业。抓住南岳机场、沪昆高铁通航通车的机遇，大力推进以南岳为龙头的旅游经济圈建设。加速推进天子山火文化公园建设，进一步提升南岳旅游品牌效应；统筹抓好蔡伦竹海、东洲岛、中国印山等景区开发建设，打造一批知名景区和精品线路。支持万豪、喜来登等星级宾馆建设，加强旅游市场管理，提高旅游接待水平。围绕资源集聚、产业集群、服务集成，积极发展科技服务、计算机及软件服务、文化创意、服务外包等新兴服务业，促进服务业发展提速、比重提升、水平提高。要加快推进农业现代化。按照“经营集约化、产销一体化、生产标准化、耕作机械化”的总要求，以“一流转五服务”为总抓手，加快建立新型农业经营体系，调整农业产业结构，转变农业发展方式，走产出高效、产品安全、资源节约、环境友好的现代农业发展道路。把粮食安全摆在首要位置，严守耕地保护红线，着力抓好“米袋子”和“菜篮子”工程，确保粮食总产稳定在330万吨以上，蔬菜总产稳定在300万吨以上。加速农村土地流转和农村新型经营主体的培育，力争全年流转土地600万亩以上，新发展农民合作社和家庭农场各200个以上。继续抓好重点农业项目，做大一批龙头企业，唱响一批农业品牌，不断提高农产品附加值和农业比较效益。加强农田水利设施建设，不断夯实农业发展基础。严把农产品质量关，建立从田间到餐桌全程监管体系，确保老百姓“舌尖上的安全”。整合农业技能培训资源，加大农民培训力度，努力打造一支有文化、懂技术、善经营、会管理的高素质职业农民队伍。

（三）抓改革增活力。适应新常态，关键在全面深化改革。全市各级各部门要切实增强改革的思想自觉和行动自觉，扎实推进各项改革。加快政府机构改革和职能转变。市县两级政府机构改革正处于关键阶段。广大领导干部要正确对待单位职能调整划转和个人进退留转，严格遵守机构改革纪律规定，确保改革圆满完成。大力推动政府职能转变，深化行政审批制度改革，在压缩行政审批职能上做“减法”，在扩大公共服务上做“加法”，在提高监管效能上做“乘法”，在优化发展环境上做“除法”，充分释放市场活力，更好发挥政府作用。加速国有企业改制。2015年要全面完成企业改制任务。企业改制不能甩包袱，要以增强活力、提高效率为中心，通过引进战略投资者，发展混合所有制经济。要关心改制企业职工的生活，妥善做好安置工作。加强和改善国资监管，确保国有资产保值增值。深化农村综合改革。全面铺开农村土地承包经营权确权登记颁证工作，确保2017年全面完成，切实强化对土地承包经营权的物权保护。加快农村金融改革，推广耒阳金融服务“三农”试点工作经验，积极开展农村土地承包经营权、农村宅基地、农村房屋资产和农机具抵押贷款，抓好农业信用担保公司组建工作，提升金融服务“三农”水平。抓好商事制度改革。取消企业年检，实行年报备案制度；推行工商登记前置审批制度改革，改“先证后照”为“先照后证”，给企业松绑，让市场发力。推进财政制度改革。按照新《预算法》的要求，建立全面规范、公开透明的预算制度，推行财政预决算和“三公”经费预决算公开，加强预算执行管理，打造“阳光财政”。统筹抓好公车改革、天然气阶梯价格改革、事业单位分类改革、司法改革、文化体制改革、纪检监察体制改革、党的建设制度改革等工作。通过改革充分释放发展活力和改革红利。

（四）抓统筹强基础。统筹城乡发展是贯彻科学发展观的必然要求，是全面建成小康社会的重大任务。统筹城乡发展，必须加强城市建设管理，增强城市对农村的带动力和辐射力。要坚持规划先行。规划的高品位才能铸就城市的高品质。要按照新修订的城市总体规划，进一步抓好控制性详规和片区规划编制工作，合理界定城市的生产、生活、生态空间，促进生产空间集约高效、生活空间宜居适度、生态空间山清水秀。重点要加强城市片区规划设计，高标准抓好武广、老机场、南湖、白沙洲等城市片区的规划建设，集中呈现城市新形象，打造城市新亮点。坚决维护规划的权威性和严肃性，做到选址不科学的不批、违反规划的不批、不做详规的不批。要完善基础设施。基础设施的建设水平，决定城市的承载能力。加强城市交通设施建设，大力推进二环路、船山东路、长丰大道北延、蒸湘北路延伸段、衡西快速干线、合江套湘江隧道等城市干道及城区14座地下通道建设，逐步完善城市路网。统筹推进供水供气、排水排污等市政设施建设，全面完成城南水厂、演武坪水厂提质改造和城区供水管网新建改造工程，加快角山、酃湖、松木、铜桥港二期等污水处理厂建设，不断提高城市配套功能。要提升城市品质。按照“三年初见成效、五年大见成效、八年基本建成”的时间表，加速推进来雁新城、滨江新区建设。加快湘江、蒸水、耒水两岸风光带建设，把“三江两岸”风光带建设成为城市的美丽风景线和游客市民参观休闲的好去处。高起点推进东洲岛、酃湖公园建设，着力打造彰显衡阳历史文化底蕴的城市景观。抓好解放大道、东风路、湘江西岸等主干道两厢提质改造，让老城区“旧貌换新颜”。要加强城市管理。以“宜居家园”为目标，以城市创建为载体，以专项整治为抓手，以“数字衡阳”为支撑，不断提高城市管理科学化水平。深入开展城市创建活动，力争用3年时间创建国家卫生城市、国家园林城市、全国交通管理模范城市，力争3年、确保6年成功创建全国文明城市。要按照“严控增量、消化存量、注重预防、严格执法、疏堵结合、综合治理”的原则，扎实抓好控违拆违工作。按照“整体规划、信息互通、资源共享”的原则，加快推进“数字衡阳”建设。在城市管理中，既要从严要求，又要以人为本，为市民提供更加舒适的工作、学习和生活环境。要加强宣传教育，提高市民素质，引导社会公众参与到城市管理中来，形成“人人爱城市、人人管城市”的良好氛围。要注重城市经营。树立经营城市的理念，切实解决好“钱从哪里来、土地怎么用”的问题。坚持政府投资与社会融资“两条腿”走路，既要拓展政府资金渠道，又要鼓励社会资本参与城市建设和经营，积极推广使用PPP模式，建立多元化、可持续的资金投入机制。要严格控制土地一级市场，盘活土地资产，发挥最大效益，做好城市经营这篇大文章。

县域涵盖城镇与乡村，是承上启下、连接工农、统筹城乡的枢纽，县域兴则全市兴，县域强则全市强。立足当前实际，我们要把发展县域经济摆在更加突出的位置，更加全面系统地把握县域经济发展规律，积极探索符合本地实际的发展路子，努力做大做强县域经济。要在构建特色产业体系上做文章。各县市对本地的特点和优势要有清醒认识，既要破除“唯条件论”，又要找准自己的比较优势，努力挖掘优势、放大优势。发展县域经济要因地制宜，扬长避短，宜工则工、宜农则农、宜商则商、宜旅则旅，突出特色，差异化发展，把特色优势变成竞争优势，把资源优势变成经济优势。要在加快小城镇建设上下功夫。小城镇建设是县域经济发展的突破口。要高度重视城镇规划布局，按照“整体规划、分步实施”的原则，规划建设一批工业强镇、农业重镇、商贸旺镇、旅游名镇，构建特色鲜明、功能完善、优势突出、错位发展的小城镇发展格局。各县市明年要全面完成新一轮乡镇总体规划修编工作。要着力解决人口城镇化、城镇用地和城镇建设资金问题，重点抓好20个左右的小城镇示范点建设，发挥示范带动效应。要在夯实基础优化生态上出实招。基础设施是县域经济发展的基石。要着眼于增强发展后劲，加强公路干线、通村公路、农田水利、农村电网等基础设施建设，努力打破瓶颈制约。良好生态是县域经济可持续发展之本。要秉承“既要金山银山，更要绿水青山”的理念，按照“两型社会”的要求走绿色生态发展道路，大力开展植树造林、封山育林、通道绿化，保护好青山绿水。要在推进新农村建设上求突破。按照“生产发展、生活富裕、乡风文明、村容整洁、管理民主”的要求，扎实推进社会主义新农村建设。充分发挥群众共建共享的积极性，抓好新农村示范点创建工作，推动新农村建设提质升级。大力推进农村环境综合整治和“秀美村庄”建设三年行动计划，抓好“四清三基两统一化”工作，加大农村面源污染防治力度，让环保主战场向农村延伸，环保体系向农村覆盖。

（五）抓民生促和谐。坚持“守住底线、突出重点、完善制度、引导舆论”的基本思路，更加注重保障基本民生，更加关注低收入群众生活，更加重视社会大局稳定。要努力促进居民就业。实施更加积极的就业政策，更好发挥市场在促进就业中的作用，统筹抓好大学生群体、城镇就业困难人员、农村转移劳动力、退役军人、残疾人等重点人群的就业工作。推动创业带动就业，放大创业在就业中的牵引作用，让每个有创业愿望的人都有自主创业的空间，形成万众创业的新局面。要加快发展社会事业。把教育摆在优先发展的位置，积极发展学前教育，坚持公办民办共举，逐步解决好“入园难”的问题；促进义务教育均衡发展，抓好合格学校和教育信息化“三通两平台”建设；继续提高高中阶段教育质量，力争我市高中毕业生本科上线率再创新高；支持在衡高校发展，抓好南华大学新校区、湖南工学院新校区二期工程等重点项目建设；整合职业教育资源，提升职业教育水平。推进城乡基本公共卫生服务均等化，巩固基本药物制度实施成果，抓好县级公立医院改革，支持市中心医院和市妇幼保健院异地新建，不断提升医疗卫生服务水平。做好人口和计划生育工作，落实“单独两孩”政策，提高出生人口素质，促进人口均衡发展。着力健全公共文化服务体系，加快“三馆两中心”建设，做好历史文化遗址保护、修缮工作，力争两年内成功申报“中国历史文化名城”，延续历史文脉，彰显城市特色。坚持源头严防、过程严管、后果严惩，统筹抓好水污染、重金属污染、大气污染整治，强力推进湘江保护与治理“一号重点工程”，全面完成第一个“三年行动计划”，让衡阳天更蓝、地更绿、水更清、空气更洁净。要完善社会保障体系。按照“广覆盖、保基本、多层次、可持续”的方针，进一步健全社会保障体系。加快建立公平、统一、规范的城乡居民养老保险制度，重点抓好小微企业、非公单位员工、劳务派遣员工、灵活就业人员、城镇个体工商户参加社会养老保险。扎实抓好城乡低保和五保工作，健全动态管理和民主监督机制，确保惠民政策不缩水走样。统筹做好医疗保险、工伤保险、生育保险和失业保险工作，努力实现应保尽保。加快保障性住房、棚改房和安置房建设，建好4.3万套保障性住房，解决好安置房建设历史遗留问题，让政策的阳光温暖更多住房困难群众。把扶贫工作摆在更加突出的位置，坚持科学扶贫、精准扶贫，抓住发展生产、公共服务、全民教育三个重点，帮助5万名以上贫困人口实现脱贫致富。支持社会慈善事业发展，加强慈善组织和志愿者队伍建设，树立团结互助、扶贫济困的良好道德风尚。要维护社会和谐稳定。牢固树立安全生产红线意识，做好新《安全生产法》宣传实施工作，以最严格的要求落实安全生产责任，以最严厉的手段深化隐患整改，以最有效的举措营造浓厚氛围，抓好煤矿、非煤矿山、交通、烟花爆竹、危险化学品等重点行业和领域的安全生产工作，进一步降低事故总量，坚决遏制较大及以上事故发生，促进安全生产形势持续好转。扎实做好信访工作，全力化解信访积案和矛盾纠纷，最大限度减少不和谐因素。以法治思维加强和创新社会治理，积极推进社会治理网格化、信息化建设，严厉打击各类违法犯罪行为，确保社会大局和谐稳定。

四、全面加强和改善党对经济工作的领导

党是各项事业的领导核心。经济发展进入新常态，党领导经济工作的观念、体制、方式、方法也要与时俱进。全市各级党委要以制度化、法治化、专业化为方向，不断加强和改善对经济工作的领导。

（一）要自觉遵循经济规律。习近平总书记指出，发展必须是遵循经济规律的科学发展，必须是遵循自然规律的可持续发展，必须是遵循社会规律的包容性发展。舟循川则游速，人顺路则不迷。各级各部门特别是领导干部，想问题、作决策、办事情要切忌摸脑袋、喊口号、拍胸脯，努力提高透过现象看本质

的本领，深入认识规律、主动遵循规律、自觉运用规律，善于按经济规律、社会规律、自然规律开展经济工作。要遵循经济规律，坚持有质量、有效益、可持续的发展，加快优化经济结构、转变发展方式；要遵循自然规律，自觉把生态文明建设融入经济建设、政治建设、文化建设、社会建设各方面和全过程，决不能以牺牲环境为代价去换取一时的发展；要遵循社会规律，坚持把改善人民生活作为经济工作的出发点和落脚点，使经济发展更有利于人的发展，不断提高人民群众的幸福指数。各级各部门要建立健全分析研究经济形势、研究部署重大经济工作、深入调研经济发展情况、引导形成良好舆论氛围等方面的制度，减少工作的盲目性、随意性、主观性，提高领导经济工作的科学化、制度化水平。

（二）要牢固树立法治思维。社会主义市场经济本质上是法治经济，经济秩序混乱多源于有法不依、执法不严、违法不究，因此必须坚持法治思维、增强法治观念，依法依规调控、治理和服务经济工作。党的十八届四中全会作出了全面推进依法治国的重大决策，为我们运用法治手段推动经济发展提供了根本遵循。全市各级各部门和各类企事业单位都要切实增强法治观念，牢固树立法治思维，以法律法规保障经济发展、以法治眼光审视发展问题、以法治思维谋划发展思路、以法治手段破解发展难题，切实保障全市经济在法治轨道上有序有效运行。要依法明确政府权力边界，公开权力清单，坚持依法科学民主决策，不断提高经济工作决策水平，充分发挥市场在资源配置中的决定性作用和更好发挥政府作用。领导干部对法律要怀有敬畏之心，带头遵纪守法，带头依法办事，带头廉洁自律，营造风清气正的良好发展环境。

（三）要不断提高驾驭能力。面对经济发展新常态和复杂多变新形势，各级领导干部必须努力提高驾驭经济工作的能力和水平。要提高学习分析的能力，不断加强理论学习，完善知识结构，增长实践才干，坚持干什么学什么、缺什么补什么，钻研经济工作，熟悉经济工作，努力成为领导和推动经济工作的行家里手。要提高科学谋划的能力，密切关注宏观经济发展走势，敏锐洞察国内外经济出现的重大变化，因势利导，趋利避害，科学谋划符合本地实际的发展思路。要提高调查研究的能力，准确判断本地经济发展阶段性特征，客观分析经济运行状况，找准问题症结，采取有效措施，综合施策，精准发力，增强经济工作的前瞻性、针对性和实效性。要提高统筹兼顾的能力，既善于推进面上工作，统筹抓好稳增长、调结构、促改革、惠民生工作，又善于找准主要矛盾、抓住关键环节，以重点突破之功，收推动全局之效。要提高推动落实的能力，责任落实在一线，解决问题在一线，突破难点在一线，把精力集中到做实事上，把功夫下到抓落实上，做到干一件成一件，件件落实到位，抓一项成一项，项项成效明显；要树立抓落实的舆论导向和用人导向，在抓落实的实践中考察识别和提拔使用干部，形成人人重实干、层层抓落实的良好局面。

基层组织是党的事业的基石。各级党委要重视基层、加强基层、服务基层。要努力改善基层办公条件，抓好村级活动场所和社区办公用房建设，切实保障基层工作正常运转，不断提升基层组织服务能力。基层干部处在发展第一线、矛盾最前沿，工作辛苦、生活清苦。各级党委对基层干部要高看一眼、厚爱一层，切实关心、体谅、爱护基层干部。要加大优秀基层干部培养选拔力度，真正使扎根基层、干事创业的基层干部有更多的成长机会。要逐步提高基层干部待遇，着力解决基层干部的后顾之忧。基层是个大舞台，广大基层干部要忠于职守、善于学习、勇于创新、乐于奉献，在基层工作中展现才华、锻炼成才。

同志们，做好明年的经济工作，任务艰巨，责任重大。让我们紧密团结在以习近平同志为总书记的党中央周围，高举中国特色社会主义伟大旗帜，同心同德，攻坚克难，扎实工作，开拓创新，为全面建成小康衡阳，找回湖南第二大城市的历史荣光而努力奋斗！

政府工作报告

——在衡阳市第十四届人民代表大会第四次会议上

(2015 年 2 月 4 日)

衡阳市人民政府市长　周海兵

各位代表：

现在，我代表市人民政府，向大会作政府工作报告，请予审查，并请各位政协委员和其他列席人员提出意见。

一、2014 年工作回顾

过去一年，面对宏观经济下行、处理破坏选举案、调整产业结构等多重压力叠加的严峻形势，在市委的坚强领导下，在市人大、市政协的监督支持下，市政府团结带领全市广大干部群众，努力拼搏，攻坚克难，统筹推进稳增长、促改革、调结构、惠民生，保持了经济社会平稳健康发展。

（一）经济发展稳中有进。经济实力不断提升。全年实现地区生产总值2395.56 亿元（初步核算，下同），增长 9.9%；完成财政总收入 235.66 亿元，增长 11.2%；完成固定资产投资 1767.01 亿元，增长 22.9%；实现社会消费品零售总额 825.51 亿元，增长 12.8%，综合实力稳居全省第一方阵。产业结构不断优化。三次产业结构调整为 15.2：46.8：38.0，第三产业比重提高 1.5 个百分点。粮食再获丰收，衡阳县、耒阳市被评为全国粮食生产先进县（市），国家“蔬菜优质种苗繁育基地”落户我市，新增省级农业产业化龙头企业数量位居全省第一。工业经济企稳回升，规模工业增加值增长 9.3%，高技术产业增加值占规模工业增加值的比重提高 4.7 个百分点，我市连续四届荣获“中国城市信息化 50 强”称号，常宁成为全省第二批特色县域经济（制造产业）重点县。三产增加值增长 13.1%，对经济增长的贡献率达 49%，创近年来最好成绩。接待国内外游客和实现旅游收入分别增长 14.1%、20.2%，蔡伦竹海成功创建为国家 4A 级旅游景区，四明山获评国家森林公园。发展质量不断提高。单位 GDP 能耗、单位工业增加值能耗分别下降 7.1%、11.5%；存贷比优化为 51.3%，较年初提高 7.85 个百分点；城镇和农村居民人均可支配收入分别增长 9.3%、11.5%；科技创新成效明显，衡变公司获国家科技进步一等奖，全市专利授权量达 1900 件。发展后劲不断增强。全市开工建设 445 个重点项目，完成投资 823.13 亿元，平均每天 1.2 个项目和 2.26 亿元投资落地，均创历史新高。南岳机场正式通航；吉衡铁路正式通车运营，怀邵衡铁路加快推进；湘江土谷塘航电枢纽（一期）开闸通航，湘江衡阳至株洲 2000 吨级航道工可获批，归阳千吨级码头启动征拆；娄衡高速、南岳高速东延线、武广衡山西站至南岳连接线加快建设；衡云、衡西干线等 13 条干线公路有序推进，交通融城步伐明显加快，“对外大联通、对内大循环”的立体交通基本成形。中国五矿水口山金铜、富士康（衡阳）工业新城、国家农业科技园、华耀城、崇盛国际中心、红星美凯龙购物广场等项目推进迅速，龙头项目的带动辐射能力不断增强。南华大学新校区、湖南高铁职院新校区（二期）、湖南工学院新校区（二期）和湖南环境生物职业技术学院扩建有序推进，市铁一中和市九中搬迁工程顺利开工，湖南交通工程学院成功升为本科院校；“三馆两中心”、市中心医院异地新建、常宁歌剧院等项目进展顺利，项目惠民力度不断加大。

（二）改革开放持续深化。重点改革稳步推进。商事登记制度改革扎实开展，全市新登记企业和注册资本分别增长 70.8%、115.7%。企业改制攻坚克难，历时 14 年的国有工业企业改制基本完成，市本级集体企业改制接近尾声。财税体制改革初见成效，预算公开有序推进，市本级“三公”经费明显下降。农村综合改革成效明显，农村土地承包经营权确权登记颁证试点工作进展顺利，“一流转五服务”工作逐步推广，耒阳在全省率先实行农村土地承包经营权、农村房屋资产和农机具打包抵押贷款模式，常宁在全省率先成立林权交易管理中心，衡南入选“信息进村入户整建制推进试点县”，并乡（镇）工作在祁东、合村工作在衡阳县井头镇和长安乡完成试点。机制体制不断创新。市区两级管理职能调整持续深化，完成园林绿化体制改革。公交改革深入推进，公交公司股权及管理全面优化调整。市本级7大投融资公司现代企业制度基本建立。资本市场实现重大突破，天雁机械在主板成功上市，5家企业在“新三板”成功上市。对外开放不断扩大。衡阳综保区正式封关运行，衡山科学城开创高端创新型园区建设、招商新模式，铁路口岸建设扎实推进。着力把工业园区打造为对外开放的主平台，白沙洲工业园、松木经开区和祁东归阳工业园、耒阳循环经济产业园建设提速，西渡高新区核心片基础设施建设全面启动，省级及以上产业园区规模工业增加值占全市规模工业增加值的比重首次突破50%。招商引资来势喜人，14家世界500强企业来衡考察洽谈，承接重大产业转移项目18个，实际到位内资255.17亿元、增长12.5%，实际利用外资9.0亿美元、增长18%，实现外贸进出口总额29.43亿美元、增长62.4%。

（三）城乡面貌明显改观。围绕建设“宜居家园”目标，加快推进新型城镇化和新农村建设，城镇化率提高到48.5%。扩容提质成效明显。大力推进来雁新城、滨江新区建设，着力打造衡阳城市新名片；高标准实施衡州大道、船山大道等6条城市主干道两厢提质改造；衡桂高速常宁连接线、S315线衡阳县城段、107国道耒阳城区段、322国道衡南段完成提质升级；船山东路、二环路等30条城市主次干道加快建设；南湖公园（一期）竣工开园，东洲岛、酃湖公园、幸福河改造等全市人民翘首以盼多年的项目取得实质性进展，城市规模和品位不断提升。配套设施日趋完善。珠晖水厂厂区工程全面完成，衡阳县自来水公司6万吨新水厂加快建设；江东污水处理厂、城西污水处理厂（二期）、常宁松柏镇污水处理厂竣工，城区污水处理率达85%。管理水平不断提升。扎实开展“城市管理年”活动，创新渣土、园林绿化工程质量管理机制，城市重点部位摊点占道、户外广告杂乱、渣土污染等突出问题得到有效整治；拆违控违工作成效明显；稳步推进殡葬改革，中心城区乱搭灵棚治丧行为基本杜绝；积极开展中心城区烟花爆竹限放工作。人居环境不断改善。扎实推进湘江流域保护和治理“一号重点工程”，关停并转涉重金属污染企业111家，完成重金属污染源治理项目47个，一年完成养殖场关停搬迁省定的两年任务；完成人工造林34万亩，森林覆盖率达45.9%；全面开展农村环境卫生综合整治，集镇“五乱”现象得到有效遏制，美丽乡村建设有力推进。

（四）民生改善扎实有效。坚持财政收入改善民生的主导向，民生支出占财政总支出的比重达66.7%。16项30个为民办实事任务全部或超额完成。新增城镇就业7.6万人，农村劳动力转移就业6.2万人；企业退休人员养老金、被征地农民社保待遇分别实现“十连调”和“五连调”；开工建设保障性安居工程2.39万套，圆满完成省里下达的目标任务；托市粮收购量连续两年位居全省第一。一批联系和服务群众的“三最”问题得到有效解决，完成295个村农网改造，开工建设安置房118万平方米，中心城区商品房产权办理遗留问题逐步消化，解决50.3万农村人口的饮水安全问题，实现6万名低收入贫困人口脱贫。

（五）社会事业稳步发展。城区大班额问题逐步缓解，高考二本以上上线人数位居全省第二，未成年人社会主义核心价值观教育被评为全国先进。首次荣膺全国文化系统先进集体，衡山皮影戏成功申报为世界非物质文化遗产，常宁、耒阳分别被评为“中国民间文化艺术之乡”“千年古县”；《衡阳市志（1978～2008）》正式出版。“单独两孩”政策有序实施，公共卫生服务体系不断完善，基本药物制度实施成果得到巩固。参赛省第十二届运动会取得历史最好成绩。海关、检验检疫服务外向型经济发展更加积极主动。

（六）社会大局和谐稳定。全年未发生重大以上安全生产事故，安全生产考核连续两年排名全省第一。严厉打击非法集资，守住了不发生区域性和系统性金融风险的底线，全市银行金融机构不良贷款比年初减少7.98亿元。创新信访“一岗双责”制，深入开展“大排查、大接访、大化解”活动；“平安衡阳”创建扎实开展，派出所建设治安防控工作成为全省样板；开通“12345”政府公共服务平台，受理并解决群众诉求15万余件。

（七）民主法制建设深入推进。自觉接受人大及其常委会法律监督、工作监督和政协民主监督，充分吸纳各民主党派、工商联和无党派人士的意见、建议，办理市人大代表议案1件、建议203件，市政协提案505件。依法治市扎实推进，“六五”普法深入开展，现行规范性文件得到全面清理。完成第九次村委会换届选举工作。

（八）政府自身建设不断加强。深入开展党的群众路线教育实践活动，扎实推进“发展环境优化年”和机关效能建设，干部作风持续好转，发展环境进一步改善。市县两级政府职能转变和机构改革工作加快实施，政务服务和政务公开深入推进；行政审批制度改革成效明显，市本级行政审批事项由373项清理至147项。行政监察、经济责任审计和社会监督不断加强。

国防动员和后备力量建设扎实开展。国防动员工作制度不断健全，民兵预备役调整初见成效。双拥共建和“双带双促”活动深入开展，军政军民团结局面进一步巩固。驻衡解放军、武警部队、民兵预备役部队为全市经济社会发展作出了新的贡献。

过去一年的成绩来之不易，值得倍加珍惜。这些成绩的取得，是市委正确领导的结果，是市人大、市政协监督支持的结果，是全市人民团结拼搏的结果。在此，我代表市人民政府，向全市人民；向人大代表、政协委员，离退休老同志；向各民主党派、工商联和无党派人士，各人民团体，驻衡部队、武警部队官兵和中央、省驻衡单位、高校、科研院所；向关心、支持衡阳建设发展的朋友们，表示衷心的感谢！

各位代表，在肯定成绩的同时，我们也要清醒地认识到，我市经济社会发展和政府工作还存在不少问题。一是受宏观经济形势严峻、市场需求疲软、结构调整、清理历史虚增等因素影响，部分经济指标增速没有达到年初预期。二是工业经济增速放缓，企业创新能力不强，战略性新兴产业支撑有限，税占比、存贷比仍然偏低，经济结构有待进一步优化。三是县域经济总体发展水平不高，七县市GDP、财政总收入平均增速比五城区分别低1.8个、4.2个百分点，小康指标的实现压力较大；城乡居民收入差距进一步拉大；各县市基础设施还比较薄弱，县级工业园区发展滞后。四是城市建设管理水平不高，控违拆违难、征地拆迁难、要素保障难等问题仍然困扰城市建设发展，城市基础设施的承载力与公共需求还不适应；城区交通拥堵还比较严重，背街小巷、城乡结合部环境治理仍然滞后。五是政府职能转变还不到位，简政放权还有较大空间，经济发展环境还不优，个别单位、少数工作人员“四风”问题还不同程度存在，为官不为、推诿扯皮、办事拖拉的情况时有发生。对此，我们将直面问题、不遮不掩，采取有力措施，逐步予以解决。

二、2015年工作安排

今年是全面深化改革的关键之年，也是全面推进依法治国的开局之年。做好今年的工作，必须紧密结合衡阳实际，准确把握和研判宏观经济形势。从国际经济大势看，世界经济仍处在国际金融危机后的深度调整期，但总体延续缓慢复苏态势，经济增速可能略有回升。从国内经济走势看，下行压力仍然较大，增速会持续放缓，但中央将保持宏观政策的连续性和稳定性，继续实施积极财政政策和稳健货币政策。从衡阳发展态势看，发展不足仍是我市最大的市情，但中高速增长将成为经济发展的常态，生产要素相对优势仍然存在，并将迎来深化改革、区域合作、新型城镇化等新机遇。全市上下必须把思想和行动统一到中央、省委和市委的决策部署上来，认清经济发展新常态的特征和要求，把握我市经济发展的现状与趋势，科学应对各类风险和挑战，牢牢把握经济发展主动权，努力夺取衡阳改革发展的新胜利。

2015年政府工作的总体要求是：全面贯彻党的十八大、十八届三中、四中全会和中央、省委、市委经济工作会议精神，应对大环境，营造小气候，适应新常态，谋求新发展。继续坚持稳增长、促改革、调结构、惠民生的工作方针，以改革为动力，以创新为支撑，以法治为保障，促进经济持续健康发展和社会和谐稳定。

综合考虑各方面因素，今年全市经济社会发展的主要预期目标是：地区生产总值增长9%以上，财政总收入增长11%以上，固定资产投资增长20%以上，社会消费品零售总额增长12.5%以上，进出口总额增长20%以上，规模工业增加值增长9.5%以上，城镇和农村居民人均可支配收入分别增长10%、11%以上，城镇登记失业率控制在4.5%以内，节能减排、安全生产等约束性指标全面完成省里下达的任务。

围绕上述总体要求和预期目标，我们将用心用力抓好以下八个方面的工作：

（一）更加突出稳增长和调结构的统筹协调

充分发挥内需的支撑作用。扎实推进450个以上、总投资4000亿元以上、年度计划投资900亿元以上的重点项目建设；充分发挥政府投资的引导作用，积极争取国省支持，加大市级投入。提升商贸、餐饮等传统消费，稳定发展房地产、汽车等大宗消费，培育发展信息网络、健康养老、文化旅游等新兴热点消费，打造多点支撑的消费增长格局。探索建立市级产业投资基金、中小微企业信贷、担保风险补偿基金，推广符合市情的PPP、资产证券化、股权融资、融资租赁等合作模式。全面提升煤、电、油、气、运等生产要素的保障能力。确保重大基础设施、产业转型升级、民生改善等项目用地需求。

加快工业经济提质增效升级。坚持新型工业化第一推动力，改造提升汽车零部件、盐卤化工、有色金属、输变电、钢铁冶炼等传统主导产业，着力培育电子信息、先进装备制造、新能源、新材料等战略性新兴产业，突出抓好中国五矿水口山金铜、富士康（衡阳）工业新城、共创光伏薄膜太阳能、深圳中航标准件、利德有陶瓷（三期）等项目建设，带动工业经济平稳增长。鼓励大众创业、万众创新，推进中小企业公共服务平台建设，加大对本土企业的支持和培育力度，引导中小微企业走“专精特新”发展之路。推动工业化和信息化融合发展，引进智能装备和成套设备，打造智能化工厂。推进国家信息消费城市试点，加快引进电商旗舰企业，大力发展电子商务，促进移动互联网、云计算、大数据与传统产业跨界融合。编制全市工业园区发展规划，实施创新创业园区“135”工程，全市11个省级及以上产业园区两年内新建300万平方米以上标准厂房，引进500家以上创新创业企业。稳妥推进白沙洲工业园、松木经开区扩园调规工作，大力推进白沙洲工业园创建国家新型工业化电子信息产业示范基地，积极开展水口山经开区国家级循环化改造试点，统筹抓好特变电工输变电产业园、汽车零部件产业园、界牌陶瓷工业园等专业园区建设，力争省级及以上产业园区规模工业增加值占全市规模工业增加值的比重达58%以上。

加快转变农业发展方式。稳定大宗农产品生产，确保粮食总产稳定在330万吨以上，健全粮食储备体系，保障粮食安全。实施高标准农田“三年行动计划”，扎实推进“五小”水利设施、病险水库除险加固、中小河流治理等重点项目建设。大力推进经营集约化、产销一体化、生产标准化、耕作机械化。调整优化农业产业结构，提质发展粮食、畜禽、油料、林木、果蔬、茶叶等支柱和特色产业，抓好烟叶生产，拓展休闲农业和生态循环农业，培育壮大10家农业产业化重点龙头企业，深入实施农产品加工业振兴规划，确保农产品加工业总产值增长21%以上。加快农业科技创新，扎实推进国家农业科技园创建工作。深入开展农产品质量安全专项整治行动。建立健全新型职业农民技能培训机制，积极培育新型农业经营主体。

大力发展现代服务业。抓好国家服务业综合改革试点验收工作，促进服务业转型升级。改造提升商贸流通、交通运输、家政服务、社区服务等生活性服务业，加快崇盛国际中心、美美世界等标杆项目建设，完善城区商业网点布局。积极发展研发设计、现代物流、会展等生产性服务业，大力推进华耀城、白沙物流园等项目建设，延伸现代高科技物流服务网络。优化金融生态环境，争创全省金融生态良好城市，大力发展村镇银行，规范小贷公司、融资性担保公司和民间融资中介机构，促成兴业银行、长沙银行等来衡设立分支机构，力争全市新增各类贷款200亿元以上。围绕打造大南岳旅游经济圈，提升景点、交通、酒店等设施建设投资力度和整体营销水平，加快天子山火文化主题公园、雨母山、东洲岛、莱茵水畔运动度假小镇等旅游项目建设，加速石鼓书院、常宁中国印山4A级旅游景区创建工作，力争全市接待国内外游客、实现旅游收入分别增长14%和16%。组织开展品牌商贸旅游交易活动，进一步繁荣市场、激活经济发展要素。

（二）以更大的勇气全面深化改革和扩大开放

深化重点领域改革。全面完成市县政府职能转变和机构改革，扎实推进事业单位登记制度改革和法人治理结构建设试点工作，积极探索市直部门履职履责评估办法。全面完成国有企业改制扫尾工作，不断加强国资监管；推进政企分开，基本完成党政机关、承担行政职能的事业单位与下属企业脱钩。深化财税体制改革，推行全口径预算，建立跨年度预算平衡机制，清理规范税收等优惠政策，加强专项资金管理，有效防范政府性债务风险；推进政府购买服务深入开展。大力推进工商登记制度改革和工商管理体制改革，抓好前置审批制度改革第二批试点工作。加快推进金融体制改革，完成城区联社改制组建衡阳农村商业银行；支持金融机构创新金融产品和服务方式；加快投融资公司集团化、专业化、实体化发展，加大政府债券和专项债券发行力度。深化农村综合改革，扎实推进“一流转五服务”工作，加快农村土地承包经营权、土地流转经营权确权登记颁证工作；扎实开展农村抵押贷款模式创新，组建农业信用担保公司，实现融资性担保体系县域全覆盖；开展供销合作社综合改革，构建农村新型流通经营网络，建设一批配送中心、乡镇集贸中心、直营店和城镇商业综合体；进一步理顺乡镇管理体制，有序推进并乡（镇）合村工作，完成中心城区社区整合。巩固提升殡葬改革成果，大力倡导文明节俭办丧。统筹抓好公车、司法、文化体制等改革工作，充分释放发展活力和改革红利。

强化创新驱动发展。整合财政贴息和专项引导资金，引导企业加大研发投入，年内新建省级以上工程技术研究中心、企业技术中心、重点实验室 2 家以上，新增高新技术企业 10 家以上。深化产学研合作机制，促成国家和省级研发单位、重点实验室来衡设立技术转移中心。实施专利和知识产权行动，加快“工业企业知识产权运用能力培育工程”建设，力争全市专利申请量增长 15% 以上。加快国家输变电装备制造高新技术产业化基地、国家高品质无缝钢管及深加工高新技术产业化基地建设，大力创建国家级创新型产业集群。推动移动互联网、电子信息、新材料、生物医药等领域的技术研发和运行模式创新，力争全年高新技术产业产值突破 1100 亿元。扩大对外开放优势。抓好衡阳综保区项目入驻和配套，加快铁路口岸建设和航空口岸申报工作，积极发展临空临港经济。加快衡山科学城第一期样板区、投融资公共平台建设。加强出口示范基地和出口品牌建设，支持有实力的“雁字号”“走出去”，推进外贸破零倍增，发展壮大重点外贸企业、重点园区、重点县市，引导扶持中小企业开拓国际市场，不断增加开放型经济对经济增长的贡献份额。加强重大项目深度开发及策划包装，加大招商引资力度，通过构建产业基金、城市资源换投资、政府平台引导、小分队招商等办法，深化与央企及世界 500 强企业的对接合作，狠抓项目落地，确保全市实际利用外资突破 10 亿美元。

（三）全面提升城镇建设管理水平

加快基础设施建设。扎实推进怀邵衡铁路、瓦松铁路、娄衡高速、南岳高速东延线、湘江土谷塘航电枢纽、大浦通用机场、归阳和松柏千吨级码头、廖家湾变电站升压改造等项目，开工建设茶常高速祁东至常宁段、湘江衡阳至株洲 2000 吨级航道、大浦千吨级码头。大力推进船山东路、二环路、长丰大道北延、北三环等城市主干道建设，抓好解放大道、东风路等主干道两厢提质改造。加快推进来雁新城、滨江新区、酃湖公园、幸福河改造和衡南县城沿江风光带、衡阳县蒸西大道、祁东圣云大道、衡山开云生态新城、衡东武家山公园等项目建设，着力提升城市品质。完成演武坪水厂、城南水厂提质改造，完成铜桥港污水处理厂（二期）、角山污水处理厂（一期）和 7 个重点镇污水处理厂建设，开工建设松木和酃湖污水处理厂，力争 2016 年实现城市污水全收集、全处理，污泥无害化处理率达到 100%，市本级污水再生利用率达到 10%。

推进精细化管理。扎实开展全国文明城市创建活动。扩大政府购买服务的领域，将垃圾清运处置、设施管护、园林绿化、风光带养护等更多城管职能推向市场。加强空间景观管理，集中力量抓好临街建筑设施、户外广告、渣土扬尘污染、公园广场经营秩序等专项整治，有序推进中心城区烟花爆竹限放工作。大力推进立体绿化、城市照明远程智能监控系统、智能化机械式立体停车场建设。加强马路市场整治和农贸市场标准化改造。不断扩展和优化城乡公交线路，提升公交服务水平。加快“数字衡阳”建设，提升城市信息化管理水平。强力推进拆违控违工作，完善违法建设项目黑名单和曝光制度，严厉打击违法违规建设行为，严格规范农民建房建设管理。

不断提高城市经营效益。精心培育城市经营市场主体，调整城市基础设施公共产品的准入门槛，形成各类投资主体、企业、社会组织和市民共同参与的城市经营格局。加强土地整体规划利用管理，加大城市土地报批、收储力度，着力提高经营性用地单位面积收益。强化城市公共设施的运营和管理，积极将城市资本与资源推向市场，加大经营权、冠名权和特色文化等相关延利资本的商业化运作。

（四）着力激发县域经济发展活力

差异化发展主导产业。加快各县市产业兴城、产业融城步伐，严格按照全市产业规划布局，坚持“因地制宜、优势优先”的原则，积极引进战略投资者打造主导产业，做活、做通、做透产业链条，实现差异发展。加强县域工业园区建设，制订完善“飞地招商”的具体措施和税收分成办法，实现市直园区与各县市产业共建，各县市之间项目互补。

强化承载功能配套。不断加强县域公路、铁路、水路、航空等各种运输方式的有效衔接和融合，打开县城进出口门户，加快衡云、衡西干线和各县城通往集镇的主次干道建设。完成农村公路通畅工程550公里以上，基本实现全市所有具备条件的行政村通畅，加强农村公路提质改造和“安保工程”建设。积极参照市本级做法，完善城镇道路、公共交通、“两供两治”、配电网、地下综合管廊等市政设施建设，确保县以上城镇公共供水厂水质达标，县以上城镇污水处理率、生活垃圾无害化处理率分别达90%、95%以上。

加快小城镇建设。统筹城乡规划，精心编制乡镇总规和村庄布局规划，切实抓好乡镇政府所在地集镇的控规和专项规划编制，以规划引领中心镇、中心村建设。加大集镇土地开发和低效用地再开发力度，加快集镇发展和基础设施建设，对照2020年底全市集镇基础设施项目建设达到“10+2”的目标，每年重点抓好20个左右的小城镇示范点建设。推进农业转移人口市民化，保障农民在“家门口”充分就业创业。积极引导老乡回乡创业。保护特色古村落，强化产业引导和支撑，各县市每年重点选择1~2个乡镇连片推进新农村建设，打造一批美丽乡村。

（五）加快建设绿色宜居衡阳

强力推进环境综合治理。深入推进湘江流域保护和治理第一个“三年行动计划”，突出治理涉重金属、涉氨氮以及历史遗留污染。重点抓好松江、大浦、松柏等区域重金属污染治理与土壤修复，探索农作物种植结构调整。加强河道采砂、水上餐饮、运输船舶和港口码头污染防治，全面启动河道保洁工作。加快推进大气污染防治，扎实开展工业企业、机动车尾气和建筑工地扬尘污染防治，加大高污染燃料禁燃区10吨以下燃煤锅炉和黄标车、老旧车的淘汰力度，抓好PM2.5等六项空气质量数据发布及重污染天气监测预警应急工作。深入推进农村环境综合整治，继续抓好上型号水库严禁化肥养鱼工作，大力整治和取缔马路市场，全面启动农村生活垃圾处理五年计划，力争5年内90%的村庄垃圾得到处理，年内完成400个行政村的人居环境整治任务。

严格落实节能减排。鼓励企业引进战略投资者，在技术、工艺和管理上实现高位“嫁接”，加大落后产能的淘汰力度，狠抓钢铁、有色、化工、建材等重点行业的清洁生产及节能减排。大力推进合同能源管理，强化能源消费总量和强度双控制，探索建立水权交易制度，全面实施排污权有偿使用和交易制度。严格执行总量前置审批政策，全面落实环保“三同时”制度，着力加强水泥、造纸、钢铁、火电、集中式污水处理厂等重点行业污染治理设施的运行监管。因地制宜发展绿色能源。

切实加强生态保护和建设。拓宽绿化空间，重点抓好高速公路、高速铁路、城市外环线、国省道沿线，湘江及其一级支流两侧和中、小型水库周边的造林绿化，鼓励县、乡公路两侧逐步实现绿化全覆盖，力争森林覆盖率达46.3%，森林蓄积量增长3.5%。全面加强森林资源保护，依法落实森林面积占补平衡制度，在重点区域实施禁伐限伐措施，严防严控森林火灾。着力实施矿山生态修复治理工程，深入开展矿山、尾矿库、渣场专项整治，推进裸露山体复绿。倡导生态文明理念，鼓励生态绿色出行。

（六）尽最大努力保障和改善民生

坚持办好民生实事。以创业带动就业，深入实施“大学生创业引领计划”和高校毕业生千人创业工程，探索建立创业失败保障机制，抓好省级创业型城市验收工作；加快推进社会保障体系建设，全面启动事业单位养老保险改革，稳步推进医疗保险城乡统筹和居民医保门诊统筹，扎实抓好社会养老保险扩面征缴工作，完善被征地农民社会保障政策，加快建立统一的城乡居民养老保险制度；推进“两房两棚”建设，年内开工建设保障性安居工程4.3万套；解决39.34万农村人口的饮水安全问题；加强行政村配电网改造，年内完成415个村农网改造升级任务。

稳步提高居民收入。推进企业薪酬制度改革，深化机关事业单位工资和津贴补贴制度改革，研究实行县以下机关公务员职务与职级并行和乡镇事业单位人员工作补贴制度。依法保障劳动者基本权益，保护合法收入。加强和改进社会救助，进一步规范城乡低保工作，完善低保标准与物价上涨挂钩的联动机制。更多面向特定人口、具体人口实施精准扶贫，帮助5万名低收入贫困人口脱贫，统筹抓好移民后扶工作。

巩固安全生产工作成果。坚决贯彻落实省委、省政府遏制重特大事故八条断然措施，健全“党政同责、一岗双责、齐抓共管”安全生产责任体系，严格落实党政领导干部带队检查安全生产工作制度，打好小煤矿关闭、烟花爆竹整顿退出、危险化学品“进园入市”和油气管道安全四大攻坚战，实现全市安全生产形势持续稳定好转，确保不发生较大以上安全生产事故。

加强和改进社会治理。全面落实领导干部值班接访、定期约访下访和积案包案督办等制度，构建运行网上信访平台，积极引导人民群众依法理性表达诉求。健全重大决策社会稳定风险评估机制，注重舆情研判与舆论引导，着力防止和化解改革发展中出现的矛盾和风险。完善应急管理机制体制，提升突发事件应对和处置工作水平。进一步推进社区矫正规范化建设。加快建立覆盖全过程的食品药品监管制度，深入开展食品药品安全重点专项整治，以最严格的监管、最严厉的处罚、最严肃的问责，保证食品药品安全。加强社会治安综合防控体系建设，深化社区警务战略，强化专案侦破，打击毒品犯罪，保障人民群众生命财产安全。

（七）扎实办好社会事业

加快建设教育强市。实施中小学校布局规划“七年行动计划”和城区中小学化解大班额“三年行动计划”，加强义务教育合格学校建设，优化城乡义务教育资源均衡配置，着力解决进城务工人员随迁子女就学问题。努力提升高中教育质量，合理推进普职分流，促进高等教育发展，支持在衡高校项目建设。出台全市职业教育发展规划，加快实施中等职业教育攻坚计划。支持和规范发展民办教育。构建普惠性学前教育体系。深化教育人事制度改革，抓好质量评价和招生考试改革。完善校车安全管理制度，全面提升学校安全管理水平。

推动文化大发展大繁荣。扎实开展“雅韵雁城”“周末百姓剧场”“全民读书月”等文化惠民活动，推进市影剧艺术中心、图书馆新馆等公共文化设施建设。实施广播电视“户户通”“村村响”工程，统筹城乡基本公共文化服务标准化、均等化发展。鼓励扶持文艺生产，推出一批群众喜闻乐见的文艺精品。积极申报国家历史文化名城，启动衡阳抗战纪念城项目建设。促进文化与科技、旅游等多种业态融合发展。大力发展新闻出版、广播影视、文学艺术和市志、档案事业。

积极推进医药卫生事业。全面启动县市公立医院综合改革。进一步完善新农合制度，启动大病保险工作，巩固基本药物制度实施成果，推进城乡公共卫生服务均等化。继续落实城市医院对口支援基层医疗卫生机构制度。扎实抓好疫情监测和网络直报工作，加强重点传染病防控和突发公共卫生事件处置。重视贫困重性精神疾病患者救治救助。支持市中心医院、妇幼保健院异地新建和第三人民医院北院搬迁。协调推进中医药事业持续健康发展。努力构建和谐医患关系，严厉打击针对医院和医务人员的暴力违法犯罪行为。

统筹发展其他社会事业。坚持计划生育基本国策，促进人口长期均衡发展。广泛深入开展全民健身活动，启动承办省第十三届运动会、省第十届残运会的筹备工作，精心组织市第十届运动会，年内建成市体育中心“两馆”并投入使用。加快现代人民防空体系建设，推进人防融合发展。实施妇女儿童发展规划纲要，保障妇女儿童合法权益。添置养老服务床位，不断完善社会养老服务体系。关心和支持残疾人事业，帮助0~7岁残疾儿童实施抢救性康复。加快发展公益慈善事业。

（八）加快建设为民服务的法治政府

加强民主法制建设。自觉接受人大及其常委会监督，执行人大及其常委会的决议决定，自觉接受人民政协的民主监督，支持人民政协参政议政，认真办理人大代表建议和政协提案，积极采纳民主党派、工商联和无党派人士的调研成果。发展基层民主，全面开展社区“两化两体系”建设，做好第九次社区居委会换届选举工作。加强公共法律服务体系建设。支持司法机关依法独立行使职权。深入开展全民普法，提升社会法治化水平。进一步加强民族宗教工作。

加大简政放权力度。全面公开政府权力清单、责任清单和负面清单，继续做好行政审批事项的承接落实和取消下放，全面取消非行政审批事项，通过深化行政审批制度改革，优化行政审批流程，使我市成为行政审批项目少、行政办事效率高、行政运行成本低、行政过程透明的城市。

提升行政执法水平。深化行政执法体制改革，推广相对集中执法权，推进跨部门综合执法。严格落实行政执法人员持证上岗、资格管理和重大执法决定法制审核备案制度，深入推进“两法衔接”工作，规范公正文明执法，严格执行罚缴分离和收支两条线管理制度，最大限度减少行政自由裁量权。开展依法行政示范单位创建活动。

规范政府权力内部运行和监督。完善行政决策机制，坚持重大行政行为必经内部合法性审查，建立健全重大决策终身责任追究及责任倒查机制。推行政府法律顾问制度。全面推进政务公开，加快市政务服务中心整体搬迁工作。加强监督体系建设，支持和保障监察、财政、审计、法制等部门依法依规开展监督。完善行政复议制度和纠错问责机制，提高政府公信力和执行力。

持续加强和改进作风建设。巩固党的群众路线教育实践活动成果，自觉践行“三严三实”，加快形成作风建设长效机制。进一步优化发展环境，着力治理和解决办事难、乱检查、乱收费、乱处罚等群众反映强烈的问题。严肃廉政纪律，严格落实党风廉政建设责任制，坚决杜绝违法干预和插手工程、项目等行为，依法严厉查处腐败案件。

加强国防和后备力量建设。统筹推进军民融合深度发展，扎实抓好国防动员、民兵预备役、武警、应急动员、人防及军事设施保护工作。深化兵役制度改革，提高兵员质量。广泛开展全民国防教育和“双拥”共建活动，认真落实军转安置任务。

今年是全面完成“十二五”规划的收官之年，科学编制“十三五”规划是今年的一项重大任务。要从市情实际出发，深入研究经济新常态的新规律，准确把握面临的新机遇和新挑战，科学提出今后五年的发展目标和任务，使规划成为凝聚力量、指引发展的任务书、路线图。

各位代表，党的十八届四中全会吹响了全面推进依法治国的号角，做好今年的工作责任重大、意义重大。让我们在中共衡阳市委的坚强领导下，团结带领全市人民，解放思想，开拓进取，真抓实干，为加快全面建成小康衡阳而努力奋斗！

大事记

2014年衡阳大事记

1月

1日

▲ 衡阳市2014年“中航·白沙湾杯”元旦环城赛跑在太阳广场起跑，6000余名市民参加。

▲ 全国职业院校模具技能大赛在杭州落幕，衡阳财经工业职业技术学院的3名选手获得学生组三等奖，1名选手获得教师组优秀奖。

▲ 衡阳首个大型恐龙主题园开园。

▲ 衡阳市花鸟协会2014年年会暨“新城雅韵”第二届花鸟画作品展开幕。

3日

▲ 衡阳市人民政府与湖南省机场管理集团有限公司举行《衡阳南岳机场托管协议》签约仪式。

▲ 衡阳市安全生产指标控制排名湖南省第一，安全生产工作荣膺全省先进。

▲ 衡阳市“和风衡州”群众文化艺术节获中国艺术节群星奖。

▲ 衡阳市工商行政管理局蒸湘分局立新工商所、衡南县工商行政管理局三塘工商所被评为“2013～2015年全省依法办事示范窗口单位”。

▲ 南华附二医院集团书记、院长罗志刚签署《遗体捐献登记表》，成为衡阳市首位遗体整体捐献者。

4日

▲ 首届湖南省民间文艺奖颁奖仪式在长沙举行，衡东民协编撰出版专集《民俗衡东》获民间文艺新人奖三等奖；南岳刘谷云的木雕《百鸟图》获民间工艺奖优秀奖。

5日

▲“美丽衡阳”新作品声乐大赛在衡阳师范学院音乐厅举行。

▲ 衡阳市留学生协会成立。

6日

▲ 衡阳市失业保险金标准提高，市本级和五区为828元/月，七县（市）为756元/月。

9日

▲ 衡阳财经工业职业技术学院教师周欢在全国高职高专院校体育教师教学技能大赛中，荣获青年组二等奖。

▲“天嘉翰廷·文撼衡阳”全民读书月有奖征文比赛落幕。

11日

▲ 第27届晚报杯全国业余围棋锦标赛在厦门落幕，本市15岁女棋手周尧在所有参赛女棋手中排名第一。

11～12日

▲ 衡阳市委经济工作会议召开，市委书记李亿龙就本市今年经济工作提出总体要求和主要预期目标，要求实现地区生产总值增长10.5%以上，财政总收入增长14%以上。

13日

▲ 衡阳警备区党委十二届十九次全体（扩大）会议召开，市委书记、衡阳警备区党委第一书记李亿龙在会议上强调推进军民融合深度发展。

▲ 省委原常委、省纪委原书记、省教育基金会理事长许云昭到衡阳慰问部分优秀、特困教师。

15日

▲ 衡阳陆军预备役后勤保障旅召开党委三届四次全体（扩大）会议。市委副书记、市长、衡阳陆军后备役后勤保障旅党委第一书记、第一政委周海兵强调，要把握发展大势，紧贴使命形势，发挥军民优势，全面加强部队建设。

▲ 市委书记李亿龙会见中铁交通投资集团有限公司总经理徐坤甲一行。

▲ 15辆新能源油电混合动力公交车投入使用，标志本市首次投入使用国Ⅳ标准公交车。

16日

▲ 衡阳市召开2014年春节军政座谈会。

▲ 衡阳县教师吴永良老师获中国慈善领域最高奖项“中华慈善奖”——运达乡村教师奖。

17日

▲ 省委常委、省委宣传部部长许又声在衡阳走访部分困难企业、困难职工和困难农户。

▲ 衡阳市人民防空办公室作为全国地级市唯一的代表出席全国人民防空工作会议，并在会上

作典型经验介绍。

▲ 衡阳市举办老干部迎春座谈会。

18 日

▲“天之衡”杯衡阳第二届网络春节联欢晚会在市广播电视台开演。

20～23 日

▲ 衡阳市政协第十一届委员会第二次会议召开，听取和审议市政协第十一届委员会常委会工作报告和提案工作报告，协商讨论政府工作报告等其他报告，并补选马俭平为衡阳市政协第十一届委员会副主席。

21～25 日

▲ 衡阳市十四届人大三次会议召开，会议选举李亿龙担任市人大常委会主任，谢宏治、刘丽华（女）、李慧星、苏营、王旭明、康强、周晓云担任市人大常委会副主任，伍清明担任市人大常委会秘书长，张贺文、刘正兴担任市人民政府副市长。

22 日

▲ 2013 年度湖南省“十大同心人物”揭晓，市民肖跃莲上榜。

23 日

▲ 省人民检察院党组书记、检察长游劝荣在衡阳走访慰问贫困职工。

25 日

▲ 衡阳市城区首家邮政便民服务站在白沙洲工业园金龙小区成立。

31 日

▲ 常宁籍女孩刘虹所在的“美声四季”组合荣获中央电视台“星光大道”2013 年度总决赛冠军。

2 月

7 日

▲ 中共衡阳市第十届纪委第四次全会暨全市反腐败工作会议召开。

9 日

▲“香江杯”万人徒步大拜年活动举行。

11～12 日

▲ 领胜电子科技董事长曾芳勤一行至衡阳进行项目对接考察，并签署落户综保区的一期建设项目。

14 日

▲ 湖南省重点非物质文化遗产项目——南岳庙会举行。

18 日

▲ 常宁市天湖湿地获批国家湿地公园试点。

20 日

▲ 副省长张硕辅至衡阳调研春耕备耕情况。

21 日

▲ 衡阳市党的群众路线教育实践活动动员部署电视电话会议召开。

24 日

▲ 衡阳市人民政府召开 2014 年第一次全体会议，传达省“两会”等相关会议以及省政府工作报告精神，通报 2013 年市政府重点工作部门分工落实情况和 2014 年分工意见。

▲ 市委书记、市人大常委会主任李亿龙会见世界华人协会主席胡智荣一行。

25 日

▲ 湖南省首个关于民间融资中介管理文件——《衡阳市民间融资中介服务机构管理暂行办法》出台。

26 日

▲《衡阳市城市总体规划（2006～2020）修改》通过国务院部际联席会议审查。

27 日

▲ 市委书记、市人大常委会主任李亿龙会见北京国际信托投资有限公司董事长李民吉一行。

▲ 世界第一台最高电压等级的 1000 千伏发电机特高压变压器在衡阳诞生。

3 月

1 日

▲ 省委书记、省人大常委会主任徐守盛在衡阳调研指导第二批党的群众路线教育实践活动。

▲ 衡阳市首个“希望工程”爱心站在市青少年宫成立。

▲ 南岳旅游营销系列动画片《锦绣神州之奇游迹》被国家广播电影电视总局推荐为全国“2013 年第三季度国产优秀动画片”，并入围“中国梦”主题动画片全国 12 强。

▲ 衡阳市实施注册资本登记制度改革，统一启用新版营业执照。

5 日

▲“弘扬雷锋精神，构建幸福衡阳”系列志愿服务活动启动。

▲ 衡阳市体育中心体育场通过中国田径协会专家组综合验收，被确认为国家级一类田径场地。

6～7 日

▲ 省政府督查组对衡阳实施湘江污染防治第一个“三年行动

计划”情况进行现场督查。

8～15日

▲ 第二届衡阳市女子书画作品展在市美术馆举办。

10日

▲ 市委书记、市人大常委会主任李亿龙会见领胜集团董事长曾芳勤一行。

12日

▲ 湖南天雁机械有限责任公司获批全国AAA级优秀科协调查站点。

▲ 在湖南省第三届黄炎培职业教育奖评选活动中，衡阳市职业中等专业学校吴昌松老师荣获中职组“杰出教师奖”。

13日

▲ 衡阳市“公共文化服务进社区”被评为国家公共文化服务体系示范项目，“和风衡州”被授予全国“群星奖”项目奖。

19～21日

▲ 市委副书记、市长周海兵陪同省委副书记、省长杜家毫、副省长何报翔赴深圳考察，开展招商引资活动。

21日

▲ 衡阳市40个项目进入湖南省重点工程，项目个数、投资规模位列全省第二。

24日

▲ 常宁市庙前镇中田、泉井两村入选2013年度中国景观村落名单。

25～26日

▲ 全国政协常委、省政协副主席杨维刚率调研组在衡阳调研湘江保护与治理工作。

27日

▲“欢乐潇湘·幸福衡阳”暨“广场旬旬演·社区周周乐”群众文化活动在四城区同步启动。

30日

▲ 衡阳市开展“爱鸟周”一系列主题宣传活动。

31日

▲ 衡阳市2014年“三下乡”活动在珠晖区茶山坳镇堰头村正式启动。

4月

1日

▲ 市委书记、市人大常委会主任李亿龙会见衡阳籍中国工程院院士、清华大学教授聂建国一行。

▲ 衡阳市企业退休人员基本养老金人均增加110元，调整幅度达10%。

2～3日

▲ 水利部水文局局长邓坚一行在衡阳视察水文工作。

8日

▲ 省人大常委会党组成员、省委驻衡阳工作组组长杨泰波在市委宣传部督查党的群众路线活动开展情况。

▲ 衡阳市在烈士陵园举行清明公祭活动。

▲ 来自海峡两岸的烈士后裔及社会各界人士300余人在南岳衡山忠烈祠祭奠抗战英烈。

▲ 衡阳市革命烈士陈列馆正式开馆，并作为全市德育教育和爱国主义教育基地免费向市民开放。

▲ 衡阳市召开“万名书记讲党课”启动仪式暨市委主要领导讲党课电视电话会议。

11日

▲ 衡阳市首届青少年机器人竞赛在市科技馆举行，来自全市各学校的近300名选手参加比赛。

12～13日

▲ 省委书记、省人大常委会主任徐守盛到衡阳调研指导工作。

14日

▲ 衡阳电网首座220千伏变电站投入使用。

15日

▲ 中国雁城·艺术文化创意园正式挂牌。

16日

▲“爱心助残·花开梦想”——当代中国花鸟画名家精品巡回展暨拍卖会活动在衡阳正式启动。

17～18日

▲ 台湾前“行政院长”郝柏村先生一行参访衡阳抗战遗址。

19日

▲ 衡阳市第十届体育舞蹈锦标赛暨全国邀请赛在市体育馆举行。

22～23日

▲ 副省长张硕辅在衡阳调研农业产业化发展情况。

22日

▲ 省机械化育秧插秧现场推进会在衡阳县召开。

▲《新世纪衡阳诗选》首发式在衡阳举行。

24日

▲ 衡阳市慈善志愿者总队成立。

▲ 南华大学学生丁凯入围“第九届中国大学生年度人物”评选。

25日

▲ 衡阳市“同庆五一节·共话衡阳梦”劳动模范座谈会召开。

▲“美丽衡阳”新作品声乐大赛颁奖音乐会在市广电中心演播厅举行。

▲衡阳县竹雕传承人梁丰助入选湖南省“非遗传承人”。

28日

▲中国建设银行衡阳市分行荣获2013年全国五一劳动奖状。

30日

▲衡阳市举行“五四”庆祝大会暨青年创业梦想秀活动。

5月

1日

▲中国五矿金铜项目核心工程精矿仓在常宁水口山开工。

9日

▲衡阳市首个未成年人权益保护站落户华新实验中学。

9～10日

▲衡阳市首届气排球比赛在市体校举行，有近300名运动员参加。

12日

▲衡阳市应急知识宣传周启动仪式在莲湖广场举行。

14日

▲衡阳男孩杨航入选国家少年足球队集训大名单。

15日

▲衡阳市政协举办《政协湖南省委员会关于政治协商、民主监督、参政议政的规定（试行）》专题讲座。

▲衡阳市政府举行广东客商代表团赴衡阳考察专题招商对接会。

16日

▲《衡阳水路交通史》出版。

19日

▲衡阳市“文明旅游活动”暨“中国旅游日”大型宣传活动在莲湖广场举行启动仪式。

19～20日

▲省委书记、省人大常委会主任徐守盛在衡阳考察调研。

22日

▲全国政协常委、文史和学习委员会主任，中宣部原副部长，国家广播电影电视总局原党组书记、局长王太华一行在石鼓书院考察。

▲“港商入湘30年”集中采访团莅临衡阳市。

26～28日

▲省委副书记、省长杜家毫在衡阳调研。

26～29日

▲国务院安全生产委员会办公室督查组在衡阳督查本市汛期安全生产工作。

29日

▲全国技工院校机械专业骨干教师参观团一行100人，到衡阳技师学院学习考察。

30日 湖南天雁机械股份有限公司上市揭牌，成为国内增压器行业、本市汽车零部件产业首家上市企业。

31日

▲衡阳财经工业职业技术学院会计系代表队在全国职业院校技能大赛高职组会计技能赛上摘得团体二等奖。

6月

2日

▲入汛以来第五轮强降雨来袭，衡阳市启动Ⅲ级防汛应急响应。

4日

▲中国中铁股份有限公司与市人民政府签署框架合作协议，预计投资55亿元建设滨江新区。

▲湖南高速铁路职业技术学院在全国第二届“鲁班杯”建筑工程视图技能竞赛中夺得团体冠军，陈冬山同学获个人特等奖，赵安兴同学获个人一等奖，朱庆同学获个人二等奖，魏秀瑛、刘靖、欧阳志获优秀指导教师奖。

5日

▲衡阳市第一个致力于生态志愿服务的团体——衡阳师院方舟生态志愿者联盟成立。

6日

▲“耀江花园杯”第十届世界华人青少年艺术节衡阳赛区选拔拉开帷幕。

6～8日

▲省委书记、省人大常委会主任徐守盛在衡阳指导市委常委班子党的群众路线教育实践活动专题民主生活会。

7～8日

▲衡阳市公交集团开通“高考直通车”，56台公交车和70台的士在市区9个接送点，免费为考生服务。

9日

▲“湖南省食品药品安全科普教育基地衡阳基地”在市食品检验检测中心正式挂牌成立。

10日

▲衡阳市“文明网络行动”活动启动。

13日

▲衡阳市33个安置房项目

签订《安置房建设责任书》。

▲“衡州记忆”第九个全国“文化遗产日”宣传展演活动在莲湖广场启幕。

17 日

▲衡阳代表团出席“沪洽周”活动，共签约项目 25 个，其中参加省级签约项目 10 个，市级签约项目 15 个，引资总额 226.18 亿元，签约项目个数和引资额均居全省第一方阵。

▲天涯社区总编辑胡彬作客“石鼓书院大讲坛·名家讲座”，主讲“新媒体考验基层执政能力”。

▲16 时 45 分，位于衡阳市的某军械仓库发生一起爆炸事故，造成正在进行弹药入库堆垛作业的 17 名官兵遇难。

18 日

▲副省长盛茂林率领省禁毒委成员单位相关负责人在衡阳调研指导禁毒工作。

23 日

▲衡阳市 2014 年征兵活动启动。

24 日

▲衡阳南岳机场顺利完成试飞。

25 日

▲衡阳市人大系统“6·25 为民服务日”活动全面开展。

25～27 日

▲2014 年衡阳市中小学生田径运动会在市体育中心举行。

26 日

▲“身边雷锋·衡阳好人”暨弘扬社会主义核心价值观先进事迹报告会“五进”（进机关、进社区、进农村、进学校、进企业）活动启动。

▲衡阳市“周末百姓剧场”正式启动。

▲首台“变电站智能巡检机器人”亮相衡阳。

30 日

▲雨母山绿道全线畅通。

7 月

1 日

▲怀邵衡铁路在中铁建十二局承建的黄岩隧道正式破土动工；连接京九线、京广线两大南北交通大动脉的吉衡铁路正式通车运营。

▲水口山金铜项目核心工程全面开工。

9 日

▲衡阳市图书馆暨雁峰公园提质改造项目动工建设。

▲衡山影子戏作为“中国皮影”的一部分，被联合国教科文组织列入《人类非物质文化遗产代表作名录》，成为本市首个入选世界“非遗”的项目。

10 日

▲衡阳少年何泰昱在 2014 年 USA/IBC 美国国际芭蕾舞比赛中摘取男子少年组金奖。

13 日

▲湘江衡阳段首次发现国家二级重点保护野生动物——娃娃鱼。

14～15 日

▲国家煤矿安全监察局督查巡检组在衡阳督导煤矿安全。

17 日

▲衡东县发现湖南省首个古箭楼院落。

19 日

▲衡阳华耀城招商中心开放暨华盛奥特莱斯、好百年家居、乾龙物流签约仪式隆重举行。

▲湖南省青少年轮滑锦标赛在市体育中心广场举行，衡阳代表团获得速滑团体亚军。

20 日

▲湖南省重点工程祁东云兴湖现代农业科技生态园项目全面启动。

22～23 日

▲市委书记、市人大常委会主任李亿龙在南海舰队会见张兆垠少将，并登上“衡阳舰”慰问舰艇官兵。

22～24 日

▲市委副书记、市长周海兵随同湖南党政代表团赴新疆维吾尔自治区，考察对口援建工作。

24 日

▲在第十四届全国青少年机器人竞赛中，市成章实验中学参赛队勇夺 FLL 工程挑战赛初中组季军，荣获全国一等奖。

24～26 日

▲市委书记、市人大常委会主任李亿龙率团深入广东招商引资，签约项目 10 个，引资总额共计 50.5 亿元。

25 日

▲衡阳市游泳协会在市游泳跳水中心成立。

28 日

▲总投资达 55 亿元的滨江新区耒水以北基础设施项目和总投资约 7.5 亿元的蒸湘北路延伸工程暨站前路、湘环路项目开工建设。

▲华菱星马汽车与白沙洲工

业园正式签约，将在园区投资建设 LNG 天然气重卡专用车改造基地及汽车零配件生产项目，总投资 2 亿元。

29 日

▲ 衡阳市首例编造虚假恐怖信息案宣判，被告人曹某犯编造虚假恐怖信息罪，判处有期徒刑一年。

30 日

▲ 滨江新区五四安置区、茶山坳安置区正式开工。

8 月

4 日

▲ 常宁市发现一座汉代家族墓葬群，出土文物十多件。

5 日

▲“湘学溯源媒体行”采访团到衡阳集中采访。

5～7 日

▲ 副省长盛茂林率领省政府督察组在衡阳督查安全生产工作。

8 日

▲ 衡阳市委十届五次全委（扩大）会议召开，提出本市下半年总的工作要求：认真贯彻落实中共十八大、十八届三中、四中全会和习近平总书记系列重要讲话精神，以教育实践活动为总揽，以全面深化改革为动力，以项目建设为抓手，积极应对大环境，大力营造小气候，着力稳增长、促改革、调结构、惠民生、保稳定、抓党建，确保圆满完成全年各项目标任务。

▲ 衡阳市第六个“全民健身日·横渡湘江”活动在泰梓码头举行。

9 日

▲《衡阳市志（1978～2008）》在市图书馆举行首发仪式。

11～15 日

▲ 市委书记、市人大常委会主任李亿龙率队赴京，全面拉启与中建、中航、中钢及中油金鸿等多家大型央企及战略投资者的对接合作大幕，签下 7 个合作协议，合同投资额超过 60 亿元。

15～16 日

▲“杂交水稻之父”袁隆平院士到衡阳考察超级杂交稻生产情况。

19 日

▲ 副省长黄兰香率省相关部门负责人在衡阳调研工业经济运行情况。

▲“欢乐潇湘·幸福衡阳”大型群众文化活动文艺汇演决赛上演。

20～22 日

▲ 湖南省十二运会跳水比赛在长沙举行，衡阳代表团获得 8 金 4 银 5 铜、总分 322 分的好成绩，金牌总数和总分均居第一。

26 日

▲“中国专利第一人”、巨星集团总裁邱则有到衡阳为全市近 200 家企业带来题为“中小企业技术创新与知识产权保护”的专题讲座。

26～27 日

▲ 工信部专家组一行来衡，就五矿铜业湖南公司申报“工业产品生态设计示范企业”进行研讨座谈。

29 日

▲ 湖南省公安科技信息化工作座谈会在衡阳召开。

9 月

1 日

▲ 首批国家级抗战设施遗址、抗日英烈名录公布，衡阳抗战纪念城、南岳忠烈祠及衡阳籍烈士谢翰文入选。

▲ 国家林业局、中粮集团油茶产业联合调研组莅临衡阳，调研衡阳市油茶产业建设情况。

▲ 省文化系统专业书画家作品联展在衡阳市书画院开幕。

▲ 2014 年希望工程“青春飞扬·爱心助学”大型公益活动启动，现场认捐 400 万元。

3 日

▲ 南岳忠烈祠举行抗战胜利 69 周年纪念活动。

4 日

▲“中国梦·劳动美”衡阳市首届职工全健排舞大赛在市体育馆举行。

9 日

▲ 湖南首个保税区——衡阳综合保税区正式封关运行。

▲ 全面介绍衡阳名山、名水、名城、名人的旅游文化读本《美丽衡阳》正式出版。

10 日

▲ 省委常委、省委政法委书记、省公安厅厅长孙建国到衡阳视察。

▲ 湖南省 2014 年“欢乐潇湘”大型群众文化活动文艺汇演决赛衡阳专场在湖南大剧院上演。

12 日

▲ 衡阳西渡高新技术产业园核心区开工建设。

▲ 市民谭雯支在“2014 建国杯”第四届全国大型音乐展演赛中荣获青年组民族唱法金奖。

12～14 日

▲ 第十八届全国旅游门券收藏展览会在衡阳市博物馆举行。

15 日

▲ 衡阳警备区司令员调整命令大会召开，贺小坤接任衡阳警备区司令员。

▲ 湖南省第十二届运动会结束，衡阳取得青少年组赛会总分3420 分，综合总分 3530.5 分，金牌76 枚，两类总分均位居全省第二，金牌数位居全省第三名的出色战绩。

▲ 衡阳作家徐文伟的散文作品《与鸟共鸣》获全国“啄木鸟”系列生态文学征文三等奖。

16 日

▲ 衡东县人民政府与中国水电建设集团签订 30 万千瓦风力发电项目合作协议，项目预计总投资约 30 亿元。

▲ 中国地市报研究会六届五次理事大会在衡阳举行。

17 日

▲ 衡阳市庆祝人民代表大会成立 60 周年大会隆重举行。

18 日

▲ 衡阳市“12345”政府服务热线正式开通。

▲ 衡州大道西延城区段新建工程和衡阳至西渡公路城区段道路工程同时开工。

22 日

▲ 湖南省宣讲团“党纪条规主题教育”报告会在市政府会议中心举行。

24 日

▲ 2014 年全国科普日活动在太阳广场举行。

25 日

▲ 全国人大代表衡阳小组调研农村用电情况。

28 日

▲ 衡阳荣膺全国首批“创建生态文明典范城市”。

▲ 湖南省公安局长会议暨派出所建设治安防控工作现场会在本市召开。

30 日

▲ 衡阳市在市烈士陵园举行公祭活动。

▲ 涉及新能源、新材料及精细化工等领域的 9 大重点项目在衡阳市松木经济开发区内开工。

10 月

1 日

▲ 衡阳市民政局选送的小品《那一抹晚霞》在民政部举办的“中国梦·军休情”首届军休干部文艺汇演中获得二等奖。

8 日

▲ 党的群众路线教育实践活动总结大会衡阳分会场会议召开。

▲ 白沙洲工业园区西部路网工程、湘江防洪堤风光带、懿科科技、众友导电滑环等 7 个项目集中开工。

17 日

▲ 扶贫认捐和“心系扶贫”万名群众大签名活动在太阳广场举行。

17～23 日

▲ 市委书记、市人大常委会主任李亿龙率领衡阳代表团对台湾进行为期一周的访问。

18 日

▲“全民健身挑战日”衡阳赛区分别在平湖公园全民健身广场、市体育中心、南华大学 3 个点同时启动。

▲ 衡阳市网络志愿者协会正式成立。

19 日

▲“欢乐潇湘·幸福衡阳”全民广场舞大赛总决赛举行。

▲ 衡阳市环保志愿者协会成立。

20～21 日

▲ 省委常委、省委秘书长韩永文在衡阳考察调研。

21 日

▲ 副省长张剑飞在衡阳调研新型城镇化、交通运输和安全生产工作。

▲ 由衡阳市书法协会与台湾中华世纪书画协会联合主办的文化交流书画展在台北邮政博物馆开幕。

23 日

▲ 省人大常委会副主任徐明华带队到衡阳，走访看望省人大代表。

▲ 市委副书记、市长周海兵会见菲律宾青年政治家代表团一行。

24 日

▲ 湖南省殡葬改革工作会议在衡阳召开。

29 日

▲ 衡阳市铁一中学搬迁新建项目、耒水西岸堤防工程开工。

31 日

▲ 衡阳第五届农产品博览会在西湖公园开幕。

▲ 衡阳市成为湖南省首个建筑废弃物综合利用试点城市。

11 月

1 日

▲ 2014 年湖南省中医药学会中药专业委员会在南岳举行。

4～5 日

▲ 衡阳南岳机场顺利通过由民航中南地区管理局组织有关部门的行业验收。

6 日

▲ 在第二届中华慈善突出贡献奖评选中，本市祁东县慈善总会荣获中华慈善突出贡献（组织）奖、珠江合创荣获中华慈善突出贡献（单位）奖、贺宗武荣获中华慈善突出贡献（个人）奖。

▲ 第六届“书香雁城・文化衡阳”全民读书月活动暨“衡阳市掌上图书馆”启动仪式在市广电演播大厅启动。

7 日

▲ 衡阳市新开 3 条公交线路，分别为 135 路、163 路、165 路，配置运力共 22 台。

8 日

▲ 2014 年衡阳房交会在太阳广场开幕。

▲“魅力衡阳・动感南湖”衡阳首届彩跑大赛在生态公园起跑。

8～9 日

▲ 湖南省第二届武术大赛（套路赛区）在本市举行，祁东文武学校和衡南县彭飞文武学校分列金牌榜和团体总分第一。

10 日

▲ 衡阳市召开专题会议传达学习《中共中央关于湖南衡阳破坏选举案处理情况及其教训警示的通报》精神。

▲ 总投资约 30 亿元的二环东路项目开工建设。

▲ 衡阳市群艺馆创作的小品《返乡梦》在全国首届农民艺术节暨民间艺术节上荣获“金土地”奖最佳演出奖。

▲ 特变电工衡阳变压器有限公司、衡阳运输机械有限公司、衡阳镭目科技有限责任公司入选国家火炬计划重点高新技术企业。

11 日

▲ 衡阳市首届慈善马拉松挑战赛开跑。

▲ 衡阳市移动互联网产业协会宣布成立。

13 日

▲ 省政府在衡东县召开湘江干流禁养区规模养殖退出工作座谈会。

▲ 副省长李友志到衡阳调研教育、文化工作。

14 日

▲ 中央电视台科教频道《地理・中国》栏目摄制组来到衡东县探寻美味。

18 日

▲ 衡阳市召开食品药品监管体制改革工作会议，启动食品药品监管体制改革。

19 日

▲ 省委副书记孙金龙到衡阳考察调研。

▲ 日本欧姆龙、法国施耐德、美国沃尔玛、韩国三星等 14 家跨国公司，世界 500 强企业高管首次以高规格组团形式抵达衡阳，进行实地考察。

20～21 日

▲《人民日报》、新华社、《光明日报》《工人日报》等十余家中央主流媒体齐聚衡阳，聚焦青少年体育工作。

21 日

▲ 衡阳市在第二届湘南承接产业转移投资贸易洽谈会上发布衡山科学城、衡阳综保区、衡南县云集空港物流园、衡阳市文化创意体验园、武广耒阳新城等 34 个项目，总投资 226 亿元。

▲ 衡阳市在衡阳幼儿师范学校开通首条校园直达快巴。

▲ 衡阳市率先在全省成立农村青年致富带头人协会。

23 日

▲ 由衡阳市委宣传部、湖南省邮政公司衡阳市分公司承办、西班牙欧西嘉交响乐团演奏的“2015 衡阳新年音乐会”在市政府会议中心举办。

▲ 衡阳市小红人志愿者协会成立。

25 日

▲ 衡阳市人大常委会召开代表集中视察汇报会，拉开为期 3 天的国、省、市三级人大代表集中视察活动序幕。

27 日

▲ 国家人民防空办公室副主任柳庆森来衡调研“国家人防教育训练（衡阳）基地”建设情况。

28 日

▲ 德耀蒸湘——衡阳市第三届道德模范暨“身边雷锋・衡阳好人”颁奖典礼在市广电中心举行。

▲ 衡阳市人民政府与浦发银行长沙分行战略合作签约暨助学捐赠仪式举行。

29 日

▲ 致公党衡阳市委举行中国

致公党在衡阳建立组织30周年纪念及表彰大会。

29～30日

▲ 衡阳市举行第二届大众跆拳道公开赛。

30日

▲ 第九届未来影像·亚洲国际青少年电影节举行颁奖典礼，中国青年新锐祁东籍导演李军林凭借《一个人的课堂》，荣获年度亚洲最具影响力最佳新人导演奖。

12月

1日

▲ 衡阳市政协召开2014年度国、省、市三级政协委员集中视察动员暨市政府情况通报会，拉开为期3天的全市三级政协委员集中视察活动的序幕。

▲ 第29届衡阳市青少年科技创新大赛举行。

1～3日

▲ 湖南省政府考核组到衡阳考核2014年度安全生产工作。

2日

▲ 衡阳申报国家历史文化名城工作正式启动。

3日

▲ 湖南省人大代表联系群众工作平台建设推进会在衡阳召开。

▲ 市委书记、市人大常委会主任李亿龙会见到衡阳考察的新疆鄯善县党政代表团。

▲ 耒阳市“蔡伦古法造纸”被列为国家级非物质文化遗产代表性项目。

4日

▲ 全省第七次地方志工作会议在长沙召开。会上，共有衡阳市、常德市、湘西自治州、省经信委、省教育厅5个单位作典型发言，衡阳是第一个，发言的主题是“抓住‘三个重点’，推进‘三个形成’，努力开创地方志工作新局面”。

5日

▲ 黑龙江省齐齐哈尔市委书记、市人大常委会主任韩冬炎率队到衡阳考察。

6日

▲ 台湾文化创意产业联盟协会荣誉理事长李永萍一行到衡阳参观访问。

12日

▲ 衡阳市第三届奇石、玉器、陶瓷收藏品博览会在岳屏广场揭幕。

▲ 中国首部人防科教片——《居安思危·备战人防》“走进社区”大型宣传活动在石鼓区莲湖广场举行。

13日

▲ 衡阳市第二届“老少共圆中国梦”书画比赛颁奖暨创作展示活动在市教育局举行。

14日

▲ 九三学社衡阳市委召开成立30周年纪念暨表彰大会。

16日

▲ 土谷塘航电枢纽船闸正式开闸通航。

17日

▲ 省内首家区级美术馆——石鼓区美术馆剪彩暨石鼓区首届书法作品邀请展开馆。

18日

▲ 国家工商总局党组书记、局长张茅在衡阳调研工商管理工作。

▲ 衡阳市八中教育集团在市八中揭牌成立，成为本市规模最大的基础教育办学联合体。

19日

▲ 中共衡阳市委第十六届六次全委（扩大）会议召开，市委书记、市人大常委会主任李亿龙代表市委常委会向全会作工作报告，市委副书记、市长周海兵主持会议。

21日

▲ 祁东县四明山森林公园成功获评国家级森林公园。

▲ 来自湖南省各地的汉文化爱好者身着汉服，齐聚岳屏公园衡阳抗战纪念城碑前，举行冬至祭祀。

22日

▲ 衡阳市文化广电新闻出版局首次获得“全国文化系统先进集体”称号。

23日

▲ 衡阳南岳机场—北京南苑机场航线正式通航。

24日

▲ 衡阳市纪委监察局官网“衡阳反腐网”正式升级改版上线。

▲ 湖南省“两供两治”重点工程项目城西污水处理厂7.5万吨/天扩建工程正式投入试运行。

24～26日

▲ 湖南省绩效评估验收组对衡阳市绩效情况和为民办实事工作进行评估验收。

27日

▲ 首届“2015中华汉字书法文化节”在南岳大庙开幕。

▲“美美世界”站衡阳首届慈善马拉松跨年挑战赛举行。

28 日

▲ 衡阳市第三届道德模范暨“身边雷锋·衡阳好人”颁奖典礼在市广电中心举行。

29 日

▲ 衡阳市委经济工作会议召开。

▲ 衡阳市八中正式挂牌“国家级体育传统项目学校”。

30 日

▲ 衡云干道茅叶滩湘江大桥顺利合龙。 （熊　雯）

衡阳概况

自然地理

【位置与面积】 衡阳，古为三苗故地，称衡州，有“寰中佳丽”之誉。相传“雁不过衡阳”，故衡阳城亦被称之为“雁城”。衡阳市位于湖南省中南部，湘江中游。地处北纬26°07′05″～27°28′24″，东径110°32′16″～113°16′32″。东邻株洲、攸县、安仁，南界永兴、桂阳，西接冷水滩、祁阳、东安、邵阳、邵东，北靠双峰、湘潭。南北长150公里，东西宽173公里，总面积15310平方公里，占全省土地总面积的7.23%，在全省各市、州中，幅员位居第7位。

【地形地貌】 衡阳市处于湖南省凹形面的轴带部分，四周山、丘围绕，为古老宕层形成断续环带的岭脊山地，东部为罗霄山余脉天光山、四方山、园明坳，南部为南岭余脉塔山、大义山、天门仙、景峰坳，西部为越城岭的延伸熊罴岭、四明山、腾云岭，西北部、北部为大云山、九峰山和南岳衡山；中部主体大面积分布白垩系和下第三系红层的红色丘陵台地，使衡阳地区的地貌轮廓成为一个以衡阳市为中心、南高北低，向东北方向稍有延伸的类椭圆形盆地。境内最高点为衡山祝融峰，海拔1289.8米；最低点为衡东的彭陂港，海拔只有39.2米。整个地形比降为7.9‰。地貌类型以岗丘为主，山地占总面积的21%，丘陵占27%，岗地占27%，平原占21%，水面占4%。

【河流】 境内有长5公里或流域面积10平方公里以上的江河溪流393条，总境长达8355公里，河网密度为每平方公里0.55公里。发源于广西临桂的湘江干流，自祁东县归阳镇入境，依次流经祁东县、衡南县、常宁市、衡阳市城区、衡阳县、衡山县和衡东县，境内长226公里。境内流域面积在3000平方公里以上的湘江一级支流有春陵水、蒸水、耒水、洣水，水电资源理论蕴藏量87.61万千瓦，可供开发量64.17万千瓦。

【动物资源】 已知衡阳市有兽类和鸟类200余种，其中兽类30种，鸟类17目40科170种以上。国家一级保护动物有云豹、白鹳、河麂（车獐）、中华秋沙鸭。国家二级动物有穿山甲、虎纹蛙、水獭、大灵猫、小灵猫、果子狸、水鹿、斑羚、鏖麝、鸳鸯。猛禽类有草峭、猫头鹰、褐林峭、短耳峭、大庐、红脚隼、白鹇、峭鹞、白冠长尾雉、红腹角雉、大鲵等。省重点保护动物有白鹭、环颈雉、竹鸡、白骨顶、珠颈斑鸠、华南虎、山斑鸠、苍鹭、牛背鹭、颀鹚、中华竹鼠、银星竹鼠、狐、青鼬、豹猫、蛇、蟾蛙等30余种。

【植物资源】 全市有木本植物99科、342属、1047种。国家一级保护珍稀树种有银杏、金钱树、摇钱树、水松伯乐树（钟萼本）、绒毛皂荚、香果树等。国家二级珍贵树种有蓖子三尖杉、杜仲、榉木、闽楠、红豆杉、厚朴等。国家三级保护树种有黄枝油杉、柔毛油杉，凹叶厚朴、桢楠青檀、银鹊树、青钱柳、香榧、金叶、白兰花、湖南石槠、瑶山梭罗等。速生优良树种有杉树、马尾松、槠、栲、栎类、青冈、枫香橡木、木荷、刺楸等20科120种。引进树种主要有湿地松、火炬松、柳杉、油松、黄山杉、华山松、水杉、池杉、落地杉、光皮桦、桤木、意大利杨等。经济林名特优自选、自繁、自育树种有楠竹、油茶；檀桥板栗、祁东无核香柚、衡山九龙李、苹果李、光皮枣、白果等。

【土地资源】 衡阳市所辖土地总面积为1.53万平方公里，计1529923.97公顷。其中耕地面积39.15万公顷，主要分布在湘江谷地平原及耒水、洣水、蒸水、春陵水等湘江一级支流两岸，地势平坦、土壤肥沃、灌溉便利，有利于建设高产、稳产农田；在紫色砂页岩丘岗地区的岗间谷地、丘间谷地的耕地，土壤中富含磷、钾，自然生产力也较高。按照耕地质量等级评估，全市一等耕地占62%，二等耕地占25%，三等耕地仅占13%。林地面积71.48万公顷，主要分布在南岳衡山以及市境周边的九峰山、四明山、大云山、天光山、大义山、塔山、五峰山、天门山、四方山等山地一带。园地、牧草地面积分别为3.48万公顷和7.4万公顷，数量少，分布散。城镇村及工矿用地面积12.74万公顷，交通运输用地面积2.59万公顷，水域及水利设施用地面积11.40万公顷，其他土地面积4.69万公顷。按三大类分，全市农用土地125.98万公顷，建设用地15.01万公顷，未利用土地面积12.00万公顷。土地利用类型结构有三个突出的基本特点：（1）土地利用类型结构以林、耕地为主。全市农业用地、建设用地和未利用土地的结构是82.35∶9.81∶7.84，反映衡阳市自然条件和区位比较优越，开发历史悠久，以及工农业生产和交通运输发达的特点。林地面积占46.72%，是全市土地利用比值最高的类型；耕地面积占25.59%，其比例居土地利用类型的第二位，而水田面积又占耕地面积的83.67%，是以水田为主的耕地类型。林、耕地面积占到全市土地总面积的72.31%。（2）类型齐全，数量不丰。全市土地资源8大一级类型俱全，44个二级类型基本齐全，山、丘、岗、平兼有，以岗丘为主，岗丘面积约占全市土地总面积的56.8%。全市人均拥有土地量仅为0.020公顷，为全国人均0.095公顷（既1.125亩）的25%，为全省人均量的63%，人均拥有耕地面积仅0.05公顷，即0.75亩，属土地资源数量极不丰富的地区之一。（3）地域差异明显，类型结构不够均衡，全市土地利用各类型的总量和结构呈现出极大的地域差异，且主要地类林地、耕地和建设用地的分布相对集中连片。位于衡阳盆地中部岗平地区，包括蒸湘、石鼓、雁峰、珠晖四个城区面积51830.58公顷，占全市土地总面积的3.39%。本区地势平坦开阔，交通发达，城镇村居民点及工矿、商贸、文教卫等机关企事业单位的比例大，水域、园地用地面积较多，土地利用效益高于其他土地利用区，但“三废”污染较为严重。东北部丘岗区，包括衡东、衡山两县，面积286168.99公顷，占全市土地总面积的18.70%，地形以丘岗为主，水域面积比例较大，是建设商品粮、优质水果和水产养殖基地的理想之地。南岳山地区，面积17927.78公顷，仅占全市土地总面积的1.17%，地形以山地为主，占81.67%，林业、旅游业用地比例居全市各区之首，土地利用效益高，保护生态环境和人文景观、开发旅游资源任务繁重，前景广阔；但耕地、水域面积比重甚微。西南地区，包括祁东县和常宁、耒阳市，面积为656717.02公顷，占全市土地总面积的42.92%，该地区地形组合结构较为均衡，山、丘、岗、平比例均在20%以上，林、牧产值比例较高，矿产资源丰富，城镇村居民点及工矿用地比例大，工业污染严重，待复垦土地面积大，难利用土地多。中北部丘岗区，包括衡南、衡阳两县，面积为517279.60公顷，占全市土地总面积的33.81%，紫色砂页岩广布是本区的突出特点，而耕地面积尤其是水田面积多、比重大，又是该区的主要优势，是全市重要农业区，是建设商品粮基地的主产区。

【矿产资源】 衡阳市地处华夏系第二沉降带平（江）——衡（阳）凹陷带，位于阳明山——塔山东西向隆起带北缘、祁阳弧形构造南缘，著名的衡阳红色盆地位居本区中部，区内地层发育齐全，构造运动强烈，岩浆活动频繁，矿产极为丰富，是湖南省著名的“有色金属之乡”和“非金属之乡”。截至2000年年底，已发现矿产地500余处（不包括砖瓦用黏土、采石场、采砂场377处）、矿产66种，占湖南省已发现的141种矿产的46.8%。其中探明资源储量的51种，占湖南省已探明资源储量101种矿产的50.5%；在已发现的66种矿产中，已纳入矿产资源储量表的有40种。全市矿产总资源储量1275723万吨，矿产资源潜在价值3511多亿元。在全省37种主要矿产资源中，衡阳市有29种，占78.38%；在对国民经济发展有重要意义的15种大宗支柱性矿产中，衡阳市有10种，能源、有色、黑色及非金属矿产为全市四大优势矿产。主要有煤、石煤、铁、锰、钒、铅、锌、钨、铜、锡。金、银、铍、铌、钽、钼、铀、砷、硼、汞、钴、锑、硫铁、高岭土、石膏、岩盐、钙芒硝、重晶石、萤石、钾长石、钠长石、硅灰石、滑石、大理石、常宁玉、花岗岩、石灰石等38种。

固体燃料矿产：以煤为主，已发现矿床17处、矿点13处，为湘南地区重要的产煤区。烟煤、无烟煤累计探明储量50796万吨，截至2000年年底，保有资源储量441018万吨，居全省第三位，主要分布在耒阳、常宁两市，祁东、衡东等县亦有少量分布。煤炭资源储量的90%集中在耒阳白沙、永耒、马水和常宁斗岭、盐湖矿区。全市含煤地层3个，其中龙潭组为主要含煤地层，众多工业矿床产于龙潭煤系；测水煤系和下侏罗纪煤系含煤较差，多不构成工业矿床，仅常宁武房有小型煤矿分布。石煤是水泥生产和民用的重要辅助能源。衡阳市石煤资源已发现矿产地2处，由于工作程度低，暂列为矿点，分布在衡阳礼梓和衡南永兴。

黑色金属：黑色金属矿产有铁、锰、钒矿，主要为铁矿，次为锰矿，发现铁矿床7处，其中大型1处、小型6处，资源总储量37097万吨，主要分布于祁东县，常宁、耒阳、衡山等县（市）亦有少量分布。祁东铁矿为全省规模最大的铁矿，属沉积变质铁矿床，品位偏低，选矿难度较大，2003年开始开发利用。锰矿资源主要分布于耒阳、常宁两市，共发现矿产地15处，其中小型矿床2处，其余均为矿点；锰矿产于二迭系当冲组，经风化淋滤次生富集局部形成矿床，但极少构成工业矿床，已探明耒阳春陵水和仁义圩锰矿，资源总储量43.5万吨。钒矿资源主要分布在衡阳礼梓和衡南永兴，与石煤共生，远景储量大。

有色金属矿产：衡阳市素以“有色金属之乡”著称，矿床规模大、种类多，具有巨大经济价值，是湖南省重要的有色金属矿产基地，已探明有铜、铅、锌、钨、锡和钴、铋、锑、汞等九种；已知矿床（点）132处，其中大型矿床4处、中型矿床10处、小型矿床95处，此外尚有大量矿化点分布各地。区内已知铜矿产地52处，其中单一小型铜矿床9处、共生小型铜矿床2处、伴生铜矿床7处、矿点33处，资源总储量256317吨，居全省第三位，主要分布于常宁和衡南，衡东亦有少量分布。沉积型铜矿床以车江铜矿为代表；同生沉积后期再造型铜矿以常宁大坪铜矿为代表，并有大里矿点、矿化点分布；高—中温热液—接触交代矽卡岩型铜矿床以麻石岭及大义山岩体东侧通天岭、杨柳塘等众多矿化点为代表，矿体赋存于岩体外接触带矽卡岩中；常宁铜鼓塘和衡南谭子山、龙秀桥、金鸡岭铜矿床属中低温热液充填型铜矿。衡阳市铜矿以硫化铜为主，铜品位一般在0.7%~3.8%，共生矿产占57.14%，单一矿产占42.96%。铅锌矿产地44处，其中大型矿床1处、中型4处、小型8处、伴生矿床3处、矿点28处。到2003年年底止，全市已探明铅资源储量629600吨、锌资源储量778900吨，居全省第二位。铅锌矿床主要分布在常宁市，其次在衡东、祁东县，主要矿区有水口山矿田、东岗山矿田和清水塘矿田。铅锌矿石绝大部分是硫化铅锌矿石，矿产组合以共生矿产为主，其次为伴生矿产，综合利用组分多，主要为铜、银、金、锡、铋、锗等。水口山矿田老鸦巢、鸭公塘、康家湾铅锌矿属中温、中高温热液交代型铅锌矿床，规模较大，是大型多金属矿床，占全市铅锌资源总储量的61.17%；东岗山、清水塘、双溪铅锌矿属中温热液充填型脉状铅锌矿床，受断裂构造控制，矿体形态复杂，品位较高，矿床规模小—中型；低温热液充填。矽卡岩。伴生铅锌矿床也有分布。钨矿产地26处，其中大型矿床1处、中型2处、小型7处、矿点16处，已探明资源储量187700吨，居全省第二位。钨矿主要分布在衡南县，其次在衡东县、常宁市；成因类型为高温热液石英脉型；矿石类型主要为黑钨矿，占52.61%，次为白钨矿，占47.63%。钨矿伴生组分丰富，综合回收利用良好，主要回收铜、铋、钼。锡矿产地23处，其中中型矿床6处、小型9处、伴生矿床2处、矿点6处。按成因可分为原生锡矿和砂锡矿床两类，累计探明资源储量172929吨，居全省第二位，主要分布于常宁大义山岩体及其周边地区，衡东、衡山等地也有少量分布。钼、铋未构成独立工业矿床，以伴生矿产赋存于矽卡岩多金属矿床中。汞矿产地有4处，衡东县石峡汞矿探明汞金属量63吨，与金共生，伴生砷，属低温热液型汞矿床。衡东吴集钴土矿系湖南省仅有的2处独立工业矿床之一，已探明资源储量341吨。此外，衡东县潭泊钴土矿远景较大，区内钴矿床均为风化淋滤型次生富集矿床。全市已知锑矿产地8处，分布于耒阳、衡阳、祁东和衡东，资源储量29422吨，属中低温热液矿床。

稀有分散元素矿产：稀有分散元素矿产有铌、钽、锗、镓、铟、铊、锆、镉、硒、碲、铍等11种，除铌、钽、锆、铍呈共生或独立矿产分布外，其余均呈伴生矿分布于水口山和东岗山矿田，均可随主矿产综合回收；水口山矿田锗矿和铊矿是全省唯一上省储量表的锗矿和铊矿。稀有分散元素矿产资源储量位居全省首位。

放射性矿产：主要为铀矿，已知矿产地5处，其中独立矿床2处、伴生矿床3处，独立铀矿床分布于衡东大浦和衡山罗渡。衡东大浦铀矿于20世纪60年代初开发，用作原子核能，中国第一颗原子弹主铀即取于此。

贵金属矿产：主要有黄金、白银，资源较丰富，矿产类型多，分布较集中，已知金矿产地19处，其中大型共生矿床2处（即常宁康家湾铅锌金银矿、常宁市仙人岩金矿）、独立矿床1处、伴生矿床2处、矿点14处，累计探明资源储量73.70吨，居全省第一位。区内金矿均为岩金，主要分布在常宁市，衡山、衡东、衡南、祁东、衡阳等地亦有大量金矿点分布，多处含金品位甚高，资源前景看好；已探明银矿6处，其中大型1处（常宁康家湾铅锌金银矿）、中型2处、小型3处，资源储量1363.1吨，居全省第一位。

非金属矿产：种类齐全、储量大，多种矿产位居全省乃至全国首位，已探明的主要有钠长石、钾长石、高岭土、石膏、大理石、石灰石、石英砂岩、硅石灰、黏土、泥岩、滑石、岩盐、钙芒硝、硼、重晶石、砷、萤石、磷、花岗岩等；按工业用途，可分为化工原料矿产、冶金辅助原料矿产、建筑材料及其他非金属矿产。已知矿床（点）53处，其中大型矿床13处、中型矿床6处、小型矿床17处，形成在全省乃至全国具有广泛影响的非金属矿产基地。化工非金属矿产已探明储量的矿种有硫铁矿、钙芒硝、岩盐、重晶石、砷、硼等6种，累计探明矿产地22处，其中大型矿床9处、中型6处、小型4处；岩盐、钙芒硝矿是江南迄今发现最大的岩盐、钙芒硝矿床，矿区面积大约60平方公里，矿层累计厚度100～150米，全市岩盐远景储量达124亿吨，钙芒硝远景储量达100亿吨；硼矿资源储量仅次于辽宁和青海省，为江南唯一的硼矿产区，由三个中型矿床组成，累计探明资源储量75.6万吨；硫铁矿主要分布在常宁市水口山矿田，耒阳上堡有少量分布，呈共生、伴生矿床出现，累计探明资源储量3630.3万吨。建筑材料及其他非金属矿产已探明矿产资源储量的矿种有硅灰石、钠长石、钾长石、石膏、高岭土、滑石、紫砂陶土、大理石、水泥用泥岩及黏土、水泥用灰岩、玄武岩等12种。衡山马迹钠长石矿为全国独有的特大型钠长石矿床，资源储量占全省的97.4%；常宁硅灰石矿为全省独有，由水底下和张家冲两个大型矿床组成，累计探明资源储量363.7万吨，居全国第二位；高岭土矿床主要分布于衡阳、衡山县和耒阳、常宁市，计有大型矿床2处、小型矿床8处，累计探明资源储量2284.2吨，居全省第二位，其中耒阳集贤片状高岭土矿床规模大、质量优良，矿石可选性好，矿层埋藏浅，水文地质及工程地质条件简单；石膏、钾长石、紫砂陶土、水泥灰岩、水泥泥岩及黏土等多种非金属矿产，储量在全省均占有一定的位次，并具有较大的开发前景。冶金辅助原料已探明资源储量的矿种有萤石、白石、耐火黏土等3种，萤石为衡阳市重要冶金辅助原料，分布于衡南和衡东，由2处大型矿床和1处中型矿床组成，累计探明资源储量481.28万吨，居全省第三位。

特种矿产：有宝石、矿泉水、地下热水和重质碳酸钙。宝石类包括绿柱石、水晶、红柱石、金刚石等。玉石类包括常宁玉和衡南冠市玛瑙。重质碳酸钙矿产地1处，由于工作程度低，列为矿点，分布于常宁张家坪大义山岩体北部外接触带。矿泉水资源丰富，共有24处，其中符合医疗矿泉水标准的12处，符合饮用矿泉水标准的16处，符合工业矿泉水标准的3处，各县（市）均有分布。从1991年起，先后有衡阳县船山、耒阳市汤泉、衡阳市营盘山等矿泉水，经省级及国家级矿泉水技术评审鉴定，陆续投资建设开采。地下热水资源主要分布于衡阳、衡东、祁东县和常宁、耒阳市境内，共12个点（区），均属低温热水，其中常宁大坪、衡东杨桥和耒阳东湖温度稍高，东湖温泉开发利用已初具规模，其他暂未开发利用。

【地质遗迹资源】 地质遗迹是指在地球演化的漫长地质历史时期，由于各种内外动力地质作用，形成发展并遗留下来的珍贵的、不可再生的地质自然遗产，包括有重要观赏价值的地质地貌景观和具有重大研究价值的地质剖面、古生物化石等。具有重要观赏价值的地质遗迹也是宝贵的旅游资源，为开发旅游事业起着重要的基础作用。衡阳市有重要地质遗迹点22处，其中地形地貌景观4处、岩溶洞穴15处（目前已调查的）、地层剖面及古生物化石3处。

地形地貌景观：（1）南岳风景名胜区：位于南岳花岗岩体的北体，总面积181平方公里，区内为典型的花岗岩地貌，山势总体呈东陡西缓走势，可划分为：①花岗岩中低山峰林地貌。在南岳岩体中部120平方公里范围内，有48座海拔500米以上的高峰，组成一个长20公里、宽约6公里的北北东向的峰林地貌景观地带，主峰祝融峰海拔为1289.8米，切割深度一般为300～700米，最大1000米，呈中高周低之势，该带具有山坡陡、山顶圆、山脊较宽的特征。②花岗岩低山——残丘地貌。在500米标高以下，至南岳镇附近100米标高之间，环绕着花岗岩中低山峰林地貌景观带分布；上部因水系及地形切割而形成垂直于前述峰林地带长轴方向的一排排山脊和沟谷，具坡陡、谷深的特征；下部则因长期剥蚀、侵蚀而形成馒头状残丘，风化壳较厚，一般达15～30米。③花岗岩球状风化景观。具有典型的花岗岩球状风化特征，造就南岳岩体中的各种奇特地貌景观。（2）天堂山风景区：包括天堂山森林公园、天堂湖、庙前风景区等数十个景点，总面积415平方公里；区内海拔800米以上的山峰51座，其中1000米以上的16座，天堂山主峰海拔1264米；区内水系发育，呈树枝状分布，河谷横断面呈“V”形，纵剖面呈阶梯状下降，在下降地段造成跌水，形成瀑布。地形地貌往北依次为：①浅变质砂页岩低山陡坡侵蚀构造地形地貌。切割深度为350～500米，坡角为30～50度。②构造侵蚀溶蚀地形地貌。海拔200～688米，相对高差100～400米；山脉受构造线控制，常见呈微斜之平台、石芽、石峰、漏斗、落水洞、洼地、溶洞、暗河等微地貌。③剥蚀堆积地形地貌。一般海拔150～300米，相对高差30～100米，山坡坡角为10～20度，呈馒头状零星分布，水系不发育，且呈树枝状，常见溶沟、溶槽、石芽等。总体大致可分为五级夷平面，反映早三叠世末以来至第四纪前的五次间歇性地壳抬升的遗迹，保留部分地史发展的基本框架。（3）岣嵝峰国家森林公园：位于衡阳县境内，总面积2067公顷，地处南岳花岗岩体及外接触带，南岳72峰中的岣嵝、白石、嫘祖等五峰则处园中，主要地貌为浅变质岩中——低山侵蚀构造地形地貌景观与碎屑岩丘陵构造剥蚀地貌景观。①浅变质岩中——低山侵蚀构造地形地貌。由元古界冷家溪群及板溪群砂岩地形形成，海拔标高500～951米，主峰岣嵝峰951米；相对高差一般为400米，最大为700米，坡角为30度，最大可达50度，山尖、脊窄、坡度大、山脊常在平面图呈锯齿状。②碎屑岩丘陵构造剥蚀地貌。位于中、低山侵蚀构造地貌周围，海拔200～500米，相对高差100～200米；坡度5～20度，冲沟发育宽阔，地势较平缓。（4）大义山区：大义山花岗岩体位于常宁市和郴州市桂阳县境内，岩体长38公里、宽约8公里，呈北北西方向展布，最高峰为桂阳境内的泗洲山，海拔1428米；桂阳与常宁交界处的狮子岭海拔1088米，乃著名的“大义山式构造”所在地；地形地貌奇特，种类齐全，集浅变质砂页岩中——低山陡坡侵蚀构造地形地貌、花岗岩中——低山陡坡侵蚀构造地形地貌、构造侵蚀溶蚀地形地貌及侵蚀堆积地形地貌于一体。大义山花岗岩体山顶浑圆，浅变质砂页岩侵蚀构造山脉受构造线控制，山顶尖、山脊窄、脊线呈锯齿状；大义山区地表水系发育，呈树枝状分布，沟谷横断面呈“V”形；纵剖面呈阶梯下降，地表水常流，在阶梯下降地段形成瀑布，构造侵蚀地形地貌分布于大义山岩体周围，石芽、石峰、漏斗、落水洞、洼地、溶洞、暗河等微观地貌随处可见。

岩溶洞穴：（1）衡南县花桥溶洞群：位于衡南县花桥镇龙溪水库东西两侧，地层为上泥盆统余田桥组及锡矿山组灰岩，其中豹泉洞与狮子洞为顺层落水洞，顺层面及裂隙面延伸（深）大于200米，宽0.8～5米，高1～5米，支洞、叉洞频频出现，洞中石笋、石钟乳、石柱、石幔等千姿百态；麦元洞为顺层和裂隙生成之近水平的地下河出口洞，顺近南北方向延伸200米后为水所淹，无法进入，其洞身较大，水流量3000

立方米/日左右，另有川口洞等小溶洞。（2）衡东县石峡——锡岩冲——夏浦岩溶洞穴带：位于金觉峰背斜的东翼、北部转折端及西翼，从东翼的石峡直至夏浦，全长17公里，包括2条地下暗河及锡岩仙洞、敏各冲洞、夏浦风洞、石峡下湾洞等数10个岩溶洞穴。溶洞带包括充水溶洞和无水溶洞，均产于中泥盆统棋子桥组地层中下部。锡仙岩洞位于该岩溶洞穴带中部，已开发约800米，洞口位于锡岩村的瓦子坪，海拔141米，该洞由三个重叠的溶洞组成，上洞长600米，中洞长1100米以上，下洞可进深度150米左右，其余被水所淹；主洞走向为北北东，基本沿顺裂隙带延伸，三层相互贯通，洞身有大有小、有宽有窄，呈串珠状；洞中岩溶景观齐全，有石笋、石钟乳、石芽、石柱、石幔、石磴、石塔、石盘等，晶莹剔透，大小不一，形态各异，具有极高的观赏价值；溶洞堆积物及石柱之形态对于喜山期构造、人类活动史等均具极大的研究价值。（3）常宁庙前岩溶裸露区及岩溶洞穴群：地层为上泥盆统锡矿山组下部，灰岩已经大义山岩体的热接触变质而形成大理岩，走向北北西；岩溶裸露区位于庙前海己湾，面积500余亩，属构造侵蚀地形地貌，区内石芽广布，奇石遍地；岩溶洞穴包括金龙洞、古龙洞、紫云洞、财神洞等4个大洞。财神洞全长6公里，面积达数十公顷，溶洞沿地层走向及裂隙延伸，方向各异，互相交叉重叠，主体走向近南北，最底层为地下河；洞中石笋、石柱、石幔十分发育，景观奇特。常宁板桥鸡公塘岩溶洞穴群。包括1平方公里的石林区及具有一定规模的浆衣洞、大井岩洞、半仙洞、猴子岩等洞穴，地层为中泥盆统棋子桥组，属构造侵蚀溶蚀地形地貌。除前述外，祁东县燕子岩洞、步云桥金龙洞、耒阳东湖溶洞群及余庆枫林寺等溶洞，尚待开发。

地层剖面及古生物化石：（1）祁东县双家口中奥陶统剖面。祁东县双家口组笔石相页岩沉积以栅笔石和直笔石为主，双家口笔石的发现，使得中国含笔石的地层得以和英国的卡拉通克阶可对比。祁东县双家口中奥陶统剖面可分为城步组、双家口组、百马冲组。衡南县向阳桥上白垩统戴家坪组和东塘组剖面。该剖面中的戴家坪组岩性组合具有显著特征，轮藻化石极为丰富，其组合是华南晚白垩世的典型；东塘组厚度较大，以盛产古脊椎动物——恐龙蛋化石为特征。（2）衡东县允秀公祠第三系古新统至始新统霞流市组和始新统栗木坪组。自1933年至1986年，不少单位和学者对衡阳盆地的第三系进行不断研究，最后确定第三系古新统至始新统的霞流市组和始新统的栗木坪组。霞流市组为原北京地质学院等单位1960年所创建，创名地点为衡东县霞流市。该组为衡阳盆地岩盐工业矿体所在地层，故具有典型的找矿意义。栗木坪组为石油队1970年所创建，创名地点为衡东县栗木坪，产轮藻、介形类和古脊椎动物化石。该组为研究衡阳盆地古地史、古气候、古生物有特殊意义。

【气候】　衡阳气温在经历2013年历史高位后，2014年略有下降，但仍显著偏高，冬暖夏凉是其主要特征，1月气温创历史新高，冬、春、夏季开始时间提前4~10天，入秋则推迟22天；全年雨水正常，暴雨日偏多，导致雨季中洪涝、城市内涝、山体滑坡等地质灾害频发。雨季开始于3月下旬，结束日期不明；全年日照正常略偏少，有东多西少的特点；年均风速较2013年减少，各区域的主导风向更加集中。与2013年相比，全市雾霾日有明显减少，但仍然维持较高水平。（1）气温显著偏高。2014年衡阳全市平均气温18.8℃，较历年偏高0.7℃，较2013年偏低0.4℃，气候评价为显著偏高。衡山、衡阳市和常宁1960~2014年气温距平变化曲线显示，2014年气温较2013年略有下降，但仍然处于历史高位。近55年来，三站平均气温在19℃及以上的有四年，分别是1998年（19.2℃）、2007年（19.3℃）、2013年（19.4℃）、2014年（19.0℃）。可见受全球气候变暖影响，衡阳气温值仍维持历史高位。年气温空间变化：从2014年气温空间分布可以发现，衡阳气温值有自西向东递减趋势。衡阳西部及中部区域气温相对较高，而衡阳东部气温较低，由于衡南县观测点位置偏高，其全年气温值较周边区域偏低较多。全市气温最高的是衡阳市区和祁东县（19.1℃），衡东县最低（18.4℃）。从气温距平变化分析表明，各区域均为正距平，衡阳西部各区域偏高更加明显。就各区域而言，衡阳市区和祁东县气温异常偏高，常宁市、耒阳市、南岳高山为显著偏高，衡山县、衡南县和衡阳县偏高，衡东县正常。年气温月变化：对2014年气温月际间变化分析，全年有7个月正距平、4个月负距平，另有一个月与历年持平。气温偏高月份占全年58.3%，而2013年有10个月气温为正距平，且气温偏高幅度明显大于偏低降幅。正距平月份平均为+1.6℃，负距平月份平均-0.8℃。年内1月份偏高最显著（3.6℃），8月份偏低最多（-1.4℃）。通常1月是全年气温最低时段，8月为气温次高月，这两月气温异常，导致全年舒适度明显提升。（2）降水正常，出现严重内涝。2014年衡阳市平均降水1345.0毫米，与历年基本持平（-0.3%），较2013年偏多32.8%，气候评价为正常。自上世纪90年代末开始，衡阳年降水量呈下降趋势，2011年达到历史最低值，2014年在2013年基础上出现一定增幅，达到历史均值。5年滑动平均分析表明，在经历2011和2013年降水历史低位后，降水有逐步增多趋势。衡阳雨季开始在3月下旬中期至下旬末，其中衡山县（3月24日）、南岳高山（3月24日）出现相对较早，衡阳县（3月30日）、衡南县（3月29日）、衡阳市区（3月29日）、衡东县（3月27日）、常宁市（3月27日）、耒阳市（3月27日）和祁东县（3月27日）出现日期接近常年，雨季结束日期不明。年降水空间变化：2014年衡阳降水空间分布为北多南少，这与2013年相反。北部年降水量在1400～1600毫米左右，而南部区域年降水量在1200毫米左右。降水量较多的是衡山县（1602.1毫米），常宁市最少（1190.0毫米）。衡阳大部分区域降水为正距平，衡山县偏多最明显（12.6%），全市降水偏少的有常宁市（-14.5%）、耒阳市（-12.7%）和衡阳市区（-7.2%）。各区域降水距平变化不大，均在正常范围。（3）日照正常。2014年衡阳日照时数为1365.4小时，较历年偏少7.8%，较2013年偏少20.2%。日照在经历2013年的日照峰值以后，2014年日照较大幅度减少（-348.2小时）。5年滑动平均分析结果显示，上世纪80年代到90年代日照的年际间变化都比较小，但进入本世纪以后，日照数的年际间变化增大。对衡阳市日照时数空间分布整体呈现东南多西北少的趋势。日照较多的有衡东县（1505.6小时）和耒阳市（1473.3小时），常宁市日照最少（1259.1小时）。日照距分析与日照时数分布状况基本一致，各区域均为负距平，其中祁东县（-17.5%）和衡山县（-15.5%）偏少最为明显。南岳高山全年日照为1374.5小时，较历年同期偏少4.4%，全年各区域日照均在正常范围变化。（4）风速正常。2014年衡山、衡阳市和常宁的平均风速为1.8米/秒，较历年和2013年偏小0.1米/秒。在20世纪90年代初期，风速下降到历史最低后，呈缓慢增大趋势，2010年上升到阶段性大值区，2014年风速较2013年略有下降。5年滑动平均曲线分析表现，近年来年风速变化幅度较小，通常在均值附近波动。风速测值受地域及观测点海拔高度影响较大。2014年衡阳风速的空间变化是衡阳中部偏小，东南和西北部相对较大。就低海拔区域来说，年平均风速最大的是衡南县（2.4米/秒），其次是耒阳市（2.3米/秒），风速最小的是衡阳市区（1.1米/秒）。南岳高山，由于其特殊地理位置，2014年平均风速为5.6米/秒。从各区域风速距平变化分析，大部分区域较历年风速偏较小，较2013年风速也偏小较明显。全市有衡南县（0.6米/秒）、祁东（0.2米/秒）、耒阳市（0.3米/秒），风速为正距平。（5）霾日有所减少。自2014年开始，衡东县、衡阳市区、南岳高山三站的能见度采用自动仪器观测，其他站的能见度数据仍由人工观测，由于标准不同，台站之间可比性差。故在此分析中，只对数据采集方法相同的台站对比，同一台站数据仅与其2013年度数据对比。能见度人工观测台站年平均霾日为37.4天，较2013年偏少36.8天。偏少十分明显。从各区域分析，耒阳霾日最多，为95天，较2013年减少50天，是各区域中霾日减少最多的区域。全年霾日最少的常宁市，全年仅16天。从各月份分析，1月霾日最多，为16.8天，占全年的49.9%，其次是10月，平均有7.2天。由于采用自动仪器观测能见度，其观测精度更高，观测时受主观影响较小，标准统一，更能反映霾日变化情况。在能见度为自动仪器观测的台站中，平均霾日为 170.5 天，衡阳市区和衡东县霾日数相差不大，分别为 173 天、168 天，南岳高山由于地处高海拔地区，其空气清洁度明显好于低海拔区域，其年平均霾日有 31 天。在低海拔区域，人工和自动判别霾日数差距较大。衡阳市 2013 年人工观测霾日为 24 天，衡东县为 35 天，到 2014 年，霾日数分别增多 149 天、133 天。南岳高山也增多 31 天。综合分析可以得到如下结论：随着人们的环保意识增强，政府对环境治理力度加大，2014 年衡阳的霾日较 2013 年明显减少，其次是自动观测的霾日数更接近实际情况。全市的平均霾日数约为 170 天左右。高海拔区域的霾日数较少，全年 30 天左右。（6）雾日正常略偏多。衡阳 2014 年平均大雾日为 10.4 天，较历年偏多 9.3%，南岳高山全年有 269 天，较历年同期偏多 25.6%。在低海拔区域，年累计大雾最多的是衡阳市区（25 天），常宁市最少（6 天）。从 2014 年开始，衡阳市区、祁东县及南岳高山采用自动仪器观测能见度，故其雾日较历年偏多较明显，衡阳市区偏多达 145.1%。对于采用人工观测的区域，雾日数平均较历年有偏少趋势。（陈　涛）

【水文】 2014 年，全市年降水量在 961.1 ~ 1782.0 毫米之间，最大为南岳区半山亭雨量站，最小为耒阳市公平雨量站，全市年平均降水量为 1323.8 毫米，比历年平均值 1339.9 毫米偏少 1.2%，比 2013 年的 1048.4 毫米偏多 26.3%，属平水年景。各县（市、区）年平均降水量最多的是南岳区为 1635.9 毫米，最少的是耒阳市为 1142.2 毫米，衡东县为 1420.2 毫米，常宁市为 1286.2 毫米，祁东县 1200.9 毫米，衡山县为 1509.7 毫米，市区（雁峰、石鼓、蒸湘、珠晖四区）为 1490.0 毫米，衡南县为 1339.2 毫米，衡阳县为 1426.9 毫米。全市降水日数在 121 ~ 202 天之间，平均约为 150 天，较 2013 年的 130 天偏多 20 天。2014 年，全市为平水年，全年没有出现流域性大洪水，汛期（4 ~ 9 月）全市年降雨量为 851.5 毫米，较历年同期均值 838.2 毫米偏多 1.6%。降雨时空分布不均，从时间分布看，4、5、6、7、8、9 月份各月降雨量分别为 101.2 毫米、233.1 毫米、202.6 毫米、151.3 毫米、136.8 毫米、26.5 毫米，分别占汛期总降雨量的 11.88%、27.38%、23.79%、17.77%、16.07%、3.11%。从空间分布看，各县市区汛期降雨量分别为南岳区 1117.5 毫米、衡山县 1027.5 毫米、市区 1024 毫米、衡南县 931.3 毫米、衡阳县 834.5 毫米、常宁市 824.1 毫米、耒阳市 686.7 毫米、祁东县 776 毫米，与历年均值比较，最多的是市区偏多 29.3%，最少的是耒阳市偏少 19.9%。年降雨量最大的是南岳半山亭站 1267.5 毫米，其次是衡南县谭子山站 1179.5 毫米。全市汛期（4 ~ 9 月）蒸发量为 470 毫米，比历年同期均值 569 毫米偏少 17.4%。6 月 2 日（农历 5 月初 5 日端午节），衡阳市城区出现 60 年一遇的强降雨，最大点雨量雁峰区湘江乡丁家桥站降雨量达 154.5 毫米。石鼓区合江街道衡阳水文站最大 6 小时降雨量 119 毫米，为 1958 年有实测资料以来最大值。强降雨主要集中在 5 时至 8 时的 3 个小时之内，雁南村小区最大积水深度达 2 米。7 月 5 日 3 时至 15 时降雨强度很大，全市 12 小时超过 100 毫米的达 27 站，其中衡阳市城区面平均降雨 78 毫米，最大降雨量在蒸湘区十狮港闸站 119 毫米。与 6 月 2 日暴雨相比，暴雨出现时间相似，都在 2 时至 15 时，但暴雨强度和范围较小，内涝点也比 6 月 2 日明显减少。暴雨区主要在蒸湘区和石鼓区，内涝点也主要集中在这两个区，红湘路、太平路，裕康路、道源路等直到下午还积水严重。全市共出现 6 次较大洪水过程：（1）5 月 11 日 22 时 40 分，湘江归阳站出现洪峰水位 44.23 米，超过警戒水位 0.23 米。（2）5 月 23 日 16 时 20 分，湘江归阳站出现洪峰水位 45.68 米，超过警戒水位 1.68 米；23 日 5 时 15 分洣水衡东站出现洪峰水位 51.65 米，超警戒水位 1.15 米。（3）5 月 26 日 10 点 46 分，蒸水神山头站出现洪峰水位 96.05 米，超警戒水位 0.05 米；26 日 4 时，蒸水石坎站出现洪峰水位 39.90 米；26 日 10 点 46 分，洣水衡东站出现洪峰水位 51.57 米，超警戒水位 1.07 米。（4）6 月 2 日 22 时 20 分，蒸水神山头站出现洪峰水位 95.67 米，洪峰流量 820 立方米/秒。（5）6 月 22 日 16 时 30 分，湘江归阳站出现洪峰水位 44.82 米，超警戒水位 0.82 米，洪峰流量

4680立方米/秒。(6) 8月20日6点00分，洣水衡东站出现洪峰水位50.70米，超警戒水位0.20米，洪峰流量2520立方米/秒；8月21日2时45分，湘江归阳站出现洪峰水位44.11米，超警戒水位0.11米，洪峰流量4220立方米/秒。汛期水情特点：（1）汛期总雨量接近历年同期均值，但时空分布不均。从时间上看，降雨主要集中在5、6月份，占汛期总雨量的51%，从地区上看，呈北多南少趋势。（2）洪水场次较多，洪峰水位不高，湘江干流水位偏低。湘江衡阳至衡山段全年未出现超警戒水位。（3）城市内涝严重。6月2日和7月5日，衡阳市城区遭受两次暴雨袭击，暴雨强度大，历时长，造成城区严重内涝，市内交通和市民生活受到严重影响。全年基本无旱情。

（段安圭）

【水资源】 水量方面，2014年全市自产地表天然径流量为107.67亿立方米，比历年平均值109.4亿立方米偏少1.6%，比2013年的81.02亿立方米偏多32.9%，其中市区（雁峰、石鼓、蒸湘、珠晖四区）为3.024亿立方米，衡阳县为17.68亿立方米，衡南县为18.5亿立方米，常宁市为14.57亿立方米，耒阳市为16.69亿立方米，衡东县为15.40亿立方米，衡山县为8.166亿立方米，南岳区为1.698亿立方米，祁东为11.94亿立方米。全市农田灌溉用水20.3055亿立方米，林牧渔畜用水0.99亿立方米，工业用水7.955亿立方米，城镇公共用水1.3434亿立方米，城镇居民生活用水2.0106亿立方米，农村居民生活用水1.1711亿立方米，生态环境用水0.1232亿立方米，总用水量为33.9078亿立方米，其中地下水用水量为2.6551亿立方米。市境内湘江干流及四大支流实测年径流总量：湘江干流归阳水文站为252.2亿立方米、衡阳水文站为382.7亿立方米、衡山水文站为485.4亿立方米，蒸水神山头水文站为18.67亿立方米，耒水耒阳水文站72.38亿立方米，洣水衡东水文站为82.2亿立方米。根据湖南省水环境监测中心衡阳分中心对全市各主要河流22个水质监测断面水环境监测资料，依据《地表水环境质量标准》(GB 3838-2002）进行评价，市境内湘江干流归阳监测点水环境类别为Ⅱ类水，文昌、南大桥、松柏、衡山、三樟、衡阳、合江套、站门前、大浦9个监测点为Ⅲ类水；蒸水石门坎为Ⅱ类水，花果山、神山头、蒸水河口的水质为Ⅲ类水；耒水沙头大桥、耒阳、耒水河口段为Ⅲ类水；洣水衡东、谢家屋场、洣水河口为Ⅲ类水；宜水常宁为Ⅱ类水；涓水白果为Ⅲ类水。监测评价项目为水温、pH值、电导率、溶解氧及溶解氧饱和度、高锰酸盐指数、氨氮、六价铬、汞、砷、镉、铅、铜、锌、氟化物、挥发酚、氰化物、总磷、粪大肠菌群、石油类、悬浮物、五日生化需氧量、总硬度、氯离子、硫酸根、总碱度、矿化度、碳酸根、重碳酸根、钾、钠、钙、镁等。

（段安圭）

国民经济和社会发展

【概况】 2014年，全市实现地区生产总值（GDP）2395.56亿元，按可比价格计算，增长9.9%。其中，第一产业实现增加值364.69亿元，增长4.5%；第二产业实现增加值1119.88亿元，增长9.1%；第三产业实现增加值910.98亿元，增长13.1%。按常住人口计算，人均地区生产总值32921元，增长9.1%。全市三大产业比为15.2∶46.8∶38.0。与2013年相比，第一、二产业占比分别下降0.4、1.1个百分点，第三产业占比提高1.5个百分点。第一、二、三产业对全市经济增长贡献率分别为6.7%、44.3%、49.0%，分别拉动全市GDP增长0.7、4.4、4.8个百分点。其中，工业增加值占GDP比重为40.9%，对经济增长贡献率达38.7%，拉动GDP增长3.8个百分点；高新技术产业增加值占地区生产总值的比重为13.0%；非公有制经济增加值占地区生产总值的比重为64.2%。全市新增城镇就业7.67万人，完成率111%；农村劳动力转移就业6.21万人，完成率107%；失业人员、就业困难对象再就业5.12万人，完成率109%；城镇零就业家庭100%实现动态就业援助；城镇登记失业率4.08%。

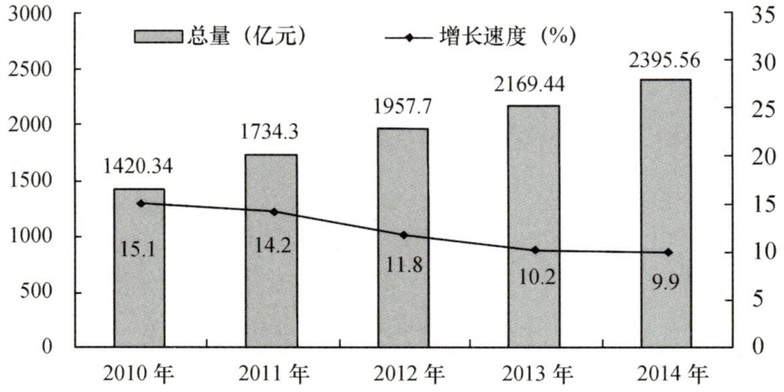

图 1　2010～2014 年衡阳市生产总值及其增长速度

【农业】　全市农林牧渔业总产值591.08亿元，增长4.5%。其中，农业产值273.06亿元，增长3.8%；林业产值31.73亿元，增长8.5%；牧业产值232.75亿元，增长4.2%；渔业产值39.64亿元，增长5.7%；农林牧渔服务业产值13.9亿元，增长12.8%。农作物总播种面积888.32千公顷，增长1.7%；粮食作物播种面积563.8千公顷，增长2.1%；油料种植面积216.61千公顷，增长0.9%；蔬菜种植面积107.91千公顷，增长4.7%。粮食总产量330.84万吨，增长2.9%。出栏肉猪983.73万头，增长2.0%；出栏牛13.59万头，增长3.0%；出栏羊62.52万头，增长3.9%；出笼家禽10452.24万羽，增长-3.4%；水产品产量28.24万吨，增长4.0%。农民专业合作社2789个，增长48.27%；农民专业合作社成员16.37万人，增长36.0%，专业大户20708户，增长10.0%；家庭农场1141个；耕地流转面积166.83千公顷。全市新增农田有效灌溉面积3.1千公顷，新增节水灌溉面积1.3千公顷。全年农村用电量17.76亿千瓦时，增长3.5%。年末，农业机械总动力520.44万千瓦，增长6.4%。

表 1　　2014 年衡阳市主要农产品产量

单位：万吨、%

主要农产品产量	产量	比2013年同期增长	主要农产品产量	产量	比2013年同期增长
#粮食	330.84	2.90	水果	73.68	1.35
油料	33.51	2.80	蔬菜	350.86	6.30
#油菜籽	30.01	2.80	猪、牛、羊肉	75.54	-0.30
棉花	2.28	-1.00	#猪肉	72.88	-0.30
烤烟	2.12	-18.90	牛奶	0.09	-7.70
茶叶	0.27	2.79	水产品	28.24	4.06

【工业和建筑业】　全市全部工业增加值979.50亿元，同比增长9.0%。规模工业增加值增长9.3%。在规模工业中，轻工业增长2.5%，重工业增长11.5%。规模工业的六大重点行业中，有色金属冶炼及压延业增长0.9%；电气机械及器材制造业增长10.7%；化学原料及化学制品制造业增长11.3%；黑色金属冶炼及压延业增长7.6%；煤炭开采和洗选业下降4.9%；非金属矿物制品业增长7.2%。全市规模工业实现产销率99.5%，比2013年增长0.4个百分点。主要工业产品生产中：原煤产量550.21万吨，下降31.2%；发电量63.15亿千瓦时，下降6.2%；饲料151.29万吨，

下降 8.5%；水泥 999.82 万吨，增长 3.1%；钢材 116.29 万吨，下降 17.7%；变压器 9728.11 万千伏安，增长 3.2%；十种有色金属 31.20 万吨，增长 0.3%。全市规模工业中，高加工度工业增长 16.1%；高技术产业增长 32.6%，分别比规模工业增加值增速高 6.8 个和 23.3 个百分点。六大高耗能产业增长得到抑制，全年增长 6.0%，较 2013 年减缓 1.3 个百分点。全市规模工业经济效益综合指数达到 307.18，降低 29.5 个百分点。全年规模工业实现利税 169.92 亿元，下降 2.0%；利润 89.17 亿元，下降 10.4%。全市建筑业总产值 390.17 亿元，增长 10.8%；全市建筑业增加值 140.38 亿元，增长 11.6%。房屋建筑施工面积 2994.05 万平方米，增长 1.7%；房屋建筑竣工面积 1300.18 万平方米，增长 0.1%。

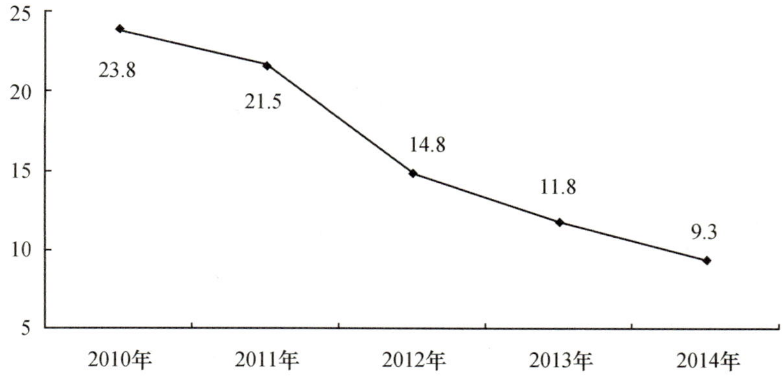

图 2　2010～2014 年衡阳市规模工业增加值增长速度（%）

表 2　**2014 年衡阳市规模工业主要产品产量**

产品名称	计量单位	产量	增长（%）	产品名称	计量单位	产量	增长（%）
原煤	万吨	550.21	-31.2	变压器	万千伏安	9728.11	3.2
发电量	亿千瓦小时	63.15	-6.2	十种有色金属	万吨	31.20	0.3
饲料	万吨	151.29	-8.5	原盐	万吨	197.17	12.2
水泥	万吨	999.82	3.1	机制纸及纸板	万吨	11.65	14.7
钢材	万吨	116.29	-17.7				

【固定资产投资】　全市固定资产投资（不含农户）1767.01 亿元，增长 22.9%。其中，城镇和非农户固定资产投资 1628.72 亿元，增长 22.8%；国有投资 540.96 亿元，增长 41.4%。年内新开工项目个数 2151 个，增长 13.2%。全市工业固定资产投资 821.09 亿元，增长 13.1%。其中，工业技术改造投资 503.02 亿元，增长 4.5%，工业投资占固定资产投资的比重为 46.5%；制造业投资 682.45 亿元，增长 3.3%；电力、燃气及水的生产供应业投资 58.14 亿元，增长 40.4%。全市基础设施投资 362.13 亿元，增长 54.1%。其中，交通运输、水利设施、民生、卫生投资分别增长 27.6%、58.6%、128.3%、107.7%。全市 2014 年施工项目共有 2555 个，投产项目共有 2171 个。亿元以上项目 247 个，完成投资 482.22 亿元，占全部投资的比重为 27.3%。民间投资 1178.79 亿元，同比增长 17.5%。全市房地产投资完成 138.29 亿元，增长 24.2%。商品房销售面积 390.65 万平方米，增长 1.6%。

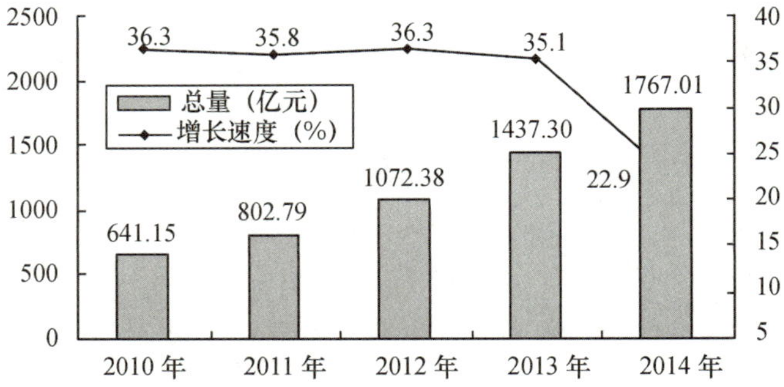

图 3　2010～2014 年衡阳市固定资产投资及其增长速度（%）

【国内贸易和物价】　全市社会消费品零售总额 825.51 亿元，增长 12.8%。限额以上批发零售企业实现零售额 323.14 亿元，增长 16.3%。在限额以上批发零售企业零售额中，家用电器和音响类增长 22.2%，家具类增长 28.8%，文化办公类增长 18.9%，通信器材类增长 14.5%，汽车类增长 27.6%。全年物价总体稳定。居民消费价格上涨 1.6%，环比上涨 0.3%。其中，食品类上涨 2.4%；烟酒类上涨 0.3%；家庭设备用品及维修服务上涨 2.0%；医疗保健和个人用品上涨 3.3%；交通和通信上涨 0.1%；娱乐教育文化用品及服务上涨 2.6%。商品零售价格总指数上涨 0.5%。

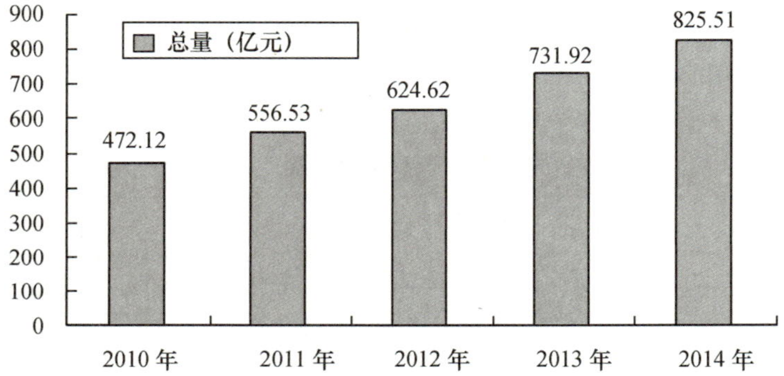

图 4　2010～2014 年衡阳市社会消费品零售总额

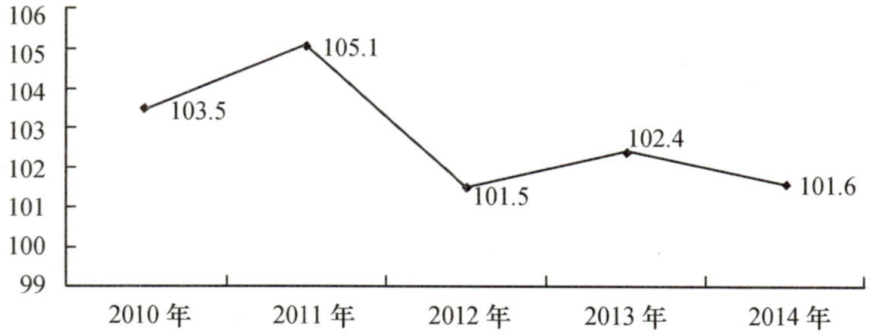

图 5　2010～2014 年衡阳市居民消费价格指数（CPI）

【对外经济和旅游】　全市进出口总额 180.81 亿元，增长 60.8%。其中，出口 120.13 亿元，增长 53.6%；进口 60.68 亿元，增长 77.3%。对外贸易中，加工贸易进出口总额 87.45 亿元，增长 40.2%，其中出口额 49.97 亿元，增长 48.7%，进口额 37.48 亿美元，增长 30.3%。全市引进内资项目 532 个，增长

-1.5%，实际到位内资255.17亿元，增长12.5%；新批外资项目114个，增长1.8%；实际利用外资9.00亿美元，增长18.0%，其中：工业实际利用外资7.38亿美元，增长4.4%。全市实现国内旅游总收入260.04亿元，增长20.2%，旅游外汇收入0.85亿美元，增长4.3%；接待国内外游客4421.16万人次，增长14.2%，其中：国内游客4402.34万人次，增长14.2%；国外游客18.82万人次，增长4.2%；2014年末全市共有等级旅游区（点）18个。

【交通和邮电】 全市民用车辆保有量达到69.18万辆，其中民用汽车为29.27万辆，增长11.5%，民用私人轿车已达到10.01万辆，增长24.4%。公水路客货运换算周转量340.68亿吨公里，增长11.0%，货物周转量324.66亿吨公里，增长11.3%；其中公路货物周转量达283.89亿吨公里，增长10.4%；水运货物周转量40.77亿吨公里，增长17.8%；客运周转量160.25亿人/公里，增长5.4%。全市公路线路年末里程2.07万公里，其中高速公路572公里。

全市邮电业务总量（按不变价计算）55.76亿元，增长25.3%，其中邮政业务、电信业务总量分别为5.56亿元和50.11亿元，分别增长27.2%、25.1%。2014年末局用交换机总容量81.2万门，下降19.0%，移动电话交换机容量496万门，下降7.5%。年末固定电话用户76.88万户，下降10.2%。移动电话用户418.82万户，增长3.5%。年末互联网宽带用户数65.71万户，增长5.7%，固定电话普及率为10.53户/百人，每百人减少1.27户，移动电话普及率为57.35户/百人，每百人增加1.65户。

【财政、金融和保险】 全市财政收入达到235.66亿元，增长11.2%；其中，一般预算收入173.36亿元，增长11.3%。一般预算支出412.98亿元，增长13.4%；其中社会保障和就业支出61.84亿元，增长14.8%；医疗卫生与计划生育支出41.23亿元，增长25.3%；交通运输支出15.37亿元，增长56.0%。2010～2014年财政收入占GDP的比重稳步提高，分别为8.0%、8.8%、9.5%、9.7%、9.8%。2014年财政收入占GDP的比重比“十二五”初提高1.8个百分点。2014年末全市金融机构本外币各项存款余额2406.17亿元，增长14.33%。其中，单位存款653.02亿元，增长20.0%；居民储蓄存款1722.01亿元，增长12.8%。金融机构本外币各项贷款余额1235.48亿元，增长34.9%。其中，短期贷款为371.60亿元，增长10.3%；中长期贷款597.96亿元，增长21.5%。中小企业贷款368.76亿元，增长10.9%。存贷款比为51.4%，比2013年同期提高7.9个百分点。2014年末银行主要金融机构不良贷款余额62.12亿元，下降14.1%，不良贷款比率6.1%，同比减少2.1个百分点。全市保险保费收入达51.49亿元，增长22.9%。其中，财产险保险保费收入16.59亿元，增长25.2%；人身险收入34.89亿元，增长21.9%。全年各项赔款支出18.89亿元，增长14.3%。其中，财产险赔款支出8.81亿元，增长15.9%；人身险赔款支出10.08亿元，增长13.0%。全市证券公司营业部18家，比2013年年末增加2家，证券交易额2352.77亿元，增长51.5%。

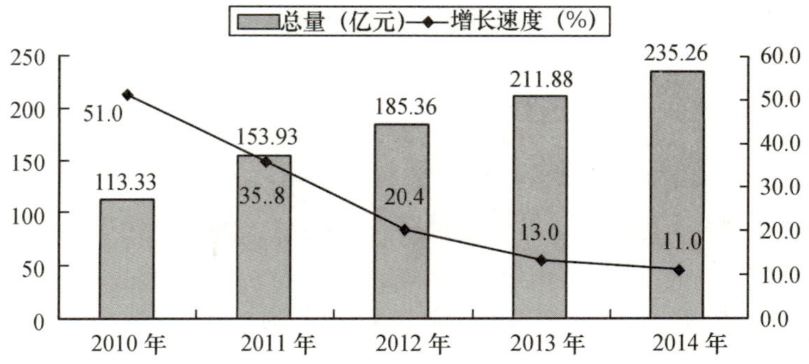

图6　2010～2014年衡阳市财政总收入及其增长速度

【教育和科学技术】 2014年，全市义务教育合格学校全年任务目标208所，其中为民办实事项目校和备案校建设已完成投资额12429万元，完成投资比例达105%。全市共落实中职免学费资金7837万元，资助66003人次；落实高职教育国家奖助学金1692.2万元，资助5203人次。共接受各类社会捐资助学金额1000多万元。2014年高考全市二本上线13193人，全省排名第二。职业教育方面，在2014年湖南省职业院校学生技能竞赛中，衡阳市中职组代表队团体总分居全省第二，比2013年提升2个名次，组队参加全国中等职业学校学生技能竞赛，获二等奖2个，三等奖10个，为历史最好成绩。全年完成高新技术产业增加值312亿元，增长11.4%。专利申请量达3069件，增长10.1%。全市共有法定计量检定机构8个，特种设备检验机构8个。已定期完成工业食品质量监督抽查0.19万次，工业产品定期抽查合格率93.6%，发放工业品生产许可证6张，强制检定计量器具16.37万台件，制定修订国家标准5项，组织制定地方标准2项。全市食品、特种设备、烟花爆竹三大安全未发生一起质量安全责任事故。测绘部门提供基础地理信息数据成果3030幅，为经济社会发展提供大地成果11点，提供各种航摄成果3130片。

表3　　2014年衡阳市各级学校在校学生、招生及毕业生数

单位：万人、%

指标	招生数		在校人数		毕业人数	
	绝对数	增长	绝对数	增长	绝对数	增长
研究生教育	0.10	-1.41	0.32	2.09	0.08	21.81
高等教育	5.21	12.07	14.05	7.99	3.88	-3.72
中等职业教育	2.60	7.88	7.45	8.76	2.16	-7.69
普通高中	4.50	3.93	12.32	4.50	3.61	1.69
初中学校	9.50	-6.13	28.88	3.22	8.31	-0.60
普通小学	8.99	-7.89	55.33	-1.78	9.64	-8.19
特殊教育	0.01	-50.00	0.07	-30.00	0.01	0

说明：含技师学院

【文化、卫生和体育】 2014年年末，全市拥有各类艺术表演团体11个，群众艺术馆、文化馆13个，公共图书馆14个，博物馆、纪念馆12个。全市国家级非物质文化遗产保护项目6个，省级11个。衡山皮影成功申报为本市第一项世界级非物质文化遗产，蔡伦古法造纸，祁东渔鼓成功申报为国家级非物质文化遗产。全市有广播电台9座，中、短波广播发射台和转播台11座，广播综合人口覆盖率96.9%，电视台9座，教育台1座，电视综合人口覆盖率99.3%，有线电视用户65.23万户。出版各类报纸5种，期刊7种，期刊出版量90万册；全年新闻出版业销售收入13.87亿元，全年新闻出版业利润总额1.11亿元。2014年年末，全市共有档案馆14个，开放各类档案121.57万卷（件）。全市拥有各类卫生机构5842个，其中医院、卫生院293个，妇幼保健院（所、站）13个。卫生技术人员3.14万人，其中执业医师和执业助理医师2.06万人，注册护士1.18万人。医院、卫生院床位3.26万张。拥有乡镇卫生院198个，床位数9292张，卫生技术人员8058人。全市参合人数为571.98万人，参合率为99.3%，居全省前列。全市拥有体育场地6438个，体育馆20座，运动场779个，游泳池28个，各种训练房645个，新建“农民体育健身工程”行政村527个。在第十二届全省运动会上衡阳体育代表团夺得青少年组赛会3420分、综合总分3530.5分，双双排名全省第二；摘取青少年组赛会金牌76枚，位居全省第三。同时，荣获运动员输送突出贡献奖、体育道德风尚奖。

【资源、环境和安全生产】 全年降水量1323.8毫米，增长26.3%，总用水量33.3亿立方米，下降0.04%，总体水质状况满足Ⅲ类标准的断面比例为100%。全年已发现的矿产69种，已探明资源储量的矿种有57种，其中能源矿产4种，金属矿产29种，非金属矿产23种，水气矿产1种。实施地质勘查项目111个，实施资源危机矿山找矿项目5个。市城区环境空气优良率为94.2%，城区饮用水水源地水质达标率为100%，地表水功能区水质达标率为92.3%。2014年度重金属污染治理结构调整项目完成111个，污染源治理类项目完成47个，重金属污染专项资金项目完成44个。衡东县霞流镇获得环保部国家级生态乡镇命名，耒阳市长坪乡等11个乡镇获得省环保厅第六批省级生态乡镇命名。全年共发生各类安全生产事故316起，同比下降31.3%，亿元GDP生产安全事故死亡率0.032，下降0.003个百分点；十万从业人员生产安全事故死亡率0.104，下降0.4个百分点；道路交通万车死亡率0.82，下降2.06个百分点；煤炭事故死亡人数6人。

【人口、人民生活和社会保障】 2014年年末，衡阳市常住人口730.34万人。其中，城镇人口354.36万人，乡村人口375.98万人，城镇化率48.52%，比2013年末提高0.42个百分点。其中男性人口378.35万人，女性351.99万人。2014年，衡阳0～15岁（含不满16周岁）人口154.78万人，占常住人口的21.19%；16～59岁（含不满60周岁）人口459.23万人，占常住人口的62.88%；60岁及以上人口143.53万人，占常住人口的5.96%。65岁及以上人口72.8万人，占常住人口的9.97%。2014年末，全市出生人口9.35万人，出生率11.65‰，下降0.52个千分点；死亡率5.49‰，下降1.69个千分点；人口自然增长率6.17‰，上升1.18个千分点。2014年全市城乡居民人均可支配收入18546元，其中城镇居民人均可支配收入24370元，增长9.3%。城镇居民人均消费性支出17220.46元，其中食品支出5698.1元、居住支出2883.81元、医疗保健支出1148.86元、文化教育娱乐服务支出1158.24元。城镇恩格尔系数为33.1%。全市农村居民人均可支配收入13242元，增长11.5%。其中工资性收入6317.93元、经营净收入3996.50元、转移净收入2681.61元。农村居民人均消费支出8928.65元，其中食品支出3159.14元、居住支出1885.16元、医疗保健支出832.41元。农村居民家庭恩格尔系数为35.4%。全市参加基本养老保险、医疗保险、失业保险、工伤保险、生育保险职工人数分别为93.39万人、70.19万人、60.59万人、61.22万人、40.92万人，社保基金安全完整率和规范运作率达100%。参加城镇居民基本医疗保险176.31万人，增长0.5%。全年城镇和农村最低生活保障惠及城镇居民11.15万人、农村居民28.45万人，发放城镇和农村最低生活保障经费4.11亿元和4.25亿元，农村低保覆盖面进一步扩大。全年销售社会福利彩票4.31亿元，增长23.9%；直接接受社会捐赠2100万元，增长89.3%。

表4　　2014年衡阳市人口结构情况

单位：人、户

地区别	年末总户数	合计	合计中：		性别		年龄			
			非农业人口	未落常住户口人员	男	女	18岁以下	18～35岁	35～60岁	60岁以上
衡阳市	2439006	7914957	1666695	41259	4165200	3749757	1871396	1929979	2831394	1282188
珠晖区	101412	290133	179815	0	147014	143119	49912	62957	115904	61360
雁峰区	72051	194178	152282	0	97389	96789	33856	42344	79901	38077
石鼓区	75501	202912	147140	0	101602	101310	37884	44968	83750	36310

续表 4

地区别	年末总户数	合计	合计中：		性别		年龄			
			非农业人口	未落常住户口人员	男	女	18 岁以下	18～35 岁	35～60 岁	60 岁以上
蒸湘区	93200	251042	174227	0	127820	123222	52789	62272	99537	36444
南岳区	20104	57246	21041	0	28822	28424	12247	14646	21566	8787
衡阳县	372810	1234756	144992	0	653279	581477	291427	303151	435590	204588
衡南县	342093	1084382	132665	0	576633	507749	255796	276741	378340	173505
衡山县	122871	446706	54787	4115	231700	215006	98658	110839	161363	75846
衡东县	206583	746347	77679	5697	387045	359302	175881	179982	270568	119916
祁东县	358373	1060404	182218	9964	562612	497792	260559	253802	363448	182595
耒阳市	383063	1406023	222172	13034	745815	660208	366687	349368	487810	202158
常宁市	290945	940828	177677	8449	505469	435359	235700	228909	333617	142602

表 5　　2014 年衡阳市人口变动情况

单位：人

地区别	出生			死亡			迁入		迁出	
	合计	男	女	合计	男	女	省内迁入	省外迁入	省内迁往	省外迁往
衡阳市	114145	62435	51710	46173	27406	18767	27884	15675	27073	21537
珠晖区	3142	1659	1483	2514	1421	1093	1939	681	1097	1838
雁峰区	2272	1235	1037	1757	1001	756	2175	457	908	979
石鼓区	2559	1355	1204	1464	825	639	2265	756	2775	724
蒸湘区	3644	1963	1681	996	581	415	7542	967	1319	1680
南岳区	801	451	350	156	105	51	410	155	246	122
衡阳县	16314	8954	7360	10576	6066	4510	2233	2033	5838	4512
衡南县	15099	8380	6719	3368	2459	909	4146	1687	4129	2053
衡山县	5957	3242	2715	1439	965	474	706	537	1194	764
衡东县	9861	5317	4544	8952	4627	4325	1021	1078	1479	1130
祁东县	14727	7964	6763	3630	2325	1305	1798	2340	2799	2823
耒阳市	27903	15227	12676	8186	4964	3222	2221	2755	2737	3030
常宁市	11866	6688	5178	3135	2067	1068	1428	2229	2552	1882

☆【国民经济和社会发展】版块内容来源于衡阳市统计局《衡阳市 2014 年国民经济和社会发展统计公报》和衡阳市公安局人口与出境管理支队《2014 年度人口及其变动情况统计年报表》

市、市直机关、国省驻衡单位及市属大型企业领导人名录

（截至2014年12月31日）

中共衡阳市委员会

书　记　李亿龙
副书记　周海兵　邓群策
常　委　谢恒斌　段志刚　罗东海　包昌林　廖茂雄　刘丽华（女）　邓　柯　何录春
秘书长　邓　柯
市副厅级干部　王雄飞
市人大常委会原副主任　刘运定（兼）
副秘书长　张韶辉（常务）　王湘淮　蒋崇华　伍尤平　吕正平（兼）　王发贵（兼）　孙鹏伟

衡阳市人大常委会

主　任　李亿龙
党组书记 副主任　谢宏治
副主任　朱玉萍（女）　李慧星　苏　营　王旭明　康　强　周晓云
秘书长　伍清明
副秘书长　唐振湘　张新华　刘红日　罗国清

衡阳市人民政府

市　长　周海兵
副市长　段志刚（常务）
副市长候选人　罗东海
党组成员 正厅级干部　陈新文
副市长　周学农　周辉斌　张贺文　刘正兴　陈　竞
党组成员 副市长候选人　陈　竞
原副市长　胡水龙　唐文峰
市人大常委会原副主任　李　辉
秘书长　晏华衡
副秘书长　胡新武　颜东程　蒋会平　邹学铭　胡深源　罗卫华　夏平平（兼）　王　海（兼）　张少华

政协衡阳市委员会

主　席　廖炎秋
党组副书记　李安平　肖长河
副主席 党组副书记　肖长贵
党组成员 副主席候选人　李　平
副主席　刘日煊（兼）　李鹏飞（兼）　张　亮　谢明芳（女，兼）　许云生（兼）　马俭平（女，兼）
党组成员 副主席候选人　黄保锦
原副主席　刘国思（兼）
秘书长　郑成华
副秘书长　陈文杰　谢昭亿　王平云　贺回乐

衡阳警备区

司令员　贺小坤
政治委员　廖茂雄
副司令员　王喜滨（兼）
副政治委员　欧阳大力　李春华（兼）
参谋长　宋玉清
政治部主任　彭国平
后勤部部长　蒋后春

衡阳预备役后勤保障旅

旅　长　王喜滨
党委书记 政委　李春华
副旅长　雷文忠
副政委　牟作明
参谋长　周　君
政治部主任　吴义国

中共衡阳市纪律检查委员会

书　记　包昌林
副书记　邓小林　肖秀文　傅　萍（女）
常　委　卜茂平　陈辉芝　龙五春　张志波　邱小兵
秘书长　龙亚春

中共衡阳市委巡视工作联络组

办公室
主　任　陈玉琼
副主任　万　科（常务）

谭刚山

第一组

副组长 盛义良 唐建军

第二组

副组长 魏诗祥 伍敬云

第三组

组长 刘春林

副组长 谭树理 陈伟

第四组

组长 肖金莲(女)

副组长 雷安青 周明祥

第五组

组长 邹仲龙

副组长 范高潮 陈麦珍

衡阳市中级人民法院

书记 院长候选人 张经伟

副院长 副书记 刘政(常务)

李来清

副院长 阳小云 陈龙飞

匡彬文(女)

纪检组长 刘学佩

政治部主任 王如铁

党组成员 任志恒 曹亚民

罗小韩

衡阳市人民检察院

书记 检察长候选人 刘孙承

副书记 副检察长 费旭东(常务)

副检察长 彭生宝 曹文恒

罗洵(女)

龙仕达

纪检组长 廖桂元

政治部主任 张知义

党组成员 肖高文 曾建军

曾志平 贺安凡

市委工作部门

市委办公室

主任 邓柯

副主任 黄伟 张斌

纪检组长 邓国军

市委全面深化改革领导小组办公室

主任 邓柯(兼)

专职副主任 侯健康

市委组织部

部长 何录春

副部长 雷雨时

罗维芳(女,兼)

封哲夫

彭幼平(兼)

张军 蒋勋伟

部务会成员 蒋先勤 陈国辉

纪检组长 段海明

市委宣传部

部长 刘丽华(女)

副部长 王郦君(常务)

刘晓军 吕正平

谭崇恩

市委统一战线工作部

副部长 陈群洲(常务)

伍祥乐

张永英(女)

纪检组长 周其钢

市委政法委员会

书记 谢恒斌

副书记 王东文(常务)

魏中发 孙团才

胡征星(兼)

刘云宝

纪检组长 欧阳强

政治部主任 唐年初

市委政策研究室

主任 孙鹏伟

副主任 刘运仕

副处级纪检员 周晓明

市委直属机关工作委员会

书记 李瑞荣

副书记 黄晓慧 白少友

陈水清

工会主席 廖青(女)

纪工委书记 廖激扬

市机构编制委员会办公室

主任 龙杰

副主任 陆亚利

李晓红(女)

纪检组长 曾庆虎

市委防范和处理邪教问题领导小组办公室

主任 胡征星

副主任 旷庆启 宋景军

李百顺(兼)

刘晓军(兼)

市委农村工作部(市政府农村工作办公室)

主任 李富国

副主任 肖章平 颜桥生

胡荣华 邱宁

纪检组长 胡高明

市委群众工作部(市信访局)

局长 罗卫华

副局长 刘泽民 何华榕

唐昌平 张位德

周乾坤

市委党校(市行政学院、市社会主义学院)
校　　长　夏幸福
副 校 长　李诗衡　李保民
　　　　　欧正国
副 校 长
纪委书记　蒋受安
教 育 长　唐云涛(女)

市委直属单位

市委老干部局
局　　长　罗维芳(女)
副 局 长　卢　蔚(女)
　　　　　王绍良
　　　　　刘文娟(女,兼)
纪检组长　戴孝明

市档案局
局　　长　徐阳林
副 局 长
副 书 记　王山诚
副 局 长　陈建国
　　　　　贺春兰(女)
纪检组长　江秀秋(女)

市委党史研究室
主　　任　周美好
副 主 任　谢志成　蒋全鑫
副处级
纪检员　黄舜梅(女)

市委讲师团
主　　任　成新平
副 主 任　洪明星　肖振军

市委台湾工作领导小组办公室
主　　任　黄常耿
副 主 任　周　强　龙旗胜

市综合治理办公室
主　　任　魏中发(兼)
副 主 任　文剑锋　李　智

衡阳日报社
书记、社长　周玉军
副 书 记
总 编 辑　林新华
副 社 长　刘虹梅(女)
　　　　　黄魁斌
纪委书记　邓湘源
副总编辑　王小勤
工会主席　陈文进

市委部门管理机构

市委督查室
主　　任　徐志毅
副 主 任　彭绍清　刘秩坤
　　　　　孔维政

市保密局(市委保密办)
局　　长　蒋宏来
副 局 长　王加福

市委机要局
局　　长　王发贵
总工程师　文建华
专职密码
督 查 员　胡庭伟

市委基层党建工作领导小组办公室
主　　任　陈国辉

市事业单位登记管理局
局　　长　范秋平

市老干部活动中心
主　　任　黄　雄
书　　记　李湖平

市文化产业发展办公室
主　　任　唐仕龙

市文明办公室
主　　任　罗东云

市新闻办公室
主　　任　江　勇

市网络新闻宣传管理办公室
主　　任　王永华

市纪委工作部门

办公室
主　　任　刘志宏

组织部
部　　长　齐文川

宣传部
部　　长　贺根定

党风政风监督室
主　　任　杨宏发

信访室
主　　任　许亚春(女)

案件监督管理室
主　　任　廖尚清

纪检一室
主　　任　刘伯辉

纪检二室
主　　任　吴明伟

纪检三室
主　　任　蒋小利

纪检四室
主　　任　王炳奎

纪检五室
主　　任　周立友

纪检六室
主　　任　邹庆华

案件审理室
主　　任　邹雄杰

纪检督察干部监督室
主　　任　张晓辉

预防腐败室
主　　任　刘　云(女)

信息技术保障室
主　　任　宋宁生

机关党委
专职副书记　殷　亮(女)

市人大专门委员会

内务司法委员会
主任委员　曾　静
副主任委员　李祥云

财政经济委员会
主任委员　何旭明
副主任委员　贺熙欢　周天庆

教育科学文化卫生委员会
主任委员　龙雪一
副主任委员　杨平芳

农业与农村委员会
主任委员　王美志
副主任委员　易　彬(女)

城乡建设环境与资源保护委员会
主任委员　卢劲松
副主任委员　彭有贵

市人大常委会工作部门

办公室
主　　任　伍清明
纪检组长　刘文静(女)
信访办主任　曾小军

预算工作委员会
主　　任　贺熙欢
副 主 任　谭丽霞(女)

选举任免联络工作委员会
主　　任　郁晓初
副 主 任　罗卫国

研究室
主　　任　谢慧斌
副 主 任　李光伟　刘红旗

市人民政府工作部门

市政府办公室
主　　任　晏华衡(兼)
副 主 任　彭　红(女)
　　　　　周　强
纪检组长　魏春生
党组成员　贺治国

市发展和改革委员会
主　　任　尹同君
副 书 记
副 主 任　刘乔华
副 主 任　王　韬　李　旭
　　　　　杨云祥　李定慧
　　　　　奉小明
总经济师　邹顺初
纪检组长　吴小艳(女)

市经济和信息化委员会
主　　任　欧　杏
副 主 任　阳文华　刘梓恒
　　　　　彭振霖　万克俭
　　　　　周子超
　　　　　秦海林(挂职)
工会主席　李笃清
纪检组长　王大宏

市教育局
局　　长　周法清
副 书 记
副 局 长　马建新
副 局 长　万和森　彭天文
　　　　　马俭平(女)
　　　　　谭小华
纪委书记　邱兴国
党委委员
主任督学　罗胜利
党委委员　李智平
副主任督学　宋腾飞　肖智亮

市科学技术局
局　　长　罗春耀
副 局 长　刘启静　谢德文
纪检组长　罗菲菲(女)
工会主席　黄长生

市公安局
局　　长　周学农
副 书 记
副 局 长　王成良(常务)
　　　　　肖海波
党委委员　唐　洁
副 局 长　李百顺　钟正军
　　　　　李　衡　吴　起
　　　　　谢先进
　　　　　邓朝晖(挂职)
副 局 长
政治部主任　何恒芹
纪委书记　谢少珍
工会主席　杨安东

市监察局
局　　长　邓小林
副 局 长　王东安　石献忠
　　　　　贺公民

市预防腐败局
局　　长　邓小林(兼)
专职副局长　邱小兵

市民政局
局　　长　肖吉顺
副书记　副局长　冯国旺
副 局 长　李福顺　周建平
　　　　　尹晓洪
　　　　　金姗姗(女)
　　　　　吴　斌
副局长　纪工委书记　刘　洁(女)
工会主席　谭民政

市司法局
局　　长　刘一华
副书记　副局长　单永泉
副 局 长　曾海燕(女)
　　　　　匡　华　熊　鹰
纪工委书记　刘　文
政治部主任　谭满林
工会主席　唐宏伟

市财政局
局　　长　刘诗真
副书记　副局长　邹可成
总会计师　龙海鹰
副 局 长　何小平　刘　军
　　　　　陈安平
工会主席　王集文
纪检组长　文小荣
党组成员　奉伍元　谢树连

市人力资源和社会保障局
局　　长　彭幼平
副 局 长　张晓平　曾崇伟
　　　　　郭建中
总会计师　王志刚
纪检组长　万荣禄
工会主席　胡小麦(女)

市住房和城乡建设局
局　　长　宁资理
副书记　副局长　李卫明
副 局 长　夏益才　蒋文龙
　　　　　唐修华　吴志强
工会主席　万常红(女)
总工程师　张云球
纪工委书记　李佐军

市交通运输局
局　　长　罗光耀
副书记　副局长　张洁成　唐新骅
副 局 长　罗端林　李贞生
　　　　　谢福君
　　　　　彭　立(兼)
纪委书记　高意钧
工会主席　冯赤军
总会计师　欧阳巍巍(女)

市水利局
局　　长　岳　健
副 局 长　王小平　文昌荣
　　　　　肖志华　刘吉林
　　　　　李朝华
总工程师　高银生
纪委书记　喻金平
工会主席　刘安平

市农业局(乡镇企业局)
局　　长　汪　维
副 书 记　戴任之
副 局 长　曾向国　卢正世
　　　　　彭素云(女)
　　　　　罗金华
总农艺师　曾金国
纪委书记　刘庆凡
工会主席　赵爱民

市林业局
局　　长　吴伟生
副 局 长　刘九江　曹敏慧
　　　　　雷盛华
纪工委书记　朱祥云
总工程师　梁瑞军
工会主席　周德湘
总会计师　陈　伟

市商务局(招商合作局)
局　　长　黄建军
副 局 长　龙亚平　刘克春
　　　　　程治纲
纪检组长　张柏君
总会计师　许任明
工会主席　王春华

市文化广播电视新闻出版局
局　　长　王　燕(女)
副书记　副局长　易鸿斌
副 局 长　李新祥　张绪伍
　　　　　张东坡　刘晓文
纪工委书记　吴水根
工会主席　魏启生

市卫生局
局　　长　邹爱民
副书记　副局长　申惠龙
副 局 长　胡晓明　陈兰林
　　　　　谭绪平　谭艳林
　　　　　刘景友

副局长
纪工委书记 肖友儒
工会主席 谢笃菊(女)
党委委员 刘枚武

市人口和计划生育委员会
书　　记 廖秋文
副主任 邓玉生 谢福生
欧阳琴(女)
陈忠明
纪检组长 王凌志
党组成员
计生协会
副会长 袁全宏

市审计局
局　　长 李艳丽(女)
副局长 李鹏飞 廖义伟
邱　文
工会主席 周紫娟(女)
纪检组长 许常礼
总审计师 李焕勇
党组成员 段小军

市环境保护局
局　　长 胡花云
副局长 廖素萍(女)
蒋宏伟 郭石军
唐小平 曹运才
总工程师 鲁　骥
纪委书记 杨六林
工会主席 刘环建

市统计局
书　　记 李晓霞
局　　长 陈　森
副局长 谢明菊 李尔平
罗理义
纪检组长 徐期田
总统计师 刘　霖

市粮食局
局　　长 高楚云
副局长 王朝阳 陈书贵
康新生(女)
工会主席 夏建华
纪委书记 匡春风
总会计师 王文华
党委委员 罗宏华

市物价局
局　　长 秦振衡
副局长 许云生 唐仕龙
唐树双 万韩建
肖军阳
纪检组长 谭奇友

市城乡规划局
局　　长 陈添喜
副局长 杨承友 侯跃泽
汤绍峰
纪检组长 何　光
总规划师 杨劲松
工会主席 龙瑞祥

市安全生产监督管理局
局　　长 胡小刚
副局长 邹　炜 谢石中
胡振业(女)
纪检组长 曹书厚

市城市管理行政执法局
局　　长 谢茂文
副局长 谭长青 谢　肃
席小平 罗小伟
纪检组长 贺银生
工会主席 符义承
党组成员 邹仁之
总工程师 陈建颖

市食品药品监督管理局
局　　长 颜昌正
副书记
副局长 李柯俭
副局长 王柱生
武亚明(女)
彭桂华
工会主席 尹建生

市人民防空办公室(市民防局)
主　　任 刘检元
副主任 王召大 刘和平
邓　伟
纪检组长 伍传松
总工程师 宋登飞

市政府外事侨务办公室(港澳事务办公室)
主　　任 汤守春
副主任 周明阳 夏建平
许荣华
副处级
纪检员 周大可

市政府直属特设机构

市政府国有资产监督管理委员会
主　　任 白润民
副书记
纪委书记 刘业伟
副主任 彭少波 盛良平
肖春林 贺宏光
肖劲松(挂职)
工会主席 李伯林(女)
总经济师 张晓冬

市政府直属事业机构

市体育局
局　　长 康国雄
副局长 刘朝汉 张衡安
曾　臻 肖芳葵
蒋长富

纪委书记 邹和平

市房产管理局
局长 刘晓利
副局长
总工程师 刘贵生
纪工委书记 贺仕寿
副局长 周轻装 汪楚纯 唐学清 段菊生
工会主席 刘颖(女)
党委委员 李逢丁

市广播电视台
台长 邹斌初
副书记
副台长 朱锡君
副台长 何志勇 蒋清 邹仲奇
副台长
纪检组长 张文标
工会主席 陈娟(女)
总会计师 蒋乐念
党组成员 伍峻极 唐西湖

市农业机械管理局
局长 侯明星
副局长 刘国慰 赵升华 王斌
纪委书记 陈金华
总工程师 周文

市畜牧水产局
局长 张永亮
副局长 邓中华 周笃春 盛衡清 肖小清 陈晔
工会主席 陈建云
纪委书记 全昌盛
总畜牧师 贺晓霞
总水产师 段凤成

市旅游局
书记 龙祝元
局长 向前
副局长 晋郭琦 沈骏明 赵芳(女) 李欣
纪检组长 高文英(女)

市供销合作总社
理事会主任 罗干生
监事会主任
副书记 宋贫农
工会主席 吴华
副主任 王继松 向明 董晓波

市委、市政府接待处
处长 龚志桂
副处长 赵华(女) 朱方群(兼) 刘春晖

市地方志编纂委员会办公室
主任 杨伟东
副主任 肖泓 胡朝伟

市文化市场综合执法局
局长 刘小平
副局长 唐能平 沈登成 谢建军 王友良
纪检组长 曾剑鸣

市移民开发局
局长 贺礼霁
副局长 周高生 刘志斌 刘春贵
纪检组长 邹生华
总工程师 刘良启

市知识产权局(副处级)
局长 唐彦

市政府部门管理机构

市政府法制办公室
主任 杨安定
副主任 万潜平
副处级
纪检员 肖精华

市民族宗教事务局(副处级)
局长 陈伟民

部门归口管理的事业机构

市农业综合开发办公室
主任 谢树连
副主任 周志刚 贺四清 肖绍甘 刘旭
纪检组长 黄柏青

市电子政务管理办公室
主任 陶小平
副主任 陈列忠 全洪亮
纪检组长 全长河

市公路管理局
局长 肖仁贵
副书记
副局长 李兴志
副局长 罗水生 胡庆保 郑晓宏 邹宏
总会计师 颜超美
纪委书记 肖华宝
总工程师 仇武正
工会主席 唐玉铭

政府直属管理部门

市政务服务中心
主任 戴新贤
副书记
副主任 贺治国

副主任 谭晓林 李文周 凌北辰

市住房公积金管理中心
主任 杨辉(女)
书记 刘建
副主任 李文喜 花明 肖华生
纪检组长 伍松
总会计师 陈黎(女)

市人民政府金融工作办公室
主任 段映春
副主任 李明 刘国华 郭文波
总经济师 李立
纪检组长 罗新华(女)

市煤炭工业局
局长 夏日新
副局长 欧阳早香 吉仕统 丁佳生
总工程师 何辅韩
工会主席 周耀辉
纪委书记 褚启虎

衡阳弘湘(国有投资控股)集团公司
董事长 张力沛
总经理 张雨民
监事会主席 蒋水文
副书记 纪检组长 曾康
副总经理 蒋永忠 唐蔚 周名扬
财务总监 龙玮(女)

市中小企业信用担保公司
董事长 总经理 段映春
副总经理 刘红粒 陈昕昕 李必飞(女) 谭雯心(女)

市城市建设开发总公司
总经理 陈卫
副总经理 李任保 任邵江 王集
纪委书记 宋为忠
总工程师 何小巧(女)
总会计师 刘琳琳(女)

市城市建设投资有限公司
董事长 陈映森
总经理 袁铁军
监事会主席 李育和
副书记 纪检组长 曹亮塔
副总经理 龙武星
总工程师 钟爱军
财务总监 欧剑菲
工会主席 王立新

市水务投资集团有限公司
董事长 郑湘山
总经理 唐仲民
监事会主席 沈国章
副书记 纪委书记 李宇柱
副总经理 曹祥生 周铁牛
财务总监 陈生满
工会主席 张自钢

市交通建设投资有限公司
总经理 陈探宇
副总经理 副书记 尹茂苏
副总经理 王翔
财务总监 宇俊祺
纪检组长 胡琼峰

市湘江水利投资开发有限公司
总经理 唐夏元
副总经理 副书记 庞华
副总经理 王海燕(女)
财务总监 尹快平
纪检组长 谢振华

市农业科学研究所
书记 曾良贵
副书记 纪委书记 朱捷
副所长 罗柳青 李建仁 周泽友
总农艺师 黄益国
工会主席 陈友平

衡阳南岳机场投资有限公司(南岳机场办公室)
副总经理 副主任 张中信 刘建平

市政府派出机构

市高新技术产业开发区管理委员会
主任 黄保锦
副书记 副主任 宋京生
副主任 张国庆 龙建民 杨为群 李勇
副主任 纪工委书记 朱章金

衡阳松木经济开发区管理委员会
主任 雷华
副主任 王三元 刘小平 陈新龙 袁万谋
纪工委书记 周爱民
工会主席 周建国

市白沙洲工业园区管理委员会
主任 曾义国
副主任 陈建华 刘向阳 张金华
纪工委书记 刘德灿

工会主席　刘林生

市政府驻北京办事处
主　　任　夏平平
副 主 任　何华榕　邓小年
　　　　　周明秋

市政府驻广州(深圳)办事处
主　　任　唐志军
副 主 任　刘安华

市政府驻长沙办事处
主　　任　陈洪任

市政府行业管理办公室

市机械工业行业管理办公室
主　　任　何东球
副 主 任　孟保华
副 主 任
纪检书记　向　为
副 主 任
工会主席　唐小忠

市冶金工业行业管理办公室
主　　任　于德辉
副 主 任
工会主席　温妙莲(女)
副 主 任　雷福生

市化学医药工业行业管理办公室
主　　任　肖春林
副 主 任
工会主席　张勋林
副 主 任
纪委书记　刘小平
副 主 任　尹小平

市轻工业行业管理办公室
主　　任　李朝晖(女)
副 主 任
纪检书记
工会主席　丁放之
副 主 任　蒋仕高

市二轻工业行业管理办公室
主　　任　高鸿升
副 主 任　陈中文　洪庆涛

市纺织工业行业管理办公室
主　　任　阳文华
副 主 任　廖雄燕(女)
　　　　　王宏威
副 主 任
工会主席
纪委书记　邓启明

市建材工业行业管理办公室
主　　任　刘定安
副 主 任　李穗军
副 主 任
工会主席　曾志强
副 主 任
纪委书记　陈书伟

市一商行业管理办公室
主　　任　易长春
副 主 任
纪委书记　刘春球
副 主 任
工会主席　封国平

市二商行业管理办公室
主　　任　肖　俊
副 主 任
工会主席　凌巍峰
总会计师　刘文革

市物资行业管理办公室
主　　任　张兴二
副 主 任
纪委书记
工会主席　段秋生

市政协工作机构

办公室
主　　任　郑成华(兼)
纪检组长　乐慧华(女)

提案联络委员会
主　　任　傅小林
副 主 任　谢　斌
　　　　　周　胜(女)

经济委员会
主　　任　易　晔
副 主 任　罗湘衡

人口资源环境委员会
主　　任　徐云会

社会和法制委员会
主　　任　刘忻媛(女)
副 主 任　陈　侃

教科文卫体委员会
主　　任　左琼颖
副 主 任　李文康

文史学习和港澳台侨外事委员会
主　　任　万春生
副 主 任　王　平
政策研究室
主　　任　唐时明
副 主 任　彭峥嵘　麻小平

工商联、民主党派

市工商业联合会
主　　席　谢明芳(女)
书　　记
副 主 席　伍祥乐(兼)
副 书 记
副 主 席　吕国荣
副 主 席　凌均梅(女)
　　　　　吴高兴　李宏雪
纪检组长　任诗文

中国国民党革命委员会市委员会
主任委员　谢　肃(兼)

专职副主任委员 郭露璐（女）
兼职副主任委员 曹晓娟（女）
刘文华 文祥锋

中国民主同盟市委员会
主任委员 马俭平（女，兼）
专职副主任委员 廖喜云
兼职副主任委员 谢宏
付美云（女）
刘启静 廖可兵

中国民主建国会市委员会
主任委员 李鹏飞（兼）
专职副主任委员 李康杏
兼职副主任委员 肖高君 陈生满
唐萌

中国民主促进会市委员会
专职副主任委员 廖晟
兼职副主任委员 曾海燕（女）
赵桂芝（女）

中国农工民主党市委员会
主任委员 许云生（兼）
专职副主任委员 陈其芳（女）
兼职副主任委员 刘吉元 谢文彪
夏建平

中国致公党市委员会
主任委员 刘日煊（兼）
专职副主任委员 曾小蕙（女）
兼职副主任委员 何叔金
江红（女）
唐小平

九三学社市委员会
主任委员 苏营（兼）
专职副主任委员 谢芳（女）
兼职副主任委员 龚学余
唐林生
王桂田（女）

群众团体

市总工会
书记副主席 周小风（女）
副主席 万进辉
张群峰（女）
段志阳
纪检组长 李诗文
女工委主任 刘彦香（女）
经费审查委员会主任 谭志平

共青团市委
书记 刘英（女）
副书记 范苏媛（女）
谢韬 邓明君
纪检组长 戴诗庭（女）
青少年宫主任 蒋新星

市妇女联合会
书记、主席 周红玲（女）
副书记 王辉（女）
副主席 资艳（女）
聂玉萍（女）
龙华（女）
纪检组长 雷继红（女）

市科学技术协会
主席 凌球（兼）
书记 高轻飏
副主席 刘花园 李梅
纪检组长 谢雅萍（女）

市社会科学界联合会
主席 王柏新
副书记副主席 李岳平
副主席 邹燕矫（女）

市文学艺术界联合会
主席 林乐伦
副主席 周厚君

市归国华侨联合会
主席 李玲（女）
书记 张永英（女）
副主席 徐志明 胡仲敏
戴毅明（兼）
王文军（兼）
谢云鸿（女，兼）

市残疾人联合会
理事长 谢虹（女）
副理事长 曾东华 张桂生
张含英（女）
纪检组长 陈倩（女）

中国国际贸易促进委员会衡阳市支会
会长 魏岩
副会长 李绍铭
蒋倩倩（女）
副处级纪检员 李国生

双重领导、以省厅（局）为主管理的机构

市国家安全局
局长 王海

市国土资源局
局长 邹高帆

副局长 刘兴中 符安民 邓路鸣 阳秋桂
总工程师 傅中良
总规划师 黄光辉
执法支队队长 李兴国
总会计师 龚国清
工会主席 蒋远翔
纪检组长 盛荣伟

市工商行政管理局
局长 蒋云良
副书记 副局长 冯建伟
副局长 罗云学 王清(女) 谢卫华 周新春
纪检组长 吕曙光
工会主席 屈苏权

市质量技术监督局
局长 陈伯玖
副局长 万新华 阳永庚 肖亚明 胡新军
纪检组长 吴刚

市国家税务局
局长 李立平
副局长 唐绍喜 银恒 刘小明 陈洪贵 袁跃中
纪检组长 李济民
总经济师 罗捷
总会计师 颜建明

市地方税务局
局长 曾秀
副局长 宋桂福 邹学宽 黄信伟
总经济师 张位喜
总会计师 周良初

纪检组长 黄湘衡
工会主席 唐振辉

衡阳海关
关长 戴勇
副关长 于瑞华 洪余喆 张振
缉私分局局长 刘代明
缉私分局政委 刘自力

衡阳出入境检验检疫局
局长 肖向东
纪检组长 谢先军
副局长 蒋晓明

中国人民银行衡阳市中心支行
行长 杜文
副行长 严浙湘 黄红星 邓齐荣
纪委书记 陈海彦
工会主任 曾辉

中国银行业监督管理委员会衡阳监管分局
副局长 王剑星
纪委书记 罗安宝
副局长 徐文艳(女)

中国农业发展银行衡阳市分行
行长 梁刚
副行长 赵幼平 蒋春林

市气象局
局长 谭湘民
副局长 彭刚 黄峰 袁智生
纪检组长 肖健(女)

市邮政局
局长 李永忠
副局长 谭远 宁之华 李文剑

国家统计局衡阳调查队
队长 周扬来
副队长 李灿良 魏冬伍
纪检组长 吕柏林

省煤矿安全监察局衡阳分局
局长 张永成
书记 易承长
副局长 张弘
监察专员 黄跃明

衡阳水文水资源勘测局
局长 汤灿飞
副局长 纪委书记 段安主
副书记 副局长 黎华
工会主席 洪自强
总工程师 何江波

市烟草专卖局
局长、经理 万伟
副局长 王勇
副经理 熊海韬 陈览
总农艺师 刘兰芬(女)

国网湖南省电力公司衡阳供电分公司
总经理 梁剑
副总经理 纪委书记 张民
副总经理 陈孜孜 刘光良 田国元
工会主席 陈庆祯
总工程师 尹建国
总经济师 梁跃龙

湖南盐业股份有限公司市分公司（市盐务管理局）

总经理 副书记　陈　健
局长、书记　唐骋时
副总经理　万仲文　黎红辉
工会主席　刘　军

衡阳航道管理局

局长　谢大华
书记　钟家生
副局长　黄平实　周述冬　罗泽雄
纪检书记　常巧云

武警、消防、司法机构

武警湖南省总队衡阳市支队

支队长　黎升旗
政治委员　黄向红
副支队长　蒋建军
副政治委员　王成刚
参谋长　全　亮
政治处主任　柳　杨
后勤处处长　罗衡军

市公安消防支队

支队长　温国坤
政委　王三红
副政委　李玉荣
政治处主任　罗　毅
后勤处处长　甘向前
防火处处长　李　政

市华新地区检察院

检察长　黄龙庆
副检察长　盛云平　陈顶生
纪检组长　范　明
政治处主任　杨期华

耒阳上堡地区检察院

检察长　董谢云
副检察长　雷振湘
政治处主任　李　俊
纪检组长　陈　炜

湘南监狱

书记 监狱长　卜江清
政委 副书记　张小平
万世达公司总经理　李世荣
纪委书记　孟克辉
副监狱长　刘　斌　伍衍波　陈安德
工会主席　张从根
政治处主任　伍碧海
万世达公司副总经理　伍尤明
万世达公司总经济师　伍良哲

雁北监狱

书记 监狱长　李寿勇
政委 副书记　朱永红
副书记 纪委书记　吴　卉
瑞奇织造总经理　尹利民
副监狱长　陈平湖　彭小强　谢　广
瑞奇织造副总经理　杨良雄　卢　浩　黄小衡
工会主席　李金明
政治处主任　陶宜军
瑞奇织造总工程师　武　权

雁南监狱

书记 监狱长　唐高国
政委 副书记　李志军
副书记 总经理　周　乾
副书记 纪委书记　李长冲
工会主席　曹水平
凌风实业常务副总经理　肖小华
凌风车架公司总经理　黄本忠
政治处主任　罗国辉
副监狱长　王孝庆　罗宏国　曾宪金
凌风实业副总经理　宁建防　伍川南

衡州监狱

书记 监狱长　冯加业
政委 副书记　侯德康
副政委 副书记　彭智勇
副监狱长　常振军　戴金定　刘　衡
工会主席　刘太平
纪委书记　彭靖华
政治处主任　周春艳（女）

市强制隔离戒毒所

书记 所长　屈国原
政委 副书记　李孝连
副所长　钟剑勇　刘卫民
纪委书记　蒋丽芳（女）
政治部主任　唐　恒

部门内设副处级机构

市政府研究室

主任　黄健骅

市政府应急办公室
主　　任　钟小健

市政府督查室
主　　任　周湘晖

市无线电管理委员会办公室
主　　任　李逢各

市中级人民法院执行局
局　　长　罗小韩
政　　委　阳泉江

市中级人民法院司法警察支队
支 队 长　张顺南
政　　委　刘永忠

市人民检察院反渎职侵权局
局　　长　曾建军

市人民检察院反贪局
局　　长　贺安凡
政　　委　吕云斌

市人民检察院公诉局
局　　长　蔡　艺

市公安局警令部
主　　任　何致远

市警官培训中心
主　　任　成立伟
书　　记　欧召荣

市公安局警务保障处
处　　长　贺启航
政　　委　熊卓卫

市公安局监察室
主　　任　王松林

市公安局直属分局
局　　长　吴洪均
政　　委　李久扬

市公安局国内安全保卫支队
支 队 长　曾郴生
政　　委　邓舜华

市公安局刑事侦察支队
支 队 长　颜海波
政　　委　郝湘荣

市公安局(治安防暴)警察支队
支 队 长　沈华国
政　　委　李晋祁

市公安局交通警察支队
支 队 长　唐耀兵
政　　委　何　湛

市公安局特巡警支队
支 队 长　周志清
政　　委　刘永林

市公安局经济犯罪侦查支队
支 队 长　钟天视
政　　委　胡忠勇

市公安局禁毒支队
支 队 长　张爱国
政　　委　李育衡(女)

市公安局警务督察支队
支 队 长　何玉竹
政　　委　杨君伟

市公安局监管支队
支 队 长　夏　剑
政　　委　欧建雄

市公安局网监与行动技术支队
支 队 长　刘小龙
政　　委　肖　波

市公安局人口与出入境管理支队
支 队 长　宁　杰(女)
政　　委　王桂芳

市综合执法警察支队
支 队 长　罗小伟
政　　委　邹仁之

市公安局警卫处
处　　长　刘国良
政　　委　曹忠良

市公安局雁峰分局
局　　长　陈俊华
政　　委　廖　勇

市公安局石鼓分局
局　　长　朱建社
政　　委　肖鸿元

市公安局珠晖分局
局　　长　史瑞光
政　　委　李绍力

市公安局蒸湘分局
局　　长　吴小平
政　　委　谭　璇

市公安局八角塘分局
局　　长　徐海生
政　　委　袁丰力

市公安局森林分局
局　　长　秦洪伟
政　　委　彭彰学

市环卫处
处　　长　李晓斌
书　　记　屈　路

市园林管理局
局　　长　王荣华
书　　记　李文华

市依法治市办公室
副 主 任　旷文政

南岳衡山国家级自然保护区管理局
局　　长　杨东亮
书　　记　尹朝晖(女)

市公证处
主　　任　刘慧明

市人才交流中心
主　　任　濮龙文
书　　记　李金华

市军转干部安置工作领导小组办公室
主　　任　邹　泓

市劳动保障监察支队
支 队 长　彭庆衡
政　　委　刘　昱

市公务员局
局　　长　岳　红

市外国专家局
局　　长　周丽萍(女)

市社会养老保险处
处　　长　陈　军

市劳动就业服务处
处　　长　刘国芒
副 处 长　罗兆新

市医疗保险基金管理中心
主　　任　张建华
副 主 任　刘晓辉(女)

市机关事业单位社保处
处　　长　谭立蓉(女)

市社会保险基金征缴处
处　　长　屈安群

市工伤保险基金管理中心
主　　任　黄晓林
副 主 任　刘佑德

市干部培训中心
主　　任　王上元

市劳动人事争议仲裁院
院　　长　田开华

市退役士兵安置办公室
主　　任　王巧明

市老龄办公室
主　　任　张巧营

市民间组织管理局
局　　长　倪强华

市军供站
站　　长　谢才生

市社会救助管理处
主　　任　陈楚颖

市军队离退休干部管理办公室
主　　任　江石初

市文物局
局　　长　吴建波

市爱国卫生运动委员会办公室
主　　任　刘枚武

市红十字会
专职副会长　尹向阳

市疾病预防控制中心
主　　任　陈秋生
书　　记　陈康明

市卫生监督所
所　　长　谢培岳
副 所 长　文　飞

市食品药品检测检验中心
主　　任　傅黎春(女)
书　　记　杨学军

市地震局
局　　长　何黎明

市计生协会
常务副会长　袁全宏
办公室主任　刘小兵(女)

市第三产业办公室
主　　任　曹永福

市能源局
局　　长　龙朝华

市重点工程建设办公室
主　　任　曾广庆

衡阳数字·2014

总面积：15310平方公里

年末总人口：7303400人

年末总户数：2058200户

地区生产总值（GDP）2395.56亿元

人均地区生产总值：32921元

第一产业增加值：364.69亿元

第二产业增加值：1119.88亿元

工业增加值：979.50亿元

规模工业增加值：701.77亿元

高新技术产业增加值：312亿元

第三产业增加值：910.98亿元

三次产业结构：15.2∶46.8∶38.0

公共财政总收入：235.66亿元

公共财政支出：409.57亿元

固定资产投资额：1767.01亿元

社会消费品零售总额：825.51亿元

外贸出口总额：19.56亿美元

外贸进口总额：9.87亿美元

实际利用外资：9.00亿美元

接待国内外游客数：4421.16万人次

本外币存款余额：2406.17亿元

本外币贷款余额：1235.48亿元

居民储蓄存款余额：1722.01亿元

在岗职工年平均工资：40265元

城镇居民人均可支配收入：24370元

农村居民人均可支配收入：13242元

民用汽车拥有量：29.27万辆

移动电话用户：418.82万户

互联网宽带用户：65.71万户

城镇居民人均消费性支出：17220元

农村居民人均消费性支出：8929元

城镇居民家庭恩格尔系数：33.1%

农村居民家庭恩格尔系数：35.4%

普通高等学校数：13所

高等学校在校学生人数：170346人

各类卫生机构数：5842个

卫生技术人员：3.14万人

体育场地拥有量：6438个

新建“农民体育健身工程”行政村：527个

城区环境空气优良率：94.2 %

城区饮用水水源地水质达标率：100 %

地表水功能区水质达标率：92.3 %

（衡阳市统计局）

市委书记、市人大常委会主任　李亿龙

2014年12月29日，中共衡阳市委经济工作会议召开，为衡阳经济持续发展谋篇布局。会议深入贯彻落实中央、省委经济工作会议精神，总结2014年经济工作，部署2015年经济工作，动员全市上下统一思想、坚定信心，适应新常态、抢抓新机遇、谋求新发展。市委书记、市人大常委会主任李亿龙作重要讲话，市委副书记、市长周海兵作工作部署。会议由市委副书记、组织部长邓群策主持。出席会议并在主席台就座的市党政军领导还有：廖炎秋、谢恒斌、段志刚、罗东海、包昌林、廖茂雄、刘丽华、邓柯、谢宏治。会议明确2015年经济工作的总体要求是：全面贯彻党的十八大、十八届三中、四中全会和中央、省委经济工作会议精神，应对大环境，营造小气候，适应新常态，谋求新发展。继续坚持稳增长、促改革、调结构、惠民生的工作方针，以改革为动力，以创新为支撑，以法治为保障，促进经济持续健康发展和社会和谐稳定。经济社会发展的主要预期目标是：地区生产总值增长9%，力争增长9.5%；财政总收入增长11%，力争增长12%；全社会固定资产投资增长20%以上；社会消费品零售总额增长12.5%以上；进出口总额增长20%以上；规模工业增加值增长9.5%以上；城乡居民收入分别增长10%、11%以上；城镇登记失业率控制在4.5%以内；节能减排等约束性指标全面完成省里下达的任务。

（图片提供：衡阳日报社刘晓飞、彭斌）

市委副书记、市长　周海兵

2015年2月4号，衡阳市第十四届人民代表大会第四次会议在市政府会议中心隆重开幕。会议由大会主席团常务主席、执行主席李亿龙主持，市人民政府市长周海兵向大会作政府工作报告。报告回顾2014年工作：全市经济发展稳中有进，全年实现地区生产总值2395.56亿元，增长9.9%；完成财政总收入235.66亿元，增长11.2%；完成固定资产投资1767.01亿元，增长22.9%；实现社会消费品零售总额825.51亿元，增长12.8%。报告提出2015年全市经济社会发展的主要预期目标：地区生产总值增长9%，力争增长9.5%；财政总收入增长11%，力争增长12%；全社会固定资产投资增长20%以上；社会消费品零售总额增长12.5%以上；进出口总额增长20%以上；规模工业增加值增长9.5%以上；城乡居民收入分别增长10%、11%以上；城镇登记失业率控制在4.5%以内；节能减排等约束性指标全面完成省里下达的任务。

（图片提供：衡阳日报社刘晓飞、彭斌）

市委书记、市人大常委会主任　李亿龙

2015年2月4日至8日，衡阳市举行第十四届人民代表大会第四次会议。朱玉萍当选市十四届人大常委会副主任，罗东海、陈竞当选市人民政府副市长，张经伟当选市中级人民法院院长，刘孙承当选市人民检察院检察长（待批）。会议听取和审议市人民政府工作报告；听取和审议市人民代表大会常务委员会工作报告；听取和审议市中级人民法院工作报告；听取和审议市人民检察院工作报告；审查和批准市2014年国民经济和社会发展规划执行情况的报告与2015年草案的报告；批准市2015年国民经济和社会发展规划；审查和批准市2014年全市及市本级预算执行情况与2015年计划草案的报告；批准市2015年市本级预算。

（图片提供：衡阳日报社刘晓飞、彭斌）

市政协主席　廖炎秋

2015年2月3日至6日，政协衡阳市第十一届三次会议隆重举行。李平、黄保锦当选市政协第十一届委员会副主席。会议听取政协衡阳市第十一届委员会常务委员会工作报告和提案工作报告；听取政协衡阳市第十一届委员会第三次会议提案审查委员会关于十一届三次会议提案审查情况的报告；审议通过《市政协十一届三次会议政治决议》《市政协十一届三次会议关于政协衡阳市第十一届委员会常务委员会工作报告的决议》《市政协十一届三次会议关于政协衡阳市第十一届委员会常务委员会十一届二次会议以来提案工作情况报告的决议》。列席衡阳市第十四届人大四次会议，听取政府工作报告及其他报告，协商讨论政府工作报告及其他报告。

（图片提供：衡阳日报社刘晓飞、彭斌）

县委书记　曾祥月

县委副书记、县长　邹小敏

衡南县

衡南县因地处南岳衡山之南而得名，全县辖26个乡镇、1个办事处，总面积2619平方公里，总人口110万，有"发展高地、文化重地、生态福地、风物宝地、交通要地"之美誉。2014年，全县实现GDP252.42亿元，增长9.1%；完成财政总收入14.78亿元，增长15.3%；完成社会固定资产投资161.02亿元，增长25%；规模工业增加值同比增长9.4%；实现社会消费品零售总额73.37亿元，增长12.8%；城乡居民人均可支配收入分别达23534元、14898元，分别增长9.8%、12.3%。衡阳南岳机场、湘江土谷塘航电枢纽船闸、衡茶吉铁路、衡云干线顺利通航通车，衡南水陆空立体交通格局基本形成。佰旺矿业、远锦汽贸城、天光峰风电场等一批大项目、好项目成功落地。农业生产向现代化迈进，全年产粮69万吨、产烟6.9万担，"两烟"创税8880万元。工业发展更加集约高效，云集工业集中区开工建设企业23家，竣工投产10家，经济效益实现翻番。金融、旅游等现代服务业快速发展，全县存贷款余额分别达175.27亿元、60.08亿元，以宝盖为代表的乡村休闲旅游持续升温，近尾洲莲湖湾成功获批国家级湿地公园。县城建设"三年行动计划"加快实施，滨江南路等4条道路、机场污水处理厂工程已竣工，云集大道及云峰路提质改造正在加快建设，安置区提质改造工程稳步推进，环卫作业走上市场化轨道。社会大局和谐稳定，民生支出达27.5亿元，占财政总支出的63.8%，综治民调上升至全省第40位。

生态县城

市委书记、市人大常委会主任李亿龙（前排左二）深入衡南视察项目建设

①衡阳南岳机场　②湘江土谷塘航电枢纽船闸

③县自来水厂二期扩容工程　④衡云干线

县委书记 王洪斌

县委副书记、县长 熊超群

衡阳县

衡阳县辖17镇9乡，土地总面积2558平方公里，其中耕地面积69.67千公顷，全县户籍总人口123.5万人，其中常住人口112.52万人。2014年，全县上下坚持“生态立县、项目兴县、依法治县”三大战略，转作风、抓落实、求突破，经济社会得到平稳较快发展。实现地区生产总值263.23亿元，增长9.3%；完成财政总收入11.6亿元，增长15.01%；城镇居民人均可支配收入23853元，农村居民人均可支配收入12306元，分别增长9.8%、12.6%；完成农林牧渔业总产值104.73亿元，增长4.6%；完成全部工业增加值97.67亿元，增长7.4%，其中规模工业增加值71.79亿元，增长7.4%；实现社会消费品零售总额68.56亿元，增长13%；全年引进外资项目14个，实际利用外商直接投资8680万美元，增长18.9%；完成固定资产投资（不含农户）188.34亿元，增长24.4%。西渡高新区核心片内7条道路和6个安置区开工建设，太阳能光伏电站、角山米业、维泰总部、阳光陶瓷二期、蒸西大道、衡西公路、娄衡高速公路、怀邵衡铁路等重大项目建设扎实推进。先后被评为全国粮食生产先进县、全国文化先进县、全国科普示范县、全国供销社“百强县级社”，全省内联引资先进县、全省安全生产工作先进县、全省养殖业工作先进县、全省人口和计划生育工作先进县。

西渡高新区核心区项目集体开工奠基

现代农业示范园农产品展销会

湖南省农产品加工龙头企业——角山米业仓库

美丽的城乡建设

改造后的蒸西大道一角

修建中的船山西路

衡山县

县委书记　周　建

县委副书记、县长　秦方进

2014，衡山县辖9乡8镇，土地总面积934平方公里。年末总人口44.7万人，年末常住人口39.2万人。人口出生率13.3‰，增长率10.1‰。地区生产总值118.3亿元，增长9.2%。三次产业比为21.6：33.1：45.3。地方财政收入7.67亿元，增长10%；其中地方一般预算收入5.62亿元，增长6.9%。农林牧渔业总产值39.2亿元，增长4.2%。粮食总产量21万吨，获评全省粮食生产先进县。规模以上工业企业实现产值81.74亿元，增长5.2%；实现工业增加值33.79亿元，增长6.2%。社会消费品零售总额21.79亿元，增长12.5%。实现城镇销售额18.32亿元，增长12.6%；实现乡村销售额3.46亿元，增长11.8%。固定资产投资74.44亿元，增长12.5%。城镇基础设施进一步完善。武广衡山西站至南岳公路开工建设、至黄花坪公路开展征地拆迁。南岳高速县城连接线通车，毛泽建公园正式动工。新马线竣工通车，南马线启动改造，白果楚南桥重建通车，硬化农村公路50公里，改造危桥5座。招商引资取得新成效。全年新开工兴建并注册的固定资产投资2000万元以上的产业项目10个，新竣工并注册的固定资产投资在2000万元以上的产业项目10个；内资资金到位6.73亿元，较上年增长2.4%；实际利用外资6948万美元，较上年增长16%。

省委副书记、省长杜家毫（左三）在衡山视察

恒岳重钢风电塔筒生产线

怡宝瓶装水生产线

宜居衡山盛豪世纪城小区

衡山县城全景

县委书记 程少平

县委副书记、县长 廖义智

衡东县

2014年，全县地区生产总值完成214.14亿元，增长9.6%。财政总收入完成11.08亿元；完成固定资产投资112.36亿元，增长24.1%；社会消费品零售总额65.47亿元，增长12.8%。城镇居民人均可支配收入和农村居民人均可支配收入分别达到23799元、14415元。

工业经济平稳运行。全年完成规模工业总产值153亿元，实现规模工业增加值41.5亿元，增长8.1%。现代农业稳步发展。全年完成农业总产值64.65亿元，粮食总产超40万吨，实现十一连增；新发展注册登记家庭农场86个，农民合作社发展到352家，国省市级农业龙头企业达到38家。城乡建设加速提质，获评第二批全国十佳林业信息化示范县，霞流镇成功创建国家级生态乡镇，新塘镇荣获全国重点镇称号。民生福祉显著提升。全县累计支出民生资金22.98亿元，占总支出的79.06%。扎实办好民生实事，率先启动村干部养老保险试点工作，湘江保护和治理“一号重点工程”扎实推进，省、市先后在衡东县召开现场会，推介衡东经验。社会事业健康发展，疾病预防控制工作获全国先进，顺利通过全国文化先进县复评，人口与计生工作连续十年被评为全省先进。坚决落实安全生产“一岗双责”，安全生产考核取得全市第一、全省先进的好成绩。在全市率先成立河道采砂综合执法队，进一步规范河道采砂行为。加强社会治安综合治理，民调排名居全省第53位，取得历史最好成绩。

县城夜景

省委书记、省人大常委会主任徐守盛（图中）来衡东指导群众路线教育实践活动

①	
② ③	④

①白莲水库除险加固工程

②凤凰山风力发电项目

③华亚玻璃项目

④三樟黄贡椒采摘节

县委书记　雷高飞

县委副书记、县长　杨龙金

祁东县

2014年，祁东县面对严峻复杂的外部经济环境，积极适应新常态，奋力抢抓新机遇，努力营造小气候，经济工作取得了骄人成绩。全县实现地区生产总值218.16亿元，增长9.9%，增幅在七个县市中排名第一；财政总收入8.94亿元，增长15.5%，税收占财政总收入76.7%，税占比在七个县市中排名第一；社会固定资产投资117.16亿元，增长25.1%，增幅在七个县市中排名第一；城乡居民人均可支配收入达到19202元和10240元，分别增长9.2%、8.0%；金融机构各项存款余额217亿元，增长14.0%；各项贷款余额56亿元，增长2.6%。四明山森林公园成功获批国家级森林公园，“祁东黄花菜”申报国家地理标志保护产品已被国家质检总局正式公告，即将获批，祁东渔鼓被列为国家级非物质文化遗产保护项目；荣获全省粮食生产标兵县、全省生猪调出大县、全省超级稻百亩攻关项目先进县、全省扶贫开发先进县、全省机械化插秧示范县、全省油菜机械化生产示范县。

四明山森林公园成功获批国家级森林公园

祁东渔鼓成功申报国家级非物质文化遗产保护项目

省委副书记、省长杜家毫（图中）来祁东视察调研

市委书记、市人大常委会主任李亿龙（图中），市委副书记、市长周海兵（前排右三）深入祁东调研

衡阳市委常委、组织部长，
常宁市委书记　何录春

常宁市委副书记、市长　李　涛

常宁市

2014年，常宁市辖22个乡镇、4个办事处、1个风景名胜管理处，土地总面积2046.6平方公里，年末常住人口82.86万。地区生产总值248.88亿元，增长9.8%。完成财政总收入14.11亿元，增长3.5%。完成固定资产投资134.37亿元，增长24%。金融机构存、贷款余额分别为175.1亿元、65.27亿元，分别增长14.2%、23.8%。工业经济加速转型。全市新增规模工业企业9家，规模工业增加值101.3亿元，增长8.6%；金铜项目核心工程按期开工；依托金铜项目发展铜压延加工，成功跻身全省特色县域经济重点县；天衡公司在“新三板”成功上市，实现上市公司零的突破。现代农业加紧推进。“常宁茶油”获批为国家地理标志保护产品；连续两年跻身全省粮食生产标兵县行列；连续三年评为全省现代烟草农业建设优秀单位；塔山山岚茶先后获省茶博会金奖和湘茶大赛金奖；被评为全省农村土地仲裁和流转先进单位。城乡建设加快提质。省道214松柏至车田段改建工程正在进行路面油化；三白、常板、田盐等5条骨干县道完成大修；东一环完成泉峰东路至南三环路段油化并通车；西一环南段、北一环加快建设；环卫城乡同治扎实推进，城乡环境卫生状况持续好转；西岭镇平安村评为全省美丽乡村示范村。民生改善加大力度。为民办实事任务全面完成，保障性住房建设、扶贫开发、农民减负、湘江治理工作获省先进；城乡居民养老保险工作连续四年评为省先进；教科文卫蓬勃发展，妇幼健康服务工作获全国先进；大力推进“平安常宁”建设，被评为全省综治工作先进县（市），社会大局和谐稳定。

“村村响”广播启动仪式

塔山瑶族乡建乡30周年乡庆

常

省委常委、省委秘书长韩永文（图中）莅常调研

衡阳市委书记、市人大常委会主任李亿龙，市委副书记、市长周海兵到常宁调研

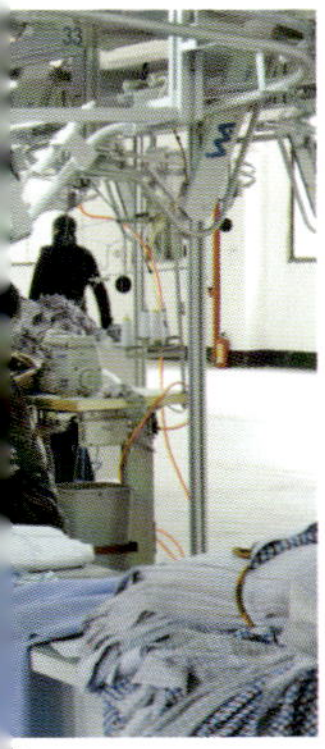

塔山高山有机茶基地

常宁南一环道路

耒阳市

市委书记　彭玉明

市委副书记、副市长、代市长　刘革生

获批全国“千年古县”

耒阳市位于湖南省东南部，东邻安仁县，东南接永兴县，西南与桂阳县相交，西濒舂陵水与常宁市隔河相望，北连衡南县，总面积2656平方公里，总人口143万，辖一个省级正处级经济开发区，31个乡镇、5个街道办事处。

耒阳历史文化悠久，素有“荆楚名区”“三湘古邑”的美誉，秦代置县，是炎帝神农创“耒”之地，“纸圣”蔡伦诞生之地；交通区位优越，京广铁路、京深高铁、京港澳高速、107国道、320省道等多条交通干线在境内交织成网；生态环境优美，境内蔡伦竹海是亚洲最大的连片竹海，耒水国家湿地公园堪称“鸟的天堂”；资源物产丰富，素有“油茶之乡”“楠竹之乡”“能源之乡”“汉白玉之乡”的美誉，是全国百强产煤县（市）之一，为全省最大的县级能源基地。

2014年，耒阳市经济社会保持健康平稳的发展态势，全年完成GDP354.96亿元，增长9.6%；完成财政总收入21.49亿元，增长6.28%；完成固定资产投资294.09亿元，增长24.9%；完成社会消费品零售总额92.89亿

保障性住房小区

新农村建设

衡阳市委书记、市人大常委会主任李亿龙，市委副书记、市长周海兵率衡阳市各县市区及市直单位负责人莅耒视察重点项目

元，增长12.9%；城镇居民人均可支配收入24968元，农民人均纯收入14845元，分别增长9.43%、12%。2014年，耒阳市荣获2014年度中国最具投资潜力中小城市百强县、全省全面小康经济强县；获批全国“千年古县”；先后被评为全国粮食生产先进县、全国产粮大县、全国知识产权试点城市、省直管县体制改革试点县市。

深入开展党的群众路线教育实践活动——书记讲党课

蔡伦竹海获批国家4A级风景区

武广耒阳新城顺湖公园

区委书记　杨洪峰

区委副书记、区长　曾建华

南岳区

2014年，南岳区辖3乡1镇1街道办事处，27个行政村，9个居委会。全区土地总面积181.5平方公里。年末常住人口数为6.24万人，人口自然增长率6.69‰。全年实现地区生产总值28.84亿元，增长10.4%；完成财政总收入5.43亿元，增长10%；完成固定资产投资24.91亿元，增长25.7%；实现社会消费品零售总额17.83亿元，增长12.9%；全区居民人均收入28252元，比上年同期增长9.1%，其中城镇居民人均可支配收入28517元，增长9.1%，农村居民人均可支配收入14672元，增长12%。接待境内外游客706.05万人次，增长8.86%，其中团队游客70.45万人次，增长7.05%；实现旅游总收入57.33亿元，增长15.19%；实现门票收入3.05亿元，增长9.84%。2014年，南岳忠烈祠首批入选国家级抗战纪念设施、遗址名录，南岳区社会管理综合治理在全省综治工作考核评估中继续保持“先进县市区”荣誉，人口和计生工作再次评为“全省模范单位”。

2014年10月29日，南岳衡山、韶山、井冈山旅游战略联盟成立大会在南岳举行

庆祝建区30周年“欢乐潇湘·幸福南岳”文艺汇演

2014年5月23日，原中共中央政治局委员、国务院副总理回良玉（前排左三）在省市区领导陪同下参观南岳大庙

2014年6月26日，原中共中央政治局委员、北京市委书记刘淇（前排右三）来岳视察

2014年11月11日，原全国人大常委会副委员长桑国卫（前排右二）参观南岳忠烈祠

2014年11月11日，市委书记、市人大常委会主任李亿龙一行来岳调研重点项目和乡镇工作

2015年5月21日，区委书记杨洪峰，区委副书记、区长曾建华率队集中视察“迎接国家5A级景区复核”整改工作

雁峰区

区委书记　邹致和

区委副书记、区长　陈　骏

回雁峰下衡阳市雁峰区坐落在湘江河畔，是雁城雅称的发祥地。全区辖1乡1镇、5个街道，51个社区（整合后为33个社区）、8个行政村，13个管委会，总面积73平方公里，总人口21.3万。2014年共实现地区生产总值123.2亿元，增长10.2%；完成财税总收入14.72亿元，同口径增长15.12%；完成全社会固定资产投资96.46亿元，增长27.2%；实现规模工业增加值78.09亿元，增长7.1%；完成社会消费品零售总额80.8亿元，增长12.8%。

雁峰区一直是衡阳工业发展的重点区域，形成输变电、汽车（农机）和零部件、纺织服装、生物医药及食品、环保混凝土等五大优势产业群。雁峰是衡阳规模工业最多的城区，区内坐落有特变电工、紫光古汉、金杯电缆、恒飞电缆、燕京啤酒等115家规模以上工业企业。近年来，雁峰区连续多年被湖南省委、省政府评为推进新型工业化先进区。

雁峰区地处衡阳中央商圈核心地段，商业网点密布，境内有雁城宾馆、华天大酒店等多家星级宾馆，有宇元万向城、崇业商业广场、美美世界城市商业广场、金钟时代城等商业城市综合体。有大洋百货、人人乐百货、香江百货等众多知名大型商贸企业。区内中山南路是颇有名气的商业街，素有“小南京路”之称；先锋路电脑软件一条街，建有颐高数码广场，是衡阳市标志性IT中心；解放路是衡阳最繁华的路段，店铺鳞次栉比，人气十分旺盛。

雁峰区境内铁路、高速公路、水路集结成网，交通极为快捷。衡阳八景中的“平沙落雁”“雁峰烟雨”“岳屏雪岭”“花药春溪”“东洲桃浪”五大盛景坐落境内。

衡阳最大湿地公园——南湖公园

省人大常委会党组成员、省委驻衡督导组组长杨泰波一行来到雁峰区督导群众路线教育实践活动

市委书记、市人大常委会主任李亿龙视察市中心医院异地扩建项目建设情况

市委副书记、市长周海兵在雁峰区调研衡山科学园选址情况

市委常委、宣传部长刘丽华对雁峰区科级干部综合素质考试进行监督巡查

①	②
③	④

①残疾人辅助器具赠送活动
②众志成城防汛抗涝
③学雷锋志愿服务活动
④“欢乐潇湘，幸福衡阳”文艺汇演

区委书记 杨龙金

区委副书记、区长 黄 辉

石鼓区

2014年，石鼓区大力实施“打造雁城商都，建设石鼓新城”发展战略，统筹推进稳增长、促改革、调结构、惠民生，全区经济社会保持了平稳健康发展。主要经济指标继续保持两位数以上增速，实现地区生产总值103.85亿元，增长10.8%；完成财政总收入17.88亿元，增长13.4%；完成地方一般预算收入3.85亿元，增长33%；完成固定资产投资103.98亿元，增长27.1%；实现社会消费品零售总额79.86亿元，增长13.1%；实际到位内资17.2亿元；实际利用外资3298万美元，增长17%。全年开工建设55个重点项目，完成投资83.23亿元，增长38.1%。全年民生支出5.47亿元，增长19%，占财政支出的比重达70.1%。综治民调排名全省第29名，位列全省第一方阵，社会治安综合治理被评为全省先进单位。群众对全区教育实践活动的总体评价和对解决“四风”问题的评价，好及较好率分别达到99.5%和98.5%。

流光溢彩的蒸水桥

合创新品牌珠江帝景山庄

文明创建提升百姓幸福感

慈善爱心超市构建和谐社区

商业新地标崇盛购物中心

寓教于乐的社区文化墙

珠晖区

区委书记　符成安

区委副书记、区长　陈礼洋

滨江新区新华五四安置区项目开工仪式

珠晖区位于湘江以东，因珠晖塔而得名，素有雁城“东大门”“后花园”之称。全区辖4个乡镇、7个街道、4个农场。总面积234平方公里，城区半壁江山有其一；总人口34万，城区三分天下有其一。

珠晖“一江抱半城，两江绕城过”，是衡阳市湘江、耒水唯一共拥的城区。这里有集“三江汇流”（湘江、耒水、蒸水）、“一院两塔”（石鼓书院、来雁塔、珠晖塔）为一体的滨江新区，有衡阳市区唯一的生态湿地酃湖渔场，有

雁城大道开工仪式

市委书记、市人大常委会主任李亿龙在珠晖区调研重点项目建设情况

39%的森林覆盖率，有91%以上的空气质量优良率，有2个国家级生态乡、1个省级生态镇和6个省级生态村，是衡阳市生态保护最好，发展空间最大的城区。

在这里，湘江、耒水两条黄金水道绕城而过，四季通航，水岸线长达96公里；京广、湘桂、衡茶吉、怀邵衡四条铁路纵横交错，衡阳东站的武广高铁南下广州，北上京城“朝发夕至”，衡北编组站位列全国铁路十大编组站序列；京珠、衡昆、衡大高速、东外环、107国道、衡州大道贯穿全境，衡云快速干道直通南岳机场，水陆空“三位一体”的立体交通网络逐步形成。

珠晖有富甲中国华南的盐卤资源，有湘南最大的商品集散地，有驰名中外的小苏打、皮带运输机、回雁峰酒、天之衡酒、环球饲料，有中钢衡重、湘衡盐化、海联盐卤，还有中核、中盐、中地、中烟等大型央企入驻发展。2014年，全市公布的19项主要经济指标中，珠晖11项位列城区第一，4项位列城区第二，获全省“全面小康推进工作十快进县”称号、“全省为民办实事先进单位”。

鑫都国际商贸城

衡阳丽波酒店

蒸湘区

区委书记　周玉梅

区委副书记、区长　林喜洋

蒸湘区辖2乡1镇4街道（长湖乡、雨母山乡，呆鹰岭镇，蒸湘、红湘、联合、华新街道），土地面积108.44平方公里，常住人口30.78万。人口出生率为11.08‰，人口自然增长率为4.76‰。2014年，全区完成生产总值163.67亿元，增长9.5%；完成财政总收入18.82亿元，增加2.49亿元，增长18.94%，其中税收收入18.16亿元，税占比达98.25%；全区财政一般预算支出6.03亿元，增长3.5%，其中民生支出3.23亿元，占财政一般预算支出53.5%，同比提高8.2个百分点；固定资产投资158.78亿元，增长10.1%。实现工业增加值90.24亿元，增长6.6%。规模以上工业增加值增长6.6%；完成社会消费品零售总额78.11亿元，同比增长12.8%；全年实现农林牧渔总产值6.48亿元，增长4.4%。全面建成小康社会一类地区综合实现程度为83.5%，较上年攀升了8.4个百分点。村镇文明建设、人口与计划生育等24项工作获得国、省、市荣誉。目前，蒸湘正朝着宜居家园的小康社会一类地区大步迈进！

红星美凯龙生活广场

延安路大桥

省委书记、省人大常委会主任徐守盛到蒸湘区调研视察

蒸湘区庆"七一"暨创建"全国文明城市"文艺汇演

.蒸湘区大立实验小学

雨母山艺术家部落

雨母绿道植物长廊

衡阳高新技术

2014年，衡阳高新技术产业开发区（简称高新区）园区社会经济发展取得了可喜的成绩，固定资产投资、财政总收入、入库税收等主要经济指标增幅达20%以上。高新区管委会超额完成市委、市政府下达的主要经济指标任务：实现地区生产总值（GDP）48.37亿元，同比增长3.2%；完成固定资产投资55.77亿元，同比增长25%；完成财政总收入13.59亿元，同比增长20.6%；完成一般预算收入3.32亿元，同比增长17.3%；实现入库税收12.02亿元，同比增长20.89%，税占比达88.44%。

2014年，高新区共引进项目5个，实现到位资金18亿元，分别是半岛假日酒店、光大银行衡阳分行、浦发银行衡阳分行、步步高一中分店和糖酒茶精品城（紫金花园）。有南湖公园、连卡福百货、衡州小学等11个项目被列为市重点工程建设项目，年度投资总额12亿元，完成投资12.04亿元，为年度任务的100.39%。

2014年，高新区继续着力打造生态宜居园区，营造宜居环境。全年累计投入基础设施建设资金10亿元（包括征地拆迁资金），园区环境提质提标再上新台阶。园区城市管理和卫生保洁居全市最好水平，2014年获得衡阳市城市管理工作先进单位。重视区内生态环境质量管理，认真开展蒸水河道高新区段的非法砂场整治。取缔非法砂场10家，拆除河道内违章建构物31栋，计6022平方米，清运砂砾11.3万立方米。

2014年，高新区管委会注重改善民生，推进社会事务和谐发展。投入2700万元，新建了祝融小学综合楼和蒸水小学综合楼，有效化解大班额现象；新建衡州小学；积极支持低保对象参加城市居民基本医疗保险和农村农合医疗，全年共发放城市低保金710万元，农村低保金40万元；开展失地农民和下岗工人就业培训，全年

湖南金化科技集团有限公司

湖南乐福地医药包材科技有限公司

产 业 开 发 区

高新区一角

培训失地村民50人，培训下岗职工1063人，安置失业人员73人；为2591名村民办理了养老保险；依法依规进行安置补偿，新建设安置房面积约23万平方米，安置房屋840套共计7.6万平方米。

中兴网信全球共享服务中心

衡州小学鸟瞰效果图

工业重镇　　文化名城

旅游胜地　　宜居家园

雁城衡阳

市投资咨询中心
主　　任　伍守国
市经济技术协作办公室
主　　任　蒋金生

市城调队
队　　长　刘贤君

市成本调查队
队　　长　曾怀民

市价格监督检查局
局　　长　刘益民
书　　记　肖启明

市道路运输管理处
处　　长　许运良
书　　记　宋世文

市交通工程质监处
处　　长　贺宇顺
书　　记　张修良

市农村公路管理处
处　　长　陈新骥
书　　记　廖运华

市地方海事局
局　　长　杨　衡
书　　记　王军波

市场服务中心
主　　任　张万林
书　　记　舒金剑(女)

市商务综合执法支队
支 队 长　陈　林
政　　委　陈福生

市非税收入征收管理局
局　　长　奉伍元

市财政监督检查局
局　　长　邹祥利

市政府采购管理办公室
主　　任　杜中毅

市乡镇财政管理局
局　　长　袁诗清

市国库集中支付管理局
主　　任　李玉芳(女)

市行政事业单位资产管理处
主　　任　颜庆伟

市领导干部经济责任审计中心
主　　任　段小军

市固定资产投资审计中心
主　　任　彭云生

市粮食储备处
处　　长　罗宏华

市现代农业示范园管委会
主　　任　邹远国

市烟叶生产管理办公室
主　　任　罗颂军

市能源办公室
主　　任　谢文辉

市农村合作经济管理处
处　　长　唐东荣

市农民素质教育管理办公室
主　　任　邹友明

市蔬菜办公室
主　　任　李泽斌

市蔬菜研究所
所　　长　旷碧峰

市农业行政执法支队
支 队 长　梁长城
政　　委　林金桥

市防汛抗旱指挥部办公室
主　　任　康志毅

市城市防洪管理处
处　　长　罗共产

市市政工程公司
经　　理　于吉林
书　　记　申湘伟

市城市道路建设总公司
总 经 理　贺善达
书　　记　鲁晓强

市建设工程质量监督站
站　　长　龙馨华
书　　记　王时雄

市环境监察支队
支 队 长　杨承书
政　　委　段华斌

市环境监测站
站　　长　彭　放

市人防(民防)指挥信息保障中心
主　　任　苏惠翔

市国有土地房屋征收管理办公室
主任　蒋小兵

市房地产产权监理处
处长　李逢丁
书记　梁　建

市规划设计院
院长　龙青云
书记　刘　彬

市教育考试院
院长　李智平

衡阳广播电台
台长　唐西湖

衡阳电视台
台长　王小山

衡阳有线电视台
台长　伍峻极

市广电传输中心
主任　聂永红

大中专院校

南华大学
书记　邹树梁
校长　文格波
副书记　罗成翼
副校长　吴移谋　丁德馨　龚学余　阳小华　刘升学　唐振平　姜志胜
副校长 工会主席　全智华
纪委书记　熊哲球

衡阳师范学院
书记　许金生
院长 副书记　刘沛林
副书记　皮修平
纪委书记　向清成
副院长　张登玉　刘福江　廖北文　陈杰峰　李玲玲(女)　聂东明

湖南工学院
书记　谢国保
院长 副书记　张　力
副书记　罗建华
副院长　刘俊学　张　平　陈世平　王利华　曹执令　崔晓利
纪委书记　刘龙昌

湖南环境生物职业技术学院
书记　罗振新
院长　陈剑旌
副院长 副书记　左家哺
副院长　雷小生　李友华　吕淮湘　雷巍娥(女)　周凌云
纪委书记　屈中正

衡阳财经工业职业技术学院
书记　邹国富
院长 副书记　陈春泉
副书记　廖三宁
副院长　戴　旻　戴前虎　夏由清　蒋团成　邓昌大
纪委书记　刘荣策
工会主席　赵　琼(女)

湖南高速铁路职业技术学院
书记　刘一华
院长 副书记　戴力斌
副院长 副书记　邹学琼
纪委书记　李　岚(女)
工会主席　李社初
副院长　陈志刚　曹　毅　粟　清　赵宏旭

衡阳技师学院
书记　何东球
副院长 副书记　唐　斌
副书记　唐远春
副院长　唐和平　常家增　刘金春　王　静　陈干甲　蒋崇华
纪委书记　刘忠贤

市广播电视大学
校长 副书记　萧　烽
书记　马建新(兼)
副校长　龙永葆　阳　年　陆秀艳(女)　肖海源
纪委书记　刘　智
工会主席　刘　燕(女)

衡阳幼儿师范学校
校长 副书记　杨　旭
书记　张淑芝(女)
纪委书记　邓国华
副校长　刘益民　吴荣昌　林祥春
工会主席　李建熙

耒阳师范学校
校长、副书记　张子龙
书记　杨安季
副校长　王胜忠　段春华　何继明
工会主席　王新科
纪委书记　匡祯训

市职业中等专业学校
校长、副书记　黄建国
书记　刘秀文
副校长　王大生　王乃千　胡燕(女)
工会主席　周理德

市艺术学校
校长、副书记　刘树明
书记　刘爱成

市经济干校
校长　张志坚

市商业技工学校
书记　廖湘瑛

市第一中学
校长　李仲辉
书记　罗光伟

市第二中学
校长、书记　彭书敏

市第六中学
校长　贺仁忠
书记　文思源

市第八中学
校长　龚彩福
书记　熊晓民

市铁一中学
校长　李进杰
书记　谭卓伟

市第二十六中学
校长　宁中平
书记　熊益华

衡钢中学
校长　谭欣荣
书记　黄子芳

市体育运动学校
校长　王延晖
书记　张利民

金融、保险经营机构

中国工商银行股份有限公司衡阳分行
行长　雷东明
副行长　李祖来　刘晓云　李宏　杨春宋　滕小莉
纪委书记、工会主席　宗重九

中国农业银行股份有限公司衡阳市分行
行长　伍小荣
副行长　陈少荣　尚前　杜志坚
纪委书记　胡庆华

中国银行股份有限公司衡阳分行
行长　何远年
副行长、纪委书记　陈桂强
副行长　陈永红　陈志云

中国建设银行股份有限公司衡阳市分行
行长　邹致师
副行长、副书记　王文亮
副行长　滕红斌　赖俊　郭顺英　石勇　胡旻
纪委书记、工会主席　龚激光

华融湘江银行股份有限公司衡阳分行
行长　李锐
副行长　王鹏　谭学良　王衡锋　韩志农
行长助理　易宏友　邹海军

中国邮政储蓄银行股份有限公司衡阳市分行
行长　张军
副行长　刘社忠　雷朝晖　刘伶天　何中意

湖南省农村信用联社衡阳办事处
主任　陈松
副主任　孙小平　常力
党组成员　吕宏忠

交通银行股份有限公司衡阳分行
行长　聂玉辉
副行长　唐砚(女)　李晓斌

中国民生银行股份有限公司衡阳分行
行长　王国平
副行长　孙曙光(女)
行长助理　阳健

广东发展银行股份有限公司衡阳分行
行　　长　谢小平
副 行 长　谭　婧(女)
行长助理　李　亮

招商银行股份有限公司衡阳分行
行　　长　张位富
副 行 长　刘舟生
　　　　　刘源文(女)
　　　　　吕小云　陈燕鸣

中信银行股份有限公司衡阳分行
行　　长　刘　波
副 行 长　刘　科　黄亚克
行长助理　王晓洪　左小华

中国光大银行股份有限公司衡阳分行
行　　长　钟文辉
副 行 长　张孝友
风险总监　梁朝晖

衡南浦发村镇银行
行　　长　陈力平
副 行 长　吴　军　陈燕鸣

衡阳县沪农商村镇银行
董 事 长
书　　记　乔海燕(女)
行　　长　何文新
副 行 长　蒋先军　夏小兰

常宁珠江村镇银行
董 事 长　周哲宏
副 行 长　孙任鹏

耒阳融兴村镇银行
行长、书记　王桂霞(女)
副 行 长　梁　倚

中国人民财产保险股份有限公司衡阳市分行
总 经 理　戴绪清
副总经理　刘文斌
　　　　　黄　辉(挂职)
　　　　　陶新华　陈　敏

中国人寿保险股份有限公司衡阳分公司
总 经 理　钟　飞
副总经理　李慧明　樊世红
总经理助理　廖　凯　谭晓东

中华联合财产保险股份有限公司衡阳中心支公司
总 经 理　刘树清
副总经理　于治平
总经理助理　何长征　李国宏

卫生事业机构

南华大学第一附属医院
院　　长　曹仁贤
书　　记　姜　浩
纪委书记　李志高
副 院 长　王元星　吴善良
　　　　　刘江华　王文军

南华大学第二附属医院
院　　长　汤永红
书　　记　张　琍
副 院 长　王　毅　赵兴斌
　　　　　廖勇仕　周玉生
　　　　　肖美美
纪委书记
工会主席　颜亚平

南华大学附属南华医院
院　　长　彭秀达
书　　记　阳学风
副 书 记
纪委书记　陈端阳
副 书 记
工会主席　赵立新
副 院 长　覃事范　马嫦英
　　　　　邹　伟

中国人民解放军第169医院
院　　长　郭立新
副 院 长　李中秋　陈　斌
　　　　　晏红超

市中心医院
院　　长　申锦林
书　　记　申惠龙
副 院 长　黄志坚　资小龙
　　　　　刘小平　邹建军
　　　　　唐业华
副 院 长
总会计师　罗晓波
工会主席　蔡春香(女)
纪委书记　周素英(女)

市中医医院
院　　长　王诚喜
书　　记　龙双才
副 院 长　邹岳萍(女)
　　　　　徐基平　钟新林
　　　　　罗国生
工会主席　匡　肇
纪委书记　董秋萍(女)

市第一人民医院
院　　长　傅友生
书　　记　李主慧

市妇幼保健院
院　　长　刘志伟
书　　记　许荻琰(女)

市第三人民医院
院　　长　李　北

市中心血站
站长　曹晓娟(女)
书记　唐先绪

重点驻衡国省属企事业单位

中国电信股份有限公司衡阳分公司
书记、总经理　周小玩
副总经理　方胜　肖劲凤　殷铁军　肖昊亮

中国移动通信集团湖南有限公司衡阳分公司
书记、总经理　胡思贤
副书记、副总经理　李春国
副总经理　朱振辉　胡滨

中国联合网络通信有限公司衡阳市分公司
书记、总经理　张晋豪
副总经理　周海林　李瑞群　罗绪军

中国石化股份有限公司衡阳石油分公司
经理　冯赛松
书记　张志勇
副经理　龙志俏　谢华　杨丛生

湖南新华书店有限责任公司衡阳市分公司
总经理　陈志辉
副总经理　梁继辉　邹亿平　马建春

市新华实业分公司
总经理　王诚国
副总经理　刘文兵

南岳电视调频发射台
台长　王泽勇
书记　蒋焕新
副台长、副书记　王振楚
副台长　李向军　张沐兴
工会主席　刘承彰
总工程师　李小春

省有色地质勘查局217队
队长　曾维平
副队长　雷世平　黄春林　李剑雄
总工程师　宛克勇

省地质矿产勘查开发局417队
队长　孟德保
书记　王根生
副队长、总工程师　谭海明
副队长　阳慕尧
纪委书记　吴贤均

湖南省地质测绘院
院长　赖继文
党委书记、工会主席　阳志芳
副院长　刘德辉　张铁红　王小云
总工程师　史与正
纪委书记　王向阳

湖南煤田地质局第一勘探队
书记　吴兵良
纪委书记、工会主席　袁勇茂
副队长　李萍(女)　龙文韬
总工程师　廖光明

湖南衡阳华菱钢管有限公司
董事长、总经理　赵建辉
书记　许平忠
副总经理　凌仲秋　殷世清　宁建成　刘光穆
副书记、纪委书记、副总经理　左少怀
副总经理、财务总监　戴佐军
工会主席　肖东田
总经理助理　吴乐胜　程斯祥

湖南水口山有色金属集团有限公司
总经理　吴世忠
书记　肖富国
副总经理　肖功明　何从行　曾祥虎　胡清华
副书记、工会主席　吴保华
副总经理、纪委书记　关亚君(女)
总会计师　张跃进

白沙实业有限责任公司
总经理　徐泽民
书记、工会主席、纪委书记　李小平
副总经理、副书记　李永炼
副总经理　颜建辉　蒋厚今

省煤业集团红卫矿业有限公司
董事长、总经理　彭双良
书记　郭立群
工会主席、纪委书记　刘求生
副总经理　周益文　饶高　许长清
总工程师、副总经理　蒋益森

省煤业集团兴源矿业有限公司

总经理　宋齐国
书记　许贤松
副总经理　樊五即　梁成交　胡瑞连　王清　周新

白沙矿区安全生产管理局

局长　王双开
副局长 总工程师　刘国泉
副局长　谢阶平　裴凯雄

省煤业集团南阳矿业有限公司

总经理　石武军
书记　谭景茂
副总经理　阳忠义　袁振华　李永富
总工程师　廖春林
工会主席 纪委书记　王建军

省煤业集团白山坪矿业有限公司

董事长 总经理　何文飞
书记 工会主席 纪委书记　陈秋华
总工程师　陈再安
副总经理　龙秋根　罗秋德　周晓明　梁瑞虎

中钢集团衡阳重机有限公司

执行董事 总经理　贾建平
书记　张耀明
副总经理　李传林　甘育林　谢驰中
副总经理 总工程师　曾星
副总经理 副书记 纪委书记 工会主席 总法律顾问　邹春华

财务总监　蔡顺利

天雁机械有限责任公司

总经理　王一棣
书记 纪检书记 工会主席　黄毅
副总经理 总会计师　袁天奇
副总经理　刘耀光　胡辽平

湖南核工业宏华机械有限公司

董事长 总经理 书记　张存新
副总经理　王春来　刘军生　华云飞　杨卫国

中核二七二铀业有限责任公司

总经理　谢凌峰
党委书记　李冀平
总会计师　崔蜀鄂
副总经理　蒋树武
副书记 纪委书记 工会主席　姚泽军

衡阳中地装备探矿工程机械有限公司

董事长 总经理　伍共人
书记 工会主席　王永扬
副总经理　罗诗重　贺建波
总经济师　何志远
总会计师　刘玉瑛(女)
总工程师　欧阳志强
纪委书记　陈法安

省工业设备安装公司五公司

经理　黄烟泉
书记　王周斌
副经理　谭朝前　官云喜　黎海平
总工程师　宁煌

大唐耒阳电厂

厂长　彭朝晖
书记　罗崇锡
副厂长 纪委书记　田横军
副厂长　邓昌安　肖重德　周亦可　冯伟
工会主席　杨宏业
总工程师　龚资林
总会计师　张启葵

湘衡盐化有限责任公司

董事长 书记　周立葆
总经理　吴荣都
副总经理　黄政　肖彧　赵昌武　王冬云
副书记 纪委书记 工会主席　刘发云

金杯电工衡阳电缆有限公司

总经理　周祖勤
书记　李伟光
副总经理　夏君山　周正初　王桃明　唐竞成
总工程师　艾卫民
副总工程师　陈善求
财务总监　谢良琼

衡阳恒飞电缆有限责任公司

书记 董事长　何忠诚
副书记 总裁　何厚廷
副书记 工会主席　刘永坚
项目总指挥　厉春阳
副总裁　周利衡

湖南星马汽车有限公司

总经理　肖小华
副总经理　彭少勇　何建元

冯　铖

衡阳风顺车桥有限公司

书　　记　杨华文

总经理　贺四清

副书记、工会主席、纪委书记　杨新浩

财务总监　邱玉华（女）

副总经理　王喜亮

总经理顾问　肖太云

总经理助理　周广明

市属大型企业

衡阳五强动力有限公司

董事长、总经理　邹开利

书记、纪委书记　苗建平

副总经理　王平安　段　超

南岳电控（衡阳）工业技术有限公司

董事长　樊　江

总经理、书记　周志金

常务副总经理　龙美彪

副书记、副总经理　邹凡丁

副总经理　欧阳玲湘　刘泽成　胡文祥

工会主席　徐庆收

高级经理　凌黎明　谭天诚

市公共交通有限公司

董事长、书记　何咭桦

副董事长　刘忠诚

总经理　邓世鹏

副总经理　左伯强　谌建华　凌铁民　陈传胜　戴林峰

工会主席　王爱民

副书记、监事会主席　吴学群

财务总监　傅翔燕（女）

总经理助理　王秋生　廖文君

紫光古汉集团有限公司

董事长　乔志城

总裁、书记　陈风华

副总裁　方继文　刘炳成

财务总监　袁瑞芝

技术总监　伍新滨（女）

行政总监　张孝柏

总裁助理　颜荣伟

纪委书记　周华佗

工会主席　谢卫华（女）

中共党务

重要会议

【市委十届五次全委扩大会议】 2014年8月8日，中国共产党衡阳市第十届委员会第五次全委（扩大）会议召开。市委书记、市人大常委会主任李亿龙代表市委常委会向全会报告工作并作重要讲话，市委副书记、市长周海兵主持会议。会议提出，衡阳下半年总的工作要求是：认真贯彻落实中共十八大、十八届三中、四中全会和习近平总书记系列重要讲话精神，以教育实践活动为总揽，以全面深化改革为动力，以项目建设为抓手，积极应对大环境，大力营造小气候，着力稳增长、促改革、调结构、惠民生、保稳定、抓党建，确保圆满完成全年各项目标任务。会议全面总结衡阳市委十届四次全会以来所取得的成就，指出面对经济下行压力和繁重的改革发展稳定任务，衡阳市委常委会认真履行职责，全面加强“五位一体”和党的建设，认真学习党的十八大、十八届三中全会和习近平总书记系列讲话精神；着力推动经济社会平稳较快发展；深入推进改革开放；大力保障和改善民生；统筹发展社会事业；切实加强生态环境建设；着力维护社会和谐稳定；加强和改进宣传思想文化工作；切实加强党的建设。班子的整体功能不断增强，领导科学发展和驾驭复杂局面的能力不断提高；市级几大家班子协调配合、团结和谐，全市上下形成干事创业的浓厚氛围。会议强调，下半年要重点抓好六个方面的工作：（1）千方百计稳增长，加快推进488个重点项目建设，确保年内全部开工，完成投资880亿元以上。要通过银行融资、发行债券、BT、BOT、PPP等多种方式筹集项目建设资金。要全力向上争取用地指标，分类依法处置好城区117宗、8510亩闲置土地，保障重点项目用地。要瞄准国家投资政策，抓紧做好铁路、公路、水路、能源、产业、生态治理等领域的重点项目储备，积极谋划进入国、省笼子，尽快催生和布局实施一批支撑力大、带动力强、发展潜力好的重点项目；要抓开放扩外贸。加大招商引资力度，大力引进战略投资者。要鼓励有实力的本土企业走出去，拓展国际市场，增加出口份额；要抓消费促内需。要努力提高城乡居民特别是中低收入群体收入，持续增强消费能力。要大力培养发展信息网络、健康养老、文化旅游、物流快递等新的消费热点。要扎实推进天子山火文化公园等旅游项目建设，加快构建大南岳衡山旅游经济圈，建设具有国际影响力的旅游目的地城市。要促进房地产业健康发展，支持改善性购房需求。要挖掘农村消费潜力，改善农村消费条件，提高农村消费能力。（2）积极稳妥促改革，要加快推进行政审批制度改革，通过取消、下放、合并等方式，将市本级的行政审批事项精简到200项以下，效率提速50%以上。加快政务服务中心建设，推动行政审批和便民服务事项向政务服务中心集中，实现“进一家门，办所有事”；要深化农村综合改革，扎实推进“一流转五服务”工作，抓紧做好农村土地承包经营权、水面、宅基地、房屋等资源确权、登记、颁证试点工作。深化农村金融体制机制改革，加快建立农村资产管理中心、农村产权管理中心、农村资产产权评估中心、农村产权交易中心和农村信用融资性担保公司，引导金融机构创新金融产品，加大对“三农”的信贷支持力度，着力完善农村信用体系，大力发展农业保险；要加快国有、集体企业改制工作；2014年61家国有、集体企业改制工作要基本完成，2015年全部扫尾；大力引进战略投资者，积极发展混合所有制经济，做优做强国有、集体资产；要加快推进市本级422家事业单位的分类改革，10月底前完成分类工作，2015年底完成承担行政职能和从事生产经营活动事业单位的改革；要加快政府职能转变和机构改革，年底之前，基本完成市本级机构改革任务；要深化财政体制改革，推进政府和部门预决算公开，打造阳光财政；要按照《国务院关于进一步推进户籍制度改革的意见》，深化户籍制度改革；要积极稳妥推进公车制度改革；要深入推进医药卫生体制改革，加快启动县级公立医院改革试点。同时，统筹推进城市投融资体制、文化体制、司法体制、纪检监察体制、生态保护制度、干部人事制度等各领域的改革，确保全市在新一轮改革中不输在起跑线上。（3）坚定不移调结构，以工业园区建设为重点，加快推进新型工业化。要加快高新技术开发区和白沙洲工业园建设，着力打造千亿园区。要加快松木经济开发区建设，打造全国循环经济示范园。要加快特变电工南方输变电产业园、水口山金铜项目产业园等专业园区建设，尽早投产达效。要抓好衡山科学城的规划、建设、招商工作，努力打造一个高品位的工业园区；要以“一流转五服务”为抓手，加快推进农业现代化；要以统筹城乡发展为目标，加快推进新型城镇化。要加快来雁新城、滨江新区开发。加快船山东路、二环路、蒸湘北路延伸工程等城市主干道建设，进一步畅通城市路网。加快沿江风光带、幸福河治理改造、东洲岛、酃湖公园等生态休闲项目建设，进一步提高城市品位。要全力推进中心城区6条城市主干道两厢提质改造，确保年底完成，进一步提升城市形象。(4) 尽心竭力惠民生。要努力扩大就业，实施更加积极的就业政策；要抓好社会保障，坚持广覆盖、保基本、多层次、可持续的方针，加快推进社会保障体系建设；要统筹发展社会事业，加强科技创新，促进产学研结合和科技成果有效转化，不断提高科技对经济增长的支撑力和贡献率；积极推进教育均衡发展，抓紧制定2014～2020年城区中小学布局规划，加快中小学校建设，畅通进城务工人员子女“绿色通道”，着力解决城镇“大班额”问题；加强公共文化服务体系建设，加快推进“三馆两中心”建设。扎实抓好人口与计划生育工作，认真落实“单独二孩”生育政策。大力推进湘江流域保护和治理一号工程建设，确保年内完成第一批100个项目的建设任务；深入推进殡葬改革，倡导文明新风。(5) 综合施策保稳定。要抓好安全生产，重点抓好校车安全隐患、危险化学品安全隐患、交通安全等3项专项大检查行动；要做细信访工作，深入开展好“大排查、大接访、大化解”活动，对494项信访积案，要以“钉钉子”的精神，逐个予以化解；要创新社会治理，大力推进社会管理网格化、信息化建设，做好社会矛盾排查化解、社会舆情引导管控、突发事件预防处置等工作，确保社会大局和谐稳定。(6) 毫不松懈抓党建。要增强在党忧党意识、敢于担当意识、严守法纪意识。要坚持高标准、严要求，善始善终搞好教育实践活动，坚决防止前紧后松、矛盾积压、简单粗糙和短期效应。要切实加强党对人大、政协工作的领导。会议还审议通过关于递补市委委员的有关决定。　　（熊　雯）

【市委十届六次全委扩大会议】 2014年12月19日，中国共产党衡阳市第十届委员会第六次全委（扩大）会议召开。市委书记、市人大常委会主任李亿龙代表市委常委会作工作报告，市委副书记、市长周海兵主持会议。全会认为，2014年是本市发展史上极不平凡的一年。面对宏观经济下行压力加大、处理衡阳破坏选举案、调整产业结构、清理历史虚增因素等多重压力，市委坚持以党的十八大和十八届三中、四中全会精神为指导，深入贯彻习近平总书记系列重要讲话精神，认真落实中央、省委各项决策部署，团结带领全市广大干部群众积极应对大环境，着力营造小气候，推动经济、政治、文化、社会、生态文明建设和党的建设取得新的进展。(1) 认真学习贯彻习近平总书记系列重要讲话精神，用马克思主义中国化最新成果武装头脑。通过持续深入地学习贯彻，进一步强化政治意识、大局意识、责任意识，坚定理想信念，转变干部作风，推动工作落实。(2) 科学应对，积极作为，促进经济在新常态下持续健康发展。前三季度，全市地区生产总值增长9.3%，高于全国平均水平1.9个百分点；财政总收入、城镇居民收入、三产增速排名全省第一。(3) 积极稳妥推进重要领域的改革，充分释放发展活力。市委确立全面深化改革的总目标、路线图、任务书和时间表，审议通过“两规则一细则”，重点推进9类33项改革。(4) 加强民主政治建设，加快法治衡阳进程。大力支持市人大及其常委会依法履行职责，积极推进协商民主广泛多层制度化建设，着力抓好统一战线工作，稳步推进法治衡阳建设。(5) 着力改善人民生活，促进社会和谐稳定。坚持公共财政向民生倾斜，1～11月，全市民生支出达209.8亿元，增长19.3%，占财政总支出的61%，16项重大为民办实事项目全部完成。(6) 依法依纪查处衡阳选举案，营造良好政治生态。市委一手抓案件处理，一手抓经济建设，一手抓舆情稳控，一手抓社会稳定，做到工作不断、人心不散、士气不减，保持全市经济社会发展稳中有进的良好态势。(7) 坚持从严管党治党，全面加强党的建设。通过扎实开展党的群众路线教育实践活动，加强和改进宣传思想文化工作，加强领导班子和干部队伍建设，加强基层组织建设，加强党风廉政建设和反腐败斗争，加强国防和后备力量建设，不断提高党建工作科学化水平。全会指出，2015 年是全面深化改革的关键之年，是全面推进依法治国的开局之年，也是全面完成“十二五”规划的收官之年，做好明年的工作意义重大。市委将全面贯彻党的十八大和十八届三中、四中全会以及中央、省委经济工作会议精神，应对大环境，营造小气候，适应新常态，谋求新发展，继续坚持稳增长、促改革、调结构、惠民生，以改革为动力，以创新为支撑，以法治为保障，促进经济持续健康发展和社会和谐稳定。全会号召，紧密团结在以习近平为总书记的党中央周围，同心同德，攻坚克难，扎实工作，开拓创新，为全面建成小康衡阳，找回湖南第二大城市的历史荣光而努力奋斗。（熊　雯）

【第五次市委常委扩大会议】 2 月 7 日，市委书记、市人大常委会主任李亿龙主持召开年度第五次市委常委（扩大）会议，全面部署新春工作，强调要确保一季度实现“开门红”。议题共十项：(1) 抓好经济运行调度，确保一季度实现“开门红”。各级领导要深入企业、厂房、商场等地进行调度，确保各行业满负荷运行，煤电油运等要确保供应，一、二、三产业生产总值比 2013 年同期要有大幅度增长。要重点抓好财政入库工作，要按照全年的总目标，分摊到每季度，一季度要实现 60 亿元的目标，结构要发生明显变化，全年税占比要提高 3 个百分点，在数量和质量上都要实现“开门红”。(2) 集中力量，抓好全年的项目建设，项目建设是重中之重，是核心抓手，要确保“资金下得去，项目上得来”。要确保交办的项目一个一个竣工投入使用。一季度要做好项目的前期工作。项目主管领导要实行旬调度，分块负责的领导要实行月调度，市委、市政府要实行季调度。没有按期开工的项目要说明原因。要通过项目建设看领导干部的作风、担当和责任心，要落实好项目的资金、用地、征地拆迁和领导责任。(3) 积极稳妥推进全面深化改革。要按照党的十八届三中全会的要求，认真学习贯彻好《中国中央关于全面深化改革若干重大问题的决定》。2014 年是全面深化改革的第一年，要加大力度推进农业、工业、财政等各领域的深化改革。要加强组织领导，做好各项准备工作，积极稳妥地开展试点工作。(4) 继续抓好城市建设和管理。要巩固和扩大“六大战役”和“两项提升”工程的成果，进一步推进城市管理的网格化、精细化、制度化。不断改善城市形象，提升城市品位，增强老百姓对城市的归属感、认同感和自豪感，要利用春季切实做好城市绿化和“三边”造林。(5) 抓好春耕备耕工作。要做好种子、化肥、农药等的物资储备、价格监管和质量抽查等工作。要加强良种推广、农民技术培训和农机专业化服务。要确保不抛荒，要制定相关文件，连片抛荒一定面积以上的，要追究领导责任，该免职的要免职。要加强农业经营体系的建设，抓好“一流转五服务”。(6) 要开好四个会议，谋划和部署好全年工作。一季度要开好政法工作、农村工作、新型工业化、新型城镇化四个会议，要结合衡阳实际，抓好各项工作的落实和推进。(7) 扎实开展好党的群众路线教育实践活动。要完善好活动方案。规定动作要到位，自选动作要有特色。要加强领导、精心组织，确保活动取得实实在在的成效。要着力查摆“四风”突出问题，确保活动有针对性，做到不偏、不空、不虚。(8) 做好市委常委民主生活会的准备工作。(9) 做好查处破坏选举案的后续工作。(10) 加强领导班子建设。（熊　雯）

【第六次市委常委会议】 2014 年 2 月 18 日，市委书记、市人大常委会主任李亿龙主持召开年度第六次市委常委会议。议题共五项：(1) 会议传达学习刚刚在长沙闭幕的省人大、政协“两会”主要精神。会议认为，省人大、政协“两会”是在全省加快建设全面小康社会关键时期召开的一次盛会，会议意义重大、主题突出、凝心聚力、风清气正。会议要求结合全市实际切实抓好省“两会”精神的学习贯彻，高举改革的旗帜，突出发展的主题，办好民生的实事，加强人大的建设，抓好当前的工作。（2）会议听取全省统战部长会议精神汇报，并肯定本市统战工作“有基础、有成效、有特点”。会议强调，要充分发挥统战对象的优势，发挥统战部门的作用，为推进衡阳的加快发展增添力量。新一年的统战工作，重点要在助推经济发展、服务经济中心等方面进一步加大力度。（3）会议听取全市绩效考核有关工作情况汇报。会议指出，要辩证看待衡阳2013年度的绩效考核工作。绩效考核的目的是要正确看待自己，激发各级各部门在各方面创先争优的积极性。要通过对比成绩和差距，将做得好的方面继续发扬光大，存在差距的地方奋起直追、迎头赶上。下一步，要逐个分析在考核中不达标和排位靠后单位存在的问题，下达整改建议通知书。同时，督促这些单位在新一年中扎实纠正问题，缩小差距，从而发挥绩效考核鞭策激励的作用。就2014年的绩效考核工作，会议要求在总结2013年绩效考核工作的基础上，进一步改进考评办法，完善考评体系，重点突出考核全面建设小康社会各项指标。（4）会议听取二环路全线项目规划方案、湘江北段东西两岸风光带项目规划方案、“三馆两中心”（体育馆、游泳馆、图书馆、影视艺术中心、青少年活动中心）项目建设方案、蒸水南堤风光带三期项目规划方案、蒸水西堤风光带南段项目规划方案等情况汇报。会议认为，目前相关项目的规划设计较为科学和切合实际。要求从四个方面抓好上述系列规划的修改和完善：一要把握总体要求，考虑规划的超前性、实用性、经济性、观赏性、自然性、统一性，确保河段风光带、片区建筑自然天成，主题、格调、色彩相对统一。二要激活山水灵气，无论是道路还是风光带建设，要做好山水文章、突出山水主题，不能破坏山水的自然生态。三要坚持量力而行，要从衡阳实际出发，在满足基本功能需要的前提下，合理安排项目投资和规模。四要完善规划设计，要在把握总体要求的基础上，注重细节，精益求精。（5）会议还审议《中共衡阳市委常委会2014年工作要点（讨论稿）》，讨论其他议题。（熊　雯）

【第十一次市委常委会议】 2014年8月6日，市委书记李亿龙主持召开年度第十一次市委常委会议，议题共三项：（1）会议认真学习传达贯彻习近平总书记在中央政治局第十六次集体学习时重要讲话精神，并审议市委十届五次全委（扩大）会议方案，定于8月8日上午召开市委十届五次全委（扩大）会议。（2）会议听取全市慈善工作汇报。据悉，市慈善总会从成立以来共开展八大类近30个慈善救（援）助项目，募集善款1亿余元，物资价值900万元，惠及困难群众170多万人次。会议指出，慈善工作是一项非常重要的公益事业，通过组织和团结社会各界来开展助学、助困、助医、助孤、安老、助残、助居、赈灾等慈善活动，对营造良好的社会环境和弘扬扶贫济困的优良美德具有重要的意义。一定要加强领导，规范操作，确保各类公益慈善机构规范有效运行。（3）会议听取中心城区六条主干道两厢提质改造方案的汇报。据悉，此次提质改造包括蒸阳路（衡常路—蒸水南路）、衡州大道（岳临高速出口—东三环）、船山大道（船山大桥—长丰大道）、蒸湘路（衡常路—北二环）、湘江东路（船山大桥—衡州大道荷花坪匝道口）、蔡伦大道（船山大道—衡华路）。提质改造的主要内容包括：路面的提质与人行道修复，市政公用设施配套，电力管线下地，绿化及景观提质，两厢建筑美化，重点部位及主要公共建筑亮化，旧危房拆除及安置地开发建设。会议强调，要统一思想、明确意义。中心城区主干道两厢提质改造有利于改善城区环境、提升城市品位、消除安全隐患，提质改造6条主干道，让老百姓看到城市一天比一天更美，一天比一天更干净，有利于增强老百姓对城市的归属感和发展的信心，同时也对旧城改造进行一次“练兵”，为今后各城区推动片区改造提供示范经验。要完善规划。提质改造要统一风格、统一标识、统一色调，大力推进拆违、拆烂、拆乱。要讲究方法。做到“五个坚持、两个统一”坚持思想先行，逐街逐店入户做好宣传解释工作；坚持规划引领，严格按统一规划操作；坚持以区为主，四个城区是提质改造的主体单位；坚持领导负责，牵头市领导要深入一线发现和协调解决问题，职能部门要派专人进行指导和监督；坚持按时结算，确保建设资金及时到位；同时要统一政策标准和工作步调。要强力推进。中心城区六条主干道两厢提质改造纳入全年全市第三批重点项目计划，确保年底前基本完工。（4）会议审议《金融服务“三农”实施意见（讨论稿）》等文件。据悉，《金融服务“三农”实施意见（讨论稿）》提出深化农村金融体制机制改革、大力发展农村普惠金融、引导加大涉农资金投放、创新农村金融产品和服务方式、加大对重点领域的金融支持、拓展农业保险的广度和深度、稳步培育发展农村资本市场、完善农村金融基础设施、加大对“三农”金融服务的政策支持等9个方面的24条措施。会议强调，认识要清。农村产权制度和金融改革是破解“三农”问题的重中之重，要在法律法规允许范围内大胆先行先试，化解好农村信贷的风险，解决好农民的资金需求和农业生产安全保障。力度要大。《金融服务“三农”实施意见（讨论稿）》要尽快上报省委、省政府，得到认可后要迅速启动实施，组建相关评估中心、交易平台和定向服务“三农”的专业金融机构。工作要实。对需要出台的文件和需要组建的机构，有关职能部门要抓紧研究，进一步做实方案，一步一个脚印，确保年内全部落实到位，确保相关机构在年底前挂牌营业，尽早让农民获得实惠。（熊　雯）

办公室工作

【综合调研】　2014年，市委办根据全市发展的阶段性特征和市委总体发展战略，深入开展新型城镇化、工业经济运行、承接产业转移、城区安置房建设和闲置土地清理、市本级投融资公司转型发展等一系列专题调研，为市委科学决策提供参考，助益市委提出“提升新标杆、打造升级版”的总要求，明确“开放带动、基础先行、兴工强农、创新发展”的总思路，建设“工业重镇、文化名城、旅游胜地、宜居家园”的总战略，以及“一江两岸、九桥四环、南工北旅、东文西商、三横四纵、主辅相连、东延北扩、靓河纳山”的总布局，全市发展思路更加清晰，发展目标更加明确。全年共为领导起草、整理各类讲话稿90余篇，40多万字；起草各类会议材料、汇报材料60多个，近30万字；整理衡委纪要、市委常委会纪要、常委办公会议纪要等40余个。进一步强化党办“信息总汇”地位，着力突出信息报送的深度、准度和广度，及时、准确、全面地为市委和上级党委提供决策信息、经验信息，先后有《衡阳市以群众路线教育实践活动为抓手着力重塑干部新形象》等11篇信息被中办单篇采用；《衡阳市以“三个超常规”实现项目快推进》等近20篇反映亮点工作的信息被省办单篇采用。《衡阳通讯》办刊水平进一步提升。根据市委领导的安排部署，先后牵头组织对市委经济工作会议精神贯彻落实、重点项目建设、农村“一流转五服务”、农村环境卫生综合整治、殡葬改革等开展7次决策督查，上报《督查专报》11期，编发《衡阳督查》9期。配合省委办公厅、省政府办公厅以及省绩效办组织开展全省清理党政机关办公用房、领导干部违规占用住房和公车使用、信访积案化解等7批次督查（调研）活动，有力推动中央、省、市重大决策、重要部署和重点工作的落实。牵头党委系统办理回复市十四届人大三次会议人大代表建议、市政协十一届二次会议政协提案共90件，办结率达到100%。

（廖文基）

【综合协调】　（1）在全年工作中，始终突出经济工作这条主线，突出服务项目这个关键，积极协助市委把市本级重点项目划为五大板块，实行市级主管领导旬调度、五大板块领导月调度、市委市政府季调度，半年和年终全市重点项目现场调度和讲评，全年共组织召开3次经济形势分析暨重点项目建设调度会，分半年和年终进行2次大规模工作讲评，对12个县（市）区重点项目进行现场察看，牵头召开项目协调会29次，解决问题100多个，保障重点项目有序推进。2014年，面对宏观经济下行压力加大、处理衡阳破坏选举案、淘汰落后产能、消除历史虚增因素等多重压力，市委办充分发挥市委运转中枢的作用，积极协助市委抓项目、抓统筹、抓调度、抓保障，一个县区一个县区、一个项目一个项目、一个企业一个企业，一对一帮助解决实际问题。同时，加大政策研究，围绕破解当前经济运行中增长乏力、市场需求不足、产能过剩、资金土地要素紧张等问题，提出支持重点产业、重点企业、重点园区的政策意见，牢牢守住稳增长的底线，为长远发展添动力。（2）市委办认真制定应急预案，加强应急管理，提高应急报告处置能力，2014年共接报各类突发事件和预警性突发事件20余起，均按要求及时、有效处置，实现应急管理零差错。同时，积极妥善应对“军械库爆炸”“车震门”“公职人员射杀村妇”等网络负面信息，利用各种媒体正确引导舆情，最大程度地消除负面影响。（3）市委办专门成立办文法规室，进一步增强公文的思想性、针对性和可操作性，严格规范公文处理程序，认真贯彻落实《湖南省党内规范性文件备案制度》，提高规范性文件服务水平，为党委决策提供法制保障。进一步加强文件审核把关，精简发文数量，提高发文质量，对可发可不发的文件坚决不发。（4）市委办切实改进会风，严控会议数量，打造会议活动精品，圆满完成各类会务任务。全年共成功承办国、省经验交流等现场会10次，外出指导和协调部门和基层办会27次；先后负责回良玉、刘淇等党和国家领导人等重宾接待6批次，负责省委徐守盛书记7次莅衡调研指导的接待工作，负责市委主要领导赴基层调研53次、调度项目建设29次，承办市委常委会27次，完成省委办公厅和市委领导交办事项140多起，为确保中央、省委、市委政令畅通和服务市委市政府领导、贯彻重大部署做实基础性工作。（5）市委办按照确保“绝对安全、绝对畅通”的要求进一步完善各项规章制度，及时准确完成密码通信工作，无一件误办、压办、漏办。通过举办全市保密形势报告会、定密管理培训班、涉密人员“二识”教育培训班，深入宣传新《保密法》和《保密法实施条例》，认真组织实施全国第二次保密普查，针对密码电报管理、涉密文件信息资料管理、网络保密管理等开展专项保密检查工作，全年共销毁纸质文件3吨多，涉密文件13000余份，电脑硬盘160个，做到涉密载体统一销毁。全年未发生较大泄密事件，机要通讯无一件误办、压办、漏办。加强各级党委办公室信息化建设。以推进互联互通、信息共享、安全保密为重点，管好用好县乡加密通信网络，完善党委系统电子政务内网体系，着力构建统一、高效、便捷、安全的信息化平台，为党办工作提供强有力的信息技术支撑。 （廖文基）

【服务群众】 （1）信访工作。针对市委机关来人来访接待任务不断增加的现实情况，市委办专门设立信访科，不断创新接访制度，形成“由市委常委、市委秘书长挂帅，市委办领导主抓，市委办信访科具体负责，院内各单位联合互动”的良好局面，编印《信访值班登记记录本》《各单位到市委接访登记本》，编发信访《专报》及时呈报市委领导，加大对县市区和市直单位接访促访的督促力度。（2）大走访活动。根据全市统一部署，在“百乡千村万户大走访”活动中，办领导班子带队组建2个工作组，深入衡山县萱洲镇石塘村、丰塘村听取基层群众意见，现场为群众办实事、解难题。在大走访的丰塘村，短短1个月时间筹措资金45万元，解决困扰该村多年的防洪闸、村部、村卫生室建设等问题。（3）新农村建设指导。帮助衡山县萱洲镇石塘村实施电网改造，多方筹集资金硬化渠道3.3公里，硬化组道2公里；组织募捐帮助村里残疾群众解决住院困难。（4）双联工作。帮助湘华公司完成衡山县城到永和厂区公路水泥硬化4公里；帮助微生物分公司完成36户、建筑面积3586平方米棚户区改造和职工住房分配，解决困难职工在外租房6年之久的住房问题。同时，在“到社区报道，在家门口服务”活动中，帮助当地居民兴办实事210余件。

（廖文基）

【自身建设】 （1）开展教育实践活动。按照“走在全市前列”的工作要求，紧扣为民务实清廉主题，聚焦“四风”问题，在全市率先召开教育实践活动动员会，率先启动办公用房清理工作、率先组织召开基层党支部组织生活会——市委机关一支部组织生活会，率先部署整改落实工作，活动成果得到市委主要领导和市委督查组的高度评价，在全市机关作出示范，树立标杆。（2）健全完善制度体系。按照“源头治理、标本兼治，注重整体、重点防范，刚性约束、严格问责”的思路，以法治思维和改革精神建制立规，着眼顶层设计，加强源头治理，出台《关于整治文山会海、改进领导调研活动的若干规定》《关于进一步改进工作作风的若干规定》《衡阳市公务接待管理办法》等9个制度，为根除作风之弊、行为之垢提供治本之策。（3）落实整改任务。坚持问题导向，注重即知即改和专项整治，着重解决存在的“四风”突出问题。2014年，机关干部对待群众来访态度生硬、推诿扯皮现象得到纠正，机关作风有明显好转；公车私用的现象得到有效遏制；以市委和市委办名义发文同比减少17%，召开全市性会议同比减少21.9%，简报和内部刊物减少28.5%，评比达标表彰活动减少100%。办公室“三公”经费支出减少160万元，同比削减30%；会议支出较2013年同期下降53.5%。（4）加强队伍建设。在全市党办系统大力开展“转作风，提效能”活动，加强学习型机关建设，秘书长、主任办公会成员开展集中学习8次，市委常委、市委秘书长给全办干部职工上党课，邀请理论专家给全办干部集中辅导4次；安排1人次参加清华大学女干部高级研修班学习，2人次参加省委党校学习培训，7人次参加市委党校学习培训；安排办公室19名县处级干部分4批次参加学习贯彻党的十八届三中全会和习近平总书记系列讲话精神集中轮训；组织办公室中心组围绕“开展群众路线教育实践活动，密切党同人民群众的血肉联系”等8大课题进行集中学习研讨；定期督促全办干部利用网络进行在线学习、普法学习，全员按时参加学法用法无纸化考试，合格率达100%。（5）提升保障水平。全面落实市委、市政府下达的全面深化改革年度任务，按要求推进各类重点改革，组建市委机关文印中心，并划为二类事业单位，并派驻中心负责人。对机关大院的供水网管和配电房进行改造；对市委大院实施绿化、美化、亮化工程；更新市委常委会议室、市委一楼会议室的设备设施；落实中央关于停止新建楼堂馆所和清理办公用房的规定，对超标办公用房进行改造、利用。改革创新机关行政事务管理，建立国有资产管理台账，严格物资采购程序，加强财务管理、车辆管理等，开源节流、厉行节约，打造“节约型”机关、“两型化”机关，提供强有力的后勤保障。加强物业管理，配齐配强安保人员，扎实做好应急处突工作，安全保卫做到万无一失，确保机关正常有序运转。

（廖文基）

组织工作

【全市组织部长会议】 2014年4月11日，全市组织部长暨老干工作会议召开。中共衡阳市市委常委、组织部部长邓群策作工作报告。邓群策号召全体组工干部要坚持党要管党、从严治党，围绕中心、服务大局，稳中求进、改革创新，解决问题、狠抓落实的总要求，强化大局意识、责任意识、担当意识，更加积极主动、奋发有为地做好工作，为全面深化改革、建成小康美丽衡阳提供坚强有力的组织保证。会议对2014年全市组织工作作出部署：（1）要坚持思想教育领先，切实抓好十八届三中全会和习近平总书记系列讲话精神学习培训。重点办好市管干部11期集中轮训班和8期主体培训班，指导各县市区和市直单位抓好科级干部集中轮训，督促各地各系统结合群众路线教育实践活动抓好基层党组织书记培训。（2）要坚持高标准严要求，确保群众路线教育实践活动取得高质量。把活动开展与考察班子、识别干部结合起来；与推进基层党组织建设结合起来，确保活动不虚不空不偏、不走过场。（3）要坚持好干部标准选人用人，着力打造高素质领导骨干力量。深入学习宣传贯彻《干部任用条例》，改进干部考核评价，优化领导班子配备。（4）要坚持从严治党、从严治吏，以铁的纪律确保干部工作风清气正。重拳整治选人用人上的不正之风，让歪风邪气无处遁形、消声觅迹，让清风正气无处不在、全面彰显。干部人事纪律红线必须严防死守；“三超两乱”等突出问题必须坚决整治；干部日常监督管理必须关口前移；干部选任监督必须持续加力。（5）要坚持组织部门牵头抓总，推动人才发展重大政策、重大项目落地生根、开花结果。以统筹协调优化人才管理，以重大工程引导人才发展，以创新政策激活人才队伍。（6）要坚持大抓基层的鲜明导向，扎实推进基层服务型党组织建设。推行党建网格化管理，继续实行并完善在职党员到社区报到制度，探索推行党组织和党员“两代办”制度，切实抓好新一轮村“两委”换届选举工作，全面实行“三级联述联评联考”，强力实施村级活动场所“清零”工程，进一步提升基层运转保障水平，确保村级和社区运转经费，全面加强全市党员队伍教育工作。（7）要坚持自觉管、从严治，努力把组织部门打造成模范部门。在工作纪律、职业操守、能力素质、作风养成上要管严。坚持“改革统揽、发展至上、问题导向、落实为重”，切实做好2014年的组织工作，确保组织工作站在新的起点，迈出新的征程，展示新的作为，呈现新的气象。（熊　雯）

【主题活动】　（1）群众路线教育实践活动后期工作。认真组织学习讨论，联点党员领导干部和各级党组织书记累计讲党课1.3万余场次，共培训基层党组织书记1.1万余人次。广泛征集意见建议，全市县处级以上领导班子及成员共收集意见建议25.7万余条，经合并整理后为3468条。扎实开好专题民主生活会和组织生活会，党员干部广泛谈心交心，批评与自我批评真刀真枪、见筋见骨。市委常委班子专题民主生活会、衡东县委常委班子专题民主生活会以及衡东县宋坪村党支部专题组织生活会的经验做法，被制作成专题片在全省推广。其中，宋坪村的经验做法被中央活动办作重点推介。（2）专项整治工作。深入开展57项专项整治，全市共查处征地拆迁、涉法涉诉等方面侵害群众利益的行为5196起，处理3649人；清退不符合政策的低保对象1372人，新增符合政策的低保对象4591人；查处违规配车用车问题49个，处理44人；腾退调整办公用房总建筑面积6万多平方米。深入开展信访积案“大排查、大接访、大化解”活动，落实领导干部包案责任制，化解信访积案829个。（3）作风建设工作。加大建章立制力度，废止制度26项，修订制度12项，新建制度43项。查处违反制度规定行为案件202起237人，给予党纪处分96人，通报典型案例63个。特别是针对“衡阳破坏选举案”暴露出来的深层次问题，出台《衡阳市国、省、市三级人大代表资源摸底、考察审查和责任追究办法》等4项制度。

（黄　彪）

【“衡阳破坏选举案”相关工作】　做好涉案代表请辞工作，涉案的5名省代表、516名市代表、34名县代表全部主动递交书面辞职报告。按照德才兼备、以德为先的原则，向省委提供4名市人大、市政府、市政协副职建议人选，在省委组织部组织的民主推荐中，4人均获得2/3以上的高票。及时调配6名新任县市区委书记、2名县市区长拟任人选及12个县市区人大常委会主任和政协主席推荐候选人，从组织上确保人心不散、秩序不乱、工作不断。依法依规做好省、市两级人大代表推选及市十四届人大三次会议的相关筹备和组织工作。认真履行人大代表人选推荐的归口把关责任，严格落实“两升一降”要求，正式候选人中基层代表比例提高12.2%，领导干部代表比例下降11.3%。严肃人大选举工作纪律，市委提名的人大常委会主任、7名副主任、秘书长、30名委员，2名市人民政府副市长和60名出席省第十二届人民代表大会代表候选人全部高票当选，大会选举风清气正、圆满成功。（黄　彪）

【干部人事工作】　（1）领导班子建设。制订出台《关于规范衡阳市市直单位党组（党委）领导班子成员设置的意见》《关于进一步规范衡阳市处级非领导职务设置和配备管理的意见》等文件，加强县处级干部队伍建设。扎实做好县处级领导班子调整配备工作，全年共调配县处级干部13批次共332人次，提拔干部68人次，其中提拔40岁（含）以下的县处级年轻干部12人，全市40岁（含）以下县处级干部已达130人。（2）干部管理工作。推行新闻媒体现场观摩及当场亮分等新措施，认真做好法检两院工作人员、选调生和公务员公开招考工作，没有出现任何违规违纪行为。从严管理干部因公因私出国（境）审批工作，所有县处级以上领导干部因私出国（境）证件全部上收集中管理。（3）干部教育工作。制定《2014～2017年衡阳市干部教育培训规划》，对全市未来四年干部教育培训工作要点、主要任务、调训计划等进行明确。全面开展学习贯彻中共十八届三中全会和习近平总书记系列讲话精神轮训工作，共轮训县处级及以上干部2286人。做好干部调训工作，共选派271人参加省级以上培训机构学习。全面完成市委党校主体班调训任务，共调训8个主体班学员382人。健全干部教育培训信息库，对2200余名县处级以上领导干部近五年培训情况进行摸底汇总，实行动态管理。推进干部在线学习工作，全市已有12357人上线注册，9421人选课参加学习，注册人数、参学人数均位居全省第一。（4）干部监督工作。牵头开展“三超两乱”专项治理工作，全市共消化超编制进人4426人，消化超职数配备领导干部1332人，实施公务员法和参照公务员法管理机关单位党政分设全部整改到位。建立健全领导干部个人有关事项报告抽查工作制度，完成2100余名市管领导干部、73名省管领导干部个人有关事项的集中报告工作，并按省委组织部要求抽查核实67人。开展干部选拔任用“一报告两评议”工作，实行干部选任预审制度，全年共受理21批次981人的干部调整请示，29批次114人的报备请示，否决8人，暂缓任职5人；向省委组织部报告2批次63人的干部选任事项。严格执行干部信息审核制度，全年共对84名领导干部的“三龄一历”信息进行审核，核改5人。开展对“带病提拔”领导干部任用过程的倒查工作，共受理各类举报161起，均及时进行查核处理。做好“裸官”和领导干部秘书及身边工作人员清理工作。（5）人才工作。修订《衡阳市人才开发资金管理使用办法》，出台《衡阳市突出贡献人才奖评选奖励暂行办法》，建立《衡阳市政府特殊津贴专家制度》，有序推进八项人才重点工程。支持企事业单位引进高学历、高职称人才，全市企业共申报引进高层次人才24人。广泛动员技工院校毕业生和在职人员参加省人社厅组织的职业技能资格考试。全年衡阳技师学院和衡阳财经工业职业技术学院两所院校共有1600余人取得中级工资格证书、1500余人取得高级技工资格证书。扎实开展技能培训，为市内企业培训高技能人才2741人，培训技术一线职工5005人。选派科技特派员287人，联系指导64个企业（项目），扶持种养专业大户5640户，培训农民1.8万余人，帮助实现就业6.68万余人，带动驻地农民人均增收14.2%。（黄　彪）

【党代表联络工作】　全市184个乡镇全面试行党代会年会制，积极开展提案、提议工作，进一步扩大党内基层民主。大力推进党代表工作站建设，全市共建成党代表工作站265个，进驻工作站代表达2.3万余人。深入开展“三联系”活动，全市各级党代表共接待党员群众4.4万人次，走访9.3万户，提出提议、建议7142件，交办1513件，办结1410件。在《衡阳日报》上开辟“乡镇党代会年会制”专栏，大力宣传各地好的做法和成功经验，扩大党代表联络工作影响力。在《衡阳党建手机报》上开设“党代表风采”专栏，宣传推介党代表的先进事迹，激发党代表履职主动性。（黄　彪）

【基层党建工作】　（1）基层组织建设。夯实党建工作基础。制定下发《2014～2020年衡阳市基层服务型党组织建设工作规划》《衡阳市乡镇干部绩效考评管理办法》等文件，形成抓常效管长远的制度体系。继续加大基层保障力度，村级运转经费提高到村均6万元以上，中心城区社区运转经费提高到每年20.5万元；新建和维修村级活动场所1153个，新建和维修社区活动场所51个，社区办公用房实现全覆盖。（2）党务干部队伍建设。整顿509个软弱涣散村（社区）党组织，调整党组织书记61人、班子成员166人，查处违法违纪村（社区）干部192人。在所有乡镇（街道）配备1名专职副书记、1名专职组织员，选聘1～2名兼职组织员。选派2196名党建指导员、1090名“第一书记”下到村、社区和非公企业指导党建工作。实施“能人治村”，全市85%的村由致富能手、经济合作组织负责人、大学生村官等担任村党组织书记。（3）畅通联系服务群众“最后一公里”。推行党建网格化管理，依托党委机要信息传输系统和农村远教网络，搭建市、县、乡、村四级联动的网格化管理信息平台；引导街道（乡镇）、社区（村）干部和党员沉入网格担任网格长或网格员，主动为群众排忧解难。开展在职党员到社区报到活动，13万余名在职党员领岗履职，为社区居民提供贴心服务。探索推行“一流转五服务”新模式，全市有村集体经济的村占比达到65%。（黄彪）

【党员教育工作】 对全市5074个远教站点的建学管用进行暗访，全面实施远教终端站点提质扩面工程，更新1354个站点的设备，维修730个站点的设备，新建社区站点187个。把市烈士陵园列为衡阳市党员“理想信念”教育基地，全市建立6大类35个党员教育基地。大力拓展党员教育云平台功能，改版《衡阳党建手机报》，共发送专栏专刊279期；优化衡阳党建网及手机版栏目设计，日均点击量12万次，日最高点击量达22万次。丰富衡阳党建先锋频道节目资源，收视率稳定在3%以上，频道经验材料在《党员电教与远程教育》杂志上刊发。加强农村基层骨干队伍建设，共培训新任村支书、新聘大学生村官等6664人。（黄彪）

【自身建设】 （1）队伍建设。面向全市选调5名年轻干部，为组织部机关干部队伍注入新鲜血液。积极开展机关干部生日“三个一”活动，每逢部机关干部生日，送上一个生日蛋糕、一张生日贺卡、一束生日鲜花，增进干部队伍的团结和谐。（2）作风建设。深入开展“进村入户大走访”活动，选派6名机关干部组建工作队，深入祁东县凤岐坪乡光祖村扶贫解困，共发放慰问金6000元，结对帮扶5名困难群众，解决群众实际困难32个。（3）组工宣传工作。在中央、省级媒体发表信息调研和网评稿件360余篇。（黄彪）

宣传工作

【概况】 2014年，全市宣传文化系统顺应大趋势，坚守主阵地，弘扬主旋律，汇聚正能量，较好地完成各项工作任务。年内，本市获得全国文明城市提名；市文广新局荣获“全国文化工作先进集体”；市教育局被评为“全国未成年人思想道德建设先进单位”；衡阳日报社跻身“全国地市报创新经营单位十强”；衡阳新闻网捧回“2014年全国地方网络媒体十大最具创新力品牌奖”；常宁市、耒阳市分别被授予“中国民间文化艺术之乡”“千年古县”称号。衡山皮影戏入选联合国非物质文化遗产代表作名录；衡阳抗战纪念城、南岳忠烈祠列入国务院第一批国家级抗战纪念设施遗址名录；电视剧《铁血男儿夏明翰》获得中国电视剧“飞天奖”提名。“英雄警察”吉湘林的先进事迹得到省委书记徐守盛、省长杜家毫等领导的批示，吉湘林被列为全省重大先进典型；“衡阳发布”跻身全省政务机构微博综合影响力十强；“衡阳县宣传”微信公众号荣获“2014年度湖南省政务微信十强”；理论“微宣讲”的做法面向全省推介；“欢乐潇湘”群众文艺汇演全省领先。（陆璐）

【理论宣讲工作】 市委宣传部、市委讲师团组织开展“三中全会精神在基层”百姓微宣讲活动，通过精选“微话题”、营造“微场面”、用活“微技巧”，深入村镇屋场、街道社区开展微宣讲4000多场次，近200万人次聆听宣讲，推动党的创新理论在基层落地生根。石鼓区委宣传部、衡南县张紫映在全省“三中全会精神在基层”百姓微宣讲活动总结经验交流会上作典型发言。张紫映代表湖南省参加2014年全国理论宣讲先进个人评选；衡山县福田铺乡皮影宣讲队被评为全省理论宣讲先进集体。（陆璐）

【对外宣传工作】 先后开展“全面深化改革在衡阳”“项目建设年”“我的群众观”“培育和践行社会主义核心价值观”“法治衡阳建设”“网络名博衡阳行”“三湘名博走南岳”等重大主题报道，全面展示全市改革发展稳定的良好态势。围绕南岳机场通航、衡阳综保区开关运行等，开展一系列彰显地方特色的主题宣传活动，全年在中央、省主流媒体发重稿800余篇，位居全省前列。邀请央视《远方的家》栏目组来衡，拍摄制作《江河万里行》衡阳特别节目；制作推出《雁翔云天（中国·衡阳）》外宣折页和外宣电视片，并在中央电视台播出；耒阳市邀请央视拍摄《千年古县·湖南耒阳》专题节目，南岳舞狮传统过年民俗登上央视中文国际频道全球直播节目《传奇中国节——记得住的乡愁》。全年共举办各类新闻发布活动50多场次，

进一步提升衡阳的知名度、美誉度。（陆 璐）

【新媒体宣传工作】 运用新媒体，加强对政务微博、微信、手机客户端等的管理使用，大力宣传全市经济社会发展情况，主动引导社会热点难点。市政务微博“衡阳发布”粉丝数量已突破20万，综合影响力在全省2000多个政务机构微博排名第九位；衡东县开通全市首个新华社党政客户端；“衡阳县宣传”微信公众号订阅数超过1万，荣获“2014年度湖南省政务微信十强”；常宁市等在运用新媒体方面进行有益探索。建立健全网络舆情联动监管、收集、研判、处置机制，网络舆论引导与评论机制，涉衡重大敏感舆情交办督办机制等，及时引导和处置“衡阳破坏选举案”“镉大米超标”等重大舆情，确保舆情整体平稳可控。（陆 璐）

【推介先进典型】 围绕庆祝建党93周年，集中推出一批群众满意的服务型党组织、群众身边的好党员、群众贴心的好干部。围绕培育和践行社会主义核心价值观，挖掘推出“全国最美家庭”李卫兵、“英雄警察”吉湘林、“最美义工”黄慧芳、“业余村官”谭国栋、“好人好报”朱小洋等一批全国有影响的重大典型，营造学先进、当模范、讲奉献的良好社会氛围。其中“英雄警察”吉湘林先进事迹得到省委书记徐守盛、省长杜家毫等领导的批示。紧密结合党的群众路线教育实践活动和经济建设，广泛宣传的领导干部“五带头五推动”“人大代表联系群众工作站”等经验做法，在全省群教活动中推广，展示良好形象。（陆 璐）

【核心价值观培育活动】 组织开展“身边雷锋·衡阳好人”暨社会主义核心价值观先进事迹报告团“五进”活动，举办大型报告会50余场，通过身边人说身边事、身边事教身边人，推动社会主义核心价值观成为人们的自觉行动。组织开展第三届道德模范暨“身边雷锋·衡阳好人”评选表彰活动，评选出道德模范及其提名奖各10名、“身边雷锋·衡阳好人”及其提名奖各10名。市区两级联动，帮扶生活困难道德模范，为珠晖区茶山坳镇田心村孝老爱亲模范刘少珍筹集资金22万元，帮助其修缮房屋、治疗脑瘫小孩，衡阳市的做法得到省委常委、省委宣传部部长许又声的批示。同时，开展文明交通、文明餐桌、文明旅游、文明网络“四大文明行动”，“做一个有道德的人”“讲文明、树新风、改陋习”“我们的节日”等主题实践活动，市民素质和城市文明程度显著提升。（陆 璐）

【群众文化活动】 开展“欢乐潇湘·幸福衡阳”大型群众文艺汇演活动，5个多月的时间里，2万多名群众演员奉献3000多场精彩演出，近100万群众现场观看；在全省汇演中，本市获得2个一等奖、3个二等奖、3个三等奖的好成绩；衡山县融合“岳北山歌”元素创作的《唱支山歌给党听》，参加全省展演并得到省委常委、省委宣传部部长许又声的高度评价。同时广泛开展“周末百姓剧场”“广场旬旬演、社区周周乐”“网络春晚”“2015新年音乐会”等文化活动，惠及百姓200多万人。祁东县获得本市全民广场舞大赛“城市舞王”称号，并代表本市参加全省比赛；衡阳县的首届乡村音乐节、衡东县的首届乡村旅游文化节，掀起乡村文化热潮。（陆 璐）

【作风建设】 （1）开展实践活动。全市宣传文化系统深入开展党的群众路线教育实践活动，查找工作中存在的主要问题，推动思想作风的转变。市委宣传部部务会对群众提出的28个突出问题逐项进行整改，尤其对“新闻敲诈”“豪华办晚会”2个群众反映强烈的突出问题进行专项整治。通过开展教育实践活动，全市宣传文化系统进一步弘扬传统、增进感情，纯洁思想、增进团结；市广播电视台承办全市首档大型电视问政栏目《民声面对面》，现已录制播出5期，分别就环保、低保、教育、交通、规划等多个工作领域的问题进行问政，促进一大批关系群众切身利益问题的解决。衡阳县、衡东县、常宁市等开展的电视问政深受群众欢迎。（2）加强教育培训。组织开展全市理论骨干暨乡镇宣传委员培训班、中心组秘书和理论骨干培训班、网评员培训班、新闻发言人、政工师培训班等，在全市选拔、培养总人数1000余人的新闻发言人、网络管理员、网评员；以开展系列“微宣讲”活动为契机，在基层培育300多名“微讲师”和理论骨干；市文联正在实施文艺人才“五十工程”，宣传文化队伍进一步壮大。同时，积极选派网络管理、新闻发言等方面的优秀人才，赴外地学习培训，干部队伍的理论素养和业务能力进一步提升。（3）夯实基层基础。按照“管理规范、设施齐全、氛围浓厚”的要求，继续开展“基层思想政治工作示范点”创建工作，成功创建18个示范点。大力开展爱国主义教育基地申报工作，全市现有全国爱教示范基地3个、省级爱教基地12个、市级爱教基地49个。积极创建“双好”示范基层文化阵地，对管得好、用得好的“双好”乡镇文化站进行授牌表彰，第一批评选表彰23个“双好”乡镇文化站。衡阳县、常宁市全面完成农村广播“村村响”工程。文化执法部门大力开展“百日”“护蕾”“清源”“净网”“秋风”等执法专项行动，净化文化市场，市文化市场综合执法局被评为全省“扫黄打非”有功集体。（陆　璐）

【发展文化产业】　（1）开展文艺精品创作活动。12月10日，全市召开学习贯彻习近平总书记文艺工作重要讲话会议，安排部署今后一个时期的文艺工作，陈长芬、杨青、刘和平、张方白、彭锋等衡阳籍艺术名家应邀参加会议，并提出宝贵意见。围绕申报国家历史文化名城和“中国梦”等主题，开展一系列文艺精品创作活动，推出一大批文艺精品。其中，电视连续剧《铁血男儿夏明翰》、歌曲《山乡的春天》获得省第十二届“五个一工程奖”；歌曲《我的家乡多么美》、小品《幸福来跳舞》获得“中华颂”全国小戏小品曲艺展演一等奖；市艺术学校获得全国职业技术学院技能竞赛平面模特组二等奖。（2）推进重大文化设施项目。衡阳市“三馆两中心”项目已全部开工。其中，总投资4.2亿元、占地153亩的市影剧艺术中心建设正稳步推进；总投资8000万元、占地130.8亩的市图书馆，已于7月9日正式破土动工，将新建多功能报告厅、24小时书店、陈列展览、阅览用房、藏书区等。同时，市新媒体中心已开工建设；投入80万元对市美术馆进行提质改造。投资近亿元的常宁大剧院主体工程基本完成；石鼓区建成全省首个区级美术馆；祁东县规划建设“三馆一院两中心”公共文化基础设施；南岳电视调频发射台启动发射铁塔重建项目。（3）推进重点文化产业项目。全年共有6个文化产业项目列入市重点项目工程，总投资额超过20亿元，并实行“一个项目、一名领导、一个专班、一套方案”的管理模式，促进项目建设。衡阳云集文化产业科技园全面完成“三通一平”建设，金虹包装、飞马彩印等20家企业入驻；中国南岳（衡山）文艺创作基地已经完成基础设施建设，正在开展招商；南岳天子山火文化公园完成投资1.5亿元；2688文化创意园正在结合国企改制，谋求做大做强；总投资1.2亿元的蒸湘区雨母山乡“百万花海艺术庄园”已正式动工。（陆　璐）

统战工作

【概况】　2014年，衡阳市统一战线围绕省市重大部署，以“同心思想”为引领，以推进“四同创建”为抓手，以党外代表人士队伍建设、民族宗教工作、海外统战工作、统一战线自身建设等为重点，整合资源，发挥优势，为衡阳经济社会发展出谋划策。围绕党外代表人士队伍建设，全年组织开展各类培训15批，122人次；共培育“同心园区”“同心乡村”“同心项目”“同心社区”等项目52个；扶助塔山少数民族乡乡村道路硬化、瑶族风格房屋改造等项目8个，及时解决境内民族矛盾纠纷4起，发动全年宗教界慈善捐款300余万元；与23个海外侨社团、100余名海外知名人士保持密切联系，先后接待20批300多人次海外侨胞回乡省亲、到衡阳考察、洽谈商贸。（唐　鹏）

【多党合作事业】　引导广大统战成员认真学习党的十八大、十八届三中四中全会和习近平总书记一系列重要讲话精神，在民主党派中深入开展坚持和发展中国特色社会主义学习实践活动，抓实文化统战工作，进一步坚定统一战线成员的道路自信、理论自信、制度自信，筑牢共同思想政治基础。（1）做实统战文化，增进政治共识。在全市非公经济人士中深入开展“信念、信任、信心、信誉”教育活动，开展“优秀民营企业家”评选活动，在衡阳统战网专栏宣传优秀党外人士，组织统一战线成员集中栽种和培育“同心林”，举办衡阳市统战文化大讲堂，抓实文化统战工作。（2）注重教育管理，提高队伍素质。首次在清华大学举办党外女干部高级研修班；首次在省社会主义学院举办全市中青年党外干部培训班；加大非公经济代表人士培训力度，选送10名非公经济代表人士到清华大学经济管理班培训，4名优秀青年企业家到省委党校非公有制经济青年企业家培训班学习；开展民主党派市级领导班子后备干部推荐工作，举办部分副处级党外干部履职报告会，加强对党外干部的跟踪管理。（3）开展专项督查，加大安排力度。对《中共中央关于加强新形势下党外代表人士队伍建设的意见》和《中共中央、国务院关于加强和改进新形势下工商联工作的意见》的贯彻落实情况开展专项督查，下发督查通报，规范党外干部安排工作程序，扩大党外干部后备队伍，督促党外干部“三权”落实，推动党外干部安排，确保在机构改革中党外干部职数安排不受影响，改善非公经济发展环境。年内，市本级人大、政府、政协班子及法检“两院”班子党外干部已配备到位，新增政府部门党外正职1名。（4）规范合作共事，推进多党合作。出台《中共衡阳市委同各民主党派市委、无党派人士2014年度协商计划》，全年就市委、市政府重大事项、重大政策召开座谈会、通报会8次。注重参政议政成果转化，引导各民主党派、工商联和无党派人士联席会根据自身界别优势，主动承担15个调研课题任务；召开党外人士参政议政成果汇报会，推动市政府召开调研成果采纳交办会。（唐　鹏）

【民族宗教事务】　宣传普及民族政策法规，制定切实措施有效防范涉及民族因素的群体性突发事件，协调化解矛盾，维护社会稳定。组织申报少数民族发展项目，争取资金改善塔山基础设施，促进少数民族地区发展。开展和谐寺观教堂创建活动，打击非法宗教活动，引导宗教界积极开展慈善公益活动。（1）开展“民族团结进步”创建活动。集中宣传报道、民族政策法规有奖知识竞赛活动，开通“12345”政府服务热线，为少数民族提供便捷快速服务；以塔山瑶族乡建乡三十周年为契机，加大帮扶力度，向省直相关部门申报少数民族发展项目，争取省民委资金170万元，市财政划拨专款400万元，扶助塔山少数民族乡乡村道路硬化、瑶族风格房屋改造等8个项目。及时出台《暴力恐怖事件应急工作处置预案》并进行演练；到外来少数民族经营点了解情况，召集新疆烧烤羊肉串摊点和兰州拉面馆业主进行重点座谈，及时解决矛盾纠纷4起，有效地防范涉及民族因素的群体性突发事件的发生，维护社会稳定。（2）开展“教风年”创建活动。开展以“教风创建”为主题的和谐寺观教堂创建活动，进一步整顿教风，纯正道风道貌，规范管理宗教事务；加强宗教团体建设，指导市天主教爱国会、南岳佛教协会顺利换届。做好“两会”等重要时期的维稳工作，妥善劝阻天主教界人士赴韩国参加亚洲青年节活动；大力打击非法宗教活动，查处岳云房地产公司锦绣南山项目非法建造露天观音佛像行为。开展腊八节捐助贫困学子，端午节、重阳节慰问孤寡老人，金秋助学行动等宗教慈善公益活动，全年宗教界慈善捐款达300余万元。

（唐　鹏）

【海外统战】　以亲情乡情为纽带，与23个海外侨社团、100余名海外知名人士保持密切联系；在海内外衡阳籍知名人士中开展《雁吟故乡——名人眼中故乡衡阳》征文活动，推动知名人士忆故乡，回故乡；接待20批300多人次海外侨胞回乡省亲、到衡阳考察、洽谈商贸；发展侨之春义工组织，定点帮扶困难侨联侨胞。实施创新项目《依托抗战文化资源，创新做实对台工作》，争取国家发改委立项拨款1300多万元建设衡阳抗战纪念园，推动南岳申报海峡两岸交流基地；市委书记、市人大常委会主任李亿龙亲率40多名处级干部赴台考察，举办“衡台两地企业家座谈会”和“衡台两地书画展”等专题活动；投入近3000万元新建和修缮纪念设施、祖居旧地，充分发挥抗战遗址、遗迹的祭祀悼念、凭吊怀旧作用；开展纪念衡阳保卫战70周年活动，邀请在台革命烈士后代参加各类公祭活动，增进对中华民族的认同感，激发台湾同胞的爱国热情；邀请中国台湾地区国民党中评会主席团主席陈庚金、前“行政院”院长郝柏村等10多位台湾政要、100多位台湾经济界知名人士、6所大学校长和一大批民间社团及各界有影响人士到衡阳考察、交流，促成10多家科技企业达成来衡阳投资协议，合同金额20亿元人民币，衡阳、台湾两地交流实现多领域、日益纵深化发展。 （唐　鹏）

【统一战线自身建设】 开展群众路线教育实践活动，将反“四风”同推进统战工作科学发展相结合，健全规范管理制度，树立统战部门为民务实清廉的良好形象。（1）切实转变作风。深入开展部领导与党外人士交朋友结对子活动，全年召开4次党外干部座谈会，首次组织党外人士暑期谈心会，加强与党外干部的联系。深入开展调查研究，完成省委统战部委托重点调研课题《风景名胜区宗教活动场所治理情况》。建立党外人士专题信息约稿制，定期就社会关注的重点难点问题征求党外人士的意见和建议，全年被中央统战部、省委办公厅、省委统战部信息刊物采用稿件20余篇，其中《千亿惠农资金不宜再搞行政分配》等3篇稿件得到中央、省、市领导亲自批示。（2）建立健全制度。实行重大项目、创新项目科室责任制，完善财务管理、车辆管理和考勤制度，开展“庸、懒、散”整治活动，规范对台办、侨联、工商联等统战系统各单位的管理，完善大统战格局。建立健全党委领导下的宗教工作联系会议制度，制定对各县市区、市直统战系统各单位和各科室的量化考核制度，确保各级统战部门高效有序运转。（3）创新开展活动。创新学习方式，将组织统战部机关干部学习与统战系统成员学习相结合，组织“骏马奔腾闹元宵——统战知识灯谜会”，开设“统战文化大讲堂”，组织部机关工作人员学法用法考试和中央“八项规定”等内容的考试，开展“同心义务献血”活动，“我的统战情缘”征文比赛，“同心杯”羽毛球比赛，提高统战干部能力，凝聚工作合力。

（唐　鹏）

改革工作

【机制建设】 2014年，市委改革办积极协调省、市编办下发《关于市委改革办机构编制事项的批复》，明确市委改革办为市委系列常设性工作机构，设置综合调研科和协调推进科2个科室、8个编制，概定调查研究、统筹协调、宣传发动、督促检查四大职能；协调各专项小组成立联络办，各县市区成立改革办，市县两级全面深化改革工作机构实现“六有”：有领导小组、有专门机构、有工作人员、有实施方案、有改革台账和有创新突破；参照省委和外地相关文件规定，结合衡阳实情，制定《市委全面深化改革领导小组领导小组工作规则》《专项小组工作规则》和《领导小组办公室工作细则》，使领导小组、专项小组、市委改革办开展工作有章可循。 （熊　斌）

【综合调研】 4月份，根据省委宣传部、省委改革办的统一安排部署，组织市委组织部、市委宣传部、市委统战部、市发改委、市编办、市环保局、市社科联等市直部门领导和南华大学、衡阳师范学院、衡阳财经工业职业技术学院等高校专家学者，成立9个课题组，开展“为改革攻坚献策”大型调研活动，活动历时半年，共收集调研文章43篇，成果结集《衡阳市全面深化改革调研文集》，13篇优秀文章被中央、省市刊物转载，5篇文章被市领导批复进入决策，受到社会广泛好评；7月份，根据市委书记李亿龙批示，深入市国资委、各行管办等相关部门和紫光古汉、衡阳制药等企业，开展“深化国有企业改革，理顺国企监管机制”专题调研，向市委、市政府提交《关于我市国资监管体制现状及改革建议》；组织开展金融服务“三农”专题调研，撰写出典型材料《深化农村金融改革破解农村融资难题》，被省委改革办推介，并报中央改革办。 （熊　斌）

【协调推进】 根据中央、省委顶层设计，结合衡阳实际情况，对衡阳市承担的改革任务进行再梳理，出台《中共衡阳市委全面深化改革领导小组2014年工作要点及责任分工》，将任务实化细化量化为9大类33小项，具体分配到牵头单位，责任落实到参加单位，全面建立起改革任务台账，为推进全市改革工作做好整体设计；根据年度改革任务，将责任分工到各个专项小组和各相关部门，做到“六明确”：明确改革任务，明确牵头领导，明确责任主体，明确协同单位，明确完成时限，明确销号评估标准，确保每一项改革任务落到实处；先后3次筹备召开市委全面深化改革领导小组会议、2次改革办主任（扩大）会议和1次专项小组联络办座谈会，《衡阳市2014年生态文明体制改革工作实施方案》《衡阳市农村土地承包经营权确权登记颁证工作实施方案》《衡阳市工商登记前置审批制度改革工作实施方案》《衡阳市人力资源市场整合改革实施方案》等重点改革方案通过深改组会议审议落地落实，有力地推动改革工作的开展。（熊　斌）

【宣传服务】　市委改革办创办改革内刊《改革动态》《改革建议书》，推介改革经验、宣传改革典型、通报改革进度，提出改革建议，全年编发《改革动态》17期、《改革建议书》6期，《改革建议书》刊发的调研文章得到市委领导的肯定和批复，《关于井头镇并村试点的调研报告》《衡阳市探索金融服务“三农”新机制》被省委改革办推介。联合市委宣传部下发《关于加强宣传工作的实施方案》，安排部署市内媒体加强改革宣传工作，《衡阳日报》、衡阳电视台相继开辟“全面深化改革进行时”等专题专栏，宣传改革亮点，刊发、播出全面深化改革报道50余篇，为改革造势、鼓劲，产生较好的社会反响。

（熊　斌）

【督察考核】　认真履行统筹协调、督促落实的职责，先后出台《关于加强动态管理统筹推进全面深化改革的意见》《全面深化改革考核办法和评估办法》等6个指导性文件，切实加强对每项改革任务的组织协调和督查落实力度，确保出台一项改革任务，落实一项改革措施。为全年9大类33项改革任务建立“流程图、监测表、建议书、信息报、项目库和评估单”，将改革任务倒排至月，并要求各专项小组联络办月底报送进度；编制改革进度监测表报送市委全面深化改革领导小组和省委改革办。采取定期督查与不定期督查、综合督查与专题督查、书面督查与实地督查、面上督查和点上督查等方式，及时发现问题，总结经验，推动各专项小组和各县市区切实推进本领域改革。先后迎接省委常委、省委秘书长、省委改革办主任韩永文一行，省委全面深化改革中期督察组、省委重点决策和重点工作督察组，对衡阳市开展的全面深化改革专题督查，得到督查组的高度评价。

（熊　斌）

【重点改革】　2014年，全市9大类33项改革任务，除户籍制度改革和文化资产监管体制改革要待省里出台改革方案外，其余全部完成改革任务。其中，行政审批制度改革、农村土地确权颁证试点、并村改革试点、金融服务“三农”、农业信息服务网络体系构建、纪检监察体制调整、三级人大建立联系群众工作站、建设衡山科学城发展“飞地经济”、引用民营资本推进城建城管、申报“较大的市”等改革取得实质性突破，走在全省前列，成为改革亮点。在省委省政府实施的全面深化改革工作绩效考核中，衡阳市全面深化改革工作获得满分。

（熊　斌）

政策研究工作

【文稿服务】　2014年，市委政策研究室始终坚持将文稿服务摆在首要位置，以材料为中心，依材料讲政绩，凭材料用人才，实现文稿质量和文章风格的同步转换，实现文稿采用率和领导满意率的同步提升。全年共起草领导讲话、重要文件、署名文章90篇、50余万字，开展调研活动18次、形成调研报告18篇，刊发《政研参考》25期，组织修编《衡阳政研六十年》和《市情手册》。（谭晓华）

【调查研究】　年内，全室围绕牵动全局的关键点、市委领导的关注点和社会矛盾的突出点，精选调研课题，精心开展重大课题调研，为市委决策提供参谋服务。全年深入30个乡镇、58个企业开展调研活动18次。主要开展新型小城镇建设、乡镇机构改革、招商引资、世界500强工业企业在衡发展状况、非公有制经济发展、工业园区建设与发展、湘江经济带衡阳区域研究、国资监管工作、职业教育发展、现代物流业发展、新形势新常态下乡镇工作转型等调研活动。形成一批有见地、有价值、有深度的调研报告，大部分调研成果进入市委领导决策或被省以上刊物发表。（谭晓华）

【打造政研平台】 （1）建好衡阳政研网。网站进行较大力度的创新改版，新辟要闻动态、领导言论、政研参考、政研讲坛、调研成果、时政评论、理论交流等栏目，突出网站的政研色彩，丰富网站内容，做到每日更新每稿必审，网站点击率大幅提升（至少提升2倍以上），打造一个开放的政研信息化平台。（2）办好《政研参考》。全年共编发25期，内容涵盖调研报告、理论文章、典型经验等，注重参考性、参谋性和可读性相统一，重点报市委常委、市政府副市长、县市区委书记，有选择地发送给相关部门及政研工作部门，得到市委市政府领导和理论工作者的关注和肯定。《政研参考》电子版发衡阳政研网，供领导干部和材料工作者学习参考。（3）开好政研讲坛。全室党员干部15人7次开讲，内容涵盖政治、经济、历史、文化等各个方面，开展年度优质课评比活动，评选出一等奖1名、二等奖2名、三等奖3名。

（谭晓华）

【内部管理】 （1）后勤服务。严格执行内部管理方面的有关规定，尽量压缩“三公”经费支出，确保办公经费支出需要。更换运行缓慢、障碍频出的老旧计算机，为材料科室和文字工作人员添置简易打印机，购买简易折叠床供晚上加班的工作人员不能回去时休息；对办公环境开展清理工作，开展内务整理活动，统一置换破烂的办公室窗帘，维修漏水天花板，确保办公环境舒适整洁。安排好车辆值班，随时为晚上、节假日加班的工作人员搞好服务，为晚上加班的工作人员安排好盒饭；关心干部职工身体状况，通过支部活动每周开展羽毛球健身活动、不定期开展户外徒步登山活动，安排干部职工全员体检。（2）协调统筹。加强与省委政研室的联系。及时向省委政研室汇报工作，完成省委政研室安排的调查研究、材料报送、杂志征订等工作。加强与县市区委政研室及市直材料工作部门的联系与协调，加强业务指导与培训工作。8月28日召开全市政研工作座谈会，组织县市区委政研室主任及市直重要职能部门材料工作者，共同学习省委书记徐守盛、市委书记李亿龙关于政研工作的指示精神，交流工作经验、心得体会，加强联系交流，创建政研工作者QQ群，全市政研工作者常态交流机制基本建立。坚持走出去与迎进来并重，加强与全国政研系统的交流与联系。走出去：5月份赴株洲开展小城镇建设调研活动，6月份赴郴州开展乡镇机构改革调研活动，9月份赴长沙、株洲开展职业教育调研活动，12月参加中央政研室组织的全国政研室主任会议；迎进来：四川投资者前来考察天然气建设工作，宁夏青海政研室前来考察旅游文化建设，郴州政研室前来考察小康建设，株洲政研室前来开展“2014年怎么看、明年怎么干”调研，肇庆政研室前来考察高铁经济发展情况。（3）制度建管。从制度建设和制度执行两个层面着手，规范内部管理行为。根据中央八项规定、省委九项规定和市委十条规定的精神，共修订涉及日常办公、作风建设、财务管理等方面的12项制度。主要有：关于严明工作纪律改进工作作风若干规定、关于专项整治“庸懒散”的规定、关于厉行节约反对浪费制度、关于加强公务接待管理的规定、关于报送每周计划小结的制度、出差审批制度、“政研讲堂”制度、关于加强财务管理的若干规定、关于公务用车的管理办法、公务用车维修细则等。坚持用制度管人管事，用制度来加强管理，用制度来规范行为，强化制度的刚性约束，加强制度执行情况监督检查，及时发现制度执行中的问题，督促整改落实。比如，根据关于加强财务管理的有关规定，决定每半年公开三公支出、每年公开全年收支情况等。全年在政研网公开2014年部门预算编制说明，在全室公开三公经费支出情况。严格执行关于公务接待的有关规定，严格做到凭公函接待、凭接待清单报账。2014年实际发生公务接待费用比2013年下降40%、公车维修费用下降30%、燃油费用较2013年同期每月减少800元；严格日常办公管理，控制用电、用纸、用水，做到人走关灯、关风扇、关空调，打印用纸实行双面打印，办公经费开支大幅降低。(4)服务基层。积极参与“大走访”活动。领导干部带头走访，一把手确保到农村住两个晚上、其他领导干部住5个晚上以上。到衡山萱州镇丰塘村大走访，捐资10000元帮助村部建设。开展“到社区报到、到家门口服务”活动，参与文明创建、劳动卫生、扶贫帮困、民情调查等活动。开展慈善一日捐活动，共捐款3100元。派出2人参加企业“双联”工作和“船山东路”重点工程服务工作。(5)廉洁自律。认真落实党风廉政建设主体责任和监督责任。坚持室务会统一领导、班子成员齐抓共管、分管负责人专职专责的领导体制，成立“市委政研室党风廉政建设领导小组”，一把手任组长，负总责，是第一责任人，副处级纪检员兼任领导小组办公室主任。确保“一把手”负总责和“谁主管谁负责”的工作机制落到实处。加强党风廉政和预防腐败教育。坚持教育为主、预防在先，重点抓好领导干部政治品质和道德品行教育，以教育筑牢防腐拒变的思想防线，把廉政教育纳入“政研讲堂”重要内容，先后开展习总书记关于反腐倡廉系列讲话精神，中央“八项规定”、省委“九项规定”、市委“十条规定”，谈反腐倡廉和浅谈“高薪养廉”等4个专题学习，同时组织参加市委办“拒腐防变每月一课”学习教育。全室党员干部，特别是室务会成员率先垂范，以身作则，坚持严格要求自己，深入开展批评与自我批评，从生活、工作作风、廉洁自律、党性锻炼等方面进行剖析，增强拒腐防变的自觉性，夯实廉洁从政的思想基础。加强党风廉政和预防腐败制度建设。认真落实党风廉政建设责任制各项规定，坚持把制度建设贯穿于反腐倡廉工作各个环节，认真贯彻执行“禁车令”“禁赌令”“禁酒令”等，修订财务管理、公务接待、车辆维修等制度，严防各类腐败行为。（谭晓华）

党史工作

【党史联络】 2014年，市委党史研究室做好党史资料征集和党史书刊审核工作。全市各级党史联络组认真审核地方史正本、把好史实关，有的党史联络组还亲自征集党史资料。市党史联络组组长刘增科对《中国共产党衡阳历史》（第二卷）、《中共衡阳市委执政纪事》进行指导，并提出许多宝贵的意见。衡阳县党史联络组与县党史研究室下乡送党史书籍，宣讲党史知识。常宁市党史联络组成员撰写回忆文章，2014年，编辑出版《回忆录》第三辑（1957～1978），真实地反映“农业学大寨”“工业学大庆”的状况，保存大量有价值的史料；耒阳市党史联络组编纂出版《足痕》第三集。南岳区委党史联络组与区史志办合编《上马杀贼下马学佛》，以纪实的手法生动地再现南岳宗教界英勇抗日的历史画卷。充实调整党史联络组。衡阳县对县委党史联络组成员进行调整充实。珠晖区委党史联络组正在组建当中。（黄舜梅）

【党史编研】 紧锣密鼓地抓好《中国共产党衡阳历史》第二卷的撰写工作。从2014年开始，《中国共产党衡阳历史》第二卷的编写进入攻坚阶段，从各方面创造条件，采取本室中坚力量与社会上知名人士配合协作发力的办法，努力争取在2015年年底拿出送审稿。开展《中国共产党衡阳历史》第三卷编纂的前期工作。2013年省委党史研究室召开第三卷编纂工作培训会和年度全省党史工作会议之后，市委党史研究室在调查研究的基础上，组织力量拿出编纂方案和纲目。在编辑力量组织上，贯彻全国全省“大党史”队伍的工作思路，经过仔细摸底，从市委党校、南华大学、市委办选择几名熟悉衡阳历史、写作功底深厚、有一定兴趣、党性原则强的人员从事三卷的资料收集和编写工作。督促指导各县市区做好党史正本编纂工作。衡阳、衡山、衡东、石鼓、雁峰5个县区的党史正本一到三卷已出版成书，蒸湘区的第三卷正在定稿。衡南、祁东、常宁、耒阳、南岳5个县市区已经启动第三卷的前期准备工作。认真做好《中共衡阳市委执政纪事》的征编工作。对《纪事》进行改版，使之成为存史、资政、育人的重要载体。组织开展党史成果评比。为展示党史优秀科研成果，扩大党史工作的影响力，提高党史工作者的积极性，推动全市党史工作更好地服务经济社会发展大局，市委党史研究室、市中共党史学会组织对全市2006以来的党史成果进行评选。邀请党史专家担任评委，对参评的39部著作，15篇论文进行评审。《衡阳党建90年》《文立正传》《抗战中的南岳》获著作类一等奖，《从俄界会议的内涵看党的成功之道》《浅谈罗荣桓部队政治工作的实践、作用及启示》获论文资政类一等奖。其他一些作品分别获二、三等奖及优胜奖。

（黄舜梅）

【党史平台建设】 （1）建立党史学会和网站。根据省委党史研究室的统一部署，要强力推进衡阳市党史网站和办公内网建设，运用现代网络技术，形成一张上联省下联县（市、区）的高质量、最便捷的党史外网。2014年，建设机关内部办公系统网，并使用衡阳市电子政务内务平台下的协同办公系统进行办公。（2）开展“学《湘潮》补精神之钙，用《湘潮》铸理想之魂”活动。《湘潮》是面向国内外公开发行的综合性党史期刊，以其“再现华夏百年风云，展示党史人物风采”的独特魅力，在全省乃至全国产生较大影响，是“学史补钙，以史铸魂”的重要平台。切实采取各种行之有效的手段，全年完成《湘潮》订阅7600多份，绝对数居全省第一，创全市历史新高，出色地完成省委党史研究室交办的任务。2014年1月13日，在雁峰区湘江乡召开“学史补钙，以史铸魂”经验交流会，并且现场赠送《湘潮》杂志。谭颖婕等6名乡村基层党员干部在会上介绍学习《湘潮》，运用《湘潮》，陶冶思想情操，指导工作实践，特别是树立共产主义世界观、人生观、价值观的体会。省委党史研究室主任张志初对此次经验交流会给予高度的评价，认为是开全省先河，湖南新闻联播、衡阳电视台、红网、百年湘潮网等媒体先后进行宣传报道。（3）做好《湖南党委工作纪事》相关资料的征编工作。省委党史研究室对于市党史办加强党史工作平台建设给予充分的肯定，全省推介衡阳市加强平台建设、服务“以史铸魂”的经验，肯定衡阳市在加强党史学会、党史网站和《湘潮》等“以史铸魂”平台建设上取得的成果。

（黄舜梅）

【党史宣传】 积极引导党员领导干部特别是年轻干部认真学习党的历史，努力提高思想政治素质和领导水平。在群众路线教育实践活动中，推荐夏明翰故居、毛泽建烈士陵园、罗荣桓元帅故居、水口山工人运动陈列馆、烈士陵园等10多个党史红色遗址作为全市学习教育基地。着力抓好青少年这个群体，开展形式多样的党的历史知识、光荣传统和优良作风、英雄模范事迹的教育，积极推动党史教育进学校、进课堂、进学生头脑。

（黄舜梅）

档案工作

【廉政法制建设】 （1）2014年，衡阳市档案局贯彻上级有关反腐倡廉的决策部署，深入开展党风廉政建设教育，坚持以落实党风廉政建设责任制为重点，健全规章制度，加强自身建设，主动将反腐倡廉建设融入工作的各个环节，班子严格按照民主集中制原则，合理分工、民主决策，不断规范权力结构和运行机制，增强决策的透明度，保障普通干部的知情权、参与权和监督权。扎实推进机关党务、政务公开工作，建立政务信息公开制度、审核制度，本局在衡阳党政门户网和衡阳档案信息网实施档案政务公开，增强档案行政执法和行政服务的透明度。年内无任何违纪违规现象发生，无乱检查、乱评比、乱办班的情况存在。注重加强队伍建设，积极推送干部参加省局的业务培训和市直各部门的各类培训学习，扎实做好2014年度全市档案系列的中初级职称评聘工作。（2）联合市监察局、市人社局对2013年档案行政执法检查中需整改的15个单位开展“回头看”，并就综合检查情况联合印发《关于2013年度档案行政执法检查情况的通报》。市档案局业务科室采用上门、电话咨询、网上联络等多种方式加强对全市各级单位的立卷归档工作的业务指导。对市直机关、企事业单位采取协作组单位集中待检和随机抽查的形式进行档案业务年检年审，对业务不达标的单位限期整改。

（陈志鹏）

【综合馆库建设】 市档案局就市档案馆四、五楼密集架和电梯等基础设施建设问题向市政府进行专题报告，市长周海兵、常务副市长段志刚分别听取汇报并批示，财政部门就具体经费预算问题进行评审。耒阳市新档案馆中央投资1229万元，地方配套808万元，总投资2037万元，为五层仿古建筑，总建筑面积6650平方米，选址定在青龙塔公园东侧。档案馆项目建设进展顺利，主体工程封顶。雁峰区正在做迁入新馆的前期准备工作。祁东县、衡山县新馆建设也已进入实施性阶段。

（陈志鹏）

【档案宣传工作】 组织全体干部职工深入学习中办、国办下发的《关于加强和改进新形势下档案工作的意见》，省委办、省政府办《关于加强和改进新形势下档案工作的实施意见》，结合“国际档案日”活动，在《衡阳日报》上以答记者问的形式进行解读，同期在《衡阳晚报》上开辟“珍档大观”专栏。市档案学会组织理事单位和会员专题解读“两办”的《意见》和《实施意见》。衡阳市关于贯彻落实“两办”实施意见稿已经草拟好，市委正在征求相关部门的意见建议，进一步修改完善。珠晖区编印《档案知识宣传手册》300份，全区科级以上干部人手一份，效果良好。蒸湘区开展档案故事征文活动，全区上下踊跃参赛，收到的参赛作品精彩纷呈。全市选送近30篇征文参加省档案局组织的“开启身边记忆，讲述档案故事”征文活动，其中衡阳市选送的《档案，让生活更美好》《兰台世界写春秋》《档案，我今生不悔的事业》等4篇征文获优秀奖。档案局被评为2014年度全省档案宣传工作先进单位。（陈志鹏）

【档案业务工作】 （1）民生档案工作不断加强。加强与审计部门的合作，抓好审计业务档案工作。继续与市人社局联合开展全市机关社保、城乡居民社保、企业社保业务档案验收。多次指导市本级保险业务档案。（2）重点建设项目档案工作监管有力。将全市2014年重点建设项目第一批、第二批按县市区及责任单位进行分解，将各县市区辖内重点建设项目名单发送县市区档案局，督促其加强指导。加强对新增的市本级重点建设项目档案工作的追踪联系，以抓铁留痕的作风做好备案、指导和监管工作。完成南岳机场、松木工业园、白沙洲工业园、城建投等单位重点项目档案的归档指导工作。（3）家庭档案工作亮点频闪。积极向省档案局报送衡阳市家庭建档示范户视频材料。蒸湘区以“档案服务进家庭”为切入点，积极开展“蒸湘百家建档”活动。4月份，帮助十户家庭建立家庭档案，并根据每户家庭的特色对档案进行命名，如“书香门第”“青葱岁月”“小小作家”“艺术人生”等。此举在社会上引起广泛关注，被《湖南新闻联播》《衡阳日报》等媒体相继报道，作为践行群众路线的典型进行推广。（陈志鹏）

【馆藏资源建设】 正式启动1994年~2004年市直机关档案移交进馆工作。接收雁城公证处的公证档案19000余卷，市委组织部的人事档案561卷。接收市霞流冲煤矿、市砂石公司、市拖拉机厂等28家改制企业的文书、会计、科技档案16000余卷，人事档案近3000卷册。收集欧伯达、陈伯槐、周济、李少荃、欧阳滋、徐阳林等名家书法作品10余件。征集到《黎原回忆录》《丹心向阳——黎原将军纪念文集》及《濂溪周氏六修族谱》等珍贵衡阳地方特色档案资料。根据市委书记、人大常委会主任李亿龙的指示，加强征集民国时期衡阳地区的老地图、老照片等档案用于参与台湾传统文化交流活动，收集到陆军军官学校二十一期毕业特刊、民国28年（1939）衡阳城市图、日军1938年军用《湖南省衡阳市街图》、衡阳保卫战第10军在台军官影集、衡阳八景、衡阳街道老照片等民国时期的档案资料，其中民国地图6张、老照片100余张、民国建筑资料20件、民国出版物30余件。（陈志鹏）

【档案利用服务】 （1）定期做好档案消毒、温湿度检测等日常工作，主动做好进馆档案的登记、消毒、上架及国家重点档案抢救与保护等工作。牢固树立“安全责任重于泰山”的意识，加强消防设备的管理，加强对馆藏部分全宗档案进行清理和鉴定，为实现网上查询做好前期准备工作；对于有保存价值的破损、褪变档案进行裱糊抢救和修复，做到重点档案抢救经费专款专用。2014年，市档案局还派人参与市委党内规范性文件及组织部干部档案的清理工作。（2）注重加强档案查阅中心和文件管理中心的功能建设，逐步转变由原始、单一的纸质查阅利用迈向数字化利用服务。市县两级国家综合档案馆2014年档案资料查阅共接待12300余人次，调卷32000余卷。群众满意，未接到任何投诉。

（陈志鹏）

【档案信息化建设】 数字档案馆（室）建设项目第一期工程完成，录入案卷级目录10万条，卷内级目录120万条，扫描卷共250万页面。衡阳档案信息网重新设计改版，功能模块逐步完善，网站运行良好。开展“数字档案”与“数字衡阳”实现数据对接和融合工作，并就二期工程争取市政府立项。

（陈志鹏）

【新农村建设档案工作】 2014年，全市继续推进新农村建设档案工作建设年活动，县（市）区根据阶段目标任务扎实开展相关工作。衡南县在完成的9个示范试点工作的基础上，狠抓县级领导联系的27个村的建档工作，将其打造成全县档案工作的亮点村、示范村。衡东县财政投入21万元用于新农村建设档案工作。雁峰区以“上堂课、现场教、送用品”的形式开展基层档案工作。衡阳县、常宁市、耒阳市、石鼓区等县（市）区在抓好试点的同时，力求树样板，建精品档案馆室。3月份，联合市农办、市民政局就2013年底检查的情况下发《关于全市社会主义新农村建设档案工作示范试点验收情况的通报》，对工作推动不力的县市区和乡镇进行通报。南岳区18个涉农单位和5个乡镇（街道）新农村建设档案工作列入全区综合目标管理考核。衡山县召开全县新农村建设档案工作调度会。其他县市区也不同程度的就此项工作进行推动和落实。11月下旬市委督查室牵头对县市区新农村建设档案工作开展一次督查，大部分乡镇的档案意识有所提升，基础设施实现一定程度的改善，一批设施齐备、管理规范的乡镇、村级档案室已经建立。

（陈志鹏）

老干部工作

【老干部待遇】 （1）落实政治待遇。认真组织老干部学习十八大和十八届三中、四中全会精神，下发规范老干部阅文制度文件，完善落实老干部按规定阅读文件、听报告、参加重要会议和重大活动、就近就地参观考察、联系老干部、定期通报工作、走访慰问等各项工作制度，精简老干部迎春会和视察活动随行人员、活动时间和费用开支，举办全市老干部迎春座谈会，市委、市人大、市政府、市政协主要领导亲自出席。举行重阳节系列庆祝活动。组织老干部赴衡东县、南岳区开展视察活动。（2）落实生活待遇。加大对困难企业离休干部医药费统筹补助力度，为30个困难单位56名离休干部支出医药费统筹补助金203.4万元。离休干部医疗统筹金标准在2006年8500元/人·年基础上提高31500元，达到40000元/人·年，增幅370%。个人自购药品IC卡在2006年500元/人·年基础上提高1700元，达到2200元/人·年，增幅340%。定点医院在2006年定点南华附一、市中心医院的基础上新增南华附二、市中医院、市第一人民医院，总数达到5所，并全面开通就诊绿色通道。将三个时期离休干部护理费和因瘫痪等原因生活长期完全不能自理的离休干部护理费分别由每月800元、400元、200元、600元提高到1800元、1200元、600元、1000元。全面落实离休干部一次性抚恤金按上一年度全国城镇居民人均可支配收入的2倍加本人生前40个月基本离休费确定的新标准，继续明确市财政按新标准为机关事业单位离休干部发放一次性抚恤金，积极联系市社保按新标准为16名市直困难企业逝世离休干部发放一次性抚恤金196.4352万元。同时，建立完善老干部离休费同步增长机制，联系市财政为171名市直困难企事业单位离休干部和56名无固定收入离休干部配偶、遗孀发放生活补助465.636794万元。推进老干部活动设施建设，多次召开座谈会广泛征求老干部对规划设计市老年大学意见，市老年大学在华新开发区中心生态公园动工兴建。

（刘明绍）

【发挥老干部作用】 扩大全市老干部网宣队伍规模，建立完善关工委、老科协、老体协、老年书画协会等老干部发挥作用的载体平台。积极争取市委、市政府主要领导重视支持，市委书记、市人大常会委主任李亿龙亲自听取关工委工作汇报、亲自参加关工委活动，市委常委会专题研究关工委工作，议定将关工委组织作为同级党委的议事协调机构，增列50万元经费预算。联合教育局关工委开展“复兴中华·我的中国梦”主题读书演讲活动，参与的学生达40多万人次。联合市教育局、教育局关工委、老年书法协会开展第二届“老少共圆中国梦”书画活动，有300余副优秀作品在全市展出。编印《点亮人生的明灯——青少年教育读本》10000册，免费提供给全市青少年阅读。深入开展爱心助学活动，举办全市爱心助学捐赠大会，现场募集发放助学金216万元，对2160名贫困学生进行“一对一”的帮扶，联合市教育局、共创实业集团出资101万元对101名就读困难的大学生进行帮扶。

（刘明绍）

【老干部活动】 2014年，市老干局紧密结合开展群众路线教育实践活动，积极组织离退休干部党组织和党员全程参加，积极引导老干部正确认识“衡阳破坏选举案”，落实四个100%，即党组织征求离退休干部党员意见100%、离退休干部党员参学率100%、党支部书记与离退休干部党员谈心交心100%、离退休干部党员参加民主评议率100%。市委、市政府专题组织厅级老干部座谈会，书记、市长专程听取老干部意见，亲自上门走访谈心，让老干部心顺气平，畅所欲言支持党委政府中心工作，确保大局稳定。为保证学习活动效果，局领导班子成员纷纷自领联系点，对口联系离退休干部党支部和老党员，局主要负责人还亲自送学上门，到医院病床前头向老干部党员传达学习精神，倾听意见建议。很多单位离退休干部反映，多年来不规范的组织生活会有所规范，多年来四平八稳的民主生活会呛出辣味，多年来没有解决的突出问题有所解决，实现在职领导与离退休干部的良性互动。2014年，本局下大力气抓实老干部活动阵地建设、《老年人》杂志发行和老干部网宣队伍建设三大老干部工作载体建设工程。在老干部活动阵地建设上，争取市委、市政府5次召开专题会议，召集发改、规划、建设、国土、财政和开发区等职能部门，最终确定在老干部聚居的市中心繁华地段，投资1亿元新建市老年大学，名义占地20亩，实际共享全市最大、最好的生态公园，极大地扩充老干部活动空间。同时，支持常宁、耒阳规范县级老干部活动中心服务管理工作，引导四个城区新建城区老干部活动场地，先后接待常德、娄底、湖北、河南、桂林等省市老干部门前来参观考察。在《老年人》杂志发行上，争取市委支持，会同市委组织部联合下发征订通知，将《老年人》杂志征订到每一个离退休干部和离退休干部工作部门、基层党组织，并召开专题会议，采取分片督查持续跟进的办法，进一步保持全省红旗先进。在老干部网宣队伍建设上，突出市老干部大学主体作用，开设专门的网宣课程，局主要负责人向老干部、老年学员讲授网宣工作方法，同时会同南华大学、衡阳师院等大中专院校和市教育系统老干部工作部门，不断编织、延伸老干部网宣队伍网络，参与量和活跃度均有较大提高。老干部文体活动丰富多彩，老干部核心价值充分彰显。2014年，市老干局充分发挥全市老年教育网络市、县（市）区、乡镇（街道）、村（社区）和基层单位（辅导站）五级覆盖的优势，广泛组织老干部和老年大学学员投身党的群众路线教育实践活动宣传展演活动，用老干部的先进事迹、优良作风感染群众、影响社会，弘扬和树立社会主义核心价值观。全市老干部系统以“同心共筑中国梦”为主题，通过举办重阳节庆祝活动周和老年人文体健身才艺展演活动50余场次，组织20余万名老年人参加活动，辐射影响带动社会人群300多万人次。其中，市委老干部局还会同衡阳电视台举办为期3个月的“快乐的咱爸咱妈”全民海选活动，实行直播、录播滚动播出，12个县市区百万老年人积极报名参加，老干部工作和老年教育影响力空前增强。（刘明绍）

机关党建工作

【党的群众路线教育实践活动推进会】 4月16～17日，市直工委在市中级人民法院多功能厅召开市直机关基层党组织书记培训班暨党的群众路线教育实践活动推进会，402名基层党组织书记参训。省直工委委员、省委派驻衡阳市党的群众路线教育实践活动督导组副组长余卫星出席会议，并以“机关党务工作者素质漫谈”为题，指出当前机关党务工作面临的“三种危机”，即能力危机、信任危机和心理危机，分析产生问题的深层原因，号召机关党务工作者培养好思想、好思维、好品质、好习惯，勤思考、会创新、有信念。市直工委书记李瑞荣、纪工委书记廖激扬分别作“作风建设”“机关党建工作业务”专题讲座。市中级人民法院、市国税局分别介绍各自在党的群众路线教育实践活动前阶段的经验。市直工委副书记黄晓慧对市直机关下一步的党建工作进行安排部署。（刘再根）

【“双述双评”活动】 落实机关党建“书记抓、抓书记”一把手责任，在市直机关基层党组织书记中开展“双述双评”活动。2014年12月5日，6名2013～2014年度先进基层党组织书记在全市基层党组织书记党建述职测评暨动员大会上公开述职，市直机关党组织书记代表、优秀党务工作者代表、“两代表一委员”代表和群众代表担任评委。每名述职者口头述职后，基层党务工作者和评委代表分别进行提问，述职者现场作答并作出整改承诺。述职和答问结束后，当场进行民主测评。其他92名机关党组织书记按照活动要求，向单位党组（党委）和全体党员进行述职，并接受党员评议。评议结果在一定范围内公示，接受党员和群众的监督，并纳入领导干部实绩考核内容，促进机关党建主体责任的落实，增强机关党建工作实效性。（刘再根）

【“我的群众观”演讲比赛活动】 为进一步推进社会主义核心价值体系建设，推动全市党的群众路线教育实践活动广泛深入开展，市直工委在市直机关党员中举办“我的群众观”暨践行社会主义核心价值观演讲比赛。演讲比赛的选拔工作历时3个月，分预赛、初赛和决赛三个阶段，300多名选手参加预赛，10名选手脱颖而出进入决赛。决赛于6月25日在市广电中心举行。参加决赛的10名选手声情并茂的演讲技巧，充沛饱满的情感，让人潸然泪下的事例，引来阵阵掌声。时任市委常委、市委秘书长、市直工委第一书记罗东海观看演讲比赛，并为获奖者颁奖。决赛于6月29日—7月2日在衡阳电视台、衡阳都市频道、衡阳党建先锋频道黄金时段滚动播出，取得良好效果。（刘再根）

【“书法摄影展”活动】 以“七一”为契机，以“为民务实清廉”为主题，市直工委精心组织市直机关首届书法摄影展。本次活动自3月份启动以来，收到来自82个机关党组织递交的348副作品。通过遴选，290件作品参展，其中书法作品148幅，摄影作品142件，于6月25日至27日在市广电中心集中展出。衡阳市委书记、市人大常委会主任李亿龙为书法摄影展题字，市委常委、市委宣传部部长、市人大常委会副主任谢宏治作品参展。27日上午，通过海评、观众评、专业评相结合的方式，评出书法、摄影作品一等奖各话名，二等奖各5名，三等奖各7名，优秀奖若干，并将择优结集出版。此次活动展现机关党建的成果，展示机关党员干部的精神风貌，反映党员干部的文化追求，也体现优秀传统文化魅力，受到市直机关党员干部的广泛关注，展出期间参观人数达2000余人，受到一致好评。优秀作品集结为《衡阳机关书法摄影作品集》，下发至市直各机关党组织。（刘再根）

【机关基层党组织书记培训班】 8月7日，市直工委在市中级人民法院召开市直机关基层党组织专题组织生活会及民主评议党员工作培训班，市直机关党委（总支）书记、专职副书记、下属机关党委（总支、支部）书记，市直机关独立支部书记共402人参加培训。会上，市直工委书记、市委群众路线教育实践活动领导小组成员李瑞荣对《市直机关基层党组织专题组织生活会及民主评议党员工作方案》进行解读，并就基层党组织组织生活会及民主评议党员工作相关业务知识作专题辅导。（刘再根）

机构编制工作

【体制改革】 （1）推进深化行政审批制度改革工作。行政审批制度改革职责移交编制部门后，市编办迅速成立市行政审批制度改革领导小组，设立专门工作机构，组建市行政审批改革工作专家评审库。多次召开主任办公会、县市区编办主任会议研究行政审批制度改革工作，提出具体要求。及时承接省政府下放的79项行政审批事项，抓紧以市政府办名义下发《关于做好市直行政审批事项清理工作的通知》，迅速提出市直第一批取消和调整行政审批事项的意见，衡阳市政府下发《关于取消和调整一批行政审批项目的通知》。经调整，市级现保留行政审批事项146项，得到市委、市政府领导的肯定和好评。（2）开展政府机构改革工作。8月18日全省政府职能转变和机构改革电视电话会议后，市编办及时传达会议精神，召开县市区编办主任会议，安排部署市县政府职能转变和机构改革启动工作。成立4个调研组，分赴市直58个涉改部门和单位开展调查研究，拟定市政府职能转变和机构改革方案（草案），并经市编委全委会议专题审议、听取市人大常委会主任会成员和市政协主席会成员意见，于11月27日顺利通过市委常委会议审定并报省委、省政府。并加强对县市区政府职能转变和机构改革工作的指导，印发《关于抓紧做好县市区政府职能转变和机构改革相关工作的通知》，专题就县市区编办提出的问题印发《关于县市区政府机构改革有关问题的答复》，下发县市区政府职能转变和机构改革方案（上报）模板，督促县市区委、政府尽快上报改革方案。（3）完成事业单位分类工作。按省编办安排部署，多次召开会议协调衔接拟定全市分类工作方案、分类目录、目录说明、承担行政职能事业单位备案方案。4月份，以市编委名义将全市行政类事业单位的有关情况按规定程序和要求报省编办备案审批。6月份，省编办以《电话答复稿》形式率先对全市的事业单位分类情况进行备案批复。6月底，以市分类推进事业单位改革工作领导小组办公室的名义对市直422个事业单位的分类情况按省的要求进行批复，其中划为行政类事业单位13个、划为公益一类事业单位254个、划为公益二类事业单位94个、划为经营性事业单位40个，按规定暂不列入分类事业单位21个。是全省第一个完成市直分类工作任务的市，得到省编办领导和相关处室的肯定。（4）推进事业单位登记管理工作。2014年，市编办通过强化内部各科室的协同配合和加大对事业单位法人登记工作的宣传引导力度，市直共有398个事业单位进行登记，初始登记率达到95%以上。对照中央、省的有关法人治理结构试点精神，拟定《衡阳市事业单位法人治理结构建设试点工作实施方案》，在市文广新局所属的市群众艺术馆、市教育局所属的第十五中学、市卫生局所属的第三人民医院开展事业单位法人治理结构建设试点探索。迅速贯彻中央编办、省编办《关于做好全省党政机关网站开办审核、资格复核和网站标识管理等工作的通知》，开展市直网站开办审核和中文域名注册管理工作。到年底，市直424个机关事业单位已完成注册330个单位（政务89个、公益231个），注册率达78%；网站开办审核已通过48个单位。

（何少吉）

【机构编制管理】 （1）机构编制宏观管理。一是规范党政群机关和参公事业单位补充人员工作程序。联合市委组织部、市人社局印发《关于规范市直机关事业单位补充工作人员有关编制管理问题的规定》，在市直党政群机关事业单位实行进人“用编审核制度”。二是按照“控制总量，盘活存量，优化结构，增减平衡”的原则，以市委办、市政府办的名义印发《事业机构编制总量控制动态管理办法》，将调剂的事业编制统一建立台账，作为市直存量编制；对市直机关事业单位的机构设置、调整实行撤并整合或“撤一建一”的办法，实行总量控制。三是建立机构编制事项事前沟通工作机制。规定凡须按程序报市编委或市编办审批（审核）、拟调整的机构编制事项，各部门（单位）在正式报送前，都应与市编办沟通。（2）机构编制日常管理。一是严控编制总量。按照“财政供养人员只减不增”及中央、省的有关文件要求，以市编委的名义制定《衡阳市控编减编工作方案》。二是动态调整部分单位编制。根据单位的职能职责和单位的实际情况，重新核定市金融办、烈士陵园管理处等单位编制，进一步提高编制的效用。三是认真开展机构编制复核审查工作。根据《中央机构编制委员会关于深入开展地方机构和人员编制核查全面推行机构编制实名制管理的通知》和省的会议精神，及时组织市直机关事业单位开展机构编制台账与实名制数据库信息核查工作，详细掌握市直机关事业单位的编制核定、实有人员结构、领导职数配置使用现状。四是加强监督和专项治理工作。联合市“专项治理”领导小组印发《全市“三超两乱”问题专项治理工作整改阶段实施工作方案》，配合市人社局开展清理“吃空饷”人员、清退临聘人员工作。加大对县市区机构编制违纪违规行为的查处。全年，共查处案件9起，处理相关责任人6人。（3）机构编制规范化建设。一是开展机构编制清理摸底工作。对县市区和市直机关事业单位副科级以上机构、单位核定编制和领导职数及实有人员情况进行清理清查，对混编混岗、长期借用人员进行整改归位。二是全面开通机构编制电子政务内网。积极协调市电信公司，帮助县市区和市直部门全面开通机构编制电子政务内网，并与省编办信息中心进行对接，确保全市在编在岗人员信息资料全部导入省机构编制电子政务内网。三是完善构编制管理制度。以市委办、市政府办的名义印发《关于进一步加强县市区机构编制管理的通知》和《衡阳市事业单位机构编制总量控制动态管理办法》的通知，联合市委组织部、市人社局出台《关于规范市直机关事业单位补充工作人员有关编制管理问题的规定》，为加强和规范市、县机构编制管理提供制度支撑。（何少吉）

【其他工作】 （1）参与市深化改革领导小组的相关工作。全省政府职能转变和机构改革电视电话会议后，市编办主动与市深改办联系，跟进了解全省深改工作动态。配合做好工商、质监管理体制下放，事业单位分类改革、市文化体制改革及并乡（镇）合村等试点调研工作，及时上报本办参与深改工作情况，得到市委深改领导的高度肯定。（2）完成市园林体制的改革工作。按照市委、市政府的要求，完成园林体制改革，下放四个城区园林管理体制，下放编制139名，把园林局行政职能与其他服务职能分离出来，重新核定园林局机关和从园林局分离出来的下属动物园等7个事业单位编制，并调剂64名差额编制为周转编制。（何少吉）

党校工作

【教学培训】 （1）干部培训。圆满完成全年主体班调训任务。举办7期主体班，调训学员342人。全力举办全市县处级干部学习贯彻十八届三中全会精神和习近平总书记系列重要讲话精神集中轮训工作，2600多人参训。当时省专案组征用党校校园，大轮训在市政府会议中心举办，由于准备充分，取得良好的培训效果。（2）教学改革。合理设置班次，整合教学资源。通过分级、分类、分级分类结合三种模式统筹调训干部。紧密联系实际，拓展教学内容。及时推出教学新专题，教学专题更新率达50%。不断开拓创新，深化教学改革。除继续推行项目教学、案例式教学等教学方法改革外，拓展学员论坛活动。如在中青班开展以党性锻炼为主题的新型学员论坛，出版文集。强化教学管理，提升教学水平。通过发扬传帮带精神、团队精神，开展教学大练兵和实行集体备课制，整体教学水平不断提高。强化制度建设，健全长效机制。制定《全面深化教学改革的意见》，完善和健全教学改革和管理方面的一系列长效措施。（3）学员管理。严格执行《衡阳市干部教育培训学员管理若干规定》及“五严禁、六不准和七项制度”。一是强化党性要求。狠抓入学教育及党性锻炼考评，强化学员党性修养。二是实行学习承诺制。严格按学习承诺中的要求规范学员行为。三是全面推行考勤公示制。经过努力，进一步端正干部教育的学风作风。（王　帆）

【科研调研】 坚持科研兴校，重视立足市情搞研究，取得较好的科研调研成果。（1）科研激励。继续推行《科研成果级别认定及奖励与计分办法》，激励教研人员积极性，在全校形成“抓科研、兴科研、爱科研”的氛围。（2）科研成果。完成科研项目129项。其中，权威期刊及CSSCI来源期刊发文2篇，国家级期刊20篇，省级期刊23篇，市级期刊20篇；省级哲学社科课题1项，省党校课题2项，省党校规划课题立项3项，市情研究课题1项，重点课题2项，一般课题3项。获得省级奖项28项，市级奖项24

项。（3）科研服务。完成一批优质课题和调研项目，如《“绿色衡阳”建设的利益协调与生态补偿机制研究》《城中村党建工作的挑战与对策思考》《对衡阳市非公有制经济发展的调查与研究》《衡阳新型城镇化研究》等。（王　帆）

【行政后勤管理】　（1）校园改造。根据2013年11月26日市委书记李亿龙在党校专题调研的会议精神，继续完善教学配套设施，抓紧校园改造收尾工作，完成校内池塘改造，培训中心正在重新装修。此外，为留住人才、稳定人心，按规定程序兴建一栋职工团购房（和苑楼）。目前，基础设施得到根本改善，校园面貌焕然一新。（2）后勤保障。在校内新建防腐木亭一个，对家属区路面进行油化等。对校园花草树木进行修枝、刷白、施肥及喷药治虫。完成630千伏安配电工程和800千瓦柴油发电机组安装。（3）财务工作。学校进一步健全完善相关工作制度，如公车管理、公务接待、大宗物品采购、财务管理、资产管理等制度，做到按章办事、严谨规范。（4）服务管理。培训中心继续实行企业化改革。不断创优服务水平，服务质量、业绩效益均有提升。继续委托专业物业公司进行校园管理。后勤行政部门强化指导监督，实行规范化管理。继续按BOT模式由投资者经营食堂。满足主体班和大规模培训的需要，学员和教职工普遍反映较好。（王　帆）

【自身建设】　（1）班子建设。坚持校委理论中心组集中学习制度化。采用现场调研、集体学习、专题研讨等多种方式，定期进行中心组学习。坚持校委集体领导下的分工负责制。严格执行重大事项集体决策制、财务会签制。坚持定期召开的校委民主生活会制度。自觉用好批评和自我批评的武器。四是坚持校委班子带头整改“四风”突出问题。教育实践活动中，坚持问题导向和开门搞活动，专题民主生活会后，扎实有效地推进整改落实和建章立制工作，以件件有着落、事事有回应的实际成效取信于民。（2）廉政建设。认真落实责任制度。落实党风廉政建设和反腐倡廉工作“一岗双责”制。重视开展廉政教育。举办廉政教育专题讲座及相关党课10次，宣传教育报告4次，反腐倡廉宣传栏4期，开展“学习党纪条规”知识竞赛，认真反思“衡阳破坏选举案”案例教训，开展警示教育。开展廉政理论调研。在2014年全省全市反腐倡廉理论研讨论文评选中，多篇文章获奖，单位获市优秀组织奖。大力倡导厉行节约。按要求及时调整办公用房；严格控制三公消费，三公经费开支较往年大幅度减少；没有超标准配备公车问题，没有公款送礼、违规职务消费和公款大吃大喝现象。（3）作风建设。开展群众路线教育实践活动。推进为民务实清廉的作风建设。在规定动作做到位的同时，结合校院实际把“自选动作”做精彩，即在全体教职工中开展“提高素质和能力（包括领导力和执行力）”的专项活动。深入开展“百乡千村万户大走访”活动。校长夏幸福带队走访高兴村和东洲村，学校教师为基层党员干部讲党课。认真落实新农村建设工作。为联点村——雁峰区岳屏镇公益村支持1万元扶助资金。扎实做好双联帮扶工作。指导帮助联点企业（衡阳韵翔电机公司）生产自救，同时帮扶困难职工，为特困大学生筹集学费12000元。落实“到社区报到、到家门口服务”活动。认真落实2013年11月26日市委书记李亿龙专题调研党校工作座谈会的会议精神。（4）队伍建设。坚持“人为本，师为先”，努力建设一支高素质的干部教育队伍。通过竞聘上岗、公开招考、外出培训、挂职锻炼等方式和开展“争当名师、争讲名课”活动，提升人才队伍的素质能力。如，分批安排教师外出参加培训学习，全年分别派1人到中央党校、北京大学、7人到省委党校培训，10人就读在职研究生；2人挂职乡镇副书记，受到挂职单位好评；引进1名博士，选调2位教师，自主招聘4名教师；提拔调整6名科级干部。（5）文化建设。努力打造“书香校园”，营造“爱读书、读好书、善读书”氛围，在教员和学员中组织读书会活动。开展多样化的文体活动，机关工会牵头举办“党校好声音，唱响中国梦”职工卡拉OK赛，教职工爬山活动，太极拳培训，集体参观陆家新屋，举办全市党校系统教职工书画摄影赛；教务和学管部门组织学员之间、教师与学员开展文体活动。（6）业务指导。注重对

各县级党校开展业务指导，促进协同发展。指导南岳党校通过达标评估，完成全市县级党校达标评估工作。（王　帆）

讲师团工作

【概况】　2014年，市委讲师团在市委的领导下，在市委宣传部的指导下，贯彻落实习近平总书记系列重要讲话精神，以理论武装为根本任务，以为市委中心组学习提供优质服务为根本职责，并服务于全市各级党委中心组，开展习近平总书记系列重要讲话精神、党的群众路线思想和基本观点、社会主义核心价值观和党的中共十八届三中、四中全会精神等专题宣讲，深入开展党的群众路线教育实践活动。全年共组织市委中心组集中学习10次；举办理论骨干培训班2期；宣讲党的理论政策近400场次；在省团系统社科成果评选和依法治国理论征文中获1个二等奖、3个三等奖；在《人民日报》《人民论坛》《中国文化报》《湖南日报》《新湘评论》《学习导刊》等各级媒体上发表理论文章20篇。

（廖朝华）

【中心组工作】　市委讲师团始终把市委中心组学习作为推进理论武装工作的“龙头工程”来抓，注重提升服务标杆，竭力为市委集中学习提供优质高效服务。2014年年初，市委讲师团根据省委宣传部和省委讲师团下发的年度理论学习专题计划，结合衡阳具体实际，制订《2014年衡阳市委学习中心组理论专题安排意见》，对市委学习中心组全年的理论学习进行安排。2014年共完成10次中心组学习，每次中心组学习参学率均达95%以上。具体情况如下：3月12日至14日，市委中心组（扩大）集中学习“开展教育实践活动，密切党同群众联系”专题。4月28日，市委中心组开展衡阳破坏选举案习总书记“六问”专题学习和讨论。5月13日，市委中心组（扩大）集中学习“弘扬焦裕禄精神，践行三严三实‘要求’”专题。5月15日，市委中心组（扩大）集中学习《关于政治协商民主监督参政议政的规定》专题。8月19日，市委中心组（扩大）集中学习“安全生产暨人口计生”理论专题。9月22日，市委中心组（扩大）集中学习“党纪条规主题教育”专题。10月13日，市委中心组集中学习习近平总书记重要讲话精神。10月16日，市委中心组集中学习对台形势和两岸关系专题。10月28日，市委中心组集中学习党的十八届四中全会精神专题。12月26日，市委中心组集中学习《作风建设永远在路上》专题片。为提高学习成效，先后邀请省人大常委会党组成员、原副主任、省委驻衡阳督导组组长杨泰波，省委讲师团主任、享受国务院政府特殊津贴专家郑昌华，省委讲师团正厅级巡视员陈志强教授，省政协常委、港澳台侨和外事委主任孙青乃，省安办副主任、省安监局副局长李大剑，省人口计生委副主任易露茜，省台办主任冯波等领导和专家进行辅导授课，取得满意效果。（廖朝华）

【理论普及工作】　（1）为全市各级中心组理论学习提供优质服务。2014年初，市委讲师团和市委宣传部认真制定《全市副处以上单位2014年度党委中心组理论专题学习安排意见》（乡镇及科级单位党组织参照执行），并以衡办（衡办通〔2014〕8号）文件下发全市各单位，为各级中心组在统筹安排全年的理论学习时提供指导和参考。同时，市委讲师团为全市各级党委中心组理论学习提供高质量服务，全年围绕“党的群众路线教育实践活动专题”“党的十八届三中全会精神”“习近平总书记系列重要讲话精神”“城镇化建设”和“深化经济体制改革”“社会主义核心价值观”“论共产党员的修养”“党的十八届四中全会精神”等专题，在全市开展轰轰烈烈的理论大宣讲活动，共进行理论辅导授课近400场次，受众近8万人。（2）举办全市理论骨干和中心组秘书培训班。市委宣传部与市委讲师团先后联合举办2期培训班。4月，在市安全生产教育培训中心联合举办为期3天的全市党委中心组学习秘书和理论骨干培训班，共培训理论骨干300多人。市委常委、宣传部长、市人大常委会副主任谢宏治亲临现场作培训动员并授课，讲师团的四位理论教员分别就《努力践行党的群众路线做为民务实清廉的表率》《积极稳妥推进城镇化建设》《以正确处理政府和市场关系为核心深化经济体制改革》

《践行社会主义核心价值观凝聚实现中国梦正能量》等四个专题进行较高质量的授课。12月份，举办中共十八届四中全会精神培训班，共培训300多人。市委常委、宣传部长刘丽华亲临现场作培训动员并指导工作，讲师团的理论教员围绕依法治国这一主题从不同的侧面精心准备3个专题，进行精彩的授课。通过培训，进一步规范全市各级党委中心组的集中学习，有力地促进中共十八届四中全会精神在衡阳市的学习贯彻和落实。（3）“中共十八届三中全会精神在基层”微宣讲活动。2014年，市委宣传部与市委讲师团联合在全市深入广泛开展“中共十八届三中全会精神在基层”百姓微宣讲活动，注重从微小处入手，培育“微讲师”、精选“微话题”、营造“微场面”、用活“微技巧”。在这次活动中，市委讲师团发挥“理论宣讲轻骑队”的作用，每名宣讲教员利用大走访、大调研等时机，弃车步行，携带简易宣讲用具，深入各乡镇街道、社区、农村、企业、厂矿和学校，宣讲党的新理论、新方针和新政策近200场次。

（廖朝华）

【教学调研工作】　（1）专题调研。市委讲师团紧紧围绕市委中心组理论学习专题组织开展“开展群众路线教育实践活动，密切党同人民群众的血肉联系”“建立生态文明制度体制，加快推进衡阳两型社会建设”“依法治市”等专题开展理论调研，并认真撰写调研报告。（2）参加省团组织的教学科研活动。一是根据全省讲师团系统“全面推进依法治国”专题开展理论研究，本团的3名教学科研人员认真进行理论研究，参评的3篇理论文章全部获奖（2个三等奖，1个优秀奖），特别是讲师团主任成新平围绕打工仔维权难的问题，深入基层开展调查研究，参评论文《从打工仔维权看“依法治国”的重要性》发表在人民论坛网上。二是根据“2014年湖南省讲师团系统教学观摩会活动”要求，本团副主任洪明星教授作为省团系统指定的6位教学观摩示范专家之一，精心备课，对宣讲演示专题进行全面深入的调研，参加演示汇报的教学课题《修大德者成大业》逻辑严密，理论性强，观点新颖，获得与会专家评委的一致好评，该讲稿被发表在2014年度《学习导刊》第5期上。综合科长凌正华撰写的《坚持以人为本，实现“人地同化”》的调研论文发表在2014年《学习导刊》第4期上。三是积极参加全国宣传战线征文和省团系统社科成果评选，成新平撰写的《追梦的人生更精彩》获得《时事报告》举办的“全国基层宣传干部酸甜苦辣”征文二等奖。在省委讲师团系列社科成果评奖中，本团集体参评文章《打造高端学习载体，高质量推进学习型党组织建设》获二等奖，洪明星副主任参评文章《衡阳市调整经济结构与转变经济发展方式调研报告》获三等奖。（3）理论研究。2014年，市委讲师团积极主动地开展理论研究，取得显著的理论成果。成新平主任撰写的《高端大气思想深邃——学习习总书记系列重要讲话精神的体会》发表在光明网、人民网和人民论坛等网站上，撰写的《石鼓书院的历史文化积淀》发表在《中国文化报》、中国社会科学网上，《地方媒体要勇当媒体融合的“试金石”》发表在人民网、《湖南日报》上，全团人员合力攻关，全年在湖南省党委中心组学习服务专刊《学习导刊》上，发表《适应经济全球化新变化，提升对外开放质量效益》《多措并举搞宣讲，增强理论宣讲“四性”》《实施“三项工程”，提高讲师团工作能力》《乡音·乡情·乡愁》《修大德者成大业》《以焦裕禄精神为标杆做为民务实清廉表率》等8篇理论文章。

（廖朝华）

对台工作

【衡台经贸合作】　截至2014年11月底，全市共新批台资项目6个，增资扩股台企3个，合同利用台资3.86亿美元，实际到位台资1.28亿美元。（1）开展对台招商引资。重点推动经贸团组、各级领导带队的团组、专业性团组、企业团组赴台，洽谈一批合作项目。组织小分队赴沿海台商聚集地登门招商、驻点招商，依托当地台商和台资企业协会，举办招商推介活动，引进一批台资项目。邀请台湾工业总会、商业总会、工商协进会、顶新集团、东元集团等台湾重要工商团体和重要台商、大企业到衡阳交流考察、投资兴业，一些项目正在积极洽谈当中。2014年市台办被市政府列为小分队招商的组长单位，组成由分管对台经济工作的副主任、经济科及市政府抽调人员组成招商小分队，赴厦门招商。驻厦门期间，与厦门台协会长陈信仲等30多名台资企业家座谈，了解到其经商动态及投资取向，并成功引进蓝宝石手机玻璃项目成功落户耒阳经开区。（2）搭建对台招商平台。2014在嘉义市成功举办“衡台两地企业家座谈会”，衡阳、台湾两地共50余名企业家参会交流洽谈，全市有6家企业与对方企业达成合作共识。会上，台湾生医国际企业有限公司与衡阳市科学城签订“衡台两地医疗健康产业合作框架协议”。同时，全市各地也培育多个各具特色的对台经贸活动，发挥重要的对台招商引资载体和平台作用。（3）推进台湾园区建设。2014年，市台办把“在有基础的县级工业园设立台湾工业园”的提案作为政协提案，引起有关领导、部门的重视，要求台办、发改委会商有关单位拿出具体方案并积极引导条件成熟的县市区工业园设立台湾工业园，这一工作取得积极进展，祁东县在归阳工业集聚区成立台湾工业园，有8家台企入驻，还有3个项目在洽谈中。衡阳市市本级台湾工业园更是把园区作为对台经贸工作的主平台，全力加快园区基础设施建设，新建标准厂房及生活配套设施，富士康集团已在衡阳加大投资形成电子书、笔记本电脑、数码相机、LED、大屏幕彩电、模具等产业集群，2014年富士康实现产值近200亿元，进出口总额接近9亿美元，其中出口4.15亿美元，电子书制造基地做到全球最大，并准备将把更重要的设备和生产板块移到衡阳，其配套企业也纷纷跟进，对台招商园区效应得到充分发挥。

（张新宇）

【衡台交流】 （1）扩大交流规模。全面推动衡阳、台湾人员往来和各领域交流，衡阳、台湾交流逐步向多领域、双向交流转变。截至2014年11月底，2014年，来衡阳台胞4000余人次，同比增长10.4%；应邀赴台湾14项189人次，同比增长14.6%；因私赴台湾118人次，同比增长35.9%；衡阳、台湾交往交流呈现出领域拓宽、规模扩大、空前活跃的可喜局面。（2）提升交流层次。相继邀请中国台湾国民党中评会主席团主席陈庚金、前“行政院”院长郝柏村等10多位台湾政要、100多位台湾经济界知名人士，台湾大学、成功大学等6所大学的负责人和一大批民间社团及各界有影响的人士到衡阳考察、交流；推动衡阳市各级党政领导、市直部门负责人、著名专家、学者带队的团组赴中国台湾交流。2014年，市台办策划推动一系列规模大、层次高、影响深的经贸文化交流活动入岛。市委书记李亿龙，市委常委、市委政法委书记谢恒斌，市委常委、市委秘书长罗东海，副市长张贺文等5位市级领导率团赴中国台湾考察。特别是2014年10月份，市委书记、人大常委会主任李亿龙率领衡阳经贸文化交流团赴台湾考察。这是衡阳市近几年来层次最高，活动最多，效果最好的一次入岛交流活动，谱写衡阳、台湾交流的新篇章。交流团在台湾期间，拜会海基会董事长林中森、文化总会会长刘兆玄、前“行政院”院长郝柏村等一大批台湾政经界知名人士及台湾大企业、重要工商团体，举办“衡台两地企业家座谈会”和“衡台两地书画展”等专题活动，参观考察三个高科技园区，见面交流的企业达30余家，与10多家科技企业达成来衡阳投资的协议。考察鸿海集团时，其企业负责人也承诺将把更重要的设备和生产板块移到衡阳，逐步把产业链高端的研发和生产放到衡阳，并将在衡阳开拓“前店后厂”的全新发展模式。在考察团回来不到一个月的时间，有三家台湾企业负责人组团到衡阳进行回访及洽谈项目。（3）开展系列衡阳、台湾经贸文化专题活动。2014年，成功举办衡阳、台湾两地书画名家作品展、衡阳、台湾两地企业家座谈会，湖南工学院邀请台湾多名大学的负责人到衡阳参加学术论坛，台湾著名书画家周月云组团来本市交流。

（张新宇）

【对台宣传】 2014年，利用各种交流团赴台交流的机会，带去入岛宣传品及招商引资资料1000余份，分发及赠送岛内各界人士，对衡阳进行大力的宣传，效果明显。衡阳、台湾书画名家书画联展，衡阳、台湾的媒体都进行报道。特别是重要的涉台活动在《衡阳日报》《衡阳晚报》的头版头条进行刊登报道。10月，市委书记、人大常委会主任李亿龙率团入岛交流，其间，《衡阳日报》、衡阳电视台每天都对岛内当天的活动进行重点报道。2014 年，还开通衡阳对台湾工作网站，加强对外宣传。全年共向岛内输送对台湾宣传品 10 种 2000 余份，在各级各类媒体上发表对台湾宣传稿件 100 多篇，涉台湾教育稿件 30 篇，向《台湾工作通讯》《两岸关系》、华夏经纬网、“湘台连线”网站以及《湖南对台工作》等刊物上报各类对台湾工作信息 200 余条，经验交流、调研报告 9 篇，在《衡阳日报》《衡阳晚报》及台湾等媒体及网络上刊载 1000 多篇相关报道。全年共接待到衡阳采访的台湾媒体记者 5 批 30 人次，有《联合报》《经济日报》《工商时报》等台湾的主流媒体；接待来衡阳采访的境内新闻媒体 6 批 20 余人次。广泛开展涉台湾教育，邀请省台办主任冯波到衡阳对市委中心组及市委对台工作领导小组成员作台海形式报告，收到很好的效果。（张新宇）

【服务台胞】（1）构建社会化服务工作格局。市台办高度重视台胞台企服务工作。2014 年初，召开台商恳谈会，研究解决台商提出的困难和问题。成立台胞投诉协调工作领导小组，负责指导全市涉台维稳和台胞台企服务工作。各县市区也高度重视这一工作，全市基本形成党委政府高度重视、各部门积极支持、全社会共同参与的社会化工作格局。确保全国、全省、全市重大活动期间及台湾“选举年”全市涉台维权维稳风平浪静。（2）为台胞台企办实事解难题。2014 年，通过海协会、省台办的协助，为台属寻亲 6 起，妥善解决台胞非法滞留 1 起，台胞婚姻问题 2 起、为台胞、台属协助解决医保、小孩上学等问题 10 起。定期走访慰问常住台胞及困难台属，帮助他们解决生产生活中的困难和问题，春节前累计送慰问金 3 万余元。2014 年上半年，结合党的群众路线教育实践活动，组织全市台办系统大面积走访台资企业及台胞，帮助反映、解决困难和问题。（3）维护台胞合法权益。配合省、市人大做好《台湾同胞投资保护法》及实施细则贯彻落实情况进行执法检查的工作。配合省里做好对衡阳台湾工业园及部分衡阳台资企业贯彻落实有关鼓励支持台企发展相关政策落实情况的督查工作。认真做好台商投诉和涉台突发事件处理工作。2014 年，全市共受理台胞投诉案 10 件，结案率保持在 95% 以上，一批久拖不决的疑难案件得到较好解决，没有了结的案子也取得重大突破，这一工作得到省里的充分肯定。如：协调有关部门妥善处理士特莎餐饮管理有限公司（台资）与衡阳市美达房地产公司房租纠纷案；省交办的万福陵园案，通过各方努力完成结案。制定《涉台突发事件处理工作预案》，建立紧急联系人制度，及时有效处理各种涉台突发事件。2014 年，全市共 3 家台资企业增资 1 亿多美元，占实际利用台资的 50% 以上。广大台胞热心公益事业，积极回报社会，向全市累计捐赠 200 万余元。（张新宇）

纪检监察·巡视

纪检监察

【概况】 2014年，全市反腐倡廉建设按照上级安排部署，围绕经济社会发展大局，认真落实“三转”工作要求，聚焦中心任务，突出主责主业，深化作风建设，强化权力监督，坚决惩治腐败，为全市经济平稳较快增长提供强有力的纪律保证。市纪委紧紧围绕中央八项规定、省委九项规定和市委十项规定，针对打牌赌博、上下班纪律、公款送礼、公车私用、公款吃喝等群众反映强烈的“四风”突出问题，抓住春节、“五一”、中秋、国庆等重要时间节点，先后集中开展9次专项督查、暗访活动，10次点名道姓通报典型案件，以霹雳手段整治作风积弊，在全市掀起作风建设“风暴”，以实际行动将“作风建设永远在路上，没有休止符”落到实处。2014年，全市共查处违反“八项规定”案件254件，处理320人，给予党政纪处分127人。其中，查处楼堂馆所违规问题7起，处理14人，给予党政纪处分2人；查处公款大吃大喝问题2起，给予党政纪处分2人；查处违规配备使用公车64起，处理59人，给予党政纪处分19人；查处公款旅游1起；查处大操大办婚丧喜庆14起，给予党政纪处分14人；查处收送节礼12起，给予党政纪处分12人；查处违反工作纪律127起，处理177人，查处“庸懒散”等其他问题26起，处理40人。（何 雄）

【专项整治】 认真抓好牵头协调的全市57项专项整治工作。2014年，全市性会议同比精简21.9%，下发文件同比减少17%，“三公经费”减少1.18亿元，同比下降27%；严肃查处侵害群众利益行为5196起，处理3649人，查处办事刁难群众典型案例38个62人；降低5项收费标准，取消6项收费，全市收费、罚款项目减少137个；查处“三乱”问题174个605人，查处违纪金额2982.21万元；查处不按标准及时足额发放征地拆迁补偿款问题37个39人，查处侵占挪用各种补助资金问题47个58人，查处对群众欠账不付、欠款不还、打白条、要赖账问题111个120人；查办“关系案”“人情案”“金钱案”案件33个45人；化解信访积案37件；纠正和查处党员干部参赌涉赌案件53件108人；整治存在村级财务和“三资”问题的村92个，查处违纪案件142个192人，清理违纪违规资金950.16万元；清理“吃空饷”人员457人。针对衡阳电视台《民声面对面》栏目中反映的耒阳市“低保乱象”、衡山县交警大队东湖中队“乱执法乱收费”等问题重拳出击，对涉事的52名党员干部和国家公职人员严肃追责，其中41人受到党政纪处分。（何 雄）

【制度健全】 针对“庸懒散”现象，制定出台《公职人员违反工作纪律责任追究办法》；针对干部打牌赌博、违规建私房现象，制定出台《关于严禁党员干部和国家公职人员参与赌博活动的通知》《关于严禁党员干部和国家公职人员违规建私房的通知》等制度；围绕推进政府机构改革，制定下发《关于严明纪律切实保证政府职能转变和机构改革顺利进行的通知》，重申机构改革纪律，以铁的纪律确保作风建设常态化。（何 雄）

【反腐败工作】 市纪委始终保持案件查办高压态势，以对腐败零容忍的态度，以刮骨疗毒、壮士断腕的勇气，坚持“老虎”“苍蝇”一起打，坚决遏制腐败蔓延势头。（1）加大案件查办力度。截止11月，全市纪检监察机关共立案785件（按省纪委统计口径，衡阳破坏选举案只作1件计入立案件数），同比增长81.67%，立案涉及人数1243人，其中县处级干部164人、乡科级干部379人；结案603件，给予党纪处分633人、政纪处分311人。市纪委监察局立案19件（含衡阳破坏选举案），处分县处级干部156人。2014年市纪委查处的大要案有：衡阳县副县长陈凯贪污受贿案、市规划局副局长欧黎明受贿案、市经信委副主任万小平贪污案、“3·14”专案等，还查处骗取套取节能减排资金案，配合省纪委查处“6·05”专案，达到正风肃纪的效果。（2）扎实做好信访和审理工作。修订完善《衡阳市纪委监察局信访举报受理制度》，严格界定和落实信访举报的受理范围，对业务范围外上访和越级上访的群众，耐心细致做好思想引导工作。1~11月，全市各级纪检监察机关共受理群众信访举报

10460件次，同比增长153.82%，其中反映县处级案件1168件次。加强案件线索管理，不放过任何有价值的举报线索。坚持抓早抓小，积极开展信访监督，对于反映党员干部苗头性问题，特别是“四风”方面的问题，及时了解、及早提醒、及早处置。严格落实“二十四字”工作方针，切实抓好案件审理、申诉复查和行政复议各项工作。提前介入案件7件，出具审查意见4件；受理申诉案件3件，审结3件。（3）积极稳妥处理“衡阳破坏选举案”。自2014年1月“衡阳破坏选举案”调查处理工作启动以来，坚决按照中央和省委的决定，全力配合、积极稳妥进行处理。按照市委的统一部署，市纪委抽调20余名业务骨干，分成两个组，分别到司法处理组、纪律处理组参与调查处理工作。历时5个多月，共通知2000余人次谈话，为案件调查工作提供有力保障，得到省委调查组的充分肯定。根据省纪委统一立案、分级办理的原则，配合省委调查组先后完成对514名涉案人员宣布立案、错误事实见面、补充谈话调查、违纪款项核对、完善相应证据、撰写调查报告等工作任务。按照干部管理权限，分三批次完成市本级负责的459名处分对象的处分决定送达和见面谈话工作。为确保处分工作顺利进行，处分决定下达之前，专门成立处分决定清样见面谈话小组，注重把严肃党纪和人文关怀相结合，加强对处分对象的思想疏导，有效稳定处分对象的思想情绪。处分落实后，实行领导包案制度，逐一落实各县市区的包案领导，深入排查化解矛盾，消除各种不稳定因素，严防发生群体性事件。成立回访工作组，每个组由委局领导牵头，采取包干负责、上门访问的方式，及时掌握处分对象及其家属的思想动态，耐心做好教育疏导工作，实现处分对象思想稳定、社会大局稳定的预期目标，达到政治效果、法纪效果、社会效果的高度统一。

（何　雄）

【规范权力运行】　（1）强化领导干部廉洁自律监督。在市本级和全市12个县市区设立“5910”廉政账户，多次对各县市区领导干部红包礼金上交情况进行检查和督促。全市各级党员干部向廉政账户上交红包礼金443万元，上交金额位居全省前列。严格落实省纪委《关于规范党和国家工作人员操办婚丧喜庆事宜的暂行规定》，严肃整治利用婚丧喜庆等事宜借机敛财问题，共受理领导干部操办酒席申报100余次。认真落实领导干部个人重大事项报告制度，扎实开展县处级党政正职述廉评议工作，对南岳区委书记胡小宁、衡阳县县长熊超群、市林业局局长吴伟生等3名县处级党政正职开展述廉评议，对其履行党风廉政建设第一责任人职责、执行民主集中制、落实作风建设规定等10个方面情况进行现场测评打分，促进党政“一把手”增强廉政观念，落实“一岗双责”。（2）强化行政执法监督。围绕中心工作，开展清理整治。从2014年2月起，在四个城区、高新开发区、白沙工业园、松木开发区和衡南县、衡阳县相关区域，开展违法用地、违法建设专项清理整治行动。共拆除违法建设296处95965平方米，停工控制24处6401平方米，立案查处党员干部60人。加强重大项目监督，对立新大道、花鸟市场、华菱管线拆迁安置、来雁新城、雁津大厦等5个项目建设中的违规问题开展调查，挽回经济损失6000多万元。围绕突出问题，开展专项治理。对执纪执法部门办“关系案”“人情案”“金钱案”和“私设小金库”“党员干部投资入股经商办企业、违规建私房”等开展专项整治，查办案件34件，给予党政纪处分72人；对媒体报道衡东县大浦镇因环境问题引发的部分儿童血铅异常事件进行调查，对11名责任人给予党政纪处分或组织处理；严肃查处衡山县统计和经济普查数据弄虚作假案，对12名责任人作出处理。围绕重点领域，开展监督检查。督促国土等部门，对城区闲置土地开展清理整治，清理闲置土地120宗602.38公顷。针对国土部武汉督察局督办的148个土地违规问题，下达督办函119个，给予党纪政纪处分49人，组织处理37人。坚持以案肃纪，先后查处市农开办违规兴建农业综合开发科技推广中心和家属房案、衡洲公证处违规设立“小金库”案等违纪违法案件。（3）强化行政效能监督。全面开展“发展环境优化年”活动，大力整治“门难进、脸难看、事难办”和“乱收费、乱罚款、乱摊派”等问题，全市共受理效能与优化经济环境投诉62件，办结62件；立案查处各类损害经济发展环境、影响机关效能的案件89起，通报典型案例9起，责任追究144人，司法处理38人。认真开展重点工程建设项目施工环境专项督查，对南岳高速东延线、娄衡高速等重点工程反映的问题进行现场交办督办。严格落实涉企登记备案、“企业宁静日”制度，共有25个职能部门427次涉企检查到市优化办进行备案。出台《行政审批项目目录管理办法》，取消行政审批事项24项，下放行政审批事项86项。大力推行网上审批，加强电子监察。（4）强化惠民政策监督。围绕教育收费、征地拆迁、惠农政策落实等群众关切的热点难点问题，严肃查处、及时办结群众投诉案件，切实维护群众利益。共受理纠风投诉案件217件，办结181件，给予党纪处分40人。重拳整治教育乱收费，立案查处38件，责任追究44人。规范考录招聘监督工作，参与全市公务员、教师、医院等公开招聘监督80余起。严查落实惠民政策缩水走样案件，查纠城乡低保错保漏保1372人，新增城乡低保4591人；查纠违规纳入农村危房改造31人；查纠违规纳入城镇保障性住房2733人；查处落实惠民政策优亲厚友、以权谋私案件40起46人。（5）强化巡视工作监督。按照巡视工作“四个着力”的工作要求，完善《市委巡视工作流程（试行）》《关于被巡视单位配合市委巡视联络小组开展巡视工作的暂行规定》等巡视工作“5+1”制度体系。开展巡视回访和整改验收。对市民政局、市交警支队等单位巡视情况进行回访，抓好跟踪问效、督促整改，并将存在的问题和整改情况及时在媒体上公示，接受社会监督和群众评判。（6）抓好专项督导工作。根据市委安排，市委巡视联络小组13名正副组长、9名工作人员全部下派到相关单位，扎实开展党的群众路线教育实践活动督导工作，圆满完成市委交办的任务。

（何　雄）

【教育预防】　（1）加强舆论宣传。以学习宣传《建立健全惩治和预防腐败2013~2017年工作规划》为主线，大力宣传反腐倡廉新形势、新任务、新要求。在各级媒体刊发稿件479篇，其中省级以上刊物发稿166篇。注重网络宣传，建立健全内网、外网管理办法，对“衡阳反腐网”进行改版升级，创新推出《走进市纪委监察局》和《专家支招反腐》等专栏，网站总访问量突破100万人次，超出历年访问总量的三倍。做好网络舆情监测、报送和处置工作，全年共处置紧急网络舆情30余起，撰写网评文章300余篇。（2）抓实廉政教育。以“党纪条规教育年”活动为契机，以“六个一”活动为载体，着力加强廉政教育，筑牢党员干部拒腐防变思想防线。举办重点岗位、重要部门廉政教育培训班2期、廉政教育讲座16场次，对新任县处级干部及时开展任前廉政谈话；认真抓好党委（党组）书记讲党课活动，各级党委（党组）书记带头讲党课1000余场次；加强警示教育，组织5600余名党员干部到廉政教育基地接受警示教育，观看警示教育片500余场。（3）推进廉政文化建设。成功举办“2014清风衡阳”廉政文艺汇演、衡阳首届廉政诗词楹联书法大赛、党纪条规知识竞赛等活动。指导白沙、松木廉政文化进园区项目，以及南岳衡山、耒阳蔡伦竹海廉政文化进景区项目。完善市直部门3个廉政文化示范点建设，督促抓好夏明翰故居、罗荣桓故居、王船山故居、常宁印山等廉政文化教育基地的教学利用，进一步巩固“一县一精品”廉政文化建设成果。

（何　雄）

巡视工作

【巡视回访】　2013年下半年，市委巡视办对6个单位进行集中巡视，巡视工作一直顺延到2014年。（1）抓好回访验收。市委巡视四组、五组把对市民政局、市交警支队集中巡视的情况进行回访、验收。（2）抓好督促整改。3月份，市委5个巡视小组分别到被巡视的6个单位，就问题的整改落实情况进行督查，推动问题的整改落实。如：对市经信委向企业收协调费的行为立即叫停，责令其矫正财务制度。（3）抓好成果运用。对市民政局干部职工“吃空饷”的情况进行核实，并把这条违纪线索上报到市纪委。针对市国资委1个科长有收受红包、用言语暗示企业给误餐费的问题，巡视组责成市国资委对其诫勉谈话、调整岗位。

（宾　丹）

【督导全市群众路线教育实践活动开展】 2014年，根据市委的安排，市委巡视联络小组正、副组长及其工作人员大部分被抽调，参加市委党的群众路线教育实践活动的督导工作。各位组长及工作人员紧扣市委、市活动办的部署和安排，尽职尽责。（宾　丹）

【完善机制制度】 2014年，根据中央、省委、市委巡视工作有关规定，市委巡视工作联络办制定“5+1”制度，即：《市委巡视工作流程（试行）》《市委巡视联络小组开展巡视工作的暂行规定》《关于被巡视单位配合市委巡视联络小组开展巡视工作的暂行规定》《市委巡视联络小组工作规则（试行）》《市委巡视办工作规则》《市委巡视工作联络组工作规则（试行）》。这些制度正在完善中，即日将送审下发。（宾　丹）

【指导协调工作】 （1）加强领导指导。市委书记、市人大常务会主任李亿龙对巡视工作高度重视，就巡视工作机构的设立及巡视队伍建设等问题作专题批示，并上报省委请求解决。市委常委、市纪委书记包昌林经常过问巡视工作，研究解决问题。（2）强化后盾保障。市委、市政府将巡视工作经费纳入财政预算。市委巡视办办公用房拥挤，在市委领导的重视下，增加办公用房，添置办公用品，极大地改善办公条件。（3）强化服务保障。加强协调和争取，努力保障巡视联络小组组长、副组长的政治、经济待遇。同时，竭力解决他们工作中的困难，激发大家的工作激情。

（宾　丹）

【宣传推介工作】 （1）编印《衡阳巡视》简报。开辟领导讲话、文件选编、巡视动态、典型推介等栏目，目前已编印第一期。（2）开展巡视专题访谈。以市纪委开辟的“走进衡阳市纪委监察局——专题访谈”为平台，起草《利剑出鞘，震慑贪腐，让巡视制度成为“寻虎找蝇”“权力入笼”的锐器》的专题访谈，对巡视工作的发展脉络、工作动态、发展路径等进行阐述。（3）开展巡视工作大家谈。根据市委常委、市纪委书记包昌林的指示，市委巡视工作组在巡视专题访谈后，下发“关于开展巡视工作大家谈”研讨征文的通知，收到20余篇关于巡视工作的研讨、理论文章，对其中质量较高的，报送省委巡视办，在衡阳反腐网上刊发。

（宾　丹）

【自身建设】 “打铁还要自身硬”。注重自身建设，着力打造一支能力强、讲原则、作风正、敢担当的巡视队伍。在11月中旬市纪委举办的“享受读书快乐，提升自我境界”市纪委监察局机关演讲比赛中，巡视办干部唐赵康获得第一名、巡视联络小组五组工作人员陈胜云获得三等奖。（1）开展“人人上讲台、个个当专家”系列讲课活动。活动从2014年3月开始，每月1次，每个巡视人员都上台讲课，内容涉及巡视工作、纪检监察工作、政治、历史、公文写作、文秘工作、保健养生等。讲课方式灵活多样，既有领导点评，又有大家互评，还有现场提问互动。年底，将把讲课稿汇编成册。讲课活动得到市委常委、市纪委书记包昌林的重视和鼓励。（2）扎实开展党的群众路线教育实践活动。根据市委和市纪委的安排，市委巡视联络小组正、副组长参加市委巡视办的群众路线教育活动。在活动中，严格按照市委、市委督导组、市纪委的要求，扎实开展三个环节的工作，解决一些存在的突出问题，活动取得预期成效。（3）强化廉洁自律。市委巡视联络组对巡视人员约法三章。在工作中，大家洁身自好，严守纪律，树立良好形象，赢得被巡视单位的普遍好评。（宾　丹）

政　权

重要会议

【市十四届人大三次会议筹备组第三次会议】 市十四届人大三次会议筹备组第三次会议于1月10日举行，会议听取和审议市人民政府关于衡阳市2013年国民经济和社会发展计划执行情况与2014年计划草案的报告、关于衡阳市2013年全市及市本级财政预算执行与2014年全市及市本级预算草案的报告。听取和审议市人民政府、市中级人民法院、市人大常委会联工委关于代表建议、批评和意见办理情况的报告。听取和审议组织联络组关于市十四届人大代表候选人情况的报告。会议还听取和审议市人大常委会工作报告（草案）。（陈 燕）

【市十四届人大三次会议筹备组第四次会议】 市十四届人大三次会议筹备组第四次会议于1月17日举行，会议听取和审议衡阳市第十四届人民代表大会第三次会议筹备组代表资格审查委员会关于代表资格审查的报告、衡阳市第十四届人民代表大会第三次会议主席团和秘书长名单（草案）、衡阳市第十四届人民代表大会第三次会议列席人员名单（草案）、衡阳市第十四届人民代表大会第三次会议选举办法（草案）、衡阳市第十四届人民代表大会第三次会议关于设立议案审查委员会、计划和预算审查委员会的决定（草案）、衡阳市第十四届人民代表大会第三次会议议案审查委员会组成人员名单（草案）、衡阳市第十四届人民代表大会第三次会议计划和预算审查委员会组成人员名单（草案）。（陈 燕）

【市十四届人大三次会议】 2014年1月21日至1月25日，衡阳市第十四届人民代表大会举行第三次会议。会议听取和审查衡阳市人民政府工作报告；审查和批准衡阳市2013年国民经济和社会发展计划执行情况与2014年计划草案的报告，批准衡阳市2014年国民经济和社会发展计划；审查和批准衡阳市2013年预算执行情况与2014年预算草案的报告，批准衡阳市2014年市本级预算；听取和审查衡阳市人大常委会副主任谢宏治所作的衡阳市人大常委会工作报告、市中级人民法院院长张开松所作的衡阳市中级人民法院工作报告、市人民检察院检察长李平所作的衡阳市人民检察院工作报告。表决通过关于接受辞去副市长职务的决定草案，审议通过《衡阳市第十四届人民代表大会第三次会议选举办法（草案）》。选举衡阳市第十四届人民代表大会常务委员会主任、副主任、秘书长、委员，市人民政府副市长。表决通过衡阳市第十四届人民代表大会各专门委员会主任委员、副主任委员、委员人选。选举产生衡阳市出席湖南省第十二届人民代表大会代表。

（陈 燕）

【市十四届人大常委会第九次会议】 市十四届人大常委会第九次会议于2月28日举行，会议审议通过市人大常委会2014年工作要点，通过市人大常委会、市人民政府和市中级人民法院的有关人事任免。（陈 燕）

【市十四届人大常委会第十次会议】 市十四届人大常委会第十次会议于4月28日举行，会议表决通过衡阳市第十四届人大常委会代表资格审查委员会组成人员名单，通过10名政府部门负责人的任命，通过市人民检察院提请的人事任免名单。听取和审议市人大内务司法委员会关于2013年度规范性文件备案审查工作情况的报告。听取和审议市人大内务司法委员会关于修订《衡阳市人大常委会关于加强司法监督工作的办法》的报告。听取和审议市人民政府关于衡阳市城区规划2013年实施情况和2014年计划情况的报告。（陈 燕）

【市十四届人大常委会第十一次会议】 市十四届人大常委会第十一次会议于6月23日举行，会议听取和审议市人民政府关于2013年度市本级财政预算执行及其他财政收支情况的审计工作报告、关于2013年全市及市本级财政决算（草案）的报告，并决定批准市人民政府提出的2013年市本级财政决算；会议听取和审议市人民政府关于贯彻实施《大气污染防治法》情况的报告、市人大常委会执法检查组关于《中华人民共和国食品安全法》和《中华人民共和国药品管理法》执法检查情况的报告、市人民政府关于全市农村土地承包经营权流转情况

的报告。会议还审议和通过有关人事任免事项。（陈　燕）

【市十四届人大常委会第十二次会议】 市十四届人大常委会第十二次会议于6月23日举行，会议听取和审议市人民政府关于衡阳市2014年上半年国民经济和社会发展计划执行情况的报告、关于2014年上半年全市及市本级财政预算执行情况的报告、关于全市新型农业经营主体发展状况的报告；会议听取和审议市人民检察院关于侦察监督工作情况的报告。会议还审议和通过有关人事任免事项。（陈　燕）

【市十四届人大常委会第十三次会议】 市十四届人大常委会第十三次会议于10月31日举行，会议听取和审议市人民政府关于市十四届人大三次会议《关于进一步加强农村环境和卫生综合整治的议案》办理情况的报告、关于我市城市规划区限制燃放烟花爆竹情况的报告、关于贯彻实施《城市绿化条例》和《湖南省实施〈城市绿化条例〉办法》情况的报告、关于全市职业教育工作情况的报告、关于衡阳市城区2014～2020年中小学校布局规划情况的报告；会议听取和审议市中级人民法院关于贯彻执行《民事诉讼法》情况的报告；会议听取和审议市人大常委会联工委、市人民政府、市中级人民法院关于办理市十四届人大三次会议以来代表建议、批评和意见的报告。会议审议并通过《关于我市城市规划区限制燃放烟花爆竹的决议》，决定在衡阳市城市规划区范围内限制燃放烟花爆竹，相关具体规定由市人民政府颁布施行。会议还审议和通过有关人事任免事项。（陈　燕）

【市十四届人大常委会第十四次会议】 市十四届人大常委会第十三次会议于12月18日举行，会议听取和审议市人民政府关于2014年同级审工作报告中有关单位存在问题整改落实情况的报告。会议听取和审议市人大常委会联工委关于2014年度在衡全国人大代表和部分省、市人大代表集中视察的情况报告。会议审议市人大常委会工作报告（草稿）、衡阳市第十四届人民代表大会第四次会议议程（草案）。会议决定，衡阳市十四届人民代表大会第四次会议定于2015年1月24日召开。会议还通过相关人事任免。

（陈　燕）

主要工作

【推动经济工作稳步发展】 （1）服务重点项目建设。常委会对所联系的重点项目坚持定期调度、督办，组织部分人大代表进行调研和视察，了解建设中遇到的困难和问题，及时提出解决意见建议。常委会主任会议听取关于衡山科技城建设情况报告，并组织部分人大代表赴外地考察学习，就规划、融资、产业布局等提出重要建议。为缓解财政资金压力，同意市人民政府向金融机构融资，用于滨江新区、船山大道的开发和建设。（2）强化计划财政审查。针对全市经济下行压力较大的现实情况，常委会建议市人民政府认真研判形势，积极转方式、调结构、兴项目，较好地推动全年目标完成。在审查财政预决算工作时，要求市人民政府抓好财源培植、强化财税征管、优化支出结构、深化财税改革，高度重视专项资金、部门预算和民生预算的管理。为确保审计报告指出的问题整改到位，常委会对海事局等单位的整改落实情况进行调查，督促相关单位对有关责任人进行严肃处理。（3）推进现代农业发展。常委会组织开展对农村土地流转工作和新型农业经营主体发展情况调研。针对衡阳市农村土地流转在程序、服务、环境、融资等方面存在的问题，要求市人民政府引导好、规范好、调控好、监管好土地流转工作。市人民政府在试点成功的基础上，在全市推开“一流转五服务”工作。为发展新型农业经营主体，要求市人民政府优化服务，加大财政和信贷扶持力度，加强人才队伍建设，促进衡阳市各类新型农业经营主体不断发展壮大。

（陈　燕）

【推动民生事业大力改善】 （1）高度关注食品药品安全。常委会组织执法检查组，先后检查41个食品药品生产、加工、销售和餐饮企业，就检查中发现的体制机制不够完善、监管能力比较薄弱等问题，要求市人民政府加快市食品药品检测中心建设，加快推进机构改革和食品药品体制改革，加大监管力度，强化全民安全意识。（2）高度关注教育工作。常委会听取和审议衡阳市职业教育工作情况报告，考察学习外地发展职业教育的经验。就衡阳市职业教育存在的有关问题，要求市人民政府做好规划设计、加大统筹力度、增加经费投入、深化校企合作、强化政策保障。常委会还对衡阳市城区2014～2020年中小学校布局规划情况进行专题调研，要求市人民政府严格实施教育规划、充分保障教育用地、加强规划学校建设力度、合理处置撤并学校教育资源。（3）高度关注大气污染防治工作。在省人大常委会的指导下，常委会对大气污染防治法实施情况进行执法检查。要求市人民政府严格产业和环境准入，加快淘汰落后产能，推广清洁能源，对工业烟气污染、机动车尾气污染、建筑扬尘污染等进行重点整治，加强监测能力、执法监察能力、应急能力三项能力建设。市人民政府印发《衡阳市大气污染防治行动计划实施方案》。城区6个空气质量自动监测站已建成投入运行。为净化空气、减少污染，常委会还就衡阳市城区限制燃放烟花爆竹作出决议，督促市人民政府于2015年1月1日起正式实施。（4）高度关注弱势群体。组织12个县市区人大常委会，采取交叉重点调研与代表履职调研、自查自纠相结合的方式，点面结合，对全市农村低保工作进行全方位调研，就有关问题向市人民政府提出建议，并督促限期纠正和解决。在全市启动“启聪扶贫计划”，对20名0～6岁贫困聋儿实施人工耳蜗植入手术，进行康复训练，使其恢复听觉和语言能力。

（陈　燕）

【推动法治衡阳不断前行】

（1）以执法调研推动法律贯彻实施。常委会对城乡规划法落实情况实行常态化监督，在年度审议城区规划时指出，要完善城市规划体系，提高规划执行刚性，加大规划公开力度。衡阳市城市总体规划修改获得部际联席审查会审查通过，控制性详细规划和专项规划编制得到加强，控规拆违力度加大。在专题调研衡阳市贯彻实施《城市绿化条例》和《湖南省实施〈城市绿化条例〉办法》时，常委会提出落实规划控制和绿线管制，提升城市绿化管养水平，加快创建国家园林城市等建议。根据上级人大常委会的统一安排，对未成年人保护法、旅游法、专利法、消费者权益保护法、台湾同胞投资保护法等法律法规开展执法检查或执法调研。（2）以司法监督维护公平正义。根据形势和政策的变化，对2010年出台的司法监督暂行办法进行修改和完善，并从市人大代表中选拔、聘用20名执法监督员统一委派到市司法机关。组织对民事诉讼法实施情况进行调研，要求市中级人民法院努力破解“立案难”和“执行难”。为防止冤假错案的发生，对全市检察机关的侦查监督工作情况进行专题调研，要求检察机关落实好国务院（湖南省）关于行政执法与刑事司法衔接工作的意见（实施办法），加强与公安机关的衔接，建立刑事案件信息共享平台，加强立案监督和侦查活动监督。（3）以信访疏导促进社会和谐。按照“人要回去，事要解决”的原则，对来信来访进行转办、交办、督办，确保件件能落实，事事有回音。对一些涉法涉诉案件，根据新的信访工作政策，引导当事人到司法机关反映问题，逐步解决信访不信法的问题。2014年共受理人大代表和人民群众来信来访4181件，同比下降11%。此外，对32件规范性文件进行严格审查，较好地维护法制统一。全省人大系统规范性文件备案审查工作座谈会，推介衡阳的经验作法。举办新《中华人民共和国预算法》培训班，促进全市财政预算工作进一步规范化、制度化、法治化。

（陈　燕）

【推进代表工作不断创新】

（1）抓培训，提高代表履职能力。常委会十分重视人大代表的培训工作，提请市委转发《中共衡阳市人大常委会党组关于加强人大代表学习培训工作的意见（试行）》。组织对出席省十二届人大会议的代表进行初任培训，以电视电话会议的形式对在衡的省人大代表和全体市人大代表进行履职培训。同时，还以邀请列席常委会会议、督办议案建议、参加执法检查和调研视察等形式，多途径提高代表的履职能力。（2）抓活动，拓宽代表参政渠道。组织驻衡国、省代表和部分市人大代表开展集中视察活动，重点视察经济转型发展、食品药品安全、规范化农机合作组织及农业产业化建设、城市基础设施重点项目建设、污水处理设施建设及运行等情况，向市人民政府提出系列建议。牵头组织驻衡国代表调研考察衡阳农村用电及农网改造情况，建议各级政府加大对衡阳农村电网升级改造工程的资金投入力度，实现需改造村任务清零。组织部分市人大代表参加“民声面对面”电视问政节目，鼓励代表讲真话、讲实话，推动政府改进工作。（3）抓平台，强化代表履职责任。为支持和保障人大代表密切同人民群众的联系，常委会建立代表履职管理网格化平台。以市人大常委会官方网站为依托，开通代表个人信息和代表履职情况管理系统、代表建议办理系统，对闭会期间的意见建议实行网上受理、网上交办、网上回复，实现代表履职管理网格化、信息化、制度化，促使代表更加关注发展、关注民生、关注社会热点。在市内主流媒体开辟专栏，加大对代表履职活动的宣传报道，在全社会营造信任代表、尊重代表、依靠代表的良好氛围。（4）抓督办，落实代表议案建议。市十四届人大三次会议期间，市人大代表共提出议案 1 件，建议批评和意见 202 件。闭会期间收到代表建议 11 件。在督办《关于进一步加强农村环境和卫生综合整治的议案》时，常委会组织领衔代表分成 6 个组，分赴各县市区进行实地督办。市委常委会议、市政府常务会议对该项工作均进行专题研究，下发加强整治工作的意见，加大整治力度。与此同时，对解决中心城区停车难问题、加大农村电网改造投入、金融支持农业产业化发展、解决中小学大班额问题、加快雨母山保护与开发等 12 件建议进行重点督办。213 件代表建议办结率为 100%。

（陈　燕）

【以群教活动促自身建设】 市人大常委会党组以开展群众路线教育实践活动为契机，注重做好结合文章，认真解决自身建设中存在的突出问题，为重塑形象、弘扬正气，奠定坚实的思想基础、政治基础、制度基础。（1）注重思想建设与作风建设相结合。通过上党课、看警示片、参观党员教育基地等多种方式，加强对机关干部的人生观、价值观、世界观教育。始终坚持以上率下，坚持问题导向，坚持从严从实，坚持开门整改，对群众反映强烈的会议过多、公车私用、办公用房超标等问题进行集中整治，并将整治方案向社会公布。机关党员干部自觉反“四风”、拒歪风、树新风，形成良好的学习之风、调研之风、节约之风、亲民之风。（2）注重专项整治与全面整改相结合。市人大常委会党组在抓好对“四风”问题、关系群众切身利益问题、联系服务群众“最后一公里”问题等问题整改的同时，突出抓好“破坏选举案”的整改。为汲取案件教训，查找问题根源，探求治本之策，针对暴露出来的问题，市人大常委会拟定专项整治方案，组织开展“六问”大讨论等活动，从灵魂深处进行深刻反思，认识到案件的危害性和严重性。协同相关部门，就如何规范选举工作、完善人大代表提名推荐机制和考察审查机制、提高代表素质等提出具体的举措，为防范类似事件重演提供制度保障。（3）注重正风肃纪与正本清源相结合。市人大常委会党组坚持实事求是的原则，发现问题而不隐匿问题，正视问题而不回避问题，解决问题而不积压问题，认真开展批评和自我批评。通过群众提、自己找、上级点、互相帮，形成对党组班子意见 64 条，对党组成员意见 173 条。根据梳理出来的问题清单，重点对 6 大方面、41 项整改任务，分解到具体的责任人和责任单位，明确整改时限，做到即知即改、立行立改、边整边改，回应群众关切，赢得群众信任。在正风肃纪的同时，注重从源头上进行规范和约束，做到标本兼治、正本清源。集中清理 72 项制度，对厉行节约反对浪费、规范公务出差等 39 项针对性很强的制度进行修订完善，使对内管理、对外衔接有据可依、运转有序。

（陈　燕）

【以新作为开创发展新局面】
（1）谋划新思路。年内，新的市人大常委会领导班子和组成人员通过学习中央关于“破坏选举案”有关情况的通报和习近平总书记系列重要讲话，落实中央、省委、市委庆祝人民代表大会成立 60 周年会议精神，学习有关坚持和完善中国特色社会主义制度的辅导报告，开展根本政治制度教育，对地方人大工作的定位有更为清醒的认识：人大工作只有坚持党的领导，才能保证正确的政治方向；只有始终维护人民群众根本利益，才能保证事业有无穷无尽的力量之源；只有严格依法办事，才能保证各项工作在法制的轨道上顺利推进。市人大常委会年初认真研判形势、审视现状、思考对策，确定“凝心聚力、提神鼓劲”的总要求，提出“着眼根本作决定，抓住薄弱搞监督，立足履职强素质，改进作风树形象”的总思路。（2）展示新形象。为展示衡阳市人大工作的新活力，展现人大代表和人大工作者的新面貌，让全市人民看到各级人大及其常委会对民意的尊重，对民情的关切，对民权的维护，经过悉心策划、周密部署，市人大常委会决定在全市人大系统开展以“三联三帮三评”为主要内容的“心系群众，为民履职”主题实践活动，设立“6·25为民服务日”（衡阳市第一届人民代表大会第一次会议开幕日——1954年6月25日）和“主任接待日”，市人大常委会负责人带头接待群众、走访代表、深入基层，极大地激发人大代表和人大工作者为民服务的热情。城区内涝、启用环保公交车、舌尖上的安全等与老百姓生产生活息息相关的民生实事得到解决。一大批敢于担当、勇于奉献、勤于履职的人大代表用实际行动兑现“人民选我当代表，我当代表为人民”的庄严承诺。全市人大系统演讲赛上，优秀人大代表的事迹得到颂扬，成为推动人大工作的强劲动力。（3）力求新作为。市人大常委会新班子履职之初，致力于创新地方人大工作上打造衡阳特色、形成衡阳品牌、创新衡阳模式。市人大常委会以落实十八大提出的“完善代表联系群众制度”为突破口，在全市市、县、乡三级人大机构同时建起232个人大代表联系群众工作站，为代表履职开辟新阵地，为群众表达诉求架起连心桥。建站以来，有2000多人次的代表到工作站接待群众1.5万多人次，收集并反映意见2200余条，解决问题1016个。《人民日报》、新华社、《湖南日报》等主流媒体对此都给予详细报道。省人大常委会以衡阳市为现场，召开全省人大代表联系群众工作推进会，将“衡阳经验”向全省推介。

（陈　燕）

政　务

重要会议

【市政府第一次全体会议】 2月24日，衡阳市人民政府召开2014年第一次全体会议。市委副书记、市长周海兵强调，必须始终突出工作重点，找准“主攻点”，牵住“牛鼻子”，并始终坚持一抓到底、善作善成，带动全局工作健康有序开展。

会议传达省“两会”、省政府全会、全省政府系统廉政工作电视电话会等相关会议及省政府工作报告精神，通报2013年市政府重点工作部门分工落实情况和2014年分工意见，各县（市）区和市直单位向市政府递交2014年综治工作、计划生育、安全生产、湘江保护与治理第一个“三年行动计划”目标责任状。

会上肯定2013年的政府工作，指出全市发展面临的系列问题。会议指出，2013年，政府工作实现良好开局，逆境中勇于担当，实现经济社会平稳较快发展；工作中大胆创新，抓好系列重点改革；发展中执政为民，增进民生福祉。但是，平稳增长有压力，重大项目储备少，县域经济是短腿，系列难题待破解，这些问题需要逐个分析，认真研究，一步一个脚印去解决。

会议指出，要抓好既定的重点任务。一是要突出抓好改革，增强发展后劲，一方面要创造性落实中央、省主导的重大改革，另一方面要大力推进本市自主决策的关键改革。二是要突出抓好发展，提升综合实力，要狠抓项目建设，狠抓产业转型升级，狠抓县域经济发展，狠抓招商引资。三是要突出抓好民生，促进社会和谐，要坚守安全稳定底线，加强生态文明建设，兜底基本公共服务，办好民生实事，夯实基层基础。四是突出抓好作风，建设廉洁政府，要严格执行上级相关规定，加大政务公开力度，加强监督检查。

会议强调，全市各级各部门要进一步增强紧迫感和责任感，以时不我待的精神抓好当前各项工作，确保新的一年开好头、起好步，实现开门红。要认真细致分解目标任务，抓好春耕备耕等农业生产，做好工业生产和要素保障工作，确保社会大局稳定。

市领导段志刚、朱玉萍、陈新文、邓柯、刘正兴、许祥发出席会议。（熊　雯）

【市政府第二次全体会议】 12月17日，衡阳市人民政府召开2014年第二次全体会议。会议认真总结全年工作，研究部署下阶段工作任务。市委副书记、市长周海兵强调，要动员全市上下进一步统一思想，提振精神，以更高的标准和更严的要求，全面完成各项目标任务，确保全年工作稳中有进、进中取优，为2015年的工作开好局、起好步。

会议通报2014年《政府工作报告》重点工作落实情况，市政府分管领导报告各自战线工作情况。2014年初，市政府对《政府工作报告》重点工作进行分解，经过全市上下共同努力，各项工作任务整体完成较好，主要表现为：主要指标完成较好，改革开放稳步推进，机构调整步伐加快，城建城管成效显著，县域经济亮点突出，“两型”社会扎实推进，民生实事全面完成，政府自身建设加强。

会议充分肯定市政府2014年的工作，2014年，面对经济增速放缓、结构调整加快的发展新常态，市政府积极主动应对，保持和巩固稳中有进、稳中提质的良好态势；继续推行项目建设“五制”和定期调度机制，形成全民抓项目的浓厚氛围；始终坚持用创新的思维来推动改革、加快发展，积极推进关系全市经济社会发展的关键改革，全面推进扩大开放；注重发展的整体性与协同性，牢牢守住安全生产、环境保护、社会稳定、保障民生四条底线。

会议要求，要扎实抓好2015年各项工作：一要突出抓好项目建设，既要全力推进项目，又要积极引进项目、扎实包装项目；二要加快转变发展方式，坚持创新驱动，加快产业转型，提质园区发展；三要继续深化重点改革，不断深化政府机构改革，全面完成国企改制扫尾，扎实推进财税体制改革，重点突出商事登记制度改革，加快投融资体制改革步伐，统筹抓好农村各项改革；四要全面提升县域经济，要对标小康指标补短腿，扩大自身优势强产业，推进城乡一体抓统筹；五要切实保障改善民生，牢牢守住工作底线，让人民群众更多共享改革成果，积极发展社会事业。

会议指出，要加快推进法治政府建设。要着力推进政治生活法治化，坚持依法决策、依法行政、依法执法；要着力推进经济生活法治化，优化经济环境，维护市场秩序，加强后续监管；要着力推进社会生活法治化，加强社会治理创新，全力夯实基层基础，增强市民法制观念。

会议强调，要不折不扣抓好工作落实。要对照目标，加紧调度；强化沟通，主动对接；统筹兼顾，抓好当前，确保全面完成年度项目建设目标任务，及早谋划明年工作，扎实抓好“十三五”规划编制前期相关工作。

市领导段志刚、罗东海、陈新文、周学农、周辉斌、张贺文、刘正兴、陈竞、唐文峰，市政府秘书长晏华衡参加会议。

（熊　雯）

【市政府第一次常务会议】　1月9日上午，市委副书记、市长周海兵主持召开市政府2014年第1次常务会议，讨论市十四届人大三次会议《政府工作报告》（讨论稿）、《衡阳市2013年国民经济和社会发展执行情况及2014年计划草案的报告》（讨论稿）、《衡阳市2013年全市及市本级预算执行情况与2014年全市及市本级预算草案的报告》（讨论稿），研究南岳机场建设、蔬菜产业发展等工作。会议审议并原则通过三个报告（讨论稿）。

会议认为，向人民代表大会报告工作、接受监督、集中民智，是各级政府法定的义务和重要的职责，也是政府改进工作的诚恳态度和具体措施。政府及其组成部门一定要高度重视、认真对待《政府工作报告》起草工作，进一步提出具体修改意见；报告起草小组要认真吸纳各方面的意见建议，进一步修改完善。会议指出，要严格规范专项经费使用，整合资金集中力量办大事，进一步压缩行政公用经费，确保2014年行政公用经费零增长。

会议指出，南岳机场建设已进入扫尾阶段，市政府1月3日与湖南省机场管理集团有限公司签订衡阳南岳机场托管协议，下步要积极做好营运管理和通航的各项准备工作。会议决定成立南岳机场协调领导小组，成立公安、消防、医疗卫生等相关机构，成立衡阳南岳机场有限责任公司。相关部门要加强协调，积极配合，支持机场建设各项工作。

会议充分肯定全市蔬菜产业发展取得的巨大成绩。会议要求，全市各级政府要高度重视“菜篮子”工程建设，农业部门要将其作为头等大事来抓。要按照保产量、保质量、保环境的原则，既要加强新基地建设，又要对老基地进行提质改造，大力扶持现代化、标准化龙头蔬菜企业发展壮大。要科学制定全市蔬菜产业发展规划，正确处理城市拓展与基地发展的关系，防止重复搬迁、浪费资源。

市领导段志刚、朱玉萍、陈新文、周学农、胡水龙、唐文峰、周辉斌、许祥发、张六生，市政府秘书长陈树生等出席会议。

（熊　雯）

【市政府第三次常务会议】　2月20日下午，市委副书记、市长周海兵主持召开市政府2014年第3次常务会议，讨论2014年《政府工作报告》重点工作责任分解，研究行政审批项目清理精简等工作。会议审议并原则通过《市政府党组深入开展党的群众路线教育实践活动实施方案》及《关于贯彻落实〈湖南省税收保障〉的实施意见》。

会议指出，市十四届人大三次会议审议通过的《政府工作报告》，是市政府对全市人民的郑重承诺，分解落实好报告提出的各项目标任务，事关政府形象及全市经济社会发展大局。全市各级各部门务必高度重视，严格对照任务分解表，进一步明确责任、强化配合，圆满完成好年初省里确定的考核任务和市里下达的目标任务。要将各项任务的落实情况纳入2014年市政府对市直机关和各县（市）区绩效评估范围，实行跟踪督查，考核问责。

会议要求，全市政府系统要把深入开展党的群众路线教育实践活动作为2014年的头等大事来抓，切实把实践活动与政府改革结合起来，以开展党的群众路线教育实践活动为契机，推动机构改革、政府职能转变等各项改革发展任务落到实处，力求在实践活动中做好表率、取得实效。

会议认为，清理精简行政审批项目，对于发挥市场在资源配置中的决定性作用和更好发挥政府作用具有非常重要的意义。要分步实施行政审批项目清理精简工作，做到成熟一批、推出一批、发布一批，不折不扣地落实国务院及省政府明令取消的审批项目，确保全市原有的行政审批项目压减三分之一以上。

会议还研究依法治税等相关工作。

市委常委、常务副市长段志刚，市委常委、副市长朱玉萍，市政府顾问、正厅级干部陈新文，市政府副市长周学农、周辉斌、张贺文、刘正兴等出席会议。

（熊　雯）

【市政府第六次常务会议】　5月16日上午，市委副书记、市长周海兵主持召开市政府2014年第6次常务会议，研究安置房建设管理、公安基层基础工作和社会治安防控体系建设、行政审批制度改革、信访和慈善等工作。

会议指出，市委、市政府高度重视安置房建设工作，把安置房建设作为全市开展党的群众路线教育实践活动的头号整改任务，各级各部门要严格按照市委、市政府提出的时间节点要求，确保未建项目5月30日前全部办完相关手续、6月30日前全部开工建设。为规范安置房建设，市政府将出台配套政策，相关部门要认真做好培训和政策解读工作，坚持安置房建设标准，做好征地拆迁工作。

会议要求，全市公安工作要适应新形势、新要求，将工作重心放在处突应急上，加强装备建设，加强队伍训练，加强巡逻防控，营造安全稳定环境，增强市民安全感。要加强公安基层工作，原则同意出台《关于贯彻落实省委省政府加强公安基层基础工作意见的实施意见》《衡阳市人民调解委员会驻公安派出所调解室工作实施意见》；要加强处突应急工作，提高“第一时间打击”能力；要加强辅警队伍建设，增强公安队伍战斗力；要加强监控体系建设，提高信息化管理水平，打造平安衡阳。

会议认为，行政审批制度改革的核心是转变政府职能，激发市场活力，要在广泛听取各方面意见的基础上，全面梳理各个项目，该取消的取消，该合并的合并，该下放的下放，该保留的尽快向社会公布。

会议强调，市政府系统各部门要认真落实全市信访突出问题“大排查、大接访、大化解”工作启动仪式暨信访积案交办会议精神，积极行动起来，深入群众，深入一线，了解群众诉求，做好群众思想工作，化解各类问题；要把化解积案作为开展党的群众路线教育实践活动的一项重要任务，市政府领导要认真研究，主动解决信访积案；市处理信访突出问题及群体性事件联席会议各专项小组成员要履行职责，落实责任，加强接访、下访，能解决的问题立即解决，因条件限制一时解决不了，要向群众说明原因，取得群众谅解。

会议表示，发展慈善事业需要全民参与，需要热心人士领头，多渠道筹措资金，民政部门除做好自身慈善工作外，要扶持多种慈善发展，在全社会形成慈善合力，让困难群众得到及时救助。要加强慈善宣传，开展多种慈善活动，做强慈善事业。

市领导段志刚、朱玉萍、陈新文、蒋勋功、邓柯、周学农、周辉斌、张贺文、刘正兴，市政府秘书长晏华衡参加会议。

（熊　雯）

【市政府第十一次常务会议】　10月22日上午，市委副书记、市长周海兵主持召开2014年市政府第11次常务会议，研究知识产权、市本级行政审批事项清理、工商登记前置审批制度改革及重度残疾人护理补贴工作。

会议认为，要加大宣传力度，在全市形成“崇尚创新精神，尊重知识产权”的良好社会氛围；要大力普及知识产权法律法规和基本知识，广泛宣传知识产权促进地方经济、科技发展的重要意义；要建立完善的以知识产权保护为核心的政策体系，要加强对知识产权保护的管理，打击侵害知识产权行为，以财政资金的引导，建立知识产权政策导向、完善管理机制、强化激励措施等科学管理机制，激发全市的创新活力，引导知识产权转化为现实生产力。

会议指出，行政审批事项清理是政府职能转变的重要内容，经过第二批清理，市本级行政审批事项已经缩减至147项，基本达到预期目标。在缩减后的行政审批清单制定出来后，关键要组织好实施，所有能进政务中心的行政审批事项都必须进政务中心，要建立一个横向到边、纵向到底的政务服务体系，让市场主体、老百姓能够“进一家门，办所有事”，方便快捷。市编办要对实施情况进行评估，通过行政审批清理，激发市场活力。要利用第二批行政审批清理的机会，全部取消全市的非行政审批事项。要加快制定权力清单，并尽快对外发布。

会议强调，衡阳已被纳入全省工商登记前置审批改革第二批试点城市，要吃透精神，坚决执行省里的改革政策，本着积极的态度，抓紧推进改革。一个城市的发展大型企业固然值得依靠，但是，绝不能忽视中小企业的力量，要通过工商登记前置审批改革，加快中小企业发展。工商登记前置审批改革的主要目的就是变事前审批为事后监管，相关部门要认真履行职能，加大监管力度，确保市场稳定。要加大宣传和培训力度，让市场主体明白改革的意义和办事的程序，让相关部门责任人了解自己的职责；要畅通信息渠道，相关部门要搭建好信息平台，公开相关信息；要制定加强监管方案，强化监管措施，落实监管责任，倒逼政府职能转变。

会议指出，发放重度残疾人护理补贴是一项重要惠民政策，相关部门要把好事办好、办实，确保现有重度残疾人及时领到补贴。要认真落实省里的政策，做到补贴发放全覆盖；要加强检查督促，严把申报、领取关，确保补贴发放公开、公平、公正。

衡阳市领导段志刚、陈新文、邓柯、周学农、周辉斌、许祥发，市政府秘书长晏华衡参加会议。

（熊 雯）

办公室工作

【参谋辅政】 （1）文稿服务。2014年，市政府办公室共按时按质完成主要领导各类讲话稿50余篇，完成向党和国家领导人及省委、省政府领导汇报材料10余篇，完成各类会议主持词、致辞30余篇；完成市《政府工作报告》、市委经济工作会议、市政府全会及市政府党组在党的群众路线教育实践活动过程中的各类材料。（2）信息调研。先后组织开展商品房办证、村社区运行管理、新农合、养老保险、县域经济等14个专题调研，起草的调研报告大都转化为市委、市政府决策部署。不断完善信息报送体系建设，全年共向省政府办公厅上报信息400余条，其中《衡阳南岳机场正式通航首飞北京》等信息被省政府办公厅采用并上报。（3）督查督办。全年围绕市委、市政府的重大决策、重点工程、重要民生等工作，围绕群众反映的热点、难点、焦点等问题，强化督查方法运用，共组织或参与各类督查120余次，落实市长或副市长批示件80余件，下发督查函214件，下发各类督查通报70余期，有效促进政府各项决策部署落到实处。特别是，将省、市下达的为民办实事任务作为首要任务，及时研究制定《2014年为民办实事实施方案》，将目标任务第一时间落实到各县市区和相关责任单位，并采取定期调度、全程督查等办法，促进各项任务的落实。全市16项30个为民办实事项目全部完成或超额完成年度目标任务。（4）应急管理。全年共牵头组织修订和公布20个专项应急预案，督促相关单位完成156个部门应急预案，会同有关部门举行大型应急演练16次，发放各类宣传资料100万余份，并进一步完善市、县、乡三级综合应急救援队伍，及时高效应对春节森林防火、端午城市内涝等突发性事件，得到省市领导的肯定。（5）重点改革。重点围绕全面深化改革，发挥市政府办牵头总揽作用，推动经济社会又好又快发展。财税体制改革初见成效，在全省率先开展年度部门决算账表一致性核查。金融体制改革进展顺利，2家县级信用社完成改组任务，4家村镇银行开业运营，耒阳市金融服务“三农”试点成效明显，在全省率先实现农村土地承包经营权、农村房屋资产和农机具打包抵押贷款模式。国企改革步伐加快，全面启动62家企业改制，国有工业企业改制全部完成，市本级集体企业改制完成立项。公交改革深入推进，公交公司股权及管理全面优化，公交惠民力度进一步加大。行政审批、商事登记制度及其他各项重点改革均取得明显成效。

（刘知生）

【服务发展】 市政府办公室始终坚持创新服务理念，履行综合协调、办文办会等职能，确保事务性服务规范有序、优质高效。（1）统筹协调。紧密跟踪市政府的决策部署，抓好政府议定事项的执行落实。年内，先后召开各类协调会议200余次，解决问题200余个，协调组织开展好南岳机场通航、衡阳综合保税区封关运行、金化高容和天雁机械上市揭牌等一系列大型活动，得到各级各部门的一致好评。特别是，发挥政府办牵头揽总作用，牵头抓好建议提案办理工作，全年共承办市十四届人大三次会议以来议案1件，建议204件，市政协十一届二次会议提案505件，沟通率、办复率均达100%，办理工作得到领导、代表、委员的一致认可。（2）办文办会。在公文办理方面，严格公文运转、质量管理、审核把关、印制发布、超时催办等程序和措施，全年共计下发各类文件560个，同比减少27.5%。在会务筹办方面，坚持少开会、开短会，积极倡导分战线召开联合会议、分类别套开会议，全年共承办的各类大小会议221次，同比减少28.9%。2014年，市政府办公室承办、主办的各类文件、会议及活动，都做到“零差错”“零失误”，得到市政府领导的肯定。（3）后勤管理。加强机关保卫工作，在全面落实24小时值班制度的基础上，改造东西门传达室，维护机关大院安全。按照上级要求抓好公务用车管理，确保领导出行顺畅、安全。加强财务收支管理，执行相关财经政策纪律，全年节约行政办公经费支出约100万元。开展超标准办公用房清理工作，完成清理整顿各项任务。深入推进“1+1+2”（即1名办党组成员+1名处级干部+2名工作人员）日常接访处访机制，全年共接待群众来访约3.1万人次，其中50人以上集访117起1.5万人，没有出现一例矛盾激化情况。（刘知生）

【服务民生】（1）开展群众路线教育实践活动，转变干部作风。响应市委、市政府号召，开展以“为民、务实、清廉”为主题的群众路线教育实践活动，在完成规定动作的基础上，结合办公室工作实际，创造性地率领党员干部深入南岳忠烈祠、罗荣桓元帅故居、夏明翰故居等地进行学习教育，并深入开展“百乡千村万户大走访，服务群众见行动”，帮助衡南县鸡笼镇大江村解决村部建设、农网改造等系列问题，切实增进与群众之间的感情。（2）推进政务公开，提升服务效能。创新政务公开和政务服务工作机制，进一步推进集中审批、网上审批、分类管理机全程代办服务，深入实施“两集中两到位”改革，有效提高政务服务效率。进一步完善政府信息主动公开、依申请公开、保密审查、责任追究等制度，继续抓好九个重点领域政府信息公开工作，推进财政预算决算、“三公”经费和行政经费公开，推进保障性住房、食品安全、环境保护、教育、招投标、安全生产事故、征地拆迁、价格和收费信息公开，公共企事业单位办事公开，扩大人民群众的知情权和监督权。（3）加强干部队伍建设。全面提升综合素质，注重强化机关干部对政治理论、重大政策和讲话精神等方面的系统学习，组织符合条件的机关干部，参加市委党校干部调训，进一步提升机关干部的工作水平。着力夯实队伍基础，在干部提拔、任用上既注重内部交流，又注重对外输送，全年共民主推选出处级干部3名，科级干部21名，有效促进办公室内部干部提拔使用的良性循环。在人才选拔、培养上严把关口，组织从各县（市）区和市直机关单位及选拔优秀干部跟班学习，全年共接纳10余名优秀人才来市政府办公室跟班学习，为办公室各项工作优质高效运转提供新的动力与活力。（刘知生）

政务服务工作

【行政审批制度改革】 市政务服务中心始终把推进行政审批制度改革作为政务服务软环境建设的着力点，在大力整合行政资源、提高审批效率上下功夫，着力打造服务快车道。（1）分类管理促审批提速。为优化发展环境，提高审批效能，下发《关于对行政许可和非行政许可审批事项实行分类管理的意见》，将所有事项分为即办件、“一审一核”制办件和承诺件三种类型，对简单直观、条件和标准比较明晰的事项授权窗口直接办理，对涉及多个部门审批的事项进行并联审批，减少审批层级和中间环节，压缩审批时间，提高审批效率，促进产业发展项目快速见效。同时，进一步完善工作流程和工作规范，将申请人需提交的材料及注意事项一一列出，审批过程及结果在衡阳党政门户网上实时公布。分类管理既让审批提速，也让办事群众少跑腿。通过科学分类，即办件达到审批项目总数的50%以上，审批效率提高70%以上，承诺时限内办结率达到100%。（2）盲批改革促审批提质。为进一步提高审批效率，按照市委书记、市人大常委会主任李亿龙提出的“集中办事、方便群众，进一家门、办所有事”的要求，市政务服务中心结合新址建设，推进行政审批“两集中两到位”改革，下发《衡阳市行政审批推行“两集中两到位”改革实施方案》，通过推行“两集中两到位”改革，进一步整合各部门内部科室行政审批职能，使各部门行政审批职能向一个科室集中，行政审批事项向政务服务中心集中，部门将行政审批权向政务服务中心窗口授权到位，行政审批事项在政务服务中心办理到位，杜绝“名进实不进、人进权不进”的“双轨运行、体外循环”现象，确保行政审批事项“一站式”办结。同时，指导各县市区开展“两集中两到位”改革，衡阳县、衡南县、衡东县、祁东县等县市区都推行“两集中两到位”改革，进一步推进审批提质提效。（3）网上办事促审批提效。全市网上政务服务和电子监察系统开通后，按照“部门全覆盖、事项全覆盖、流程全覆盖”的要求，推进行政审批和服务事项网上办理，目前全市所有行政许可、非行政许可审批和公共服务事项全部纳入网上政务服务系统办理，实现从受理到办结的全过程监督。企业和群众足不出户就能了解审批依据、办事流程、收费标准及办理结果，并对办理过程进行实时监督。2014年，系统累计办结729072件，其中市本级办结382439件，县市区办结346633件，所有数据录入准确、及时、具体。

（滕　洁）

【政务服务】　以市政务服务中心整体搬迁为契机，进一步加强政务服务体系建设，增强政务服务中心服务功能，积极为投资者提供便捷周到服务，打造政务服务“新品牌”。（1）搭建综合服务平台。推进政务服务中心整体搬迁，发挥集约服务优势，进一步提高行政审批效率，进一步提升中心服务功能，将政务服务中心全力打造成集行政审批、公共服务、资源配置、效能监察、政务公开“五位一体”的综合性服务平台，实现“集中办事、方便群众，进一家门、办所有事”，使衡阳市成为全省行政审批事项最少、审批环节最简、办事效率最高、行政成本最低、投资环境最优的地区之一，为投资者提供优质高效服务。新址装修项目场地设计、网络设计、项目立项、造价预算、造价评审、设计文件审查、进驻银行招标、工程招标等工作已基本完成，已于12月底开工。（2）打造优质服务窗口。以党的群众路线教育实践活动为契机，进一步改进窗口工作人员工作作风，增强主动服务意识，树立“以人为本、服务至上”的理念，开通服务“绿色通道”，实行预约服务、上门服务、优先服务、微笑服务。实行首问责任制、一次性告知制、一审一核制、限时办结制、服务承诺制、责任追究制等，以规范化管理促服务质量提升，以优质服务赢得群众广泛赞誉。2014年，市县两级政务服务中心办理行政许可、非行政许可审批事项和服务事项72.9万件，其中市本级办理38.2万件；市政务服务中心本部完成规费收入8.6亿元（不含国土收益及罚没收入等），较2013年增长30.3%，创历史新高。（3）完善便民服务体系。加强乡镇（街道）便民服务中心、村（社区）便民服务代办点建设，目前，全市216个乡镇（街道），已经有180个乡镇建设标准化的便民服务中心，占乡镇（街道）总数的83.3%，大厅面积平均达到200平方米以上。涉及群众切身利益的办、站、所各项服务事项，包括党务、政务服务、计生、国土资源、林业、民政、劳动保障、财政、税务、水利、农业、农业保险、新农合、食品安全、司法综治、工商、公安户籍等服务事项，全部集中到服务中心，实行“一站式”办理，对于业务量较少的事项，设置综合代办窗口，实行集中受理统一办理。统一制定便民服务中心集中办理行政审批和服务事项的程序和办法，建立健全首问责任制、限时办结制、责任追究制和考勤考核等制度，并做到办公设施“七有”，即有电脑、打印复印机、电话、网格、档案柜、办公指南（须知）、便民联系卡，便民服务措施“三有”，即有方便服务对象的休息椅、纸张、笔；有条件的配备电子显示屏、解摸屏查询机、摄像监控系统等，确保站所核心

业务系统软件、常用档案资料和公章统一进驻中心到位，打造便民利民服务平台，为办事群众提供便捷周到服务。（滕　洁）

【政务公开】 制订下发《2014年全市政务公开政务服务工作要点》，指导推进全市政务公开政务服务工作。全市各级各部门充分贯彻“公开为原则，不公开为例外”的要求，进一步拓展政府信息公开范围，进一步规范政府信息公开内容和形式，让权力在阳光下运行。（1）完善信息公开机制。按照“谁产生谁公开、谁保存谁公开”的原则，进一步完善政府信息主动公开、依申请公开、保密审查、责任追究等制度，建立政府信息公开数据统计、主动公开和考核考评制度，对政府信息公开情况定期进行考核、评议。推进行政决策公开，不断完善政府信息依申请公开的受理方式及答复机制，畅通公民对政府信息的诉求渠道。（2）加大信息公开力度。指导监督各级各部门及时更新政府信息公开目录和指南，充实信息公开内容。继续抓好九个重点领域政府信息公开工作，积极推进财政预算决算、“三公”经费和行政经费公开，推进保障性住房、食品安全、环境保护、教育、招投标、安全生产事故、征地拆迁、价格和收费信息公开，扩大人民群众的知情权和监督权。积极推进公共企事业单位办事公开，涉及民生的公益事业，如供电、供水、供气、公交、医院等均开设服务和监督热线，设立信息公布及查询屏，建立服务网站，为老百姓查询服务内容和投诉服务质量提供方便。（3）抓好信息平台建设。在衡阳党政门户网及县市区党政门户网开设公开专栏，定期发布相关信息，并通过衡阳政报对政府的重要会议、重要文件等进行公开。同时，在档案馆、图书馆、政务服务中心（便民服务中心）等场所设置信息查阅点，并通过部门宣传栏、电子显示屏、网站等公布相关信息，方便群众随时查阅。（滕　洁）

地方金融工作

【概况】 截至2014年12月末，全市银行金融机构各项存、贷款余额分别为2406.2亿元、1235.5亿元，同比分别增长14.33%，34.88%，分别较年初新增301.6亿元、217.7亿元，存款余额及增量居全省第一（长沙除外），表内贷款余额及增量分别居全省第三、第二。存贷比为51.3%，较年初提高7.8个百分点。保费收入51.48亿元，同比增长22.9%，保费收入全省第三；证券交易额2352.8亿元，同比增长51.4%，期货交易额1235.8亿元，同比减少8.97%，证券、期货交易额全省第二，月末本市股民股票市值160.32亿元，同比增长54.5%；融资性担保公司在保余额42.2亿元，同比增长10.8%，在保余额全省第三；小贷公司贷款余额17亿元，同比增长32.7%，开业的小贷款公司数量全省第二；典当总额4.1亿元，同比增长29.8%，典当余额1.34亿元，同比增长24.1%。（黄　俊）

【全市金融会议】 2014年8月7日上午，全市金融工作暨“信贷惠农”座谈会在市政府一楼会议室召开，市委副书记、市长周海兵主持会议。市委书记、市人大常委会主任李亿龙指出：要在正确估价形势的基础上，进一步优化金融生态环境，更好支持地方发展，最终实现互利双赢。会上，银企双方举行对接签约。参与签约的金融机构共有14家，签约项目181个，签约金额168亿元，重点支持衡阳产业结构升级、工业技改项目和城市建设等。市委常委、常务副市长段志刚通报2013年度银行机构奖励情况。市政府正厅级干部陈新文作工作报告。（黄　俊）

【防范地区金融风险】 通过优化金融生态、加强宣传教育、加大风险排查，严厉打击非法集资，坚决守住不发生系统性、区域性金融风险的“安全底线”。（1）防范和打击非法集资。6月份，市处非工作牵头单位由市银监分局调整为市金融办，市处非办移交市金融办（市处非办和市金融办合署办公），非法集资防范宣传、风险排查、接访维稳、督查指导等工作继续扎实开展，处非工作成效显著，取得2014年全省处非工作综合考评第二的好成绩。市政府成立以市委常委、常务副市长段志刚为组长、陈新文顾问为常务副组长的市处非工作领导小组，加强处非工作领导，组织各县市区处非办主任到省里参加业务培训。开展大规模的处非宣传教育，印发宣传单、宣传册、《温馨提示》《司法解释》，在电视台、党政门户网和户外LED进行打非报道及播放公益广告，统一制作“民间融资风险温馨提示”在全市小贷、担保、民间融资中介机构和居民小区张贴，并开展“五进”（进社区、进学校、进企业、进机关、进家庭）活动。根据“属地管理”原则，指导和督促各城区开展风险摸底排查工作，及时发现风险隐患，及时采取措施化解。公布处非举报电话“8800393”，市处非办先后下达涉嫌非法集资督办函24件，督查对象公司共计23家，其中12家公司被公安部门立案，督办中3家公司解除非法集资风险。在公安立案的21起非法集资案件中，涉案金额15000余万元，集资受害者4000余人，抓获并刑拘非法集资犯罪嫌疑人34人，挽回损失420余万元。主动接访32次，通过接访疏导，有效制止2起堵桥，2起堵路事件。同时联系工商、公安、银监等处非成员单位以及各城区处非办人员对上访人员宣讲政策，引导群众报案，并及时、如实通报案情处理情况，安抚投资者情绪，尽力维护稳定。全市打非形势基本稳定，没有发生重大的非法集资事件，没有发生因非法集资而导致的重大群体性事件，有效维护社会和谐稳定。（2）优化金融生态环境。继续深入推进金融安全区创建活动，新增常宁、衡南两个市级金融安全区创建达标单位，市级金融安全区达5个（耒阳、衡东、南岳、常宁、衡南），省级金融安全区创建达标单位1个（耒阳）。“湖南省金融生态良好城市”创建工作也在深入推进中。开展公职人员逾期不良贷款清收活动，有效降低银行不良贷款率。人行衡阳中支、衡阳银监分局加强行业监管，引导各银行金融机构加强风险防范，全市银行业不良贷款继续实现双降，12月末，全市银行不良贷款余额62.12亿元，较年初减少10.22亿元，不良贷款率6.06%，较年初下降2.34百分点，资产质量进一步提高。

（黄　俊）

【强化资金要素保障】　加强政府、金融业与企业的合作，进一步加大资金要素保障。（1）融资总量持续扩大。全年实现社会融资总量379.16亿元，其中，银行间接融资（表内表外）217.7亿元，占融资总额的57.4%，直接融资（债券、上市、保险投资等）128.37亿元，占融资总额的33.9%，小贷融资22.4亿元，占融资总额的5.9%，其他融资（民间融资中介、典当等）10.69亿元，占融资总额的2.82%。（2）信贷结构持续优化。从贷款地域投放看，新增县域表内贷款61.78亿元，同比增加15.5%。从贷款结构看，“三农”、小微企业、中长期消费、项目贷款增加较多。全年重点（重大）项目累计投放贷款达132.58亿元，新增工业贷款41.46亿元，同比增长42.96%，新增中小微企业贷款57.45亿元，同比增长18.45%，新增涉农贷款60.23亿元，同比增长15.08%，新增中长期贷款120.3亿元，同比增长25.21%，新增消费贷款67.65亿元，同比增长24.87%，信贷支持实体经济发展、经济结构调整的成效显著。（3）融资方式渠道多样。债券融资继续发力，水利投公司债、高新区园区债、弘湘公司中小企业私募债先后成功发行，债券融资总额达30亿元。险资入衡投资实现重大突破，市城建投通过交通银行担保，引入中国人保资产管理股份有限公司15亿元的保险资金。金化高容上市融资，中油金鸿再融资（定增）、金融租赁、短期融资券，还有其他公司股权融资，股权基金，信托，BT，产权交易等多元化方式，进一步提高直接融资比重。　（黄　俊）

【激发金融创新活力】　坚持把改革创新作为金融工作主线，进一步激发金融业发展活力。（1）深入推进农信社产权制度改革。南岳信用联社成功改制组建南岳农商行，于12月23日挂牌营业。衡南信用联社改革已经过省银监局初步审核，城区四联社改制组建衡阳市农村商业银行的工作正在紧密锣鼓推进中。（2）农村金融改革重点突破。在耒阳开展金融服务“三农”试点，建立“四中心二公司一协会”的农村产权融资服务体系和“八位一体”的综合性便民金融服务站，开创农村土地流转经营权、农村房屋和农机具打包抵押贷款新模式，发放中南地区第一笔200万元的农村土地经营权流转抵押贷款，全市农村产权抵押贷款余额突破10

亿元。省委副书记孙金龙，省委常委、省委秘书长韩永文，市委书记李亿龙，市长周海兵等领导先后视察耒阳金融服务"三农"试点工作并给予高度肯定，央视二台、七台进行专题报告，省市主要媒体也进行报道和推广。(3)金融创新增添活力。各金融机构在金融产品、服务、方式不断推陈出新，"专业合作社＋农业订单＋家庭农场""家庭农场＋担保机构＋农庄经济""林权抵押＋科技园区＋小额农贷"的推出，开创可复制、可借鉴、可推广的油茶林家庭农场金融服务"衡阳实践"。以核心企业、园区、协会、商圈为平台的"联保贷""信义贷""助保贷""一圈一链"等多种信贷模式，民间融资中介的"四方合同"模式等创新，让衡阳金融业发展活力十足。（黄　俊）

【健全金融体系】　通过引建并举、争取指标的方式，大力开展金融招商，增加金融机构，构建多元化金融服务体系。(1)积极引进银行业金融机构。新引进的浦发银行已于11月28日开业，全市股份制银行已达7家（华融湘江、招商、民生、广发、中信、光大、浦发），引进广州农商行在祁东发起设立珠江村镇银行正在筹建，全市开业的村镇银行达4家（耒阳融兴、常宁珠江、衡南浦发、衡阳县沪农商）。(2)大力发展融资性担保公司、小贷公司。新增融资性担保公司2家（含一家外地分公司），全市开业的公司达9家，注册资本总额10.8亿元，全年累计担保额47.67亿元，同比增长14.7%，担保行业平均放大倍数为3.1。新增小额贷款公司6家，全市开业的小额贷款公司数量达到24家，实现县域全覆盖，注册资本总额15.85亿元，小贷公司全年累计发放贷款22.39亿元，同比增长0.45%。(3)金融网点覆盖率进一步提高。新增8个银行分支机构，其中新增社区银行5个，新增2家证券营业部（国信、国盛），新增8个保险分支机构，全市银行业金融机构网点达915个，助农取款服务点达8697个，保险业营销服务部达185个，网点覆盖率进一步提高，金融"普惠性"明显改善。至年末，驻衡阳金融机构137家，银行业金融机构30家，保险业金融机构34家（财险、寿险各17），证券营业部18家，期货营业部2家，融资性担保公司9家，小额贷款公司24家，典当行20家。

（黄　俊）

【改进金融服务方式】　通过加强金融服务，全面提升金融服务水平。(1)加大企业上市服务力度。积极培育全市上市后备企业资源，17家企业列为2014年湖南省重点上市后备资源库企业。大力推进企业上市，积极与股转公司沟通协调，缩短上市时间、降低上市成本，金化高容、世纪钨材、长宏锅炉、鸿铭科技、天衡儿童用品5家企业先后在"新三板"成功上市，衡阳市"新三板"上市企业数量全省第二。裕华化工、凯信化工等4家企业成功在湖南股权交易所挂牌（四板）。(2)加强对项目建设、中小微企业融资服务。加强与发改委、经信委、商务局等单位联系，掌握项目、中小微企业融资需求信息，先后组织或指导如"信贷惠农"等16场次的各类政银企对接活动，对接企业360余个，对接金额达203亿元。围绕全市首批408个重点项目进行融资指导，对市政府交办的23家工业企业存在的融资问题积极进行协调。积极向省里争取小贷公司、融资性担保公司设立指标，加快机构发展，担保行业全年为400余家企业提供融资担保服务，小贷行业为中小微企业、"三农"发放贷款630多笔近10亿元，有效缓解衡阳市中小微企业、"三农"融资难题。(3)提升保险保障服务。保险业首次纳入市政府目标管理单独考核序列，进一步规范农业政策性保险行为，种植养殖8个品种（水稻、油菜、烤烟、林木、棉花、油茶林、能繁母猪、育肥猪）涉农保险实现全覆盖，针对农业龙头企业和养殖大户，省财政将烤烟和家禽（肉鸡、鸭、鹅、甲鱼）纳入特色农业保险给予一定比例补贴，全市农业保险保费收入达2.2亿元，同比增长10%。农房统保范围已扩大至耒阳、祁东、衡东、衡山、衡南，衡阳六县，保费收入近800万，同比增长110.5%。开办燃气事故责任保险，保费收入9.43万元。全市保险密度达705元/人，同比提高128.6元/人，保险深度达2.15%，同比提高0.22个百分点。(4)创新金融服务方式。先后开展民间融资中介服务机构管理办法和实施细则培训、险资入衡阳投资培训、小贷公司监管人员培训班等金融业务知识培训服务，开设金融办官方微信公众号、设立《衡阳日报》金融专版等方式，加强金融宣传服务，并联合中国人民银行、银监分局开展金融知识普及宣传活动，为群众送去结算、反假币、防范非法集资等金融知识，促进群众金融知识水平和风险防范意识的提升。

（黄　俊）

【加强地方金融监管】 建立健全地方金融监管平台，完善监管机制，合力防范经营风险，助推地方金融业规范发展。（1）加强监管力量。推进县（市、区）金融监管体系建设，逐步形成市、县地方金融监管两级联动新格局，耒阳、祁东、衡南、常宁、衡山、雁峰区、蒸湘区已成立金融办，各县市区还按要求成立处非办，加强处非工作领导。（2）健全监管制度。先后起草并推动以市政府文件出台湖南省首个关于民间融资中介管理的文件——《衡阳市民间融资中介服务机构管理暂行办法》，联合工商、公安等5部门出台配套文件《实施细则》，对机构的性质、经营范围、风险防范等方面进行明确规定，确保在联合监督管理时有据可依、有章可循。（3）完善监管方式。联合工商局、公安局、人民银行、银监局加强对民间融资中介服务机构联合监管，利用省金融办的预警监管系统和市政府金融办制定的每月数据报送制度，加强担保、小贷两类公司的非现场监管和现场检查，每季度开展一次现场检查，对检查出的问题，通过约谈公司高管、下达整改通知书等方式，对公司进行规范。2013年对两家资本金不到位、管理混乱的融资性担保公司处以停业整顿三个月。融资性担保公司、小贷公司顺利通过2014年度全省行业抽查检查，并获得检查组较高的评分。

（黄　俊）

【扩大地方金融总量】 通过做大金融业，促进衡阳市金融总量不断扩大，对经济社会发展的贡献度不断提高。（1）金融资产总量继续扩大。截至12月末，全市金融机构（银行、保险、担保、小贷）总资产2817.29亿元，同比增长14.5%，其中银行业资产总额2658.52亿元，同比增长14.32%，保险业资产总额123.59亿元，同比增长14.18%，担保业总资产16.92亿元，同比增长22.6%，小贷业资产总额18.26亿元，同比增长34.26%。（2）金融业增加值占GDP比重进一步提高。2014年实现金融业增加值36.48亿元，同比增长17.2%，高于GDP增速7.3个百分点，金融业增加值占GDP比重1.52%，同比提高0.12个百分点，占三产比重4%，同比提高0.13个百分点。（3）金融业税赋贡献率不断提升。金融业（银行、保险、担保、小贷）实现税收8.1亿元，占全市总税收比重5.21%，其中银行业纳税额6.69亿元，保险业纳税额9212万元，担保业纳税额721万元，小贷业纳税额4108.8万元，金融对地方经济和财政的直接贡献逐渐扩大。（黄　俊）

法制工作

【行政复议应诉】 （1）行政复议规范化建设。2013年，全市制定《衡阳市行政复议工作规范化建设实施意见》并通过政府门户网站公开发布。2014年，为加强行政复议规范化建设，全市对市政府的行政复议文书试行上网公示。同时，全市已对衡阳政府法制网站进行改版设计，现已投入试运行。（2）办理行政复议应诉案件。全市坚持合法、合理、高效办案，积极发挥行政复议化解矛盾、维护社会稳定的作用。截至2014年12月份，市政府共收到复议申请74件，经审查依法受理45件，不予受理29件。对受理的45件复议案件，依法作出维持决定24件，撤销行政机关具体行政行为5件，确认违法1件，责令履行1件，驳回1件，行政机关改变行政行为后当事人自愿撤回申请2件，以其他方式结案4件。2014年市政府作为被告，共应诉行政诉讼案件15件。

（熊　亮）

【行政执法监督】 （1）全面完成县市相对集中行政处罚权报送工作。根据省政府统一部署，全市除4个城区政府外，其他8个县市区政府应推行城市管理相对集中行政处罚权。2014年，省政府明确要求6月底前务必完成城市管理领域相对集中行政处罚权工作。为了在规定的时间节点之前完成该项工作，市长、常务副市长多次进行专项调度，强调必须按照省政府的规定完成任务，并批示市政府督查室、市监察局进行督办。截至6月26日，全市先后向省政府报送耒阳市、祁东县、衡阳县相对集中行政处罚权工作方案。各县市区政府正在按省政府批复要求组建机构、调整职能和配备人员，全市行政执法体制改革取得初步成效。(2) 开展民生重点领域专项执法督查和案卷评查工作。2014年，全市重点加强对环保、食品、药品、安全、房地产等重点领域执法的专项督查。7月15～17日，市政府法制办、市食品药品监督管理局联合对全市食品药品系统执法开展专项执法督查，促进公正文明执法，维护人民群众的切身利益。10月10日，市政府法制办开展2014年度行政执法案卷评查活动，评查30个市直单位、国省驻衡执法单位报送的执法案卷132宗，11个县市区政府选送的执法案卷105宗，11月28日，市政府法制办将评查情况进行通报，进一步规范行政执法人员的执法行为。(3) 建立并完善行政执法案例指导制度。自2011年发布行政执法指导案例以来，市人民政府连续4年发布行政执法指导案例，涵盖农业、卫生、环保、住建、食品药品、交通运输、工商行政、畜牧水产、文化市场、粮食、烟草等11个重点行政执法领域。11月23日，市政府发布《衡阳市2014年行政执法指导案例（第1期）》，选取市工商局、市畜牧水产局、市食品药品监督管理局、市卫生局、市文广新局5个单位的案例作为全市2014年行政执法指导案例，其中，市文广新局案例是全市近年来首次发布的行政许可指导案例，对于规范促进全市行政许可审批依法快捷办理具有积极意义。(4) 开展行政执法人员资格管理和培训。对于新进的行政执法人员，全市实行岗前法律知识培训，培训坚持高标准、严要求，并按培训要求举行闭卷考试，考试不合格的，不予颁发行政执法证。2014年，全市对市文化市场综合执法系统、市文物局、市邮政管理局新进行政执法人员进行岗前培训。下半年，市政府法制办分批对全市规范性文件办文、行政复议办案相关人员进行轮训。全市为12483名培训合格的行政执法人员颁发行政执法证，建立行政执法人员数据库，实现信息化管理。10月24日，市政府法制办印发《衡阳市行政执法行为规范（试行）》，11月19日，转发《湖南省人民政府法制办公室关于印发〈行政处罚主要执法文书格式范本〉的通知》，促进全市各级各部门执法公正文明严格规范。(5) 建立完善政府法律顾问制度。建立政府法律顾问制度是促进各级政府依法、科学、民主决策的重要举措，是全面推进依法行政、建设法治政府的重要保障。2014年11月26日，市政府常务会议明确政府法律顾问工作由市政府法制办具体承担，市政府法制办加挂"市政府法律顾问室"牌子。下一步，全市将加快制定《衡阳市人民政府法律顾问工作规则》，从有关高等院校、科研单位、法律实务部门及律师事务所等法律咨询服务机构中遴选各专业领域的专家学者、优秀律师和法律实务工作者，以市政府法制办为主体，组建市政府法律顾问室。

（熊 亮）

【规范性文件管理】 2014年，全市以贯彻落实《湖南省行政程序规定》和《湖南省规范性文件管理办法》等政府规章为重点，认真履行规范性文件合法性审查、备案审查、文件监督等职责，不断加大工作力度，取得显著成绩。(1) 政府规范性文件出台审核把关。截至12月份，市政府法制办共审查各类文件130件，其中审查通过政府规范性文件68件。为确保政府规范性文件的合法性、科学性和严肃性，全市在坚持有件必审，依法把关的基础上，规定所有涉及重大民生问题、社会影响性大的规范性文件在出台前都必须征求民意，广泛听取意见，确保政府规范性文件内容合法、合理，制定程序公正、公开。市政府法制办全年共组织召开各类协调会议50余次，公开发放征求意见函30余份。(2) 市直部门和县市区政府规范性文件监督。截至12月份，全市共备案审查县市区政府规范性文件168件，登记审查市直部门规范性文件47件，基本实现有件必备、有件必登。对报送登记审查和备案审查的规范性文件，除按照《湖南省规范性文件管理办法》的要求对主体和权限进行审查外，还对其内容的合法性进行核查，对于发现的问题都要求文件制定部门和县市区政府及时进行纠正，做到有错必纠。(3) 清理规范性文件有效期。2014年，市政府法制办以规范性文件定期清理年和政府门户网站升级改造为契机，对市政府现行规范性文件进行全面清理，清理后确认232件政府规范性文件继续有效，重新发布41件政府规范性文件，清理结果通过政府门户网站向社会公布。同时，全市在新升级的政府门户网站上依法行政栏目中开通规范性文件专栏，建立政府规范性文件数据库和检索系统，在政府门户网上实现市政府现行有效的规范性文件检索、查阅以及有效期管理。至2014年年末，该项工作进入文件录入及网站调试阶段。（4）规范文件制定程序。2014年，全市多次召开市政府办、市政府法制办、市监察局联席会议，就如何规范办文程序进行研究讨论。9月份，市政府出台《衡阳市人民政府规范性文件制定程序规定》，对政府规范性文件的起草、征求意见、送审、合法性审查、决定、公布等办文程序都做详细的规定，并编制政府规范性文件办文流程图向各单位下发。市政府办、市政府法制办严格控制办文流程，对于不按流程办文、资料不全的规范性文件一律退回不予发文，对于未经政府常务会研究通过的规范性文件，一律不以衡政发文号发文。

（熊 亮）

【规范行政决策程序】 市人民政府严格执行各项决策制度，不断健全决策机制，强化决策责任，推动行政决策的民主化和科学化。2014年4月18日，市政府举行《衡阳市燃气事故责任保险暂行规定》听证会，市人大常委会代表、市政协委员、市监察局、市住房城乡建设局、市燃气办、市保险行业协会等单位特邀代表及消费者代表共34人参加听证会。会上，与会代表就《暂行规定》中的覆盖范围、投保标准、费率、理赔时限等具体问题提出一些意见和建议，承办单位将这些意见和建议向市政府进行书面汇报，作为市政府的决策依据。截至12月份，市本级还先后就“衡阳市城区自来水价格调整及实行居民阶梯式水价”、《衡阳市城区限放烟花爆竹管理规定（讨论稿）》等重大事项举行决策听证会7次，各县市区和市直部门也多次举行重大行政决策事项听证会，充分保障社会公众对政府重大决策的知情权、参与权和监督权，政府决策质量明显提高。（熊 亮）

【法律服务工作】 市法制办发挥法律顾问和参谋助手职能，办理各项政府涉法事务，为政府排忧解难，为政府处理各类重大涉法事务，解决群体性、突发性公共事件，参与各类重大矛盾纠纷协调。（1）城区房屋产权办证遗留问题。市法制办主要负责人通过召开专门会议、专函征询等形式，充分征求房产、国土、规划、住建、消防、税务、财政等职能部门的意见，并就有关疑难问题多次咨询专家。在此基础上，市法制办提出解决遗留问题的初步方案，获得市政府领导肯定，市政府由此制定出台《衡阳市人民政府关于印发〈衡阳市城区房屋产权办证遗留问题处理工作方案〉的通知》，确定解决遗留问题的方法和途径，成立专门工作机构解决遗留问题。本市产权办证工作取得初步的效果，社会矛盾得到有效缓解，老百姓因房屋产权办证遗留问题上访的现象大幅减少。（2）原市政府驻珠海办事处“衡阳大厦”遗留问题。“衡阳大厦”是已经烂尾二十多年的遗留问题，市法制办接手“衡阳大厦”遗留问题前，“衡阳大厦”已被政府全部拍卖，且拍卖款已交清，但因后续产权交割问题，无法交付买受人，由此产生法律纠纷。市长批示法制办介入后，经艰苦谈判，达成协议，拟推倒烂尾楼重建。根据协议，在拍卖款已全部交清的基础上，市法制办又为政府争得价值600万元的300平方米房产，作为衡阳市在珠海的招商联络办公场所。（3）湘投控股公司与市煤炭局债务纠纷案。2014年，市煤炭局因与湘投控股公司发生债务纠纷，经法院判决生效并进入执行阶段，长沙市雨花区人民法院强制划转市煤炭局账户600万现金到法院的执行账户。市领导批示法制办介入后，经市法制办出面协调，湘投控股公司同意减少200万元债务，最终达成和解协议，有效化解纠纷。（4）办理政协提案2件，按要求及时将办理情况和结果予以回复，获得提案人的肯定与认可。（熊 亮）

信访工作

【概况】 2014年，衡阳市信访工作取得“一升两降三提高”良好成绩。“一升”是指到市上访批次人次大幅攀升。共发生到市上访2147批29670人次，较2013年分别增加29.5%、59.7%；“两降”是指赴省进京非访明显下降。其中进京非访329人次，赴省非访1026人次，分别下降56.7%和42.9%；“三提高”是指信访事项的及时受理率、按期办结率、群众满意率全面提高。信访事项的及时受理率、按期办结率、群众满意率分别为99.7%、95.8%、68.3%，分别提高5.2%、8.4%、16.7%。衡阳市在湖南省年度考核中排名第3名，是历史上成绩最好的年份之一，被湖南省委、省政府评为信访工作先进市。

（杨晓超）

【“三大行动”】 从2014年5月到12月，在衡阳市深入开展信访突出问题“大排查、大接访、大化解”工作（简称“三大”行动），通过“市、县、乡、村（居）四级大联动，万名党员干部大接访”“市级领导解百难、县级领导包千案”等活动，排查化解矛盾1.18万件，市级领导包案化解139个疑难积案，县市区和市直单位办结信访积案1261件、稳定上访老户79户，极大减少信访存量。全体市委常委包保40个，全体市级领导包保99个。县市区和市直单位县处级领导包保494个；乡科级领导包案化解931个。包案规模之大、规格之高、案数之多，属衡阳市历年来空前的一次，在湖南省也属前列。全体包案领导对所包积案逐一成立工作专班，共终结31个积案；开展“百例疑难案件”公开听证活动，化解37个积案。市、县联席会议成立信访积案结案审定委员会，实行三堂会审、逐案销号。2014年1～12月，共编发信访简报69期、信访通报12期、信访协调会纪要63期、呈阅件107件；撰写信访新闻稿46篇、经验材料12篇、理论文章7篇，其中在《人民信访》上发表2篇、《湖南日报》上发表5篇、《湖南信访》上发表14篇。

（杨晓超）

【调解信访】 （1）领导接访。在党的群众路线教育实践活动中，市信访局始终坚持把领导干部接访作为密切联系群众、减少信访源头的重点来抓。2014年1～12月，市级领导接访下访164人次，接待群众492批2450人次，解决实际问题514个；县市区处级以上领导干部参与定点接访408人次，接待群众4163批次18976人次，解决实际问题2076个。（2）拓宽民意渠道。在完善216个乡镇（街道）群众工作站、5462个村（居）群众工作室的基础上，衡阳市积极建立政务微博、民生热线，开通网上信访、手机信访、视频接访。市信访局在各县市区设立领导干部群众来访接待室，安装视频摄像头，对领导干部接访情况进行同频录音录像。制定《选派优秀年青干部到是人民来访接待中心值班锻炼的实施方案》，从县市区选派18名、从市信访联席会议13个专项工作工作小组办公室选派26名，共44名优秀年青干部到市人民来访接待中心值班锻炼。在市、县市区、乡镇街道三级建立328个党代表联络室、232个人大代表联系群众工作站、12个政协委员工作室，衡阳市3万余名代表委员分区分系统入驻工作站（室），积极接访、走访和约访群众，化解矛盾纠纷，反映民声民意，维护合法权益。仅人大代表工作就接待群众1.5万多人次，收集群众意见2200余条，督促有关单位为群众解决城市内涝、开发扶贫、启用新能源公交车、食品安全等难点问题1000多个。开通政府“12345”民生服务热线，公开民生部门和信访部门工作人员手机电话，分区域发放“群众信访一卡通”；建设衡阳网上信访平台，实行网上登记、流转、反馈，方便群众投诉、跟踪、查询；建立视频接访平台，解决远程投诉难的问题；创建手机信访短信、信访微信、信访微博等互动平台，及时发布信访信息和工作动态。2014年1～12月信访干部共接待群众电话投诉5600余件，处理回复5400多件，按时办结率高达96.7%。（3）加强预防。2014年，衡阳市共对征地拆迁、规范市场等20余个项目进行风险评估，从源头上预防和减少信访发生。坚持村每天排查一次、乡每周排查一次、县每个月排查一次、衡阳市每两个月排查一次，重点排查可能引发赴省进京非正常访的案（事）件、可能引发群体性事件的苗头、可能引发社会热点敏感问题的不稳定因素，建立台账，及时交办督办，包案化解。2014年，衡阳市集中排查交办4次，化解矛盾隐患4252件。层层设立信访调解员、信息员，每天汇总上报重要信访信息。整合联席办、稳定办、综治办以及公安、国安、网管、网宣等部门信息资源，对社会稳定、重大集访、重要舆情信息实行统一侦查、监管、分析。

（杨晓超）

【自身建设】 （1）信访工作制度建设。为推进依法逐级走访工作，2014年5月6日，市委书记、市人大常委会主任李亿龙到市信访局现场办公，亲自指导信访工作制度建设。2014年1～12月，衡阳市信访局共完善11项程序性制度和15项办理工作制度。11项程序性制度即接待、受理、审查、交办、处理、反馈、督办、追究、救助、应急处置和终结制度，15项办理工作制度即办信、逐级走访实施办法、接待来访工作细则、督查督办、督查专员、复查复核、信访反馈、信访救助、依法终结、责任追究、集体访处置办法、联席会议和13个专项工作小组制度。程序性制度与办理实体性制度相互衔接、相互联动，形成一个完整的信访工作体系。（2）法制建设。翻印《信访条例》《关于创新群众工作方法解决信访突出问题的意见》《进一步规范信访事项受理办理程序，引导来访人依法逐级走访的办法》等法规文件6万册，编印《群众信访事项办理手册》10万册，由县市区、市直单位、乡镇街道发放到群众家中，要求有权处理责任单位从受理之日起，就按规定期限，在《办理手册》上填报接待、受理、办理、复查、复核、终结情况，并向来访人出具书面文书，履行相关手续，接受群众评议和社会监督。制定《到市集体访处置办法》，通过市、县两级电视、广播、门户网、报刊等媒体，选取典型案例以案释法、以案说理，宣传信访法规，营造依法表达诉求、依法解决问题的浓厚氛围。同时，成立市公安局驻市委市政府机关大院执勤大队，由20名干警每天到市委、市政府大院值班备勤，维护和管理现场秩序，开展劝导教育，必要时实施强制带离和驱散等措施。（3）队伍建设。市信访局围绕“为民务实清廉”主题，贯彻“照镜子、正衣冠、洗洗澡、治治病”的总要求，深入开展以解决“四风”问题为主要内容的党的群众路线教育实践活动，坚持高起点谋划、高标准要求、高质量推进，取得重大成果和明显成效。其中整改问题25个，修订完善制度52项，举行学习参观24场次，业务考试7次，全体党员干部的群众观点进一步增强，作风进一步转变，党群干群关系进一步密切，为民务实清廉形象进一步树立，干事创业的热情进一步激发。

（杨晓超）

外事侨务港澳工作

【涉外事务】 （1）出境管理。按照《中央办公厅、国务院办公厅转发〈外交部、中央外办、中央组织部、财政部关于进一步规范省部级以下国家工作人员因公临时出国的意见〉的通知》要求和中央八项、省委九项、市委十项规定，市外事侨务办制定符合衡阳市特色的《领导干部因公出国（境）管理专项整治工作方案》。操作上，始终贯彻因事定人原则，坚持从工作需要出发，对出访团组结构、出访任务、出访行程、出访时间上进行严格审查，并会同市纪委、市监察局、市预防腐败局、市委组织部等部门对因公出国（境）工作进行联合督导检查，确保出访质量。2014年，外事侨务办共审核审批因公出国团组32批58人次，其中党政干部15批32人次。邀请外国人来湘46批85人次，其中企业邀请27批60人次，院校邀请19批25人次，没有出现违规违纪现象。4月15日，外事侨务办参加省外侨办在郴州召开的规范领导干部因公出国（境）管理专项整治工作调研座谈会，就前期因公出国（境）管理、贯彻执行中央有关文件精神及开展专项整治工作情况进行交流。（2）友城友协工作。2014年上半年，为实现本市新建国际友城的工作目标，通过省友协的帮助，与美国德克萨斯州弗里斯科市取得联系，相互介绍基本市情，并真挚地交换各自意见，美方对与衡阳市结好表示出明显的合作意向。5月份，应衡阳市邀请，法中友协联合会主席阿兰·拉巴特一行5人到衡阳进行友好访问，其间，阿兰·拉巴特主席与外侨办的全体工作人员进行座谈，并明确表示，要通过这次友好访问，牢固搭建法衡桥梁，推动法衡经贸交流与合作。6月份，成功邀请深圳万博汇投资控股有限公司和法国建筑大师德尼·岚明（Denis LAMING）到衡阳进行投资考察。9月份，市外侨办派人参加大韩民国驻武汉总领事馆举办的大韩民国国庆招待会，进一步推进双方的交流与合作，加深中韩两国人民的友谊。10月份，市外侨办接待菲律宾青年政治家代表团一行8人到衡阳考察。市委副书记、市长周海兵接见代表团并进行座谈，推介衡阳。(3)涉外人员队伍建设。6月份，根据年初工作安排和省外侨办的要求，组织各县市区外侨办主任、各涉外学校、涉外培训机构、涉外企业主要负责人进行以涉外工作方针、政策、法律法规为主要内容的业务知识培训，并邀请省外侨办资深外交官符华兴副主任及涉外管理处高德才处长授课，收到很好效果。(4)境外非政府组织管理。为贯彻落实中央国安办、省委办公厅关于加强境外非政府组织规范管理的指示精神，摸清楚衡阳市境外非政府组织的基本情况，市外侨办迅速成立领导机构，并于6月份，召集各县市区人民政府、市直有关单位、驻衡国省属相关单位、部分在衡高校召开专题会议，就调查摸底的相关工作进行部署。为确保此项工作的顺利完成，市外侨办会同相关部门成立联合督导组，对各单位各部门的调查摸底工作进行督导检查，检查过程中，对思想上不够重视、工作进展缓慢、效果不明显的个别县市区进行批评，并提出限期整改意见，8月份，调查摸底工作已顺利完成。(5)涉外事件处理。为妥善协调处理好衡阳祁东县王泽火老挝投资项目纠纷事件，市外侨办多次赴省外侨办参加协调会。3月份，根据国家外交部、公安部、商务部及省委领导的批示，由市外侨办牵头，组织以市政协谢明芳副主席为组长的湖南省赴老挝工作组一行9人前往老挝（含省外侨办和省商务厅2人），协调处理相关纠纷事宜。工作组先后与中国驻老挝大使馆、川圹省和王泽火公司三方负责人进行沟通交流，通过多次反复协调，最终促成此事妥善解决。省委、省政府和中国驻老挝大使馆对工作组的协调处理方式和结果给予肯定。(6)服务经济建设有新成就。为切实发挥全市外事工作为经济建设的服务功能，真正让全市更多企业能够“走出去”，根据全市经济社会发展的需要和实际，发挥外联优势，按照特事特办原则，帮助衡变公司、衡阳镭目科技有限公司、衡阳市海联盐卤化工有限公司办理19个“商务旅行卡”，为特变电工衡阳变压器有限公司办理因公出国团组17批26人次，方便民营企业在国外的经贸活动。同时，为紧跟全市对外开放步伐，4月份，对全市的国际合作重点项目进行摸底调查，掌握全市国际合作重点项目的领域、地区及合作情况的第一手资料，为更好服务全市经济社会发展奠定基础。

（吴喻洁）

【为侨服务】 (1)社区侨务工作。年初，为加强社区侨务工作，本办组织人员，前往长沙、株洲、湘潭等社区侨务工作经验丰富的兄弟市州学习。并结合全市社区侨务工作实际，为两个社区侨务工作示范点制作法规政策宣传栏，建立各类台账。年内，社区侨务工作示范点的工作开展有序。2014年先后有4人确定归侨身份，有2人已享受每月200元的老年生活补贴，6名“三侨子女”实现高考加分。(2)信访维稳。为切实维护好归侨侨眷的合法权益，对涉侨来信来访事件高度重视，明确专人负责信访接待，并认真做好登记工作，建立信访台账。2014年来，共受理各种上访事件40余起，接待来访人员60余人，95%的信访事件得到落实，维护涉侨人员的合法权益。例如侨眷朱远湘，在泰国探望堂兄、堂姐期间，因突发急性心肌梗塞在泰国经抢救无效死亡后相关医疗经费报销的问题，因情况特殊，市外侨办委派专人多次与市医保中心进行协调沟通，最终帮助其妻钟雪娥通过各种渠道解决经费3.6万元；又如雁峰区侨眷刘梅芳因经济困难，一家三口一直挤住于一个不足60平方米的房子，生活极其不便，并多次申请廉租房未果，得知这一情况后，及时与雁峰区政府进行联系沟通，最终帮助其享受到廉租房待遇；同时，还通过多方协调，较好解决归侨贝文友的住房问题。(3)引资引捐。充分利用全市侨务资源优势，凝聚侨心、汇聚侨智、发挥侨力，年初，为改善本市部分偏远地区就医难的问题，通过多方努力，成功引进加拿大籍华侨陈沙立为南华附二医院和衡东高塘镇卫生院捐赠两台价值40多万元的救护车；为帮助全市归侨桥眷解决生活中的一些实际困难，4月份和10月份，相继引进杰出华人企业家、澳大利亚ABC纸业公司总裁魏基成夫妇捐赠助听器200台、棉夹克500件；8月份，开展“侨爱工程送温暖医疗队义诊”活动，为常宁市、衡南县的部分归侨侨眷进行义务体检，活动过程中，义诊医疗队还为患有鼻癌的祁东侨眷周年春进行进一步诊断，并现场捐款3万余元。（吴喻洁）

【港澳工作】 （1）加强出境管理。为加强与港澳地区的交流合作，2014年来，严格落实中央、省委《关于进一步加强党政机关、民营企业因公出国（境）管理的若干规定》和相关文件精神，共审核审批因公赴港澳团组21批50人次，其中党政机关团组7批8人次，企业团组14批42人次。在办理因公出境工作中，做到寓管理于服务之中，优先审核办理出境从事招商引资、技术与设备引进、项目推介、经贸洽谈、参（办）展等团组以及与“扩大内需促增长”密切相关的其他出境团组。对重大招商项目、重要出境团组以及紧急出境团组做到提前介入、跟踪服务，特事特办，快速办理。（2）服务港澳资企业。上半年，深入全市港澳资企业，对企业的生产、经营情况进行走访调研，倾听企业的诉求和呼声，力所能及地为之协调解决生产、生活中面临的一些困难。如衡阳鸿伟鞋业有限公司、镭目科技等港澳资企业在生产经营、技术革新、政策信息等方面存在困难，得知这一情况后，积极为他们牵线搭桥，帮助他们较好解决这方面的一些问题。又如：福缘酒业等多家民营企业，与港澳地区业务联系比较频繁，为解决办证问题，优先为他们办理多次往返港澳通行证，提高他们的办事效率。同时，还妥善协调处理香港居民陈志文在衡南县的交通事故案和香港居民徐国栋在耒阳市发生的民事纠纷案，较好维护港澳同胞在衡阳市的合法权益。（3）合作交流。2014年来，通过加强与有实力、有地位、有能力、有影响的港澳资企业的联系，形成与港澳客商、港澳同胞开展广泛联系交流的纵横网络，结交多名工商界企业家、专业人士、社团领仕，并保持经常性联系。还利用港澳客商投资的群聚特点，积极创造条件，加强交流合作，上半年，通过不断地“请进来”“走出去”，与香港中联办、澳门中联办、香港运输署、香港教育署、香港各区工商联、香港轩辕基金会、香港愆教社等20多家港澳组织机构和社团进行广泛联系。同时，还邀请香港新界北区工商联合会长彭华雄一行6人和香港驻武汉经贸办主任谢绮雯一行7人对衡阳市的投资环境、经济状况、港资企业的发展情况进行考察调研，有效促进衡阳市与港澳地区在经济、科技、文化等领域的合作与交流。（吴喻洁）

民族宗教工作

【构建和谐民族关系】 （1）全市民族团结进步活动工作部署。2014年年初，召开全市民族宗教局长会议，传达上级民族团结进步行动的有关文件和会议精神，听取各县市区关于开展民族团结进步行动的情况汇报，明确2014年全市民宗系统开展民族团结进步行动的工作要点，布置全年民族工作任务，对如何做好民族团结进步工作提出有关要求。（2）开展民族团结进步教育活动。把开展党的群众路线教育活动与宣传党的民族政策结合起来，推进民族团结进步事业。5月份，市民族宗教事务局在市莲湖广场开展民族宗教政策宣传活动，制作宣传专栏，宣传民族宗教政策，并发放《城市民族工作条例》《宗教事务条例》等宣传资料，开展形式多样的宣传活动，营造民族团结和社会和谐的良好氛围。发挥市回民管理委员会的作用，对外来回民进行民族政策、法律法规等方面的教育，积极走访外来少数民族群众，促进城市民族工作，促进民族团结进步。（3）服务少数民族群众。高度重视加强来衡少数民族群众服务管理工作，不断完善全市城市民族工作服务体系。7月份，全市开通“12345”政府服务热线协同办公系统，通过这个办公系统更加便捷地为少数民族服务。为贯彻第四次全国对口援疆工作会议、中央民族工作会议精神，根据省人力资源规划和人力资源社会保障厅的安排，衡阳市接受新疆吐鲁番地区技工（职业）院校教师赴衡阳技师学院培训的任务。为搞好这次援疆技能人才培养工作，市政府高度重视，10月31日，市委常委、常务副市长段志刚带领市人社局、发改委、财政局、教育局、民宗局等8个部门的单位主要负责人现场办公，解决有关困难和问题，并参加开班仪式。11月7日，市民族宗教事务局专程赴技师学院衔接有关工作。（4）以乡庆为契机，促进民族团结进步。2014年是塔山瑶族乡成立30周年，市民族宗教事务局积极争资争项，争取资金170万元。确定乡村道路硬化、瑶族风格房屋改造等8个乡庆竣工或在建项目，总投资400多万元。特别是2014年9月3日和11月5日，市委书记李亿龙和市长周海兵分别率有关部门赴塔山现场办公，极大地推动塔山各项事业的发展。11月28日，塔山瑶族乡建乡三十周年庆典活动圆满举行，省、市领导与身着民族盛装的瑶族群众欢聚一堂庆祝瑶乡乡庆。（5）组团参加全省少数民族运动会。10月23日至28日，由周辉斌副市长带队，全市41名少数民族运动员和教练员参加第八届全省少数民族运动会，赛出水平、赛出风格。（湛玉平）

【发展少数民族地区经济社会】（1）争资争项促发展。一方面向市政府申请《关于解决常宁市塔山瑶族乡财政扶持资金的请示》，得到市政府领导的批示，解决每年50万元的扶持资金；另一方面，向省民宗委争资争项。6月份，会同市旅游局积极推荐常宁市塔山乡西江村参加省人大组织的最美少数民族特色村寨评选，并根据少数民族发展状况，向省民委申报少数民族发展项目2个。（2）做好少数民族成份更改和民族考生的审核工作。按照省民宗委普通高校两种考生审核会议要求，市民族宗教事务局会同市纪委纠风办、市公安局人口管理支队、市教育局招生办，进一步细化责任抓落实。在民族成份更改和民族考生资格审核工作中，做到层层把关，按照有关政策办事，做到程序规范、材料完备、归档及时，2014年共审核民族考生89人，办理更改民族成份手续29人，没有出现一例差错。（3）加强民族工作调研。市民族宗教事务局通过调研塔山、弥泉、罗桥等少数民族地区，拟定27个项目，向市人大报告，建议对接“婆家”，将扶助任务具体落实到各成员单位，推动民族团结进步。同时，市民族宗教事务局积极深入基层、深入实地开展民族工作调研。一方面有重点地对部分县市区民族工作进行调研，掌握各县市区在开展民族工作存在的困难和薄弱环节，有针对性地开展工作。另一方面，按省民宗委要求，分管市长召开专题会议，做好城市民族工作的调研工作，加强与到衡阳务工少数民族之间的沟通交流，随时了解他们的生活状态和思想动态，对他们的困难及时给予真情帮扶。（湛玉平）

【宗教事务规范化】（1）市委副书记邓群策、副市长周辉斌多次率统战、宗教工作部门赴南岳指导宗教工作。市民族宗教事务局把南岳大庙的教风创建模式向全市各宗教团体和宗教活动场所推广，深化教风创建活动，提升衡阳宗教界的形象。（2）强化宗教事务管理，积极抵御境外渗透，严格审批程序，规范宗教活动，遏制滥建寺庙。为强化责任，市民族宗教事务局对各县市区宗教事务管理实行目标管理考评。（3）举办教职人员培训班。指导教职人员学习教规教义和宗教政策法规等，提高教职人员的素养。（4）做好全市宗教活动场所换证工作。按照省民宗委要求，市民族宗教事务局自7月份起，充分征求宗教界的意见和建议，对照《湖南省两类宗教活动场所区分标准》，重新确认寺观教堂和固定处所，分类造册，进行登记证统一编号。广泛动员，周密部署，加强督促，稳步推进，做好集中统一换发登记证工作。（5）开展民间信仰场所调研摸底。指导衡山县、蒸湘区、珠晖区开展民间信仰场所调研工作，了解掌握有关底数，探索有效管理途径。（6）推选市级重点宗教活动场所。8月份，市民族宗教事务局在全市开展市级重点宗教场所推选活动，进一步推动宗教活动场所强化教风建设、规范场所管理、争创和谐寺观教堂。（湛玉平）

【民族宗教团体队伍建设】（1）指导南岳佛教协会换届。为确保南岳佛教界稳定，市民族宗教事务局指导南岳区成立南岳佛教协会换届工作指导小组，制定换届工作方案，下发《关于严肃南岳佛教协会换届纪律的通知》，在与省、区有关部门的反复沟通和充分考察的基础上，拟定新一届佛教协会理事、常务理事和领导班子提名人选，高质量高标准筹备换届工作。3 月 29 日，南岳佛教协会第八次代表大会胜利召开，选举产生南岳佛教协会第八届理事会、常务理事会和新一届领导班子。指导新一届南岳佛协领导班子成员落实职责分工，改善协会的办公条件，推动南岳佛教协会各项工作走向正轨。（2）抓好市级宗教团体换届工作。2014 年是市回民管理委员会、市天主教爱国会和市基督教三自爱国会的换届年。通过换届，强化宗教队伍建设。市民族宗教事务局采取与各领导班子和信教群众代表座谈、发放征求意见表等了解相关情况，推动该项工作有序地推进。市天主教爱国会和市基督教三自爱国会分别于 10 月 29 日和 12 月 30 日圆满成功换届，产生新一届领导班子。（湛玉平）

【维稳工作】　（1）共筑维稳平台。为抵御渗透，维护民族宗教界的和谐稳定，市民族宗教事务局同公安、国安、海关、外事等部门积极沟通，形成多方联动、信息畅通的维稳网络平台。按照“属地管理、分级负责，谁主管、谁负责”的原则，完善民族宗教事务综治考核机制，建立维稳工作台账，共筑维稳平台。2014 年省综治委和省民宗委对衡阳市民族宗教事务综治考核给予满分。（2）做好敏感时期维护民族宗教领域安全稳定工作。针对 2014 年来国内发生多起严重暴力恐怖事件，市民族宗教事务局根据本市情况及时组织制订应急工作处置预案并进行演练。有针对性地做好相关工作，确保衡阳市民族宗教领域和谐稳定。4 月份，配合雁峰区政府、区民宗局及公安部门及时妥善处置湖北到衡阳回民王会庭因讨债喝农药死亡的纠纷。7 月份，市民族宗教事务局配合市城管执法局对少数民族摊点进行清理整治，确保城市管理规范有序。上半年调解外来少数民族务工人员与当地管理部门、群众发生的纠纷事件三起，及时扼制事态的发展，有效地防范涉及民族因素的群体性突发事件的发生，维护社会稳定。（3）开展宗教事务行政执法。按照“保护合法、制止非法、抵御渗透、打击犯罪”的十六字方针，联合公安国保开展执法行动。5 月份，制止太平小区基督教徒非法聚会活动和取缔红旗影剧院利用宗教教职人员身份拍卖字画活动；7 月份，市民族宗教事务局会同市公安局国保支队、衡东县民宗局和衡东县国保大队调研衡东基督教徒非法聚会点。（4）开展向民族宗教界送温暖活动。及时组织人员将省民宗委下拨的困难教职人员补助经费送到其手中，并指导蒸湘区等城区民宗局向区党委、政府为困难少数民族家庭申请发放慰问金，把党和政府的关爱传达到民族宗教界人士心中。同时，市民族宗教事务局还为部分经济较困难的宗教活动场所向省民宗委申请维修经费，并督促相关宗教活动场所合理使用好维修经费。

（湛玉平）

【慈善公益】　2014 年，市民族宗教事务局指导全市宗教场所开展形式多样的宗教慈善公益活动。指导南岳佛教协会以腊八节为平台开展慈善活动，为各县市区敬老院和南岳一些学校、贫困户捐助善款 30 余万元，全年累计捐款达 240 余万元。（湛玉平）

地方志工作

【概况】　2014 年，衡阳市地方志编纂委员会办公室各项工作取得较好成绩。12 月 4 日，在全省第七次地方志工作会议上，市志办被评为全省地方志系统先进集体，这次大会共确定 5 个单位作典型发言，衡阳市为第 1 个。认真贯彻落实《地方志工作条例》（以下简称《条例》）和《湖南省实施〈地方志工作条例〉办法》（以下简称《办法》）。市志办及各县市区志办（史志办）先后组织专题学习，并广泛利用报刊、广播电视宣传《条例》和《办法》。4～5 月份，市志办班子成员深入全市 12 个县市区志办（史志办）调研工作，督促学习贯彻《条例》和《办法》，帮助解决修志工作中遇到的困难和问题。

【编辑工作】　（1）按时完成《衡阳市志（1978～2008）》的修改、出版发行。2014 年 1 月，完成《衡阳市志（1978～2008）》验收稿，并送省志委验收。2014 年 3 月 30 日，收到方志出版社寄来的关于《衡阳市志（1978～2008）》的初审、复审和终审意见。编辑们将方志出版社提出的修改意见逐字逐条进行核对，确保正确的意见、有益的建议全部采纳、修改到位，确保《衡阳市志（1978～2008）》在保证质量的前提下按时出版发行。2014年4月20日，收到省志委关于《衡阳市志（1978～2008）》出版发行的批复。7月中旬《衡阳市志（1978～2008）》印刷出书，8月9日召开《衡阳市志（1978～2008）》首发式大会，正式公开发行《衡阳市志（1978～2008）》。（2）推进县市区第二轮修志进度。至2014年12月，《衡阳县志》《祁东县志》《衡山县志》《耒阳市志》《常宁市志》《衡阳市城南区志》《衡阳市郊区志》等7部县市区志已先后出版发行。《衡东县志》《衡南县志》《珠晖区志》《石鼓区志》《南岳区志》等5部县区志正在加紧征集收集资料。《衡阳市蒸湘区志》已出初稿。（3）出版《衡阳年鉴（2014）》。《衡阳年鉴（2014）》120万字，彩照100余幅，12月底由湖南人民出版社出版发行。（4）编好《衡阳地方史资料》。《衡阳地方史资料》第二辑31万余字，11月出版发行；《衡阳地方志史资料》第三辑24万余字，12月出版发行。（蒋大英）

【服务社会】 （1）开发利用方志资源，服务社会经济。市、县市区两级志办（史志办）积极为各类招商引资和重大项目建设提供市情县情区情资料，为经济建设服务。市志办为高速公路和国家重点工程建设多次提供地情资料。（2）开展“百乡千村万户大走访活动”。4～5月，市志办组织8名党员干部，分两批深入到耒阳市坛下乡石墩村开展走访活动，先后召开3次座谈会，与100多名村民进行谈话交流，慰问22户困难群众，给困难家庭和受灾农户送去慰问金9500元。针对村民反映的问题，及时地汇报到相关部门，为当地群众出主意想办法，帮助解决困难。（蒋大英）

【业务学习和队伍建设】
（1）2014年，全办组织4次业务学习，贯彻《地方志质量规定》，一条一条地学深学透，并落实到修志实践的全过程。（2）注意抓方志理论研究，组织和鼓励修志人员撰写方志论文，2014年全市方志系统撰写方志论文35篇。（3）培养一支高素质修志队伍。经常组织全办职工学习党的路线方针政策，加强业务培训，不断提高理论素养和文字水平，努力建设一支政治素质好、业务能力强、爱岗敬业的队伍。衡阳市志办完成《衡阳市志》510万字总纂修改任务、一年一本《衡阳年鉴》120万字编纂任务和《衡阳地方史资料》第二辑、第三辑60余万字的总纂任务，未向外聘请修志人员。（蒋大英）

【《衡阳市志》（1978～2008）出版发行】 2014年7月，《衡阳市志（1978～2008）》由方志出版社正式出版发行。这是1942年1月衡阳设市至今的第二部《衡阳市志》，也是衡阳历史上依时先后编纂有书在案的第七部“衡州府志”。主编杨伟东，副主编曾恒华、祝自鸣、肖泓、何顺祥、王益国、唐先斌、蒋大英，1000多人参与，历时15载，搜集9000多万字文字资料和上万张图片资料，编纂成510万字和600多幅图片的三册本大部头。《衡阳市志（1978～2008）》全书共28编、132章、700节、4000多目，全面记载1978至2008年衡阳境内自然、政治、经济、文化和社会的历史与现状，全面反映衡阳市改革开放30年来的历史进程，既是一部地方百科全书，也是一部衡阳改革开放史。“治天下者以史为鉴，治郡国者以志为鉴。”《衡阳市志（1978～2008）》的出版发行是一件有益当代、惠泽千秋的好事，对于促进人们认识衡阳、热爱衡阳、建设衡阳大有裨益，对于全市各级领导干部进一步总结经验、了解市情、绘制蓝图、科学决策，提供不可或缺的历史依据，对于加快全面建成小康社会，打造经济社会发展升级版，把衡阳建设成为“工业重镇、文化名城、旅游胜地、宜居家园”具有十分重要的现实意义。（蒋大英）

【《衡阳市农业志》出书】 由衡阳市农业局编，2014年1月以内部书刊印刷出书。主编黄东荣，副主编王升平、魏书生、李孝高。16开，图照50多幅，55万字。该志上限为1949年，下限至2008年年底。1949～2008年，衡阳农业（种植业）生产总体看来是发展较快的，但也有发人深省的教训，这些经验和教训在该志书中以丰富的历史资料，作出翔实的记载和科学的分析，不仅有利于研究衡阳农业（种植业）的发展史，从中可以得到有益的启示，

而且对发展衡阳的现代农业有着重要的意义。（蒋大英）

【《衡阳市水利志》出版发行】 由衡阳市水利局水利志编纂办公室编，2014年9月，方志出版社出版。总纂李安、周晓云、岳健，副总纂文昌荣。16开，图照300多幅，105万字，印数1500册。上限为1949年，下限至2011年。衡阳水利发展的历史，是全国水利建设的一个缩影。《衡阳市水利志》记述衡阳一市之水情，为衡阳市科学治水提供有益借鉴。

（蒋大英）

电子政务工作

【概况】 2014年，市电子政务办圆满完成各项工作任务。主要工作继续位列全省第一方阵，政府信息公开与政府门户网站工作被省政府评为优秀，网上政务服务及电子监察等工作在全省市州排名前茅，“数字衡阳”的运维管理模式成为全省乃至全国的亮点，“12345”政府服务热线获得“全国巾帼文明岗”荣誉称号，是全省唯一获此殊荣的热线单位。

（周乐天）

【数字衡阳】 “数字衡阳”一期工程建设投资1.96亿元，已于2013年年底初步建成，2014年完成终验并全面正式运行。一期主要打造“1+4”，即一个云中心和平安城市、数字城管、智能交通、应急指挥四大核心应用，全面投入使用。市公安局利用平安城市系统破获多起重大刑事案件，全市交通秩序根本改观，城市管理效率显著提高，应急指挥联动能力明显增强，衡阳的城市品味，市民的幸福指数因“数字衡阳”的建设大幅提升。2014年，突出重点，狠抓一期的优化完善，制定“数字衡阳”运行维护考核管理办法，建立机制，明确责任，加强对运维企业及整个系统平台的监管，整个平台运行正常稳定。

（周乐天）

【“12345”政府服务热线】 2014年，市电子政务办全力投入“12345”政府服务热线建设工作，出台热线建设的相关技术方案和管理制度，争取市政府下发系列文件。新成立三个科室专门负责热线建管工作，上半年完成热线知识库建设，新场地装修，软件开发，前台管理员招聘和培训等基础性工作。2014年6月28日进入试运行，9月18日正式开通运行并举行高规格的开通仪式。市委书记、市人大常委会主任李亿龙宣布热线开通，市委副书记、市长周海兵为热线开通致辞。热线大厅共设20个席位，24小时接听群众电话，热线运行至今，受理并解决群众诉求16万余件，经逐一回访，群众满意率达95.91%。热线的建设、运营、管理在全国、全省均属一流。

（周乐天）

【政府网站建管】 市电子政务办根据市党政门户网站在平台、内容和管理等方面存在的问题，对网站进行全面升级改造，新版网站设置“信息公开”“办事服务”“政民互动”“我的衡阳”“衡阳站群”五大板块，四个应用平台以及四个特色专栏，共计3531个栏目，网站信息内容充实，涵盖面广，展现形式多样，2014年更新发布政务信息达10万条以上。新版门户网站使用快捷高效的TRS平台，同时在管理上也进行创新，采取购买企业服务的方式进行运行维护，从根本上改变被动办网、低效办网的局面。升级改造后的市党政门户网站在2014年度全省政府网站绩效评估中被评为全省优秀政府网站。

（周乐天）

【电子政务内网】 2014年，为进一步加强内网管理，市电子政务办起草并以市委办、市政府办名义印发《衡阳市电子政务内网管理办法（试行）》，集中组织五期165个单位的收发文人员进行系统使用培训。为有效整合资源、深化内网应用，2014年6月，市电子政务办启动全市内网应用支撑平台提质升级改造工程。截至2014年年底，新的内网应用支撑平台已经搭建完毕，短信平台已建成并投入使用，即时通讯系统已完成开发、测试。2014年，市委、市政府利用电子公文系统向下发文794个，接收省委、省政府公文2800个，向省委省政府报送公文536个，市委、市政府使用改造后的市政府音视频会议系统组织召开会议200余次，金纪工程的综合办公平台在市纪委机关内部全面使用。内网的应用全面推广，市直相关单位使用内网

亦十分积极主动。（周乐天）

【政府信息公开】 2014年，全市在“中国·衡阳”党政门户网站上主动公开政府信息共92492条，其中市政府公开11123条，县市区公开58173条，市直部门公开23196条；65个部门（含县市区）主动公开2013年的政府信息公开年度报告，共收到依申请公开件42件，均按时回复；8月底，全面公开市本级和161个市直部门的“三公”经费预算和部门预算。市电子政务办起草并出台《衡阳市人民政府办公室关于加强政府信息公开回应社会关切提升政府公信力的实施意见》。同时，为加快推进行政权力网上公开运行，衡阳市将该项工作纳入全市优化经济环境考核指标，明确专门机构，2014年3月，市电子政务办起草并以市政府办名义印发《关于推进行政权力网上公开运行工作的实施方案》。8月，市电子政务办编制《衡阳市行政权力公开编制说明》，将行政权力分为十类，集中对72个部门的监察室主任、法规科长及联系人开展梳理培训。及时开发行政权力公开发布系统，对梳理的行政权力事项进行集中发布。截至2014年年底，共清理衡阳市本级行政权力事项3801项，在衡阳党政门户网发布3189项。衡阳市政府信息公开工作在全省被评为优秀。

（周乐天）

【网上政务服务和电子监察】 网上政务服务及电子监察是列入省委、省政府绩效考核的重点工作，市电子政务办积极主动，认真抓好工作落实，2014年对系统平台进行升级改造，审批专网服务平台升级改造完成并投入使用，外网服务平台和电子监察平台升级改造基本完成，正在最后调测阶段，升级改造后的审批专网服务平台系统功能强大，实现省、市、县、乡纵向四级和横向146个部办委局的互联互通。全市非涉密的行政许可、非行政许可审批和公共服务事项全部纳入网上政务服务办理系统，实现审批事项全程留痕、全程可控、全程监管。截至2014年年底，全市网上审批办件62万件，在全省名列前茅。

（周乐天）

【数字认证工作】 按照湖南省统一部署，衡阳市成立“衡阳市数字认证服务中心”，在8个县区都设立数字认证业务受理点，办理数字证书数千张，减少企业和群众报批的环节，简化流程，杜绝职能部门权力寻租空间，群众一致反映良好。（周乐天）

无线电管理工作

【优化电磁电波环境】 （1）对辖区内的移动通信台站进行规范化管理。5～9月份，按计划对辖区内的移动通信台站进行清理核查，核查的范围包括移动、联通、电信三大营运公司，广电系统、人防系统、公安系统等设台单位，对每个基站的技术参数进行认真核对，并将核查后的台站技术资料登记造册存档，建立台站数据库。（2）进行干扰排查，维护正常通信秩序。为了维护航空、铁路的通信安全，确保公众通信畅通，对8起重大通信干扰进行快速、坚决的查处。1～3月份，市无委办连续接到常宁市柏坊镇、兰江乡、官岭镇居民的3起投诉，称其电视信号受到干扰，出动人员携带装备，在干扰区周边进行监测排查，并与当地广播电台负责人进行协商，最后排除这几起干扰。6月份，在日常监测中，监测到93.3兆赫兹、97.8兆赫兹、103.00兆赫兹频点3个不明信号，出动监测设备对3个可疑信号跟踪定位，发现93.3兆赫兹为设在火车站附近一个非法大功率广播电台信号，在相关部门配合下，对该非法台进行取缔；97.8兆赫兹为衡东县广播电台非法设置使用的，也进行查处；103兆赫兹为无主非法广播台，也给予取缔。7月份，衡阳高铁东站附近基站通信存在严重干扰，接到投诉后，出动人员积极排查，后查出干扰源。9月份，查处耒阳空军机场的航空通信干扰。（3）坚持和完善监测月报告制度。首先是制定完整的监测计划。为了有计划、有系统地分析信号，摸清本地的电磁环境状况，制定完整的监测计划，对87～108兆赫兹、915～930兆赫兹、1427～1492兆赫兹、1850～1880兆赫兹、1980～2010兆赫兹、2170～2200兆赫兹频段进行重点监测。其次是建立日常监测档案，将年度月度监测计划，监测日志和监测情况小结等按照日、月、年的顺序进行整理汇总。第三是加强对人防、航空、列调、

GSM-R 等无线电专用频率及广播电视频段和公众通信频段的保护性监测。此外还加强对重点台站、重点地区、重点频段的监听监测。不断完善频率监测样本数据库，为干扰排查、清查非法台站提供技术支持，为重点业务、重点区域的电磁环境状况及变化情况提供宝贵资料。（4）进行电磁环境测试和电磁辐射监测，为服务单位提供技术保障。2014 年，对衡阳移动、联通及电信公司新建基站进行电磁环境测试，为他们新建基站的站址选定提供依据。对居民有投诉的 25 个基站进行电磁辐射监测，把测试数据和相关电磁辐射防护标准进行对照，并当地居民解释，消除他们的疑虑心理。同时对南岳机场指挥塔的电磁环境进行多次检测，为市里重点工程的决策提供科学依据。

（肖东庚）

【公共安全监控】 为了更好地履行无线电管理职责，发挥无线电监管设施作用，保障“两会”、南岳机场、武广高铁通信安全，保障高考和各种公共考试公平、公正的竞争环境，对机场、高铁专用频率都进行日常保护性监测，对每次考试都进行周密的监测部署，确保每个任务顺利完成。(1) 加强“两会”期间的监测监控，保障“两会”通信安全。首先与市广播电视局进行沟通协调，防止非法安装卫星电视干扰器；其次与人防、公安、铁路通信车间等部门进行沟通协调，了解专用频率的使用情况，并在耒阳、衡山、市区高铁沿线对专用频率进行保护性监测；再次是召集移动、联通、电信等通信运营企业负责人召开专题会议，商讨对策，确保正常的公众通信；最后是组织技术力量对本辖区内的航空无线电专用频率进行专项监测，确保航空无线电频率的使用安全。（2）加强高考期间无线电监控、监听工作，维护正常的考试秩序。高考前期，根据市政府的统一部署，与市教育局招考处、市公安局国安支队成立联合工作组，6 月 4 日到 6 日，工作小组人员深入到全市五县五区二市各考点进行实地调查，对各考点周边电磁环境进行全面监测了解，并对各考点的屏蔽设备进行随机抽测，避免对其他通信造成干扰。2014 年高考，全市共设 8 个考区 27 个考点，参加人数达 42984 人，考试期间，共派出工作人员 11 人，移动监测车 2 台，启用无线电信号技术设备 5 套，有效保障考试的公平公正。（3）加强对各种公共考试的无线电保障工作。1 月 4 日，在巡考研究生入学考试时，在南华大学考点监测到可疑信号，立即对可疑信号进行技术阻断，5 日上午再次发现作弊信号，立即对发射源锁定，抓到 1 名作弊人员，维护考试的正常秩序。3 ~ 6 月份，分别完成人社局组织的职称外语考试、公务员考试、二级建筑师资格考试等巡考任务。9 月份，完成国家司法考试、全国一级建造师资格考试、医师资格考试及祁东县人社局组织的事业单位招聘考试等巡考任务。10 月份，保障成人高考、自考和财政局组织的会计师资格考试及人社局组织的经济师资格考试。（4）加强对南岳机场的无线电保障工作。为了保障南岳机场的顺利通航，前期对机场周边电磁环境进行反复测试，对机场所有的多种不同业务、不同用途、不同频率的通信导航台站的电磁环境进行测试，对机场所使用的民用航空专用频率内出现的信号进行连续监测和分析，保障机场的着陆、信标、通信等频率能正常安全使用。在 6 月 24 日，保障飞机航班从该机场到深圳首次试飞成功。（肖东庚）

【专业技术学习】 2014 年，市无委办对专业技术学习进行精心的安排和周密和部署，制订详细的学习计划，规定每周星期四为集中学习时间，组织全处人员系统地学习电磁理论的基础知识，使大家对电磁传播的相关特性、无线电通信干扰产生的相关原理有进一步的认识。对各种监测设备进行实操培训，给大家以压力和动力，增长大家学习的自觉性和紧迫感。10 月份，与永州市无委办联合举行无线电监测演练，检验大家应用移动监测车和便携设备进行信号分析、定位、信号查找等学习效果，通过灵活多样的培训活动，丰富大家的知识，提高大家的技能，开阔大家的视野。（肖东庚）

【执法检查】 为了将无线电管理的法律法规等制度向广播电视局、三大通信营运公司及广大的对讲机用户宣讲清楚，专门成立执法小组。执法小组的工作积极主动，成效明显。2 月份，召集各县、市、区广电部门负责人和市移动、联通、电信公司的负责人就无线电管理条例的相关内容进行座谈、学习。对于对讲机用户，执法小组多次深入到厂矿、宾馆、物业管理等场所，面对面地向他们宣传、解释有关政策和规定。3月份，与市公安局刑侦支队联合巡查，端掉一个“伪基站”，后又指导衡南县三塘派出所查取一辆载有“伪基站”的车辆。6～10月份，与公安、广电联合执法，严厉打击非法广播电台和非法使用卫星电视干扰器行为，查处非法广播电台3起。对耒阳、常宁、祁东、衡山、南岳5家广播电视无线台的使用情况进行监督检查。对全市广电系统频率使用情况进行清理整顿，完成全年广电系统频率占用费的征缴任务。9月份，利用宣传月活动的机会，调动一切因素加大宣传力度，通过电台、电视、报刊、短信、现场宣传等多种手段对无线电管理有关规范性文件和相关知识进行大力宣传。利用宣传展板在政府大院和湖南交通工程学院进行现场展览，取得良好效果。通过学习交流、媒体报道、短信提醒、现场宣传等方式加深大家对无线电管理法规制度的认识和理解，提高大家服从管理的自觉性。在政策法规宣传到位的基础上，积极加强执法检查。全年查处非法电台3个，排除干扰8起，勒令进行无线电台站整改78处。（肖东庚）

【基础设施建设】　为了提高基础设施保障水平，在已有1个固定Ⅰ级站、1个固定Ⅲ级站和2个移动站基础上，积极向省里争取新增1个Ⅰ级站，新增站的前期选址、定点、勘测工作完成。无线电管理指挥中心的建设正有序进行，在2014年年底前可完成调试，投入使用。指挥中心的建成为本市有效处置和应对无线电突发事件，保障武广高铁、湘桂铁路、南岳机场、空八师等重点区域的无线电安全，维护全市广播电视、移动通信、社会台站等无线电业务通信秩序，实现全市无线通信指挥、控制、调度、监测、会商等多功能于一体，提供坚实的物质保障。（肖东庚）

驻北京办事处工作

【概况】　2014年，衡阳驻京办在市委、市政府的正确领导下，以服务衡阳经济和社会发展为中心，以党的十八大和十八届三中、四中全会精神为指导，围绕争资跑项、央企对接、驻京劝访维稳、公务接待等开展工作，积极发挥驻京“窗口”和“桥梁”纽带作用，开拓进取，较好地完成全年工作任务。（夏平平）

【服务项目对接】　2014年，市驻京办加强与国家相关部委（如国家发改委、财政部、环保部、民航局等）有关司局的联系联络；加强已投资衡阳市和意向投资衡阳市的央企和大型的民营企业的联系联络和项目跟踪；以书记、市长来京对接项目活动为契机，加强与上述企业高层领导的联系、沟通，促使项目尽早落户衡阳市，主要项目有：（1）南岳机场直航北京航线。4月以来，市驻京办根据周海兵市长，刘正兴副市长的指示，牵头争取南岳机场直航北京，与国航、南航、首都航空、中联航公司等多家公司多次对接，反复商谈，最终确定由中联航公司执飞。市驻京办在机场未取得经营许可证的前提下，采取一对一的跟踪对接方式提前进入工作状态，经过数十次的协调沟通，在取得民航局颁发的机场许可证后一周时间内成功获批航权、运价，确保12月23日如期直航北京首航目标的实现。为确保通航后的航班入座率，市驻京办把衡阳南岳机场通航信息、购票方式和系列的优惠政策通过各种途径进行推广和宣传：一是向衡阳籍在京老乡和全国、全省驻京机构人员编发宣传推广微信、短信1000余人次，并发动200余名老乡通过微信、短信大量转发；二是在省驻京办官网“首湘缘”网站和衡阳市驻京联络处网站等多家网站发布推介信息；三是筹备做好12月24日在北京湖南大厦举行的衡阳南岳机场通航暨旅游宣传推介会，共邀请30多家媒体，30多家旅行社，全国部分驻京机构代表和老乡180人参加。通过上述系列措施，航班的入座率不断提升，受到市政府领导的多次表扬。（2）中油金鸿整体收购界牌瓷厂，打造100亿元界牌天然气陶瓷产业园。自从8月14日衡阳市与中油金鸿集团董事长陈义和签订整体收购界牌瓷厂协议后，市驻京办实施全程跟踪，力促该项目尽早落地。12月16

日，中油金鸿公司召开董事会，顺利通过项目方案。（3）北邮“羲和系统”打造南岳智慧城区项目。12月12日荣获国家创新型科学家的邓中亮教授，把研究的北斗卫星导航工程成果转化为实际应用，将项目建设选址衡阳市南岳。这款与地面网络通过二次传换的室内米级定位导航系统为衡阳市打造智慧城市提供技术保障。（4）中核建二四公司投资衡阳来雁新城建设项目。（5）引进国家信息产业部和总参科技局二芯片项目。（6）帮助耒阳市在国家水利部计财司争取国家水利防洪资金，国开行融资等项目。（7）中实集团在衡阳打造智慧谷、健康谷、发展电子信息技术、生物技术、健康医疗等产业项目，欲把衡阳建设成国际企业总部和科研中心等，实现创新发展。（8）由工业和信息产业部、北京邮电大学、中国电信集团、润泽科技公司共同打造衡阳“南中国智慧物流枢纽城市”项目，在原邮电部部长吴基传的亲自挂帅和主导下，得到省委书记徐守盛的支持，纳入湖南省“十三五”规划重点项目上报国务院，并推动其上升为国家战略。（夏平平）

【招商引资】 市驻京办积极联系联络大型企业、北京商会企业以及首都高校、科研院所，为衡阳市引进资金、项目、技术和人才做好服务工作；加强与北京市和衡阳的联系，推动北京、衡阳两地的经济技术协作和文化交流。全年的招商引资项目有：（1）鹏博士集团在衡阳地区投资“百兆衡阳”项目，总投资额3.5至5亿元，到位1千万工程款、6千万材料款，拟建5个机房，中心机房已建好，另各城区机房正在施工。（2）国脉互联有限在衡阳预投资5亿元，到位资金5千万元，公司已在衡阳市工商局注册，并有百余名互联网高科技人员办公。（3）中铁投资集团投资对云集工业园土地一级改造，预投资15亿元，已与衡南县委县政府多次接触，正在做项目前期论证。（4）北京中关村北京世纪瑞尔技术股份有限公司投资衡阳的电解水项目。（5）北京高特佳投资集团投资衡东藤茶项目。（夏平平）

【公务接待】 提升公务接待水平。一是把接待业务知识通过手机微信的方式发给所有同事，使之学到接待工作业务知识；二是组织接待工作业务专项培训，请市接待处有丰富经验的同志面授相关业务知识；三是在参加一些外事活动时，注重观、思、学、记。通过学习，不断提高市驻京办接待工作水平。在接待中，市驻京办严格执行中央八项、省委九项、市委十条规定，勤俭节约做好公务接待，全年共接待市级领导29批35人次、县（处）级领导95批338人次。（夏平平）

【信息服务】 市驻京办及时为市委、市政府和市直有关单位提供信息服务，服务领导决策和经济社会发展；有力宣传衡阳，效果明显。（1）编发《驻京简讯》。及时收集各类有价值信息按月采编，全年共编印12期，为衡阳市项目的争取提供优质的信息渠道。（2）借助“首湘缘”网站和“衡阳市政府驻京联络处”子网站等网络平台扩大衡阳市的对外宣传，提高本市的美誉度和知名度。（3）协助市宣传部等部门在京举办信息交流会、新闻发布会、旅游推介会等。（夏平平）

【劝返维稳】 市驻京办加强与中央信访局和北京市政法维稳等部门的联系，及时处理衡阳市邪教组织赴京滋事等突发事件，协助劝返赴京上访人员，维护首都和社会的稳定。（1）全年共接收上访人员480人次、接谈上访人员468人次、向县区交办进京非访人员告知函107份、点对点通报7份、移交证据材料47份，没有发生过一起止访人员滞留和缓接情况。（2）参与省驻京办常态值班27人次，每人次1个月，共值班27个月，参与省驻京办集中清劝值班43天，值班439人次。工作人员守纪守时，任劳任怨，受到领导好评。（3）消除在京恶性涉访事件6批17人次，甄别核减衡阳市进京重复非正常上访37人次，成效显著，影响深远。

（夏平平）

【公共服务】 2014年，市驻京办强化和扩大公共服务职能，汇聚和优化各方资源，依托驻京联络处各工作机构，衡阳在京社会组织，衡阳籍在京企业家、律师、公益人士，首都相关组织机构，北京市部分职能部门和从事慈善、公益活动的社会组织等“后台支持系统”，就在京群众的实际需要，为衡阳在京老乡提供全方位的服务和帮助。（1）企业指导：指导北京衡阳企业商会规范运作、健康发展，为衡阳企业在京发展搭建平台。（2）就业指导：本办积极促进衡阳在京劳务输出、化解人力资源供需矛盾，通过“牵线搭桥”，全年共帮40余人次找到称心工作。（3）应急帮助：帮助衡阳籍各类人士订机票（火车票）240多人次；负责在京医疗单位联系，帮助来京求医问药的30余人次；为衡阳籍在京就医的“再生障碍性贫血”患者贺晓浩捐款1000多元；为1名遇突发事件而身无分文的老乡购买回衡阳的火车票和食物、水等。（4）信息咨询：集中收集有关在京衣、食、住、行、学、游、医等各方面的信息组成信息库，遇到在京群众来电来访咨询，告知咨询电话和需要递交的材料、办事程序等。如：年内共帮助在京群众办理二代身份证20余人次。（5）法律服务：帮助衡阳市在京务工创业人员挽回经济损失10余万元。（6）组织联谊活动。全年共组织老乡中各类联谊活动40余次，其中组织在京衡阳籍企业家联谊会8次；组织医疗系统等专家联谊3次；组织文艺界老乡联谊会6次；组织在京务工人员和企业青年中秋联谊会1次。通过活动加强老乡之间的联系联络，加深浓郁乡情。（7）全年共接待其他来京人员280余人次。（夏平平）

【核清驻京机构】　根据国管局的要求，经认真核查，本市5家已撤销的驻京机构均严格按照要求，对驻京的房屋、车辆、办公设施和设备等资产进行处置，并妥善安置有关人员，及时办理机构撤销后的各项相关手续，不存在以变化名称、转移驻地等形式变相保留，或没有撤销、没有撤回人员继续在北京开展活动的情况，也不存在以各种名义或形式在北京新设办事机构、派驻人员以驻京办事机构名义开展活动以及其他违反规定的情况。（夏平平）

驻广州（深圳）办事处工作

【概况】　2014年度，市政府驻广州办事处在市委市政府的领导下，围绕市委市政府的中心工作，开展以为民务实清廉为主题的党的群众路线教育实践活动，严格按照中央八项规定的要求，严格内务管理，提升队伍素质，拓展外部关系，宣传衡阳形象，整合政商资源信息，服务衡阳经济社会发展。参加广州市政府协作办组织的驻广机构活动，同当地政府及主管部门的联系，工作得到广州市协作办的肯定。2014年度，衡阳市驻广州办事处被评为广州市驻穗机构先进单位。（唐志军）

【接待管理】　（1）严格控制经费支出。严格报账制度，做到先审批后支出。将经费审批与经办分开，账目清楚真实可靠，按照中央、省、市的要求，严格控制三公经费。实行车辆定点维修，统一购买加油卡和粤通卡，最大限度控制零散路费和油费报账。选定定点接待单位，建立优惠合同关系，控制接待标准，严格按规定接待标准点餐开房。解聘司机，平时接车均由办内人员自行驾驶，节约人员支出。（2）实行全天候值班制度。办内工作人员手机一律24小时开机，保证处于待命状态，随时可以联系。上班时间保证办公室有人值守，保证正常办公不因外联活动而中断。（唐志军）

【服务经济】　市驻广（深）办作为衡阳市委市政府派驻经济发达地区的唯一前哨站，负有为市委市政府收集信息，提供招商引资服务便利的重要责任。同时，努力拓展活动范围，强化对衡阳的宣传，发动老乡为衡阳发展献计献策，并为衡阳赴广州、深圳人员提供优质服务。（1）加强服务。对衡阳市赴广深人员及团队，市驻广办力求服务体贴周全，尽力提供各种方便，保障他们在粤期间的工作、生活便利。全年共接待大型重要团队10次，其他赴粤人员约25次。每次接待，市驻广办都悉心准备，事前同牵头单位密切沟通，了解访粤意图，制订详细的接待方案，提前开车预探访粤现场，根据牵头单位要求和相关规定提前安排好用餐住宿，联络车站机场保证交通接驳顺畅，联络一切资源帮助实现访粤意图，并根据需要采取适当的安全保卫措施。（2）信息收集。发挥在粤优势，广泛搜索信息。安排相关人员关注大粤网，广州市政务网，广东省政务网等相关网络资源；订阅《广州日报》、《新快报》等相关报纸，及时掌握改的开放前沿信息；强化乡情联谊活动，灵活开展老乡聚会联谊10余次，及时了解行业动态及衡阳人在粤活动情况；强化与当地政要的联系。与大学城管委会、黄埔区政府、广州新学城管委会、广州黄埔区人大常委会以及增城区委主要负责人建立紧密的联系。紧贴粤情获取服务衡阳的政改经改信息。全年共搜集有价值信息200余条，市驻广办以定期回衡汇报的方式，将这些信息向相关领导作了汇报。（3）强化协作。接受驻地政府领导，寻求主管部门支持。市驻广办同广州市协作办建立紧密的联系，全年共参加广州市协作班组织的各种活动6次，包括：2014年上半年广东经济讲评报告会、东风日产智能车间参观考察等。市驻广办还邀请广州市协作办和越秀区协作办领导及部分城市驻广办召开座谈会。请广州市协作办为市驻广办开展业务指导工作2次。（4）招商引资。为了招到优质商务资源，市驻广办比对100多家广东企业，经过层层筛选，市驻广办选定冠昊生物科技股份有限公司作为重点推介。这是一家高科技上市公司，曾入选“福布斯（中国）最具潜力企业100强”，董事长为常宁籍人士。通过打乡情牌，多次联络洽谈，终于成功引荐给“衡山科学园”，并成功签订战略合作协议，初步确定投资规模首期不少于1亿元，到位资金1000万元，后期工作已按市政府要求转由市商务局负责。

（唐志军）

【落实政策】 为了处理好衡阳市原珠海办事处的资产处置遗留问题，市驻广办勇挑重担，配合市法制办开展工作，三赴珠海调查研究，并按照市政府的研究决定，成立衡珠置业有限公司，办主任唐志军兼任该公司董事长。项目已经启动。

（唐志军）

驻长沙办事处工作

【信息联络】 （1）政务联络。作为衡阳市委、市人民政府驻省会长沙的派出机构，既承担着宣传衡阳、推介衡阳的责任，又是为衡阳经济发展做出贡献的前沿阵地。2014年，市驻长办组织定期不定期地走访省直各部门达30多家，重点加强对省财政厅、省发改委、省国土资源厅、省教育厅、省住建厅等部门的联系，尤其是对曾在衡阳工作过的省厅级领导的拜访，为衡阳市及时掌握有关政策信息，协助本市有关部门争取项目和资金打基础、做准备，取得比较好的成效。（2）乡情联络。市驻长办以多种形式及时向他们通报家乡发展变化和成就，节日期间发送慰问短信。广泛的联络、浓郁的乡情使衡阳在长人员感受到家乡的温暖和关切，对家乡衡阳的感情得到进一步升华。（3）提供省会信息。加强与省信息中心、省外管办、省机关事务管理局、省信访局的联络，及时传递信息为领导决策提供参考。11月，市驻长办召开各县（市、区）驻长办工作会议，建立市县定期联络联谊制度，强化沟通协作，初步形成资源共享、协同作战的“大长办”的格局，较好发挥整体效应，有力推进政务联络工作。

（陈洪志）

【接待服务】 办事处全年接待衡阳市来长沙办事的市级领导和市直部门人员1233人/次，接待服务是办事处的一项核心任务。（1）规范工作制度，强化精细服务理念。2014年，市驻长办建立健全接待制度、用车制度和服务流程，着力抓好日常服务的各个环节，力求“全面、细致、体贴、周到”，使迎送、餐饮、住宿、行车、安全服务流程规范有序，参与的市委、市政府在长沙重大活动，均未出现纰漏，特别是在新疆党政代表团来衡阳的接待服务工作中，得到市领导及代表团成员的好评；在省委举办的“欢乐潇湘”大型群众汇演活动中，积极参与衡阳专场汇报晚会的组织、接待服务工作，得到各界好评。（2）做好思想教育，强化岗位奉献精神。通过深入开展群众路线教育活动，统一思想，改进作风，树立接待无小事、服务全天候的理念，制定个人岗位责任制，把端正工作作风，吃苦耐劳的精神贯穿始终，即便节假日也提供优质服务。（3）克服困难建成单位食堂。办事处在省城负有对外联络、接待服务职能，为严格落实中央“八项规定”、省委“九项规定”、市委“十条规定”，本着节省开支、勤俭节约的原则，办事处建成单位食堂，以解决职工就餐问题，为衡阳市来长沙出差的各部门工作人员提供方便、廉价的就餐场所。

（陈洪志）

【招商引资】 （1）加大商会工作指导力度。积极参与并指导长沙市衡阳商会第二届一次会员大会，顺利完成商会换届选举工作。（2）2014年12月，全办参与并指导长沙市衡阳商会于2014年度启动的爱心助学“雏雁计划”行动，对衡阳市30名寒门学子予以资助的爱心活动。（3）全力配合商会打造“衡商”品牌，提升“衡商”影响力，加大宣传力度，提高“衡商”知名度。（4）积极牵线搭桥，全力服务招商引资。5月，牵头陪同新天地集团董事、湖南神斧投资管理有限公司总经理郑立民赴衡阳向相关领导汇报和商谈有关民爆产业投资、油茶基地建设、新型城镇化建设与土地开发、保安公司整合、金融投资与产融结合项目等的合作事宜，推进项目的进展、进度。（5）全力支持配合相关部门推进金铜项目建设。先后三次参加在长沙召开的金铜项目建设协调会，积极衔接落实项目建设相关事项。

（陈洪志）

政　协

综　述

【政治协商】　2014年，市政协把加强协商民主作为履职的新亮点、“重头戏”，专门制定年度协商计划办法和2014年专题协商活动实施方案，有效推进协商民主广泛多层制度化发展。2014年，分别就衡山科学园建设、关爱抗战老兵、帮扶失独家庭、法律援助工作、民间融资中介服务机构发展情况、城区农贸市场建设管理、湘江流域重金属污染治理等事关衡阳发展大局和民生改善的重大问题与市委、市政府及相关职能部门进行民主协商。市委、市政府分管领导对落实政协的协商意见提出明确要求，相关职能部门也进行认真研究，并拿出具体的实施意见和解决办法，取得良好的成效。如：在5月23日召开的衡阳市政协关爱抗战老兵专题协商会上，市政协委员和来自相关部门的负责人就老兵的现状、救助方式等进行协商，并最终取得初步协商成果：从2014年起，市政府将为衡阳市37名幸存抗战老兵每人每年安排6000元生活费；6月19日，市政协组织召开“关爱帮扶失独家庭”重点提案办理协商会议，促使市委、市政府专门出台《关于进一步加强计划生育特殊困难家庭扶助工作的意见》，明确失独家庭在生活保障、居住条件、养老照料、大病医疗、再生育服务、精神慰藉等各方面一系列的扶助措施；8月11日，市政协召开的“民间融资中介服务机构现状”专题协商会也督促市委、市政府出台《关于进一步加强衡阳市民间融资中介服务机构管理的实施细则》，有效解决民间融资中介服务管理不规范的问题；8月21日，市政协召开的“法律援助工作”专题协商会促使市委、市政府成立高规格的市法律援助委员会，并出台《关于进一步加强法律扶助工作的意见》；11月5日，市政协召开的“城区农贸市场建设与管理”专题协商会，促使市政府召开常务会议进行专题研究，并出台《衡阳市城区农贸市场管理办法》，明确农贸市场规划、管理、改造、经费保障等相关事宜；11月18日，市政协人口资源环境委员会与市环保局举行关于衡阳市湘江流域重金属污染治理情况的对口协商会议，就衡阳市湘江流域重金属污染存在的问题提出三个方面的对口协商建议：（1）强化督察督办机制，主要是强化综合执法力度和督促指导力度。（2）健全监管机制，主要是加强监测监管能力建设，要添置重金属铊的检测设备、在衡阳市湘江流域饮用水源上游及水口山地区建立湘江水质监测点，要成立污染源监控管理中心，统一加强对重点排污企业排污口的在线监控，健全重金属治理项目长效监管机制。（3）建立健全环保信息公开机制，对衡阳市城区空气质量、地表水质量的指标信息，定期向社会公开，让百姓知情。　（周智毅）

【提案工作】　2014年，共提出提案546件，其中大会提案458件，平时提案88件。经审查，立案543件，作为来信处理的3件。在立案的提案中，按提案人分：委员提案505件，各民主党派、市工商联、市政协各专委会集体提案38件；按提案内容分：经济建设类233件，政治建设类36件，文化建设类51件，社会建设类162件，生态文明建设类61件。截止到2014年11月底，所有提案全部办复完毕。提案所反映的问题已经解决和基本解决的183件，占总数的33.7%；正在解决或列入计划逐步解决的312件，占57.5%；因条件限制或其他原因暂时不能解决而留作工作参考的48件，占8.8%。总的来看，提案内容涉及面广，针对性强，通过办理，许多意见和建议被市委、市政府及相关职能部门采纳实施，较好地促进党委政府决策的科学化、民主化，为推动衡阳经济社会发展发挥积极的作用。　（周智毅）

【社情民意】　2014年，市政协共收到各类社情民意来稿930余篇，共编发《社情民意》专刊240余期，其中4篇稿件被全国政协采用，29篇稿件被省政协采用，在汇集舆情信息、反映群众呼声、改善发展环境等方面发挥积极作用，为党政领导提供有价值的决策参考。特别是《千亿惠农资金不宜再搞行政分配》的信息，引起省委、省政府的高度重视。省委副书记、省长杜家毫作出重要批示，要求分管领导研究具体的采纳措施。　（周智毅）

【建言献策】 2014 年，市政协围绕事业单位工作人员年休假制度、国企改制、法律援助情况、民间资本市场现状、耕地占补平衡、投融资平台建设管理、城区农贸市场布局与管理、廉租房建设与管理、湘江流域重金属污染治理等事关衡阳经济发展和民生改善的重点课题，组织委员、专家学者开展调查研究 40 余次，形成建议案 2 份、调研报告 37 份，为市委、市政府科学决策提供参考。落实机关干部年休假制度一直是衡阳市机关事业单位工作人员关注的热点问题，围绕这个课题，市政协组织委员赴各市直单位进行调研，广泛征求各方意见，形成《关于落实衡阳市机关事业单位工作人员带薪年休假制度向中共衡阳市委、市人民政府的建议案》，得到市委、市政府的高度重视，经市委常委会专题研究后，出台《关于落实我市机关事业单位工作人员带薪年休假制度的实施细则》，使机关事业单位工作人员的这项“纸上权利”最终得到落实。 （周智毅）

【民主监督】 为认真履行民主监督职能，促进全市教育事业又好又快发展，根据市政协 2014 年度“九三工作计划”和《民主评议市教育局实施方案》的要求，9 月下旬至 11 月中旬，在党组副书记李安平、副主席刘日煊、张亮和副厅级干部刘国思的带领下，市政协组成三个民主评议工作组，赴 12 个县（市）区、高开区以及市纪委、编办、人社、信访、物价、财政、规划等单位，进行专题调研。期间，走访各级各类学校 51 所，召开座谈会 42 次，发放调查问卷 453 份。同时，还采取向社会公开征集意见、举办“教育面对面”电视答疑活动、赴省教育厅调研等多种方式，多渠道地听取意见，了解情况。经过归纳整理，市政协共向市教育局提出意见建议 56 条，得到市教育局的积极回应，并形成整改意见。民主评议市教育局工作有效地促进教育部门的工作和全市教育事业的发展。针对部分委员工作岗位异动和个别民主监督员履职热情不高的实际，市政协对民主监督员进行调整，重新委派 36 名民主监督员，既提出明确的工作要求，又提供必要的工作保障，促使民主监督员工作落到实处。

（周智毅）

【团结联谊】 充分发挥人民政协联系面广、代表性强、位置超脱的优势，主动协助市委、市政府做好协调关系、理顺情绪、解疑释惑、凝聚力量的工作。（1）发挥好各民主党派、工商联和无党派人士的作用。市政协积极创造条件，支持他们广泛开展调研视察、协商议政、提案督办等履职活动，取得很好的成效。2014 年，各民主党派、工商联和无党派人士向市政协提交提案 371 件，撰写调研报告 17 篇，反映社情民意信息 382 条，发挥主力军的作用。（2）广泛开展港澳台侨及对外联谊交流活动。圆满完成市港澳台侨经济文化交流促进会的换届工作，发行会刊《侨梁》，有效扩大与港澳同胞、台湾同胞和海外侨胞的联系。认真组织驻衡的省政协委员赴湘西视察，并精心安排驻湘西的省政协委员来衡阳视察。市政协还对口接待外省市政协 30 余批近 300 人次来衡阳的考察交流。这些活动，让市政协进一步交流经验、开阔眼界、促进工作，更宣传衡阳。（3）做好民族宗教和文史资料征集工作。围绕促进塔山瑶族乡发展、衡阳名镇名村保护、宗教场所财务监管等课题，进行深入的调研，提出可行的建议。2014 年，编辑出版《衡阳地名文化》和《衡阳农业文化》（上卷），较好地发挥文史资料“存史、资政、团结、育人”的作用。 （周智毅）

重要会议

【政协衡阳市第十一届委员会第二次会议】 2014 年 1 月 19 日下午，政协衡阳市第十一届委员会第二次会议举行预备会。十一届市政协副主席肖长贵主持会议。大会宣读《关于表彰市政协第十一届第一次会议以来优秀提案和先进承办单位的决定》；以及《关于表彰 2013 年度“三好界别”“四有委员”的决定》《关于表彰 2013 年度优秀调研报告的决定》、《关于表彰 2013 年度优秀理论征文的决定》和《关于表彰 2013 年度市政协社情民意工作先进单位、先进个人、优秀信息稿件特别奖、优秀信息稿件的决定》；并对受到表彰的先进单位和个人进行颁奖。会议还对政协衡阳市第十一届委员会第二次会议相关事宜做说明和要求。

1月20日上午，政协衡阳市第十一届二次会议开幕。本次会议应到委员和特聘委员432人，因事请假23人，实到409人，符合《政协章程》的规定。会议由市正厅级干部、市政协党组副书记李安平主持。会上，衡阳市政协主席廖炎秋代表市政协作《政协衡阳市第十一届委员会常务委员会工作报告》。受市政协第十一届委员会常务委员会的委托，市政协副主席肖长贵向大会报告2014年的提案工作办理情况。2013年，市政协共提收提案549件，经审查，立案546件，截至2013年11月底，所有提案全部办复完毕。在这次开幕式上，还组织委员发言，其中谢宏委员提出《关于加快发展我市资本市场的建议》、向前委员提出《推进转型升级，做大产业集群，大力发展我市电子信息产业》的建议，全君委员提出《关爱失独家庭，共建和谐社会》的建议，唐林生委员提出《城市规划建设应优先考虑义务教育布局》的建议。委员们的发言得到与会委员们的肯定和赞许。

1月22日，政协衡阳市第十一届委员会第二次会议举行发言会，5位政协委员登台围绕衡阳市经济社会发展的重要问题提出意见和建议。市正厅级干部、市政协党组副书记肖长河主持会议。4位优秀调研报告撰写委员代表向德元、欧阳梅芳、江红、范林依次登台，分别以《加快推进中心城镇建设的几点建议》《以“退二进三”为抓手推动产业城市双升级》《大力消除安全隐患确保城乡居民饮用放心水》《关于应用水泥窑协同处置技术对城市垃圾进行无害化、资源化处理的建议》为题发言。政协委员王爱军代表市政协驻市住建局民主监督小组发言，发言题目为《认真履行职责切实做好民主监督工作》。衡阳市委、市政府对委员们的发言非常重视，衡阳市委副书记、组织部长邓群策与衡阳市委常委、常务副市长段志刚亲临大会，并对委员们的发言给予高度肯定。

1月22日，市政协十一届二次会议举行选举会，大会应到委员422名，实到委员371名，符合《政协章程》和会议《选举办法》规定的人数。大会通过《政协衡阳市第十一届委员会第二次会议补选办法》；通过《总监票人、监票人名单》；指定总计票人、计票人。随后，选举正式开始。经过委员们举手投票，马俭平补选为政协衡阳市第十一届委员会副主席。

1月22日下午，政协衡阳市第十一届委员会第二次会议圆满完成各项议程，胜利闭幕。会议应到委员和特聘委员432人，因事请假18人，实到414人，符合《政协章程》的规定。大会听取和审议政协衡阳市第十一届委员会第二次会议提案审查委员会关于十一届二次会议提案审查情况的报告；审议和通过大会各项决议。市委书记李亿龙发表重要讲话，市委副书记、市长周海兵出席闭幕会，衡阳市政协主席廖炎秋主持会议。 （周智毅）

【政协衡阳市第十一届委员会常务委员会第七次会议】 2014年1月15日召开，会议的主要议题是：通报关于聘请何远年、谢小平、伍守华、李万元、贺国清、蒋昕呈、欧阳勇明、游晨辉、徐政、梁瑞清担任政协衡阳市第十一届委员会特聘委员的决定等事项，并为10名特聘委员颁发聘书；通报相关人事情况说明，协商傅小林任衡阳市政协提案和委员联络工作委员会主任，免去其衡阳市政协副秘书长职务，免去郁晓初的衡阳市政协提案和委员联络工作委员会主任职务，免去谭丽霞的衡阳市政协提案和委员联络工作委员会副主任职务，免去王美志的衡阳市政协经济委员会主任职务，免去周天庆的衡阳市政协经济委员会副主任职务，免去卢劲松的衡阳市政协人口资源环境委员会主任职务，免去彭有贵的衡阳市政协人口资源环境委员会副主任职务，免去何旭明的衡阳市政协教科文卫体委员会主任职务，免去杨平芳的衡阳市政协教科文卫体委员会副主任职务，免去易彬的衡阳市政协社会和法制委员会副主任职务，免去贺熙欢的衡阳市政协文史学习和港澳台侨外事委员会主任职务，免去李祥云的衡阳市政协文史学习和港澳台侨外事委员会副主任职务，免去郭露璐的衡阳市政协副秘书长（兼）职务，免去陈其芳的衡阳市政协人口资源环境委员会副主任（兼）职务，免去马俭平的衡阳市政协教科文卫体委员会副主任（兼）职务，免去万进辉的衡阳市政协社会和法制委员会副主任（兼）职务，免去曾小蕙的衡阳市政协文史学习和港澳台侨外事委员会副主任（兼）

职务；协商免去李慧星、苏营、王旭明的政协衡阳市第十一届委员会副主席职务，并报政协衡阳市第十一届委员会第二次会议备案确认，协商增补杨秋良、夏崇礼、周艳春、周志敏、王若君、李学玲、周精华、王仲晓、刘浪、彭东阳、殷长茗、谢斌、乐慧华、肖志喜为衡阳市政协委员，协商免去李慧星、王旭明、苏营、戈雪一、周玉军、郭露璐、廖晟、陈其芳、曾小蕙、万进辉、王辉、黄常耿、郁晓初、谭丽霞、何旭明、杨平芳、贺熙欢、李祥云、王美志、周天庆、卢劲松、彭有贵、易彬、邹红华、刘健、谭向勤、张永法、雷华、李新华、熊国华、彭旺元、郑少会、申杰、汪秋明、张永英、刘斌、邱初开、张应权、冷柏青、徐兵、彭红光的衡阳市政协委员资格；协商政协衡阳市第十一届委员会第二次会议执行主席名单；协商政协衡阳市第十一届委员会第二次会议执行主席分组名单；协商政协衡阳市第十一届委员会常务委员会工作报告报告人名单，政协衡阳市第十一届委员会常务委员会关于十一届一次会议以来提案工作情况的报告报告人名单；协商政协衡阳市第十一届委员会第二次会议秘书长、副秘书长名单；协商政协衡阳市第十一届委员会第二次会议主席台就座人员名单；协商政协衡阳市第十一届委员会第二次会议委员小组召集人名单及分组原则；协商列席人员名单；审议政协衡阳市第十一届委员会第二次会议议程、日程；审议政协衡阳市第十一届委员会常务委员会工作报告；审议政协衡阳市第十一届委员会常务委员会关于十一届一次会议以来提案工作情况的报告。（周智毅）

【政协衡阳市第十一届委员会常务委员会第八次会议】 2014 年 1 月 21 日晚 7 点 30 召开。会议主要议题是：听取衡阳市委关于人事安排的说明；审议《政协衡阳市第十一届委员会第二次会议补选办法》（草案）。（周智毅）

【政协衡阳市第十一届委员会常务委员会第九次会议】 2014 年 1 月 22 日召开。会议的主要议题是：听取大会秘书处关于各小组讨论情况的综合汇报；听取各小组关于审议大会各项决定的情况汇报；听取各小组关于人事任免酝酿情况的汇报；听取各小组关于《政协衡阳市第十一届委员会第二次会议补选办法》（草案）和《总监票人、监票人名单》（草案）的情况汇报；通过候选人建议名单；审议政协衡阳市第十一届委员会提案委员会关于十一届二次会议提案审查情况的报告（草案）。（周智毅）

【政协衡阳市第十一届委员会常务委员会第十次会议】 2014 年 3 月 27 日召开。会议的主要议题是：学习全国政协十二届二次会议精神；审议并通过政协衡阳市第十一届委员会 2014 年工作要点和各类活动方案；衡阳市政协派驻民主监督单位的民主监督员代表作履职情况发言。（周智毅）

【政协衡阳市第十一届委员会常务委员会第十一次会议】 2014 年 5 月 27 日召开。会议的主要议题是：审议增补王平云、易晔、徐云会为市政协委员的决定；审议关于任王平云任衡阳市政协副秘书长、免去万春生的衡阳市政协副秘书长职务；审议关于任易晔任衡阳市政协经济委员会主任、徐云会任衡阳市政协人口资源环境委员会主任、万春生任衡阳市政协文史学习和港澳台侨外事委员会主任；审议《关于落实衡阳市机关事业单位工作人员带薪年休假制度向中共衡阳市委、市人民政府的建议案》。（周智毅）

【政协衡阳市第十一届委员会常务委员会第十二次会议】 2014 年 10 月 31 日召开。会议的主要议题是：审议有关人事任免，协商贺回乐任衡阳市政协副秘书长、周胜任衡阳市政协提案和委员联络工作委员会副主任、左琼颖任衡阳市政协教育科学文化卫生体育委员会主任、李文康任衡阳市政协教育科学文化卫生体育委员会副主任、陈侃任衡阳市政协社会和法制委员会副主任、王平任衡阳市政协文史学习和港澳台侨外事委员会副主任，协商免去曾良贵、彭放、赖小辉 3 名市政协委员资格，协商撤销范茂林的市政协委员资格；审议《政协衡阳市委员会〈关于政治协商民主监督、参政议政的规定（试行）〉》；贯彻学习习近平总书记在庆祝人民政协成立 65 周年大会上的讲话精神。（周智毅）

【政协衡阳市第十一届委员会常务委员会第十三次会议】 2014年12月4日召开。会议的主要议题是：民主评议市教育局工作情况。

（周智毅）

【政协衡阳市第十一届委员会常务委员会第十四次会议】 2014年12月26日召开。会议的主要议题是：听取市教育局《关于落实市政协民主评议整改意见情况的汇报》、市政协民主评议领导小组《关于对市教育局民主评议整改情况的评价报告》，市政协常委会组成人员对被评议单位市教育局进行满意度测评；通报市政协2014年度主要工作落实情况、市政协2014年度委员履职统计情况；审议政协衡阳市第十一届委员会第三次会议筹备工作方案、会议议程、执行主席名单、执行主席分组名单、秘书长及副秘书长名单；审议政协衡阳市第十一届委员会常务委员会工作报告报告人名单、关于十一届二次会议以来提案工作情况的报告报告人名单。

（周智毅）

民主党派·工商联

民革衡阳市委会

【队伍建设】 （1）党员队伍建设。民革衡阳市委始终把党员队伍建设作为队伍建设的基础，以建设学习型高素质的党员队伍为目标，全力提升党员参政议政的科学化水平。加强学习交流，提高素质。举办新党员、骨干党员培训班，提升党员的参政议政水平和能力以及社会服务意识组织；组织党员参加国家、省市各级举办的培训班，认真学习全国两会精神、中共十八届四中全会精神、国家、省市各级党委政府的重要文件精神，进一步提高大家对参政党地位和职能的认识。11 月份，民革衡阳市委组织部分市委委员、支部主委、市级人大代表和政协委员前往东莞、广州、厦门，与当地民革组织开展交流与学习。通过与其他地市民革组织的交流与学习，民革衡阳市委及各支部对如何开展民革基层组织各项工作及特色工作提升认识，开拓思路。抓好组织发展，储备高素质人才。组织建设是基础。2014 年以来，民革衡阳市委共发展新党员 20 人，他们都是在行业中担当重任的骨干精英，党员队伍结构得到明显优化提高。到 2014 年末，全市民革党员人数共计 400 人。（2）机关干部队伍建设。机关干部队伍是做好民革工作的中坚力量。民革市委长期以来都把干部队伍建设放到重要位置来抓。一方面是不断加大干部培训、交流和锻炼。2014 年以来，民革市委组织机关干部 5 人参加民革省委举办的机关干部培训班。在中共市委的关心和支持下，机关干部又与兄弟地市民革机关进行工作交流，对提高机关工作，起到促进作用。民革市委领导还经常给机关干部搭平台，让他们多上台，多露脸，多发声，锻炼其自身综合素质。另一方面是着眼于政治坚定、作风优良、学识丰富、廉洁奉公、业务熟练充满生机和活力的干部队伍。市委会为此按照中央八项规定、省委九项规定及市委十项规定，制定一系列规章制度，按照岗位职责进行目标管理，量化考核，并将工作业绩纳入晋职、评先、评奖考核范围，很好地调动机关工作人员的积极性和主观能动性，进一步增强机关干部的使命感和责任感，提升工作效果。在上一年度的全省机关工作量化考核中，民革市委在宣传工作、参政议政工作上获得民革全省二等奖和三等奖。

（邓石成）

【参政议政】 2014 年，民革市委紧紧围绕中共衡阳市委、市政府中心工作，就发展中的重大问题和群众关心的热点问题开展调查研究，取得丰硕成果。（1）开展调查研究。做好调查研究工作是提高参政议政水平和质量的前提和基础。市委会紧紧围绕全市的经济发展大局，选择重点调研课题，开展调研活动。2014 年开展的重要专题调研有“衡阳市历史文化名镇名村保护与发展”“抗战文化在衡阳文化兴市战略中的地位与作用”。前者结合国家和省市公布的名镇名村，以及散落各县区在各个时期受到不同程度损毁的传统名镇名村，实地考察，广泛调查，研究对策，对本市历史文化名镇名村的保护与发展，提出一系列符合客观实际的意见和建议。在市委的成果汇报会上，该建议引起市委书记李亿龙的高度重视并亲自批示，目前已开始实施。后者则针对衡阳作为抗战文化名城所拥有的丰富历史文化资源以及抗战遗址遗迹，进行深入细致的实地考察和采证，并对如何提升抗战文化在衡阳文化兴市战略中的地位，以及如何发挥衡阳抗战文化在衡阳文化兴市战略中的作用进行充分论述，重点围绕恢复重建张家山衡阳保卫战烈士墓、打造南岳忠烈祠成为国家级纪念地，提出一系列建议，为 2015 年衡阳市有效开展抗战胜利七十周年各项活动提供基础性的参考文献。此外，民革衡阳市委还陪同民革省委“湘江流域重点污染源治理专项民主监督活动”小组了解本市湘江流域的相关情况。部分省、市、区县级人大代表、政协委员参加人大、政协的视察和调研。（2）保障建言献策效果。2014 年初，民革市委要求，凡是民革界别的人大代表、政协委员不仅在两会上的议案、提案要有质量，还要注重平时议案、提案的撰写。2014 年全市两会期间，民革衡阳市委提交议案和提案共 30 多件。被批示及采纳 7 件。其中民革衡阳市委《关于兴建“衡阳抗战纪念馆”的提案》得到市委书记李亿龙的亲笔批示，为此，市委书记李亿龙带领市委、市政府有关领导，进行实地考察，现场办公，当场拍板将张家山气象观测站为核心的周边110亩土地上的公民建筑限期进行摸底调查，迅速拿出安置方案，并责戒市文化、文物部门召开专家论证会，形成具体方案，决心将张家山衡阳保卫战烈士墓恢复重建，打造衡阳抗战文化的地标性建筑。此举，不仅使民革市委多年来矢志不移努力推动的“恢复张家山衡阳保卫战烈士墓”意见与建议得到有效回应，而且受到有关各方和衡阳市广大人民的一致称颂。为将南岳忠烈祠打造成国家级纪念地，民革衡阳市委会多次向省、市政协提交《把南岳忠烈祠打造成国家级纪念地》集体提案，该提案被转报民革中央、全国政协、全国人大。民革衡阳市委还联合南岳区政府报请各有关部门批准，兴建“忠烈祠陈列馆”，2014年，该项目已纳入国家发改委“十二五”旅游景点建设规划，投资资金1560万元已经到位，陈列馆及相关基础设施计划在明年抗战胜利70周年时建成开放。民革市委通过政协提案和政协发言积极推动的水泥窑协同处置城市垃圾、污泥项目，得到市委、市政府领导高度重视，于六月份进入实质性操作，水泥窑协同处置城市污泥项目，已在民革市委偕市水泥行业办和金山水泥公司的共同努力下，向市发改委申报并立项，有望2015年上半年启动工程运作。(3)社情民意统战信息工作。2014年，市委会对各基层支部和全体党员提出参政议政的新要求，为此，民革衡阳市委召开参政议政专题会议，讨论并通过《民革衡阳市委关于加强反映社情民意工作的意见》，具体量化社情民意工作的要求，指导党员注意观察社会，关注民生，积极反映“社情民意”，为百姓建言，为政府献策。2014年，民革衡阳市委共报送社情民意稿件40余篇，其中被采纳5篇。在统战信息工作方面，报送30余条，其中被采纳4条；三湘统战网采用稿件5篇，衡阳统一战线采用稿件15篇。(4)定期开展对口联系工作。2014年，民革市委已邀请市人社局、地税局参与民革市委的走访慰问抗战老兵、纪念衡阳保卫战70周年书画展等活动。（邓石成）

【社会服务】 民革衡阳市委利用人才汇集的智力密集优势，以构建和谐社会为切入点，参加市委市政府倡导的“大走访”“同心社区”活动，“走访慰问抗战老兵”等方式，提升服务水平，传播正能量，得到社会的广泛好评，树立良好的社会形象。(1)举行三八妇女节联谊活动。2014年，民革衡阳市委民革衡阳市委以读书活动庆“三八”妇女节，活动中，广大民革党员根据各自的兴趣爱好或认真朗读诗歌，或娓娓而谈生活哲理，或阅读人生感悟、女性保健、安全常识、法律知识等方面的书籍。活动现场，民革衡阳市委秘书长范林向大家推荐《唐群英》《倒读历史》等书本，希望广大民革党员勤读书、读好书、善读书，让读书活动在民革党员中蔚然成风。(2)举行重阳节联欢活动。关心党员的生活是民革的优良传统，2014年重阳节，民革市委举办联欢活动，邀请民革市委的老领导和老党员30余人参加，并进行座谈，向他们传达党和政府对民主党派的好政策，并听取老党员的心声，以及他们对民革发展的意见和建议。(3)积极参加“大走访”“同心社区”活动。2014年以来，民革衡阳市委响应市委统战部的号召，积极参加“大走访”活动，在经费紧张的情况下，每年拿出一万元，连续两年支援祁东凤歧坪乡韭菜坪村新农村建设。2014年5月，为增强广大市民的法制观念，深入开展创建“同心社区”活动，民革衡阳市委在雁峰区雨花亭社区开展法律知识讲座和法律咨询服务，中共衡阳市委统战部、民革衡阳市委等相关领导出席活动，民革法工委全体律师、法律工作者及社区居民群众60余人参加此次活动。活动邀请衡阳市知名律师、民革法律服务工作委员会主任张云星，详细讲解新《中华人民共和国消费权益保护法》，增强百姓对法律权威性的信心，提高广大消费者维权意识。讲座结束后，民革法工委为广大市民开展法律咨询，免费发放法律宣传资料400余本。(4)走访慰问抗战老兵。2014年1月，民革衡阳市委由星光爱心会具体组织实施“抗战老兵关怀计划”，首先由民革衡阳市委领导率队前往衡东县走访慰问抗战老兵——97岁的刘广基和93岁的龙学成，拉开2014年民革衡阳市委“抗战老兵关怀计划”行动的序幕。9月3日至4日，首个“中国人民抗日战争胜利纪念日”期间，民革衡阳市委各支部及机关干部在主委谢肃的带领下，对全市抗战老兵进行走访慰问，给他们送上节日的问候和慰问金。此外，民革衡阳市委所属各支部都对各自帮扶的老兵对象定期进行走访慰问和开展帮扶救助。在走访慰问的过程中，这些国军抗战老兵切实感受到党和政府的关心，分享社会发展成果。（邓石成）

【祖统工作】 促进祖国统一大业，是民革各级组织的工作重点，也是民革的工作特色。民革市委在民革特色工作方面连连发力，打造一张属于衡阳民革的祖统工作名片。2014年民革市委的特色工作，在已有的基础上，稳步推进。（1）举行和参加南岳忠烈祠祭祀活动。2014年4月7日至8日，民革衡阳市委在南岳忠烈祠举办清明祭奠抗战英烈活动，湖南省政协副主席、民革湖南省委主委刘晓，国民革命军37军第60师师长黄保德将军的长子黄开基，国民革命军74军第58师师长廖龄奇将军外甥婿滕祖文等参加活动。活动期间，烈士后裔、文史专家及社会各界还在南岳衡山之麓举行座谈会，大家对南岳衡山忠烈祠在全国抗战文化中的重要地位和历史意义进行深度探讨，提出很多独到的见解，并一致倡议：每年9月3日，在南岳衡山忠烈祠举行国家级祭奠抗日英烈活动，将南岳衡山忠烈祠定为国家级抗战阵亡将士祭祀地，将此爱国主义教育基地打造成为中华民族的精神家园，国家级纪念地。2014年9月3日，民革衡阳市委邀请民革株洲市委、民革永州市委等兄弟地市民革组织，参加在南岳忠烈祠举行的抗战胜利纪念日活动。（2）举办“纪念衡阳保卫战70周年书画展”活动。2014年是衡阳保卫战取得战略性胜利70周年。为缅怀先烈，弘扬以爱国主义为核心的民族精神，提升城市文化品位，提高衡阳市作为抗战历史文化名城在海内外的知名度，促进衡阳市经济社会发展，扩大两岸交流，9月19～21日，民革衡阳市委在市美术馆举办“纪念衡阳保卫战70周年书画展”。此次书画展活动名家云集，名作荟萃，共收到来自全国各地书画名家创作的书法、绘画作品172幅。中共衡阳市委常委、宣传部部长、市人大常委会副主任谢宏治，市政协副主席、党组副书记肖长贵，市委统战部、民革市委相关领导等参加活动开幕式，同时编辑出版发行《纪念衡阳保卫战七十周年书画展》画册，受到社会各界一致好评。此次活动进一步扩大衡阳保卫战的知名度，彰显本市的抗战名城这一名片。（3）落实衡阳抗战纪念城的建设。2013年，民革衡阳市委主委谢肃通过多方努力，获得国家发改委“衡阳抗战纪念城”改造项目资金1300多万，以完善现有设施、丰富现有内容。2014年，市委市政府为搞好衡阳抗战纪念城的改造项目建设，成立专门的指挥部，并由民革衡阳市委主委谢肃任常务副指挥长，专职副主委郭露璐任办公室副主任，12月4日，市委书记、市人大常委会主任李亿龙率领市委市政府有关领导在张家山衡阳保卫战烈士墓现场办公之后，旋将此项目合并到“衡阳抗战纪念园”之宏大项目之中，有关拆迁安置、建设论证、规划设计等各项工作正在循序渐进之中。（4）引进台湾宗陞智能数码技术服务衡阳市经济建设。2014年，民革衡阳市委充分利用全市丰富的抗战资源这一海峡两岸的共同历史记忆，不断努力沟通推动，成功为衡阳引进台湾宗陞工程管理有限公司。这是一家不断创新整合欧美高科技数码技术，取得骄人业绩，为众多两岸知名企业提供物业智能管理平台的公司。11月20日，台湾宗升工程管理有限公司总经理谢博全先生应邀来衡，作题为《智慧建筑IBMS云端整合管理》的专题讲座。讲座由衡阳市委统战部常务副部长陈群洲主持。市政协副主席、市工商联主席谢明芳，民革衡阳市委、民革株洲市委以及来自全市地产开发与建筑行业的企业家和统战系统成员等百余人倾听讲座。此外，谢博全先生还应邀为南华大学附属第二医院作上述主题的讲座。（邓石成）

民盟衡阳市委会

【思想建设】 2014年，民盟衡阳市委以开展中国特色社会主义学习实践活动为契机，通过学习、座谈等方式，带领全市各级盟组织和广大盟员重新全面研读各类文件精神，深入领会“中国特色社会主义”理论的深刻内涵，进一步夯实全盟的思想基础，巩固政治共识，增强政治把握力。（1）组织专题学习。5月8日下午，民盟衡阳市委召开主委（扩大）会议，认真学习贯彻习近平总书记在比利时布鲁日欧洲学院的演讲和在北大师生座谈会上的讲话。10月27日上午，民盟衡阳市委召开主委会议，市政协副主席、主委马俭平主持传达中共十八届四中全会精神，对全市盟员学习贯彻中共十八届四中全会精神进行动员部署。通过迎庆“三八”茶话会、重阳节座谈会等形式，宣传学习中央领导讲话和中央有关会议精神，重温民盟与中共风雨同舟、并肩战斗的光荣历史，不断提高参政党意识。（2）参政党理论研究。马汉钦《中国特色社会主义参政党建设问题研究》、陈国生《民主党派社会服务工作机制完善、模式选择及创新路径实施研究》获民盟省委、市委统战部统战理论重点课题立项并完成结题报告。（3）服务基层。民盟衡阳市委全体机关工作人员深入基层，参加基层支部组织的支部活动和各项社会服务活动，了解掌握盟员的思想动态和自身建设中存在的问题，提高组织凝聚力。（颜娟华）

【组织建设】 民盟衡阳市委以优化盟员结构为契机，以促进发展为目标，大力推动组织建设。2014年，南华大学二支部荣获民盟中央“先进基层组织”称号，龙泉支部等四个支部荣获民盟湖南省委“先进基层组织”称号，张朝晖等13位盟员荣获民盟湖南省委“优秀盟务工作者”和“优秀盟员”称号。（1）注重组织发展，优化和壮大盟员队伍。2014年新发展盟员33人，发展率为5%，其中高级职称4人，中级职称以上13人，平均年龄38.5岁。至此，衡阳共有盟员680人，其中高级职称270人，平均年龄53.9岁。通过两年的努力，盟员平均年龄降低近2岁。（2）加强盟员培训，提高盟员素质能力。2014年8月，邀请市政协研究室主任唐时明对盟内骨干就如何写好社情民意信息进行讲座。11月份，邀请原民盟中央参政议政部部长张冠生为盟员作了一场题为《民盟文化风度》的讲座。民盟衡阳市委编印的《新盟员培训读本》，作为新盟员的入盟读本。

（颜娟华）

【职能建设】 （1）政治协商。针对衡阳市城区农贸市场建设管理滞后的现状，民盟衡阳市委在2014年初将城区农贸市场建设与管理作为市政协专题协商课题。5月28日至29日，市政协副主席张亮、马俭平带领部分民盟界别的政协委员与市政协政策研究室联合对衡阳市城区农贸市场建设与管理情况进行专题调研。7月，调研组到娄底、常德两市进行考察学习，形成《关于我市城区农贸市场建设与管理情况的调研报告》。11月5日，在市政协六楼常委会议室召开衡阳市城区农贸市场建设与管理专题协商会，市政协主席廖炎秋、市人民政府副市长张贺文以及政府相关职能部门参加会议，谢宏、杨华、李凤发在协商会议上发言，在农贸市场建设与管理5个重要方面改革的问题上达成共识。（2）参政议政。盟市委在市政协十一届二次全会上，共提交9件集体提案，31件个人提案，其中谢宏委员的《关于加快发展衡阳市资本市场的建议》、陆秀艳委员的《加强社区教育、提升市民素质》、马汉钦委员的《关于衡阳市与南华大学共建石鼓书院的建议》被选为大会发言材料并被评为优秀提案。在市代表大会上，5名盟员代表就经济社会发展及民生改善等问题提交议案、建议10余件。陈国生《关于湖南省快速工业化、城镇化进程中农村土地退出机制和模式选择及其实现路径的研究》、马汉钦《关于强化基层民生与民主保障机制结合促进社会治理方式改进的研究》获民盟湖南省委参政议政招标课题立项，并已完成结题报告，为盟省委参政议政提供智力支持。社情民意信息方面，民盟衡阳市委共向市政协报送社情民意46篇，其中颜娟华撰写的《建议尽快废除〈卖淫嫖娼人员收容教育办法〉》被全国政协、省政协采用，马汉钦撰写的《关于贯彻落实十八届四中全会精神，及时修改〈律师法〉的建议》也被省政协采纳，6篇被市政协采用，4篇被盟省委采用。（3）民主监督。盟内各位人大代表、政协委员以及民主监督员积极参加市人大、市政协组织的视察、评议等民主监督活动。在市政协组织的对市教育局工作评议中，民盟专职副主委廖喜云担任评议小组组长，市政协委员马汉钦、陆秀艳参与评议，马汉钦在评议大会上作《我市农村教育公平的现状及对策》的发言，得到市政府、市政协领导的高度评价。在省委统战部和各民主党派联合开展的“同心系湘江，保护母亲河”污染源监测活动中，民盟衡阳市委积极配合，选择衡东经济工业园作为监测点，多次到工业园实地观测，走访周边农村走访园区工人及农民，将其诉求和意见反映给省调研组。（4）社会服务。6月14日，是第十一个世界献血者日，20多名盟员在莲湖广场献血屋参与、宣传无偿献血活动，无偿献血6000余毫升。积极参与市委统战部的同心乡村建设，为祁东县过水坪镇某村捐资1万元用于新农村建设；12月，民盟衡阳市委为蒸湘区雨母山乡一小学捐建第6所“民盟阶梯书屋”，送去价值近万元的书籍和书柜。各区工委、支部也根据各自优势广泛开展社会服务。雁峰区工委主任李宏亮率领雁峰区盟员连续8年开展“爱牙日”“艾滋病日”宣传活动，为市民提供免费检测并免费发放宣传资料万余册；12月6日，蒸湘区工委主任张朝晖组织盟内医生、护士到蒸湘区雨母山乡黄花村开展义诊活动，还为该村捐建一个小型的医务室；民盟衡阳市委副主委付美云带领环生支部的专家学者多次开展科技咨询服务，妇联、石鼓等支部积极捐款捐物，开展关爱福利院儿童、夕阳红公寓老年人等多种形式的志愿者服务。（颜娟华）

民建衡阳市委会

【思想建设】 2014年，民建衡阳市委以开展坚持和发展中国特色社会主义学习实践活动为主线，以充分发挥参政党作用为落脚点，思想建设水平全面提升。民建衡阳市委制定《民建衡阳市委开展坚持和发展中国特色社会主义学习实践活动方案》，组织会员学习中共中央十八届三中、四中全会精神，学习市委、市政府开展的群众路线教育实践活动重要会议精神，动员全体会员将思想和行动统一到坚持中国共产党的领导。7月份，与民建主委“结对子、交朋友”的市委领导——中共衡阳市委常委、纪委书记包昌林到机关座谈。（严海山）

【组织建设】 2014年，民建衡阳市委认真学习《民建中央关于进一步加强基层组织建设的意见》，积极贯彻落实民建全国市级组织建设研讨会精神，扎实推进基层组织发展。（1）发展高素质新会员。坚持注重质量、保持特色、优化结构的组织发展原则，严格把好新会员入会关，规范组织发展程序。2014年全年共发展新会员33人（男14人，女19人），其中，大专学历19人，大学学历10人，硕士研究生1人，平均年龄35岁。新会员中市人大常委会委员1人，市、区政协委员2人。衡阳民建会员达529人。为提高民建组织建设科学化水平，实现会员信息档案动态管理，民建衡阳市委紧抓管理信息系统建设，在2014年民建省委组织系统管理工作考核评比中，民建衡阳市委获先进单位一等奖，胡序获先进个人一等奖。（2）支部结构持续优化。2014年，民建衡阳市委对蒸湘支部、衡钢支部、雁峰一支部、雁峰二支部、石鼓三支部进行调整和改选，将一批热爱会务、乐于奉献的骨干会员推上支部领导岗位，经过调整后，支部活动大增，17个支部有15个支部活动开展得非常好，主题突出，出勤率高，各具特色。珠晖区两个支部坚持服务老会员的传统；衡南县两个支部服务三农成绩突出；雁峰一支部积极开展助学活动；蒸湘支部整合为三个支部以后，更是焕然一新，支部活动丰富多彩；南华大学支部则致力于承担重大调研和理论课题。各个工委主委对支部工作热心服务、勤于指导督促，促进各支部横向联合，营造出各支部共同进步、争先创优的良好氛围。（3）老年支部顺利筹建。根据自愿原则，民建衡阳市委将各支部60岁以上的老年会员单独编成一个支部，唐昭自告奋勇担任第一届老年支部主任，刘玮、曾亚辉、凌建新三位会员热心为老年会员服务，主动担任支部委员，王洁秘书长、胡序科长专抓老年支部工作，湖南融达慈善基金会安排专款，支持老年支部开展活动，让老年会员深切感受到“民建”大家庭的温暖。（严海山）

【参政议政】 （1）反映社情民意成绩突出。全年共被市政协采用信息稿件39篇，其中省政协采用11篇，全国政协采用2篇，李康杏副主委的《千亿惠农资金不宜再搞行政分配》还得到省长杜家毫批示，被《湘声报》《衡阳日报》报道。在市政协30余个单位考核评选中，衡阳民建计分303分，排名第一，遥遥领先于第二名的80多分。民建衡阳市委获得市政协2014年度社情民意信息工作先进单位，李康杏、綦尤润、陈荣先获得社情民意信息工作先进个人奖，占获奖总人数的30%。在民建省委表彰中，民建衡阳市委获反映社情民意工作先进单位二等奖，李康杏获先进个人二等奖。（2）课题调研有重大收获。民建衡阳市委组织衡阳民建的市政协委员开展“政府投融资平台存在的问题和对策”的调研，调研成果被市政协主席会议采用，并移交市政府办理，该调研报告在2014年度市政协优秀调研报告表彰决定中获得二等奖；市委会还配合民建省委和民建中央的《节水农业现状调查及发展对策》课题调研，民建衡南工委主任谢炜牵头承担，组织会内农业专家，历时四个月完成《湖南节水农业调研报告》，为省委和民建中央的高层参政议政作出贡献。2014年，市委统战部首次安排面向市委市政府的重大问题调研课题，杨学民会员撰写《大力发展我市物流产业》、付跃龙会员撰写《引进民资参与公租房建设》以及市委会提交《关于我市政府投融资平台的调研报告》。市委书记李亿龙亲自参加听取的统一战线单位调研成果汇报会采纳这三篇调研成果，并要求市政府在2015年5月份前办结。承担市政府制订“十三五”规划前期调研的重大课题——“建设全省开放开发新高地，打造经济新的增长极”，至年末，调研报告提交市政府评审。（3）理论研究取得新成果。2014年，民建衡阳市委在民建省委关于理论研究工作表彰中获先进单位二等奖，唐长久教授获先进个人一等奖。唐教授撰写的《中国特色社会主义统一战线略论》和《“一条道路，两个核心”——民主党派自身建设基本经验和规律探析》分获省委统战部统战理论成果特别奖和三等奖，获市委统战部二等奖和三等奖。（严海山）

【社会服务】 民建衡阳市委继续认真贯彻落实《民建中央关于新形势下进一步加强社会服务工作的意见》，把社会服务工作作为发挥参政党职能和自身建设的重要任务，充分发挥民建特色和优势，不断扩大社会服务工作的影响力。（1）开展扶贫帮困、捐资助学工作。民建衡阳市委依托湖南融达慈善基金会的平台，在全市各县（市）区广泛开展公益慈善活动，分别联合团市委、市妇联、市体协、雁峰区委、蒸湘区政府、石鼓区政协等单位开展“青春飞扬，圆梦希望”“助力衡阳青少年足球发展”以及“助力梦想·与爱同行”等大型公益助学活动，帮助衡阳市贫困家庭的大中小学生顺利完成学业，累计捐助对象已达300多人次，捐资金额300万余元，为一些社会弱势群体解决生产生活上的困难，赢得良好的社会反响。湖南融达慈善基金会在年底评比中被市委统战部授予“市级示范同心项目”。（2）开展湖南“一家一”助学就业同心温暖工程。该项目由湖南融达慈善基金会出资20万元，在湖南高速铁路职业技术学院创办“民建·融达班”一个，资助50名贫困学生，资助期两年，并安排实习和就业。继续办好“衡阳民建思源·教育扬帆班”，市委会已连续三年组织企业家会员到衡东城关镇中学看望扬帆班50名贫困同学，为他们送去必要的生活用品和学习用品。（3）创建“同心社区”。2014年年初，民建市委会为蒸湘区立新二社区一户失火家庭募集善款35万元。7月份，在该社区开展一次扶贫帮困活动，市政协主席廖炎秋出席并为社区的7名特困群众发放1000～5000元不等的救助金。2014年，该社区被省委统战部授予“省级示范同心社区”称号。另外，衡南县工委在云集镇也建设同心社区一个，并在全年捐资助学1万余元。

（严海山）

民进衡阳市委会

【思想建设】 （1）组织学习。开展坚持和发展中国特色社会主义学习实践活动。民进衡阳市委班子成员带头学习，发挥示范作用，并号召、组织、指导全市各基层组织通过自学、谈心交流、座谈研讨等形式，学习《中共中央关于在全党深入开展党的群众路线教育实践活动的意见》《民进中央关于推进学习型参政党建设的意见》《民进湖南省委关于建设学习型参政党的实施意见》等文件精神，不断增强全市会员对中国特色社会主义的道路自信、理论自信、制度自信。组织学习中共十八届三中、四中全会及习近平总书记系列重要讲话精神，全国、省、市“两会”，统战工作会议以及民进湖南省委七届三次全会精神。全市会员从上到下，深入思考，深刻理解，深化落实，围绕中共衡阳市委、市政府中心工作，积极参与“同心”工程，切实把会议精神落到实处。全年召开主委会议8次，市委全会（扩大）会议3次，支部主任会议4次，举办新会员骨干会员信息员培训1次，专题报告宣讲会1次。（2）开展活动。以纪念民进湖南省委成立30周年、中国民主促进会成立70周年为契机，深入开展“读会史、学传统、明使命”活动。7月18日，邀请民进省委副主委马石城来衡做专题宣讲，民进衡阳市委班子成员，区工委、总支、支部主委，骨干会员和全体机关干部聆听宣讲。广泛开展“读学明”活动，增强政党意识。民进衡阳市委多次专题会议研究部署，组织会员积极备战民进湖南省委举办的会史知识竞赛，成立参赛助赛团队，专职副主委任领队，带领选手赴长沙民进湖南省委参赛。组织、派遣会市委班子成员、骨干会员、会内各级人大代表、政协委员等，参加2014年第二期民进市级组织主委培训班，第三、四期全市县处级领导干部学习贯彻中共十八届三中全会和习近平总书记系列讲话精神集中轮训，2014年秋季县干班，2014年度省、市人大代表履职培训班，全省民主党派市级组织专职副主委专题培训班，党外女干部高级研修班，2014年度湖南民进湖南省委秘书长、办公室主任和信息员培训班，全市政协系统社情民意经验交流会等各类学习、交流活动十余次。（王　磊）

【组织建设】（1）按照民进中央、民进湖南省委“组织建设年”总体要求，完成“参政党地方组织发展中存在的问题与建议”“参政党地方组织的地位与作用”两项组织工作专项调研课题，8月，按时定稿上报民进湖南省委。（2）开展“创先争优”主题活动。衡山县总支和蒸湘区工委主委周玉霖分别被民进中央评为先进基层组织和先进个人，市八中支部、法律支部、高铁学院支部、市五中支部及会员丁倩茹、周湖北分别被民进省委评为先进基层组织和先进个人，刘富荣、沈雁中、肖成云、曾丽彬、刘兴豪、李成效、廖卫华、王莉莉、唐文建、刘归阳等被民进省委评为优秀会员。（3）推进“百优工程”。重点吸纳“三高”人才入会，专职副主委带领组织科负责人先后多次走访各区委统战部、南华大学、市民政局、衡阳技师学院、青少年宫、蒸湘区教文体局等单位，就组织建设与新会员发展等与各单位党委、行政、统战部门沟通交流，加强协商与联系。全年共发展15名“三高一低”人才入会，其中“百优人才”3名。（4）下基层走访。专职副主委偕组织科负责人多次走访南岳区委统战部、衡山县委统战部、岳云中学，就南岳、衡山基层组织的建设、位于岳云中学内的民主党派教育实践基地的维护与管理等事项，与区、县委统战部，岳云中学进行沟通协商，进一步夯实会市委在南岳区和衡山县的工作局面。专职副主委偕组织科负责人多次走访衡阳技师学院，就酝酿已久的成立该院民进基层组织事宜与学校党委、行政、组织人事宣传统战处反复协商。5月28日，民进衡阳技师学院支部正式成立，尹南宁当选首任支部主委。（5）屡获殊荣。市一中支部主委李成效获“全国模范教师”荣誉称号，民进中央发专函贺信向其祝贺；会员、市音乐家协会副主席廖卫华原创音乐作品《山乡的春天》获全省“中国梦”歌曲征集一等奖及2014年湖南省第十二届“五个一工程”奖，其作曲的歌曲《东方有条神奇的江》在中央电视台三频道“天天把歌唱”栏目播出，为衡阳本土词曲作家的音乐作品首登中央电视台之零突破；会员谭雯支歌曲演唱《你是天上五彩云》获“建国杯”第四届全国大型音乐展演赛青年组民族唱法金奖；市一中会员周慧颖主持的网络名师工作室获湖南省首批网络名师工作室优秀奖；雁峰区工委主委周湖北被市人民政府记三等功，评为衡阳市骨干教师，其论文《浅谈心理效应在班主任工作中的运用》获湖南省教育教学改革发展优秀成果一等奖，其课题《中学历史课堂教学改革与课程资源开发的实践研究》和《高中生心理偏差干预实证研究》获湖南省教科院基教所一等奖；会员、衡阳技师学院经贸系管理教研室主任陈顺利带领学生在衡阳市中职技能大赛中斩获汽车营销项目组二等奖和三等奖。

（王　磊）

【参政议政】 衡阳市“两会”期间，提交调研报告2件、大会发言材料2篇，集体提案6件、委员个人提案20件，集体提案《进一步完善我市公共文化服务进社区工作的建议》获市政协优秀调研报告三等奖暨优秀提案奖，专职副主委廖晟被评为“四有委员”。全年报送社情民意稿件25篇，被省委统战信息专网采用3篇，被衡阳市政协采用7篇。在省“两会”期间，会内省人大代表赵丛笑提交建议《综合治理农村白色垃圾》，引起有关领导和部门重视，省、市电视台进行宣传报道。全年完成9个调研课题并形成成果。民进衡阳市委多次召开课题调研工作专题会，研究部署调研工作。做好市政协界别协商课题“法律服务进社区与化解信访矛盾的建议”，市委统战部议政协商课题“加快建立社区居家养老服务体系”“创新运营管理机制　确保城市公交通畅”等三项参政议政调研课题。课题调研皆由主委领衔，专职副主委总协调，各副主委负责实施，骨干会员担任课题组成员。7～9月，课题组分赴市民政局、市司法局、市城市客运管理处、市公交集团等单位以及衡阳、衡山、石鼓、珠晖等县区实地现场调研。此外，配合完成会省委四个相关专项调研课题。11月，在市各民主党派、市工商联和无党派人士2014年度参政议政专题调研成果汇报会上，专职副主委廖晟代表会市委向中共市委、市政府做专题汇报，得到肯定。“政府主导　多方联动　加快建立社区居家养老服务体系”和“创新运营管理机制　确保城市公交通畅”这两项调研成果已被市政府采纳，正在落实，调研报告入选《衡阳市2014年统一战线参政议政调研成果集》。各类议政建言、专题调研全方位开展。2014年年初，在市政府召开的《政府工作报告》征求意见会上，专职副主委就食品安全及城市管理等作修改建议发言，得到采纳；2月12日，专职副主委偕机关干部到衡阳高铁站调研春运期间出租车运营管理情况；3月7日，与各兄弟党派联合去衡阳县界牌镇考察新农村文化建设；3月—8月，副主委曾海燕作为市政协法律援助专题协商调研组组长，到市、县、区公检法司等单位及各律师事务所，就全市法律援助工作进行深入调研，在8月21日市政协专题协商会上，为衡阳市法律援助工作建言献策；4月22日，民进衡阳市委邀请民进中央经济委员会副主任、中国民营经济发展促进会常务副会长周德文莅衡作金融创新专题讲座，对民进衡阳市委今后开展经济领域的调研活动具有重要的指导意义；7月30日～8月6日，专职副主委参加市人大常委会对衡阳市2014年国民经济和社会发展计划上半年执行情况的调研，认真履行人大常委职责；8月、9月，民进衡阳市委先后全程配合民进省委与省文化厅、民进省委与省环保厅两个联合调研组，分赴衡山县、常宁市及市内涉污涉废企业，开展“乡镇综合文化站建设与使用情况”和“湘江流域综合治理跨区域环保协作机制”专题调研，协助收集相关数据和资料，结合衡阳本市实际提出相关建议；9月，民进衡阳市委偕同蒸湘区工委，联合蒸湘区食药监局、区食安办在雨母山景区和蒸湘区开展“餐饮业食用油安全情况”专题调研，形成《蒸湘区餐饮行业食用油使用情况》调研报告，将调研成果和建议上报有关单位和部门，反响良好。

（王　磊）

【社会服务】 （1）开展教育帮扶，连续23年开展“送教下乡”社会服务活动。民进衡阳市委通过捐款筹资，购买数千元书包、文具和图书，在“六一”儿童节前夕，为蒸湘区雨母山乡新中小学及30名贫困学生送去节日礼物，为农村留守儿童送去关爱。（2）承办民进湖南省委“文化惠民·同心共进”大型文化公益活动。7月11日，在衡山县剧院为当地群众成功举办古装花鼓喜剧《连升三级》全省巡演专场演出，近千名群众观看，市、县有关领导出席，市、县电视台予以宣传报道。（3）参加市委统战部统筹下的各项社会服务活动。3月18日，机关干部到石鼓区角山乡莲花塘村参加市委统战部组织的“统战林”植树活动；4月8日，机关干部开展“百千万大走访”到祁东县凤歧坪乡韭菜坪村慰问困难村民，又捐资1万元为该村建设扶贫工程。（4）积极贯彻落实全省“同心工程”推进会精神，制定“四同创建”工作方案，特色开展“四同创建”，定期开展系列社会服务活动。创建安邦农业科技有限公司法律服务基地、蒸湘区雨母山乡竹灵小学教育服务基地、“衡阳民进讲坛”文化服务基地等三个“同心”基地。把蒸湘区雨母山乡竹灵小学作为会市委教育帮扶定点帮扶、援助对象，并将其与坚持二十多年的“送教下乡”活动相结合，全力打造“教育帮扶·同心共进”特色品牌。每年定点向该学校捐赠教辅图书、教学器材；选派会内优秀教师到学校上示范课，传授先进的教学经验；开展城乡教师交流，举办师资培训；送国学、书画、音乐、文化、法律等各种讲座进校园。继续做好做实做强珠晖区冶金街道建国里“同心社区”系列特色服务工作，常态化开展“四点半课堂”和法律服务进社区等服务活动。（5）在衡阳市政协“助残、助弱、助贫”帮扶活动中，副主委曾海燕与蒸湘区西站路小学谢思慧、衡东县新塘湘江村阳燕结对帮扶，给每人赠送1000元慰问金，鼓励她们不畏困难，好好学习。（6）10月，组织机关干部参加“心系扶贫”全市首个扶贫日万名群众大签名活动，开展“慈善一日捐”，全体机关干部捐出各自一天的工资，奉献爱心。（王　磊）

农工党衡阳市委会

【思想建设】 2014年，根据农工党中央《中国农工民主党开展坚持和发展中国特色社会主义学习实践活动工作方案》、农工党湖南省委《农工党湖南省委开展坚持和发展中国特色社会主义学习实践活动2014年～2017年规划》等要求，农工党衡阳市委制定《农工党衡阳市委开展坚持和发展中国特色社会主义学习实践活动实施方案》，积极开展形式多样的系列活动，取得阶段性成效。（1）举办演讲比赛。4月27日，在统战大楼四楼会议室举办“中国梦·农工情”演讲比赛。市政协副主席、农工党市委主委、市物价局副局长许云生，市委统战部纪检组长周其钢观看演讲比赛。各基层组织共选派9名选手参加比赛。选手们紧扣“中国梦·农工情”主题，结合自身本职工作，阐述自己对“中国梦”的理解。精彩的演讲，赢得评委和观众的阵阵掌声。并选派3名选手参加农工党湖南省委“中国梦·农工情”演讲比赛，获二等奖1名、三等奖2名。收到“中国梦·农工情”征文8篇，参加农工党湖南省委“中国梦·农工情”征文比赛，获二等奖1名、三等奖2名。（2）组织学习。10月18日，农工党衡阳市委在桂竹山庄会议室举办2014年党务骨干、新党员培训班。邀请市委统战部常务副部长陈群洲对民主党派成员加强自身修养进行辅导。农工党湖南省委副主委、湖南省高级人民法院副院长杨翔主要从法制建设与执政能力、政党制度、履行参政议政职能等进行辅导。副主委刘吉元作《“中庸”新解及妙用》的讲座。农工党市委主委、市政协副主席许云生重点围绕开展坚持和发展中国特色社会主义学习实践活动进行专题辅导。并围绕《中共中央关于全面深化改革若干重大问题的决定》进行讨论。通过学习，全市广大农工党员对农工党为国家独立、民族解放、人民幸福与中国共产党经历“血与火的考验”的历史和传统有更深的认识；对新阶段围绕全面深化改革、全面建成小康社会、实现中国梦有明确的奋斗方向，始终坚定不移走中国特色社会主义发展道路。（3）宣传投稿。2014年，农工党衡阳市委向《前进论坛》、农工党省委网、三湘统战网、衡阳市政协网、衡阳统战网、《衡阳日报》《衡阳晚报》等媒体踊跃投稿，累计报送宣传稿件60余篇次。其中，《团结报》采用2篇，三湘统战网采用8篇，农工党省委网采用25篇，衡阳市政协网采用8篇，衡阳统战网采用20篇，《衡阳日报》采用2篇，《衡阳晚报》采用1篇。组织广大农工党员报送统战（调研）报告3篇、政协理论征文9篇。（高尚海）

【参政议政】 （1）调研工作。2014年3月，根据中共衡阳市委关于“十万干部百乡千村万户大走访”活动要求，农工党衡阳市委积极参与市直统战系统“大走访”活动，深入祁东县凤歧坪乡韭菜坪村，访民情、察民意、听民声、集民智，帮助困难群众解决生产生活中遇到的一些实际困难和突出问题。5月，农工党衡阳市委根据市政协、市委统战部等相关意见要求，组织专家召开专题会，认真选择调研课题，最终确定医疗资源配置、城乡医疗救助、民营医院发展三个课题，随后对石鼓区、常宁市、耒阳市、珠晖区、市财政局、市卫生局、市人社局、市民政局等单位和南华大学附二医院、南华医院、市第三人民医院、市中心医院、市第一精神病医院、市第一人民医院、康阳骨科医院、爱尔眼科医院等近30家医疗机构进行实地走访调研，召开座谈会10场次，历时3个月，形成《关于我市医疗资源配置情况的调研报告》《关于我市城乡医疗应急救助情况的调查建议》《衡阳市民营医院发展面临的问题及建议》三个专题调研报告。其中，《夯实基础，健全机制，优化医疗卫生资源配置》在衡阳市各民主党派、工商联、无党派代表人士参政调研成果汇报会上，作重点汇报，获得市委主要领导肯定。8月22日至23日，农工党衡阳市委积极向市政府汇报、衔接，协调相关职能部门认真做好农工党湖南省委到衡阳开展油茶林产业发展调研的工作，为加快推进湖南油茶林产业发展贡献力量。同时，大力要求党员积极参加各级人大、政协等开展的专题调研、民主评议、视察活动等，唐朝克博导参加蒸湘区政府开展的“2015政府着力点在哪”金点子征集活动嘉宾访谈第三期，提出许多意见建议。（2）参加会议。2014年，农工党衡阳市委领导班子成员及各级人大代表、政协委员坚持“维护核心”的政治原则，广泛参与各级党委、政府及有关职能部门举行的协商会、座谈会、政情通报会等，就全市经济运行发展情况、重大人事安排等发表意见，就各级人大、政协、统战部等开展党的群众路线教育实践活动等发表意见，就《市人民政府工作报告》《市人大常委会工作报告》《市政协常委会工作报告》《市政协常委会提案工作报告》等提出修改意见。农工党衡阳市委主要领导参与10余名市直有关单位负责人任职安排的协商；参与市政协加强网络新闻宣传工作的座谈会等，约20次。按照《关于健全完善政府职能部门与民主党派、工商联对口联系制度的通知》要求，农工党衡阳市委积极与市卫生局开展界别协商，推动市政府贯彻落实国务院、省政府决策部署，建立疾病应急救助制度，更好地为困难群众开展疾病应急救助。（3）建议提案工作。在省、市“两会”上，农工党衡阳市委的人大代表、政协委员共提交《关于以家庭农场建设为重点，做好“一流转五服务”工作的建议》等5件建议案和《关于大力发展科技型小微企业的建议》等36件提案。其中，集体提案8件，个人提案28件。提交的《关于以家庭农场建设为重点，做好“一流转五服务”工作的建议》被列为重点建议案，市人大常委会副主任周晓云亲自带队赴市委农村工作部、市农业局等联合督办。针对衡阳市征地拆迁安置过程中引发诸多社会矛盾的突出现实，提出《规范安置房建设，破解征地拆迁安置难题》的建议案，得到市政府的高度重视，新出台《衡阳市城区安置房建设管理暂行办法》，进一步规范城区安置房建设管理，维护被拆迁人合法权益，对促进社会和谐稳定产生积极作用。在县（区）“两会”上，人大代表、政协委员们共提交建议提案22件，集体提案10件，个人提案12件。同时，建立人大代表、政协委员述职制度，要求各级人大代表、政协委员认真开展述职，着力提高参政议政能力和水平，坚持做到“有为才有位、有位更有为”，为服务全市经济社会稳步向好发展贡献才智。（4）信息报送工作。农工党衡阳市委举办信息员专题培训会，印发辅导材料，新制订《关于加强反映社情民意信息工作的意见》，加强激励措施，要求全市农工党员积极行动起来，围绕经济社会发展中带有战略性、全局性、前瞻性的重大问题，围绕人民群众反映最强烈、最亟待解决的突出问题，认真反映社情民意，及时向农工党中央、农工党湖南省委、统战部、政协等，报送信息。截至12月底，农工党市委共收到各基层支部和农工党市委各科室报送的社情民意信息50条，上报农工党中央、农工党湖南省委15条，市政协15条，统战专网8条。其中，《工业用电价格政策亟需调整》被中央统战部《零讯》专报第153期采用，《警惕民间金融向高速运转的“吸金器”

演变》等8篇被湖南省委统战部专网采用,《全国中小学校应统一开设规范的紧急救援课》被省政协《社情民意》专报第200期采用,《高等职业院校改革应充分考虑医卫人才缺口问题》等3件被市政协《社情民意》采用。农工党市委被农工党湖南省委评为“2014年度社情民意信息先进单位”。（高尚海）

【组织建设】（1）党员培养工作。根据农工党湖南省委、中共衡阳市委统战部意见要求,积极推荐党员参加省社院、农工党湖南省委和市委党校举办的各类培训班。农工党市委主委被推荐参加湖南省社会主义学院党外代表人士研修班;推荐7人参加农工党湖南省委、中央社会主义学院联合举办的农工党湖南省骨干培训班;推荐1人参加市委党校县处级干部培训班。同时按照立足当前,着眼长远的原则,通过搭台子、架梯子、压担子,积极推进后备干部队伍建设,推荐后备干部挂职或任职,提高他们的综合素质和实际工作能力,为组织发展储备能量,为接收单位发展贡献力量。（2）推进组织发展。认真贯彻落实组织发展原则和“人才强党”战略,党员发展健康有序。注重发展代表性人士,一批年富力强、有较大社会影响力的专家学者、实职干部和新社会阶层人士加入农工党,截至2014年年底,衡阳市农工党员共有407人。其中,医卫界有228人,文教界有85人,其他界别有94人。全年新发展农工党员7人,发展率约为1.8%。党员知识、年龄结构不断改善,整体综合素质明显提高。为进一步加强基层组织建设,不断提高农工党组织凝聚力、影响力,更好地服务全市经济社会发展,拟新成立农工党蒸湘区、雁峰区两个基层工委。（3）立足本职。农工党衡阳市委要求全市农工党员立足本职、开拓创新,在各自的工作岗位上创造不平凡的业绩。如:高校的农工党员肩负着教学、科研双重任务,恪尽职守,无私奉献,硕果累累。南华大学谢志忠留学归国来,获全国高校微课教学比赛三等奖和湖南省高校创新平台开放基金项目一项;唐朝克获得湖南省自然科学二等奖;唐运莲被评为南华大学“百岗明星”;欧阳新平获衡阳市科技进步二等奖;肖新荣获湖南省科技厅课题一项。南华大学支部荣获南华大学校长奖励基金奖励。汪金球成立衡阳市金泓机械有限公司,自主研发轮胎起重机,获得6项专利,被科技部奖励60万元创新基金。农工党员、珠晖区发改局副局长廖虹英为区海联盐卤化工争取中央资金670万元,卫生室项目35万元,指导田心村、友爱里社区争创两型示范单位争取国家资金40万元。市第三人民医院农工党员文卫红,承担医院开设新项目,带领团队攻坚克难,新项目新技术蓬勃开展,2014年,被湖南省总工会授予“湖南省五一劳动奖章”。

（高尚海）

【社会服务】8月13日,农工党市委、市第一精神病医院联合组织农工党员医疗专家10人,携带药品及医疗检测器材,到常宁市塔山瑶族乡,为当地空巢老人及留守儿童进行健康诊疗及心理卫生宣教。健康体检81名,义诊咨询87名,心理健康咨询6名,发放健康知识宣传资料100多份,并免费发放药品价值3050元。9月27日,在重阳节来临之际,农工党市委、市中医医院赴雁峰区南湖公园开展一次“同心社区·关爱老人”大型联合义诊活动。现场义诊、咨询服务社区居民300人次,免费送去价值3000余元的药品。同时,市第一人民医院副院长雷雨激每月带领医疗专家下乡开展送医送药活动。全年共累计义诊咨询5000多人次,免费赠送药品价值2万余元。珠晖区工委组织辖区内南华医院支部、市第一人民医院支部、市第一精神病医院支部的农工党员医疗专家,利用各种机会开展义诊咨询活动,接受义诊咨询5000人次,发放健康宣教资料30000份,免费送药价值2万余元。市中心医院支部为农村小学生健康体检200人次,并向慈善机构捐款1000余元。全市广大农工党员积极参与“慈善一日捐”“捐资助学”等爱心捐赠活动,累计捐款捐物价值近10万元。（高尚海）

致公党衡阳市委会

【思想建设】（1）组织学习中共十八届三中全会精神和全国“两会”精神。3月19日,全国两会闭幕之际,致公党衡阳市委召开市委扩大会议，组织全市骨干党员学习贯彻中共十八届三中全会和全国两会精神，刘日煊主委作重要讲话。（2）开展“坚持和发展中国特色社会主义实践教育活动”。根据致公党湖南省委的要求，组织全市党员深入开展“坚持和发展中国特色社会主义实践教育活动”，成立以主委刘日煊为组长的领导小组，制订详细的学习方案并认真实施。（3）开展宣传信息工作。上半年编辑出版《侨海》2013年第二期。同时在市政协网站下建立《衡阳致公网》子网站，截至12月2日，“衡阳致公网”共更新发布各类信息篇284篇，总更新量、总点击量、最高点击率都在全市民主党派列第一。积极向“衡阳统战网”“三湘统战网”“湖南致公网”投稿，对市委及基层支部开展的各项工作、优秀党员先进事变进行宣传报导。前三个季度，衡阳市政协采用稿件采用30条，衡阳统战网采用稿件38篇，三湘统战网采用稿件11篇。截至12月10日，湖南致公网采用稿件152篇。（4）完成各类征文活动。组织“致公党在衡阳建立组织三十周年纪念”征文，收到稿件22篇；致公党湖南省委“坚持和发展中国特色社会主义实践教育活动”征文，交稿4篇。衡阳市政协“纪念政协成立65周年”征文，交稿4篇。市委统战部统战理论征文，交稿5篇。（5）编印《衡阳致公三十周年纪念》画册。画册图文并茂，简明扼要地展示致公党衡阳组织发展30年的重要人物、主要事件和重大活动明晰组织发展轨迹，展示市委工作的全貌。（6）制作《致公之歌》。致公党衡阳市委精心制作歌曲《致公之歌》，党员尹青珍作词并演唱。歌曲刻录为光碟，发放给党员。在新党员入党仪式上，组织新老党员学习演唱。（王孟戈）

【参政议政】（1）做好“两会”工作。在2014年的各级人大、政协会议上，致公党衡阳市委多项工作受到表彰，成果丰硕。其中，刘日煊撰写的《关于衡阳市试行政协协商委派监督员的建议》被评为优秀提案，致公党衡阳市委集体提案《衡阳市饮用水水质状况的调研报告》获得2013年度优秀建议案、优秀调研报告二等奖，刘超英撰写的《抓住机遇，推进人民政协协商民主实践新发展》在衡阳市政协理论征文中荣获三等奖，陶冶所撰写的社情民意《关于“中医西化”问题的几点思考》被评为优秀信息稿件，党员匡彬文、肖跃莲被市政协评为“四有”委员。副主委江红代表致公市委作《大力消除安全隐患，确保城乡居民饮用放心水》的发言。曾小蕙、徐小琼、王芳等3名党员当选为市人大代表，其中曾小蕙为选为市人大常委会委员。同时，各级人大代表、政协委员以认真负责的态度参加会议，共提交各类提案、议案53件。（2）开展专题调研。5月5日至9日，致公党衡阳市委就衡阳市城乡低保发放情况开展专题调研。调研小组深入常宁、耒阳、珠晖、雁峰等县（市）区，听取汇报、与基层民政工作人员、低保对象座谈，并走进低保对象家里听取基层的声音。5月22日至30日，致公党衡阳市委就大气污染防治工作开展专题调研，调研组前往环保局、交警大队、发改委等各个部门座谈，深入松木工业园等工业园区、机动车监测站、新楼盘建筑工地等现场实地考察，广泛了解衡阳市大气污染现状。10月，为了解全市归国留学生就业创业的现状以及其面临的困难和问题，致公党衡阳市委开展衡阳市新生代海归就业创业调研。10月22日上午，衡阳市政协副主席、致公党衡阳市委主委刘日煊一行来到衡阳市留学生协会调研衡阳市归国留学生的就业创业扶持政策，衡阳市人大常委、致公党衡阳市委专职副主委曾小蕙、衡阳市政协常委、致公党衡阳市委副主委江红出席调研座谈会。11月17日，在衡阳市各民主党派市委、市工商联和无党派人士参政议政调研汇报会上，刘日煊就优化环境，增强引力，打造新生代海归人才创业乐园向市委书记李亿龙汇报调研成果。（3）反映社情民意。市委注重加强对党员的指导和发动，力求反映社会热点、难点问题，2014年共向市政协提交各类社情民意、专报信息十多条，其中刘日煊撰写的《关于提高机关事业单位合同制聘用人员退休后待遇的建议》、陈昌平撰写的《发展职业教育，应加强师资队伍建设》《大力发展职业教育，必须坚决反“三风”》、刘会明撰写的《基层民政力量亟需加强》、王孟戈撰写的《农村中小学医务室建设应当加强》《关于增强全民法治观念的建议》《关于推进“三保合一”的建议》被市政协采用，刘云撰写的《农村宅基地审批管理机制有待进一步完善》被省政协采用。省委统战部专网采用统战信息10条。(4) 对口联系工作。4月15日下午，在市民政局10楼会议室，致公党衡阳市委与市民政局开展对口联系工作，共同商谈衡阳市城乡低保调研工作。4月3日，专职副主委曾小蕙率机关工作人员前往衡阳市环保局，开展对口联系工作，并就如何防治衡阳市大气污染问题进行相关的调研。(5) 民主监督工作。刘日煊、陈昌平、尹冬英参加市政协民主评议市教育局的“教育面对面”活动。曾小蕙副主委参加各项监督活动，如市人大组织的城市规划计划和实施情况调研、食品安全执法检查、大气污染防治执法检查等。6月份，致公党衡阳市委响应省委统战部号召，在松木工业园区污水处理厂排污口附近建立湘江流域水体观测点，定期对湘江进行观测。11月12日下午，湘江污染防治民主监督衡阳座谈会在衡阳市统战大楼四楼会议室召开。民进省委专职副主委汤泽培一行认真听取衡阳市各民主党派专职副主委和衡阳市环保部门的汇报。致公党衡阳市委专职副主委曾小蕙参加座谈会并汇报致公党衡阳市委在湘江衡阳段设立观测点的工作。(6) 督查重点项目和信访案件。3月4日至7日，刘日煊主委深入耒阳、衡东两地，督查重点项目建设。先后考察蔡伦科技园、朝阳机电等重点项目，听取项目负责人建设进度报告，仔细询问各项目建设中存在的问题和遇到的困难，并作重要指示。5月27日，刘日煊来到衡东县信访局，处理六件信访案件，听取相关责任人的案情汇报，询问案情详细情况，并提出处理要求。（王孟戈）

【组织建设】 (1) 党员培训。11月28日下午，邀请致公党湖南省委主委胡旭晟莅临衡阳，给100多名新老党员讲授《在中西比较中树立三个自信》。(2) 发展新党员。11月28日下午，致公党衡阳市委在统战大楼4楼会议室举行2013年、2014年度新党员入党仪式。2013年、2014年被批准加入中国致公党的30名新党员及70多名老党员参加此次入党仪式。全年发展党员18人，有13人有侨海关系（其中3人为其他侨海关系），占72%，净增率约为5%。(3) 制订《基层支部管理考核与奖励细则》。参照致公党湖南省委下发的《市级组织考核办法》，结合新形势、新要求，对基层区工委和支部工作提出新要求，制订新的考核和奖励办法。(4) 老党员活动。举办以“快乐·有为·美”为主题的老党员重阳节活动，开展座谈、节目表演、游玩南湖公园等活动。邀请专家党员龙煌耀义务给老党员开展“秋冬季老年人防病保健”为主题的养生讲座。(5) 30周年纪念及表彰大会。11月29日上午，在衡阳市政协举办“中国致公党在衡阳建立组织30周年纪念及表彰大会”，在衡党员全体参加。宣布30周年先进表彰的决定并颁发荣誉证书，宣布成立衡阳致公艺术团并颁发聘书。(6) 支部活动丰富多采。各支部按照市委要求，接合本支部特色，组织党员开展丰富多彩的支部活动。2月下旬，衡南县工委组织党员深入乡村，为61名贫困学子送书包；3月18日，珠晖区工委组织党员来到珠晖区实验小学、光明小学等学校开展爱心助学活动，为9名家庭贫困、品学兼优的学生捐助1200元助学金，赠送新书包；4月份，冶金支部、蒸湘一支部、珠晖支部、雁峰三支部等支部相继召开支部生活会，学习市委会议精神，布置党员填写《党员信息采集表》；4月20日，衡南县工委组织党员到洪江古商城开展支部活动；5月11日，石鼓二支部组织党员到虎形山公园开展支部活动；5月18日，八中支部开展支部活动，并邀请学校领导参加；5月25日，雁峰区工委组织全体党员到市福利院开展爱心活动；6月10日，石鼓一支部组织党员到南效公园开展支部活动；6月11日、12日，华新一支部、珠晖支部相继开展支部活动，讨论通过新党员。10月3日衡南县工委在南湖公园召开全体党员会议，积极讨论致公党在衡建立组织30周年庆祝活动节目参演问题，并就十月份将开展的《关爱那一个特别群体的儿童身心健康》调研活动工作做具体安排，还以民主投票的形式评选出优秀党务工作者和优秀党员。10月16日晚上，致公党衡阳市华新二支部在衡阳市大老房酒店举行支部活动，讨论通过支部新党员，并民主评选出优秀党务

工作者和优秀党员。11月15日，致公党衡阳市华新二支部驱车前往衡南县宝盖镇银杏公园开展支部活动。（王孟戈）

【服务社会】（1）开展致公助学送书包活动。2月下旬，新学期开始后，致公党衡阳市委组织党员开展致公助学送书包活动，走村下乡，将121套书包文具送到贫困小学生手中。在送书包的现场，党员们亲切地与孩子们交谈，不断和孩子们进行互动，让整个现场充满欢声笑语。在关注孩子学习和生活的同时，更重视心灵的沟通，用心贴心的交流让孩子们在成长的过程中树立乐观积极的思想与自强不息的精神，使他们健康快乐成长。（2）召开“归侨之春”义工小组年会。4月20日，衡阳市“归侨之春”义工小组2014年度工作会议在衡阳市石鼓区水鱼王饭店举行，义工小组新老成员共41人参加会议，主委刘日煊，副主委江红以及衡阳市侨办等领导莅临会议。（3）慰问低保户。5月5日至9日，致公党衡阳市委开展城乡低保发放情况调研，在调研过程中，随机走访十几户低保对象，听取最基层的声音。（4）关爱福利院孤儿。5月25日上午，在六一国际儿童节即将到来之际，为深入推进青少年爱心教育爱心帮扶活动，致公党衡阳市委召集各支部党员40余名、以及东方神韵艺术学校60多名学生及家长们，来到衡阳市福利院，并为衡阳市福利院举办一台别开生面的送艺术送爱心文艺汇演。致公党衡阳市委发动各支部党员为市福利院捐赠风扇42台、康复玩具及水果等物品，总价值达7000余元，其中肖跃莲捐款2000元。（5）社会服务工作获省委表彰。在9月23日的致公党湖南省委社会服务工作会议会上，“归侨之春”义工小组被评为全省社会服务工作优秀成果，高洁、谢毅强两名党员被评为社会服务先进个人。江红代表致公党衡阳市委就“归侨之春”义工小组工作做优秀成果汇报。致公党中央副主席闫小培对衡阳的“归侨之春”义工小组给予高度评价，她说，“归侨之春”义工小组发自草根，全心全意为贫困归侨侨眷服务，捐资助学，扶贫帮困，体现致公党的“侨海”特色，开创社会服务工作的一个新模式。（6）接待海外华人。10月22日至23日，衡阳市政协副主席、致公党衡阳市委主委刘日煊等接待美国洪门致公总堂秘书长陈建平一行。（7）肖跃莲获得荣誉称号。1月22日晚，中共湖南省委统战部举行的2013年度湖南省“十大‘同心人物’”颁奖典礼，衡阳致公党员肖跃莲被评为“2013年度湖南省十大同心人物”。肖跃莲还获2013年度全国三八红旗手荣誉称号，她是湖南省十位获奖的全国三八红旗手之一，也是这次衡阳市唯一一名获得全国三八红旗手的女性。（8）龙煌耀热心慈善。4月18日，在蒸湘区慈善会成立大会上，致公党员龙煌耀当选为慈善会常务理事，并捐款1万元。龙煌耀还参加由市关工委关爱艺术团“关爱进校园，共筑中国梦”主题文艺演出，在技师学院大舞台上表演京剧《贵妃醉酒》，赢得热烈的掌声。（9）曾小星采访“两会”。在全国“两会”上，衡阳致公党员、有“国际记者、衡阳名人”之称的曾小星应邀到会采访。记录“两会”的开幕、拍摄湖南代表团记者公开日、采访湖南省高级人民法院院长康为民、提问外长王毅等等，用不同的角度和不同的笔调展现“两会”代表各自独有的风格和魅力。

（王孟戈）

九三学社衡阳市委会

【参政议政】（1）撰写提案议案。两会期间，九三界别共向市政协十一届二次会议提交提案48件，其中集体提案5件。集体提案《关于关爱我市农村留守儿童的建议》获得市长周海兵和副市长周辉斌的先后批示。社市委荣获2013年度社情民意先进单位，集体提案《关于推进我市农村公共基础设施建设方式改革的建议》获市政协十一届一次会议优秀提案，调研报告《关于我市目前义务教育学校布局情况的调研》获优秀调研报告三等奖。社市委专职副主委谢芳撰写的社情民意《我国精神损失评定标准亟待出台》《采取有效措施，避免我省成为“营改增”过程中的“税收高地”》和社市委主委苏营撰写的《关于制定湖南省技术战略地图的建议》分获市政协社情民意优秀信息稿件特别奖。另外，在优秀理论征文中，熊正为、蒋勇、李沛等三人分获优胜奖。（2）社情民意。2014年共上报社情民意20余篇，其中谢芳副主委撰写的《我国财政转移支付制度亟待改革》被全国政协采用。蒋勇获社情民意工作先进个人。（3）实地调研。2月22日，九三学社衡阳市委组织九三界别的市政协委员赴衡阳中兴网信科技有限公司调研，实地了解数字衡阳信息工程的研发使用情况。7月21日，九三学社衡阳市委专职副主委谢芳带领机关干部，先后深入到衡阳县金溪镇、溪江乡等地，专题调研农村基层水利服务体系建设。调研组一行到田头、河涌、小水库，考察农村水利“五小工程”建设和养护情况。8月19日至21日，社市委和市人大就贯彻实施《城市绿化条例》和《湖南省实施城市绿化条例办法》情况开展调研。为进一步拓宽民主监督渠道，9月22日至26日，九三学社衡阳市委组织部分骨干社员深入衡南、常宁、耒阳等地教育一线，对衡阳市贯彻执行党和国家教育方针政策，组织实施义务教育和素质教育的情况开展调查研究。针对大家关注的教师待遇、学校布局、大班额等社会热点问题，调研组形成调研报告后，向市委、市政府反映，为下一步改进和加强教育工作提供科学依据。

（李　沛）

【社会服务】　（1）参与“百乡千村万户”大走访，并捐资10000元。（2）4月13日上午，九三生态林建设启动仪式在衡阳岣嵝峰林场举行。湖南省人大常委会委员、九三学社湖南省委专职副主委王仁祥，衡阳市人大常务委员会副主任、九三学社衡阳市委主委苏营，中共衡阳市委统战部常务副部长陈群洲，衡阳市林业局局长吴伟生等出席启动仪式，并为“九三生态林”揭幕。（3）5月11日，九三学社衡阳市委组织青年工作委员会成员及支社青年社员代表，赴南岳衡山西岭华盖茶场体验采茶活动，纪念第九十五个“五四”青年节，并邀请社市委机关老领导参与。（李　沛）

【九三学社衡阳市委成立30周年】12月14日，社市委在衡阳市政协七楼会议室隆重举行成立30周年暨表彰大会，社中央副主席赖明，湖南省政协副主席、九三学社湖南省委主委张大方，九三学社湖南省委专职副主委王仁祥，衡阳市委副书记、组织部长邓群策及市领导谢宏治、周辉斌、肖长贵等出席会议。苏营主委作30年工作报告，邓群策副书记高度肯定衡阳九三学社的工作，并对社市委未来的发展提出殷切的期盼。邵鸿副主席代表社中央对社衡阳市委成立30周年表示祝贺。随后，邵鸿副主席还为全市社员作社务工作辅导报告。（李　沛）

【联络联谊】　（1）接待增进感情。2014年，社市委共接待6批次。6月15～16日，九三学社景德镇市委专职副主委于长征一行到访衡阳，与谢芳专职副主委及机关工作人员一起进行社务工作交流。并先后参观市委机关九三文化建设、衡阳三江六岸风光带建设（由社市委提案修建）成果，感受石鼓书院浓郁的湖湘文化气息，并前往南岳岣嵝峰国家森林公园“九三生态林”，现场认养一株乐昌含笑树苗。（2）交流开拓思路。3月16日，应长沙医学院何彬生董事长的邀请，九三学社衡阳市委专职副主委谢芳率领社市委委员、市政协委员以及妇委会成员、机关退休干部30余人，赴长沙医学院开展考察交流活动。社市委考察组一行先后参观考察学院的人体标本展厅以及多个先进的现代化医学模拟教学室，并就医学教育、民办教育发展等问题进行座谈。10月20至22日，社衡阳市委主委苏营、专职副主委谢芳和宣传科长蒋勇出席在南京开幕的九三学社全国副省级城市第八次工作联席会议。会议围绕“坚持和发展中国特色社会主义学习实践活动”主题进行研讨交流。社市委提交题为《情意拳拳　多措并举　同心构筑学习实践活动新天地》交流材料。

（李　沛）

市工商业联合会

【参政议政】　（1）走访调研。开展对非公有制企业发展和运行情况的调查，完成《我市非公有制经济发展中面临的困难及建议》《对衡阳非公经济转型提质发展的几点思考》《关于优化衡阳市非公有制经济政务环境的几点建议》等调研课题，并将课题提交党外人士参政议政专题调研成果汇报会讨论。（2）督查基层。根据市委的安排，市工商联联合市委督查室、市委统战部深入各县（市）区，对《中共中央国务院关于加强和改进新形势下工商联工作的意见》等文件精神的贯彻落实情况进行督查。推动继续落实中央、省委相关文件和会议精神，促进各级党委政府充分发挥好工商联的职能作用，推动非公有制经济持续健康发展。（3）开展评估。应省经信委委托和省工商联要求，组织民营企业对本市政府及各职能部门落实《湖南省人民政府关于进一步支持中小微企业发展的实施意见》文件情况进行第三方评估，与民营企业代表专项座谈和开展问卷调查，对于改善非公经济发展环境起到推进作用。

（刘吉锐）

【非公企业“信誉建设年”活动】 制定下发《关于在全市非公有制经济人士中开展“四信”教育扎实推进“信誉建设年”活动的实施方案》，在全市非公经济人士中深入开展“信念、信任、信心、信誉”教育，通过市工商联第三次执委全会（扩大）会议、企业家培训班等形式，组织大家学习法律法规，宣传党的方针政策，讲解409案的危害性。在衡阳破坏选举案结案前后，市工商联主要领导又再次走访看望部分涉案人员和家属以及其企业，传达市委书记李亿龙所做的指示。

（刘吉锐）

【开展培训】 市工商联举办EMBA培训班，做到每月开课，课课精彩。4月，邀请温州管理科学研究院院长周德文作民间金融创新与发展专题讲座，为在衡非公企业家介绍温州民间金融的发展历程和宝贵经验。8月，组织企业家参加《中国好声音》创使人李攀的讲座。9月，分别组织企业家参加北京大学余宣霖教授和林艳教授讲授《心智模式》和《优秀团队》。10月，组织企业家到苏州德胜洋楼进行实地考察和学习。

（刘吉锐）

【招商引资】 （1）拓展融资渠道，促进商会互助。积极帮助会员企业湖南神龙油茶科技发展有限公司向省工商联申请2014年度中小企业发展扶持资金，得到省工商联和省相关职能部门的大力支持。一企业主在老挝投资2800多万美元的水泥厂，企业主因衡阳破坏选举案涉案，无法出国，融资又无门，受省市两级党委政府派遣，由市工商联主要领导带领工作组派往老挝安抚老挝、中国、越南三国员工，才避免外交事故发生，此后在市政府的高度关注和县政府的支持下融资400万元，企业顺利开工。（2）积极扶持推荐，提升企业知名度。帮助市家居行业商会解决衡阳市家居产业园办理国土手续，协调解决家居产业园四通一平及协调与周边居民关系等问题，使首批入园的5家企业于11月16日顺利进场施工。积极配合省工商联等部门，推荐企业参加全省百强企业评比发布活动。特变电工衡阳公司等6家企业最终入选全省100强企业。（3）打造招工平台，破解用工难题。年初开展“春风行动”大型招聘会，积极组织会员企业进场招聘，来自市内外130家企业进场招聘纳贤并提供48个工种4500多个岗位，吸引近万名求者前来应聘，现场有2600多人与企业达成用工意向。组织会员企业参加民营企业招聘周活动，共有115家会员企业参加招聘周活动，提供岗位5320个，签订意向就业协议1474人。（4）加大招商力度，助力经济腾飞。引进湖南大利投资集团落户衡南县云集经济开发区，新建衡阳市云集大利汽贸城，项目总投资20亿元人民币，占地53.53公顷，项目建成后年销售额可达70亿元，年创利税近亿元，安排就业人员上万人。（5）文化引路商机，对接招商项目。市工商联牵头，各县（市）区人民政府，衡阳市浙江商会、衡阳市福建商会等十几家行业商协会联合举办首届衡阳市5县2市5区精品楼盘大联展暨招商引资推荐会，受到会员单位的欢迎与支持。

（刘吉锐）

【扶贫事业】 动员非公经济代表人士致富思源，有力地促进光彩公益慈善事业的发展。据不完全统计，2014年全年市工商联基层组织和会员共计向社会捐款达1870万元，其中福建商会组织会员企业捐款捐物205.54万元，衡东县工商联组织助学扶贫捐款272.5万元；耒阳市东升房地产开发有限公司捐资500万元用于捐建完全小学一所，耒阳万元集团捐赠120万元用于农村基础设施建设和助学等。

（刘吉锐）

【新农村建设】 在市委市政府领

导下，引导广大非公有制经济人士积极参与“万企联村，共同发展”活动，推动社会主义新农村建设。至2014年，新增12个结接村、镇。市工商联组织和非公经济人士发挥优势服务科学发展。珠晖区堰头村等13个村评为省“同心工程”示范同心乡村；湖南神农油茶科技发展有限公司等4个项目评为省“同心工程”示范“同心项目”。（刘吉锐）

【全球衡商俱乐部成立】 12月20日，湖南省工商联（总商会）、市政府共同主办，衡阳市工商联（总商会）、雁峰区政府共同承办的“雁南归美美世界创新创业万商行”活动举行，全球衡商借此机会抱团整体崛起。省人大常委会党组副书记陈叔红与市委副书记、市长周海兵等领导一同启动全球衡商俱乐部，并为全球衡商俱乐部揭牌。（刘吉锐）

人民团体和社会组织

工　会

【概况】　2014年，衡阳市总工会坚持“三个服务”，围绕“两个信赖”，深入开展群众路线教育实践活动，积极应对各种复杂局面和严峻挑战，全市工会各项工作继续在全省工会保持领先地位。2014年衡阳市总工会首次荣获“全国工会贯彻落实工资集体协商工作先进集体”荣誉称号；同时荣获全国市级工会财务工作先进单位；荣获全国工会经审工作先进集体；荣获全国工会会员评家先进单位。工会组建与会员发展工作荣获省总一等奖；被授予“衡阳市改制服务工作先进单位”荣誉称号。（何晓钦）

【劳模座谈会】　2014年4月25日，举办“同庆五一节·共话衡阳梦”劳模座谈会。市委书记、市人大常委会主任李亿龙，市委副书记、市长周海兵亲临会场，发表重要讲话，并为2014年全国五一劳动奖状、五一劳动奖章和全国工人先锋号获奖代表绶带。李亿龙强调，要大力弘扬劳模精神，争做爱岗敬业、真抓实干、勇于创新、勤劳创业、无私奉献的模范。工会工作要善于创造科学有效的工作方法，真正成为“职工之家”和职工群众的“娘家人”。各级党委、政府和工会组织要高度重视和关心爱护劳模，帮助劳模解决生产生活中的问题，广泛宣传劳模先进事迹，使劳模精神不断发扬光大。周海兵要求加大弘扬劳模精神的工作力度，发挥职工的作用，全力支持工会的工作。希望工会发挥自身作用，把全市职工的创造性、凝聚力发挥出来，为衡阳发展奠定坚实的基础。（何晓钦）

【开展劳动竞赛】　在全市职工中广泛开展以“聚力小康建功衡阳”为主题的“四位一体”劳动竞赛，11043家企业，94.6万名职工参赛。建立省级劳动竞赛联系点9个，市级劳动竞赛联系点15个，着重推进全市29个省市重点建设项目和保障性安居工程建设。（何晓钦）

【开展争创活动】　全市重点项目全部参加“重点建设，我当先锋”为主题的创建活动，全市所有的公交车，出租车全部参加“争创工人先锋号，做好雁城交通人”为主题的创建活动。开展“寻找最美班组长”活动，收集职工点赞160多万个，市第一人民医院眼科主任陈恩亚荣获“湖南省最美班组长”和“湖南省五一劳动奖章”。（何晓钦）

【开展生产保护工作】　开展“安全生产月咨询日”活动，印刷宣传资料10000份。扩大“安康杯”竞赛活动参赛面，全市各类企事业和机关单位全部加入，参赛单位达1700余家，覆盖面同比增加15%。（何晓钦）

【劳模管理】　积极争取市政府支持，出台《衡阳市劳动模范评选和管理办法》，选树市级劳模35名。加强劳模创新工作室的创建工作，新建市级工作室10个，申报省级工作室2个，推荐国家级工作室1个。开展困难劳模走访慰问，分别发放全国劳模、省部级和市级劳模专项补助资金97万、197万和15万元。（何晓钦）

【工资集体协商工作】　将工资集体协商纳入党委、政府工作目标考核。推动世界500强在衡企业建立工资集体协商制度，19家已经建制。全市涌现出53个工资集体协商工作示范点。共签订工资集体协商专项协议5258份，超额完成省总下达的全年工作目标任务。（何晓钦）

【厂务公开民主管理和企业改制工作】　全市已建立厂务公开、职代会制度覆盖单位分别为6881家和6889家，建制率分别达95%和96%。加强职工代表大会制度的规范化建设，特别是指导改制企业依法依规召开职工代表大会有成效。全市列入省委考核的16家国有企业职代会全部圆满召开，其中12家企业全票通过职工安置方案，完成改制任务，受到市政府和省委考核组的一致好评。（何晓钦）

【职工维权】　实现“12351”维权热线与“12345”政府服务热线联网，来信来访满意率100%，有效维护职工队伍和谐稳定。认真做好工会法人登记工作，共为137家单位办理法人登记手续。（何晓钦）

【关爱女职工工作】 继续创建全市女职工组织规范化建设示范点，选树衡阳钢管有限公司和大唐耒阳发电厂等示范单位。建立和完善各级女职工组织建设“五个一”台账。培育湖南天雁公司女职工周末学校为市级培训示范学校，在大唐耒阳发电厂建立女职工心理咨询室示范点。举办“中国梦·劳动美”全市职工全健排舞大赛，4508名职工参赛。（何晓钦）

【“双联”帮扶工作】 全市各参联单位和驻企工作组共为500多家被联企业引进新项目、新技术610项，解决企业生产经营中的困难问题1024个。建立13个县级以上职工维权帮扶中心和425基层帮扶站，632个企业帮扶点，祁东、衡阳两县获评全省五星级职工维权帮扶中心，全市的帮扶平台和网络基本形成。省“双联”帮扶工作领导小组到衡阳督查时，对衡阳工作进行充分肯定。

（何晓钦）

【“四送”服务】 开展春风行动月活动。共培训职工2.7万人，帮助7.9万人实现就业。开展“夏送清凉·关爱相伴”活动。其中市总带头慰问高温作业和露天作业人员750人，特别是向烈日下的交警送清凉伞，为他们“撑起一片阴凉”，得到省总和各界肯定。广泛开展“金秋助学”，市总工会本级共资助困难职工和困难农民工家庭子女解决学费184人，资助金额46万元。两节期间，安排送温暖专项资金超过1000万元，其中市直各参联单位捐赠300.8万元，为历年之最。两节期间，全市共走访困难企业236家，慰问困难职工家庭13600户，困难劳模362户，取得良好的社会效果。（何晓钦）

【办理十件实事】 针对职工医疗互助报销低的问题，市总工会将医疗保险报销后剩下的自负部分，由之前的35%提高到95%。此外，市总工会还针对职工群众反映的就医难、就业难、上学难、办事难、安居难等问题，办好职工医疗互助、特困职工大病帮扶、困难职工大额救助、特困职业病患者医疗救助、患尿毒症困难职工救助、困难女职工“十送”服务、女职工特殊疾病保障、下岗女职工手工艺免费培训等“十件实事”，共38022人次获得总计1204万余元帮扶，让职工群众得实惠。（何晓钦）

【工会组织建设】 （1）推进企业建立工会组织。坚持党建带工建，推动企业建会率和职工入会率动态保持在90%以上。全年累计建立工会组织1307家，发展会员123229人，超额完成省总任务。在全省工会基层组织建设工作管理系统中组建工会率达到95.7%；职工入会率达到96.6%。全市的三年工会组建与会员发展工作荣获省总一等奖。（2）保障已建工会正常运转。深入扎实开展组建工会和发展会员核查工作。着力解决好基层工会运转资金问题，全市工会经费总量不断提升，74家市直党政群机关工会经费纳入财政预算，实现财政统一拨缴。强化基层工会经费审计，促进基层工会良性运转。加强工会干部培训，组织103名基层工会干部参加业务培训。（3）强化示范工会典型带动。深化会员评家工作。截至2014年，全市各级工会已创建全国模范职工之家30个，全国模范职工小家28个；省级模范职工之家133个，省级模范职工小家64家；市级模范职工之家146个，市级模范职工小家84家。在全省职工之家建设现场推进会上，全省16个经验交流的单位中，衡阳有3个，其中衡阳富士康在会上作经验介绍。（何晓钦）

共青团

【概况】 2014年，衡阳共青团和青年工作以开展党的群众路线教育实践活动为总揽，牢牢把握团的根本性问题，有效扩大团的工作覆盖面、提高团的吸引力和凝聚力。团市委连续多年获评全省共青团工作“红旗单位”，李亿龙、周海兵、邓群策、王旭明、陈新文、肖长贵等市领导多次出席团的重要活动，汤立斌、冯海燕等团省委领导亲临衡阳调研工作，湘潭、邵阳等市州团委先后前来考察交流，《人民日报》、《经济日报》、中央电视台、湖南卫视等主流媒体对衡阳共青团和青年工作进行重点宣传报道。

（廖章立）

【青少年思想政治引领】

（1）理论理想教育。坚持以小见大，以上率下，将理论教育贯彻到团的各项工作始终，使党的理论在青年中听得懂、能接受、用得上。推广“青马工程”，全市各学校团组织开办党课团课60余次，覆盖青少年学生近两万人次。利用“五四”“六一”“七一”国庆等节点，开展“我的中国梦”主题团队日活动，让“中国梦”构建起百万青少年的精神坐标。（2）核心价值观培育。组织开展“温暖年”“学雷锋”“和谐春运”“共走文明路”“爱心送考”等道德实践活动，命名“青年文明号”20家、“青年岗位能手”30人，开展“汉服成人礼”“船山文化夏令营”等活动，引导青少年扣好人生第一粒扣子。（3）先进典型激励。选举周文、陶新宇、谭国栋等先进典型，开展“奋斗青春最美丽”微电影大赛、“我创业的那些事”分享活动，推报全国优秀团干、全国优秀团员、全国优秀团总支各1名（家），开展第16届“衡阳市青年五四奖章”、首届“乡村好青年”、五四红旗团委（团支部）、优秀共青团员、优秀团干等评选表彰活动。（4）引导载体和方式。以进军网络新媒体为重点，组建以团干为核心，大学生、社会组织为中间层，网络意见领袖为外围的衡阳青年“网军”队伍。基本完成“一体系三平台”建设（一体系即由一个升级版的团市委网站、各具特色的基层团组织网站和QQ群、微电影等新媒体组成的综合体系；三平台即“12355”数字平台、共青团微博（微信）平台、手机APP体系三大平台），提升新媒体工作水平。全市团组织开通官方微博3400个、粉丝超过170万人，在网络新媒体领域基本实现有阵地、有队伍、有声音的目标。加强外宣工作，全年共在《人民日报》《经济日报》、中央电视台等国、省、市主流媒体上发表各类稿件400多篇次。（廖章立）

【青年创新创业创优】 紧贴党政中心，找准切入点，深入开展促进青年创业就业、保护母亲河、青年志愿者行动等工作和活动，为服务经济社会发展做出积极贡献。（1）推动“三创”发展更加深入。把促进青年创业创新创优作为“一号工程”，全力推进实施共青团促进青年就业创业三年行动计划。在意识培育上，通过举办青年创业梦想秀、青年创业创新大赛、组建青年创业导师团、评选青年创业“金点子”、开展“创业大讲堂”等活动，共评选“青年创业新秀”12人、青年创业“金点子”20个，聘请市级青年创业导师60人，开展创业培训121场次、培训青年10797人，有效激活青年“创业基因”。在平台支撑上，打造中建青年创业园、农村青年致富带头人协会等平台，为青年创业提供企业孵化、要素整合等服务。中建青年创业园是获团中央专项资金支持的全省首家地市级青少年综合服务平台，项目建筑面积4000平方米，为入驻项目提供场地免租、创业培训、政策咨询、贷款融资等服务。成立全省第一家市级农村青年创业致富带头人协会，发展会员212名，市委书记李亿龙亲自参加协会成立大会并作重要讲话，24个职能部门主动提供相关政策和职能服务。另外，还通过中国（寿光）国际蔬菜科技博览会、“全国百佳农产品”评选等平台，帮助角山米业、绿贝生物科技、花满地农业科技3家企业走出湖南。在资金扶持上，主要有青年创业圆梦资金和创业贷款等扶持措施。全年筹集并发放青年创业圆梦资金近百万元，对12名“青年创业新秀”、20个创业“金点子”、20名首届青年创业创新大赛优胜者给予无偿资助。在金融服务上，完成青年创业小额贷款1.26亿元，争取市政府出台金融服务“三农”发展的具体措施，争取衡阳邮储银行青年创业贷款授信2亿元。4月20日，《人民日报》用大半个版面报道周文、陶新宇两位青年创业典型的故事；7月2日，《经济日报》刊发市长周海兵关于促进青年创业的署名文章；在“盐商杯”全国青年创业创新大赛中，湖南代表团10名选手中衡阳就有2名，在“挑战杯”湖南省职业学校创新创效创业大赛中，衡阳获金奖数量占全省三分之一。（2）参与社会治理更加全面。筹建市青年志愿者总队，制作全省首张“志愿者电子服务地图”，推进枢纽型志愿者组织建设。“志愿者电子服务地图”被湖南卫视《新闻联播》报道。加强青少年文化建设。开展校园微电影大赛、街舞挑战赛、导游大赛等丰富多彩的活动，推动形成健康向上的青年文化。开展第二批青少年廉政文化教育基地创建活动。参加全省少儿才艺大赛取得优异成绩。深化保护母亲河行动，全市5000多名青少年参与“靓河纳山、美丽衡阳”系列活动，引导青少年投身生态文明建设。(3)凝聚青春合力更加牢固。开展湖湘青年英才评选、“湖南青年看改革”、市青企协换届等活动，推进青年社会组织发展。建立线上、线下两个平台，与300家青年社会组织建立联系机制，努力把各界青年凝聚在团组织周围。

（廖章立）

【青少年民生工程】　(1)服务成长成才。加强阵地建设，市青少年活动中心建设如期推进，完成地面以下工程施工，赴京、津、沪、浙等发达地区开展规划设计、项目招商、营运管理等调研。市青少年宫举办庆“六一”少年儿童公益性体验活动，2000多名少年儿童参与体验，30位贫困儿童成功圆梦并与爱心人士结成对子。开展衡阳市首届童星大赛，探索“团组织搭台、企业买单、青少年受益”的市场化运作模式，取得良好效果。改革优化素质教育培训模式，提升培训服务质量，市青少年宫年培训服务青少年2万多人。(2)帮扶弱势群体。在春节前后开展共青团“温暖年”活动，市、县两级团组织走访慰问困难青少年近1000人。项目化、品牌化推进“希望工程”事业，拓宽募资渠道，提高资金使用效益。全年筹集希望工程资金405万元，先后援助衡南冠市镇荫田小学、衡阳县西渡镇斗岭小学、衡山白果镇岳北小学、常宁市西岭镇平安小学等13所小学改扩建工程，直接资助贫困学生1200余人，在帮助贫困落后地区教育事业发展上作出贡献。深圳京武集团一次性捐款248万元，创衡阳市希望工程单笔募捐新纪录。(3)维护合法权益。加强未成年人权益保护工作，扎实开展“共青团与人大代表、政协委员面对面”活动，形成人大代表建议、政协委员提案各1件。积极做好预防青少年违法犯罪工作，珠晖区人民检察院获“全国青少年维权岗”称号，市中院“少年法庭”工作经验在全省第三届青少年研究会成立大会上得到推介。(4)服务普遍需求。常态化开展学习成长、交流交友、互动联谊、身心健康等活动，每个季度开展一次大型公益性婚恋交友活动，打造衡阳青年的“玫瑰节”。　（廖章立）

【基层组织建设】　2014年，团市委坚持眼睛向下，重心下移，把团组织建设的重心放在基层一线，畅通联系服务青年群众“最后一公里”。(1)扩大组织覆盖。大力推进乡镇街道区域化团建工作，全市新建街道直属团组织594家、各类活动阵地35个，每个街道配备1名专职志愿者，完成非公企业团建任务120家，村级团组织在村支两委换届中同步换届，组建农村专业合作社团组织142家、合作社团委12个，团的覆盖面不断扩大。(2)提升保障水平。积极推动县（市）区将街道团委工作经费纳入财政预算，逐步扭转乡镇街道团委缺人、缺钱、缺岗的现象。(3)激发工作活力。开展城市街道区域化团建工作示范点创建工作，团市委首次拿出专项经费支持乡镇街道团委，给创建成功的50个乡镇街道每个3000元的经费奖励，将真金白银投放到基层一线。加强少先队工作载体、辅导员队伍建设，少先队工作科学化水平得到有效提高。

（廖章立）

妇　联

【纪念“三八”104周年系列活动】　衡阳市妇女联合会与市女企业家协会联合举办“书香情·玫瑰梦”衡阳市纪念“三八”国际劳动妇女节104周年，表彰15个巾帼文明岗、10个巾帼建功标兵等一批在衡阳市经济社会发展中作出贡献的先进典型，并牵头成立“玫瑰读书会”。各行各业女性用合唱、舞蹈、配乐诗朗诵、魅力时装秀等形式，反映衡阳女性丰富多彩的文化生活。品牌栏目深度绽放，“魅力女人·美丽定制”——魅力女性课堂再度成功开讲，全市各行各业近百名女性代表共同分享国家级形象设计师舒当带来的魅力女性时尚大餐。与市文广新局、市美术家协会、市书法家协会联合主办“巾帼风采”——第二届衡阳市女子书画作品展，参展的100余件作品中有36幅作品获奖。　（陈　静）

【践行党的群众路线教育实践活动】　市妇联紧紧围绕“为民、务实、清廉”主题，按照“照镜子、正衣冠、洗洗澡、治治病”的总要求，紧密联系妇联工作实际，采取集中学习和个人自学相结合、专题辅导和交流讨论相结合、观看警示教育片和撰写心得体会相结合、征求意见和谈心谈话相结合等方式，扎实开展党的群众路线教育实践活动。组织妇联机关、下属单位全体党员干部、离退休老党员开展“妇女干部的群众观”“入党为什么、为党干什么”“六问”大讨论，通过召开座谈会、发放征求意见表100份、设置意见征求箱、开展民主评议等多种形式，市本级收集个人学习笔记和心得体会25万余字，征集市妇联班子及个人“四风”方面问题意见152条，整理领导班子和领导个人剖析材料5万余字，汇编班子专题民主生活会资料2册，明确26项整改任务和24项制度计划，制定“时间表”和“路线图”，立行立改，力求实效，取得转变作风、凝聚妇女的显著成效。活动第一阶段被推荐接受省督导组抽查，第二阶段回头看中一次性通过单位之一，《用真情和行动落实服务群众——市妇联群众路线教育实践活动纪实》在省简报中刊登。（陈　静）

【大走访、双联、新农村工作】 市妇联干部深入衡阳县界牌镇界江村和市阀门厂，开展“走基层、访妇情、办实事”活动，圆满完成“大走访”“双联”、新农村工作任务。走访慰问困难群众、贫困妇女、孤儿、“优抚家庭”70余户，共计发放扶贫慰问物品资金近8万元；开展“一对一”结对帮扶活动，与6个家庭结成帮扶对子；开展金秋助学活动，帮助6名学生完成就学升学，用真情和行动落实服务群众最后一公里。争取项目资金10万元，帮助新农村建设点建成文化广场，修筑水塘护坡，实现绿化、亮化、组组通三大工程。（陈　静）

【妇女参政议政】 在衡阳第九次村委会换届中积极发挥作用，根据《衡阳第九次村民委员会换届选举实施方案》的要求，专门提出“逐步实现每村有1名大专以上文化程度的干部。确保村民委员会中至少有1名女性，每个县市区女性村党组织书记的数量应比上届有所增加，力争每个乡镇有1名女性按照法定程序当选村党组织书记或村民委员会主任。”换届后，衡阳市4801个村中，有4868名女性进入村支两委，163名女性担任村支两委党政正职。通过资源摸底、提名推荐、审核汇总、考察公示、审定选举、信息录入等环节，推选57名代表出席省第十二次妇代会。（陈　静）

【基层组织建设】 以点带面，用示范力量激发“妇女之家”创建工作活力，加强“妇女之家”阵地建设。共争取项目资金20万元，帮助新农村建设点衡阳县台源镇长青村、蒸湘区太平二社区创建省级示范“妇女之家”，指导蒸湘区立新二社区、衡阳县台源镇长青村创建2个省级示范“家庭教育指导中心”。2013年，省妇联领导两次对衡阳市“妇女之家”建设工作进行实地调研和指导，充分肯定衡阳市基层妇联和“妇女之家”在发动妇女群众组建“巾帼环境卫生整治队”“妇女帮扶队”等巾帼志愿者队伍，参与城乡同治、建设美丽家园中发挥的积极作用。（陈　静）

【巾帼建功】 通过座谈交流、听取汇报、查阅资料、现场观摩等方式，深入开展国、省级岗台检查，推进“城乡妇女岗位建功”，评选市级“巾帼文明岗”15个、“巾帼建功标兵”10个。大力扶持女农民合作组织，推荐4个全国巾帼现代农业科技示范基地，其中衡南县天子泉生态农业观光园和衡阳县界牌镇金兰养殖场评选为“湖南省巾帼现代农业科技示范基地”，引导妇女发展循环农业、生态农业、节约型农业和乡村休闲旅游农业。评选表彰20个市级“巾帼示范村”。建立“女大学生创业实践基地”，帮助女大学生转变就业观念，以创业带动就业。深入开展“春风行动”，帮助1031名女性就业。持续深化妇女小额担保贷款工作，发放妇女小额担保贷款5994万元，扶持带动2100名妇女创业就业。组织召开女企业家协会2014年年会暨“玫瑰创业梦”座谈会，举办“丽人有约——走进企业”企业互访活动，开设网球、声乐、茶文化等培训课程，搭建交流平台，促进女企业家在学习交流中开阔视野、相互借鉴、增智怡情。成立女企业家“巾帼创业导师团”，扶持带动6000余名妇女创业就业。（陈　静）

【文明新风】 全市各级妇联组织依托“妇女之家”，通过群众自荐、彼此借鉴、共同分享等方式，深入挖掘、大力宣传“最美家庭”，其中李卫兵家庭当选全国“最美家庭”，刘美萍家庭当选全省“最美家庭”。中央、省、市、县四级媒体深度报道“最美家庭”的风采。同时在全市广泛开展议家风家训家规、晒家庭幸福生活、讲家庭和谐故事、展家庭文明风采、秀家庭未来梦想等丰富多样好爸好妈亲子互动评选活动，召开践行社会主义核心价值观暨“好家风·好家训”座谈会，倡导文明家风。举办魅力女性课堂、“玫瑰读书会”“市第二届妇女书画作品展”“推进节能低碳、携手共建两型、打造美丽衡阳”“美丽童行——争做美德少年”“幸福衡阳·美丽童行”未成年人生态道德教育实践等主题活动，大力弘扬文明新风尚。（陈　静）

【“两个规划”】 积极部署“十二五”妇女儿童发展规划年度监测统计评估工作，举办两个规划监测统计专题培训班。在衡阳电视台连续播出“坚持男女平等，关注儿童成长，加强未成年人教育，保护妇女儿童合法权益”的广告，大力宣传男女平等基本国策。参与市人大《未成年人保护法》执法调研，主动承办市人大、市政协有关妇女儿童工作的建议、提案，并针对留守儿童家教缺失以及遭受性侵、虐待等问题，提出建立留守儿童信息数据库和未成年人庇护所等保护救助儿童的长效机制。（陈　静）

【关爱妇女民生】 以关爱农村贫困留守儿童为重点，深入开展专题调研，撰写《对我市农村留守儿童关爱服务体系建设的思考》调研报告。建立全省首个由市州政府妇儿工委、妇联自主建立的农村留守儿童信息数据库，为12个县（市）区妇联配备专用电脑，实行职能部门联动、资源平台共享、动态数据对接管理、后期项目支撑模式，基本完成数据录入工作。联合省中医附一医院深入开展“美丽童行·健康有我”暨“心希望计划”，为衡南县、衡山县、衡东县、南岳区0至14岁疑似心脏病200名儿童进行免费检查，16名儿童获得免费手术治疗。继续开展妇女乳腺健康免费普查工作，建立健全全市农村妇女“两癌”免费检查项目数据采集系统，全市项目县对81134名农村妇女进行“两癌”普查，非项目县对76996名农村妇女进行“两癌”普查，全年共发放“贫困母亲两癌救助”专项资金76万元。深化“春蕾计划”，举办“助力梦想，与爱同行”慈善义卖、“心得乐”大型爱心慈善捐助、“爱心圆梦·快乐创意”庆“六一”等活动，共筹集善款近360万元，帮助673名儿童就学升学。继续开展“玫瑰书屋”公益捐建项目，回访“玫瑰书屋”捐助学校衡阳县界江小学，捐助课桌椅130套。（陈　静）

【维权信访】 举办妇联系统信访干部培训班，组织市、县、乡三级妇联干部参与培训，努力提高基层妇联干部依法履职的能力和水平。“省级婚姻家庭纠纷人民调解中心”试点项目落户衡山，探索通过建立婚姻家庭纠纷人民调解机制维护妇女合法权益。正式出台全省首个由公、检、法、司、妇联五部门联合发布的《衡阳市家庭暴力处置办法》（以下简称《办法》）。该《办法》将“寄养在亲属家庭的未成年子女”和“具有同居关系或曾经有过配偶关系者”纳入家庭暴力当事人，明确规定对家暴实施者可采取拘留强制措施，增强处置力度。《中国妇女报》以“界定范围扩大，执法依据细化”为标题，大篇幅推介《衡阳市家庭暴力处置办法》。深入推进“平安家庭”创建，开展反家暴培训。在珠晖区冶金街道邀请市法律援助中心主任贺榕军开讲“平安家庭”课堂，参加培训居民达200余人。及时办理省妇联《关于衡阳父亲遗弃未成年子女案的交办函》等各类信访案件。全年市妇联共接待群众来信来访来电307件，法律援助10起，办结率达99%。（陈　静）

侨　联

【概况】 2014年，衡阳市归国华侨联合会在市委的正确领导下，以党的群众路线教育实践活动为统揽，坚持“两个并重”“两个拓展”，紧紧围绕市委、市政府的中心工作，充分发挥自身优势和作用，不断创新工作方法，团结拼搏，求真务实，开拓进取，团结、引导广大归侨侨眷和海外侨胞，各项工作取得显著的成绩，为全面建成小康衡阳、维护和谐侨界贡献侨界的智慧和力量。一年来涌现出一批先进人物，李玲主席被评为致公党衡阳市委建立组织30周年“优秀党务工作者”。徐志明、胡仲敏副主席的摄影作品获“衡阳市直机关书法摄影作品展”优胜奖。市侨联干部邹琰在庆祝建党93周年的活动中，荣获“2013～2014年度市直机关优秀共产党员”。（邹　琰）

【参政议政】　（1）以侨为本，摸侨情听侨声。截至2014年年底，全市各级侨联共有侨联界政协委员和侨界人大代表99名。15名市、县侨联干部聘为市、县“人民法院陪审员”“民主监督员”“行风评议员”。及时召开参政议政委员会和法律顾问委员会年会，调整充实各会队伍。以教育实践活动为契机，深入基层和侨界群众中走访慰问，将走访收集到的意见建议进行认真梳理，将侨界群众普遍关注的实际问题，如希望提高老归侨生活补助标准，关于重视加、美停办中国移民后续问题，写成《侨情专报》，向省、市有关部门反映，均采纳落实。将侨界群众重要意见建议整理成提议案，提交各级“两会”。如《关于“加强渣土车、公交车和出租车从业人员安全教育和管理，改善道路交通安全”的建议》《关于规范和发展民间融资的建议》《关于“规范门牌号码，加强城市科学管理”的建议》《关于发挥侨联组织在引进海外高层次人才工作中独特作用的建议》《关于发挥高校归侨侨眷的优势和作用，更好地为地方经济发展服务的建议》《关于加强引进海外留学人才的建议》等提案、建议案引起有关部门高度重视，均被采纳答复。（2）围绕大局，主动调查研究。成立2个调研课题组，赴县（市）区、高校、园区、基层侨联组织开展调研，先后提交《加强高校侨联组织建设，促进高校与地方共同发展》《机构改革和构建我市大统战工作格局的思考》两篇调研报告，分别获市委统战部2014年度统战理论调研优秀成果二、三等奖，并分别在有关刊物发表。（3）抢抓热点，及时建言献策。通过对老侨的生活情况调研，收集增加老归侨退休补助的建议，向省侨联、省人大及时反映，得到省政府批准，由原来200元/月增加到260元/月。针对衡阳市民间融资混乱、金融风险频发的现状，积极开展市场调查和案例分析，走访企业、银行和金融专家，通过侨联界别政协委员在市“两会”上反映，受到市政府有关领导的高度重视，为衡阳市防范资金融资风险贡献智慧和力量。2014年，全市各级侨联工作者抢抓热点，及时宣传侨界好的经验和做法，发表的稿件质量和数量好于往年。王一社、胡仲敏获省侨联奖励。市侨联在中国侨联网、凤凰网、中国新闻网、《中国侨联》、三湘统战网、湖南省侨联网、《湖南侨联》、衡阳统战网等网站、刊物上发表信息稿件、理论调研文章等150多篇。（邹　琰）

【维护侨益】　（1）健全涉侨案件工作机制。为落实《关于我省各级政法机关与同级侨联组织建立健全涉侨案件有关工作机制的意见》等有关文件精神，积极参加省委政法委、省侨联督查组来衡对市各级政法机关建立健全涉侨案件有关工作机制及涉侨案件办理的情况进行专项督查活动，并与市政法委就完善涉侨案件联席会议机制、重大案件联动机制、健全涉侨维权工作网络达成共识，在全市法院系统开设涉侨案件绿色通道，使涉侨案件工作机制常态化、制度化、规范化。（2）做好来信来访工作。对每一个信访案件，坚持“有访必复”原则，并按“三个一”服务要求（一张笑脸、一声问候、一杯热茶）进行劝导协调，积极督办，及时完成各级信访事项，侨界群众满意度不断提升。先后接待并协助解决加拿大华侨赵统生、丁玉英父母和港属周继元、周治国父子，老归侨王棋爵夫妇房屋拆迁赔偿、住房分配，老归侨刘梅芳申请廉租房、医保，俄罗斯侨眷与衡山县永和乡关于苗王生物科技有限公司经济纠纷等15起信访事项。（邹　琰）

【扶侨帮困】　制定《衡阳市侨联定点帮扶工作方案》，成立衡阳市侨联扶侨帮困工作领导小组，重点帮扶困难马来西亚侨眷李豫、缅甸老归侨刘凤姣，争取上级支持资金5万元，使帮扶对象居住环境尽快改善，争取低保提高生活质量，促进侨界和谐稳定。先后前往市福利院、养老院、部分社区和衡东县、衡南县、耒阳市等县（市）区进行调研慰问，重点走访基层侨界群众，对生活特别困难和反映诉求较多的周年春等15户，专程送去生活用品和慰问金10万元。协调解决老归侨王棋爵夫妇房屋拆迁赔偿、分配住房、老归侨刘梅芳申请廉租房和部分侨眷就业、申请低保、大病救助、经济纠纷等问题10多起，挽回经济损失300多万元。响应市委号召，积极开展“百乡千村万户大走访”活动，深入帮扶点——祁东韭菜坪村，宣传党的农业政策，帮助农民脱贫致富，并慰问看望当地贫困侨眷，把党的温暖送到百姓家中。在元旦、春节、端午节等重要节日期间，始终坚持登门看望困难归侨侨眷，及时送去党和政府的亲切关怀和节日祝福，共慰问因病致贫的归侨侨眷、孤寡老归侨120多户，送去慰问金30余万元，使侨界群众真正感受到“娘家”的温暖。

（邹　琰）

【联络联谊】　积极参加湖南省海外侨社团联谊会、上海首届世界客属侨领乡贤峰会，先后向泰国、阿联酋华侨华人联合会等海外侨社团推介衡阳，宣传南岳衡山和县域经济的发展情况，与世界客商协会首任会长中国实业家、教育家、慈善家郑怀玲、印度尼西亚中华总商会副总主席黄德新、世界客商网总监罗金方、中非产业联盟基金管理有限公司副秘书长沈应德、台湾大翔集团董事长何培才、马来西亚中华大会堂总会永久名誉会长吴德芳等30多个侨社团的100多位世界各地著名侨领乡贤进行联谊交流。组织市、县（市）区部分侨联专职工作者赴上海杨浦区侨联就基层组织建设工作进行参观学习，借鉴和汲取沿海发达地区侨联工作的成功经验。加强与侨党——致公党衡阳市委的交流协作，开展新侨调研活动；联合市侨商会开展庆“三八”联谊活动，与市常德商会开展联谊座谈活动等，进一步拓展市侨联的联谊渠道，扩大对外交流，提高侨联组织的知名度和衡阳的美誉度。加强湘赣两地长期合作和共同发展，接待江西省吉安市侨联刘勇主席一行5人到衡阳交流考察，与江西省吉安市侨联签订缔结友好关系协议书。加强与省内兄弟侨联组织的联系交流，接待岳阳市侨联一行到衡阳考察交流。密切与海外侨胞的联系，先后接待美国洛杉矶王太和律师事务所主任王太和一行、匈牙利华侨Skala投资集团董事长曹和平、港胞香港金龙集团有限公司董事局主席胡国赞、美国南加州湖南同乡会理事长颜利平、旅美湖南同乡会常务副会长张文生等15批300多人次海外侨胞到衡阳考察、洽谈商贸。（邹　琰）

【服务经济】　通过交流联谊，促成王太和在国内上海、长沙等大中城市建立法律服务平台8个，王太和、颜利平在国内上海交通大学、西南交大等985大学学术交流2次；匈牙利华侨曹和平在衡山投资33亿元兴建休闲度假项目；南岳区方广寺景区开发项目顺利落地，一期到位资金500万元；常宁市西岭观光鱼农产业园项目落地，一期已到位资金5000万元，搭建活动平台，展示侨界特色。积极考察推荐优秀侨商到省侨商会担任理事，全市共有21名侨资企业家当选为省侨商会二届理事会副会长、常务理事和理事，为全省最多的市州。市侨商会会长刘善银当选为省侨商会副会长。市侨商会会长刘善银以侨商会为平台，作为主发起人，联合几位副会长创办的注册资本1亿元人民币鑫鑫小额贷款公司于2014年12月隆重开业。市侨商会理事欧阳洪山发起筹备成立市中药材产业协会，创办洪发农林专业合作社，在常宁市西岭镇小松柏村建立一个规模化、无公害、无污染综合型绿色生态园。主要种植玉竹、丹皮、白芍、垂盆草等药材，现已整地106.67公顷。市侨商会理事、升溢泰投资管理有限公司董事长周涤春承办2014年中国金融改革与民间资本发展研讨会等等，突出侨商的特色，扩大侨商的影响力。（邹　琰）

【公益事业】　2014年，市侨联争取的浙江新华爱心基金会创办的首届“珍珠班”——市五中鑫淼珍珠班的50名珍珠生高考大捷，获本一上线28人，本二上线率达到100%的好成绩，是全省申办“珍珠班”中成绩最好的班级。至2014年，新华爱心基金会已在衡阳续办5个“珍珠班”，资助200名“双特”高中生完成学业。争取港胞胡国赞捐资20万元的新安小学改扩建项目款项已全部到位，并争取政府配套资金100多万元。争取香港“阅读·梦飞翔”

文化关怀慈善基金会资助衡东县第六个“阅读·梦飞翔”图书馆，在衡东县城关三小落成。耒阳市侨联牵线搭桥，香港林梦飞教育基金会的代表团签约捐建耒阳市实验小学紫荆府校区，总建筑面积约5200平方米，规划为24个教学班、1200个学位的六年制公办小学。衡山县侨联争取爱尔兰华侨协会再次向衡山县华侨爱心学校——望峰乡万二带中心学校捐款10余万元，该协会连续10年来为衡山县捐资助学累计达300余万元。衡南县侨联成功引进海外友好社团平和堂捐资30万元，改建长岭卫生院。衡阳县侨联爱心助学网站进一步得到完善，以爱心助学为主要内容的“侨心工程”已成为全国兄弟侨联学习的榜样。祁东县侨联、南岳区侨联想方设法、积极争取有关方面对贫困归侨侨眷进行帮扶。积极引导侨界群众参与社会公益活动。刘福江、肖启信、蔡剑、王文军、王毅、胡彪、戴明欣、张春、戴毅明、李波等委员和侨企，纷纷利用自身优势，积极为侨界群众排忧解难。南华大学侨联组织附属第一医院和附属第二医院老年病、妇科、心血管疾内科、脊柱外科、泌尿外科和儿科等相关专家前往湖南省隆回县岩口镇开展义诊，为岩口镇农民群众义诊1000多名，送去价值为2万多元的药品，得到当地政府和农民的高度评价。市侨商会理事周建军创办的文宇高考复读中心，每年对成绩优异、家庭贫困的学生进行减免学杂费，2014年减免金额达5万元。丁春华扶助一名贫困学生，捐助一名15岁的白血病患者，捐款金额2万余元。文小伟热心公益事业，以湖南省伟冬食品有限责任公司名义，2014年，为贫困学生、孤寡老人捐款捐物累计8万元。龙麦风为贫困学生、残疾儿童捐款累计2万元。刘文剑为家乡修路捐款3万余元。

（邹　琰）

【参加全省侨联系统新任干部研讨班】　2014年5月，由湖南省侨联举办的全省侨联系统新任干部研讨班在湖南省委党校开班，来自全省各市、州、区（县）、高校侨联干部等152人参加培训。市侨联副主席胡仲敏率队“衡阳兵团”一行17人参加此次培训。学习中央、省委《关于进一步加强侨联工作的意见》及全国第九次侨代会、党的十八届三中全会精神解读、侨务理论与涉侨法律法规、培育侨联领导干部的法制信仰、《党政机关公文处理工作条例》解读、新保密法、侨务工作实务、公务礼仪等课程。学习期间，全体学员还结合工作实际分组讨论，大家交流学习体会和工作经验，为新时期更好地开展侨联工作出谋划策。结业仪式上，省侨联党组书记朱建山出席并作重要讲话，省侨联领导为30位优秀学员颁奖，其中衡阳市胡仲敏、邱曙光、许素珍、邹琰、阳丹、廖璟6人获得“优秀学员”称号。

（邹　琰）

【衡阳市侨商会和常德商会举办联谊活动】　2014年9月18日，衡阳市侨商会和常德商会举办联谊活动，衡阳市侨联主席李玲、副主席徐志明、常德商会秘书长周瑞华以及衡阳市侨商会会长、副会长、部分常务理事等各界精英40多人参加此次活动。首先周瑞华代表常德商会致辞，随后进行交流。侨联主席李玲利用此次交流联谊机会，鼓励侨商会会员继续献计献策、团结协作、做大做强，并希望大家加强商会之间的联络与交流，增进彼此间的感情，共同使常德商会和衡阳市侨商会队伍不断壮大，为衡阳经济发展做出独特贡献。（邹　琰）

【组团参加湖南省第七次归侨侨眷代表大会】　湖南省第七次归侨侨眷代表大会于11月26日—28日在长沙召开，全省455名代表、特邀代表和140余名海外嘉宾出席大会。全市36名侨界代表和2名特邀代表组成的衡阳代表团参加大会。省委书记、省人大常委会主任徐守盛专程到省侨联机关走访。在长沙的全体省委常委及省政协主席陈求发、省人大、省政协联系侨联工作的领导出席大会开幕式并为归侨侨眷先进个人颁奖。各市州侨联分管领导、侨联党组书记列席开幕式。中国侨联党组书记、主席林军，省委书记、省人大常委会主任徐守盛出席并讲话。会上还表彰全省80位归侨侨眷先进个人，本市徐志明、李盛青、李卫辉、吴勤、肖启信五人获此殊荣。省侨联主席朱道弘代表省侨联六届委员会作工作报告，衡阳市侨联要以此次会议为契机，认真学习好、落实好会议精神，以领导讲话精神指导侨

联创新开展海外联谊等各项工作，不断加强自身建设，为促进衡阳经济发展，国家和平统一做出新贡献。（邹　琰）

社科联

【市社科重点研究基地成效显著】 2014年，全市社科类基地紧紧围绕市情，做到理论联系实际，积极开展学术研究活动，全年共开展100余次的学术调研活动，研究内容涉及经济、政治、文化、社会、民生、热点、难点等诸多领域，产生出科研成果2500多项（篇），其中省、部级的学术成果达120多项（篇），出版专著8部，且多项成果进入领导决策层，较好地发挥“智囊团”作用。如南华大学的核能研究成果直接应用于衡阳市的核电、核工业园等项目的前期筹备，党委书记邹树梁出任衡阳市核电工作领导小组副组长。其科研成果《后福岛时代我国核电可持续发展的公众接受度实证研究》受到国内外高度关注。衡阳师范学院中文系朱迪光教授主持的“王船山学术思想研究史”，获得2014年第三批国家社科基金后期资助项目立项。衡阳师范学院的旅游开发与规划研究基地的“湖湘风情旅游小镇”项目成果直接服务于衡阳旅游和城乡建设，还进入省委、省政府的决策，省委、省政府决定，2014～2017年在全省确定100个湖湘风情旅游小镇，由刘沛林任专家组长。（彭隽华）

【社科类学会研究成果丰富】 2014年，全市社科类学会紧紧围绕市情，做到理论联系实际，积极开展学术研究活动，全年共开展近500次的学术调研活动，研究内容涉及经济、政治、文化、宗教、历史、哲学、伦理学等诸多领域，产生出调研成果2800多项（篇），其中省、部级的学术成果达120多项（篇），出版专著5部，且多项成果进入领导决策层。（彭隽华）

【“湖湘大讲堂·名家讲坛”走进衡阳】 9月29日下午，由湖南省委宣传部、湖南省社科联、衡阳市社科联共同主办的湖湘大学堂·名家讲坛走进衡阳。湖南省社科联党组书记周发源在衡阳师范学院围绕“社会主义核心价值观”作“构筑心灵家园，共创美好人生”的主题演讲。10月29日，由著名人居文化学者、衡阳师范学院院长刘沛林主讲的《留住乡愁——湖湘风情旅游小镇与新型城镇化建设》在湖湘大讲堂·名家讲坛开讲，现场听众300多位。（彭隽华）

【“湖湘大讲堂”走进基层】 2014年5月13日，由湖南省委宣传部、湖南省社科联主办，衡阳市社科联承办的“湖湘大学堂”走进衡南县洲市乡。市社科联主席、党组书记王柏新作《坚持群众路线是共产党人最大的政治》的报告。来自当地的100多名党员干部及广大村民参加报告会。此后，市社科联还在南华大学、衡阳师范学院、湖南工学院、市农开办、市质监局、衡山县、衡东县、等单位和地区开展四十多场“三中全会”“四中全会”“湖湘大学堂”的讲学活动，听众过万人次。（彭隽华）

【参与“湘学溯源媒体行”活动】 2014年8月5日，由《湖南日报》、湖南人民广播电台、湖南卫视、湖南经视、红网等媒体组成的“湘学溯源媒体行”采访团来衡开展“湘学溯源媒体行”集中采访。在“王夫之与湘学”汇报会上，市社科联主席、党组书记王柏新在汇报会做“船山学与衡阳”的主题报告。市社科联调研员熊考核应邀出席汇报会，并在会上就王夫之与湘学的相关内容作发言。（彭隽华）

【围绕市委市政府战略部署开展课题研究】 市社科联紧紧围绕市委市政府的战略部署，开展一系列具有针对性、实践性和可操作性的研究，本单位机关干部全年完成科研文章6篇。其中，市社科联调研员熊考核主持的《深化文化体制改革激发文化发展活力》荣获湖南省“为改革攻坚献策”研究成果特等奖。市社科联主席、党组书记王柏新主持的《土地流转必须充分尊重农民的主体地位和市场经济规律》、市社科联副主席邹燕矫主持的《党内纪检工作双重领导体制的改革与创新研究》获得市全市“为改革攻坚献策”优秀论文奖，并入选《衡阳市全面深化改革调研文集》，得到市领导的好评。（彭隽华）

【开展市社科基金课题项目评选工作】 通过发布课题指南、组织课题申报、召开专家评审会，2014年全市共确定立项社科基金项目230项。其中，特别项目1项，重大项目2项，重点项目47项（含市情研究课题27项）。为鼓励多出精品、加大对青年社科工作者进行社科研究的支持，市社科联加大对立项项目的资助力度并在立项项目上对青年申报者的课题进行适当倾斜。（彭隽华）

【开展“为改革攻坚献策”社科研究行动】 2014年，市社科联联合市委宣传部、市委改革办、市委党校开展“为改革攻坚献策”社科研究行动，组织理论和实践部门的学者和工作人员，围绕“经济体制改革”“农村改革”“生态文明体制改革”“行政机构改革”“民主法制领域改革”“文化体制改革”“司法体制和社会体制改革”“党的建设制度改革”和“纪律检查体制改革”等九大内容，组织三十多位社科专家聚焦衡阳市推进重要领域和关键环节深化改革中面临的重大现实问题，通过专题研究、政策论证、共同调研等方式，深入开展对策研究。经过近一年的调查论证，课题组已完成有关深化衡阳市经济、政治、文化等领域改革的调研报告，并已集辑出版《衡阳市全面深化改革调研文集》。调研报告得到市委、市政府领导的肯定和好评。2014年12月10日，市社科联与市改革办举行“为改革攻坚献策”社科研究行动总结大会，会议总结“为改革攻坚献策”活动取得的成果并对获奖论文进行表彰。

（彭隽华）

【开展“十三五”规则课题研究】 为科学编制和有效实施“十三五”规划，由市发改委牵头开展“十三五”规则前期课题研究，共确定18个重大课题，市社科联承担其中一个重大课题“衡阳‘十三五’互联网经济发展研究”。市社科联联合市电子政务办、南华大学组成专题调研组，制定调研方案，深入基层，开展大量调研工作，共走访近10个乡镇和街道，进行600余人次的调研问卷。2014年，课题组完成调研报告，对全市互联网经济的发展提出切实可行的对策建议。（彭隽华）

【开展衡阳市第十一届优秀社科成果评奖活动】 2014年，市社科成果评审委员会修改完善评奖办法，在评委构成、成果分类、奖项设置等方面进行积极探索，按照“公开、公平、公正”的原则，经评委匿名打分评审，并在网上公示接受社会公众监督，无一人提出异议，最终共评选出衡阳市第十一届优秀社科成果108项（其中，特别奖1项，一等奖9项，二等奖39项，三等奖59项）。（彭隽华）

【开展衡阳市优秀社科著作出版资助工作】 2014年，衡阳市社科规划办开展衡阳市首次优秀社科著作出版资助工作。对衡阳市2011年1月1日至2012年12月31日期间产生的对经济建设、社会建设和文化发展具有重要理论意义和实践价值的较高质量著作的出版进行资助。经组织专家进行认真评选，共评选出首批受资助的优秀社科著作12部。

（彭隽华）

文联

【文艺活动】 2014年，衡阳市文学艺术界联合会发挥文艺工作者的特长和优势，利用文艺家的社会影响力、凝聚力，带动更多的文艺工作者加入到文艺志愿者的行列，开展“送欢乐下基层”慰问演出、文艺进校园、文艺进工地、展览展示等丰富多彩的文艺志愿服务活动。春节期间，市文联组织市书协、美协、摄协、京剧票友会等先后举办“我们的中国梦·衡阳名家春联书法进社区”与元宵灯谜京剧喜乐会两大群众性文化活动。3月，组织全市摄影家走进市孤儿院举办“学雷锋为老人拍照”活动。组织摄影、诗词、楹联、书法的艺术家走进珠晖区堰头村，开展“三下乡”服务乡村活动；4月15日，“中国·雁城艺术文化创意园”正式挂牌；5月23日，为纪念毛泽东同志《在延安文艺座谈上的讲话》暨全国首个文艺志愿者服务日，市文联组织市作协、市摄影家协会、市曲艺家协会、市书法家协会的文艺志愿者集中开展慰问演出、文艺培训和文艺支教、群众性文化活动等方面的文艺志愿服务活动。吕宗林等作家先后在雁栖湖小学与华新实验中学给学生进行有关文学与中国梦的讲座，市曲艺家协、市摄影家协会及市书法家协会50多名文艺志愿者奔赴市重点工程南岳机场的施工现场，演出拍照，为建筑工人送去文化大餐。国庆期间，市文联与市书协、市美协先后联合举办“政协委员书画展”“衡铁书画展”“湖南美术精品展”“天之娇子——欧明君作品展”“心境——衡阳市版画作品展”等。市作协先后举办《新世纪衡阳诗选》首发式暨衡阳诗歌创作座谈会、蒋勋功向市图书馆捐赠著作手稿暨新书《玉笛谁家听落梅》首发式”及“朱琳娜新书《闭一只眼》推介暨评论会”。市书法家协会承办的衡阳市“社保卡·建行杯”书法临摹大赛在衡阳市举行。市书法家协会与台湾中华世纪书画协会联合主办的文化交流书画展，在台北的邮政博物馆开幕。衡阳、台湾两地的书画家借此良机以书会友、以画相聚，两岸的文化、情感在活动中交相辉映、水乳交融。衡阳市委书记、市人大常委会主任李亿龙为活动开幕剪彩。市音协举办全市中小学音乐教学能手比赛，承办全省“旅游创作歌曲”比赛衡阳现场。市舞蹈家协会先后举办第三届会舞湘南湖南省街舞大赛、“青春中国，第十一届青少年才艺大赛”，创作、编排、演出衡阳全民小苹果主题健身操大赛，组织衡阳地区11名会员参加中国舞蹈家协会师资培训，观摩辽宁芭蕾舞团附属芭蕾舞学校建校20周年专场晚会，并邀请全国著名舞蹈家、舞蹈编导万马尖措来衡阳学术交流、授课指导等。市摄影家协会多次开展采风、讲座与摄影大奖赛，组织会员去衡阳县界牌拍火灯，去泉湖赶二月八拍民风民俗，去衡东杨林采风，举办“力丰杯”犁花摄影大赛，“美丽衡阳”摄影大赛，“魅力南岳”摄影大赛等。市诗词学会先后举办参观市蔬菜研究所科研基地与展览、参观茶山坳镇千亩梨园、参观衡阳县盘龙村港奥湘三地援建新型小区、参观衡南县工联村新农村建设、召开学习习主席文艺工作讲话座谈会等活动。市曲艺家协会先后组织排练精彩节目赴宝盖、泉湖、云集等乡镇进行宣传演出，为老百姓送去最好的精神食粮。衡阳市作协、诗词学会、文艺评论家协会召开学习总书记“10·15”在文艺工作座谈会上的讲话暨当代（衡阳）文学研讨会。市硬笔书法开展书法进校园，对雁栖湖成章小学、华新小学、人民路小学、十三中学等十六所中小学进行书法知识普及授课。（卢　霞）

【文艺创作】　（1）音乐：廖卫华的《三湘的春天》获得省“中国梦”音乐作品金奖及省“五个一工程”奖。市声乐艺术委员会及衡阳师范学院合唱团参加全省“金钟奖”合唱比赛荣获金奖；4月25日晚，市音协举办“美丽衡阳”新作品声乐大赛颁奖音乐会。（2）美术：市文联共收到“中国梦”文艺创作作品103件，评出崔文学、李清白、叶经文、何润成、廖卫华等人创作的11件精品送省文联参评；阳先顺（国画）、崔文学（国画）、孙诗谦（水彩）、夏秋菡（水彩）、聂炜（油画）5幅作品入选第十二届全国美术作品展览全国展。（3）书法：陈才坤书法作品荣获“丝绸之路”全国书法作品展最高奖，欧阳明钰书法作品荣获首届“刘禹锡杯”全国书法篆刻作品展最高奖，陈刚篆刻作品入展“四堂杯”全国书法作品展。（4）作协：聂沛组诗《天空之城》发表在《人民文学》第5期，施晗新书《书生味道》、曹希荣文集《常青藤》、老作家萧通湖诗集《梦想的蝉衣》等先后出版。（5）舞蹈：市青少年宫创作节目《奶奶的湖之酒》获得全国青少年宫展演金奖。（6）曲艺：市曲艺家协会编撰非遗项目内部资料书籍《渔鼓概述》，创作演唱本《张紫映草根文集》由湖南省文艺创作扶助基金会资助出版。（7）诗词：陈中寅的诗词作品获中华诗词学会定期举办的第五届华夏诗词奖二等奖；张春桂的诗词作品获浙江省委宣传部《纪念先烈圆梦中华》二等奖。（8）评论：任美衡、马汉钦、左其福、文玲等人在《文艺理论与批评》《文艺报》《当代文坛》等全国级报刊媒体上发表文学评论30多篇，扩大衡阳本土文学的影响。（卢　霞）

【协会制度建设】　针对部分协会自律意识不强、程序观念淡薄、活动越级上报、换届选举自定人选等现象，市文联进一步加强对协会的管理、指导与服务，逐步使协会工作走向规范化、制度化、科学化，切实发挥协会的职能作用。对收藏协会换届不按程序私定人选一事，市文联主动做好指导与协调工作，并要求他们按程序做好理事候选人员摸底登记上报工作，主席团人选再由市委宣传部干部科和文联共同考察。5月，市音协举行“美丽衡阳”音乐颁奖晚会，由于事先没有把活动方案上报市文联，违规挂靠主办单位，越级邀请市级领导，给文联的工作造成不良影响，为此，市文联积极争取宣传部的支持，组织各举办单位与协办单位开协调会，化解矛盾，规范程序，晚会取得圆满成功。在服务方面，市文联连续4年邀请市民政局社团管理局的领导到文联会议室集中指导、办理各文艺家协会的年检工作，提高工作效率，密切基层关系，文联服务水平在基层协会得到好评。9月29日至30日，为进一步增强全市文联系统的大局意思、责任意识，切实提高服务水平，扩大艺术家之间的广泛交流，由衡阳市文联举办的全市文联系统负责人学习班在衡东县新塘镇举行，来自各县市区基层文联与市属各协会的35位文艺家代表欢聚一堂，共畅文艺新天地。会上，大家认真学习市文联《关于进一步加强协会指导和管理的办法》《关于做好市属各文艺家协会换届选举工作的意见》等文件精神，就如何搞好文联与协会工作，推动文艺大发展大繁荣积极献言献策。会议期间，文艺家们还参观衡东南方格桑花文化旅游节，并于30日，在全国首个烈士纪念日，组织文艺家们去欧阳海纪念馆，向欧阳海烈士敬献花篮。

（卢　霞）

【深入贯彻习近平总书记10.15文艺工作座谈会讲话精神】

（1）召开全市文联系统座谈会。市委宣传部文艺科、县市区文联以及市属各协会负责人、文艺家代表参加会议。会上，市文联副主席、党组成员周厚君主持会议并传达习近平总书记在文艺工作座谈会上的讲话精神。市作家协会主席陈群洲、市杂技家协会主席袁孝廉、市评协副主席兼秘书长任美衡、市音乐家协会副主席廖卫华、市曲艺家协会主席张紫映、市戏剧家协会副主席周作君、市书法家协会副主席唐建华等主要协会负责人，南岳区文联主席康松柏、衡东县文联主席何彩维、耒阳市文联主席熊艾春等基层文联负责人，著名漫画家张卫、著名画家阳先顺、著名音乐人王刚等文艺家代表先后发言，表示要按照习总书记的要求，承担起这份既光荣又艰巨的社会责任。市文联主席、党组书记林乐伦结合学习宣传贯彻习总书记讲话精神，林主席深入探讨全市文艺人才库建设、市文联所属协会管理、全市文联系统经费、文艺工作者下基层为群众服等问题。（2）市属各协会深入学习宣传贯彻讲话精神。10月23日下午，市作协组织市内主席团成员及知名作家共20余人在市委统战部会议室学习习近平总书记在文艺工作座谈会上的讲话精神。10月21日，衡阳市诗词学会召开“学习习近平在文艺工作会议上的讲话”座谈会。市委宣传部、市文联领导，各县、市、区诗人代表30余人欢聚一堂。10月19日，衡阳市文艺评论家协会积极响应衡阳市文联号召，深入传达、学习习总书记10月15日在文艺工作座谈会上的讲话精神，湖南省文艺评论家协会副主席兼秘书长陈善君到会指导并讲话。（3）各县市区文联深入学习宣传贯彻讲话精神。10月24下午，衡东县文联组织各文艺家协会负责人20多名，在县委宣传部会议室召开学习习近平总书记文艺座谈会上重要讲话精神座谈会。10月24日上午9点，衡阳县文联在总工会二楼会议室召开“文联系统学习贯彻习总书记文艺工作座谈会讲话精神动员会”。（4）召开全市学习贯彻习近平总书记文艺工作重要讲话会议。在12月10日上午召开的全市学习贯彻习近平总书记文艺工作重要讲话会议上，市委市政府邀请陈长芬、杨青、刘和平、张方白、彭锋等五位衡阳籍艺术大家聚首，他们都曾亲历衡阳文化发展历程，也是从衡阳出发开始艺术之旅，如今，他们带着自己的真知灼见再次回到艺术萌芽的地方，带给衡阳这座历史文化名城更多的梦想。市委书记李亿龙，市委常委、宣传部长刘丽华等市委主要领导，各县市区分管文艺工作的宣传部副部长，各县市区文联主席，市属各协会主要负责人，各门类文艺家代表和获奖代表等100余人出席这次盛会。市委书记李亿龙就全市文艺工作发展的主要思路和整体部署发表重要的讲话。（5）下发《关于实施文艺人才“五十工程”，建立衡阳市文艺人才库的通知》，重点关注和扶持50个中青年文艺家，建立衡阳市文艺人才库。并决定在全市基层边远山区成立文学创作采风基地，长期组织全市优秀文艺家深入基层边远山区，开展创作采风、文艺支教等活动。各县（市）区各报2个文学创作采风基地，待市文联考察，通过之后，再授牌成立。11月7日，市文联邀请衡阳籍世界级摄影家陈长芬回家乡讲学。著名剧作家刘和平以国共内战时期为背景的53集史诗大戏《北平无战事》10月6日开播。11月6日，孙艳华执导的电视剧《我心灿烂》在央视8套黄金档上演。（卢　霞）

贸促会

【招商引资】　2014年，市贸促会始终坚持把招商引资作为扩大开放的首选之策，摆在突出位置，作为全会工作的重要任务来抓，面对招商引资工作的新形势，努力找准工作的着力点，注重实效，全力推进招商引资工作。截至2014年年底，全年共接待各类客商到衡阳考察13起计40余人次；引进和在谈项目8个，涉及引资额达40亿元；已签约项目3个，总投资额达2亿元；其中，落地项目1个，即香港神驹财务有限公司出资720万美元与耒阳耒水现代农业发展有限公司共同组建衡阳科峰养种植有限公司从事农业种植与开发项目，到位资金400万美元，折合人民币2460万元。（1）借力经贸平台，大力推介重点项目。市贸促会利用第十七届北京科博会的机会开展招商。组织全市企业、相关园区参会，发布衡阳市重点招商引资项目23个，参加主题报告会、湖南（北京）高新技术产业推介暨投资洽谈会和2014亚欧中小企业对接洽谈会等活动。会议期间，衡阳市代表团还拜访澳大利亚中国商会等机构，咨询国外企业发展情况，以及金融危机后各国急需整合的行业资讯，为推动衡阳企业走出去，搜集必要的资料信息。在湖南（北京）高新技术产业推介暨投资洽谈会上，衡阳市代表团还与中国国际贸易促进委员会建设行业分会会务部部长甄登丰、北京首创财富投资管理有限公司投资经理张馨等客商进行洽谈。（2）组建招商小分队，开展专业招商。市贸促会响应市委、市政府的号召，从会里抽调1名副会长和1名部室负责人参与市政府的专题招商小分队，与其他单位4名人员组成招商小分队第五组，赴深圳开展专题招商。为确保小分队招商成效，市贸促会在经费保障、工作安排上都给予小分队特别照顾，给招商小组提供各种工作便利。（3）做好全程服务，促成项目签约。市贸促会全力跟踪项目，大力做好项目引进的前期、中期和后期工作，让引进项目满意，促成最终签约。通过全会的努力，深圳澳星视听拟到衡阳前期投资1亿元人民币打造湖南衡阳教育产业园公司，设立教育资源共享云平台数据服务中心，打造电子多媒体互联网教学设备生产基地。倍泰健康公司拟到衡阳前期投资5000万元人民币打造智慧健康社区综合服务体项目，设立智慧医疗数据服务中心，创建健康测量设备生产基地。这两个项目已经签约，市贸促会做后期的衔接工作，确保项目进展顺利。（全志军）

【服务商会会员】　2014年，市贸促会紧紧围绕服务立会这个立足点，提高工作主动性，通过经常性联系，实效性服务，针对性培训等措施，狠抓会员企业服务基础性工作，增强国际商会的服务能力，更好地发挥商会的向心作用，国际商会的凝聚力和影响力日益明显。（1）组织培训活动，增强企业经营管理能力。7月6日，组织衡阳志远新材料有限公司、衡阳市百姓人力资源有限公司等会员企业参加由北京柒零金融控股集团举办的金融投资管理专题讲座。10月17日，邀请省贸促会专家和海关、大学教授等专业人士，组织全市百余家进出口企业和商会会员，开展“2014年衡阳市国际贸易法律培训”，就国际贸易中的商事调解、贸促会ECO产地证业务、海关通关等常见问题进行授课，200余人参会学习，企业的反映良好，取得较好的培训效果。（2）结合会员需要，尽心为会员企业服务。2014年以来，结合党的群众路线教育实践活动，市贸促会先后走访湖南天雁有限公司、衡阳钢管集团、衡阳市雁城宾馆等二十余家企业，深入企业调研，了解企业诉求，帮助企业排忧解难，并为困难职工发放慰问金，受到企业的普遍欢迎。积极帮助企业争取扶助资金，4月份，市贸促会与科技局负责人取得联系，帮助衡南宝旺畜牧有限公司申报科技扶助资金20万元。积极推荐产品走出国门，帮助企业打开销路，积极联系境内外商贸机构推介衡阳市各企业优质产品，成功将衡阳市裕华进出口公司的小苏打出口到摩洛哥市场，开辟新的销售渠道，使企业获得良好的经济效益。（3）开展联谊活动，增强商会凝聚力。1月8日，市贸促会与湖南民生堂投资有限公司共同组织召开2013年年会暨迎春联谊会。国际商会副会长、理事、会员等近70余人参会。大家欢聚一堂，共话新春。4月29日，与南岳云雾茶业有限公司联合组织“烟霞茶山行”活动暨副会长（理事单位）联席活动。国际商会副会长、理事代表共30余人参加。11月14日，与衡阳宇元置业有限公司联合组织2014宇元万向城杯羽毛球联谊赛。来自商会的副会长单位、会员企业的19个参赛团队共50多名选手参加本次比赛。这些活动，不仅丰富企业家的业余文化生活，又搭建企业家自我展示的平台，增进会员之间的交流与友谊，更充分展示商会会员企业积极向上，努力拼搏，同心协力，不断进取的精神风貌，进一步增强商会的活力和凝聚力。（全志军）

【国际联络】 2014年，市贸促会把组织经贸活动、加强与友好商协会的联系、加强团组工作作为国际联络工作的切入点，积极主动开展工作，国际联络工作取得突破。（1）组织参与经贸活动经常化。2014年，市贸促会组织企业参加各类经贸活动，使企业参加经贸活动成为常态。2月份，组织企业参加在北京湖南大厦举办的“中国拉美企业家高峰推介会”；5月，组织参加湖南（北京）高新技术产业推介暨投资洽谈会和2014亚欧中小企业对接洽谈会；6月份，组织衡阳特变电工等企业在长沙召开参加英中贸协主办的“帮助中国企业走出去”研讨会；7月份，组织耒阳耒耕农机产品有限公司、衡南县宝旺畜牧发展有限公司等企业参加在长沙举行的湖南国际商会与柬埔寨湖南商会经贸合作交流会；8月，组织参加黑龙江绥芬河口岸博览会；11月，组织企业参加第八届深圳国际金融博览会和澳大利亚上市与投资研讨会。（2）推动企业“走出去”迈出实质步伐。市贸促会积极推动企业拓展海外市场，帮助企业把产品打入国际市场。在长沙中拉峰会期间，专门邀请到外交部拉美司司长一行到衡阳考察衡阳特变电工，现场了解商榷特变电工产品在拉美市场的营销战略及如何解决遇到的实际困难，对该企业帮助很大。为推动企业出国融资，10月底，组织衡阳恒缘电工材料有限公司和湖南文正集团、衡南县贸促会等相关单位和企业一行6人参加由湖南商会在长沙举办的“湖南企业赴澳大利亚上市融资专题讲座”，当日下午即组织邀请澳大利亚宝泽集团、伟业公司代表到衡考察恒缘电工等企业，深度洽谈赴澳上市相关业务。11月初，市贸促会组织恒缘电工、湖南文正等部分企业参加深圳第八届国际金融博览会和澳大利亚上市与投资研讨会，并实地考察2014年3月份在澳大利亚上市的深圳生命力生物保健科技有限公司，并与澳洲驻广州总领事戴德明，澳大利亚贸易委员会商务代表梁筠，亚太证券交易所首席运营官戴维斯，澳大利亚华人首领、宝泽金融集团董事局主席王人庆等进行接触和交流。（3）友好商协会联系日益密切。市贸促会在原有友好商协会的基础上，进一步发展友好商协会。8月份，初步与香港百利行有限公司接触，经过初步协商，双方同意建立友好商协会关系并于10月9日签订友好商协会协议。市贸促会共有友好商协会34家。同时，还加强与各友好商协会的联系与合作，与澳大利亚中国商会就推动衡阳市企业到澳大利亚融资开展交流合作，与香港贸发局等友好商协会定期进行联系，加强信息共享，为工商企业到香港等地开展更加广泛和纵深的合作提供帮助。（全志军）

【业务管理】 市贸促会积极采取措施，规范管理，巩固以展览、出证认证、法律服务为支撑点的传统业务，促使贸促业务在逆势中展现新局面。（1）展览工作稳步推进。国际展览方面，组织华菱衡钢参加德国杜塞多夫管材线材展览会、46届美国（休斯敦）石油、天然气展览会、2014中东阿布扎比国际石油博览会；配合衡阳华胜精密模具有限公司参加美国输配电展、俄罗斯电网展。国内展方面，5月份，组织耒阳市贸促会、湖南文正集团等相关单位和企业参加“2014 中国（青海）国际清真食品及用品展览会”，文正集团参展的 LED 灯具引起观展商的浓厚兴趣，与西宁聚能量有限公司签订近 1 个亿的采购合同，并与来自陕西西安、甘肃兰州的客户签订代理经销商协议；8 月，组织耒阳市贸促会、衡南县贸促会、耒阳速赢咖啡等相关单位和企业一行 10 人参加“2014 中国·绥芬河国际口岸贸易博览会”，耒阳速赢咖啡有限公司参展效果显著，其分别与中国医促会中老年保健专业委员会、北京金龙酿造有限公司签订销售合同，合同总额达 1 亿元。同时，还积极为企业落实参展补贴资金，为中地装备衡阳探矿等企业落实 2013 年参加国际展览的补贴资金，增强企业参展积极性。动员万家文化传播有限公司、宏和文化传播有限公司、铭星庆典 3 家公司正式加入省会议展览业协会，切实增强衡阳本地展览公司在全省展览业中的话语权。（2）出证认证业务负重前行。2014 年，受当前国际经济形势的影响，市贸促会出证认证业务收到较大的冲击。为此，市贸促会积极采取措施进行应对，开展“7×24”小时服务制度等措施，并从 5 月 1 日起，对新办原产地证开始减免办证费，出证认证数量基本保持同一水平，有的还逆势增长。2014 年，市贸促共办理一般原产地证 978 份，较 2013 年增长 3%，合同出口金额4.97 亿美元，较2013 年同期增长 62.9%，外贸单据认证 112 份。为企业提供代办领事认证业务 68 份，同比增长 28.3%，新增注册企业 1 家。为减轻企业负担，向市政府争取专项资金 7 万元，减免一般原产地证办证费用。同时，按总会要求，市贸促会积极开展企业申领原产地证 CA 卡工作，有 13 家企业完成申请，占 2014 年办证企业的 90%。及时对原有注册企业进行年审，确保完善企业的各项资料更新，并于 12 月份正式启动 ECO 原产地证工作。（3）商事法律服务快速推进。市贸促会利用中国贸促会调解中心衡阳办事处这一平台，为企业提供多种国际商事法律咨询服务。办事处聘请 4 名专门的法律调解员，受企业委托向驻外商务参展、商务代理开展咨询、查询业务；还为企业在外贸争端中出主意，接受企业外贸咨询服务等。全年共发放国际法律服务宣传资料 300 余份，接待进出口企业法律咨询 32 人次，为 2 家企业协调进出口业务争端。如衡钢国贸与泰国 S. A. PETROTECH 公司的贸易仲裁案，涉及金额 95 万美元，市贸促会三次深入该企业调研，帮助他们在调解诉讼中出主意，还联系国家贸促会法律部和省贸促会法律部专家，并按意愿取得仲裁结果，争取仲裁的主动权。成功调解长宏锅炉出口越南遭遇到手续不全的问题，及时按合同通关，减少企业损失 10 万元，该案例已作为全省商事调解经典案例报总会法律部，将编进 2014 年商事法律调解一书发行全国。市贸促会还帮助企业协调落实 2013 年法律援助资金，有两个法律服务援助项目和得阳鞋业、海联盐卤等两家企业获得补贴。2014 年为衡钢等企业争取法律援助资金 21 万元。 （全志军）

浙江商会

【概况】 衡阳市浙江商会是一家由在衡阳投资创业的浙商自愿组成的异地商会，成立于 2008 年 12 月，有会员 600 多家，在衡阳投资额逾 500 多亿元，商会以创建党和政府满意、衡阳人民满意、浙商会员满意的“三满意商会”为目标，以“团结浙商、服务浙商、共同发展、建设衡阳”为宗旨，开展一系列活动，充分展现诚信浙商、责任浙商、创新浙商的精神面貌。 （熊 雯）

【创办企业】 2014 年，衡阳市居住近二万浙江人，在衡阳创办三千多家企业，是建设衡阳的一支不可忽视的力量。其中，耀江花园、雅士林湘苑、雅士林欣城、金星·湘江苑、耀兴·华瑞园、御江帝景等项目已成为衡阳一张张恢宏大气的名片；衡量数控机具、金星叉车、湘建电器、湘低电器、正泰电器、荣尔输变电、天正输配电、天伦机电、朝华塑业、中科光电、新界泵业、求精铸造等企业已成为衡阳新型工业化的重要成员；精创富康、新进步商城、常宁帝煌大酒店、浙湘大酒店、上岛咖啡、九一装饰、英皇卫浴、宁波铜字、新时代窗帘布艺、亚太设计以及东方刺绣、水星家纺、盛宇家纺、广大家具、明清居红木、博艺红木、云林堂红木、万家宜红木等已成为衡阳商业界的朵朵奇葩。年内，浙商湖南北高峰钙业有限公司正式登陆常宁，该公司斥资6亿元人民币，用地500亩，旨在打造中国第一方阵的碳酸钙生产基地，年产100万吨精品重质碳酸钙，被列入衡阳市重点工业项目。

（熊　雯）

【承担社会责任】　融入衡阳的浙商不仅在经济建设中风生水起，而且在民主政治建设中也发挥着重要作用，会长厉建政担任市政协常委、市工商联副主席、市慈善总会副会长，名誉会长林志斌担任省政协委员，在会员中有6人大人各级人大代表，22人担任各级政协委员，7人任市、县工商联副主席，4人担任市优化经济环境监督员。回报社会、奉献爱心是浙商肩负的社会责任和坚守经商信念。浙商雅士林公司捐款百万，支持“万里寻雁”这项公益事业。2014年，商会和会员企业累计捐款215.68亿元，彰显浙商关爱衡阳的社会责任，商会获得市政府授予的“首届衡阳慈善奖”及市工商联授予的“光彩事业突出贡献奖”。　（熊　雯）

【开展学习活动】　根据上级党组织关于贯彻党的十八大和十八届三中、四中全会精神，在非公有制企业人士中开展坚定信念教育，党的群众路线教育实践活动。商会组织全体会员赴衡东参观罗荣桓元帅故居和纪念馆，学习革命前辈为了实现振兴中华的伟大梦想，出生入死的革命精神，围绕坚定理想信念，提升浙商素质这一主题，举办一系列党的群众路线教育实践活动，党员向党支部递交学习保证书，学习活动还邀请会长级中的非党员参加。年内还组织各种形式的中小型学习活动30多次，让大家及时了解党的方针政策、法律法规、国际国内形势，开展红色旅游和商务考察，开拓会员眼界，坚定社会主义核心价值观，走出一条与衡阳经济融合发展之路。　（熊　雯）

【促进会员发展】　年内，商会组织全体会员分别对衡东、衡阳两县的经济发展环境进行考察。衡东、衡阳两县对浙商十分重视，县委、县人大、县政府、县政协的主要领导出席浙商的座谈会，畅谈、交流浙商在县区创业发展的方方面面。除大型团队考察外，还组织会员赴韩国及中国桂林、凤凰、井冈山、台湾等地进行考察，赴邵阳、怀化、益阳、常德等省内相关地区进行商务考察，先后组织10多家会员企业赴马来西亚考察碧桂园的海外项目；40多家企业会员考察美美世界在衡阳雁峰区的项目，考察邵阳地下商业街开发项目和邵东的农副产品市场招租项目，并到本地企业“年年红”学习观看新型环保节能砖的生产。通过考察学习，获得不少有益企业发展的信息，600多家浙商会员，年内都有较好的发展。在融资困难的形势下，商会不仅组织会员学习投融资知识，参加各种投融资论坛，还组织会员与银行对接，多方位地解决融资难的问题，有40多家会员，通过商会的推荐，对接有关金融机构，解决资金6000多万元。至2014年年底，六年来，浙商在衡企业上缴税费30多亿元，安排近两万人就业。　（熊　雯）

武　装

衡阳警备区

【概况】 2014年，衡阳警备区紧紧围绕“坚持铸牢军魂强信念、围绕强军练打赢、改进作风树正气、夯实基础谋发展、全面发展促融合、从严治军保稳定”的工作思路，完成上级赋予的各项工作任务，实现稳中求进的既定目标，警备区年终军事考核全省第一，再次被评为军事训练先进单位，被总部评为全军健康军营，被省军区评为后勤管理先进单位；衡阳市被军区评为征兵工作先进单位，衡阳市、耒阳市、衡南县被评为省双拥模范城。（徐佳琳）

【思想政治建设】 开展党的群众路线教育实践活动，组织“牢记强军目标、献身强军实践”主题教育和“讲党性、守党规、严党纪”反腐倡廉教育，引导官兵筑牢思想防线、不越法纪红线、坚守行为底线，师团两级党委班子在调整中磨合，在磨合中进步，衡南县、耒阳市人武部被省军区评为全面建设先进单位，雁峰区人武部党委被省军区通报表彰。制定“一考两推三听”选拔任用干部规定，系统规范干部选拔、转业、列后备干部程序。解决老干部移交等历史遗留的棘手问题。进一步完善国防教育工作机制，落实人员编制，狠抓“六进”制度落实，命名首批11个市国防教育基地，开辟衡阳国防教育专题网站。突出抓新闻报道工作，全年在省以上媒体刊稿112篇（条），警备区被省军区评为新闻报道标兵单位。（徐佳琳）

【战备训练】 抓战备设施建设，完善营门防恐和应急营、连装备设施器材。组织师团两级机关带分队实兵拉动，参加“湘江-2014”演习和机要通信演练，警备区被军区评为密码工作先进单位。突出抓好现役干部训练，全年组织3次军事训练考核，提前2个月就展开年终军事训练迎考准备，考核总分全省第一，警备区和衡南县人武部被省军区评为军事训练先进单位。狠抓专项集训，参加省军区合成参谋和专武干部集训，受表彰人数均为全省第一。推进国防动员能力建设，组织民兵组织和基层武装部正规化建设现场观摩活动，对国防动员潜力进行深度摸底，组织国动委领导业务考核。坚持开门征兵，顺利完成新兵征集任务，征兵工作受到两级军区表彰。（徐佳琳）

【国防后备力量建设】 贯彻落实广州军区国动委第九次全会精神，健全完善国动委组织机构，顺利完成市、县两级国动委机构挂牌工作。出台《关于加强新形势下民兵建设调整转型的实施意见》，下发《民兵基层建设标准与规范》和《民兵分队建设十项目标》，组织衡阳县民兵应急连、耒阳市空军支援分队和石鼓区、蒸湘区信息分队建设试点，以点带面，全面推进民兵分队建设。衡东县、耒阳市人武部迎接省军区民兵整组交叉检查，为警备区赢得荣誉，衡南县人武部把抓建重点和凸显亮点结合起来，民兵建设质量提升明显。针对夏秋征兵新特点，量化征兵考评3大类33项指标，完成年度兵员征集任务。持续跟踪兵员质量，退兵数控制在10人以下，全区无责任退兵，珠晖区、蒸湘区、南岳区实现零退兵，耒阳市退兵率低于0.5%，警备区“依法创新方法手段，健全征兵运行机制”做法被省军区转发，并被《国防》杂志刊载。（徐佳琳）

【部队安全稳定工作】 以人车枪弹密网院和区域管理为重点，开展“消除安全隐患”、私家车使用管理、集中文印室建设、涉密载体“清零”行动、司机和车辆管理、条令月、武器弹药清查7项安全整治活动。严格人员管理教育，给违纪违规的干部和战士以党纪政纪处分；严格车辆管理，建立驻衡部队军车和警备区官兵私家车信息库；严格枪弹管理，完成报废弹药销毁调运工作和市民兵武器装备仓库改造；严格保密管理，完成文印室建设；加强舆论管控，主动做好“6·17”事故群众工作，防止网上炒作放大；严格营院管理，安装指纹门禁系统，建成师团两级监控平台；严格区域管理，建立车辆违章通报和警备信息报告机制，纠察违章军车32台次，维护军人军车形象。（徐佳琳）

【后勤建设与改革】 推行公务卡结算，行政消耗性开支大幅降低，师团两级家底达标，珠晖区、石鼓区、衡山县人武部争取地方财政经费力度较大；下大力抓房清工作，清理住房13套；组织固定资产清查，登记账外资产1533件；依托石油公司代储代供，落实物资集中采购，节约经费86万余元；抓公务用车整治，完成车辆保险购置，封存报废不合规车辆；移交安置军队退休职工，严格落实军队用工待遇，衡阳县、耒阳市、常宁市人武部和干休所用工制度落实较好；开展“爱国卫生月”活动，建立官兵电子健康档案，警备区和常宁市人武部被全军爱卫会评为“健康营院”；完成文体训练活动室建设，改造射击训练场和欧家大塘。警备区和石鼓区人武部被省军区评为后勤建设先进单位。（徐佳琳）

【党管武装工作】 全面落实市委文件精神，组织党政领导过军事日，协调市领导到驻军现场办公，解决驻衡部队反映的生活用水、用电、用气、修路、开通公交线路、土地置换和经济适用房建设等一系列问题。协调召开市委议军会，研究解决民兵应急营连建设、转业干部、随军家属安置、全民国防教育、专武干部队伍建设等重难点问题。广泛开展双拥结对，组织慈善一日捐活动，到新农村建设联系点现场办公帮建，收到较好的国防和社会效益，衡阳市在全省双拥工作评比中荣获第一，与衡南县、耒阳市一起被评为省双拥模范城。（徐佳琳）

预备役部队

【思想政治建设】 2014年，衡阳预备役后勤保障旅政治文化环境建设被省军区确立为示范单位，国防教育被省国教委表彰为先进单位，双拥工作被衡阳市确立为典型单位，保障旅连续第四年获评省“书香军营”，1名干部获评衡阳市“道德模范”。坚持紧贴形势抓宣传、结合任务抓报道，新闻报道工作成果丰硕，保障旅被省军区表彰为“结合工作搞报道先进单位”，1人被评为省军区“新闻报道先进个人”。

（杨祚唐　伍凌波）

【战备训练】 贯彻落实“能打仗、打胜仗”强军之要，坚持战斗力唯一根本标准，狠抓战备训练工作落实，部队应战应急能力不断提升。按照平时服务、急时应急、战时应战要求，抓紧抓实战备工作，强化战备形势政策教育，树牢官兵“后备”须“常备”观念，编实建强八支应急专业力量，组织营区应急处突演练，配齐反恐维稳、抗洪抢险等非战争军事行动专业装备器材。改造各类库房，规范战备库室建设和管理。坚持按纲施训，注重打基础、强素质，全年组织各类训练26期，参训兵力1070人，圆满完成年度训练任务。突出首长机关组织筹划和指挥控制能力，坚持每季度组织一期在职训练；组织机关干部落实“周撰一文”，促进官兵能力素质提高，3篇作战问题研究成果被军以上单位刊发；注重打造听党指挥善谋打仗司令机关，加强“五通”“六会”参谋培养，1人被省军区评为优秀参谋；参加省军区军事社会要素研究作业考核，成绩优秀；参加省军区预备役部队现役营连长教学法集训，3人被评为先进个人；参加省军区“湘江-2014”非战争军事行动演习，环境条件构设符合实战，组织指挥程序清楚，官兵演练行动有效，视音频传输保障有力，得到省军区导演部和首长机关肯定；参加衡阳城市内涝抢险救灾行动，反应迅速，任务完成出色，受到地方党委政府和人民群众赞扬，中央电视台进行宣扬报道；迎接省军区年度军事训练考核，所考科目全部合格，综合成绩名列省军区9个预备役师旅团首长机关并列第一；保障旅被评为省军区年度军事训练先进单位。（杨祚唐　伍凌波）

【安全管理】 树立依法治军、安全发展理念，强化底线思维，部队持续保持安全稳定的局面。结合“涉密载体‘清零’行动”，组织官兵认真学习条令条例规章制度，集中观看保密工作专题教育片，增强官兵安全保密意识。深入开展“消除安全隐患排查整治”活动，逐人逐件逐项检查，确保安全工作无漏洞。紧跟形势变化，积极运用新观念、新技术、新手段，研究解决安全工作出现的新情况、新问题。对物业和进入营区其他人员落实政审和发放出入证，在营区新增“电子眼”，实时监控营区动态；统一配发保密手机，禁止官兵带手机进入作战室；对所有涉密计算机和移动存储介质统一登记编号，双休日、节假日集中统一保管；落实集中文印制度，统一收回各科、营打印机、复印机等文印设备，升级改造文印室；严格互联网、政工网使用管理，加大网上舆情监控，部队安全和保密工作有效加强。

（杨祚唐　伍凌波）

【基层建设】　落实湘潭会议精神，按照省军区“全面搞建设，扎实打基础，反复抓落实，长期铸特色”的工作指导和旅队“强化观念、规范建设、分步完成、整体推进”的总体部署，狠抓基层各项工作落实。树立编组是第一战斗力思想，将懂军事、会指挥、能协调的党政机关干部和管理人员编为预备役干部，选配编组热爱国防、专业对口、工作稳定、居住固定、便于动员、责任心强的预备役战士，不断优化组织结构。贯彻“人装结合、专业对口、建用一致”原则，落实预征装备，完善装备档案。采取“跨区一部分、放弃一部分、拓展一部分”的方式优化编组布局，“两率”分别达到63.6%和90.8%。研究制定《旅队基层建设规范性指导意见》进一步规范基层建设，完善全旅预备役人员和预征装备信息录入，结合年终工作检查，逐个连队组织点验和量化考评，及时发现解决问题，有效促进基层建设落实。按照“便于开展工作、便于组织协调、便于形成合力”的原则，进一步健全营连预建党组织，组织预建党委（支部）书记培训，组织功能不断强化。按照旅队每年抓两个营，各营每年抓两个连的抓建基层建设典型思路，涌现出一批“硬件设施配套、软件建设过硬、基层组织坚强”的基层建设先进。物资营供水连、汽车营汽车五连、直属队通信连等老典型得到巩固，物资营被装供给连、卫生营担架队、油料营油料运输二连、修理一营制配连、修理二营修理一连等基层连队硬件建设变化大。船艇运输队围绕强军目标抓建，整组工作抓得实，战备训练抓得紧，全面建设稳步发展。

（杨祚唐　伍凌波）

【作风建设】　贯彻中央8项、军委10项规定和两级军区党委各12条措施态度坚决、行动积极，执行有力。保障旅党委常委坚持“正己”为先，以上率下，带头转作风、纠“四风”、树清风。严抓训风演风考风，军事训练来实的，演习演练来真的，训练考核来硬的，并将军事训练成绩直接与立功受奖、成长进步挂钩。严控文件会议，力压“五多”，基层自主时间明显增多。严格落实“三清”，对面积超标的办公室进行调整改造，公务用车一律由值班室统一派遣。严格落实一日生活制度，常委带头出早操，带头遵规守纪，生活上不搞特殊待遇。严格落实接待管理规定，所有公务接待一律安排在内部招待所，不喝酒、不上烟、不私客公待，大幅控制行政消耗性开支。严格落实战斗力标准，加大训练经费投入，预算经费占全年预算支出的47%，同比增加18%。改善官兵工作和生活条件，对营连公寓房屋顶防水工程进行改造，修建公寓楼停车场，新建大型户外LED显示屏、网球练习场、文化墙及为勤务队战士购买文体活动器材。

（杨祚唐　伍凌波）

武装警察

【班子建设】　2014年，武警湖南省总队衡阳市支队深入开展群众路线教育实践活动，加强党委机关思想作风建设，坚持问题导向边学边改，围绕反对“四风”和纠治基层不良风气，组织召开军人代表会议，征求意见建议165条，先后查摆和整改5个方面25个具体问题。严格落实上级改进作风的规定措施，修订支队加强作风建设28条措施，治理“五超”“三清”，对2名常委超面积办公室进行整改。兑现“暖心惠兵”10件实事，做到件件有着落，事事有回应。坚持“靠素质立身，凭实绩进步”的选人用人导向，科学依法民主决策，公平公正处理热点敏感问题。全年，支队选改士官107人，调整使用送学干部54人，优秀士兵提干1人，发展党员96人，都坚持公平公正，树立新风正气。支队被总队评为党风廉政建设先进单位。

（杨　纯）

【思想政治建设】　落实党委中心组带机关学习制度，深入学习十八届三中、四中全会精神、习主席系列重要讲话等理论，官兵理想信念更加坚定。扎实开展主题教育，创新“1+2”教育模式，搞好配合活动，增强教育实效。积极开展时事政策、法律法纪、亲情婚恋教育和群众性谈心活动，持续开展“深知兵，真爱兵”活动，运用“三互”“双四一”“五个一遍”等载体，做好一人一事的思想工作，未发生任何政治性问题。加强先进军事文化建设，完善警史馆（荣誉室），推进营区政治环境建设，举办“中国梦强军梦我的梦”演讲比赛，开展烈士纪念日活动，组织升旗仪式和党员宣誓，提振官兵精气神。在新闻宣传上持续用力，支队被总队评为新闻宣传工作先进单位。

（杨　纯）

【中心任务】 组建示范班下队巡演，组织3期勤训轮换，开展军事比武竞赛，有效激发练兵热情，有力提升训练水平，参加总队反恐特战集训和特战分队比武竞赛取得2个单项第一，总评第四的好成绩，七中队班长刘瑞远被总队授予“三湘勇士”勋章。召开固定勤务和押解勤务现场会，进一步规范组勤，正规执勤秩序。严密组织临时勤务，特别是春节期间，出动485名官兵，接力出色完成南岳正月初一安保、衡阳县山火扑救和常宁市“1·30”持枪杀人犯抓捕三起任务，主要事迹被中央电视台、湖南卫视、湖南经视等多家媒体报道。2013年支队共出动2168名兵力，出色完成安全保卫、武装押解、抓捕、巡逻等任务237起，特别是一中队担负火车站武装巡逻，衡山县中队两次扑救山火，常宁市中队抓捕杀人犯等任务完成圆满，赢得地方党委政府和人民群众高度赞誉。因单项任务完成出色，1人荣立二等功，9人荣立三等功。

（杨　纯）

【部队管理】 贯彻落实依法从严治警集训精神，紧紧围绕“重法治、严纪律、抓经常、正风气”，推进部队法治建设。抓好制度立改废，制订规章制度11项，修订完善3项，增强各级法治意识和依法办事能力。依据新《正规化管理规定》，对各库室设置、内务规范进行全面统一，正规化建设层次明显提升。突出“五个重点问题”治理，加强对干部、士官的教育管理，部队安全发展基础更加牢固。严格落实问责制，坚持罚下必惩上，究兵必追官，全年通报查处违纪问题10起18人，教育官兵，警示部队，确保稳定。支队被总部评为“三无”单位。

（杨　纯）

【后勤保障】 学习贯彻总队处（部）长集训精神，推进现代后勤建设。注重加强后勤保障体系研究，完善后勤保障计划和战备方案，投入4万余元补充后勤战备物资60余种，保障能力明显增强。坚持党委当家理财，提高经费使用效益，全年压减行政消耗性开支40余万元。注重财力、物力向基层倾斜，投入120余万元完成基层单位正规化和“四配套”建设。始终把官兵的生活冷暖放在心上，协调解决常宁市中队营房建设经费450余万元，投入26万元翻修基层铁制家具和炊厨具，推动5个中队营房新建工作。定期到基层送医送药，派出医疗队巡诊6次，为官兵及家属体检179人次。加强后勤队伍建设，举办司务长、炊事员、驾驶员等专业兵集训5批98人次，后勤服务保障能力明显提升。

（杨　纯）

【基层建设】 着眼“四个基本”“四个经常”，深入开展“远学成武、近学浏阳”活动，高标准抓好耒阳试点，推进试点成果转化，提升基层建设水平。严密组织参加总队两期《纲要》集训，分别取得第一和第五的好成绩。抓好党支部书记培训，落实每季度政工例会，组织到空8师、防空旅参观见学，有效提高各级抓建本领。发挥抓基层领导小组职能，落实“日检查、周通报、月讲评、季排名”制度，促进基层末端落实。推行“分层次竞争，按比例升降”评先机制，有效激发基层创先动力。派出5批工作组共75人次深入基层蹲点帮建，有力提高基层自建能力。一大队被总队评为“先进大队”，二、三、五、七、衡东、耒阳、勤务中队被评为“先进中队”，四中队、衡阳县中队进步明显。

（杨　纯）

【安全保卫】 1月30日至31日，支队出动兵力，完成“南岳幸运香火法会”现场安全保卫任务。

5月13日至9月30日，支队出动兵力、车辆，完成衡阳市委、市政府，火车站、高铁衡阳东站武装巡逻勤务。

8月25日至26日，支队出动兵力，完成南岳景区“八月初一”香客高峰期安全保卫任务。

12月24日至25日，支队出动兵力，完成衡阳市圣诞节“平

安夜”安全保卫任务。(杨 纯)

【打黑除恶】 1月30日晚(除夕夜),常宁市兰江乡砂华村发生一起恶性持枪杀人案件,犯罪嫌疑人刘友军杀人后携自制枪支和刀具出逃,支队出动官兵协同公安机关持续4天3夜,行程300余公里,抓获犯罪嫌疑人。

9月17日,支队出动兵力,完成衡阳市“珠晖区打击刑事犯罪成果通报大会”现场警戒任务。

(杨 纯)

【春运执勤】 2月2日至18日,支队出动兵力,分赴衡阳市火车站、祁东火车站、武广高铁耒阳西站、衡山西站,担负春运执勤任务,输送旅客近80万人次,帮助旅客排忧解难90余次。

(杨 纯)

【抢险救灾】 1月31日,衡山县紫金山国有林场突发森林大火,支队紧急出动兵力,经过2个小时的连续奋战,成功扑灭山林大火。

2月1日,衡阳县陈坪林场引发火灾,过火面积约1200余亩。支队出动兵力,经过20个小时的连续奋战,成功扑灭山林大火。

(杨 纯)

公安消防

【概况】 2014年,衡阳市公安消防支队以加强党的建设为主线,以群众和官兵“两个满意”为出发点,坚持规范执法强服务,坚持全员练兵谋打赢,坚持正规管理保稳定,全市消防工作和部队建设实现跨越式发展。支队党委被省消防总队评为“先进党委班子”;支队被市政府评为“安全生产工作先进单位”和“应急抢险救援先进单位”;司、政、后、防四个部门分别被评为“先进司令机关”“先进政治机关”“先进后勤处”“先进防火监督处”。

(彭 超)

【党委班子建设】 支队党委紧紧围绕全军和公安现役部队政治工作会议要求,深化党的建设,抓班子、固堡垒、聚警魂。支队贯彻民主集中制和党委集体领导下的首长分工负责制,坚持科学决策、民主决策、依法决策;高标准召开第一次党代会,科学描绘衡阳消防今后5年的发展蓝图;召开3次民主生活会,深入开展批评与自我批评,提高班子团结质量;持续推进基层党组织规范化建设,发挥试点单位示范引领作用,以点带面,形成群策群力干事业、齐心协力谋发展的强大合力。(彭 超)

【干部队伍建设】 支队大力开展具有衡阳特色的“红·雁大讲堂”活动,开设干部学习夜校,落实干部培训制度,投入培训经费30余万元,按军事、政工、后勤、防火、宣传等不同岗位,举办封闭式培训班8期,共培训114人,干部业务素质和管理水平全面提高。继续推行营以下干部“双考”制度,坚持按照德才兼备、注重实绩、群众公认的原则选准干部、用好干部,年内共提拔调整72名干部,进一步优化队伍结构。支队继续加强从优待警力度,出台支队党委关于服务基层七件实事的决定,解决21名官兵子女入学问题,帮助4名转业干部和5名随军家属的走上满意的工作岗位。

(彭 超)

【合同制消防员和文职雇员队伍建设】 针对基层执勤实力严重不足的现实情况,支队推动市政府专门下发《关于征招合同制消防员和消防文职人员的批复》,与市编办、市人社局联合行动,累计征招政府专职消防员145人、消防文职人员28人,并在耒阳青麓消防站建立政府专职消防员“单编”执勤试点,有效缓解现役警力不足的现状。同时,大力推进建制镇专职消防队建设,加大对专职消防队伍的业务指导,全市消防队伍综合能力显著加强。

(彭 超)

【安全工作】 支队开展安全工作“五无一创”活动,开展“条令学习月”、车辆运行秩序专项整顿、作风纪律教育整顿和“安全工作每月一讲”、“驾驶员每季度网上一考”等活动,教育官兵树立安全意识,采取安全隐患自查、互查、督查等形式全面排查部队安全隐患,堵塞安全管理漏洞,筑牢官兵安全防线。同时,高标准改造全市消防部队远程监控系统,运用实时画面监控、视频点名、GPS定位等科技手段,加强重点时段、重点人员、重点环节的动态监管,确保部队高度安全稳定。支队成立党委常委对口联系督导、支队纪委每季度督导、司令部每月督导的三级督查监管体系，每月将督查情况通报全市消防部队，安全管控能力明显增强。（彭 超）

【执勤备战工作】 支队党委牢固树立练为战的指导思想，下发《关于加强全市消防部队执勤岗位练兵的决定》；深入开展“战训大讲堂”“执勤业务学习日”“每月一考”和“岗位练兵能手”等活动，分岗位、分层次、分时段练兵，官兵的体能、技能得到整体提升；制订下发《关于加强辖区情况“六熟悉”及预案制订、演练工作的通知》，举办灭火救援业务培训班，创新开展预案制作和演练视频“每月一评”活动，全市消防部队预案和演练工作有质的提升。2014 年，全市消防部队共制订、修订重点单位预案 1000 余份，开展实地、实装、实战演练 1400 余次，新增重点单位的预案制作和演练率达到 100%。（彭 超）

【综合应急救援】 2014 年，全市消防部队共接警出动 2466 次，出动警力 26089 人次，出动车辆 4091 台次，抢救被困群众 352 人、疏散群众 2659 人，抢救财产价值 12 亿 7 千余万元，并成功处置“7·24”京珠高速四氟乙烷货车侧翻、“9·18”京珠高速镁铝金属拖挂车火灾、“10·21”衡南县车江加油站旁高压电线起火等急、难、险、重任务。（彭 超）

【消防责任落实】 支队党委坚持政府主导的发展理念，当好市委、市政府的参谋助手，多次向市委、市政府主要领导汇报消防工作，将消防工作内置于经济社会发展全局中谋划推进。2014 年，市委、市政府 10 次召开专题会议研究消防工作，组织编写《衡阳市城乡消防专业规划》，为消防事业发展提供强有力的政策保障。市委书记李亿龙、市长周海兵、常务副市长段志刚等领导先后到支队莅临指导工作，为支队解决大事、实事、难事 10 余件。2014 年，全市各级领导先后就消防工作作出批示、指示 80 余次，开展专题调研 20 余次，带队开展消防安全检查 42 次，下发消防工作文件 35 份，同时住建、规划、工商、商务、安监等部门各司其职、各负其责，消防安全责任制得到有效落实。在省政府组织的消防工作年度考核中，本市综合成绩排名第一，被评为“2014 年度消防工作先进市州”。（彭 超）

【火灾隐患整治】 支队党委将火灾隐患治理作为“保平安、促民生”的根本途径，创新火灾防范方法，建立“红、黄、绿”三色预警机制，深入推进“网格化”管理、“户籍化”管理、联合各职能部门组织开展第二次“清剿火患”战役、劳动密集型场所消防安全专项整治、重大火灾隐患集中整治等 10 个专项行动，形成强力整治火灾隐患和打击消防违法行为的高压态势。2014 年，全市共检查单位 12156 家（次），整改火灾隐患 24146 处，“三停”141 家，查封 131 家，拘留 11 人，罚款 674.51 万元，挂牌督办重大火灾隐患单位 38 家，整改销案 20 家，查处整改一大批火灾隐患。（彭 超）

【消防宣传教育】 支队紧扣《全民消防安全宣传教育纲要》和《消防常识 20 条》等宣贯工作，全力打造“全民消防”新格局。斥资 157 万元新购置一台消防宣传车，在城区各广场、社区开展消防体验活动，开展农村、社区消防安全教育；在衡阳电视台《走进 119》和《衡阳晚报·消防周刊》分别设立专栏，曝光重大火灾隐患，滚动播出消防公益广告；在衡阳电台交通频道开通《119 在线》广播专栏，宣传消防工作动态和消防安全常识；发动 15 支农村义务消防队、200 余名义务消防队员扎实开展农村消防宣传教育；组建老干部义务消防队、市场巡逻员进行市场消防安全巡查；在南岳景区成立和尚道士消防队，开展特色化宣传；走进中、小学校开展消防宣传教育；组织乡镇长、村“两委”负责人和重点单位管理人进行培训等。通过以上一系列的消防宣传教育手段，使得群众消防安全意识和自防自救能力普遍提高。（彭 超）

【执法规范化建设】 支队组织执法人员每周开展一次集中业务学习，每月开展一次学术讨论，并举办 2 期为期 10 天的业务跟班轮训，组织全市消防监督员参加总队集中培训 4 期，开展集中培训 7

次，并分两批对400余名公安派出所副所长和消防专兼职民警进行消防业务培训，消防执法人员业务素质和执法水平得到明显提升。支队每月开展1次网上考评，每两月举办1次优秀执法案卷评比和执法岗位能手评比，每季度进行1次通报，开展“典型案例”评选、火调案卷评比和优秀法制员评比活动，全市消防监督执法进一步规范；同时，开展四区八室建设达标工作，投入80余万元购置一大批消防监督技术装备、消防宣传摄影、移动执法终端等器材，执法硬件建设提质增量。（彭　超）

【综合保障能力】 支队贯彻落实财政部330号和省财政厅37号文件精神，2014年，全市消防经费总量达8000万元，各县（市）区消防业务经费均突破200万元。同时，市财政投入1650万元购置一台70米左右举高消防车。2014年，全市部队共添置各类消防车辆5台、个人防护装备7185件套、抢险救援装备2684件套，配备对讲机330台，基层部队器材配备全面达标。在公共消防设施建设方面，市政府投资1.58亿元新建4个消防站，松木、东山消防站建设完工，长湖、东方红消防站工程进展有序。（彭　超）

【廉政文化建设】 推行党委廉政承诺制和支队党委常委蹲点包干责任制，定期通报部队党风廉政建设和队伍纪律作风情况；通过签订责任状、承诺书，设立廉政档案等举措，全面加强廉政监管力度。2014年，支队开展领导干部工作生活待遇整治清理、清房清车“回头看”等活动，共清出办公用房19间，清理超标面积349.34平方米，超标公务用车7辆，超标办公家具114件。支队纪委每季度开展联合督查3次，共下发督查通知书36份，发现问题201项，下发督查通报3份，督促整改问题30余个。（彭　超）

人民防空

【概况】 2014年，衡阳市人防疏散基地建设模式全国首创，被国家人防办列为综合性示范基地，共接收全国45个兄弟单位前来参观学习。市本级和县市区完成第四次城市防空袭方案修订工作，本市获全省一等奖。推进县级“两所”建设，全面实施“1502”地面指挥所的提质改造，地下指挥所装修及信息化设计。此外，全市人防机构设置、教育宣传、训练演练、财务管理等基础工作得到进一步加强，队伍建设、党风廉政建设、机关“准军事化”建设取得良好成效。2014年，衡阳市人防办被评为全国宣传先进单位、全省人防绩效评估先进单位、全市文明创建先进单位、全市重点项目建设先进单位、全市应急管理工作先进单位。（许　鸿）

【机关建设】 （1）按照中央、省市廉政建设要求，结合人防办工作形势出台《衡阳人防办工程项目廉政建设工作规定》，加强人防办工程建设项目的廉政工作，强化监督管理，从源头上预防和治理腐败现象。（2）继续开展好“人防讲坛”演讲授课活动，让全办的干部职工每人上台讲一课人防业务的相关内容。（3）根据市委深化“百乡千村万户大走访”活动实施方案的要求，组织全办干部职工到衡南县宝盖镇三口村和泰益村29个组800多户1400余人进行走访。（4）成立工会，为干部群众服务。（许　鸿）

【教育宣传】 （1）大力加强人防政策法规的宣传。（2）启动《居安思危、备战人防》电影科教片的全面宣传。（3）参加“5·12”全市应急管理知识集中宣传周活动，在莲湖广场、雨花亭社区以及各县市区人防宣教社区等地，广泛宣传防空防灾和应急管理知识，提高全民应急意识和应急避险能力。（许　鸿）

【指挥通信建设】 （1）完成第四次城市防空袭方案修订工作，市本级和各县市区防空袭方案修订均按要求完成。（2）推进县级“两所”建设。七个县市“两所”建设均启动，衡南县地面指挥所开工建设，常宁、南岳完成机动指挥所一期建设，雁峰区结合区人武部进行地面应急指挥中心建设。（3）加强战备能力训练。与衡阳市后勤保障旅举行油气爆炸事故救援行动联合演练，全办出动机动指挥车共20台次，出动人员每天100人次。（4）完成全市警报的安装、调试工作，警报试鸣工作，并举办全市人防系统及

各警报点维护人员专业技能培训。(5) 全面实施地面指挥所的提质改造，完成1502地下指挥所装修及信息化设计。（许 鸿）

【防护体系建设】 (1) 加快疏散基地建设进程。衡阳市疏散基地建设模式全国领先，年初在全国、省人防工作会议上都做经验推介。目前已完成二期疏散指挥保障中心的主体建设。(2) 加强早期人防工事的维护管理，确保无安全责任事故。组织专门人员定期巡查，及时上报并处置安全隐患4处。2014年雨水多，汛期长，任务重，人防办共进行7次防洪防汛处理，抽水20多日。(3) 依法做好人防“结建”（结合民用建筑修建防空地下室）工作。2014年人防办共审批防空地下室项目11个，总建筑面积72060平方米，竣工验收项目10个，竣工面积5.6万平方米。（许 鸿）

【依法行政】 (1) 做好行政审批工作。人防窗口共办理联办件33件，即办件156件；补办件23件；审批报建项目118个，接待咨询1473人次。(2) 参加省办举行的执法人员的业务学习，努力提高执法队伍的业务能力和办事效率。(3) 开展人防执法稽查工作。规费追缴、补缴到位金额5783159元；下达执法文书35份，依法维护人防权益。（许 鸿）

法 治

衡 阳 警 备 区

2014年，衡阳警备区圆满完成了上级赋予的各项工作任务，实现了稳中求进的既定目标，警备区年终军事考核全省第一，再次被评为军事训练先进单位，被总部评为全军健康军营，被省军区评为后勤管理先进单位；衡阳市被军区评为征兵工作先进单位，衡阳市、耒阳市、衡南县被评为省双拥模范城。

2014年，衡阳警备区下大力抓战备设施建设，完善了营门防恐和应急营、连装备设施器材。组织了师团两级机关带分队实兵拉动，参加了“湘江——2014”非战争军事行动演习和机要通信演练，警备区被军区评为密码工作先进单位。突出抓好现役干部训练，全年组织3次军事训练考核，提前2个月就展开年终军事训练迎考准备，考核总分全省第一，警备区和衡南县人武部被省军区评为军事训练先进单位。狠抓了专项集训，参加省军区合成参谋和专武干部集训，受表彰人数均为全省第一。扎实推进国防动员能力建设，组织了民兵组织和基层武装部正规化建设现场观摩活动，对国防动员潜力进行深度摸底，组织了国动委领导业务考核。坚持开门征兵，推行“四个公开”，落实“五条禁令”，顺利完成××名新兵征集任务，征兵工作受到两级军区表彰。

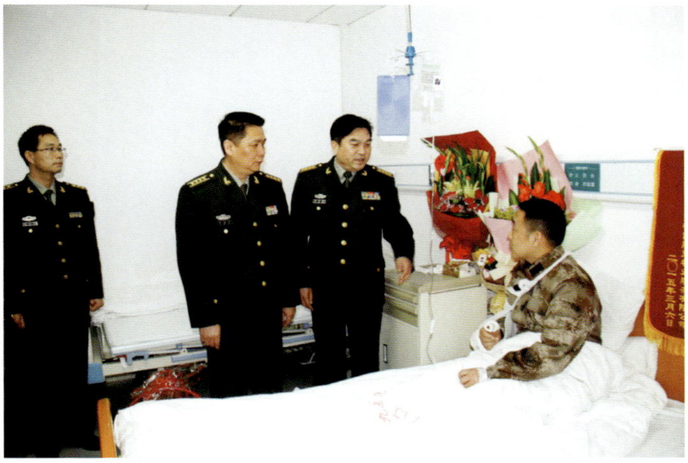

市委常委、衡阳警备区政委廖茂雄（右二）与衡阳警备区司令员贺小坤（左二），一起到169医院看望见义勇为先进典型、雁峰区人武部原副部长许中辉

市委常委、衡阳警备区政委廖茂雄（前排图中）在新农村建设点石鼓区角山乡银杯村指导扶贫工作

全民国防教育工作会议

士兵退役命令大会

征兵工作“三进”校园活动

衡阳陆军预备役后勤保障旅

坚强有力的党委班子

衡阳陆军预备役后勤保障旅于1999年4月开始筹建，2000年元月正式成立，同年5月进驻新营院。平时寓军于民，做好战时动员准备，提升部队快速动员和遂行保障任务能力，参加和支持地方“四个文明”建设。组建以来，旅党委按照两级军区总体部署和要求，按照“军魂立旅、组训强旅、按纲建旅、人才兴旅、从严治旅、平战用旅”的发展目标，坚持以使命任务为牵引，深入贯彻落实科学发展观，大力加强思想政治建设，扎实推进军事斗争准备，不断夯实基层建设基础，坚持依法从严治军，严格部队安全管理，积极参建参治，全面建设保持了良好的发展势头，多项工作跨入两级军区先进行列。2014年，旅队被省军区评为“军事训练先进单位”“国防教育先进单位”“结合任务搞宣传报道先进单位”，4个单位、9名个人受到两级军区表彰，被湖南省评为“书香军营”。

两级军区首长视察指导工作

预备役军官任职授衔

“湘江—2014”演习

参加衡阳城区内涝抢险救灾

义务献血

“八一”杯篮球联赛

中国人民武装警察部队衡阳市支队

支队长　黎升旗

政委　黄向红

中国人民武装警察部队衡阳市支队是一支有着光荣传统的部队，先后12次被评为“先进支队”，4000多人次立功受奖，涌现出了被授予“南岳衡山好卫士”荣誉称号的南岳区中队、首届“中国武警十大忠诚卫士”吴宏权、一等功臣朱坤等一批先进单位和个人。

2014年，支队党委一班人励精图治谋发展，凝心聚力抓建设，部队全面建设稳步上升，确保了以执勤处突为中心的各项任务的圆满完成。特别是出色完成了南岳正月初一安保、衡阳县山火扑救和常宁市“1·30”持枪杀人犯抓捕三起任务，维护了社会稳定和人民群众生命财产安全，受到地方党委政府和人民群众高度赞扬。支队被总队评为党风廉政建设先进单位和新闻宣传工作先进单位，1个大队、7个中队被总队表彰为基层建设先进单位，1人被总队表彰为廉洁自律先进个人，1人被总部记二等功。

战法研练

春运执勤

现场警戒

扑救山火

野营拉练

衡　阳　市　公　安

时任省政府副省长盛茂林莅临支队视察工作

市委书记、市人大常委会主任李亿龙带队开展消防安全检查

省公安消防总队总队长马维光看望慰问执勤官兵

支队主官亲切交谈

衡阳市公安消防支队建于1986年，正团级单位，是一支集军事性、公安性于一身的公安现役部队，同时也是市委、市政府领导下的一个重要行政职能部门，担负着全市火灾预防和灭火救援等工作任务。支队设司令部、政治处、后勤处、防火处4个部门，下辖13个大队、15个中队。自创建之日起，支队就始终把国家和人民和利益放在高于一切的地位，全体官兵人人忠诚履职、个个英勇顽强，受到了党委政府和人民群众的广泛赞誉，支队先后被国务院和中央军委荣记集体一等功，被公安部、省委、省政府分别授予公安消防部队“英模群体”荣誉称号。

2014年，支队继续发挥维护我市社会稳定、促进衡阳经济快速发展的重要作用，全市消防部队共接警出动2466次，出动警力26089人次，抢救被困群众352人、疏散群众2659人，抢救财产价值12亿7千余万元，支队被市政府评为“安全生产工作先进单位”和“应急抢险救援先进单位”。同时，在省厅“群众在我心中”演讲比赛和市局“金盾杯”篮球比赛以及省消防总队冬训比武、成建制中队实战化比武、羽毛球比赛、演讲比赛、授课比赛、条令条例知识竞赛8项活动中，取得7个第一、1个第二的好成绩，支队党委被省消防总队评为“先进党委班子”，司、政、后、防四个部门分别被评为“先进司令机关”“先进政治机关”“先进后勤处”“先进防火监督处”。

消　防　支　队

市委副书记、市长周海兵现场听取消防站建设情况汇报

市政府副市长、市公安局局长周学农出席“119消防知识宣传周”活动

支队成功召开第一届党的代表大会

支队重型救援队参加全省地震救援综合演练

消防官兵全力救助被困群众

支队开设中小学生消防体验课堂

衡 阳 市 农

市委书记、市人大常委会主任李亿龙调研新农村建设

市委副书记、市长周海兵调研衡南县绿彤有机茶特色产业园

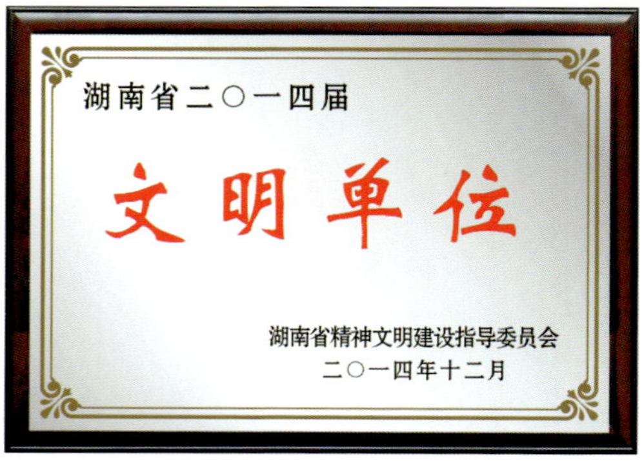

大三湘油茶加工生产线顺利投产

衡阳市蔬菜研究所被列为国家级现代农业产业技术体系试验站科研基地

衡阳市农业委员会是根据新一轮机构改革方案，将原市农业局(乡镇企业局)、原市委农村工作部（市政府农村工作办公室）的职责整合，并划入市畜牧水产局、市农业机械管理局、市农村合作经济管理处行政职能组建而成，是全市农业农村工作的主管部门，主要负责拟定全市种植业、畜牧业、渔业、农业机械化、农产品加工业、农垦等农业产业发展的方针政策及中长期发展规划，并指导实施，主要承担粮食、经作、蔬菜、烟叶等主要农产品生产、农村经营管理、农民负担监督、农业产业化经营、农业社会化服务体系建设、农业新型经营主体管理、农产品质量安全、农业生产资料市场体系建设、动植物防疫和检疫体系建设、农业防灾减灾、农业和农村经济信息监测、农业科技教育及农技推广体系建设、农业农村人才队伍建设、农业资源区划与管理、生态农业建设、农业对外经济技术交流与合作等工作。

近年来，全市上下高度重视“三农”工作，衡阳的农业农村经济保持了快速发展的良好态势，2014全市农林牧渔业总产值达到591.07亿元，居全省第一。

农业综合生产能力不断提升。2014年，粮食、生猪、家禽、油料、蔬菜、水产品分别位居全省第二、第一位、第一位、第二位、第三位、第四位。

农产品加工业蓬勃发展。2014年，农产品加工业实现销售收入611亿元，市级以上龙头企业发展到338家（其中国家级3家、省级43家），比2008年增加149家。

休闲农业来势看好。2014年，年休闲农业企业营业收入

衡阳市经济和信息化委员会

主任、党组书记 欧 杏

2014年，衡阳市经济和信息化委员会为衡阳市荣获“中国城市信息化50强”、省加速推进新型工业化二等奖、省发展非公有制经济一等奖等荣誉作出了重要贡献。

2014年，全市规模工业企业完成总产值2487.45亿元。完成规模工业增加值690亿元。新增规模工业企业106家。工业增加值占全市GDP比重为40.9%。工业企业实缴税金39.5亿元。全市完成工业固定资产投资821.09亿元，其中技术改造投资503.02亿元。先后分两批推进149个重大工业项目，竣工投产54个，累计完成投资231亿元。建立工业项目库，全年开发项目1013个，不断增强发展后劲。先进装备制造、电子信息、生物医药等战略性新兴产业完成总产值928亿元。新增2家省级技术中心，新认定7家市级企业技术中心。传统产业提质升级。全市规模工业高加工度工业和高技术产业总产值占规模工业的比重41.8%和13.7%。关闭小企业15家，淘汰落后产能项目2个，关停并转涉重金属污染企业111家。常宁市成为全省第二批特色县域经济重点县，五矿铜业（湖南）有限公司有望获批国家工业生态设计示范企业。全年培育中小企业创业基地23家，孵化企业170户，36家中小企业获评省中小企业“专精特新”示范企业。中小工业企业实现增加值1000亿元；非公经济实现增加值1400亿元；非公经济实缴税金100亿元。全市通信光缆线路长达33万芯公里，互联网用户总数达400万人。新建及改造4G基站3556个。全市1200多户企业开展信息化改造，1000多户企业建立两化融合发展水平评估体系。

国省市三级人大代表视察工业经济座谈会

全市工业经济“稳增长、促发展”工作推进会

全市加速推进新型工业化大会

衡阳市交通运输局

局长、党委书记 罗光耀

2014年，衡阳市交通运输系统以打造综合、民生、平安和阳光“四个交通”为重点，坚持公路水路并进，监管服务并重，以科学发展为主题，为全市经济社会发展提供强有力的交通运输支撑。

综合交通实现新突破。2014年，高速公路完成投资28亿元，全面完成年度既定目标。干线公路建设全面铺开，全年续建项目12个316公里，新开工项目3个29公里，建成二级及以上公路104公里。建设农村公路800.64公里，超额完成省下达年度目标；建成121座改造危桥；完工2座渡改桥；完成干线公路大中修标准里程118.92公里；南岳机场和湘江土谷塘航电枢纽千吨级船闸实现正式通航。筹融资平台全面理顺。2014年，市县两级交通投融资平台先后控制土地5087亩，融资共计22.04亿元，为交通发展提供了强有力的保障。

民生交通迈向新台阶。2014年，全市公路水路客货换算周转量为340.48万吨公里，同比增长11%，圆满完成重点时段、重要物资运输保障任务。城区公共交通服务水平明显改善。公交集团回归国有化，公交网络进一步完善。狠抓城市客运市场综合治理，全市城市公共交通以全新的面貌服务于雁城人民。运输市场管理明显规范。城区营运格局调整顺利推进，较好地规范了营运秩序，缓解了城区交通压力，提升了城市品位及形象。治超工作取得初步成效。加快治超站点设施建设，加大治超执法力度，全市车辆严重超限超载势头得到了有效遏制，公路运输秩序有所好转。

平安交通取得新成效。2014年，全市交通运输系统各项安全目标管理考核指标均控制在省、市下达的考核指标之内，并荣获全省交通运输系统安全生产目标管理考核先进单位。

市交通运输局局长罗光耀（左四）在耒阳调研交通运输工作

衡阳市公路管理局

市委副书记、市长周海兵（后排左三）在市公路管理局局长肖仁贵（后排左二）陪同下视察衡山沙泉公路超限检测站建设

省公路管理局局长张汉华（左二）在市公路管理局局长肖仁贵（左三）陪同下视察G107线示范路改造项目

2014年，全市公路系统坚持建设、养护、管理、服务、安全五位并举，圆满完成各项工作任务，公路事业发展呈现出良好态势。（1）干线公路建设稳步推进。2014年，衡阳市普通干线公路建设目标任务22个，建设总里程454公里。G107线、G322线示范路改造项目、S214线市区至车江段水毁工程和S210线界首上至石门公路改建项目等一批重点项目基本完成，“S315线衡阳县城段、107国道耒阳城区段、322国道衡南段完成提质升级”写入2015年衡阳市政府工作报告。（2）干线公路养护全面提质。2014年，既有国省道评定里程789公里，年末优良率目标任务为87.3%，年末实际优良率达95.6%，超出目标任务8.3%，路况优良率名列全省第二。国省道大中修计划任务为标准里程118.92公里，实际完成标准里程130.66公里，为目标任务的109.8%。全年养护综合考核名列全省第四位，稳居全省第一方阵。（3）路政管理工作进一步加强。开展专项整治活动，创建G107、G322、S315线等3条路政管理示范路，跨路龙门架基本拆除，整治目标达到“八无”效果。按照省市统一部署，全市治超工作有形有色、有力有效，全市非法超限超载率大幅下降，由“两超”引起的道路交通安全事故明显下降，公路桥梁得到有效保护。

S315线衡阳县段大中修示范路段

G107文明样板路

衡阳市住房公积金管理中心

市住房公积金管理中心主任 杨辉

衡阳市住房公积金管理中心为市人民政府办公室管理的不以营利为目的独立的正处级事业单位，主要负责全市住房公积金的归集、管理、使用和保值增值。目前中心内设办公室、人事教育科、法规审计科、归集执法科、个人信贷科、项目贷款科、计划财务科、科技信息科、客户服务中心、纪检监察室等10个科室，下设中心营业部、衡南县管理部、衡阳县管理部、衡山县管理部、衡东县管理部、祁东县管理部、常宁市管理部、耒阳市管理部、南岳区管理部等9个经办网点，共有在册干部职工137人。

截至2014年12月底，全市住房公积金建制单位4392个，缴存人数达35.97万人；累计完成归集116.70亿元，提取44.03亿元，缴存余额72.67亿元；累计向4.77万户家庭发放个人住房公积金贷款62.04亿元，个人贷款余额34.42亿元。

凭借开拓创新、埋头苦干的精神，衡阳市住房公积金管理中心在追求卓越工作成效，塑造良好机关形象的道路上，捷报频传，取得了可喜成绩，相继获得市一星级、三星级、省文明单位、省文明窗口单位、省建设系统群众满意文明窗口单位、省文明标兵单位等荣誉称号。2006年至2014年，连续九年被评为省建设系统住房公积金管理工作优秀单位；2007年被评为省为民办八件实事先进单位和省住房公积金归集工作先进单位；2009年、2011年、2012年相继被评为市政府目标管理绩效考核先进单位；中心营业部也相继荣获国、省、市“青年文明号”“巾帼文明岗”等荣誉称号。2015年2月28日全国精神文明建设工作表彰暨学雷锋志愿服务大会在北京召开，市住房公积金管理中心又喜获佳音正式被评为“全国文明单位”。

团结奋进的领导班子

衡阳市人民防空办公室

市人防办主任、党组书记刘检元在2014年全国人民防空办公室主任会议上作典型发言

2014年，衡阳市人防疏散基地建设模式全国首创，被国家人防办列为综合性示范基地，共接收全国45个兄弟单位前来参观学习。《湖南省人民政府270号令》和《湘价费〔2014〕60号》正式出台后，共完成“结建”工程＊＊万平方米，征收易地建设费＊＊亿，创全省历史新高。市本级和县市区圆满完成第四次城市防空袭方案修订工作，衡阳市获全省一等奖。大力推进了县级“两所”建设，全面实施了“1502”地面指挥所的提质改造，地下指挥所装修及信息化设计。此外，全市人防机构设置、教育宣传、训练演练、财务管理等基础工作得到进一步加强，队伍建设、党风廉政建设、机关“准军事化”建设取得良好成效。

2014年，市人防办被评为全国宣传先进单位、全省人防绩效评估先进单位、全市文明创建先进单位、全市重点项目建设先进单位、全市应急管理工作先进单位。

开展《居安思危·备战人防》电影科教片进社区活动

开展“5·12”应急日宣传活动

衡阳市水文局

团结奋进的局领导班子（正中：局长、党委书记汤灿飞；左一：工会主席洪自强；左二：副局长、纪委书记段安圭；右一：总工程师何江波；右二：副局长、党委副书记黎华）

衡阳市水文局是省、市双重管理的公益性事业单位，内设办公室、组织人事科、计划财务科、水文监测科、水情科、水资源科、技术服务科7个科室及水环境监测中心和水情信息中心，下辖10个水文站（水文局），负责全市水文水资源监测、水文信息与预报、水文分析与计算、水文水资源调查评价等工作，协助水行政主管部门管理和保护水资源。

2014年，衡阳市水文局提出在全省争创“一流管理、一流环境、一流队伍、一流业绩”的奋斗目标，全局广大干部职工紧紧围绕这“四个一流”的工作目标，转变观念，不间断地收集全市主要江河的水位、雨量、流量和泥沙等水文信息，稳妥推进水文站网建设，充分发挥防汛抗旱服务作用，认真开展水环境监测工作，积极参与水资源管理。在2012年、2013年连续两年位居全省水文系统综合目标或绩效考核第一名的基础上，2014年再次以总分第一名的成绩获得先进单位，实现“三连冠”。积极开展文明创建活动，2014年再获“湖南省文明单位”荣誉称号。

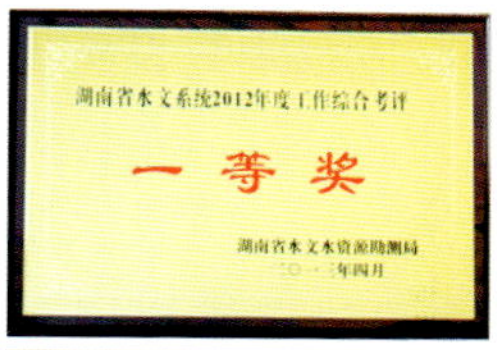

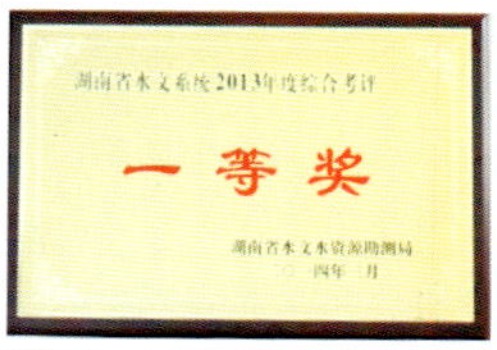

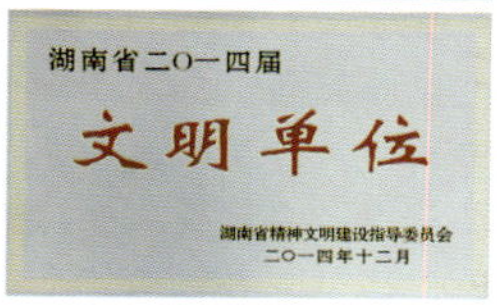

①国家、省、市水文局领导共同调研衡阳水文工作

②收集抗旱所需数据资料

③丰富多彩的文娱活动

衡阳市煤炭工业局

市煤炭工业局局长、党组书记夏日新（图中）在耒阳煤矿隐患排查座谈会上讲话

2014年，衡阳市煤炭工业局践行群众路线，坚守安全红线，认真履行行业管理和安全监管职责，全市煤矿共生产原煤307万吨，较2013年同比上升278%；实现工业总产值9.39亿，较2013年同比上升228%。2014年全市煤矿共发生4起一般事故死亡6人，其中常宁、衡南、祁东、衡东等县市和市属煤矿均实现安全无事故目标，全市煤矿连续30个月无较大及以上事故，连续两年在全省煤炭系统安全目标考核中排名第一，2014年再度被省、市两级评为安全生产先进单位；落后小煤矿关闭退出工作完成出色，实际关闭到位38处小煤矿，超额完成了省政府下达的关闭任务，且关闭煤矿无反弹零上访，实现了多关、稳关和安全关，省政府以湘煤关退办函〔2015〕1号文推广"衡阳经验"；2014年启动了市炼焦厂、裕民电站、大堡煤矿等3家企业的改制工作，并于2014年12月26日全面启动了职工安置工作，至此，煤炭系统9家国企改制任务已基本完成，改制企业基本稳定，被市政府评为改制推进先进单位。通过狠抓安全监管，强力推动煤矿兼并重组和关闭退出，全市煤炭行业实现了稳增长和调结构的协调推进，逐渐成长为衡阳工业名片的新亮点。

召开市直煤炭系统党的群众教育实践活动动员大会

举办全市煤矿隐患集中排查治理专项培训班

衡阳市体育局

在省十二运会誓师大会上，市委副书记、市长周海兵（图左）给市体育局局长康国雄（图右）授旗

衡阳市体育局是衡阳市人民政府主管全市体育工作的行政职能部门，内设办公室、群众体育科、竞赛训练科、体育经济科、体育产业科、纪检监察室6个科室，另设有体育总会秘书处，下辖市体育运动学校（十九中学）、市游泳跳水中心、市体育中心等8个独立核算的事业单位，全系统有干部职工近300人。

近年来，衡阳体育事业迅速崛起，为建设小康衡阳、幸福衡阳作出了贡献。全民健身运动蓬勃开展，完善的服务体系初步形成；竞技体育跻身全省第一方阵，市体育运动学校、市游泳跳水学校先后创建为国家奥林匹克高水平体育后备人才基地，游泳、跳水、体操、射击、网球、武术跆拳道等6个项目成为省级体育后备人才基地，与此同时，创建市级体育后备人才基地28个；体育场馆建设再次步入全省先进行列；体育产业、体育文化建设、体育科研、体育教学都实现了新的突破。因而，市体育局连续三年获市政府目标绩效管理考核先进单位，2013年获全国体育系统先进集体。

备战省十二运集训

全民健身——太极表演

衡阳市文化市场综合执法局

局长、党组书记　刘小平

衡阳市文化市场综合执法局是在文化体制改革中于2012年1月组建成立的，承担着全市文化（文物）、广播影视、新闻出版等领域监管执法重任。2014年，市文化市场综合执法局全年出动执法人员8346人次，检查文化企业、经营单位5323家次；立案428起，结案428起；查办大案要案4起；接受举报162起，处理162起；没有发生一起行政诉讼和行政复议案件。保证全市文化市场繁荣、有序、健康、安全，实现“案件零诉讼、市场零事故、队伍零违纪”的目标。被评为全省文化执法工作先进集体、全省“扫黄打非”有功集体，“4·18”案被文化部评为“全国文化市场重大案件”。

①	②
③	④

①市文化市场综合执法局局长刘小平（右）在互联网上网服务营业场所暗访督查

②执法人员在KTV检查

③全市网吧专项整治“风暴”行动动员大会

④该局连续两年获得全市宣传战线男子篮球赛亚军

2014年工作会议暨六届四次职工代表大会

2014年，中国银行衡阳分行紧紧围绕发展主题，从实际出发，坚持以经营效益为中心，积极践行内生动力机制，全力以赴推进网点三个达标，努力争做最好的银行，取得了资产负债规模进一步扩大，盈利能力有效增强，经营效益持续提高的良好业绩，在湖南省中行年度绩效考核中实现了争先进位，贡献度和进步率都得到了实质性的提升，综合实力进一步增强，系统内一类行地位更加稳固。截至2014年12月31日（下同），全行本外币各项存款余额为177.45亿元，较年初净增17.81亿元；本外币各项贷款余额为79.49亿元，较年初净增7.03亿元。资产质量管控成效显著，不良率为0.25%，控制在湖南省中行计划目标内，均低于衡阳市银行同业和省行平均水平。全行业务净收入同比增长4569万元，同比增幅9.75%；拨备前利润同比增长3161万元，同比增幅11.69%；列支费用同比增长1186万元，同比增幅7.02%，低于业务净收入和拨备前利润的增幅。风险调整经济资本回报率（RAROC）为29.64%，经济价值增加值（EVA）为14346万元，经营效益持续稳步上升。

“小微企业团队成员”参加金融服务宣传月活动

衡　阳　分　行

党委书记、行长何远年率领导班子成员和部分员工，现场为患重大疾病的职工进行爱心捐款

党委书记、行长何远年带领机关部分负责人到衡阳县盘石完小，现场为学校捐赠图书，并向特困学生送上慰问金

举办“网点个人客户标准化服务”知识抢答赛

举办“九九重阳节、浓浓敬老情”答谢客户茶话会

华融湘江银行 HUARONG XIANGJIANG BANK 衡阳分行

华融湘江银行督查总监兼衡阳分行党委书记、行长 李 锐

华融湘江银行衡阳分行是华融湘江银行一级分行，2010年10月12日成立。现下辖29家支行（营业网点），其中衡阳市区23家、县域6家。分行本部位于衡阳市解放路121号宇元万向城写字楼。分行主要负责人是华融湘江银行督查总监兼衡阳分行党委书记、行长李锐。

华融湘江银行衡阳分行自成立以来，主动融入衡阳“经济血脉”，坚持“小、精、专、新、特”的市场定位，以创新引领发展、以改革赢得先机，实现了良好的社会效益和自身业务协同发展。2014年末，一般性存款余额达148.29亿余元，比成立时增加81.29亿元，增长121.33%;信用总量余额98.68亿元，其中各项贷款（含贴现）60.77亿元，比成立时增加29.89亿元，增长96.79%。2014年，衡阳分行被人民银行衡阳市中心支行综合评定为A级机构;据市金融办统计，衡阳分行信贷投放额居全市首位；据监管部门统计，在2014年全市小微企业信贷投入“两个不低于”考核指标综合排名中，衡阳分行位居首位。2014年，分行荣获全市目标管理绩效考核优秀单位。

华融湘江银行党委副书记鲁源陵，总监兼衡阳分行党委书记、行长李锐为衡阳县支行开业金狮点睛

华融湘江银行衡阳分行2014年度总结表彰大会

中国工商银行衡阳分行

2014年，中国工商银行衡阳分行按照年初省分行行长会议精神和省分行党委提出的“四要两确保”指导思想，紧紧围绕“提速、增量、保质、促效，转型发展”12字工作要求，夯实客户基础，狠抓市场营销，加快经营转型，强化风险防控，各项工作取得较好成绩。全年实现拨备前利润3.57亿元，实现拨备后利润3.59亿元，实现税后净利润2.69亿元。实现中间业务收入2.79亿元。全省经营绩效和业务发展考评排名第九，较上年上升了四个名次，创近10年来最好名次。绩效等级B-，较上年C+提升了三个级次。

行长雷东明陪同工行省分行小企业金融业务部走访衡阳华耀城

① ② ③

①行长雷东明到基层行督导工作

②行长雷东明主持召开行长会议

③行长雷东明主持召开行务会

中国农业银行 AGRICULTURAL BANK OF CHINA 衡阳分行

中国农业银行衡阳分行党委书记、行长　伍小荣

2014年，中国农业银行衡阳分行坚持转型升级，着力精细管理，严格风险控制，强化高效执行，促进全行各项工作提质增效发展，主体指标创历史最好水平。截至2014年12月31日，各项存款348亿元，增加33.13亿元，增量排名全省农行系统第2位，其中储蓄存款净增28亿元，排名全省农行系统第1位；各项存款增量在四大行中占比33.15%，较上年提升3.22个百分点；其中储蓄存款占比36%，增量占比45%，分别较上年提升3.56和11个百分点，持续保持四大行“双第一”。各项贷款增加16.75亿元，同比多增5.19亿元，增幅26%，增量是上年的1.5倍。实现经济增加值2.98亿元，增幅26%，价值创造能力不断增强。全行通过打造“大内控”体系，风险管控能力持续提升。衡阳农行市分行机关、营业部和12个支行内控评价等级全部达到一类行。风险考核评价得分126分，继续保持全省第一。全行不良贷款仅4972万元、占比0.62%，均列全省最低。法人客户近四年没有新增一笔不良，全行未发生一起案件和责任事故，被省分行评为“内控案防先进单位”。2014年，衡阳分行在全省农行系统年度考核中取得综合绩效考核、领导班子考核、党风廉政建设、风险考核和运营考核“五个第一”，获“经营管理优胜行”“领导班子经营管理目标优胜行”“党风廉政建设及内控案防先进单位”等荣誉称号。

中国农业银行湖南省分行党委书记、行长张晓男（右三）莅衡调研

衡阳农行举办”青年大讲堂“活动

衡阳农行举办全市农行系统蓝球赛

中国农业发展银行 衡阳市分行

AGRICULTURAL DEVELOPMENT BANK OF CHINA

市分行领导班子（从左至右分别为党委委员、副行长蒋春林，党委书记、行长梁刚，党委委员、副行长赵幼平）

中国农业发展银行衡阳市分行是我市唯一一家农业政策性银行，至2014年末，总资产96.75亿元，总负债95.12亿元，年末全行干部职工179人。下辖7个县级支行、1个市分行营业部和1个业务组，主要信贷业务范围是以粮棉油收储、加工、流通为重点的全产业链信贷业务和以支持新农村建设、水利建设等为重点的农业农村基础设施建设中长期信贷业务。

2014年，中国农业发展银行衡阳市分行围绕“坚定一个目标，着力两个抓手，力争三个突破”的工作思路，各项工作取得新进展，被评为全省系统先进单位。至年末，各项余额95.39亿元，比年初净增1.85亿元，增幅1.98%；各项存款余额12.29亿元，比年初净增1.56亿元，增幅14.54%；实现账面利润1.64亿元，超利润计划1382万元；在信贷企业无国际业务情况下，实现国际业务结算量51万美元，实现中间业务收入208万元。

总行副行长姚瑞坤（左二）在衡阳调研安邦新农业科技公司土地流转工作

省分行行长谢文在衡阳分行主持召开政银企座谈会

市分行党委书记、行长梁刚检查企业库存

分行营业部支持的蒸水综合防洪堤项目

耒阳支行支持的欧阳海灌区城区段水利工程一期

衡阳市公安局石鼓分局

石鼓区副区长，分局党委书记、局长　朱建社

分局党委副书记、政委　肖鸿元

衡阳市公安局石鼓分局治安辖区总面积112.6平方公里，实有人口23万。辖区有7个街道、2个乡，42个社区、28个行政村。107和322国道、1814省道贯穿其间。全市大专院校、大型厂矿企业、机关单位、商业网间、集贸市场以及涉外宾馆、公共文化娱乐场所大都坐落其中。

石鼓公安分局现有民警330人，局内现设有警令办、政工室、纪委监察室、工会、国保、刑侦、治安、经侦、禁毒、巡逻、法制、人口与出入境、网安等13个内设机构，下设青山、人民、潇湘、五一、合江、黄沙湾、松木、角山、金源等9个派出所。

近年来，石鼓分局在市局及区委、区政府的正确领导下，紧紧围绕“一保两创”的整体工作思路，积极开展“创先争优”、人民警察核心价值观教育实践活动，深入推进班子、队伍、业务、基础“四大支柱”建设，进一步强化石鼓公安“四个意识”“积极投入全省四个年”活动，紧扣“固堡垒、转作风、强基础、促发展”十二字工作思路，圆满完成了“十八大”安保、新业务技术大楼顺利搬迁以及“打击多发性侵财犯罪”“百城禁毒会战”等专项行动任务，狠抓“以基础信息化、警务实战化、执法规范化、队伍正规化”为主要内容的“四项建设”。民调工作连续三年前移，队伍建设创下了近三年来的最佳成绩：全省公安机关综合考评优胜单位；全省县级公安机关执法规范建设考评优秀单位；2013年、2014年被市局评为“人民满意公安局”；2011年以来实现了绩效评估工作的“四连胜”；取得“民调进位之年”“执法平安之年”“效能提升之年”的整体性成效。

①操练整齐的处突大队

②业务技术大楼全貌

③团结和谐奋进的党委班子成员

衡阳市公安局蒸湘分局

蒸湘区副区长，分局党委书记、局长　吴小平

分局党委副书记、政委　谭　璇

衡阳市公安局蒸湘分局承担蒸湘区和华新开发区两个行政区域的治安管理任务，辖区内有市委、市政府党政首脑机关及市级以上部办委局79家，有华菱（衡钢）集团、长丰集团、崇盛晶珠商贸广场、日鑫建材市场、南华大学等大中型企业、商场、大专院校共242家。分局现有民警350人、辅警317人，下设有3室、7所、9队，共19个内设机构。派出所实有民警202名，占全局实有警力的57.7%。全局现有社区警务室40个，农村警务室4个，配备社区（驻村）民警44人。全局现有副科级以上民警205名，占民警总数的58.6%。

近年来，全局民警在分局党委的带领下，全力以赴保稳定，凝精聚神促发展，取得了业务工作和队伍建设双丰收，得到了上级领导、社会各界和人民群众的充分肯定：在维稳上，确保了辖区政治治安大局平稳；在打击上，各类专项行动排名城区前列；在防范上，点线面三级巡防架构基本形成，多发性侵财犯罪持续下降；在基础建设上，硬件投入逐年递增，辅警力量率先配备到位，在2014年召开的全省公安基层基础工作现场会上，分局有四个单位被选为参观点，赢得了广泛赞誉；在队伍管理上，严优并举，确保了队伍和谐健康。在2014年省民调中，分局位列全省第44位，取得历史最好成绩。

①2013年9月，市委书记李亿龙，市委副书记邓群策，市委常委、市委政法委书记谢恒斌，市政府副市长、市公安局局长周学农，市人民检察院检察长李平一行现场调研蒸湘区网格化管理与服务工作

②2014年9月，省委常委、省委政法委书记、省公安厅长孙建国到分局人口大队、巡警大队现场指导工作

③2015年7月，省政府副省长、省公安厅厅长黄关春一行视察分局联合派出所

衡阳县国土资源局

局长、党组书记　庚江荣

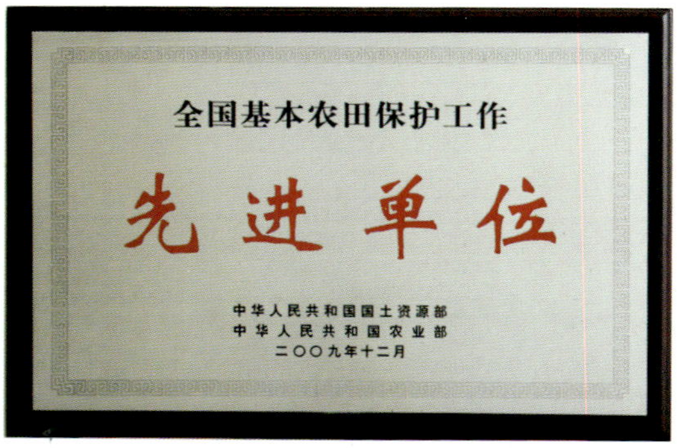

衡阳县国土资源局自1987年建局以来，有8项工作获得“全国先进单位”殊荣，这是其中之一

2014年，衡阳县国土资源工作在市局党组和县委、县政府的坚强领导下，牢牢把握“守住红线、确保发展、确保民生”总原则,尽职尽责保护国土资源，节约集约利用国土资源，各项工作取得显著成效。全年批回项目用地30宗，面积162.3901公顷，保障了重大招商引资项目、民生项目和重点项目的用地。耕地保护取得新成效，组织实施土地综合整治项目7个，面积2266公顷，新增耕地192.16公顷，连续十四年实现耕地占补平衡。年内制止违法用地62宗，强拆违法占地11宗，面积达10260平方米，国土资源违法行为得到有效遏制。开展了矿产资源“打非治违”和安全生产“六打六治”专项行动，共检查矿点69个，限期整改矿点6处，关闭非法矿点2处。权益维护取得新成效，信访工作得到加强。接待群众来访52批次，电话上访18件，办理上级领导批示件16件，办理党政门户网网上上访35件，共计信访事项121件，处理信访事项121件，处理满意率100%。

2014年5月27日，省委副书记、省长杜家毫（左四）在省国土资源厅党组书记、厅长方先知（左六），衡阳市委书记、市人大常委会主任李亿龙（左二），市委副书记、市长周海兵（左三），市委常委、副市长罗东海（右一），衡阳县委书记王洪斌（左五）的陪同下视察衡阳县土地综合整治项目

衡阳县国土资源联合执法队在西渡镇执法现场

自2000年以来，县国土资源局共完成67个土地开发整理项目，面积72300多亩。图为2009年度国家级土地整理项目——台源项目区

湖南省地质矿产勘查开发局四一七队

法人代表、队长　孟德保

该队是一家以地质勘查、勘测施工、盐卤井定向钻探为主的综合性地勘事业单位，拥有固体矿产勘查、地质钻探、岩土工程勘察、地灾治理勘查、设计、施工等7项甲级资质。先后获“湖南省文明单位”“全国精神文明建设工作先进单位”“全国文明单位”等荣誉称号。

建队以来，先后在衡阳市及毗邻地区发现矿种80余种，发现矿产地300多处，提交各类地质报告近千余份。发现并探明各类大、中、小型矿床近100余处，潜在价值达万亿元人民币。先后成立中韩矿业有限公司、洪鑫源矿业有限公司，勘查发现祁东留书塘大型铅锌矿及中南地区首例红土型金矿。积极开拓新几内亚、印度尼西亚、菲律宾等海外地质市场，取得丰硕成果。

盐井对接施工业是该队的特色产业，施工遍及全国各地。近年来，成功研发三井、四井对接技术，并将该技术成功应用到煤矿堵漏施工中，先后为省内外5家煤矿实现成功堵漏。2012年，开辟刚果（布）钾盐勘探市场；2013年，中标中石油衡探1井储气库项目；2014年，完成湖南龙山页岩气勘查项目。

勘测施工业是该队的优势产业，业务范围涵盖铁路、公路、桥梁、隧道、房建、矿山、水利、地灾治理等领域，近年来，先后完成长江干堤加固、京广高速、长昆客运专线、衡阳外环路立交桥桩基等一大批国家、省、市重点工程。

四一七人将竭诚与社会各界寻求广泛合作，一如既往地为国家及地方经济建设提供优质地质矿产与技术服务。

长昆线资江河大桥水上钻探

湖南桑页1井施工现场

衡阳林隐假日酒店房建勘察及温泉井施工

刚果（布）钾盐施工现场

印度尼西亚野外金矿普查

新几内亚野外矿产勘查

务实谋发展 改革著新篇

——奋进中的湖南省地质测绘院

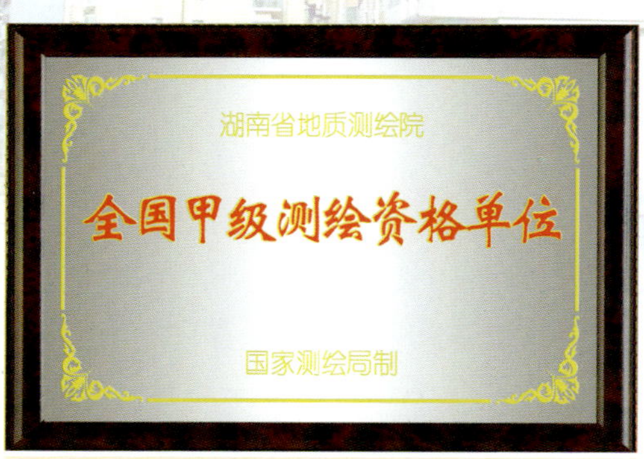

全国甲级测绘资格单位

湖南省地质测绘院成立于1958年，是湖南省地勘局下属的驻衡事业单位，为该局测绘产业中的骨干核心单位，国家首批甲级测绘资格获证单位，国家测绘学会团体会员单位，全国软件正版化工作示范单位，湖南省文明单位，湖南省科技咨询甲级单位，档案工作规范化管理省特级单位，ISO9001国际质量管理体系和职业健康安全管理体系认证单位。

该院集测绘地理信息生产、科研开发为一体，2014年实现对外收入1.2亿元，是具有摄影测量与遥感；地理信息系统工程；工程测量；不动产测绘；地图制图；测绘航空摄影；土地规划等资质的综合性大型专业测绘队伍。

该院拥有目前国内外领先的测绘新技术及仪器设备，建有规模较大的计算机数据应用处理中心，拥有四维、适普、航天远景等全数字航空摄影测量系统等制图成图设备。该院还拥有PHOTOMOD、INPHO、IDATA图像处理系统以及多台套EPS地理信息工作站，拥有一大批高素质的测绘地理信息专业人才，具有强大的内业全数字摄影测量、土地利用现状调查建库、地籍建库、专题地理信息系统制作、工程制图、4D产品、动态三维数字城市影像制作等产品的生产和技术开发应用能力。

近年来，该院制定了“抓市场、严管理、强基础、健队伍、促和谐”的发展思路，积极调整产业结构，大力拓展市场，市场竞争能力与综合实力得到较大提高，先后参与完成了全国第二次土地调查、武广高铁施工测量、数字城市空间框架建设、湖南省永久基本农田划定与建库、农村集体土地所有权确权发证、农村土地经营权确权发证、湖南省第二次地名普查、湖南省不动产统一登记基础数据建设等项目的测绘工作，产业经济呈现出良好的发展格局，取得了经济社会和各项事业的显著成就。近十年来，全院共40个测绘工程、26项科技成果分别获得国家或省部级优秀勘测工程奖、优质产品奖和科技进步奖。

“用心创造价值，真心赢得客户”。湖南省地质测绘院将一如既往的不懈努力、创造美好、服务社会，续写新的辉煌。

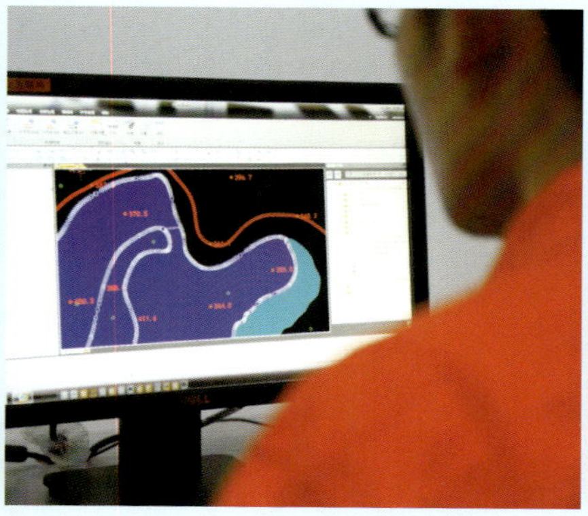

湖南衡南南方水泥有限公司

公司办公大楼

公司生技部清洁文明生产

湖南衡南南方水泥有限公司是中国建材集团（国资委管理的117家央企之一）旗下的五级国有全资子公司。公司占地面积300亩，坐落在衡南县花桥镇。总投资7.2亿元，于2011年4月竣工投产，拥有一条4500t/d新型干法熟料水泥生产线，年生产熟料160万吨；同时配套9MW纯低温余热发电项目，年并网发电能力6000万度；拥有二台4.2×13m水泥磨机，年生产高标号水泥200万吨。公司有员工260人，其中各类专业技术人员60余人，安排解决当地富余劳动力150余人就业，通过“绿化、美化、亮化”工程将公司打造成花园式单位。

公司生产的“南方”牌水泥是全国著名品牌，品种齐全，质量优良，性能适用性强，价格合理，畅销于衡阳市及周边市场，广泛应用于民用建筑及道路、桥梁、隧道、高层建筑等各类建筑工程。主要产品有：P.O52.5级、P.O42.5级普通硅酸盐水泥，P.C32.5级复合硅酸盐水泥及干法旋窑商品熟料。

公司秉承“善用资源、服务建设”的核心理念，为地方经济建设承担应有的责任；传承中国建材集团“创新、绩效、和谐、责任”的企业文化理念，履行经济和社会政治责任。逐步落实、强化精细化管理，为企业的可持续发展奠定基础。

湖南天之衡酒业有限公司

湖南天之衡酒业有限公司是一家集白酒研发、生产、营销、服务为一体的现代化综合型白酒企业，坐落于美丽的湘江之滨、酃湖之畔，具备年酿造白酒万吨、年包装各类成品酒万吨的生产能力。公司占地面积600多亩，总资产4.3亿元，建有万吨级储酒罐、原生态发酵车间、高科技现代灌装车间、酒体研究中心、地下洞藏及10万吨粮食仓库，以优雅精致的生态园林为依托，挖掘湖湘文化精髓，打造湘南第一酒庄。

公司坚持科学发展，用高新技术改造传统产业，大力发展循环经济，将所属的湖南环球科技农业发展有限公司、湖南环球花卉园艺有限公司，作为湖南天之衡酒业有限公司的生态产业链，形成以酒业——饲料——养殖——种植为循环的发展模式，确保天之衡酒的健康、生态、天然之特色。天之衡系列酒以“窖香幽雅，醇厚绵甜，尾味爽净”的独特风格得到广大消费者青睐，先后被评为“湖南省酿酒行业优质产品”“中国首届国际食品博览会金奖”，公司先后获得了“湖南省质量管理先进单位”“湖南省消费者信得过单位”“湖南省重合同守信用单位”“湖南省酒类行业先进单位”“湖南质量兴湘万里行魅力企业”“中国优质白酒”“中国历史文化名酒”“中国名酒典型酒”“中国驰名商标”等多项荣誉称号。

中国石化销售有限公司

总经理　冯赛松

党委书记　张志勇

衡阳石油分公司隶属于中国石化销售有限公司湖南石油分公司，成立于1951年6月，下辖衡南、衡阳、衡山、衡东、祁东、耒阳、常宁7个县（市）分公司及本部东、西、南、高速4个城区片区，现有加油站163座，其中自助（全自助）加油站48座，建成成品油输油管道160多公里，配套管输油库2座（大浦、耒阳油库），总库容7.6万立方。成品油年销量60万吨，有员工1500多人，固定资产5.6亿元。

公司成立60多年来，为衡阳市工农业生产、交通运输和社会经济发展提供充足的能源保障。在抗洪抗旱、抗冰救灾、资源紧缺、高速公路“保畅保供”等关键时期，彰显“讲政治、顾大局、负责任”的国企形象。公司长期以来将油品质量视为“企业生命线”，不断强化诚信经营的品牌意识、风险防控意识，承诺兑现“每一滴油都是承诺”，油品质量和品牌服务赢得广大消费者的肯定和信赖。公司成品油供应量占衡阳地区消费量的85%以上，市场主导地位和主渠道作用突出。

公司形成以汽油、柴油、煤油、润滑油和燃料油的批发、零售、配送，非油品业务销售（烟草、饮料、百货、食品、汽车用品、其他服务）的油非一体化经营格局。拥有一个遍布城乡的销售网络和一支经验丰富的市场营销队伍。近年来，公司先后被评为“国资委先进基层党组织”“省成品油行业协会计量信得过单位”“省商务厅商贸流通先进单位”“湖南省抗冰救灾先进集体”，连续评获衡阳市“市政府目标管理先进单位”“安全管理先进单位”“先进基层党组织”“社会主义新农村建设先进后盾单位”“市重点工程建设目标管理先进单位”“衡阳市文明单位”“档案管理先进单位”“蒸湘区纳税大户”等荣誉称号。

湖南衡阳石油分公司

省委副书记、省长杜家毫（前排左一）在湖南省石油分公司总经理潘桂妹（前排图中）和市委副书记、市长周海兵（前排右一）的陪同下，到湖南成品油管道二期在建工程耒阳油库视察

湖南省石油分公司总经理潘桂妹（右三）在衡阳分公司总经理冯赛松和党委书记张志勇的陪同下，到衡阳检查工作

青山绿树掩映下中石化加油站雄姿

湖南省邮政公

省邮政公司总经理徐茂君（左二）、副总经理唐成文（右一）在祁东县双桥邮政便民服务站了解服务百姓的情况

市邮政分公司总经理李永忠(右二)将慰问金送到衡阳县三湖镇残疾人员手中

近年来，湖南省邮政公司衡阳市分公司在市委、市政府的正确领导和大力支持下，以服务三农、服务社会、服务民生为己任，充分依托邮政的品牌、网络、技术优势，不断拓展服务领域，开辟服务民生新渠道，发展水平和服务水平显著提升，综合实力不断增强，在促进地方经济、社会、文化建设等方面发挥了积极作用，做出了积极贡献。

2014年，衡阳邮政围绕衡阳打造“工业重镇、文化名城、旅游胜地、宜居家园”总目标，牢固树立“服务至上、团队致胜”的经营服务理念，大力开展“安全发展年”活动，深入推进“五大工程”，加快转型升级，深化改革创新，强化精细管理，实现连续四年高速发展，业务收入位居全省邮政系统第二位，企业综合实力位居全省邮政系统第一位，并荣获“湖南省十大创新企业文化示范基地”和“湖南省文明标兵单位”等称号，投递员唐青云同志荣获“全国劳动模范”称号,企业各项工作再创了历史最好成绩，实现了企业更快、更强、更好地发展。衡阳邮政坚持融入和服务地方经济，以“保安全、增效益”的工作思路，普遍服务能力和质量明显提高，确保了邮运畅通邮件安全，较好地满足了全市广大人民群众和政府机关的用邮需求。全力打造综合服务平台，大力实施“便民工程”，加快推进空白乡镇邮政局所、便民服务站、三农服务站、信报箱建设，真情服务“三农”，积极解决服务人民“最后一公里”问题。大力实施“亿元工程”，积极拓展金融服务，金融业务发展及服务质量持续领跑全省。不断加大对三农领域的金融服务力度，开办边远农村地方的便民汇款业务以及助农取款业务。同时，在全省邮政系统率先提出员工“幸福工程”，职工素质和待遇不断提高，职工生产生活条件不断改善，企业凝聚力大增，呈现出了欣欣向荣、蓬勃发展的势头。

司衡阳市分公司

省邮政公司经营工作湘南片区调度会在市分公司召开，与会人员共商邮政业务发展大计

市邮政分公司启动党的群众路线教育实践活动，组织员工对领导进行民主评议

市邮政分公司举行规模盛大的支局长培训班，为生产一线发展积蓄能量

市邮政分公司省级文明标兵单位创建活动卓有成效，顺利通过了省文明办的验收

市邮政分公司可办理代收水电费、电话费、手机费、公交IC卡充值、代开国税发票等。这是邮政员工正在为客户办理公交IC卡充值的火爆场面

市邮政分公司坚持优质服务，代理金融网点员工在客户走访中将客户需要的零钞送上门，受到了客户的称赞

耒阳市城市和农村

公司董事长谢东平在耒阳大道东段竣工通车仪式上致词

耒阳市城市和农村建设投资有限公司是由耒阳市人民政府直接管理的国有独资公司，是政府的融资平台、城市建设经营主体和国有资产运营主体。近几年来，公司围绕促进耒阳城市建设和经济社会发展，在完善公司法人建设、积极争取银行贷款、加强贷款项目监管、抓好政府授权项目等方面做了大量艰苦细致的工作，取得了较大的成绩。

2014年，为应对严峻的融资形势，耒阳市城建投紧紧围绕融资目标，充分发挥自身优势，加强与农业发展银行、国家开发银行、中信银行等金融机构的沟通与衔接，主动掌握融资信息和动态，创新方式，积极拓宽融资渠道，全年共争取融资到帐6.28亿元，创公司有史以来最高记录。作为武广新城项目建设业主，公司在项目建设任务非常艰巨、项目问题多、工期时间紧、标准要求高的压力下，借助耒阳市四大家、相关部门的大力支持，充分调动干部职工的积极性和主动性，统筹兼顾推进施工进度，旗下众多基础设施工程，尤其是一系列长患“疑难杂症”的项目工程得以顺利完成和有力推进。其中，顺湖公园2014年国庆开园迎客，耒阳大道东段于2015年2月14日竣工通车，福安综合安置区、观音阁安置区等项目正在加速推进，确保年底顺利交房使用，武岭路（接新城二路）及武园路（接城北路）2015年4月3日正式动工以来，现正在加快推进，届时将构建成“两纵两横”道路网络。

近几年公司多次荣获耒阳市经济发展优质服务单位、先进基层党组织、招商引资先进单位、社会治安综合治理先进单位、社会主义新农村建设先进单位等荣誉。

建设投资有限公司

2014年10月1日，由耒阳市城投公司投资建设的顺湖公园开园迎客

2015年4月3日，由耒阳市城投公司投资建设的武园路、武岭路正式动工

耒阳市中医医院

院　长　谷井文

耒阳市中医医院建于1962年，坐落在耒阳市区中心，是一所集医疗、预防、保健、教学、科研于一体的二级甲等综合性中医院。

医院技术力量雄厚，现有医护人员588人，其中正高职称4人、副高职称38人、中级职称120人；开放病床380张，拥有螺旋四排日立CT、彩超、经颅多普勒、电子胃镜、肠镜、全自动生化仪、体外碎石机、500mAX光机、全自动数字摄影系统——DR、麻醉机、Bipap无创呼吸机、多参数心电监护仪、德国狼牌胆道镜、输尿管肾镜、等离子双极电切镜等大型先进医疗设备。

医院科室齐全，设置合理。住院部设中风专科、肝肺脾胃病科、心病科、糖尿病脑病科、儿科、骨伤一科、骨伤二科、妇产科泌尿外科、外科、肛肠科、血透室等十个临床住院科室，成立了治未病中心，开设了4332201、4313120急救绿色通道，设立了120急救站，2014年门诊量43万人次，住院1.35万人次，医院总收入达1.51亿元。

医院连续12年在衡阳市卫生局组织的年终综合目标考核工作中蝉联第一名；2013年在创全国农村中医工作先进市达标工作中，充分发挥了中医“龙头”单位作用；先后获“全国明明白白消费十佳放心医院”“全国医疗质量服务放心示范医院”“全国最佳百姓放心示范医院”“全国中医医院优质护理服务先进病房”“湖南省文明标兵单位”“湖南省文明单位”“湖南省文明卫生单位”“湖南省医院管理年活动先进集体”“湖南省优质护理服务示范单位”“衡阳市医院管理优胜单位”等殊荣。

耒阳市中医院门诊大楼

院党政领导班子合影

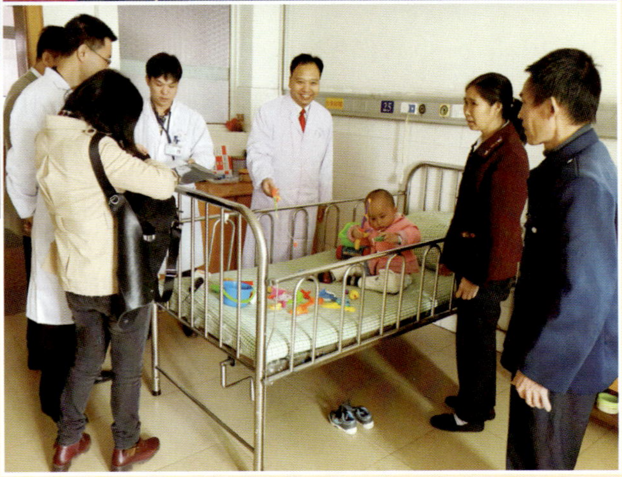

①院长谷井文下乡为群众义诊

②院长谷井文在全国名老中医学术会上作学术报告

③院长谷井文陪同湖南卫视记者看望康复之中的小病友刘思恩

湖南省衡阳市蔬菜研究所

市委常委、市委秘书长邓柯（前排右五）在市政府副秘书长颜冬程（前排右四）、市农业局局长汪维（前排右三）、市蔬菜研究所所长旷碧锋（前排左四）的陪同下视察蔬菜所并与科技人员合影

衡阳市蔬菜研究所创建于1979年，属全额拨款事业单位，占地5.6公顷，现有干部职工46人，其中科技人员28人（高级职称9人，中级职称11人，初级职称8人），有2位专家享受国务院特殊津贴，有1位出国专家获衡阳市科教兴衡重奖，省、市学科带头人5人，省“121人才”1人，获全国劳动模范称号1人。建所以来，先后获部、省、市科技进步奖73项，其中与湖南省农科院共同承担的“蔬菜均衡生产关键技术研究与示范推广”重点研究项目获2011年度湖南省科技进步一等奖。发表科技论文420余篇，出版专著及科技资料汇编23本，承担部、省、市科研课题390项，其中国家农业部、科技部重点项目4项，是国家农业部授牌的“国家农业综合开发良繁基地”“国家蔬菜优质种苗基地”“国家大宗蔬菜产业技术体系衡阳综合试验站”，国家科技部授牌的“南方蔬菜优质种苗快繁技术中心衡阳蔬菜种苗基地”，衡阳市人民政府授牌的“影响衡阳市民生活100品牌”单位。

衡阳市蔬菜研究所研究的蔬菜新品种：早香一号丝瓜、早丰红茄、一串铃五号南瓜

总　类

【概况】 2014年，全市政法系统围绕“一确保两提升”，坚持法治引领、改革创新、迎难奋进，切实加强平安衡阳、法治衡阳和过硬队伍建设，全市没有发生重大群体性事件、规模赴省进京非正常上访、重大恶性刑事治安安全案（事）件和重大网络舆论事件；综治工作被评为全省先进；维稳工作连续三年名列全省前茅；信访工作进入全省先进行列；其他不少政法工作在全省乃至全国有影响、有位置，得到省委、省政府及上级有关部门的肯定。

（殷秀成）

【服务经济建设】 全市各级政法部门强化第一要务意识，坚持“三个职能”与“三个效果”的有机统一，有针对性地开展帮助重点项目排忧解难、落地生根专项行动，化解一大批涉企矛盾纠纷，妥善处置一大批涉企突发事件，严肃查处一大批经济类犯罪案件，依法审结一大批涉及重点项目、重点产业的民商事案件，着力营造安全稳定的社会环境、公平正义的法治环境、优质高效的服务环境，在推动全市经济发展中发挥不可替代的重要作用。

（殷秀成）

【维护社会稳定】 （1）通过社会面管控、舆论舆情的引导、涉案人员思想教育，确保“4·09”衡阳破坏选举案各项工作没有出现纰漏，专案维稳工作得到中央、省委的充分肯定。（2）源头治理、系统治理和综合治理，构建社会矛盾防范、排调、预警、处置为一体的联动机制，刚性落实处早处小的维稳工作机制，最大限度地把问题解决在基层、消除在萌芽状态。（3）全年全市共排查各类不稳定因素3000多起，化解各类矛盾纠纷2.2万余件，落实副处级以上领导包案897起，教育稳控城市客运、征地拆迁、上访老户等群体，实现全国“两会”、国庆、党的十八届四中全会等重要节点、敏感时段的社会大局稳定；平稳处理衡南县驻地部队“6·17”爆炸事件，成功告破衡南县人欧某“6·25”“7·6”破坏高铁运行案。

（殷秀成）

【“三联三包”大走访活动】 开展“三联三包”大走访（领导联乡、部门联村、干警联户，包化解社会矛盾、包整治社会治安、包增进社会和谐）。市级领导亲自带头，市、县两级政法领导班子以上率下，政法干警、综治干部全员参与，覆盖全市220个乡镇（街道）、5465个村（社区），走访群众31.21万户，发放公开信189万份、民情联系卡150万份，帮扶困难群众2.45万余户，兴办民生实事2.6万余件。广大政法干警转作风、下基层、树形象，释放政法工作的正能量，提升人民群众的满意度。

（殷秀成）

【严打整治和治安防控】 开展治理“两抢一盗”、打黑除恶、禁赌禁毒等专项行动，严厉打击群众反映强烈的犯罪活动。全市共破获各类刑事案件8335起、刑拘5716人、提请逮捕4379人，批捕3238人、公诉4503人，审结各类刑事案件3509件5007人。新增技防投入4.2亿元，新增协辅警力量4900余人，城市社区社会治理网格化、信息化工作有明显进展。广泛开展基层平安创建活动，“平安衡阳”建设不断提质扩面，全市各类刑事案件同比下降20.25%，其中“两抢一盗”案件下降24.38%，命案下降5.71%。在全省综治民调中，衡阳市得分高于全省平均分，比2013年净增4.67分。

（殷秀成）

【队伍建设】 （1）用人导向。用好作风选人、选作风好的人，选准配强各级政法领导班子，把广大干警的积极性导向基层、导向德才、导向实绩。（2）理论武装、政治教育、党性锻炼相结合，认真学习贯彻习近平总书记系列重要讲话精神，大力弘扬和建设社会主义核心价值观，真正把理想信念在政法队伍中牢固地立起来。（3）开展坚决反对执法不公司法腐败专项整治活动，推进政法系统党风廉政建设和反腐败斗争，严肃查处违法违纪干警近百名，加强警示教育。（4）从严治警和从优待警相结合，改善装备条件，推行文职制度，有计划地扩大辅警队伍，建立政法机关与财政收入、物价水平相协调的公用经费正常增长机制，从源头上预防人情案、关系案、金钱案的发生。

（殷秀成）

公　安

【概况】　2014年，全市公安机关紧紧围绕市委“提升新标杆，打造升级版”的总要求，以教育实践活动为主线，以“平安衡阳”建设为主攻，以队伍作风建设为主导，不断提升维稳保安的战斗力，持续发展的创造力，争先创优的竞争力，全市公安工作和队伍建设取得显著成绩，有力维护全市社会大局稳定和治安秩序平稳，为打造“平安衡阳”、加快经济社会快速发展作出突出贡献。全市公安工作进入全省先进行列，绩效评估重点工作全部达标，被授予“2014年度全省公安机关重点工作评估先进单位”称号。公众测评成绩继续提高，被授予“2014年度全省公安机关争创群众满意先进单位”称号。其中打黑除恶排名全省第1名、命案侦破排名全省第2名、扫黄排名全省第3名、打击“两抢一盗”等多发性侵财犯罪排名全省第5名。党风廉政建设、信访窗口规范化建设、消防工作、打击毒品犯罪工作进入全省先进行列，警卫工作被公安部评为全国警卫基层基础建设先进单位。　（李文杰）

【维稳安保】　2014年，全年没有发生规模性非法聚集和规模赴省进京上访事件。市公安局信访部门受理“12389”投诉举报件223起，办结201起，受理信访事项276起，办结率100%。其中办理公安部网上交、转办来信件32起，省厅领导交办件28起，省厅网上民声信访件48起，省厅网上交、转办来信来访件38起，市委、市政府交办件24件，市政法委、市信访局、市检察院交办件26起，市局领导接访件38起，办结率均为100%。完成警保卫任务79批次，确保警保卫对象绝对安全。组织部署“4·09”衡阳破坏选举案安保工作，做好办案驻地安保、情报信息收集、重点部位保卫等各项维稳安保工作，确保全市社会政治和治安大局稳定。

（李文杰）

【大要案件侦破】　2014年，全市公安机关持续强化快速反应机制，攻坚克难，锲而不舍，并配合运用多种技战法，全力开展大要案件侦破工作。全市共发生现行命案60起，全部成功破获，另破命案积案5起，命案侦破排名全省第2名。先后破获常宁市除夕夜持枪杀人案、蒸湘区“4·19”抢劫杀人案、衡阳县“7·15”抢劫杀人案、耒阳市“8·22”系列杀人串案等一系列重大恶性案件。

（李文杰）

【打黑除恶】　2014年，全市公安机关始终坚持“打早打小，露头就打”的方针，成立有组织犯罪侦查支队，开展“扫黑恶、治霸痞、保民安”“扫黑恶、净环境”、打击重点项目建设违法犯罪等专项行动。对217个重点工程项目进行全面摸底排查，打掉团伙2个，侦办各类刑事、治安案件8起，抓获违法犯罪人员19人。全市共打掉涉黑组织3个，打掉涉恶团伙50个，打击处理涉黑涉恶犯罪嫌疑人共318人，其中省打黑办认定团伙34个，认定追究刑责人员205人。成功破获“6·18”涉黑专案，蒸湘区李某等人涉恶团伙案，耒阳市以李某文、李某为首的涉黑团伙案，以李某为首的涉黑团伙案，衡东县谢某、颜某等人涉恶团伙案，祁东县伍某、周某等人涉恶团伙案等一批大要案件。　（李文杰）

【治理盗抢】　2014年，开展打击多发性侵财犯罪专项行动，破获一批影响较大的盗抢案件。全市共破获侵财类案件5806起，打掉盗窃团伙163个，为群众挽回经济损失3000万元。侦破公安部督办的“6·23”特大系列电信诈骗案，涉及23个省市1326宗案件，涉案金额1340万元；破获祁东县系列破窗入室盗窃案，抓获广东籍流窜作案犯罪嫌疑人2名，涉案12起，涉案价值达30余万元；破获系列飞车抢夺案，涉案70余起；破获曾某及曾某生两个特大团伙系列盗窃机动车案，抓获嫌疑人23名，破获盗窃机动车案件58起，涉案价值近300万元；破获省厅督办的以岳某为首的团伙系列抢劫案23起，抓获犯罪嫌疑人5名。　（李文杰）

【治理毒品】　2014年，全市共破获各类毒品案件665起，其中部省督办毒品目标案件8起，千克以上毒品案件24起，万克以上毒品案件7起，逮捕直诉毒品犯罪嫌疑人893名，缴获毒品折合海洛因801.99公斤，收治收戒吸毒人员2484名，成功破获部督目标案件5起，创历年来之最，共抓获涉案人员104名，缴获毒品冰毒655公斤、麻古147225粒、海洛因51.8公斤、醋酸酐7.2吨，毒资900万元。特别是“2014～404”部督目标案，是湖南省建国以来个案缴获传统毒品数量最多、一次性抓获毒品犯罪嫌疑人最多、现场缴获毒资款最多、第一次打到境外的毒品案件。4月19日，联手云南昆明警方破获一起部督目标案件，抓获犯罪嫌疑人1名，缴获毒品麻古、海洛因等共计35公斤。破获“11·27”省督毒品目标案，抓获犯罪嫌疑人7名，缴获毒品5.6公斤。祁东县局侦破省督“2013～406号”特大毒品目标案件，抓获涉案人员5名，查获毒品麻古47800粒，查扣涉案车辆3台。狠抓吸毒人员排查管控，加大禁吸戒毒力度，积极开展戒毒康复人员的治疗、康复指导、就业安置和救助服务，大力开展禁毒宣传教育。6月25日，市禁毒委举行“不让毒品进校园”万人拒毒宣誓大会暨焚销毒品大会；祁东县禁毒委组织新编现代禁毒渔鼓戏《鸳鸯镯》在全县各地巡回演出。（李文杰）

【打击经济犯罪】 开展“打击假冒伪劣犯罪工作”、打击传销、打击非法集资犯罪专项行动，加大打击金融诈骗、涉税、非法集资、传销等扰乱市场经济秩序和侵害群众切身利益的涉众型经济犯罪力度，规范市场经济秩序。全市共立经济案件61起，破案27起，刑拘28人，逮捕7人，直诉19人，移送起诉41人，涉案总价值3亿元，追缴违法所得271万元。先后破获原紫光古汉南岳制药有限公司高管人员涉嫌经济案件、市纪委交办的衡阳市某房地产公司法人代表周某职务侵占案、省厅交办的原湖南水口山集团总经理刘某滥用职权案，破获由省纪委交办、省公安厅督办的“5·9”专案，抓获犯罪嫌疑人6名，涉嫌骗取贷款3000万元，高利转贷300多万元。组织开展打击非法集资犯罪专项行动，严厉打击非法集资犯罪，成立打击非法集资专业队，对全市27起非法集资案件全部立案侦查，抓获非法集资犯罪嫌疑人60名，为群众挽回损失1126.32万元，扣押涉案车辆6台，有效遏制非法集资活动在衡阳发展蔓延。（李文杰）

【治安侦查办案】 加大食品案件、假农药、假医药及其他售假制假案件的打击办理力度，建立全市治安侦查工作统一调度、联动协作机制，形成破案攻坚合力。全市共破获各类治安侦查案件45起，取得显著成效。市局治安支队和石鼓分局开展联合突击清查行动，捣毁一非法私人屠宰点，抓获犯罪嫌疑人3名，涉案金额130余万元。治安支队成功破获一起生产、销售假农药案，抓获犯罪嫌疑人3名，捣毁生产假农药窝点一处，缴获假农药成品价值60余万元、大量制假原料及一批制假设备，总涉案金额100余万元。治安支队成功破获一起由公安部、最高人民检察院同时列为2013年督办的代某伟、冯某胤等人销售假药案，抓获生产、销售假药犯罪嫌疑人7名，缴获假“来得时”胰岛素成品147支。

（李文杰）

【人口与出入境管理】 （1）人口户籍管理。全市常住人口管理信息系统共管理常住人口791.5万人，办理各类户政业务28.31万人次。市政府出台《衡阳市流动人口居住证管理使用办法》，开展流动人口与出租房屋清理，强化服务和管理，流动人口、出租房屋录入率达到85%以上、准确率达到100%。全市公安机关共采集流动人口信息226479条，出租房屋信息55471条，办理居住证112793本，流动人口与出租房屋管理工作居全省前列。积极开展二代身份证换发工作，共受理二代居民身份证37万余张。（2）出入境管理。规范办事流程，严格审批程序，维护正常的出入境管理秩序。全市共受理各类出国境证件32.5万余本，办理外国人签证及居留许可证件698本，办理境外人员临时住宿登记4684人次。查处涉外案（事）件25起，其中遣送出境11起18人。

（李文杰）

【治爆缉枪】 采取重点单位检查、重点时段巡查、重点部位清查等措施，对辖区爆炸物品、枪支弹药、剧毒化学品从业单位和易制爆化学品、放射性物品、烟花爆竹、管制刀具开展“地毯式”安全检查。对排查出的安全隐患和漏洞及时督促落实整改，对符合涉爆涉枪重点人员录入标准的，随时采集、随时录入管理信息系统，并落实管控措施和责任人。全市共破获涉爆涉枪刑事案件59起，治安案件45起，抓获违法犯罪人员139人，其中刑事拘留79人、批捕29人、移诉88人、治安处罚60人。同时，查处非法储存、运输烟花爆竹治安案件20起。（李文杰）

【特业管理】　全市共破获收销赃刑事案件30余起，取缔非法废旧金属收购站点4家，追缴赃物价值170万元。加强旅馆业监管力度，坚持暗访检查和网上巡查常态化，对违反“四实”登记规定的旅馆业依法顶格处理。加强旅馆业从业人员的法律、业务培训，全市培训从业人员800余人，增强从业人员的法律意识和旅业系统的前台操作水平，提高住宿旅客信息的登记上传率。加强银行业金融单位监管，部署开展银行金融机构安全大检查，对发现的重点问题进行整改，确保达到安全防范标准。加强保安市场监管，开展为期2个月的保安服务市场整顿专项行动，全市共备案保安服务公司11家，自行招用保安员单位333家，持证保安人员5323人。（李文杰）

【扫黄禁赌】　开展“扫黄禁赌”“打黄赌·铲源头”、打击网络赌球、赌博、地下六合彩等专项行动，大力整治“黄赌”问题。全市共破获黄赌刑事案件130起，刑拘犯罪嫌疑人257人，逮捕58人，起诉191人；查处黄赌治安案件662起，治安拘留1818人。2月份，查获“39度”酒吧组织淫秽表演案，捣毁中山北路一家录像厅容留卖淫嫖娼窝点；5月底，治安支队打掉一个通过手机群发短信组织、介绍、容留未成年人卖淫的犯罪团伙；7月8日，抓获坐庄赌球的违法犯罪嫌疑人4名，冻结涉案资金70余万元，该团伙利用世界杯足球比赛的输赢情况进行赌博，涉案金额上百万元；7月12日，破获“2014.3.28”网络赌博案，刑事拘留犯罪嫌疑人10名，冻结犯罪资金100余万元，追缴非法所得现金300余万元，涉案金额数十亿元。（李文杰）

【交通管理】　交警部门开展“扫黑恶、净环境”交通秩序整治行动、“限货”“规渣”专项行动、“小绵羊”改装摩托车整治行动、“两打三规四治”“三大整治”等系列集中整治活动。全市共发生上报道路交通事故915起、死亡200人、受伤1281人、直接经济损失355.1万余元，与2013年同比，分别下降8.77%、持平、下降13.91%、下降33.57%。交通事故死亡人数严控在省、市指标内，没有发生特大恶性交通事故。（李文杰）

【消防管理】　消防部门联合各职能部门组织开展2014年冬2015年春第二次“清剿火患”战役、消防安全“打非治违”“扫黑恶、净环境”消防安全整治、商场市场专项整治、重大火灾隐患集中整治等10个专项行动。全市共检查单位12156家（次），发现并整改火灾隐患24146处，“三停”141家，查封131家，拘留11人，罚款674.51万元，挂牌督办重大火灾隐患单位38家，整改销案20家。全年共发生火灾1075起，死亡5人，受伤7人，直接经济财产损失1743余万元，全市没有发生一起较大以上火灾事故。（李文杰）

【保障监所安全】　公安监管部门以监所安全为核心，继续推行“以文化人立德”教育机制，开展监所安全管理教育整顿活动，全面加强和改进监所管理工作，确保全市监所平安稳定。全市监所共收押收治违法犯罪人员19427人，其中看守所收押6150人，拘留所收押11619人，强制隔离戒毒所收治1658人。（李文杰）

【基层基础工作】　加快县市区公安局业务技术用房等基础设施建设和搬迁进度，完成市局毒品存放仓库、应急物品装备仓库、被装仓库等专用仓库的建设，推进监管中心、警犬基地、禁毒教育基地、警务技能训练基地建设，抓紧城区分局异地搬迁工作。加强装备投入，采购头盔、防弹衣、防刺衣、防刺手套等应急装备物资，完成市局机关执法办案区域建设，为水上派出所配备新型巡逻艇，采购巡防体系建设所需的70辆摩托车、40辆汽车、5台移动警务室、5辆运兵车，为全市公安民警配发警务通，以适应反恐、立体化巡防、信息化工作的需要。（李文杰）

【公安信息化建设】　全市建成高清视频监控点2116个。在市局新办公楼正式启用全市大规模应急指挥中心暨公安指挥中心，真正实现全市智能化、一体化指挥调度。完成警用地理信息平台、350兆数字集群通信、警车卫星定位平台等系统建设，加快信息化建设和应用进度，全市公安科技信息化工作进入全省一流行列。加大信息化系统、刑事技术等手段建设，整合各政府部门的信息资源，将信息化应用充分利用到侦察破案中。通过信息化运用，成功协助破获蒸湘区“4·19”抢劫、强奸杀人案、珠晖区“5·03”持刀伤人案等一系列有影响的重大案件。完成3个350兆数字基站建设，采购一批350兆数字对讲机配发给基层所队。

（李文杰）

【派出所建设】 城区派出所按照“三队二室”的模式设置内设机构，调整警务运行模式，全部完成勤务工作改革。进一步提升完善社区警务工作，市财政按照不低于8000元/年的标准，保障社区警务室工作经费，并纳入年度财政预算。各城区政府负责，解决社区警务室无办公用房问题，并配备必要的办公设施。对城区16个中心派出所硬件进行提质改造，配齐派出所民警执法执勤必须的交通工具、武器警械、防护装备、执法记录仪等装备，年内共为派出所配备巡逻出警车30台、巡逻摩托车45台。在派出所设立人民调解工作室，聘请有一定法律知识和政策水平的人员担任人民调解员。（李文杰）

【执法规范化建设】 相继出台《关于规范执法办案系统证据材料传输工作的规定》《衡阳市公安局直属部门办案程序若干规定》《衡阳市公安机关执法办案场所管理细则》《衡阳市公安机关信息采集工作细则》等规范性文件，大力规范执法行为，加强执法教育培训，先后举办全市公安机关法制员培训班3期，结合其他专业警务技能培训，共培训民警1450余人。规范执法办案区域管理运用，在法制支队下设执法区域管理指导大队，负责全市执法办案区域的建设、应用工作。建立执法规范化建设诫勉谈话制度，对执法规范化建设重点工作没有落实到位的，对相关单位的分管负责人进行诫勉谈话。开展网上执法巡查和日常执法检查，对全市公安机关阳光警务执法办案查询系统应用情况进行核查，对群众的543件投诉做到件件核实、件件回复。狠抓案件证据上传工作，通过网上核查行政案件1776起，刑事案件1003起。派出三个组对各县（市）区进行执法巡查，暗访基层所队61个，核查报警登记1600余条，涉案财物170件，检查各类案件146件，下发21期执法巡查通报，严格整改到位。开展执法检查“回头看”活动，共抽查案件680起、查看执法办案场所20余处、调阅执法办案台账200余本，全面澄清底数、深入查摆突出问题。加大案件审核力度，市局共审核刑事案件123件、行政案件89件。规范复议、应诉和国家赔偿案件办理工作，市局受理行政复议申请117件，维持22起，复议3起、变更1起，撤销3起，当事人撤回申请84起。

（李文杰）

【队伍建设】 制定《全市公安机关开展依法使用武器警械专项训练活动实施方案》，分层级开展培训，选派38名民警参加省厅专业教官培训。共举办武器警械、“三项基本功”、警务实战小教官、法制员、警衔晋升、基层派出所所长、教导员轮训轮值培训班等22期，参训民警达1849人。选派民警参加省厅举办的调训班共14期，参训人数为139人。按期组织民警观看全省公安机关远程教育“每月一讲”，拓宽民警知识面，丰富民警的文化和业务知识。开展在职民警培训优秀专题评选，举办全市公安机关培训专题评比，评选优秀专题10个，2个专题被评为“全省在职民警培训优秀专题”。加强随岗训练示范点建设，开展市级随岗训练示范点评选活动。开展院局合作，与湖南警察学院正式签约成为首批院局合作单位，在课题研发、师资共享、学生实习等方面开展一系列合作。认真抓好纪律条令、警纪警规的贯彻落实，有效预防队伍违法违纪问题的发生。聘请执法监督员25名，其中人大派驻执法监督员5名、特邀群众监督员20名，政协委派民主监督员5名，真正将制度的执行置于群众的监督之下。

（李文杰）

【宣传教育活动】 以《衡阳晚报》专版、衡阳都市频道《衡阳警务报道》为宣传平台，集中体现全局近期开展的大量工作和活动，与衡阳广电集团的《新视报》联合发行，印刷《衡阳公安》报纸，在《湖南日报》上开辟专版，集中推介衡阳公安的经验做法。组织召开新闻发布会、新闻通报会3场次，在市级以上媒体刊播稿件3000余篇，其中中央级150篇，省级540篇，市级2000余篇。精心组织策划、制作的《筑牢平安根基》——衡阳公安推进派出所改革和治安巡防工作纪实宣传片在全省公安局长会议上现场播出并发放，推介衡阳经验。建立涉警舆情引导工作机制，开展24小时不间断网上巡查，及时发现处置涉警舆情信息，及时妥善处置“衡阳新疆人砍人事件”等网络谣言，有效控制舆情。通过邀请各大媒体深入采访报道、微博主动发声等多种形式，多渠道、多方式开展舆情引导。大力加强公安典型宣传，推出勇斗歹徒、英勇负伤的刑侦支队民警李江，“妈妈民警”全国公安机关爱民模范李晖和“烈火英雄”吉湘林等一批先进典型。同时，加大记功表彰的力度，先后有6人被记一等功，7人被记二等功，266人被记三等功，嘉奖500余人。

（李文杰）

【从优待警】 出台《衡阳市公安机关从优待警十六条举措》，明确公安机关从优待警政策，督促全市公安机关认真落实从优待警举措。落实慰问优抚工作，开展春节、清明等集中慰问活动，全市共走访慰问公安英模、特困民警、因病住院民警以及因公牺牲民警家属共1460余人，为429名新入会民警办理警察基金会入会手续。落实民警心理健康服务工作，利用短信平台为民警发送心理服务短信，举办心理健康知识讲座10余场，在政治部和警察协会网站开通在线心理服务栏目。落实民警福利待遇，积极衔接财政部门，落实警员职务高套人员工资。实行工资信息化日常管理，及时完成2700余民警年度晋级晋档和津补贴调整工作。落实老干服务工作，看望慰问生活困难的退休老干部及遗孀，发放慰问金8000元，为全局25名退休民警发放人均5000元的独生子女父母奖励金。

（李文杰）

检　察

【概况】 2014年，全市检察机关共受理移送审查批捕案件3110件4379人，批准逮捕各类刑事犯罪嫌疑人2338件3238人，受理审查起诉案件3869件5678人，提起公诉3153件4503人。其中，批准逮捕故意杀人、强奸、涉黑、涉毒等恶性犯罪嫌疑人746人，提起公诉818人；批准逮捕抢劫、抢夺、盗窃等侵财犯罪嫌疑人1106人，提起公诉1473人；批准逮捕破坏社会主义市场经济秩序犯罪嫌疑人101人，提起公诉207人。批捕涉嫌集资诈骗罪、非法吸收公众存款罪犯罪嫌疑人14名。

（王少英）

【人权司法保护】 坚持保障人权、疑罪从无等法治原则，依法排除非法证据，防止错捕错诉。对审查逮捕中发现不构成犯罪的，决定不批捕124人，同比上升65.3%；对审查起诉后认定证据不足、不构成犯罪的，决定不起诉169人，同比上升103.6%，加强对不批捕、不起诉、不抗诉等重点环节的释法说理，增强执法透明度、权威性和说服力。注重依法保护当事人和律师合法权益。共接待辩护律师和其他辩护人查阅、摘抄、复制案卷申请467次，安排阅卷474次。完善听取和采纳辩护律师意见的机制，认真听取辩护律师意见；建立规范化律师阅卷室，保障辩护律师依法行使权利；对无继续羁押必要的犯罪嫌疑人，依法建议有关机关释放或者变更强制措施128人。加强对涉嫌犯罪未成年人的司法保护，落实专人办理、社会调查、跟踪帮教、犯罪记录封存等制度，帮助失足未成年人改过自新，对36名未成年犯罪嫌疑人依法作出附条件不起诉决定。

（王少英）

【社会治理】 对情节较轻、主观恶性不大、双方达成和解的轻微犯罪，从及时化解矛盾、修复社会关系的角度出发，依法适用刑事和解不批捕76人，不起诉305人。稳步推进检察环节涉法涉诉信访改革，落实“诉访分离”，探索申诉案件公开审查机制。加大依法受理、纠错、赔偿和救助力度，办理群众来信来访1226件次，立案复查刑事申诉案件17件，办理国家赔偿案件4件，支付赔偿金20.24万元。对执法办案中发现的社会治安问题，及时

向有关单位提出消除隐患的检察建议。强化社区矫正法律监督，监督纠正社区矫正中履职不当情形541件（次）。 （王少英）

【查办和预防职务犯罪工作】（1）查处职务犯罪。共立案查办涉嫌贪污贿赂犯罪案件77件127人、渎职侵权犯罪案件23件34人，向人民法院提起公诉136人，人民法院判决102名被告人有罪。抓获在逃职务犯罪嫌疑人10人，追缴赃款赃物折合人民币2242.2万元。共查办职务犯罪大案67件，县处级以上领导干部要案4人。（2）预防职务犯罪。通过举办警示教育讲座、参观廉政教育基地、观看宣传片等形式，广泛开展各类预防宣传活动101次，受教育人数达15046人。拍摄微电影《因为爱》和《爸爸你去哪》，被新浪、腾讯等知名网站转载，引起网民们的极大关注。结合办案，对存在的深层次问题，积极向党委、政府建言，促进解决深层次的体制机制问题，从源头上预防职务犯罪的发生。共提出预防检察建议63件，开展预防调查39件，推动建立制度28件。 （王少英）

【诉讼法律监督】（1）刑事立案、侦查和审判监督。对应当立案而不立案的，监督侦查机关立案96件，对不应当立案而立案的，监督侦查机关撤案157件。部署开展破坏环境资源和危害食品药品安全犯罪专项立案监督活动，监督公安机关移送涉嫌犯罪案件9件15人。追捕116人，追诉91人，监督纠正侦查活动中的违法情形349件（次）。对认为法院判决、裁定确有错误的刑事案件，提出抗诉18件，法院审结改判和发回重审12件，其中已改判10件。（2）刑罚执行和监管活动监督。监督纠正刑罚执行和监管活动中的违法情形351件（次）。积极配合有关部门积极开展清理纠正久押不决案件专项工作。对高检院督办的欧阳槐军、王展保、陈玉群等人贩卖毒品案超期办案五年之久予以纠正。检察刑罚执行机关呈报罪犯减刑、假释、暂予监外执行案件3053件，监督纠正其中的不当情形156件。督促刑罚执行机关将保外就医条件消失的11名暂予监外执行罪犯及时收监。（3）民事行政诉讼监督。适应《民事诉讼法》修改后的新情况，加强接访、办案力量，依法保障当事人申请检察监督的权利，办理民事行政类控告、申诉219件。对认为确有错误的民事行政裁判提出再审检察建议10件，提请省检察院抗诉8件。监督纠正民事行政审判活动中的违法情形91件、民事行政案件执行不当情形6件。对国有资产流失、环境污染等案件中有关行政机关怠于履行职责的情形，督促相关部门依法履行职责36件。（王少英）

审　判

【概况】 2014年，全市法院共审结和执行各类案件28520件。其中，衡阳市中级人民法院（简称衡阳中院或市中院）审结和执行各类案件5351件，为推进“平安衡阳”“法治衡阳”建设做出积极贡献。2014年衡阳中院被中央文明办授予全国文明单位称号。衡阳中院调研工作获最高人民法院表彰。 （姚贤辅）

【刑事审判】 全市法院共审结各类刑事案件3509件，判处罪犯5007人。依法严惩危害国家安全犯罪，审结全省首例煽动颠覆国家政权案；依法惩处严重危害人民群众生命财产安全的犯罪，审结杀人、抢劫、绑架等案件164件234人；参与禁毒斗争，审结毒品犯罪案件561件776人；从严惩处破坏社会经济秩序犯罪，审结传销、走私、非法集资、金融诈骗等犯罪案件115件205人。加大对贪污贿赂、渎职侵权等犯罪的打击力度，依法审结该类案件109件184人，促进反腐败斗争的深入开展。 （姚贤辅）

【民商事审判】 全市法院共审结各类民商事案件15524件，结案标的37.5亿元。发挥调解优势，全市法院民商事案件的调撤率达到40%。依法保障和改善民生，审结涉及医疗、交通事故等人身损害赔偿纠纷案件1245件。高度重视保护老人、妇女和儿童的合法权益，共审结婚姻、抚养、赡养、继承等纠纷案件5663件，促进家庭和谐。审结劳动争议案件352件，维护正常的用工秩序，保护劳动者的合法权益。加强对人民调解工作的指导，依法审结确认人民调解协议案件16件。设立旅游速裁法庭，对涉及游客的民商事纠纷实行当天立案、当天调处、当天执行、当天兑现，共处理该类案件61起，接受旅游咨询500余人次，案件调解率和执兑率均为100%，游客满意率100%。市中院与保险行业协会共建“诉前调解”平台，出台涉保诉调对接机制，共调处相关案件189件。

（姚贤辅）

【行政审判】 全市法院共审结各类行政案件590件。对41件违法、显失公正的行政行为判决撤销或变更，对9件行政不作为案件依法判决履行法定职责。依法审查、执结行政机关申请法院强制执行的案件1116件。依法支持环保部门查处违法排污等行为，审理和执行该类案件51件。加大协调化解力度，以和解、撤诉的方式结案367件，占62%。开展行政案件简易程序试点工作，简化行政案件诉讼程序，降低当事人的诉讼成本，提高审判效率。建立司法与行政工作联席会议制度，通过联动机制化解行政争议62件。发布行政审判白皮书，促进司法与行政的良性互动。针对审判工作中发现的问题，向行政机关提出司法建议13条。

（姚贤辅）

【执行工作】 全市法院共执结各类案件4877件，执结标的17.2亿元。先后开展涉民生、金融、民工工资等案件的专项集中执行活动，执结此类案件481件，执结标的4.4亿元。建立失信被执行人名单制度，实行公开曝光，对169名失信被执行人进行信用惩戒，51名失信被执行人主动履行义务。全面推进与公安、金融、国土和工商等单位“点对点”的网络执行查控机制建设，查询信息2万余条，据此查封冻结资产1亿余元，发出限制高消费令597份。创新司法拍卖模式，通过网络进行司法拍卖31次，成功处置资产7968.4万元，降低拍卖成本，提高债务清偿率。开展集中打击拒不执行法院判决、裁定等犯罪行为的专项行动，对不履行义务的被执行人依法决定拘留88人次，移送公安机关追究刑事责任24人。

（姚贤辅）

【审判质效】 （1）建立诉讼服务中心。打造“一站式”诉讼服务平台。开展法制宣传和讲座70余次，增强人民群众的法律意识。根据人民群众的需求，因地制宜地开展好节假日预约办案、巡回办案等便民利民活动，共巡回审判案件1400余件，当场调解率达到70%。强化诉讼权利义务、举证责任、诉讼风险等事项告知工作，引导当事人理性诉讼。运用小额诉讼程序审结案件145件，降低当事人的诉讼成本。为防止有案不立、久拖不立的现象，市中院开展专项自查自纠活动，确保当事人的诉讼权利。加大司法救助力度，市中院共为确有困难的当事人缓、减、免诉讼费360余万元，为28名刑事被害人和执行申请人争取司法救助金51万元。（2）着力化解涉诉信访。市中院共接待来访群众3800余人次，化解涉诉信访案件53件。坚持判后答疑，加强心理疏导，消除当事人的对立情绪，引导当事人息诉息访，全市法院涉诉进京访较2013年同期下降37%。开展视频接访29人次，减轻上访当事人的负担。畅通申诉渠道，中院共审查申诉案件82件，决定再审13件。

（姚贤辅）

【队伍建设】 （1）组织和参加各类培训2000余人次，提高法官的审判业务水平。市中院在坚持对所有案件进行常规评查的前提下，开展“十佳庭审”和“十佳裁判文书”竞赛活动，将竞赛结果作为考核和选拔干部的依据。开展学术讨论会、法律知识辩论赛和专题讲座等活动，建立调研人才库，努力造就学术型法官。在全国法院学术讨论会上共有8篇论文获奖，名列全省法院第一。在全国法院优秀案例评选活动中有2个案例入选，调研工作荣获全国法院先进。（2）抓好司法廉洁教育，引导广大法官坚守法律底线。针对群众反映强烈的“六难三案”问题，开展为期六个月的专项整治活动，成效明显。全市法院共开展审务督查24次，发现和纠正问题27个，进一步改进干警的司法作风。继续推行公正廉洁司法基金制度，促进公正司法、廉洁司法。

（姚贤辅）

【接受监督】 主动向市人大常委会报告工作，积极配合开展民事诉讼法专题调研和相关执法检查等活动，及时汇报重大案件的审理情况，认真落实人大常委会的决议决定。加强与代表、委员的联络沟通，共走访代表、委员

1000余人次。邀请代表、委员参加视察、调研活动12次，旁听庭审67次，虚心听取意见，不断改进法院工作。高度重视代表、委员建议，市中院办理代表、委员建议和提案7件，全部按时办结。支持、配合检察机关依法履行法律监督职责，审结检察机关提起的抗诉案件13件，共同维护司法公正。不断加大司法公开力度，开展庭审图文直播68场次，在中国裁判文书网上公开裁判文书10904份，接受公众监督。召开新闻通气会15次，举行法院开放日活动28次，增进人民群众对法院工作的理解与认同。 （姚贤辅）

司法行政

【概况】 2014年，全市司法行政系统围绕市委市政府中心工作，立足“一争三创”（争当全省司法行政工作排头兵、创群众满意、创先争优、创司法行政品牌）目标，各项工作取得长足发展。衡州监狱连续12年保持安全稳定，市强戒所连续16年实现稳定；社区矫正在全省实现七个“率先”；城区公证机构改革在全省率先完成；法律援助列入2014年市政府“为民办实事”项目，12个县市区全部建成高标准的便民服务接待窗口，“衡阳法援在您身边”成为品牌；司法考试被评为全省优等；法治创建、监所管理、律师党建、人民调解形成“衡阳经验”，南岳区被评为全国法治县市区创建活动先进单位、衡阳县西渡镇调委会等被评为全国模范调委会；党建工作率先在全省实现律师行业全覆盖；法治示范村建设、社区矫正等工作经验被《法制日报》《人民论坛》等媒体重点推介，多项工作受到省司法厅和市委、市政府的充分肯定。在2014年度全省司法行政系统综治考评中，本局名列第三。

（邵 密）

【监所改造】 开展“查隐患、堵漏洞、防脱逃”专项整治行动和“打击破坏监管秩序行为，整治罪犯行为养成，整治监内违禁物品”的“一打两整治”专项行动，开展安全生产大检查，狠抓生产现场民警直接管理工作。加强舆情研判、狱政管理、狱内侦查、刑罚执行、生活卫生等工作，强化安全检查和隐患排查，对“四无”、危顽犯、涉黑涉恶犯等重点对象予以高度关注和监控；认真落实个别教育、身份教育、三课教育和周讲评制度，衡州监狱连续12年实现安全稳定。

（邵 密）

【强制隔离戒毒】 市强制隔离戒毒所按照“大戒毒、大矫治”理念，以“服务型执法、教育性管理、综合性矫治”为工作指南，加强戒毒人员的认知教育，强化劳动习惯养成，改善医疗服务，培训职业技能，开展后续照管，并确保场所持续16年安全稳定。在雁峰区试点建立社区戒毒康复指导站，使孤立封闭型戒毒模式向联系开放型戒毒模式转变。派驻4人工作队在雁峰区巷荫岭街道建立社区戒毒（康复）工作站和社区戒毒（康复）指导站，零距离指导社区戒毒康复工作。在全省率先成立“衡阳市特殊病违法犯罪人员隔离管理中心”，该中心自2010年4月运行以来，收治人员800余名，对患艾滋病等特殊病的违法犯罪人员实现集中化、规模化、规范化管理治疗。

（邵 密）

【法治宣传】 组织参与“3·08”“3·15”“5·12”、四月税法宣传月、科技宣传周等普法活动，实施普法“十百千万”工程，共有衡南、衡东两个法治文化精品项目得到省厅的专项资金扶持。强化新媒体宣传，衡阳市本级和12个县（市）区积极跟进相继开通普法政务微博，登载相关法律法规、普法信息600余条。在法治湖南网、市局门户网站、政府门户网站、报纸、媒体网站上发表信息2000余篇；利用法治手机报、普法手机短信、微信发布学法短信200余期。重点打造法治示范村（社区）建设样板，与市农办、市民政局出台文件，在农村（社区）建立“九个一”法治阵地。市本级和12个县（市）区委中心组相继开展20余场中心组法制讲座等各类学法活动。共组织培训96名农村“法律明白人”示范教员，发展建立1100余名的法制宣传志愿者队伍。健全和落实党委中心组学法、领导干部法制讲座和领导干部年终述法制度，在全市12万余名国家工作人员中推行无纸化学法考法。开展“全省依法办事示范窗口”单位、依法治校示范校、“诚信守法示范企业”等各类法治创建活动，共有全国法治创建先进县市区1个，全国民主法治示范村5家，全省法治示范县1家，全省民主法治示范村社区80余家，全市共有33个窗口单位获得全省“2013～2015年依法办事窗口单位”荣誉，创建工作先进单位1个、先进个人2人，全省依法治校示范校22个，全市“诚信守法示范村企业”9家。（邵　密）

【社区矫正】 截至2014年9月25日，全市累计接受社区服刑人员4270人，解矫1333人，在矫2937人，无一例脱管、漏管和重新犯罪。出台《衡阳市社区矫正工作考核办法》和《衡阳市社区矫正信息管理系统使用管理暂行规定》，加大对社区服刑人员监管工作的督查力度。为加强社区矫正社会工作者队伍建设，补充县级和乡镇街道社区矫正工作力量，推行政府购买服务或招聘社区矫正社会工作者等方式壮大社区矫正社会工作者队伍，提高执法保障能力。建立健全政府、社会、家庭三位一体的救助管理体系，健全社区服刑人员、戒毒人员、刑满释放人员信息库，健全和落实救助管理工作衔接制度，为社区矫正人员落实责任田620人次，低保44人次，技能培训216人次，指导就业或就学976人次。（邵　密）

【人民调解】 成立高规格、多部门参与的领导小组，印发专项方案，围绕矛盾问题集中领域，成立12个专项工作领导小组。各地各单位按照走访到户、排查到底、责任到顶、化解到位的要求，在全市开展矛盾纠纷信访问题拉网式排查，做到县不漏乡、乡不漏村、村不漏户、户不漏人，对矛盾问题集中的领域，进行重点梳理，重点排查，重点化解。健全横向、纵向、环向人民调解组织，全市共成立各级调委会、调解庭5700个，其中医患、交通、劳动、物业等行业性、专业性纠纷调委会88个，驻法庭、驻检察机关、驻派出所调解室243个；村组、社区居民小组普遍建立调解小组，共有人民调解员近1.8万名。扎实推进调解组织规范化建设，村居调委会做到“八有”和“六统一”。加大矛盾纠纷排查、调处力度，开展积案、老案、难案“三案”攻坚，实施包案调解。全年全市各级调解组织和广大调解员排查调处各类民间纠纷和社会矛盾纠纷2.8万余起，调解成功率在99%以上，化解重大矛盾纠纷2236件，防止群体性上访505件、群众性械斗192件。（邵　密）

【法律援助】 全市在市县两级已经建成13个法律援助便民接待窗口，实现法律援助一站式办理。加强“12348”法律援助免费服务热线建设，日接听量和接听总数列全省第二位。强化网络站点建设，在全市乡镇（街道）、农村（社区）、妇联、残联、工会、关工委、公安看守所、市强戒所、市直律师事务所、富士康等地设立277个工作站。自2014年1月1日至2014年12月15日，全市法律援助案件受理总数3205件（市法律援助中心225件），比2013年同期增长20.1%，超额完成省中心年初定下的2600件的任务数，援助人总数3205人次，挽回经济利益3028万元。“12348”法律援助免费服务热线接受法律咨询人数14131人次。（邵　密）

【信访专项问题处置】 市司法局信访室从原来与办公室合署办公分离出来，并从三楼搬到一楼，单独设立来访接待室，配备电话、电脑和监控等设备，带班领导、值班干部公示，来访接待制度、信访流程上墙，将来访接待室设置为一个集来信、来电、来访、网络信访于一体的综合接访平台。全年共收到群众来信来访和上级批转的信访件13件，3件正在办理，其余全部办结。派出一名机关干部长期进驻市涉法涉诉联合接访中心开展信访接待，积极参与市级领导信访接待，在市信访局设立律师接待室。2014年，共安排律师82人次，解答群众法律咨询2200余次，帮助解决法律难题71个。（邵　密）

【衡州监狱】 2014年，衡州监狱围绕“312”工程，即管好一线、守好一圈、规划一片、建好两院的目标，各项工作取得显著成效：监狱改扩建工程取得实质性进展、监管安全连续12年实现“四无”（无罪犯逃脱、无重大狱内案件、无重大疫情、无重特大安全事故））、监狱财政收入创历史新高、警察作风持续好转、内部管理规范有序、社会美誉度明显提升。（1）监狱改扩建。监狱党委成立专班专人负责此项工作，多次向市委市政府、省厅局进行汇报，反复和市城建投、湖南大学设计院、衡南县政府及国土、规划、发改委等部门进行磋商对接，得到省、市、县相关领导的大力支持。衡州监狱改扩建工程被市委市政府纳入全市重点项目之一，被省国家保密局确定为规划设计涉密项目。选址已经确定，规划设计已定局，待省市立项、土地变性到位即将动工兴建。（2）安全稳定。安装摄像头、增添安监门等，完善部分物防技防设施，安全隐患排查、正风肃纪专项活动有效开展，禁违管理规定、领导带队巡查值班等制度陆续出台，堵塞监管漏洞，夯实安全基础。规范减假保办案程序，开展专项整治与案卷复查，财产刑执行影响罪犯改造问题有望得到较好解决。加强个别教育、心理辅导和顽危犯挂牌攻坚，“情暖高墙·关爱孩子”联合帮扶共筹措资金10万余元，帮扶57名困难家庭的罪犯未成年子女。规范罪犯生活物资、内务和监内服务项目管理，落实实物量标准，全年没有发生一起罪犯在监狱内病亡，监内也未出现疫情。加强劳动工具管理，对劳动工具实行定人、定位、定编号管理，有效防止罪犯利用劳动工具行凶打架等违法违规行为的发生。（3）队伍建设。立案查处7起警察职工违规违纪案，给予党纪政纪处分11人。召开两次离退休老干部座谈，征求老干部意见建议，起到良好的社会效果。全年组织警示教育活动16起，接待1032人次。开展文明办公室和监外公共卫生区域的考评活动，做到内强素质，外树形象。 （肖建勋）

邪教防范处理

【防控管理】 2014年，衡阳市防范处理邪教工作注重防范监控，强化打击处理，创新转化方法，深化警示教育，加强综合治理，为维护社会政治稳定做出积极贡献。（1）摸底排查。根据央办和省办的统一部署，加强组织领导，采取得力措施，进村入户，深入摸排，进一步摸清全市邪教底数。（2）情报信息。为防范邪教组织进行捣乱破坏活动，充分发挥情报信息会商研判机制作用，加强对市、县情报信息会商研判领导小组成员单位的调度，及时掌握邪教活动动态和各地防控工作情况。制定预案，建立应急处置机制，提高处置邪教突发事件的效率。在“4·25”期间，及时发现邪教组织——“先天大道”有秘密聚会的动向，及时遣返外地人员，对本地骨干依法进行打击，确保全市敏感期的安全稳定。（3）健全防控打击队伍。按照“六有”（有人员、有房子、有牌子、有经费、有职责、有公章）标准，切实加强乡镇（街道）的反邪教机构队伍建设，建立健全基层防控打击和信息员队伍，加强对邪教人员的防控管理工作。发挥公安、国安、广电、城管、环卫、学校和乡镇街道等各个部门的职能作用，调动社区民警、城管干部、环卫工人和广大师生同邪教组织斗争的积极性，将防控触角延伸到全市每个角落，形成点面结合、上下互动、齐抓共管的立体化防控体系。（易宣传）

【警示教育】 （1）社区家庭平台。全市各级防范办广泛发动群众，开展系列警示教育活动，并在重要交通枢纽、休闲广场、公园等地设置反邪教警示教育宣传牌30余块。通过警示教育，使广大群众特别是家庭妇女群体清醒地认识到邪教组织蛊惑人心、蒙弊群众、反对科学的丑恶嘴脸，切实增强广大群众防邪反邪的意识和能力。（2）“无邪创建”平台。每个县市区先建设“五个示范点”（即：无邪教活动乡镇（街道）示范点、无邪教活动乡村（社区）示范点、无邪教活动机关示范点、无邪教活动学校示范点、无邪教活动企业示范点），然后以“五个示范点”为基础，进行全面推广。（3）“三个纳入”平台。与市委组织部等单位合作，将反邪教警示教育纳入各级党委中心组学习，纳入党校培训计划，纳入党员干部远程教育和大学生村官、农村支部书记培训范畴，使警示活动深入人心、邪教危害家喻户晓。与市教育局加强联系，在全市教育系统深入开展“五个一”（即：制作一个反邪教宣传栏、召开一次反邪教主题班会、组织一次反邪教演讲比赛、举办一次反邪教手抄报比赛、搞好一次反邪教活动总结）活动，将反邪教警示教育纳入学校教学计划中，通过“小手拉大手”带动每个家庭共同反对邪教，实现校园与社会的良性互动。以凯风网和岳麓红枫网为主阵地，建立反邪教网宣队伍，开展网上反邪教斗争，强化正面舆论引导，全年先后在《凯网——湖南》发稿215篇，其中反邪教专业文章15篇；在凯风网上稿19篇，在岳麓红枫网发稿50余篇。（易宣传）

综合经济与管理

发展和改革

【发展规划】 （1）强化经济运行监测。全面对接国省“天线”，有针对性地聚焦政策动向、智库观点，提高宏观谋划的全面性和准确性；对全市经济运行坚持一月一分析，特别是围绕工业经济下行、投资动力减弱等突出问题，找准深层次原因，及时提出应对之策，为市委、市政府决策提供参考。（2）政策引导。在全市现代服务业重大项目招商引资、投资项目节能评估管理、生态文明建设等方面，牵头草拟一系列政策文件，进一步强化引导手段，规范运作规章，推动经济较快发展。（3）启动“十三五”规划编制。抓好前期研究，牵头组织相关市直部门、部分在衡阳高校、民主党派人士开展56项前期重大课题研究，为“十三五”规划编制打下良好基础；做好发展思路研究，“十三五”规划基本思路初步成型；进行政策对接，筛选整理230多项各类政策诉求及重大项目，多数政策和项目有望挤入国、省“十三五”规划笼子。

（冯　栋）

【项目建设】 （1）围绕重点工程“五大板块”，落实项目建设“五项制度”，开展“六比四创”项目建设竞赛，牵头市重点办组织全市性考评调度4次，各板块专题调度50余次，督办解决困难问题近300个，整治不法行为100余起。全市实施445个重点工程，完成投资823.13亿元，同比增长25.9%，富士康工业新城、南岳机场等133个项目竣工投产或阶段性投产。通过重点项目实施，带动全市完成固定资产投资1767亿元、增长22.9%，增速在市州中排第三位，较2013年更进一位。（2）强化项目前期工作考核，加强业务指导和流程管理，有效缩短项目生成和成熟周期，全市重大前期项目库加快“扩容提质”，收录项目达1470个，总投资7228亿元，其中深度开发432个，总投资2044亿元。衡山科学城、怀邵衡铁路衡阳段等200余个项目完成前期工作任务，将在2015年启动建设。（3）多方面筹措资金，全市争取上级资金189.8亿元，其中发改系统争回上级资金22.66亿元，超过全省盘子的1/9，为南岳机场争取省补助资金1亿元，已提前预拨到位；组织协调平台公司扎实做好前期工作，全力争取，成功发行市水利投、白沙投两支债券，募集资金25亿元；与商务等部门一起，进行招商项目开发发布，包装策划项目168个，总投资1560亿元，有力推介衡阳项目，全市实际利用外资9亿美元，到位内资255.17亿元，分别增长18%、12.5%。（4）强化工程建设项目招投标监管，核准备案招标项目305个，应招标和应公开招标率均达到100%；加大国家投资项目稽察力度，先后6批次对交通、环资等领域252个项目的实施进度、资金使用、工程质量进行稽察，跟踪整改问题168个，促进15.8亿元国省资金的规范使用。（冯　栋）

【专项试点】 一批新的国省重大专项试点落户衡阳，衡阳市入选全国首批创建生态文明典范城市，获批全省首个建筑废弃物综合利用试点城市，创建省级循环经济示范城市，并被省推荐申报国家循环经济示范城市，合江套老工业区并入株洲市清水塘搬迁改造国家试点范围的方案通过省发改委评审。（冯　栋）

【园区发展】 筹建衡山科学城，成为全省“飞地经济”试点，纳入省级工业园区名录，启动科学城两支高新技术创投基金的申报筹备。实施创新创业园区“135工程”，争取省预算内资金1672万元，支持衡阳市11个园区标准厂房建设。组织西渡高新区等园区调规扩区，推动县域园区发展。

（冯　栋）

【企业转型】 指导企业申报国省专项，推动转型发展，华菱连轧钢产业振兴专项、镭目科技钢水液位检测控制系统等项目获国家专项扶持，仁发材料获批全省工业领域唯一一家循环经济示范企业，衡山客车厂获批省级特种车辆装备动员中心。（冯　栋）

【节能环保】 推进公共机构节能，南华大学、石鼓区建设新村小学成为全省节能示范；会同物价、经信部门对首批6家企业实行差别电价和惩罚性电价，推动企业节能；推广节能灯具49万只，年可节约用电1000余万千瓦时。重视污水垃圾处理、尾矿库治理等项目实施，加快循环经济

发展。（冯　栋）

【争取资金】（1）国省资金。2014年，针对中央预算内资金规模和投向的新变化，加强政策研究和沟通衔接，及时调整争取方向和申报重点，保持跑项争资较好成效，全年争回中央、省无偿资金20.88亿元，支持全市重大交通、能源、农田水利、保障住房等方面的建设。其中，南岳机场提前争取省预拨资金1亿元，为市中心医院争取到全省唯一的地市级综合医院建设补助5400万元，2012年~2014年累计为其院争取国省资金超过亿元。（2）服务招商引资。进行招商引资项目开发，策划包装项目168个，总投资1560亿元，编好对外招商引资“目录索引”，编印发布《2014年招商引资项目汇编》，同时参加各类招商引资重大节会，有力推介衡阳项目。市发改委做好部门招商引资，引进越能电力铁塔及电缆制造基地、湖南赛德投资衡山科学城基础设施建设等项目，总投资额1.8亿元。（3）债券融资。抓住国家鼓励支持直接融资的重要“窗口期”，指导各类融资平台对接国家政策，做好前期工作，发行新的企业债券。全市5个融资平台5支债券发行工作取得突出进展，水利投、白沙投债券成功发行，募集资金25亿元，市交通投23亿元债券、耒阳市城投10亿元债券上报至省和国家发改委，弘湘公司20亿元湘江流域治理债券（二期）完成初步评审。（冯　栋）

【推行改革】（1）统筹协调。拟定《衡阳市2014年深化经济体制改革重点工作要点》，提出8大领域38项重点任务，明确到有关责任部门，促进相关领域改革。（2）简化行政审批。清理各类行政许可项目22项，下放3项；推进项目审批流程再造，将审批职能向窗口集中，有效提高项目审批效率，全年办结审批、核准和备案项目165件，总投资295亿元，项目单位满意度达100%。（3）重大改革。服务业改革，细化落实省政府政策文件，鼓励和引导服务业加快招商引资、兼并重组、人才引进，制定完善服务业发展考核指标体系。投融资改革，推进融资平台企业法人机制建设，从根本上化解政府债务风险；正式启动中储粮衡阳直属库整体搬迁建设项目代建制试点，衡阳市项目代建制实现“零”的突破。两型改革，初步构建全市生态文明体制改革工作体系，指导帮助29家企业和单位开展两型示范创建，21家单位成为省级样板。此外，牵头做好公务用车、省直管县等改革事项的基础性工作。（冯　栋）

【转变作风】加强权力运行和财务制度规范，抓后勤保障、差旅费管理、会务招待、办公支出等制度的刚性约束，全委同比减少会议13.1%，减少文件14.2%，减少简报和内部刊物18.7%，“三公”经费开支下降50%；完成全委业务规范性文件和党内规范性文件清理工作，先后清理规范性文件22件，其中，宣布失效1件，废止5件，有效杜绝制度漏洞，相关工作运行更加规范有序；加强窗口服务管理和提案办理工作，全年共接待来访群众320余人次，解答群众咨询事项120项，受理的各类申请事项542件、按时办结535件，全年共回复和承办人大代表建议16件、政协委员提案24件，建议提案答复的满意率达到100%；做好援疆工作，会同组织部、教育局等部门，组织开展全市第七批援疆教师选派工作，并做好15名新疆干部到衡阳挂职锻炼工作。（冯　栋）

国有资产管理

【概况】2014年，衡阳市人民政府国有资产监督管理委员会（以下简称国资委）按照“以融资促改制、以项目保发展、以实干破难题、以勤廉提形象”的思路，完成市政府交给的各项工作任务，融资引资完成年度目标的285%；国企改制完成年度目标的100%。在全省企业改制督查工作中获得高度评价；在2014年度省先进快报、省内审工作、省全民国防教育工作获得先进单位；同时获重点项目服务、国有资产经营预算、部门预算决算编制、慈善“一日捐”、党内统计年报、安全生产等省级或市级奖项10个。（王洪明）

【国企改制】按照“三先三后”和“资产整体营运”改制模式，整体推进，重点突破，全面启动剩余62家国有、集体企业改制，涉及职工3.5万人，全年完成改制任务42家，其中机械4家、冶金4家、轻工4家、二轻11家、煤炭3家、化医2家、纺织2家、一商2家、农机3家、物资3家，安置职工3万余人，支付改制成本10多亿元，向省政府争取陈欠养老保险社会统筹部分挂账8.54亿元，争取省财政无息借款2亿元，获得省奖励资金200万元。特别是界牌、建湘、白钢、自行车厂、玻璃厂、天翔等一批“老大难”企业，改制平稳推进，顺利实施，全面完成，标志着衡阳市国企改制这一历时14年、涉及全市400余家企业、20多万职工的巨大的系统工程、民生工程基本完成。省改革办督查组、省国资委对衡阳市国企改制工作给予高度评价，并获全省各市州考核一等奖。（王洪明）

【重点项目建设】 从2013年开始，市国资委承担大量繁重的城建项目，由弘湘公司作为投资业主的幸福河改造工程项目、107国道改造建设项目、湿地公园项目等在全力推进。依托弘湘公司组建的来雁新城公司全力征地拆迁和企业改制腾地。（1）来雁新城建设项目。2014年，完成投资31.20亿元，其中征地费用3.4亿元，房屋拆迁费用1.45亿元，一期项目建安费用1.46亿元，整体征收企业成本1.75亿元，衡化总厂、橡胶厂等15家企业改制成本6.69亿元，上交规费、税费16.45亿元。江霞村、五一村、和顺家园（一期）棚户区安置房项目稳步推进，湘江西岸风光带项目完成约2公里长施工便道；完成金融聚集区、文化风情街、松梅湖修建性详细规划和来雁塔修缮方案。（2）幸福河改造工程项目。项目前期工作全部到位，全线分5个施工区段同时展开作业，管网工程部分先行进入施工阶段。电力及沿线杆线搬迁工作正在进行，强电、弱电设计方案通过专家论证并报财政评审中心审核。蒸湘区段集体土地征地完成，雁峰区段集体土地基本征收完毕。白沙工业园1.4千米区段河道改造原施工单位已退出。工程完成土石方近50万方，累计完成项目投资21554.2万元。（3）107国道改造建设项目。项目新增两个单项工程。第一项为衡大高速下穿箱涵工程，费用约1700万元，在11月18日开标，中标单位为长沙市建设工程集团有限公司；第二项为地下人行通道工程，工程费用约1800万元，由中标的施工单位中铁十二局集团第七工程有限公司和湖南省绿林市政景观工程有限公司进行施工，签订补充合同。截至11月底，完成项目投资25208.8万元，其中征拆费用23590万元，杆线搬迁及工程费用1618.8万元。（4）湿地公园项目。总投资6000万元，完成拨付雁峰区征地拆迁费用3352万，工程款200万元，前期费用250万元，共计完成工程投资额约3900万元。施工方面完成路网清表1万平方米、施工便道1500米、土石方5万立方米、清淤1万立方米。（王洪明）

【国资监管】 （1）日常监管工作。加强产权管理，完成国家出资企业产权登记网络版工作，登记备案41家改制企业资金拨付，完成64家改制企业社保挂账资产评估报告。坚持国有产权交易阳光操作，原橡胶厂、原市二水泥厂、市砂轮厂等资产公开挂牌处置，均实现大幅增值。起草《关于明确国有企业领导人离任审计和任期经济责任审计流程的通知》，加强对改制专项资金的监督，启动已接收的改制企业，改制资金专项审计工作。组织对城建开、联合产权、衡泵、三叶、界牌、瑞安等21家单位2013年度财务决算审计报告审计复核。向市属监管企业下发《关于规范市属国有企业收入分配有关事项的通知》，同时对企业2014年度工资预算及内部分配方案进行审核备案。对驻衡阳央企省企“三供一业（供水、供电、供气、物业管理）”情况进行摸底。对央企272厂、720厂等企业实行供电分离工作。完成2013年全市国有企业职教幼教退休教师待遇漏报人员补报工作。（2）监管体制改革。邀请市政协、市深改办、南华大学等部门牵头成立专项工作小组，以省委、省政府湘发《关于进一步深化国有企业改革的意见》文件为纲领，就全面深化国有企业改革，理顺衡阳市国有资产监督管理体制，进一步优化全市国有经济布局，提高国有资产运营效益，赴株洲、岳阳、宜昌等地展开调研。市政协《关于我市完善以管资本为主建立国有资产统一监管体系的调研报告》经政协衡阳市第十一届委员会第19次主席会议审议通过，并报市委、市政府主要领导审阅；以市深改办牵头的《关于进一步深化国有企业改革的实施意见》（代拟稿）形成初稿。（王洪明）

【融资引资】 多渠道筹集改革发展资金，创新融资品种，扩展融资渠道。弘湘国投全年融资引资28.53亿元，其中银行融资6亿元，发行私募票据8亿元，发行中小企业私募债券3亿元，招商引资11.53亿元，保障改制及项目建设资金的及时支付。其中私募票据募集资金年利率为7.3%，在同期发行的同类型金融产品中利率最低，为衡阳市及省内地级市首单非公开定向债务融资工具(PPN)。来雁公司通过公开招投标全年引进天域园林一家上市公司，中建、中核两大央企，湖南顺天、远大住工、长浏园林等七家大型民营企业集团，签订BT投资合同金额132.6亿元。风光带、安置房、路网等基础设施类项目招商引资全面完成，为下阶段引进大型开发商入驻奠定基础。以央企联谊会为对接平台，在成功引进16家央企进驻外，8月初，成功策划市委书记李亿龙率队赴京招商引资，与中建、中航、中钢、中油金鸿等多家大型央企及战略投资者展开深层次对接合作，签下7个合作协议，投资额超过60亿元。通过将重组存量产能与产业集聚发展相结合，引进美国亿科动力、加拿大麦格那、清华苏州汽车研究院、云内动力等重组汽车产业等，打造汽车零部件产业园，引资总额超过100亿元。（王洪明）

【改制维稳】 建立健全多层次全方位的维稳体系，制订出台国企改制维稳方案及预案，明确全市改制企业维稳工作的各个节点、各个环节的维稳处置措施、处置手段。对于在改制中恶意串访、挑头闹访、煽动集访等严重扰乱社会秩序和企业生产经营的行为和牵头人员要依法应对，依法处置，严厉打击。通过耐心细致地做工作、与职工对话、宣讲政策，以前上访较多的企业及群体，如棉纺厂、毛纺厂、一纺机、内衣厂、量具刃具厂、雁城宾馆、衡汽集团、一汽运、粮运车队、三化、唯康药业等，矛盾得到基本化解或实现稳控。衡化堵门4个多月，最后成功化解。除名人员群体实现稳控。新启动的企业，没有一家发生上访。（王洪明）

国土资源管理

【项目用地】 全力推进低丘缓坡试点、建设用地增减挂钩和用地报批。获批保障性住房用地62.8公顷、廉租房及公租房用地46.48公顷。完成第二轮增减挂钩200公顷拆旧项目实施工作，完成19个（批）低丘缓坡试点指标共298.86公顷用地报批工作。新增衡山县为试点县，较好解决衡阳市试点区域不平衡的矛盾。截至11月底，全市批准用地1576.7公顷，保障来雁新城、滨江新区、常宁金铜等一批重大项目用地需求。（贺仕阳）

【规划修编】 低丘缓坡专项规划修改和实施方案得到省政府和省厅批复。滨江新区和衡山县土地利用总体规划修改获省市批复，推动项目区的建设。（贺仕阳）

【土地经营】 市政府连续下发4、5号文件，严格规范土地变性和低价供地行为。成交土地308.4公顷，同比减少40%，成交总额77.3亿元，同比增长13%，经营性用地均价167万元。（贺仕阳）

【矿业权】 对6宗矿业权启动投资、储备、回购，实现与市水利投、417队、418队合作的突破，衡东戴家矿区水泥灰岩勘查项目实现500万元收益。征收到位矿业权价款7223.9万元，征收入库补偿费528.5万元，同比提高14%。（贺仕阳）

【征地拆迁】 市政府首次将征地拆迁安置评审职能由财政划入国土部门。建立拆迁项目管理数据库和快评快批通道，保障评审在15天内完成，为项目拆迁安置开工赢得时间。拟定并执行衡阳市新的征地拆迁标准，拆迁单价有较大幅度提高。开展征拆评审工作，完成29个项目289.8公顷征地评审工作，拆除房屋31万平方米，涉及金额8.5亿元。开展征地拆迁损害群众利益行为专项整治行动，清理2012年以来征地拆迁项目308宗，涉及拆迁户数10890户，清理案件线索44件，清理相关文件12个，确保被征地

农民的合法权益。　　（贺仕阳）

【耕地保护】　落实耕地保护县、乡行政一把手离任审计制度、考核奖惩制度和占补平衡制度，守住耕地底线。全市耕地保护离任审计工作进入程序化、规范化、常态化的工作轨道。2014 年，省市验收确认衡阳市实现新增耕地 660 公顷，同期建设占用耕地 526.67 公顷。对上报国土资源部的建设用地项目，一律按照“占水田，补水田”要求，启动衡南县 113.33 公顷水田土地开发项目，保障占用耕地质量不降低。全市永久基本农田划定建库外业调查、数据库建设工作全面完成，并在全省率先通过省国土资源厅验收。向上级争取农村土地整治项目 45 个，建设总规模 1.24 万公顷，总投资 3.63 亿元，全部下达项目建设任务及资金预算，大部分项目开工。2013 年立项的省、市、县 55 个土地综合整治项目，建设总规模 1.34 万公顷。完成省、市下达的高标准基本农田建设任务。　　（贺仕阳）

【节约用地】　严格项目预审，对不符合产业政策的项目不予通过，对不符合用地定额及不符合土地利用总体规划的项目核减用地面积，对 58 个项目核减用地面积 74 公顷。开展集约节约模范县市创建，按照部、厅要求，完成 3 年内全市所有县（市）区集约节约模范县市创建达标任务。

（贺仕阳）

【矿政管理】　砂石、粘土矿山矿业权设置方案编制完成，依法整合、注销、吊销矿山 136 个。新立采矿权登记 6 宗，延续登记 36 宗，抵押 6 宗，顺延 56 宗，矿山年检率均达 100%，无要件不完备或程序不规范进行采矿权登记的情况发生。完善储量评审、备案制度，公开选择矿业权评估机构，确保价款评估真实可靠。全市 106 家矿山储量年报质量通过省国土资源厅验收。开展低价出让探矿权专项清理，对 31 宗探矿权逐宗清理，对有问题的 9 宗，责令限期进行整改，上报省国土资源厅申请吊销勘查许可证 3 宗。

（贺仕阳）

【数字城市建设】　（1）“两控”工作。创新控违思路，实行高清影像与动态巡查相结合，周期发布市本级违法用地、违规建设检查图，得到市委、市政府的肯定，也得到武汉督查局认可。8 月以来，每月新增违法、违规建筑物面积月平均减少 53%，控制新增违法、违规建筑物面积近 25 万平方米，节约拆迁成本近 1.5 亿元。（2）数字城市市县一体化建设率先推进。湖南省国土资源厅将衡阳市做为全省一体化建设试点市，安排配套资金 255 万元，市县区一体化建设方案率先通过省评审。市政府率先发文推动县级数字城市建设，市国土资源局向 8 个县市区下拨 460 万元建设专项资金。全市 6 个县（市）区安排 2751 万元数字城市建设资金，并以县级政府名义向市国土资源局提交立项申请。（3）基础数据提供。市本级 600 平方公里 1:2000 影像图和 1:2000 线划图数据，向省提供 1.3 万平方公里影像与线划数据，是全省提供最多、最全的单位。（4）基础地理信息数据实现部门在线共享。与市规划设计、市警用地理信息系统、“12345”政府服务平台、数字城管、网格化管理平台签订共建共享协议，实现在线共享。推进地理国情普查工作，市政府常务会议专题研究，保障普查工作经费 580 万元。数字衡阳建设宣传片获国家三等奖。少儿手绘地图大赛分获国、省组织奖，省级获奖人数居全省第一。

（贺仕阳）

【土地市场整顿】　（1）开展耕地保护打击违法占用和破坏耕地、超深越界开采以采代探 2 个专项整治行动。委托地勘单位对耒阳市、衡山县煤矿、瓷泥矿开采范围进行检测。对耒阳市煤矿采取每 10 天一次井下密闭检查，配备 GPS 标卡，预防超深越界开采、以采代探等违法违规行为。对 15 家存在超深越界开采的矿山、7 家擅自打开密闭的煤矿进行立案查处。特别是针对《民声面对面》电视曝光的“违规建房、非法采矿、违规发证”三个典型案例违规的 14 名相关责任人分别给予党纪政纪处分。（2）进行新开工项目用地清查、闲置土地清查和在建小产权房清查 3 个专项清查。查处新开工违法用地 15 宗。确认土地闲置的 118 宗 571.33 公顷。市委书记李亿龙担任闲置土地清理工作政委，市长周海兵任组长，市政府下发城区闲置土地清理处置通告、工作方案和处置流程，处置闲置土地24宗，其他94宗闲置土地按土地闲置原因进行分类处理。对清理出来的小产权房及时进行整改查处。（3）开展卫片执法检查。对1400块土地卫片图斑和54块矿产图斑，逐一核对、认定，对违法用地和非法采矿进行严厉查处整改。土地卫片违法案件应立案查处161宗，已立案查处161宗，结案126宗，没收非法建筑物112.3万平方米，拆除建筑物3.18万平方米，移送司法机关追究刑事责任5宗，行政处分29人。矿产卫片违法案件应立案30个，已立案查处30个，结案29个。（4）应对国家土地例行督察。对国家土地例行督查发现的255个问题认真对待，查漏补缺，全面整改，取得成效，全市依法用地意识提高。11月1日至5日，督察组对衡阳市整改情况进行核查和检查验收，认为衡阳市整改查处工作，领导高度重视，组织领导得力，整改效果显著，建议通过检查验收。

（贺仕阳）

【地环工作】 编印年度地质灾害防治方案和应急预案，对全市48处重大地质灾害隐患点进行巡查、监测、预警、避险，实行县级领导联点和部门、乡镇领导具体包干的捆绑责任制，指导各县（市）区开展应急调查处置26次，无1例因防灾责任不落实而造成人员伤亡的事件发生。对35家煤矿、8家非煤矿山环境恢复治理进行分期验收，结转、缴存矿山环境治理备用金248万元。申报“矿山复绿”示范工程项目，衡山县白果镇石膏矿区争取省级治理资金200万元。

（贺仕阳）

【干部队伍建设】 坚持党组中心组理论学习制度，加强领导班子建设。健全和完善党内政治生活制度，贯彻民主集中制原则，班子民主测评满意率达100%。加强干部选拔任用，2人到市国土资源局交流任职，县（市）区局3人提拔交流任职，湖南省国土资源厅刘助龙到市国土资源局挂任副局长。做好机构编制问题专项治理，对全系统的机构编制、领导职数进行全面摸底，推动金山公司机构改革草案的出台，争取市委市政府增加市国土资源局50名财政供养人员基数。加强干部培训，先后举办心理疏导课程、地质环境管理、电子政务、《不动产登记条例》相关法律培训等，受训人员近1000人次。组织68名副科实职以上干部赴浙江大学学习，连续3年的全系统副科实职以上干部高校轮训工作全部完成。

（贺仕阳）

【依法行政】 建立行政执法责任制和评议考核制度，明确单位主要负责人为依法行政第一责任人。对涉及国土资源的8大项65个子项予以修改和完善，进一步规范行政权力运行。坚持“四必训，即新法新规出台必训、新进人员上岗必训、轮岗移位必训、考核不合格必训，提高全员依法行政理念。受理行政复议案件3件，行政诉讼案件7件，协助法院执行案件41件，申请法院强制执行案件11件，挽回因诉讼案件引起的行政赔偿3000万元。（贺仕阳）

【政务信息公开】 主动公开政务信息937条，提供案卷办理情况查询58344条，公开征地拆迁公告47条，征地补偿安置公告47条，征地前公告57条，依申请公开3条，在线咨询投诉279条，投诉咨询做到100%回复。

（贺仕阳）

审　计

【概况】 2014年，全市两级审计机关完成审计项目539个，审计查出违规问题金额和管理不规范金额31.7亿元，促进上交财政和减少财政拨款8.3亿元，审减投资额5.9亿元，移送经济案件线索39件。向各级党委、政府报送的审计报告和重要信息被批示采用462篇（次），促进被审计单位建立健全规章制度和完善整改措施131项。市审计局被评为全省审计工作目标管理考核先进单位、全省依法行政先进单位、省级文明单位、市目标管理考核先进单位、市党风廉政建设先进单位、市优秀领导班子。（邹东亮）

【审计任务】 高度重视财政预算执行审计，通过对部门预算执行、税收征管、专项资金等方面的审计和审计调查，审计促进财政收入入库2.6亿元，移送案件线索4件，审计查出的问题都全面整改到位，“两个报告”受到人大常委会的肯定，并在媒体进行公告。全市对163名党政领导干部和企事业单位负责人实施经济责任审计，提出审计建设253条，都得到采纳。进一步加强政府投资审计，市审计局完成工程结算审计项目37个，其中市财政投资评审中心初审后移送的项目31个，核减金额4164.7万元；对22个重点建设项目跟踪审计，审计规范违规资金24172万元，督促下拨滞留资金21339万元，核减项目责任单位虚报征拆资金13674万元。生猪生产资金审计，查出挤占挪用、违规套取专项资金391万元等问题，有关线索移送纪检、公安部门。（邹东亮）

【审计质量】 （1）完善规章制度。制定《审计结果公布办法》《审计业务会议规则》《审理工作规则》等审计管理制度，促进审计工作制度化、规范化。（2）加强审计质量控制。组织全市审计系统召开“提高审计质量，防范审计风险”专题研讨会，演示优秀审计案例，点评审计项目，对审计质量进行大讨论、大排查、大整改、大提高，审计项目质量和优秀审计项目数量在全省名列前茅。（3）创新审计方法。建立被审计单位数据库，实施年报抽审轮审制度。向全市200多个行政事业单位、国有及国有控股企业发出通知，要求报送财务会计报表等相关资料，据此建立被审计单位数据库，实行有重点、有深度、有针对性的审计，努力达到审计“全覆盖”的目标要求。（4）重视审计整改。市委书记、市人大常委会主任李亿龙高度重视审计整改工作，市长周海兵亲自安排，常务副市长段志刚召开二次专题整改会议，市人大副主任李慧星率市人大常委会财经工委专门到被审计单位督查督办，审计部门对每个项目都有专人跟踪整改情况，审计提出的意见建议得到采纳和整改到位。

（邹东亮）

【审计成果】 市审计局全年提交审计要情5篇、综合审计报告8篇，都得到市政府主要领导、分管领导和市纪委领导的批示，审计成果得到有效运用。坚持“审、帮、促”并举的原则，利用审计成果，帮助被审计单位提高财务管理水平，建立健全财务管理制度。市民政局、海事局等单位对审计发现的问题和提出的建议非常重视，立即采取改进措施。

（邹东亮）

【基础建设】 在全省第一批建成链接审计署、审计厅、市、县（区）4级互联的审计视频会商系统，对机关网络进行全面改造，为审计业务人员配备高配置电脑，全年信息化建设累计投入近300万元；计算机审计技术得到较好应用，一批计算机审计案例、审计方法等成果在审计署、审计厅评选中获得好成绩，为即将启动的联网审计创造条件。加强审计文化建设，在办公区设立警示语，安装覆盖全楼层的视频监控系统，立足现有场地建成高标准的健身室和阅览室，其中阅览室藏书3000余册，报纸杂志50余种，涉及审计、文学、科技、养生等多方面，成为审计干部的精神园地。加强对县（市）区审计工作的指导帮助和县市区局领导班子配备的审计把关，坚持全市审计工作“一盘棋”，对县市区审计工作实行目标管理考核。（邹东亮）

【队伍建设】 鼓励在职干部参加学历、职称考试和各项业务培训、案例讲解、优秀项目评比演示等系列活动，多渠道、多层次、多形式培训审计干部，组织160余人为期三天的省审计厅送教下乡学习，邀请省市专家讲解业务和新闻、论文写作，参加署、厅网络业务培训成为常态。2014年，全市有86人次参加审计署、审计厅组织的中长期培训，市审计局组织培训13次，全市审计干部参训率100%，13人通过审计师、高级审计师资格考试。（邹东亮）

物　价

【概况】 2014年，衡阳市物价局价格认证、价格监督检查工作分别再次获得全国和全省先进，价格信息、价格监测工作分别获得全省先进，依法行政工作获得全市先进。全市居民消费价格指数CPI累计上涨1.6%，涨幅低于全国平均水平0.4个百分点，低于全省平均水平0.3个百分点，低于预期3.5%的调控目标，达到近几年最低值。在全省14个市州中，低于长沙、株洲、湘潭、邵阳、常德、张家界、益阳、郴州、怀化，高于岳阳、湘西自治州，与永州、娄底并列第10位。

（伍　涵　刘国欣）

【价格监测预警机制】 高度重视价格监测、分析、预警等价格调控基础工作，对价格监测实行日报告、周分析、月研判，对全市70个价格监测点、460个商品及服务品种的最新价格、存货、日销售量等信息全面了解，实时掌握，对市场价格异常波动行为有效预防，及时处理，根据市场价格反馈，提出价格调控政策建议。

（伍　涵　刘国欣）

【价格信息公开】 安排专人做好民生价格信息公开平台的运行和维护工作，每天对市城区28家超市和集贸市场的肉食、蔬菜、粮油等30余种商品的价格，通过市党政门户网、局网站和设立在超市、市场的电子显示屏进行实时发布；落实全市价格工作会议精神，推动民生价格信息公开工作的触角由市区向县区延伸。在市物价局指导下，南岳区、衡阳县、祁东县等7个县（市）区落实该项工作。（伍　涵　刘国欣）

【价格调节基金】 组织力量并协同相关单位经过反复调研、论证，起草《衡阳市价格调节基金征收管理实施细则》，以市政府名义出台实施，对基金严格做到依法征收、应收尽收，且征收领域进一步扩大。全市价格调节基金征收额首次突破1亿元，市本级征收额首次突破6000万元大关，达6658.69万元。全市下拨5095万元价格调节基金用于“菜篮子”工程与平价直销店建设，其中市本级下拨资金4630万元。全市建成各类蔬菜平价直销店（区、柜）120余家，其中市本级60余家，形成“好蔬道”“三星”“百萃园”等知名农产品品牌。基金征收领域和规模的扩大，资金的高效利用，使得价格调节基金保供稳价的积极作用得到进一步凸显。

（伍　涵　刘国欣）

【价费优惠】 按照湖南省统一安排，协同配合相关部门对省级价格调节基金下拨到衡阳的4700余万元价格临时补贴发放到位。协调各相关单位，提高价费优惠、减免额度，缓解物价上涨给人民群众，尤其是低收入群众带来的生活压力。在阶梯价格改革中配套提高对低收入群体的价费优惠额度，对城乡低保户、农村五保户家庭用电由过去每户每月减免8千瓦时电费提高到每户每月减免10千瓦时电费；对城区特困户、低保户家庭用水由过去每户每月减免4立方米水费提高到每户每月减免5立方米水费。全年市本级减免低保户水、电、气、有线电视收视费等价费总金额509.16万元。（伍　涵　刘国欣）

【商品和服务价格改革】 对放开的商品和服务价格，引导全局做好工作重心转移，由过去的“重审批”切实转变为“重监管”。先后落实上级出台的对部分场所机动车停放服务收费、机动车驾驶许可培训收费实行市场调节价等市场化价格改革政策，对因价格放开出现的价格异常行为，及时发现，监管到位，确保市场化价格改革在衡阳的顺利实施。

（伍　涵　刘国欣）

【阶梯水价改革】 在湖南省内除长株潭两型试验区之外，衡阳率先推进城市居民用水阶梯价格改革。同时，抓住价格改革有利时机，理顺城区供水价格，将原来价外征收的水资源费全部并入水价，使水价在保护水资源、促进节约用水等方面发挥应有作用。在拟调价之前，做好前期调查研究、数据测算、舆论导向等相关工作。在调价过程中，组织精干力量严格按照价格听证程序相关规定，做到及时发布公告，公开征集听证代表，随机抽选消费者代表，按规定邀请专家代表，充分吸纳并及时反馈代表意见。听证会后，拟定新闻通稿经过市委宣传部严格把关后对外发布，政策解释充分全面，宣传口径统一把控。整个调价程序做到理由充分、依法依规、公开透明、实施得当，赢得社会各行业和消费者的理解与支持，没有产生任何负面影响，政策最终平稳出台实施。全市抄表到户的22万户居民户，从11月1日起全面实施阶梯水价到位。省政府考核组在考核衡阳市依法行政工作时，对此次水价听证会给予高度肯定。

（伍　涵　刘国欣）

【阶梯气价改革】 按照省里安排，安排人员对市区30万居民用气户的月均、平均用气量情况开展摸底测算，分阶梯形成完整的居民用气参数供省里决策做参考；做好全省居民用天然气阶梯价格听证会的准备工作，在听证代表征集、财务数据汇总上报、听证代表沟通协调等方面，做好配套服务。湖南省价格主管部门下发阶梯气价文件后，衡阳市物价局在及时转发文件的同时，密切关注居民用户对气价改革的意见和反映。（伍　涵　刘国欣）

【落实差别电价和惩罚性电价】 在继续对已有2家超能耗企业和产品实行惩罚性电价政策基础上，新确定一批高耗能企业实行差别电价和惩罚性电价。

（伍　涵　刘国欣）

【排污权交易】 截至11月底，全市收取排污权有偿使用费370多万元，开展排污权交易16宗，交易金额20多万元，排污权有偿使用和交易范围扩大到衡阳所有工业排污单位。

（伍　涵　刘国欣）

【民办学校收费】 组织市城区部分公办、民办学校负责人召开座谈会，围绕教育收费管理工作中存在的问题，听取参会学校负责人意见，当面沟通教育收费政策执行中理解的不同与分歧，面对面形成共识。按照“补偿教育成本原则并适当考虑合理回报的因素”，重新理顺并明确部分民办学校收费标准。（伍　涵　刘国欣）

【价格监督检查】 全年市本级查处各类价格违法案件93起，实施经济制裁1099.48万元。其中：退还用户90.88万元，没收违法所得949.41万元，罚款59.19万元，上缴财政1008.6万元。

（伍　涵　刘国欣）

【“发展环境优化年”收费专项检查】 衡阳市物价局会同市监察局、财政局、优化办组成5个检查组分别对列入重点检查的18个单位及其二级机构进行检查，查实部分单位存在收取押金、取消项目继续收费、未办证则开展收费、新收费标准出台后未执行新标准而多收费、开票不规范等19个方面的问题，共计违规金额690.74万元。

（伍　涵　刘国欣）

【商业银行收费专项检查】 首次将价格监督检查范围延伸到银行金融领域，组织检查人员对工行衡阳分行、建行衡阳市分行、农行衡阳分行和省农村信用社衡阳办事处所属法人机构收费情况进行检查，通过检查规范商业银行收费行为。（伍　涵　刘国欣）

【电力价格专项检查】 组织检查人员对国网衡阳供电公司电力价格及惠民优惠政策和所属雁能集团价格行为进行检查。

（伍　涵　刘国欣）

【春运客运票价监管】 春运期间，全市价格系统出动检查人员1600余人次。市县两级处罚各类道路营运车辆和出租车近1000台次，处罚金额13.65万元，其中：清退多收价款1.08万元，罚款12.57万元。（伍　涵　刘国欣）

【涉农收费及民生领域收费专项检查】 组织开展以农村中小学收费、农民建房、农资价格为重点的涉农收费专项检查，全市38个检查组600余人次分别对24个行政机关单位、300余所农村中小学收费情况以及400余家农资销售商店（代销店）农资销售价格行为进行检查，对收费和价格存在问题的单位进行纠正，促进各单位收费和价格行为的规范。开展教育收费、医药价格专项检查，检查力度超过以往。

（伍　涵　刘国欣）

【价格举报管理】 配合国家、省建立健全四级价格举报管理信息系统建设，并做好终端配备、系统对接、人员调配等相关工作。除及时受理和查处价格举报外，还根据举报线索，注重分析研究举报类型、所涉及的行业领域和金额，不断总结查办举报工作经验，加大对价格违法行为的打击力度。与市政府热线“12345”对接，对政府热线派来的有关价格方面的咨询举报工单，按照举报流程及时受理答复。市本级受理各类价格投诉209件，查处因举报涉及的价格违法行为45件，实施经济制裁37.20万元，其中清退35.17万元，没收违法所得0.16万元、罚款1.87万元。

（伍　涵　刘国欣）

【价格服务职能】 价格认证数量和质量双提升，全市价格鉴证共计2927起，比2013年增加3.3%；鉴证金额41922.15万元，比2013年增加2.5倍。其中市本级971起，比2013年增加7%，鉴证金额10923.18万元，比2013年增加50.8%。全年市级复核鉴定7起，比2013年减少2起，占全部案件比例的0.2%。无省级以上复核案件。对自来水供水成本、民办学校教育成本以及小水电发电成本等16个项目进行成本监审，净核减金额8100万元，核减率30%。所有出具的成本监审结论，数据真实、可靠，合法有效，为科学合理制定价格提供重要参考。按照市政府“十三五”规划编制工作的要求，深入基层开展价格监管机制改革调查研究，倾听人民群众和服务对象单位的意见建议，形成比较成熟且符合价格工作实际情况的研究报告，对“十三五”期间衡阳价格监管工作的开展具有指导意义。

（伍　涵　刘国欣）

海　关

【概况】　2014年，衡阳海关围绕“四好”总体要求，推进“五型”海关建设。在监管、服务、缉私、统计等方面做大量工作，各项工作取得显著成绩。

（尹　炎）

【党的“群众路线教育实践活动”】　2014年3月，衡阳海关深入开展群众路线教育实践活动。广泛征求意见与建议38条。以召开民主生活会为主要方式，开展批评与自我自评，班子成员带头查找自身不足90条。制定《衡阳海关群众路线教育实践活动整改方案》，制定整改措施24条，确定精文减会、清理腾退超标准办公用房、严控“三公”经费、强化内部管理、开展窗口服务专项治理等8项内容立行立改。

（尹　炎）

【衡阳综合保税区】　衡阳综保区作为湖南省首个国家综合保税区，衡阳海关充分发挥海关政策和职能作用，推动综保区封关运行。做好前期准备。海关将业务现场搬迁至公路口岸；拟定《衡阳综合保税区通关监管作业方案》，探索设置通关科，确定人员安排和岗位职责；提前向长沙海关请求增设衡阳综保区业务现场代码的申请，争取总署政策支持；协调解决联检大楼办公场所、网络及信息系统和办公设备等问题，确保联检大楼在2014年9月初正式对外办理海关业务。协助招商引资。加大对招商引资工作的前期介入力度，向社会各界广泛宣讲综保区在税收、监管、加工贸易、检验检疫、外汇管理五大方面的优惠政策；加强与招商部门对接，参与市政府组织的招商引资洽谈会，引导规模大、起点高、产业链长、带动力强的企业和项目入区。主动服务综保区运行。组织人员赴上海自贸区调研，深入学习复制上海自贸区14项海关监管创新制度，梳理适合衡阳综保区的相关制度；赴郴州调研出口加工区，学习其在承接加工贸易转移、形成特色品牌等方面的先进经验；组织关员认真学习、演练辅助信息系统。2014年9月9日，衡阳综保区封关运行。到2014年12月，衡阳综保区有11家注册企业，审结报关单120份，监管货运量22吨，累计进出口货值5.3亿美元。

（尹　炎）

【服务外贸发展】　衡阳海关结合实际，组织业务人员研究公路口岸车检场发展、返柜点设置等重点问题，多次向衡阳党政主要领导汇报衡阳外向型经济发展现状，提交的《衡阳市开放型经济发展调研报告》得到市委书记李亿龙和市长周海兵的肯定，报告所提出的12项具体建议大部分纳入衡阳市开放型经济发展规划。落实支持和促进湖南开放型经济发展的各项优惠措施，抓好18项支持措施的落实。开展“十百千”送政策、送法规、送服务活动。对于重点企业和重点项目，实行企业协调员制度，有明确的分管领导、责任部门和联络员，主动上门提供服务，实行“一企一策、一园一策”式的帮扶。2014年，衡阳市进出口总值180.8亿元，比2013年同期（同比，下同）增长60.8%，其中出口120.1亿元，增长53.6%；进口60.7亿元，增长77.3%，进出口总值位列全省第三，较2013年同期上升二个位次。

（尹　炎）

【改革创新】　衡阳海关优化业务审批管理机制，进一步简政放权，对照检查企业管理、通关等业务领域的事项72项，取消审批14项，减少审批层级19项，下放或部分下放审批权限的15项，减少审批条件的1项，精简手续的1项，涉及全关业务事项50项，占全部业务事项的69%。新增注册企业113家，同比增长10.8%。按要求推广通关作业无纸化改革，衡阳关区无纸化申报率达到86.8%，在长沙海关各现场中排名第一。衡阳海关高度重视关检合作“三个一”的落实，与检验检疫部门沟通，开展需求摸底，着力推进关检合作“三个一”。12月1日，长江经济带海关区域通关一体化改革启动，衡阳海关组织业务现场关员学习《长江经济带海关区域通关一体化操作手册》及其他相关事项。（尹 炎）

【税收征管】 2014年，衡阳海关着力加强税源调研，落实重点企业协调员制度；着力疏通转关渠道，加强与口岸海关的沟通、走访与联系；积极拓展税源，以企业管理为支撑点，优化通关模式；创新税收征管模式，提升征管质量，确保应收尽收。2014年，衡阳海关开征税款12046.6万元，税收入库11972.5万元，审批征免税证明79份，减免税款670万元，内销征税2681.1万元。

（尹 炎）

【通关监管】 衡阳海关有针对性地开展业务制度的清理与细化，梳理监管业务配置、操作规程和制度等，逐一评估执行情况及效果，推动执法统一性建设；以治理窗口“三难”问题为抓手，狠抓“最后一公里”，达到手续更简便，服务更优质，工作更高效。加强法律和业务知识的学习，合理使用自由裁量权，确保“执法有据，程序合法”，避免出现执法偏差；结合监管工作现状探讨业务发展趋势，调整岗位人员设置方式，全面提升执法水平。完成保税中后期核查9家，查获5家。为做大做强监管业务，不断改善监管条件，落实好各项便捷通关措施、有效提高通关效率。衡阳海关监管货运量66.8万吨，结关报关单5625份，查验率为1.8%，查获率为16.8%。（尹 炎）

【查缉走私】 2014年，衡阳海关缉私分局立案侦办1起涉嫌走私普通货物案。年初，响应长沙海关号召，抽调两名干警参加集中打私行动，较好的完成缉私轮战任务。同时与有关缉私部门完成案件协查23起，出警50人次，协助抓获犯罪嫌疑人2名，查获、收集证据50余份。（尹 炎）

【海关统计】 做好统计分析与监测预警。撰写衡阳市外贸分析12篇，组织撰写并上报各类统计文章65篇，其中长沙海关编发52篇，湖南省委、省政采编21篇，海关总署执法评估网站采编2篇、《海关要情》采编3篇；做好统计服务工作。参加“报关单结构修改”研讨会，提出5条修改建议，并组织报送建议类文章2篇；为关区企业出具统计证明23份，为市统计局、市财政局等市直部门提供统计数据20余次。（尹 炎）

出入境检验检疫

【概况】 2014年，衡阳检验检疫局完成出入境货物检验检疫5228批，货值3.3亿美元，分别比2013年减少47.1%、56.4%。其中，出境4571批、2.6亿美元，分别减少52.1%、65.2%；入境657批、货值7612万美元，分别增长103.4%、214.8%。进口机动车验证1802台，货值1.46亿美元，分别增长25.4%、12.2%。完成出境货物运输包装检验801批、527万件，分别减少15.7%、25.6%。检出不合格出境货物4批、货值12.9万美元；检出不合格入境货物9批，货值527.4万美元。处理进出境集装箱19标准箱。签发出入境货检证单8821份，比2013年减少42.8%。

（贺国庆）

【原产地业务】 2014年，衡阳检验检疫局签发各类原产地证书1957份，签证金额1.1亿美元，分别比2013年减少61.5%、71.5%。其中，签发各类优惠性产地证书721份，签证金额1.4亿美元，分别增长57.0%、减少46.7%，为出口企业获进口国关税减免373万美元；签发一般原产地证书825份，增长68.0%，签证金额3122万美元，减少86.4%。（贺国庆）

【服务综保区】 2014年1月，衡阳检验检疫局一线业务科室正式入驻衡阳综保区（公路口岸）联检大楼，实现在综保区（公路口岸）全程办理产业园区和全市出入境货物的报检受理、计收费、检验检疫监管、签证等业务，并正式承担口岸电子闸口管理、口岸现场检疫等工作。9月9日，衡阳综合保税区正式封关运行，衡阳检验检疫局与海关协作，探索全面实施“三个一”等通关模式改革，进一步提升通关效率。主动对接衡阳铁路口岸建设，对口岸检验检疫设施建设提出指导性意见。（贺国庆）

【促进贸易便利化】　2014年，衡阳检验检疫局贯彻落实湖南局“促进外贸稳增长”16项措施，大力促进贸易便利化。继续执行国家减免检验检疫收费政策，为企业减负170多万元；大力推进集中审单和电子监管的应用，帮助企业享受无纸化报检、通报通签、绿色通道等优惠政策；优化办事流程，对进口车登检实行“一站式”窗口服务，开通自助报检平台，启动无纸化通关；承接湖南检验检疫局下放的出口食品原料种植和养殖场备案等五项行政审批和进境动植物检疫许可证核销业务；产地证签证实行先签后查，开通网上办理产地证签证企业备案、信息更改、年审等业务。2014年，衡阳市外贸进出口总额达到29.43亿美元，比2013年增长62.4%。　（贺国庆）

【动植物疫情疫病防控】　2014年，衡阳检验检疫局开展动植物疫情疫病监测和防控工作。设置86个动植物疫情监测点，对检疫性实蝇、外来杂草、扶桑棉粉蚧、斑翅果蝇等进行监测，做到“早发现、早上报、快行动”；对供应港澳生猪饲养场、出口植物及其产品生产企业开展口蹄疫、流感、松材线虫等疫情疫病巡查，及时掌握疫情动态，分析疫情现状，做好疫情上报。加强抽样送检，强化实验室检测对监管的指导；累计派出执法100余人次，开展注册饲养场质量安全监管、疫病风险防控、节假日督察等专项行动。加强入境货物检疫。3月份对一批从德国进口的设备开箱检验时，查获有害昆虫2只，实施检疫处理。　（贺国庆）

【质量安全监管】　2014年，衡阳检验检疫局加大企业诚信信息采集力度，在风险分析基础上，对出口企业全面推行分类管理。指导两家碳酸氢钠生产企业提高管理水平和质控能力，将检验检疫监管延伸到生产全过程，促进产品质量提升。推动出口质量安全示范区建设。支持祁东县基于本地优势农产品，打造特色产业，申报国家级出口农产品质量安全示范区，促进和扩大生猪、黄花菜、水果、席草等农产品出口。落实总局、省局要求，开展重要进出口消费品安全专项大检查，发现隐患6个，及时提出整改要求并跟踪检查。开展全国质量月活动。参加衡阳市食品安全宣传周活动。　（贺国庆）

【进口检验监管】　2014年，衡阳检验检疫局将工作重心转移至强化进口检验监管。加强对进口工业品质量安全信息的监测、采集和评估，加强对进口产品的后续监管，强化不合格进口商品的退运销毁、通报召回、责任追究等处置措施。对富士康进口的低风险电子元器件，实行进口合格保证（监督管理+符合性声明+抽样检验+检查）的监管模式，提高监管效率；为进口电池备案以及3C免办量身订制监管方案，在保证工作质量的同时降低核销工作量；对进口加工贸易料件采取“无证稿提交”方式，缩短签证流程。　（贺国庆）

【科技兴检】　2014年，衡阳检验检疫局综合实验室主动与中检湖南分公司合作，承接社会委托样品检测业务；参加六项能力验证和实验室间比对全部合格；牵头南华大学、商务局、海关等部门共同申报的《衡阳市承接产业转移影响因素及对策的研究》课题获得衡阳市科技局批复立项。利用局实验室牵头完成的“黄花菜中二氧化硫加工质量控制及快速检测技术研究”成果，完善检测技术，指导祁东黄花菜加工企业改进生产工艺，做好过程控制，降低二氧化硫残留问题，使因二氧化硫超标一度中断出口的祁东黄花菜恢复出口并重获快速增长态势。　（贺国庆）

【认证认可】　2014年，衡阳检验检疫局受理企业申请注册备案、质量许可18家，其中11家为新申请、其余为换证复审，均通过省局考核组的现场考核。截至年底，衡阳检验检疫局辖区注册/备案企业47家，全部实施定期监管、年度审核。　（贺国庆）

【信息宣传】　2014年，衡阳检验检疫局加强进出口产品质量分析和信息宣传工作，坚持每月编印《衡阳检验检疫信息》，开通局官方微信和局网站，每季度为有关部门提供进出口产品质量分析报告，为政府质量宏观管理当好参谋，帮助企业了解利用检验检疫的政策信息。同时利用食品安全宣传周、人大执法督察、市长调研等场合，宣传检验检疫政策信息。　（贺国庆）

【党风廉政建设】　2014年，衡

阳检验检疫局制定反腐倡廉12项工作要点。修订完善9项管理制度；落实“八项规定”，“三公经费”下降67%；加强作风建设，全年为企业和服务对象办实事、办好事40多件；再次获“湖南省文明单位”称号，连续七年保持省级文明单位。（贺国庆）

工商行政管理

【概况】 全市工商系统有7个县（市）工商局、6个城区分局、94个工商所；市工商行政管理局（以下简称工商局）机关内设机构、单列机构及事业单位、挂靠社团组织共24个。全市系统有干部职工2426人，其中在职1749人、离退休677人。市工商局机关在职130人。市工商局党组设一正五副一纪检组长，有党组成员7名，其中女干部1名。2014年，市工商局按照年初确定的“紧扣一个主题、突出两个重点、坚持三个第一、加强四项建设”工作思路，全局各项工作都有新的发展和长足进步，在全省工商系统年度绩效考核中获优秀三等奖，商事制度改革、内部审计、查处取缔无照经营、计划生育综合治理、计划生育、安全生产监管等诸多工作得到市委、市政府和湖南省工商局的肯定与表彰。新晋省级文明单位4个，全市工商系统14个单位中有省级文明单位9个，市级文明单位5个。（陈晓春）

【深化改革】 按照上级的要求，市工商局深入推进商事制度改革。改注册资本实缴制为认缴制，落实“宽进”；推行年检改年报制度，开展市场主体联络员备案15910户。推进前置审批制度改革，10月，衡阳市进入全省工商登记前置审批改革第二批试点城市；出台《衡阳市工商登记前置审批制度改革工作实施方案》等一系列文件，召开全市工商登记制度改革推进会，市长周海兵亲自进行部署。截至2014年年底，全市市场主体总量达162312户，比2013年同期增加22249户，增长15.88%。其中新登记企业4885户，注册资本147.7亿元，同比分别增长70.78%和115.74%。应对工商管理体制改革。梳理和澄清全市工商系统机构、编制、人员等方面底子；对2012年、2013年、2014年的收支、预算决算以及债权债务情况进行全面摸底；梳理存在的主要问题。按要求推进食品监管职能划转，城区107个划转编制与人员12月26日顺利到岗到位。（陈晓春）

【市场监管执法】 以“红盾护农”、整治虚假违法广告、打击制售假冒伪劣商品等“三大专项整治行动”为重点，加强市场监管执法，办结案件3283件，比2013年同期增长66.4%，居全省工商系统之首。其中查处假冒伪劣案件449件，捣毁制假售假窝点4个，收缴各类不合格和假冒伪劣商品542件；查处假冒伪劣食品案件523件，开展抽样检测34次，开展食品快速检测8510组，未发生流通环节食品安全事故；查处违法经营农资行为120起；查处不正当竞争案件16起、传销案件34起，依法教育遣返传销人员916人，捣毁传销窝点53个，采取强制措施160人；查处商标侵权案件178件，捣毁窝点3个，收缴各类侵权商品775件；查处虚假违法广告案件161件，责令停止发布违法广告221条次，重点清理整顿投融资广告；建立网络经济户口28486户，查处网络交易违法案件30起；整治违法格式合同，查处90起；立案查处无照经营1328户、取缔574户，引导办照4651户。（陈晓春）

【优化服务】 （1）深入实施商标战略。全市商标注册申请量2656件，核准1215件；核准地理标志证明商标1件，总数达3件，新报申请3件；马德里国际商标注册申请5件，核准注册1件，总数7件；申请省著名商标认定87件，认定50件，总数136件。（2）优化对接服务。为4家招商引资项目、重点工业企业项目落户衡山科学城等园区提供全程服务。做好煤矿兼并重组服务工作，办理设立、变更、注销28个；执行财政部、国家发改委有关文件要求，减免各类登记费275.6万元。（3）落实各项服务举措。服务企业融资发展，办理股权出质登记112件，办理股权出质股权数9.839亿元，办理担保融资32.5247亿元；办理动产抵押登记88起，促成企业融资14亿元；向邮储银行等金融机构推荐个体和私营企业986户，获得贷款1.07亿元。帮助企业维权，提供法律咨询 536 起，参与维权 412 件，挽回经济损失 270.5 万元。

（陈晓春）

【消费维权】 全市工商系统以新修正的《中华人民共和国消费者权益保护法》颁布实施为契机，进一步加大消费维权力度，扩大维权影响力。“3·15”活动中，现场受理消费者投诉 428 起，销毁假冒伪劣商品价值 613 万元，发布消费警示 59 条。“12315”中心受理咨询服务电话 14182 起，投诉 1505 起，举报 290 起，处理完结率达 99.63%，为消费者挽回经济损失 1056.67 万元。全市消委系统受理消费者咨询 42264 起、投诉 1521 件，调处 1504 件，调处率 98.9%，为消费者挽回经济损失 387 万元。（陈晓春）

【队伍和基层基础建设】 (1) 法治工商建设。加强法制宣传教育，举办各类法制培训 40 余次。夯实法制基础，层层签订执法责任状，落实责任。做好行政处罚案件核审、复核把关工作，属于听证范围的 2046 起案件均下达听证告知书；公示市场主体违法信息 3053 条，异议为零。探索法制把关新思路，法制机构变“案后把关”为“案前介入”。(2) 队伍建设。在党的群众路线教育实践活动和领导班子建设、教育培训、党风廉政建设及优化经济发展环境上下功夫。党的群众路线教育实践活动得到市委的肯定；“三公”经费开支比 2013 年下降 40%；完成财政财务收支审计 8 个、基建竣工项目审计 7 个；查办违纪案件 15 起，处分干部职工 12 人；向市纪委涉企检查备案 28 项（次）。(3) 着力加强信息化建设。严把数据质量建设关，确保基础数据全面、准确、实时录入业务系统。加强企业档案应用建设，新增电子档案 20 多万页。认真对接政府电子政务工作，上传信息 5525 条，推进“数字衡阳”建设；加强与政府“12345”热线的对接，助推和谐衡阳。(4) 基层建设。分两批解决 5 个工商所新建、新购办公用房项目；促成南岳“12315”指挥中心立项新建并即将启用。安排专项维修资金改善基层办公条件 12 个，市工商局拨款与争取省工商局资金 883 万元。（陈晓春）

质量技术监督

【概况】 2014 年，全市质监系统以党的十八大精神为指针，贯彻落实市委经济工作会议和省质量技术监督局（以下简称质监局）工作会议精神，围绕“发展质监事业、服务经济社会”两大工作主题，按照年初制订的工作计划，履行质量技术监督职能职责，各项工作取得成绩。衡阳县质监局、市信息管理所被评为全省质监系统先进单位，曾志刚、王恺、张建平、赵纯刚被评为全省质监系统先进个人，王德柱、何琪等 15 人记三等功，常宁市质监局被评为全省质监系统党风廉政建设先进单位，聂凡、龙英被评为全省质监系统党风廉政建设先进个人。

（高福生）

【“质量兴市”与名牌战略】 帮扶衡阳市金雁粮食购销有限公司、衡阳市大地泵业有限责任公司等 25 家企业的 25 个产品争创湖南名牌，帮扶 26 家企业申报衡阳名牌，通过评审获得衡阳名牌的 20 家。4 月，市政府组织召开全市质量工作会议，重奖 2013 年度获省、市名牌产品企业，参与国家、行业、地方标准研制的单位和企业，标准化良好行为创建先进企业，兑现奖励经费 490 万元。6 月，市政府出台《衡阳市市长质量奖管理办法》。年内有 3 家企业通过首届衡阳市市长质量奖的现场评审。（高福生）

【标准化战略】 年内引导和鼓励全市 11 家企业起草制定相关的国家、行业和地方标准，其中，组织 3 家企业参与国家标准制定，组织 2 家企业参与 1 个湖南省地方标准的起草工作。组织培育旅游、商贸、文化等服务业标准化试点 4 个。培育 2 家企业开展标准化良好行为企业创建工作。推进采用国际标准、国外先进标准的“双采”活动，2 家企业 6 个产品获得采标许可。完成 28 家企业 51 个产品的企业标准备案。

（高福生）

【地理标志产品保护】 继“祁东酥脆枣”“西渡湖之酒”“常宁茶油”获准国家地理标志产品保护后，年内申报祁东黄花菜为国家地理标志保护产品，已经通过初审。（高福生）

【条代码管理】 年内，代码新

办、变更、换证11190个，年检10974个，新建数字化档案2.2万多份，发放IC卡2761张，查处组织机构代码证违法单位37家。新注册商品条码系统成员单位35家，成员单位续展65家。提供标准文献查询服务80余人次，提供有效标准近50份。　（高福生）

【计量检定与认证】　年内为全市114家耗能企业提供检定、校准和检测服务，检测能源计量器具4500多台。检定计量器具9.2万多台件，校准6900多台件，首检水表5671只、电能表1425块、燃气表18615只。开展食用油、大米等计量专项检查，对短斤少两行为依法进行处罚。抽查定量包装商品167批次。开展自愿性认证监管活动32家企业。（高福生）

【食品生产加工环节质量安全监管】　（1）加强日常巡查。年内，市县两级质监部门监督检查食品及相关产品生产加工企业和小作坊640家，巡查1200次，对巡查中发现的问题下达责令改正通知书953份，立案查处110起，做到巡查覆盖面达到100%，现场检查发现问题下达责令改正通知书达到100%。（2）加强监督抽查。市县两级食品检验机构对全市食品及相关产品获证企业和制售分离食品小作坊监督抽样检验443批次，合格383批次，抽样检验合格率为86.2%，并做好不合格产品的后处理工作。（3）严格许可，确保发证质量。通过严格审查，年内全市有87家食品生产企业获得91个单元的生产许可证，有3家食品企业不予生产许可，有5家食品相关产品获得5个单元的生产许可证，有19家制售分离食品小作坊获得生产许可证。　（高福生）

【特种设备安全监管】　2014年，以宣传教育培训为基础，实行分级分类监管机制，加强安全监察力度，排查、消除安全隐患。全年举办培训班28期，培训1585人，通过考核合格特种设备作业人员为1521人。受理特种设备施工告知1708台、压力管道10.136千米，123单元。办理使用登记1204台，压力管道3.432千米，钢瓶21045只。全面开展特种设备安全大检查大督查大整改“三大行动”，以及移动式压力容器、气瓶、电梯、压力管道等专项整治，排查特种设备事故隐患728处，市质监局本级查处特种设备违法案件19起，勒令3家不符合条件的电梯维保单位退出维保市场。　（高福生）

【烟花爆竹产品质量安全监管】　全市系统对烟花爆竹获证生产企业加大日常巡查力度，抓好抽查监检，对抽查不合格的做好后处理工作。全市烟花爆竹获证生产企业100%签订安全责任状和质量安全承诺书。祁东县质监局对全县的烟花爆竹获证生产企业巡查216次，帮助企业改正标签、标识错误6次，指导企业改正产品质量3次。　（高福生）

【执法打假】　年内，突出抓好食品、农资、建材、特种设备四个重点，组织开展“查两节，保安全”“查农资，保春耕”“查建材，保安全”、食品“一非两超”、特种设备“打非治违”等专项整治行动，打击制售假冒伪劣产品和特种设备违法行为，优化经济发展环境。全市系统办理立案案件225件，其中：大案要案29件，捣毁制售假黑窝点10个。市质监局稽查队查处食品违法案件35起，取缔1家有毒豆芽菜加工点，关闭2家酱板鸭加工店，捣毁2家非法熏制干鱼黑窝点，移送司法机关案件2起。衡阳县局联合有关部门查处并关停2家水泥无证生产企业。（高福生）

【质检技术机构建设】　（1）市质监局本级国检中心项目建设稳步推进，该项目选址于衡阳市白沙洲工业园区云干大道旁，整个项目占地4.2公顷，规划总面积为37913.69平方米，其中地下室2907.14平方米，建设总投资约10700万元，其中土建部分拟投资8700万元，被列为衡阳市重点工程。年内，项目建设1、2、3号实验楼主体及外墙装修基本完成，正在进行消防、楼梯间、大厅、室内水电施工。（2）全市系统各单位加大投入，根据自身需要添置检验检测设备，提升技术服务能力。市质检所投入110多万元购置一批精密的检测仪器，充实自身实力。计量中心投入近30万元进行设备更新改造。衡阳县质监局购置近20万元的检验检测设备。　（高福生）

【市政府重奖名牌产品及标准研制成果】　4月24日，衡阳市人民政府召开全市质量工作会议，重奖参与国家、行业标准研制的单位和企业，获省、市名牌产品企业，奖励经费高达490万元。

（高福生）

【平台互联互通】　6月26日，衡阳市输变电产业窗口服务平台实现与湖南省中小企业公共服务平台联网，完成窗口网站建设和互联互通工作。衡阳市输变电产业窗口服务平台项目在2013年元月经国家工信部批准，由衡阳市产商品质量监督检验所承建。窗口服务平台项目由衡阳市质检所下设的湖南省电线电缆产品质量监督检验中心、湖南省变压器产品质量监督检验中心、湖南省电源产品质量监督检验中心为基础筹建的国家输变电电器产品质量监督检验中心负责运行。衡阳市输变电产业窗口服务平台通过建设窗口网站及时发布输变电相关的新闻动态、通知公告、政策法规等信息，为中小企业提供产品质量检验、产品标准制（修）订、产品研发、产品认证技术服务、产品技术信息交流等服务。

（高福生）

食品药品监督管理

【概况】　2014年，衡阳市食品药品监督管理局（以下简称食药监局）食品药品监管工作被评为2014年度全省目标管理先进单位；药品市场监管、医疗器械监管、行业培训工作绩效考核成绩名列全省第一，餐饮食品、保健品、化妆品和药品生产监管工作位列全省前三；新建的食品药品检验检测中心成为全省一流中心；计划生育、党建工作、应急管理、信访工作和党风廉政建设工作被评为全市先进。食品药品市场更加规范有序；稽查打假力度加大，未发生一起食品药品安全事件。

（钟　辉）

【群众路线教育实践活动】　按照省委和市委的统一部署安排，在市委第22督导组的指导下，市食品药品监督管理局自2014年3月份开始，开展党的群众路线教育实践活动，以“为民、务实、清廉”为主题，以作风建设为重点，着力解决“四风”问题。认真学习规定书目、观看专题影片，开展“六问”大讨论；征求310条意见和建议，把问题落实到人，开展批评与自我批评；对查摆出来的23个“四风”问题，立行立改，落实整改方案。2014年，干部职工未出现“四风”问题。

（钟　辉）

【药品监管】　（1）生产环节监管情况。重点抓好化工原料代替原料药生产制剂、使用非法辅料药包材、使用非法提取物等整治工作，完成不良反应监测培训工作600余人次，全市收到药品不良反应监测报表5242份，其中严重报表912份。医疗器械不良事件报表1620份，其中严重报表825份，三类报表1084份。药物滥用报表3184份，化妆品不良反应报表434份，对不良反映情况及时上报处理。（2）流通环节监管情况。推行监管工作表格化、网格化。对药品批发企业、医疗机构、零售药店3类监管对象做到监管台账精细化到户、检查内容表格化到项、监管责任网格化到人。组织药品批发、零售企业经营质量管理规范认证438家，其中一次性通过和经过整改后通过395家，未通过43家。对全市35家药品批发企业，1407家药品零售企业，4038家医疗机构，全部监督到位，检查覆盖面实现100%。

（钟　辉）

【餐饮服务监管】　全年开展餐饮服务企业年度综合等级评定，评定单位数6706家，其中优秀191家，良好995家，一般5441家，待评定570家（新办餐饮企业三个月后才能评定），量化率达100%。市本级开展春秋两季专项检查100余次，检查学校、企事业单位食堂86家，下达监督文书172份。开展小餐饮食品安全整治，打击无证经营行为，市区餐饮单位持证比例达90%以上。市食品安全质量综合治理得分全省排名第一。开展餐饮食品安全示范创建活动，其中，衡东县创建省级餐饮食品安全县，蒸湘区立新大道被评为省级餐饮安全示范街。

（钟　辉）

【医疗器械监管】　建立医疗器械生产、经营企业、使用单位监管档案，对全市16家医疗器械生产企业、130家医疗器械经营企业及8家医疗机构进行日常监督及专项检查，制作现场笔录170份，责令整改12家，检查覆盖率达

100%。通过开展医疗器械“五整治”行动、注射用透明质酸钠产品的专项检查、定制式义齿监督检查工作，查处重大涉假案件线索多起，并移交稽查支队。开展“理性选购、正确使用”医疗器械安全知识竞赛，开展科普知识进企业、进农村、进机关、进社区、进医院宣传活动31场次，发放宣传资料3万余份，发放竞赛试卷4.5万份，统计数据位列全国地市级第一名。（钟　辉）

【保健食品、化妆品监管】 全市检查保化经营企业2661家，生产企业9家，责令停业整顿3家，责令企业整改1105家，下达整改责令书795份，指导和协助县市区局有关部门立案73起，结案73起，没收违法产品530盒（瓶），做到生产经营企业监管覆盖率达100%。完成保化生产经营企业“一品一档”“一企一档”“一店一档”安全监管系统信息录入1356家。（钟　辉）

【抽检工作】 全年全面完成省、市两级的各项抽检任务，其中药品536批，餐饮300批，医疗器械18批，保健品化妆品50批。检验结果按要求全部进行公示，完成任务率100%。（钟　辉）

【稽查打假】 全市出动稽查人员35472人次，稽查立案1080件，其中市食药监局立案88件，结案率100%。全市查处假药、假冒医疗器械案件8起，移交公安部门8起，追究刑事责任15人次，含市本级移交2起，均无出现办错案、人情案、失误案。设立“12331”投诉举报受理中心，受理投诉举报107起，回复率100%。“12345”政府服务热线实现“零投诉”。（钟　辉）

【服务企业】 全市食药监系统干部职工采取与企业结对子的办法，立足于先管后监或边管边监，促进监管企业可持续发展。6月以来，全市新增餐饮企业257家，新增零售药品企业17家，新增保健食品、化妆品经营企业304家，新安排就业人员1.3万余人。药品生产企业重点工程项目进展顺利，累计投资4.6亿余元。（钟　辉）

【应急管理】 制定并印发《衡阳市食品药品监督管理局值班与应急管理制度》，明确重要节庆期间的双人值班和领导带班制度，明确突发食品药品安全事件的应急处置和信息报送的规定。全年没有发生迟报、谎报、漏报、瞒报突发事件信息情况。全市12个县（市）区均按40万元—80万元的标准设立食品药品安全基金，并将其纳入市政府对各县市区政府绩效考核内容，2014年，全市设立该项基金达560余万元，开全省先河。（钟　辉）

【基础建设】 市食品药品监督管理局筹措经费，争取湖南省发改委立项，获得中央拨付资金774万元，市财政700万元无息借款，2000多万元资金缺口问题得到解决，现全面建成投入使用。同时斥资数百万元为食品药品检验检测中心添置高效液相色谱仪、原子吸收分光光度计、原子荧光分光光度计等大型检测设备，该中心成为全省市州级一流的食品药品检验检测中心。（钟　辉）

【深化体制改革】 衡阳市食品药监管理局在市政府体制改革中，率先完成市本级食品药品监督体制改革各项任务。11月14号，市政府和政府办分别下发《衡阳市食品药品监督体制改革实施方案》和《衡阳市食品药品监督管理局主要职责内设机构和人员编制规定的通知》。12月26日，市政府召开市本级食药监管体制改革职能划转和人员交接工作会议，市工商、质监、商务和食药监部门的负责人现场签署交接协定书。12月底，全市138名划转人员全部到位。县市区食品药品监督体制改革实施意见和“三定”方案在12月16号之前全部到位。改革进度和改革质量全省领先。（钟　辉）

安全生产监督管理

【概况】 2014年，衡阳市安全监督管理局（以下简称安监局）坚持“安全第一，预防为主，综合治理”的方针，全市安全生产总体形势延续平稳向好的势头。全市发生各类生产安全事故319起，死亡76人，受伤183人。同比事故起数减少140起，死亡人数与2013年同期持平，少受伤261人，分别下降30%、上升2.7%、58.6%。全市未发生较大

及以上生产安全事故。（杨　斌）

【重点时段重点督办】　春节后上班第一个工作日启动复工复产安全监管工作，市安监局联合市委督查室、市政府督查室、市煤炭局等成员单位组成6个专项督查组，深入各高危行业开展暗访督查。4月份进入汛期，衡阳市结合二季度安全生产工作会议进行重点部署，传达《省安委办关于在“打非治违”专项督导中突出汛期安全生产工作的紧急通知》。市长周海兵两次深入祁东县白地市镇和城区督查调研汛期安全生产。通过安监系统短信平台，完善灾害性天气预警机制，建立“四位一体”防汛安全管理体系，各级各部门逢雨必查，逢险必报，保障全市矿山及其他企业“未出一险、未垮一坝、未出一事，未死一人”。十八届四中全会期间工作，制定下发《关于做好党的十八届四中全会期间安全生产专项督查和应急值守的通知》，市安委会成立会议期间安全生产工作领导小组，安排7个专项督查组分行业领域深入一线督查，发现问题，及时交办督办。从10月17日开始，常务副市长段志刚等7位市领导带班值守，确保会议期间安全稳定。（杨　斌）

【隐患排查治理体系建设】　衡阳市制定下发《衡阳市隐患排查治理体系建设方案》《在全市非煤矿山、危险化学品、烟花爆竹企业推行事故隐患自查自改月报制度的通知》和《衡阳市安全隐患举报奖励制度》等文件，各县（市）区推进隐患排查治理体系建设，公布隐患举报电话，设立隐患举报奖励专项资金。衡东、衡南制作高危企业安全生产责任公示牌，公示驻厂县级领导、乡镇领导等人员电话和举报电话。耒阳市落实举报奖励12起，奖金2万余元。11月25日，《衡阳日报》整版公示全市85处重大安全隐患的督办令，面向全社会公开挂牌督办。（杨　斌）

【组织高危企业座谈】　把谈心对话活动作为落实党的群众路线教育实践活动整改措施、转变作风抓落实的具体实践，市安委办制定谈心对话活动方案，市煤炭局组织大型谈心对话活动4次，与全市258名煤业公司董事长、总经理以及煤矿矿长进行谈心对话。市安监局分8批，组织烟花爆竹、非煤矿山、危化品生产企业主要负责人开展谈心对话活动。10月14日，又组织建滔化工、水口山集团、特变电工和新澧化工4家大型工矿商贸企业主要负责人和分管负责人座谈，要求认清当前形势，落实安全生产主体责任，细查隐患，严控事故。（杨　斌）

【开展季度考核排名】　创新推行安全生产季度考核排名，并对排名末两位的县、区政府组织警示约谈。连续两季度排名末位的县市区向市政府作出书面检查。8月份，市政府出台《衡阳市安全生产“黑名单”制度》，运用综合监管手段，对企业存在的突出问题或严重缺陷以及不良行为记录的生产经营单位列入“黑名单”，并通过新闻媒体或市安全生产信息网向社会予以公布。（杨　斌）

【监管与执法】　（1）煤矿和非煤矿山整顿关闭。按照“关闭一批，整合一批，退出一批，提升一批”的工作目标，关闭落后小煤矿37处，井筒108个。金属非金属矿山关闭69家，加上2013年关闭的71家，衡阳市两年内关闭金属非金属矿山140家，提前一年超额完成省政府三年行动计划确定的88家目标。（2）危货运输专项整治。2014年，衡阳相继发生“8·20”“9·3”非法运输危险物品案，衡阳迅速成立专案组，由市委常委、常务副市长段志刚负总责，副市长周学农负责牵头查处运输环节，市领导胡水龙负责牵头查处生产企业，在全市开展危货运输专项整治活动，市安监局紧急下发《关于督促危化品生产经营企业切实抓好收发货登记签单工作的紧急通知》，要示企业履行安全生产主体责任，建立健全危化品收发货登记签单制度，完善危货运输企业相关资质档案，执行危货运输车辆查验程序和落实危货运输车辆驾驶员、押运员签单措施。为完善危化品非法道路运输的监管体系，明确危化品道路运输安全重点工作分工，完善衡阳市危化品安全生产监管局际联席会议制度，形成部门联运，对非法运输危化品的行为进行打击，保持高压态势。（3）推动烟花爆竹关闭退出。株洲醴陵“9·22”事故后，国家安监总局、湖南省委省政府对烟花爆竹安全生产工作做出重要批示。

市政府紧急部署，在9月26日之前，全市95家烟花爆竹生产企业全部停产，所有作业人员撤离厂区，所有烟花爆竹生产企业有乡镇人员驻厂盯守，市安监局加大对烟花爆竹生产企业的暗访督查，确保停产到位。10月11日，市委常委、常务副市长段志刚主持召开市安委办专题会议，研究部署烟花爆竹生产企业关闭退出工作，市政府制定下发《衡阳市烟花爆竹生产企业淘汰关闭退出工作方案》，明确指出用3年的时间淘汰关闭退出所有烟花爆竹生产企业，2014年，淘汰关闭退出45家。(4)危化企业“进园入市”。市安委办专题会议研究决定，将危险化学品生产、储存企业退出城区进入化工园区或化工集中区（简称“进园”），将危险化学品经营、运输企业进入有专门储存、统一配送、集中销售的危险化学品集中交易市场（简称“入市”）。(5)职业卫生监管。制定下发《关于开展水泥制造和石材加工企业粉尘危害专项治理工作的通知》，对全市范围内水泥制造和石材加工企业的粉尘危害进行彻底摸排，全市16家水泥企业，除1家停产外，其余均开展建设项目职业卫生“三同时”工作，覆盖率达93.75%。对职业病危害严重以上企业下发《关于加强部分重点行业职业病防治工作的通知》。对12家存在严重职业病危害的重金属、粉尘及高度危害企业，邀请南华大学、衡阳师范学院等高等院校的专家一道开展专项治理工作。按照国家安监总局《关于印发职业卫生技术服务机构资质认可条件评审项目标准及认可工作程序的通知》要求，衡阳市首家社会力量创办职业卫生技术服务机构获得资质认证。

（杨　斌）

【监管体系建设】　(1)监管网络铺开。县（市）区安监局全部为政府组成部门，工作人员为财政全额拨款编制。松木经济开发区、高新技术产业开发区及白沙洲工业园“两区一园”全都成立安监局，衡东县在大浦工业园率先成立大浦工业园安监局，消除安全监管的空白。全市乡镇街道基本成立安监站，村（居委会）都设立安全生产信息联络员。(2)综合保障全面有力。市财政对安全生产工作支持力度不断增强，安全监管专项经费在2013年的基础上增加174万元，市财政为安监局购置2台执法车。各县（市）区按照人平3元的标准安排安全生产工作专项经费。市财政每年安排隐患治理引导和奖励专项资金500万，各县（市）区也相应安排专项资金。按照每县（市）区30万元的标准，按需配备应急救援设施和科技装备。各县（市）区按照不低于1000元每年的标准发放村级信息联络员津贴。(3)示范创建树立典型。湖南省安委办考核验收通过衡阳市7个乡镇街道为省级安全生产示范乡镇乡镇。在衡东县获得全省安全生产先进县后，耒阳市、衡阳县相继召开动员大会，争创“省级安全示范县”。全市推进企业标准化建设“回头看”，提升企业本质安全水平。常宁市通过省级“平安校园”建设示范县考核验收，全市有5所学校通过“省安全文明学校”评估验收。

（杨　斌）

【宣教培训】　(1)学习宣传贯彻新《安全生产法》。制定下发《衡阳市安委办关于印发衡阳市学习宣传贯彻修改后的〈中华人民共和国安全生产法实施方案〉的通知》，以全市各级党政领导、各负有安全监管职责部门的监督检查人员、广大企业负责人及安全管理人员为重点对象，以重点行业（领域）生产经营单位为重点环节，采取各种形式，学习宣传贯彻《安全生产法》。(2)开展安全生产月活动。全市上下以电视、电台、报刊、网络等载体，开展宣传教育活动，普及安全生产知识，“强化红线意识、促进安全发展”的理念深入人心。“安全生产月”活动期间，市本级重点组织四大活动：开展“6·16”宣传咨询日活动；组织习总书记关于安全生产重要讲话精神宣讲活动，在各县（市）区巡回宣讲10场；开展事故责任单位专题培训，将2011年以来发生较大以上事故的责任单位负责人及责任人组织起来进行安全培训；应急演练。市直49个单位和部门参加安全生产月活动。(3)组织应急救援演练。各县（市）区、工业园区和市直相关部门均组织应急演练活动，市政府牵头组织天然气管网漏泄应急救援演练，演练在石鼓区雁栖湖小学举行，市安监局、住建局、消防支队、环保局等12家单位参与组织，近300人参与演练，市长周海兵和常务副市长段志刚等多位市领导亲自参加，市安委会成员单位和各县（市）区主要领导近260人参加演练观摩。（4）安全教育培训。2014年，市本级举办各类培训班78期，培训各类人员8674人。市财政安排106万元专项经费，开展衡阳市“技能学到手、安全送到家”企业安全技能大培训13期，培训学员2043人。按照“教考分离”原则，根据国、省有关规定和要求，加强对检查考核、证书制作与发放的管理，提升培训质量和水平。（杨　斌）

煤矿安全监察

【概况】　2014年，湖南煤矿安全监察局衡阳监察分局（以下简称分局）坚持“强队伍、严管理、重规范、抓重点、推地方、促煤矿”的工作思路，认真履职、严格执法，防范和遏制较大及以上生产安全事故，辖区煤矿安全生产形势呈现稳定好转态势。（1）煤矿基本情况。截至12月31日，分局辖区内有保留矿井123处，设计生产能力1005万吨/年。其中，央属1处，省属16处，市县属7处，乡镇99处。煤矿灾害严重，种类齐全，瓦斯、水害尤为突出。123处矿井中，煤与瓦斯突出矿井15处，占12.7%；高瓦斯矿井29处，占23.2%；有水害威胁矿井28处，占21.2%；煤层自燃矿井16处，占12.8%；煤尘有爆炸危险性矿井20处，占16%。（2）煤矿安全状况。2014年，辖区煤矿发生事故10起、死亡15人。其中，较大事故1起、死亡3人，一般事故9起、死亡12人。与2013年同期（10起，22人）相比，事故起数持平，死亡人数减少7人。（3）监察计划执行情况。2014年，湖南煤矿安全监察局批复监察计划为81处煤矿、111矿次，其中：定期监察16处煤矿、20矿次，重点监察43处煤矿、61矿次，专项监察22处煤矿、30矿次。全年实际监察81处煤矿、111矿次，完成年计划的100%。（4）行政处罚情况。全年立案54矿次，立案率52.43%（有8矿次监察时因煤矿停工停产未下达文书，实际下达文书的只有103矿次）。（刘春峰）

【加强管理】　（1）财务管理。相继修订完善和出台《严格费用报销十条规定》等一系列规章制度和意见。对数额较大费用的报销需通过局务会研究决定。每季度对报销凭证进行一次清理和自查自纠，发现问题立即整改。针对湖南煤矿安全监察局财务检查提出的问题，全部整改到位，并向省局进行书面说明。（2）集体领导制度。执行民主集中制原则，按照“集体领导、民主集中、个别酝酿、会议决定”的要求，完善民主议事制度、科学民主决策制度、领导干部重大事项报告等制度。建立健全局务会议制度、重大决策事先调查研究制度、重大决策征求意见制度等，推进民主决策、科学决策和依法决策的制度化和规范化。完善领导班子成员分工负责制，明确工作职责和工作责任，做到职、权、责相一致。（刘春峰）

【执法规范化】　（1）规范监察执法。严把现场监察关。坚持一矿一预案、坚持“查深查透”、坚持“说理式执法”。严把行政处罚关。推行“零处罚报告”制度，完善取证制度，推行现场检查与行政处罚相对分离制度。全年监察执法立案率达52.3%。现场检查笔录、相关人员的询问笔录，以及现场照片、实物证据等保留到位。行政处罚的项目、种类和数额经局务会集体研究决定。严把文书质量关。改进点评数量、点评内容、点评方式。所有执法文书全部开展集体点评，并进行合法性审查。严把指令落实关。与地方监管部门联合建立安全大检查长效机制，督促煤矿认真排查、治理和报告隐患，推动煤矿自查自纠。对监察发现的重大安全隐患从严跟踪、督办，对整改情况开展定期调度和不定期督查。对拒不落实监察指令、拒不整改隐患的煤矿和督促整改不力的政府及部门，全面启动约谈、问责、曝光，由此发生事故的，依法从严从重追究责任。（2）规范事故查处。规范应急处置。接到事故报告后，第一时间派员赶赴事故现场，由局长或分管副局长带队，协调、指导事故救援工作。规范调查前期准备。在事故救援的同时，迅速组织专家前往事故现场，开展资料收集、现场勘察、技术鉴定和相关人员的调查取证工作，做好事故调查前期准备，收集和锁定重要证据，特别是在事故人数的核查上，及时掌握第一手情况，并作好汇报工作。规范调查组织。每起事故都依法成立事故联合调查组，召开事故调查组两次全体人员会议，审定事故调查工作方案，明确调查工作重点，开展调查取证，彻查事故原因，分清事故责任，提出有针对性的事故防范措施，所有调查取证笔录和会议记录均采用电脑制作。规范调查报告撰写。凡事故调查报告及其附件格式都执行湖南煤矿安全监察局规定，所有事故调查报告在征求调查组成员意见的同时，均坚持室务会初审、局务会集体审查制度。（3）规范行政许可。严格申办证受理制度。对于煤矿申办许可证资料，对照颁证条件逐项进行要件审查。凡是要件不全或未达三级安全质量标准的，一律不予受理。严格现场核查制度。根据辖区特点制订许可证现场核查制度，对申办证矿井做到有计划有重点实施现场核查。严格实行会审制度。分局对申办证资料初审合格的煤矿，每周一提交局长办公会讨论，进行全面会审。严格执行按时办结制度。申办证资料受理后，分局及时组织科室进行审查和现场核查，发现问题及时补正告知、跟踪督促整改，在法定时限内办结。

（刘春峰）

【重点时段监察】 2014年3月至4月，分局联合衡阳市煤炭局，组织对衡阳市批准复工复产的45处煤矿开展一次全面安全大检查。（1）突出监管监察合力。分局监察人员与地方监管人员按照专业搭配、优势互补、团结协作的原则，分三组开展检查。（2）突出检查全覆盖。做到“复工复产煤矿100%检查、检查矿井100%下井、作业头面100%覆盖”。（3）突出查深查透。各检查小组从地面到井下、从主井到风井、从软件到硬件，查处各类安全隐患1356条，平均每矿30.1条。其中重大安全隐患137条。（4）突出严格执法。结合分局监察计划和两局联合方案，分局对其中的12处煤矿下达执法文书，并对其中的6处煤矿给予立案查处，立案率达50%，罚款27.5万元。（5）突出指导帮扶。在大检查过程中，各检查组指出煤矿在安全管理、各生产系统等方面存在的问题，与煤矿管理人员谈心对话，了解煤矿存在的困难，针对煤矿存在的安全技术人员缺乏、巷道成形质量差、通风系统调整等问题，分类指导帮扶，提出切实可行的指导意见和要求。（6）突出跟踪督办。对安全大检查的43处煤矿，提请衡阳市及相关县（市）安委办下达督办令，责令限期整治到位。市委督查室先后两次现场督办，并由市县两级煤炭局严格逐一验收。（7）突出舆论监督。对作出“责令停产整顿”的矿井在当地主流媒体如《衡阳日报》《衡阳晚报》上予以公布，发挥社会监督、舆论监督作用。所检查的煤矿在复工复产期间均未发生事故。

（刘春峰）

【重点地区监察】 邵阳市煤矿监察执法工作调整到分局以后，分局联合邵阳市煤炭局，派出39名监察监管执法人员，聘请9名机电和防突专家，先后于8月、9月连续两个月分别对邵阳县、武冈市煤矿实施联合集中执法。两次集中执法监察煤矿16处，查处安全隐患和违法行为656条，平均每矿达41条，并对11处煤矿给予停产整顿、暂扣安全生产许可证的行政处罚，对8处煤矿作出罚款处罚，对面上检查的2处煤矿给予暂扣安全生产许可证的行政处罚。联合集中执法结束，两局联合行文，分别对邵阳县、武冈市人民政府下达监管监察意见，对存在重大安全隐患的煤矿提交当地县（市）政府挂牌督办，并联合向邵阳市政府提交监管监察联合集中执法情况报告。

（刘春峰）

【重点煤矿监察】 湘煤集团白沙矿区所属14处煤矿多为突出矿井，灾害严重，2013年连续发生4起事故，被列为分局重点监察矿井。6月，分局利用湖南煤矿安全监察局组织分局交叉执法有利时机，配合郴州监察分局对4处灾害较为严重的煤矿实施交叉执法监察，并对其中3处煤矿实施行政处罚，罚款14.35万元，确保辖区省属14处煤矿全年无事故，实现“安全年”。　（刘春峰）

【加强服务】 （1）服务地方政府。2014年，分局与衡阳市、耒阳市等地方政府通过定期联席会议、电话互联、网络资源共享等方式加强联络沟通协调，形成煤矿监管监察联动、信息衔接紧密准确的信息共享机制。（2）服务监管部门。组织对地方监管人员现场执法传帮带；组织对地方监管人员开展业务培训讲座；组织外出考察学习。（3）服务煤矿企业。分局人员、科室调整以后，分局及时更新政务大厅便民服务栏里监察员的相片、办公室、电话号码、所任职务，方便服务对象。开展谈心对话活动。张永成局长巡回在邵阳县、武冈市、邵东县、新邵县、冷水滩区、耒阳市召集各产煤县（市、区）煤炭局、产煤乡镇主要负责人和煤矿主要投资人及矿长进行“谈心对话”，做《煤矿企业何去何从》的专题讲座，指出保留煤矿要擦亮眼睛，认清当前安全生产严峻形势、宏观形势和煤炭市场严峻形势；详细阐述保留煤矿必须具备的条件和标准，要求各煤矿矿长和投资人不要优柔寡断，尽快做出正确的决策。（刘春峰）

统　计

【概况】　2014年，地区生产总值2395.56亿元，增长9.9%，增速全省并列排名第六位；规模工业增加值增长9.3%，增速全省并列排名第六位；固定资产投资1767.01亿元，增长22.9%，增速全省并列排名第三位；社会消费品零售总额825.51亿元，增长12.8%，增速全省并列排名第三位；进出口总额29.43亿美元，增长62.4%，增速全省排名第三位；财政总收入235.26亿元，增长11%，增速全省排名第八位；城镇居民可支配收入24370元，增长9.3%，增速全省排名第三位；农村居民可支配收入13242元，增长11.5%，增速全省排名第四位。（肖新启）

【三经普主体任务】　从2013年下半年开始，全市三经普工作经过两年多时间，完成前期准备、入户登记、数据上传、审核改错、事后质量抽查、汇总整理等普查工作的主体任务。正着手后期成果开发利用。这次普查，首次全面运用现代信息技术，全程监控数据质量，全面掌握全市第二、第三产业的基本状况，包括3.91万个法人单位发展规模及布局，查实服务业、战略性新兴产业、文化产业和小微企业发展状况，以及文化产业、健康服务业、电子商务、个体工商户等在常规统计中难以获得的详细资料。普查获得比较完整的基本单位信息，为全面实施投资、服务业、能源等各领域统计改革，扩大统计联网直报范围提供基础保障。普查首次采用PDA等现代信息技术，在打造公开透明普查方面取得重大突破。（肖新启）

【基层基础建设】　（1）统计队伍素质提高。全市统计系统抓政治理论学习，举办岗位技能、业务知识等多方面培训，推荐一批县市区统计局长到湖南省研讨班、国家培训班“充电”，组织全市1500多名企事业单位统计人员参加统计职称考试、统计继续教育。各乡镇（街道）加强综合统计员选拔培养，绝大多数统计员持有统计证。（2）县乡统计规范化建设。促成市委市政府提高统计规范化建设考核比重，绝大部分县（市）区将乡镇统计规范化建设纳入政府绩效考核，市统计局加强督查通报，进行考核验收。县级统计局100%通过市级验收，95%以上乡镇（街道）统计办达到省级验收标准，耒阳市统计局、珠晖区统计局及茶山坳镇等12个统计办在全省第三批县级统计局、乡镇（街道）统计站规范化建设中被评为先进单位，总体实现县乡统计规范化建设三年全部达标的目标。（3）联网直报单位申报进展较好。将“个转企”、小微企业升“四上”“四下”升“四上”等入统工作纳入市政府绩效考核，举办业务培训，做好复审核查，加强督查通报，强化工作调度，确保应统尽统。全市受理审核联网直报单位申报383个，在全省新进企业排名第三。其中，耒阳市、祁东县、珠晖区成绩较为明显。（肖新启）

【统计调查监测】　（1）组织常规调查。全市统计系统组织涉及农业、工业、服务业、贸经、投资、能源、社会等领域常规统计调查，完成重点企业生产形势和基层联网直报情况调查、小康监测调研、衡阳外向型经济发展情况清查摸底等多项专项性调查。（2）开展考核监测。参与或组织全面小康建设、政府绩效评估、为民办实事、节能降耗等一系列考核数据的收集与认定，完成新型工业化、非公经济、“两纲”、科技进步等监测工作。考核监测结果均被市委、市政府采纳和运用。(3) 民意调查。完成公众安全感和满意度、小康社会满意度和基层党建工作等3项委托调查，开展居民投资理财倾向、食品安全等2项自主调查。发放有效调查问卷3万多份，电话访问城乡居民4万多人，涉及全市220多个乡镇（街道）。（肖新启）

【服务型统计建设】 (1) 服务决策。全市统计系统加强经济运行监测研判，主动献言献策。市统计局为经济工作会、小康监测会、经济形势分析会、经济务虚会等重要会议提供统计服务，为市领导学习、调研提供统计资料、统计咨询。市县两级都编订各具特色的统计产品，分析材料得到党政领导采用和批示表扬的越来越多。市统计局分析材料被国家统计局采用6篇，被市领导批示7篇，《2014年领导干部手册》和《2014年统计年鉴》需求量突破1000本。(2) 服务社会。开展统计宣传，利用雁城屏媒、手机报、微博、微信等新媒介，发布经济运行情况和统计信息，让社会获取统计信息更加快捷、便利；开展对话百姓活动，举办第五届“中国统计开放日”活动，借助《政风行风热线》等栏目与公众进行在线交流；开展服务群众活动，在大走访、扶贫助困和新农村建设活动中，用统计数据服务基层服务老百姓。(3) 服务企业。深入企业，了解生产经营、行业前景和统计情况，帮扶困难企业；指导企业统计，免费培训统计人员，免费发放统计资料；强化参谋服务，撰写一批有针对性的统计分析，如《当前全市四上企业形势不容忽视》《促进衡阳现代物流业发展的思考与建议》等。（肖新启）

【统计法治建设】 加强基本单位名录库管理，规范重要业务流程，如GDP核算、“四上”企业申报清退、经济普查数据库审核等。编印《企业统计工作规范化实用手册》《联网直报企业申报操作手册》等工作手册。结合《统计法》颁布纪念日、国家宪法日、统计开放日、普查调查等活动，开展统计普法宣传。市统计局编印《统计普法宣传资料》，在衡阳电视台上连续60天播放统计法宣传短片，在《衡阳日报》上全文刊登《统计上严重失信企业信息公示暂行办法》。对全市441个单位进行统计执法检查，通报一批统计违法单位，约谈单位负责人，曝光一批典型违法案例。开展统计弄虚作假行为专项整治，严查联网直报中违法违规和不规范行为。全方位清理全市不合格的联网直报单位、非联网直报单位和不属普查范围的个体户。（肖新启）

【部门统计协作】 通过建立部门联席会议制度和相关报表制度，发改、财政、经信、商务、人民银行等部门与政府统计机构加强工作联系，促进业务交流，强化相互协助。在全市第三次全国经济普查中，财政、宣传、国土、民政、编制、税务、工商和质检等部门大力支持，确保经济普查的顺利推进。各行业主管部门在小康监测、政府绩效评估、能源环境、交通邮电、服务业、贸易外经、农林水气、人口就业、科教文卫、重点项目统计等领域，支持各级政府统计工作，提供大量客观真实的数据资料，为发挥统计整体优势做出贡献。（肖新启）

国家统计调查

【概况】 2014年，国家统计局衡阳调查队全面贯彻落实全国统计工作会议、全省国家统计调查暨文明创建工作会议精神，坚持“为国调查、为民服务”，夯实统计调查基层基础，提高统计调查数据质量，强化各项管理，打造现代化服务型统计，为衡阳市委市政府决策、服务地方社会经济发展提供统计调查服务。（孔邯郸）

【完善城乡收支调查网络】 (1) 增进记账户感情，赢得理解与支持。开展“送温暖、献爱心、查实情”活动，春节前夕对住户调查点的贫困户、老党员、老干部记账户送上祝福和慰问金。借总队表彰优秀辅助调查员和优秀记账户的契机，队领导亲自上门祝贺。(2) 加强培训和入户检查，提高记账质量。2月份对城区直接调查的23个国家样本点，以点为单位开展“零距离、面对面”培训。3月6日，组织全市住户调查账页编码竞赛，提高调查员业务能力。(3) 强化调查员、辅助调查员管理。始终把“勤访住户，以情换心，稳定城乡住户调查网点”作为重要基础工作来抓，坚持电话访问与入户访问相结合，运用“三查三问”法，查实每个账本存在的问题。完善《衡阳调查队城区住户调查管理办法》，要求辅助调查员每月到记账户家中访户指导不少于2次，调查员访户指导不少于1天。（4）基础数据的审核、评估和管理。完善数据质量控制办法，进一步规范数据采集、上报、审核流程。加大对各县市队、局的指导检查力度，全年开展2次大规模住户检查。协调好部门间工作关系，加大对宏观层面的把握，做好全市和各县市数据的评估，提高分析预判能力和数据解读能力，为地方政府提供决策参考。（孔邯郸）

【主要畜禽监测】（1）加强领导，争取部门支持。定期向市委、市政府主要领导汇报季度、半年度数据。与市统计局、市畜牧水产局三家联合召开2014年上半年生猪生产形势分析会，对上半年生猪数据反映的生产情况、产销形势、市场行情进行重点分析与判研。（2）做好联网直报各项准备。组织全市生猪监测调查联网直报摸底培训工作会议2次。做好生猪规模户（单位）联网直报摸底调查工作，为全面开展生猪规模户（单位）联网直报提供行指导。（3）开展定期检查，重视回访调查。采取检查、自查和电话调查相结合严把数据质量。会同市统计局、市畜牧水产局联合开展基础工作大型检查1次，全年不定期进行电话抽查共计70余次，各县（市）区调查员实地赴负责片区了解情况200余次。（4）提高报表质量。上报数据必须做到一线调查员、业务人员、分管领导“三把关”。严格把控数据审核评估环节，对基层台账数据、上报程序数据做到每户必审。（孔邯郸）

【县级粮食产量调查】（1）加强领导，增强保障。向市政府领导就县级粮食产量调查工作专题汇报2次。与市统计局、市农业局三家联合召开县级粮食产量抽样调查工作会议，形成部门配合机制。（2）电子绘图，推广经验。全市统一推广电子绘制地块草图，为全省首创。（3）深入一线，督促检查。在5月中旬对7个产粮大县调查样本点早稻面积进行快速督查。举全队之力，队领导带队，分成4个组，对早、中、晚稻进行实测实割，单打扬晒称重，搞准粮食产量数据。（孔邯郸）

【消费价格调查】（1）做好定基年的调整落实工作。根据产业结构和城乡居民消费结构变化趋势，调整落实好调查网点、代表规格品，加强调查网点、调查商品目录及代表规格品的管理，为数据质量打牢基础。（2）根据国家新的调查方案，对全市原有的105个采价点和1365个规格品种进行全面摸底、清查，将采价点个数调整为89家，使各价格采集点数据采集更具代表性。（3）从7月份开始采取以会代训、一对一、面对面指导和赴各采价点业务检查等形式，提高辅助调查员的业务素质。（4）及时向物价等部门反馈CPI数据。定期编写《物价简报》，为社会公众和各级领导宏观经济决策提供服务。（孔邯郸）

【生产投资价格调查】（1）PPI联网直报工作。讲练结合，开展PPI联网直报培训。上门服务，进行PPI联网直报业务指导。7～8月份，深入调查企业进行现场业务指导，到10月份PPI联网直报率达到95%以上。摸索创新，提高PPI联网直报业务水平。摸索出一套便捷的网报数据与程序上报数据对比方法，能快速地在一张电子表格内准确反映网报数据与程序数据差异。（2）房地产价格调查工作。健全《衡阳市房地产价格业务规范化标准实施方案》，完善企业统计报表的登记制度，促进工作规范化。上门培训，重视数据的前期审核，及时进行数据录入后的审核，提高数据质量。（3）推进固定资产投资价格调查。制定《固定资产投资价格调查考核评比办法》，找出各流程可能存在的风险点，提出相应的防控措施。（孔邯郸）

【规下工业和采购经理调查】（1）规模以下工业调查。完善规模以下工业回访规范化标准、调查操作流程，强化标准意识；明确统计员的岗位职责和考核，强化责任意识；搞好样本轮换，强化基础意识。（2）采购经理调查。理论培训与上机操作相结合；与以前的上报数据对比，先人工审核再程序审核；重视企业报表数据反馈，定期开展企业回访。

（孔邯郸）

【其他调查】 国家统计局衡阳调查队推进农民工监测调查、小微服务业企业监测调查、批发零售住宿餐饮业调查、新增小微企业和个体经营户跟踪调查等工作，抓好培训，做好队局配合，抓好数据核查，夯实调查基础，提高数据质量，推进各项常规性调查工作。（孔邯郸）

【“三经普”个体户抽样调查】 国家统计局衡阳调查队完成23个普查小区1913户个体户现场调查登记复查和核实工作。（1）认识与谋划。领导重视，将三经普个体户抽样调查工作作为全队工作的重中之重；建立顺畅高效的工作机制，队领导亲自包点，责任明确、靠前指挥；全队干部职工分成三个调查小组，分片包干负责3个普查小区的调查工作，责任到人。（2）准备工作。队长周扬来先后两次与市统计局局长陈森协商，就两家如何共同做好三经普个体户抽样调查工作达成一致意见。两家联合下发通知，召开7个县市统计局长、调查队长参加的衡阳市三经普个体经营户调查工作会议，促进前期摸底工作顺利进行。采取知识竞赛、集中培训、现场培训等形式，先后组织7次大规模集中业务培训，对市调查队干部职工、各市县调查队相关人员、辅助调查员进行业务培训，确保熟练掌握入户技巧和与调查户沟通技巧。在正式入户调查前，3个调查小组各抽选一个普查小区进行现场模拟试点调查，将调查过程中发现的问题汇总并逐条研究应对措施。（3）集中调查。严格规范做个体经营户抽样工作，按照总队的抽样方案，从23个普查小区中抽取1913个个体户样本；开展现场调查，从4月3日到4月28日全队三个调查小组按照操作程序，深入各普查区对个体经营户逐一上门调查登记，整个现场调查规范严谨；恪守调查纪律红线，恪守“三条红线”纪律，遇到特殊情况逐级向上一级三经普办报告；调查数据经过业主认定并在现场调查记录表上签字。（4）注重质量。采取“三审”制控制质量。调查员对本人分管的调查点严格审核，发现问题必须回访核实，“自查”确保原始数据审核无误；数据录入前，对调查表进行“复查”，录入后，对表格和平板电脑数据进行对比审核；严格“会审”，开展交叉审核和查错活动，防止出现逻辑差错。加强对县队数据的督查与核实。明确每个小组负责所联系县队“三经普”个体抽样调查的督导和检查；加强对县队的数据核实，对于发现的问题和错误，及时指导市县队同志进行核对修正，做到一个错误不放过。敬业奉献。保守估计全队人员平均每人加班80个小时以上。

（孔邯郸）

【专项调查】 对热点问题专题调研，开展文明创建、环境整治和城市管理等方面的专项调查。先后完成“衡阳市空气污染情况调查”“衡阳市卫生状况满意度调查”“衡阳市社风民风民意调查”“衡阳市园林管理与服务民意调查”“2014衡阳市城市管理工作调查”“衡阳市文明城市创建公众调查”等21项专项调查。

（孔邯郸）

【调研分析】 全队撰写重大信息60篇，被国家统计局湖南调查总队内网采用48篇。围绕衡阳经济运行、社会发展、人民生活、社情民意等问题，撰写《衡阳调查》55篇，被市委市政府、总队内网或其他部门采用40篇（次），采用率72%。开展农民工市民化随迁子女教育成本研究课题。

（孔邯郸）

【服务社会公众】 （1）与市委市政府信息办建立联网直报系统。第一时间发送《衡阳调查》《调查快讯》等重要信息60余篇，成为市委、市政府领导掌握经济发展的“晴雨表”。（2）提供城乡居民人均可支配收入、居民消费价格、规模以下工业、生猪监测、粮食产量、农民工监测等数据，为市委市政府和社会公众全方位了解统计信息提供便利。（3）树立“调查为民”意识，向有关部门和社会各界提供所需调查信息40余次、160多个指标。（4）连通“12345”政府服务热线，打造倾听群众呼声、了解群众诉求的新渠道。热线正式投入运营，并设立专人负责建立工单、办理台账等工作。（孔邯郸）

【统计执法】 （1）统计执法检查力度加大。针对粮食监测、畜禽监测、价格调查等重点调查开展专项执法检查，执法检查单位数达30家。（2）探索统计执法新方式。坚持教育与处罚结合、管理与服务并重，加大统计监督力度。在工业品价格调查中，被调查企业衡阳市华仪电力互感器有限公司、衡阳市兴凯钢纤维有限公司不配合统计调查工作。衡阳调查队法规科联合相关专业人员实地走访这两家企业，用法制保障工价调查单位全部按时上报报表。（3）执法办案新成果。在三经普个体户抽样调查中，对不履行提供普查资料的义务，拒不接受调查员入户调查的违法行为予以立案查处，并做出责令改正、给予警告的处理。（孔邯郸）

农业·林业·水利·气象

综　述

【概况】 2014年，全市农业农村发展形势总体向好，稳中有进。实现农林牧渔及农业服务业增加值364.69亿元，同比增长4.5%。粮食总产达330.84万吨，同比增加2.9%；托市收购粮食88万吨，占到全省1/3；国、省粮食生产先进县和种粮大户数均位居全省第一。蔬菜播种面积达107.91千公顷，同比增长4.7%。出栏生猪992.49万头，同比增长2.9%。规模以上农产品加工企业产值达427.2亿元，同比增长35.7%。新增15家省级农业产业化龙头企业，新增数量位居全省第一。首次获批全国休闲农业与乡村旅游示范点1个、国家星级农庄4个。

（胡舒婷）

【农村改革】 农村新流转土地3.60万公顷，流转总面积达33万公顷，其中耕地16.68万公顷，占耕地总面积的43.74%。全市30.33公顷以上的新型农业规模经营主体达515个。全面完成农村土地承包经营权确权登记颁证试点工作，试点确权面积1020公顷。在耒阳市成功开展金融服务"三农"试点工作，办理农村综合产权抵押贷款4.3亿元，在全省首创农村土地流转经营权、农机具打包抵押贷款两种模式。合村工作在衡阳县井头镇、长安乡完成试点。

（胡舒婷）

【农业基础建设】 完成省下达的187处农村饮水安全工程建设任务，解决50.31万农村人口的饮水安全问题。小农水建设新增和改善灌溉面积4120公顷。完成74座小Ⅱ型病险水库和两座中型水库除险加固任务。完成8处"四水"治理项目主体工程。完成10处中小河流治理，治理长度达59.78公里。水土流失治理面积达15.75平方公里。（胡舒婷）

【农村生态环境】 全市68个规模养殖场粪污治理项目全部竣工验收，765个畜禽规模养殖场和778口网箱全部关闭拆除，提前完成省定两年的退养任务。小Ⅱ型以上水库化肥养鱼得到全面遏制，水质优良率达91%以上。100头以上的规模养殖场无害化处理率达90%以上。开展农村环境和卫生综合整治，清除暴露、积存垃圾80多万吨，搬迁、取缔马路市场17个，中心集镇街道"五乱"现象得到有效整治。完成造林2.27万公顷，森林覆盖率达到45.96%。新增农村沼气用户2674户，建设大中型沼气工程3处。推广太阳能热水器4455户，推广太阳能路灯4000多盏。（胡舒婷）

农业综合开发

【概况】 2014年，全市农业综合开发完成财政资金投入1.7亿元，其中土地治理项目投入1.3亿元，建设高标准农田6926.67公顷，产业化经营项目投入4千万元，扶持项目32个（包括25个财政补助项目，1个试点项目，6个贷款贴息项目）。通过土地治理，配套完善项目区农业基础设施建设，增强抗旱排涝能力，改善生产条件和生态环境，提高农业综合生产能力；通过产业扶持，提高企业和农民专业合作社的生产能力，提升产品档次，增强辐射带动力，增加农民收入。2014年，衡阳市农业综合开发办公室（以下简称农开办）业务工作获得湖南省检查验收组的好评，衡阳县被评为"全省农业综合开发工作先进单位"，并在全省农业综合开发工作会议上做经验交流发言。市农开办领导班子在群众路线教育实践活动民主测评中100%为"好"，在年终年度考核中100%为"优"。（谭文兵）

【生产条件和生态环境改善】 2014年，全市农业综合开发土地治理项目投入财政资金13278万元，建设高标准农田建设项目24个（从2014年起取消中低改项目，全部改为高标准农田建设项目）治理面积6926.67公顷，全市新建拦洪坝23座、电灌站16座、机电井3口，衬砌渠道207.89公里，小型蓄水工程160处，修建机耕路58.41公里，改良土壤2546.67公顷，造林40公顷，示范推广1600公顷。项目区的农田水利、农业良种、农机道路等基础设施建设配套完善，做到水源工程和田间渠系结合，灌溉与排渍配套，实现排灌自如，增强抗旱排涝能力，为农业稳定持续发展打下基础。据统计，项目区新增和改善灌溉面积4933.33公顷，新增和改善除涝面积2140

公顷，新增节水灌溉面积2373.33公顷，年节水量330.34万方，新增产值4475.06万元，项目区农民纯收入增加总额1701.67万元。衡南县是全省第一批高标准农田建设示范县，因地制宜探索一套适合丘陵地区开展农业综合开发的模式，即“成线连片打造农业综合开发长廊”。在规划布局“十二五”时期农业综合开发时，将五年高标准农田项目规划到丘陵地貌比较明显的G322国道沿线的三塘、谭子山、泉湖、鸡笼等4个乡镇，坚持以G322国道衡南段40公里开发工程为主线，辐射延伸到国道边的大小垅口，以清花河流域沿线的狭小平原区为核心，横向连接至镇村骨干公路，精心打造全程40公里的“农业综合开发长廊”，改善生产条件和生态环境，美化乡村田园景观。衡阳县、祁东县、衡东县等都注重结合实际，尊重民意，做到科学规划、生态开发。　　（谭文兵）

【标准质量提升】　2014年，全市农开系统打造出一批“民生工程”“样板工程”“精品工程”，获得湖南省检查验收组的好评，衡阳县被评为“全省农业综合开发工作先进单位”，并在全省农业综合开发工作会议上作经验交流发言。该县为了提高工程质量，所有工程在动工前均实行“统一测量、定点放线”，所有渠系工程、机耕路等均实行开挖前、开挖后和压顶“三次测量”，用电脑综合计算出具开挖图，合理控制开挖深度及渠道坡度；石砌渠、U型渠全部采用10公分厚一次成型定制铝合金模“卡式压顶”工艺，使项目区工程做到线直、面平、角正，整体稳固性能好，美观实用。衡南县推行偏心推拉闸和小型分级手提闸门等，全面提高项目工程人性化和质量水平。衡山县、常宁市、耒阳市、珠晖区、南岳区的项目工程标准质量提升也都较大。　　（谭文兵）

【农业产业化】　2014年，全市产业化经营项目完成财政资金投入3990万元，扶持项目32个，其中：财政补助项目25个（龙头企业14个、合作社11个），财政资金2730万元，试点项目1个，财政资金910万元。产业化经营贷款贴息项目6个，财政资金350万元。（1）夯实粮食及其加工、生猪、油茶三大主导产业的发展基础。2014年度农业综合开发投入财政资金通过项目，扶持衡阳市金雁粮食购销有限公司、湖南康洁食品科技发展有限公司、湖南金拓天油茶等10多家粮油加工企业，发展和壮大衡阳市农业主导产业，使其转化成优势产业，从而惠及全市农民，带动全市农民增收。投入财政资金910万元，扶持衡南县湖南大三湘油茶科技有限公司年产2000吨原香山茶油生产线扩建及新建333.33公顷油茶种植基地试点项目，使该项目年新增总产值20842万元，年新增利税3287万元，直接带动农户500户，新增就业人数56人，直接带动农民增收640万元；投入财政资金140万元，扶持衡阳县广源农牧业发展有限责任公司800头原种猪扩繁场扩建项目，使该项目直接带动农户400户，新增就业人数20人。（2）引领中秋酥脆枣、茶叶等特色产业的健康快速发展。2014年，农业综合开发投入财政资金38万元，用于扶持祁东县40公顷枣苗繁育基地种植项目贷款贴息，使该项目新增产值1200万元，年新增利税115万元，直接带动农户2100户，新增就业人数18人，直接带动农民增收800万元。投入财政资金98万元，扶持耒阳市江头生态农业发展开发有限公司150吨江头贡茶加工改扩建项目，使该项目年新增总产值3966万元，年新增利税120万元，直接带动农户620户，新增就业人数162人，直接带动农民增收682万元。（3）扶大扶强农民专业合作社。2014年，全市完成财政资金投入770万元，扶持农民专业合作社11家，直接受益农户近3000户，新增就业人数300人，直接带动农民增收1500万元。　　（谭文兵）

【开发效益】　全市农业综合开发加强农业基础设施建设，改善农业生产条件，推进农业生产方式的转变，项目区农业综合生产能力提高，农业结构调整速度加快，农民增收明显。2014年，全市项目区年新增粮食1211.15万公斤、棉花1万公斤、油料193.22万公斤、蔬菜214万公斤、其他农产品16万公斤，项目区直接受益农民年收入增加总额1422.6万元。通过开发，项目区加快土地流转进程，衡阳县台源镇成为“全省超级杂交稻推广示范基地”；衡南县、常宁市农业综合开发实施

"种粮大户试点"项目，大部分农田实现大户承包，扶持和培养一大批"种粮大户"，采取租赁和入股的形式，与当地村民签订土地流转协议，全面推广良种、良法及机械化耕作，使项目区农业发展进入公司化、农机化、规模化、集约化生产的快车道。（谭文兵）

农村合作经济管理

【村级财务专项整治】 （1）开展村级财务和"三资"（资金、资产、资源）问题专项整治工作。6月份，市农办下发《关于全市村级财务和"三资"问题专项整治工作的通知》。7月份，市农办、市农经处下发《关于在全市开展坚决纠正损害涉农利益行为、村级财务和"三资"问题专项整治工作督查的通知》，对全市12个县（市）区的12个乡镇、30个村的村级财务和"三资"问题专项整治工作进行专题督查，并针对督查中发现的问题，向各县（市）区政府下发《限期整改函》。各县（市）区对存在的问题进行认真整改，举一反三，全面整治。9月底，市农办、市农经处对各县市区开展村级财务和"三资"问题专项整治工作进行评估，并形成评估报告。（2）开展村级财务清理审计工作。各地开展村级财务清查和对第八届村级组织成员任期经济责任审计扫尾工作，重点清理审计村级经济责任目标完成情况、财经纪律执行情况、财务公开制度落实情况和农民群众关注的征地补偿款分配、一事一议财政奖补资金使用、经济合同执行情况等，截至12月底，全市4893个村，清理审计4893个，清理审计率达100%，清理审计资金总额187519万元，清理审计出违规违纪资金1282.9万元，兑现资金1173.3万元。（3）强化民主管理民主监督。全市大部分村都建立村务监督委员会或民主理财小组，对村级财务开支和重大决策实行监督，对村级财务实现全面公开。全市建立村务监督委员会或民主理财小组4068个村，占总村数的83.1%，实行财务公开4088个村，占总村数的83.5%。（唐东荣　刘小云）

【农村集体"三资"管理】 （1）健全农村集体"三资"管理制度。全市建立农村集体"三资"管理14项制度的村4357个，占总村数的89%。衡南县、衡阳县、常宁市、祁东县、南岳区把这些制度在每个乡镇村级财务委托代管中心和每个村村部悬挂上墙。（2）清查农村集体"三资"。按照核实、处置、登记、公示、确认、审计、上报的程序，全面核清各村"三资"家底，建立资产台账和资源登记簿。常宁市、雁峰区、石鼓区把资产资源的经营和处置情况进行详细登记，实行动态化管理。全市建立资产台账4180个村，占总村数的85.4%，建立资源登记簿3698个村，占总村数的75.6%。（3）实现农村集体"三资"委托管理。农村集体"三资"由乡镇农村财务委托代管中心管理，村集体资金由乡镇农村财务委托代管中心统一开设基本账户，实行"双印鉴"管理，村集体资产台账和资源登记簿交由乡镇农村财务委托代管中心保管，资产资源承包、租赁、出让情况由乡镇农村财务委托代管中心随时登记，做到应收尽收。全市实现"三资"委托代管的4893个村，占总村数的100%。（4）建立农村集体"三资"信息化平台。常宁市和衡南县建立县级农经信息网，实现县、乡两级联网，村级财务实行电算化管理，并将村级财务公开信息、农村集体资产资源台账、项目招标投标、合同审查、农村集体"三资"监督管理机构工作职责和工作流程等管理情况录入监管系统。

（唐东荣　刘小云）

【村级集体经济发展】 7月12日，中共衡阳市委、市人民政府下发《关于加快发展村级集体经济的实施意见》，制定村级集体经济发展规划，明确年度和阶段目标任务，要求各级各部门要加大财税政策、土地政策、金融保险支持力度和加大社会团体帮扶、农村信息服务力度，落实保障措施，探索发展村级集体经济的有效途径。（唐东荣　刘小云）

【确权登记】 根据2014年6月17日全市农村土地承包经营权确权登记颁证试点工作推进会议的安排部署，市本级确定祁东县金桥镇狮峰村、路陂村为市级试点，其他各县（市）区分别确定一个村作为试点村，涉及12个乡镇的13个村，126个组，3869农户，试点确权面积1020公顷。耒阳市在磨形乡整乡推进确权登记颁证工作。（1）全市各级高度重视确权登记颁证工作，市委明确将农村土地承包经营权确权登记颁证工作纳入深化农村改革统筹城乡发展的重要内容，市委、市政府主要领导对该项工作高度关注，专门强调，市委、市政府分管农村工作的领导亲自抓试点工作。各县（市）区对确权登记颁证工作都进行专题研究，强化组织领导，落实工作责任，下发实施方案，召开会议专题部署，组建工作专班等。（2）各级都进行确权登记颁证学习培训，组织市县乡村组有关人员学习相关法律政策和操作规程，层层宣传发动，营造浓厚氛围。市县两级开展确权登记颁证专项督查。8月15日，市政府副市长邓柯带领市政府办、市农办、市农经处负责人赴祁东县金桥镇对市级试点进行督查调度。9月3日～10日，市政府办、市农办、市农经处抽调有关人员组成专项督查组对12个县市区试点进行一次全面督查，并将督查情况由市政府办在全市进行通报。10月14、15日，市农办、市农经处又组织人员对进展较慢的6个县区进行督查督办。（3）各级形成党委政府统一组织领导，农办牵头，经管部门具体实施，各相关部门积极配合的工作机制，强化部门联动，增强工作合力，明确经费保障，确保确权登记颁证工作的顺利进行。市级安排确权试点经费10万元，耒阳市安排试点经费90万元，其他县市区分别安排4.5万元～14万元不等，全市安排175.5万元试点经费。

（唐东荣　刘小云）

【经营权流转】　截至12月底，全市农村土地流转面积为33万公顷，比2013年同期增加3.6万公顷，占全市农村土地总面积的28.97%，其中转包11.08万公顷、租赁14.89万公顷、互换0.92万公顷、转让1.92万公顷、入股2.76万公顷、其他1.42万公顷。全市耕地流转面积为16.68万公顷，占全市耕地总面积的51.83%。（1）开展“一流转五服务”实践创新活动。2014年，全市全面开展“一流转五服务”实践创新活动，在加快农村土地流转的基础上，建立起多层次、多功能的农村社会化服务体系和方便、快捷、高效、优质的运行机制，实现农业的经营集约化、生产标准化、产销一体化、耕作机械化，建立健全纠纷调解仲裁和评估、服务机构，规范农村土地流转行为，以及探索建立统一、有形的农村集体土地流转市场。耒阳市“一流转五服务”农村金融改革试点2014年为39个土地流转规模经营主体发放贷款2亿元。（2）夯实土地流转保障基础。2月25日，市委办公室、市人民政府办公室下发《关于大力开展“一流转五服务”加快构建新型农业经营体系的意见》，要求各地在稳定完善农村土地承包关系的基础上，巩固发展衡阳现有的土地流转模式，探索土地托管、股田制、村组集中式、信托等新的流转模式，推动全市土地规范有序流转；开展农业科技服务、农业信息服务、农村金融与风险防范服务、农村市场运行服务、农民素质提升服务和建立健全土地流转服务机构及纠纷调解仲裁体系；加强土地流转用途监管和防范风险。（3）加强土地流转管理服务。各县市区和乡镇普遍成立5个机构：县市区成立农村土地承包经营权流转领导小组、土地流转服务中心和土地承包经营纠纷仲裁机构，乡镇成立土地承包经营权流转服务所和土地承包经营承包纠纷调解机构。（4）探索灵活的土地流转模式。鼓励农民采取转包、转让、出租、互换、入股以及其他符合法律法规的方式流转土地。加快农村劳动力转移刺激土地流转。开展对农民工的职业技术培训，为土地流转及规模经营开辟更加广阔的空间。引导各类资金投入拉动土地流转。支持和鼓励土地承包经营权向农民合作社、种养大户、产业化龙头企业流转，提高流转效率。鼓励二、三产业的龙头企业建立原材料基地，拉动土地流转。

（唐东荣　刘小云）

【纠纷调解】　（1）健全调解仲裁体系。全市12个县市区全部成立农村土地承包经营纠纷仲裁委员会，部分县市区依托经营管理局组建仲裁庭；乡镇成立农村土地承包经营纠纷调解委员会，依托乡镇经营管理站组建调解庭，建立健全乡村调解、县级仲裁、司法保障的土地承包经营纠纷调处体系。截至12月底，全市成立仲裁委员会12个，组建县级仲裁庭5个。（2）依法开展调解仲裁工作。全市各级农村经营管理部门加强与纪检、监察、纠风、司法、信访、国土等部门的沟通与协作，完善农村土地突出问题专项治理工作机制，重点纠正和查处严重侵害农民土地承包权益、强迫农民流转土地和非法改变流转土地农业用途等问题。2014年，全市各级农经部门调处土地承包纠纷883件次，其中调解765件次，仲裁调处104件次，调处的土地承包经营纠纷中外出打工户承包经营权纠纷186件，出嫁女承包经营权纠纷267件，土地流转纠纷127件，为160户外出外迁返乡农户确权确地25.33余公顷。（3）仲裁基础设施建设。各地根据实际工作需要，加强仲裁基础设施建设，衡山县、祁东县、耒阳市按照中央、省相关工作要求开展项目规划设计、审批和实施工作，在国家扶持下建成高标准的仲裁基础设施，强化仲裁机构装备条件和工作手段，健全农村土地承包经营纠纷仲裁体系。

（唐东荣　刘小云）

【农业经营主体建设】　截至12月底，全市有农民合作社2757个，有成员127000个，其中2014年新发展农民合作社788个，新增成员23640个；家庭农场全市工商登记的953个，其中2014年新发展403个；规模经营3.33公顷以下的新型农业经营主体75052个，规模经营3.33~6.67公顷新型农业经营主体4712个，规模经营6.67~33.33公顷的新型农业经营主体2169个，规模经营33.33公顷以上的新型农业经营主体515个。　（唐东荣　刘小云）

【省级示范社创建】　3~5月份，按照《关于做好2014年省委、省政府为民办实事农民合作社省级示范社建设实施工作的通知》、《关于2014年省委、省政府为民办实事农民合作社省级示范社的复函》要求，确定全市7个为民办实事省级示范合作社。市农经处制定下发农民合作社省级示范社建设实施方案，各县市经管局和被选定的省级示范合作社均制定办实事省级示范社实施方案。6月3日~5日，市农办、市农经处对7个2014年省委省政府为民办实事省级示范合作社前期创建工作进行逐一督查。11月底至12月初，配合湖南省考核办对全市7个省级示范社进行全面考核验收，湖南省考核组抽查考核验收衡山县和常宁市，市考核组验收衡南、衡阳、衡东、祁东、耒阳，考核结果均为优秀，于11月24日~30日在衡阳农村网上公示完成情况，并通过市统计局的评估认定。衡阳市为民办实事省级示范社创建工作被评为全省优秀单位。

（唐东荣　刘小云）

【合作社规范化建设】　（1）民主管理制度。各农民合作社进一步建立健全理事会、监事会和成员（代表）大会制度，发挥民主管理、民主监督的作用。祁东县富塘种养殖农民专业合作社，鼓励成员参与管理，尊重成员意愿，走自主经营、自我发展之路。（2）财务管理制度。各农民合作社按照财政部《农民专业合作社财务会计制度（试行）》建立健全财务帐簿、成员帐户和盈余分配制度。衡南县绿众果林畜禽种养专业合作社、常宁市亿诚养殖专业合作社编制完整的财务会计报告，建立成员账户，逐步建立利益同享、风险共担的盈余分配制度。（3）安全生产制度。各农民合作社都建立健全安全生产记录制度，制定安全生产标准，统一操作规程，确保产品质量安全。衡阳县富农优质稻种植专业合作社、衡东县金虎湘米种植专业合作社围绕质量安全抓好标准化生产，建立健全安全生产记录制度，统一安全生产档案，加强管理，提高服务质量。（4）品牌统一制度。各县市区经管局指导农民合作社培育整合品牌，申报注册商标和产品、产地、基地认证等，实行品牌化经营，形成品牌优势。全市拥有注册商标合作社353个，通过农产品质量认证的合作社482个。　（唐东荣　刘小云）

【指导服务】　（1）产销衔接。2014年，全市各级经管部门大力推进农社、农超、农企、农校对接，支持合作社在城市社区和网络上建立直销店、连锁店，开展送货上门服务，组织农民合作社参加现场交流会、农博会等，减少农民合作社运行成本，提高农民合作社产品信誉度，提升农民合作社市场竞争能力。（2）服务能力。各地提升新型农业经营主体的经营服务水平，增强为农民提供生产技术、生产资料和农产品购销、市场信息、融资等方面的服务能力；指导农民合作社根据市场需要和人们需求，进一步调整生产和产品结构及拓宽产品的销售渠道。（3）开展联合与合作。各地坚持自下而上、自主自愿的原则，重点引导农民合作社以产品、产业和服务为纽带发展联合社，鼓励新型农业经营主体与农业产业化龙头企业合作，延伸产业链条；引导农民合作社以产品和产业为纽带，组建粮食、生猪、果蔬、茶叶、烟叶等全市性大宗农产品联合社。

（唐东荣　刘小云）

【农民负担监督管理】　（1）强化组织领导责任。2014年，市委、市政府继续将农民负担监管工作纳入县市区重点工作目标管理绩效考核内容，对发生涉农涉负恶性案件的地方，对其农业农村工作实现“一票否决”。全市坚持“党政一把手负总责、分管领导具体抓”的领导负责制，建立健全农民负担监管工作领导小组，由党政一把手任组长，成员单位涉及所有涉农收费和惠农补贴监管部门。继续落实“谁分管、谁负责”的部门分工责任制，对落实减负惠农政策中问题比较多的单位实行责任追究和重点监控。各级党委、政府与相关涉农单位层层签订减负工作责任状，明确农民负担监管责任，并将减负工作考核情况与领导干部提拔任用及单位评先评优挂钩。3月下旬，市农办、市农民负担监管办对常宁市农田水利建设资金使用情况进行抽查，对祁东县、常宁市、衡南县、衡阳县、衡东县、珠晖区等地专项整治工作开展情况进行明查暗访。为深入抓好“四风”突出问题，全面落实各项惠民政策，6月19日，市委农村工作部下发《惠民政策不落实和缩水走样问题专项整治工作方案》，6月份配合湖南省专项治理工作检查组对衡阳县、常宁市专项整治工作进行检查。7月7～24日，市农办、市农经处、市农民负担监管办对全市12个县市区的12个乡镇、30个村专项整治工作进行全面督查。纠正损害涉农利益行为方面重点检查154项惠农补贴资金的发放情况、涉农收费治理情况、监管制度落实情况及全省通报的问题整改情况等。针对督查中发现的问题，8月14日市农办、市农民负担监管办向各县市区人民政府下发《限期整改函》，要求各县市区于8月30日前将存在的问题限期整改到位。8月25日，市委农村工作部、市农经处召开各县市区农办主任、经管局长、减负办主任会议，对专项整治工作再次进行督促调度。10月20日，市纠风办、市农民负担监管办、市农村党风廉政办下发《关于对全市减负惠农政策落实情况进行检查的通知》，并于11月11日—26日对全市12个县市区减负惠农政策落实情况进行年度检查和对2014年4个重点监控单位进行验收，检查验收情况将作为2015年是否列为市重点监控对象的主要依据。（2）规范涉农收费行为。市农民负担监督管理领导小组于2月14日下发《关于坚决纠正损害涉农利益行为专项整治工作的通知》，要求全市要认真开展坚决纠正损害涉农利益行为专项整治工作，重点是全面排查问题，限期进行整改，纠正损害涉农利益的行为，维护农民的合法权益。通过专项整治，全市取消收费项目28项，降低收费标准3个，减轻农民负担162.28万元，退还农民款项146.87万元；查处违规向村级组织收费案件40起，清退违规向村收费67.04万元；取消向农民合作社违规收费、罚款项目3个，降标1个，减轻农民合作社负担18.1万元；撤消违规收费文件6个，责任追究37人。（3）惠农补贴监管。衡阳市6～9月在全市开展强农惠农资金专项清理整治工作。6月17日，市委、市政府专题召开全市强农惠农资金专项清理整治工作会议，市委办、市政府办下发《关于迅速开展强农惠农资金专项清理整治工作的通知》，对专项整治工作进行专题部署，提出工作要求。重点是对154项强农惠农资金的管理和使用情况进行清理整治，确保惠农补贴及时足额发放到位，确保强农惠农资金专款专用，防止截留抵扣挪用，防止贪污腐败。

（唐东荣　刘小云）

种植业

【概况】　2014年，全市各级农业部门做好“科技兴农、产业富农、项目强农、服务惠农、依法护农”，全市农业农村经济继续保持良好的发展势头。（1）粮食增产。全年完成粮食播种面积52.91万公顷，比2013年增加3813.33公顷，单产为431公斤/亩，比

2013年增加6公斤/亩，总产达到344.52万吨，比2013年增7.24万吨。（2）经济作物提质增效。全年完成经济作物总面积13.13万公顷，比2013年减少666.67公顷，经济作物总产值达到29亿元，与2013年基本持平。（3）农业产业化。全年农产品加工业实现销售收入611亿元，同比增长28.9%，规模以上农产品加工企业产值达到427.2亿元，同比增长35.7%。（4）休闲农业发展。全年休闲农业企业完成营业收入77565万元，同比增长25.6%，接待游客629万人次，带动农户近5950户，直接吸纳农民就业22500人。（5）农民收入。全市农村居民人均可支配收入达到13242元，增长11.5%。连续十一年保持10%以上的增速，农民人均收入增长幅度连续六年超过城镇居民收入的增长幅度。

（林　强）

表6　　2014年衡阳市主要农作物面积和产量

单位：万亩、万吨

项目	播种面积	总产量
农作物总播种面积	1521.76	—
粮食	799.35	344.52
其中：早稻	315.39	131.52
中稻与一季晚稻	76.07	39.04
晚稻	334.07	147.64
旱粮	73.82	26.32
油料	335.54	42.98
棉花	31	3.44
烟叶	13.46	2.14
药材	4.65	0.82
蔬菜（含菜用瓜）	161.87	350.86
其中：黄花菜	17.1	4.36
西（甜）瓜	27	56.1
席草	5.58	5.26
水果	88.3	25.45
其中：柑桔	48.2	13
茶叶	9.05	0.11

说明：以农业部门统计为准

（林　强）

【粮食生产】　全年完成粮食播种面积52.91万公顷，比2013年增加3813.33公顷，单产为431公斤/亩，比2013年增加6公斤/亩，总产达到344.52万吨，比2013年增7.24万吨，托市收购粮食量占到了全省1/3，7个产粮大县有6个被评为全国、全省粮食生产先进县，其中衡阳县、耒阳市被推荐为全国粮食生产先进县，衡山、祁东、衡南、常宁被推荐为全省粮食生产标兵（先进）县。

（林　强）

【粮食高产创建】　全市创办部级水稻万亩示范片58个，其中双季稻全程机械化模式攻关试点县示范片1个，双季稻整建制推进乡镇示范片3个，省市县乡四级高产示范片示范总面积达6.67万公顷以上，每个示范片都有一个领导挂帅，专

人负责，农技人员驻点指导，示范片内统一播插期、统一肥水管理、统一病虫防治。（林　强）

【超级稻生产】　通过全面开展“百、千、万”超级稻连片高产示范和水稻“双季、双超、双机、双提”高产栽培技术普及活动，全市示范推广超级稻20.48万公顷，其中早稻8.37万公顷，中稻（一季稻）1.03万公顷，晚稻11.07万公顷，核心示范区的现场测产验收，早、晚超级稻亩产均超过目标产量（600公斤），“四双”高产栽培项目获得市科技进步奖一等奖。（林　强）

【油菜生产】　全市夏收油菜面积21.14万公顷，比2013年增加1700公顷，增0.81%；单产达124.5公斤/亩，比2013年增加3.8公斤/亩，增3.1%；总产达7.9亿斤，比2013年增加0.24亿斤，增3.1%。（林　强）

【蔬菜生产】　全年完成蔬菜播种面积10.79万公顷，比2013年增加4840公顷，总产350.86万吨，比2013年增加35.09万吨；引导近年来新增的2000公顷中心城区蔬菜基地提质改造，大力打造国家级、省级蔬菜标准园，石鼓区、珠晖区成功申报湖南省现代农业综合产业园（蔬菜）项目，中心城区蔬菜基地建设预冷库18座1090立方米，新修各类机耕道、生产道1.25万米，各类排水沟渠1.37万米，新建大棚750座、大型智能育苗工厂1680平方米、连栋温室6400平方米；通过将城区发展蔬菜生产经验向县市复制，各县市的蔬菜基地建设稳步推进，衡山县666.67公顷的早白薯，祁东县1.1万公顷的黄花菜、3333.33公顷姜芋，衡东县1666.67公顷的黄贡椒、衡南县2000公顷的香西瓜，耒阳市1333.33公顷的白菜，常宁2000公顷的无渣生姜、衡阳县1333.33公顷的莲藕等8大特色蔬菜布局初步形成，新建蔬菜直销店30个，全市蔬菜供应量足、质优、价平。（林　强）

【棉花生产】　全年完成棉花播种面积2.07万公顷，比2013年减少660公顷，亩产皮棉111公斤，比2013年增产33.5公斤，总产达到3.44万吨；棉花销售价格低，籽棉由开秤时7.2元/公斤下跌到6～6.2元/公斤；组织开展棉花高产创建，分别在衡南廖田青冲、陆堡及衡阳西渡交岭、阳塘等4个村创办2个万亩示范点，皮棉亩产分别为136公斤、160.5公斤，达到创建目标产量132公斤/亩的要求。（林　强）

【水果生产】　全市水果种植面积为5.89万公顷，总产量25.45万吨。柑桔种植面积为3.19万公顷，新扩266.67公顷，开花期天气正常，坐果良好，产量达到13万吨，比2013年增产15%，总产值2.5亿元左右，销售价格与2013年持平。时鲜水果2.67万公顷，比2013年增加666.67公顷，其中桃李减产40%～50%，早熟梨增产30%，葡萄增产40%～50%，鲜食枣、杨梅、枇杷产量持平或略增，全市时鲜水果总产量达到10.5万吨，总产值4亿元。（林　强）

【茶叶生产】　茶叶种植面积为6033.33公顷，比2013年增加100公顷，2月、3月较长时间低温阴雨，茶芽萌发推迟10天左右，春茶减产13%以上。全市茶叶总产量1080吨，总产值7100万元，均比2013年略减。（林　强）

【农业产业化】　通过组织实施衡阳市农产品加工业振兴规划，农业产业化专项扶持资金由1000万元增加到1500万元，确定绿海粮油、大三湘油茶等9家龙头企业入选全省百强龙头企业进行重点扶持，全面推进列入市政府重点工程的118个农业产业化类项目，完成年度投资162.1亿元，占计划的101.6%，新增中国驰名商标1个（角山）和地理标志农产品2个（西渡湖之酒、常宁茶油）。全年农产品加工业实现销售收入611亿元，同比增长28.9%，规模以上农产品加工企业产值达到427.2亿元，同比增长35.7%，全省小康监测指标规模以上农产品加工企业产值占农业总产值之比从0.47∶1提高到0.72∶1，提高25个百分点，增速位居全省第1，新增15家省级农业产业化龙头企业，新增数量位居全省第1。（林　强）

【休闲农业】　通过引导休闲农庄开展星级创建，珠晖区怡心生态园获得全国休闲农业与乡村旅游示范点，实现全市零的突破，全市新增4家国家星级农庄，其中五星级2家（珠晖区怡心生态园和耒阳市泉水湾休闲山庄）、四星级2家（雁峰区桂竹山庄和衡东县欧阳海休闲山庄）；新增省级星级农庄28家，其中五星级农庄6家、四星级农庄5家、三星级农庄17家。（林　强）

【农产品促销】　组织180余家市级以上龙头企业1000余个产品参加中国国际农产品交易会（青岛）、中国中部（湖南）国际农博会、湖南省西部农博会、中国衡阳农博会等展示展销活动，获得各类金奖20余项，完成销售额4900余万元。（林　强）

【农业科技】　农业部“蔬菜优质种苗繁育基地”落户市蔬菜研究所，全市拥有6个国家、省级农业科技创新品牌；按照“三位一体、三类协同、三级贯通”的机制，全市培育新型职业农民2600人；按照良种良法配套、农机农技结合的思路，抓好九大农业综合配套技术的推广，完成集中育秧大田面积10.8万公顷，超级稻面积20.48万公顷，专业化统防统治服务面积11.24万公顷，测土配方施肥技术推广面积60.13万公顷，均超额完成全年任务。祁东县步云桥镇金龙岩村的超级稻高产攻关项目经专家组验收平均亩产达1003.6公斤，创造水稻单季亩产的新纪录，水稻“四双”增产模式攻关通过市级鉴定。（林　强）

【农产品质量安全监管】　坚持监管体系、标准化生产、日常监测、专项整治四管齐下，全市184个乡镇全部挂牌成立农产品质量安全监管站，近三分之一的乡镇监管站落实办公、检测场地和基本仪器设施；农业标准化核心区达到13.35万公顷，增加1.02万公顷，新增“三品一标”认证产品60个，总量占到全省六分之一；全市开展农产品抽检6.5万余批次，合格率99.3%，查处农产品质量安全问题84起、100多批次；以农村清洁工程示范村建设等5个农业项目为重点，开展省政府1号工程湘江保护与治理工作，落实省级以上项目资金1367万元，整合其他资金382万元，全面完成项目建设任务。全省农产品质量安全四次例行监测合格率达到99.7%，居全省第2，未发生一起重大农产品质量安全事故。（林　强）

【依法行政】　对部门权力进行全面清理，保留行政许可5项、行政服务7项、行政监督检查13项、行政处罚43项、行政强制3项、行政征收2项；市农业行政执法支队立案查处违法案件42件，其中有7起大案要案上报国家农业部，占全省一半，有一个案卷被评为全国优秀案卷，通过政务中心窗口集中办理行政许可和行政服务事项172件，无一起引起行政投诉、行政诉讼。（林　强）

【新型职业农民培育工程】　按农业部、省农委的要求，农村劳动力培训阳光工程升级转型为新型职业农民培育工程。衡阳市遴选衡东县为部级示范县，衡阳县为省级示范县，作为新型职业农民培育示范县，重点探索“三位一体、三类协同、三级贯通”的培育制度，其他县（市、区）结合实际，参照示范县方案执行。2014年，全市培育新型职业农民2600人，其中，生产经营型职业农民1000人，专业技能和社会服务型职业农民1600人。另阳光工程培训13900人，其中专项技术培训12900人，职业技能培训1000人。（林　强）

【项目建设】　全市各级农业部门争取到位省级以上项目资金14.3亿元，同比增加25.6%，其中集中育秧、新增粮食产能工程、农业部秸秆综合利用、农业循环试点市等重大项目争资额占全省的七分之一左右，衡南成为全省2个农业部信息进村入户试点县之一；重视涉及农业产业化的市政府重点工程项目118个的实施，特别是由市农业局负责调度的33个市级以上重点项目完成投资35.6亿元，占年度计划的101.9%，衡阳市农业局被市重点办评为全市重点工程建设先进单位。（林　强）

【实施湘江保护与治理省政府“一号重点工程”农业项目】　落实5个国家、省级农业项目开展湘江保护与治理工作，落实项目资金1367万元，整合项目资金382万元，五项建设任务基本完成，其中测土配方施肥60.13万公顷、土壤有机质提升2.67万公顷、绿色防控2666.67公顷、专业化统防统治11.24万公顷、农村清洁工程示范村建设11个，均超额完成任务。通过项目实施，项目区化肥、农药施用量减少10%以上，减少化肥用量72680吨、农药用量3363吨，农作物秸秆综合利用率达到95%以上，农村清洁工程示范村达到垃圾无害化处理、生活污水零排放、生产废弃物资源化利用，实现家园清洁、田园清洁、水源清洁和能源清洁的目标。在省农业委组织的考核中获得第一名。　（林　强）

【省政府两个“百千万”工程】　全市各级农业部门按照省政府《关于实施两个“百千万”工程加快现代农业建设的意见》文件的要求，组织实施两个“百千万”工程，促进衡阳市的现代农业建设。“百企”情况：市财政将农业产业化专项资金由1000万元增加到1500万元，筛选绿海粮油、角山米业、金雁粮食、康洁食品作为粮食类，湘旗农牧作为畜禽类，新发食品作为果蔬类，大三湘油茶、江山生态作为油脂类，天天见梳篦作为竹木类共9家企业作为全省百强龙头企业进行重点培育。“千社”情况：市财政连续两年每年安排100万元“以奖代补”扶持示范农机合作社建设，新发展农机合作社105家，筛选70家作为省级农机示范合作社进行培育。“万户”情况：新增以种粮为主的家庭农场548个，筛选274个家庭农场作为省级示范性家庭进行培育。“千园”情况：由县市区遴选、市本级组织专家评审，认定符合省定标准的10个农业综合产业园，188个农业、畜牧业特色产业园，70个林业特色产业园进行创建；有4个综合产业园，4个农业、畜牧业特色产业园入选第一批扶持范围，衡阳市农业局、畜牧水产局联合下发专文，要求其他产业园按照“省里定标准，市县（经营主体）搞创建，验收达标后授牌认定，以奖代补”的工作机制组织创建。“万名”情况：派出1500余名农业技术人员为新农村建设、现代农业发展和新型农业经营主体的培育壮大等提供全方位科技服务，特别是对3.33公顷以上的粮食新型经营主体实行定点联系服务，6.67公顷以上的安排专人提供全程技术服务，全市组织各类农业技术培训1550期，培训农民45万余人次，发放培训教材和技术明白纸40.45万份，接受群众技术咨询服务182688人次。　（林　强）

畜牧水产业

【概况】　2014年，全市畜牧水产部门克服H7N9流感、生猪价格低迷等不利因素的影响，致力养殖方式转变和养殖效益提升。全市全年出栏生猪1042万头，出笼家禽1.08亿羽，出栏牛15.18万头，羊70.01万只，分别较2013年同期增长0.8%，0.1%，7.5%，7%；全市放养水面5.44万公顷，水产品产量29.3万吨，同比增长3.25%和10.57%；饲料总产量120.6万吨，同比增长1.7%。　（黄　鹏）

【一号重点工程】　按照湘江养殖污染防治工作要求，对湘江干流两岸500米范围内的规模养殖场实施关停搬迁，对湘江干流网箱实施关闭退养，对湘江流域规模养殖场实施污染治理项目。衡东县研究出台具体的实施办法和工作措施，找准工作的突破口，带动全市工作的开展。截至2014年年底，全市68个规模养殖场粪污治理项目全部竣工验收，退养网箱778口，关停拆迁765个畜禽规模养殖场，拆迁面积达32.97万平方米，发放关停拆迁补偿资金7392万元，提前完成省定两年的退养任务，工作进度排名全省第一。　（黄　鹏）

【标准化规模养殖】　全市紧扣国家养殖业扶持政策，有针对性编制储备项目，实施项目带动战略，把创建活动与项目实施相结合，全年创建畜禽标准化规模养殖场（小区）92个，菜篮子建设项目11个。其中创建国家级畜禽标准化规模养殖示范场3个，省级示范场6个，市级示范场15个；创建农业部水产健康养殖示范场7个，省级休闲渔业示范点3个。　（黄　鹏）

【质量安全监管】　创新畜禽水产品质量安全监管机制，开展风险评估、市场准入、检查记录、例行监测等工作，督促主要农产品市场、超市建立畜禽水产品质量安全公示牌，畜禽水产品经营户建立购销货台账；组织开展饲料、兽药与兽药残留、“瘦肉精”等6项专项整治行动。通过一系列举措，全市“瘦肉精”抽检合格率100%，畜禽产品抽检合格率99.9%，水产品抽检合格率99.5%，各项指标均超过省政府目标管理的要求。全年新增无公害畜禽水产品认证企业3家，7家企业进行产地认定，5家企业进行复查换证。（黄　鹏）

【动物疫病防控】　落实防控责任，推行强制免疫、疫情监测、监督执法、应急处置等综合防控措施，全市各类重大动物疫病的常年免疫密度稳定在97%以上，免疫抗体检测合格率保持在70%以上，均高于农业部规定标准。H7N9流感和小反刍兽疫得到较好控制，全年没有发生区域性重大动物疫情。开展“兽医工作规范管理年”活动，全市各级动物防疫工作规范细致，痕迹化管理到位，尤其是乡镇动物防疫站的管理工作有明显的进步。衡阳市动物防疫工作获得湖南省畜牧水产局先进。（黄　鹏）

【牧渔业行政执法】　健全决策机制，实施重大行政决策听证制度，接受公众评议和监督。及时清理行政审批事项，对现行保留的行政审批事项简化审批流程、缩减审批时限。推行网上受理、网上办理、网上审批和网上监督，全年受理行政许可事项9起，办结9起。打击制售假劣兽药、制售劣质饲料、非法捕捞等违法违规行为，全年查处各类案件123件，关闭不符合生产条件饲料企业4家，收缴电鱼船12艘。（黄　鹏）

【新型经营主体】　通过创新思路、强化扶持、转变方式等措施，不断推进新型牧渔经营主体加速发展。生态环保型、循环利用型和节能节粮型的适度规模家庭牧渔场养殖模式成为衡阳市新型养殖业的发展方向，全市涌现一大批牧渔业专业合作组织。全市约有3954个家庭牧渔场，各种牧渔业专业合作社677个，社员总数达46428人。（黄　鹏）

农业机械

【概况】　2014年，市农业机械管理局围绕市委、市政府提出“经营集约化、产销一体化、生产标准化和耕作机械化”的现代农业发展思路，重点做好购机补贴监管、农作物全程机械化、农机合作社建设、农机产业发展和农机安全生产等工作，全市农机化工作呈现出良好的发展态势，获2014年全省第一名。全市农机总量达到72万台（套），总动力达到520.4万千瓦，同比增长6.3%。全市注册农机合作社265家，其中45家列入省现代农机合作社项目财政扶持建设名单，20家被评为市级示范社。全市实施农机购置补贴资金9324万元，全市拥有各类农机生产企业56家，22家农机企业产品分别列入国家和省购置补贴产品目录，农机制造年产值超过25亿元。全市主要农作物综合机械化率达到51%，水稻耕种收综合机械化水平达到66.3%。（朱明生）

【农机补贴】　在执行“授权办理、实名操作、个人负责”的工作模式上，继续实施“一则两法”，即《衡阳市农机购置补贴经销商监督管理细则（试行）》《衡阳市农机购置补贴违规违法行为举报奖励办法（试行）》和《衡阳市农机购置补贴监管责任与追究办法（试行）》。2014年，全市未发生一起较大的违规违纪案件。全市实施农机购置补贴资金9324万元，补贴购买农机具27307台，受益农户13859户。同时，争取全市22个农机产品列入国家和省购置补贴产品目录，购置补贴目录农机产品销售额超过10亿元。（朱明生）

【机械化水平】　2014年4月22日，全省机插秧现场会在衡阳县召开，张硕辅副省长向全省推介衡阳市机插秧经验。2014年，全市新增插秧机685台，机插秧率达到21.7%。全市推广大型谷物烘干机75台，建成区域烘干中心15个。全市水稻耕种收综合机械化水平达到66.3%，比2013年增长10个百分点，超过全省平均水平0.8个百分点。全市投入“四冬”生产农机具2万余台套，完成机械犁翻油菜地11万公顷，油菜机械直播1.53多万公顷，建立油菜机械直播示范区7个2553.33公顷。全市油菜机械化水平达到51%。（朱明生）

【合作组织】　争取财政支持，连续两年且每年安排100万元“以奖代补”资金扶持20家市级示范农机合作社；与中国邮政储蓄银行衡阳分行签订农机战略融资协议，累计向农机合作组织、农机大户发放贷款 1.3 亿元。全市注册农机合作社 265 家，占全省的 15.8%，同比增加 123 家，20 家农机合作社被评为市级现代农机示范社，45 家列入省现代农机合作社项目财政扶持建设名单。全市农机合作社专职从业人员 1.5 万人，流转耕地面积超过 5.33 万公顷，全部实现机械化耕种收，作业服务面积（含跨区服务面积）超过 20 万公顷，全市农机作业产值超过 30 亿元。（朱明生）

【农机产业】 整合农机资源，打造“一园两区”，即衡阳市白沙洲现代农机产业园、耒阳微耕机产业制造区和衡山机育秧烘干设备制造区。2014 年，全市拥有各类农机生产企业 56 家，22 家农机企业产品分别列入国家和省购置补贴产品目录，农机制造年产值超过 25 亿元。（朱明生）

【安全监理】 全年农机安全生产未发生较大事故，经济损失 3.9 万元。全市完成农机互助保险入保 4343 份，保险金额 126.7 万元。2014 年，全市拖拉机上户 2041 台，收割机上户 1026 台，新增拖拉机、收割机驾驶员分别是 492 人、128 人。全市农机年检率超过 50%，挂牌率、持证率均在 90% 以上。2014 年 9 月 22 日，举办全市农机安全监理岗位技能大比武活动，通过市级遴选组建的衡阳代表队参加全省农机安全监理岗位技能大比武获二等奖。（朱明生）

【教育培训】 通过政策支持、项目帮扶、技术指导等一系列措施，提升农机手的素质和技术，推动农机手向新型职业农民转变。通过培训农机实用技术，“学技提能”成效显著。承办全省湘南片水稻育插秧机械化培训班和举办全市油菜生产机械化推广示范及座谈会。全市开展驾驶操作、维护修理、技术指导、经营服务等内容的农机技术培训 23 期，培训 1577 人次，同时还举办机插秧现场会、演示会 15 场次，观摩群众 1.1 万人次。（朱明生）

【作风建设】 结合党的群众路线教育实践活动，市农业机械管理局制定和完善 18 项规章制度，用规章制度严格规范干部职工的行为，营造风清气正的工作环境。以解决“四风”问题为主线，重点解决当前农机“五难”问题（机育秧难、维修难、烘干难、培训难、融资难）。（朱明生）

农业科学研究

【课题研究】 2014 年，市农业科学研究所开展 34 项课题研究。其中有省超级稻研发、省湘米工程高档优质稻新品种选育、水稻优质低镉品种选育、新型短广敏水稻雄性不育系的选育及应用研究等为代表的水稻育种课题 10 项；有水稻病虫害预警及关键防控技术集成与示范、南方籼稻品质改良关键技术研究与示范、水稻生产全程机械化装备及配套技术研发、长江中下游稻区单改双关键技术研究与示范、南方水稻黑条矮缩病防控关键技术研究与示范等为代表的栽培课题 11 项；有大豆新品种选育、特种经济作物新品种引种与筛选、野生大豆优良基因筛选与利用、特色蔬菜——香妃菜示范推广、桃品种改良与优质高效栽培技术研究、柑橘新品种引进选育试验等为代表的经作课题 8 项；有国家油菜品种区域试验、湖南省油菜品种区域试验、湖南省早熟油菜品种区域试验等为代表的油菜课题 5 项。（阳建斌）

【研发工作成果】 （1）水稻育种。C 两优 583 进入国家中稻区试。2 个早稻品种五丰优 317 与五丰 A/08C85 三系杂交早稻新组合通过市专家组验收，平均亩产分别达到 673.29 公斤和 659.48 公斤，使双季稻区杂交早稻“优质不高产”“高产不早熟”成为历史，达到超级杂交早稻的育种水平。推荐早威 A/H321、五丰 A/CR140 等 6 个组合参加省早稻、一晚和双晚预试，结果待出；推荐早威 A/T0167 等 19 个组合进入省联合品比，5 个品种表现突出。进行低镉品种盆栽鉴定试验，其中早稻低镉品种筛选鉴定盆栽试验 60 个品种，晚稻低镉品种筛选鉴定盆栽试验 134 个品种。同时进行土壤不同酸碱度水稻籽粒镉积累规律研究盆栽试验，试验早、晚稻各 6 个品种、6 个处理。在衡山福田铺建立 0.47 公顷稻瘟病鉴定选种圃，为稻瘟病选种提供便利，抗稻瘟病育种取得突破性进展，选送 143 份材料到桃江鉴定，其中有多个品种具有中抗水平。（2）大豆育种。选育的衡春豆08-1参加2014年省大豆生产试验，顺利通过省种子管理局组织的专家验收，该品种植株整齐一致，性状稳定，产量较高，丰产性、稳产性、综合抗性较好，适宜全省种植，正申请湖南省审定。建立桃新品种观测园，引进18个桃新品种的测试。（阳建斌）

【国家和省级任务】 2014年，衡阳市农业科学研究所继续承担国家和省级区试任务，试验水稻、油菜等新品种4.67多公顷，其中开展早稻、中稻、一季晚稻、晚稻4个类型的区试和生产试验221个参试品种，新品种筛选试验554个参试品种；承担国家油菜品种区域试验、湖南省油菜品种区域试验和湖南省早熟油菜区域试验133个组合。各项试验项目均由技术人员专人负责，规范试验，准确记录，为国家、省农作物品种审定和大面积推广应用提供可靠依据；继续承担国家水稻、油菜产业技术体系两个衡阳综合试验站建设任务，示范推广新品种、新技术10项，分别在五个示范县建立10个试验示范基地。水稻体系按任务书要求开展早稻各项试验工作，6个重点任务均按要求进行。油菜体系完成12项试验的试验总结工作，示范项目9项，开展技术培训10次。两个体系在国家产业体系年终考核中成绩优秀。国家农科教合作人才培养基地和国家科普示范基地建设稳步推进，全年接受农大等高校学生12人次进行实习与培训，承担科普示范教育2次。（阳建斌）

【成果转换】 通过“优质晚稻组合‘T优H505’高产栽培技术研究”项目推广，在衡阳县等县市推广该品种面积3.33多万公顷，增产稻谷2500万公斤，增收6500多万元，2014年，获得市科技进步二等奖。并在国家级刊物发表论文5篇，在国家级水稻、油菜科技创新体系各发表简报5期。（阳建斌）

【科技服务】 先后派出160多人（次）参加各种科技下乡和科技示范活动，组织召开科技下乡、现场观摩会及专项技术培训等会议10场次，举行水稻高产种植培训会，现场解答村民提出的各种问题30多个，发放技术资料2000多份，培训村民1000多人次。示范推广水稻、油菜、蔬菜等新品种19个、新技术6项，引进水果新品种16个，在常宁市、衡阳县、耒阳市、衡南县、衡东县、衡山县创办水稻、油菜、蔬菜、果树等15个示范点，示范面积133.33余公顷。在市委组织的“百乡千村万户”大走访活动中，在石滩乡大丰村开展农业技术培训及座谈会4次共200余人次，送去技术手册200余册，果苗3000余株，总价值4万余元，同时走访群众100余户，慰问困难群众42户，送去慰问金2万余元。组织村民修建通村公路3公里，解决村民出行难题，并挤出3万元经费用于该村新农村建设。（阳建斌）

【项目建设】 2014年，争取到国家农业部的农业科技推广，省农开办的农业综合开发科技推广，省农业厅的“超级稻研发”“湘米工程”“水稻低镉品种选育”“水稻低镉品种筛选鉴定”，省科技厅的省市联合基金，市科技局的科技支撑等项目10个。向国家、省市相关部门申报农业科技攻关和农技推广应用等项目18项，其中农业部科研任务专项4项，省级项目6项。每个项目确立专人负责，专人监管。同时建立项目实施台账，为项目的成果申报和后续申报做准备。（阳建斌）

【拆迁安置】 第一期安置房主体工程通过专家的竣工验收，也顺利通过职工代表的验收；附属设施自来水、电力、有线、网络等线路进户工作基本完成，正在进行路面施工，第一期安置对象即将搬入新居；房屋拆迁签订合同235户，已签订115户，拆迁109户，且每一户建立档案；人员安置需安置1300余人，只有40余人未签订安置协议，安置率达96%以上，同时办理就业失业证145人次。（阳建斌）

【教育实践】 结合农业科学研究所实际，丰富教育实践活动学习内容和创新学习载体，利用科技优势，确保活动与科研工作两不误。畅通言路关，确保征求意见做到渠道广、范围广、内容广，征求干部群众关心的热点、难点问题，征求到各类意见和建议170余条。办公用房清理工作迅速到位。完善“三公”经费管理制度，纠正公款吃喝、公车私用等不正之风。改进文风会风，加强信息公开。建立长效机制，出台和完善25项规章制度。通过教育实践活动的开展，“三公”经费同比下降45.8%。　（阳建斌）

【后勤保障】　（1）完善科研设施。科研基地围墙工程基本完成，建成砖墙及通透式围墙1400余米，修建科研基地马路120余米；低镉盆栽试验基地投入使用；海南南繁基地建设顺利，即将投入使用。（2）稳定工作。没发生一起失盗、失火事件，没有发生一起重大群体事件、治安案件、民事纠纷和治安刑事案件。（3）国资管理。对单位所有资产重新进行核实登记，将两栋办公楼产权过户到市财政行资处并办好移交手续。　（阳建斌）

蔬菜品种研发

【概况】　2014年，衡阳市蔬菜研究所承担国家、省、市科研课题46个，其中国家、省、市级科研项目8项，蔬菜新品种选育及相关应用研究课题28个，食用菌新品种的选育及其栽培技术的研究课题5个，蔬菜植保基础和应用研究课题5项。全年撰写科技论文、总结材料49篇，在国家、省级专业刊物上发表科技论文14篇。一串铃5号南瓜、早香1号丝瓜和中丰红茄等三个蔬菜新品种通过省农作物品种审定委员会组织专家教授进行的现场评议，“湘早优1号苦瓜中试与示范”“瓜类蔬菜嫁接技术的研究与应用推广”分别获2013年度衡阳市科技进步二等奖和三等奖，湖南省农业技术规程制定“大棚茄果类春提早设施、瓠瓜栽培技术规程”项目通过省级专家评审，正申报衡阳市科技进步奖。　（旷碧峰）

【蔬菜新品种选育】　全年观察各类蔬菜种质资源126份，筛选出可进一步开发利用的资源65份优良种质资源；观察2013年度配制的杂交组合74个，筛选出进一步观察试种的优良组合12个；新配制杂交组合86个。（1）南瓜新品种选育。在中国类型南瓜方面，对新引进的35个材料进行田间观察与自交提纯，对2013年新配制的5个杂交新组合进行田间观察；在印度类型南瓜方面，对6个材料进行田间观察与自交提纯，对5个杂交新组合进行观察比较；在美洲类型南瓜方面，对36个小品种进行观察试种，主要以观赏南瓜为主。以一串铃5号南瓜为参试品种，五月早南瓜为对照，开展南瓜新品种生产试验，试验在衡阳市夕阳红蔬菜基地进行。通过试验发现，选育的一串铃5号南瓜在早熟性、丰产性、商品性以及抗病性等方面表现优秀，具有良好的开发利用前景。（2）丝瓜新品种选育。对历年收集提纯的包括皱皮、光皮、白皮和肉丝瓜在内的28个材料进行田间观察与自交提纯。在丝瓜新组合观察方面，主要对2013年新配的15个丝瓜组合进行田间观察比较。以江蔬1号为对照，开展香优1号丝瓜生产试验，试验在衡阳市夕阳红蔬菜基地进行。试验结果表明，选育的香优1号丝瓜，为中早熟品种，产量高，品质优，抗病性强。（3）苦瓜新品种选育。全年种植苦瓜种质资源32份，其中从国内外收集苦瓜品种资源20份，通过种植观察，发现GS3、GS4、GS6、BL13四个品种资源熟性早，连续坐果能力强，产量高，果实外观各有其特色，可进一步纯化、配组利用。其他品种资源表现混杂，性状分离严重，需进一步观察和纯化。同时对原表现较好的12份苦瓜品种资源进一步种植纯化和配组，新配制杂交组合12个。对2013年配制的10个苦瓜新组合进行比较试验，筛选出1998和1999等二个优良的白苦瓜组合和青苦瓜组合GS4×DH4-1，其中白苦瓜组合1999比对照云南黑籽苦瓜和台湾碧秀苦瓜分别提早20天和15天上市，前期产量比二个对照品种分别增产在48.5%和32.7%，且果实外观圆瘤突起明显，光泽度好，该组合同时在四川进行试种，表现优良。为加快其开发应用，该组合下半年又到海南进行南繁制种。（4）辣椒新品种选育。2014年，对20份辣椒资源分小区种植进行观察和进一步纯化，对表现优良的单株采用防虫网隔离后留种，筛选单株17个。对2013年配制的6个杂交组合进行观察，筛选出优良组合3个；根据选育目标，又新配杂交组合8个。为进一步丰富辣椒品种选育的种质资源，年底参加广州种子交易会，收集朝天椒及线椒种质资源12份。（5）西瓜新品种选育。对历年表现较好5个重点材料进行进一步观察提纯、配交配组。由于追肥及时，西瓜长势好，坐瓜率高，完成预定的西瓜保纯与配组目标。以丰乐公司黑优美为对照品种，开展西瓜组合的比较试验，试验结果表明，自选黑皮黄肉组合和花皮红肉组合在坐果率、早熟性等方面表现十分突出，具有推广应用的前景。（6）甜瓜新品种选育。继续对R2、M、B2、H16等材料的进行自交提纯，进一步优化育种材料。引进2个甜瓜新材料（D1、D2），进行严格单株自交处理，根据育种目标进行定向选择。对天蜜脆梨、玉香、伊利沙白等三个品种在连栋大棚内进行高效栽培试验，试验结果表明，光照不足对甜瓜座瓜有较大影响。开展组合观察试验，通过对组合M×H16、R2×H16的观察发现，两个组合的肉质绵，糖度不高，综合品质欠佳。（7）冬瓜新品种选育。对经过多年筛选的14个的冬瓜资源进行田间观察提纯。对2013年新配的杂交组合6个进行观察试种，发现1个组合表现较好，熟性早，座果率高，大小均匀。新配制杂交组合6个。（8）茄子新品种选育。以中丰红茄为参试品种，贵州红茄为对照，开展茄子新品种生产试验，试验分别在衡山县城关镇、衡阳市夕阳红蔬菜基地进行。通过试验发现，选育的中丰红茄具有早熟、丰产、优质、抗病、商品性好等特点，有较强的推广应用价值。（9）黄瓜新品种选育。本年度对收集的12个黄瓜品种资源进行观察、纯化和配组，对2013年配制的5个黄瓜新组合进行品比试验，试验结果表明：JS02×J4-1熟性早，主蔓雌花连续性好，前、后期产量均最高，且抗逆性强，该组合缺点是畸形瓜多，瓜头有黄条纹，商品性状有待改观；JS02×LP1前期产量和总产量排名第二，该组合果实外观为淡绿色，有光泽，瓜头无黄条纹，商品性状适合市场需要，但该组合雌花率高，肥水条件要求高，否则会造成畸形瓜多；其他几个组合表现一般，有待于进一步配种研究。（10）樱桃番茄抗病品种的筛选试验。收集12个樱桃番茄品种按常规方法种植，观察各个品生物学特性。从试验观察的结果来看，发现ty8和ty1-1风味较好但抗青枯病能力较差，抗病能力较好的ty9和ty2-3较适于加工而不适合鲜食。（11）蔬菜新品种现场评议。6月19日，由湖南省种子管理局组织省内有关专家，在衡阳市爱心觉乐蔬菜基地，对市蔬菜研究所选育的丝瓜新品种“早香1号”、南瓜新品种“一串铃5号”和茄子新品种“中丰红茄”进行现场考察，并听取课题组的汇报，经质疑和讨论后形成评议意见。意见一致认为：三个蔬菜新品种具有新颖性、特异性、一致性和稳定性，田间未见疫病、枯萎病、白粉病等病害，适宜湖南省设施和露地栽培。建议完善相关材料，申报品种登记。

（旷碧峰）

【食用菌研究】 （1）开展珍稀食用菌的引进与开发利用研究。主要对长根菇的栽培方式进行改进。试验结果表明：利用220×410×0.3毫米聚乙烯塑料袋两头接种，塑料套环、双层报纸封口，菌丝长满后脱袋覆土出菇，其菌丝生长速度明显加快，35天长满菌袋，比180×360×0.3毫米聚乙烯塑料袋进行栽培长满菌袋时间快5~10天，成功率明显提高，成品率达95%，但存在产量低，出菇期短，生物转化率只有30.9%。另外还对茶薪菇、杏鲍菇等作进一步的栽培观察试验。（2）开展食用菌优良新品种、新技术引进与推广应用。引进优良食用菌新品种7个，其中平菇品种5个，姬菇品种2个。试验表明：黑优150、平6543、黑平2213、黑优11、特抗650这五个平菇新品种具有菇形美、品质优、口感好、产量高、抗病虫害能力强等优点，可作为衡阳市2015年秋、冬季栽培重点推广的平菇优良品种；姬菇898墩大头多，不粘连，易分开，肉质细嫩，出菇期耐低温，盖小密集，光亮透人，无瘤状，无斑点，商品性能好，是值得推广的优良姬菇品种。

（旷碧峰）

【蔬菜植物保护研究】 （1）开展植物益生源对辣椒生长的影响试验。试验结果表明：植物益生源对辣椒具有较好的增产效果，增产率为11.7%；同时减轻辣椒病毒病和褐斑病发生。（2）开展富硒生物制剂对辣椒生长的影响试验。试验结果表明：富硒制剂对辣椒产量影响很小，只增产3.29%，但对辣椒果实内硒含量的变化，有待测定。（3）辣椒主要病虫害的调查和辣椒病虫害综合防控技术引进与示范。调查辣椒苗期猝倒病、疫病、炭疽病、病毒病、枯萎病的发生情况，辣椒蚜虫、蓟马、烟粉虱、茶黄螨和根结线虫的发生动态及成灾规律；引进生物防治技术、黄板诱虫技术、昆虫性诱剂+诱虫灯技术等非化学防治为主的综合性控害技术并进行示范。（4）病虫害防治试验。开展药剂复配防治烟粉虱、斜纹夜蛾、瓜绢螟试验，从试验的结果看，22%氟啶虫胺腈悬浮剂防治烟粉虱效果在82.3%，但是需连续喷药来维持；阿维·苏云金杆菌+斜纹夜蛾核型多角体病毒防治斜纹夜蛾效果最佳，防治瓜绢螟效果尚可，另外，防治效果可持续1个月左右。

（旷碧峰）

【蔬菜高产高效栽培技术研究】（1）蔬菜嫁接技术研究。2014年，继续开展苦瓜、丝瓜、西瓜、甜瓜、辣椒等蔬菜品种的嫁接育苗技术研究，通过采用商品育苗基质、嫁接过程中采用杀菌剂对砧木、接穗进行消毒等技术措施的改进，嫁接育苗成活率均在95%以上，培育各类嫁接苗10万株。为解决科研试验地的番茄青枯病问题，开展番茄嫁接试验，嫁接采用劈接法，砧木选用的是贵州红茄，接后用嫁接夹固定。从结果看，嫁接成活率达95%以上，抗青枯病能力显著加强，田间也有感病株出现，但发病速度较慢。（2）大棚豇豆春提早栽培技术研究。开展简易钢架大棚豇豆栽培试验，从试验结果看，豇豆播种时间可提早到3月10日前后，大棚内种植未出现徒长现象，挂果正常，发病率降低，比露地栽培提早15天上市。试验为发展豇豆早春设施栽培打下良好的基础。（3）大棚秋延后栽培技术研究。开展大棚秋延后辣椒栽培试验，试验在7月下旬播种，9月上旬定植，10月中旬开始采收，全程采用大棚隔离育苗和栽培，进入12月霜期后采用小拱棚覆盖防霜冻，从试验结果看，田间未发发生病毒病，解决传统辣椒秋延后栽培的病害问题，从第一次采收至11月下旬可采收4批，产量1500千克/亩，最后一批果实预计保留至春节期间采收。（4）苦瓜套种辣椒高产优质高效栽培技术研究与示范。该模式是针对湖南夏季高温干旱气候特点而进行研究的一种套种栽培模式，在实际生产中即促成苦瓜、辣椒提早上市，苦瓜品种选择湘早优1号，辣椒选择湘辣4号、丰源3号、丰源8号或博辣娇红等，苦瓜最早5月下旬上市，苦瓜9月上旬结束采收，亩产量3000公斤，辣椒采收时间可延长至10月下旬，亩产量2000公斤~2500公斤，总体效益比单种辣椒或苦瓜提高20%以上。丝瓜套种南瓜高产优质高效栽培技术研究与示范。该模式是在菜农套种栽培基础上探索出来的一种高产高效农业种植模式，南瓜2月上、中旬播种，丝瓜3月中下旬播种，营养钵育苗，采用地膜覆盖栽培，搭平棚架。嫩南瓜4月下旬上市，5月底至6月上旬拔园，丝瓜5月下旬上市，可采收至9月，每亩嫩南瓜产值0.6万元左右，丝瓜亩产值1.3万元左右。

（旷碧峰）

【组织培养技术研究】（1）建立组培室。从2013年下半年开始，派出专人到湖南农大、湖南中医药大学、华中农大的多个组培室学习，并确立设计方案。2014年5月，投资30余万元建立五间现代化组培实验室，设立准备室、接种室、培养室、炼苗室和综合实验室等专用房间。（2）开展组培试验。随着组培室的建成，结合衡阳市科技局支助的“蔬菜种质资源离体保存技术研究与应用项目”的实施，开展金银花、草莓、马铃薯、烟草幼嫩茎段、八仙花、百合、月季等组织培养试验，掌握大量组织培养所需的基础数据，为蔬菜组织培养的应用研究打下基础。

（旷碧峰）

【国家、省级项目】（1）农业部湖南省衡阳市优质蔬菜种苗繁育基地建设项目。该项目通过《农业部关于2013年湖南省2个良种繁育基地可行性研究报告的批复》和湖南省农业厅批准立项。项目经衡阳市发改委审核备案和批复，项目建安工程和田间工程在3月4日进行公开招标，中标单位湖南汉唐农业有限公司完成140平方米实验用房、50平方米种子发芽室、260平方米蔬菜种子贮藏室的改造；新建1600平方米蔬菜育苗温室、6800平方米简易钢架大棚；完成硬化生产道路5000平方米、田间水沟4000米、完成4480平方米育苗温室维修和

3000平方米单栋钢架大棚更换，4608平方米连栋大棚正在建设之中，建成的设施设备年底投入使用。（2）国家大宗蔬菜产业技术体系衡阳综合试验站项目。全面完成2014年度协议中规定的各项任务与考核指标。筛选出适宜湘南地区栽培的优良品种，开展茄果类和瓜类快速育苗技术研究、丝瓜套种南瓜高产高效栽培技术研究、茄子病害综合防治技术研究。在全市11个蔬菜示范基地发放技术资料2万份，推广蔬菜新品种278个，新技术、新设施12项；全年累计完成新品种、新技术示范面积533.33公顷。邀请国家大宗蔬菜产业技术体系岗位科学家及试验站长来衡阳综合试验站现场观摩及学术交流会议，并召开蔬菜新品种、新技术培训会3次，培训新品种、新技术推广骨干86名；举办蔬菜栽培技术培训班、现场技术指导85次，其中有7次在30人以上；培训农民、技术员3500人，发放技术资料4万份；参加科技下乡、蔬菜产地调研16次，大型现场展示、交易会5次，组织蔬菜新品种现场观摩会5次，利用媒体宣传报导42次，上报体系报导材料8篇。调查本地区年度蔬菜产业播种面积、作物种类、产量等总体情况。协助岗位科学家进行辣椒新品种生产、示范和区域试验，引进和示范岗位专家研发的露地辣椒施肥技术，IPM综合性控害、控残技术和产品、南方蔬菜病虫害综合防治技术。参与产业发展政策研究，按体系要求组织蔬菜农户生产效益调研。完成体系15项调查，填写基础信息表和农户调查表115份。参与自然灾害等突发事件处理3次，提交报告8篇。（3）制定蔬菜栽培技术规程。2014年，制定湖南省农业技术规程《大棚茄果类春提早设施栽培技术规程》《瓠瓜栽培技术规程》2个，通过省级专家、教授评审，正式发布实施。（4）湖南省辣椒区域试验项目。试验由湖南省农业厅种子管理局组织，参试品种10个，分QA和QB组，QA组2个组合，以湘研16号为对照，QB组8个组合，其中包括3个朝天椒品种，以湘辣4号为对照，从结果看，除QA01略高于对照QAck，QB05比QBck产量高18.4%，显著高于对照品种外，其中品种产量均低于对照品种，但各参试品种在品质上面均具有一定特色，且抗病抗逆性较强，反映各育种单位在品种选育方向上正由传统的产量育种逐步向品质和抗逆育种方向发展。所有试验数据全部通过网络平台进行上报。（5）蔬菜新品种的引进筛选和示范推广。2014年，引进国内优良蔬菜新品种60多个，通过试验观察和新品种比较试验，筛选出适合衡阳地区种植栽培的特长、长螺、大螺辣椒；短瓠1号、短瓠2号瓠瓜；玉珠、早生南瓜；红太郎番茄、郑白58、郑杭65白菜、郑791萝卜等优良品种11个，其中3个辣椒品种熟性较早、产量高，抗病、抗逆性强，果实最大长度35厘米，外观靓丽，商品性好，在全市11个示范县区进行示范推广，得到菜农的好评。（旷碧峰）

【科研环境】 8月12日，市长周海兵、副市长邓柯、市政府副秘书长颜东程及有关部、办、委、局到市蔬菜研究所就全市菜篮子工程建设进行调研，在现场办公会上解决科研楼建设资金缺口和“湖南省衡阳市优质蔬菜种苗繁育基地建设”项目配套资金200万元。2014年，累计投入资金100余万元用于科研环境条件的改善。新建科研楼内部装修全部完成，所有办公室、会议室、试验室家具基本配置到位；培训室、资料室、阅览室、会议室、组培室、种子贮藏室投入使用，全所干部职工及各界友人捐款138888元，用于建设文化石、科研楼屏风及花瓶等。对存在安全隐患的的100多米围墙进行修复。新建科研基地的蓄水鱼塘护坡110米。对1000平方米的原垃圾鱼塘进行填埋并改造成科研示范基地。对科研基地的道路和水渠进行修复和硬化。（旷碧峰）

【科研服务】 （1）深入基层，服务“三农”。分别安排旷碧峰、余席茂到石鼓区角山乡三星蔬菜基地；唐昌林、闵冬青到衡山县景华食用菌专业合作社；肖昌华、谭美丽到珠晖区茶山坳镇蔬菜基地；刘志华、李健生到蒸湘区呆鹰岭镇蔬菜基地；邓先朝、刘剑眉到蒸湘区雨母山乡蔬菜基地驻点指导生产。与衡山县景华食用菌合作社、湖南常宏绿色有机蔬菜有限责任公司、衡东县方兴绿色蔬菜种植专业合作社、衡南县馨一现代农贸发展有限公司签订3年以上的技术合作协议，科技人员全年撰写蔬菜产业调研报告2份，建议2份，生产技术资料30份，蔬菜基地规划方案4份，其中包括衡阳市社会福利院爱心农场的规划设计及具体建设。市蔬菜研究所的技术服务覆盖整个衡阳地区的蔬菜基地。(2) 新农村建设工作。市蔬菜研究所科技人员多次深入耒阳市新市镇水西村参加该村新农村建设工作，为该村蔬菜产业的发展出谋划策：为该村送去辣椒、茄子、番茄、苦瓜等蔬菜种苗2万余株；为该村编写66.67公顷无公害蔬菜基地发展可行性分析报告。(3) 科技人员还利用技术特长，在搞好科研工作的同时，上半年向全社会提供辣椒、茄子、番茄、南瓜、丝瓜、苦瓜、黄瓜、冬瓜等各类蔬菜种苗500万株，其中向种植大户、蔬菜基地、驻衡部队、衡阳市社会福利院等单位和团体免费赠送辣椒、茄子、丝瓜、南瓜等优质早春蔬菜幼苗30万株，种子5000余包。 (旷碧峰)

林　业

【概况】 2014年，衡阳市林业工作以建设“绿色衡阳”“美丽衡阳”为要求，开展造林绿化，统筹城乡绿化发展，严格森林资源保护，加快改革发展步伐，建设生态文明，各项工作均取得较好成绩，其中营造林工作、生态公益林管理、林地管理、资源保护、野生动植物保护、林业科技等工作被评为全省先进单位，信息化建设工作被林业部评为全国林业信息化建设示范市，全市林业工作再次被湖南省政府评为“湘林杯”林业建设目标管理考核优胜单位，排名全省第三位。

(王楚植)

【造林绿化】 全市完成造林2.27万公顷，同比增长14.96%，占年度计划任务的113.4%，其中，涉及“五边”造林1.25万公顷，涉及珍贵树种造林2220公顷；完成封山育林1.48万公顷；全面抓好“百个珍贵树种培育示范基地”的造林工作，完成造林580公顷；对2013—2014年成活率较低的地块尤其是2013年因干旱死亡的苗木全面补植补造，补植补造面积3.67万公顷，全市营造林总资金投入达到4.72亿元。高标准实施武广高铁衡阳东站以北两侧通道绿化工作，完成绿化里程54.3公里；全面开展乡村道路绿化行动，完成“绿色通道”建设5733.33公顷，绿化里程4210千米；衡南县对各乡镇人民政府所在地周围5千米范围内乡道以上公路两侧全面采用大苗绿化；衡阳县高标准打造S210（衡阳县—娄底市双峰县）“绿色通道”88千米，对境内所有火烧迹地全面更新造林等等打造通道绿化工作亮点、探索新机制。专题下发《衡阳市“秀美村庄”建设三年行动计划》，全市3685个行政村开展秀美村庄建设工作，456个村庄基本达到建设标准；探索“秀美村庄”建设的新模式，将城区147个行政村作为市直党政机关、企事业单位、大中专院校和医院联村建绿共建单位，通过义务植树的形式，在村庄内开展植树造林，实现乡村道路绿化率90%以上，农村村庄绿化率90%以上，农户庭院绿化率85%以上。开展购买碳汇活动和认建、认养活动，全市完成义务植树1350万株，完成造林面积6066.67公顷。集中打造示范基地，创办造林示范基地100余个，示范面积近4000公顷。通过二类资源调查摸清家底，全市森林资源实现大幅增长。森林蓄积量由2013年年底的1390.1万立方米增加到2014年年底的1636.5万立方米，净增加245.4万立方米，增长率为17.65%；森林覆盖率由2013年年底的41.32%增加到2014年年底的45.96%，增加4.64个百分点。 (王楚植)

【资源管护】 各县（市、区）签订保护发展森林资源目标责任状，完善考核办法；将森林采伐限额指标17.1万立方米全部分解入村到户，到户率、公示率、及时率达到100%；进一步加大林地管理力度，组织对各县（市、区）林地征占用项目开展自查和清查，规范用地行为。依法年审木竹经营单位387个和木竹加工单位173个，行政处罚木竹经营单位31个、木竹加工单位23个；推进生态公益林保护建设为民办实事工作，全市省级以上公益林管护面积到位率和补偿资金到位率均达100%；开展森林资源一、二类调查工作，按照时间要求高质量完成一、二类调查任务。组织开展松材线虫病春秋季普查工作，全市林业有害生物发生面积1.97万公顷，发生率3.1%，成灾面积233.33公顷，成灾率0.4‰，远低于省政府规定的4‰标准；防治总面积1.47万公顷，其中无公害防治面积1.38万公顷，无公害防治率94%，大幅度降低林业生物灾害危害程度，实现科学防灾控灾的目标；分解湿地保护指标，推进湿地保护与恢复工程项目建设，全市新增湿地保护面积11371.44公顷，湿地保护增长率达到22.92%，超额完成省政府下达的湿地保护增长率20%的目标任务。汲取衡阳县“1·31”森林火灾教训，开展森林防火群防群治工作，对2013年发生森林火灾较多的衡南县岐山办事处、衡山县店门镇和常宁市胜桥镇实行为期1年的森林防火重点管理，全市发生森林火灾28次，森林火灾发生率为6.5次/10万公顷，森林火灾受害面积125.94公顷，受害率0.29‰，森林火灾发生率、森林面积受害率远远低于省、市政府规定的森林火灾发生率20次/10万公顷和受害率1‰的标准。

（王楚植）

【林业效益】 全市完成油茶新造8533.33公顷，抚育垦复1.25万公顷，完成补植补造3666.67余公顷、重造4000公顷；发展油茶造林公司80家，建设基地面积达到万亩以上达到9家；成立民生银行油茶行业互助合作社，发放贷款1.8亿元，为衡阳乃至湘南地区油茶产业建设业主与民生银行互助合作搭建良好的平台。助推苗木产业发展，全市完成新育苗总面积178.12公顷，产合格苗7459.1万株。加强对林工企业的服务和监管，对全市的18家省级龙头企业进行运行监测，组织对全市20家林业企业产品进行抽检，确保产品质量。发展林下经济，林下经济品种达到30个，连接农户达近5000户。整个林业产业呈现出健康、有序、可持续发展的良好态势，全市林业实现林业总产值178.18亿元，同比增长25.23%。

（王楚植）

【发展后劲】 推进林权流转，出台《衡阳市人民政府关于加强森林资源流转工作的意见》，完成中部林业产权交易服务中心的综合会员及分中心服务会员的申报工作；搭建全市林权交易的初级网络平台，开展林权交易信息咨询和服务；组织开展林权流转专项清理工作，规范林权流转行为，有序推进林场改革，开展摸底调研，摸清林场基本情况，为实施改革做好准备。推进项目建设，先后申报项目153个，落实项目资金达到4.1亿元。完成策划包装项目14个，完成深度开发项目7个；加大对市重点工程涉林的19个项目的监管和服务力度，所有项目按照年度时限要求开工实施。科技兴林步伐加快，市政府专题下发《关于加强我市林业科技工作的意见》，召开全市林业科技工作会议，总结工作成绩，交流林业科学技术，开展科技下乡活动，帮助林农解决技术难题。推进林业信息化运用，衡阳市被国家林业局评为信息化建设示范市。

（王楚植）

水　利

【概况】 2014年，市水利局科学防范局部洪涝灾害，保障人民群众生命财产安全；统筹推进农田水利建设、农村饮水安全建设、中小河流治理、水库除险加固、水土流失防治、农村水电开发等工作，民生水利取得新进展；深化水利改革，落实最严格水资源管理制度，依法治水管水迈出新步伐；推进党的建设和干部队伍建设，落实党风廉政建设主体责任和监督责任，开展党的群众路线教育实践活动整改落实，作风建设取得新成效。

（谢　扬）

【防汛抗旱减灾】 2014年4至8月，全市主要经历8轮强降雨，主要河流4次超警戒水位，主汛期过后，局部出现轻度干旱。（1）防汛抗灾工作措施。严格督促各项防汛抗旱措施到位，重点抓好汛前准备工作、防汛责任制落实、防汛应急演练、完善各类预案和督查人员到岗到位情况等；强化防汛24小时值班制度，汛期期间，全市水利系统坚持24小时值班，市水利局实行每天三人在岗在位，一位领导带班，两名值班人员，及时调度相关工作，并督促水利工程单位做到24小时值守；严查防汛措施到位情况，多次分组到12个县（市）区督查备汛工作情况、防汛物资储备情况、防汛责任落实情况、人员到岗到位情况等，与市委、市政府督查室联合进行高规格督查；预警及时，调度科学，每次暴雨来临时，及时发布信息，并要求安装有山洪地质灾害预警系统的乡镇、村及时发布预警信息，动员当地群众开展防灾自救，杜绝人员伤亡和财产损失，市县两级防指加强水库调度，在降雨来临前，对全市中型水库和重点小一型水库都进行水情调度，对蓄水较高而且面临强降雨的水库，采取提前开闸，腾库调洪，强降雨过程中，加强水库和山洪易发区的调度，随时掌握雨情、水情、工情、灾情。（2）山洪灾害防治和抗旱应急水源工程建设。2013 年度山洪地质灾害非工程措施建设项目，计划投资 1307 万元，已全面完成，2014 年度项目方案审查批复，其中常宁市开展招投标工作。全市省市县三级互联互通建设完成，实现山洪灾害信息共享，并可通过省级平台发布预警信息。山洪灾害调查评价，耒阳市被列为全省的建设示范样板县。重点山洪沟防洪治理工程完成前期工作，常宁市、耒阳市两市列入重点山洪沟建设范围，每县中央投资约 1000 万。祁东县、耒阳市两县市 7 处抗旱应急水源引调提工程实施方案湖南省水利厅已经评审通过，并下达实施计划，正在开展招投标工作，即将全面启动。

（谢　扬）

【争取资金】　全市全年争取省级以上水利投资 79770.43 万元，占目标任务 7 亿元的 114%。

（谢　扬）

【小型农田水利建设】　2014 年度小农水重点县第三、四、五批衡南县、衡东县、祁东县、耒阳市计划总投资 9220 万元，其中中央投资资金 6602 万元，地方配套和农民自筹 2618 万元。新建、改造灌排渠 232.85 千米，整治农村河道 15.26 千米，改造机耕道 4.8 千米，整治山塘 499 口，新建、改造电灌站 11 处 985 千瓦，新建高效节水灌溉面积 46 公顷，改造堰坝 9 处，新增、改造灌溉面积 4120 公顷，使全市 11 个乡镇、81 个村、11.94 万群众受益。2014 年 6 月底，省财政厅、省水利厅联合组织考核组对全市小农水重点县建设进行绩效考评，衡东县、耒阳市、祁东县在全省 42 个小农水重点县考评中全部获得优秀等次，衡阳市考核排名为全省第二名。

（谢　扬）

【省级绩效评估】　2014 年，湖南省绩效评估委员会下达衡阳市考核目标值为：万元工业增加值用水量≤93 立方米，水功能区达标率≥84%。实际完成情况是：统计全市规模以上工业企业 1125 家，1～11 月份万元工业增加值用水量为 87 立方米；市水文局对省确定的 22 个断面的水质监测结论，1～11 月份水功能区水质达标率为 95.5%。两项指标均优于考核目标值。其主要亮点工作体现在以下四个方面：（1）首次建立水资源“三条红线”指标体系。市水利局组成研究课题组，从本局、市水文局、市水利规划设计院组织相关技术人员，编制《衡阳市水资源管理三条红线指标体系报告》，经征求县级水利部门意见和专家审查，首次确定市县两级水资源“三条红线”指标体系。（2）出台衡阳市最严格水资源管理制度和考核办法。市政府出台《衡阳市最严格水资源管理制度实施方案》和《衡阳市实行最严格水资源管理制度考核办法》，确立用水总量控制制度、用水效率控制制度、水功能区限制纳污制度、水资源管理责任和考核制度等四项制度。明确实行最严格水资源管理制度的责任主体、考核内容、考核方式、奖惩措施等内容。（3）建立居民阶梯式水价制度，水资源费征收执行新标准。10 月下旬，市物价局下达正式文件，居民阶梯式水价制度从 11 月 1 日起实行。在此基础上，市物价、财政、水利部门转发省级调整水资源费标准的文件，明确衡阳市城市自来水水资源费进入水价成本，随调整后的新水价一并执行。（4）为民办实事工作超额完成任务。2014 年，省政府确定衡阳市为民办实事农村饮水安全目标任务是解决 32.87 万人的农村饮水安全问题。截至 11 月 30 日，全市计划的 47 处工程全部完成，占计划的 100%；实际完成投资 16353 万元，占计划 15877 万元的 103%；实际解决农村饮水不安全人数为 34.18 万人，占考核指标 32.87 万人的 104%。　（谢　扬）

【水利项目建设】　2014 年，全市水利建设完成年度目标任务，实现投资 13 亿元，完成水利建设项目 3.5 万处。（1）病险水库、水闸除险加固及四水治理。74 座小二型病险水库除险加固项目完成全部工程建设任务，完成投资11100万元。关王塘、唐福冲两座中型水库完成全部建设任务。经省水利厅对全省病险水库除险加固工作年度考核，衡阳市考核排名为全省第一名。荣桓水闸除险加固项目完成年度工程量60%。8处四水治理项目全部完成主体工程建设任务，完成投资5580万元。（2）中小河流治理。10处中小河流治理项目全部完工，完成投资18156万元，完成综合治理长度59.78千米。（3）中小水电建设。2014年，衡阳市33个纳入全省2013年至2015年增效扩容改造实施计划的老旧电站全面启动，33个增效扩容改造项目按计划完成招投标工作，其中2013年启动的14个项目全面开工，2014年启动的项目部分开工，预计2015年3月全面完成建设任务；2014年新启动2个小水电代燃料项目，正在开展招投标工作；争取三个电气化项目落地衡阳市，总投资1787万元，改造后总装机2390千瓦，年发电量可达826万千瓦/时。（4）水土保持项目。水土保持2013年的项目已圆满完工，完成水土流失治理面积15.75平方公里。2014年，计划投资2067万元，分别实施祁东县砖塘项目区坡耕地水土流失综合治理工程，常宁市、衡山县农业综合开发水土保持项目，蒸湘区小流域水土流失综合治理工程，计划坡改梯面积357公顷、治理水土流失面积16.74平方公里，各项目单位正在推进项目实施，确保在2015年3月底前完成全部治理任务。（5）广济水库工程。其工程建设主要包括大坝枢纽工程、灌区工程和库区移民安置工程三大部分，总投资需2.6亿元，计划工期为36个月。大坝工程于2014年2月27日举行开工典礼，工程破土动工。其中：大坝工程总形象进度完成24.3%，大坝施工导流工程完工，围堰闭合截流，大坝左岸坝肩正常开挖，大坝右岸坝肩开挖土石方8.10万方，完成总量的91%，渠首隧洞开挖390米，完成总量的9%；移民安置工作进入规划实施阶段，常宁市政府正在安排项目法人与移民户签订安置协议；灌区工程进入施工准备阶段，施工方进场开展施工准备。

（谢　扬）

【河道采砂整治】　衡阳市河道采砂专项整治及规范化管理从2011年11月份开始，到2014年3月份，历时两年半，在3月26日通过省政府、省采砂整治办的验收，得到省验收组良好评价，标志着衡阳市河道采砂专项整治这一重点工作基本结束。河道采砂整治及长效机制建设仍在努力推进。（1）建立河道采砂管理长效机制。市政府（2014）第8次常务会议通过《关于建立衡阳市河道采砂长效管理机制的意见》《衡阳市河道采砂管理目标考核实施方案》《衡阳市城区砂场规范化管理办法》等3个规范性文件，9月份正式下发，河道采砂进入全面规范化管理阶段，河道采砂乱象得到遏制。（2）全市河道采砂权拍卖全部完成。河道砂石开采权实行“招拍挂”是省政府河道采砂专项整治验收的必须条件。2月26日，市水利局组织对湘江、舂陵水17个标段进行公开拍卖。湘江、耒水、洣水、舂陵水、蒸水、涓水、宜河、潭水、祁水、永乐江等10条流域面积在1000平方公里河流的砂石可采区全部拍卖完毕，成交241008万元。（3）推进中心城区非法砂场整治和新砂场建设。截至2014年11月底，市中心城区有各类非法砂场133个，其中：雁峰区21个，石鼓区8个，珠珲区31个，蒸湘区50个，松开区9个，高新区9个，白沙工业园5个。高新区区域内的9个砂场彻底拆除；蒸湘区内的50个砂场彻底拆除35个，其他砂场的临时建筑物已拆除到位；珠珲区对滨江新区内的湘江、耒水堤防保护内的非法砂场开始整治。中心城区建设6个规范化砂场，分别为珠珲区3个，石鼓区1个，雁峰区1个，松木工业园区1个。松木工业园区金兰砂场、珠珲区藕塘砂场基本完成建设任务，雁峰区文昌砂场、珠珲区太山砂场、国庆砂场、石鼓区江霞砂场即将投产。

（谢　扬）

【湘江保护“一号工程”】　湘江保护和治理工作是省市政府“一号重点工程”，市水利局承担湘江保护办公室日常工作。全市湘江保护2014年实施项目158个。其中，水利项目91个，总投资8.9亿元，解决32.87万人饮水不安全问题，完成病险水库除险加固23座，启动荣桓大型病险水闸除险加固、常宁市广济水库等项目建设，完成中小河流治理10条，整治长度65.7公里，完成四水治

理项目 8 个，治理长度 10.6 公里，治理水土流失面积 6 平方公里。（谢　扬）

【招商引资】　2014 年，市政府下达市水利局招商引资 1000 万元任务。市水利局面向县市区集中饮水安全、电站增效扩容、工业园工业投资等项目进行包装引资。局招商引资工作人员先后对南岳区的龙潭电站增效扩容、常宁市西岭电站增效扩容、珠晖工业园设立衡阳通用电缆有限公司等项目进行重点调研和联系对接。三个项目截至 2014 年 11 月，完成引资额到位资金 1360 万元。（谢　扬）

【水利改革】　自 2011 年全省水利改革试点工作启动以来，衡阳市水资源管理体制机制改革、水利投融资体制改革、水利工程建设和管理体制改革、基层水利服务体系改革、水价改革等“五项体制改革”工作按照省里的要求推进，水利改革工作目标基本实现，水利薄弱环节建设加强，防汛抗灾能力提高，水资源管理和河道采砂专项整治成效明显，治水兴水机制日益灵活，具有衡阳特色的现代水利发展格局基本形成。其中，从土地出让收益中计提农田水利建设资金、水利投融资、中小型水利项目建设实行集中管理、公益性小型水利工程管理和维护等试点工作成为衡阳市改革的亮点。（谢　扬）

【行政执法】　（1）专项执法。在开展湘江流域水行政专项执法活动中，全市发现 42 起水事违法行为，其中河道类 38 起，水保类 4 起。对检查中发现的违法行为，下达责令停止违法行为通知书或限期整改通知书。从 2012 年起，每年将骨干山塘以上水域禁止化肥养鱼工作作为专项执法活动安排。2014 年，抽查小二型以上水库 209 座，合格率 90% 以上。（2）综合执法活动。四月份开始，市水利局牵头，水政监察支队具体组织公安、国土、水事等部门 30 余人组成联合执法组，先后对两艘采砂船进行调查取证，扣押采砂工程船 4 艘，对 30 余艘采砂船进行跟踪监视，对 5 名船主进行重点约谈。（3）联合执法活动。衡阳市县市区之间界河多、共管河道多，为防止非法采砂船东躲西藏打游击的现象，各县市区主要采取共管河道联合执法的方式，依法进行查处和集中整治。据初步统计，沿河各县市区查封扣押处置非法采砂船 48 艘、清理关闭非法砂场 46 个、清理土石方 1 万余方、拆除违章建筑 14 起、查处不按规定采砂 3 起、联合执法行动 10 余起、出动警力 120 多人次，刑事立案 1 起、刑拘 3 人、公安留置询问 20 余人次。（谢　扬）

【信息公开】　贯彻执行省、市政府有关规章制度和文件要求，加强网上审批和电子监察，行政审批办件 100% 上网运行并纳入电子监察。在衡阳政府门户网站上公开行政审批、行政检查、行政处罚、行政征收的目录、法定依据、办事流程、规范权力运行制度体系有关情况。完善水行政处罚幅度裁量基准，开通“12345 热线”及水利“民意直通车”。进一步精简、合并涉企检查，优化经济发展环境。（谢　扬）

【安全生产】　2014 年，市水利局主要开展纠正安全生产方面损害群众利益行为专项治理、安全生产“打非治违”专项整治行动、建筑施工防坍塌事故专项整治“回头看”“安全生产月”活动和水利安全生产信息系统填报等工作。水利局被市委、市政府评为安全生产先进单位。（谢　扬）

移民安置

【后扶工作】　（1）及时发放后扶资金。截至 2014 年年底，省拨 2014 年度四个季度资金全部及时拨付到县市区，发放资金 1.44 亿元。（2）统筹编报规划计划。3 月底，上报 2014 年度全市直补资金年度计划。3 至 5 月份，在全市开展大中型水库后期扶持直补资金专项整治工作，对存在的问题及时进行整改。5 月底，完成全市大中型水库移民后期扶持 600 元以内资金项目年度计划的编制工作，衡阳市上报项目 727 个，总投资 3800 万元。6 月初，按要求完成市本级项目监测评估工作。9 月份，上报节余资金项目 1350 个，计划总投资 8818 万元，按要求分 4 批上报 600 元以外资金项目年度计划，上报项目 1170 个，总投资 8627 万元。实施的 2014 年度 600 元以内后扶计划项目 326

个，2014 年度 600 元以外项目 1125 个。12 月，按要求完成移民扶助金结余资金 465 万元的年度计划编制审批工作，审批项目 142 个。（3）依法开展后扶稽查。9 月初至 10 月中旬，由刘良启总工程师带队，相关业务科室分别对衡阳县、耒阳市和蒸湘区开展移民后期扶持政策实施情况稽察工作。稽察主要通过听取汇报、查看资料档案、审阅资金台账、现场察看核实项目、走访移民户等方式，对三个县区大中型水库 2013 年移民政策落实情况、年度计划管理情况、移民资金使用管理情况以及后期扶持项目管理实施情况等方面进行全面稽查。检查表明，三县（市）区移民后期扶持移民直补资金发放及时规范，计划编制合理合法，符合规定，资金使用管理较为规范，没有发现大的问题。（刘　毓）

【土谷塘航电枢纽库区】 2014 年是土谷塘航电枢纽库区工作任务最繁重的一年，库区护岸涵闸专项工程全面开工，年底按时按质按量完成 54.5 米以下水下工程任务。并完成通航蓄水阶段移民安置及库底清理县、市、省三级验收，完成投资约 1.15 亿元。（1）移民安置。2014 年 1 月，库区淹没永久征地 400 公顷全部完成。库区 43 户移民搬迁已经有 31 户完成搬迁协议签订工作，3 户已搬迁至新居。完成 13 个乡镇 76 个村 273 个村民小组 1909 人的移民生产安置协议签订工作，其余 5578 人为农田防护工程安置人口，将通过工程措施逐步实施。（2）工作程序规范。依据相关法律法规制定《湘江土谷塘航电枢纽工程建设征地移民安置规划实施管理办法》《湘江土谷塘航电枢纽工程建设征地及移民安置实施工作制度》《湘江土谷塘航电枢纽移民安置专项工程施工招投标管理的有关意见》等一系列制度和办法，监督和指导各县市区严格按照规定程序开展库区移民安置和征地补偿工作。对库区专项工程建设项目实行项目建设单位负责制、招标投标制、工程监理制。库区护岸与涵闸，抬填、道路及桥梁工程推行“集中打捆、合理划分标段”作法，实行委托招标；项目建设责任单位对移民建设项目实施进行全过程监管，协调解决工程施工过程中出现的问题，督促勘察、设计、施工、监理单位规范质量管理行为、加强质量管理，督促施工质量问题的整改落实。（3）督查巡查。为推进库区专项工程实施进度，完善督查巡查工作机制，坚持一周一巡视，两周一会商，一月一讲评，全力推进工程顺利进展。衡南、常宁市根据库区专项工程实施需要，适时制定管理办法，合理安排管理人员，定员定岗，确保每个标段都至少有 1 名现场管理人员，现场解决问题，督促工程进度。（4）问题处理。针对规划实施中的偏差和变更，牵头建立由业主、设计院、监理、县级移民机构、相关实施对象的“六方会商”的沟通协调平台，定期或不定期召开会议，推进移民安置实施进度。工程动工以来，按程序批复衡南、常宁在实施过程中出现的需动用预备费项目 84 个，推进工作实施进度。（刘　毓）

【库区产业】 按照“扶优、扶大、扶强”的原则，探索产业开发新思路，盘活发展模式，培育龙头企业，带动移民致富。（1）完善基础数据库和项目库。4 月份开始，就项目库建设情况进行咨询，请示省移民局负责“两库一统”工作的领导，邀请省移民局规划计划处桑科长专门来市移民局进行讲解，拜访财政局有关项目库的科室，学习他们的做法，结合工作实际，6 月下发完善基础数据库和项目库以及 2015 年全市项目库申报的两个通知。2014 年 9 月底完成《衡阳市 2015 年大中型水库库区和移民安置区产业项目库》编制任务。10 月份，在基础数据库和项目库进一步完善的基础上，按照省移民局要求举办一期长达一个星期的培训班，把各县市区分管副职和所有相关工作人员都召集起来，“两库”基础数据输入完善。（2）争取产业项目投入。5 月份，完成申报到省移民局重点（特色）产业开发项目库项目的申报工作。向省移民局争取项目，申报衡阳县银鑫油茶发展等三个开发项目，10 月，省移民局组织专家组对衡阳市衡阳县油茶和南岳云雾茶两个项目可研报告进行评审，并得到通过。（刘　毓）

【资金监管】 做好县（市）区移民资金内审，2014 年 4～8 月份，建立内审工作小组，集中对衡东、衡阳、衡山、常宁、衡南、雁峰6个县（市）区移民资金进行全方位的审计，并在2014年年底完成各县（市）区的审计整改。开展全市移民系统资金使用管理自查自纠。11、12月份，组织对全市12个县（市）区进行一次地毯式的移民资金使用管理自查自纠活动，为2015年国省对衡阳市移民资金审计工作奠定坚实的基础。（刘　毓）

【移民培训】　2014年，全市移民系统举办培训班71次，其中完成实用技术培训4839人，技能培训726人，转移就业培训657人。受训移民就业率达90%以上。市本级在2014年5月和10月分别举办政策法规、数据库和项目库、机关办文办公几项比较大的移民干部培训，学习有关政策法规和各项业务知识，提高素质，增强信心。（刘　毓）

【遗留问题】　向省政府办公厅、省移民局汇报，及时与五凌公司、湘江公司衔接，争取解决大源渡坝区移民实物补助资金按物价指数增加资金总数，并督促相关单位按时落实到位，2014年度，争取坝区移民补助资金104万元，与近尾洲水电站协调，落实近尾洲库区排渍站电费86万元，指导、协助珠晖区局进一步加大大源渡库区遗留问题处理力度，就珠晖区石头港内排机埠改造一事，多次出面协调，争取电站业主、水利、财政等多部门资金，形成合力，解决库区实际问题。（刘　毓）

【灾情险情处置】　2014年7月、8月，衡阳市经历特大雨情，湘江衡阳站水位55.1米，为近3年最高水位，全市各县市区不同程度受灾，库区和移民安置区损失较为严重，库区致危房屋300余间，农作物受灾面积8666.67余公顷，全市移民近10万人受灾。市移民局在库区遭受雨情旱灾的同时，第一时间将安置区受灾情况上报省移民局和市委市政府，争取支持，对受灾特别严重的几个安置区，形成专门的请示材料，多方争取救灾和灾后恢复资金，并在项目计划的编制安排上，有针对性地向受灾严重的安置区倾斜。（刘　毓）

【落实人大建议和政协提案】　2014年年初，市移民局接收3项人大、政协建议、提案交办任务。分别是：市十四届人大三次会议第65号《关于重建库区公路桥的建议》、市十四届人大三次会议第78号《关于要求解决近尾洲库区遗留问题的建议》和市政协十一届二次会议第202号《关于解决近尾洲库区移民工作遗留问题的提案》，其中人大第65号建议，从市本级安排项目资金10万元，协调衡南、祁东县移民局安排项目资金63万元，配合公路部门基本解决祁东县鲁山村公路桥重建资金。人大第78号和政协第202号文件反映的都是近尾州库区遗留问题，市移民局高度重视，在4月下旬安排专班对存在问题的库区进行现场走访，并就库区存在的遗留问题与库区移民群众、村组干部、基层移民进行座谈，并与人大代表和政协委员当面解释问题解决存在的困难和市移民局的工作态度和所作努力，代表和委员表示满意。（刘　毓）

【对口帮扶】　针对移民困难户、独生子女、两女户，对其子女上大学给予每人2000～3000元的扶助奖励。针对衡东县荣桓镇冲塘冲群众反映的突出问题，抓住村民子女就学难的重点，筹集资金，明确专员，规定时间帮助协调周边基础设施，师资力量等问题，为帮助困难家庭的孩子们不因贫困辍学，市移民局机关慰问20户困难家庭，发放慰问金8000元。局机关又组织到冲塘村开展送书包和书本活动，为村小学13名小学生送上价值2000元的新书包和书本，13名小学生全部入学。对双联企业衡阳市皮革厂开展金秋助学。对新农村建议支持点台源镇长清村派驻专门工作队员，安排项目资金10万元，帮助其加强基础设施建设，发展经济。（刘　毓）

气　象

【概况】　2014年是衡阳气象事业贯彻落实中国气象局关于全面深化气象改革五年规划的第一年，也是继续推进县级气象机构综合改革的第三年。完善县级气象机构岗位和职责设置，调整县级业务布局和优化业务流程，建设综合气象业务平台是这轮改革的任务。气象工作仍以推进“气象工作政府化、气象业务现代化、气象服务社会化”的目标为主。尤其是在气象工作政府化方面，推动市、县政府在气象现代化建设、气象发展规划、公共财政保障等方面发挥主导作用，将气象防灾减灾纳入地方政府职责和政府绩效考核评价体系：（1）根据国务院建设覆盖国家、省、市、县四级突发事件预警信息发布系统的国家应急体系和湖南省政府《湖南省突发事件预警信息发布管理办法》的要求，由衡阳市、县政府应急办负责协调监管，市气象部门日常运行管理的依托境内气象业务系统和气象预报、预警信息发布系统的预警信息发布中心正在筹建中。至2014年年底，一个上连省级平台，下连县级管理终端，横向依托衡阳市政务外网与同级应急管理机构相链接的预警信息发布管理平台已搭建好，正等待市政府的批准并解决相应机构编制问题。（2）促请市政府在7月11日向市、县政府各部门、企事业单位包括气象部门发布《衡阳市人民政府关于进一步加强气象灾害防御工作的通知》，就依法加强雷电灾害防御、人工影响天气、气象灾害应急处置、气象防灾减灾保障体系、协调机制、资金投入等工作予以规定。常宁市、衡南县、衡东县政府相继修订出台当地的《气象灾害应急预案》。衡阳市8个县（市）区政府均成立由当地政府分管领导任指挥长的县级气象灾害防御领导机构，正式出台气象灾害防御规划并开展应急准备认证工作；80%的县完成人工影响天气作业标准化炮点建设任务；除衡阳市气象局主要业务及重点工作每年都纳入政府绩效管理和工作考核外，衡山县、衡南县、耒阳市政府将气象预警信息发布、防灾减灾体系建设、气象灾害调查、人影、为农服务两个体系建设等工作纳入对乡镇政府的目标管理考核；衡东县气象局农村气象防灾减灾工作及为农服务维持经费被县委县政府分别纳入地方绩效考核和财政预算。为贯彻落实国务院《防治大气污染行动计划》，市气象局与环保部门合作，为衡阳市生态文明建设提供诸如酸雨、雾和霾及重大环境污染事件的气象预警预报保障工作和科学研究。气象现代化重点任务仍是建设由国家发改委和中国气象局批准立项的衡阳市“十二五”规划重大工程项目——气象防灾减灾预警中心和新一代天气雷达。6月，天气雷达塔楼主体工程建设及准备易地重建的气象预警中心重新规划设计工作正在按照市政府的要求进行；祁东县气象局预警中心项目已通过湖南省气象局批复行将开工建设；完成包括耒阳市气象局新型自动气象站、市观测站、常宁市、南岳区气象局固态降水仪、能见度仪在内的山洪地质灾害防治气象保障工程项目。2013年建成的市观测站、南岳区气象局新型自动气象站在1月1日投入正式业务运行。气象行政管理继续推动由“政府支持、气象监管、部门联合”为理念的气象社会管理工作。气象部门参加当地政府组织的安全生产治理行动；依法规范各类媒体传播气象信息和预警信息。气象行政许可全部实现网上办理；完成中国气象局行政许可权下放后的对接工作。气象科技有偿服务通过规范防雷管理与服务，发展气象信息服务业，所获收益比2013年增长3%。其中市气象局增长5%，各县局增长1%。（周立平）

【公共气象服务】 （1）将气象服务向公共领域扩展。2014年5月25日至7月31日，对农村种植、养殖专业大户、砖瓦厂、草席厂、户外施工单位、装潢、广告公司、农产品加工等有气象应用需求的企业及农、林、水、电、环保、交通等事业单位进行有关气象服务需求、气象灾害损失情况、气象预警信息对生产活动的警示和作用等方面的工作调研；建立起市、县、乡镇、村国土地质灾害与林业防火责任人电话号码库；利用“96121”气象咨询电话、DAB数字卫星预警信息接收机、电子显示屏、手机短信、微博等通讯平台及时发布气象灾害预警信息，以提高公众气象服务覆盖面和时效性。（2）纵向与横向、多课题多项目服务合作：联合湖南省气候中心开展“衡阳市生活垃圾焚烧发电厂”的气候可行性论证工作；与城市管理等部门合作，开展暴雨强度公式编制及城市内涝研究与防范工作；联合市国土资源局共同发布《地质灾害气象风险预警信息》8次，受众4700多人次；与市防办、农业、国土、交通、民政、安监等政府部门联合开展气象灾害防治工作；为新建的南岳机场航测和试飞提供气象保障服务；每天通过“96121”电话向公众提供各类气象指数、空气污染物扩散气象条件等生活需求服务。2014年，衡阳地区经历低温雨雪冰冻、暴雨等13次灾害性天气过程。市气象部门提前准确预报，及时预警，跟踪服务，在第一时间内将气象灾害预报预警信息呈送市、县党政领导和决策部门，提供各类气象决策服务材料50期；向政府部门和社会公众发布暴雨、冰雹、大风、雷电、高温、高山森林火险等各类气象灾害预警信号101次、378县次、60万人次；启动气象灾害预警Ⅲ级、Ⅳ级应急响应命令各2次；向防汛责任人用户发布气象预警短信475县次、27万人次；向社会公众免费群发重大天气短信1300万人次；召开各类媒体通气会3次，接受电台、电视台、报社、衡阳新闻网等媒体记者气象专题采访46次。

（周立平）

【春运气象服务】 衡阳市气象局在1月5日进入春运气象服务期。业务方面是进行寒潮、大风、雾霾、雨雪、道路结冰和冰冻等灾害性天气过程的监测和预报；每周发布一期春运期间滚动预报，并通过传真、邮件传送至电力、交通、农业等部门及服务单位；重大天气过程决策服务材料则提前送到市委、市政府。市气象台在1月29日向衡阳市各媒体发布春节前期晴暖干燥、高火险天气形势及后期转折天气、市民有利出行时段的春节期间天气趋势预报，并预测“春节后期受冷暖空气共同影响，衡阳市大部区域将出现明显的降温降雨天气过程，对长假过后返程的上班族有不利影响”。春节后期的低温连阴雨过程证明预测准确。2月3日，市气象局通过报纸、短信平台、防灾减灾预警平台、电视、报刊、腾讯微博、“96121”信箱等媒介发布寒潮强降温天气消息，提醒衡阳市政府有关部门及市民提前做好出行时的防寒保暖准备。春运后期，针对节后返程务工、学生返校等情况，及时发布连阴雨天气消息。尤其是2月9～13日，2月18日的两次雨雪天气过程，均提前一至两天发布低温雨雪天气消息和道路结冰预警信号；对交通、水、电、农、林等部门开展有针对性的预报服务，提醒他们提前做好雨雪冰冻天气的交通安保及应急处置工作。由于这两次灾害性天气过程预报时间早，雨雪出现时段和强度预报准确，发布预警及时，服务到位，为市委、市政府布置防范低温雨雪天气灾害、及时采取有效避险措施工作提供决策依据，衡阳市没有出现重大交通事故和财产损失情况。春运从1月16日开始至2月24日结束的40天内，市气象局向市委市政府、相关部门、服务单位、市民共发布《春运气象专题预报》材料8期，《重要天气消息》2期，《气象专题汇报》材料2期，霾黄色预警信号1次，大雾橙色预警信号1次，道路结冰黄色预警信号3次，寒潮蓝色预警信息1次。

（周立平）

【春耕春播气象服务】 2014年，衡阳市春耕春播气象服务以农业生产［早稻（播种育秧、直播）、中稻（一季中稻）、春玉米（播种）、烟草（移栽）、春大豆、花生（播种）］防灾减灾和为领导决策服务为重点，主要工作是向政府主管农业领导、农业部门、专业气象服务用户及广大农户发布未来天气趋势预报及农业生产建议。春耕春播前，衡阳市、县气象局、农业气象站一方面通过到农业局及一些乡镇走访、调查农作物播种面积、播种进度、农作物重大病虫害发生趋势、相关的惠农政策以及对气象服务需求等相关信息；另一方面将气象为农服务材料报送农业相关部门。春耕春播期间，气象部门加强对天气的监测，提高预报服务质量，关注灾害性天气发生发展，及时发布监测预报预警和影响评估，进行春播农业气象条件分析和专题服务。市气象局每周定期发布春耕春播服务产品，通过“96121”农业信箱、气象短信、DAB广播、微博发布有利播种天气时段，育秧期出现的春寒、倒春寒天气，短时暴雨等重要天气消息及预警信息。在3月20日至4月30日的春耕春播期间，发布《衡阳市春耕春播气象服务专报》5期，《衡阳市生态与农业气象情报》2期，《气象专题汇报》5期，通过湖南省预警信息平台、衡阳市防灾减灾预警平台、DAB广播发布森林火险、雷电橙色预警、短时强降雨等预警信息9次；通过电台、电视、报刊、微博等媒体在春播期间（3月底～4月初）提前发布有利播种晴好天气消息及冷空气降温天气消息。

（周立平）

【汛期气象服务】 2014年，衡阳市汛期（4～9月）气候特点：降水量正常略偏多，除4月降水偏少外，其他月份降水偏多，平均降水量1093.1毫米，其中衡山5月份降水量439.3毫米，超过历年1倍多，达中度洪涝。汛期雨季结束不明显。降水特征表现为“过程多、局地性强、雨量大”。主要强降水过程有5月10～11日、5月21～22日、5月24～25日、6月2日、6月20日、7月5日、8月18～19日、5月10～11日，受西南低涡及中低层切变线影响，衡阳市大部分地区出现强降水天气过程。据区域自动雨量站降水统计，10日20时至11日20时，有8站次出现大于100毫米大暴雨，59站次大于50毫米暴雨。强降水主要集中于衡阳市中部地区，最大降水出现在衡南县岐山站，达128.2毫米。针对此次过程，市气象局提前3天（8日）将强降水天气消息呈送至市委市政府、市防汛指挥部及相关服务单位，同时通过电视、报刊、“96121”信箱向社会公众发布。10日下午16时通过短信平台、微博发布暴雨蓝色预警信号，晚上23时及11日07时左右针对不同区域发布暴雨黄色预警信号，11日09时通过衡阳市防灾减灾预警平台MAS机向市委、市政府主要领导及全市防汛责任人发布降水实况及未来天气趋势预报。受高空低槽及中低层切变线影响，5月21日午后开始出现热对流天气，至22日08时，衡阳市中部、北部普降大到暴雨，部分乡镇出现大暴雨；21日08时至22日08时大于25毫米的有164站，大于50毫米以上的112站，大于100毫米以上的19站；最大降水量出现在衡东县的红坪，达165.8毫米。针对此次过程，市气象局20日下午在《衡阳日报》等媒体上发布强降水消息，21日～22日将衡阳市将迎来新一轮强降水信息向各级防汛责任人和市民发布；21日下午15时通过短信预警平台发布雷电橙色预警信号，晚上19时35分发布暴雨蓝色预警信号，22时通过MAS机发布地质灾害预警，并将暴雨蓝色预警信号升级为橙色预警信号。由于气象部门提前预报且准确，预警及时并跟踪服务，市政府层面因而防范到位，衡阳市没有出现重大次生灾害及人员伤亡。6月2日，受中低层西南暖湿气流及切变线影响，衡阳市大部分地区出现入汛以来最强降水过程。有36站次降水量大于100毫米，致使城区及部分县市出现内涝。气象台提前于1日下午发布强降水天气消息和暴雨蓝色预警信号，2日04时27分发布雷电橙色预警信号，5时左右相继对市区、南岳、衡山、衡东、衡阳县、衡南、祁东发布暴雨黄色预警信号及地质灾害预警，8时左右对常宁、耒阳发布暴雨黄色预警信号，同时将南岳、衡山、衡东预警信号升级到红色。6月3日，副市长邓柯到市气象局检查指导气象服务工作时，称赞此次强降水过程预报准确、服务及时，没有出现一例因气象灾害死一人、垮一坝的事件。受高空槽、切变线及西南暖湿气流共同影响，7月4日20时至5日08时衡阳市大部出现暴雨天气过程，降水量大于50毫米有78站，大于100毫米有15站，最大降水量出现在衡山福田（160.7毫米），其中强降水区出现在衡阳市、衡山、衡东、南岳、衡阳县、衡南。降水过程时间短，主要降水出现在午夜至凌晨。8月18日20时至19日20时衡阳市出现大范围强降水，降水量大于50毫米有62站，大于100毫米有5站，强降水主要位于衡阳市、衡南县。汛期（4～9月），衡阳市气象局启动气象灾害（暴雨）应急响应命令4次，其中Ⅲ级2次（5月24日、6月19日），Ⅳ级2次（6月4日、8月17日）；发送各类决策气象服务及公共气象服务材料47期，其中《气象专题汇报（强降水）》10期；建立衡阳市防汛责任人电话号码库5000余人；利用气象灾害预警信息平台发布暴雨、雷电、雾、大风、高温预警信号101次，其中，暴雨预警人数达27万余人次，雷电预警人数18万余人次，高温预警人数14万余人次。召开新闻发布会3次，接受电台、电视台、报社、衡阳新闻网等媒体记者专题采访31次；每天在腾讯微博发布最新气象预警、天气实况和趋势，实时进行动态转播。各县（市、区）气象局向当地政府领导报送专题气象服务专刊，用电话为当地群众提供天气咨询服务，利用预警机发布重要天气信息，印发气象服务材料万余份，

发布手机短信气象信息6万余条。（周立平）

【气象为农服务】 2014年，衡阳市气象部门按照湖南省气象局部署，贯彻落实中央一号文件和湖南省委农村工作会议提出的关于“完善农村基层气象防灾减灾组织体系，开展面向新型农业经营主体的直通式气象服务”精神，推进地方政府和相关部门对基层气象灾害防御政策和资金的支持。衡山县、衡东县、衡阳县、耒阳市政府将“三农”气象服务工作纳入各乡镇目标管理考核；衡东县、耒阳市政府将气象为农服务维持经费纳入财政预算；衡南县作为中央财政三农服务专项实施县侧重农业气象服务。在2014年农业生产气象服务中，气象部门开展面向春耕春播、夏收夏种、秋收秋种等关键农事季节和关键性、转折性、灾害性天气的气象保障服务。先后向市、县政府、农业管理部门提供《衡阳春耕春播气象服务专报》《夏收夏种农业气象服务》《秋收秋种农业气象服务》《农用天气预报》《农业气象灾害监测预警评估》《衡阳生态与农业气象情报》等服务产品以供农业生产指导。与农、林、水利等部门共同开展农村气象灾害防御，对低温阴雨、短时强降水及春、夏、秋干旱，秋季寒露风等影响农业生产的重大灾害天气进行随时跟踪监测，提前预报预警。为“三农”构建的衡阳市手机短信、网络、电视媒体、腾讯微博、微信等气象灾害预警信息村级通讯终端覆盖率达100%，其中DAB、电子显示屏乡镇覆盖率在2013年的基础上增加10%；气象信息服务站178个，乡镇覆盖率达100%；气象信息员5194名，村屯覆盖率达100%。衡阳市由基层政府主导的县、乡、村三级气象防灾减灾指挥动员体系和基层气象防灾减灾骨干队伍建设得到完善。气象部门可以通过这些体系发布天气消息及农业生产建议。县气象局根据地方特点开展为农服务：衡南县气象局选取宝盖镇盐合村双季稻种植地和咸塘镇欧阳村益品湘蔬菜基地作为气象为农服务示范基地；耒阳市气象局与烟草局共同建成烟叶生产基地气象监测站，为防控烟叶病虫灾提供气象数据，指导烟农根据天气变化适时安排烟叶生产；南岳区气象局向当地农民发送《气象为农读本》一万册；衡阳市农业气象站在石鼓区角山乡建起农业气象试验基地，为3700户种粮大户，23个涉农企业，48个农业生产合作社，321户烟叶大户以及“双季稻”“蔬菜”“寿枣”“提子”“雷竹”“贡茶”等重点服务对象开展直通式服务。（周立平）

【气象基本业务】 按照中国气象局的统一部署，2014年1月1日起，衡阳市气象部门开始实施地面气象观测业务调整。取消基准站和基本站夜间人工观测业务，夜间相对湿度、能见度、风等基本观测要素改由自动气象观测站承担。2014年，衡阳市国家自动气象站各类常规天气观测资料以及城镇天气预报和各类天气电报上行传输及时率达到99.99%；酸雨资料达到100%；GPS/MET（遥感大气水汽GPS站）、自动土壤水分、闪电定位仪、CMACast（卫星数据广播系统接收小站）等的数据传输及时率达到省气象局目标管理要求。区域自动气象站通信及时率平均在99.1%左右，为历年最好成绩。2014年，衡阳市气象网络通信工作重点是保障各县（市、区）气象局辖区内的区域气象自动站通信平台运行正常、平稳，省、市高清会商系统运行正常，各类服务器、计算机及各种网络通信设备运行良好，主要设备故障率为0.0%。气象业务管理重点是提高观测、预报人员的业务素质，促进气象业务质量的提高：6月，衡阳市气象局修订实施新的《气象业务奖惩办法》，加强业务质量考核；先后举办5期面向县级气象台站人员的业务培训班；组织相关业务人员参加中国气象局干部学院举办的远程在线培训学习；7月下旬，组织地面测报技能竞赛，并选取四名优胜选手参加湖南省地面气象测报竞赛，团体成绩排第6名，获优秀组织奖；新建衡阳市业务交流QQ群，以利于业务人员之间交流业务工作心得体会。2014年度（2013年12月～2014年11月），衡阳市大气探测业务台站总错情0.0个，错情率0.00‰；农业气象和土壤水分观测错情率均为0.00‰，连续多年无错；太阳辐射错情率0.00‰，连续15年无错情；酸雨观测错情率0.00%，被中国气象局考核为年度全优。天气预报业务加强对历史天气的个例分析和数值预报产品的释用，提高精细化预报水平，预报质量综合成绩列湖南省地（州）市第四位，其中最高气温单项质量列第一。市气象台获2014年度湖南省城镇天气预报竞赛集体综合质量二等奖。2013年度气候影响评价被湖南省气象局评为二等质量。

（周立平）

【大气污染防治】 2014年，为贯彻落实中国气象局《气象部门大气污染防治行动计划实施方案》和《湖南省环境气象业务实施方案》，推动环境气象业务发展和能力建设，提高大气污染防治气象保障服务水平，衡阳市气象局建成重污染天气预警业务系统，与环保部门联合开展省、市级重污染天气预警信息发布，通过广播、电视、电话、互联网、手机、微博、微信等多种手段，面向衡阳市社会公众发布空气污染气象条件预报和霾预报预警；利用气象灾害预警服务部门联络员会议制度，建立与环保、交通、卫生等部门联合会商、信息通报、协同应急机制，开展重污染天气应急演练；联合环保部门指导地方政府制定应急预案。5月，参与市环保局针对重污染天气治理的《衡阳市大气污染防治行动计划实施方案》的修订。6月底，衡阳市人民政府与市气象局签订《大气污染防治目标责任书》，明确市气象局为重污染天气科研、监测、预警、应急响应机制责任主体单位。湖南省气象局要求在地（市）级城市建立基于AQI的城市空气质量预报业务，衡阳市气象局提前一年开展此项业务。建起市级集约化空气污染气象条件预报业务流程，开展空气质量污染物扩散条件及基于AQI的空气质量预报方法研究，与环境监测等部门合作共同发布AQI空气质量预报产品，将环境气象业务质量纳入常态化的业务管理，制定出环境气象业务考核管理办法，形成定期通报、督促检查、目标考核机制。

（周立平）

【人工影响天气】 2014年，衡阳地区平均气温正常略偏高0.3℃，3、4月气温平均偏高约1.5℃，5月正常，6～8月偏低，其中8月平均偏低1.2℃。极端最高气温38.3℃。高温日数少于历年，≥35℃的高温天气主要出现在7～9月，平均为22.3天，≥37℃的高温平均为5.6天，其中衡山及中部的衡南、衡阳市区明显偏多，有10天左右。由于夏季平均气温及极端最高温度均偏低，没有出现持续性高温天气，无干旱发生。因此，2014年的人工增雨作业仅在个别地方进行。1月6日，由于连日的高温干燥天气，衡山县店门镇发生特大森林火灾，火势猛烈，火灾范围较大。衡山县气象局应衡阳市政府要求承担人工增雨灭火工作。6日0点10分至1点在九观桥水库大坝开展人工增雨作业，发射增雨火箭弹8枚，作业点降下小雨。至7日早上5点，燃烧10多个小时的山林大火被扑灭。4月5日清明节，为预防森林火灾的发生，常宁市气象局应常宁市委市政府要求，在洋泉进行增雨作业，发射增雨炮弹30发。因空中云团降水条件不成熟，催化增雨未成功。

（周立平）

【气象科普】 2014年，衡阳市气象局开展多种形式的气象科普宣传活动，向社会公众普及气象和防灾减灾知识。在“3·23”世界气象日系列活动中：（1）在3月23日上午召开以“天气和气候，青年人的参与”为主题的纪念世界气象日暨旱涝趋势研讨部门联席会议，邀请市水文、水利、农业、林业、环保、国土局的领导和专家参会，衡阳日报社等新闻单位到会采访报道。（2）开展科普进社区活动。3月21日，在蒸湘区意兴社区摆放气象科普展板进行科普宣传，向居民派送气象科普、气象防灾减灾等宣传资料3000余份，并在人口稠密区域张贴气象防灾减灾科普宣传挂图300余份。（3）对外开放气象台站。3月22日开始，邀请湖南环境生物职业技术学院、南华大学的400名学生分批次到市气象局听取气象科普讲座，参观气象台的卫星云图、雷达图、天气预报演示和观测站的天气监测仪器。5月12日防灾减灾日，按照市政府统一要求到莲湖广场开展气象防灾减灾现场宣传与咨询活动。活动现场摆放突发气象灾害防御、气象防雷减灾、人工影响天气等宣传展板。向群众发放各类气象防灾减灾知识图册、挂图、气象知识小卡片总计6000余份。在9月20日“全国科普日”衡阳区域活动中，市气象局发放防灾减灾知识等宣传资料3000余份。另外利用衡阳气象信息网站及《衡阳

晚报》等传媒平台向衡阳市民宣传生活中的气象科普知识，以提高生活质量。（周立平）

【气象科技】 2014年，衡阳市气象科技活动主要是促进各类气象业务科技研发和新技术、新成果推广应用。对气象科研项目结题一批，立项一批。2011年及2013年下达的《衡阳市暴雨天气模型和预报指标探讨》等6个课题经过评审验收，全部合格，予以结题，其中《基于高分辨数值产品的强对流潜势预报》被应用于人工消雾消雹作业。新申报立项包括《基于Z文件的实时气象资料应用系统》《基于A文件的地面气象资料应用分析系统》等在内的省气象局课题8个，《衡阳市强对流天气分型研究》《基于Grads绘图的天气预报辅助平台》等在内的市气象局课题15个以及市科技局重点课题项目1个，课题的数量和质量达到历史上最好水平。衡阳市气象业务技术人员分别在《热带气象学报》《气象科学》《防灾科技学院》等国家核心刊物发表论文4篇，《贵州气象》《湖南气象》等省级刊物发表16篇。在2014年中国气象学术年会交流论文1篇；《湘中以南地区一次飑线过程雷达回波分析》等4篇论文获湖南省气象学术年会暨第三届优秀青年气象科技工作者学术研讨会天气、气候、生态与农业气象、应用气象专题优秀论文二等奖，另有5篇获三等奖；衡阳市气象学术交流年会优秀论文9篇，其中一等奖2篇，二等奖3篇，三等奖4篇。《基于A文件的地面气象资料应用系统》获湖南省气象局2014年度气象科技成果转化二等奖。（周立平）

【气象行政管理】 （1）开展2014年气象安全生产执法、治理、宣传教育“三项行动”，以巡查、宣传为主，行政执法为辅，督促相关部门单位落实气象部门负责的管理项目。重点清理整顿气象信息、气象探测环境保护、空飘物施放、防雷等方面的违法行为。并对市、县防雷专业技术人员和施放气球作业人员资格进行年检或是继续教育培训，经考试审核后均达到合格标准。（2）按照“政府领导、部门监管、单位负责”的工作机制，市安监局和气象局对衡阳市各行业涉及防雷安全的单位进行安全隐患专项排查与整治。检查402家单位，包括石油化工等易燃易爆场所，学校、医院等公众密集场所以及电力通讯、金融证券网络等重要公共设施。其中204家单位的防雷装置及防雷措施不符合国家规范标准要求；出具448条不符合防雷技术规范标准的意见条款及建议；纠正或消除雷击灾害安全隐患996处；督促落实15家单位防雷安全隐患整改工作。驻市政务中心的气象办事窗口按照法律法规流程办理防雷审批工作，受理防雷审批事项152项，办结率为100%。其中申请防雷装置设计审核111项，许可率100%；申请防雷装置竣工验收41项，合格34项，不合格7项，纠正施工问题15个。防雷网上审批办结率达100%，投诉率0%。（周立平）

水文监测

【概况】 2014年，全市水文监测工作坚持“以扎实做好防汛准备工作为基础，以稳步提高监测资料质量为目标，以提升测报能力为重点”，围绕监测任务，夯实监测基础，抓好监测重点，健全制度，强化责任，圆满完成全年监测任务。在搞好外业工作的同时，采取一系列措施以保证内业资料质量的稳定。（1）总结经验，改正不足。根据以往全省水文资料复审验收情况专门召开会议，总结经验，并针对复审意见及时指导测站，改正过去工作中存在的不足。（2）在管理上创新。年初，每个站长与市水文水资源勘测局（以下简称水文局）均签订《测报工作责任状》，每个站员均与站长签订《测报工作承诺书》，明确测报工作责任和目标，调动职工工作的积极性。（3）及时送、审水文监测资料，按照《水文监测资料管理办法》的要求，在次月5日前完成整理、校核、复核三道工序，次月8日完成数据录入、校核工作。同时，测资人员也抓紧时间完成其所分管站的资料审核工作，并根据审校情况及时指导测站的测验工作。通过各方面的努力，全年的水文监测资料质量较好。推广应用新仪器、新设备、新技术，进一步加强测验整编方法的研究。1月份，省水文局为衡东站配置一台M9型的多普勒剖面流速仪（简称ADCP），减小工作量和劳动强度，缩短测验时间，提高测验精度，水文监测能力提升。另外，衡东站、操箕潭站sommer rg30雷达式测流系统已安装、调试，正在比测当中。衡阳站流量在线监测系统和衡阳站、神山头站、衡东站、石门坎站、井头江站5个泥沙站的激光粒度仪也正在比测中。衡阳站铝合金测量船交付使用。中小河流水文监测系统项目建设稳步推进。在衡阳市及耒阳市人民政府的大力支持下，完成排水片水文站行政划拨用地的所有手续，在11月开工，进展顺利。常宁中心水文站于3月开工建设，年底竣工。西渡中心水文站购买生产业务用房经湖南省水文局批复同意，确定楼盘、户型、总价等，正在办理政府采购等手续。渣江、硫市、大市和西渡四个水文站在11月开工。（段安圭）

【水文情报预报】 2014年，建立健全水文情报岗位责任制、水情值班岗位责任制和特殊水情报告制度，加强对所有报汛设施和遥测站的检查维护，确保水情信息的安全，水情网络的安全，自动测报系统的安全，计算机运行的安全。入汛以来，坚持24小时值班，严格防汛纪律，严密监视雨水情变化，参加防汛会商，及时向各级领导及防汛成员单位提供准确的雨水情信息和预测分析资料，为防汛抗旱提供有力的技术支撑和科学的分析依据。全年全市水情信息采集系统发送雨水情报文约20万份，人工收发雨水情报文约4800余份，人工报文上传省水文局差错率为0，30分钟到报率100%，无缺报、漏报现象。水情网络通畅率为99%，水情数据库运行稳定。发布雨水情报简报14期，参加市防指防汛会商7次，并针对两次城区暴雨内涝，向分管市领导作专题汇报。作洪水预报14站次，发布8站次，预报优秀率100%，同时首次按《湖南省预警发布管理办法》发布水情预警。6月2日和7月5日，衡阳市城区遭受两次暴雨袭击，造成城区严重内涝，市内交通和市民生活受到严重影响。水文专业技术人员及时进行内涝点调查，并向市政府提交《2014年衡阳市城区暴雨内涝及成因分析》报告。3月份作好长期预报分析，实测值与预报值非常接近。汛后，对归阳、衡阳、衡山、衡东、耒阳、神山头等6个预报断面的10个预报方案进行补点修订。完成基本雨量站1月至9月份的旬月雨量对照统计表、微玛特自动测报系统部分站点2014年6月至8月份资料对比分析、所有站点的基本信息校核、水情信息化建设中水文站特征值统计、基本站点实时旬月雨量资料统一上报和基本站点多年日、旬、月均值资料的统计，以及特征值资料的补充完善。完成湘江流域水情信息采集系统和水情会商室的全面升级改造。（段安圭）

【水环境水资源】 2014年，全市水质监测断面22个，其中南大桥每旬监测一次，衡阳站每3天监测一次，全年完成水样分析1000多个；同时完成衡阳站和神山头站的泥颗分析任务，水环境、水资源各项工作开展顺利。6月，通过国家认监委对分析室硝酸盐氮项目的能力验证考核、长江委对分析室的五日生化需氧量的考核、省水环境监测中心对衡阳分中心所有项目的盲样考核，考核结果均符合要求，保证衡阳分中心各类监测数据的质量。《衡阳市水资源实时监控系统》通过评审，即将批复实施。《衡阳市水资源管理三条红线指标体系报告》《水功能区达标率分析》《万元工业增加值用水量分析》等报告书已经完成，2014年6月，衡阳市人民政府下发《衡阳市实行最严格水资源管理制度考核办法》及《衡阳市最严格水资源管理制度实施方案》，各项考核工作正准备马上实施。《衡阳市水资源管理系统规划》已报省水利厅审批。与相关部门研究编制《衡阳市水资源管理绩效评估指标核定办法》《衡阳市水资源管理绩效评估办法》。这些文件及制度的相继出台，将构成衡阳市实行最严格水资源管理的政策依据。加强对有供水任务水库的水质监测。在农村环境综合整治方面，对全市小（一）、小（二）型水库进行随机抽查，全监测209座水库、近400批次，形成考核的直接依据。根据《南岳区农村饮水安全水质监测委托协议书》，在9月底、10月初对南岳区25个地下水饮用水源供给点进行集中采样、科学分析，指标项目包括微生物指标、毒理指标、感官性状和一般化学指标、放射性指标等36项，监测项目全面、合理，监测手段规范、科学。

（段安圭）

【水文科研及其他】 2014年，举办或承办3次较大培训会议和2场技能竞赛活动：1月13日～14日，承办中小河流水文监测系统水情信息采集项目的培训会议；7月16日，举办衡阳水文勘测技术竞赛，选拔3名优秀代表参加全省水文系统勘测技术竞赛，其中邓益娥获全省第三名；8月7日～8日，承办湖南省中小河流水文监测项目激光粒度分析仪培训；8月21日～22日，承办市总工会、市人力资源和社会保障局、市环境保护局、市水利局等单位联合主办的衡阳市水环境监测职工职业技能竞赛，杨阳获得衡阳市水环境监测职工职业技能竞赛一等奖，衡阳市五一劳动奖；11月19日～20日，承办湘南水文OA系统培训会议。申报科研项目6个：《归阳水文站受水工程影响下水文测验方式研究》《衡东站测验方式改革研究》《湘江流域衡阳段水资源配制研究》《衡阳市城市防洪排水对河流水环境的影响研究及对策》《用含沙水流冲击力反推水流含沙量的试验研究》。获奖科研项目1个：《大源渡水库的蓄退水对湘江衡阳河段水环境质量的影响及对策研究》获得省水文局三等奖。在湖南水文水资源发表论文1篇：《浅谈洣水衡东河段水资源保护利用》（辛龙，杨阳）。完成《衡南县2013～2015年山洪灾害防治项目方案》《衡阳市内环路合江套湘江过江隧道项目防洪影响评价》《衡山经济开发区至衡东天然气管道工程防洪影响评价》《常宁市康家溪、曾家溪河道改道项目防洪影响评价》。7月31日，选举产生水利学会衡阳水文分会第九届委员会。在全省水文系统2014年度绩效考核中，衡阳水文局以总分第一名的成绩获得先进单位。2014年，衡阳水文局获得“省级文明单位”称号。（段安圭）

工 业

在欧洲，在美洲，在亚洲，在非洲，
Product Exposition of Hengyang Industry
中钢集团衡阳重机有限公司
中钢集团衡阳重机
有限公司

综 述

【概况】 2014 年，全市新增洲旗电子、新金生物科技、唯美印务等 106 家规模工业企业，其中新建新投产企业 24 户，规下转规上企业 82 户。全市规模工业企业完成总产值 2487.45 亿元，同比增长 10.6%，完成规模工业增加值 690 亿元，同比增长 9.3%。工业发展质量不断提升，三次产业结构比重为 15.2∶46.8∶38.0，其中工业增加值占全市 GDP 比重为 40.9%，分别高于第一、三产业 25.7 和 2.9 个百分点，对经济增长贡献率达 38.7%，拉动 GDP 增长 3.8 个百分点。工业企业实缴税金 39.5 亿元，同比增长 3.5%。其中特变电工、富士康、衡钢集团、水口山集团实缴税金 1 亿元以上。衡阳市获评“中国城市信息化 50 强”、省加速推进新型工业化二等奖、省发展非公有制经济一等奖。（詹剑平）

【结构调整】 （1）新兴产业。全市先进装备制造、电子信息、生物医药、新能源新材料等战略性新兴产业完成工业总产值 928 亿元，增长 15%。（2）传统产业提质升级。高加工度工业增长 16.1%；高技术产业增长 32.6%，分别比规模工业增加值增速高 6.8 个和 23.3 个百分点。耒阳市推进 20 个煤业公司技改项目建设，常宁市成为全省第二批特色县域经济重点县。（3）落后产能关停淘汰。全年关闭不符合产业政策小企业 15 家，淘汰落后产能项目 2 个，关停并转涉重金属污染企业 111 家，其中铅冶炼行业淘汰落后产能 4 万吨；全市六大高耗能行业增加值比重下降 1.1 个百分点，单位工业增加值能耗同比下降 11.5%。关闭煤矿 41 处，淘汰煤炭落后产能 227 万吨，超额完成省政府下达的工作任务。（詹剑平）

【项目建设】 全市完成工业固定资产投资 821.09 亿元，增长 13.1%，总量位居全省第四，其中技术改造投资 503.02 亿元，占工业固定资产投资的 61.26%。全市共开发项目 1013 个，总投资 1209.4 亿元，其中储备工业项目 800 余个，策划包装项目 600 个，先后分两批推进 149 个重大工业项目，开工率 100%，累计完成投资 231.2 亿元，投资完成率超过 100%。水口山金铜、共创光伏硅基薄膜太阳能电池组件、建滔化工热电联产等总投资过 20 亿元的重大工业项目扎实推进，松木经开区、白沙洲工业园先后 4 批次、41 个项目集中开工。富锦精密模具、志远新材料铼系列产品、湘衡盐化综合节能技改（二期）、洲旗电子液晶屏及整条手机产业链等 54 个重点项目先后投产。（詹剑平）

【园区经济】 全市工业园区基础设施建设累计投入 96.14 亿元，同比增长 46.05%，其中白沙洲工业园、松木经开区基础设施投入分别达到 15 亿元、8 亿元，园区绿化亮化、提质改造成效明显；全市园区新建成面积 12.92 平方公里，新建标准厂房 77 万平方米。全市园区累计引进工业项目 114 个，其中亿元以上项目 55 个，5000 万元以上项目 30 个，竣工投产项目 60 个，招商引资总额为 238.69 亿元。入园项目当年累计实际到位资金 166.44 亿元，同比增长 56.34%。（詹剑平）

【中小企业与非公经济】 培育中小企业创业基地 23 家，入驻中小企业 742 户，孵化企业 170 户，吸纳 3.6 万名劳动力就业。引导中小企业走“专精特新”发展道路，36 家中小企业获评省中小企业“专精特新”示范企业。全市中小企业、非公经济平稳较快发展。中小工业企业实现增加值 1000 亿元，同比增长 9%；非公经济实现增加值 1400 亿元，同比增长 10%；非公经济实缴税金 100 亿元，同比增长 12%。积极推进市中小企业公共服务平台建设，松木盐卤化工和白沙洲输变电两个产业窗口平台也已经建设完毕，全市 12 家中小企业服务机构获评湖南省中小企业核心服务机构。（詹剑平）

【科技创新】 新增风顺车桥、创新生物科技等 2 家省级技术中心，新认定湘衡盐化、华瑞电气、乐福地医药包材、炎鑫有色、金一帆科技、东健药业、伟业冶金矿业机械等 7 家市级企业技术中心。特变电工“特高压 1000 千伏发电机高压器关键技术开发及设备研制”、湖南机油泵“低能耗汽车发动机润滑系统关键技术的研究与产业化”等项目入选湖南省2014年战略性新兴产业科技攻关项目支持；南岳电控“高压共轨电子控制单元（ECU）”、金杯电工衡阳电缆“高性能稀土铝合金电缆关键共性技术的研发”入选2015年《湖南省关键共性技术导向目录》。（詹剑平）

【信息化】　全市通信光缆线路长达33万芯公里，固定电话220万户；互联网出口带宽380千兆，为全国32个，全省两个互联网重点节点之一；互联网用户总数达400万人，全市城区8兆及以上宽带接入率达100%。2014年，全市信息基础设施新建及改造4G基站3556个，光缆4497公里，光网端口15万个，累计投资5.58亿元，4G业务正式投入商业运营，已基本实现城区全覆盖。加速工业和信息化深度融合。全市1200多户企业开展信息化改造，引进工业机器人及智能装备200余套，1000多户企业建立两化融合发展水平评估体系，松木经开区入选全省首批“两化融合”示范园区。（詹剑平）

【生产要素保障】　全年完成295个村农网升级改造，推进220千伏廖家湾变电站升级改造工程，完成项目腾地交地、土地确权、可研、报批。在全市深入开展用电秩序整治工作，加强新建住宅供电设施建设管理，对138个重点问题进行重点督办，对窃电、破坏电力设施、私拉乱接用电、非法转供电和电力设施保护区违章作业等行为加大电力执法力度。2014年全社会用电127.51亿千瓦时，同比增长1.16%，工业用电量80.21亿千瓦时，同比增长2.82%；铁路货运量481万吨，同比1.2%；公路货运量17072万吨，同比增长8.5%；水路货运量1365万吨，同比增长25.3%，为经济发展提供稳定要素保障。（詹剑平）

【企业服务】　研究出台《关于推进衡阳市工业经济“稳增长、促转型”的意见》1+7政策体系，从财税、融资、用工等方面持续加大对全市工业企业的支持力度。汇编2009年以来国、省、市先后出台扶持工业发展的优惠政策，帮助企业用足、用活、用到位。全年争取国省资金近2亿元，市级财政安排下拨6000余万元。建立市领导带队联点帮扶企业制度，派出小分队为企业服务，对全市421个企业存在的800余个困难和问题，限期全部办结。尤其是针对企业经营管理、人才培训、市场开拓难题，开展国家中小企业银河培训工程、中小企业融资策略、工业企业品牌建设等10余期培训班，累计培训1791人。组织企业参加“湖南——埃塞俄比亚产业投资对接会”、APEC中小企业技展会、中国国际中小企业博览会等，帮助企业“走出去”，开拓外部市场，提升衡阳市产品知名度和美誉度。（詹剑平）

冶金工业

【概况】　2014年，市直冶金系统完成无线电三厂、五厂、白钢和华鑫机电销售处等4家企业的改制任务，完成市电子仪器厂、冶金产品经销公司、冶金建安公司、电子物资公司等4家企业的改制验收终结工作，完成灶钢、清水塘和无线电二厂的改制验收扫尾工作，抓好天原、冶金劳服公司和冶金供销公司等3家单位的改制前期准备工作。（肖国成）

【国企改制】　在继续抓好灶钢、清水塘、无线电二厂和市电子仪器厂等7家企业改制扫尾工作的同时，重点抓好天原、白钢等7家企业的改制前期准备工作，并率先启动华鑫机电、无线电三厂、无线电五厂和白钢等4家企业改制工作，4家企业职代会100%通过改制“两个方案”，改制任务基本完成。（肖国成）

【信访维稳】　一手抓服务强管理，时时处处为企业解难题、办实事，不遗余力地为企业发展保驾护航，做企业的贴心人，为企业解决大量遗留难题；一手抓帮扶保民生，扎实开展走访、约访、回访等活动，总公司机关全部进企业、驻矿区、上一线，访家属，积极宣传改制政策，积极协调职能部门，实打实解决职工的实际困难，全年全系统没有出现任何影响和谐稳定的事端、没有一起进京赴省上访、没有一起到市委市政府上访、没有一起非法上访事件发生。（肖国成）

【安全生产】　与所属7个企事业单位分别签订安全工作责任状，

落实安全生产“两个主体责任”，严格执行安全生产“一票否决”制，同时，深入开展“安全生产年”活动，加大宣传发动力度，强化安全生产意识，健全安全生产措施，排查安全生产隐患，严格安全生产监管，全年共排查安全隐患19处，下达整改通知书6份，整改率达100%，确保所属企业安全生产“零事故”。

（肖国成）

【困难帮扶】　全年先后6次沉下身子下厂入户体察民情，共走访困难职工44户，发放慰问金15800元。协调市直相关部门为天原困难职工钟雪娥、白钢特困职工邹学亮争取帮扶金9万多元。协调处理好晶体管厂3套职工住房问题，为原锰制品厂252户职工办理多年未能办好的房屋产权证。（肖国成）

【重点项目】　（1）积极抓好军用集成电路5英寸芯片项目落户衡阳的引进协调和对接工作。在市发改委、市经信委的大力支持下，带领专业团队先后向国家发改委、国家国防科工局和省发改委、省经信委、省国防科工局进行请示汇报和项目攻关。省经信委发函明确该项目落户衡阳。该项目初步计划中央投资2亿元，省财政配套1亿元，市配套3亿元，具有广阔的发展前景。（2）幸福河治理改造项目。2014年先后完成工程勘察设计、专家论证及评审工作，投资法人、施工及勘察设计和工程监理等招标工作，各种合作文本送批及签订工作，项目范围内的征地拆迁及安置工作和沿线施工作业面清表等工作，沿线杆线搬迁工作开工，强、弱电设计方案通过专家论证及审核，各种赔偿款项支付到位，管线沟已经开挖，施工便道已经打通，项目部建设启动，全年累计完成土石方工程50万方，拨付工程款6千多万元，征地拆迁款1.5个多亿，累计完成项目投资约2.2个亿，整个项目进入全面施工阶段。（肖国成）

机械工业

【概况】　2014年，机械工业集团公司主动服务企业，促进企业加快转型升级步伐，全面了解企业发展现状和转型升级面临的主要问题，加大银企对接力度。全年归口统计企业完成工业总产值142.23亿元，同比增长16%，实现利税9.06亿元，同比增长14.11%。（袁志明）

【企业改制】　2014年上半年，着力做好做细前期准备工作，对尚未召开职代会的企业，重点抓好企业改制预案的制定，搞好人员分类，召集各类座谈会，倾听职工的想法和意见，筹备召开职代会。对完成职代会换届的企业，加大宣传改制政策的力度，力争让职工全面了解改制政策，支持改制，积极参与改制。8月以后，集团公司明显加快几家企业的改制步伐，建湘、天翔相继召开职代会，审议通过职工安置方案。春节前启动职工安置兑现工作。光学仪器厂一手抓依法破产立案申请，一手抓职工安置摸底，积极推进改制进度。召开职代会。市电机厂、阀门厂2家企业召开职代会。8家公司中，销售公司、物资公司2家事业单位根据市经信委安排制定改制方案。成套设备公司、仪表公司、湘南物资公司召开全体职工大会，审议改制方案，表决通过职工安置方案。劳动服务公司、汽车配件公司、机械建筑公司学习宣传改制政策，作改制前期基础工作。（袁志明）

【维稳工作】　2014年，通过开展群众路线教育实践活动，集团公司把解决改制企业遗留问题作为创造稳定和谐环境一件重要的事情来抓，尽量把矛盾化解在集团公司。集团公司从以人为本的角度出发，既做好工作，又筹资帮助，解决其实际问题，从而把矛盾化解在基层。（袁志明）

【项目建设】　（1）南岳电控和金杯电缆项目建设服务工作。2014年，机械系统较大的项目建设只有南岳电控欧Ⅲ二期技改项目和金杯电缆核电项目建设等。面对行业增长压力依然很大的形势，集团公司建立领导干部服务重点企业重大项目责任制度，集团公司领导每月至少到重点企业蹲点服务一天，机关干部作为联络员每月至少到企业3天，定点定期对企业和项目中存在的问题进行调查研究，全面了解企业发展现状和转型升级中面临的问题。能在集团公司职责范围内能够解决的，立即解决，不能解决的，将问题和困难反映给有关部门和上级领导，将相关情况及时反馈给企业。（2）建湘和拖拉机招商引资工作。2014年，集团公司就柴油机产业存续进行深度调研和市场考察，集团公司寻找到适合未来汽车发展方向的节能环保OPOC发动机技术，并与该产品的研制厂家进行接触，签署备忘录。衡拖农机新产品开发取得突破，战略引资正在积极推进。

（袁志明）

煤炭工业

【概况】 2014年共生产原煤307万吨，与2013年同比上升278%，实现工业总产值9.39亿，与2013年同比上升228%。发生事故4起死亡6人，百万吨死亡率1.954，远低于省煤炭管理局和市安委会下达的指标，从2012年8月至2014年12月全市连续28个月未发生较大及以上事故。已决定关闭41处的矿井，已有38处煤矿关闭到位，超额完成省政府下达的37处关闭退出任务。（王　亮）

【煤矿安全监管】 （1）安全责任制度化。建立健全“党政同责、一岗双责、齐抓共管”的安全生产责任体系。按照《关于加强煤矿安全生产责任的意见》要求，落实县乡两级政府及相关部门负责人的挂牌责任。市政府以“四不两直”（不发通知、不打招呼、不听汇报、不用陪同和接待，直奔基层、直插现场）的方式，组织相关部门和媒体进行多次督查，市领导多次下矿下井检查指导煤矿安全生产。（2）监管执法。建立“1＋2＋X”的监管模式，即围绕建立煤矿安全隐患自查自报和治理体系这一目标，开展春、秋两季全覆盖安全生产大检查和有针对性地开展不同类别、不同隐患的安全整治，突出重点地区、重点时段、重点煤矿的安全监管。全年查处各类安全隐患2023条，其中重大安全隐患145条，对查处隐患严格落实督查督办责任，隐患整改率为100%。（3）专项整治。从9月开始，全市开展以打击煤矿非法违法生产行为为重点的“七打七治”专项行动和煤矿安全隐患治理“百日攻坚”活动，共出动执法人员864人次，对全市53处保留煤矿和37个关闭矿井开展全方位检查和督查，共排查隐患及问题1360条，已整改到位1126条，实现2014年最后100天安全生产零事故的预定目标。（4）教育培训。全年培训安全管理人员398人，特种作业人员640人，班组长120人，促进煤矿从业人员的安全教育培训工作的有序开展。（5）应急力量。2014年，市矿山救护队开展矿山救援综合模拟实战演练；市矿山救护队于9月底参加湖南省矿山救援技术竞赛并获团体三等奖，三名队员获得个人奖；11月底市矿山救护队通过湖南煤监局考核，继续保持国家二级质量标准化矿山救护队资质。（王　亮）

【落后小煤矿关闭退出】 截至2014年12月底，已落实41处关闭矿井名单（市直1处，衡南县1处，常宁市10处，耒阳市27处，祁东县1处，衡阳县1处），并已高质量、高标准关闭38处煤矿（直接关闭23处，整合关闭15处），常宁市、祁东县和衡阳县各一处煤矿关闭工作正在推进之中，超额完成省政府下达的2014年关闭37处小煤矿的工作任务。全市矿井总数由94个减少到53个，9万吨/年及以下的突出矿井全部淘汰，6万吨/年以下矿井全部淘汰，常宁、衡东、衡南、祁东等县市整体退出煤炭产业。（王　亮）

【国有煤炭企业改制】 2014年，启动市炼焦厂、裕民电站、大堡煤矿等3家企业的改制工作，三家企业现已分别召开职工代表大会，审议《企业改制方案》，职代会100%表决通过《职工安置方案》。市改制办、市县两级人社部门对三家企业改制职工安置费用已进行测算核定。并于2014年12月26日全面启动职工安置工作。至此，煤炭系统9家国企改制任务已基本完成。（王　亮）

【行业发展规划】 2014年4月，衡阳市人民政府制订出台《衡阳市煤矿推进“四化三基”建设四年（2014～2017年）行动计划》，提出从2014年起，实施“四化三基”（采掘机械化、质量标准化、管理信息化、控制自动化，基层班组、基础工作、基本技能）建设四年行动计划，打响煤炭行业淘汰落后产能攻坚战。（王　亮）

化学医药工业

【概况】 2014年，全市化医行业167家规模以上工业企业实现工业总产值418.42亿元、工业增加值39.76亿元、利税19.82亿元，同比分别增长10.50%、19.92%和20.50%。其中，化工144家规模企业实现产值365.38亿元，医药23家规模企业实现产值50.04亿元。万元产值综合能耗达到上级要求。全行业虽受国内外经济下行影响，但仍保持二位数的正增长。全年举办招商引资洽谈会3次，发布招商引资项目13个，实现招商引资到位资金4.7亿元。 （李 朴）

【企业改制】 3月份，举办全行业改制业务培训班暨动员大会，全面启动二橡、五橡、天驰医药等5家未改制企业的改制，派出由行办班子成员牵头的5个工作小组，分别到5个改制企业帮助服务。另2家企业改制工作正有序推进。年内处理改制重大问题5个。完成3家企业资产移交工作。市油漆厂改制后引进战略投资者贵州开磷集团，年内已注资1亿元，新装置已于7月份投产，计划再投资20亿元，打造特大型涂料基地。今天公司钛白分公司改制后引进广西创大集团，计划投资5亿元，完成投资2000万元，企业由基础原料向高分子材料行业成功转型。 （李 朴）

【服务企业】 （1）全年，在新三板上市企业1家，新四板上市企业2家，与湖南股交所“上市推荐签约”企业达到6家。其中，金化科技旗下“金化高容”于5月23日成功登录新三板，发行股票1400万股，募集资金1.8亿元。凯信化工于12月16日在新四板上市，成功发行1000万普通股和500万优先股，募集资金1700万元。裕华化工正在开展股权募集工作。（2）组织省内外化工企业与天津大学、南华大学、衡阳师院、省高铁职院等高校，建立产学研联盟，提升全行业科技创新能力。全年组织校企对接活动6次，为企业申报产学研项目7个，攻克技术瓶颈21项。（3）为企业争取中央、省市政策扶持资金共计1500多万元。其中，为安邦化工、华硕实业2个企业争取国家“关小”资金503万元，为衡化等7家企业争取湘流域重金属污染治理国家奖励资金500万元，为湘衡盐化、建衡实业、骏杰化工等8个企业争取国家、省级清洁生产、节能减排奖励资金210万元，为金化科技、古汉集团、建衡实业3家企业争取国家科技创新技术资金110万元，为新澧化工、湘衡盐化、玉兔化工等3家企业的3个项目争取湖南省产学研战略联盟科研奖励资金60万元。（4）成功帮助莱德生物、康仕达化工、广衡达化工、凯信化工和太阳植物等6家企业入驻松木经济开发区和衡东工业园。（5）组织企业与建行、广发银行、民生银行、华融湘江银行等金融机构对接，为湘衡盐化、建滔化工、建衡实业等企业获得银行信贷支持23亿元，直接融资3.4亿元；与湖南鼎和担保公司合作，为凯信化工提供融资担保2000万元。（6）协助省经信委、省化工行管办、市经信委举办“全省化工培训高技术人才班”，75家企业200人参加。 （李 朴）

【项目建设】 2014年，全行业列入全市重点工业项目27个，总投资70.12亿元，计划投资24.31亿元，实际完成投资24.56亿元，同比增长19.34%。8个项目建成投产：南岳生物制药厂年产1000万瓶血液制品项目、恒光化工二期年产15万吨七水硫酸亚铁综合利用项目、湘衡盐化制盐系统综合节能技能项目、建滔化工年产6.5万吨双氧水生产线项目等8个全市重点工程建成投产。14个项目加速推进：海联盐卤氯化铵降耗扩能及小苏打提质扩能技改项目正在进行设备安装调试；市化工研究所高分子涂料项目完成农赔拆迁、土地平整，正在进行围墙、护坡建设；新澧化工的科研楼、生产线及配套设施技改项目完成项目立项、土地勘界和农赔拆迁已经完成，正在进行土地平整；金化科技年产50万只天然气瓶项目有序推进，2014年已完成投资近8000万元；金化科投资近亿元的科技楼和多媒体中心正加紧建设。 （李 朴）

【节能减排】 2014年，强制关停安邦化工、化硕化工等5家高能耗企业，协助湘衡盐化、建衡实业、骏杰化工等8家企业引进新技术、新工艺、新流程，加大

新能源利用比重，指导企业节能降耗和科技创新，取得较好成效。（李　朴）

【安全生产】 2014年年初与21家直属企业签订安全生产责任状，落实“一岗双责”，进一步健全安全生产责任制和责任追究制；在全行业大力推广莱德化工、建滔化工的安全生产标准化建设经验，提高全员安全生产意识，提升安全建设标杆。强化安全生产检查。2014年，采取“重点督查”与“明察暗访”等方式，对21家直属企业安全检查45次，查出生产设备、电气、仪表、劳保用品穿戴、现场管理等安全隐患67个，下发隐患整改督办函6份，安全隐患全部整改到位，整改率达到100%。建立健全信息化动态安全监管体系。对重点企业的安全隐患、禁化武等建立电子信息档案。从而杜绝全行业重特大安全事故的发生。（李　朴）

电力工业

【概况】 2014年，国网衡阳供电公司全年完成固定资产投资4.67亿元，投产35千伏及以上线路88.32公里、变电容量174.1兆伏安。完成售电量101.47亿千瓦时，同比增长3.26%；电费回收率100%；综合线损率8.1%，同比下降1.51个百分点；日最大负荷207万千瓦，同比增长10.11%。运行管理同业对标排名全省第一，并荣获省电力公司“调度控制专业标杆”；运营监控中心荣获国网公司运营监测（控）工作先进集体；基建专业荣获省电力公司基建工作先进单位。（陈　清）

【安全生产】 全年自查的严重违章较2013年度下降20%，被省公司查处的一般违章较2013年度下降60%。结合春检、秋检以及防外人触电隐患排查整治工作，深化隐患排查治理。全面加强承载力和安全风险分析，严格生产秩序管理。圆满完成南岳机场杆迁工程、220千伏麻塘变整站改造、“六条道路”提质改造等工作任务。力推“三种巡视”，提升设备精益运维管理水平，“保主变”创历史最好成绩、配网线路跳闸次数同比降低12%。全年开展配网带电作业1072次，减少停电时户数65469小时·户，110千伏及以上保护正确动作率100%，全年未发生省公司查处的严重及以上违章。截止2014年年底，实现连续安全生产2895天，衡阳电网连续安全运行7834天。（陈　清）

【营销服务】 推进电费缴费网点建设，全年新建城乡各类缴费网点5300余个，全面完成年内“城区十分钟缴费圈”和“村村有缴费网点”建设目标。大力推进新型电费结算、收缴方式改革，实现12种缴费方式24小时全天候服务。稳步推进低压集抄建设，全年完成28万户低压集抄改造，公司所有县城及衡山县、南岳区全境实现集抄覆盖率100%。积极开展“低电压”常态化综合治理，全年共解决244个台区、约1.3万户的低电压问题。全面整合资源，打造“一体化”业扩服务平台。公司业扩项目服务时间较2013年平均提速30%。依托政府和公安、检察等执法机关，全面推进用电秩序整治工作。全市60个需进行用电秩序整治的历史遗留问题已解决或基本解决29个。通过强势整治，农电综合线损下降到16.45%，同比下降4.64个百分点。（陈　清）

【电网建设】 全年通过35千伏及以上电网规划项目24个、审批金额7.8亿元，项目个数和资金规模在全省领先。促成廖家湾变电站升压改造工程项目快速落地。全年共完成3.7亿元的电网工程建设。其中，295个村农网改造任务的完成；市中心城区配电自动化改造工程的竣工，衡阳市核心城区将完成配网自动化和通信网络的全覆盖；衡东220千伏栗木变电站的建成，衡阳地区每个县至少以一个220千伏变电站为核心，辐射多个110千伏变电站的主电网网架初步形成。建立分包队伍进出淘汰机制，加强工程风险管控。为确保南岳机场的第二电源，采取多方举措，确保110千伏车江变电站在春节前提前竣工投产。加强工程质量管理，35千伏太和堂变电站被省公司评为“农网35千伏变电站示范工程”。（陈　清）

【经营管理】 2014年，全面加强对企业的集约、规范管理。运营监控中心对各级业务、关键流程、核心指标的在线监测、动态预警和及时纠偏作用有效发挥。

创新绩效管理与目标管理相结合的激励模式，引导公司员工围绕目标争创业绩，目标的导向作用初步显现。加强经营诊断，建立季度经济活动分析制，加强资金整体运作，成为省公司第一批通过国网公司评审的会计创优单位。持续开展往来款项清理工作，并延伸至农电服务公司，非合理账龄应收全面清零。　（陈　清）

建材工业

【概况】　2014 年，全市共有建材规模工业企业 177 家，比 2013 年增长 11 家。全年完成工业总产值 325.4 亿元，同比增长 8.5%；工业增加值完成 92.1 亿元，同比增长 9.1%。主导产业水泥完成工业总产值 24.56 亿元，同比增长 3.5%；完成水泥产量 1068 万吨（含熟料），同比增长 11.2%。商品混凝土累计完成工业总产值 9.54 亿元，同比增长 5.7%，累计完成商砼产量 293.1 万吨，同比增长 4.3%。全行业综合利用工业废渣 230 余万吨。　（王豫麟）

【项目建设】　（1）2014 年全市建材行业有重大工业项目 8 个，投资总额 25.45 亿元，其中水泥项目 2 个、陶瓷项目 2 个、玻璃型料项目 2 个、节能环保型商砼项目 1 个、建材产业园项目 1 个。2014 年 5 月，耒阳金雷异地搬迁建 60 万吨水泥粉磨站项目投产后，市建材行管办积极配合省行办对该项目的化验室进行评审考核工作，为企业申报生产许可证做准备。对金岭建材综合处理建筑废料项目的前期工作进行具体指导和协调，该项目现已得到省政府的正式批复。（2）市建材行管办与民革市委组成专门班子对利用水泥窑协同处置生活垃圾进行论证，2014 年，借助市政协平台就此提出议案。5 月 13 日，市建材行管办向市政府提出利用水泥窑协同处置废弃物的建议，得到市政府的高度重视。9 月 22 日，由发改委牵头，市建材行管办配合，召集城管、住建、环保、国土、规划等部门，召开水泥窑协同处理废弃物专题会议，经研究向政府建议在衡阳市先行开展水泥窑协同处理污水处理厂污泥试点。（3）市建材行管办联合市水泥制品协会组织专家对在衡阳市推广使用透水砖进行专题论证，提出可行性分析报告。市建材行管办积极指导衡阳市中旺涵管水泥制品有限公司投资 500 万元，建成年产水泥涵管 1 万米和年产透水砖 100 万平方米，工业生产总值达 2000 万元。　（王豫麟）

【安全生产】　2014 年，市建材行管办牢固树立“红线”意识，坚持“安全第一，预防为主”的方针，积极开展安全生产隐患排查治理、组织企业参加安全培训和宣贯新的安全生产法等工作，做到本系统、本行业全年安全无事故。　（王豫麟）

【关注民生】　（1）对已改制移交十年之久的原硅酸盐厂职工反映的收购方未完全履约的几个问题，上门逐项核实，安排专门班子到珠晖区的相关街道、部门面对面衔接、协商，与收购方管理层面对面摆问题，查原因，督促落实。同时，就收购方依法依规异地搬迁，盘活原厂区土地的举措向职工进行耐心细致的解释，消除误解和不当认识，缓和矛盾，确保稳定。（2）对已改制并移交的企业职工住房问题逐一梳理，对可办理产权证的住房想方设法办证，对不能办证的破旧住房进行必要的维修加固。原二水泥厂、砂石公司的 27 户住的简易平房都得到修整。个别老居民楼的水电分离也已办好。（3）对已改制并移交的特困职工和原任过负责人的老职工予以关爱。安排工会进行常态跟踪关注。对遭遇重大家庭变故和疾病的对象派人上门慰问，并想方设法给予适当的救助。

（王豫麟）

纺织工业

【概况】　2014 年，全市纺织行业 32 家规模企业预计全年完成工业总产值 55.8 亿元，比 2013 年同期稳步增长。在全国纺织行业经济效益回升缓慢的情况下，运行质量保证稳步提升，预计全年完成利税 8.4 亿元，比 2013 年同期稳步增长。　（胡　波）

【项目建设】　天锦公司续建的新型纤维混纺纱生产线项目 2014 年计划总投资额预计为 2600 万元，其中基础建设投资 1650 万元（新建仓库 1 幢，投资额 400 万元，面积 3551 平方米；新建员工宿舍

3 幢，投资额 1250 万元，面积 2866 平方米）；新购 15 台新型细纱机 950 万元。1～11 月份实际投资额完成 1500 万元，员工宿舍 3 幢已基本完工，新建仓库 1 幢已完工。2 月份，华富集团丽适内衣有限公司入户衡阳市，投产后又新扩建生产线 8 条，增加 100 余台原装进口的“兄弟”牌自动缝纫机等新型设备，已与华丰产业园、天锦纺织连成一片，发挥行业集群的优势。（胡　波）

【企业改制】　（1）未改制企业基本情况：未改制的企业共 6 家。其中列入 2014 年湖南省 16 家的重点改制企业 2 家，分别为市飞鹿针织有限公司（原市针织厂）和市华中制衣制帽厂，2014 年必须启动改制和基本完成。另外 4 家分别为市帆布制线厂、市纺织工业物资供销公司、市第二织布厂、湘南服装厂，要求 2016 年前改制基本完成。（2）改制准备工作完成情况：2 家省重点改制企业已召开全厂职工代表大会，并以高票通过改制方案，近期完成改制成本费用测算、审档、改制政策宣传等准备工作，两家企业共计安置人员达 1358 人，安置费用 8300 万元（其中陈欠养老金挂账 1625.3 万元，陈欠医保 190.4 万元，陈欠失业保险 288.9 万元）。另外几家企业与弘湘公司对接完成产权归集工作，进行初步企业改制成本测算，待企业职代会通过后，正式启动企业改革改制工作。各企业根据省、市政府相关文件精神，完成养老统筹部分 100% 挂账，挂账金额达 3522.7 万元。（胡　波）

【维稳安全】　全年京、省上访次数为零，市级上访 9 次，行业内上访 35 次，共计 120 人次。在所有的案件中基本上都能够按规定时间进行回复，能解决的解决，如因资金或其他原因一时不能解决的，也跟来信来访人员解释清楚、宣传政策，以求谅解和支持。企业每月不定期地进行安全检查，建立安全生产台账，一些工程项目拆迁时，企业主要领导到现场指挥。（胡　波）

轻工业

【概况】　2014 年，轻工全行业（115 户）工业企业完成工业生产总值 279 亿元，同比增长 20.07%。17 户重点规模企业完成工业总产值 46.5 亿元，比 2013 年同期 38.7 亿元，增长 20.16%；实现工业增加值 13.95 亿元，比 2013 年 11.61 亿元增长 20.15%；完成固定资产技改投资 7000 万元，同比增长 38.2%；全年实现利税 11520 万元，增长 21.22%；新增规上企业 3 家；企业改制 2 家完成改制验收、2 家完成职工安置、2 家启动职工安置，共安置职工 4000 余人；安全生产形势稳定。（李依蓓）

【重点项目建设】　（1）督促在建项目投资到位，提高产能。利德有陶瓷 2700 万平方米抛光砖生产线项目 2014 年再扩建一条生产线，完成投资 4000 万元，新建的第三条陶瓷生产线也已顺利投产。同时，配套设施包括宿舍楼、食堂、仓库、产品展示区等等，也进一步完善，全年生产销售将超过 2.5 亿元。（2）盘活存量资产，为改制企业转型发展创造条件。目前轻工系统有创业基地和创业园四家，即瑞安创业基地、界牌衡瓷创业基地、轻华创业基地、岳峰创业园等，目前累计入驻企业 70 家，2014 年新增 4 家；累计实现工业生产总值 4.82 亿元，同比增长 20%。（3）引进战略合作者，做大做强陶瓷产业。成功促成振弘陶瓷公司再次投资界牌瓷厂。湖南振弘陶瓷业公司投资衡阳界牌瓷厂仿玉马赛克建筑工艺陶瓷项目签约，该项目引资 5000 万元，年内完成投资 2000 万元，并于 6 月份实现投产，投产后年产值过亿元，增加 200 个就业岗位。引进金博马赛克陶瓷公司落户界牌三分厂。该项目目前已投资 1000 万元，引进一套国内先进马赛克工艺陶瓷设备，并于 10 月中旬点火投运。引进中油金鸿能源投资股份有限公司，与衡阳界牌瓷业达成战略合作协议。

（李依蓓）

二轻工业

【概况】　2014 年，完成现价工业总产值 1378742 万元，同比增长 19%，其中市属工业完成 266232 万元，同比增长 20%，县属工业完成 1112510 万元，同比增长 18%。全系统规模以上企业完成现价工业总产值 129.84 亿元，同比增长18%，其中县属企业完成103.81元，同比增长18%；市属规模企业完成工业总产值26.02亿元，同比增长19%，完成工业增加值75446万元，同比增长20%；技改投入6809万元，同比增长9.3%；实现利税1.41亿元，同比增长15%。在“2014中国原创‘百花杯’中国工艺美术精品奖”评奖中获得金奖1个、银奖1个、铜奖3个、优秀奖4个，全市工美企业年产值已达35亿元。（高 龙）

【企业改制】 市直属企业2014年完成衡阳市运动器材厂、建筑五金厂、一皮鞋厂、车木家具厂、钢制家具厂、钢锹厂、工艺厂、五金电器厂、衡阳市第三塑料厂等9家企业的改制验收。启动衡阳市制锁总厂、制革厂、天撑玛钢公司、有机玻璃制品厂、精萘厂、伞厂、灯具厂、二皮件厂、二皮鞋厂、餐具厂、童鞋厂等11家企业的改制，翼鸿资产经营公司融资1.8亿元用于职工安置兑付，二轻总公司2014年将余下的全部14家企业予以改制立项，着力启动11家企业改制程序。总公司向每家企业均派驻工作组，组织企业相关人员学习改制政策、法律法规，与企业一起到职工家上门入户做工作，召开座谈会，答疑解惑，帮助职工解决实际困难，切实为职工着想，争取职工对改制工作的支持理解。截至11月24日，11家改制企业已全部召开职工大会或职工代表大会，全部通过《企业改制方案》，2家高票表决通过《职工安置方案》，有9家企业100%表决通过《职工安置方案》，11月25日，翼鸿公司与11家改制企业分别签署改制兑付资金拨付及企业资产移交协议，正式启动职工安置兑付。（高 龙）

【服务工作】 2014年，市二轻总公司为行业和企业争取省市各项帮扶资金65余万元，新增安全生产投入50万元，协调解决各类社会矛盾56起，走访慰问480多户困难群众，送去慰问金20万余元。安排下岗再就业人员1025人。（1）服务企业。积极推进园区建设；组织、指导下属企业注册“湖南省中小企业公共服务平台”，通过该平台企业可向湖南省经信委提交服务需求；通过与市医保中心、广衡公司租赁户协调，解决广衡公司因无力按时足额缴纳单位职工医保费造成多名患危重病职工不能及时就医的问题；通过调查摸底，向省国资委上报符合国有工矿棚户区改造政策条件的职工2527名。（2）服务职工。为二轻系统22名赴珠海伟创力工作人员协调申请到培训经费补贴3万余元；做好原电筒厂104名托管职工养老金、医保金的收缴和办理退休等相关工作；总公司以中兴锁业、天撑玛钢、制革厂、广衡公司为联系点，深入企业走访，共走访企业职工60多户，对20户特困职工进行慰问，送去慰问金5000元。同时，通过“双联”向市总工会、市科技局、市老干局、市发改委、市环保局、市卫生局等单位争取帮扶。（3）服务行业。加强与各县市二轻联社（轻工行管办）联系；扶持工美发展。（高 龙）

【资产管理】 创新融资渠道，翼鸿资产公司较好地发挥改制平台作用。通过与来雁公司协调，用处于来雁新城区范围内的两家企业资产作质押向来雁公司筹资3000万元用于企业改制；通过与弘湘公司进行股权调整，向弘湘公司借支5000万元；向政府专题报告将制锁总厂、玛钢公司改制资金作为单列特批改制资金8000万元；通过向国资委申请同意将五金电器厂门面资产和运动器材厂全部资产依法依规进行拍卖，筹措资金3500万元。全年共筹措改制资金2.4亿元，确保全年11家改制的企业的全部资金需求。强化资产资金管理，严堵资产流失和资金浪费漏洞。严格收入管理和支出审批，对已接收企业的资产和租赁情况逐一登记入账，建立企业资产和租赁台账电子文档，全年共节约支出100多万元。为13家企业核查养老保险漏保人员28名，医保漏保人员290人，为企业改制顺利推进清除障碍，并节约改制费用263.91万元。（高 龙）

【维稳安全】 （1）信访维稳。2014年全系统无人进京上访，无人赴省上访，无人到市委市政府集访，无不稳定事件发生，无安全生产责任事故，无违反综合治理事件，无违反计划生育受处罚案例，无违法乱纪行为。（2）安全生产。全系统实现安全生产零事故。安全投入连年递增，2014

年全系统新增安全投入 117.8 万余元。总公司共集中组织 3 次安全大检查，共排查隐患 28 处，整改到位 28 处。组织钢家、旅游品、吉祥等企业举办以“安全发展，预防为主”为主题的消防应急安全演练。（高 龙）

重点企业选介

【大唐耒阳发电厂】 2014 年，全厂全年完成发电量 37.05 亿千瓦时，机组利用小时在省统调火电企业中排名第二；实现利润 8087 万元，同比增加 3296 万元，创近五年来最佳盈利水平。供电煤耗完成 336.40 克/千瓦时，同比下降 3.16 克/千瓦时；完成#1、2、3 机组小修、#4 机组大修及#1、4 炉除尘脱硝改造，氮氧化物排放量同比减少 6677.5 吨，污染物达标排放，全年未发生一起通报考核事件和环境污染事故；安全生产局面持续稳定，实现连续安全生产 4357 天。当选湖南省 2014 年百强企业。（1）系统效率。结合电量营销工作，在保持机组利用小时区域领先的同时，全力提高机组负荷率，为机组降低供电煤耗创造好的外部条件；利用全厂 AGC 优势，优化厂内机组间负荷分配，优先低能耗的 300 兆瓦机组接带负荷，确保 300 兆瓦机组发电量比例不低于全厂发电量的 75%；集中力量，重点攻克锅炉飞灰可燃物、排烟温度，汽机真空度等影响该厂机组供电煤耗的难点问题。全年，在累计配掺入炉煤 166.97 万吨的基础上，实现 1 至 4 号炉飞灰可燃物同比分别降低 1.67%、0.13%、1.59%、0.51% 的良好成绩。（2）节年减排。通过大力推动节能工作内部挖潜和技术创新。2014 年度厂用电率同比下降 0.16%，供电煤耗同比下降 3.16 克/千瓦时，总耗油同比减少 112.19 吨，油耗率同比降低 0.53 吨/亿千瓦时。各项指标实现全面优化，节能降耗工作取得明显进展的同时，也为该企业实现盈利目标提供可靠保障。（电厂办公室）

【燕京啤酒（衡阳）有限公司】 2014 年，本公司共完成啤酒产销量 15.28 万吨，实现销售收入 25284.72 万元，创造利税 3450 万元。（1）生产管理。公司劳动生产率明显提升，综合效率比（实际效率与额定效率比）同比上升 2.59 个百分点；公司组织标准化项目验收，关键岗位标准化操作通过率达 95%，标准化生产体系初步形成；大力推行 TMP 项目，设备利用率得到显著提高，故障率明显下降；成品酒出厂合格率 100%，市场批量投诉和恶性投诉为 0；规范合理化建议课题确认流程，并深入挖掘合理化建议，仅安全生产方面的合理化建议就采纳 340 条；联合燕京漓泉公司成立“人力资源深化改革、精益生产提升、鲜啤质量提升”等 4 个公司级项目，并增加共享性项目及强制性项目，弥补以往只存在自愿性项目的不足；全年累计举办安全知识培训、专业技能培训等各类培训 410 场次，培训 5113 人次，完成年度计划的 134.6%。（2）企业文化建设。通过工会、团委等群团组织开展“三八”女工游艺活动、举办篮球、羽毛球、乒乓球赛等一系列文化活动丰富职工的业余文化生活，陶冶职工的情操；并利用板报、宣传栏等多种形式宣传党的方针、政策，公司的生产经营形势，增强员工对时事的了解，提高员工的政治素质；创办《燕京衡阳人》内刊，以《燕京衡阳人》为载体，大力宣传员工在生产、经营及各项活动中的典型事迹，使职工的思想观念明显改变，创新意识、奉献意识明显增强。积极履行企业的社会责任，响应衡阳市市委号召组织全体职工开展“慈善一日捐”活动，进一步扩大公司的影响力和知名度，创造良好的社会效益。（张明明）

【湖南水口山有色金属集团有限公司】 2014 年，公司全年完成铜铅锌精矿含量 30108 吨，100% 完成年计划，同比减少 5.2%；铜铅锌产品总量 211235 吨，为年计划 105%，同比增加 4.4%；黄金 1253 千克，为年计划 125.3%，同比减少 16.9%；白银 424 吨，为年计划 118%，同比增加 28.8%；实现营业收入 715628 万元，为年计划 110.1%，同比增加 101722 万元；实现利润 -15000 万元，完成有色中心下达的年度预算目标。（1）改革管理。强化采购和销售过程控制，节约采购成本 1325 万元。创新经营运作模式，实施铜板块封闭运行，实现利润 2266 万元。充分利用高银矿加工和防城港仓储配矿平台，做好国外原料采购和产品销售工作，高银矿加工比国内铅精矿生产利润增加 2134 元/吨，大幅提升铅系统加工费区间。全面推行精益生产，产品质量稳步向好。加强“五费”管理，管理费用同比下降 1040 万元，业务招待费同比下降 433 万元，办公费同比下降 16 万元，营业费用同比下降 838 万元。信息化建设迈上新台阶。健全内部控制体系，强化合规经营，规避市场风险，在经营活动中未发生大的风险事件。成立公司改革改制领导小组，制定《公司2014～2016 年全面深化改革总体方案》。整合原料、销售、供应，成立营销总公司，提高产供销一体化协同能力。推行指纹（人脸）考勤工作。实施物资集中仓储配送，有效降低库存。对所有工程车辆安装 GPS，统一配置加油卡，堵塞工程车外出干私活等管理漏洞。积极做好二厂资产处置工作，1.57 亿元补偿资金落实到位。自办幼儿园移交地方学校托管。门面房屋等低效资产处置工作有序推进，清理 54 套房产报上级审批。加快推进二厂转型升级和新材料公司搬迁改造，已签订购地意向。按照五矿相关文件精神，做好公司厂办大集体改革和“三供一业”分离移交相关工作。（2）节能减排。2014 年，公司能源消耗总量 182462 吨标煤，其中能源实物消耗：煤 86256 吨，焦 32089 吨，汽油 174 吨，柴油 1750 吨，燃料油 4888 吨，电 55214 万千瓦时，天然气 185 万立方，新水 650 万吨，同比下降 7.62%。实现工业总产值（2010 可比价）637240.8 万元，年同比增加 12.86%；综合能源消费量 182462 吨标准煤，同比下降 3.90%；万元产值综合能耗 0.2863 吨标准煤/万元，同比下降 14.85%。生产用新水 649.55 万吨，与计划比节约 58 万吨。复用水 2954.53 万吨，复水利用率 82.00%。排出废水 394.98 万吨。加强能源日常管理，全年分时用电创效 332 万元、功率因素创效 213 万元，对外转供用电增效 250 余万元，积极争取直购电政策减少电费支出 750 万元。（3）科研技改。液态高铅渣直接还原项目建设工期短、见效快，日均产铅 220 吨，创造国内侧吹炉单座炉座面积最大、建设周期最短等多项纪录，目前项目运行平稳，节能环保效果良好，效益大幅提升。康家湾矿东深部开拓工程完成掘进 2700 米，9300 双巷运输系统改造工程稳步推进。完成三厂、四厂、六厂、机电总厂天然气改造工程并投入使用。铜矿富氧侧吹试验项目通过三次点火开炉试验，积累大量科研数据。与长沙矿冶院签署《国家金属矿产资源综合利用工程技术研究中心水口山试验基地共建协议》，为科研工作提供高水平的支撑平台。推动国家应急救援基地、康家湾矿选矿废水处理项目、六厂氨氮废水处理项目、豹市岭和林果塘尾矿库闭库治理工程、四厂和六厂废水防渗漏工程等项目，安全环保基础进一步夯实。（4）民生建设。不断加大民生建设力度，在公司整体效益不佳的情况下，提高职工工资 50 元/人·月，住房公积金缴存比例提高 2%。开展困难帮扶工作，发放困难慰问金 209.74 万元。抓好棚改房、公租房建设，推动生活水改造工程，严格落实职业病防治及职工疗休养制度。积极落实独生子女奖励政策。设立专门的信访接待场所，出台新的信访维稳工作管理办法，提升信访处置能力。加强与外部企业沟通协调，引导职工子女参加各类现场招聘会。精心组织职工文化活动，成功举办中国五矿职工文化活动经验交流会。（康 琛）

【湖南核工业宏华机械有限公司】 2014 年，本公司全年完成主营业收入 5300.87 万元，利润指标基本持平；全年没有发生重伤、死亡事故，轻伤事故 1 人次，千人负伤率为 3.32‰，无发生重、特大设备、火灾、交通和环境污染事故。节能环保工作达标，污染物排放控制在上级指标范围以内。（1）KT 工程项目。全年废钢运输量完成运输总量的 26.9%；为保证放射性污染金属“一克不丢、一件不少”，公司投资 38 万元，完成处理中心监控系统的升级改造。（2）内部管理。召开第二届党代会，健全党委、纪委组织机构；按规定动作组织开展党的群众路线教育实践活动；抓好人才队伍建设；加强企业文化建设，打造宏华品牌；加强党风廉政建设，为公司健康发展保驾护航。

（汪 明）

【湖南省核工业地质局三〇六大队】 2014 年，按照以“大地质”为主体，以工程产业和资本运作为两翼的发展思路，凝心聚力，攻坚克难，各项事业持续健康稳步发展。以衡阳周边为地勘基地，控制1处大型钨矿床、1处中型钨矿床、1处中型铜矿床。积极引入社会资本投入，争取多个商业地质项目，为实现国有资本、民营资本以及混合资本结合迈进坚实的一步。开拓地质环境调查市场，承接一批矿山服务、矿山储量监测、地质灾害调查项目，以科学优质高效的技术服务帮助企业解决难题，树立品牌形象。积极参加地质灾害应急抢险，协助市、县国土部门，成功处理市石鼓区北香苑山体滑坡、宏威煤矿采矿等多起地质灾害应急抢险工作，为地方经济发展和社会稳定做出积极贡献。(1) 工程产业。岩土勘察方面，根据政策导向和市场情况，不断调整经营方向，在房勘、线路、地灾、水利勘察等方面加大开拓力度，抵御风险，确保增长。在工程测量方面，抓住国家开展农村土地集体确权调查和农村集体土地承包经营权调查的机遇，自主承接一批项目。通过严格质量管理，得到省国土资源厅及当地国土部门的高度评价。在工程施工方面，以湘核林语项目、船山东路项目为重点建设项目，通过抓好现场管理和安全质量管理，确保项目的健康运转。(2) 资本营运。把房地产开发作为资本营运的主要方向，以大队置业公司为平台完成开发前期准备工作。专门成立项目指挥部，强化管理，明确责任，在确保安全和质量的情况下，协调推进工程进度。由大队自营的“湘核·林语”项目1～4号栋都已封顶。正确处理发展与惠民的关系，认真处理工程施工与职工生活的矛盾，扎实推进湘核林语项目的建设。(3) 思想政治工作。扎实开展党的群众路线教育实践活动。通过教育实践活动，自上而下地剖析、整改、解决一批工作作风中存在的问题和不足，使全体党员干部和普通职工受到教育，提高认识，改进作风，使大队制度建设进一步加强，联系群众长效机制进一步健全。认真组织文明创建工作。大队文明创建工作强化责任落实，积极宣传发动，通过开展“文明有礼湘核人”系列主题实践活动，营造良好的氛围。深入开展党风廉政建设。坚决落实党风廉政“一岗双责”制，坚持把严格落实“八项规定”、着力解决“四风”问题作为工作重点，扎实开展反四风专项治理和反腐倡廉教育，深化全队党员干部对党纪法规的认识，增强廉洁从政的自觉性。 (熊逸彦)

【衡阳泰豪通信车辆有限公司】 2014年，完成有效合同53077万元，实现销售收入50516万元，利税2690万元。全年实现新产品立项85项，预研项目50余项，较2013年增长46%。申请专利75项，受理75项，获得专利授权证书50项（含1项发明专利）。年内申报并通过湖南省高新技术企业的再认定。(1) 公司简介。公司拥有资产总额72000万元，拥有各类主要科研生产及检测设备800余台/套，员工450余人，其中专业技术人员、管理人员280人。拥有车载电子系统集成产品总装检测生产线和机械、电子方舱生产线各1条（可兼容大板结构厢式车）、粘接生产线、喷漆烘漆房、表面处理生产线、数控加工及各类试验检测设备。具备年产各类通信指挥装备800台/套、军用方舱1000台/套的科研生产能力。(2) 科研创新。6月28日，清华大学—泰豪装备联合研究院衡阳通信车辆研究院正式授牌，2013年11月，清华大学与泰豪集团联合建立“清华大学—泰豪装备联合研究院”，当天，该院在衡阳泰豪通信车辆有限公司挂牌成立研究所。 (蒋荣华)

【湖南天雁机械有限责任公司】 2014年，公司全年实现销售收入5.78亿元，利润总额2022万元，实现净利1436万元，销售增压器58.37万台，销售气门382.51万支。湖南天雁机械公司曾辉的《天然气涡轮增压器关键技术研究与应用》荣获第四届全国职工优秀技术创新成果表彰大会三等奖。(1) 5月30日，公司正式上市揭牌。湖南天雁“借壳”“济南轻骑”上市，历经两年多的不懈努力，得到南方集团的精心指导、衡阳市委市政府的倾力帮助和社会各界的大力支持，经中国证监会审批同意，公司重组上市工作顺利实现。“湖南天雁”在上海证券交易所正式挂牌上市，成为国内增压器行业第一个上市公司，湖南省军工企业第一家上市公司从此开启“实现百亿梦想”的新篇章。(2) 技术创新。公司研发支出共计4036万元，研发支出占营业收入的比重为6.98%。主持和参与行业标准工作11项，全年累计申请专利40件，其中发明专利12件，涡轮增压器电控机械阀成功申报为省百项专利，荣获湖南省知识产权运用示范企业，并进入国家试点，科协荣获全国讲理想、比贡献先进单位；稳步推进国Ⅳ切换、再制造业务和电子商务步伐，持续巩固市场地位；强化基础管理，突出管理提升，初步搭建体系平台，注重生产组织，强化精益改善，调整优化装配生产线，改善仓储物流配送，缩短物流配送路径，精益生产达级评估达4.4级，供货保障能力进一步增强。（周友元）

园区建设

高新技术产业开发区

【概况】 2014年，衡阳高新技术产业开发区（以下简称高新区）实现地区生产总值（GDP）48.37亿元，同比增长3.2%；完成固定资产投资55.77亿元，同比增长25%；完成财政总收入13.59亿元，同比增长20.6%；完成一般预算收入3.32亿元，同比增长17.3%；实现入库税收12.02亿元，同比增长20.89%，税占比达88.44%；全年预计实现工业税收总额1.3亿元，同比增长18%；预计服务业增加值同比增长15%；规模以上服务业企业营业收入同比增长39.73%；服务业投资同比增长25.1%。固定资产投资、财政总收入、入库税收等主要经济指标增幅达20%以上。（钟玲玲）

【招商引资】 （1）全年共引进项目5个，实现到位资金18亿元，其中3个竣工投入营运，1个即将竣工。具体情况是：半岛假日酒店，总投资5000万元，已投入营运；光大银行衡阳分行，总投资额2500万元，已营业；浦发银行衡阳分行，总投资额2000万元，已营业；步步高一中分店，总投资额1亿元，现正进行装修；糖酒茶精品城（紫金花园），总投资2.5亿元，对外开始招商。（2）项目储备工作，2014年策划包装项目15个，深度开发项目5个。在谈项目3个，分别是：湖南神州数码科技园，总投资10亿元；神龙五星级大酒店，拟投资5亿元；兴业银行，总投资2000万元。全年完成内联引资17亿元，完成外贸进出口5.26亿美元，实际利用外资1938.13万美元。

（钟玲玲）

【重点项目建设】 全年区内共有11个项目被列为市重点工程建设项目，年度投资总额12亿元，完成投资12.04亿元，为年度任务的100.39%。其中南湖公园一期完成投资1.7亿元，累计完成投资3.9亿元，已正式开园；连卡福百货完成投资3.15亿元，现正进行装修；金柘北区安置房完成投资1.7亿元；蒸水花苑安置房完成投资5200万元；糖酒茶精品城完成投资4200万元，项目主体已完成；金化国贸中心完成投资9500万元，即将完成主体工程建设；衡州小学完成投资4200万元；酃湖公园一期本年度完成投资1.1亿元，累计完成投资2.5亿元，基本完成征地拆迁任务；紫光古汉完成投资1000万元，开工前期手续已办理完毕，准备开工建设；银泰城（百货）完成投资1.3亿元，即将启动征地拆迁工作；中兴网信全球共享服务中心完成投资6836万元，一期研发中心已完工并投入运营。

（钟玲玲）

【城市建设管理】 全年累计投入基础设施建设资金10亿元（包括征地拆迁资金），新建光辉路、永和路等道路2.26公里；完成祝融路、延安路等道路亮化6.99公里；新铺人行道板2万平方米，提质改造1万平方米；完成门店招牌提质改造7.5万平方米；完成衡洲大道、船山大道、蒸水大道等隔离带绿化及潭衡西匝道绿化广场等绿化提质改造工程近45万平方米，新增乔木、亚乔木4.5万株；完成蔡伦大道、衡州大道高新区段道路两厢提质改造工作。园区内美化亮化绿化再上新台阶。在区内开展以“包卫生、包绿化、包秩序”为主要内容的“门前三包”活动，共清理门店2700个，清除牛皮癣48000条；加大对门店违规、违法广告整治力度，共清理横幅、条幅1100余条，拆除违章户外广告239块，约6000平方米；创新城管工作模式，开展城管环卫联合作业，配备印有“白色垃圾收捡”字样的专业车辆，随走、随停、随收捡，实行流动保洁。园区城市管理和卫生保洁居全市最好水平，2014年获得衡阳市城市管理工作先进单位。重视区内生态环境质量管理，突出抓好总量减排，重点抓“水、大气、固废、噪声”几个热点。开展污染隐患大排查专项行动；推进大气污染综合治理工作；开展蒸水河道高新区段的非法砂场整治。取缔非法砂场10家，拆除河道内违章建构物31栋，共计6022平方米，清运砂砾11.3万立方米；完成湘江污染防治工作，区内无污染事故和环境安全问题发生。（钟玲玲）

【园区秩序】 （1）信访维稳工作。全年接待各类群众来访2109人次，处理和回复各类来信来访件共计1047件（其中“12345”群众热线交办工单765件）。修订和完善《关于处置群体性突发事件的应急预案》。（2）综合治理工作。与各社区居委会及132个坐落单位层层签订综合治理责任状，辖区各村（居）及座落单位成立人民调解委员会。全年调解各类矛盾纠纷1370起，无民转刑案件发生，社会管理综合治理工作年终考核成绩为优秀。（4）安全生产工作。成立高新区安监局，按照“横向到边、纵向到底、责任到人、不留死角”的原则，在园区开展“三大行动”“安全生产月”和“大排查大整治”专项活动，共查出整改安全隐患575处。取缔非法烟花爆竹销售点14家，取缔私设加油站点1家，区内未发生较大以上的安全责任事故。（钟玲玲）

【社会事务】 全年投入2700万元，新建第二实验小学和蒸水小学综合楼，共计1万平方米，有效化解大班额现象；新建衡州小学；积极创建两型示范学校；加强教师培训，全年完成国培计划97人次，派出教师培训72人次。全年共发放城市低保金710万元，农村低保金40万元为2591名村民办理养老保险。全年完成征地1100亩，拆除房屋14.2万平方米，充分保证新进项目的用地，依法依规进行安置补偿，新建设安置房面积约23万平方米，安置房屋840套共计7.6万平方米，同时开展失地农民和下岗工人就业培训，全年培训失地村民50人，培训下岗职工1063人，安置失业人员73人。落实青峰、杨柳、祥瑞三个新增社区的办公用房，完善软、硬件设施建设。开展群众文化活动，全年共举办广场旬旬演2场，社区周周乐活动31场。（钟玲玲）

白沙洲工业园区

【概况】 2014年，白沙洲工业园区全年完成固定资产投资65.15亿元，同比增长24.9%；实现工业总产值279.82亿元、工业增加值83.94亿元，同比分别增长114.5%、116.89%；销售收入275.65亿元，同比增长106.5%；财政总收入22.63亿元，同比增长26.14%；完成进出口18.5亿美元，同比增长113.38%。电子信息产业实现总产值224.01亿元，销售收入224.16亿元。输变电装备制造、汽车及零部件等先进制造业实现总产值55.81亿元，销售收入51.5亿元。骨干企业作用日益明显，现代物流业发展进一步加快。地区生产总值增幅、财政总收入及增幅、规模以上工业增加值增幅、进出口总额等多项指标在全市名列第一。（罗仁田 毛增禄）

【招商引资】 全年共洽谈项目28个，新签湖南华菱LNG天然气重卡专用车改装基地及汽车零配件生产、深圳华科半导体制造及LED芯片封装、懿科药用包材等22个项目入园合同，合同投资总额45.07亿元，入园项目涵盖高端物流、消费类电子、新能源、外贸商品展示、精密制造等产业。全年融资16.7亿元，占年度任务12亿元的139.17%。其中，以白沙投为主体发行企业债券12亿元，成为本市第一个发行企业债券的园区；申请光大银行东部土地整理项目贷款1.3亿元；土地整理流动贷款3亿元。以衡阳白沙洲电子信息创业园有限公司为主体，申请民生银行标准厂房流动资金贷款4000万元。（罗仁田 毛增禄）

【项目建设】 全年新开工项目20个，包括懿科科技、洲旗电子等14个产业项目，湘江防洪堤风光带、东三环道路提质改造等3个基础设施项目，以及市九中搬迁异地重建（八中初中部）、金桥小学等3个民生项目。10月10日，懿科科技、众友导电滑环、顺能电力铁塔及电缆配套生产基地、香港联昌液压缸、湘江防洪堤风光带、东三环道路提质改造及园区西部路网7个项目集中开工。12月23日，唯真电子等13个项目在白沙洲工业园区集中开工。这13个项目分别为：唯真电子、洲旗电子、鼎御中药饮片、大成锅炉、兴雅文印刷、台湾三爱、泽亚电子、祥达利物流、中运物流、金盈金投资、市八中初中部、金桥小学、新民路小学。（罗仁田 毛增禄）

【园区建设】 （1）全年共投入4.15亿元，新建中航路（二期）、兴业路、富康路及新民路北段，对南三环路和白沙南路、工业大道等10条道路进行提质改造。综保区10栋标准厂房配套雨污水、道路和绿化工程竣工，完成鸿富锦员工生活区及3栋钢结构厂房等工程。开工金茶家园公租房、和谐小区廉租房及食堂、综合楼工程。(2) 全年共完成征地4780亩，其中南三环路、南二环路、金茶家园、和谐小区征地拆迁和腾地交地780亩，西部三期开发、市九中迁建、湘江风光带一期征地4000亩。平整土地1000亩。共拆迁房屋15万余平方米。

（罗仁田　毛增禄）

【城市管理】　不断加大“两违”整治力度，共拆除违章建筑4400平方米，制止违法建设4028平方米，拔除抢栽树苗上万株。进一步整治市容市貌，加强以违规占道经营、占破道管理、乱停乱放为重点的城市道路管理，广告招牌管理，早餐夜市和流动摊贩管理。园林绿化养护及时。公共交通设施配套不断完善，新引入129、153、163路公交线路入园。

（罗仁田　毛增禄）

【衡阳综合保税区封关运行】　9月9日，综保区正式封关运行，全年完成进出口总额6.2亿美元，占全市进出口总额的20%。已注册入区项目16个：加工企业9家，其中欧贝尔电子、恒天制造、野果树、贝斯瑞光电即将投产；贸易企业5家，其中易路通、力高隆、深湘供应链开展业务工作；物流企业2家（远通物流、日通物流），已开始为入区企业提供物流服务。确定入区项目5个，其中共创光伏投资18亿元的高效太阳能电池项目即将装修。

（罗仁田　毛增禄）

【行政服务】　(1) 及时为入园企业办理各项手续。全年共评审通过3个项目规划设计方案、1个项目建筑设计招投标方案；为7个项目办理项目选址意见书、建设用地规划许可证、建设工程规划许可证；办妥14个项目施工图设计审查备案；完成7宗共450亩土地的国土使用证办理、8宗共500亩土地的招拍挂手续，取得国土用地省级批文3批次共1500亩、组卷上报省国土厅780亩。(2) 为项目提供建设用地或标准厂房。全年为5个项目供地1000余亩；新建标准厂房5万平方米，同时根据企业生产设备和工艺技术要求，对6万平方米标准厂房进行改造，满足企业快速入驻需要。(3) 兑现各项优惠政策。在兑现项目入园合同约定的规费减免、税收返还、物流补贴等优惠的同时，积极为企业争取产业扶持资金，全年共为入园项目或企业争取优惠政策及补贴资金2.03亿元。(4) 协助企业做好员工招募工作。全年共协助企业招募员工1500余人。同时督促企业做好社会保险征缴扩面工作。做到入园企业全部参保、企业员工全员参保，为园区企业争取养老保险缴费费率过渡试点，按照富士康、欧姆龙2家企业现有员工规模，6年可分别为其节约2300余万元、560余万元。(6) 其他服务。为企业及时妥善处理各种劳资纠纷60余起，为富士康、合力工业车辆分别申报获批“五一劳动奖章”“工人先锋号”。

（罗仁田　毛增禄）

【民生保障】　(1) 安置房建设与分配。新民安置小区10栋、共2.8万平方米安置房开工建设，金雁安置小区（燕京啤酒片区）8栋、共3.4万平方米竣工。完成金叶安置小区共33栋、13万平方米安置房的分配。(2) 社会保障。完善2013年度被征地农民参保146人的相关手续、生活保障26人，办理退休62人；完成生活保障资格认证，停保26人；办理被征地农民补贴返回21人、2014年度退休手续32人、新农保享受待遇31人。完成2014年度被征地农民570人参保的相关手续。(3) 社会事务管理。信访维稳上，以服务经济社会发展为目标，创新信访维稳方式，共接待来访群众735人次，其中群访19起167人次，处理群访事件19起，处理信访积案5起，信访回复31起，电话回复6起；办理市领导交办件1件，件件落实到位。共出生179人，其中计划内163人。社会救助上，定时发放城市低保、农村低保、五保供养、临时救助、大病救助、城乡医疗救助等，资金达264.8万元。城市低保达到1840户、3596人次，农村低保达5314户、9310人次。切实开展城乡低保整改工作，出台并实施《被征地农民临时性生活困难补助实施试行办法》。全年对469户群众、职工进行走访，共送去慰问金或慰问物资计32万余元。

（罗仁田　毛增禄）

【安全生产监管】　实现全年安全无事故的目标，2014年园区被市政府评为安全生产工作先进单位。

推进安全生产主体责任的落实。对26家入园企业进行调查摸底，层层签订安全生产目标管理责任书，按照“谁领导、谁负责”的原则，落实部门、企业安全管理职责，明确安全生产责任，进一步强化企业主体责任。加大安全教育培训的力度。组织入园企业负责人、安全监管人员和特殊行业人员，分期分批进行《中华人民共和国安全生产法》和《中华人民共和国消防法》等法律法规和安全知识培训，参训达3800余人次，进一步增强安全防范意识，为园区安全生产构筑坚固防线。开展安全隐患排查治理。通过安全生产专项行动，对辖区26家企业进行检查整治，共下达责令限期整改通知书24份，当场改正通知书6份，个别企业建设项目主体工程未报建、未报批、未验收，找企业负责人进行诫勉谈话3次，督促安全隐患及时整改到位。

（罗仁田　毛增禄）

松木经济开发区

【概况】 2014年，松木经济开发区40家规模以上工业企业实现工业总产值71.7亿元，同比增长15.8%；实现规模工业增加值21.1亿元，同比增长22.7%；实现财政总收入6.57亿元，同比增长30.4%。（王　威）

【招商引资融资】 全年共引进屹顺化工、凯信化工试剂、新澧化工研究所、雁城物流二期、振洋汽配、华南汽配、冠丰汽配、瑞必达科技、鑫威门业、唯美印务、康仕达、新华阳、先一橡塑等入区项目13个，完成签约引资额44.7亿元。完成融资9.2亿元，其中向华融湘江银行融资2.7亿元；向国家进出口银行融资2.5亿元；与市水利投联合成功发行“14衡阳水投债”，募集资金13亿元，分配获得4亿元。平台公司总资产达到77亿元。（王　威）

【项目建设】 重点项目完成投资36.29亿元，同比增长16.6%。（1）工业项目。重点工业项目完成投资29.68亿元，同比增长10%；新开工建设工业项目12个，新竣工投产工业项目10个，其中，志远铼系列、油漆厂、恒光二期七水硫酸亚铁、盛泰物流、松木电器、康仕达、新华阳建材、鑫威门业、成大混凝土和唯美印务等项目已竣工投产；中航标准件项目2号宿舍楼、6号办公楼、9～12号厂房框架主体已完成；中航电镀中心项目电镀污水处理站等5栋厂房已完成土建工程；建滔化工年产6.5万吨双氧水项目正在进行厂房内装修及设备安装；新金生物已完成5栋厂房的主体工程；鑫科思生物已启动土建，办公楼主体已完成；春晓明珠玻璃门窗、屹顺化工等落地项目正在有序推进。（2）基建项目。基础设施项目完成投资6.61亿元，同比增长61.2%；新建（续建）基础设施项目22个；安置房六期完成主体工程施工，七、八期进展顺利；标准厂房四期完成征地拆迁和土地平整；松木消防站全部施工完毕；经开区北片云升路、埝塘路、新安路北延和南片花叶路、松梅路、龙祥路等项目正在抓紧推进。（3）征地拆迁。实行项目建设指挥部负责制，全年完成征地5233亩，拆迁27.46万平方米，其中，市管项目完成征地1175.58亩，拆迁12.47万平方米。“两违”建设实现零增长，共拆除历年形成的“两违”建筑98例25400平方米，其中正房47例10300平方米。（王　威）

【平台建设】 松木经济开发区农村信用合作社营业网点已正常营业。公租房生活用水已接入市自来水。在经开区北片新建一个220千伏变电站已完成前期工作。天然气调压设施已安装到位，并正常供气。年度新增建设用地报批进展顺利。成立中小企业服务中心、便民服务中心和信访接待中心，在中小企业服务中心设立招商产业服务窗口、规划建设服务窗口、公用事业服务窗口、安监服务窗口、国土服务窗口、环保服务窗口等六个服务窗口；在便民服务中心设立民政服务窗口、社保服务窗口和计生服务窗口等三个服务窗口。公租房三期已完成主体工程施工，部分已交付使用；公租房四期，正在加紧施工。卫生服务中心和新建小学已完成规划设计，正在进行征地拆迁。经开区金源街道派出所已同石鼓区商定按“1∶1比例”置换，正在开展置换工作，已招募协警10名。（王　威）

【综合治理】 （1）维稳安全。全年未发生重大刑事、治安案件，社会秩序和谐安定。未发生较大以上安全生产事故，事故死亡人数单项指标未超控、总指标未超控。（2）环保工作。全年完成清洁低碳技术重点项目1个，即志远新材料金属铼系列生产项目；完成市政府1号重点工程中的衡阳市建衡实业有限公司废水处理技改工程项目和衡阳市锦轩化工有限公司高浓度氨氮废水处理工程项目；拆除辖区内距离湘江500米以内的养殖猪场（舍）42户，拆除面积5286平方米，拨付补偿款216万元，通过省、市验收；完成衡阳建滔化工有限公司、衡阳瑞达电源有限公司和衡阳斯凯威电源有限公司的强制性清洁生产审核。（王　威）

城建·城管·环保

城乡规划

【园区规划管理体制】 提请市政府召开“一园两区”规划管理体制专题协调会，提出“依法行政、高效运行、利于管理”的指导思想；起草《园区规划管理暂行规定》，明确“一园两区”规划实行双重管理，依法在“一园两区”成立规划分局，为市城乡规划局的派出机构，规划“一书两证”统一由市城乡规划主管业务部门签发，统一盖规划部门业务公章。（陈智慧）

【规划战略研究】 完成“衡阳市中心城区居住用地发展研究”等7个课题研究，其中“景观结构指数在城市绿道网络规划中的应用”获省竞赛二等奖；《丘陵地区城市道路网与水系的共生策略》在部级核心期刊《规划师》上发表。（陈智慧）

【规划编制】 （1）总规修编。衡阳市城市总体规划获得部际联席审查会审查通过，并根据新修改的城市总体规划，完成衡阳城市远景规划编制。（2）控规编制。完成对城区原有控规的再次审查。新增加编制完成40多平方公里城市近期建设用地的控规，实现控规全城覆盖。控规编制成果首次获得市政府批复。（3）专项规划编制。全面启动《垃圾处理和环卫设施规划》《消防专项规划》《城市照明规划》《地下空间综合开发与利用规划》《防洪堤建设规划》《城市排水管网规划》《城市排渍点布局规划》；完成《衡阳市城区中小学校布局规划》《衡阳市立体停车场规划》《衡阳市城区大型商贸物流设施布局规划》《加油加气布点规划》编制。（4）片区设计。完成衡山科学城的概念性规划。（陈智慧）

【重点项目规划】 完成酃湖公园、衡阳抗战纪念园、雁城东路、铜桥路、东风南路改造、322国道改造城区段、湘江三桥至武广高铁东外环提质改造、城市6条主次干道两厢整治、二环路全线、东三环改造，滨江新区耒水南北岸风光带、湘江两岸风光带、东洲岛及湘江东岸风光带、幸福河综合治理、耒水西岸风光带等年度100多个重点项目规划设计任务。（陈智慧）

【规划审批制度】 出台《衡阳市城乡规划局建设项目规划审批管理改革方案》，所有规划行政审批办结时间由原来的20个工作日压缩到13个工作日以内。完善项目会审制度，对违反国家法律或行政法规、技术准则、程序规定的项目实行一票否决制。完善重点项目审批快速通道，实行专窗收件、专人负责、特事特办，对村民建房、保障性住房、学校、医院等建设项目主动提供服务，方便报建单位办事。修改完善《衡阳市城乡规划行政技术准则》。（陈智慧）

【规划行政许可】 共核发《选址意见书》59份，选址用地面积814万平方米；核发“建设用地规划许可证”59份，用地面积361万平方米；核发“建设工程规划许可证”189份，建筑面积480万平方米；核发“建设工程规划验收合格证”38份，竣工验收面积195万平方米；核发“乡村建设规划许可证”41份，建筑面积181万平方米。（陈智慧）

【规划执法监管】 健全以社区为单元的网格化管理制度，实行全天候全方位的巡查，确保违章建筑及时被发现、制止。加强执法人员培训，首次配备执法记录仪，切实提高规划巡查执法的有效性。修订出台《衡阳市城乡规划行政处罚自由裁量权基准》，分区域、分类型、分性质对违规项目进行处罚。建立健全违法建设黑名单和曝光制度，推动联合执法模式发展，深入开展全市大拆“违”活动，全年拆除违章建筑28万多平米。（陈智慧）

【规划技术创新】 牵头建设《衡阳市建设项目审批信息共享平台》，实现发改委、国土资源局、住建局等相关部门的建设项目审批成果信息整合、交换和共享。制定行政审批系统总体设计方案，升级一站式规划管理平台。积极推进局域网建设，首次实现局机关与各二级机构的网络对接，安装LED显示屏，完成城市总体规划、来雁新城、滨江新区、市图书馆等重点规划显示屏、沙盘模型布展。（陈智慧）

【规划监督】 自觉接受住建部驻

衡阳规划督察员的监督，邀请其参与所有规划业务会议，积极办理督察建议。认真做好遥感卫星第三期 157 个图斑的核查工作，并对有关重点图斑进行整改。认真做好人大常委会审议年度规划实施和计划情况工作，办理人大代表建议、政协委员提案 81 件，实现答复率 100%、满意率达到 99%以上。以衡阳电视台《民声面对面》电视问政为契机，面向社会各界聘请 75 名社会规划监督员。初步建立行政效能监察台账，印发规划效能报五期。（陈智慧）

【综合管理】 制定实施《办公楼管理制度》《食堂管理制度》，严格执行《“三公”经费管理制度》，2014 年公务接待同比下降 70%以上。全年来共接待来信来访 96 件，接待来访群众 200 多人次，及时了解群众的愿望，解决群众的困难。处理书记、市长信箱信访件 63 件，全部按期办结。积极办理“12345”热线举报投诉事项 163 件，满意率达到 90%以上。组织粮运车队住户与岳屏明珠苑围墙纠纷事项听证会，促进该信访事项进入终结程序。

（陈智慧）

【县乡规划指导】 耒阳市规划局深入推进“规划年”活动，新一轮城市总规、乡镇总规、各专项规划编制全面启动，完成城市近期建设区域 60 平方公里的控规修编。南岳区规划局完成《南岳公租房及林场棚户区规划》等 9 个专项规划和《新城区控制性详细规划》等 6 个片区的控制性详细规划编制。常宁市规划局完成对城区 34 平方公里控规的实施评价，乡镇总规实现全覆盖。衡东县规划局全面启动新一轮总体规划修编和岳宵片区的城市设计和城市控制性详细规划、乡镇总体规划及村庄规划编制。衡南县规划局编制《县城色彩和夜景专项规划》《县城市公共交通系统专项规划》《县城绿地系统专项规划》和《县城沿江风光带规划设计》。衡山县规划局乡镇总规、镇（乡）域村镇布局规划和城区控制性详细规划实现全覆盖。衡阳县规划局规划执法力度空前严厉，全年拆除各类违章建筑 3.5 万平米。祁东县规划局全力加快总规修改进程，强化乡镇总规和村庄规划编制，实现控规的全覆盖。

（陈智慧）

住房和城乡建设

【市政重点项目建设】 2014 年全市城建板块重点项目共 49 个，总投资 715 亿元，投资过亿元的项目 36 个，15 个项目如期竣工，竣工率 100%，实际完成投资 129 亿元，完成率 161%。其中由市住房和城乡建设局直接负责的城建重点项目 11 个，实际建设项目 26 个，超目标任务 15 个，完成投资 11.2 亿元，同比增长 8.8%。11 个市政重点项目中的东风南路、红湘北路、老城区道路提质改造（包括蔡伦大道、立新大道、莲湖路、双桥路）已竣工通车，江东污水处理厂、松亭污水处理厂二期已通水运行，珠晖水厂厂区工程已竣工，欧家町路、华耀城路网、长丰大道北延、内环北路和演武坪水厂提质改造已完成年度建设任务。其他 15 个项目中的长湖路、蒸阳北路、雁城西路、演武坪污水提升泵站、晏家坪污水提升泵站、江东污水处理厂管网工程及六路两厢提质中的蒸湘北路人行道提质改造、电力设施迁改土建工程 8 个项目已完成；完成广东路、红湘北路、余德堂、静苑小区、中山北路华光街口等 34 处排渍点的改造，雁南村、衡州大道桥下 2 处排渍点改造正在进行，并对干渠、支渠全面清淤；铜桥港污水处理厂二期工程、西干渠建设工程已开工建设；角山污水处理厂一期工程已启动，酃湖污水处理厂、松木污水处理厂、雨母路等前期工作顺利开展。

（刘乾一　陈　艳　唐　薇）

【小城镇建设】 全市小城镇开工建设 500 万元以上、重点镇 100 万元以上的项目 82 个，完成投资 9.6 亿元，新建和提质改造城镇道路 110 公里，新增绿化面积 11.9 万平方米；成功争取新型城镇化省级引导专项资金 927 万元；常宁市庙前镇中田村、衡东县甘溪镇夏浦村、杨林镇杨林村、高塘乡高田村新大屋 4 个国家传统村落的保护规划修编工作完成；珠晖区茶山坳镇，雁峰区岳屏镇等 16 个镇荣获第二批全国重点镇。

（刘乾一　陈　艳　唐　薇）

【行业监管】 （1）行业发展。全市完成建筑业总产值 350 亿元，同比增长 10%；共审批建筑工程初步设计73项，总建筑面积483万平方米，同比增长11%；市城区应招投标实招投标项目172个，中标总价118.9亿元，同比增长7.5%；市城区48个项目办理节能分部验收，78个项目正在实施节能工程施工，设计阶段建筑节能强制性标准执行率100%；开展预拌商品混凝土专项治理行动，取缔拆除无资质预拌商品混凝土搅拌站20家，立案查处8家，关停待拆11家。（2）质安监管。全年住建行业安全生产实现“零死亡”，创省优工程14个，芙蓉奖3个，质安监督管理水平居全省第一方阵；加强扬尘治理，在建项目的施工围档100%符合要求，新建工程冲洗设施覆盖率达100%，创建省标准化示范工地（工程）109个，创全国3A级安全文明标准化诚信工地3个，创建数量排位全省第二。（3）“两供一治”。演武坪水厂提质改造有序推进，市城区新建和改造供水管网34公里，安全供水100%；市城区新建燃气管网160公里，改造中低压管网6公里，新增天然气用户4.6万户，新增汽车加气站3座，城市居民用气普及率98.43%；新建和改造配套污水管网50.78公里，市城区污水处理能力达到36.5万吨/日，全年全市共处理生活污水1.47亿吨，削减化学需氧量（COD）总量1.79万吨。

（刘乾一　陈　艳　唐　薇）

房地产业

【保障性安居工程】　2014年湖南省下达衡阳市保障性安居工程目标任务为23961套，开工率达100%；基本建成任务（含往年结转项目）为14877套，完成17832套，完成率达120%；廉租房租赁补贴发放均超额完成任务。前几年遗留结转的6个项目，2014年全部妥善处理。组织开展全市廉租房分配专项整治工作，用两个月时间对市县两级进行全面清理，共清理出违规发放廉租房补贴3774户，已全部停发；违规实物配租645套，已清退460套。强化保障性安居工程建设管理和服务，调整成立安居工程领导小组，建立完善保障性安居工程建设、分配和管理方面的制度和规定，起草《关于进一步加强棚户区改造工作的意见》；建立周五保障性安居工程建设手续办理集体会审制度。制定《2015年衡阳市保障性安居工程计划》，并通过市安居领导小组审定。　（蒋　永）

【房产市场管理】　（1）对城区在建的198个项目情况进行调查摸底，全面推行属地管理，防控房地产开发市场风险。（2）全面启动二手房网上交易和资金监管工作，二手房监管资金达4亿多元。（3）加强房地产行业信用信息管理，引导房地产业诚信发展。（4）召开房产交易展示会，房交会期间网上签约648套，成交额2.56亿元；达成交易意向1470套，意向合同交易额近8亿元。

（蒋　永）

【房产业务工作】　（1）房屋征收。对新启动的14个国有土地上房屋征收项目，严格按照《国有土地上房屋征收与补偿条例》依法有序推进，对立案受理的37起行政裁决案件已成功调解35起。（2）物业管理。共取消10家不合条件的服务企业资质；41个新建项目前期物业招投率达100%；组织各类物业管理专业培训8次，参加培训人员达1100多人次。（3）安全管理。进行各类房屋安全鉴定150余次，鉴定面积20万平方米；查处各类危及房屋安全的装修装饰案件40多件次，确保房屋使用安全。　（蒋　永）

【房屋产权管理】　产权处全年完成规费收入4418万元，超任务18.77%，各类登记近6万件，测绘41000多处，查档66000多件，业务差错率为零。

【房地产开发项目管理】　开发办加强开发企业资质监管，取缔40家不合条件的开发企业资质。严格执行项目资本金制度，实施率达100%。对龙江阳光城等四个问题项目进行集中整治，强化信用信息管理，维护市场秩序。

【白蚁防治】　白蚁防治所完成白蚁预防施工面积419万平方米，预防收入1600万元，白蚁灭治面积16万平方米。

【房产信息和物业管理】　房地产信息管理中心完成新建商品房项目入网面积500万平方米，网上签约面积310万平方米。每季度定期开展房地产市场形势分析，为行业发展提供精准的数据分析。

物业专项维修资金管理中心新增归集资金近1.86亿元，超出年初任务的24%。共受理申请使用资金项目92个，办结66个，拨付维修资金562.85万元。新开通物业专项维修资金建设银行、华融湘江银行、邮政储蓄银行网上直缴系统。（蒋　永）

【遗留问题处理】　衡阳市成立领导小组和联席会议解决产权办证遗留问题。征地拆迁遗留问题查处18起国有土地上房屋征收拆迁项目，已整治7起。（蒋　永）

住房公积金管理

【概况】　2014年，衡阳市住房公积金管理中心（以下简称公积金中心）在市委、市政府和省监管办的正确领导及各有关部门的大力支持下，深入贯彻党的十八届三中、四中全会和省市经济工作会议精神，以科学发展观为统领，建立健全公开规范的住房公积金制度，不断完善住房公积金的提取、使用和监督制度，提升服务效能，防范资金风险，完成各项工作任务，全面推进住房公积金事业的健康持续发展。2014年，全市住房公积金新增归集额219712.18万元（含年度结算的利息13363.45万元），同比增加36785.37万元，增长20.11%，完成财政预算195000万元的112.67%；发放个人住房贷款92489.00万元，同比减少12390.00万元，下降11.81%，完成财政预算60000万元的154.15%；个人提取住房公积金100550.78万元，同比增加16454.40万元，增长19.57%；实现增值收益13879.00万元，同比增加2359.32万元，增长20.48%，完成财政预算9905万元的140.12%。（何敦彭）

【公积金扩面建制】　（1）将各级财政供养人员住房公积金补贴纳入财政预算并逐步提高比例列入市委、市政府目标管理和绩效考核范围。2014年全市纳入财政预算的住房公积金补贴达24160万元，比2013年的16044万元增加8166万元，增长50.59%。（2）将住房公积金财政配套情况作为分配廉租房住房建设补充资金的重要依据，争取各级党委、政府对归集工作的支持力度，同时，争取各级人大、政协的关注和支持，形成建制扩面的合力。2014年通过办理市人大代表、市政协委员提出的《关于将住房公积金增值收益余额用于保障性住房建设的议案》，将县市区增值收益净结余1165.46万元上缴市财政，专项用于县市区廉租房和公租房建设补充资金，通过资金统筹运作，将资金规模效益发挥到最大化，将资金落实到位，进一步促进住房公积金事业的发展。（3）重点针对城镇新就业大学生、乡镇行政事业单位职工、市县级行政事业单位及国有控股企业人事代理人员、非企业职工，争取相关职能部门的关注和支持，扩大建制影响力。2014年，每季度曝光50家未建制单位，发放催建函60份，上门走访40余家单位催建。（4）推进非公有制单位建制。公积金中心2014年的归集工作把推进非公企业职工建制缴存作为重点，争取各级四大家对非公有制职工普遍未建制问题的重视和关注，并争取财政、审计、纪委、法制办、银行等部门的帮助与支持。2014年，预计新增非公有制企业50个，新增人数1282人。（何敦彭）

【提高公积金使用效率】　（1）进一步实行差别化贷款政策，确保刚性需求。“按照保一限二禁三”的原则放宽贷款条件，支持自住需求。对首次购买住房且购房面积在90平方米以下的购房职工，实行可提可贷可对冲还贷政策。出台《关于调整衡阳市住房公积金贷款相关政策实施细则的通知》，降低二套房的首付款比例，将第二套房的认定标准由“认房认贷”改成“认贷不认房”。（2）拓宽贷款渠道，促进贷款发放。在风险可控的情况下放宽按揭贷款楼盘的准入门槛，解决无现房抵押职工的购房之忧。2014年，新推出15家住房公积金按揭签约楼盘，发放按揭贷款2101户共计4.99亿元。（3）科学资金运作，保值增值。一是降低提取条件，开通大病提取和租赁提取，更加利民便民，2014年共提取9.04亿元，占当年新增归集额的48.03%。二是在保证贷款和提取的基础上，合理控制贷存比，防范资金流动性风险。三是统筹运作资金，优化资金结构，突出资金效益最大化。中心一方面随时掌握各县市区资金动态，及时上划资金；另一方面根据历年资金运行情况找出规律，通过专家论证，制定出科学的定期存款模

型，合理调配存量资金定存期限结构，使增值收益得到大幅提高。（何敦彭）

【保障性住房建设】 支持保障性住房建设，保障“住有其居”。累计上交廉租房建设资金2.15亿元，支持市政府建成廉租房达240万平方米；通过利用住房公积金贷款支持保障房建设试点项目，支持本市公租房建设，本市试点“奇峰苑”公租房项目贷款额度1.63亿元列入本市2014年保障性住房建设计划。（何敦彭）

【推行公开规范化管理】 （1）业务管理程序化。规范业务标准。按照住建部《住房公积金基础数据标准》要求，加强规范业务管理系统数据，重点加强对县市区管理部各项业务的规范化、标准化管理，确保县市区管理部和市本级的政策执行和业务管理保持统一和同步。规范业务行为。中心出台《关于借款人个人信用审核的相关规定》《衡阳市住房公积金贷款新政操作指引》等操作性文件，明确相关操作流程及标准，保证审核的一致性和准确性。（2）资金管理规范化。加强财务预算管理。中心不断从业务、资金、成本、经费四个方面强化财务预算管理，实行月度计划管理，统筹运作资金，在确保贷款、提取正常需求的前提下，实现资金效益的最大化。规范网银操作行为。建立健全网上银行操作实施细则，规范各项业务网银操作。实行资金集中管理。对县管理部的资金，除保证正常业务和运行外，全部上划到中心，实行统筹集中管理。加强银行账户管理。制定《现金管理暂行规定》和《网上银行管理实施细则》，让所有银行账户日清月结，及时核对并处理未达事项，还不定期清理，减少归集银行数量，减少银行往来挂账。（3）数字化管理科学化。一是启动3.0版最新住房公积金业务系统；二是推进网络平台建设，对电子政务办通信接口重新配置，确保其专网连接及数据自动报送；三是完善信息化基础设施建设。新采购一台服务器作为中心住房公积金业务系统的应用服务器，完成政府服务热线“12345”的网络连接及相关设备的安装、调试工作，准备随时与省“12329”服务热线对接，新增路由器等专业网络设备，提高信息网络的应变、容灾、抗毁能力等。（4）服务管理标准化。全面实施“管运分离”，进一步健全综合柜员制，优化业务流程，开通联名卡支付、网上支付，直接结算，限时办结，实现“一站式”服务；在中心办事大厅启用叫号机，所有需要办理业务的职工均按叫号先后顺序办理业务，新增电视机、LED综合显示屏、无线WIFI上网，同时还增设1名固定和1名流动值班人员解答业务咨询并进行业务指导；开设“周六服务窗口”；坚持每月服务明星评选制度，倡导“微笑”服务；设置党员值班示范岗，引导办事答疑解惑。（何敦彭）

【强化风险防范】 （1）强化内部稽核。实施“事前、事中、事后”审查，进一步规范缴存、提取、贷款业务和财务、统计等工作。（2）强化风险防范。对按揭楼盘实行贷前准入审查贷中风险防范和贷后跟踪管理，定期公示，提前预警，及时停止风险按揭楼盘的贷款发放，加强逾期催收力度，采用短信、电话、上门催收，向本人寄发催收通知书、向所在单位协助催收、送达《律师函》及在报纸上公示等，多管齐下防范风险，确保逾期率控制在0.03%以下。（3）接受安全监督。主动接受财政、审计和税务等职能部门的监管，坚持年度审计制度，并及时整改；严格执行重大事项向省监管部门备案制度，加强新政合规性审查，落实省监管办列席管委会会议制度。（4）推进信息公开。通过《衡阳日报》、衡阳党政门户网、《衡阳晚报》、住房公积金管理中心网站等主流媒体向社会披露相关政策、业务办理流程、服务措施等相关信息。（何敦彭）

城管行政执法

【园林绿化体制改革】 市园林局原下设的四个城区绿化所成建制移交各城区政府，成立四个城区园林局，履行辖区道路绿化管养职责，市园林局监督指导。（1）渣土综合管控。市区两级环卫部门认真落实工地现场专人跟踪管理、渣土运输特许经营、渣土车辆专门牌照管理、渣土运输公司专项考核等工作制度，联合市公安局综合执法警察支队、交警支队等部门开展集中整治，完成440台渣土车安装湘DZ专用牌照和GPS车载终端，开展联合执法检查行动60余次。（2）园林绿化监管机制。组建园林绿化监管员队伍，编制《衡阳园林绿化工程施工监管员手册》，规范绿化施工“五项”工作流程，每月通报一次监管情况。（3）“四化”管理机制。编制《衡阳市环卫设施设置专项规划》《衡阳市城区市政路灯绿色照明发展规划》《衡阳市城区公共自行车交通系统规划》等专项规划，出台《衡阳市公共绿地设计、施工及验收标准》《衡阳市户外广告设施设置管理办法实施细则》《衡阳市城区公园广场管理规定》等管理规范。石鼓区中心片4个街道33个社区的环卫清扫保洁、高新开发区的绿化养护、湘江两岸风光带已建成段、蒸水南堤青草桥至蒸水桥段的绿化和市政设施的管护实现市场化。（4）考核奖惩机制。对四个城区和高新开发区的城管、环卫、绿化工作每月进行一次考核排名，奖优罚劣，用城管考核奖金添置一大批设施设备，改善基层工作条件。对考核不达标单位进行通报，并通过市财政落实责任城区政府（管委会）的罚款，显著增强城区政府（管委会）抓城市管理的责任意识，充分调动城市管理各基层单位的主动性和积极性。

（朱　辉）

【重点工程项目】 餐厨废弃物资源化利用和无害化处理中心、吉兴垃圾场封场改造及生态修复、城市生活垃圾焚烧发电厂等重点工程项目建设按计划推进；绿化提升工程完成衡州大道、新园路、东风南路、湘江大桥西岸匝道、光明街游园等绿化工程建设，全年新增绿地112.12万平方米，亮化提升工程重点对六条主干道两厢楼宇标志性建筑和大型户外广告进行亮化。（1）基础设施。推进城乡生活垃圾收运体系项目建设，在城区周边乡镇建设6座密闭压缩式垃圾收集站；完成西湖公园、岳屏广场等8个公园、广场以及湘江两岸风光带基础设施的改造维修；完成杨柳立交桥等7处桥梁下场地综合利用改造；完成解放大道蒸阳路口地下通道等3处地下通道加装雨棚和美化亮化改造；地名标志牌提质更新有序推进。（2）城市管理新技术。积极推进城市照明远程智能监控系统建设、智能化机械式立体停车场建设、立体绿化建设、城市公共自行车租赁系统建设试点工作。

（朱　辉）

【市容市貌整治】 （1）市容突出问题整治。共拆除违章广告8万平方米，市城管执法支队拆除路灯杆旗2285块，双层、多层以及私设立柱广告40多处，拆除岳屏公园、西湖公园、莲湖广场等公共场所违章建筑21处。10月底开始联合整治占道摊点，取缔广东路“T”型街、解放大道中山路口交汇部等地段肆意占道经营等突出问题。从11月1日起，在全市取消占道经营的夜宵市场。蒸湘区解决解放立交桥下和南华大学门口乱摆摊点问题；雁峰区整治衡阳师院至湖南三师一段学校周边环境，市容变化明显；高新开发区取缔凤凰中街高鑫市场前占道搭棚、场外卖菜行为；石鼓区对五一路占道摊担及门店外摆、船山东路附一医院前占道摊担进行集中整治，取得较好效果；珠晖区对粤新路两侧占道摊担进行集中整治，较好解决该处马路市场经营乱象。（2）环境卫生。推进作业方式改革，添置一大批清扫清洗作业机械和水上机械打捞船，道路清洗改夜间作业为夜间和白天组合作业；在主次干道实施“两扫全保”滚动作业；全市生活垃圾实现日产日清日填埋，无害化处理率达到100%；开展大件垃圾专项清理行动及环卫设施管护专项整治；开展临街门店生活垃圾定时定点上门收集服务，减少“二次污染”；市环卫处开通手机公厕地图导航服务。（3）园林绿化。开展绿化管养维护提质行动，对缺损绿地进行补种，做好绿化修剪、施肥、病虫害防治、中耕除草、抗旱保苗工作，加强公园景区服务管理，加大绿化执法力度，市园林局联合市公安局综合执法警察支队对重大毁绿行为立案调查，严格处罚。（4）照明亮化。市路灯管理处新建蒸水南北堤、蒸阳北路等道路LED路灯2600盏，按合同能源管理模式（EMC）改造衡州大道（东外环至苗圃）、解放大道等路段LED路灯2800盏，维修路灯7万盏次，确保主次干道亮灯率达99%以上，背街小巷亮灯率达97%以上；市沿江风光带管理处加强“一江九桥六路”景观亮化监督考核，确保景观亮化运行正常。（朱　辉）

【队伍建设】 （1）数字城管。利用数字城管平台，结合视频监控、GPS定位等技术，对建筑工地、城市重点部位以及城管执法车辆、环卫、园林作业车辆、渣土运输车辆实时监控、精确评价，丰富城市管理手段，提高管理科技含量。（2）效率城管。规范行政审批，坚持所有行政审批进窗口，提高政务中心城管窗口的运作水平；加强首问负责制、限时办结制等制度约束，提高办事效率；推行“一线工作法”，提高执行力。（3）民生城管。以党的群众路线教育实践活动为载体，扎实为民解难题、办实事，在背街小巷规范设置便民服务疏导摊点，在红湘北路、蒸湘南路、衡州大道等路段设置本地西瓜、葡萄等季节性瓜果疏导市场，开展殡葬执法服务，引导中元节文明祭祀。（4）文明城管。规范执法行为，出台《关于进一步加强城管执法队伍建设的意见》；加强形象建设，开设“今日城管”专栏、“衡阳城管”专版、“城市管理与城管执法投诉”专帖；改善工作环境，提高环卫临时工人工资，环卫工人的生存现状得到各级各部门和社会各界的广泛关注。（朱　辉）

环境保护

【概况】 2014年，12个省控以上断面，总体水质较2013年度持平。城区PM10平均浓度较2013年同期下降2.35%；城区饮用水水源地达标率为100%；地表水功能区达标率为95.8%。（王凌云）

【一号重点工程】 按照省政府统一部署，实施湘江保护和治理工作，并将此项工作列入市政府的一号重点工程。编制衡阳市第一个三年行动计划实施方案，制定分解2014年度项目任务。加强项目调度，成立由政府督查室牵头的联合督查组，每月一调度，每季度一督查。市长和分管市长多次深入现场调研并召开10余次专题会议，对项目实施情况进行调度和通报。全市列入2014年年度任务35项环保项目，完成34项，车江铜矿尾砂库治理项目由于辐射问题，已跟省厅衔接同意延迟。（王凌云）

【大气污染防治】 市政府印发实施《衡阳市大气污染防治行动计划实施方案》，方案包含406个重点工程项目，总投资达13.9亿元。市政府与12个县市区政府、3个园区管委会和12个相关市直部门签订《大气污染防治目标责任书》。成立衡阳市大气污染防治机制改革专项工作领导小组，建立大气污染防治机制改革工作信息报送和动态跟踪机制。列入2014年度省政府绩效考核的62个重点项目和7项主要任务全部完成。6个新标准空气自动站完成建设。城区“高污染燃料禁燃区”划定和重污染天气应急预案的编制均已完成。截至11月底淘汰各类黄标车13947辆，全市城区PM10平均浓度同比2013年下降4.76%。（王凌云）

【重金属污染防治】 完成国家环保部、省政府对本市重金属污染防治2013年度实施情况的考核，认定本市2013年完成的105个结构调整项目和36个污染源治理项目。2014年度重金属污染治理结构调整项目完成111个，污染源治理类项目完成47个，重金属污染专项资金项目完成44个。积极争取重金属环保专项资金，2014年度第一批重金属专项资金16个项目，资金额6917.5万元。2014年第二批重金属专项资金支持的22个污染治理项目，资金额22600万元。（王凌云）

【农村生态环保】 石鼓区角山乡、衡南县茅市镇农村环境综合整治项目完成，通过省厅组织的验收。耒阳市木兰村、常宁市福坪村、祁东县燕子窝村、衡南县淳陂桥村环境问题整治完成，并通过市局组织的验收，相关资料上报省厅备案。珠晖区被列入省2014年度整区推进农村环境整治名单，争取省里配套资金2000万元。衡东县霞流镇获得环保部国家级生态乡镇命名，耒阳市长坪乡等11个乡镇获得省环保厅第六批省级生态乡镇命名。珠晖区和平乡、常宁市塔山瑶族乡2个国家级生态乡镇各获得50万元奖励资金，衡山县福田乡白云村国家级生态村获得30万元奖励资金。（王凌云）

【污染减排】 （1）明确减排责任。根据省环保厅年度减排目标任务要求，制定《衡阳市2014年主要污染物总量减排实施方案》。完善减排工作体系，市住建局、公安局、畜牧水产局分别向市政府递交各部门的目标责任书，进一步明确各部门在各自减排领域的任务，形成多部门齐抓共管、协调联动的工作机制。建立健全减排考核体系，下发《衡阳市“十二五”主要污染物总量减排考核办法》，将污染减排指标纳入市住建局、市畜牧局、市公安局、市直三个工业园区绩效考核范围。（2）项目建设与管理。控制新增污染，严格执行环境准入制度及总量前置审批制度，共为107个项目进行总量审核或下达总量控制指标，通过总量许可倒逼现有企业污染减排。建立“三同时”验收管理与环评审批联动机制，“三同时”验收率明显提高。加强项目的调度与督查，与统计、交警、畜牧、住建等相关部门进行衔接和沟通，进行联合督查。启动重点项目月调度和通报制度，年度重点项目工作推进情况已列入市政府日常督查工作范畴，由市政府督查室定期开展重点项目督查调度。（3）按进度完成减排任务。全市完成工程治理项目150余个，结构关停项目30个，管理减排项目运行良好。其中国省66个重点减排项目中，49个规模化畜禽养殖粪污治理项目全部完成，7个工业污染治理项目及10个污水处理厂建设项目都已按省厅要求进度完成。全市化学需氧量、氨氮、二氧化硫、氮氧化物动态削减量分别为1489.1吨、662.7吨、872吨、7218吨，排放总量同比2013年分别下降0.99%、3.34%、1.04%、10.6%，超额完成年初下达的年度任务，氨氮提前一年完成“十二五”减排目标任务。（王凌云）

【环境管理改革创新】（1）规范辐射固废监管。开展辐射安全检查和辐射安全防护年度评估工作，共收到年度评估报告197份，收储放射源5枚。开展全市涉危废企业监督检查，对检查过程中发现的84家问题企业提出整改要求，完善危险废物转移行政审批。加强医疗废物的管理处置，全市乡镇卫生院及以上级医院约200家，全部7家三甲医院及各县市区大医院共计70家所产生的医疗废物全部送交湖南衡兴环保科技开发有限公司集中规范处置。（2）优化行政审批程序。进一步精简行政审批事项，行政审批项目由原来10项精简到7项。对项目选址、环评等提前介入，简化审批程序，提高行政效能，落实行政审批效率整体提速50%以上的目标，全年共审批建设项目146个。（3）推进排污权有偿使用与交易。完成824家工业企业主要污染物初始排污权指标的分配核定工作；共有518家企业缴纳征缴有偿使用费，占全市缴费企业的59.68%，共征缴有偿使用费681万元。已有衡阳市衡信电力电缆有限公司、衡阳镭目科技有限公司、衡阳市泰利饲料添加剂厂等24个新改扩建项目签订交易合同实施交易，交易收入41.6万元。（4）推进企业环境信用评价。对全市156家企业开展环境信用评价，正在按程序组织开展企业自评、信息录入审核工作。建立企业环境信息库，并向相关部门通报。（5）推进机动车尾气排放规范管理。在松木塘、杨柳设立环保标志发放点，发放黄绿标标志6000份。成立衡阳市机动车排气监督管理站筹备办公室，市政府发布《衡阳市机动车排气污染防治监督管理办法》，正在筹备成立衡阳市机动车排气管理中心。（王凌云）

【环境监察与执法】（1）环境污染隐患大排查。向企业下发企业自查情况表1100多份，全市出动7000多人次，复查企业893家，排查出污染隐患企业366家，划分为严重、较大、一般环境问题等级的单位分别为174个、105个、87个。对环境问题较为严重的企业按照信息公开相关要求及时在全市各级政府门户网站上向社会公开，其中实施取缔关闭62个，停产整治37个，限期整改267个，挂牌督办1个，立案查处16个。全市有225个单位完成整改任务。（2）环保专项行动。开展大气污染执法检查、排查整治涉重金属隐患、医药医疗行业污染整治、涉铊污染、工业园区专项检查整治、水上餐饮整治等环保专项行动。全市共出动执法人员5200多人次，检查企业2100多家次，依法责令141家企业整改，立案查处违法案件106起。（3）环境行政执法检查工作计划。制定《2014年衡阳市环境行政执法检查工作计划》，全市共出动8600多人次，对2500多家企事业单位实施环境监管和执法检查，复查企业893家，排查出污染隐患企业366家，划分为严重、较大、一般环境问题等级的单位分别为174个、105个、87个。对

95家国控重点企业进行监督性环境监测285次，环境污染隐患排查监测150次。对全市19家在案的企业进行督办，衡东县金源铝银粉等8家企业已向省厅申请督察销案。（4）排污收费与稽查。全市征收排污费4100多万元。积极落实省厅的排污费稽查意见，对全市排污费进行追缴，并纠正个别县区的“土政策”。（5）环境应急投诉管理。推进应急机构和应急硬、软件设施建设，配置和联通应急网络平台系统的硬设施，安装相关应急软件。全力参与“衡东血铅事件”的应急联络与调查处理工作。参与“原衡阳市安邦化工切割槽罐起火”及“京珠高速”衡东新塘段发生汽车追尾，运载油漆、空调制冷剂的汽车发生爆炸、燃烧应急处置。加强信访投诉处理，共受理上级批转、群众来信、来电和网上投诉962起，其中受理部级、省级批转件45起，市级批转件80起，已经处理927起，在规定期限内正在处理的35起。人大代表建议9件，政协委员提案19件。

（王凌云）

【环保基础工作】（1）环境监测。制订《2014年衡阳市环境监测方案》，圆满完成环境质量、污染源监督、土壤、生态、应急监测等监测任务，获取数据7.9万多个。完成机动车尾气检测18953台次；完成室内空气检测63户。对全市49家省控以上污染源92套在线监控设备开展1次有效性工作，编制审核报告180余份。企业自行监测及信息发布率为93.78%；监督性监测及信息发布率为100%；自动监控设备数据传输有效率为93.89%。开展重金属专项监测、湘江流域水生生物试点监测、溶解氧专项调查监测、铊污染专项调查监测。（2）环保科研。积极引导和鼓励技术人员开展环保技术研究，市环保局技术骨干在核心期刊上发表《分光光度法（硫脲还原法）测定矿石及冶金渣中钼含量》《固相萃取—原子荧光光谱法测定土壤中的砷》《离子色谱法测定化工废水中的甲酸、乙酸和丙酸》《空气PM 2.5监测质量的影响因素及质量保证》等论文。（3）环境数据统计调查。共调查工业源调查对象404家，规模化畜禽养殖调查对象2650家，集中式污染治理设施调查对象23家，区域调查对象12个，机动车源72万台，通过反复调查、核实、测算、验证，共获取企业基础信息、污染物产排有效数据30余万个。开展衡东经济开发区周边土壤和地表水重金属污染调查和来雁新城建设项目区域环境现状调查，并向政府提出治理和修复建议。（4）环保宣传。重点加强“六五”世界环境日宣传，与衡阳师范学院合作主办纪念第43个“六五”世界环境日。每天在衡阳电视台“衡阳新闻联播”片尾以“温馨提示”的方式播放环保法律、政策、职责、形势等为内容的电视短片。加大信息公开和网络宣传工作力度，在环保局网站公示环评审批、三同时验收等环保监管信息1000多条，每天发布《空气质量日报》，每月发布《水质月报》，发布政务动态信息160余条；加强舆情处置，积极应对新闻媒体，归口接待、处置新闻采访，舆情监控与处理工作渐上轨道。（5）环境管理硬件设施建设。“数字环保”项目前期工作稳步推进，环保业务专网市级链路由原联通2兆专线扩容至联通4兆专线，县级链路由联通1兆广域网VPN组网形式改造为联通2兆专线，新增松木、白沙工业园环保分局和高新环保站三条线路的接入工作。1个市级监测站和7个县市级环境监测站均顺利通过省环保厅组织的标准化建设验收工作。完成城区6个环境空气质量监测点建设及联网工作，年底前开始监测数据试发布。

（王凌云）

交通·邮电·燃气

交通总类

【概况】 2014年，全市高速公路建成通车5条，572公里，在建2条，96公里，通车里程位居全省第一；铁路建成通车5条，524公里，在建1条，86公里，通车里程位居全省第二，东西南北出市通道均已打通，陆上交通格局日趋完善；2014年年底，南岳机场和湘江土谷塘航电枢纽千吨级船闸实现正式通航，综合立体交通格局基本成型。（肖　孝）

【交通项目建设】 高速公路方面，施工环境进一步优化，娄衡高速、南岳高速东延线路基及附属工程抓紧建设，分别完成投资23.5亿元、4.5亿元，全面完成年度既定目标。干线公路方面，项目前期工作加速推进，全年启动前期工作项目共计11个243公里，完成4个68公里，进入报批程序5个116公里。项目建设全面铺开，全年续建项目12个316公里，新开工项目3个29公里，建成二级及以上公路104公里。水运项目方面，湘江土谷塘航电枢纽一期泄水闸正式通航，电站厂房土建工程基本完成；松木港一期工程完成设备安装；湘江衡阳至株洲2000吨级航道二期工程可研已获国家批复；祁东归阳、衡东大浦千吨级码头前期工作顺利推进。运输站场方面，衡东新汽车站、王江汽车站按期建成，常宁青市汽车站破土动工；雁城物流中心二期工程抓紧推进，白沙洲物流园和祁东衡缘物流中心实现开工建设。农村公路方面，建设农村公路800.64公里，超额完成省下达年度目标；建成121座改造危桥；完工2座渡改桥；完成干线公路大中修标准里程118.92公里。（肖　孝）

【筹融资平台】 2014年，市县投融资平台体制机制已全面理顺，市县两级交通投融资平台作用得到充分发挥，先后控制土地5087亩，为交通发展融资共计22.04亿元，为交通发展提供强有力的保障。全年完成投资53亿元。（肖　孝）

【服务民生】 （1）运输保障。2014年，全市公路水路客货换算周转量为340.48万吨公里，同比增长11%，圆满完成重点时段、重要物资运输保障任务。（2）城区公共交通服务。公交公司股权调整完成并更名为市公共交通集团有限公司，回归国有化。全年先后调整公交线路15条，新增公交线路7条、夜班线路2条，延时公交线路12条；完成城区4家公交企业64条公交线路序号命名调整，开通1条市中心汽车站——衡阳县汽车站城际公交线路。按期完成448座公交站亭移交；更新节能环保公交车303台；狠抓5条线路70台民营公交车容车貌和广告治理，公交车、出租车车容车貌得到改观，驾驶员违规违章行为减少，社会反响较好。特别是武广高铁站、火车站、中心汽车站等窗口区域得到根治。（3）运输市场管理。城区营运格局调整顺利推进，所有县际道路客运班车按照核定线路进入城区客运站，所有道路客运车辆不再穿城而过，较好地规范营运秩序，缓解城区交通压力，提升城市品位及形象。（4）治超工作。加快治超站点设施建设，建成耒阳竹市等4个治超检测站；加大治超执法力度，全市车辆严重超限超载势头得到有效遏制。（肖　孝）

【交通安全形势】 2014年，全市交通运输系统各项安全目标管理考核指标均控制在省、市下达的考核指标之内。在全省交通运输系统安全生产目标管理考核中，荣获先进单位。（肖　孝）

公　　路

【干线公路建设】 项目建设全面铺开，全年续建项目12个316公里，新开工项目3个29公里，建成二级及以上公里104公里。国省道提质改造提速，“S315线衡阳县城段、107国道耒阳城区段、322国道衡南段完成提质升级”写入2015年市政府工作报告。项目前期工作扎实推进，市公路局被评为全市重点项目前期工作先进单位。（肖挽澜）

【干线公路养护】 全年养护考核名列全省第四位，稳居全省第一方阵。（1）路况指标。2014年既有国省道评定里程789公里，年末实际优良率达95.6%，超出目标任务8.3%，名列全省第二。G322全线以良好的路况在全国路网监测路况检测中受到部检测组及省局领导的高度好评。(2) 日常养护。扎实开展雨季、冬季养护劳动竞赛活动和"水沟畅通""路面平整""路面防水""路容美化"4个专项月养护活动,基本实现"畅、洁、舒、美"的养护目标。各县市区政府日常养护资金投入力量不断加大,常宁市养护工程和小修保养合计投入约4200万元,为历年投入最多。(3) 大中修工程质量。实际完成国省道大中修标准里程130.66公里,为目标任务的109.8%。扎实推进大中修标准化管理,工程合格率达100%,优良率90%以上。(4) 公路安全隐患整治。完成安保工程221.8公里、危桥改造25座、G107线K1860+000-K1880+000灾害防治工程,全市国省干线公路安全保障能力进一步提升。　(肖挽澜)

【治超工作】　全市非法超限超载率大幅下降,由"两超"引起的道路交通安全事故明显下降,公路桥梁得到有效保护。(1) 组织领导。市政府成立高规格的治超工作领导小组,市长周海兵担任组长,交通、公安、公路等19个单位为成员。市政府多次组织召开全市治超工作调度会、推进会和现场会,市长周海兵、副市长刘正兴、副市级领导李辉等出席会议并作重要讲话。各县市区也相应成立治超工作领导机构,全市初步建立"管理无缝隙""责任网格化"的治超模式。(2) 治超宣传。全市共出动宣传车122台次,发放宣传资料和手册11.6万份,书写宣传标语135条,张贴治超通告1.9万份,悬挂宣传横幅481条,设置宣传牌75块,刊登宣传稿件30余篇,在广播电台、电视台等媒体宣传达120余次。(3) 站点建设。耒阳市竹市、衡山县沙泉、衡南县云市、常宁市宜潭、衡山县衡山等5个检测站已建成投入使用,共投入建设资金1800余万元。衡东县潭泊、衡阳县演陂、衡阳市呆鹰岭、祁东县白地市4个检测站正在有序加紧建设,已投入资金1000余万元。各县市区在公路节点设置19个临时治超点,用于开展流动治超,防止车辆绕道躲避检测,全市初步形成治超检测监控网络。(4) 路面治理。共检测车辆65000辆,处罚超限车辆7563辆,罚款135.9万元,卸载货物5.3万吨,共拆除非法改装拼装车辆1059台,自行恢复改装拼装车辆1568台。　(肖挽澜)

【路政管理工作】　(1) 路域环境建设。全系统高标准创建"路政管理示范路"共386公里。各县市区公路管理局在政府的牵头下,开展跨龙门架等5次以上集中整治行动,全市共拆除龙门架广告牌111个,整治效果达到"八无"目标。(2) 路政巡查。加强路政治超站点建设,全市12个路政执法人员驻站点都配备2名以上路政执法人员。逐步修订完善各项巡查制度,巡查覆盖率达100%,巡查频率达每月20天以上,发现和查处案件达98%以上。(3) 标准化站队建设。创建南岳、祁东、常宁标准化路政大队3个,创建衡山沙泉、衡南云市、常宁宜潭标准化治超站3个。各县市区公路局大部分单位进驻县政务服务中心或许可电子监察系统办理行政许可事项,严格按规定和程序办理,全年未出现违纪违规现象。　(肖挽澜)

铁　路

【衡阳车务段】　衡阳车务段管内跨衡阳、郴州、永州三市,段址位于衡阳市珠晖区广西路39号。衡阳车务段管辖京广线茶山坳站至白石渡站、湘桂线衡阳西站至滩头湾站、衡柳线衡阳站至永州站,洛湛线楠木塘站至永州站及资许线桥口至三都站,管辖里程共计556公里,固定资产总额2亿元。

一、设备管辖及担当任务。衡阳车务段下辖57个车站,分别分布在京广线、湘桂线、衡柳线、资许线、益湛线上,其中特等站2个、一等站2个,二等站1个,三等站5个,四等站32个,五等站11个。管辖里程为556公里,其中京广线209.33公里,湘桂线147.6公里,衡柳线146.67公里,资许线36.38公里,益湛线10.48公里、永西洛湛线5.54公里。(1) 衡阳北站:车站在路网上的作用为区域性特等编组站,按技术作业性质分为编组站,站型为单向纵列式三级三场;按业务性质分为货运站,不办理客运业务;主要担负货物列车解编作业。站区设有:到达场(位于京广线里程K1744+919处)、编组场、出发场(位于京广线里程K1741+455处),下辖茶山坳站(位于京广下行线里程 K1741 + 381 处)。衡阳北站区是京广线和湘桂线交汇点,主要办理京广、湘桂线各个方向货物列车的到解、编发作业以及各方向旅客列车的通过作业。主要办理食盐、钢铁和化工出发及粮食、燃油到达作业,并承担 4 条重要专用线的取送作业任务。(2) 衡阳站:车站按技术性质为区段站,站型为纵列式两级两场,分为南场和北场,按业务性质为客货运综合性车站;车站等级为特等站。车站位于京广线 K1752 + 300 处,下辖耒河站(位于京广里程 K1748 + 529 处)。衡阳站区是京广线和湘桂线交汇点,主要办理京广、湘桂线各个方向旅客列车到发,湘南片客流集散,货物列车通过作业。主要办理瓷土、石膏、集装箱发送及粮食、金属矿到达作业,并承担9条重要专用线的取送作业任务。(3) 郴州站:位于湖南省郴州市北湖区。车站位于京广线 K1895 + 670 处。按技术作业为区段站,按业务性质为客货运站,车站等级为一等站。本站分南场和北场,南场主要办理货物列车通过,客运业务及旅客列车到发、上水、机车换挂;北场主要办理客运列车通过,货物列车到发、技术作业、机车换挂、区段和小运转列车编解。主要办理煤炭、石墨、矿出发及燃油到达作业,并承担9条重要厂矿专用线的取送作业任务。(4) 永州站:地处湖南省永州市冷水滩区,车站中心里程位于湘桂线 K141 + 430 (益湛线 K324 + 672) 处。车站按技术性质为区段站,按业务性质为客货运站,车站等级为一等站。本站分永州场和永州东场,永州场主要担负客、货列车的到发、机车换挂、技术作业、旅客及行包发送,永州东场主要担负摘挂列车的到发、解编、机车更换、技术作业。主要办理竹木、粮食、水泥、矿建、农副到达作业,并承担 2 条厂矿专用线的取送作业任务。

二、安全管理。以安全风险管理为主线,落实"一二三"现场安全控制工作思路,通过接发列车录音监听、微机回放、调车全程跟盯、模拟添乘等一系列手段,强化对现场作业过程的安全卡控;重新修订管内车站(管内衡柳线车站除外)《站细》及其他一些基本作业制度,进一步规范技术管理;深入开展接发列车、调车、防洪、施工、客货运安全专项整治活动,推行施工、调车末位交班制度,有效地整治安全隐患、提高工作质量;大力推进科技保安全,运用智能铁鞋、摄像手电筒、调车视频记录仪等一批新设备,促进现场安全由"人控"向"机控"转变;自行研发使用调度命令管理平台和"值班干部一日工作流程"系统,进一步促进安全管理规范化、程序化;加强对管理者的管理、对考核者的考核,全年共下发干部作风建设通报 26 期,处理干部 35 人次、其中诫勉 27 人次、处分 8 人次;对严重两违行为始终保持高压态势,全年共下发各类安全处理通报 79 期,处理安全红线问题 20 件、警戒线问题 61 件。做到奖罚并举,加大对标准化作业及防止事故的奖励,全年共奖励标准化班组、岗点 6983 个(次),金额 30.1 万元。全年消灭 C 类及以上事故。

三、生产与经营指标完成情况。客运方面,深入开展"整设备、严标准、塑形象"活动,通过深化三个服务品牌创建,优化站场环境,以优质服务努力扩大市场份额。发挥衡柳线高铁竞争优势,开展客运营销,吸引公路客流,大幅增加旅客发送量和客运收入。全年发送旅客 1352.97 万人,同比增加 115.46 万人,增长 9.33%;运输进款 227223.6 万元,同比增加 4425.2 万元,增长 1.98%,其中客运进款 153646.2 万元,同比增加 7645.84 万元,增长 5.23%。货运方面,全力做好运力保障工作,并适应货改新形势,在扫好"门前雪"的同时,积极做好结合部工作,全年共装车 118908 辆,卸车 184669 辆,发送货物 742.6 万吨。实行停时分段统计以来,全段停时完成 25.2 小时,同比压缩 3.4 小时,节约车辆占用费 200 余万元。坚持开源与节流并重,全年运输成本控制在有权支出范围内。

四、技术培训与技能竞赛。全年共举办适应性培训班 42 期,培训 34566 人次。开展段级接发列车、调车、客运、货检工种技能竞赛 4 场次,参赛人员 193 人。在职业技能鉴定中,中级工通过 39 人,高级工 21 人,9 人被评为技师,2 人被评为首席技师。2014 年,在全国、铁路总公司、集团公司举办的各类职业技能竞赛中,衡阳车务段选手夺得多项佳绩。2014 年集团公司组织 3 次季度业务抽考，衡阳车务段总体成绩名列前茅，全年参加集团抽考43人次、获奖25人次，奖励2.2万元，名列集团公司车务系统第一名。建立关键岗位等级考核制度，按季度先后实施2次岗位等级考试，覆盖全段管内57个车站、参加岗位等级考试的车站值班员478人次、信号员243人次。受奖人数311人次，2014年车务段组织监控分析室分析员、调度室助理调度员、郴州站、衡阳站客运值班员公开竞聘考试多场次，组织预备技师、首席技师选拔考试2场次，衡柳线高铁客运人员全面实施末位淘汰，营造“能者上、平者让、庸者下”的氛围。

五、设备设施改造与建设。2014年，完成衡北站编组场股道铺设步行板，永州站信号楼、茶山坳信号楼改造；高溪市、衡阳南、颜家垄、谭子山南站站场围墙封闭；对沿线8个车站的旱厕进行改造；完成三塘、东阳渡等4个车站安全文化示范点建设，职工生产生活环境得到较大改善。

六、职工生活。认真落实集团公司职工健康休养计划，全年选送职工参加健康休养418人，安排40岁以下职工健康体检1163人。对65名异地、284名通勤职工进行重点帮扶。管理和维护好服务职工网络平台，畅通职工诉求渠道，受理办结率达到100%。坚持公平、公正、公开原则，圆满完成衡阳东方里公租房分配打分、运转车长分流安置等重点工作。坚决落实总公司党组“三不让”承诺，全年支出助学、助医、助困“三不让”专款263.86万元，其中补助困难职工1200余人次，金额42.22万元，并对74名非在岗大病重困职工进行资助。努力提高职工收入，2014年全段在岗职工人均收入79288元，同比增长9.63%，职工利益得到切实维护。（何继伟）

【武广高铁衡阳东站】　2014年，衡阳东站共发售票237.2万张；乘车发送人369.2万人；运输总进款45546.2万元（含到补和自动售票机）。为旅客服务提供重点特殊服务352件、好人好事351件，收到锦旗19面，表扬信8封。

一、组织管理。（1）实行分工负责。按照各时期工作方案的有关要求，对各个岗位实行定人定岗定责管理各司其职，各尽其责，确保全年工作步调一致，协调统一。（2）设施设备管理。充分考虑到旅客的实际需要，尽量满足旅客的购票需求，多次向集团公司、长沙站申请增加售票设备，并于2014年春运前将新增售票设备全部安装使用。（3）售票工作。车站售票厅内共开设人工窗口5个、自动售票机15台，全部用于发售各次动车车票。同时为维持售票厅正常的售票秩序，防止人员插队、倒票，安排多名武警战士、公安干警共同维持购票队伍的秩序，保证票厅售票井然有序。对售票厅实行旅客分级排队售票制（即票厅内与票厅外分级排队），充分缓解旅客购票排队压力，缩短旅客排队购票时间。（4）候车乘降组织。节假日期间在进站口对旅客仔细验票，实行凭票进站的措施，确保旅客有序候车。为确保旅客能有序上车，各次列车提前10分钟开检，车站安排足够人员在进站口协助检票，组织持红色软纸车票的旅客从人工通道进入。列车未进站前，利用小喇叭进行宣传，站停时间只有1分钟，请旅客们按车厢号排队上车，遇同一车厢旅客较多时，及时组织分车厢门上车。

二、服务乘客。（1）宣传工作。衡阳东站站于1月26日，将各阶段动车组时刻表和调图变化交给衡铁电视台、衡阳电台、衡阳电视台等多家新闻媒介，广泛宣传各调图期间动车开行情况，让广大市民充分了解车站运能信息。另将时刻表印制给公汽公司，请求按照动车组开行时刻，相应调整公交车的开行时间。（2）全体人员严格按照铁路总公司“五个一流”的服务要求，加强各岗位巡视，对旅客做到“三要、四心、五主动”，实行“自主式”“无干扰”服务，树立优质高铁形象。加强对老、弱、病、残、孕等重点旅客的重点服务，对重点旅客做到“知到站、知位置、知困难”，并及时与列车和到站联系，配合解决旅客困难。启用贵宾室，做好路内及地方各级领导和接待工作。（宋俊辰）

民用航空

【概况】　2014年，衡阳南岳机场建设全面竣工，已于2014年12月23日正式开通衡阳至北京航线，并在2015年1月8日正式开通衡阳至上海航线。为全国同类机场建设期最短、施工速度最快者之一。在机场建设的过程中，通过经常性的质量检测和分项验收、竣工验收，各项指标显示质量良好。安全、环保、水保、林保和消防、安防制度健全，措施落实到位，全程无安全责任事故发生。通过严格把关，整个投资可控制在概算允许的范围内。

（王基伟）

【项目建设】 2014年9月底前衡阳南岳机场建设阶段的各项任务已经全面完成。飞行区建设已经竣工，航站区工程完工，设备安装、调试完备，陆侧区项目都已完成，接入区配套同步到位。

（王基伟）

【验收报批】 从2014年5月份起，南岳机场的几十项验收工作陆续展开。至此，所有项目的单机调试、联动调试和联合调试都已全部完成和成功；所有工程的分项验收和飞行区、空管、供油工程、航站楼工程以及航站楼民航工程竣工验收也高质量的一次性通过。机场建设的中后期，也是各项报批的集中期，通过积极努力争取，完成所有的12项行业批复、23项验收批复和12项报批同意。

（王基伟）

邮　政

【概况】 2014年，湖南省邮政公司衡阳市分公司全年发行、投递党报党刊960.8万份，投、交机要文件5万件，完成平函分拣量3028.55万件，挂信分拣量103.5万件，包件分拣量193.3万件，报刊分发量4812.27万份，汇兑量21.3万笔，邮储余额达314.87亿元。通过大力实施生产经营“4868”工程、邮政储蓄“亿元”工程、渠道网络“便民”工程、安全生产“平安”工程以及邮政员工“幸福”工程等五大工程，企业各项工作均取得历史最好成绩。本企业在2014年度湖南省邮政系统绩效考核中获得第一名，荣获“湖南省邮政系统先进企业”“湖南省十大创新企业文化示范基地”“湖南省文明标兵单位”称号。

（陈文芳）

【业务工作】 2014年，衡阳邮政围绕“改革创新、转型升级”，紧抓发展不动摇，对标赶超不放松，业务发展取得新突破。(1)全市邮政经济。2014年，衡阳邮政业务收入绝对值排名全省第二，四年实现业务收入绝对值翻番。(2)代理金融业务。通过深度推进“亿元工程”，落实“对标赶超”，加强业务管控，优化业务结构，加快网点转型，截至2014年年底，全市邮政储蓄余额累计净增106.2亿元，余额规模达到314.87亿元。代理金融储蓄余额净增绝对值排名全省第一名，全国第二名。(3)邮务类业务。通过创新经营理念，转变发展方式，提高营销策划能力，函件、报刊、集邮、分销、电子商务等邮务类业务实现收入7668万元。

（陈文芳）

【平台建设】 (1)干线运输方式改革。2014年6月1日正式撤销火车邮路接发，组建以汽车运输方式为主的高效、快速干线运输网，长沙——衡阳每天干线汽车运输频次达三个以上，邮件传递时限得到有效保证。通过改革，促进由满足普遍服务的传统邮政网向服务电商寄递市场的现代邮政网的转型升级。(2)空白乡镇邮政局所建设。为确保工作顺利开展，制定详细的工作方案和推进计划，安排专人负责，按月推进，按月通报，至2014年年底正式投入运营48个，为邮政服务“三农”、推动农村经济发展提供良好的用邮保障。(3)综合服务平台建设。充分发挥自身网络优势，加快推进便民服务站、三农服务站、信报箱等“民生工程”建设，邮政服务内涵不断丰富。截至2014年年底，全市共有邮政便民服务站231个，开办代收话费、代收水、电费、代缴税费等8种业务；有三农服务站585个，通过“省公司—市分公司—县局—支局—村级邮政三农服务站—农户”的农资产品和日常生活用品配送链，为农民节约时间，降低成本。安装信报箱累计达20万户。

（陈文芳）

【服务水平】 (1)服务管理。开展营业“6S”现场管理和投递整治、提升邮政服务质量专项活动，加大营业、投递环节检查力度，加强投诉管理，规范完善客户投诉、邮件查验、赔偿处理流程。强化两岗履职检查，检查效果和质量有所提升。全市机要通信保持质量全红。(2) 用邮环境。按照统一标识、功能分区的要求，全年对全市27个邮政营业网点进行装修改造，并在全市所有网点配备广告推送型无线WI-FI路由器，有效提升服务水平。(3) 金融服务。2014年代发社保资金33亿元，发放粮补资金、退耕还林、农林补贴等涉农资金2.2亿元。开办边远农村地方的便民汇款业务以及助农取款业务，全市布放助农取款点达433个。（陈文芳）

电　信

【概况】　2014年，中国电信衡阳分公司围绕“以创新和服务双领先推动规模发展”，坚持“优质高效抓发展、扎扎实实打基础”，公司各条线部门做好工作协同，开展一系列的工作，为客户提供优质的服务，取得较好的成效。

（张艺于）

【重点工作】　(1) 电信工程建设。全年完成移动通信能力建设、固定电话和宽带改造扩容，完成投资1.67亿元。全面推进光网建设，提升宽带网络能力。新建FTTH覆盖用户40万户，城区及乡镇本部覆盖用户完成比例为95%以上，城区8兆及以上速率的端口比例达到98%的建设目标。持续推进农村信息化建设，缩小城乡数字鸿沟，完成新增行政村通宽带35个，并启动数百个光网示范村的建设项目，超任务完成为民办实事目标。农村地区宽带接入下行带宽能力8兆以上比例达到90%。加快3G和4G移动网络的建设。完成CDMA新建基站，升级DO，DO单载波扩DO多载波109个点；完成LTE FDD（4G）基站建设。衡阳城区CDMA1X信号覆盖率达93.26%，农村信号覆盖率达92.86%，EVDO覆盖率达到90.13%，衡阳市区、耒阳城区、南岳城区LTE信号覆盖率达90%。全力配合市政改造建设，共实施船山东路、湘江北路、蒸阳南路、蒸湘北路、蒸湘南路等十几条道路架空线路改地下及杆线搬迁等通信线路改造工程，投入超过7000万元。(2) 客户服务。开展实体渠道营销服务提升专项行动。通过规范渠道商100%签约服务责任协议，实行服务分级管理责任到人，渠道服务态度投诉零容忍，服务评价与佣金关联考核，提升网点服务责任意识。聘请专业咨询公司组织实体渠道店员服务礼仪培训和10000知道的应用培训，提升网点服务能力。全年创建省、市级销售服务标杆店多家。开展天翼宽带卓越品质专项活动。规范装维服务标准，重点聚焦TOP区域，推进“快装、快修、快建”。开展新媒体客服的推广。日常交付必须100%推荐“天翼客服”“易信客服”。全年完成天翼客户端安装12万户，C网渗透率全省排名第三。做好客户维系。以余额不足预警和客户满意度调查为抓手，优化维系话术，建立VIP分级管理体系，集约派单、回访、考核，同时，积极开展俱乐部活动，举办户外拓展、观影等活动3场，邀约475位客户，客户满意度得以提升。(3) 人力转型。开展人力资源综合转型宣贯、学习和沟通50多场次，让员工了解转型的目的和意义。调整组织架构，梳理、优化业务流程，强化集约支撑。规范三级和四级组织机构的设置。深入开展流程优化，职责重置等相关工作，确保前端经营发展、后端稳步支撑、管控职能到位的良性发展态势。控制中层干部职数，调整、优化中层管理人员队伍。开展公司领导后备人才的选聘、后备中层管理人员选拔、非领导职务岗位的选拔工作。合理进行岗位设置，严格控制支撑、服务线岗位的编制定员。以“控制总量、增强活力、提升能力”为手段积极推进基准岗位的设置和控制编制定员工作。“稳、快、准”地进行高价值岗位竞聘和一般岗位双向选择。11月，全面启动市分公司67个高价值岗位的竞聘和一般岗位的双向选择、县级分公司的人岗匹配工作。(4) 绩效管理。明确月度绩效考核指标，进行各层次的培训，提高绩效管理水平。绩效结果与月度工资挂钩考核。实行月度检查，实时通报。试用全面绩效支撑系统，并逐步实现用系统考核员工绩效。

（张艺于）

【通信保障】　(1) 优化模式，提高装维服务集约管控水平。全面疏理装维管理制度，建立县市一体的装维服务集约化管控体系，统一运维模式、维护职责、服务标准、考核制度，实现客户服务调度中心对全区装维工单到单到人的集中调度、管控、远程支撑，按月落实装维考核和优秀装维人员评选。对装维人员的规范动作反复进行宣贯培训、个别编纠、定期抽检、严格考核、装维服务整体水平稳定提升。12月份，省公司抽检虚假预约、虚假回单为0，两小时及时预约、履约率92.89%，固网客户重复申告率降至7.35%，装维IVR自动回访满意率在装移修工单量大量增长的情况下做到89.70%。优化流程提升装维效率。针对TOPN区域和个人开展网络整治和装维人员主动光网平移（量化任务），降低障碍发生率。宽带障碍发生率降至2.49%，固网装维及网络质量类万用户投诉率由年初的18.74件降至7.44件，宽带万用户月障碍修复超时限工单量由29.25件降低于8.68件。（2）确保重大节会、突发事件时期的通信畅通。6月份，衡阳普降大到暴雨，市政府启动防汛Ⅲ级应急响应。本公司组织近300人、60余台车辆参与防汛抢修，确保解放路枢纽楼的通信安全，抢通7个模块点，23个基站，32处线路，累计投入500多万元。全力做好节假日通信保障工作，确保通信网络安全运行和信息安全管控有效，确保应急处置快速高效和为公众提供优质的通信服务。开展“扫黄打非”专项活动，净化网络环境，促进社会和谐稳定。　（张艺于）

【企业管理】　（1）全年完成税收同比增长15.52%。2014年，共缴纳税款3164万，比2013年同期增加425万，增幅15.52%。（2）持续提升本地网责任预算管控能力。强化资源集约管控，精确配置，确保利润目标的完成。坚持月度预算管控，与各经营单元做好目标完成、资源使用及激励考核三位一体的沟通，从现状和改善两个维度进行点评，“划小”预算管控频次，提升管控效果。（3）积极应对“营改增”，有效防范税务风险。理顺专用发票开具流程，及时向一般纳税人客户提供增值税专用发票。按单管控进项税额，确保应抵尽抵。6~12月，共计取得增值税专用发票进项税额661万元，四季度月均较三季度增长85%。（4）2014年，各级管控和支撑单位深度融入中心，强化服务支撑，为规模发展、和谐创建营造浓厚的氛围。

（张艺于）

天燃气

【业务工作】　2014年全年新增合同70个。借《衡阳市大气污染防治行动计划》细则的实施，积极协调环保部门，推动每小时额定蒸发量10吨以下的燃煤锅炉分批淘汰，禁止新建每小时额定蒸发量20吨以下燃煤锅炉，全年新增工业用户5户。加强对市场调查研究，主动与客户联系，不断提高服务质量，非居民用户发展迅速，如永兴家居广场，崇盛晶珠置业公司、珠江·帝景山庄、创景外滩、工学院、南华大学、红星美凯龙等，都主动要求开户用气，全年新增用户343户。与地暖经销商加强协作，将安装、整改、换表、维修等实行“一条龙”服务，全年地暖用户达到1万户。

（陈　雪）

【服务用户】　“12345”政府热线开通以来，公司组织精干力量，接听并处理好相关的民生问题；坚持网上跟贴，回答网友关于燃气的提问，群众满意度高。和交通银行合作在市区三个营业厅及主要超市布点自助缴费，在此基础上与银联公司洽谈，将逐步实现银联卡全面缴纳气费的目标，方便用户交费。服务质量回访机制逐步完善，各营业厅都设立回访人员，对安检稽查、点火维修、抄表等外勤岗位抽调一定比例的单据进行电话回访，全年通过近3万次的回访分析，有效督促提高上门服务人员的服务质量，提升企业品牌。稽核力度不断加大。全年查处居民用户非法改做非居民用户的22户，查出死表75户。整改非居民用户安全隐患3699户，累计更换表具主板3880块。

（陈　雪）

【安全管理】　严守安全红线，完善安全管理体系，全员签订安全目标责任状，强化安全目标管理考核，修订完善18个科目的安全管理基础台账、反恐预案、防讯预案、安全事故应急预案等。推行“四全”安全管理，确保安全生产管理全员、全过程、全方位、全天候。开展城区燃气管网隐患大排查专项行动，为整改老化的城区铸铁网作准备。强化安检稽查，责任分工明确。非居民安检组按片区包干到人，加大对地下室用户、人口密集商业区用户、大型商场等重点区域密集性安检；居民安检组按单安检，重点对未安检用户进行上门排查，全年检出安全隐患并整改1409户。强化对员工安全操作大检查，累计检查80余次，查出隐患30余条，及时整改达标。突出重点工程施工、管网置换移交及带气动火危险作业的安全监管，确保符合安全规范。强化巡线守险到位情况抽查，严把非居民及地暖用户源头安全关，杜绝私接超装、报警器不报警、材料不达标等不符合规定的现象。承办衡阳市天然气泄漏抢险和人员疏散应急演练，并多次模拟现场预演。加强治安内保，落实消防安全措施，组建应急中队，接受公安特警的专业训练，提高员工反恐应急处置能力。加大安全用气宣传力度，联合衡阳市建设协会和装饰装修行业协会，发布《关于规范装饰装修行为保护天然气管道设施和用气安全通知》。编制安装100块社区安全宣传栏，在全市主要社区进行安全用气宣传。摄制安全用气宣传片，普及安全用气知识，提高用户对安全隐患自查自纠能力。　　（陈　雪）

【管网建设】　全年完成“二站”项目工程：气源厂LNG加注站已经完工，规划、消防、充装相关手续已经办妥，正式对外运营。杨柳CNG加气站，完成站房，压缩机房，加气柱等主体工程基础建设和压缩机、10千伏配电工程等设备安装和调试，正在试运行。全年共完成主干管线17.76千米，具体为衡洲大道东段D325主干管工程，狮山路（阳光佳苑—财校）DE160主干管工程，白沙洲工业大道往西延伸DE200主干管工程，南华大学往西延伸DE250主干管工程，松木经济开发区松枫路D273、D219主干管改迁，松木经济开发区金源路DE160主干管。在建的主干管有：107国道主干管工程，船山东路D325主干管工程，蒸阳北路D325主干管工程，立新大道往西延伸D219主干管工程，跨蒸水河沿西合铁路新建D457管。完成大型庭院管网207.37千米。全年建成通气区域有江东铁苑花园、东江尚品等，城区有雅仕林欣城、钰丰苑、华新恒大绿洲一期、东方明珠、银泰红城等。　　（陈　雪）

商贸服务业

综　述

【概况】　2014年，市商务局全力抓好各项目标任务的落实，推进全市商务工作的稳步发展。安全生产和计划生育工作获得全市先进单位称号。全市实际利用外资9亿美元，增长18%，总量居全省第三，超额完成省定奋斗目标（8.84亿美元）；全市外贸进出口29.85亿美元，增长64.56%，总量居全省第三，超额完成省定奋斗目标（28.8亿美元）；对外投资中方合同投资额4086万美元，增长14.45%，超额完成省定考核目标（3856万美元）；对外承包工程和劳务合作营业额12269万美元，增长24.9%，超额完成省定考核目标（10609万美元）。各项指标任务均超额完成，主要经济指标均进入全省第一方阵。　（肖春红）

【招商引资】　全年签约2000万元以上的项目，合同引资额390.78亿元；承接2亿元以上的重大项目18个；接待14家世界500强、跨国公司企业高管来衡考察洽谈；沪洽周招商，发布项目168个，签约项目25个，总引资226.18亿元，总签约成果居全省第一方阵。　（肖春红）

【项目工程】　一批省级重大项目进展顺利。衡阳华耀城项目，总投资120亿元，累计完成投资30亿元，正式开启招商模式，签约入驻华盛奥特莱斯、好百年家居、乾龙物流等首批合作商户。水口山金铜项目累计完成投资7.5亿元，项目核心工程全面动工。衡缘物流中心项目办公楼主体工程完工，入园企业5家。鑫都国际商城项目主体工程封顶。29家农贸市场标准化改造任务全部完成，50个商贸服务业重点项目全部开工，完成投资130亿元，占年度计划投资的99%。　（肖春红）

【平台建设】　衡阳综保区一期完工，于2014年9月9日封关运行。截至2014年12月底，注册入区项目11个，完成进出口贸易6.2亿美元，占全市进出口贸易额20%以上。2014年，正式启动的衡山科学城总规划面积20平方公里，首期开发5平方公里，总投资82亿元，完成土地控规和顶层设计。衡阳铁路口岸征地10公顷，完成三通一平，五定班列完成15750标准箱货运，无水港完成20200标准箱货运，公路口岸完成进出口150车次货运，口岸经济效益不断提高。　（肖春红）

【市场监管】　加强市场监测，对12个县市区的21大类600种消费品和11大类300种生产资料实行监测，保障市场平稳运行；推进放心肉、放心酒、放心油工程，全年检查市场经营主体9000余家次，查处各类违法违规问题670余起，查办案件122宗，收缴非法肉品1.7万公斤，收缴假劣酒500余瓶，取缔非法加油站点2个。　（肖春红）

一　商

【国企改制】　2014年，一商行管办在国企改制上，采取“稳中求进，好中求快”的方式，实现企业改制整体推进和重大突破，全系统国企改制任务基本完成。（1）市商业大厦和雁峰大厦两家依法破产企业的改制任务基本完成：职工安置率超98%；与市弘湘公司签订资产移交协议，资产整体移交。（2）市劳保公司和商业经贸公司改制工作快速推进。完成职工安置成本测算工作，市改制办社保部出具审核意见书；职工安置方案均在职代会上全票通过；与市弘湘公司签订改制工作协议；市弘湘公司先行拨付职工安置经费；开展清产核资；经贸公司与市泓湘公司签订资产移交协议；经贸公司职工安置达89.4%，劳保公司职工安置达90.9%。（3）市国资委对市百文总公司账目进行审计，市改制办审核改制成本缺口。　（谭国球）

【信访维稳】　在维护企业和社会稳定、做好信访接访工作上，扎实办理每个信访案件。主要领导亲自接访，机关工作人员轮留接访，对重点案件主动约访，与街道社区衔接，开展上门化解。（1）开展信访突出问题“大排查、大接访、大化解”活动，制订活动方案，分解积案办理责任，对省、市交办案和排查出来的老案成立专门班子，领导包案到底，并且建立信访人档案。（2）几个缠访、闹访案和上访老户案得到化解。(3)省交办的两个案子引导其走三级终结途径，市信访事项复查复核委员会出具复查意见书，待省信访事项复查复核完结后，即可销案。(4)全年没有发生群访事件，没有发生非正常的越级上访事件；缠访的信访老户得到有效稳控，没有发生赴省进京上访事件。（谭国球）

【安全生产】 2014年，全年未发生任何重大安全事故，也无重大偷盗、抢窃案件，连续16年做到零事故，较好地保障国家财产和人民生命及财产的安全，促进企业的稳定和发展。（谭国球）

【开展“群众路线教育实践活动”】 2014年，在全系统开展党的群众路线教育实践活动。按照中央、省委、市委统一部署，完成每一个环节工作。全过程贯穿“照镜子、正衣冠、洗洗澡、治治病”的总要求，根据本系统的实际，制订十二项内部规章制度，清理领导干部违规占用办公用房，整改比例达100%；“三公经费”从严控制，没有超出预算，并在网上公示接受公众监督；公车没有超标配备，没有借用使用车辆，真正做到公务用车为公务。（谭国球）

二　商

【概况】 二商系统原有企事业单位23家，其中：国有（集体）商贸、服务及商办工业企业21家，商业技校、商业干校各1家。全系统有干部、职工13000余人。（赵利民）

【培育企业】 培育市达德公司、市糖酒副食品有限公司、市湘江宾馆、市南北特食品厂、衡阳饭店有限公司等五家企业的发展壮大。（赵利民）

【企业改制】 2014年，二商行管办将机关干部分成4个工作组，分别督导市雁城食品厂、粉丝厂、商业发展公司和市亚奇利公司的改制工作，同时兼顾维稳等其他工作。工作组督促企业加大改制宣传力度，召开职代会，宣讲《改制实施方案》，通过《职工安置方案》；做好企业资产清理、债务清理、改制成本核算、改制费用核定等各项前期工作。年初，市雁城食品厂、衡阳粉丝厂、亚奇利公司、商业发展总公司等四家企业未完成改制。工作组集中力量，将工作重点放在雁城食品厂厂区内职工住房、租赁户的搬迁问题和衡阳肉联厂经济适用房办证问题上。至年底，市雁城食品厂通过市改制办验收，衡阳粉丝厂等三家企业基本改制完毕，通过市级预验收；全系统职工安置面达到99%以上。基本完成粉丝厂、亚奇利公司、商业发展公司三家企业租赁场所的清退工作，确保企业财产安全。（赵利民）

【维护稳定】 进入“后改制时期”，新的不稳定因素不断涌现，维稳工作的难度加大。面对新形势，二商行管办采取一系列措施。加大接访力度，组建由行管办主任、党委书记肖俊担任组长，调研员朱宋生担任常务副组长，办公室主任、老干科副科长及市商业技校、商业发展公司、雁城食品厂、亚奇利公司、粉丝厂等单位主要负责人参加的“处理遗留问题办公室”和“信访接待办公室”，负责接待、处理遗留问题和上访事宜；同时，成立由行管办主任肖俊为组长，副主任凌巍峰为常务副组长，其他班子成员为组员的维稳工作领导小组，下设办公室；继续坚持“领导轮流值班制度”，要求每天至少有一位领导在机关坐班，与信访工作人员一道，做好信访接待工作。2014年，接待各类上访人员500多人次。二商行管办领导班子成员和机关干部坚持全年2/3以上的工作日深入基层协助企业留守人员解决企业多年来的遗留问题和改制中遇到的新情况、新问题；主动上门100余人次到困难户、老上访户家，及时了解职工群众的疾苦，掌握他们的思想动态；尽可能多争取一点特困慰问金，帮助特困职工解决部分实际问题；协调各相关部门，帮助企业解决诸如经济适用房建设、减免各种规费、水电分离、自来水加压等企业自身难以解决的问题。2014年，企业和社会稳定，无群访、无因自身工作原因而越级上访的情况发生。（赵利民）

【开展“党的群众路线教育实践活动”】 2014年，二商行管办制定《关于深入开展党的群众路线教育实践活动的实施方案》，从

2014年2月开始，用8个月左右时间，在全系统开展“党的群众路线教育实践活动”，开展对“衡阳破坏选举案”的反思，开展反对形式主义、官僚主义、享乐主义和奢靡之风的活动。2014年7月24日，党委班子召开民主生活会，党委书记肖俊在会上作对照检查，其他成员也分别在会上作批评和自我批评。会后，修订和完善一系列规章制度，提出整改措施和整改落实的时间表。

（赵利民）

【消防安全】 2014年，继续坚持每季度一次的消防安全大检查，组织全体机关干部深入企业、学校，实地排查，消防隐患，限期整改。同时，对租赁出去的车间、场地等，加强安全生产教育和管理，督促租赁方严格按照安全标准组织生产。（赵利民）

物　资

【企业改制】 物资行管办所属企业3家，有员工82人，其中市有色金属材料总公司52人、市生产资料交易中心22人、市湘物房地产公司8人。3家企业自2006年实施改制，由于均属“三无”企业，无任何改制费用来源，2014年纳入政府打包捆绑改制计划正式启动企业改制。一年来，通过市改制办及相关部门的坚强领导和大力支持，通过物资行管办和企业的共同努力，企业少量资金移交弘湘公司，职工安置测算工作完成，预计2015年上半年全面完成3家企业改制验收工作。按期全面完成市改制办下达的企业改制计划任务。（王延禄）

【安全生产】 2014年，行业没有发生一起安全生产事故，连续多年保持零事故。3家企业职工队伍比较稳定，不论是留守人员，还是下岗人员都能正确对待现状，对企业安全生产都积极支持、关心。（王延禄）

【维稳工作】 （1）明确责任。建立明确的层级工作责任制，改制工作领导小组成员分单位包干，既抓改制，又管稳定；推行信访工作首问责任制度、按时办结制度、隐患排查制度、重大事项报告制度，及时掌握和排查不稳定情况。2014年，接待上访37起，协助老干局等部门接待上访3起，办结40起，办结率100%。（2）抓好重点。3家企业自2014年启动改制以来，梳理出改制遗留问题57项，通过引导疏导和争取政策等措施，大部分矛盾得到处置。行管办企业离休干部清欠及提留问题一直没有解决好，不稳定矛盾不断，一方面，2013年改制的物贸中心4位离休干部津贴补贴欠及提留欠费影响离休干部移交，另一方面，移交的12位企业离干部因津贴补贴欠费也多次到市委老干局及行管办上访。行管办向市改制办争取政策并做好解释工作，没有引发大的不稳定矛盾。（王延禄）

【管理工作】 落实市委、市政府各项决策、会议精神，以及交办事项，及时报送书面材料，落实到位；在元旦、春节、清明节、“五一”“十一”、亚太经合组织领导人非正式会议等重要节点和重要会议期间制订值班维稳应急预案，坚持领导干部带班，责任到人；机关的文明建设常抓不懈。

（王延禄）

【机关效能】 （1）节约型机关建设。严格按规定标准使用办公用房；严格公车配备、公车使用；从节约一度电、一吨水、一张纸着手，严控“三公经费”支出。（2）队伍建设。坚持和推进党委中心组学习和周五学习日制度加强学习，推进和坚持上下班考勤考核制度加强管理。（3）作风建设。2014年3月，开展以为民务实清廉为主要内容的党的群众路线教育实践活动，完成学习教育听取意见、查摆问题开展批评、整改落实建章立制3个环节的活动任务。对查摆出来的“四风”突出问题制定整改方案，整改落实到位。（4）廉政建设。严格落实廉政建设责任制，开展“一岗双责”管理，将党风廉政建设的内容分解成具体指标。实行双重考核，行业没有发生违纪案件。

（王延禄）

粮油流通

【保供稳价】 （1）粮食购销扎实有效。2014年国务院批准湖南启动最低价粮食收购。粮食局多措并举，多次与中储粮、农发行协商共同布点，筹集仓容，共同抓好收购工作；市县粮食局机关干部在局领导的带领下深入收粮一线，与收粮职工一道开展“人性化服务在收购中闪光活动”。全年衡阳市收购粮食125万吨，其中最低收购价粮90万吨（含2014年1月收购2013年度的2万吨最低价粮），占全省最低价收购量近30%，蝉联全省第一位，为衡阳粮农增收4.6亿元。2014年8月，张硕辅副省长及省粮食局张亦贤局长对衡阳市粮食收购工作情况进行视察，认为衡阳市的粮食收购准备充分、成效显著。与此同时，市粮食局搭建销售平台，与东莞、郴州等销区举办产销合作会，大力促销库存粮食，全年销售粮食50.7万吨。（2）粮食储备继续夯实。开展储备粮轮换，按期保质保量完成省市县三级的储备粮轮换计划。（3）仓储设施不断提升。2014年，省下达衡阳市危仓老库维修改造计划59.71万吨，总投资2961万元。全市完成危仓老库维修改造66.04万吨，完成总投资6276.4万元，超额完成省下达的目标任务，新增有效仓容37.33万吨。（许　钧）

【粮油市场】　（1）依法行政不断推进。2014年，组织召开《粮油质量检查监管实施意见》听证会。同时，坚持用法治思维推动粮食工作，认真贯彻依法行政、依法管粮战略，依法监管和查办案件能力不断提升。（2）收购资格全面清理。对全市484户粮油经营企业进行全面清理，督促新增办证12户，依法依规取消30家粮食经营户的粮食收购资格并注销其收购许可证。对市本级办理的27个粮食收购许可证资料进行整理归档，分户装订成行政许可案卷。（3）清仓查库深入开展。清查全市未用于装粮的仓房309栋，属完好粮仓空置的仓容243672吨，属于需维修仓空置的仓容86066吨，属于需维修仓占用或挪作他用的仓容69835吨，属于死角仓8689吨，属于待报废仓容23679吨，对于上述清查出未用于装粮的完好仓房全部用于装粮，缓解仓容不足压力。组织全市165家收储企业开展粮食库存自查和市级督查，检查粮食128万吨。（4）安全生产监管有力。建立领导干部“一岗双责”和局领导带队检查安全生产制度，与基层单位签订责任状，强化安全责任。开展安全生产大检查和专题培训，防止安全事故发生。2014年，全市粮食系统继续保持安全生产零事故，市粮食局被评为安全生产工作先进单位。

（许　钧）

【“百亿产业”工程】　2014年，全市粮食行业实现粮油工业总产值91亿元，保持平稳健康的发展局面。（1）项目建设稳步推进。全市粮食产业总投资达44.98亿元的29个建设项目（其中市重点工程项目13个，总投资29.4亿元）快速推进。市直四方、茅坪、油库三个国有企业整合组建衡阳湘雁粮油储备有限公司建设项目得到市政府领导重视，市政府下发市长办公会议纪要，完成三个待整合企业的清产核资，资产处置及新企业注册等各项工作有序推进；祁东粮油物流中心及衡南车江粮食购销公司建设项目被国家发改委批准，各获得中央财政扶持资金440万元，全面开工建设；湖南角山米业总投资3亿元的50万吨稻谷处理深加工项目成为全市粮食行业项目建设的亮点，28栋仓房16万吨仓容，仅用8个月的时间，该项目成为湖南省粮食行业标杆企业；市本级、衡南、耒阳、南岳4家军供连锁店盛装开业、扬帆起航，彰显出军字招牌的独特品牌魅力。（2）争取资金卓有成效。帮助企业争取中央投资，全市有衡阳县角山米业、衡南县车江粮库、祁东星源米业和归阳公司4家企业获中央投资1438万元，居全省前列；按照省财政、粮食两部门文件精神，申报“千亿产业”专项资金扶持项目，为符合条件的13家企业争取项目建设资金883万元，占全省14个市州总和的九分之一；落实市政府〔2011〕44号文件精神，安排2014年度市粮油“百亿产业”专项资金600万元，撬动产业项目建设。（3）产业经营力度加大。2014年全市粮食购销企业和粮食加工龙头企业共创办粮食基地和签订优质稻订单面积16.48万公顷，粮食产业化经营水平进一步提升。（4）扶强创优成绩斐然。全市粮食行业新增省级龙头企业6家，新增中国驰名商标1个，新增市名牌产品3个。截至2014年年底，纳入全市粮油加工业统计范围的国家级龙头企业4家，省级龙头企业19家，市级龙头企业46家；全市粮食行业拥有5个中国驰名商标，占全市总量的

40%；有7个国家级放心粮油示范加工企业和5个省级放心粮油示范加工企业；有省名牌产品5个、市名牌产品12个。（许　钧）

【开展“群众路线教育实践活动”】 2014年，粮食局深入开展党的群众路线教育实践活动，坚持开展教育实践活动和做好业务工作两手抓、两不误、两促进，把做好粮食收购与抓好“危仓老库”维修改造工作作为践行群众路线的“自选动作”；扭住党风廉政建设责任制这一“龙头”，以落实“两个责任”为抓手，结合粮食工作实际，规范公务接待和公务用车管理、清理办公用房，强化对财政扶持资金建设项目和危仓老库维修改造工程进行监管；对照中央八项、省委九项和市委十项规定的要求，制定和完善41项规范管理制度，修订原有制度60项。（许　钧）

供销合作

【概况】 2014年，全市供销合作社系统突出为农服务，加强基层组织体系建设，探索综合改革试点，改善困难职工民生，各项工作取得一定的成绩。全市系统全年完成商品销售79.8亿元，实现利润6070万元。衡阳市供销合作社被评为全省供销合作社综合业绩考核特等奖。（王国朝）

【开展“群众路线教育实践活动”】 2014年3月以来，市社整改落实问题16个，补充修订制度30个，各类会议、文件、简报和评奖同比减少均在20%以上，“三公”经费开支同比减少27.8%，节约费用17.57万元。（王国朝）

【农资供应】 全市系统筹集农资冬储资金2.93亿元，冬储化肥36万吨，同比增加近10万吨。全市系统发挥自身网络优势，建立县级农资配送中心10个、配送分部200多个、农资连锁网点2130个，并在交通要道和村组增设临时网点2000多个，通过开展“农资经营诚信店”、组织万人送货进村入户、加强农业科技服务等多种措施，全年销售化肥70多万吨，并始终做到保证供应、保证质量、保证平价，持续发挥农资供应主渠道作用。（王国朝）

【基层组织建设】 2014年是全国总社提出的“基层组织建设年”。全市系统把加强基层组织建设作为夯实发展基础、提高为农服务水平的重要举措狠抓落实。市社专门出台“基层组织建设年”工作方案，明确指导思想、工作目标和工作任务。各县（市）区供销社通过推进县级供销社规范化建设、拓展乡镇基层社建设、推动农民专业合作社发展等多种举措，创新基层组织建设途径、扩大基层组织乡村覆盖面。全市系统全年新增基层供销社70个、新增专业合作社29个、新增综合服务社9个。（王国朝）

【综合改革试点】 稳妥推进综合改革试点是党中央、国务院对供销社工作的最新要求。衡阳县被确定为全省14个深化供销社综合改革的试点县之一。衡阳县供销社按照全国总社和省社的要求，在县委、县政府和市社的帮助支持下，办理职工社保、化解银行债务、资产清理确权等多项基础性工作都得到有效推进，为全面深化综合改革创造有利条件。全市其他县（市）区供销社也不等不靠，积极结合自身实际，稳妥推进各项改革。衡东县供销社主动承担起全县行政事业单位经营性资产336间门面店铺的托管经营工作，有效发挥自身优势，为党委政府分忧，也为加快供销社发展开辟新途径。耒阳市供销社争取多方支持，筹建农资协会、再生资源协会和农村经济组织联合会，有效增强为农服务功能，同时还组建电子商务公司。市社在精心指导各县（市）区社推进综合改革试点工作的同时，自身探索资本运作，重组市天雄社有资产，公司一年多来，盈利400多万元。（王国朝）

【改善民生】 全市供销系统不断改善困难职工的民生情况。市社机关人员主动下基层，为两个直属特困企业解决帮扶资金4万元，争取项目资金23万元，走访慰问60名困难职工，为职工解决具体问题6个。衡南县社争取政策支持，改造棚户区12000平方米，让企业困难职工住有所居。该县社还结对帮扶困难职工47户，帮助企业解决遗留问题17件，为县饮食服务公司每年从县财政争取解困资金3万元，为泉溪供销社协调办理100多户集资户拖延5年未办的房产证，为鸡笼供销社收回20多万元处置资产应收款。耒阳市社积极做好系统职工廉租房及住房补贴的清理和申请工作，解决86名职工养老金断档补挂账工作。市、县两级供销社及时为全市系统数千名退休职工办理城镇独生子女父母奖励手续，受到退休职工好评。（王国朝）

石油销售

【概况】 2014年，国际油价出现“断崖式”下滑，创下5年来新低，国内油价遭遇“11连跌”，市场竞争激烈。中石化销售有限公司衡阳石油分公司完成各项目标任务：全年成品油经营总量完成目标任务的104.1%，同比增长5.4%，零售完成目标任务的103.1%，同比增长5%；批发直销完成目标任务的111.4%，同比增长8.38%；非油品业务营业额完成目标任务的115%，公司整体保持和谐稳定，安全、数质量事故为零。在全省“比学赶帮超”活动中，夺得红旗16面。

（胡　敏）

【资源供应】 2014年，成品油资源供应面临新投产大浦油库储油罐启用不完全、外采资源铁路接卸量大以及公路交通“打非治违”致使罐车运力受限等矛盾，公司组织调度资源，优化执行特殊时期经营《保供应、保安全预案》，加强外采资源衔接、送检及接卸入库，确保库存资源稳定。从岳阳外请多台大吨位的油罐车作为应急运力投入油料配送，加大异地出库力度，从株洲815油库和郴州油库抢调资源，及时投放本地市场，保障衡阳市场成品油平稳供应；针对三季度衡阳历史性严峻旱情，组织资源、支持当地政府抗旱救灾保民生，确保全市抗旱用油供应。（胡　敏）

【经营服务】 坚持主导市场，精心组织营销，用情维系客户。紧抓“双节”、中秋、国庆等节日市场契机，开展主动营销、造势营销，抢抓高速、主城区、风景旅游区销售高峰扩销增量；维系忠诚客户，挖掘市场潜力，加大高速工程、营改增客户和社会加油站客户的维护力度；以提高零售市场份额为目标，开展“加油赠券”“加油畅爽、清凉一夏”等营销活动，在加油站强化“优质服务月”“加油站定制化管理”“综合服务提升年”等管理措施，达到以“督查促提升，以管理增销量”目的；年初，公司大力推广“中石化网上营业厅”业务，先后开展“乐享体验从我做起”“乐享实惠人人有”“千元红包周周送”等活动，并通过设立客户体验区、安装自助圈存机现场推介以及借助媒体海报、客户走访等方式营造活动氛围，截至年底，加油IC卡网厅充值额占比达12%；非油品经营方面，大力推进专业化运营和规范化管理，继续打造精品店、标准店，门店销售能力进一步提升，组织年货展销会、“加中国石化优质油，品中国石化优质水”“油非互动，购油有礼”等活动，卓玛泉、海龙柴油尾气处理液的自有品牌的营销推广，扩大门店销售和易捷品牌影响力。（胡　敏）

【网络建设】 2014年，公司网点建设的主要力量和资源集中在中心城区及加气网点，全年新建（改造）竣工加油站2座、在建2座，新建网点在重点位置比例达100%。衡阳境内成品油管道上半年先后完成水联运测试和管道投油，管输大浦油库元月份投产运营，6月16日湖南成品油管道二期工程实现全线贯通。其间，杜家毫省长亲临耒阳油库现场检查调研，并就安全生产、投产运营作出重要指示。（胡　敏）

【规范管理】 推进“质量效益年”活动，多措并举增效益。强化财务管理，围绕利润完成率、吨油利润等效益指标，开展专项经济活动分析，狠抓降本增效。统筹平衡资源、提高管输比例、开展运距复查、启用多维智能监控系统，努力优化物流运行。大力盘活常宁万寿、祁东白地市等油库闲置资产，实现国有资产保值增值；深入开展“碧水蓝天”及库站“隐患治理”项目改造，完成库站“碧水蓝天”项目36个，开展31座加油站60个安全隐患的治理项目，年内100%竣工验收。（胡　敏）

【党建工作】 抓实群众路线教育实践活动整改，组织开展“强作风、严管理、提效率”作风建设活动，认真落实基层联系点制度。

全面贯彻落实党建系统化要求，加强基层党组织标准化建设，宣传“我身边的典型”，强化“五个作用”，促进“六个转化”。加强党风廉政教育，组织签订“廉洁从业责任书”、观看廉政警示教育片，借助微信、微博等新媒体开展廉政宣传教育，构建廉洁风险防控体系；推进“家文化”建设，建立“关爱员工”长效机制，开展员工户外拓展、青工联谊以及敬老月等活动。（胡　敏）

烟草专卖

【概况】 2014 年，全市实现“两烟”销售收入 64.75 亿元，同比增长 8.37%；实现税利 14.98 亿元，同比增长 10.05%。其中，实现利润 8.01 亿元，同比增长 13.95%；实现税收 8.97 亿元，同比增长 7.59%。同时，承办 2014 年湖南烟草科技活动周主会场系列活动；在全省系统交流现代终端建设工作经验，主动改革、全面推进卷烟营销市场化取向改革；专卖打假成绩显著，破获符合国家局、公安部标准的售假网络案件 9 起；烟叶工作获得上级肯定，衡阳市政府被评为全省烟叶生产先进单位。

（吴　悠　陈铭浩）

【经营状况】 （1）创新卷烟营销的模式。对客户评价体系、信息采集模式和货源投放方式进行改革，对价格下滑、倒挂严重的品牌采取限投、缓投、停投措施，重点解决零售客户货源“吃不饱”和“吃不了”的问题。（2）强化品牌培育的效果。发挥重点品牌的支撑作用，从现有的 25 个品牌和 97 个规格中选取重点品牌（规格）精心培育，开展有效事件营销活动 600 余场，建成体验营销店 80 余家。全年销售卷烟 26.66 万箱，同比增加 1686 箱，增长 0.64%；卷烟单箱销售均价 24752 元，同比增加 1148 元，增长 4.86%；实现卷烟销售收入 56.12 亿元，同比增长 4.9%；全市重点品牌销量 24.16 万箱，同比增长 2.08%，重点品牌销量占比达到 90.59%。（3）提升零售终端的形象。全年全市建成现代零售终端 2345 家，占零售客户总数的 10.32%，其中星级店 76 家。协同浙江中烟、广东中烟建成品牌形象店 180 家。（4）优化客户服务的水平。全年培训客户 1.03 万人次，其中现代终端客户 100% 培训到位，普通终端客户培训面达到 40% 以上。客户满意度达到 86.4 分，较 2013 年同期提高 5.4 分，高于全省平均水平。（5）夯实物流配送的基础。以形成具有衡阳特色、全面感知、互联互通、智能处理、安全可靠的 5A 级物联网物流园区为目标，衡阳烟草推进新物流中心建设，向省局争取祁东、衡山、耒阳等物流中转站项目。构建安全物流、精益物流，全年物流配送无一例突发事故和责任事故。（吴　悠　陈铭浩）

【生产水平】 2014 年，是全国实施烟叶规模 3 年调控的开局之年，公司坚持控规模与强基础、调结构、提质量有机结合，烟叶工作被省局评价为：“规模调控好、收购质量好、收购秩序好、精益生产水平高”。（1）稳控有度，烟叶布局得到优化。坚持把严控规模摆在首要位置，投入烟田改种、烟苗销毁补偿资金 1187 万元，实际收购烟叶 27.36 万担，为省局下达计划量的 107.29%。2014 年，实现烟叶规模的稳控平衡。（2）收购有序，烟叶管理得到加强。面对烟叶因灾减产等诸多不利因素，在 65 天内全面完成收购任务，总体收购秩序良好。同时，查获 2.7 万公斤劣杂品种烟叶，外地烟叶流入问题得到有效遏制。烟叶收购质量、等级纯度稳中有升，烟叶收购省检等级合格率为 81.86%，同比提高 0.8%；工商交接国检等级合格率 62.72%，同比提高 1.82%。（3）提质有方，烟叶质量得到突破。进一步加大技术创新力度，落实省局精益生产示范园区 3 个，示范面积 213.33 公顷；实施烟叶技术推广项目 8 项、烟叶科技创新项目 14 项。品种布局进一步优化，全市 K326 品种种植面积达 446.67 公顷，占总移栽面积的 62.5%。上部烟叶质量显著提高，可进入二类卷烟配方。（4）管护有力，烟基设施得到改善。全年投入行业补贴资金 7118.73 万元，完成各类烟基项目 4471 个，建设密集烤房 1800 座，新建育苗大棚 19 个，完成土地整理项目规划设计 5 个、烟水烟路项目 4 个。成功申报和开工常宁广济水库建设项目，争取国家局批复援建资金 1.3 亿元，烟草产业进一步实现“富农惠民”。（吴　悠　陈铭浩）

【市场监管】　2014年，周海兵市长牵头成立“两烟”协调工作领导小组，强化协作治理，坚持“四个坚定不移”。(1)坚定不移保持打击“假私非”的高压态势。通过发展固定线人、发布举报电话等措施，构建涉烟情报网络。2014年，破获售假网络案件9起，其中符合国家局、公安部标准的售假网络案件8起，省标案1起，有3起案件涉案金额超过1000万元，衡阳县“4·11”售假网络案被列为公安部、国家局督办案件。拘留28人，逮捕31人。在互联网涉烟犯罪的打击上实现突破，查处1起利用互联网售假国标网络案。(2)坚定不移整治真烟非法流通。利用“三员互动”监管机制与APCD工作法，摸查收烟贩烟经营户网络。成立稽查机动大队，在全市范围内跨区域打击真烟非法流通行为。全年查处案值5万元以上非法收购、贩卖、囤积卷烟案件94起，同比增加90起，涉案金额达1053.83万元，其中案值100万元的省标真烟网络案2起。查获真品卷烟4529.83万支，同比增加1049.08万支。(3)坚定不移创新市场监管方式。启动和构建诚信经营体系，建立零售户诚信经营台账。协调公安、工商部门联合开展“春雷4号”专项行动，清理整顿烟草市场秩序，取缔无证户专项行动。累计上门做无证照经营户工作517次，清出无证经营户131户，下发整改通知书321份。

（吴　悠　陈铭浩）

【内部管理】　推广“精益理念”，强化成本意识。通过打造精益论坛、外聘专家授课等方式导入精益理念。探索定额管理，将预算定额分为烟叶、卷烟、物流、专卖管理、资产管理、综合管理6个部分，形成分岗位、分事项、分区域、有层次的预算标准体系。修订差旅费、食堂财务管理规定等财务制度，规范报账流程及审批程序。控制“四项费用”，2014年，业务招待费、会议费、差旅费分别同比下降57.74%、27.52%、29.89%。发挥审计的“免疫力”作用，开展各类审计项目8个，完成工程结算审计74项。以“真招实招，应招尽招”为重点，逐步建立起采购管理长效机制，监察、审计、法规等部门全程参与项目监督管理。全面构建法律风险防范体系，排查出法律风险点303个。开展“三创三征”活动，持续深化“法律六进”活动，在《衡阳日报》上开设“法治烟草”专版。全年印发宣传资料32000份，增强普法实效。对全市系统1085本案卷开展自查，进一步规范执法程序。

（吴　悠　陈铭浩）

【工作作风】　自2014年2月起，衡阳烟草市、县两级9个党组班子、26个党支部、451名党员参加第二批党的群众路线教育实践活动。全市系统开展68场次观影或典型教育，市、县两级党组开展集中学习14次；先后召开各类群众座谈会33场，访谈200多位党员和群众，收集到519条原始意见，梳理形成为107个问题；7月~8月，组织召开民主生活和组织生活会；抓实市局“两方案一计划”和各县局“方案计划”的制定和实施，市局机关32项整改任务和25项专项整治措施全部落实到位。全市系统清理各类领导小组和协调议事机构28个，清理评比达标表彰项目6个，清理科技创新项目6个；机关召开的会议同比下降11%；发文同比减少19%；简报同比减少40%；处置超标超配公车6台；全市清理超标办公用房3000多平方米。

（吴　悠　陈铭浩）

盐　务

【概况】　2014年，衡阳市盐务管理局认真贯彻落实市委市政府目标管理考核指标，坚定贯彻党的十八届三中全会精神，大力推进各项工作稳步、健康发展，圆满完成各项经济指标任务，确保食盐合格率100%，食盐市场占有率99.8%以上。年内，调入各类盐31577吨；销售各类盐31092吨，完成年度计划任务87.6%；实现税收927万元。　（谭方明）

【盐政执法】　在市委市政府的大力支持下，在省局和市法制办的正确领导下，衡阳市盐务局坚定不移地抓好盐政管理工作，依法打击各类涉盐违法违规行为，维护市场安全稳定。2014年，查处各类涉盐违法案件34起，查获违规盐产品1.67吨，出勤车次1183次，出勤人数4338人次，行程128114余公里。有力地保证全市盐业市场秩序稳定，确保广大人民群众吃上合格加碘食盐。进一

步推动衡阳盐业市场健康有序发展，保障衡阳730万人口的食盐安全。（谭方明）

旅　游

【概况】 2014年以来，全市旅游行业贯彻《国务院关于加快发展旅游业的意见》《国务院关于促进旅游业改革发展的若干意见》和省委、省政府《关于建设旅游强省的决定》精神及全省旅游工作“126”的总体思路，围绕建成“旅游胜地”的发展目标，通过项目建设提高竞争力，通过宣传营销提高影响力，通过产业对接提高拉动力，实现旅游业规模、结构、质量、效益四个提升。全市全年接待国内外游客4421万人次，实现旅游综合收入265亿元，分别同比增长14.12%和20.21%，继续保持平稳较快增长的良好势头。（左新伟）

【政府主导】 市委、市政府提出“南工北旅”的城市总体布局和建设“旅游胜地”的发展目标，在资金、政策等方面对旅游业发展给予重点扶持，旅游业在国民经济中的地位上升到新的战略高度。组织召开全市旅游产业发展工作会议，强调进一步加快旅游业发展，培育大产业、改善大民生、提升大形象，推动转变经济发展方式和产业结构优化升级。将“大南岳旅游经济圈”建设纳入全市经济社会建设重要议事日程，破解制约旅游业发展和旅游项目建设的瓶颈问题。市委书记李亿龙多次主持会议专题研究或现场调度南岳衡山景区、回雁峰景区提质升级和东洲岛开发建设等工作；市长周海兵多次深入衡南宝盖、蔡伦竹海、南岳衡山调研调度乡村旅游和景区建设工作；市人大、市政协也先后组织开展“一法一条例”贯彻实施情况和旅游星级饭店建设管理情况等专题调研和视察，全市上下大办旅游、办大旅游的热情高涨。（左新伟）

【项目建设】 加快“大南岳旅游经济圈”建设，强化项目抓手，全面落实一个项目、一名领导、一套班子、一抓到底的旅游重点项目建设责任制，着力推动旅游业转型升级。具体来说，实现“三个新突破”：（1）旅游招商引资实现新突破。引进双水湾生态旅游休闲园和洣江生态观光园等旅游重点项目。签约“南岳衡山旅游农业休闲观光园”项目，该项目占地466.67公顷，总投资达20多亿元，横跨南岳区与衡山县，包含运动休闲、养生度假、旅游购物、农业观光等多个功能区。（2）旅游重点项目建设实现新突破。旅游重点项目建设稳步推进，2014年，全市有省市重点旅游项目25个，总投资156.7亿元，完成年度投资32亿元。其中丽波联合国际酒店完成投资5.12亿元、汇景衡南·莱茵水畔运动文化养生度假小镇完成投资3.65亿元、耒水国家湿地公园完成投资3.05亿元、南岳南城区旅游度假城完成投资1.68亿元、南岳龙凤度假村完成投资9400万元、南岳火文化主题公园完成投资9400万元、颐和山水健康养生乡村俱乐部完成投资6200万元。（3）旅游品牌创建实现新突破。蔡伦竹海、水口山工人运动陈列馆分别获评国家AAAA和AA级旅游景区；西湖饭店获评四星级旅游饭店；农旺山庄、颐和山水健康养生乡村俱乐部获评湖南省五星级乡村旅游服务区（点）；珠晖区怡心生态园获评全国休闲农业与乡村旅游示范点。特别是蔡伦竹海景区成功创建国家4A级旅游景区，实现衡阳市旅游景区创建工作的重大突破。（左新伟）

【营销宣传】 加大旅游宣传创意和策划投入，拟定2014年旅游市场开发工作方案，组织召开全市旅游市场营销工作座谈会。（1）品牌新。结合衡阳旅游品牌特色，全新推出“福寿圣地·文化之都”旅游营销品牌，邀国内外游客“上南岳衡山添福寿，游雁城衡阳揽胜景”。编印推出“衡阳旅游形象宣传片”和“衡阳旅游宣传折页”，在央视、湖南卫视、《航空旅游杂志》等媒体上投放衡阳旅游形象宣传广告。探索旅游市场化营销模式，中央电视台《江河万里行》《地理中国》等栏目摄制组先后来衡拍摄，宣传衡阳旅游景点和特色美食；与《衡阳晚报》等媒体合作推出“寻美丽乡村、爱美丽家园、游美丽雁城”等旅游专栏。（2）线路新。全面整合吃住行游购娱等旅游要素，编排推出十余条全市一日游至五日游精品旅游线路，通过电视、广播、报刊、网络等新闻媒体广为发布、广泛宣传。举办“寻找美丽新衡阳新旅游精品线路体验团首发仪式”和

“关注衡阳旅游微信平台攒积分，魅力衡阳免费游”等活动，近千名游客报名体验。新的旅游精品线路设计更为科学、景点布局更为合理、日程安排更为优化。(3) 节会新。策划举办2014年中国湖湘·山水（衡阳）旅游文化节系列活动，衡阳市首届旅游摄影大赛暨原创旅游歌曲大赛、南岳旅游文化节、衡山乡村生态旅游文化节、2014年衡阳市庆祝第四个中国旅游日暨文明旅游行动启动仪式、衡东首届乡村生态旅游文化节、第十八届全国旅游门券收藏展览、衡东2014首届南方格桑花海乡村生态旅游节等将活动不断推向高潮。组团参加“高铁遇上游轮”中国岸线（岳阳）结盟活动、中国桂林国际旅游博览会、湖南省旅游产业博览会、上海国际旅游交易会等活动，广泛宣传推介衡阳旅游品牌。特别是以南岳机场开通为契机，分别在北京和上海成功举办以“揽胜雁城衡阳·祈福南岳衡山”为主题的衡阳市南岳机场通航暨旅游宣传推介会。推介会上，衡阳市发布乘坐南岳机场航班来衡旅游的优惠政策，与北京市旅游发展委员会、上海市旅游局签订旅游框架合作协议，明确建立旅游合作联盟，实行资源互享、信息互通、产品互推、客源互送。与会的衡阳旅行商还与参会的北京、上海旅行商签订旅游战略合作协议。推介会的举办受到中央、省、市媒体的高度关注，产生广泛而深远的影响。 （左新伟）

【行业管理】 （1）市场监管。宣贯《中华人民共和国旅游法》等旅游新法规、新条例、新标准，全面推进依法治旅、依法兴旅工作。协助省人大、省旅游局和市人大做好《湖南省实施〈旅游法〉办法》立法调研工作和“一法一条例”执法检查工作。组织召开全市旅游监管工作会议，在全市旅游饭店深入开展“文明餐桌行动”，联合公安、工商、物价、质监等相关部门开展旅游市场秩序专项整治和两次旅游市场检查周活动，重点整治赴台游市场各类不规范经营行为、无资质经营者发布旅游服务广告、强迫或变相强迫旅游者消费、扰乱景区景点正常经营秩序和旅游环境行为、户外QQ群无证经营旅游业务扰乱旅游市场秩序等违规违法行为，对游客投诉实行速查快办。2014年，全市开展专项整治1次，旅游市场检查周活动2次，随机检查26次，组织暗访活动15次，受理投诉和咨询电话1000多个，办理投诉事件6起，并全部结案。市旅游局被评为“2014年度全市依法行政工作先进单位”。(2) 安全保障。推行旅游安全生产联动机制，举办全市旅游系统安全生产培训班，将旅游安全列为旅游工作考核的重要内容，落实旅游安全责任，与各县市区旅游局和各旅游企业层层签订《旅游安全责任状》。通过安全生产宣传月、应急管理咨询日等宣传活动，加大旅游安全宣传力度，指导旅游企业开展形式多样的旅游安全培训，深入开展旅游安全隐患排查。市旅游局获评“2014年度全市安全生产工作先进单位”和“2014年度应急管理工作先进单位”。(3) 教育培训。完善市、县、企业三级旅游人才培训组织网络，采取联合培训、协同培训、分类培训和层次培训等培训方式相结合，先后举办旅行社总经理岗位资格培训班、旅游饭店总经理培训班、旅游饭店管理人员培训班、导游人员岗位培训等多期旅游管理和从业人员培训班。组织开展2014年湖南省导游大赛海选暨“衡阳丽波国际大酒店杯”导游大赛和“寻找衡阳最美导游”等活动，开展形式多样的岗位练兵，培育一大批旅游专业人才和服务明星。 （左新伟）

【开展“群众路线教育实践活动”】 2014年，局机关深入开展以“为民务实清廉”为主题的党的群众路线教育实践活动，聚焦“四风”，坚持问题导向，把握关键环节，对照“理论理想、党章党纪、民心民声、先辈先进”四面镜子和“三严三实”要求以及中央八项规定、省委九项规定、市委十项规定，广泛征求意见，深入查找问题，深刻剖析原因，认真抓好整改，加强机关建设，推动各项工作和事业的发展。

（左新伟）

财政·税务

财　政

【概况】 2014年，全市一般公共预算收入完成235.66亿元，增加23.78亿元，增长11.22%。其中：地方收入完成173.16亿元，增长11.13%；上划中央收入完成47.07亿元，增长9.35%；上划省级收入完成15.44亿元，增长18.55%。全市财政支出412.98亿元，增长13.4%。 （贺光清）

【组织财政收入】 （1）分解财税目标。年初对全年经济形势进行分析、预测，摸清税源底子；2月份按市政府确定的目标，分解下达2014年财税收入任务到各县市区。每月、每季，针对财税收入形势，合理分解落实收入任务。（2）加强收入调度。市委、市政府组织召开调度会、分析会、讲评会15次，市财政局分析经济形势，提出可行性建议。从3月份起由局领导继续对各县市区实行分片包点负责制，督促收入进度。特别是6月、9月、12月，按市政府要求分别从6月13日、9月15日、12月15日起，实行一天一调度，并对重点县市区进行现场调度。（3）主动协调。继续发挥好牵头和协调作用，加强与各县市区、税务、人民银行等部门衔接，每月、每季根据各县（市）区、各征管部门目标任务，统计汇总预计数，分析收入形势，把握收入动态，制定收入预案。（4）开展收入调研。深入各县（市）区开展收入调研，督促收入进度；做好每月收支月报，分析收入增减原因，提出工作建议，为领导决策提供依据。（5）创新财税征管。按照市政府关于开展房地产行业税费专项检查的部署，协调做好相关工作；按市政府要求，赴兄弟市州交流学习，推进“社会综合治税”平台建设。

（贺光清）

【财政收入特点】 2014年，衡阳市收入目标实现，有以下特点：（1）总量稳定增长。2014年，全市一般公共预算收入完成235.66亿元，增长11.22%，总量居全省第一方阵，增幅高出全省平均水平1.73个百分点。其中地方收入完成173.15亿元，增长11.12%。（2）质量稳中向好。全市一般公共预算收入占GDP比重预计在10%左右，比2013年有所提高；在全省税占比有所下降和主体税种贡献减弱的情况下，全市财政收入质量实现稳中向好，税占比达到65.03%，比2013年略有提高。（3）园区贡献增大。2014年“两区一园”一般公共预算收入完成43.25亿元，增长26.28%，占全市一般公共预算收入比重较2013年提高2.19个百分点。

（贺光清）

【支持企业发展】 做好企业融资服务，为弘湘公司安排2.45亿元专项资金，为白沙洲工业园区安排3244万元投资补偿金。支持企业技术创新，重新出台《衡阳市企业技术创新奖励方法》，安排资金6356.5万元支持企业科技创新。兑现优惠政策，为12户企业兑现2013年度重点企业纳税奖励322.1万元，提高企业纳税积极性；为衡钢集团、建滔实业等企业兑现税收优惠政策4539.5万元，支持国家输变电电器产品质量监督检验中心建设资金500万元。支持企业争资跑项，组织全市企业做好战略性新兴产业科技攻关等11大类项目的申报工作；到位科技计划等项目资金2.58亿元。为企业减负，对2010年至2014年停征免征及降标收费项目执行情况进行专项稽查，清理收费项目63项，涉及33个执收部门，为企业和社会减轻负担2797万元。 （贺光清）

【服务项目建设】 （1）落实优惠政策。对特变电工、南华大学新校区建设项目等38个单位减免和抵扣报建规费事项进行核查。全年累计减免和抵扣报建规费1.79亿元。（2）解决遗留问题。进行投资补偿，为冠都抵扣报建规费8901万元和现金补偿5650万元，共计1.46亿元。（3）保障建设资金。安排1.52亿元用于项目建设，重点保障衡州大道、蒸阳北路、潭衡西高速连接线、西合铁路、衡枣连接线、湘江西岸风光带（石鼓—公铁桥）、蒸水南堤风光带（草桥—蒸水桥）等城建重点项目的资金需求。（贺光清）

【平台建设】 2014年，衡阳市陆续开工建设和投入使用一批开放型经济服务平台，促进全市开放型经济的发展。衡阳市铁路口岸基础设施建设正式启动，计划投资1.5亿元，占地面积10.27公项。南岳机场建设进入装修和设备安装调试使用阶段，财政安排开放型经济专项资金500万元用于南岳机场通航前期经费开支。衡阳综合保税区一期工程基本完成，一期规划占地0.89平方公里，总投资9.8亿元，8月正式投入使用，吸引大批企业入驻。

（贺光清）

【融资工作】 市本级各投融资公司到位融资资金140.14亿元，完成全年100亿元目标任务的140.14%，比2013年增长63.71%。（1）理顺投融资体制。规范制度建设，起草《衡阳市市本级融资资金管理办法》《衡阳市市委、市政府关于健全市本级投融资公司运行机制的意见》《衡阳市市本级投融资公司管理办法》等文件。对投融资公司土地补偿内部机制进行理顺，算好补偿账，提高补偿效率，全年为投融资公司拨付投资补偿96亿元。为各投融资公司融资出具财政、债务数据30次以上，涉及贷款资金100亿元，支持各投融资公司充实现金流近100亿元。（2）加强政府债务管理。规范行政事业单位债务举借和管理。清理和核实行政事业单位债务，规定各单位举债必须报市财政审核后报市政府审批。对各单位举借的债务使用进行跟踪检查，确保债务资金的安全。完善偿债机制，建立债务管理制度，草拟《衡阳市政府债务管理办法》。做好还本付息，市本级需财政偿还的政府债务本息11.964亿元，全部实现按时归还。

（贺光清）

【保障民生】 2014年，全市民生支出270.3亿元，占一般公共预算支出66.73%。（1）“三农”投入。落实强农惠农政策，真正将各类补贴落实到基层，落实到农民头上。通过“一卡通”发放的补贴金额为15.4亿元。自2012年以来，发放的补贴资金为39.74亿元，按照省里要求发放的51项补贴资金比例从2012年的52%，上升至90%。稳步增加财政支农投入，中央、省、市安排农业财政投入14.06亿元，增长14%。全市落实农作物良种补贴资金1.54亿元；落实退耕还林资金5840万元；落实农机购置补贴7155万元。依托重点项目引导涉农资金整合。帮助相关县（市）区做好2014年全国小农水重点县项目建设申报工作，争取小农水重点县建设资金6312万元；推动特色农业发展，全市争取到9个“全省现代农业综合产业园”指标，每个园区3年内都将得到1000万元的省级财政补助；促使常宁市入选全省第二轮特色制造产业重点县，3年可获得专项扶持资金1.8亿元。农业保险工作有新突破，2014年，签单保费总额2.3亿元，财政补贴保费1.75亿元，为农业生产提供保障近20亿元。推进村级公益事业建设财政奖补建设力度。全市争取省财政奖补资金1.78亿元，全年市级财政奖补面逾88.27%，超省定标准38.27个百分点。（2）教育文化投入。2014年，市本级年初预算安排教育经费6.92亿元，比2013年增加5107万元，增长7.96%。足额安排教育系统各单位的办公经费和公用经费。实行农村义务教育阶段贫困家庭学生“两免一补”政策，全市享受中央免费教科书学生人数为82万人，免费教科书金额1.1亿元；享受免杂费学生数为85万人，免杂费及补助学校公用经费金额6.41亿元；享受补助寄宿生生活费学生人数为9万人，补助寄宿生生活费金额1.08亿元。注重支持文化体育等公共事业发展，安排文化产业发展资金1000万元，群众文化体育活动和全民健身活动经费285万元，送戏下乡经费150万元，计生利益导向经费200万元等。（3）健全社保和就业体系。落实完善征缴奖励政策，五险基金征缴扩面工作扎实推进，全年完成五险基金总额为17.54亿元，增长4.2%。完成企业退休人员养老金“十连调”工作，人月均达到1622元。低保救助水平进一步提高，全市累计发放城乡低保金7.8亿元，物价补贴4442万元，全市月均保障城乡低保户22.4万户、41.67万人。开展城乡低保“阳光工程”活动，通过清理整顿，全市动态管理退出低保26464人。关爱弱势群体，发放五保户供养资金1.66亿元，物价补贴560.4万元，安排救灾和冬春救助资金4730万元，筹措重度残疾人特殊生活补贴214万元。落实创业就业扶持政策，安排就业资金支出1.5亿元，发放小额担保贷2.6亿元。（4）医药卫生事业发展。2014年，各级财政拨付新农合和城镇居民医保补助资金18.3亿元、3.05亿元；全市居民医保基金补助23.68万人次，补助支出

2.94 亿元，报销范围内住院补偿比例65%；新农合统筹基金补助347.01 万人次，补助支 19.18 亿元，县乡两级政策范围内平均住院费用补偿率78.12%。按政策落实市直特困企业医疗保险调剂金1000 万元、配套安排关破企业医保补助 753 万元。拨付基层医疗卫生机构实施基本药物制度中央财政补助资金 1.1 亿元，确保全市 13 个县市区所有的基础医疗机构和村卫生室全面实施基本药物零差率销售。拨付各级基本公共卫生服务补助经费 2.52 亿元，通过财政购买服务方式，确保 13 类基本公共卫生服务和 6 项重大公共卫生服务项目有序开展。(5) 民生工程建设。拨付廉租房、公租房建设资金 2.28 亿元，安排发放租赁补贴资金 3058 万元。筹集彩票公益金 2578 万元，重点支持敬老院及流浪儿童救助站和青少年校外活动中心的维修、建设。筹集体彩公益金 730 万元，重点支持体育场馆建设、维修等。投入 1.25 亿元，持续推进城区道路提质改造，对老城区东风南路、蔡伦大道等主次干道进行油化改造；投入 8000 万元用于城区衡州大道等 6 条主次干道两厢提质改造；投入 2620 万元建设民主路、清泉路下穿湘桂线工程；投入 4000 万元对全市 36 处积水点、污水管网、污水干渠进行改造；保证道路畅通，方便市民交通出行。投入 1500 万元用于建设“一江六路九桥”亮化提质工程，全面提升夜景亮化水平，展示衡阳良好城市形象。投入 2.63 亿元，支持湘江流域重金属污染治理。

（贺光清）

【财政改革】 2014 年，全市开始新一轮财税改革。(1) 推进预算公开。预算公开是当前深化财税体制改革 44 项重点工作之一，衡阳市市本级预算公开采取一系列新措施：进一步扩大预算公开范围。2014 年，除涉密部门外，市直 116 家纳入部门预算管理的部门全部公开本部门预算；市直 118 家部门（含 2 个涉密部门）全部公开财政拨款“三公”经费预算。进一步细化预算公开内容。所有财政拨款“三公”经费预算总额和分项数额都详细公开，并对“三公”经费增减变化的原因进行说明。2014 年，市本级财政总预算、汇总“三公”经费预算、市直部门预算和“三公”经费预算按照统一的格式，全面向社会公开。98 项重大民生专项资金 2013 年度和 2014 年度财政分配情况，也以财政下发的指标文或者指标单形式向社会公开。(2) 三公经费改革。建立健全管理制度。市本级出台一系列管理制度，分别对公务差旅、公务出国、公务用车、公务接待、会议经费等进行严格控制。财政局草拟《衡阳党政机关会议费管理办法》《衡阳市党政机关公务接待管理办法》《关于规范市接待处公务接待及经费管理办法》，5 月由市委办正式下发；与市外侨办联合下发《关于转发财政部外交部〈因公临时出国经费管理办法〉的通知》，9 月份下发《衡阳市市直机关差旅费管理办法》。强化预算编制执行。从严从紧编制预算，严格控制一般性支出，降低行政运行成本。明确规定 2014 年各单位“三公”经费预算比 2013 年预算压缩 10% 以上。财务监督检查。财政部门通过不定期抽查、年度专项检查、预算编制“回头看”等方式，加强对各部门办公性行政经费、“三公”经费等开支情况的监督检查，发现问题及时督促整改。(3) 预算绩效改革。报请市政府出台《衡阳市人民政府关于全面推进预算绩效管理的实施意见》，要求全市各单位要强化预算支出责任，提高财政资金使用效益。结合 2014 年预算编制，同步推行 2014 年预算绩效目标管理。要求各预算单位申报 2014 年预算时，对 50 万元以上专项资金项目必须填报《项目预算绩效目标申请表》，凡未按要求填报绩效目标申请表的，未填的，财政不予安排资金。按照省财政厅的统一部署，协调和督促各单位完成开放型经济发展专项资金、新型工业化专项引导资金等 9 个项目绩效评价工作，项目已经过湖南省财政厅验收检查。按照“谁管钱，谁评价；谁用钱，谁接受评价”的原则，选取市直标准化考点建设资金、城区通道绿化资金等 10 个项目作为财政重点评价项目，评价项目资金总量为 2.78 亿元。

（贺光清）

【行政事业单位资产管理】 建立新型产权集中管理模式，市直 179 个行政事业单位全面实现产权集中管理，其中房屋产权面积 83.97 万平方米，国土产权面积 82.21

万平方米，办理房屋、国土产权证1931个。加强经营资产管理，发挥资产最大效益，全年收缴租金1598.36万元，增长达21.5%。规范国有资产管理，研制《衡阳市党政机关办公用房管理暂行办法》《市直行政事业单位国有资产配置管理办法》《市直行政事业单位国有资产配置预算限额标准》等文件，打牢管理基础。全面升级资产信息系统，县（市）区及市本级291个单位纳入建设管理范围，实现网上在线审批、动态监管。严格处置管理，规范操作程序，对18个单位的房产处置申请、106台公车处置审批、216个单位批量资产核销及3次上交礼品公开拍卖，处置收入1167万元。加强党政机关办公用房管理，组织全面清查，清理腾退超标办公用房面积33498平方米，超标违规办公用房基本腾退到位。

（贺光清）

【政府采购】 2014年，衡阳市本级政府采购完成5.29亿元，节约各类财政性资金4309万元，节支率8%。比2013年增加8879万元，增长20%。纳入政府采购的范围越来越广，品目越来越多。其中以公开招标的方式采购量比2013年增加54%，占全年总量52%，节支额占节支总量的60%。公务车购置大幅度减少，2013年公务车购置5773万元，2014年公务车购置1484万元，减少4289万元，下降74%。公务车加油、维修也相应大幅下降。推行政府购买服务的有益尝试，2014年，衡阳市对劳动就业培训、公共物业管理、城市风光带维护等购买，进行初步尝试，纳入政府采购公开招标。 （贺光清）

【财政投资评审】 全年出具评审报告341份，评审资金总量118.8亿元，为政府节约建设资金27.85亿元。其中出具项目预算报告119份，送审资金9.55亿元，审减3.78亿元；出具政府采购报告50份，送审资金1.08亿元，审减0.29亿元；编制政府工程上限值98个，资金总额77.68亿元，节约12.66亿元；复核征地拆迁补偿费用报告9份，送审资金13.03亿元，审减6.39亿元；审查完成工程结算报告65份，送审17.47亿元，审减4.81亿元。（贺光清）

【资金管理】 （1）开展专项资金检查。对年初预算安排或预算追加的科技专项资金、廉租住房租赁补贴资金等13项专项资金进行抽查，针对检查中发现的问题，提出整改意见，下达处理决定，为下年度预算编制提供参考依据。（2）开展涉农资金检查。9月，抽调相关人员组成3个联合检查组，对12个县（市）区的强农惠农专项整治工作进行专项检查验收，抽查走访19个乡镇、40个村组、130户农户，并对检查结果及时通报和整改，金融机构退还向农户违规收取的账户年费200万元。（3）严肃财经纪律。严把资金支付关，据不完全统计，2014年以来，国库集中支付局拒付各类违纪违规资金283笔，涉及金额1052.5万元。查处违规违纪案件，对发现问题的单位进行检查，纠正单位公款私存、滞留和骗取财政资金的行为，并按干部管理权限向有关主管部门提出对单位相关人员进行处分的建议。

（贺光清）

国家税务

【组织收入】 2014年，衡阳市国家税务局（以下简称国税局）组织各项国税收入58.52亿元，同比增收7.36亿元，增长14.39%；其中市县级国税收入完成52.2亿元，同比增收6.05亿元，增长13.1%，增幅排名全省国税系统第二。 （陈 科）

【减税培源】 落实各项结构性减税政策，发挥税收在稳增长、调结构、促改革、惠民生中的作用，累计为纳税人减轻税收负担超15亿元。其中，推进“营改增”试点，全市试点纳税人2800余户，减税超2.5亿元；执行暂免征收部分小微企业增值税、企业所得税以及固定资产抵扣等税收优惠政策，全年减免税收3.8亿元，全市4万余户纳税人受惠，小微企业受惠面达96%；加快出口退税进度，支持外贸发展，全年办理出口退税8.7亿元，增长19%。

（陈 科）

【纳税服务】 开展“便民办税春风行动”，实施《全国县级税务机关纳税服务规范》，在办税服务厅全面推行“全职能”窗口，安装音视频系统，实行22项办税业务“免填单”服务，分三批取消入户执法项目29项，简并涉税表单资料22项，取消涉税申请环节17个，涉税业务办理提速30%以上。运用微信、飞信等新媒体平台，开展税收法律法规和政策宣传，提供多元化服务。推行纳税服务专职联络员制度，开展换位体验活动，征纳关系更加和谐，2014年，湖南省国税局通报衡阳纳税人满意度调查综合得分92.95分，比2013年提高5.61分。

（陈 科）

【依法治税】 全面加强税收规范性文件的制定管理，建立行政决策和税收执法责任追究制度，依法行政取得新成效，蒸湘区国税局、祁东县国税局、耒阳市国税局办税服务厅被命名为“2013～2015年湖南省依法办事示范窗口单位”。鼓励纳税人依法诚信纳税，为75户纳税信用等级A级单位进行集中授牌。推行税收“黑名单”制度，公布首批重大税收违法案件信息，实施失信惩戒。

（陈 科）

【税收征管】 定期召开征管分析例会，集中查找征管薄弱环节，及时开展税收风险应对，重点整治房地产、城区商业增值税和虚开虚抵行为，查补入库税款1.3亿元，征管挖潜成为组织收入的重要抓手。强化税务稽查，查补入库1.32亿元，同比增长38%。加强汇算清缴，开展所得税异常企业专项核查，企业所得税管理水平进一步提升，全年入库企业所得税10.73亿元，较2013年增长50%。车辆购置税审核、征收、入库、建档无缝对接，全年入库车购税6.32亿元。大企业和国际税务管理成果突出，入库非居民税收1083万元，股息红利分配专项检查税款1990万元，3户企业集团风险应对入库税款3088万元。加强信息安全管理，网络、设备及系统运行正常，成功运行增值税发票系统升级版，为税收征管提供技术保障。 （陈 科）

【群教活动】 围绕为民务实清廉主题，开展第二批党的群众路线教育实践活动，坚持敞开大门搞活动，聚焦“四风”查问题，深入开展批评和自我批评，市国税局党组制定整改措施4类30条，重点落实16项专项整改任务，健全完善相关制度25项，机关财务、接待、会议管理进一步规范，“三公”经费同比下降30%，公车私用现象基本杜绝，清理、腾退办公用房1415.67平方米。市国税局群教活动群众测评满意率达100%，群教活动经验被国家税务总局、市委推介。 （陈 科）

【队伍建设】 加强领导班子建设，全市系统推荐湖南省国税局提拔3名副处级领导干部，提拔6名正科级领导干部，调整7个县市区国税局局长，各级班子整体功能进一步增强。加强人才培养，委托湖南大学、湖南税专举办专题培训班4期，有10人通过注税考试，1人获司法资格证书。建设荣誉室、廉政文化室、文化长廊，举办税制改革20年成就展，创办《雁城国税》，打造一批国税文化精品项目。加强社会主义核心价值观教育，开办国税道德讲堂，评选6名“感动国税・道德标兵”，一名国税干部获衡阳市第三届“身边雷锋・衡阳好人”称号，一人获提名奖，市国税局机关和常宁市国税局获2012～2014年度全市思想政治工作先进单位。从严从实抓好党建工作，市国税局机关党委被评为全市先进基层党组织。大力开展文明创建，市国税局机关获得第四届“全国文明单位”称号，高新区国税局获“全国税务系统先进集体”称号。

（陈 科）

【内部管理】 推进绩效管理，以绩效考评推动全局工作顺利开展。开展税收宣传活动，举办全市“国税杯”大学生税收辩论赛，并率领南华大学、衡阳师院夺得全国大学生税收辩论赛武汉赛区季军，两件税宣作品分别获全国第九届税收动漫大赛三等奖和全国公益微税收活动优秀奖。加强党纪条规知识学习，市国税局获全市党纪条规知识竞赛优胜奖。落实“一岗双责”，加强惩防体系建设，深化廉政教育，严格制度执行，上线运行内控外评系统，持续聚焦整治“四风”，被评为全市党风廉政建设先进单位。

（陈 科）

地方税务

【概况】 2014年，衡阳市地方税务局内设12个职能科室，省地方税务局派驻机构2个，直属行政机构2个，直属事业机构4个，下设县（市、区）地方税务局13个。有人员1423人，其中在职干部1211人，具有硕士研究生以上学历20人，大专以上学历1115人。管辖地方税收纳税人7.8万余户，其中企业和纳税单位1.8万余户，个体经营户6万余户。

（李兴隆）

【组织收入】 全系统克服组织收入连续多年高基数、高增长带来的压力，以及经济增速放缓、房地产市场疲软、“营改增”扩围、非正常因素等不利影响，开展税收分析，争取政府理解，开展挖潜堵漏、欠税清缴等工作，全年实现收入总量106.69亿元（含各项规费5.31亿元），为长沙之外突破100亿元的第一个市（州），居全省第二位。全市耕地占用税、契税、土地使用税三个税种的收入增量合计0.11亿元，比2013年的11.44亿元下降11.33亿元；增量贡献率1.3%，比2013年的67.7%下降66.4个百分点。真实反映税收质量的工商税收（不含耕、契两税）完成73.7亿元，同比增长12.9%；营业税完成30.15亿元，同比增长17.1%，比2013年提升14.6个百分点；资源税、城建税、印花税、房产税、车船税等5个小税种实现收入10.93亿元，同比增长21.9%，比2013年提升13.6个百分点。（李兴隆）

【税收征管】 开展征管工作大检查，基本摸清底子，召开征管工作推进会，总结成绩，通报和点评存在的问题，推广征管质量常态化考核经验，制定全系统的征管质量考核办法。完善综合治税体系，在贯彻落实《湖南省税收保障办法》、国税窗口代开发票代征地方税费、工商部门把关股权转让税收等方面主动作为，效果明显。开展税收数据清理工作，处理异常数据216348条，异常数据处理率为92.79%。开展房地产税收专项检查，评估及检查房地产企业313户542个工程项目，查补入库地方税费4.18亿元。做好“营改增”相关工作，移交铁路运输及邮政服务业纳税户27户，电信业纳税户24户。做好土地增值税清算工作，入库土地增值税9.99亿元，同比增长7.1%，总量位居全省第二。个人所得税代扣代缴软件和企业所得税汇算清缴软件申报率连续多年接近100%。按季编写《地方税收政策操作实务》，其指导性和操作性得到基层的好评。试点“六同”管理模式，推动规费工作由计划主导型向应征管理型转变。

（李兴隆）

【税收执法】 从完善制度体系入手，制定和修订各项制度20余项。开展多种形式的督查和检查，如制度文件合法性审查，财务管理自查自纠，财务收支审计和经济责任审计，征管质量检查等，特别是组织开展执法检查，对税收政策执行情况、税收征管情况、税务稽查情况等进行全面深入的检查，整改问题，防范风险。在市地方税务局门户网站和《衡阳日报》上对欠税超过200万元的纳税人进行三次、每次连续五天的公告，全系统采取强制措施，全年收回欠税6.38亿元。加大“稽内查外”力度，查处大要案件7起，其中上报湖南省地方税务局3起，开展“一案双查双报告”工作，对8户稽查对象查出的问题进行通报。（李兴隆）

【纳税服务】 加强办税服务厅建设，开展“便民办税春风行动”，推行“首问责任制”，开展“税收政策咨询日”“角色互换体验”“邮政问卷调查”等活动，推行“一窗式”综合服务、导税服务、“免填单”服务、自助办税终端系统等多项服务举措。学习和贯彻《全国县级税务机关纳税服务规范（1.0版）》。推行网上办税服务厅，登陆户数3623户，网厅缴税金额6746.91万元。做好2012～2013年度纳税信用等级评定工作，77户企业获“湖南省纳税信用A级单位”称号。同时，主动做好税收减免政策的宣传和执行工作，审批财产与行为税减免9户，减免税额616.8万元；落实企业所得税减免143户次，加计扣除折合税额0.63亿元，减免税额0.57亿元。（李兴隆）

【队伍建设】 开展教育培训、竞赛比武，重点组织全系统税收业务知识竞赛，并在湖南省地方税务局组织的竞赛中取得优异成绩，笔试平均分居全省第二，8人进入全省前50名，3人进入全省前10名，抢答赛获得二等奖；各有1人获得全省地税系统“优秀办税服务员”“十佳文秘”称号；有4人通过选调考试进入省地方税务局机关；在市纪委组织的党纪条规知识竞赛中，获得一等奖。举办中层正职培训班、首届兼职师资培训班、“三个地税”征文活动等，试行新进人员“辅导员”制度，开展演讲赛、讨论会、兴趣小组、厨艺比赛等文体活动。自主学习氛围浓厚，7位干部取得注册税务师资格，128人通过会计从业资格考试。加强风险防范的管理和作风建设，开展明察暗访，通报和处理违纪行为，对相关责任人进行追责和约谈。同时，通过廉政党课、风险提醒、以案说法等，增强广大干部的廉政意识。

（李兴隆）

银行·保险·证券

中国邮政储蓄银行
POSTAL SAVINGS BANK OF CHINA
中国邮政储蓄银行衡阳市解放路支行欢迎您！

综 述

【概况】 2014年，衡阳市金融运行平稳有力，各金融机构围绕衡阳市委市政府“打造区域现代金融服务中心、创建中国金融生态城市”的金融工作目标，顶住经济下行压力，全力支持实体经济发展，年内实现贷款余额超千亿元。（1）立体的金融服务体系逐步完善。全市有银行业金融机构31家，网点915个，从业人员10970人。其中政策性银行1家（农发行），国有大型银行6家（工、农、中、建、交、邮储），股份制银行7家（华融湘江、民生、招商、广发、中信、光大、浦发），农村商业银行3家（耒阳、常宁、南岳），农村信用联社市级办事处1家，9家农村信用联社，村镇银行4家（常宁珠江、耒阳融兴、衡阳县沪农商、衡南县浦发）；保险机构34家（产险、寿险各17家），保险营销服务部185个；证券营业部18家；期货营业部2家；融资性担保公司9家；小额贷款公司24家；典当行20家。（2）存贷款余额、社会融资总量持续增长。至12月末，全市存款余额2406亿元，同比增长14%，较年初新增302亿元，余额及增量均居全省第一（长沙除外）。贷款余额1026亿元，同比增长19%，较年初新增164亿元，余额及增量分别排名全省第三、第二（长沙除外）。全市社会融资总量为250亿元，同比多增33亿元，排名全省第二（长沙除外）。发行企业债两只，总金额为25亿元。其中衡阳白沙洲开发建设投资有限公司公司债券12亿元，用于衡阳综合保税区建设项目。衡阳市湘江水利投资开发有限公司公司债券13亿元，10亿元用于衡阳市武广新区耒水西岸风光带建设工程，3亿元用于松木工业园区公共租赁房建设项目和农民安置房建设项目。（3）银行机构利润持续增长。2014年，全市银行业金融机构累计实现净利润27.85亿元，同比增加5.92亿元，增长26.99%。（唐宁琪）

【货币政策】 （1）促增长。开展金融“春晓”“夏行”“秋实”“冬发”行动，加大信贷支持力度。推进银企对接，共签约项目181个，金额167亿元，到位资金120亿元。支持重点项目，对口支持149个重点项目，全市新增中长期贷款120亿元，同比多增近25亿元。（2）调结构。灵活运用存款准备金、支农支小再贷款、再贴现工具，支持“三农”和小微企业发展。至12月末，全市涉农贷款余额460亿元，较年初新增60亿元；小微贷款余额153亿元，较年初新增14亿元。（3）惠民生。推进金融支持农村土地流转工作；推出“大学生村官+合作社+联保贷款”“油茶林权抵押贷款”等信贷模式，继续做好下岗失业人员小额担保贷款工作。（4）搭平台。在耒阳市开展“金融创新实验区、金融生态示范区”建设，打造“四中心二公司一协会”金融服务“三农”平台，解决农村融资抵押难问题，办理综合产权抵押贷款3.58亿元，探索农村六种产权抵押贷款做法被《人民日报》向全国推介。（唐宁琪）

【金融生态】 （1）区域金融稳定运行。加强对辖内金融风险监测、分析与预判，开展对地方法人金融机构、民间借贷和分行业风险监测及评估。关注农业银行“三农金融事业部”改革试点情况及面临的突出问题。构建衡阳市金融稳定联席会议机制，加强各职能部门之间沟通与协作，防范和化解区域性金融风险。全辖金融稳定运行，守住不发生系统性区域性风险底线。（2）金融生态不断优化。在耒阳市、衡阳县成功启动农村信用体系建设试点工作，制定《农户信用等级评定办法》与《评定标准》，试用《农户信息系统》，并在全辖铺开农户信息采集工作。完成衡阳市金融生态良好城市数据收集工作，全市银行不良贷款实现“双降”，不良贷款额为64.37亿元，比年初减少7.98亿元，不良贷款率为6.52%，比年初下降1.87个百分点，衡阳市、耒阳市分别跻身2014年湖南省金融生态评估市州及县市综合排名前5位。继续加大金融创安力度，常宁市、衡南县成功晋级市级金融安全区。（唐宁琪）

【金融服务】 （1）推广衡阳县“一流转五服务”农村金融服务改革。出台《关于做好金融服务“三农”发展的实施意见》，破解农村融资抵押和金融服务“最后一公里”两大难题。在衡阳县试点发放农村土地经营权抵押贷款14笔，金额6000万元，支持流转土地6.07万公顷。（2）开展耒阳“两区建设”和金融服务“三农”试点创建。协同耒阳市委市政府启动“金融创新试验区和金融生态示范区”建设和金融支持现代农业发展示范县创建。指导邮储银行与中小企业协会成功推出“邮微通”系列信贷产品，帮助当地小微企业破解“融资难、融资贵”问题，发放小微企业贷款440万元。构建“三中心二公司”农村融资服务平台和建立“八位一体”农村普惠金融服务站，开展农村土地经营流转权、农村房屋资产和农机具打包抵押贷款模式创新。耒阳融兴村镇银行率先使用《土地流转经营权证》和农业机械批量抵押的方式，设计与种养殖规模和生产周期相匹配的信贷产品，为耒阳市绿联农机专业合作社授信200万元。（3）深化衡南县金融综合服务创新改革试点。推进衡南县金融服务工作，在已有的人民币调剂中心、金融消费权益保护中心基础上，延伸支付结算、金融科技、征信管理等服务窗口，衡南信用联社全省首发惠农金融IC卡，有效整合165项惠农补助款项，为广大农户提供便捷金融服务。（唐宁琪）

中国人民银行衡阳市中心支行

【概况】　2014年年末，中国人民银行衡阳市中心支行辖6县（市）支行，有在职员工289人，其中中支机关157人，县（市）支行132人。全辖具有大专以上学历的268人，占总人数的92.7%，其中大学本科学历178人，硕士、研究生13人；各类专业技术人员257人，占职工总数的88.9%，其中中级以上职称的180人，高级职称3人。2014年，衡阳市中支围绕上级行工作部署和中支“5318”工作思路，以更加规范、更加落实、更加深入的工作作风，落实稳健货币政策，推进金融服务改革，维护区域金融稳定，提升中支幸福指数，促进内部和谐进取与对外科学履职，全辖经济金融发展形势良好。

（唐宁琪）

【货币政策】　（1）强化“窗口指导”，引导信贷投放增长。启动实施“春晓”“夏行”“秋实”“冬发”行动，引导金融机构加大信贷投放支持地方经济发展。推进银企对接。共签约项目181个，金额167亿元，到位资金120亿元。支持重点项目。对口支持149个重点项目，全市新增中长期贷款101亿元，同比多增23亿元。满足实体需求。重点满足“三农”及小微企业信贷需求，全市涉农贷款余额434亿元，较年初新增34亿元，小微贷款余额152亿元，较年初新增14亿元。（2）用好“政策工具”，宏观调控效果增强。争取信贷规划。向长沙中支力争法人金融机构信贷规划46亿元，同比增长21%，地方法人金融机构贷款余额达300亿元，较年初新增38亿元。用好支农再贷款。发放支农再贷款4.55亿元，支持“三农”发展。推广支小再贷款。向常宁市农商行发放首笔支小再贷款5000万元，支持扩大小微信贷投放。用活再贴现。办理再贴现9.24亿元，同比增长135%。落实定向降准政策。14家法人机构、2家县域农行“三农金融事业部”享受1~2个点的存款准备金率优惠政策，释放可用资金16亿元。（3）支持“实体经济”，推动信贷创新增效。搭建小微服务平台。汇编《创新型融资产品及应用》，推广创新型信贷产品50余款，惠及小微企业200多家。加大民生金融投入。实施主办银行制度，全市纳入主办行支持对象的新型农业经营主体113家，贷款余额7.41亿元；创新保障性安居工程融资模式，全市表内贷款余额4亿元，较年初新增0.78亿元，表外融资余额达42亿元，交行引入保险债权投资15亿元；做好大学生“村官”创业富民金融支持，创新推出“大学生村官+企业+创业贷款卡”等模式，为35名大学生村官发放贷款260万元；做好下岗失业人员小额担保贷款工作，发放贷款2015笔，金额2.45亿元，受益人数4200多人。做好“409”涉案企业金融服务，帮助协调涉案企业渡过难关。跨境人民币结算提速。全市跨境人民币结算金额33.61亿元，同比增长24.16亿元，增幅255%，有效促进贸易投资便利化。（4）扩大“融资规模”，社会融资总量增加。全市社会融资规模结构呈多元发展态势。人民币贷款118亿元，占比65%，同比下降12个百分点；外币贷款2.42亿元，同比多增 1.26 亿元；未贴现银行承兑汇票增加 12.54 亿元，同比多增 6.20 亿元；委托贷款新增 22.05 亿元，同比多增 1.91 亿元；保险公司赔偿新增 9.50 亿元，同比少增 3.04 亿元。（唐宁琪）

【金融生态】 （1）深化两管理两综合工作。采取“中支带支行”的执法检查新模式，依法对 10 家农信社（农商行）开展综合执法现场检查。全国试点开展区域金融消费权益保护环境评估工作，评估成果得到总行肯定。全省首次举办银、证、保联合参与的金融消费权益保护知识竞赛活动，得到长沙中支肯定。开通运行“12363”电话，祁东县、衡东县实现金融消费权益保护工作乡镇全覆盖。（2）加强金融风险监测评估。全省率先探索民间融资统计监测体系。完善证券期货监管合作机制。做好全省“县域金融稳定机制创新”试点工作，在常宁市建立金融稳定联系协调机制。开展《存款保险条例》舆情监测工作，确保全市金融秩序稳定。（3）优化金融生态环境。加大金融创安力度，常宁市、衡南县通过市级金融安全区验收。加强农村信用体系建设，耒阳农村信用服务中心顺利运行，衡山拓塘村不良贷款直降为零，常宁“准信用”贷款风生水起，《衡阳市县域金融生态评估报告》被市委《领导参阅》全辖印发。衡阳市、耒阳市分别跻身湖南省金融生态评估综合排名前 5 位。（4）加大反洗钱工作力度。开展反洗钱“规范管理年”活动，推进辖内机构洗钱风险现场评估工作。联合市公安局全国率先开通境外人员身份信息核实通道。（唐宁琪）

【金融服务】 （1）深化衡南试点工作。全省首发惠农金融 IC 卡，有效整合 165 项财政补贴款和“新农合”业务功能，为全县 88 万农业人口提供便利；征信查询、会计开户、金融消费权益保护等基础金融服务进一步在当地延伸。（2）完善现代支付体系建设。顺利完成中央银行会计核算数据集中系统（ACS）上线工作，支票影像业务经验在全省交流。依托助农取款服务点建立“八位一体”农村普惠金融服务站，全年完成银行卡转账、取现、消费 18 万余笔，金额 5558 万元。（3）强化国库监管服务。在耒阳试点非税收入电子缴库新模式，对辖内 26 家非税收入收缴代理行资格开展集中年检。创新国债发行“微信”宣传新模式，发行量较 2013 年增加 211 万元。（4）优化征信管理与服务。做好衡山信用联社异常查询监测处置工作，推动辖内 4 家符合条件的“两类机构”接入征信系统，推广应收账款融资服务平台，开展征信业务专项检查。（5）规范货币发行管理。建立大小面额人民币搭配投放机制，探索流通人民币整洁度评估体系，创建全省反假货币示范区（耒阳），顺利实施全省假 1 元硬币销毁工作。（6）拓展金融 IC 卡应用领域。全省首个实现金融 IC 卡在县际班车上应用，推动耒阳市公交行业签订金融 IC 卡应用协议，指导交通银行推出衡阳市首张城市主题金融 IC 卡，全年发卡量突破 200 万张，衡阳市成功入选全国金融 IC 卡公共服务领域应用城市。（7）开展金融服务特色宣传。在《衡阳日报》上开辟《金融视线》专栏，开展“金融知识普及月”活动，构筑“人行牵头组织、金融办、银监局协同配合、金融机构广泛参与”的金融宣传格局，中支获评 2014 年度全省金融宣传工作先进单位。（唐宁琪）

【外汇管理】 （1）完善“四个一”个案解决机制，帮助创大钒钨、特变电工、立新世纪、水口山国贸等涉外企业解决 1.02 亿美元外汇收支难题。（2）延伸基层外汇服务，实现县域外汇对公业务全覆盖。（3）推进全功能银行网点建设，实现综保区外汇服务无缝对接，中行、工行 2 家网点对接 10 家入区企业，3 家投产企业实现进出口贸易额 3.4 亿美元。（4）加强货物贸易与服务贸易监测，推进国际收支申报制度改革，强化申报机构主体现场核查。2014 年，全市跨境收支总额 25.32 亿美元，同比增长 42.77%。进出口总额 30.24 亿美元，同比增长 37.64%。（唐宁琪）

【内部管理】 （1）落实中央“八项规定”，严肃财经纪律，“三公”经费持续下降。开展办公用房清理，腾退办公用房 960 平方米。（2）开展“三查回头看”活动，建立“三查”常态化工作机制。（3）开展安全生产大检查，全面实现安全保卫“六〇”目标。(4)健全保密制度体系，切实防范失泄密风险。(5)推进党的群众路线教育实践活动，达到“提高认识、改进作风、服务群众、促进履职”预期目的。(6)组织开展“十佳行员”评选和巡回演讲、“6个去哪了”思想大讨论、“怎么看？怎么办”结构化讨论、“核心价值观”知识抢答赛等系列活动，筑牢干部职工思想基石。(7)贯彻落实新的《干部任用条例》，制定实施《科级非领导职务干部管理暂行办法》。(8)加强县支行建设，落实各项“倾斜政策”，帮助支行化解压力、减轻包袱。(9)落实党风廉政“两个责任”，推广运行风险监督管理系统，打造廉政文化教育基地。(10)继续完善“恳谈会、接待日”等平台，畅通职工交流渠道。(11)广泛开展“拔河、健步走、读书征文”等文体活动，支持“创造社、女子骑行队、羽毛球兴趣小组”等职工组织建设。(12)按程序实施“保卫监控室、中心机房、职工食堂、停车坪”改造项目，推进区域发行库建设，营造“快乐工作、健康生活”浓厚氛围。（唐宁琪）

中国银行业监督管理委员会衡阳监管分局

【概况】 2014年，中国银行业监督管理委员会衡阳监管分局(以下简称衡阳银监分局)落实国家宏观调控政策和湖南银监局的各项工作部署，以“防风险、提服务、促改革、强建设、上台阶”为主线，应对复杂局面，攻坚克难，监管的外部有效性和内部和谐度同步提升。2014年11月末，衡阳银行业资产总额2660.1亿元，比年初增加334.5亿元，同比增长16.34%，高出全省平均4.61个百分点；各项存款余额2392.22亿元，比年初增加287.69亿元，同比增长15.05%，高出全省平均1.7个百分点；各项贷款余额1013.86亿元，比年初增加152.30亿元，同比增长18.17%，高出全省平均3.93个百分点。不良贷款余额64.36亿元，不良率6.35%，分别比年初减少7.98亿元、下降2.05个百分点，处于可控水平。11月末，全市银行业累计实现净利润28.05亿元，较2013年同期增加5.99亿元，同比增长27.15%，高出全省平均18.96个百分点。衡阳银监分局在省局监管统计知识竞赛中，获得个人二等奖一个、三等奖一个，并获得集体三等奖；在“应用East系统提升监管效能”竞赛活动中获得系统应用优秀组织奖，一人获应用创新能手称号；在全省系统监管知识抢答赛中获优胜奖；一人获得银监会“优秀团员”称号；一人代表湖南银监局在湖南金融系统“中国梦·劳动美·我与改革创新”演讲比赛中获二等奖。（金　轶）

【农信改革】 农信改革工作首次写入《政府工作报告》，11月初，衡阳银监分局以《关于请求帮助化解城区联社历史包袱加速组建衡阳农村商业银行的报告》为题向市委政府汇报，进一步取得市领导的充分理解和大力支持，市政府在12月下发《关于成立湖南衡阳农村商业银行股份有限公司筹建工作小组的通知》，全力推进城区四家联社合并组建农商行的改革工作。在2013年已开业2家农商行的基础上，南岳农商行在12月23日开业，衡南县联社将向银监会上报筹建材料，衡山县联社争取以2014年12月31日为基数进行清产核资。（金　轶）

【农合机构改革】 (1)研制整体规划。对暂未启动改革的9家联社制定《衡阳市辖内农村信用社2014~2015年产权制度改革规划表》，进一步明确改革目标、措施、路径和时间表，明确农合机构的理事长是改革与风险处置的第一责任人，与各机构签订《衡阳市农合机构产权制度改革责任书》，逐级落实具体目标责任，逐项进行严格考核，全面启动改革工作。(2)落实责任。提出“五挂钩”要求。召开两次推进改革的“三长”会议、两次约见谈话，分析改革的重点、难点和突破的着力点，强调必须坚定不移、全力以赴推进改革，确保按期完成改革任务。(3)争取政府对改革的大力支持。衡阳银监分局加大对城区4家联社合并组建农商行改革推进力度，9月，牵头与金融办、湖南省联社衡阳办事处联合发文向市委、市政府呈报《关于组建湖南衡阳农村商业银行相关事项的报告》，11月初，向市委书记李亿龙、市长周海兵、常务副市长段志刚汇报，进一步取得市领导的理解和支持。（金　轶）

【监管创新】 (1)开展各类监管培训和现场检查新工具的业务指导，开展EAST系统模型设计，充分利用EAST系统的优点，对农合机构历史上沿袭的对大客户变相发放大额贷款、虚增“三农”贷款、隐瞒房地产贷款等违规行为进行全面纠查。(2)对新规实施情况进行评估。上半年，组织对全辖机构新规实施情况进行评估，并以新监管标准实施为契机，引导法人机构逐步调整思路，构建资本管理体系，调整收益结构，实现资产、负债业务均衡发展。

(金　轶)

【联动监管】 (1)争取市委、市政府对监管工作的支持。出台多项政策，并责成相关部门推动落实，创造良好的金融生态环境。(2)与相关部门形成监管合力。联合市公安局开展全市银行业机构安全隐患大排查；银行业协会联合市中级人民法院开展“集中执行涉银信部门执行积案专项行动”，深入衡阳县、祁东县、耒阳市和常宁市现场督办，执行金额4045万元；与市物价局畅通沟通渠道，及时反馈银行业违规收费行为；与税务局加强信息共享，针对税务部门提供的19户累计欠税1.4亿元的房地产企业，向辖内各银行机构下发风险提示。(3)行管与监管相结合。创新稽核联席会议制度，定期与农合机构行业管理部门开展内控案件工作经验交流和主要案件及风险事件通报，实现监管部门、被监管单位及其行业管理部门的多方零距离交流和探讨。 (金　轶)

【平台贷款风险】 (1)督促各行制订平台贷款风险处置预案，对平台贷款风险早发现、早处置。(2)通过召开平台贷款风险监管联席会议，要求各行严格落实贷款条件，把住新放贷款的政策关和质量关。(3)组织贷款银行对贷款大户进行面对面沟通，要求平台大户及时向贷款银行通报项目进展情况、信贷资金的真实用途、关联交易情况等，确保贷款资金的使用符合合同的约定。(4)向地方政府专题报告平台贷款的风险，督请政府加强对平台公司经营行为的管理、对平台贷款风险控制的关注，及时安排预算资金偿还到期贷款，到9月末，名单内平台贷款余额77.46亿元，比年初仅增加0.98亿元，增幅为1.28%，比贷款总量增幅低12.96个百分点，未出现违约事件。(5)组织开展名单外平台清查工作，清查出名单外平台3户、贷款余额11.44亿元。 (金　轶)

【房地产贷款风险】 (1)建立全市银行业房地产信贷风险防控联席会议制度，定期通报房地产行业信贷总体情况，分析房地产市场形势，形成对房地产业信贷风险关注点的共识，并明确工作重点。(2)针对现场检查中发现部分农合机构通过借名贷款等形式致使大量信贷资金集中流向房地产企业的现象，提出相关整改要求和监管意见，督促被查机构加强贷款用途管理和贷后调查，对此类存量贷款采取持续压降措施，并对违约贷款严格追究相关人员责任。 (金　轶)

【防止不良贷款反弹】 (1)成立“双线”风险防控领导小组，督促各银行业金融机构成立相应机构，明确相关责任部门，加强对“双线”风险防控责任制的组织推动工作。(2)督促指导各银行业机构用足用好财政部、银监会关于呆账核销、不良处置的新政策，完善市场化、批量化的处置手段，加快不良贷款处置化解工作。截至11月末，全市不良贷款实现“双降”。(3)指导各农合机构真实合法有效地完成隐性不良贷款处置工作。在对隐性不良贷款全面清理、建好台账，审核入账、及时报告的基础上，完成动态拨备、审计甄别、查明原因、分清责任、严肃问责、分类处置、跟踪监管等后续工作，确保不良贷款“双降”。到11月末，全市农合机构不良贷款比年初减少8亿元，不良贷款率比年初下降7.68个百分点。 (金　轶)

【高风险社】 衡阳银监分局将衡山县、衡东县、祁东县、衡阳县、珠晖区联社5个5B级机构作为高风险机构处置对象，督促各联社制订处置方案。同时，针对辖内农信社面临的内控案防严峻形势，下发通知要求建立风险防控责任制坚守风险底线，并遵循“高风险高频率，低风险低频率”的原则，主要对近年来发案的祁东联社和衡阳县联社、不良率较高且风险隐患较大的珠晖联社开展全面检查，针对发现的违规事实，在责令限期整改的基础上，对其进行诫勉谈话，促使监管对象平稳健康发展。 (金　轶)

【声誉风险和外部风险】 （1）继续做好衡阳“4·09”破坏选举案的风险防范工作。（2）加强影子银行业务风险监管。督促各银行加强信贷资金的流向监测，严防信贷资金流入民间融资和非法集资；开展员工行为排查和员工账户资金监测，防止银行员工涉足民间融资行为。配合政府有关部门规范民间融资。联合市金融办、工商局、公安局、人民银行五家制订《衡阳市民间融资中介服务实施细则》，对投融资中介机构监管进一步细化；与市金融办、市工商局联合对衡阳市区民间投融资服务机构进行一次全面检查；联合金融办等相关部门对全市民间投融资服务机构进行规范整顿。（3）加强对信访维稳工作的组织领导，督促辖内银行机构建立并完善信访受理调查、复查、复核三级处理机制和预警机制。

（金　轶）

【重点项目】 制订并下发《关于衡阳银行业支持地方经济发展的指导意见》，围绕衡阳市“项目建设年”活动，引导银行业机构制定支持实体经济的具体措施，重点支持新型工业化的推进以及省级工业园区建设提质和产业倍增计划的实施，对南岳电控（衡阳）工业技术有限公司、衡云快速干道以及城市综合体、保障房、安置房工程和城市、农村基础设施建设等一批项目进行信贷支持，引导五大行2014年净投放近30亿元。（金　轶）

【小微企业】 （1）成立普惠金融服务领导小组，下发《2014年度小微企业金融服务工作方案》，统筹全辖银行业机构建立完善小微企业金融服务联络员制度，进一步推动小微企业金融服务提速升级。（2）开展第三届小微服务宣传月活动，参与活动的银行网点达600余个，接受宣传服务公众达100万人/次。（3）指导各行以“立足社区、服务小微”为理念，有序发展社区支行和小微支行，全年设立社区支行4家，小微支行1家。（4）向大型银行宣传中国银行“信贷工厂”贷款服务模式和交通银行“税融通”“电子供应链”融资等信贷方式、信贷产品创新，提高小微企业贷款获得率。（5）开展服务收费专项检查，对个别机构违规收费等问题进行行政处罚。截至11月末，全辖小微企业贷款余额为278.4亿元，比年初增加18.6亿元，增长7.17%，小微贷款申贷获得率和金融服务覆盖率保持高位态势，分别达92.78%和70.6%，在经济下行压力加大的情况下，为小微提供全方位的金融服务。（金　轶）

【“三农”发展】 起草《衡阳银行业进一步改进“三农”金融服务指导意见》，推动市政府出台《衡阳市人民政府办公室关于做好金融服务“三农”发展的实施意见》。衡南联社4月18日在全省首发惠农卡，已发卡162206张，归集51项惠农资金，增开专用账户17个，累计到账5.19亿元，账户余额1.52亿元。制定《关于推进衡阳市基础金融服务“村村通”的工作方案》，推动银行业金融机构基础金融服务向行政村延伸，打通农村基础金融服务“最后一公里”。引导蒸湘、雁峰联社，耒阳融兴村行延伸设立标准化机构网点3个，增设简易便民服务网点和流动服务网点197个。截至9月末，全辖涉农贷款余额为433.79亿元，较年初增加34.35亿元，增长8.6%。

（金　轶）

【金融服务】 支持辖内银行业机构加快金融产品创新，开发并推广“金钥匙”“村为主·诚合通”“短贷宝”和“商宝通”等系列组合金融产品。组织衡阳市银行业在全国百佳“文明规范服务示范单位”——招行衡阳分行召开服务创新现场观摩交流会，进一步提升全市银行业服务创新的质量和效率。贷款继续保持2013年以来的较快增长的势头。

（金　轶）

【服务实体】 向地方党政宣导银行监管政策和服务实体经济新举措，推动出台《衡阳市人民政府关于银行业金融机构支持经济社会发展奖励实施意见（试行）》和《关于做好金融服务“三农”的实施意见》。围绕衡阳市“项目建设年”活动，重点对新型工业化，省级工业园区建设提质，保障房，城市、农村基础设施建设等一批项目进行信贷支持。成立普惠金融服务领导小组，开展金融服务宣传月活动，深入推进“三大工程”，全市乡镇实现基础金融服务全覆盖。截至9月末，全市 GDP 同比增长 9.3%，高出全省平均增速 0.1 个百分点。
（金 轶）

中国农业发展银行衡阳市分行

【概况】 2014 年，中国农业发展银行衡阳市分行（以下简称农发行）被评为全省系统先进单位，并在全省年初分支行行长会上作《管控并举防风险，标本兼治守底线》的经验交流。全行充分发挥政策支农作用，各项贷款在 8 月划走 13.7 亿元的前提下，年末余额 95.39 亿元，比年初净增 1.85 亿元，增幅 1.98%。（1）突出主体业务。累放粮棉油贷款 38.6 亿元，占总投放 51.2 亿元的 75.4%。其中：发放早籼稻、中晚稻最低收购价贷款 13.5 亿元、10.9 亿元，支持收购早籼稻 9.6 亿斤、中晚稻 7.8 亿斤。贷款投放量和收购量同比分别增加 1.3 亿元、1.1 亿斤。支持收购的市场份额占全市的 80%。同时，累放贷款 5.6 亿元，择优支持农业产业化和现代农业发展。（2）支持新农村建设。抢抓机遇，突出重点，重视项目营销，与市、县政府相关部门对接。全年累计营销农村基础设施、水利建设等项目 11 个、43.2 亿元。投放土地整治项目 3 个、2.03 亿元，水利建设项目 4 个、3.57 亿元。中长期贷款年末余额 26 亿元，占贷款总额的 26.2%。
（秦 斌）

【风险防控】 （1）“打假治贪”。对存在的数据虚高、存库不实等进行排查，并分企业制定整改维护方案。（2）“五查十控”。各支行配备风险经理和风险执行经理，明文规定风险经理必须按季通过“查库存、查物资保证率、查偿债能力、查盈利能力、查押品变现价值”等“五查”排查企业信贷风险点。通过“严控企业评级授信、严控企业信用风险敞口、严控企业多头开户及资金支付、严控企业自有资金比例、严控企业销货款回笼、严控企业固定资产投资、严控企业对外投资、严控企业关联资金往来、严控企业对外融资与担保、严控企业违法经营情况”等“十控”为企业划红线，围堵企业违规行为。并根据“贷款物资保证率、一年以上应收账款占比、资产负债率”三项指标量化测算企业营运资金充裕程度，对风险企业实行四级预警。
（秦 斌）

【优化资源】 （1）优化负债结构。加大低成本资金组织。先后组织企业发债资金 3 亿元、各类财政性存款 7894 万元，日均非税存款 8214 万元。日均存款余额 11.86 亿元，同比增长 9.1%；各项存款余额 12.29 亿元，比年初净增 1.56 亿元，增幅 14.54%；在信贷企业无国际业务情况下，实现国际业务结算量 51 万美元；实现中间业务收入 208 万元。（2）优化财务资源配置。压缩消耗性费用，会议费、招待费分别下降 56.7% 和 17.1%，全年挂钩存款奖励费用 150 万元，安排 172 万元对职工食堂和营业用房进行全面改造，有效改善办公环境。实现账面利润 1.64 亿元，超利润计划 1382 万元。（3）优化人力资源。率先在二级分行实行机关进编公开考试和信息科技业务岗位竞聘。在全市减少 9 人的情况下，支行之间调配专业人员 5 人，确保开门营业；机关内调配 2 人，充实内审队伍，确保打假治贪工作顺利开展。
（秦 斌）

【形象建设】 （1）企业文化建设。先后组织员工参加福利院送温暖、捐资助学等系列学雷锋活动、以“缅怀先辈精神，争做新型女性”为主题的教育活动、庆祝农发行成立 20 周年系列活动，组织参加“全省农发行文化故事宣讲会”、派员参加省分行大型舞蹈“爱我中华”演出、组织参加省分行“我青春、我出彩”演讲和才艺展示等 10 余项大型活动。（2）文明创建活动。2014 年，省分行重新认定女职工文明示范岗支行 3 个，新命名女职工文明示范岗 1 个。市分行团委获总行五四红旗团组织荣誉称号，衡阳县支行团支部获省分行五四红旗团组织荣誉称号，衡山县支行蔡青帝获省分行优秀共青团员荣誉称号。（3）信息宣传。利用市农发行内部刊物，先后刊登报道各行工作亮点、业务发展情况、防风险成效等重大事项；利用各类新闻媒介，宣传市农发行信贷支持地方经济发展、支持新农村建设所作的贡献，树立良好的支农社会形象。在省级以上刊物发表文章 90 余篇，树立文明办行形象。首次完成户外大型形象广告的投放工作。
（秦 斌）

【党风廉政建设】（1）学习教育。全辖组织廉政教育学习 122 次，其中党委书记上党课 2 次，纪委书记做反腐倡廉报告 4 次，其他人员授课 51 次，开展警示教育活动 65 次。11 月中旬，市农发行组织机关、营业部全体员工以及支行领导班子 70 余人到警示教育基地——衡阳雁北监狱进行现身说法警示教育，提升全行干部职工的反腐倡廉意识。（2）银企廉政共建。全辖召开银企廉政共建座谈会 12 次，聘请廉政监督员 62 名，发放行风评议征求意见表 85 分，收回 85 份，收到意见和建议 8 条。（秦　斌）

【平安银行创建】签订安全保卫责任书 187 份、签订驾驶员安全责任书 14 份，签订面 100%。将安全责任量化分解到部门和岗位，按年度进行考核，奖罚兑现，并与评先评优、绩效分配和干部任用挂钩。配合公安、消防部门加强单位安全管理，全年未出现任何案件事故。2014 年年底，全市综合治理检查获得 100 分。2014 年，被省分行考核评为党风廉政安全保卫达标单位、纪检监察安全保卫工作先进单位，被衡阳市华新开发区评为社会管理综合治理先进单位。（秦　斌）

中国工商银行股份有限公司衡阳分行

【概况】2014 年，中国工商银行股份有限公司衡阳市分行围绕“提速、增量、保质、促效，转型发展”12 字工作要求，加快经营转型，重视市场营销，夯实客户基础，强化风险防控，各项工作取得较好成效。全行 2014 年实现拨备前利润 35，743.35 万元，同比增加 2，764.47 万元；实现拨备后利润 35，892.75 万元，同比增加 616.18 万元；实现税后净利润 26，851.62 万元，同比增加 315.99 万元。中间业务逆势增长，账面（不含还原）实现中间业务收入 27，925.49 万元，完成省分行核定年度计划任务的 101.92%，同比增加 2，280.8 万元，增幅 8.89%。（廖芬良）

【存款工作】全部存款余额 235.62 亿元，比年初增长 19.89 亿元，增量排全省 14 家二级分行第一位；储蓄存款、对公存款、同业存款分别增长 9.4 亿元、10.1 亿元、3823 万元。各项存款、对公存款、储蓄存款增量四大行同业占比分别为 20%（排名第三）、27.2%（排名第二）、19.10%（排名第三）。（廖芬良）

【贷款工作】各项贷款余额 97.62 亿元，比年初增长 14.62 亿元。个人贷款余额 25.32 亿元，全年累计发放贷款 10.86 亿元，比年初净增 6.33 亿元，完成全年任务 79.1%，比 2013 年同期增加 1.73 亿元；本外币公司贷款余额 70.76 亿元，较年初增长 7.43 亿元，同比多增 0.76 亿元，完成省分行计划任务的 148%；票据贴现新增 7117 万元。（廖芬良）

【转型创新业务】实现法人理财产品销售 9.57 亿元；贵金属业务收入 1626.91 万元；新增现金管理客户 1008 户，新开对公有效结算账户 639 户；个人理财产品销售 25.8 亿元，同比增加 5.6 亿元；以法人黄金积存业务为突破，加快贵金属业务发展步伐，实现法人积存业务交易量全省排名第一，实现中间业务收入 1626.91 万元；加速发展资产托管业务，实现托管中间业务收入全省排名第二的成绩，实现托管业务收入 879.49 万元，完成全年考核任务 169%。（1）信用卡发卡总量 135498 张，客户总量 108896 户，在全省二级分行排名第三；新增 POS 商户 1399 户，2977 台，全省第一；累计新增发卡 20878 张，新增客户数 8321 户；信用卡消费 64 亿元，较 2013 年同期增加 10.2 亿元；分期付款交易额 10.4 亿元，分期付款余额 8.96 亿元，全省二级分行排名第二；实现分期付款业务收入 8755 万元，全年信用卡业务总收入入帐 9386 万元，较 2013 年同期增长 2714 万元，中间业务收入到帐 7619 万元，同比增长 2317 万元，收入总额和增量在全省排第五；信用卡透支总额 15.44 亿元，较同期增加 4.3 亿元，信用卡不良透支率控制在 2.24%，较年初上升 0.66 个百分点，低于全省平均水平 0.57 个百分点；超额完成省行下达的 ETC 推广项目任务，安装 OBU11829 台；拓展小微逸贷公司卡业务，拓展小微商户 23 户、发卡 27 张、授信总额 2430 万元，两年内消费分期预期收入 190 万元，发卡量和授信额均为全省第二。（2）电子银行业务取得突破。新发展工银 e 支付客户

89269户，完成任务99.2%；手机银行新增客户88350户，完成任务152.3%；个人网银证书客户71180户，完成任务122.7%；企业网上银行证书客户新增592户，完成率78.9%；融E购”电商平台上线衡阳地方商品和服务5家，即：天天见梳篦、角山米业、三和食品、恒飞电缆；学校收费项目一家，即：湖南交通工程学院。神农油茶、有吉食品、天之衡酒业、希朵曼四家商户已经总行审批同意，暂未上线开店。商户年商品交易额571万元，完成省行非金融交易443万元的126%。客户通过融e购购买工行理财产品1526万元，完成省行任务180%；全行柜面业务可分流率19.9%，低于25%的省行控制水平。

（廖芬良）

【风险防控】 全年累计清收处置不良贷款9084万元，完成省分行计划任务的123.21%，年末全行不良贷款总额为10675万元，比年初减少958万元，不良贷款下降额名列全省前茅；贷款不良率为1.09%，比年初下降3.1个百分点。信贷资产连续多年实现不良贷款余额和占比“双降”目标。

（廖芬良）

中国农业银行股份有限公司衡阳分行

【概况】 2014年，中国农业银行股份有限公司衡阳分行（以下简称衡阳农行）下辖市分行营业部和12个支行，其中：农村支行7个，城区支行6个（含市分行营业部）；营业网点95个，其中：城区网点30个，农村网点65个；全行在职员工1619人，其中：正式员工1574人，劳务派遣员工45人。2014年末，衡阳农行各项存款348亿元，各项存款较2013年净增34亿元，其中储蓄存款余额292亿元，较2013年净增28亿元，在衡阳四大行中存量和增量市场份额均排名第一。价值创造能力增强，实现经济增加值2.98亿元，增幅26%。

（李孝古　谭　娟）

【资产结构】 2014年，衡阳农行各项贷款余额81亿元，比2013年增加17亿元，同比多增8亿元，增幅28%，增幅同比增加7个百分点。全行资产结构不断优化，优质法人客户贷款占比提高，A+级法人贷款占比82%，比年初提高8.2个百分点。同时，不良贷款余额4972万元，不良率0.62%，均列全省系统最低。到期贷款现金收回率99.91%，较年初提高0.5个百分点。风险管理水平不断提高，评价得分持续保持全省第一。（李孝古　谭　娟）

【“三农”业务】 2014年，衡阳农行县域各项贷款增加9.9亿元。农户贷款量增质优，增量在全省排名第一，贷款结构不断优化，良好级以上客户占比86.5%，较2013年提升5.12个百分点。“111工程”排名全省第一，衡阳支行排名全省“重点发展行”第四，衡山支行排名全省“帮扶行”第一；新增有效惠农通服务点992个，增量排名全省第一；民生代理项目突破发展，衡东支行等6个支行签订财政涉农直补全面代理协议，实现银财系统对接。

（李孝古　谭　娟）

【基础管理】 衡阳农行全面推进精细管理，在信贷、财务、内控、风险、运营和柜台操作等方面着力推进精细化管理。在信贷上落实风险量化管理，在财务上夯实制度管理，在内控上强化合规管理，在运营上实行穿透式管理，在柜台操作上推进交叉监督管理等等，为业务稳健发展提供坚实保障。2014年，衡阳农行在湖南省农行年度考核中取得综合绩效考核、领导班子考核、党风廉政建设、风险考核和运营考核“五个第一”；衡阳农行机关12个部室被评为省分行先进部室，占比75%。（李孝古　谭　娟）

【风险防控】 2014年，衡阳农行通过构建“大内控”体系，筑牢风险防线。衡阳农行机关和13个支行内控评价等级全部达到一类行。风险考核评价得分126分，继续保持全省第一。法人客户近四年没有新增一笔不良。全行未发生一起案件和责任事故，被省分行评为“内控案防先进单位”。

（李孝古　谭　娟）

【队伍建设】 衡阳农行创新“管事先管人”的工作思路，突出“管人、管事、管作风、管服务”的经营理念，强化两级机关改革，打造三级联动班子管理体系，加强员工行为管理，重视作风建设，提升员工满意度等一系列措施，加大各级领导班子建设力度，全行员工“精气神”提振，队伍凝聚力和向心力增强，得到省分行高度评价，并在全省农行系统推介衡阳农行队伍建设经验。

（李孝古　谭　娟）

中国建设银行股份有限公司衡阳市分行

【概况】　2014 年，中国建设银行股份有限公司衡阳市分行一般性存款时点余额 352.10 亿元，比年初新增 33.98 亿元，日均余额 356.54 亿元，比年初新增 45.63 亿元；贷款 149.55 亿元，新增 29.55 亿元；中间业务收入 2.41 亿元；不良贷款率 0.04%；利润 6.89 亿元；向地方政府缴纳税收 6832 万元。（文新华）

表 7　**2014 年中国建设银行衡阳市分行主要业务指标情况表**

单位：亿元

项目	余额	四行占比（%）	四行排名	占比提升（百分点）	系统排名	排名提升	新增	四行占比（%）	四行排名	占比提升（百分点）	系统排名	排名提升
一般存款	352.10	31.84	1	-0.20	1	0	33.98	29.78	2	-7.11	3	-2
其中：企业存款	125.63	42.58	1	-1.06	4	0	11.87	35.19	1	-13.65	3	0
个人存款	226.46	27.86	2	-0.11	1	0	22.11	27.86	2	-5.62	4	-3
各项贷款	149.55	36.69	1	1.33	6	3	29.55	43.27	1	1.41	1	2
其中：公司贷款	105.00	40.29	1	2.73	7	0	21.77	55.79	1	0.78	1	0
个人贷款	44.54	30.30	1	-0.93	6	2	7.78	26.57	1	-5.20	7	4
中间业务	2.41	28.60	2	0.60	3	1	2.38	28.60	2	3.60	3	1
账面利润	6.89	37.70	1	4.05	4	2	1.98	64.32	1	37.32	4	0

（文新华）

【战略性业务】　（1）资金结算业务。完成单位人民币结算收入 1961 万元；对公网络活跃客户净增 772 户；对公一户通客户签约新增 190 户；活跃单位结算卡新增 356 户；密码器通兑签约客户新增 307 户；国内信用证使用客户新增 5 户；电子商业汇票客户新增 33 户。综合考评全省第一。（2）国际业务。完成国际结算量 5.8 亿美元，跨境人民币结算 6.2 亿美元；结售汇 1.48 亿美元；贸易融资 2 亿美元。（3）房改金融业务。公积金与住房维修基金存款有较大增长；全年发放公积金联名卡 1.48 万张。（4）小企业贷款余额 9.36 亿元；小企业授信客户 215 户，新增 66 户，在全省排名第一。（5）信用卡客户新增 28374 户；实现分期交易量 5.2 亿元。（6）电子银行业务。善融商务活跃客户为 70 户，企业网银活跃客户净增 1183 户；个人网银活跃客户净增 12140 户，手机银行活跃客户净增 32876 户。（7）造价咨询业务收入 3055 万元，综合考评全省第二。（8）养老金业务。受托资产规模新增 5838 万元；签约个人账户新增 5420 人；托管资产规模新增 601 万元。（9）私人银行业务。个人高端客户（AUM 值 1000 万元口径）达 103 户，比年初新增 3 户。（10）金融 IC 卡。发卡新增 29 万张，新增发卡量在系统内及同业均排名第一；ETC 发卡 4.85 万张，发卡量在全省排名第二；烟草龙卡发卡 2559 张，归集资金总额 2 亿元，在全省排名靠前；社保金融 IC 卡获得 24 万张发行权。（文新华）

【经营管理】　（1）存款余额。一般性存款日均新增 45 亿元，系统排名第一，同业排名第一。（2）信贷投放。全行贷款余额 149.55 亿元，比年初新增 29.55 亿元，贷款新增在系统内排名第一，余额和新增额稳居四行第一。（3）资产质量。全行不良贷款余额 609.40 万元，不良贷款率 0.04%。其中，对公贷款不良余额为零。（4）中间业务。实现中间业务收入 2.41 亿元，系统内完成额排名第三，完成率排名第二，同业四行增长率排名第一，完成额排名第二。（5）渠道建设。网卡平台获得有效推进，169 医院、常宁人民医院健康龙卡项目，财工院校园卡项目，衡阳市住房维修基金网络归集系统，衡阳市住房公积金网络跨行扣款归集系统得到有效推进；网点建设进一步拓展，购置 3 个网点，建设 7 个离行式自助银行，完成 2 个网点的搬迁。自助设备帐务性交量在全省排名第一。（6）客户基础。全行公司机构加权有效客户新增 2098 户，全省排名第一；个人加权有效客户新增 19.9 万户，全省排名第一。重点机构客户营销成效较大，祁东县新农合医保财政专户、衡阳市水利系统河沙拍卖资金专户落户市建行。全年新增机构客户 165 户，机构存款 3.1 亿元，新增占比 40%。（文新华）

【综合服务】 服务质量提高，全省神秘人检查综合排名第三，7 个网点成功申报省行星级网点，分行私人银行被总行评为“最佳私人银行”。文化品牌提升，先后获得全国“五一”劳动奖状、总行企业文化建设先进单位、省级文明标兵单位、中国企业文化顶层设计与基层践行优秀单位称号。所辖祁东支行获得总行级文明单位称号。全年在各级媒体发稿 1766 篇。首次在《求是》杂志社下辖的《小康》杂志上发稿。

（文新华）

【内控管理】 （1）风险控制。资产质量保持持续优良，审计整改率为 100%，反洗钱工作 8 项指标名列全省第一。市分行风险部被推荐为总行内控合规标兵候选团队。（2）不良资产。全年处置不良资产 791.69 元，不良率与不良额均实现年度控制目标。（3）双基管理。加大责任追究力度，全年累计积分 1869 分，处理责任人 36 人次。加大维稳工作考核力度，实行日常维稳工作与 KPI 考核挂钩。全年成功化解多起上访事件，实现无群体上访、无进京赴省上访的工作目标。（4）会计营运基础。会计稽核差错整改率、条线内外部检查审计整改率、柜面监测信息回复率、对账单回收率均达到 100%；COS_ T 系统 4 项指标均比同期提升。保持衡阳行“标杆金库”先进旗帜。西渡支行营业部、衡东支行营业部、火车站支行、衡东云鼎分理处等 4 个网点顺利通过“标杆网点”验收。集中维护的自助设备开机率、缺钞率指标均居系统前列。（5）创建“平安建行”。完成 5 个新设离行自助银行和 2 个营业网点的安防设施建设，完善预警平台和应急预案体系，实现无重大案件和重大安全责任事故的管理目标。（文新华）

【资源配置】 财务管理不断优化，招待费、会议费、差旅费、业务用车费、宣传费等支出得到控制和压缩；集中采购得到有序推进，完成世纪名城、金钟时代城等 6 个项目的集中采购；人力资源配置坚持向基层一线倾斜；信贷资源配置坚持向重点项目、重点领域倾斜，并加大对县域与民生领域的信贷支持力度。

（文新华）

【公益活动】 启动临时救助 7 次，募集资金 8.2 万元，帮助 12 名协解人员度过难关；开展贫困学子“金秋助学”活动，捐助扶贫及助学资金 7.7 万元；开展“慈善一日捐”活动，募集资金 10 万元；与“双联”单位市岳峰瓷厂开展“一帮一”结对帮扶活动；全行 26 位员工参加义务献血活动。（文新华）

中国银行股份有限公司衡阳分行

【概况】 2014 年，中国银行股份有限公司衡阳分行（以下简称衡阳中行）在湖南省中行年度绩效考核中实现争先进位，贡献度和进步率都得到实质性的提升。截至 2014 年 12 月 31 日（下同），全行本外币各项存款余额为 177.45 亿元，较年初净增 17.81 亿元；本外币各项贷款余额为 79.49 亿元，较年初净增 7.03 亿元。资产质量管控成效显著，不良率为 0.25%，控制在湖南省中行计划目标内，均低于衡阳市银行同业和省行平均水平。全行业务净收入同比增长 4569 万元，同比增幅 9.75%；拨备前利润同比增长 3161 万元，同比增幅 11.69%；列支费用同比增长 1186 万元，同比增幅 7.02%，低于业务净收入和拨备前利润的增幅。风险调整经济资本回报率（RAROC）为 29.64%，经济价值增加值（EVA）为 14346 万元。衡阳中行一手抓业务发展，一手抓内部管理，做到业务发展和内部管理齐头并进，在业务取得快速稳健发展的同时，全年实现安全运营，没有发生任何案件和安全责任事故，没有发生一起群访事件，没有发生任何不利稳定大局的事件。（陈　云）

【提升效益】（1）采取“一月一评”过程管控措施。每个月都对辖内各机构、各部门进行重点工作考核排名，及时提醒、引导、督促各机构部门发扬优势，拉长短板，有的放矢开展工作。（2）加强贷存比管控和存款偏离度考核。加大以存款为核心的各项重点工作的推动力度，抓核心存款稳存增存，严守贷存比、存款偏离度管控高压线，确保存贷款业务实现稳健发展，避免大起大落。（3）坚持“以效益为中心”发展业务。以提高业务净收入和利润作为经营的主要目标和出发点，加强资本管理，提高生息资产收益率，实现贷款投放效益最大化。调整存款结构，降低存款付息率，减少负债成本。加大中间业务发展力度，提高中间业务收入水平。优化费用资源配置，合理使用费用资源，提高费用使用效益。（陈　云）

【提高效能】 2014年，全行贯彻落实湖南省中行“网点达标年”工作措施和要求，在辖内全面推进网点“三个达标”活动，提高辖内网点的产能效能，网点客户基础更加夯实。截至12月末，全行个人有效客户数较年初增加13627户，个人中高端客户数较年初增加2123户，个人产品覆盖率较年初增加0.07，个人客户金融资产较年初增加42688万元；公司有效客户数较年初增加192户，公司产品覆盖率较年初增加0.24，公司客户金融资产较年初增加95620万元。（陈　云）

【队伍建设】（1）教育培训。采取全行集中培训与各机构部门分散学习相结合、个人自学与老师授课相结合、组织员工到外部培训机构上课与邀请培训机构专家来行授课相结合、举办专题讲座与深入基层现场指导相结合，以及业务培训与心理辅导相结合等多种方式，全方面打造全行干部员工队伍。（2）每周学习制度。搭建一个让员工及时了解和掌握相关规章制度、内控管理要求、新产品功能和市分行工作动态的平台。（3）调配人力资源。根据员工个人意愿、能力倾向、工作表现，按照“德才兼备、以德为先”的用人原则，按规定流程，通过公开竞聘、民主推荐、组织考察和干部交流等方式，完成提拔和交流中层干部的选聘工作；压缩机关人员，充实到基层机构网点，对全辖机构网点人员进行整合，减少核准人员、扩大网点营销人员队伍。（陈　云）

【蒸泰支行】 中国银行衡阳市蒸泰支行自2011年筹建以来，一直受到原西渡支行部分下岗人员阻工闹事、跨区域迁址等种种问题的困扰。2014年，在市委市政府和市金融办、人民银行、银监局等部门的支持和帮助下，衡阳中行采取强有力举措，使问题最终得到解决，该支行在2014年12月5日顺利开业，成为全国中行系统第一个重新恢复的撤并网点，实现衡阳中行网点以衡阳市为中心，覆盖各县区中心地段的战略布局。（陈　云）

交通银行股份有限公司衡阳分行

【概况】 交通银行股份有限公司衡阳分行（以下简称衡阳交行）早在1913年就曾在衡阳设立支行，百年进程中，交通银行在衡阳六进五出。2010年12月21日，衡阳交行正式开业，内设公司业务部、零售业务部、零贷业务部、营业部、授信与风险管理部、营运管理部、综合管理部、监察保卫部、零贷业务部，下辖一家支行——衡阳解放路支行，设有龙江明珠、立新大道、解放大道、香江百货岳屏店、香江百货白沙洲、天然气西湖站、天然气华新站、中湘五金机电市场8家自助银行，教育酒店、神龙大酒店、南华附属医院、香江百货水岸新城、香江百货船山店、房产局自助银行、白沙洲工业园、广东路8家自助银行单点，以及南华附属第一医院1家智能自助银行。秉承“责任立业，创新超越”的理念，衡阳交行以支持地方经济发展为己任，在守住风险底线的前提下，依托蓬勃发展的衡阳经济，优化信贷投放模式，加大对地方经济输血的力度，在为衡阳地方经济的发展做出贡献的同时，同时也实现自身的快速成长。截至2014年12月31日，衡阳交行人民币各项存款余额达42.31亿元，市场占比较年初提升0.57%。开业以来累计为衡阳经济提供各类融资支持总额超过80亿人民币（其中贷款26.37亿元、承兑汇票18.61亿元、贴现12.15亿元、国内信用证4.7亿元、国际信用证5102万美元、保函17.76亿元）。

（陈冰寒）

【重点项目】 衡阳交行围绕市委市政府的中心工作调整信贷结构，争取信贷资源投向市、区级重点项目建设，增加向衡阳经济建设“输血”的力度。支持国企改制，授信4.8亿元。支持旧城改造项目，授信9.4亿元。为衡阳市保障房及配套基础设施项目引入保险资金15亿元。（陈冰寒）

【服务实体经济】 加大对有色金属、机械、电子等衡阳制造业龙头及房地产、燃气等城市发展建设行业龙头企业及重点工业园区的支持。拓宽融资渠道，为有效解决信贷规模不足的制约，累计通过黄金租赁、资产池、总行池等创新方式解决一批企业的融资需求。7月底，为衡阳市保障房及配套基础设施项目引入保险资金15亿元，成为交总行系统内除省会城市外的第一笔地市级的保债项目。同时，开展境外联动，与香港分行等境外机构合作，通过存贷通、内保外贷、跨境人民币等业务为企业解决融资需求。扶持中小企业，通过“电子供应链”创新性地批量开发百货类优质小企业，有效解除多个小微商户资金周转的困扰，启动衡阳交行小企业批量营销的新模式。

（陈冰寒）

【便民工程】 依托交行较强的科技支撑实力，成功上线7个平台，12大系统，配合政府做好便民服务，提升服务效能。（1）在衡阳金融业率先开通物业维修资金自缴系统，上线住房公积金系统，市民办理住房公积金归集、委贷、提取和物业维修资金自缴等业务有更多更快的选择。（2）支持衡阳市两家大型三甲医院成功上线“诊疗卡”项目，系统运行状况良好。市民使用二代身份证或诊疗卡在自助设备上进行现金充值后，就可以进行挂号、缴费、查询与发票、凭条打印，经过现场测算，病人使用“诊疗卡”后的排队、挂号、缴费、拿药的时间由原来的平均每人次25分钟缩短为不到2分钟。（3）通过二手房交易资金监管系统有效规范二手房交易服务，既可确保交易双方资金安全，还可为购房者提供按揭服务，解决其资金需求。（4）向国家工商总局注册“雁城通”专利商标，上线运行燃气公众智能缴费系统，市民在家门口即可实现燃气的轻松缴费。下一步，衡阳交行还将以“雁城通”卡为载体，搭建水电、通讯、有线电视等的一站式智能金融服务。（陈冰寒）

【提升服务】 （1）完善服务奖励考核机制。在员工的工作履职表中提高服务考核设置权重，设立服务专项奖励，对个金客户经理、柜员、大堂经理序列员，按月通报奖励情况，按季兑现。（2）加强服务检查力度。通过“回头看”做好后续服务跟踪，分类建立个人检查档案，提出有效整改方案，提高服务整改效果。对问题较多或屡次整改效果不明显的员工，由主管副经理单独约谈，加大训练和处罚力度。（3）强化培训力度。通过岗位练笔、技能比赛、场景演练、服务大讨论等形式对员工进行全面培训，提升员工服务水平。（4）建立快速的纠纷解决响应机制。从厅堂现场到客户意见簿再到“95559”工单，只要出现异议，立即由主管级以上管理人员出面协调解决，获得客户的理解和认可。坚持以“帮助客户解决问题”的原则对待客户投诉，在坚持风险底线的基础上尽可能满足客户需求。（陈冰寒）

湖南省农村信用社联合社衡阳办事处

【概况】 2014年，全市农村信用社抢抓机遇，开拓创新，攻坚克难，工作呈现稳健发展的良好局面。截至2014年年末，各项存款余额563亿元，较2013年净增80亿元，市场份额全市第一位；各项贷款余额288亿元，较2013年净增35亿元，市场份额全市第一位；实现总收入36.49亿元，同比增收3.87亿元；利息收入19.17亿元，同比增收2.15亿元；实现经营利润13.3亿，同比增盈1亿元。（邓翠婷　冯　哲）

【夯实基础】（1）经营理念更新。办事处通过召开季度工作例会、举办行社班子成员培训班等方式，灌输先进理念，转变行社班子的陈旧经营思维，“求真务实、真抓实干”“宁让利润、不让市场”“不弄虚作假、不做表面文章”等理念在经营行为中有所贯彻。（2）信贷管理基础进一步打牢。出台《信贷业务操作流程》等3个规范性文件，评级授信得到有效推广应用，评级面大幅提高，发放一批真正意义上的信用贷款，缓解“三农”和小微企业贷款难问题。（3）基础设施建设步伐加快。购买和新建一批网点用房，珠晖、蒸湘区联社购买办公用房，衡阳县联社办公楼改造开始施工，市县城区的139家网点内部提质改造全部完成。新建成自助银行21家，安装自助柜员机131台，POS机1457台，全市农村信用社基础设施条件达到历史最好水平。（邓翠婷　冯　哲）

【产权改革】南岳农村商业银行成功挂牌开业，全市农村商业银行达到3家。未完成改制的9家联社全部制定改革方案、明确改革时间表，其中：衡南联社完成清产核资并上报申筹资料；衡山联社启动改革进行清产核资；衡东联社与政府达成用土地资产置换不良贷款意向；衡阳县委政府强力推动公职人员拖欠农信社不良贷款清收工作；四家城区联社新设合并组建衡阳农村商业银行工作取得突破性进展，市政府出台多项支持农信社改革的政策和措施，全力推动资产确权工作，并计划拿出价值4亿元以上土地资产置换涉政不良贷款。

（邓翠婷　冯　哲）

【转型创新】（1）电子银行业务快速发展。新增手机银行12.62万户，在全省排名第三位，电子银行替代率达到31%。（2）福祥便民卡作用显现。全市新增发行便民卡2.13万张，累计4.26万张，授信47.47亿元，用信额达到33.76亿元，便民卡利息收入达到2.25亿元，占贷款利息收入12%。（3）基础客户得到巩固。全市农信社大力抢占社保IC卡市场，完成信息采集及审核186.2万户，有7家行社已完成制卡114万张，衡阳、雁峰、蒸湘等7家行社取得当地全部发卡份额，全市农信社份额占比达到50%，排名全市第一；承揽财政惠农补贴代发业务，雁峰、珠晖等5家行社成功办理惠农补贴代发业务，还有7家行社与当地财政部门达成代发意向。（4）业务创新实现突破。衡南联社在全省首发“福祥惠民卡”；雁峰联社发行首张由政府冠名的惠民卡；常宁农商行开办国土资源“招拍挂”保证金代管和烟草代付业务；衡阳县联社、耒阳农商行对农村“三权”抵押贷款进行积极探索。全市农信社金融产品进一步丰富。（5）“信用村”建设实质突破。办事处在衡山县柘塘村成功试点建成“信用村”，并在全市其他11家行社扩大试点，到年末全市建成“信用村”16个，受益村民1.9万人，评定信用户3619户，公开授信金额1.43亿元，用信金额6728万元。（邓翠婷　冯　哲）

【企业文化】（1）全年在市级以上媒体发表信息、通讯100余篇，其中：在省级以上媒体刊发信息16篇，在《衡阳日报》的头版刊发消息2篇，在《衡阳日报》发表千字以上正面宣传通讯5篇。全市农信社在省联社刊物、网站上稿量均较2013年有大幅增加，上稿量连续第二年蝉联全省农信社第一名。（2）通过电视、电台、网络、户外广告等渠道，先后开展全省农信社存款过5000亿、贷款过3000亿和全市农信社存款过500亿宣传，在高铁站、各高速公路出入口、火车站和城区主要路口电子广告屏投放“湖南省农村信用社”形象宣传广告，树立农信社的良好形象。

（邓翠婷　冯　哲）

中国邮政储蓄银行股份有限公司衡阳市分行

【概况】2014年，全行累计实现收入3.21亿元，同比增长18.2%；实现利润1.33亿元，同比增长13.38%。市分行人均利润24.24万元，排全省第一；人均经济增加值20.8万元，排全省第一；人工成本利润率65.92%，排全省第二；成本收入比43.41%，排全省第二；经济资本回报率19.84%，排全省第二；点均利润404万元，排全省第二。在全省经营管理绩效考核中获得优胜奖；衡阳县支行、衡山县支行、衡阳市城区支行获全省“争先奖”；南岳区支行、衡东县支行获全省

"进位奖"。衡阳县支行、衡阳市城区支行行长获全省"十佳支行长奖"。（李 娟）

【个金业务】 全市个人存款余额达到314.87亿元，其中银行自营余额为58.02亿元，年净增5.59亿元。市场占有率为18.3%，比2013年底提高1.19个百分点，存款余额在全市各大金融机构中排第二位。社会养老及企业代发月均87万户，年代发量111亿元；各种惠农补贴代发96万户，户均代发仅140多元。以转型升级为重点，做好"刷刷乐"活动、信用卡发放、ETC客户营销和结算机具的布放等工作，全年布放结算机具584台，理财POS机201台，信用卡结存1.63万张，ETC营销客户5721余户；银行代理保险业务14422万元，排全省第一位；销售人民币理财38044万元，排全省第三位。（李 娟）

【信贷业务】 以服务创新、产品创新为主题，零售贷款年净增12.27亿元（含表内表外），市分行被评为"全省小额贷款业务发展先进单位"和"消费信贷业务发展先进单位"。具体表现为：成立专营支行，建立"金种子"团队；服务三农成为一面旗帜，受到市委、市政府的好评，特别是相继创新开办土地经营权、农机具抵押和林权抵押担保方式，在"公司+农户"合作模式上也取得新突破，全市的烟农贷款、种养大户贷款、再就业贷款发放再创新高；消费类贷款重点突出一手房贷款的增量发展；成功搭建银企、银政、银担、银团平台建设。（李 娟）

【业务突破】 通过项目开发、服务对接地方主流经济等方式拓增量、挖存量，公司存款余额达33.48亿元，排全省第二位，市分行被评为"全省公司业务发展先进单位"。区域营销做出特色，耒阳支行湘南监狱棚户区改造、衡南支行城区路网提质改造以及衡东支行吴南高速公路建设等项目发展较好。成功获批供应链开办权限，并开始探索性地开展市场营销工作。公司贷款、委托贷款也取得新的突破。衡阳宝瑞置业1.6亿元的房地产开发贷项目、北京桑德集团1.5亿元的委托贷款业务均获得审批通过。完成与衡阳市物业维修基金管理中心系统对接，成为全市4家代理银行之一。（李 娟）

【风险管控】 （1）合规理念。开展"合规大讨论""信贷管理元年"活动，营造良好的合规经营氛围。召开全市信贷管理推进大会，是历年来信贷条线规模最大，意义最重要的一次会议。组织开展信贷责任认定工作。推进案件防控体系建设，抓好常规审计、非现场审计和突击检查，确保零发案。（2）信贷资产管控。落实信贷违规贷款的自查自处；开展民间借贷专项排查整治活动、可疑信贷员个人资金账户资金专项排查、质押品专项排查等工作；开展管理人员"趴下身子下基层，攻占山头抓清收"、不良贷款清收"百日攻坚"竞赛等活动。（李 娟）

【内部管理】 （1）人力资源管理。一季度全面实行市区支行扁平化管理，精简机关人员下基层锻炼；调整信贷客户经理配比，占比达到23%；通过公开招聘，在机关选拔一批素质高、能力强的青年干部，安排到城区支行工作；坚持"绩效导向"原则，通过出台考核办法，调整信贷各条线人员绩效，促使资源向高效业务倾斜；完善员工薪酬体系，实现绩效分层分类管理。进行较大规模的干部岗位轮换，激发中层活力，同时达到防范风险的目的。（2）财务管理。财务管理对经营的调度能力不断增强。实施以半年为周期的经营考核模式。一季度全面实行市区支行扁平化管理，城区二级支行的损益核算落实到位。调整信贷条线人员绩效，实施前台、中台和后台绩效的导向性调整，"资源产出""绩效导向"的理念深入人心，企业资源在逐步向高效资源倾斜。（3）授信管理。建立健全授信管理体系，加强流程控制。按要求配备授信管理岗及作业监督岗，加强对授信执行的多环节监督和管理评价。优化完善审查审批体系，提升专业服务能力。率先在全省试点小贷集中审查审批，推行十大调查模板、最低授信执行标准等标准化工具以及绿色通道、限时服务、平行作业等效率化工具。（4）会计营运工作。在全省率先实施会计集中管理，全面完成全市会计管理上收工作。通过备付金限额管理、检查通报、严格考核等举措，全年备付金超限率为

-11.46%，排全省第三名。有效压降公司业务结算集中处理退回率，全年平均退回率为2.72%，低于全省平均退回率1.34%，排全省第二位。完成全市所有自助设备冠字号贴标工作。2014年被评为全省“会计与营运工作先进单位”“备付金管理先进单位”“公司结算集中处理先进单位”。（5）安全保卫、信息科技等服务支持不断巩固。完成储蓄逻辑集中工程上线工作，对本币储蓄、国内汇兑和国际业务进行全面整合；完善全市网络运行三级维护体系；细致做好网点日常维护工作，金融网安全运行年竞赛排全省第一位。完成全市营业网点出入口加装落地锁工程，安防基础不断夯实；开展“平安银行”“安全生产月”、消防安全预案演练和“安防知识我知晓”考试等活动，推动员工安保技能不断提升。

（李　娟）

【企业发展】　（1）员工素质提升。响应省分行创建“学习型银行”要求，为全行员工发放《活法》《经济学原理》《贷款新规》等读物，倡导大家做“有远景理想，有专业素养，有文化内涵，有生活品味”的现代“四有”邮储银行人；全面挑选组建县支行小企业团队以及小贷金种子团队；在专业团队建设上，以三支队伍即个金大堂经理及理财经理队伍建设、公司产品经理队伍建设、信贷金种子团队和特色支行专营队伍建设为核心，多次组织集中培训、下县培训、外出培训，加强执证上岗力度。（2）纪检监察职能强化。开展党的群众路线教育实践活动。履行“一岗双责”，把党风廉政建设与抓业务发展工作紧密结合起来。开展效能监察工作，监督检查经营管理者履职行为。执行“三重一大”决策制度，认真受理群众信访诉求。多次组织员工行为排查和谈心活动。（3）工会工作。召开第一届一次职工代表大会；改善职工的基本福利待遇；开展“送温暖”和“职工之家”创建活动；丰富职工业余文化生活，开展“爬山健身比赛”“拔河比赛暨全民健身系列比赛”等活动，成立多个兴趣小组，组织全行员工开展形式多样的兴趣文化活动和拓展训练。组织开展“我为企业献一策”、跨年度旺季揽收、社保金融IC卡等竞赛活动。市分行被评为全省“工会工作先进单位”。（4）服务形象提升。召开“邮储银行助力衡阳现代农业发展座谈会”，市政府多个涉农部门及衡阳市龙头企业代表参会；与中国共青团衡阳市委签订战略合作协议，衡阳市多家媒体相继进行报道。先后完成高新支行、常宁市支行营业部及办公楼和衡南县支行办公楼的装修改造。衡阳市分行营业部获“全国工人先锋号”、中国银行业文明规范服务“千佳示范单位”“五星级网点”称号，衡山县支行获“全省工人先锋号”称号。

（李　娟）

华融湘江银行股份有限公司衡阳分行

【概况】　2014年12月末，华融湘江银行股份有限公司衡阳分行一般性存款达到148.29亿元，比年初增加28.26亿元，增幅23.54%，同比多增10.71亿元，增量排名全行第三。同口径存款增量居全市银行业机构第五位，同口径存款增幅高于全市银行业平均水平5个百分点。信用总量为98.68亿元，较年初增加32.97亿元，增幅50.18%，其中：各项贷款60.77亿元，较年初增加12.9亿元，增幅26.95%。个贷余额达到11.52亿元，较年初增加6.08亿元，增幅112.05%。个贷增量远超分行前三年增量总和，排名全行第二。全年实现中间业务收入8948万元，排名全行第三。累计实现净利润1.63亿元，同比增加5045万元，增幅45%。实现经济利润8679.22万元，完成年度计划104.95%，进步度居全行最大。

（李长君）

【业务创新】　发展投行业务。先后落地金源开发、滨江新区、蒸阳投、开元投等项目，累计投放信用19.6亿元，引进存款16亿元以上。加快发展贸易融资业务。及时落地分行首笔信保贷、首笔福费廷、首笔保兑仓，引进衡阳市第一笔中小企业私募债资金——衡拖公司3亿元发债资金和第一笔中小企业发债资金——市湘江水利投5000万元。拓展国际业务。全年新增外币结算客户7户，新增外币结算账户10户，办理国际结算业务1.88亿元人民币，成功落地国际授信业务1.2亿元人民币。

（李长君）

【系统建设】　全年开发上线市级

国库集中支付系统和物业维修专项资金直交系统，以及衡阳县和衡山县房屋维修专项资金直交系统，开通祁东县、衡山县、衡东县、耒阳市和衡阳县等5个县（市）国土保证金代缴系统，获取祁东县、衡山县、耒阳市和衡阳县等4个县（市）非税代理资质，超额完成总行下达的全年新增5个系统的目标任务，排名全行第一。系统归集资金全年达到8亿元以上。（李长君）

【县域支行】 截至2014年10月末，六家县域支行一般性存款总额达到25.36亿元，较年初增加10.17亿元，占分行当年增量的31.8%，六家县域支行平均产能增幅超过全行网均产能增幅5900万元；同时新增客户1.46万户，累计销售理财产品2.88亿元。（李长君）

【资产处置】 处置资产59宗、账面总金额6.29亿元，完成全年任务214.27%；收回现金7.87亿元，完成全年任务122%；实现资产处置经营收入8168万元。顺利完成衡州大市场的处置工作，成交款1.66亿元全部到账，从根本上解决这一历史遗留问题；与衡阳城建投签订资产转让协议，打包处置资产共41宗、账面总金额4.18亿元。（李长君）

【网点建设】 成立网点建设办公室，加大网点建设工作力度。分行营业部、衡东县、凤凰、立新、华源、蒸南、开发、金桥、雁峰、高新、集贸等11家支行完成改造装修并投产，晨雁、红湘、常宁等3家自助银行竣工投产，实现网点服务功能的优化升级；分行第一家社区银行开工装修；银通支行将搬迁更名为鸿雁支行，即将开工装修；衡南县支行获得总行批准筹建，并为2015年试营业做好前期准备工作。（李长君）

中国民生银行股份有限公司衡阳分行

【概况】 （1）业务规模。各项存款余额达40.90亿元（不含存在长沙分行的3亿元），比年初净增7.17亿元，增长21.26%。其中，公司存款余额28.20亿元（不含存在长沙分行的3亿元），比年初新增6.78亿元。零售客户数达到72844户，比年初增加22781户，增长45%；对公客户数达840户，比年初增加146户，增加21%。（2）风控案防。年末公司资产不良率为0，零售资产不良率为0.27%，远低于长沙分行平均水平；建行五年未发生案件和事故。（3）机构建设。筹建3家社区网点，2家正式营业；对原有全功能自助银行进行升级，有2家获批社区支行牌照。（4）同业排名。存款规模在11家华中评审区域内民生银行二级分行异地支行中排名第一，在当地新设股份制银行中排名第一。（郭 娟）

【“四大措施”】 （1）团队专业化转型。三季度启动团队专业化经营转型，组建城镇化、新型工业信息化、重点项目、文化健康旅游、现代农业、机构业务及新兴业务等7个特色业务团队，通过边界划分、专业化调研，增强对行业的专业营销能力及风险控制能力。多次召开专业化调研规划审定会议，各团队正在按业务边界开展市场调研和走访工作。（2）加强拓展“新四化”领域。深度开发来雁新城项目，成立来雁新城企业经营部。综合开发工业园，通过营销园区平台自身资金及发债等途径筹集的资金，促进公司存款新增1.92亿元；通过对园区下游施工单位联动开发，新开户11户；通过公私联动营销补偿款代发，新增零售客户1000户。（3）营销特色化产品。委托贷款落地，开辟一条低成本高收益的业务渠道。黄金租赁成功出账，有效增强产品定价竞争力，为后续营销提供好的低资本占用出账通道。重视现金管理及结算产品营销，巩固重点客户。（4）机构业务全链条开发。以住建系为代表，通过抓关键项目、关键人员、关键环节，实行全链条开发，深度挖掘机构存款，提升全行综合贡献度。全行机构存款客户现近90户，余额近16亿元，占全行公司存款余额的近57%，其中住建板块余额8.3亿元，占机构存款余额的52%。（郭 娟）

【“四大阵地”转型升级】 （1）整合小微金融强调资产质量。小微团队实行专业化、流程化管理。将小微业务团队从网点上收至零售银行部进行统一管理，各网点设立售后客户经理和业务支持岗对接小微团队开展工作；出台《小微业务放款管理办法》，梳理审批及放款流程，提高工作效率，实现“专门的人做专业的事”。调整小微客户结构。按“两抢”要求对弱担保进行增信，落实抵押入行，抵（质）押率由年初的24%提高到51%，排名稳居长沙分行前三。做好小微续授信工作。对续授信客户采取“先批再还”方式，贷款到期前完成续授信的审批工作；通过风险排查、事前筛查，逐户确定还款方案，确保还款资金到位，共计对1200余户续授信客户完成续授信11个亿（不含质押1.3亿）。同时，在授信政策波动较大、风险逐渐显现的大环境下，通过各种手段识别问题客户，对有困难的客户进行救济，对符合续授信条件的客户采取增信措施，追加强抵押入行，确保资金安全。开展大基金整合。响应长沙分行基金整合号召，是辖内第一家进行基金整合的经营机构。针对不同基金的情况制定相应整合方案，特别在印刷、建材等行业出现系统性风险的情况下，逐户上门走访、了解情况、制定“一户一策”方案，确保辖内6支基金的整合。（2）打造小区金融实现因地制宜。推进社区网点建设。筹建耀江花园、白沙工业园、都市村庄三家社区网点，其中耀江花园、白沙工业园已经正式营业；对原有的全功能自助银行进行升级，湘水明珠、香江水岸新城获批社区支行牌照。固化小区营销模式。批量收集客户信息，建立客户档案，搭建小区营销平台和信息资源平台，拓展小区内外居民及周边特惠商户，开展近百场小区活动，新增小区客户数4144户。其中，水映豪廷及世纪名城两家社区网点3、4季度考核在长沙分行62家全功能自助银行中业绩排名前五强，世纪名城社区网点获得总行系统内“全国五星级明星网点”的称号。开展联动营销。联合物业公司推广“智能消费系统”，“便民、利民、惠民”服务赢得小区客户信赖；上下联动，通过MIT机具上门营销校园、幼儿园；公私联动重点营销华意机械、朝阳泵业等工资代发项目，后续跟进来雁项目的代发事宜；与信用卡部联动营销小区周边企事业单位。（3）推广贷款新品成为拓客利器。发放按揭贷款。梳理衡阳市高档楼盘，年内实现放款3300余万元。营销综合消费性贷款。加强与装修公司、留学中介、机关单位的合作，打开营销渠道，获取有利资源。开展消费性微贷。各网点成立微贷团队，以市直机关、学校医院为突破口，通过信贷工厂进行批量授信，实现放款1020余万元。（4）重视传统金融回归零售本源。发挥厅堂作用。以厅堂为阵地，出台《零售客户归户管理方案》《厅堂人员管理办法》，开展“流程优化，厅堂创赢”活动、厅堂专项劳动竞赛活动，形成主动营销氛围。通过开展售后提升引导存量客户资金回笼、有效户提升、建立高端客户信息库、微贷营销、理财产品营销以及引进行外私银客户等活动，实现由“抓小微增存”向“抓基础增存”的转变。重视结算产品营销。公私联动配套结算产品进行批量开卡；开展乐收银专项清理工作，名单制提升乐收银无效户，并将睡眠户机具置换成第三方机具，实现结算归行；梳理代发流程，批量拓展零售基础客户群。通过多管齐下，全行新增代发单位60余户，位列长沙分行第一；实现手机银行累计32230户，完成计划任务101%；跨行归集新增1126户，完成计划任务100%；网银活动户新增8288户，完成计划任务256%；清理乐收银睡眠户100余户。（郭　娟）

招商银行股份有限公司衡阳分行

【概况】 招商银行股份有限公司衡阳分行（以下简称衡阳招商银行）围绕“直面危机、迎难而上、加快改革、强力转型、创新求变、优质发展”24字方针，各项经营管理工作取得较好成绩。（1）存款规模。截至2014年12月末，全行自营存款时点余额30.03亿元，较年初新增2.5亿元，增幅9%。其中，对公存款22.39亿元，较年初新增1.58亿元，增幅7%；储蓄存款7.64亿元，较年初新增0.92亿元，增幅13%。（2）资产业务。截至2014年年末，全行各项贷款余额17.87亿元，与年初大致持平。其中，对公贷款余额10.93亿元，较年初下降1亿元，降幅10%；个人贷款余额5.59亿元，较年初增加0.4亿元，增幅7%。票据业务方面，全行票据融资余额1.34亿元，较年初增加0.4亿元。资产质量方面，全行不良贷款4笔，不良贷款余额0.13亿元，不良率0.72%，资产质量优良。（3）在经济下行压力大、民间借贷异常活跃的宏观形势下，企业经营发展情况不容乐观，给资产业务发展和信贷风险管理带来较大的压力，一定程度上影响衡阳招商银行传统资产规模的增长。在此背景下，衡阳招商银行大力发展票据池、国内信用证议付、委托贷款、国内保理、再贴现等低资本消耗业务，向轻型银行转型。

（陈栖梧）

【内部管理】　2014年，衡阳招商银行按照总分行打造轻型银行的战略要求，推动中后台管理资源整合，形成管理合力和协同效应，通过不断简化和优化工作流程，提高管理效率；通过落实各项控制机制，维护制度刚性，实现中后台为前台服务，管理为经营服务的轻型化内部管理模式。（1）防控信贷风险。衡阳招商银行坚持效益、质量和规模协调发展的指导思想，以有效投放为载体，增强服务；以增效为基础，强化管理；逐步退出“散小差”等劣质客户，抢占优良客户市场。通过从源头上严守信贷风险底线，严格把好贷前调查、贷中审查、贷后检查三关，坚持三个“落实”：落实行长首贷面谈制；落实风险经理平行作业，对100万元及以上足额抵押贷款，对弱担保贷款，在客户经理上门调查的同时要求风险经理一同参与风险调查；落实贷款“五真”原则，即真经营、真主体、真用途、真来源（还款来源真实可靠）、真保证，做到了解自己的信贷客户，使信贷业务风险始终处于可控状态。（2）加强成本管控。加强对招待费、礼品、宣传用品等高弹费用的管理力度，明确责任部门和责任人，以节约从简为原则，最大限度地减少低效和不必要的支出；进一步加强精细化管理，从烟酒、办公用品、电话费、电脑耗材到厅堂糖果等，提出额度管理和使用要求，加强日常的监督控制和管理，防范跑、冒、滴、漏等现象的发生；加强费用支出的计划性管理，各业务条线组织客户活动或开展营销类活动要求必须进行投入产出分析，经审批通过后方可组织开展，最大限度地减少低效能营销活动。（3）合规文化建设。每年年初组织签订各岗位责任制，主要有行领导干部签订的“廉洁自律承诺书”，一把手与各部门负责人签订的“廉洁从业安全保卫及案件防范责任书”、全行员工签订的“招商银行工作人员职业操守承诺书”。通过签订责任状，建立层级合规责任制，明确各层级、各岗位、各人的合规责任，实现合规责任全员化、合规工作全员参与、合规意识人人具备的良好局面；定期举行一把手讲合规课，通过组织全行合规案件学习、制度学习，不断提高全员合规意识；定期开展员工异常行为排查活动，通过层级异常行为谈话、员工家访、设立行内举报箱等活动，收集员工异常行为信息，及时发现员工异常行为，防范风险。　（陈栖梧）

中信银行股份有限公司衡阳分行

【概况】　2014年，中信银行股份有限公司衡阳分行整体工作实现“效益、质量与规模”的协调发展。（1）截至2014年12月末，中信银行衡阳分行自营性存款39.15亿元，比2013年度时点新增10.08亿元，增幅34.67%。其中：对公存款时点余额32.04亿元，较2013年时点新增9.09亿元，增幅39.61%；对公存款日平余额29.13亿元，新增8.32亿元，增幅40%。自营性存款及对公存款的新增在当地六家股份制银行中居第1位，其中自营性存款新增占比达31.57%，对公存款新增占比达44.12%，对公存款新增在当地17家金融机构中排名第5。零售存款时点余额7.10亿元，较2013年新增1.05亿元，增幅17.35%；日平余额6.07亿元，新增1.10亿元，增幅20%；管理资产月均9.54亿元，较2013年新增3.2亿元，增幅50.47%。（2）截至2014年12月，中信银行衡阳分行信贷余额36.88亿元，比2013年度新增13.44亿元，新增幅度57.34%。其中对公贷款余额28.20亿元，比2013年度新增12.18亿元，新增幅度76.03%；个人贷款8.68亿元，比2013年度新增1.26亿元，新增幅度16.98%。同时加大对小微企业贷款的投放，至2014年12月，小微企业贷款余额6.64亿元，比年初增加2.03亿元，在全市所有金融机构中排名第8；贷款增速为

44.03%，在全市所有金融机构中排名第7。不良贷款余额519万元，全口径贷款不良率为0.08%，低于系统内平均水平，未发生区域性风险或系统性风险。(3) 2014年1～12月累计实现报表利润13，145万元，在当地中小股份制银行中排名第1，占比48.60%。(4) 2014年，中信银行衡阳分行将发展思路定位于服务当地经济、倾力扶助民生。将信贷支持的重心倾向于城市基础设施、耒阳煤炭整合等领域的重点项目。以创新投行理财产品为衡阳市城建投融资9亿元，支持衡阳市保障性住房建设；为耒阳市煤炭企业整合创新设立耒阳市煤炭产业发展基金，通过提供集群担保授信的方式，累计发放贷款1.7亿元，为耒阳市煤炭行业整合后复工复产提供金融支持。2014年4月，为省级融资平台——湖南省保障性安居工程投资有限公司出具融资性保函，为衡阳市棚户区改造项目引进10亿元保险资金；利用优势产品城镇化建设工程保理，支持衡阳市所属县域的城镇化建设，累计为各县市区投入7.4亿元。截至2014年底，中信银行衡阳分行社会融资总量突破50亿元。　（宾金琳）

【业务指标】　负债业务系统内比较，自营性存款总额排名第2，仅次于株洲，其中对公存款余额排名第3，储蓄存款排名第4位。在2014年10月份全国71家中信银行的二级分行（中信银行衡阳分行成立时间排名53位）对比中，中信银行衡阳分行的自营性存款总额时点为41.57亿元，排名第39位，存款成本率为1.94%，排第7位，贷款收益率为8.17%，排名第8位，营业净收入151万元，排名32位。各项业务指标完成情况：(1) 公司指标。截至12月底，对公有效客户数185户，较2013年新增45户，占长沙分行新增比例的43%。对公条线中间业务收入为2565万元，其中保理费1145万元、投行资产管理费1420万元。(2) 零售指标。2014年，全行金卡客户数1650户，较2013年新增730户；贵宾客户数304户，较2013年新增129户；财富客户数55户，比2013年新增14户。零售中间业务收入517.03万元，完成率343%，完成额与完成率均居全行第一。POS商户数共计802户，较2013年末新增565户。拉动零售存款时点3551万元，存款日均1741万元。时点数较2013年末新增1199万元。四季度开展POS机业务营销竞赛活动，活动期间新增POS机161户。　（宾金琳）

【团队建设】　中信银行衡阳分行本部设办公室、公司银行部、零售银行部、风险管理部、计划财务部等四部一室，下辖营业部、常胜路支行、耒阳支行3家经营机构。有员工70名，平均年龄为27岁，拥有本科及以上学历的人数达95%。有一支能吃苦、专业、敬业、高效的对公客户经理队伍；组建耒阳支行、零售银行部的外拓团队。　（宾金琳）

中国光大银行股份有限公司衡阳分行

【概况】　2014年，在内外部经营环境比较严峻的背景下，中国光大银行股份有限公司衡阳分行（以下简称衡阳光大银行）的各项业务实现平稳、良性发展，资产规模有质的提升。(1) 各项存款情况。截至2014年年末，各项存款余额15.5亿元，较年初新增5.9亿元，增幅61.46%。其中对公存款11.52亿元，较年初新增5.22亿元，增幅82.86%。对私存款3.98亿元，增幅20.61%。(2) 各项贷款情况。截至2014年年末，各项贷款余额11.82亿元，较年初新增4.77亿元，增幅67.66%。其中，对公贷款9.36亿元，较年初新增3.71亿元，增幅65.66%，个人贷款2.47亿元，较年初新增1.07亿元，增幅76.43%。(3) 社区银行发展情况。截至2014年年末，三家社区银行九资余额6254万元，各项存款余额2903万元，日均余额3005万元，较全年任务相差6097万元，任务完成率32.26%。核心存款时点余额812万元，核心占比27.97%。(4) 利润情况。截至2014年年末，实现账面利润940.73万元，较2013年净增710.81万元，增幅309.16%。实现中间业务收入1680.57万元，较2013年净增1172.21万元，增幅230.59%。　（邓　坤）

【亮点与成绩】　(1) 存款规模上升。衡阳光大银行重视存款工作，调整营销思路，各项工作紧紧围绕存款开展。通过制定对公存款劳动竞赛方案、绿色存款费用激励办法等制度，引导客户经理转变营销方式，逐渐改变粗放经营模式，提高客户贡献度。(2)二级分行经营管理理念雏形基本形成。制定第一个“三年规划”，先后出台客户经理考核办法、公司条线绩效考核方案、对公存款劳动竞赛方案、绿色存款费用激励办法、非授信有效客户营销工作考核方案、柜台中后台人员绩效考核方案等制度，打通员工晋升退出机制，制定绩效考核方案，提高客户经理的工作积极性，为全行员工指明工作方向、工作重点，逐渐形成二级分行制度管理框架。(3)重点工作、重点项目有序推进。加强与当地政府的沟通与联系，主动寻找、沟通重点项目，制定营销方针，实行精准营销。重点开拓机构存款、财政存款和重点项目，通过一年的努力，业务有质的蜕变。市财政存款营销工作落到实处，白沙投项目贷款实现投放，水利投包销业务审批完成，滨江投、水利投项目贷款正在审批。(4)信贷资产质量总体较为平稳。衡阳光大银行开业两年来，信贷资产发展迅速，但资产质量一直较为稳定，严把客户准入关，严守风险关口，将贷后管理落到实处，至今未发生不良贷款，不良贷款率为零。(5)网点扩张。2014年，新建三家离行式自助银行，抢建三家社区银行并全部持牌经营，石鼓支行筹建开业，分行本部顺利搬迁，耒阳支行选址工作基本完成。 (邓　坤)

中国人民财产保险股份有限公司衡阳市分公司

【概况】 中国人民财产保险股份有限公司衡阳市分公司（以下简称中国人保财险衡阳市分公司）下辖22个区县级分支机构，服务网点覆盖全市县、乡、村三级，拥有各类员工1000余人。2014年，中国人保财险衡阳市分公司累计完成生效保费73429万元，完成省公司下达年计划的102.97%，同比增长21.08%；累计完成实收保费72038万元，完成省公司下达年计划的101.02%，同比增长19.67%。无论是生效保费还是实收保费，计划完成率和同比增速均排在全省系统平均之上，且实现保费规模一年一个亿的增长量级，首破7亿大关。从各险种情况看，车险业务完成实收保费43277万元，同比增长16.39%；财产险业务完成实收保费4138万元，同比增长38.59%；船货险业务完成实收保费474万元，同比增长3.88%；责信险业务完成实收保费5124万元，同比增长16.4%；意健险业务完成实收保费5222万元，同比增长65.06%；农险业务完成实收保费13803万元，同比增长14.96%。公司市场份额为44.26%，继续保持行业绝对领先地位。公司全年上缴各类税收3030万元，代收车船使用税3103万元，累计处理各类赔案82517个，支付赔款44533万元，承担社会风险责任近6000亿元。 (段海文)

【农业保险】 中国人保财险衡阳市分公司依托基层涉农部门，持续加大基层服务网络建设投入。在中心乡镇建成三农保险营销服务部14个，在乡镇开设三农保险服务站184个，聘请乡镇保险兼干184名，在村开设三农保险服务点3615个，聘请村协保员3615名，服务网络覆盖全市绝大多数的县、乡、村，基本搭建农村区域综合保险服务平台，跨越服务农户的最后一米，有效推进农业保险承保、理赔“两到户”。同时，带动农房保险、农村五小车辆保险、农村小额人身意外险、涉农责任险等商业性涉农保险的开展，丰富农村金融服务体系，拓展农村金融服务领域。2014年，公司新开办烟叶种植保险、家禽（鸡、鸭）养殖保险，承保品种由2007年的水稻、棉花、能繁母猪保险3个险种扩大到水稻、油菜、棉花、能繁母猪、育肥猪、森林、玉米、烟叶、家禽等9个中央、省级财政补贴险种，保险品种不断增加，保障范围不断拓宽，为全市农业产业发展提供更为全面的风险保障。2014年，衡阳市烤烟遭受洪涝、病害，损失严重，公司及时启动大灾预案，开通绿色通道，统筹调集资源，烟叶保险保费收入425万元，支付赔款1200万元，赔付率近300%，较好地补偿烟农灾害损失，减轻烟草和产区政府救灾工作压力，促进烟叶生产稳定。 (段海文)

中国人寿保险股份有限公司衡阳分公司

【概况】 中国人寿保险股份有限公司衡阳分公司（以下简称中国人寿衡阳分公司）是隶属于中国人寿保险股份有限公司的地市级

分公司，是衡阳地区最大的保险机构。公司连续多年获评全省系统“A类公司”和省级“先进公司”、省级“文明示范窗口”“衡阳市消费者信得过单位”“衡阳市综合治理先进单位”等多项荣誉。中国人寿衡阳分公司下辖7个综合型支公司，5个城区专业化支公司，在大部分乡镇均设有中国人寿农村营销服务部，从市、县（区）、乡（镇）形成一个覆盖全市城乡的服务网络。2014年，中国人寿衡阳分公司实施“创新驱动发展战略”，以“价值先导、规模适度、优化结构、注重创费”经营思路为引领，按照“价值共创、收益共享”的经营理念，坚持“创新引领、强司富员、进位争先”的工作方针，攻坚克难，创新驱动，系统思维，协调发展。公司实现总保费收入12亿元，占衡阳寿险市场的份额为34.47%，在全市17家寿险公司中稳居第一。各项经营指标均实现同比增长。其中首年新单保费收入49189.31万元，为年度目标的107.59%，同比增长9.83%，首年期交保费收入18527.59万元，为年度目标的115.78%，同比增长1.16%，十年期及以上期交保费收入10723.91万元，为年度目标的112.8%，同比增长27.38%；意外险及一年期商业健康险赔付率45.6%。中国人寿衡阳分公司赔付支出66549.60万元，其中医疗金给付5539万元、养老金给付1105万元，5日理赔结案率在98%以上。2014年，上交税收1543万元．（陈国柱）

【政策保险】 2014年，中国人寿衡阳分公司将办好“新农合”经办业务作为承担社会责任、参与社会管理、服务社会主义新农村建设的重要载体和平台。在衡南县、南岳区、衡东县、衡阳县均开办“新农合”经办业务，2014年，政策性保费收入2068.55万元，赔款支出1892.72万元。（陈国柱）

【人才建设】 2014年，中国人寿衡阳分公司面向社会招聘服务专员，新增就业销售岗位2505个，有效地分解政府的就业压力。（陈国柱）

方正证券股份有限公司衡阳营业部

【概况】 方正证券衡阳船山和东风营业部截至2014年12月31日，新开户7052户，新增客户资产1.75万；交易量市场份额千分之0.407，客户资产34亿，客户资产全国占比千分之0.203，2014年，实现利润5893万元。2014年3月，中国人民银行衡阳市中心支行授予船山大道证券营业部“2013年度衡阳市金融消费权益保护工作先进单位”称号。（魏　英）

【非通道业务】 公司、营业部处于转型期间，新业务层出不穷，如何提高非通道收入成为营业部工作的重中之重。营业部在考核方案中，对促进新业务的开展给予极大的倾斜。除了传统的基金销售、IB业务以外，大力发展融资融券业务、投顾签约业务、泉友利等非通道业务。（1）融资融券。截至12月底，统计累计净开户数3217户，两融年日均余额市场份额千分之0.37。（2）泉友会签约。泉友会签约是做好客服服务工作的重要手段，想客户所想，思客户所需，在为客户服务的同时，也为公司、营业部创造收益，实现多赢局面。截至12月，船山大道营业部泉友会签约日均资产42790万元，确认实现收入159万元，签约2112单。（3）IB等其他业务。IB业务开户192户，客户权益达556万元。（魏　英）

【风险教育】 （1）投资者园地建设工作。在营业部内设置《投资者园地》墙报，新老股民必须注意的风险事项、所关心的基础和专业知识都能在这里找到；不定期把新的公告提示、风险提示充实到《投资者园地》，坚持做好投资者证券知识普及和新业务开展的宣传、风险揭示工作。（2）开展形式多样的投资者教育活动。营业部充分利用收市后、节假日开展形式多样、内容丰富的投资咨询活动，每半个月一次定期召开小型投资报告会、股市沙龙，开办股民学校，组织投资者交流投资心得等，讨论近期出现的有关投资者方面的问题、疑难，争取做到给投资者现场解答，现场解惑，使投资者能够“带疑而来，满意而归”，受众客户达数千人次。（3）提升服务质量。每日各种证券信息及时通过营业大厅广播、网站、网上交易系统公告、短信、电话等各类方式向客户提示相关交易的关键事项，引导股民理性投资，提高投资者实际投资操作水平。(4) 合规管理工作。营业部重视合规管理，在多次全体员工大会上强调合规的重要性，要求员工在开展各项业务活动时，必须以合规为底线。由合规专员进行多场合规专题讲座。（魏　英）

【规范办理业务】 营业部按照各项制度要求执行，账户管理日常基本业务差错较少，营业部为每位客户建立单独档案，有专门的场所存放和专人保管；开、转、销户业务办理均符合监管局和协会通知精神，按规定操作办理；开展代理销售业务、IB 业务、融资融券业务、投资顾问业务均向监管局报备，开户流程和风险控制基本到位，业务办理等各项工作均符合监管要求。（魏　英）

【反洗钱工作】 营业部发布《方正证券衡阳营业部反洗钱岗位职责》，根据公司反洗钱制度，制定一系列营业部反洗钱制度，组织落实营业部各岗位的反洗钱岗位人员职责，定期编制营业部反洗钱工作情况报告并及时报送上级。根据《方正证券反洗钱制度》要求对身份基本信息缺失的客户进行电话和短信提醒，在客户权益保护等工作方面也都符合监管要求。（魏　英）

【培训工作】 2014 年，营业部在评价期内组织员工和部分员工以会议形式进行大小 4 次合规管理工作和合规知识理念的培训，提高员工合规经营的意识。6 月，组织全体员工进行反洗钱相关知识培训，以发放宣传单、横幅、发送短信等多种形式配合证监局和人民银行开展反洗钱宣传月活动。（魏　英）

万联证券有限责任公司衡阳证券营业部

【概况】 截至 12 月 31 日，营业部新开客户 1670 户，新增有效户 1315 户，完成率为 129.28%；新增有效户资产 25473 万元，完成率为 254.73%；全年股票基金成交 329 亿元，股票基金市场份额 0.209‰，完成率 109.32%，所有品种市占率为 0.101‰；营业收入 3209.12 万元。融资融券开户数为 1214 户，授信额度为 6.5 亿元，日均交易量 7213 万元，日均融资余额 13522 万，融资融券业务完成率为 174%。产品销售收入为 39.64 万，完成率为 79.27%；协同业务完成数为 0。实现营业利润 2151.7 万元，利润完成率为 105.66%；净佣金率 0.942‰，下降 1.7%。营业部综合得分为 128.56 分，综合排名第五名。（何谦礼）

【创新业务】 营业部重视融资融券，港股通，融新宝，个股期权、IB 业务等创新业务的发展，多项任务指标名列公司前茅，营业部佣金率下降得以缓冲，收入与利润得到保证。（何谦礼）

【机构客户引进】 营业部引进湘投控股集团有限公司持有湖南投资近 5000 万的资产。引进世纪钨材流通股 589 万，限售股 921 万股，总股数 1510 万股，虽暂无市值（公司不允许交易，要员工分享 IPO 上市后的收益），但该公司是将来准备 IPO 的企业，这些股票极可能成为 A 股的流通股票。引进金化高容流通股 1188.5 万，限售股 3563 万，总股数 4751.5 万。（何谦礼）

政府投融资平台

衡阳弘湘国有投资（控股）集团公司

【概况】 2014年，公司融资到位28.53亿，超出年初计划的42.65%；配合市改制办启动42家企业改制，其中列入省目标考核的16家企业通过省改制办考核验收；幸福河改造项目、合江片区配套基础设施建设项目、湿地公园项目、瓦松铁路项目、船山英文学校股权收购项目、棚改项目等涉及城市建设、民生工程、产业发展的一批市级重点项目按期投资到位；集团化提质改造加速发展，拥有11家全资子公司、15家参控股公司，初步形成工业产业投资、城市公益事业、基础设施建设、国有资产运营管理4大发展板块。 （魏忠奇）

【融资引资】 2014年，公司对接建行、工行、华融湘江银行、浦发银行、交通银行、广发银行、招商银行、光大银行、国家开发银行、兴业银行、国泰君安、财富证券、西部证券等金融机构，全年融资28.53亿元，其中银行融资6亿元，发行私募票据8亿元，发行中小企业私募债券3亿元，招商引资11.53亿元，超额完成全年融资目标任务。（1）创新两个直接融资品种。发行8亿元私募票据，该产品为衡阳市及省内地级市首单非公开定向债务融资工具（PPN）；发行3亿元中小企业私募债券。（2）创新股权合作模式。公司对接国开行、浦发银行，拓展新的融资渠道，实现股权合作新模式。与国开行"两供两治"项目合作探索PPP融资模式。依托国开行现行优惠政策，公司与水务投、民间资本组建"衡阳市湘水公用投资有限公司"，以该公司为主体探索尝试"两供两治"项目PPP融资模式，公司采用股份制形式，注册资本金5000万元。与浦发银行探索股权融资模式。与浦发银行签战略合作协议，浦发银行理财计划作为单一委托人出资，委托湖南浦湘发展产业投资企业（有限合伙）为公司全资子公司增资扩股，所获相关资金用于国企改制，公司向浦发银行申请17亿元的授信，2014年12月31日，浦发银行首次为公司出账5亿元。 （魏忠奇）

【项目投资】 （1）湘江流域重金属污染治理幸福河改造工程项目。总投资8亿元，累计完成投资22008万元，项目前期基础性工作及各项手续完成，施工作业全面铺开，累计完成土石方工程50万余方，铺设排污管道1800米。（2）湘江流域重金属污染治理合江片区配套基础设施建设项目。项目总投资约5.5亿元，累计完成投资25338.8万元。项目需征地44.2公顷，沿线集体土地征拆基本完成。国有土地征拆29宗地，除万隆基加油站等五宗土地外，其余全部完成。施工作业方面，完成挖方28万余方，土方回填20万余方，雨污水管道铺设3500余米。（3）湘江流域重金属污染治理湿地公园项目（一期）。湿地公园项目（一期）总投资约5500万元，累计完成投资4150万元。施工方面，完成五星村范围内的园区道路C线路基土方及边坡修整、山顶中心亭土建，中心湖栈桥、湖边亲水平台基础设施、人工湖清淤及土方施工等工程建设，山坡园路垫层施工完成80%。（4）棚户区改造项目。公司组建全资的国有工矿企业棚户区改造投资公司。启动棚改项目1个（市木材厂棚户区改造项目），筹备项目4个（市五强动力有限公司、禹班建设集团公司、市医疗器械厂、衡拖农机制造等），涉及安置职工3700余户，总投资达4.7亿元，累计完成投资9465万元。（5）公司支持来雁新城项目、财工院扩区项目建设。（魏忠奇）

【产业项目】 （1）参与县域经济投资。公司探索向各县（市）投资，通过整合土地资源和生产要素，参与各县市经济开发区建设。公司与衡山县人民政府合作成立弘山投资公司，新公司注册资金5000万元，公司占60%股份，新公司通过资本运作支持衡山县工业园区的发展公司与衡南县人民政府签订投资合作协议，投资3300万元收购鸿茂冶炼生物科技有限责任公司及其周边6.67公顷的商住用地。（2）完成船山英文学校股权收购。公司于2014年4月完成对船山英文学校第二大股东金天茂公司45%股权的收购，使船山英文学校成为弘湘公司下属独资办学实体。（3）参与注资重组瓦松铁路公司。公司注资1亿元参与湖南省瓦松铁路建设投资有限公司重组。（魏忠奇）

【改制项目】 (1)年度改制任务。2014年，公司启动改制企业36家，安置职工25258人，职工安置成本22.4亿元，支付改制资金10.35亿元。列入省目标考核的16家企业通过省改制办考核验收。(2)改制成本。2014年，通过社保挂账、政策减免、清理核对等，有效节约改制成本15236万元。(3)遗留问题。与相关部门一起处理衡阳宾馆、雁城宾馆、江南药械厂、一纺机、叉车厂(金星公司)、二水泥厂、毛纺厂、手表厂、衡汽集团等信访维稳工作。(魏忠奇)

衡阳市城市建设投资有限公司

【概况】 2014年，衡阳市城市建设投资有限公司完成全年预期目标任务，获衡阳市“项目建设年”先进单位、“项目前期工作”先进单位等荣誉称号。

【项目建设】 2014年，公司继续大力推进船山东路、蒸水北堤等续建项目建设，新开工二环路、蒸湘北路延伸、三馆两中心、棚户区改造等20多个重大项目。至2014年年底，公司承担的基础设施项目全部开工建设，其中90%以上完成项目立项、设计、征拆、招投标、招商及开工建设工作。完成投资最大。2014年，完成投资总额约73亿元，是年度目标任务的107%，比2013年增加160%。项目推进最好。船山东路、二环路、滨江新区等3个省重点项目超额完成省下达的年度投资建设目标任务。体育馆、游泳馆投资建设又好又快；蒸湘北路延伸、耒水东岸风光带、蒸水西堤等项目推进迅速；保障房在建工程积极推进，建成工程平稳交付；棚改项目前期工作推进顺利；物流园、铁一中迁建等其他项目都在稳步实施。

【项目融资】 2014年，公司完成融资签约133.18亿元，到位资金65.8亿元，是年度目标任务的205%，比2013年增加2.2倍。金融机构融资数量大、到位好。全年融资签约78.18亿元，到位62.8亿元。融资模式更加多元，实现保险债权融资、基金入股、信托融资等突破；银企关系更加紧密，合作领域更加广泛。招商引资引“大”招“强”。引进两家世界500强央企，与中国中铁就滨江新区耒水以北基础设施项目签订投资协议55亿元，到位3亿元；与中国中建就二环东路项目签订框架协议30亿元。

【资产经营】 资产规模跃入400亿元俱乐部。公司资产规模突破目标400亿元大关，达403亿元，稳居全国城投60强。土地报批及挂牌创新历史。全年新增土地452.6公顷，是年度目标任务的102%。其中土地摘牌160.53公顷，组卷报批土地292.1公顷，两项指标创历年之最。多种经营有重大突破。经营领域进一步扩大。成立城投建材公司，并在短期内投产运营，保证重点项目的混凝土供应；根据政府授权，对衡州大道附属设施进行统一规划、建设和经营。城市特许经营权进一步增加。市政府出台《衡阳市地下弱电管网建设管理办法》，明确公司对市城区地下弱电管网的统一经营权和受益权。优质资产进一步注入。收购华融湘江银行约6亿元的商业门面和资产，做实资产，增加收益和现金流。

衡阳市城市建设开发总公司

【概况】 2014年，衡阳市城市建设开发总公司完成总投资1.3亿元，完成经营总收入6811万元，上交地方税收1576万元，实现利润总额1207万元，净资产收益率达7.88%，均超额完成市委、市政府、市国资委下达的任务指标，确保国有资产有效增值。房地产主业销售任务通过公司全员努力完成市政府、国资委年初下达的税收、利润、资产收益率等各项经济指标；辅业的经营均超额完成年度指标，达到挖潜力，增效益的目的。(刘黎红)

【项目建设】 (1)阳光远景、华新苑两个项目基本完成收尾工作，项目整体开发完结。(2)筹集资金1.03亿元，付清美丽白沙项目土地款，并办理好国土使用权证；土地征拆工作进入实质性开展阶段，合同签订完成，支付征地拆迁费用5663万元；相关融资合作、策划整合、手续完备、规划设计、施工组织等工作筹备实施。(刘黎红)

衡阳市企业信用担保投资有限公司

【概况】 2014年，公司担保业务发生金额为42.3亿元。截至2014年12月31日，公司融资担保余额为24.1亿元。累计支持900多家中小企业，贷款担保达到150亿元以上，为企业带动实现GDP500多亿元，增加税收30多亿元，带动就业6万多人。担保业务范围也从原先单一的支持工业企业到涵盖医药化工、农产品加工业、机械制造、有色金属、农业农村、文化旅游、商贸物流、电子信息、城市建设等多个行业。(1) 确立项目开发的基本原则。符合国家的产业政策，符合银行的信贷政策，符合公司的担保政策，具备诚信品质，在行业中具有比较优势。(2) 建立项目开发的主要模式。形成“一点一线一批”的项目开发模式，以园区和产业积聚区为重点，“以支柱产业为主线，以县域为单位成批进行开发。重点支持的园区有白沙工业园、松木工业园等，前期开发的项目涉及钢管制造及加工、输变电制造、有色金属冶炼、盐卤化工、汽车零部件5大支柱产业。(3) 形成项目开发的工作机制。在组织机构上设立3个项目开发小组，按行政区域、行业、园区进行职责划分；在开发流程上对城区和县区实行差别化管理，城区企业由经信委、乡企局、科技局、商务局等职能部门出函推荐，县区企业由当地政府行文批量推荐；在项目资源管理上建立项目储备制度，衡阳地区90%以上规模企业申报纳入储备库，并根据项目成熟程度进行分类管理。

（唐　凌）

【风险管理】 新增不良担保项目为零。公司在风险管理技术上进行大量的研究和探索，基本上形成一套全流程“精细化”的管理模式。(1) 项目推荐环节，由各职能部门和县市区对所推荐的项目承担初选和协助管理的责任。(2) 项目开发环节，注重不同行业企业的适当搭配，避免项目行业集中度过高。(3) 贷前调查环节，引入管理咨询公司，对中小企业的财务真实性及经营管理情况进行专业审计，同时注重调查技术的精细化，总结操作办法，如评价企业的基本面主要看人品、产品、抵押品“三品”，通过银行对账单、报税表、水表、电表“四表”了解企业的经营情况。(4) 贷款发放环节，落实贷款条件和反担保措施，注重法律性文件的法律审查以及填写的严谨和准确性。(5) 贷后管理环节，通过采用委派职业经理人、全职会计和仓管，企业结算帐户印鉴管理等深度管理措施，管控贷款资金用途，掌握企业经营管理、财务管理、原材料及产成品管理等关键部位。公司强调反担保措施的设置，提高担保申请人的违约成本。反担保措施设置方式既有传统抵押、质押，也有股权质押、浮动抵押、存货质押、个人连带责任保证、委派会计、联合担保等创新方式。（唐　凌）

【银企合作】 公司的合作银行为15家，获得授信额度总计54.15亿。新增华融湘江银行1亿元；民生银行4亿元；华夏银行1亿元；兴业银行0.9亿元；浦发银行1亿元。2014年，公司与湖南中御投资担保有限公司、耒阳投资担保有限公司、湖南邵商中小企业资产管理有限公司、祁东县大德行小额贷款有限公司、海南省中小企业信用担保有限公司、花垣县中小企业信用担保有限责任公司签订合作协议，并成为重庆金融资产交易所有限责任公司的会员。授信评级方面，维持联合信用管理有限公司对公司评定的信用等级AA级。（唐　凌）

衡阳市湘江水利投资开发有限公司

【融资工作】 2014年，公司完成融资26.2亿元。其中，完成企业债券融资13亿元，银行贷款融资13.2亿元，所有贷款期限不低于5年，贷款利率不高于8%。(1) 债券发行。4月28日发行13亿元债券，利率为7.4%。并根据债券募集说明书的资金偿还要求，制定相应的还本付息计划。(2) 银行融资。完成银行融资13.2亿元。其中蒸水南堤三期风光带项目农发行1.5亿元贷款；耒水南岸新型城镇化建设项目工商银行3亿元贷款，完成审批并放款。湘江东岸苏洲湾片区土地综合整理项目光大银行的4.5亿元贷款；耒水西岸新型城镇化建设项目建设银行4.2亿元贷款，完成审批待放款。(3) 其他融资。

拟发行10亿元私募债，于11月底完成募集说明书编制工作及上清所开户手续等所有申报工作。

（刘　攀）

【项目建设】　2014年，围绕“进度、质量、成本”加强建设工作，实现建司5年来项目管理为“零”的突破，累计完成投资7.14亿元，为年初计划的119%。（1）蒸水南堤三期堤防工程。该项目计划总投资5亿元。截至2014年12月底，累计完成投资2.5亿元，路基工程全部完成，雨污水管工程完成90%，电力电信工程完成90%，风光带完成30%。（2）武广新区耒水西岸新型城镇化项目。该项目于2014年10月29日开工建设，计划总投资7亿元。截至2014年12月底，累计完成投资3.05亿元。（3）东洲岛项目。该项目计划总投资3亿元。截至2014年12月底，累计完成投资1.59亿元。（4）湘江东岸苏州湾综合治理项目。该项目计划总投资5亿元。截至2014年12月底，累计投资1.03亿元。

（刘　攀）

【资产经营】　2014年，公司资产规模达48亿元，为年初计划的120%；报批收储土地81.8公顷，为年初计划的155.3%。报批收储土地为建司5年来总数的3.4倍。（1）资产注入。2014年，公司收储土地81.8公顷。其中，办理国土使用权证的有：石鼓区角山乡茅茶亭村18.87公顷土地、珠晖区酃湖乡上托村22.2公顷土地及珠晖区和平乡和平村15.07公顷土地；已报部组卷的有：珠晖区酃湖乡上托村13.33公顷土地及珠晖区和平乡和平村12.33公顷土地。（2）经营性项目。携手衡阳市矿产储备经营有限公司与418队签订《常宁市狮形岭锡矿探勘项目合作协议》。收购衡阳市万福陵园股权，与永晟公司签订《和解协议》，并组织设计单位进行规划设计。参与衡阳市工业小额贷款公司的筹建。　（刘　攀）

科学技术

DM
DUAL MODE
双模电动车
科技·绿色明天
For Tomorrow
Build Your Dreams
比亚迪汽车
BYD AUTO
HOUSEHOLD
HOUSEHOLD
OUTLET

科技工作

【科技创新大会】 8月5日，市委、市政府召开高规格的全市科技创新大会。市委书记、人大常委会主任李亿龙为突出贡献奖获奖者颁奖并做重要讲话，市长周海兵主持会议，市委常委、常务副市长段志刚宣读表彰决定，市政府正厅级顾问陈新文做主题报告。会议确定加快创新发展，建设科技强市的创新驱动战略，并奖励31项科技进步奖和3项产学研合作奖。（吴 钊）

【高新技术企业】 通过项目支持、专家指导，重点扶持恒缘电工材料有限公司等5家高新技术企业。组织市内企业参加高新技术企业认定，组织17家企业进行重新认定，通过15家，组织14家企业参加复审，通过6家；组织衡阳运输机械有限公司等3家公司申报国家火炬计划重点高新技术企业并获批；组织南岳生物制药有限公司等3家企业申报省级创新型（试点）企业并获批。2014年，全市有高新技术企业84家，比2013年净增2家。全市高新技术产值1004.2亿元，同比增长9.02%；完成高新技术产业增加值312亿元，比2013年同期增长11.36%。（吴 钊）

【科技成果】 特变电工衡变公司完成的“电网大范围冰冻灾害预防与治理关键技术及成套装备”项目获国家科技进步一等奖，是湖南省唯一获得的一等奖。衡阳市获2014年度省科学技术奖6项。2014年，全市专利申请量为3069件，同比增长12.3%；专利授权量为1547件，同比增长12.4%，申请PCT国际专利14件，授权PCT国际专利8件。全年推广应用新技术、新产品30项。（吴 钊）

【科技体制】 衡阳市科技局起草《深化科技体制改革推进创新型衡阳建设的实施意见》。明确科技项目管理改革和创新、高新技术产业的支持和引导、创新基地平台培育和发展、科技成果转化和产业化的主攻方向。（吴 钊）

【科技项目】 （1）全年到位国家科技项目经费5383.5万元，争取省科技项目76项，到位项目经费2278万元。湖南天雁机械有限责任公司“0.8L高效电控汽油机涡轮增压技术研究”成为13个省重大专项之一，争取项目经费440万元。衡阳华菱钢管有限公司“HS系列新型特殊扣油气专用管产业化”列入省重大成果转化项目，争取项目经费140万元。（2）修订《衡阳市科技计划项目经费管理办法》，安排科技计划项目补助经费1600万元，其中重点项目安排经费1135万元，占70.9%。（3）科技惠民工程建设。耒阳市承担国家科技惠民计划“耒阳市采煤沉陷区村民饮水安全保障技术应用与示范”，争取项目资金814万元，项目完成后，矿井废水实现达标排放，解决矿区居民饮水难题。水口山有色金属公司承担省科技重大专项“湘江流域镉污染控制关键技术研究与应用”，是省政府“一号重点工程”项目之一，项目总投入1200万元。认定常宁市、祁东县为“湖南省可持续发展实验区”。科技活动周、科技特派员、“4·26”知识产权宣传周、“5·12”防震减灾宣传周、“12396”星火科技服务热线等载体发挥科技惠民作用。（吴 钊）

【创新平台】 （1）衡阳国家农业科技园区建设。向市政府提交《衡阳国家农业科技园区2014年建设工作方案》。就园区建设考核指标和难收标准相关事宜分别在第33次市政府专题会议和第37次市长办公会上做汇报工作。9月，省科技厅副厅长杨治平来衡阳督察。同时，创建耒阳农业科技园区、祁东农业科技园区2家省级农业科技园区。（2）产学研合作平台。通过校企合作，促成湖南农业大学官春云院士团队、中国科学院地理科学与资源研究所李文华院士团队与安邦公司、衡阳师范学院的合作，分别创建安邦院士工作站和衡阳师范学院院士工作站2家省级院士工作站。衡阳市汽车零部件产学研战略合作联盟组建“湖南省汽车零部件先进制造技术工程实验室”“湖南省轻量化汽车零部件设计制造技术工程实验室”2个省级实验室。（3）企业技术创新平台。成功创建湖南省变压器工程技术研究中心和湖南省薄膜光伏工程技术研究中心2家省级工程技术研究中心。完成衡阳国家输变电装备高新技术产业化基地复核工作。高品质无缝钢管及深加工基地获批省级创新型产业集群试点。完成衡阳市输变电装备产业科技条件平台的安装调试。组建衡阳市航天改性高分子耐高温绝热材料技术研究中心、防爆工业车辆工程技术研究中心、衡阳市杂交水稻工程技术研究中心等5家市级工程技术研究中心。全市建成国家级重点实验室1家、省级重点实验室13家、省级工程技术研究中心11家、省级产业技术创新战略联盟2家、省级应用基础研究基地1家，国家级企业技术中心3家、省级企业技术中心22家。

（吴　钊）

【规范程序】 规范科技项目评审程序，在一般项目评审上增加网上盲审和专家评审两个环节。更新“衡阳市科技计划项目申报系统”，简化项目申报环节。改革财政科技资金投入方式。对科技成果工程化产业化项目、科技创新平台的建设等，主要实行后补助方式支持。（吴　钊）

【其他事业】 防震、工会、老干、信访维稳等工作全面推进。市地震监测中心和耒阳市地震监测中心安装调试完毕并投入试运行。撰写《衡阳市2014年年中地震趋势研究报告》《衡阳市2015年年度地震趋势研究报告》。

（吴　钊）

科协工作

【科普宣传】 （1）“弘扬雷锋精神·构建和谐衡阳”系列活动。3月5日，市科协与市文明委等单位联合开展“2014年学雷锋日”系列活动，市科协组织80名科普志愿者组成科普志愿者方队参加，在活动现场摆放科普宣传展板100多块。（2）防灾减灾宣传活动。5月12日是全国第5个“防灾减灾日”，市科协围绕“城镇化与减灾”主题，有针对性地开展宣传教育活动，发放各类防灾减灾科普资料50000余份，举办讲座培训300余场，受益人群超过50万人。（3）科技活动周活动。5月19日，市科协与市科技局、市委宣传部和教育局联合举办2014年衡阳市科技活动周活动，市科协搭建科普志愿服务台和50块科普展板，为1000余名群众提供科技咨询服务，发放《科普博览》50套，节水环保卫生等方面科普宣传单1万份。（4）食品安全周活动。在宣传周期间，市科协会同有关部门在衡阳市蒸湘北路小学、西湖一村社区、衡西市场举办食品药品安全科普“四进”系列宣传活动，以及食品药品安全科普教育基地“公众开放日”活动，组织志愿者和公众参观衡阳市食品药品检验检测中心、衡阳中药制药厂。（5）“全国科普日”衡阳活动。市科协以“创新发展，全民行动”为活动主题，组织23个市级学会、驻衡高校、企业科协的科技人员和科普志愿者队伍近500人参加活动。活动免费义诊700人次，提供科技咨询服务1000余人次，发放科普资料25000余份，科普图书400本，展板360块。市委副书记、市长周海兵到活动现场指导，与市民一起观看《创新发展·全民行动》大型科普展览，并与科技工作者面对面交流科技创新与科技推广情况。（郭红军）

【青少年科普活动】 （1）青少年机器人竞赛。2014年4月，市科协在市科技馆举办衡阳市首届青少年机器人竞赛，来自全市的226支参赛队伍，近300名参赛选手参加竞赛。竞赛评出一等奖55项、二等奖70项。在第七届湖南省机器人竞赛中，衡阳市派出的34支队伍参赛，获金牌9枚、银牌33枚、铜牌25枚。这是衡阳市自2008年以来，第一次在省级机器人竞赛获得三个组别的一等奖。2014年7月，在新疆乌鲁木齐市举办的第十四届中国青少年机器人竞赛中，衡阳市代表队获得FLL项目初中组金牌和高中组银牌。2014年8月，在陕西西安举行的2014年亚太青少年机器人竞赛中国赛区选拔赛中，衡阳市代表队首次参加“探寻未知世界”项目竞赛，获得一等奖、二等奖各一项。（2）青少年科技活动周活动。“六一”期间，青少年科技活动周新增加青少年素质教育成果展示、小小科学家操作实验等青少年科技活动版块。省科技馆的“科普大篷车”首次开进衡阳市科技馆，为小朋友带来一批先进的光学、电学、物理学等科普器材。（3）青少年科技创新大赛。2014年3月，举办第35届湖南省青少年科技创新大赛中，衡阳市获一等奖5项，二等奖8项，三等奖17项，优秀组织奖3项，省十佳教师1名。在第29届全国青少年科技创新大赛中，耒阳市水东江中学张运芽老师的科技辅导员项目《汽车防追尾及安全行车信息交流警示控制系统》获全国三等奖；市科协获得第29届全国青少年科技创新大赛基层赛事优秀组织单位奖。11月，举办衡阳市第29届青少年科技创新大赛，全市有1400多人参加，经过县市区初赛，全市决赛，最后评出一等奖37项，二等奖84项，三等奖95项，并选送42项参加2015年湖南省第36届青少年科技创新大赛。（4）青少年科普队伍。2月，市科协邀请5位专业人士对青少年机器人竞赛规则以及裁判员应注意的事项和要求进行详细的讲解和指导，100多名机器人教育组织工作者、中小学机器人教练员参加培训。9月，举办衡阳市第二届青少年科技辅导员培训班，邀请肖云龙教授做《科技创新作品点评与启迪》的科技讲座，来自全市7县5区的科技辅导员老师和部分学生、科普志愿者参加这次培训。组织开展科学夏令营活动，组织市级中学的10名高中生与来自全国以及香港、澳门、台湾地区的960名优秀高中生一起参加在江苏南京大学举办的高校科学营全国营专题土壤营活动；县级中学的20名高中生参加在中南大学开展的科学营湖南营活动。（郭红军）

【科普惠农】 2014年，衡阳市有4个农技协、1个基地、2个科普带头人和2个科普示范社区被中国科协评为先进单位，有2个农技协、2个基地、1个科普带头人和3个科普示范社区被省科协评为先进单位，获奖补奖金225万元。2014年，实行科普惠农配套奖励，衡南县吐泉生态农业综合开发有限公司等11个科普惠农基地被评为衡阳市科协2014年科普惠农项目奖补对象，下拨奖补经费67万元。增补石鼓区松木乡养鸽协会等20个农技协会，常宁市塔山瑶胞特种养殖专业合作社科普示范基地等12个科普示范基地，蒸湘区雨母山乡二塘村周宏兰等16个科普带头人以及雁峰区雨花亭社区等10个科普示范社区，为衡阳市“科普惠农兴村计划”和“社区科普益民计划”申报单位项目推荐单位，纳入湖南省科协基层科普行动计划数据库。市科协组织对常宁市特种养殖技术协会等4个惠农项目和衡阳县滨江社区等2个益民项目进行绩效评价。市科协指导推荐祁东县育贤中学成立湖南省首个农村中学科技馆，获中国科协下拨的设备器材。（郭红军）

【科技创新】 2014年，完成新增15家企业科技信息注册和培训80个企业科技信息应用人员的目标任务。多次与华新高新技术产业部、白沙工业园区管委会、瑞安创业基地、三叶中小企业创业园及多家中小企业联系，向他们宣传推广讲解，帮助他们进行科技创新。其中湖南省长宏锅炉有限公司衡阳市三江轻工机械厂通过产品技术的二次创新，于2014年4月获中国知识产权局授予的七项实用新型专利证书。组织召开市企业科协联合会2014年年会。（郭红军）

【大学生科技创新大赛】 4月18日上午，市科协举行衡阳市第六届大学生科技创新大赛项目评审会。评选出一等奖4项，二等奖8项，三等奖12项。5月21日，市科协举行衡阳市第六届大学生科技创新大赛表彰大会，市直有关单位、科协所属团体、各驻衡高校师生代表500余人参加大会。大会对获奖作者颁发奖励证书和奖金。（郭红军）

【自身建设】 （1）干部培训。2014年，市科协党组主要负责人参加中南大学培训学习，分管负责人参加湖南大学培训学习，部分人员参加市委党校和市直单位举办的理论、业务培训。（2）信息工作。2014年，市科协网站登载各类信息273条，其中有123条被省科协网站采用，中国科协采用5条。（3）学会工作。组织召开全市学会工作新春研讨会。对市科协所属学会的秘书长至正副理事长当中由党政机关领导干部兼职的情况进行全面的摸底。继续以科协会议室为办公地点，实行集中年检。（4）学术工作。2014年，市科协与省科协联系，选送10篇优秀论文参评省第15届自然科学优秀学术论文评选活动，一次报送成功。（5）推介先进典型。在全市开展全国优秀科技工作者候选人推选工作，胡辽平同志被评为全国优秀科技工作者。（6）机关管理。2014年，机关内部实行“二划二结”工作法，即：年初有年度工作计划、月初有月度工作计划，年底有总结、每月有小结。成立机关工会。

（郭红军）

知识产权

【概况】 2014年，衡阳市专利申请3069件，其中发明专利申请999件；专利授权1547件，其中发明专利授权119件。每万人有效发明专利拥有量由2013年底的0.47件（337件）上升到0.6件（423件），增长28%。全市查处侵权假冒案件352件，结案352件；受理侵权纠纷案件20件，结案20件。市知识产权局连续六年获"湖南省专利工作先进单位"。

（刘自生）

【政策实施】 （1）市政府出台《关于推进衡阳市工业经济"稳增长促转型"的意见（试行）》文件，明确首次获得国家发明专利金奖、优秀奖和首次获得授权发明专利并在市内转化的企业分别安排工业发展资金50万元、20万元和10万元。（2）市人民政府第14届第22次常务会通过《衡阳市知识产权优势企业培育和专利技术转化实施工程方案》，正式启动省市共建"衡阳市知识产权优势企业培育和专利技术转化实施工程"。（3）根据市政府要求，与市文广新局联合拟定《衡阳市文化产业知识产权战略实施意见》。（4）年初，衡阳市各县市区全面启动贯彻实施《湖南省专利条例》绩效考评工作，对全市12个县市区的专利申请和专利行政执法工作进行指导，既促进县市区专利工作的发展，又加强对县市区的管控力度，年底，各县市区基本完成专利申请和专利执法工作。

（刘自生）

【试点示范】 加强试点示范工作，通过知识产权局的指导和帮助，耒阳市被认定为国家知识产权示范城市，衡阳县成功申报国家知识产权强县工程示范县，衡山县成功申报国家知识产权试点县，南华大学、湖南工学院成功申报高校知识产权试点，衡阳师范学院成功申报知识产权远程教育分站。知识产权局启动软课题"衡阳市知识产权战略推进研究"。在通过多方考察后，与南华大学签订《软科学课题研究合同书》，课题组到政府部门、企业、高校、科研机构等单位多次走访，发放调查问卷近2000份，软课题研究进入验收阶段。（刘自生）

【创造运用】 市局与珠晖区、耒阳市签订合同，开展市县共建"知识产权优势企业培育和专利技术转化实施工程"（简称"双百工程"）。共建工作得到耒阳市政府支持，设立80万元专项培育资金，全年申请专利709件，其中发明专利215件，同比分别增长108.5%和230.7%。全年衡阳市培育企业35家，新增专利申请669件，达到907件，其中发明专利539件，所占比例为58%；进一步加强对县市区专利申请和专利产业化工作的指导和调控。企业专利转化效果明显，推动试点企业转化实施120项专利技术，年新增产值90亿元，知识产权优势企业培育工作试点企业专利产品销售额占本企业总销售额达到63%。（刘自生）

【服务能力】 委托长沙赛由信息技术有限公司开发"专利资助及项目申报系统"。衡阳市企事业单位和个人均可通过网上平台申请专利资助和申报项目，简化办事程序，提高工作效率。2014年，知识产权局与交通银行进行多次协商，深入数十家企业进行专利质押融资调研，2014年有两家企业得到交通银行的认可，有望达成质押融资意向，推动企业专利形成产业化。根据省局要求，知识产权局在对衡阳市专利工作较好的企业调研后，组织特变电工、衡钢等7个单位成功申报湖南省专利奖。在知识产权局的具体指导下，衡阳市完成对第二批中小企业知识产权试点的验收工作，金杯和恒缘两家企业通过省局考核，被评为优秀企业。（刘自生）

防震减灾

【概况】 2014，衡阳市地震局深入开展党的群众路线教育实践活动，认真贯彻落实《中华人民共和国防震减灾法》，狠抓防震减灾各项业务工作，全面完成年初制定的各项工作计划，再次获得2014年度全省防震减灾工作先进单位的称号。（刘雪芬）

【震情报告】 全年发生地震一

次。2014 年 12 月 20 日 12 时 23 分 29 秒，衡阳市祁东县粮市镇西木村，发生 1.8 级地震，震源深度 10 千米，地震震级较小，未接到当地震感报告。（刘雪芬）

【抗震设防】 发挥市政务中心服务窗口的作用，把好建设工程抗震设防要求审批关、服务关。全年完成行政审批 19 大项，地震安评项目 11 项，业主投诉率为零。全面提高新建、改建和扩建工程的抗震能力。分别在衡山县白果镇、常宁市江河乡举办农村民居抗震知识培训班 2 期，向群众宣讲地震群测群防工作及农村民居抗震等知识，近 200 名村民、地震宏观观测员、建筑工匠及建房户自发听取讲座。确定 3 个农村民居示范点，坚持以培训建筑工匠和提高农民抗震意识为抓手，把培训班办到乡镇、村组。

（刘雪芬）

【监测预报】 地震台测震仪器实时监测工作，确保数据传输准确、及时，无责任事故，做好衡阳市地震监测中心数据分析上报；开展震情会商跟踪工作，讨论提出 2014 年中及 2015 年度地震趋势会商意见，撰写《衡阳市 2014 年年中地震趋势研究报告》《衡阳市 2015 年年度地震趋势研究报告》。在衡阳市珠晖区茶山镇大昌村、石鼓区松木乡友谊村新建 2 处地震宏观观测点。2014 年，全市建立观测点 32 个，初步形成横向到边、纵向到底的地震宏观观测网络。衡阳市地震监测中心和耒阳市地震监测中心分别于 3 月和 7 月安装调试完毕并投入试运行，接通省市台网数据库，实现资源共享，并将郴州等周边台站数据纳入观测，实现观测数据的实时传输、显示及地震的自动定位。

（刘雪芬）

【地震应急】 市地震局和市教育局以华新实验中学为重点开展地震应急演练活动，提高师生的防震减灾意识和自救互救能力。向省地震局申报衡阳市第二十三中学、衡山县城西完小 2 所学校为省级防震减灾示范学校，并指导衡阳市华新实验中学和衡山县白果镇完小创建市级防震减灾学校。处置两起疑似地震事件。7 月 26 日，祁东县地震局反映该县城区中心市场主楼有振动，疑似发生地震。接到报告后，立即将这一情况向省地震局做报告，经省地震监测中心、市地震台核实监测数据，该时段此区域范围内并没有发生地震，并派人进行震感范围调查和群众维稳解释工作。10 月 16 日，接电话报告，祁东县凤歧坪乡灵官村村级公路上出现大量蚯蚓异常活动现象。经现场调查核实和综合分析，判定与地震无关，并做好辟谣维稳工作。市地震局牵头对原《预案》进行修订，调整抗震救灾领导小组成员单位。经专家评审、法制办审查后，市人民政府于 2014 年 3 月重新颁布《衡阳市地震应急预案》。

（刘雪芬）

【宣传工作】 5 月 12 日，在市应急办的统一组织下，在衡阳市莲湖广场举办大规模的集中宣传活动，设置宣传板报 2 块，开设咨询台 2 张。免费发放主题宣传单、《防震减灾科普知识手册》《公众应急常识》3000 余份，现场讲解防震减灾有关的法律法规和地震科普知识、解答群众问题。5 月 17 日，全市科技活动周启动仪式在衡山县城关镇举行，市地震局宣传防震减灾知识，免费发放《农村民居抗震指南》《农村抗震民居图集》《防震减灾科普知识手册》等各类宣传资料 1000 余份。市地震局向学校、单位发放相关视频资料 40 余份，组织师生观看《地震来了怎么办》等电影 20 余场次。在“5·12”期间设立开放日，开放衡阳市防震减灾科普教育基地——衡阳市地震台，供广大市民参观学习。在《衡阳日报》《衡阳晚报》、衡阳电视台开辟专版、对防震减灾知识及整个宣传活动周进行详细的报道。

（刘雪芬）

【“湖南省防震减灾工作示范乡镇”】 衡山县白果镇创建“湖南省防震减灾工作示范乡镇”，于 11 月 18 日通过省地震局工作验收。地震局突出基层防震减灾工作重点即“三网一员”及农村民居建设，抓好业务培训、科普宣传，增强广大民众的防震减灾意识及自救互救能力，全省乡镇防震减灾工作开拓创新，探索好做法、好经验。（刘雪芬）

【地震台改造工程】 衡阳市地震台改造工程通过招投标于 7 月份正式开工建设，总投资 20 万元，用于解决地筹建省级科普教育基地震台漏水、水电线路老化、一楼地面潮湿等系列问题。为筹建省级科普教育基地，参观学习铜陵和宜春的先进做法，前期准备工作及基础设施完成，规划设计方案初步形成。　　（刘雪芬）

教　育

基础教育

【小学教育】 2014年，衡阳市有全日制小学1561所（城区180所，镇区262所，乡村1119所），教学班13819个（城区3068个，镇区3376个，乡村7375个），在校学生553335人（城区159538人，镇区175052人，乡村218745人），其中女生251239人（城区70067人，镇区78528人，乡村102644人）。班均学生40人，校均学生355人。有教职员工27325人（城区7296人，镇区8218人，乡村11811人），其中专任教师27276人，其专业技术职称为：中学高级241人，小学高级16129人，小学一级6709人，小学二级563人，小学三级50人，未定职称3584人。其学历结构为：研究生毕业45人，本科毕业8663人，专科毕业14150人，高中阶段毕业4332人，高中阶段以下毕业86人。另有代课教师1045人（城区59人，镇区246人，乡村740人），兼任教师54人（城区28人，镇区3人，乡村23人）。学校占地面积11025261平方米，生均19.93平方米；校舍建筑面积3933276平方米，生均7.11平方米；校藏图书8934077册，生均16.15册；学校固定资产总值328141.12万元，其中仪器设备总值35307.49万元。 （张子良）

【中学教育】 全市有普通中学427所（城区76所，镇区154所，乡村197所），其中初中371所（城区49所，镇区127所，乡村195所），高中56所（城区27所，镇区27所，乡村2所）；初中有九年一贯制学校87所，高中有完全中学15所，十二年一贯制学校8所。有教学班6639个（城区2227个，镇区2947个，乡村1465个），其中初中教学班4757个（城区1339个，镇区2032个，乡村1386个），高中教学班1882个（城区888个，镇区915个，乡村79个），在校学生411952人（城区134536人，镇区194750人，乡村82666人），其中初中在校学生288800人（城区80652人，镇区130958人，乡村77190人），高中在校生123152人（城区53884人，镇区63792人，乡村5476人）。初中学生中有九年一贯制学生25903人，十二年一贯制学生17575人，完全中学中初中生15312人；高中在校学生中有完全中学的高中生21424人，十二年一贯制学校高中生8164人。初中班均学生60.71人，校均学生778.44人，高中班均学生65.44人，校均学生2199.14人。中学有教职员工31893人（城区9540人，镇区14368人，乡村7985人），其中初中21219人（城区4379人，镇区9269人，乡村7571人），高中10674人（城区5161人，镇区5099人，乡村414人）。中学专任教师25729人，其中初中专任教师18923人，其专业技术职称为：中学高级1286人，中学一级10639人，中学二级4747人，中学三级291人，未定职称1960人；学历结构为：研究生毕业77人，本科毕业12701人，专科毕业5936人，高中阶段毕业209人。高中专任教师6806人，其专业技术职称为：中学高级1910人，中学一级2997人，中学二级1511人，中学三级70人，未定职称318人；学历结构是：研究生毕业139人，本科毕业6502人，专科毕业162人，高中阶段毕业3人。中学另有代课教师257人，兼任教师61人。初中校园占地面积9076876平方米，生均31.43平方米，校舍建筑面积3105898平方米，生均10.75平方米。校藏图书5841837册，生均20.23册；学校固定资产总值255306.29万元，其中仪器设备总值24935.68万元。高中校园占地面积4504966平方米，生均36.58平方米，校舍建筑面积2216610平方米，生均18平方米；校藏图书2046920册，生均16.62册；学校固定资产总值236549.98万元，其中仪器设备总值22421.08万元。 （张子良）

【养成教育】 衡阳市养成教育在2013年度省教育厅的年度考核中被评为“湖南省市州教育工作创新（特色）项目”，并获评“中小学生养成教育‘衡阳模式’”殊荣，《湖南日报》《人民日报》先后数次来衡阳市调研采访。市教育局2014年进一步实施中小学幼儿园养成教育。（1）每月确定主题。（2）组织修订《衡阳市中小学生养成教育读本》，要求各校养成教育进课表、进课堂、进考卷。（3）重视工作监管。要求各县市区和市直各学校把养成教育主题活动开展情况一月一小结并上报工作群。(4) 开展专项考核。两期开学对部分县市区及市直学校的养成教育工作进行评估考核。(5) 纳入中考范围。2014 年初中毕业学业水平考试政治在满分不变的情况下，包含 20 分养成教育知识的考试内容，将养成教育纳入考试范畴。(6) 突出生态文明教育。在《中小学养成教育读本》中突出生态文明教育内容，有关专题内容近 10 万字，占全书内容的 15%，并认真组织省、市级“生态文明示范校”创建。生态文明“优秀教学案例”和“优秀社会实践活动成果”的评选活动。衡阳市一中、衡山县岳云中学、珠晖区实验小学被评为“湖南省第二批生态文明示范学校”。

（张子良）

【增强保学助学机制】 2014 年，市教育局将加强保学助学、保障学生受教育权利作为重点工作。(1) 强化控流保学，确保学生入学巩固率。2014 年，衡阳市小学生入学率100%，巩固率99.78%；初中生巩固率98.63%；学前三年毛入园率79.7%，学前一年入园率103.5%，3 周岁以下婴幼儿接受早期教育率逐步提升。(2) 保证特殊群体受教育权利。2014 年春季，本市接收66328 名进城务工人员随迁子女义务教育入学。保障适龄残疾儿童少年受教育权利，全市适龄三类残疾儿童少年入学率达71.6%。(3) 加强对家庭困难学生扶助。义务教育阶段“两免一补”政策全面实施，全市有近80 万学生受惠；享受高中阶段助学金人数超过 2 万人，享受职业高中（中专）国家助学金人数超过 3 万人；生源地信用贷款有 4000 多人申请，贷款总额近 2000 万元。与湖南共创集团开展第四期“共创爱心助学工程”，与市关工委开展“民营企业家献爱心”活动，与市慈善总会合作开展“慈善一日捐”活动，全年全市接受各类社会捐资助学金额 1000 多万元。

（张子良）

【城区“小升初”招生方案】 4 月 18 日，市教育局公布《2014 年衡阳市城区初中招生工作方案》，公办初中按照“相对就近、划片招生、计划到校、免试入学”的方式进行招生。民办初中招生实行“自主招生、微机派位、计划到校、免试入学”的方式。其中市船山实验中学、市成章实验中学招生采取微机派位与自主招生（含推荐招生）两种形式进行，两校各拿出 480 个学位用于微机派位，剩余学位用于学校自主招生。其他民办初中自主招生（含推荐招生）。推荐招生实行毕业学校校长实名推荐制，招生对象为具有国网学籍系统市城区学籍的综合素质评定为优秀的小学应届毕业生。推荐生每生限报一校，若在多校报名者均取消推荐资格，被推荐录取的学生不再参加微机派位。微机派位招生对象为具有国网学籍系统市城区学籍的小学应届毕业生和随迁子女就读的应届小学毕业生。具有市城区学籍的小学应届毕业生实行网上报名，符合条件的学生（家长）在规定的时间内登录衡阳市教育信息网自主报名，每个符合报名条件的小学毕业生只能报读一所民办初中；随迁子女就读的应届小学毕业生在规定的时间内由其监护人陪同并持户口薄、房产证及《小学生素质报告册》到招生学校办理报名手续。6 月 22 ~ 26 日，就读船山、成章中学的小学毕业生办理微机派位报名手续。7 月 3 日，全市统一进行船山、成章中学微机派位，并在衡阳市教育信息网上公布微机派位结果。7 月 5 ~ 6 日，被派中的学生到相应民办初中办理招生录取手续。按照招生方案，公办初中学校招生依据小学毕业生（具有市城区户籍）居住和户籍所在地划分就读片域（如居住和户籍所在地不一致，以居住所在地为主），免试入学。进城务工人员子女要求在城区中学就读，由其父母或监护人持身份证、户口簿、居住证明（务工所在区域的居住证，或在城区的房产证，或经街道以上机关签署意见加盖公章的租房协议，并同时提供房东房产复印件）、务工证明（务工的劳动合同，须用工单位法人代表签名盖章，并由用工单位所在街道以上的劳动保障部门签署意见加盖公章，个体经营者可用工商税务证代替）和原就读学校出具的学籍证明等材料向服务区范围内公办初中学校提出申请，经核查批准后，就近免试入读。市外国语学校、市十九中等特色初中学校，根据市教育局下达的招生计划，优先接受新生报名，进行特长测试并开展录取工作，被录取的小学毕业生不再参加公办学校的划片录取和民办学校的微机派位及自主招生。7 月 12 ~

16日，学生持有关证件（原件）到公办招生学校核证。7月29～31日，城区初中统一发放新生录取通知书。 （张子良）

【高中学校招生方案】 4月23日，市教育局公布《2014年衡阳市高中阶段学校招生工作实施方案》，衡阳市高中阶段学校招生实行“尊重志愿，择优录取”的原则，公办普通高中择校生招生严格执行“限分数、限人数、限钱数”三限原则。普通高中学校招生以初中毕业学业考试成绩（满分1000分）、理化生实验操作等第、综合素质评定等第和考生志愿作为录取依据。中职招生以初中毕业证书、考生志愿和综合素质评定等第作为录取依据。考生理化生实验操作、综合素质评定达到C等（含C等）以上，才具有录取高中阶段学校的资格。普通高中继续实行直升生招生制度。市城区的完全中学可在本校初中生中招录直升生，招录人数比例不超过公费招生计划的5%。直升生招收采取考生自愿、学校综合评价择优、校内公示、中招办审批的办法。直升生的录取工作在学业考试前进行，被录取的直升生不再参加初中毕业的学业考试。同时，继续实行定向招生制度。将省示范高中学校公费计划的40%定向分配到区域内各初中学校，按考生志愿，学业成绩在省示范高中公费分数线下降30分且综合素质评价达到A等第的三年学籍无异动的学生中择优录取，定向生计划适当向新课改初中合格校倾斜（在基本标准上提高1个百分点的比例）。各省示范性普通高中可招收“创新后备人才培养试点班”各50名；市一中的青化山分校、市八中的二七二分校招收“实验班”学生各100名；市田家炳中学招收“宏志班”学生50名（招生对象为成绩特别优秀的贫困家庭考生）；市五中招收“珍珠班”学生50名（招生对象为成绩特别优秀的贫困家庭考生）。市一中、市八中和市二中在专业生的招生计划内（市一中、市八中总招生计划的5%，市二中总招生计划的30%）面向全市行政区域分别招收对体育、艺术、科技类等方面具有特殊才能的学生，市七中招收日语类特长生。2014年在籍初中毕业生在学籍所在学校统一参加初中毕业学业考试报名。外地回衡阳等无本地有效学籍考生5月6～17日到户口所在县级教育行政部门中招办办理报名手续，属市城区户口的考生直接到市教育局中招办办理报名手续。考生报名均统一使用全国中小学生学籍信息管理系统相关数据进行报名，系统中在籍应届初中毕业生未经批准均应报名参加学业水平考试，否则不予毕业和升学。符合下列条件的，给予考生优惠：（1）被评为省级三好学生、优秀学生干部的降5分录取。（2）烈士子女降10分录取。（3）因公牺牲军人、一级至四级残疾军人子女降5分录取。（4）少数民族及侨属子女降5分录取。（5）农村独生子女和农村两女家庭子女降5分录取。以上优惠项目不累计，只取最高一项优惠加分。有意向就读普通高中的市城区考生普高志愿填报时间统一为：第一轮志愿在6月20日上午8：15～8：25英语科考试前填报；第二轮普高征集志愿在7月29日至7月31日到市中招办现场填报补录志愿。考生应在考场集中填涂普通高中学校志愿。志愿卡填涂要求：普高一批填涂1所，普高二批填涂1所，普高三批填涂2所（含民办高中）。有意向就读职高的考生可在考场填涂职业高中学校志愿（也可登陆衡阳教育信息网，网上填报）。职高一批填涂1所、职高二批填涂1所、职高三批可填涂2所。

（张子良）

【“中考”情况】 2014年，衡阳市有77475名初三学生参加中考（比2013年增加3002人），全市设考点124个、考室2581个；其中市城区考生10611人，设考点8个，考室354个。此外，初中二年级有91188名学生报名参加生物、地理会考，设考点124个，考室3039个，其中市城区11814人，设考点8个，考室395个。中考安排在6月18～20日三天举行。初二学生的生物、地理会考安排在6月20日下午进行。市城区中考考点采用高考考点，分别设市一中、市五中、市六中、市八中、衡铁一中、市职业中专、市二中等8个考点。中考实施“交叉监考”和“滚动式监考”，市城区中考考点全程监控录像，录像资料存储硬盘随生物、地理考试试卷一起由保密员送交市中考保密室，市中考办随机抽查部分考室视频，所有城区考场启用电子屏蔽设备，并在每堂考试考生入场前进行安检。使用全封闭式车辆（禁止无关人员乘坐）接送试卷，试卷保密期间，有2名保密人员，2名保卫人员昼夜值班，保密室禁止无关人员进入，市、县两级考办每天对本级及下属考点保密室的值班人员进行不定时的点名检查到岗情况。坚持驻点巡视制度，每个考点由教育行政部门派2名以上驻点巡视员。（张子良）

【城区普高划定录取分数线】 2014年，衡阳市城区普通高中录取分数线划定为：市一中公费线920分、择校线914分；市八中公费线927分、择校线921分；衡铁一中公费线850分、择校线800分；城区其他普通高中学校录取最低分数线为650分。同时还规定，城区考生中考分数上局直省示范性普通高中择校线的应于7月15～16日到招生学校办理登记手续，逾期将不再办理。省、市示范性高中择校收费，须严格按省有关文件规定执行。普通高中招生严格按志愿录取，禁止未经批准的跨区域招生。（张子良）

【省教育厅领导巡视学考工作】 6月10～12日，湖南省2014年普通高中学业水平考试（即“学考”）期间，省教育厅工委委员陈飞跃、省电教馆副馆长温安顺、省电教馆培训部副主任李湘一行三人莅临衡阳市巡视衡阳考区学考组考工作。市教育局局长、党委书记周法清，副局长万和森等陪同巡视。（张子良）

【专题研究提升基础教育质量】 10月27日，市教育局召开2014年全市基础教育质量工作会，会议总结过去一年全市基础教育工作，表彰一批工作业绩突出的集体和个人，研究进一步提升基础教育质量的方法和途径，并对下阶段工作作出安排和部署。4名获奖代表先后上台发言。市教育局局长、党委书记周法清出席会议并讲话。副局长万和森做“深化改革，优化管理，推动我市基础教育质量再上新台阶”的工作报告。副局长谭小华宣读表彰决定。会议由市教育局党委副书记、副局长马建新主持。市人民政府教育督导室主任督学罗胜利，副主任督学肖智亮、宋腾飞，各县市区教育局局长，主管基教副局长、基教股长、全市普通高中学校校长、市直初中、小学校长参加会议。（张子良）

【举办阳光体育竞赛】 2014年，衡阳市举办各级阳光体育赛事，学校、县市区教育局、市教育局三级联动。市教育局举办元旦环城赛跑、田径、篮球、排球、足球、健美操等赛事，有3000余名中小学生参加市级体育赛事，2000余名中小学生取得名次。举办各类县级体育竞赛和校级体育竞赛。在省十二运会中，衡阳市青少年组的赛会总分和综合总分均位居全省第二、金牌数位居全省第三名。市教育局被评为省十二运会突出贡献单位。刘文艳立三等功，尹军获嘉奖奖励。市逸夫中学女子足球队获省十二运会足球赛女子乙组冠军；市一中女子足球队获省十二运会足球赛女子甲组亚军；市八中男、女排球队分别获得省十二运会排球赛第三名、第四名；市铁一中男子足球队获省十二运会足球赛男子组第五名；石鼓区人民路小学校健美操队在青岛全国全民健身操舞大赛总决赛中获两项一等奖；衡阳市八中被评为全国体育传统项目校。（张子良）

【初中毕业升学体育考试】 3月17日，市教育局下发《2014年衡阳市初中毕业升学体育考试实施方案》，规定全市初中毕业升学体育考试项目为：1000米跑（男）、800米跑（女），掷实心球（2公斤），跳绳（1分钟）。考试成绩共100分，其中跳绳（1分钟），掷实心球各25分，1000米跑（男）、800米跑（女）50分。考试时间定为5月份。市城区设置2个考点：市一中和市八中，城区学校可选择其中一个考点参加考试。考试项目顺序为：跳绳、掷实心球、1000米（男）或800米（女）跑。因残疾或伤病而丧失运动能力或不能、不宜参加剧烈运动的学生，经批准免考的残疾学生按满分的80%计入升学成绩，伤病学生按满分的60%计入升学成绩，同时须将残疾或伤病证明和审批材料放入该生升学档案。在初中阶段参加市、县教育行政部门组织的各项体育竞赛中取得前六名的学生，通过教育行政部门组织的加分测试，可在体育考试成绩中加分。取得前三名的学生可在体育考试成绩中加10分，取得前六名的学生，可在体育考

试成绩中加5分。加分项目不累计，只取一项最高成绩加分。并不得超过满分。（张子良）

【全市中小学生田径运动会】 6月25～27日，2014年衡阳市中小学生田径运动会在市体育中心举行，37支代表队、558名运动员，参加17个大项、130个小项的比赛。县区高中组的前六名分别是：衡阳县、耒阳市、衡东县、衡南县、常宁市、衡山县；城区高中组的前六名分别是：市八中、衡钢中学、市铁一中、市一中、市二十六中、市五中；城区初中组前八名分别是：成章实验中学、市实验中学、市逸夫中学、船山实验中学、衡钢中学、华岳实验中学、成龙成章实验中学、市十五中；小学组前四名分别是：石鼓区、蒸湘区、珠晖区、雁峰区。（张子良）

【美国ACT高考考点“落户”市八中】 8月22日，市八中成为美国ACT高考官方考点。美国高考ACT的子课程GAC是全球评估证书预科课程。学生完成GAC预科课程，可直接免预科进入美国、澳大利亚、加拿大、英国等正规大学本科一年级学习，可以凭借GAC考试成绩申读多所大学，所获学位得到中国教育部承认。美国ACT考试每年举办5次，分别在4月、6月、9月、10月和12月。（张子良）

【市八中成立教育集团】 12月18日，“衡阳市八中教育集团”成立，成为衡阳市规模最大的基础教育办学联合体。市八中教育集团有10所成员学校，其中母体学校为市八中，子体学校有衡阳市成章实验中学、衡阳市成龙成章中学、衡阳市博雅学校、市八中二七二分校、衡阳市外国语学校、衡阳市成章中学珠晖分校、市八中尚宇学校（筹）、市八中白沙中学（筹）、市八中附属三鹰幼儿园（筹）等。集团设立衡阳市八中教育集团管理委员会，下设衡阳市八中教育集团行政事务中心、教学督导中心、学生发展中心、师资培训中心四个职能管理部门。（张子良）

【市八中获授“国家级体育传统项目学校”】 12月29日，衡阳市八中正式挂牌为“国家级体育传统项目学校”。这是衡阳市第一所由国家体育总局、教育部授予的“国家级体育传统项目学校”。市八中多次代表衡阳市出征省运会和国家级运动会，被市政府评为“突出贡献单位”。（张子良）

【体育不及格高中毕业证不予验证】 市教育局发出通知，衡阳市2012级普通高中学生毕业体育术科测试于2014年11月举行。全市2012级普通高中学生均要参加测试。测试项目为立定跳远，掷实心球（2公斤），1000米跑（男），800米跑（女）。术科测试三个项目分别达到：立定跳远男生2.11米、女1.56米，掷实心球男生6.9米、女生5.4米，男生1000米跑4分33秒，女生800米跑4分23秒，体育测试才能及格。未达到及格标准的学生，将于2015年3月进行补考，补考不及格者，即作体育不及格处理，其高中毕业证书不予验印。有生理缺陷或严重身体疾病者可以申请免测，待随队医生确诊后，体育可免测，成绩作及格处理。所有学生必须凭二代身份证参加测试。凡未参加测试或在测试中冒名顶替、弄虚作假者，一经查实，概作体育不及格论处。各学校体育测试合格率是衡量学校校园一小时体育活动开展情况的重要指标，纳入年度目标考核。（张子良）

【市教育局认定首批“体艺2+1项目”校】 衡阳市教育局认定衡阳市第二十三中等8所中小学为衡阳市首批“体育、艺术2+1项目”学校。市教育局组织专家现场考评，衡阳市第二十三中学、衡阳市石鼓区人民路小学、衡阳市逸夫中学、衡阳市实验小学、衡山县城西完小、衡山县开云镇中心学校、衡阳市实验中学、衡阳市珠晖区实验小学等8所学校基本达到“体育、艺术2+1项目”标准。（张子良）

【湖南省中学生“三独”比赛】 2014年湖南省中学生“独唱、独奏、独舞”比赛于10月30日至11月2日在南岳衡山举行。此次比赛由省教育厅主办，衡阳市教育局、南岳区人民政府承办，旨在全面推进学校素质教育，展示湖南艺术教育成果和广大中学生的艺术风采。来自全省14个地市州的近300名爱好艺术的高三学生汇聚南岳，在南岳区青少年校

外活动中心和南岳区实验中学竞奏献艺。衡阳市参赛选手14人获一等奖，15人获二等奖，10人获三等奖。（张子良）

【“市八中”与“湖南尚宇”签约合作办学】 11月4日，衡阳市八中与湖南尚宇教育投资公司签订校企合作协议，双方共同在常宁市创办衡阳市八中“尚宇学校”，由尚宇公司全额出资新建高标准学校，衡阳市八中投入品牌资源和管理资源，全权负责教育教学和管理，共同打造常宁市高品质学校。（张子良）

【幼教概况】 全市有幼儿园1202所（城区383所，镇区430所，乡村389所），教学班8153个（城区2228个，镇区2600个，乡村3325个），在园幼儿211747人（城区67408人，镇区77110人，乡村67229人）；当年毕业94233人（城区24404人，镇区33362人，乡村36467人），全年招生114623人（城区29115人，镇区41333人，乡村44175人）。班均幼儿26人，园均幼儿176.16人。幼儿园有教职工15789人（城区6981人，镇区5527人，乡村3281人），其中专任教师8001人（城区3405人，镇区2864人，乡村1732人）。园长和专任教师9130人，其专业技术职称为：中学高级34人，小学高级475人，小学一级799人，小学二级311人，小学三级171人，未定职称7340人；其学历结构是：研究生毕业2人，本科毕业750人，专科毕业4819人，高中阶段毕业3325人，高中阶段以下234人。幼儿园占地面积1830547平方米，生均8.64平方米；园舍建筑面积1140686平方米，生均5.39平方米。园藏图书2224213册，生均10.5册。（张子良）

【开展学前教育宣传月活动】 5月26日～6月26日衡阳市开展《3～6岁儿童学习与发展指南》（以下简称《指南》）宣传活动。此次活动的主题是“《指南》——让科学育儿知识进入千家万户”。宣传内容为：继续围绕深入落实《指南》，通过开展宣传活动和教育服务，向幼儿园、家长和全社会传播正确的保教理念和科学育儿方法。面向幼儿园教职工宣传，提高实践能力；面向家长宣传，解决育儿困惑。发动幼儿园、有关教科研机构和专家学者，通过主题活动、家长会、亲子游戏、社区讲堂等多种途径，剖析提前学习、强化训练等拔苗助长式做法的危害，开展多种形式的0～3岁和3～6岁的教育指导服务。面向社会宣传，增进科学保教共识。市贯彻《指南》实验领导小组办公室于宣传月期间组织部分专家分赴各县（市）区开展贯彻《指南》实验专题巡讲。各县（市）区教育局组织幼教专家到所辖幼儿园，重点向农村闲置校舍改建幼儿园、农村小学增设附属幼儿园宣讲科学保教理念。（张子良）

【规范办园】 落实《衡阳市幼儿园保育教育常规手册》，组织开展全市保育教育常规工作检查，规范幼儿园一日常规，各园组织全体教职工学习《常规手册》，做到“四表”上墙。同时在全市开展防止和纠正“小学化”倾向的督查和检查。（张子良）

【完成为民办实事项目建设】 2014年，衡阳市有22所农村公办幼儿园建设项目，其中13所系教育为民办实事项目园，建设计划投资1119.5万元，完成投资额1258万元，完成比例112%。9所自建项目园完成全年建设任务。（张子良）

【推进普惠性民办幼儿园建设和认定工作】 认定普惠性民办幼儿园148所，截至2014年年底，衡阳市认定普惠性幼儿园671所。2014年全市公办幼儿园和普惠性民办幼儿园总数占全市幼儿园总数的69.6%。（张子良）

【推进实施幼儿园《指南》实验】 成立衡阳市贯彻《指南》实验工作领导小组和专家指导委员会，组织实验区、实验园及专家委员会专家分组开展实验，召开全市学前教育工作会、培训会，全市按照“行政推动、实验开路、专家指导、典型示范”的思路推进《指南》实施。2014年，全市有14所幼儿园被确定为省《指南》实验重点联系园，7所幼儿园的研究课题被立项为衡阳市2014年度教育科学“十二五”规划课题。（张子良）

【开展幼儿园等级评定】 2014年，组织学前教育专家组成修订小组，对原下发的《衡阳市幼儿园分类定级评估细则（暂行）》和《衡阳市示范性幼儿园标准》进行修订，形成《衡阳市幼儿园等级评定办法（征求意见稿）》。按照新《办法》，年内市教育局新认定市示范幼儿园4所，市一级幼儿园5所，市二级幼儿园54所。截至年底，衡阳市有省示范性幼儿园4所，市级示范性幼儿园13所，市一级幼儿园41所。

（张子良）

【开展幼儿园区角环境创设评比】 以区角环境创设为切入点，促进全市幼儿园科学开展一日保教活动。27所幼儿园参加全市首届区角环境创设评比活动，评选出优秀组织奖9个；一等奖6个；二等奖8个；三等奖13个。

（张子良）

【特殊教育】 衡阳市有特殊教育学校6所（城区4所，镇区2所），教学班63个（城区51个，镇区12个），在校学生600人（城区505人，镇区95人）。2014年毕业44人（城区36人，镇区8人），招生97人（城区68人，镇区29人）。有教职工122人（城区102人，镇区20人），其中专任教师84人（城区64人，镇区20人）。专任教师专业技术职称为：中学高级4人，小学高级49人，小学一级11人，小学二级1人，未定职称19人；其学历结构为：研究生学历1人，本科毕业30人，专科毕业48人，高中阶段毕业5人。学校占地面积58975平方米，生均98.29平方米；校舍建筑面积18532平方米，生均30.89平方米；校藏图书10800册，生均18册。（张子良）

职业教育与成人教育

【概况】 2014年，衡阳市有中等职业学校40所（中等技术学校1所，中等师范学校2所，成人中等专业学校10所，职业高中27所；地方教育部门办19所，其他部门办8所，民办13所），其他机构1个；在校学生74536人（普通中专32923人，职业高中34341人，成人中专全日制2394人，非全日制4878人），当年毕业21604人，当年招生26021人。中职学校有教职工3223人（女1376人），其专业技术职称为：正高级16人，副高级655人，中级1292人，初级616人，未定职称644人。其中专任教师2210人（女1023人），其专业技术职称为：正高级9人，副高级441人，中级1058人，初级473人，未定职称229人；其学历结构为：硕士研究生72人，本科1810人，专科325人，高中阶段3人。此外，尚有聘请校外教师266人。中职学校校园占地面积3121251平方米（学校产权2464736平方米，非学校产权656515平方米），生均41.88平方米；校舍面积1047932平方米（学校产权975493平方米，非学校产权72439平方米），生均14.06平方米。学校有计算机10297台；校藏图书1550119册，生均20.80册；固定资产总值114541.7万元。（张子良）

【全国职教精英雁城“论道”】 4月2日，“CAXA”职业教育高峰论坛在衡阳市举行，全国职业教育领域的权威专家、行业精英齐聚雁城，交流办学经验，共同探讨职教改革与发展方向。从“数字化实训工厂”到“理实一体化教学”，从“全国职教大赛变化”到“国家改革发展示范校的创建”，从“虚拟仿真教学”到“基于企业业务流程的课程开发”。市政协副主席马俭平出席会议并讲话。（张子良）

【全面部署中等职业学校招生工作】 5月，衡阳市教育局下发《关于做好全市中等职业教育学校招生工作的意见》(以下简称《意见》)，要求全市按照国家及省、市有关文件精神，扩大职业教育办学规模，有序推进普通高中与中等职业学校的协调均衡发展，加快发展现代职业教育，增强职业教育服务全市经济转方式、调结构战略目标的能力，更好地服务经济社会发展。（1）力争2017年完成高中阶段布局调整。按照“控制普通高中教育发展节奏，积极扩大中等职业教育规模，以发展中等职业教育为重点，普通高中教育与中等职业教育大体相当，中等职业教育略大于普通高中教育”的要求，调整优化高中阶段教育结构。（2）普高按招生计划1:1比例划定录取线。《意见》强调，实行中职招生准入制度。严格把控普通高中学校招生计划。下达给普通高中学校的招生计划实行指令性计划管理，各普通高中学校不得突破。各初中学校教师要一对一做好学生及家长的思想工作，帮助他们分析自身状况，规划人生目标，在就读普通高中还是报读中等职业学校中做出理性选择。各初中学校要发动50%以上的应届初中毕业生填报中职志愿。要严把录取关。各县市区教育行政部门要严格按普通高中招生计划1∶1的比例划定各普通高中学校的录取分数线。（3）推进“招生即招工”招生模式。开展“中高职衔接三二分段”和“五年一贯制”招生改革试点工作，探索中高职衔接人才培养模式，促进职业教育教学模式、教学内容、教学方式改革，鼓励全市高职院以专业为纽带，建设若干个中职学校生源基地。建立城区中职学校和县区中职学校联合招生、合作办学新机制。鼓励城区中职学校在县区初中学校建立生源基地，县市区教育行政部门要做好协调服务工作。鼓励和引导各职业院校开展校企合作，与企业联合开办订单班。（4）推进中职招生“阳光工程”。做到招生政策公开、学校招生资格公开、录取信息公开、考生咨询及申述渠道公开、重大违规事件及处理结果公开等“六公开”和组织监督、群众监督，纪检监督、舆论监督、法律监督等“五监督”，为中职招生工作提供公平、公正、公开、有序的招生环境和优质服务。（张子良）

【全国技工院校骨干教师来衡阳技师学院考察】 5月29日，全国技工院校机械专业骨干教师参观团一行100人，在国家人力资源和社会保障部相关负责人的带领下到衡阳技师学院学习考察。参观团一行参观该院电工实训室、机电一体化实训室、数控一体化实训室和生产实训车间等实训实习场地和设备。（张子良）

【全市中职学校开展技能“大比武”】 4月12～13日，衡阳市举行2014年中等职业学校技能竞赛暨全省职业院校技能大赛衡阳市选拔赛。参赛选手为衡阳中等职业学校、高职学院和成人高校中职部2014年在籍的全日制中等职业教育学生（含五年制高职中职阶段学生），所有参赛选手年龄限制在21周岁以下。比赛在市职业中专、衡阳技师学院、耒阳师范学校、核工业卫生学校、高铁学院等考点同时进行，有647名选手参赛。竞赛分13个专业（类），设41个竞赛项目。（张子良）

【职教重点项目建设】 2014年，祁东县职业中专、衡阳第一高级技工学校通过国家中等职业教育改革发展示范校项目验收，2011年立项建设、2014年组织验收的9个省职业教育重点建设项目全部通过省评估验收，其中3个项目评估为优秀。在2014年省级职业教育重点建设项目申报中，衡阳市争取到省示范性特色专业群建设项目1个，省生产性实训基地建设项目1个，分别占全省项目的十分之一。祁东县成功申报国家职业教育与成人教育示范县。（张子良）

【两百中职教师“赛”说课】 6月14日，2014年衡阳市中等职业学校“创新杯”教师信息化教学设计和说课比赛在衡阳核工业卫生学校开赛，全市22所学校243名中职教师参加此次角逐。此次说课比赛由市教育局、市职教中心联合主办，比赛为期三天。此次比赛内容涵盖语文、数学、英语、物理、化学、体育与健康、公共艺术、计算机、电工电子、汽修等19个专业的课程，比赛规模和参赛人数均创历史新高。（张子良）

【衡阳幼师喜获双“特色学校”】 3月，衡阳幼师捧回湖南省教育厅颁发的“湖南省经典诵读特色学校”与“湖南省规范汉字书写教育特色学校”两个奖牌。这是衡阳教育系统唯一一所获此双荣誉的中职学校。学校先后被评为“衡阳市语言文字规范化示范学校”“湖南省书香校园”，在全市首届中小学规范汉字书写大赛中获“优秀组织奖”。（张子良）

民办教育

【概况】 2014年，全市有民办教育学校（机构）1376所，其中高职2所，中职11所，高中5所，十二年一贯制学校5所，九年一贯制学校22所，初中13所，小学52所，幼儿园（班）1043所，培训班223所；在校学生362431人，其中高职3629人，中职1433人，高中10976人，初中66538人，小学55726人，幼儿园156226人，培训生67903人。有教职工23529人，其中专职教师13814人，兼职教师2278人，其他人员7437人；任课教师16092人（专职教师加兼职教师）学历为：研究生324人，本科6632人，专科4139人，高中（中专）4997人。学校占地面积804.23公顷（自有415.3公顷，租赁388.93公顷），生均0.02公顷；校舍建筑面积3340919.2平方米（自有2104987.1平方米，租赁1235932.1平方米）。生均9.22平方米。学校资产总值472153.26万元（国有29567.48万元，自有442585.78万元，办学积累64040.478万元，捐赠4042万元）。教学仪器设备总值42861.9万元，有语音室2697个，电脑21236台，校藏图书5133922册。（张子良）

【市委市政府重视民办教育】 衡阳市委、市政府专题研究本市的民办教育，并做出《深化改革，进一步加快民办教育发展的决定》。（张子良）

【省人大教科文卫委领导来衡调研民办教育】 9月10～11日，湖南省人大教科文卫委主任委员梁尔源带队到衡阳市调研民办教育发展情况。省人大教科文卫委副主任万伏秀、省教育厅副巡视员贺安溪，衡阳市人大常委会副主任康强参加调研座谈会，副市长周辉斌汇报衡阳市民办教育发展情况。（张子良）

【规范民办教育机构】 6月23日，市教育局召开规范民办教育机构办学行为专项治理工作会议。根据会议安排，专项治理在2014年7月31日前完成集中清理查处工作，8月30日前完成制定相关管理办法，建立规范民办非学历教育办学行为的长效机制工作，9月份对各县市区的清理规范工作进行检查验收。（张子良）

【突击检查民办教育机构】 9月5日，市教育局局长、党委书记周法清率领市教育局民管办、纪检监察室、市高新区教文体站相关负责人对市高新区部分民办教育机构进行突击检查。周法清一行检查尚书堂培训学校、天艺琴行艺术学校、柏拉图教育、环球远航教育等培训机构，对发现的无资质办学、消防安全隐患、违规办班、不规范收费等问题，周法清明确提出四点整改要求：（1）没有办学许可证的非法民办教育机构一律查封；（2）办学内容与工商营业执照经营内容不符的民办教育机构一律整改，整改到位后方可继续办学；（3）民办教育机构收费要经物价部门审批，审批后一律按标准执行；（4）民办教育机构必须具备各项安全设施和完善的应急措施，确保受培训学生人身安全。（张子良）

【举办民办教育培训班暨年会】 8月11～12日，2014年度衡阳市民办教育机构负责人暑期培训班暨市民办教育协会年会在市华新小学举行。市人民政府教育督导室主任督学罗胜利在会上做题为《坚持立德树人，加快推进教育治理体系和治理能力建设》主题报告。中国民办教育协会副秘书长黄为与湖南教科院副院长赵雄辉先后为参会者做题为《我国民办教育当前形势与民办学校转型提质》《民办学校的发展策略》的学术报告。（张子良）

【落实原民办教师和代课教师生活困难补助发放工作】 12月4日，衡阳市政府召开原民办教师和代课教师生活困难补助发放工作推进会，传达解读省政府相关文件精神，听取各县市区对原民办教师和代课教师生活困难补助发放工作进展情况及面临的困难，就加快推进衡阳市原民办教师和代课教师生活困难补助发放工作进行安排部署。会议由市教育局局长、党委书记周法清主持，市政府副市长周辉斌到会并讲话。各县市区人民政府分管教育的副县市区长、高新技术产业开发区管委会分管教育的副主任，市教育局、市财政局、市人社局、市公安局、市信访局、市计生委等部门分管领导，各县市区教育局局长、高新技术产业开发区教育站站长等参加会议。（张子良）

【“船山华岳分校”创教育佳绩】 衡阳市民办学校“船山华岳分校”2014年中考创造佳绩，全校初中三年级参考学生541人，中考人平总分877.84分，居全市第一。900分以上的270人，占毕业生人数的50%，个人总分列入全市前10名的2人，前50名的7人，前1000名的154人，占毕业生总数的29%。该校2014年初中二年级生物、地理会考人均总分180.47分，亦为全市之冠。学校推行“345”高效课堂教学模式。在保证课堂效率前提下，学校提出生物、地理、历史、政治作业课堂内完成，课外零作业。该校还实行领导巡课制、力推听课制、全员听课制、每周公开课制等。

（张子良）

高等教育

【概况】 2014年，衡阳市境内有高等院校13所（南华大学、衡阳师范学院、湖南工学院、南华大学船山学院、衡阳师院南岳学院、湖南交通工程学院、湖南环境生物职业技术学院、衡阳财经工业职业技术学院、湖南高速铁路职业学院、湖南工商职业学院、中钢衡重职工大学、衡阳工业职工大学、衡阳广播电视大学），在校学生170346人（普通教育126072人，成人教育44272人），全年招生59077人（普通教育37655人，成人教育21422人），当年毕业48445人（普通教育30929人，成人教育17516人）；其他培训生50301人（普通教育5393人，成人教育44908人）。有教职员工8418人，其中教学科研人员6260人。教学科研人员中有博士研究生635人，硕士研究生2158人，本科生3330人，专科及以下137人；其专业技术职称有教授573人，副教授1800人，讲师2451人，助教865人，其他571人。高校有院系科112个，开设专业482个，有硕士研究生授予点126个，博士研究生授予点18个。在衡高校占地面积7198394.75平方米，生均42.14平方米；校舍建筑面积3441397.8平方米，生均20.20平方米。学校固定资产总值418165.2万元，校藏图书993.45万册。（张子良）

【高校毕业生工作】 2014年，衡阳籍高校毕业生为33000人，坐落在衡阳的高校毕业生有27089人，其中毕业研究生858人、毕业本科生15907人（含三本）、毕业大专生10314人。据统计，2014年在衡高校本科以上毕业生初次综合就业率为88.57%。本科就业率最高的是南华大学（二本以上就业率为91.18%）；大专毕业生就业率为87.37%，就业率最高的是湖南高铁职业技术学院，2014届毕业生签约率达到93%，2015届毕业生预签率达80%。

（张子良）

【高校毕业生就业服务及就业援助】 （1）公共就业服务。在乡镇（街道）、行政村和社区搭建基层公共服务平台，建立724个服务窗口，配备1517名工作人员，覆盖面达到100%；在衡阳市人力资源网免费发布岗位信息11734个，登记求职者22113人，每周发行一期的《衡阳日报·人社周刊》；各类招聘会实现全免费，在高校开展高校毕业生招聘服务周活动，组织入场企业400家次，提供各类岗位1200余个，2000人次达成就业意向。（2）实名制登记。执行首问责任制，通过帐户管理对接待大学生就业工作的服务人员和部门进行监督。对2000名高校毕业生进行实名登记。（3）就业援助。对112名残疾、零就业家庭、低保家庭的应届高校毕业生发放求职补贴9万元，对200多名纯农户、30多名少数民族和500多名困难高校毕业生开展职业指导和求职登记，并有针对性地向企业重点推荐。

（张子良）

【拓宽高校毕业生就业渠道】 （1）鼓励中小微企业吸纳就业。吸纳高校毕业生就业的企业，按规定可享受相应的职介补贴、职业培训补贴、社保补贴等政策。全市规模以上企业1177家，吸纳高校毕业生就业6000多人。（2）开展就业见习和顶岗实习。在中钢衡重、南华附一等104家见习基地设立见习岗位5000个，帮助1717名大学生实现见习就业，为富士康、伟创力、欧姆龙等企业输送20000余名大学生和技校生顶岗实习。（3）开发公益性岗位。针对高校毕业生开发基层劳动保障站协理员、交警协警、公安局文职人员、广电中心实习记者等公益性岗位，安排3179人次就业。（4）引导基层就业。开展基层就业项目，鼓励高校毕业生到基层从事“大学生村官”“三支一扶”“特岗教师”等工作。（5）坚持行政事业单位进人实行“凡进必考”和公开招聘。出台《衡阳市关于引进紧缺型创新型人才暂行办法》文件。（6）落实义务兵役政策。大学生按原政策规定，原则上回入学前户口所在地安置，全市做到100%安置（安置工作与自谋职业安置相结合）。入伍大学生按以往发放优待安置证，人数达100人。

（张子良）

【高校毕业生自主创业】 （1）抓创业引导。成立衡阳市创业指导服务中心，收集1000余个创业项目入库，邀请100名专业技术人员和创业成功者组成“专家咨询团”。（2）抓资金扶持。鼓励高校毕业生创办小微企业。对大学生创业者给予小额担保贷款优先扶持、优先发放，额度由5万元提高至10万元。（3）抓孵化基地建设。出台《衡阳市促进就业创业孵化基地认定管理办法》，明确市县两级创业孵化基地认定标准和管理办法。全市建成各类创业孵化基地96家，包括省级3家、市级43家、县级50家，其中大学生创业孵化基地有4家。（4）抓创业培训。开展高校毕业生GYB（产生你的创业意识）培训教育。 （张子良）

【湖南高铁职院牵手世界五百强】 4月，湖南高铁学院与艾奕康咨询（深圳）公司签订“建筑工程技术专业”订单班培养协议，成为该公司境内首家签订校企合作订单协议的大学。该公司并在学院设立“艾奕康奖学金”。

（张子良）

【湖南环境生物职院一教研成果达国际先进水平】 湖南环境生物职院开发的《高等职业教育园林技术专业教学质量标准包（GTS-TQSP）构建的研究》是由湖南环境生物职院副院长左家哺教授及其领衔的园林技术专业国家级教学团队开发，是教育部《高等职业学校园林技术专业教学标准（试行）》的细化和具体化，也是该教学团队八年多来的研究成果。其首次构建国内第一个高等职业教育园林技术专业教学质量标准包（GTS-TQSP），GTS-TQSP基本框架主要是由专业教学标准、学生学习指南、专业教学管理标准和专业教学团队四个部分构成，系国内率先研究与开发园林技术专业教学质量标准包（GTS-TQSP）。 （张子良）

【湖南工学院获批全国重点工作创新试点项目】 湖南工学院团委申报的《以“圆融”文化引领学生“梦”之道》获批全国学校共青团重点工作创新试点——思想引领类“中华优秀传统文化弘扬和教育”方向试点项目。全国有489个项目获批，分别由全国各省团委、地市级团委、高校、中学等单位试点运行。 （张子良）

【湖南高铁职院蝉联省“招生就业工作先进单位”】 在12月6日召开的省职业教育、成人教育学会高职高专招生与就业研究会上，湖南高铁职院获湖南省高校“招生就业工作先进单位”称号，这是该院连续第五年获得招生工作先进单位称号，连续第四年获就业工作先进单位称号。2014年，该院新生录取率100%，新生报到率95%，毕业生初次就业率91.96%，毕业生就业质量、就业对口率、就业稳定率、用人单位满意度等综合指标在省内高校中位居前列。 （张子良）

【人社部领导调研衡阳技师学院技能培训】 9月16日，国家人力资源和社会保障部职业能力建设司副司长刘丹一行三人到衡阳技师学院调研，对衡阳技师学院在技能培训及各方面所取得的成绩给予肯定。 （张子良）

【工业版画研究院落户衡阳师院】 4月14日，中国工业版画研究院（湖南）创作基地、湖南工业版画研究院在衡阳师范学院挂牌成立。衡阳师范学院美术创作先后两次在全国美展中摘取银牌。中国工业版画研究院经过一年多的考察、研究，最终确定将湖南工业版画的创作基地及研究院两块牌子挂在衡阳师院美术系。 （张子良）

【南华大学学子接力护湘江】 由南华大学青年志愿者申请的两项目在2014“大爱筑绿城、全民抗雾霾”大型环保公益活动中，先后获一、二等奖。自1997年以来，该校城市建设学院青年志愿者保护湘江母亲河的行动从未间断，累计参与人数2万人。17年来，该服务队先后获得“全国保护母亲河先进集体”“全国十佳生态环保社团”、湖南省大学生“优秀社团”等荣誉称号。（张子良）

【湖南高铁学院一发明专利获授权】 由湖南高铁学院谢松平、曹毅、俞丽婷、邹常进、王涛等申请的《施工便梁姿态监测系统》发明专利，获国家知识产权局专利局颁发的发明专利证书，专利号：201210196230.0。该发明公开一种施工便梁姿态监测系统，其包括测量系统、数据传送系统和数据处理系统，可以对施工便梁及施工便梁上的线路的实时状况实现动态监测，对施工便梁达到实时监测的效果。（张子良）

教育行政

【全市教育工作会议】 2月20日，衡阳市2014年度教育工作暨教育督导工作会议在市教育局召开。市委副书记、市委组织部部长邓群策，副市长周辉斌出席会议并讲话，市政协副主席张亮、马俭平，市委副秘书长王湘淮、市政府副秘书长蒋会平、市人大科教文卫委主任龙雪一出席会议。市教育局局长、党委书记周法清作年度工作报告，市政府教育督导室副主任督学肖智亮做2014年度教育督导工作报告，王湘淮宣读表彰决定。会议指出，2014年是全省“深化教育领域综合改革”的起步之年，市教育局要在市委、市政府的坚强领导下，认真贯彻落实党的十八届三中全会精神，以改革总揽教育工作全局，以群众路线教育实践活动为抓手，全面深化教育教学改革，努力推行全市教育工作在素质教育、项目建设、常规管理、师德师风、班子建设、作风建设等方面取得新突破。会议强调，2014年，全市将继续以提高教育质量为核心，以推行教育均衡协调发展为主题，以推进新课改为主线，启动新一轮全市中小学布局规划；加大高中学校提质改造力度，引导义务教育阶段学校走精品化发展之路；积极发展学前教育，将城市、城镇幼儿园建设纳入城市、城镇公共设施配套建设规划；要以市场为导向，增强职业教育服务经济社会发展的能力；创新发展民办教育，加强民办学校的特色化、精英化、国际化建设，努力把全市教育工作推上一个新的水平。大会通报2013年度县市区教育局目标管理考核结果，表彰衡阳市2012～2013学年度普通高中教育教学质量先进单位和先进个人以及“十万市民上网注册学习活动”学习积极分子、先进集体、先进单位和先进个人。（张子良）

【市委召开常委会研究教育工作】 9月2日，市委书记、市人大常委会主任李亿龙主持召开市委常委会议，研究教育工作。会议制定城区中小学布局调整规划，化解义务教育阶段学校债务。会议要求，做好深化教育改革文章；要提升素质。要把“提高教学质量，提升学生素质”作为教育工作的重点；要弘扬师德。教育部门要把抓好教师队伍建设和师德教育摆在工作的首要位置；要确保安全。要建立健全从幼儿园到各级各类学校全方位的安全监管体系，确保学校和学生的安全。会议要求在9月底以前进一步完善好市城区2014～2020年中小学布局规划方案和教育规划七年行动计划；抓好发展职业教育的调研，制定好职业教育发展规划；抢抓时间加快推进教育信息化工作；积极有效解决教师周转房问题。（张子良）

【市政府专题研究城区中小学布局规划】 4月23日，衡阳市委副书记、市长周海兵在市政府三楼常务会议室召开调度会，专题研究城区中小学布局规划。市委常委、常务副市长段志刚，市委常委、副市长朱玉萍出席会议，副市长周辉斌主持会议。市教育局局长周法清代表市教育局汇报衡阳市城区2014～2020年中小学校布局规划设想方案。衡阳市中心城区有中小学校184所，其中小学144所，初中28所，高中12所。从2013年6月开始，启动城区中小学校中期布局规划，根据规划原则和标准，城区中小学校布局规划分五类，即保留、撤并、扩建、新建和控规。周海兵指出：制定城区中小学校布局规划的目的，关键是要解决大班额和填补教育空白区两大问题。化解大班额，要采取新建和改扩建学校并重的办法，解决优质教育资源不足的问题。新建学校要办成优质教育资源学校，确保教育公平、均衡；改扩建学校要一个一个地拿出实施方案，争取各城区每年完成1～2所，确保精准化解大班额问题。要根据本市高新区、滨江新区、来雁新城及白沙、松木两大园区的发展步伐，将学校配套建设到这些区域，满足市民对教育的需求。各城区政府要认真调研，立足实际，着眼长远，务实、细致地列出辖区内新建、改扩建学校清单，并先完成“三年行动计划”任务。市教育部门要加强对城区督查考核，对新建和改扩建学校进行合格验收。周海兵强调，要拓宽投资渠道，加大对中小学校建设投入。市、区两级政府要坚持民生财政导向，加大对教育的倾斜力度，将有限的资金花在“刀刃”上；鼓励和引导民间资本办学，民办学校布局要合理，规模要适当。要完善开发项目的配建要求，建立规章制度的同时，要明确配建标准和验收程序，项目验收时要将教育前置。市教育局、财政局、发改委、国土局、规划局、四个城区及一区两园相关部门负责人参加会议并发言。（张子良）

【市政府常务会再次研究中小学布局规划】 7月28日，衡阳市委副书记、市长周海兵主持市政府常务会议，再次研究衡阳市城区2014～2020年中小学校布局规划，市委常委、常务副市长段志刚、市委常委、副市长朱玉萍、副市长周辉斌等出席会议。市教育局局长、党委书记周法清汇报本市城区2014～2020年中小学布局规划方案。规划的重点是解决老城区的大班额问题和几个园区及四个城区发展对教育的需求。按照最新方案，2014～2020年，市城区将在现有学校基础上，通过保留、撤并、扩建、新建和控规五条途径，将城区学校保留199所，其中小学152所，初中34所，高中12所，综合实践基地1个。从而使城区中小学校规模更大，结构更优，布局更加均衡。

（张子良）

【开展“党的群众路线教育实践活动”】 3月12日，全市教育系统深入开展党的群众路线教育实践活动动员大会在市一中召开。市政协副主席张亮、马俭平、市委第20督导组组长、市委党校原校长范定生及市教育局全体领导班子成员出席大会。会议对教育实践活动进行全面部署。4月9日，省委派驻衡阳督导组组长、省人大常委会党组成员、原副主任杨泰波，常务副组长、省人力资源和社会保障厅巡视员刘正华，省委组织部干部教育处副处长曹政军一行，莅临衡阳市教育局检查，指导教育系统党的群众路线教育实践活动。（张子良）

【省教育厅领导督查高考学考工作】 6月6日，省教育厅党组书记、厅长王柯敏、省教育厅基教处处长王玲、省教育考试院副院长蔡柏良一行六人莅临衡阳督查高考、学考备考工作。衡阳市副市长周辉斌，市教育局局长、党委书记周法清及市教育局全体局领导、各科室负责人陪同检查。王柯敏着重强调高考安全工作的重要性，要求衡阳教育系统各级单位考务工作人员树立“零事故、零差错”的意识，确保2014年衡阳高考工作万无一失。（张子良）

【开学工作】 衡阳市中小学2013～2014学年第二学期于2月15日（农历正月十六日）开学。（1）做好义务教育控辍保学工作。做好学生春节后返校学习工作。尤其要做好因贫困可能失学等学生的劝学工作，对家庭困难学生要通过多种渠道给予资助，确保每一个贫困家庭的孩子都能上学；进一步创造条件，确保适龄残疾少年儿童能就近入校学习。切实做好学生报到注册，降低中小学生辍学率。要严格执行省、市有关规范中小学及幼儿园办学行为的相关要求，坚决制止非正常转学、各种乱收费、乱补课、教师从事有偿家教、双休日成建制补课等不规范的办学行为。民办学校要坚持诚信办学，不得发布虚假招生广告。（2）规范学生用书及学校收费行为。严格执行省教育厅和市教育局有关规定，按要求订购各类教学用书。各中小学校和幼儿园要在校区显要位置张贴收费通知，公开本学期收费项目、收费标准和监督电话，自觉接受学生家长和社会监督。各县市区教育局要进一步规范中小学收费行为，严格落实义务教育经费保障机制政策，及时查处一切违规收费行为。切实做好新学期学生入学教育工作，制订学期养成教育实施方案，以“中小学生道德与行为习惯教育”为中心，开展丰富多彩的养成教育活动。（3）组织开展好安全教育活动．开学前，开展安全隐患的排查专项整治工作，重点对传达室校园保卫、校舍、校车、教育教学设备、在建工程、饮食饮水、交通、消防等进行安全排查。开学后，做好“安全教育活动月”的组织工作，开展安全隐患大排查；开展安全教育活动；做好中小学生安全事故防范工作。（4）实行“一人一籍，籍随人走”。根据国家、省、市有关要求加强学籍管理工作，严格按程序在全国中小学生学籍信息管理系统中办理转学、休学、复学等各类学籍异动手续，严格实行“一人一籍，籍随人走”，及时更新学生相关信息，提高学籍管理信息化水平。高中学校在国家系统中办理相关手续的同时还要在湖南省学业水平考试管理系统中办理相应手续，确保国家和省两级系统数据一致。各校要按照《衡阳市中小学教育教育幼儿园保育教育常规手册》要求，开展各项教育教学常规工作。（5）解决“两类学生”就学。各中小学要按照上级教育行政部门的要求，解决留守学生和进城务工人员随迁子女就学的有关工作，针对留守学生在校期间学习和生活面临的困难和问题，通过建立本校留守学生档案和联系卡制度、设立亲情专用电话、结对帮扶制度等措施，建立留守学生教育管护长效工作机制，同时加大寄宿制学校的管理，努力让留守学生“学业有教、安全有保、生活有帮、困难有助”。同时要进一步完善进城务工人员随迁子女接受义务教育的政策，充分挖掘公办学校潜力，妥善解决进城务工人员随迁子女就学问题。

（张子良）

【第30个教师节座谈会】 9月10日，衡阳市召开庆祝第30个教师节座谈会，集中表彰教育教学先进典型，共同商讨全市教育发展大计。市委副书记、市长周海兵出席会议并讲话。市委常委、市委秘书长罗东海主持会议。市领导康强、周辉斌、马俭平出席座谈会。会上，市10名优秀教师代表依次发言，他们结合自身的教育经历，向与会人员分享教学感悟，围绕提升农村教师待遇、加大对中职教育的投入、促进教育均衡等方面提出建议。

（张子良）

【市教育系统举办干部暑期学习班】 8月4～5日，市教育系统干部暑期学习班在市委党校开班，会议通报市教育局党委专题民主生活会情况，与会人员听取市教育局局长、党委书记周法清所做的题为《深化改革，加快推进教育治理体系和治理能力现代化建设》的主题报告，学习教育专家们所作的学术报告，并围绕会议主题报告开展深入探讨与交流。

（张子良）

【18家教育单位结对援疆】 11月20日，衡阳市举行与吐鲁番地区两地“民族团结一家亲”中小学结对座谈暨结对签约仪式。衡阳市教育局与鄯善县政府、衡阳市一中与鄯善县二中、衡阳市职业中专与鄯善县职高、衡阳市高新区教文体站与鄯善县辟展乡中心学校分别签署结对帮扶协议。此次结对帮扶活动，衡阳市教育局安排18所优质学校与鄯善县18所学校结对，这18所学校将为鄯善县结对学校免费开放管理、教学、培训等资源信息，逐步实现互通有无、资源共享。（张子良）

【市教育局对检查评比考核验收活动亮出“三严铁律”】 12月16日，市教育局发出通知，就规范各类检查评比考核验收活动亮出“三严铁律”：严格程序，从紧控制数量；严守标准，从简开展活动；严肃纪律，从严追究责任。（1）未经批准不得擅自组织各类检查评比考核验收活动。（2）各类检查评比考核验收活动不得增加基层单位的负担。（3）违反规定的要对相关责任人严肃追责并通报批评。（张子良）

师资队伍

【许云昭到衡阳慰问教师】 1月13日，湖南省委原常委、省纪委原书记、省教育基金会理事长许云昭来衡阳，走访慰问部分优秀、特困教师。市委书记李亿龙、市委副书记邓群策、市政府副市长周辉斌、市老领导谢青生，市教育局局长周法清、副局长谭小华等陪同走访慰问。省教育基金会共慰问30名优秀、特困教师。

（张子良）

【招聘补充教师】 2014年，局直学校补充教师112名。在33个面向部分高校毕业生公开招聘聘用人员中，211工程师范院校全日制硕士毕业生10名，211工程师范院校全日制本科毕业生23名。在77名面向社会公开招聘聘用人员中，211工程院校全日制本科以上毕业生12名。在2名直接引进聘用人员中，1人具有高级教师职称并获广西省“优秀班主任”荣誉称号，1人指导学生获湖南省中职学生职业技能大赛一等奖。督促各县市区及时补充教师2185人

（其中公开招聘 1055 人，特岗教师 1130 人），各县市区有编不补的情况得到有效解决。（张子良）

【组织教师培训】 2014 年，组织 8950 名中小学教师参加“国培计划”49 个项目的培训；全市 1416 名教师、校长参加省级 11 个项目的培训；组织市级培训 14847 人；全年参加远程培训教师 8525 人。组织中等职业学校 109 名教师参加培训。国培 34 人，其中专业骨干教师培训 26 人、专业带头人培训 4 人、企业实践 4 人；省级培训 75 人，其中专业教师培训 52 人、校长培训 11 人、德育专干培训 12 人。此外，农村小学教师定向培养专项计划招收 229 人。7 个县（市）申报特岗教师转正、入编计划 1725 人，实际招收 1130 人，其中衡南 229 人，衡阳县 301 人，衡山 22 人，衡东 38 人，祁东 160 人，常宁 182 人，耒阳 198 人。（张子良）

【强化师德师风建设】 市教育局印发《衡阳市中小学教师职业道德考核办法（试行）》，在全省各地州市率先进行师德量化考核探索，将中小学教师职业道德规范的六大要求具体化，划定 10 条师德底线。建立健全师德问责制和教师失德行为惩处制度。依法处置两起性侵学生案件和一起教师吸毒事件，撤销一名强行要求学生搭餐的学校校长职务。市教育局查处 10 多名吃空饷、违规人员，责令 7 名擅自离岗人员辞职，开除 8 名长期旷工人员。

（张子良）

【提高偏远学校教师待遇】 全市各县市区均在绩效工资总量内设立农村教师专项津贴，部分县市区还斥资在绩效工资总量外设立乡村教师补助予以激励。如常宁市按学校偏远程度设立每月 500 ~ 600 元的农村教师岗位津贴；珠晖区重奖扎根农村的优秀教师等。

（张子良）

【强化教师支教工作】 市教育局明确规定全市义务教育教师在同一学校任教达 9 年后，除特殊情况外必须进行交流。校长在同一学校同一职位连续任职一般不得超过两届，新提拔的干部原则上实行交流。明确城镇义务教育学校教师评聘中级以上教师职务、评选特级教师和市级以上先进个人应有农村学校支教 1 年或薄弱学校支教 2 年的经历。2014 年，全市县域内义务教育学校交流校长 129 人，交流其他校班子成员 179 人，交流教师 884 人；全市城镇学校教师支援农村教育工作 312 人，其中衡阳县支援农村教育 80 人。（张子良）

【教师职务评审】 2014 年，全市评审通过中学高级教师职务 402 人，占申报人员的 50%；中专讲师职务 12 人，占申报人员的 92%；中学一级教师职务 267 人，占申报人员的 91%；小学高级教师职务 541 人，占申报人员的 95%。（张子良）

【《中小学教师违反职业道德行为处理办法》颁布实施】 2014 年，衡阳市《中小学教师违反职业道德行为处理办法》颁布实施。教师有在招生、考试、考核评价、职务评审、教研科研中弄虚作假、营私舞弊，对学生实施性骚扰或者体罚、变相体罚学生造成学生身心伤害等 10 种行为的，将视情节轻重分别给予相应处分。教师不服处分决定的，可以向学校主管教育部门申请复核。对复核结果不服的，可以向学校主管教育部门的上一级行政部门提出申诉。学校及主管教育部门拒不处分、拖延处分或者推诿隐瞒造成不良影响或者严重后果的，上一级行政部门应当追究有关领导责任。

（张子良）

【衡阳市 172 名教师到“三区”支教】 从 2014 年开始，衡阳市每年选派 170 名左右教师到“三区”支教，首批 172 名教师于 2014 年秋季学期开学时全部到岗到位。根据省里安排，衡阳市从 2014 年开始到 2020 年，每年组织约 170 名优秀幼儿园、中小学（含普通高中）和中等职业学校教师到“三区”支教一年，为“三区”培训幼儿园、中小学和中等职业学校的骨干教师和紧缺专业教师。2014 年首批 172 名“三区”支教教师从 11 个县（市）区、高新技术开发区及市直各学校选派，前往祁东县以及怀化市的辰溪县、溆浦县、麻阳县、新晃县、芷江县支教一年。（张子良）

【衡阳师院召开教师教育联盟成立大会】 5 月 25 日上午，来自全省各地的教育界人士共同为衡阳师院教师教育联盟成立大会暨双向渗透式师范生教育实践改革研讨会建言献策。成立教师教育联盟、共建教师专业发展学校，对于促进教师的职前教育和职后发展更好结合，共同培养高素质教师教育人才，具有重要意义。会议提出合作共建教师专业发展学校框架协议。根据协议：学校采用双方共同管理体制，实行双校长制度，即该校校长由衡阳师院及其他学校法人代表轮流担任；双方协商互派教师到对方承担课程教学工作，以学期为单位；开辟“高等教育——基础教育”论坛，为双方教师提供学术研讨平台；发挥各自优势，合作开发基础教育和教师教育校本课程。

（张子良）

【组建“名师工作室”】 衡阳市教育局公布《衡阳市2014年名师工作室建设方案》，要求组建以省级特级教师、省市级学科带头人、省市级骨干教师等为主的名师工作室，开展教育教学研究和学术活动，以发挥名优教师的示范、引领、辐射带动作用。按照方案规定，名师工作室原则上要求设在首席导师所在学校，实行首席导师负责制，以首席导师姓名、学科或专业特色、特长命名，每个名师工作室的首席导师根据需要可聘请相同学科领域的市级及以上名师（含省级特级教师）或市级骨干教师2～3人担任导师，选聘10～20名市级以上骨干教师、教学能手、教学新秀等参与研修；本校对象不得超过1/3，必须有农村学校研修学员，成员最多不得超过20人。名师工作室成员的工作量计入所在学校绩效考核工作量，在评优选先、职称评审、岗位聘任等方面对工作室成员予以倾斜。名师工作室组建程序为首席导师个人申请、所在单位申报、县（市）区推荐、条件评估、差额筹建、专家论证、审核认定，符合条件的学校在9月20日前将申报材料报送至市教育局教师工作科。（张子良）

【645名教职员工角逐田径场】 11月15日至16日，2014年衡阳市教育系统教职工田径运动会在市一中举行。此次运动会涵盖100米跑、跳高、铅球、200米跑、跳远等8个大项138个小项目的比赛。最终，衡阳县、石鼓区代表队分别夺得县（市）区甲组、县（市）区乙组团体总分第一名，市一中、耒阳师范、耒师附小、市九中代表队分别夺得市直学校甲组、乙组、丙组、丁组团体总分第一名。（张子良）

【衡阳县集中培训中小学校长】 为培养和造就一支高素质校长队伍，衡阳县教育局举办中小学校长培训班，全县90余所初中、中心小学的校长全部参加培训。本次培训采取集中办班的形式，10位专家、学者结合自身多年实践经验和教育教学管理典型案例，就课堂教学的有效性、校长的管理策略、教学研究等方面的知识做讲座。（张子良）

【衡阳县400名教师聆听“教育智慧”】 9月15日，衡阳县县属学校及各乡镇完小以上校长和语文教研组长近400教师齐聚衡阳县一中，聆听台中师范学院王财贵教授的“教育的智慧”讲座。

（张子良）

经费保障

【全面化解义务教育学校债务】 衡阳市2013年、2014年分别安排教育费附加1550万元和1640万元全部用于化解义务教育阶段学校债务。到2014年，义务教育阶段学校债务全部偿还。同时，非义务教育阶段学校控制债务成本，落实教育局党委决定，局直各单位将高息集资款利率从2013年10月1日开始，调整到与银行同期贷款利率（6.5%以内）一致的水平。并且严格按中央的“八项规定”，控制学校招待费、交通费等消费性支出，压缩“三公”经费和利息支出，积极稳妥地消化债务。（张子良）

【提高教育费附加的征收力度】 衡阳市教育费附加的征收力度不断加强，市本级征收入库金额提高幅度较大。2013年、2014年分别为1.45亿元、1.65亿元。

（张子良）

【落实助学奖学资助经费】 全年全市落实学前教育助学金1107.1万元，资助11071人次，普高助学金6396.45万元，资助42643人次，中职教育免学费资金7837万元，资助66003人次，中职教育助学金944.69万元，资助12639人次，落实高职教育国家奖助学

金1692.2万元，资助5203人次。国家资助政策的实施，对推动教育发展起到积极作用。（张子良）

【深化义务教育经费保障机制】 义务教育纳入财政保障范围，生均公用经费标准再次提标：小学、初中分别从每生每年560元、760元提高到600元、800元，且从2014年起，城市义务教育阶段学校的生均公用经费提高到与农村标准一致。家庭经济困难寄宿生小学每生补助生活费1000元，初中1250元。教育经费法定增长基本实现。市直教育附加2014年安排1.7亿元。（张子良）

【加强财务管理工作】 2014年10月，通过财务检查，促进局直单位的财务管理工作和会计基础工作改善和提高。（1）财务结构不断优化，财务状况不断好转。（2）量入为出，预算先行。先预算后支出，确保经费投入达到预期目的，提高资金的使用效益。（3）经费归口，收支两条线。（4）接待开支减少，自筹资金建设增多。（张子良）

【公布中小学收费标准】 衡阳市物价局、财政局、教育局联合发文，明确2014年春季中小学收费标准。农村义务教育阶段，除向自愿在校就餐的学生收取伙食费、饭菜加热服务费、代收教辅资料费和作业本费外，不得另收其他任何费用。农村学校学生使用的作业本，可由学校统一格式、数量按小学1～2年级7元，3～6年级10元，初中15元标准收取。城市义务教育阶段，除按规定向学生收取课本费和作业本费外，在坚持自愿原则的前提下，还可向自愿接受相关服务的学生收取住宿费、伙食费、午休住宿费、校服费、就餐卡补办费和校外活动费。除此之外，不得另收其他任何费用。普通高中（包括省示范和其他高中）、职业高中学费仍按现行标准不变，高中阶段的代收费由书籍课本费和作业本费构成；公办示范性高中择校生收费标准按省级示范性学校每生每期不超过2300元，市级示范性学校每生每期不超过1800元。择校费不得跨学期预收。学校对择校学生收取择校费后，不得再收取学费，但可按规定对其收取书籍课本费和作业本费。公办中等职业学校全日制正式学籍在校学生免学费政策仍按有关文件相关规定执行。各中小学校不得利用教学场地、教育资源举办面向学生的培训补课并收取费用，也不得与社会办学机构合作举办向学生收费的各种培训班、补习班、提高班等有偿培训；不得以自愿名义将面向学生公开发行的各种刊物列入教辅材料、由学校代办代收，应由学生自愿向邮局征订。

（张子良）

【开展教育收费专项督查】 3月12日，市教育局发布《关于开展2014年春季学期教育收费督查工作的通知》，决定从3月中旬开始，对全市公、民办普通中小学，中等职业学校、幼儿园2014年春季学期收费情况进行督查，并将此次督查情况列入年度目标管理考核范围。督查内容包括：学生应缴费用情况。查看学校是否按市物价局、市财政局、市教育局《关于2014年春季中小学教育收费管理有关事项的通知》和有关学前教育收费文件规定的标准收取学生应缴费用；有没有自立项目收费、扩大范围收费、提高标准收费。服务性收费和代收费情况。学校是否坚持学生（家长）自愿原则，有没有办理自愿手续；是否坚持非营利原则，学校有没有利用服务性收费和代收费获取经济利益；是否只收费不服务；是否将服务性收费和代收费与行政事业性收费一并收取；是否将讲义资料、报纸杂志、试卷、取暖、降温、饮水、饮奶、保险等项目纳入服务性收费和代收费内容，学校公办教职员工有没有参与组织收取这些费用。教材教辅征订情况。是否擅自增加教材目录并组织学生统一订购；是否将教辅资料和学生刊物纳入教材目录；是否坚持教辅资料“一科一辅”原则，有没有把上级规定目录外的书籍资料列入教辅推荐选用范围；是否坚持自愿购买原则，有没有办理自愿订购手续；学校和教师是否强制或变相强制推销或要求学生到校外指定地点购买教辅资料。收费票据开具情况。学校是否凡收费（包括代收费）都开具票据；开具的票据是否规范。收费项目报批情况。学校是否对应报批或报备的收费项目向有关部门办理报批或报备手续。收费公示情况。各级各类学校教育收费公示是否严格按规定执行。此次督查将听取汇报与实地检查相结合，由检查组根据情况到有关学校实地检查，重点是有信访举报的学校和2013年秋季督查存在问题的学校。在学校检查时突出暗访形式，同时还采取查阅资料、查看账目、座谈调查等方式。督查组还将督查情况进行通报和反馈督查初步意见。（张子良）

【整治教育乱收费】 2014年，市教育局出台并下发《衡阳市教育收费重点监控制度（试行）》《衡阳市教育收费八条禁令》《局直公、民办学校五条禁令》三个文件，督促各中小学规范办学行为。2014年，市教育局纪检监察室接收信访举报97件（含转、交办件），办结91件；全市教育系统立案38件，结案36件，涉案54人，受党纪处分的5人，受政纪处分39人，涉案金额87.92万元，清退87.92万元。衡阳市教育举报数量退居全省第四。

（张子良）

【教育审计工作】 2014年，完成审计项目14项，其中经济责任审计8项，财务收支审计2项，经济效益审计1项，专项资金审计及审计调查3项，审计资金6.27亿元。通过审计，纠正财务处理不当金额2837.13万元，查出违纪违规金额366.78万元，提出审计处理意见59条，查出违纪违规资金638.75万元；进一步规范局直单位的财务行为，维护财经纪律。（张子良）

【启动中小学校建设化解大班额】 7月28日，衡阳市委副书记、市长周海兵主持召开市政府2014年第八次常务会议，专题研究城区2014～2020年中小学布局规划，重点是化解大班额和填补教育空白两大问题。从2014年起，启动实施化解大班额专项行动计划。（1）制定化解大班额七年实施方案。2014～2020年，将新建学校35所，除民办的15所学校外，其他新建20所学校，市、区两级财政直接投资合计约7.3亿；改扩建26所学校，市、区两级财政投资合计约3.4亿，两项总计约10.7亿。（2）制定化解大班额三年专项行动计划。2014～2016年，市政府每年拿出5000万元作为化解“大班额”的奖补资金，用于奖励四城区中小学校建设。对撤并、新建、改扩建学校分年度落实建设任务，制定规划落实时间表。（张子良）

【启动教育信息化“三通两平台”工程】 市教育局派人员参加教育部组织的首届全国教育信息化管理干部培训，组织市县两级装备部门学习“三通两平台”工程的工作内容、基本要求和技术标准，启动“三通两平台”工程建设。年内各县市区投入教育信息化建设资金3800余万元，新建多媒体教室600间，新配交互式电子白板300块、液晶触控一体机200台，新建计算机教室80间，新增计算机4800台。截至年底，全市中小学通过光纤方式接入互联网的学校255个，以ADSL方式接入互联网的学校520个，网络宽带达10M以上的学校224个。

（张子良）

【推进教育为民办实事项目建设】 市、县教育局采取措施推动实事项目校（园）建设工作，完成各年度合格学校建设任务。2014年，全市义务教育合格学校年度任务目标208所，其中为民办实事项目校和备案校建设计划投资11847.2万元，完成投资额12429万元，完成投资比例达105%。129所自建校全部完成建设任务。推进农村公办幼儿园建设，2014年，全市有22所农村公办幼儿园建设项目，其中13所为教育为民办实事项目园建设完成投资比例112%。9所自建项目园完成全年建设任务。（张子良）

【开展三项爱心助学活动】 （1）与湖南共创集团开展第四期“共创爱心助学工程”，发放助学金100万元，资助大学新生100名，至此，“共创爱心助学工程”发放助学金411万元，资助大学新生411名；（2）与市关工委开展“民营企业家献爱心”活动，发放助学金260万元，资助中小学生2600名；（3）与市慈善总会开展“慈善一日捐”活动。各县市区资助中心组织开展形式多样的助学活动。全年全市接受各类社会捐资助学金额1000多万元。

（张子良）

教改教研

【全面深化教育改革】 衡阳市教育局成立深化教育改革领导小组，研究制定全市区域教育综合改革方案，统筹办学体制、投入保障体制、人才培养机制、招生考试制度、建设现代学校制度等各项改革。（1）创新管理机制。深化招生考试和质量评价改革，认真落实教育部、教育厅高考招生与高中学业水平考试和综合素质评价制度改革等措施，进一步完善优质民办学校免试入学制度，中小学教学质量评价体系，完善初中学业水平考试和综合素质评价制度，建立教育质量监测基础数据库；深化教育人事制度改革，精简行政管理工作人员，推行聘任制，实施干部任职期满交流、轮岗交流。（2）创新教育教学。加大课程改革力度，紧抓基础教育课程改革主线，推出一批高效课堂教学新模式；加大养成教育推进力度，制定出养成教育评价新机制，梳理、总结、提炼出不同类型学校的典型经验，形成系统的实践和理论成果并加以推广。（3）创新队伍建设。在各县（市）区教育局设立服务中心，各学校设立服务站，建立网上办事大厅，开通教育服务热线，建立起集办事指引、政策咨询、信访接待、举报受理和办结于一体的教育便民综合服务平台，开展规范办学行为专项行动，从严查处违纪违规案件；通过培训解决农村学校短缺小学科师资不足问题，坚持师德考核与业务考核并重，完善师德监督网络，严格执行师德表现一票否决制度。（4）项目建设。严把规划关，重点抓好市铁一中、市九中、市七中、衡南县职业中专、常宁市二中、祁东新区完全中学、湖南师大附中耒阳分校、高新开发区衡州小学等16所学校的建设工作；严把资金关，争取上级专项资金支持和吸引民间资本注入，统筹资源，捆绑使用，合理分配；严把质量关，落实项目法人责任制、招标投标制、合同管理制、工程监理制和质量责任终身制。（张子良）

【“衡阳模式”养成教育】 衡阳市教育局领导班子构建以养成教育为核心的德育工作体系。2014年起将养成教育知识以20分分值纳入中考考试范围。经过近两年的理论研究和工作实践，市教育局初步探索出具有本地特色的养成教育“衡阳模式”：即以学生的身心发展为主体，以教育行政部门和教育机构为主导，实现养成教育内容的系统化、落实的具体化、开展的常态化，构筑“教育行政部门、社会、学校、家庭”四位一体德育体系。系统化，即形成五大德育教育体系——道德与文明、学习与创新、劳动与卫生、生命与健康、责任与法纪教育体系，将学生需要培养的习惯概括为208个，并根据不同年龄段学生的特点和要求，设计不同教育内容和形式。具体化，即在教育过程中，运用《养成教育读本》，列举具体实例，落实养成教育的60个目标，使德育工作落到实处。常态化，即要求各地、各学校将养成教育进课堂、进头脑，要求学生每天一反思；每周一课时；每月一主题。（张子良）

【创建课改新模式】 根据“安仁会议”精神，转变观念，创新思路，“服务课程改革”这一要求，市勤工俭学工作主要突出三个重点。（1）拓展课改模式。以《关于进一步加强和改进新时期农村中小学勤工俭学工作的指导意见》为指导，创立一二三的思路和“十百”的工程目标，形成新的勤工俭学工作“衡阳模式”，即紧扣一个重点：课程资源建设；坚持两个原则：以农为本、以人为本；注重三个结合：“土”“洋”结合，课改落实到位；“手”“脑”结合，实践指导到位；“学”“用”结合，考核评价到位，用三年时间建设好10所省级示范性劳动实践场所，100所市级示范性劳动实践场所。（2）实现三大目标。第一，学习内容从单一化向多元化转变，让“教学生活化，生活教学化”；第二，通过与新课改的结合，改变以往的错误认识，课堂教学改革得到更为有效的推进；第三，勤工俭学工作的转型发展，带动校园环境的绿化、净化、美化以及学校基础设施的日趋完善。（3）实现三个转变。第一，在工作职能上实现从经营创收向服务育人的转变，把握“服务育人”这一本质要求，使勤工俭学活动课程化、课堂化、教学化；第二，主动与学校周边的农林场所、生态农庄和工业企业加强联系，建立学生校外社会实践基地；第三，在收入分配上实现从利益均沾向学生独享的转变，提高学生对勤工俭学的认同感和对学校的归属感。（张子良）

【提升学校办学品位】 2014年，衡阳市教育局以教学为中心，从改革入手，狠抓4个方面的管理。

（1）教学常规管理精细化。组织专家编写《衡阳市中小学教育教学（幼儿园保育教育）常规手册》。该手册做到全市教师人手一本，并组织教师学习。（2）考试招生管理规范化。下大力气抓考纪考风，改革各类考试组考形式。2014年高考工作实现“零差错、零事故”的总目标，得到省教育厅肯定。（3）办学行为管理制度化。出台并下发《衡阳市关于进一步规范义务教育阶段办学行为、整顿招生秩序的实施意见》，督促各中小学开齐开足课程，严禁中小学节假日、双休日补课。组织责任区督学到中小学开展不定期突击式随访督查。2014年暑期，全市300余名督学下到68个督学责任区进行明察暗访，暑假期间连续7个星期实现省政府教育督导室“违规成建制补课举报”零通报。对市腾飞培训中心与衡南县二中、五中在一技校进行成建制违规补课一案进行查处。2014年7月，对5家未取得办学许可证的培训点下达撤销标识、停止教学活动的通知。对电视问政“民生面对面”栏目曝光的尚书堂等培训机构违规办班行为进行查处，对祁东县河洲镇中心小学和归阳镇中心小学强制搭餐并收费一案的责任人作纪律处分。（4）校园安全管理常态化。校车安全管理得到加强，市县两级均成立学生用车管理工作领导小组，设立专项经费，校车覆盖面不断增大，全年全市未发生一起校车安全事故。《衡阳市校园安全工作白皮书》编印完成并实施，对中小学校D级危房实行动态管理，限期整改，学校安全隐患大排查深入开展，全年全市未出现一起学生死亡责任事故。（张子良）

【创新教育质量管理机制】 （1）改革教学评价方式。市教育局出台《衡阳市中小学教育教学质量评价体系》，投入100万元建立教育质量监测培训中心，定期对全市小学、初中阶段学校实施教学质量监测。（2）深入推进区域性课堂教学改革。在全省率先开展区域性推进课程改革工作，设立新课改合格学校专项奖励资金，围绕构建高效课堂教学模式开展课堂教学改革。（3）创新质量激励机制。制定并下发《衡阳市教育局2013～2014学年度初中教学质量奖励方案》《衡阳市教育局2013～2014学年度普通高中教学质量奖励方案》，改革中高考质量评价体系。（张子良）

【“分层教学”】 成立特殊人才（即拔尖创新人才）培养指导中心，制定《衡阳市中小学特殊人才培养实施方案》，逐步建立起拔尖创新人才的发现、培养和保障机制，使不同类型、不同层次的学生能接受到更适合自己的教育。2014年首次启动全市统一“培优”集训工作，抽调全市各学科名优教师，利用双休日，分别在市一中和市八中，对全市部分学生集中培训，培训内容为高考动向、应考技巧、心理疏导、重难点分析等方面。（张子良）

【十所师范院校汇聚衡阳研讨教育改革】 6月27日，教育部推进“教师队伍建设”示范项目“强化教育实践环节”子项目工作研讨会在衡阳师院举行。来自陕西师范大学、辽宁师范大学、浙江师范大学、大庆师范大学等九所师范院校的相关负责人到衡阳参加研讨会。衡阳师院申报并承担《双向渗透式师范生教育实践改革研究与实践》的研究，衡阳师院成立以院长刘沛林为组长的领导小组，在市八中等56所学校建立教育实践基地，与市一中、市八中等10所学校协商构建教师教育区域联盟；衡阳师院派出教师到联盟中小学校担任任课教师，中小学校选派一线优秀教师到衡阳师院承担教学法课程的教学。

（张子良）

【衡阳、深圳开展教育交流】 4月23～24日，衡阳、深圳两地教育教学校际交流活动在衡阳市船山实验小学举行。深圳市公明第一小学、深圳市向西小学、深圳市英才小学、衡阳市船山实验小学、衡阳市华岳实验小学、衡阳市船山实验小学祁东分校、衡阳县西渡镇5所学校，共11所学校40位专家名师参加活动。

（张子良）

【新形势下中学教学】 10月29日，衡阳市在市八中举行第五届初中校长论坛，市城区和部分县区初中学校校长就新高考背景下的高、初中课程设置与对接进行讨论交流。论坛搭建探讨教育难题、切磋教改策略的平台，推动衡阳市基础教育改革的发展。

（张子良）

【潭衡两地16所学校在市实验小学观摩教学】 12月5日，湘潭、衡阳两地16所学校领导、教师走进市实验小学参观交流，观看该校的发展专题片，观摩李罗卓老师的语文课、张莉君老师的数学课、尹露莹老师的英语课、彭艳老师的班队活动课。课后老师们分学科进行新课改教学研讨，集中观看学生的霸王操表演，参观该校素质集训活动。（张子良）

【市一中周慧颖工作室获评省优】 衡阳市一中周慧颖网络名师工作室在湖南省首批网络名师工作室年终评估中获优秀，成为衡阳市仅有的一个首批网络名师工作室。市一中周慧颖网络名师工作室成立于2013年10月19日，上传有两套高中物理各阶段完整的课件、教案、教学设计、素材等3531个，初步探索出青年教师培养模式和网络教研模式。（张子良）

教育成果获奖

【一批教师获评“全国先进”】 在第30个教师节来临之际，衡阳市有2名高校教师、12名中小学教师被评为“全国优秀教师”“全国模范教师”“全国优秀教育工作者”，一所学校被评为“全国教育系统先进集体”。其中，衡阳市八中校长龚彩福、南华大学环境保护与安全工程学院党委书记陈柒三2人获评“全国优秀教育工作者”；雁峰区湘江乡高兴小学刘晓燕、衡东县南湾乡完全小学李卫兵、祁东县第一中学唐翔、市第二实验小学黄勇、衡阳县第五中学易积修、衡南县第一中学蒋云南、市职业中专刘红梅、耒阳师范学校张子龙8名教师获评“全国优秀教师”；常宁市塔山瑶族乡中心学校（狮元完小塔山教学点）高级教师吴九成、耒阳市第一中学高级教师熊小林、衡阳市第一中学一级教师李成效3名教师获评“全国模范教师”。另外，衡南县一中蒋云南获得“全国中小学优秀德育工作者”；雁峰区湘江乡高兴小学刘晓燕获评“全国中小学优秀班主任”；南华大学环境保护与安全工程学院党委书记陈柒三获“全国高校优秀思想政治教育工作”荣誉称号；石鼓区人民路小学获评“全国教育系统先进集体”。（张子良）

【南华大学喜获全国大学生临床技能竞赛一等奖】 5月25日，南华大学代表队在第五届全国高等医学院校临床技能比赛中获全国总决赛一等奖。全国高等医学院校大学生临床技能竞赛，是目前国内规模最大、层次最高、影响最广的医学教育领域的全国性竞赛。南华大学代表队由南华附二医院负责培训的张叶宁、彭群勇、陈景飞、刘洋虹四位选手组成，他们在省赛、分区赛以华中赛区一等奖第一名的成绩进入全国总决赛。（张子良）

【成章实验中学获全国机器人竞赛一等奖】 2014年7月15～19日，衡阳市成章实验中学参赛队参加第十四届中国青少年机器人竞赛中FLL机器人挑战赛。FLL机器人挑战赛是一项青少年国际机器人比赛项目，要求参加比赛的代表队自行设计，制作机器人并进行编程，本届FLL挑战赛的主题为“天降之咎”。此次竞赛，该校代表队由教练郭慧星、刘中文老师和选手周家麒、刘周洋、杨子衿同学组成，在5月份举行的湖南省FLL机器人工程挑战赛中获第一名，最终在全国决赛上勇夺FLL工程挑战赛初中组季军，获全国一等奖。（张子良）

【衡阳市四选手获全国真语文说课大赛特等奖和二等奖】 7月，衡阳市实验小学教导主任罗朝阳老师《范仲淹的故事》说课、耒师附小教研室主任钟素雅老师《莲叶青青》说课在全国真语文系列活动——真语文说课大赛中分别获全国特等奖。衡阳市华新小学副校长陆亚兰老师、王月娥老师理念先进，分别获全国二等奖。（张子良）

【人民路小学在国家级健身操大赛中捧回两金】 10月13日，衡阳市人民路小学校健美操队在2014年全国全民健身操舞大赛总决赛中获两项一等奖。该次比赛是国家健美操赛事中项目设置最多、比赛规模最大、参赛运动年龄跨度最广的赛事。衡阳市人民路小学作为湖南省唯一一支中小学生代表队参赛，斩获“二级有氧舞蹈一等奖”和“第三套大众健美操少儿二级规定动作一等奖”两项荣誉。（张子良）

【成章小学雁栖湖校区足球队获全国青少年校园足球赛二等奖】 4月10日至14日，成章小学雁栖湖校区足球队参加全国青少年校园足球冠军赛，夺二等奖，并获团队精神文明奖，球员颜佳泰、杨子逸入选全国校园足球“希望之星”。（张子良）

【刘宇斯等4人获全国学生“中国梦”演讲赛三等奖】 5月18日，衡阳市中学代表队参加2014年“中国高邑千秋杯”“中国梦·我的梦”全国大学生演讲赛暨首届全国中学生演讲大赛。市船山实验中学刘宇斯、周怡君，市华新实验中学王嘉婕、朱彦锦等4名中学生分别夺中学组三等奖，居全省之冠。（张子良）

【衡阳财工院代表队获第十届全国职业院校沙盘模拟经营大赛三等奖】 衡阳财工院经济贸易系5名同学组成的代表队，获第十届全国职业院校“用友新道杯”企业沙盘模拟经营大赛总决赛三等奖。（张子良）

【湖南高铁学院摘全国建筑工程识图赛桂冠】 5月，湖南高铁学院铁道建筑系在全国第二届“鲁班杯”建筑工程识图技能竞赛中夺得团体冠军，其中建工1202班陈冬山同学获个人特等奖，建工1201班赵安兴同学获个人一等奖，建工1202班朱庆同学获个人二等奖，魏秀瑛、刘靖、欧阳志获优秀指导教师奖。（张子良）

【衡阳财工院夺全国高职会计技能赛二等奖】 5月31日，衡阳财工院会计系代表队在全国职业院校技能大赛高职组会计技能赛上夺团体二等奖。该院会计系在专业建设中将职业资格标准引入课程内容，推行教学做合一，将校内仿真实训、中小企业财务中心承接会计项目实训、会计工作岗位顶岗实训有机衔接，培养学生专业技能，形成理论和实践教学“两条腿”走路的格局。该系在2010年湖南省首届会计专业技能抽考获优秀等级，并在2012年至2014年的湖南省职业院校技能大赛高职组会计技能赛项中连续三年获团体一等奖。（张子良）

【南华大学代表队获全省首届高校MBA企业案例大赛冠军】 11月15日，全省首届高校MBA企业案例大赛在湖南大学举行，来自湖南8所MBA培养院校的15支代表队参加本次比赛，除南华大学外，另外7所院校分别为长沙理工大学、湖南大学、湖南工业大学、湖南农业大学、湖南师范大学、湘潭大学、中南大学。大赛由省人民政府学位委员会办公室主办，湖南大学研究生院承办，旨在打造研究生培养品牌，创新研究生培养模式，进一步提升研究生研究、分析和解决实际问题的能力和素养。案例比赛以《追寻小米互联网思维下的风口》为题，围绕小米手机在市场竞争、客户需求、技术应用等方面存在的问题和发展方向展开分析，并提出解决方案，从而提升学生利用所学知识解决企业困境的能力。经过激烈角逐，南华大学MBA代表队夺得本次比赛冠军，MBA学员柳絮获最佳风采奖，MBA教师黎赔肆、雷振华、张俭等获最佳指导教师奖。（张子良）

【衡阳财工院夺全国大学生会计信息化总决赛团体一等奖】 11月29日，衡阳财工院会计系代表1队、2队在第八届用友杯“寻找中国管理与信息化三好生”全国大学生会计信息化技能大赛全国总决赛中获团体一等奖。在湖南地区总决赛中，衡阳财工院这两支代表队的成绩排名为团体一等奖（第一名），陈思娟、唐颖同学分别获得个人第一名、第二名。（张子良）

【衡阳财工院两学子汽车技能大赛获奖】 2014年，衡阳财工院学生谢文杰、沈鑫两名同学参加第四届全国职业院校汽车专业技能大赛，在陈金友与董志勇两位教师指导下，获得汽车故障诊断与排除赛二等奖。（张子良）

【衡阳技师学院全国职校技能赛揽五奖】 6月27日，衡阳技师学院工模具设计与制造系选派7名选手代表湖南省参加全国职业院校技能竞赛四个项目的角逐，夺得五个三等奖。其中12级模具高技1班刘银聪同学获机械装配技术项目个人三等奖，12级模具高技1班梁震同学获机械装配技术项目个人三等奖，12级模具高技1班尹祺丰同学获装配钳工技术项目个人三等奖，12级模具高技2班刘周懋同学获液压气动与装调项目个人三等奖，11级模具高技

2 班徐成成、12 级数控高技 4 班赵峥翔同学获模具制造技术项目小组赛三等奖。陈黎明、刘铁石、邓远华、于定文、李双文、阳美君获得指导老师奖。（张子良）

【湖南高铁学院斩获省高职英语赛三项大奖】 第五届全国高职高专英语写作竞赛（湖南赛区），湖南高铁学院三名学生分别斩获公共英语组特奖等、专业组一等奖、公共英语组三等奖三项大奖。此次比赛有 30 多所高职院校参赛，湖南高铁学院铁道运输系 1210 班万慧获得公共英语组特等奖、应用英语系 1201 班李烨获得专业组一等奖、铁道运输系 1306 班罗佳获得公共英语组三等奖。6 月 7 日，获得特等奖的万慧同学代表湖南赛区前往深圳参加全国总决赛。（张子良）

【参加全省全国职教学生技能竞赛获奖】 2014 年湖南省职业院校学生技能竞赛，衡阳市中职组代表队获省一等奖 11 个、二等奖 21 个、三等奖 20 个，团体总分居全省第二。组队参加全国中等职业学校学生技能竞赛，获二等奖 2 个，三等奖 10 个，为历史最好成绩。（张子良）

【黄炎培职业教育奖】 衡阳市选送 10 个项目参加 2014 年湖南黄炎培职业教育奖创业规划大赛。7 个项目进入半决赛，占全省 24 个半决赛项目的 1/4 强，3 个项目进入全省决赛，1 个项目获全省一等奖。最终，衡阳市获一等奖 1 个、二等奖 2 个、三等奖 4 个，获奖数全省第一。（张子良）

【市职业中专学生获全国技能大赛二等奖】 衡阳市职业中专学生周沁怡在 2014 年全国中职学生服装设计技能大赛中，获二等奖，这是湖南省参加本项目比赛获得的最好成绩，也是该校服装专业参加全国竞赛的第 6 个获奖者。（张子良）

【成章实验中学教师获省信息技术教学赛一等奖】 2014 年，衡阳市成章实验中学信息技术教师郭慧星获湖南省中学信息技术教学比赛一等奖及优质课展评奖。此次比赛由省教育科学研究院主办，来自全省各市（州）的 28 名选手参加。郭慧星老师的赛课还被选为此次活动中的两堂展示课之一，并获优质课展评奖。（张子良）

【第 35 届省青少年科技创新大赛】 4 月 20 日，第 35 届湖南省青少年科技创新大赛在益阳市落下帷幕。衡阳市代表队获一等奖 5 项、二等奖 8 项、三等奖 17 项。市成章实验中学学生李康捷的创新项目《数码超市》和耒阳市水东江中学刘双的创新项目《基于数字化网络化控制食品营养安全装置的研究与设计》，通过展示、问辩和技能测评等环节，分别获得省一等奖。获得省一等奖的还有耒阳市一中曹林、刘良辉和杨一帆的科学 DV《假黑米及绿色环保简易食品鉴别方法探究》，珠晖区酃湖中心学校的科技实践活动《农村小学生及家长对儿童食品卫生的知识、态度、行为调查》，一书画培训学校的科幻画《全能环保鞋》。（张子良）

【衡钢小学获省足球联赛冠军】 5 月 1 日，衡钢小学代表衡阳市参加湖南省“德馨杯”小学生校园足球联赛。45 支球队，600 多名运动员参加比赛。5 月 6 日，衡钢小学以四胜一平积 13 分的成绩夺得甲组 C 组桂冠。（张子良）

【市八中排球队夺省运会金牌】 9 月 14 日，衡阳市八中男、女排球队代表衡阳参加比赛，为衡阳夺得一枚金牌。2014 年，衡阳市八中成功晋升为“国家级体育传统项目学校”，而排球队是市八中的优势传统体育项目，男子排球队一直稳居省运会前三甲，女子排球队跻身前四。（张子良）

【衡阳大学生科技创新赛颁奖】 5 月 21 日，衡阳市第六届大学生科技创新大赛表彰大会举行。获得一等奖的作品为：衡阳师院陈文等人的《环境功能吸附材料的制备及其对工业模拟废水的吸附性能研究》，湖南工学院周志朝等人的《智能无线遥控探测船》，衡阳师院林仕洲等人的《N—（2—异丙酸）芳甲酰腙二烃基锡配合物的合成、晶体结构、热稳定性及与 DNA 相互作用研究》，南华大学张婷等人的《构建和谐湖南背景下医患关系现状的调研——以衡阳市为例》。衡阳市人大常委会副主任康强主持会议。副市长刘正兴在会上讲话，省科协副主席廖任强、市政协副主席肖长贵一同出席大会。（张子良）

综合纪要

【普通高校招生工作】　2014年，衡阳市高考报名总人数为42981人，比2013年增加369人，其中文科类考生15575人，较2013年减少633人，理科类考生23945人，较2013年增加1138人，职高对口考生3461人，较2013年减少1365人。全市专业考生3922人，其中音乐专业考生555人，美术专业考生1718人，体育专业考生1056人，其他考生593人。2014年应届考生36928人，较2013年增加821人，往届考生6053人，较2013年减少452人。少数民族考生264人，残疾考生48人。全市共设高考考点27个，考室1398个，其中市直考点7个（分别为市一中、市二中、市五中、市六中、市八中、衡铁一中、市职业中专），考室314个；县区考点20个，考室1084个。全市所有考点均配备电子监控系统、无线电信号屏蔽仪、安检仪、身份证识别仪、智能广播系统。市公安局成立以局主要领导负责的专门领导小组，就考卷、考点和交通等安保工作作周密部署；市食品药品监督局组成2个巡查组，19个餐饮保障组直接督查食品加工及销售流程。2014年衡阳市高考成绩招考结果较2013年有提升，表现在：（1）二本以上上线人数增加。全市二本上线12669人，较2013年增加648人，占全省上线总人数的11.2%；全市一本上线人数4628人，较2013年增加808人；全市二本以上总上线人数居全省第二位。（2）二本上线率有提升。文科二本上线率18.12%，较2013年提升2.8个百分点，在全省排名较2013年提升2个名次。理科保持相对稳定。（3）尖子生创新高。市八中陈瑶同学以总分684分夺得全省文科裸分状元；清华、北大文化上线人数达到12人。共计录取35765人，录取率为83%，普高录取33133人，其中本科录取15840人，专科录取17293人。职高录取2632人。清华大学5人，北京大学6人，空军飞行员5人，民航飞行员6人。（张子良）

【开展“大走访”活动】　4月1日，市教育局机关干部深入常宁市罗桥镇依波、红旗两村，走访慰问困难户，为他们送上慰问金。在罗桥镇中心中学，市教育局局长周法清以个人名义为刘静同学捐助学杂费3000元。此次市教育系统开展的服务群众见行动大走访活动从4月1日开始，为期两个月，30名干部分成3批下乡走访。（张子良）

【市政协民主评议市教育局工作】　11月11日，在市政协民主评议市教育局“教育面对面”现场，40名政协委员、民主党派、教师、家长代表频频发问，直击衡阳市教育所面临的问题。代表们围绕教育政策法规、教育行风、素质教育、教育公平和教育管理等五方面踊跃发言。面对提问，市教育局相关负责人一一作解答。

（张子良）

【北师大在衡阳办附属学校】　5月30日，北京师范大学国内合作办公室主任屈浩一行莅临衡阳，就在衡阳筹办北京师范大学附属学校事宜进行考察。衡阳市副市长周辉斌陪同考察。根据衡阳市城市总体规划，该市城区总人口到2020年将从目前的100万人增加到170万人。快速增长的人口需要配套相应的学校等大量公益性基础设施。到2020年，仅石鼓区就需要新增学位2万个。北京师范大学衡阳附属学校拟由北京师范大学与衡阳市政府、石鼓区旭升小学等联合创办。校址拟定在石鼓区角山乡蔡伦大道以西，北二环路以北，长丰大道以东地块。学校初步规划集幼儿园、小学、初中、高中于一体，四个层次计340个教学班，在校学生控制在1.5万人以内。学校拟在传统衡阳石鼓书院的基础上构建北京师范大学衡阳附属学校现代书院，并与美国德克萨斯理工大学的独立学区合作，探索中国传统书院教育与西方科学理性的创新创业教育相结合的模式。

（张子良）

【衡山科技城与南华大学拟开展战略合作】　9月11日，衡阳市政府召开衡山科学城与南华大学战略合作座谈会，城校双方就加快科研成果转化、形成产学研一体化基地，共促衡山科学城高新技术产业的发展达成共识。市委常委、市委宣传部部长、市人大常委会副主任谢宏治出席会议。衡山科学城以移动互联网技术研发、制造及应用为先导，以企业总部、研发创新服务、高端制造和新城建设为主要内容，以“智慧谷”和“健康谷”为两大战略重点，将与国内外大学、科研机构建立横向合作关系，开发互联网软件、电子技术、新材料、新能源、生物技术、环保技术等领域的合作项目。（张子良）

【市教育局与广东奔立尔教育产业集团签订校企合作项目】 1月25日上午，市教育局与广东奔立尔教育产业集团校企合作项目正式签约。衡阳市勤工俭学站、市职业中专、市八中、市成人教育中心先后与奔立尔总裁林强签订校企合作战略备忘录及合作协议书。广东奔立尔教育产业集团在衡阳投资数百万元建设大型学生装生产基地，立足衡阳，面向全省，辐射周边省份。预计五年内产值超过1个亿，创造利税500万元，解决就业岗位500个。广东奔立尔的引进，将改变衡阳学生装混乱局面，引导学生装市场规范化、标准化。（张子良）

【市教育基金会召开换届选举暨“爱烛行动”救助会】 8月28日，衡阳市教育基金会换届选举暨“爱烛行动”救助大会在市教育局举行。湖南省教育基金会对衡阳市95名特困教师每人发放1万元救助金，衡阳市教育基金会对25名特困教师每人发放5000元救助金。（张子良）

【教育基金会工作】 2014年，衡阳市募集教育基金700万元。其中：市本级280万元（新华书店100万元，投资受益80万元，财政拨款50万元，企事业单位50万元）；评选表彰全国模范教师3人、全国优秀教师7人、全国优秀教育工作者1人，全国先进集体1个，湖南省最可爱乡村教师2人，发放奖金10万元；走访慰问全市名优特及为本市教育事业发展做出重大贡献的名优教师50人，发放慰问金4万元；救助特困教师150人，发放救助金125万元，并建立救助教师电子档案；组织教师开展园丁之家活动60人，计16万元。建立特困学生救助机制，制订“寒门学子”助学工作制度，资助贫困大学生13人，中学生40人，小学生20人，资助金额20万元；资助学校3所，资助金额6万元。（张子良）

【举办首届青少年机器人竞赛】 4月11日，衡阳市在市科技馆举行首届青少年机器人竞赛。226支队伍300名选手参赛。竞赛内容分为弹力小车、机械宠物、创意宠物、教育机器人、FLL机器人工程挑战、VEX机器人工程挑战、机器人综合技能7个项目。竞赛结束后，选送30支队伍参加5月份在长沙举行的湖南省第七届中学生机器人竞赛。（张子良）

【衡阳市首开免费“高考直通车”】 为帮助考生及时赶赴考场，衡阳市公交集团在6月7、8日专门开通“高考直通车”，其旗下56台公交车和70台的士在市区9个接送点免费为考生服务。针对市城区学校及考点的分布情况，该集团在市一中、市二中、市六中、市八中、市二十六中、铁一中、衡钢中学、船山英文学校、田家炳实验中学设立9个专门接送点。56台环保型公交车分早、中（两次）、晚等4个专门班次，为9000多名考生进行“点对点”无缝对接服务。该集团旗下70台的士也参加此次“高考直通车”免费送考行动，考生凭准考证即可免费打车至考点。

（张子良）

【强调校车安全管理】 7月24日，衡阳市在祁东县召开校车安全管理工作调度会。会议主要围绕校车配备、校车整治、校车服务公司设立与运行、校车驾驶人资格许可、校车使用许可、非专业校车改装、校车监控平台建设、随车照管人员和驾驶员教育培训、校车购买保险等几方面的问题，开展深入探讨。各县（市）区校车办主任逐一汇报校车安全管理工作有关情况，并就存在的困难与问题提出建议和意见。

（张子良）

【推进校车安全管理工作】 在市校车安全管理工作领导小组的安排部署下，市校车办组织教育、交警、交通运管等相关职能部门采取不发通知、不打招呼、不听汇报、不要陪同、直奔基层、直插现场的“四不两直”工作方法，对12个县市区的校车安全管理工作进行3～4次暗访，每次对暗访发现的问题当场下达整改通知书，限期整改，并发暗访通报给县（市）区政府。（张子良）

【全面整治学校周边环境】 按照《集中整治行动方案》和《学校及周边治安综合治理任务分配表》的要求，全市开展声势浩大的集中整治和专项整治行动。（1）市文化市场综合执法局根据《衡阳市2014年度学校及周边治安综合治理工作通知》，大力开展各项文化市场专项整治工作。（2）市城市管理行政执法局组织各区城管执法局对城区174所（其中摸排大专院校7所、中学29所、小学61所、幼儿园77所）学校周边摆摊设点、占道经营、车辆停放等情况进行认真调查摸底，并督促各区城管执法局根据具体情况实施整治。（3）市司法局按在总结学校法制教育经验的基础上，把法制教育进课堂作为提高学校教师、学生法律素质的重要途径，作为学校依法治校、预防和减少青少年违法犯罪的基础工作来抓。（4）团市委广泛开展禁毒宣传教育活动。（5）市工商行政管理局开展学校及周边治安综合治理专项行动。（6）市公安局在学校周边专项整治中出动人员6850人次，出动车辆1200台次，排查涉校纠纷80起，排查精神病等高危人员57人，其中重度精神病人14人，同时排查出学校内部安全隐患580处，排查出学校及周边治安问题突出的学校有16所；为学校配备保安员1380人，配备警棍等防护装备1600件。（7）市交警支队在治理工作中出动警力1900人次、出动警车650台次，设立护学岗68个，进校园开展文明交通宣传教育112次，完善校园周边道路交通安全设施623处，开展校园周边道路交通秩序整治44次，查处校园周边道路其他违法行为1015起。（张子良）

【专项整治督查学校食堂食品安全】 3月13日起，衡阳市正式启动学校食堂食品安全专项整治行动。根据安排，2014年3～5月和9～11月，市食品药品监督管理局和市教育局组织联合暗访督查组，重点对全市各级各类学校食堂及学校周边区域餐饮服务单位进行督查。督查内容包括学校食堂和学校周边区域餐饮服务单位餐饮服务许可证持有情况、学校食堂安全管理制度建立落实情况、采购索证索票情况、加工场所卫生情况、从业人员个人卫生健康情况、食品添加剂使用情况、学校食堂饮用水安全情况和校园周边餐饮安全情况等。督查组不预先通知、不预先安排路线、不通知当地陪同、随机抽查。对在督查中发现的问题将责成整改，依法严肃处理；对责任不落实、整改不到位的单位给予通报批评，同时通过媒体向社会公布，抽查结果通报当地政府。（张子良）

【继续开展“无烟学校”创建活动】 5月31日是“世界无烟日”。衡阳市教育局决定继续在全市开展“无烟学校”创建活动。符合条件的学校在10月20日前直接向市教育局体育卫生与艺术教育科进行申报，市教育局接到申报后，组织专业人员采取明察暗访的方式对申报学校逐一进行考核验收，对验收合格的学校，授予无烟学校牌匾。对授牌的无烟学校进行抽样复查，对复查不符合要求的将予以摘牌。“无烟学校”必须建立学校控烟制度，开展控烟宣传教育。（张子良）

【规范阳光窗口服务平台制度】 2014年，衡阳市教育局主要完善以下制度：（1）人员配备制度。各地各校均克服机构编制等困难，想方设法配好专兼职人员，基本上保证有1～2名专职工作人员。（2）身份公开制度。中心工作人员全部亮证上岗，并在显眼位置标明工作人员的姓名、性别、科室、职务、联系方式等，充分接受群众监督。（3）学习培训制度。规定工作人员必须接受培训，且经考核合格后方可上岗。衡南县、高新区派出专门工作人员到市教育局阳光中心交流学习。珠晖区在阳光中心工作人员上岗前，专门组织有关职能股室对他们进行政策法规和教育业务的培训。衡阳县组织阳光中心全体人员到祁东县参观学习，在经验交流中取长补短，共同提高。（4）信访件办理制度。对受理分派、调查核实、部门会商、回复回访、督查督办等各个环节分别进行详细的规定，阳光中心受理投诉案件后，能现场办理的现场办理，不能现场办理的要进行分工，并限定办理时限，对涉及面广的重大事项要召集相关部门进行联合办理。（5）运行通报制度。市阳光服务中心对县（市）区服务中心和学校服务站点的信访件办理情况实行全程跟踪，每月进行一次统计通报。对群众反映强烈、社会影响较大的事项，进行现场督办

（6）督查考核制度。5月，印发《2014年衡阳市教育阳光平台建设工作督查方案》和《关于阳光服务平台建设工作的考核办法》，根据方案，分别于10月和11月份，市教育局纪委书记邱兴国亲自带队对市直公、民办学校，中职学校和县（市）区教育阳光服务中心的建设情况进行全面督查，并对县域所属学校进行抽查。

（张子良）

【健全阳光窗口服务平台功能】 为实现便民利民，市教育局要求各地、各校按照“应进必进”的原则，除在教育阳光服务平台中设置办事指引、政策咨询、信访接待、举报受理、舆情回应等5项基本功能外，还要因地制宜，尽可能把与群众密切相关的事项都纳入到服务中心去。祁东县教育局将信访接待、举报投诉、学籍办理、教师资格证办理、社会力量办学申报受理、生源地助学贷款、基建指导、信息网络建设指导和舆情监控、教职工福利待遇查询等功能全部归口到阳光服务中心，进行集中服务办理。蒸湘区教育局阳光服务中心加挂“蒸湘区政务服务中心办事大厅”牌子，将成人高考、自学考试报考，教师资格证办理，中小学生学籍办理，政策咨询、信访投诉，民办教育机构审批，生源地助学贷款和“两免一补”手续办理，校车审批服务等与群众关系密切的股室全部搬入阳光服务中心，为群众前来办事提供“一站式”服务，成为教育践行群众路线的新亮点。衡阳市第十六中学的阳光服务站既是负责对外接待、政策咨询、群众来访的服务中心，又是学校党务公开、校务公开的重要平台。（张子良）

【拓宽阳光窗口服务平台】 在红网——衡阳论坛上开设“衡阳教育阳光服务专贴”，2014年，综合回贴13次。与市政府“12345”热线和政务信箱联网，交办和处理群众诉求117件，满意率在90%以上。完成省阳光中心交办件27件。截至年底，市本级受理投诉73件，办结71件，办结率达97%以上；县（市）区受理投诉件79件，办结率超过83%；市直学校阳光站处理群众诉求345件，满意率达85%以上。

（张子良）

【申报国家级示范性综合基地】 衡阳市勤工俭学工作站成立申报工作领导小组，确定申报工作的总原则及工作进程，做好基础性工作。省考评组在现场考评中，认为基地选址、规划、设计很科学，在教育部、财政部的专家评审中通过，争取资金3000万元。

（张子良）

【建设劳动实践场所】 全市年内改建劳动实践场所100所，占地86.67公顷；新建劳动实践场所18所，新增用地17.33公顷，接受学生参加劳动实践活动人数达10万余人次。在12月3日至5日省教育生产装备处领导对该市实践场所检查验收中给予高度评价，重点表扬衡东县霞流中学、常宁市盐湖镇中学的劳动实践场所建设。

（张子良）

关工委工作

【市关工委领导率队到教育局调研关心下一代工作】 3月28日，市关工委主任单保重、副主任阳新丽等率领团市委、市文广新局、衡阳日报社、衡阳广播电视台等关工委成员单位就衡阳市开展关心下一代工作进行讨论座谈。

（张子良）

【调整局关工委领导班子】 12月中旬，原市教育局副局长夏年新，原市人民政府教育督导室事处级督学谢宏荣到局关工委工作。调整后，局关工委领导班子由局长、党委书记周法清担任名誉主任，副局长万和森、彭天文任顾问，周国强任主任，常家楚任常务副主任，夏年新任副主任，谢宏荣任秘书长，何光安、王建新、刘伏良任副秘书长。周国强、常家楚、夏年新、戴荣华、谢晓川、王小将、唐仲和、肖仲斌、刘文艳、何光安、王建新、刘伏良、谢宏荣为关工委委员。（张子良）

【创建示范性家长学校】 2014年，衡阳市有石鼓区下横街小学、衡阳市八中、雁峰区六一小学、珠晖区光明路小学、衡南县江口镇中心小学、衡南县洪山镇中心小学、衡南县茅市镇初级中学、常宁市松柏镇联盟完小、常宁市夏联完小等9所学校的家长学校被评为湖南省示范家长学校。截至2014年年底，全市建成国家级示范家长学校1所，省级示范家

长学校27所，市级示范家长学校117所，县级示范家长学校201所。（张子良）

【家庭教育科研成果】 参加湖南省家长学校研究会组织的2014年学术年会论文评选，衡阳市有164篇论文参评，其中133篇获奖。市教育局关工委获家庭教育论文组织工作先进单位。衡阳市八中《提高家长学校教育实效性的研究》通过省重点课题结题。

（张子良）

【“美丽中国·我的中国梦”读书征文活动】 2013～2014学年度在全市中小学开展五好小公民主题教育“美丽中国·我的中国梦”读书征文活动。在全国青少年五好小公民“美丽中国·我的中国梦”主题读书活动中，衡阳市教育局关工委、衡南县教育局关工委、衡阳县教育局关工委、衡山县教育局关工委、衡东县教育局关工委、珠晖区教体局关工委被评为全国主题教育活动先进集体，衡阳市教育局关工委何光安被评为全国主题教育活动先进个人，衡南县教育局关工委主任胡吉祥、常宁市教育局关工委主任谭泽湘、衡阳市实验小学关工委主任谭建华等3人被评为全国主题教育活动优秀工作者，衡南县二中、衡阳县三中、衡山县实验小学、珠晖区光明路小学、石鼓区都司街小学、南岳区南岳完小、衡阳市实验小学、衡南县宝盖镇中学、衡东县石湾镇中心学校、常宁市一中、雁峰区六一小学、蒸湘区西站路小学、市船山实验中学等13所学校被评为全国主题教育活动示范学校；衡阳市实验小学周骏、衡南县向阳镇中心小学颜萌、衡东县兴东中学刘语希、衡阳市八中周湘粤、常宁市一中陈俊汀、衡阳县一中王傲等6名学生获全国主题教育活动征文特等奖；衡南县罗广胜等234名学生获全国主题教育活动一等奖，衡南县杨嘉辉等319名学生获全国主题教育活动征文二等奖，衡南县王丝丝等405名学生获全国主题教育活动征文三等奖，衡阳市衡钢小学彭森茂同学获全国教育主题教育活动摄影比赛二等奖，衡阳市实验小学周骏同学获全国主题教育活动演讲总决赛三等奖。

（张子良）

【组织老少书法活动】 2014年5至11月，衡阳市关工委、市教育局、市教育局关工委联合组织第二届“老少共圆中国梦”书法绘画作品评选活动。评选一等奖82名，二等奖82名，三等108名，并从中选出84幅优秀作品与老干部的作品一起巡回展出。

（张子良）

【1890名衡阳学子“受助”】 2014年，全市教育系统关工委配合湖南育才保险代理有限公司资助贫困生1890名，资助金额达189万元。其中，衡阳市教育局直属学校资助学生171名，受助金额17.1万元。（张子良）

大中专院校简介

【南华大学】 （1）学科与平台建设。获“国家核应急宣传和培训基地”“国家核应急医学救援队”等两个“国字号”基地。“核能与核技术工程虚拟仿真实验教学中心”获教育部批准的“国家级虚拟仿真实验教学中心”。中国核工业集团公司在学校设立5个重点学科实验室。“分子靶标新药研究协同创新中心”立项为湖南省第二批高校协同创新中心（培育）；新增湖南省重点实验室、高校重点实验室、虚拟仿真实验教学中心各1个。“核设施退役治理与放射性废物处理处置技术创新团队”获“中国侨界贡献奖（创新团队）”。“核技术综合试验平台”在国家示范实验室自制实验教学仪器评比中获一等奖。（2）教育教学。启动教学管理制度、课程、实践教学和考试考核等4项本科教育教学改革；分类实施研究生培养模式改革，制定研究生改革实施办法。进一步夯实教学基础工作。《计算思维漫谈—感悟数字化生存的智慧》获批为国家级精品视频公开课程，立项国家级大学生研究性学习与创新性实验计划项目13个，省级项目28个；获批为国家研究生课程建设试点单位，获得省级大学生实践教学和研究生培养创新基地各3个。会计学、公共卫生学和护理学新增列为硕士专业学位授权点。给排水科学与工程专业通过住建部认证专家组的评估，临床医学专业得到教育部认证专家组的充分肯定。立项省部级教改项目38个，获得湖南省教育科学研究成果奖4项。在全国29个省（市、区）实现一本招生，是全国在湘一本招收本科生规模最大的高校，理科录取分数线位居湖南新升一本高校第一。专业型与学术型研究生的比例为1.9∶1，硕士生一志愿上线人数增多。新招收留学生108名，留学生生源国扩大到15个。成教报名人数较同期提高9.8%。毕业生年度初次综合就业率91.81%。被评选为2014年度全国50所“毕业生就业典型经验高校”、2014年湖南省普通高等学校毕业生就业工作“一把手工程”优秀单位。获得省级优秀博士论文1篇，省级优秀硕士论文8篇。在第五届全国高等医学院校大学生临床技能竞赛中获一等奖。大学生在各类学科竞赛、“挑战杯”竞赛中获得国家一等奖1项，二等奖9项，大区级、省级一等奖27项。研究生获得美国（国际）大学生数学建模竞赛一等奖1项、二等奖2项，其他各类获奖100余项。在全军首次毕业国防生军政素质考核中，学校国防毕业生优秀率为78.95%，合格率达97.37%。（3）科研和产学研合作。新获一批国家自然科学、社会科学基金项目（包括国家自然科学基金重点项目），处于湖南省属高校第一方阵。横向科研项目合同金额同比增长115%。作为合作单位获国家级科技进步二等奖1项，获湖南省科技进步奖、自然科学奖二等奖各1项。《南华大学学报·社会科学版》被评为“全国高校优秀社科期刊”，“核工业经济与管理”栏目获全国高校社科期刊特色栏目奖。与中国工程物理研究院签订战略合作协议；与中核集团中国核电工程有限公司、中核集团建中核燃料元件有限公司、衡阳市衡山科学城等单位新签订15项产学研合作协议。成为核工业集团公司、国家核电技术公司及成员单位的国家国防基础、核能开发科技重大专项等科研项目研究组核心成员。完成三力公司改制工作。获赠中核集团中国辐射防护研究院价值达800万元的风洞实验室、中核集团建中核燃料元件有限公司价值150万元的核燃料组件模型。（4）基本建设。校区建设。“南华大学新校区建设”项目继续被列入省、市重点建设项目。经费保障。2014年，学校收入增幅为11%。本科教学经费预算增长20%，教学实验用低值易耗经费增长10%，工科学生人均实习费增长30%，科研经费预算增加23%。2014年，学校综治工作（平安建设）湖南省年度考评为先进单位。（5）附属医院。新获11个湖南省重点专科。各医院获得市厅级以上科研项目72项，其中获得7项国家自然科学基金项目。附一医院获湖南省科技进步二等奖1项。附二医院获全国执业医师实践技能操作考试考官培训基地资格，是湖南省唯一获此资格的医院。附一医院、附二医院成为国家卫计委认定的首批住院医师规范化培训基地。附二医院“全科医师培养基地建设项目”获国家发改委批复立项。完成临床教学任务。以附二医院为主，组织2009级临床医学专业学生参加第五届全国高等医学院校大学生临床技能竞赛，获湖南省赛区特等奖、华中赛区一等奖、全国总决赛一等奖。4所附属医院全年总收入同比增长11.2%，门诊人次同比增长10.02%，手术台次同比增长7.15%，出院人数同比增长8.93%。（王　超）

【衡阳师范学院】　（1）教学科研。衡阳师范学院刘沛林教授“为改革攻坚献策”撰写的“金点子”《以湖湘特色“旅游小镇”建设为引领，助推湖南新型城镇化》被评为优秀金点子。刘沛林教授提交的《以“文化与科技融合”为突破口，切实推进我省文化创意产业新发展》一文在省委宣传部、省社科联联合举办的以“为改革攻坚献策”为主题的第五届湖南省社会科学界学术年会征文中获特等奖。12月19日，湖南省高校新媒体运用研讨会在衡阳师范学院召开。团省委学校部部长王虹彬对2015年湖南省高校新媒体工作进行部署。11月5日下午，衡阳师范学院“南学津梁”教育讲坛走进湘南学院，两校依托大学生特色教育工作室联袂推出14级新生“幸福启航”演讲会。10月29日上午，衡阳师范学院院长刘沛林在湖湘大学堂主讲“留住乡愁”。（2）获奖成果。2014年12月21日，衡阳师范学院获“2014全国环境教育示范学校”称号；衡阳师范学院“大学生成人礼”文化品牌活动被评为全国高校“礼敬中华优秀传统文化”特色展示项目；在2014年全省教育系统学习型党组织建设“五创四评”活动中，学院党委被评为全省教育系统创建学习型党组织十佳先进单位；资源环境与旅游管理系田亚平教授获“全国优秀教师”称号；学院外语系团总支获“全国五四红旗团总支”，这是衡阳师范学院团组织首次获此殊荣；学院在2014年度全省教育新闻宣传工作考评中被评为优秀；衡阳师范学院学子在湖南省第十届大学生运动会田径比赛中取得13金8银6铜的成绩，并获男女团体总分第一、男子团体总分第一、女子团体总分第一、金牌总数第一、奖牌总数第一。2014年，衡阳师范学院美术系黄玲、张镅锋老师指导陈凯鑫同学创作的环保主题漫画获“第三届全国高校原创动漫作品大赛暨环保创意大赛”一等奖，赵晶晶老师指导罗云高、李芸昭同学创作的环保主题插画获二等奖；在全国第六届“立思杯”大学生与研究生物理教学技能展评暨自制教具与设计实验展评大赛本科教学技能展评中，物电系魏丹、王柳同学获一等奖，汪茜茜、龙金杯、唐洁同学获二等奖，蒋春同学获三等奖；生命科学系2011级生物科学专业学生屈思思在第二届全国师范教学技能大赛中获得生物组二等奖；中文系黄妍携带作品参加全国大学生视频剪辑大赛，成为华南地区唯一入围的选手；由邓运员、刘媛老师指导，资旅系2011级GIS（地理信息科学）专业罗亮、邱莎莎、赵孝杰、肖盼盼同学合作完成的作品获“Esri杯”中国大学生GIS软件开发竞赛三维分析与建模第二名。（3）队伍建设。2014年11月3日，衡阳师范学院干部大会召开，湖南省委组织部、省委教育工委组织部来校宣布省委关于学院领导干部任免的决定，刘沛林担任衡阳师范学院党委书记；皮修平任衡阳师范学院院长。2014年6月27日，教育部推进教师队伍建设示范项目“强化教育实践环节”子项目工作研讨会在衡阳师范学院召开。2014年11月11日，湖南省高校（湘南片）党委书记、校长座谈会在衡阳师范学院召开。（4）校园活动。2014年9月28日，衡阳师范学院外教Ramiro RUIZCRUZ（罗密罗克鲁兹）应邀参加中华人民共和国成立65周年外国专家招待会；11月2日，衡阳市船山学会年会暨船山学社建社百年研讨会在衡阳师范学院举行，此次会议主要是总结2008～2013年衡阳市船山学会的工作，并规划后面几年的工作，尤其是下一年度的工作；6月5日，由衡阳师范学院与衡阳市环保局联合举办的“纪念第43个世界环境日”活动在衡阳师范学院举行。学院学生工作处、生命科学系相关负责人，以及生命科学系、资源环境与旅游管理系、南岳学院、化学与材料科学系的600余名环保志愿者们参加此次活动；衡阳师范学院教育阳光服务网络平台正式上线运行，搭建实体和网络教育阳光服务平台，是衡阳师范学院为深入推进党的群众路线教育实践活动，将教育阳光服务平台建设成上下联动、横向协调、服务师生、高效优质的综合型服务平台，以教育阳光服务赢得师生满意的重要举措；2014年1月，全校发起“走下网络，走出宿舍，走向操场”主题晨练活动，全院大学生在各系团总支的组织下每周定期参与晨练；2014年1月19日，衡阳师范学院体育系罗育华勇救落水老人。学院重视大学生思想道德素质教育，体育系开设一系列有关运动救护，应对突发事件的专业课程，成立大学生生存训练特色工作室，注重对大学生生存救护技能的培养；2014年3月30日，湖南省湘南地区2014届师范类毕业生供需见面会暨衡阳师范学院见面会召开，395家用人单位及上万省内外高校的毕业生参会。参会单位中省内单位301家，提供岗位9300余个；省外单位94家，提供岗位4200余个；教育类单位208家，提供岗位7300余个；非教育类单位187家，提供岗位6200余个。这是衡阳师范学院连续第四年承办的省级大型招聘会。（陈石军）

【湖南工学院】 湖南工学院是一所以工为主，工、经、管、文、理多学科协调发展，具有较强的科技服务能力，培养“重基础、重技术、重能力、高素质”应用型人才的本科院校。（1）招生就业。2014年，招生工作方面，录取新生4608名，实际报到新生4413名，完成招生任务。就业工作方面，2014届毕业生5100余人，初次就业率达89.75%。（2）科研科技。2014年，获批市厅级以上科研项目106项，相较2013年增长32项，其中：获批国家自然科学基金项目、国家社科基金项目6项，相较2013年增加5项；省部级科研项目42项，比2013年增加17项。2014年纵向科研项目合同资助经费达402.2万元，相较2013年增加120万元。全年进校横向科研项目合同经费195.2万元，相较2013年增加110.9万元。科技创新。2014年，获批省级科技创新团队2个，新增院级重点学科1个、院级科技创新重点实验室（研究基地）3个、院级科技创新团队4个。在衡阳市第六届大学生创新大赛上，学院学生获一等奖1项，二等奖2项，三等奖2项。科技成果。全年获批市厅级以上科技成果奖励18项，其中获批湖南省科技进步奖三等奖1项；衡阳市科技进步奖三等奖2项；衡阳市优秀社科成果一、二、三等奖共计15项。学院教师发表高水平学术论文120多篇；申报专利31项，其中申报PCT国际专利9项，发明专利8项，实用新型专利数14项，授权专利21项。科研经费管理。完善科研经费报账程序，规范科研经费支出内容；完成省审计厅对学院2011年、2012年科研经费情况的专项审计工作。（3）产学研合作。2014年，举办与中广核核电运营有限公司、大亚湾核电、岭澳核电、岭东核电等核电企业的产学研合作系列活动，与湖南汽车产业技术联盟、衡阳市汽车及零部件产业技术创新战略联盟、衡阳市盐卤化工联盟等联盟及所属企业保持合作关系，学院被评为衡阳市汽车及零部件产业技术创新战略联盟协同创新先进单位；与湖南天雁机械股份有限公司、中广核核电运营有限公司、大亚湾核电、岭澳核电、岭东核电等核电企业合作，召开学院产学研横向科研项目的验收会议。（4）学术交流。2014年11月，学院承办第一届中华人因与工效学协会学术研讨会，增进两岸三地的学术交流与合作。（5）校企合作。2014年，新增5个董事会成员单位；加强基金会日常管理，组织召开基金会理事会第三次会议，基金会启动公益助学项目，对37名品学兼优的贫困学生进行资助。与多家企业在科学研究、技术交流、人才培养和社会服务、产学研结合等方面建立长期稳定的合作关系；完成与香港皇朝家私集团、泛华保险集团在卓越人才教育培养计划校企合作的洽谈和签约；加强与南方水泥集团有限公司、衡阳镭目科技有限责任公司、中联重科、三一重工等企业的合作；派出9名教师赴企业挂职锻炼。湖南千山制药股份有限公司为学院辅导员见习基地，并获其自愿捐赠价值约100余万元的仪器设备。年内完成引资72.51万元。（6）国际合作与交流。学院获得留学生招收资格；与英国桑德兰大学联合申报的电气工程及其自动化专业获得教育部批准，将于2015年正式招生；派出3名人员参加“千名中西部大学校长海外研修计划”，并学成归国；组织两名教师申报获批国家留学基金项目。外籍教师管理到位，1名外籍教师申报中国政府友谊奖，1名外籍教师获衡岳友谊奖。8人参加赴美带薪实习，1人入围英国波尔顿大学夏令营，9人赴韩，3人赴马来亚大学学习；全年，接待英国桑德兰大学等院校20批次海外合作院校人员来访。按质按量完成2013～2014年度湖南省“海外名师”项目的实施与结项。（7）宣传工作。2014年，建筑工程与艺术设计学院2013级学生张高峰知恩图报、乐善好施的先进事迹，被新华社、人民网、新华网、光明网等30多家媒体报道，并入选2014感动中国之感动湖南候选人。　　（仇海燕）

【衡阳财经工业职业技术学院】 2014年，学院各项工作均取得显著成绩，并获全市计生工作先进单位、国防教育和武装工作先进单位、劳动竞赛先进单位等荣誉称号。（1）招生就业。2014年，学院新生录取达4000余人，新生录取人数、分数线和报到率再创新高，稳居全省高职院校第一方阵。就业工作再次被评为“全省就业工作先进单位”。（2）教学工作。学院建成21门院级精品资源共享课程，立项培养5名院级教学名师，评选5个奖项的首届教研成果奖。技能竞赛频频获奖，全年学生在市级以上各级各类竞赛中获奖达38项、110多人次，会计和工科专业实现国赛获奖的突破。学院完成10余次国、省、市考试的组考工作。（3）科研成果。成功申报专利12项。编写教材16本，发表论文261篇，获奖论文13篇，获全市社科成果二等奖2项。立项省市课题39项。获各级科研进项经费支持27.4万元。院内立项科研课题30项。汪哲能团队成功立项衡阳市技能大师工作室，获得进项经费26万元。参加全市全面深化改革的专题调研，5篇调研报告分获一、

二、三等奖，获奖数量居全市之首。（4）内部改革。全面推进人事管理和绩效工资管理、教学管理、学生管理以及财务管理等4项改革。院系两级管理构架形成，于2014年9月按新制度运行。实施新的绩效工资方案，连续第八年提高教职员工福利待遇。（5）队伍建设。全院参加骨干教师省本级和国家级培训、暑假社会实践、国内访学和赴德国学习的教师103人次，被评为全省“师资培训先进单位”。全年有30多名教师获市级以上各级各类奖励，高伟老师获全省五一劳动奖章。完成专技人员岗位分级改革，完成20名公开招聘人员的定编定薪工作，引进5名紧缺专职教师。（6）社会服务。全年鉴定6685人次，培训5559人次。成功申办航空服务、物流管理、移动互联应用技术3个专业，对接区域主导产业和战略新兴产业。（7）基础建设。2014年，按计划完成3000多平米的机械实训车间建设。投入3000多万元将社会化运行模式的学生食堂、宿舍成功回购。完成中心广场建设和新综合楼地下车库建设。全面启动校园文化建设，完成形象识别系统设计。

（陈高峰）

【衡阳技师学院】　（1）招生就业。2014年，招收新生3598人，比2013年增长5%。其中高技、技师人数1778人，大专629人，中技1191人，高技、大专以上层次人数占总人数的67%。毕业生就业安置情况。2014年，安置毕业生就业2217人次（含自主择业学生数）。应届顶岗实习毕业生就业率达96.4%。接待就业用人单位136家，组织各种招聘会128场，提供就业岗位逾4200个。（2）校企及政校园企合作。2014年，重点加强与白沙工业园管委会、松木工业园管委会、长沙经开区管委会、长沙高新区管委会、佛山人社局、顺德人社局、衡阳市人社局的合作并签订战略合作协议；与34家企业采取联合办班“订单培养”，订单班人数占招生总人数72%。　（3）获奖荣誉。2014年4月12日至24日，衡阳技师学院参赛学生在“2014年‘嘉杰杯’衡阳市中等职业学校技能竞赛”中获22个一等奖、14个二等奖、15个三等奖，并获得团体总分第一名。2014年5月13日至19日，衡阳技师学院选派25名选手代表衡阳市参加“湖南省职业院校学生技能竞赛”的12个项目的角逐，夺得4个一等奖、7个二等奖、6个三等奖。2014年6月27日，衡阳技师学院参赛选手在“全国职业院校技能竞赛”中获5个三等奖。2014年9月19日至24日，衡阳技师学院参赛选手在“2014年中国技能大赛第六届全国数控技能大赛湖南选拔赛”中获3个一等奖、6个二等奖、3个三等奖，学院获参赛单位团体一等奖，并获“特别贡献奖”，衡阳市代表队获得市州代表队团体一等奖。2014年11月8日，衡阳技师学院5位选手代表湖南省参加“2014年中国技能大赛第六届全国数控技能大赛总决赛”，取得两个第8名、一个第9名、一个第14名的成绩。（4）各类活动。2014年5月15日，由省人力资源和社会保障厅组织的湖南省“技能大师三湘行”衡阳站系列活动在衡阳技师学院拉开序幕。湖南省人力资源和社会保障厅副巡视员谭文波、衡阳市人民政府副市长周辉斌等省、市领导出席活动，艾爱国、易俊、杨卫东、朱茂蒙、易国强等5位湖南省技能大师被聘为衡阳技师学院专业建设委员会委员。报告会后，技能大师们还深入特变电工（衡阳）变压器公司、南岳电控（衡阳）工业技术有限公司现场教技能，解决生产技术难题。2014年5月21日，由衡阳市关心下一代工作委员会、市文化广播新闻出版局、市广播电视台与衡阳技师学院联合主办，市歌舞剧团、市关爱艺术团承办的“关爱进校园，共筑中国梦”2014年衡阳市关工委进校园专题文艺晚会在衡阳技师学院举行。湖南省关工委主任沈瑞庭、副主任高锦屏，市委常委、常务副市长段志刚，衡阳市关工委主任单保重、副主任阳新丽等领导出席活动。市关工委与衡阳技师学院共同募集资金7万元，为衡阳技师学院70名寒门学子捐资助学。（5）援疆培训。2014年10月31日至12月8日，首批32名来湘培训的新疆吐鲁番地区技工院校教师在衡阳技师学院完成专业技能培训。根据湖南省人社厅和吐鲁番地区签订的对口援疆协议，三年内将对吐鲁番地区110名技工院校教师和240名企业高技能人才进行轮训，涵盖计算机网络、汽车维修、电工、焊工等多个专业领域。通过培训，学员们将学到的新知识、新技术、新观念带回吐鲁番，为促进吐鲁番地区职业教育的发展做出贡献。

（刘忠贤 成朝阳 汪双平）

【衡阳幼儿师范学校】 2014年，学校在教育、教学、科研、招生、就业、培训、后勤管理等方面取得好成绩，完成教育局下达的各项指标。（1）招生就业培训。2014年，学校招收新生2528人，校本部招收新生1585人。2014届毕业生总人数为2248人，毕业生就业率为100%，其中对口就业率达95%以上，就业稳定率在90%以上。2014年，学校取得湖南省幼儿教师“转岗教师”和“保育员”两个国家级培训项目，增加一个新任教师的国家级培训项目，其中“转岗教师”70人，保育员80人，新任教师220人。完成衡阳市幼儿园园长岗位培训164人。2014年，学校进行14项培训，共8136人。其中国家级培训1582人次，市级培训382人次。GYB创业培训859人次，育婴师培训584人次。学校获省级国培先进单位称号。（2）教学工作。学校发挥微格教室、电子阅览室等各专业实训教室的作用，加强对教师教学常规的检查和记录。教学竞赛。组织学生参加市中职学生春季技能竞赛，获市级一等奖1个，二等奖7个，三等奖6个。组织学生参加第十一届全国中等职业学校“文明风采”市赛、省赛、全国比赛。140件作品在市赛中获奖，获奖率93%，其中十件作品获全国二、三等奖，李宏敏、王会娟两位老师获“优秀指导教师奖”、第十一届全国中等职业学校“优秀组织奖”。组织教师参加2014年“创新杯”衡阳市及全国中等职业学校教师信息化教学设计和说课比赛，获一等奖三名，二等奖四名，三等奖两名。柏晟老师在2014年创新杯全国中等职业学校计算机类课程教师信息化教学设计和说课比赛总决赛中获一等奖。组织学前教育专业学生参加技能抽查，合格率100%，优秀率在全市同专业中名列第一。参加黄炎培职业创业规划大赛获衡阳市二等奖。学校为1863名应届毕业生办理教师资格证，占应届师范毕业生85%；组织1348人参加普通话测试，合格率达83%；组织部分学生参加计算机职业能力考试和英语职业能力考试。（3）科研工作。2014年，申报两个省级课题，杨校长主持的湖南省教育科学规划院省级重点资助课题《中职学前教育专业“五能五会”人才培养模式下的课程体系构建研究与实践》、李君俐老师主持的湖南省教育科学规划院省级一般课题《中职学前教育课程调整与幼儿教师需求研究》；申报多个校本课题；张淑芝、康素洁、刘东航老师主编的《学前儿童语言活动的组织与指导》、李鹏桦、刘嘉老师主编的《钢琴弹奏与伴奏基础》、曹蓓老师主编的《舞蹈教程》由中国传媒大学出版社出版发行；学校教师参加湖南省职成论文评比7篇论文获奖，在省级刊物上发表论文20余篇。（4）素质教育。学校设立德育工作专门队伍，针对中职学生特点建立德育工作目标序列。2014年，举办第九届校园文化艺术节和第二届寝室文化节。组织开展校园合唱比赛、创意作品美术比赛、红色电影周、“你追我赶”五人六足绑腿跑大赛等校园文化艺术系列活动。组织“雷锋精神激励我前行”学雷锋系列志愿者服务活动、“五四表彰”等主题活动。（5）文化建设。学校开展创建省级文明单位活动，制作横幅72条，更换橱窗24块，增加校园雕塑3尊，在衡阳教育信息网上报道动态新闻稿件36篇，学校网站发布新闻稿件130余篇，利用“世界大学城”平台发布学校的教学科研成果。（6）队伍建设。2014年，学校开展师德师风建设教育活动，贯彻落实《衡阳幼儿师范学校师德师风建设实施方案》。2014年，学校通过招考、直接引进以及外聘的方式补充教师13名。组织教师参加国家、省、市级培训。开展教师说课比赛、英语口语大赛。组织全体教学人员参加“世界大学城”教师个人空间建设培训。完善《班级日常工作考评办法》《班主任工作考评办法》等制度。出台《优秀班主任评选补充规定》。加强学生干部队伍建设。制定《优秀学生干部评选办法》。（7）管理工作。坚持和完善民主集中制，落实领导班子集体负责和个人分工负责相结合的制度。发挥学校“教代会”的参政议政功能。2014年，学校审议通过《关于调整部分项目津贴的提案》，提高教职工的待遇。推荐教师参加高、中级职称评定。学校设立阳光服务站和“意见箱”。推进校务公开工作的进程。做好资料的收集、归档、上报、统计工作。（8）办学条件。2014年，学校的办学基础能力建设取得突破。中央财政支持的学前教育专业实训室配置完成并投入使用；中央财政支持的综合实训楼资金到位，完成招投标；学校500千伏安变压设备及线路改造进入招投标阶段；完成对学生宿舍的冷热水供应改造；学校新的整体规划图通过上级相关部门审核确定。（9）安全管理。落实《2014年衡阳市学校食品安全饮用水专项检查细则》；做好疾病预防和健康教育，为每个学生建立健康档案；多次对校园进行灭鼠、杀虫、消毒工作；实行公交专车进校园，保证学生周末回家安全；与正规物业公司签订合同，确保校园平安和谐。（李宏敏）

【耒阳师范学校】 湖南省耒阳师范学校创办于1958年，直属于衡阳市教育局管理。拥有中央财政支持的电子技术和学前教育实训基地。学校有高级讲师53人，教授级高级讲师2人，“双师型”教师达到40%以上。开设小教大专、学前教育、计算机应用、计算机与游戏制作、服装设计与工艺、模具制造技术等10余个专业。有全日制在籍学生4389人。学校与中央电大、中南大学、陕西师大联合举办学历教育、继续教育，在读大专、本科学员1000余人。（1）招生工作。2014年，学校加强招生工作宣传，通过多种形式联合办学，招收全日制新生（含300余名联合办学学生）1679名。（2）教学教研工作。加强教师队伍建设。推送10名教师参加骨干教师省级培训，聘请4名学前教育专家、幼儿园园长、骨干教师为兼职教师。在衡阳市中等职业学校“创新杯”教师说课比赛中，获一等奖6个、二等奖10个、三等奖6个。省级说课竞赛获一等奖第一名1个，三等奖1个。参加全国说课竞赛获二等奖1个，三等奖1个，全国基本功竞赛获二等奖1个。开展教学活动。组织开展课堂教学开放周活动4次，推出公开课28堂，知识讲座15次，学科知识竞赛17次。组织师范、学前教育专业学生分批次到耒师附小、城北小学、港湘实验幼儿园进行教育见习实习活动。开展全校学生体质健康数据测试工作，举办第39届校运会。开展第13届学生专业技能汇报表演活动。承办2014年衡阳市中等职业学校技能竞赛旅游服务管理和文化艺术类比赛，承办2014年衡阳市中等职业学校“创新杯”说课赛工科类（含德育）比赛、2014年衡阳市中等职业学校专业技能抽查学前教育专业考点、2014年衡阳市中等职业学校旅游服务与管理专业建设研讨活动。推行“双证书”制度。组织学生参加普通话测试，二乙以上通过率约80%。参加英语PETS、英语职业能力考试、会计资格证、计算机应用能力考试，学生获证率达70%。参加各项比赛。组织参加2014年衡阳市职业院校技能竞赛，获团体总分全市第二名。组织参加2014年湖南省职业院校技能竞赛，有6个项目获奖。组织参加第十一届全国中等职业学校“文明风采”竞赛，获“全国决赛组织奖”。组织参加省教育厅、市教育局主办的“我的中国梦”主题征文、规范汉字书写大赛，获“优秀组织奖”。组织参加2014年“黄炎培”职业教育奖创业规划大赛，创业项目《阳光少年——心灵成长工作室》再次获一等奖（全省第二名）。这是学校连续4年进入决赛（前八名），在全省600余所中职学校中独此一家。开展项目建设。学校湖南省重点建设项目——省示范性中等职业学校成功验收，并被评为优秀。教学实训综合楼正式开工建设。推进教学研究。2014年发表论文30余篇，有教研课题12个，其中省级立项课题5个，校级课题7个。（3）德育工作。加强制度建设，进一步落实班主任及辅导员工作职责。制定《耒阳师范班主任工作规范》，修改完善《耒阳师范班主任津贴发放办法》，编印《耒阳师范班主任工作手册》。2014年10月，学校作为衡阳市德育工作的优秀典型，在衡阳市德育工作及校园文化建设研讨会作主题发言。注重正面引导，引导学生积极向上。通过“每月之星”评选和“五四”纪念大会等活动，表彰246名每月之星，3个先进班集体，5个红旗团支部，3个学雷锋先进集体，600余名先进个人，1200余名单项奖获得者。寓教于乐。先后开展学雷锋活动、跳绳比赛、感恩教育系列活动、新生军训活动、新生广播操比赛活动、第十届学生卡拉OK大赛等70余次活动。完善分层教育体系，增强教育的针对性。加大对团员的教育管理。2014年3月份，申报团中央的学校重点工作创新试点——《中职基础团务管理和团员意识教育》，获得通过，成为衡阳市唯一获得通过的中职学校。学校团委书记参加全国第二期中职团委书记培训班，并代表湖南地区的中职学校做一次主题发言。2014年，学校团委再一次被评为衡阳市共青团工作先进单位、衡阳市五四红旗团委。（4）后勤工作。开源工作。在做好学费收取工作的同时，争取市财政资金665余万元，门面、商店等创收89万元，冠湘中学分红收入150.2万元。保障工作。花73万元用于还债还息；花222万元用于添置教学设施设备；花278万元用于基建维修和改善师生员工的学习生活环境。争取各部门对学校的大力支持。（5）培训工作。2014年该校成人学历教育招生人数达到625人。（6）安全保卫。加强队伍建设，提高业务能力。制订年度安全保卫工作计划，明确分工，增强保卫人员的责任意识。加强安全防护，确保师生安全。加大门卫管理力度，坚持每天“三次清场”，加强对学校双休日、节假日、重大活动的安全保卫工作。加强三防建设，增强防范能力。人防方面，组建新一届护校队；技防方面，加装16台高清视频监控探头；物防方面，在学生易攀爬的围墙上安装防爬链条。

（周开军）

【衡阳市职业中等专业学校】

（1）招生培训就业。2014年，学校完成全日制招生1123人，非全日制招生509人。全年培训学员1690人。安排1245名毕业生就业，大部分学生安排在大、中型企业，毕业生就业率98.6%，对口就业1163人，对口就业率93.4%。（2）项目建设。2014年，学校申报获得衡阳市第一个湖南省示范性专业群——计算机网络技术专业群。在省级重点建设项目验收中，学校的服装（生产性）实习基地、电子技术应用省级特色专业2个项目通过验收，其中电子技术应用省级特色专业被评为“优秀”。（3）教学常规。课题申报踊跃，学校有国家级研究课题1个，省级研究课题7个，校级研究课题8个，其中：徐立新老师主持的英语课题《中职学生英语能力评价方法与手段研究与实践》被中国职业技术教育学会教育工作委员会中职英语教学研究会评为一等奖。胡燕副校长主持的《网络环境下中职学生“叛逆心理”问题的干预策略及应急机制的研究》被立项为湖南省教育科学“十二五”规划课题（省级一般资助课题）。教师公开发表学术论文36篇。组织老师和学生参加第十届全国中等职业学校“文明风采”竞赛，在市级竞赛中，有97件作品获奖，其中获市一等奖12人、市二等奖37人、市三等奖48人；在“文明风采”国家级竞赛中，学校有1件作品获得国家三等奖。组织13位参加市“创新杯”教师信息化教学设计和说课比赛，获得1个一等奖、5个二等奖，7个三等奖。教师参加衡阳市中职学校多媒体课件比赛，获市一等奖5个、市二等奖10个、市三等奖2个。在2014年湖南省“黄炎培”职业教育奖创业规划大赛中，吴昌松、谢培喜2位老师辅导的“《“布yi样”宠物服饰定制店》”获得省三等奖。在省职业院校信息教学大赛中，周迎春老师参加信息化教学设计竞赛获得三等奖，周丽芳、李秋玉参加信息化实训教学获省二等奖，吴昌松、周凌燕、唐连三参加教师个人网络学习空间设计与应用获省三等奖。教师参加教材编写（主编、参编）并公开出版发行8本专业课教材。学校组织4次以上全校性教研活动，承办全市中职德育工作、电子电工、服装、计算机专业教学研讨会。（4）实习实训。学校贯彻“以服务发展为宗旨，以促进就业为导向，以提高技能为目标”的办学思想，开展各项实习实训工作，技能教学与理论教学实行1∶1。完成多媒体教室和计算机房设备安装、调试及验收工作，专业实验实训开出率达95%以上，承办衡阳市春季技能竞赛和湖南省计算机、英语等级考试、市级财会技能抽查工作。开展校本级专业老师的技能培训，组织电子、服装、计算机专业4次校本级培训。选送8名专业教师到企业进行顶岗实训。开展全校各班级的停课实习，组织电子电工、数控操作，计算机、服装、财会等专业第二课堂技能培训，组织财会、电工、计算机、旅游酒管、数控、模具等专业的职业资格考证工作，参考率100%，合格率达100%，优秀率达80%以上，毕业生双证书获取率100%。进行校本级电子、数控、模具、服装、计算机、财会等各专业的技能竞赛及作品展览，先后组织学生到各个公司实训。(5) 获奖荣誉。2014 年，学校先后获得“国家中职改革发展示范学校”“全国文明风采竞赛决赛组织奖”“湖南省计算机网络技术示范性专业群”“市技能竞赛优秀组织奖”等 9 项荣誉。学生参加各级各类技能竞赛，获奖 50 人次，其中 1 人获国家二等奖，2 人获省一等奖，5 人获省二等奖，2 人获省三等奖，市一等奖 10 人，二等奖 17 人，三等奖 13 人。(6) 教育宣传。2014 年，在衡阳教育信息网发稿 28 篇，在各级新闻媒体发表文章 30 篇，在省级媒体发表文章 8 篇。职教新干线开设师生个人空间 1687 个，举行 2 次信息化公开竞赛和 1 次个人空间竞赛。在 2014 年中国校园媒体建设评选结果中获校园媒体建设“百佳示范学校”，学校网站在“中国校园媒体示范学校推选暨中国校园优秀校报校刊校网作品征集活动”中获一等奖。(7) 队伍建设。2014 年，学院通过公开招考新进教师 4 名，调进教师 2 名，接收退役军人 1 名。教师刘红梅获“全国优秀教师”称号。

（廖　斌）

文化·体育

文化管理

【概况】 2014年，衡阳市文广新局工作实现文化设施项目大突破，文化活动品牌大提质，文化遗产保护大提升，文化产业发展、艺术生产创作、文化市场管理、文化体制改革等方面都取得突出成绩，部分工作在全国、全省创典型经验。12月18日，衡阳市文化广电新闻出版局（简称市文广新局）首次荣膺“全国文化系统先进集体”。（易　芳）

【文化项目】 （1）投资10余个亿开工建设8个重大公共文化设施。占地10.2公顷，总建筑面积87882平方米，总投资约9亿元的市影剧艺术中心（含大剧院、多功能小剧场、电影院、群众艺术馆新馆、美术馆、非遗传承中心、文化艺术长廊等7个项目）有序有力地推进建设。同时启动项目营运、室内设计、声光电配置等各项工作。7月9日，开工建设衡阳市图书馆新馆，新馆占地8.67公顷，总建筑面积16632平方米，总投资1亿元。（2）改、扩建2个重点文化设施。投入资金800万元启动建设市艺术学校实验剧场，该项目完成前期准备工作，项目建设进入实质运作阶段。市美术馆投入近100万元对培训楼、办公楼、展览厅等进行大规模的改、扩建。（易　芳）

【文化惠民】 （1）推出“周末百姓剧场”。共为广大群众免费演出戏曲节目36场。（2）组织群众文化活动——“欢乐潇湘·幸福衡阳”。活动历时6个月，市、县（市）区、乡（镇）三级联动，1万余群众演员参赛，900多场群文赛事，200多万观众现场观看比赛。（3）举办第六届全民读书活动。打造“衡阳市民掌上图书馆”。（4）公益电影进广场进社区。7月31日，启动“影动衡阳·幸福百姓——公益电影进广场进社区”活动，全年为141个社区和9个广场免费播放电影815场。全年开展“广场旬旬演”38场、“社区周周乐”320场、“雁城市民课堂”12讲，节庆期间举办各类文艺演出活动近百场次、专题展览27个，全年送戏下乡1100场，送电影下乡58488场，“村村通”入户45218户，惠及百姓200余万人。（易　芳）

【文物保护】 （1）启动“全国历史文化名城”的申报工作。11月27日，市委常委会研究决定衡阳市申报国家历史文化名城，拟用两年的时间，通过完成十大工程和八十个项目的硬软件平台推进。（2）推进一批重点文化遗址的修缮保护工作。申公馆、来雁塔、珠晖塔、船山书院维修保护工程全部启动。申公馆迁移保护项目获省政府批准，设计单位进场实测；来雁塔、珠晖塔“两塔”建设维修保护项目启动。船山书院维修保护项目纳入东洲岛暨湘江东岸堤防工程项目一起修缮。确定一系列文物保护政策和资金。市政府出台36号文件《关于进一步加强文物保护工作的意见》，有力保障城镇化过程中和数据化时代文物的保护和利用。新设文物保护维修资金100万元。（3）传承非物质文化遗产。衡山皮影申报为衡阳市第一项世界级非物质文化遗产。蔡伦古法造纸、祁东渔鼓申报为国家级非物质文化遗产，刘伟南、梁丰助等7人申报为第三批省级非遗项目代表性传承人。评选并公布8项第四批市级非遗项目和15名非遗代表性传承人。争取国省非遗资金300余万。培训非遗人才。在市艺校常年开设湘剧、祁剧、衡州花鼓戏非遗传承人培训班，在县职业中专联合开设七巧龙、渔鼓、皮影传承人培训班；结合文化馆免费开放，举办4次省级以上非遗传承人专题讲座。（易　芳）

【文艺创作】 （1）优化培优作品结构。年初下发《关于进一步繁荣全市艺术创作的通知》，制订新创剧目规划。《平沙落雁》《竹娘》《莲台观世音》等列为全年重点新创剧目，戏剧《父亲》《唐群英》《身边的雷锋》，歌曲《衡阳是个好地方》《中国在飞》，舞蹈《手狮舞》《张飞醉酒》，诗歌《衡阳新世纪诗选》，美术作品《瑶山春暖》《窗》等入围培优作品库。（2）全年创作的艺术作品获国家级奖的8件，获省级奖的19件，5件作品入选第12届中国美展。廖卫华作曲的《山乡的春天》获省“五个一工程奖”。在全省“欢乐潇湘”大型群众文艺汇演中获金奖两个，银奖、铜奖各三个。（3）市祁剧艺术公司和祁东祁剧艺术公司投资近百万元联合打造大型祁剧《莲台观世音》，邀请国家一级导演张杰担任导演，剧目于11月份投排。(4)出台群文奖励办法。2014年年初，出台《衡阳市群文创作奖励与扶持办法》，设立群众文化创作奖励扶持资金30万元。

（易　芳）

【文化产业】　(1)开展全市小微文化企业摸底调查工作，据摸底统计，全市小微文化企业共有1346家，其中小型文化企业（从业人数10～100人）99家，微型文化企业（从业人数10人以下）1247家。从业人数6980人，年收入59386万元。(2)企业发展。9月，与市知识产权局牵头起草《衡阳市文化产业知识产权战略实施意见》草案。(3)银企对接。8月14日，举行银行与中小微文化企业对接座谈会。银企面对面交流，与项目无缝对接，2014年，衡阳市推出文化产业相关联的重点项目89个，其中有25个项目与银行实现实时对接，授信额达38.56亿元。(4)培植企业。在继续加快推进衡阳云集文化产业科技园建设的基础上，重点培植"中国雁城艺术文化创意园""2688"文化创意产业园、衡阳县"三香民俗文化产业园"、奇石博物馆为代表的新兴文化创意产业园区。

（易　芳）

【文化建设】　(1)先后承办湖南省中青年书法家高级研修班、湖南省中青年美术家高级研修班、全省文化市场监管与服务平台推广应用培训班等全省性培训班，推广衡阳文化工作经验。举办的5次文化馆站长培训班、文化产业专题学习培训班、非遗专题培训班、文化市场监管与服务平台基础数据采集培训班，让1000余名文化工作者在学习培训中得到收获。(2)激发"四公司"活力，深化院团改革。衡阳是戏剧大市，11个国有院团全部彻底转企。针对运行两年来存在的院团包袱太重，戏曲市场太难，艺术人才流失，剧种面临消失等问题，开展改革"回头看"工作，先后到全国12个市州学习交流，起草深化院团改革的建议，市文改办初步明确重点解决编制和身份问题。同时，引导各公司实行单位聘用制、项目聘用制、演员签约制、编导兼职制等更灵活的用人机制，吸纳社会流动人才，由过去的"等靠要"变为"争抢跑"。(3)落实"双好"建设。出台"双好"（管理好、利用好）馆站标准，明确管理利用的具体标准，服务规范，在全市开展示范站点创建活动，评选23家示范乡镇综合文化站。(4)强化市场管理。行政审批改革、简政放权。对行政审批事项进行两次清理并公示，市本级下放行政审批项目10项，调整合并项目9项（合并为3项），保留和承接省里下放的行政许可项目15项；开展审批流程优化，平均每件行政审批事项时限压缩80%。通过制定方案、举办培训、督促检查、严格考核，提前完成全国文化市场监管与服务平台基础数据采集工作，实现数据激活率100%，启动使用平台办理行政审批业务，得到省文化厅通报表彰并颁发的奖金3万元，召开湖南文化市场技术监管与服务平台推广应用工作经验交流会。(5)文化市场监管。衡阳市"扫黄打非"工作小组办公室被评为2014年全省"扫黄打非"工作先进集体。全年组织开展"清源""净网""秋风"和打击"三假"专项行动，出动执法人员14761人次，检查经营场所1895家次，取缔无证经营书刊、音像摊点26家，收缴非法音像制品5000余张，收缴非法书刊25633余（本）册，查处关闭违规网站4家，停业整顿网吧9家，处罚提供网络下载淫秽色情视频内容服务的电脑销售店3家，删除网络色情书籍63部，立案82起，删除有害信息21000余条，查处一批重大案件，其中"衡阳铁路警方破获假记者诈骗案"被列为全国"扫黄打非"大案要案。　（易　芳）

【文化影响】　2014年，市委市政府主要领导参加群众文化活动4次，书记、市长亲自调研调度文化工作、文化建设项目7次，市委常委会、政府常委会研究文化工作2次。市政府先后下发《衡阳市"周末百姓剧场"活动方案》《"欢乐潇湘·幸福衡阳"群众文化活动方案》《2014年衡阳市专业艺术表演团体新创剧（节）目评比汇演工作方案的通知》等系列文件。新增周末百姓剧场、申报国家历史文化名城等工作经费预算。以"中国雁城艺术文化创意园"、"2688"文化创意产业园、衡阳县"三香民俗文化产业园"3个新园区、湘水明珠文化长廊、船山书画院为代表的社会兴办的文化产业实体影响增大；注册登记的276个民间文艺团体自发开展和参与文化活动；“欢乐潇湘·幸福衡阳”群众文化活动、“全民读书月”“关爱进校园”等活动，吸纳社会资金，拓展公共文化服务供给新渠道。群众参与。“和风衡州”群众文化艺术节、周末百姓剧场、“广场旬旬演，社区周周乐”、全民读书月、“雁城市民课堂”等群众文化活动品牌汇聚不同层次、不同人群的文化需求和关切，引领群众走向文明健康的生活新方式。民间文艺团体、群众明星。奥运年华合唱团、雁阳艺术团、枫叶艺术团、湘缘艺术团等文艺团体成为全市群众文化活动的主力军，奇石博物馆成为衡阳市文化企业的名片，还有以张紫映、胡朝阳、何润成、刘炫伶、邓梅梅等为代表的群文队伍引领着这座城市求知求美的新风尚。（易　芳）

【文物安全】（1）起草《关于进一步加强文物工作的意见》，对未来几年全市文物工作进行规划，对地下文物保护、文物保护维修项目建设、文物安全及加强文物工作组织保障等进行全面部署，文件经广泛征求意见后，由市政府主要领导签发，于11月印发全市。（2）全年就“一普”、文物保护维修等向市委、市政府书面请示或口头汇报10余次；市委、市政府视察文物工作保持高频率，市委常委会做出衡阳申报国家历史文化名城的决定。（3）以取消文物调查勘探费的行政事业性收费为契机，争取财政每年增加预算7万元，以“一普”为契机，争取2014年经费50万元，以文物安全纳入考核为契机，争取财政设立每年100万元的文物保护维修资金，增列每年10万元文物安全巡查经费，从2015年起列入预算。（4）文物资源。启动第五批市级文物保护单位申报工作，在各县（市）区全面启动市级文物保护单位申报工作。启动衡阳市抗战遗址调研和文物征集工作。征集到文物线索7条。（5）依法行政。举办2014年全市文物行政执法培训班。6月16日至17日，市文物局组织市县两级文物行政执法人员培训，邀请省文物局和市法制办的专家授课。落实“四有”要求，部分完成第七批国保单位和第九批省保单位“四有”工作。（刘辉辉）

【国保单位】（1）12处国保单位全面启动维修保护工作。完成衡州窑、湘南学联旧址的立项规划编制工作并报国家文物局审批，衡州窑立项规划通过国家文物局审批并落实一期规划补助资金71万元。水口山铅锌矿冶遗址立项规划通过国家文物局审批，并启动前期考古调勘工作，落实保护规划编制经费159万元。南岳庙修缮方案第一期、第二期立项报告均通过国家文物局审批，落实工程资金1850万元，忠烈祠修缮方案第一期通过国家文物局审批，获得工程资金800万元。摩崖石刻保护规划、修缮方案立项报告上报国家文物局审批。王船山故居保护规划、维修方案报国家文物局审批并落实维修工程资金60万元。罗荣桓故居保护规划立项报告上报省文物局。大渔村王氏宗祠落实修缮工程资金20万元、保护规划编制经费20万元。推进珠晖塔、来雁塔的维修保护工作，设计单位编制初步设计方案。推进申公馆迁移异地保护相关工作，获省政府批准，完成本体地上部分的实测和设计方案。夏明翰故居维修方案编制工作完成。启动国家级历史文化名城的申报工作，12月底，初步完成中国传统村落中田村传统村落的价值评估、保护规划、维修方案的编制工作。（2）省级以下文保单位保护维修。市本级推进珠晖塔、来雁塔的维修保护工作。推进申公馆迁移异地保护相关工作，获省政府批准，完成本体地上部分的实测和设计方案；启动国家级历史文化名城的申报工作和张家山抗战遗址公园建设。衡阳夏明翰故居维修方案编制工作完成，祁东状元桥维修实施，衡山实施大小维修项目6个。（3）传统村落保护。12月底，初步完成中国传统村落中田村的价值评估、保护规划、维修方案的编制工作；新增国家传统村落4处。（刘辉辉）

【“一普”工作】（1）国有单位文物收藏情况调查工作。收回调查登记表5912份，其中收藏可移动文物的国有单位50家，藏品总数56609件（套）。（2）完成文物认定工作。市文物局组织召开文物认定专家座谈会，成立文物认定专家组。对衡阳市七县五区30家国有收藏单位近24955件疑似文物进行认定，初步认定图书古籍、名人手稿手迹、碑刻等文物22895件套。（3）推进影像采集工作。市博物馆、南岳区文物局与衡山县文物局的影像采集工作自行组织专业人员拍摄，拍摄4000余件文物。其他各文物收藏单位的影像采集工作由市一普办组织专业人员完成，截至12月底，完成文物系统内5家单位3000余件文物的影像采集工作。（4）文物信息登录工作。市文物局、衡南县文物局全面完成507件文物数据采集和登录工作。（5）培训人才。组织各县（市）及南岳区一普办、市直文博单位开展一普培训工作。（刘辉辉）

【文物安全】 （1）年初，市文物局对市本级以及各县市区所有的国保、省保以及市保单位开展文物安全大检查工作。（2）6月份，转发省文物局《关于加强汛期安全巡查工作的通知》，要求各县市区加强汛期文物安全巡查工作。（3）起草全市《文物安全制度》和《文物安全责任书》。全面推行四级文物安全责任制和四级文物安全巡查制，并于每季度末开展文物安全巡查工作。（4）将市文物局库房的文物全部送至博物馆保管。对一直没有专设机构的文保单位，督促各县市区设立群众性保护组织。市文物局拿出6000元给3家城区文物保护单位的6位义务保护员每人每年1000元补助资金，强化日常监管。（刘辉辉）

【博物馆】 （1）进一步加强全市博物馆、纪念馆免费开放、绩效考核工作。（2）加强县市区博物馆建设。完成蔡伦纪念馆的提质改造；水口山工人运动陈列馆创建为国家AA景区；忠烈祠抗战烈士陈列馆选址报告通过国家住建部的审批；促进衡南县云集窑址博物馆、常宁市博物馆的建设立项。（3）完成博物馆、纪念馆年检工作。（4）就市博物馆申请关于博物馆电价实行居民用电价格标准、解决双电源、增加用电负荷、库房配置恒温恒湿设备等问题，向市政府争取资金。（5）完成《衡阳农业文化遗产》撰稿工作、市博物馆完成《馆藏书画作品图录》和《民间收藏书画作品图录》的编纂送审工作。

（刘辉辉）

【考古调查勘探】 完成南岳邺侯书院后基建工程的考古调勘工作；完成申公馆考古前期调勘工作及市二环北路角山乡杨岭村大庙组段大王头山晚清墓群文物考古调勘的前期工作；配合省考古所完成怀邵衡铁路衡阳段考古调勘、娄衡高速衡阳段考古调勘和发掘及大浦通用机场考古调勘工作。上报省文物局考古调查勘探项目两项。（刘辉辉）

【自身建设】 （1）召开全市文物局长会议2次，出台《2014年衡阳市文物工作要点》。（2）组织全市“5·18”国际博物馆日、“6·8”文化遗产日宣传活动。在《中国文物报》刊稿2篇，在《衡阳晚报》等市内主流媒体发表29篇稿件。在湖南文化遗产网上发布信息5篇。（刘辉辉）

文化市场执法

【概况】 衡阳市文化市场综合执法局是在文化体制改革中于2012年1月组建成立的，承担着全市文化（文物）、广播影视、新闻出版等领域监管执法重任。自成立以来，秉承“依法执法、公正执法、廉洁执法、人本执法”理念，坚持一手抓监管，一手促繁荣，认真抓好平安文化市场、“扫黄打非”、队伍建设三大工程，开展“百日”“护蕾”“境外卫视专项整治”三大行动，坚决查缴封堵政治性非法出版物、有效遏制未成年人上网、严厉查处境外卫星电视节目乱接乱传，肩负着精神家园“守护神”、市场监管“清道夫”、事业发展“促进者”的责任使命。打造“两节”“两会”文化市场“百日”行动、校园周边文化经营场所专项整治“护蕾”行动、歌舞娱乐行业分级监管等执法品牌。（宋奕宏）

【文化市场监管】 2014年，在市委、市政府的正确领导下，全市文化市场综合执法工作围绕中心、服务大局，按照“强队伍、转方式、创一流”的工作思路，严格监管，创新执法，打防并举，优化市场，开展以转变作风、规范执法为重点的党的群众路线教育实践活动，深入推进“百日”“护蕾”两大执法品牌建设，不断规范执法队伍和执法活动，进一步加强市场监管工作和平安文化市场建设。全年出动执法人员8346人次，检查文化企业、经营单位5323家次；立案428起，结案428起；查办大案要案4起；接受举报162起，处理162起；没有发生一起行政诉讼和行政复议案件。保证全市文化市场繁荣、有序、健康、安全，实现“案件零诉讼、市场零事故、队伍零违纪”的目标。被评为全省文化执法工作先进集体、全省“扫黄打非”有功集体，“4·18”案被文化部评为“全国文化市场重大案件”。（宋奕宏）

报　刊

【概况】 2014年，衡阳日报社（简称报社）被中国地市报研究会评为“第三届中国地市报经营创新十强”，报社机关党委被评为衡阳市直先进基层党组织，有138篇作品获省以上好新闻、好作品奖，《衡阳晚报》官方微信影响力进入全省报纸类前六强。2014年，衡阳日报出刊347期，发稿21090条，照片5764幅；《衡阳晚报》出刊349期，发稿17582条，照片11298幅。

（周仲辉　邓润青　戴佳兵）

【新闻宣传】 2014年，衡阳日报社围绕市委、市政府中心工作以及全市宣传思想文化工作会议精神，以“弘扬主旋律、匡扶正义感、吹响集结号、汇聚正能量”为总要求，以党的群众路线教育实践活动为推手，树立党报“姓党为民”的意识，坚持“守土有责、守土负责、守土尽责”，推进报业转型融合发展，巩固壮大主流舆论阵地，全年没有发生新闻责任事故。（1）评论。2014年，《衡阳日报》进一步加强评论工作，恢复日报评论部，成立“评论员写作小组”和“时评写作小组”。同时，聘请11名在各领域专业能力突出的知名人士作为报社特约评论员，定期召开评论员座谈会，征求意见，集思广益，做到每天有评论，每版有评论，重要新闻和活动有评论。开辟的《今日快评》《雁峰晨钟》《蒸湘时评》等评论栏目，以鲜明的政治性、广泛的群众性、权威的引导性提升党报舆论引导力。特别是日报推出的《六论党的群众路线教育实践活动》《六论六条主干道两厢提质改造》等系列评论受到市委书记李亿龙和市长周海兵等领导的肯定。（2）典型报道。2014年，《衡阳日报》推介的《最美义工黄慧芳》《扑火英雄吉湘林》两个典型报道，引起社会各界强烈反响。其事迹见报后，全市各界掀起学习热潮。（3）专栏专版。2014年，《衡阳日报》在显著位置开设《深入开展群众路线教育实践活动》专栏，刊发消息、通讯800多篇；开设《我的群众观》专版，推出5期17篇理论文章；开设《晒晒整改成绩单——整改进行时》专栏，发稿百余篇。同时，推出《到群众中去　记者手记》《走基层　到群众中去》《我帮亲友上晚报》等策划，记录群众路线教育实践活动中涌现的新鲜事。2014年，《衡阳日报》精心策划，推出《项目宏图——来自建设一线的大型摄影报道》，全年推出20余个整版，展示全市项目建设的热潮；推出《项目正能量》《重振工业雄风》《衡阳工业——印记》等策划，为项目建设提供舆论支持。全年“两报”还推出《全面深化改革进行时》《建设绿色衡阳》《保护湘江》《学习贯彻十八届四中全会精神大家谈》《湘桂新“动脉”》《清除悬在头顶上的危险》《迎战最强雨》《穿越时空的记忆——衡阳市非物质文化遗产项目展示》等大型策划60余个。（4）“走转改”。2014年，衡阳日报社坚持“三贴近”，继续深化“走转改”活动，强化民生意识，深入基层抓“活鱼”，把更多的版面留给普通群众。《衡阳日报》开辟《社长总编在基层》《记者在一线》《记者民生体验》《短新闻竞赛》等栏目，社长、总编辑带头深入一线采写稿件。《群众有困难，党报来帮忙》专栏先后协调相关部门解决群众的衣食住行等方面的问题60多个。衡阳日报社策划《爱心圆梦，快乐创意——庆六一大型公益纪念活动》，联络社会爱心人士，为91名贫困留守儿童实现“微梦想”；“母亲节”当天，组织1000余名读者和小记者参加《“湘粤儿女孝行九嶷”母亲节公益活动》，弘扬孝道；隆冬时节，组织40多名小记者与衡阳县杉桥镇石元完小的40名留守儿童“手拉手”，开展“关爱留守儿童，播洒爱心阳光”活动。

（周仲辉　邓润青　戴佳兵）

【经营增长】 2014年，衡阳日报社挖掘市场潜力促创收，广告收入逐月递增，全年实现经营总收入6%的增长。（1）活动策划。将传统庆典策划成增收增长点。抓住报社建社65周年的契机，策划“庆祝衡阳日报社建社暨《衡阳日报》创刊65周年”系列活动，为报社创收300多万元。将传统节会策划成增收亮点。2014年的房交会，策划、组织《小苹果》全民健身操大赛、老人才艺大赛等赛事，经济效益超出预期。将传统弱项策划成增收活点。2014年，《衡阳日报》与衡阳的品牌汽车店合作，举办汽车展，获得较好的收益。（2）多种经营。2014年，衡阳日报社着力由大文化产业向多元产业发展，由传统广告向现代营运转型，探寻新的经济增长点。承办“中国动漫游戏湖湘行”活动，让衡阳人首次触“动”，实现衡阳文化创意产业经济“零”的突破；举办两场书画拍卖会，创收100多万元；与王一实业集团合作，创办《香江》周刊，实现企业社区报的零突破；发展物流业，利用投递员资源，依托发行网络拓展配送业务，使报业的发行收入同比增长23%，并实现配送业务收入的同步增长；发展印务经济，印刷厂在完成10余种报纸的承印任务外，还完成327.22万册约合18000令纸（450吨）的印刷业务，实现增产48.7%；衡阳全搜索网通过为广大市民提供本土资讯，开展衡阳首届高校风尚模特大赛、闺蜜节、减压节暨枕头大战等活动，创新经营渠道；万里旅行社拓展经营范围，建立读者旅游QQ群、微信平台、旅游酒吧网等，组织镇远、九嶷山、崀山、三清山、泰国游等大型旅游活动30多次，接待游客突破20000人次，营业额达1500万元。（3）大力清欠。历年来，报社经营性欠款达300多万元，2014年年报社党委决定，开展清欠追责活动，经过两个月的清理整顿，95%的欠款被收回，盘活报社资金。

（周仲辉　邓润青　戴佳兵）

【质量管理】　（1）提质工程。一是完善采编管理制度，优化优稿评选机制和操作流程，向一线编辑记者倾斜，向民生新闻、评论倾斜，向优稿好稿倾斜，拉开收入差距，发挥考评的激励作用。二是着重抓好“四大一扩”（大征订保稳定、大客户做增量、大活动扩影响、大零售树品牌、扩大小记者队伍）发行重点。同时，报纸投递的投诉率降低，全年仅19起。三是贯彻国家工商总局等11部、办、局《关于印发（虚假违法广告整治工作方案）的通知》以及《关于印发〈大众传播媒介广告发布审查规定〉的通知》等文件精神，以衡阳市整治虚假违法广告专项行动为契机，坚持标本兼治的原则，开展治防相结合的虚假违法广告整治活动，完善广告审批制度，加强广告发布管理，打造绿色健康媒体。（2）培训学习。2014年，衡阳日报社组织骨干采编人员参加中国人民大学新闻学院开展的培训活动，组织相关人员赴省内外报社考察学习。（周仲辉　邓润青　戴佳兵）

广播电视

【概况】　2014年，衡阳市广播电视台（简称衡阳市广电台）从业人员1074人，其中在职人员816人，离退休人员268人。台机关内设办公室、总编室、人事宣教科、事业发展科、财务科、监察室等6个科室，下辖衡阳人民广播电台（新闻频道、交通频道）、衡阳电视时政频道（衡阳电视台）、衡阳电视都市频道（衡阳有线电视台）、衡阳电视生活频道、娱乐频道、资讯频道、党建先锋频道、新视报、衡阳广电网站9个媒体和广播电视有线网络传输中心（湖南有线衡阳分公司）、广告公司、技术中心、物业公司、会计核算中心、产业发展中心、无线数字电视公司、广播电视器材供应站、影视艺术公司、进步影视文化有限责任公司、红色影视文化有限责任公司等11个服务经营部门，20个二级单位。9个媒体办有《衡阳新闻联播》《都市报道》《天天生活》《乡里乡村》《石鼓书院大讲坛》《政务公开》《小飞侠闯关》等知名栏目。自办广电节目通过有线、无线无缝隙传输覆盖全市12个县市区及周边地区。2014年，先后获全省宣传创优组织奖、全市信访工作先进单位、全市计生工作先进单位等荣誉称号。（阳哲军）

【宣传工作】　（1）中心宣传。围绕市委、市政府制定的将衡阳市打造成“工业重镇、文化名城、旅游胜地、宜居家园”的发展目标，传播好“提升新标杆，打造升级版”的总要求，阐释好“开放带动、基础先行、兴工强农、创新发展”的总战略，引导舆论，助推发展。衡阳市广电台先后推出《十八届三中全会精神进万家》《改革路上》《精致主干道》和《旗帜》等20多个主题宣传活动，助推衡阳市经济社会全面发展。围绕群众路线教育实践活动，推出《干部去哪了》《到群众中去》和《乡镇小院》等主题报道。湘江保护与治理作为省政府的“一号重点工程”，衡阳市广电台策划播出《关注一号重点工程》系列报道，并制作播出公益宣传片，对衡阳市整治湘江重金属污染、河道采砂规范化管理和污水处理厂建设等给予重点报道。市委强力推进以工业为龙头的五大板块重点项目建设，衡阳广电率先推出工业主题报道《绝对力量》，扫描工业战线在“稳增长、促发展”上的新思路、新办法、新成效。策划推出衡阳首档电视问政栏目《民声面对面》，播出的五期节目问政8个县市和13个市直部门，有70余人被问责，一些群众期盼的问题得到解决。《民声面对面》栏目被社会各界称赞为衡阳媒体近年来舆论监督节目中少有的精品力作。（2）对外宣传。2014年，衡阳市广电台先后在央视播发各类稿件15条，在湖南卫视发稿120余条，其中单条重稿40余条。无论是发稿总量、发稿质量，还是发稿总时长，均保持全省领先。《衡阳：电视问政辛辣开问4名官员接受“拍砖”》《南岳机场飞行区通过验收》和《衡阳援疆医疗专家在鄯善县显身手》等稿件在中央电视台和湖南卫视播出后，提升衡阳的美誉度。（3）创优宣传。2014年，衡阳市广电台有25件作品获“湖南新闻奖”和“湖南广播电视奖”，连续第18年获“湖南广电宣传创优组织奖”，电视剧《铁血男儿夏明翰》获“湖南第十二届五个一工程奖”和“湖南电视小金鹰奖”，获奖数量和质量继续稳居全省市州前列。注重新闻宣传的创新。《衡阳新闻联播》每晚7点30分在衡阳电台、电视台和党建先锋频道并机直播，这在全省是创举。全台自办栏目在首播后，均第一时间上传到衡阳广电网，扩大新闻的传播效果。（阳哲军）

【事业建设】 2014年，衡阳有线数字电视新增基本用户1.8万余户，高清用户2.6万余户。无线数字电视通过设备升级改造，提升网络覆盖质量；随着客服管理平台的升级和代理商管理模式的重新调整，客服水平大幅提高；新发展用户9000余户，实现年初预定目标。为提高全台节目生产和制作能力，一次性购置180余万元的采编设备，夯实事业发展基础。2014年，衡阳市广电台重点播控单位和部门实现责任事故率为零，重要保障期停播率为零。全年数字及模拟电视节目累计播出达200万小时，实现台内各频道零秒停播率。全台各媒体累计播出时长达40965小时，台内及台外事故停播率均为零秒/百小时。（阳哲军）

【产业经营】 2014年，衡阳市广电台经营收入实现总量、质量、均量“三量”齐升的经营目标。在产业拓展方面，成立衡阳市星光教育培训学校，开设小主持人、声乐、舞蹈、书画和国学等特色课程培训，各课程共招收学生224人。常宁西江漂流和杜鹃山庄等产业项目运转正常，实现盈利。春季家装博览会、房地产交易展示会、“爸爸来衡阳”林志颖演唱会和电影进社区等活动取得较好的经济效益，达到以活动促创收的目标。（阳哲军）

【服务民生】 2014年，衡阳广电媒体主办或承办首届衡阳市青少年汉字听写电视大赛、衡阳市少儿春晚、衡阳市五四庆祝大会、衡阳市廉政文艺汇演、全民广场舞大赛、“美丽衡阳”新作品音乐大赛、爱心公益送考、电影进社区和衡阳市第三届道德模范暨“身边雷锋·衡阳好人”评选等20多场活动。承办的2014年“欢乐潇湘、幸福衡阳”大型群众文艺活动，历时6个月，1万余群众演员参赛，900多场群众赛事，100多万观众现场观看比赛。举办道德模范暨“身边雷锋、衡阳好人”评选表彰活动，选出大众公认的道德模范。电影公益放映活动为全市60多个社区放映300多场。以党的群众路线教育实践活动为契机，投入12万元资金完成“大走访”联点村的渠道硬化，为200余户村民安装无线数字电视；给“双联”企业市玻璃瓶罐厂投入扶助资金5万元，帮助其发展生产；筹集15万元资金对口支援

珠晖区茶山坳镇堰头村新农村建设。（阳哲军）

【队伍建设】　开展学习培训，提高员工技能。在全台系统开展“道德与责任”征文赛，增强社会责任意识和职业道德水平。邀请中国传媒大学、湖南卫视、北大方正和松下等学校和单位的专家学者，业界前辈和技术总监来台授课。派出4批次人员去省局、省台和省内其他地市广电学习节目制作、人事及经营管理、安全播出和产业拓展方面的经验。

（阳哲军）

电视调频发射

【安全播出】　2014年，湖南省南岳电视调频发射台（简称南岳台）以确保安全、提高质量、持续发展为安全播出工作重点，全力以赴推动机房管理进一步规范化，设备维护进一步制度化，人员培训进一步常态化，确保设备状态稳定，播出质量优良，故障及时排除，人员专业素质稳步提高，杜绝任何形式的人为事故、责任事故和重大技术事故的发生。

（李　振）

【机制保障】　（1）日常机务制度。机务人员都能严格按照《值班巡机操作流程规定》要求，值好每一个班，巡好每一次机，2014年，高山没有发生一例违规违纪现象，没有出现重大责任事故。（2）设备维护机制。设备维护全面做到“三落实”，即时间落实、重点落实和责任落实。（3）人员培训机制。选派两名年轻工作人员到大众传媒学院进行为期一年的专业培训，继续实行“传帮带”活动，加强每周二、周五在高山开展经典范例分析、实战演练为内容的授课。同时，机房组织年轻工作人员亲手开展设备维护工作，对故障进行分析，更换易坏的元器件。通过半年的理论学习与实践工作，机务人员业务水平得到一定提升。（4）人才引进机制。从中国传媒大学联系4名应届毕业生来台实习，并从中录取2名留台工作。（李　振）

【基础工作】　2014年，技术部门组织完成对全台各套节目的收测工作，为台里的播出工作提供科学依据。对全台天馈系统、防雷接地系统进行全面测试和维护，对560千瓦柴油发电机调压模块进行更换。（李　振）

【安全保卫】　保卫科完成全年各个重要防护期的安全保卫任务，实现无刑事案件、无治安案件、无火灾事故的三无目标。通过各部门的共同努力，春节、两会、五一、中秋、国庆等重要时段全部实现零停播、零事故优质播出。全年17套节目播出情况实现历史最佳，台内停播率均实现0秒，无一例因信号源中断造成停播，台内台外停播率均创历史最低，与2013年同期相比台外停播率下降10%。17套节目全部达到国家广电总局二级运行指标。

（李　振）

【铁塔筹建】　铁塔是立台之本，铁塔重建工作关乎南岳台未来数十年的发展。南岳台发射铁塔负荷是最初设计的3.6倍，超龄服役4年，存在严重的安全隐患。从2013年成立铁塔筹建领导小组以来，在争资跑项、实地考察、公关协调方面做大量的工作，取得一定的成绩。成立铁塔筹建领导小组后，台领导先后向省台和市委宣传部进行专题汇报，省台以会议纪要形式同意启动铁塔建设，初步预算600万元铁塔专项启动资金。4月底，由衡阳市周辉斌副市长与宣传部王郦君常务副部长召集市广播电视台、财政局、南岳区政府主要领导以及南岳区相关部门负责人，就南岳台铁塔重建事宜一起进行现场勘查和座谈协商。（李　振）

图书发行

【概况】　衡阳市新华书店（简称新华书店）隶属于中南出版传媒集团旗下的湖南省新华书店有限责任公司，全称湖南省新华书店有限责任公司衡阳市分公司。公司下设综合管理部、资产财务部、人力资源部、审计部、后勤部、信息部（6个管理部门）和教材业务部、图书业务部、文化用品、大中专教材部（4个经营部门）以及常胜书城、东方书城、图书城3个门店。2014年年底，在册正式员工119人，其中党员45人，下设支部4个。（祝　琼）

【基础工作】　新华书店作为国营书店，承担着教材教辅发行和一般图书销售的重任。（1）春秋两季的教材发行坚持“课前到书，人手一册”的原则，第一时间将教材送到学生的手中，保障每一位学生课前用书，为衡阳的教育事业服务。（2）2014 年，一般图书发行板块结合党的群众路线教育实践活动，开展主题为“爱心无限，共享阅读”的爱心募捐活动。活动宗旨是通过爱心公益活动的开展帮助偏远小学建立阅读室，让贫困学校感受社会的关爱。活动得到社会各界的积极响应，受到社会各界的好评，取得良好的效果。2014 年，募捐爱心读书近 8 万册，帮助 100 余所村级学校建立“阅读室”。每年“全民读书月”活动，新华书店作为承办单位之一，积极配合宣传部和文广新局，认真做好筹划和准备工作。（3）将衡阳图书城打造成衡阳文化名片和地标。衡阳图书城项目是由中南出版传媒集团动用募投资金打造的湘南地区最大的图书城，也是衡阳市的重点文化项目。该项目总投资 1600 余万元，面积达 6000 余平米，集文化休闲、购阅等功能于一体。

（祝　琼）

体　育

【全民健身】　（1）深入开展全民健身运动，服务体系进一步完善。2014 年，以规范化建设年为主题，成立市游泳协会、市气排球协会、射击射箭运动协会 3 个单项体育协会，全市体育协会总数达到 34 个。（2）开展全民健身进社区、进校园、下乡村活动。在“弘扬雷锋精神构建幸福衡阳”活动中，衡阳市体育局组织开展健身志愿服务活动，为市民送上健身指导读物，免费提供体质检测，向市民介绍室外健身器材使用方法。4 月至 9 月，在耒阳市、衡阳县、石鼓区组织开展全市第五次国民体质监测工作，检测 7300 余人，采集数据近 30 万个，形成监测报告，为市民科学健身提供指导。（3）开展群众体育竞赛和健身展示活动。2014 年，组织开展“中航·白沙湾”杯元旦环城赛跑、“香江杯”万人徒步大拜年、“湖南华兴杯”龙狮闹元宵、雨母山自行车赛、中老年篮球比赛、“金利”杯乒乓球协会会员联赛、“翔流杯”甲级男子篮球联赛、“8·8”全民健身日展示、第十届体育舞蹈锦标赛暨全国邀请赛、“谁是球王”足球海选赛、全民健身“挑战日”城市对抗赛、银泰红城杯“小苹果”健身操大赛、“欢乐潇湘·幸福衡阳”广场舞大赛等大型活动近 20 次，直接参与人数突破百万。（刘　轲）

【竞技体育】　（1）参加湖南省第十二届运动会取得运动成绩和体育道德双丰收。衡阳市以 589 名运动健儿为主力，组成阵容强大的参赛代表团，参加青少年组 20 个项目、成年组 8 个项目的角逐，历时 40 余天，衡阳体育代表团夺得青少年组赛会 3420 分、综合总分 3530.5 分，双双排名全省第二；摘取青少年组赛会金牌 76 枚，位居全省第三。同时，获运动员输送突出贡献奖、体育道德风尚奖。（2）2014 年，向省级以上训练组织、体育高等院校输送优秀体育后备人才 28 名，刘洋等 7 名运动员正式进入省中心专业队。衡阳市体育局联合市编办、市教育局、市财政局、市人力资源与社会保障局制定《关于进一步加强运动员文化教育和运动员保障工作的实施意见》，由衡阳市政府转发。（3）申办湖南省第十三届运动会，体育事业发展进入新阶段。青少年体育蓬勃开展，《中国体育报》重磅推介。以田径、武术、定向、轮滑、跳绳、健身操、篮球、排球、足球、乒乓球、羽毛球等项目为主的校园阳光体育蓬勃开展，11 月 20 日至 21 日，新华社、《人民日报》《光明日报》《工人日报》《中国体育报》《中国教育报》《中国青年报》、腾讯网、新浪网、《湖南日报》等 11 家中央和省级主流媒体记者组成联合采访团，在国家体育总局青少年体育司领导带队下，赴衡阳宣传报道青少年体育工作。各媒体对衡阳青少年体育工作开展情况均给予报道，尤其是 12 月 2 日的《中国体育报》头版头条以《保持优势项目发展校队模式——湖南衡阳续写华丽篇章》为题撰写新闻稿，重点推介衡阳青少年体育发展的校队模式，充分肯定以青少年业余训练带动校园体育文化发展，两者相辅相成、相互促进的做法和经验。（4）筹备第十届衡阳市运动会。按照市委市政府《关于广泛开展群众文化体育活动的意见》精神，每四年召开一次全市性体育运动会。经市政府同意，决定于 2015 年 8

月至9月举行市十运会，衡阳市体育局于2014年10月份制定印发竞赛规程总则，便于各参赛代表团提前做好准备。（刘　轲）

【体育产业】 做好体育产业基础性工作，把握新的发展机遇。开展体育产业统计调查，全面掌握体育产业基本情况。衡阳市体育局对全市2012年~2013年体育及相关产业的基本情况进行全面的统计调查，抽调工作人员331人，调查相关单位1066家，采集基础数据近4万个。此项工作对全市的体育产业家底从模糊的数据到全面掌握真实情况，为发现存在的问题，有针对性地制订全市体育产业规划、理清工作思路提供支持，被评为湖南省先进。2014年，全市体育彩票销售额1.7亿元，销售网点达到360个，新增40个，3月底，依托市博文文化公司，正式挂牌成立体育用品服务部，并推进微信平台建设和筹备成立体育健身服务部、体育市场策划部。体育中心在共管、共享协议的基础框架内，全面启动招商、经营活动，以绿色、环保、便民为原则，做好场地设施的维护、保养、修缮工作，确保综合性场馆和标志性地表建筑整体形象及正常运转功能，免费、低收费向市民开放，为市民健身提供场所，为两院举行开学典礼、军训、田径运动会以及全市、全省的体育赛事、群众健身活动和衡阳市的春、秋季汽车博览会等大型会展提供场地保障，吸引一批体育用品销售、健身会所、自行车俱乐部、咖啡厅、大型超市等商家落户。（刘　轲）

卫生·计生

卫　生

【概况】　2014年年末，衡阳市常住人口数为730.34万人，人口出生率为11.65‰，死亡率为5.49‰，自然增长率为6.17‰。国民生产总值2395.56亿元，地方财政总收入235.66亿元，总支出412.98亿元，其中市本级财政总收入93.12亿元，总支出76.71亿元，医疗卫生支出3.4亿元，占市本级财政总支出的4.43%。辖区内有各级各类医疗机构6605家，其中三级医院8家，二级医院40家，民营医院37家，乡镇卫生院187家，社区卫生服务中心32家，社区卫生服务站7家，村卫生室4808家，门诊部、个体诊所及企事业单位医务所（室）1486家。开设病床3.39万张，平均每千人拥有病床4.64张。有各类卫生人员4万余人，其中执业（助理）医师1.82万人，执业护士1.86万人，平均每千人拥有执业（助理）医师2.49人，拥有执业护士2.55名。年法定传染病发病率411.78/10万，报告病例29879例，死亡201例，死亡率为2.77/10万。传染病发病率最高的前5位依次为：肝炎、肺结核、梅毒、痢疾、艾滋病。（赵　俊）

【新农合工作】　2014年，全市参合人数为571.98万人，参合率达99.26%。对全市新农合补偿方案进行优化，统一将市级定点医院的起付线定为700元，报销比例为65%，封顶线为12万元，将中医医院、妇幼保健院、精神病医院、传染病医院起付线降低100元，报销比例提高5个点。全市是年新农合统筹地区政策范围内实际住院补偿率达78.12%，高出省卫计委要求3.12个百分点。继续实施五保户、孕产妇两免、乡镇卫生院起付线外全报销政策和肺癌、食道癌等32种大病病种报销比例达80%以上报销政策。加强基金监管，从3月份开始，在全市开展为期半年的打击骗取套取新农合基金专项行动，查处各类违规违纪行为193起，追缴违规金额129万元，处理相关人员16人。做好城乡居民大病保险前期准备工作，联合市财政、人社部门作测算，制定实施方案。

（赵　俊）

【基本药物制度实施工作】　加强督导检查，对一些单位存在采购个别倒挂药品及非中品种提出限期整改，并要求县级卫生行政部门对其他卫生院类似情况进行抽查指导，规范基本药物采购行为。指导各县市区完成基层医务人员的2012版基本药物培训，培训基层医务人员4531人，进一步提高医务人员实施基本药物制度的业务能力。同时，对实施基本药物制度的村卫生室要求其逐步规范，对村卫生室还没有完全实施基本药物制度的县市等地进行督导，提出推进要求，村卫生室实施基本药物制度覆盖面进一步扩大，新增覆盖345个村。（赵　俊）

【基层医疗卫生服务体系建设工作】　加强项目建设工作。加大争资跑项力度，2014年，向上争取卫生建设项目352个，中央和省投资资金1.11亿元。同时，督促各项目建设单位按时高质完成建设任务。2014年，全市实施市重点建设项目9个，年度计划投资8.38亿元，实际完成投资5.4亿元，其中市中心医院异地新建项目一期工程实现主体封顶，完成投资3亿多元。加快两个园区社区卫生服务机构建设，完成松木经开区金源管理处社区卫生服务站评审和金源街道社区卫生服务中心征地工作、白沙工业园区金龙坪街道社区卫生服务中心主体工程建设。乡村医生签约服务和示范乡镇卫生院创建任务圆满完成。2014年，全市开展乡村医生签约服务工作试点的乡镇达187个，覆盖率100%，50%以上的乡镇签约服务率超过80%；各县市区申报创建4所省级示范乡镇卫生院、7所市级示范乡镇卫生院。加强基层卫生技术人员培训工作。组织390名基层卫生管理人员参加省卫计委举办的培训班，对600名乡镇卫生院医疗骨干、373名社区卫生人员、6109名乡村医生进行专项培训。联合中国农村卫生协会开展2期“规范诊疗”项目公益全免费培训，培训乡镇卫技人员200余人。中国社区卫生协会培训基地——蒸湘区蒸湘街道社区卫生服务中心成功举办全国社区高血压患者健康管理服务规范培训班，提升全市各社区卫生服务机构高血压规范管理能力。加大对口支援力度。按要求开展对口支援花垣县工作，双方进行实地考察，并召开座谈会，制定卫生工作方案。开展本市二、三级医院对口支援社区卫生服务中心工作，2014年支援社区卫生服务中心的二、三级医院有13所，并根据社区卫生服务机构需求给予相应的支持与帮扶。县级医院对口支援乡镇卫生院工作全面落实，三个项目县县级医院累计派驻医疗队员18人，为6个受援单位引进新业务新技术3项，启用闲置设备2台，临床诊疗患者5398人次，开展手术11台次、医学讲座19次、健康教育宣传10次、巡回医疗12次，并免费接收受援卫生院进修6人。基层卫生信息化建设得到进一步加强。2014年，全市187个建制乡镇卫生院、35个非建制乡镇卫生院（分院）、2954所具有网络条件的村卫生室均使用农村卫生信息系统进行基本公共卫生服务项目管理，其中208所乡镇卫生院使用此系统进行电子处方、病历及药品等管理，运行良好，并顺利通过省卫计委整体验收。加强社区卫生服务信息化建设，配合金仕达软件公司完成社区卫生服务信息管理系统升级改版工作。

（赵　俊）

【公共卫生服务工作】　进一步提高公共卫生服务经费标准，由2013年的30元/人提高至35元/人，进一步规范项目经费的下拨及使用，加强工作考核。全面实施基本公共卫生服务项目。2014年，全市城乡居民健康档案规范化电子建档率达86.61%；开展健康教育、儿童、孕产妇和老年人保健等公共卫生服务项目，高血压、糖尿病规范化管理率分别达43.29%、39.68%。扎实推进重大公共卫生项目。预防艾滋病、梅毒、乙肝母婴传播项目工作扎实开展；孕妇叶酸增补率达96.74%，免费婚前医学检查率达93.97%，较2013年有所上升；开展农村妇女宫颈癌免费筛查7.4万例、乳腺癌免费筛查6331例，完成率分别为100%、105.5%；完成1700座农村厕改任务。

（赵　俊）

【公立医院改革工作】　联合市发改委、财政、人社、物价部门开展县级公立医院改革调研，并形成调研报告上交市政府。积极引进民营资本进入医疗市场，全市引进12家民营医院，优化竞争机制。各医院进一步落实各项便民惠民措施，全面实行“无假日”医院，改善就诊流程，缩短病人就医等候时间，推行预约诊疗服务，群众就医环境明显改善；推行大型检查结果同级医院互认制度、临床路径管理和单病种付费等措施，医疗护理服务质量进一步提高；医院管理更加规范，病床周转率得到提高，住院床日费用、门诊次均费用和药占比等指标逐步下降，群众看病成本进一步降低；积极开展健康咨询、下乡义诊等志愿服务活动，转变服务理念，深得社会好评。

（赵　俊）

【疾病防控工作】　2014年，全市报告法定传染病26种29879例，死亡201例。无甲类传染病报告。落实各项防控措施，人禽流感、手足口病、霍乱、埃博拉出血热等急性传染病防治工作扎实有效。全市排查处置疑似人感染H7N9禽流感疫情35起，确诊病例2例，其中1例为永州祁阳输入病例，1例为衡阳县病例，均治愈出院；调查处置手足口病聚集性疫情30起，报告病例11762例，发病数较2013年同期上升43.1%，其中重症病例50例，死亡2例；进一步完善霍乱监测方案，完成内、外环境监测13650份，未检出霍乱弧菌阳性菌株，全市未发生霍乱疫情；防范埃博拉出血热疫情，建立多部门联防联控机制，确定定点收治医院，储备应急物资，并层层开展培训和应急演练。重点传染病疫情得到有效遏制。落实艾滋病高危人群筛查、高危行为干预、职业暴露事件处置等工作措施，艾滋病疫情得到较好控制。累计为2250名艾滋病人提供免费的抗病毒治疗。结核病防治工作有序开展，全市全年登记治疗活动性肺结核病人6761例，其中新涂阳病人2131例，分别完成全年任务的132.8%、105.6%。活动性肺结核患者治愈率达93%。筛查耐多药肺结核可疑患者586人，确诊耐多药患者37人，有28人纳入全球基金项目治疗。　（赵　俊）

【免疫规划工作】　做好国家免疫规划疫苗的常规接种工作。各级疾控机构和预防接种单位全面落实各项免疫规划工作，免疫规划疫苗接种率达到90%以上。无脊灰、白喉、乙脑、流脑、新生儿破风病例报告。开展免疫规划信息化建设工作。完成湖南省免疫规划信息化预防接种客户端及医院产科新生儿接种客户端安装、培训及数据迁移工作，并对市、县、乡三级信息管理平台权限进行分配，系统运行良好。举办全市免疫规划知识竞赛，对取得优异成绩的个人和集体进行奖励和表扬，提高工作人员学习专业的积极性。加大督查力度。组织专业人员对全市规划免疫和信息系统建设进行多轮督导，对发现的问题进行通报。（赵　俊）

【疾病防控工作】　消除疟疾、麻风病防治、碘盐监测和慢病综合防控示范区创建工作稳步推进，雁峰区、衡阳县、常宁市10个单位获得省卫计委健康单位、健康餐厅、健康社区的授牌。常宁市、衡南县、衡东县、南岳区、蒸湘区、雁峰区通过消除疟疾县级达标考核。开展健康巡讲80余次，发表新闻稿件125篇。推进卫生系统控烟工作。（赵　俊）

【卫生应急工作】　2014年，全市网络直报突发公共卫生事件5起，报告病例304例，均得到有效处置。进一步健全卫生应急组织体系。常宁、衡东、耒阳、衡山4个县市卫生局设置独立编制的卫生应急办公室，其余各县市区卫生局、二级以上医疗机构、各级疾病预防控制机构和卫生监督机构明确专门部门负责卫生应急日常工作。狠抓卫生应急能力建设。2014年，全市卫生系统举办各类卫生应急培训班30多期，培训专业人员1500余人次。开展卫生应急技能竞赛活动，组织3支应急队参加全省卫生应急大比武活动，职业中毒处置、传染病防控项目分别获团体第3名和第6名。做好卫生应急风险防控工作。每月组织有关专家针对需重点关注的传染病或突发公共卫生事件开展突发事件公共卫生风险评估和预测并及时上报。加强突发公共卫生事件预警监测，对传染病自动预警系统发出的1553个预警信号进行及时调查处置。（赵　俊）

【卫生监督工作】　强化对医疗卫生服务机构的日常监督检查，加大对无证行医行为的打击力度，2014年，全市检查医疗机构1036户次，对存在违法行医行为的医疗机构立案查处163件，给予行政警告90户次，责令改正163户次，行政处罚75户次，没收违法所得2.7万元，罚款23.56万元。加强公共场所、饮用水、学校卫生、职业放射卫生等日常监督管理工作，对全市直管单位及各县市区公共场所全面实行卫生监督量化分级管理，监督覆盖率达100%。加强卫生监督稽查工作，未发现一起违规执法或群众投诉的不作为和乱作为事件。开展食品安全风险监测和食品安全事故调查处置工作。完成化学性污染物监测和病原微生物监测样品指标的监测任务。及时调查和处置食源性疾病（食物中毒）事件，没有出现死亡病例。开展卫生法制宣传和普法活动。（赵　俊）

【妇幼保健工作】　定期召开孕产妇及新生儿死亡评审会议，总结分析死亡原因及影响死亡的因素，并对基层产科、儿科专业技术人员进行现场培训，有针对性地制定干预措施；培训妇幼卫生专业人员685人次，对培训内容进行考试。选派市级妇保、儿保、信息等方面的专家深入蒸湘区、石鼓区等妇幼卫生基础相对薄弱的妇幼保健院进行现场指导及培训。2014年，全市孕产妇死亡率为14.54/10万，5岁以下儿童死亡率为7.75‰，较2013年同期有下降。做好出生缺陷干预工作，产前筛查率、新生儿筛查率和听力筛查率分别达到33.35%、92.11%、89.86%，较2013年同期有所上升。（赵　俊）

【医疗监管工作】　严把医疗要素“准入关”。严格按要求办理执业医师注册700多人次，完成10家民营医院的评审及登记注册、400家医疗机构的校验、变更和换发证件及197家办理麻醉药品、一类精神药品购用印鉴卡的医疗机构的麻醉药品计划的审批及增补工作。继续推进优质护理服务工作。制定下发《2014年全市护理工作实施方案》和《衡阳市优质护理服务分片推进督导工作实施方案》，2014年，衡阳市有25所二级医院开展优质护理服务，占二级医院总数的96%，开展优质护理服务的病房数150个，占二级医院病房总数的85%，其中有13所二级医院优质护理病房覆盖率达到100%。加强基层医院院感管理和消毒供应室达标建设。各县市成立基层医院感染管理质控中心，加强基层医院院感管理组织建设，配置专、兼职管理人员，开展辖区内基层医疗机构医务、后勤等人员培训，全市培训基层医务人员、后勤人员5800余人。全市31所二级医院（含民营医院）消毒供应中心全部达标。大力推进医疗纠纷第三方调解机制建设，做好医疗纠纷处置工作，接受处理医疗投诉192起，现场处理医疗纠纷38起，进行医学鉴定74起。三级医院设立警务室8个，二级医院设立警务室12个，公安民警巡逻点27个，有39家二级及以上医院成立专门保卫机构，有专职保安人员223名，聘用保安员620名，有35家二级及以上医院设立安全监控中心，安装视频监控探头4135个，其中5家与“110”报警系统进行联网，确保病人安全、医院安全。加强无偿献血工作。全市发展无偿献血3.86万人次，采集无偿献血量6.4万个单位，供应临床总血量11.7万个单位（含成分血），其中成分血供应率达100%，确保全市临床用血100%来源于无偿献血。 （赵　俊）

【中医药工作】 全面实施基层中医药服务能力提升工程。与各县市区人民政府签订《衡阳市基层中医药服务能力提升工程目标承诺书》，启动全市基层中医药服务能力提升工程检查评估工作，耒阳市、衡东县、衡南县、雁峰区通过省级抽查评估。加强县级中医医院服务能力建设，常宁市中医医院、耒阳市中医医院、衡南县中医医院、衡山县中医医院改扩建项目进入扫尾阶段。衡阳市第三人民医院获“全国综合医院中医药工作示范单位”称号。衡山县中医医院通过二级甲等中医院省级评审。完成对23个乡镇卫生院中医适宜技术中医药综合服务能力建设验收工作。开展中医治未病服务，2014年，全市99%的社区卫生服务中心、91%的乡镇卫生院能够提供中医药服务，其中86%的社区卫生服务中心，82%的乡镇卫生院至少能够开展10项中医药适宜技术；各县市区基层医疗卫生机构中医药服务量达到总服务量的21%以上。加大中医类别全科医师转岗培训及规范化培训力度，全市基层医疗卫生机构中医医师占到基层单位医师总数的15%，其中中医类别全科医生占到基层中医类别医师总数的14%。 （赵　俊）

【卫生惠民措施落实】 （1）完成为民办实事351名重性精神疾病患者救治救助任务和常宁市中医院改扩建项目工作，通过省为民办实事考核办的审核验收；（2）按照省卫生计生委城市三级医院与县级医院对口支援关系，启动和落实对口支援各项工作；（3）实施儿童白血病等32个病种重大疾病新农合保障工作，政策规定报销比例达到80%以上；（4）完成农村妇女宫颈癌筛查7.4万例、乳腺癌筛查6331例，完成率分别为100%、105.5%；（5）市直4所三级医院建立预约挂号号源库，开展多种形式预约，并与省级预约挂号平台联网；（6）免费为6761名活动性肺结核患者提供抗结核治疗，免费为2250名艾滋病患者提供抗病毒治疗。 （赵　俊）

【其他工作】 （1）科教工作。完成55项省、市卫生科研项目的申报，其中2个省级项目和22个市级项目获立项。落实衡阳市2013级全科医生转岗培训工作。完成全市11名定向免费医学生与县（市）区卫生局协议签订工作。（2）依法行政。执行规范性文件“三统一”制度，对规范性文件进行清理。对市卫生监督所上报的2例卫生行政处罚案例进行整理和修改，作为卫生行政执法典型案例上报市人民政府法制办。（3）干部保健。完成全市干部保健对象的体检工作，并对体检结果进行归档和数据分析。做好健康服务保障，完成3起重要来宾来衡的医疗保障任务。（4）办公室工作。在市卫生局门户网站发布各类信息1000余条，在各类网站和新闻媒体上发布稿件200余件。联合市安监局举办全市卫生系统安全管理人员培训班，组织对市直及驻衡部省属医疗卫生单位开展多次专题督查并下发通报。 （赵　俊）

【卫生工作会议】 2014年3月21日，市政府召开2014年全市卫生工作会议，各县（市）区政府分管卫生工作的副县（市）区长、卫生局局长、纪委书记、办公室主任，市高新技术产业开发区管委会分管负责人、卫生科科长，市直各医疗卫生单位党政一把手、纪委书记，驻衡部省属医院院长，市卫生局班子成员及各科室负责人130余人参加会议。市卫生局党委书记、局长邹爱民作2014年全市卫生工作报告。市卫生局纪工委书记、副局长肖友儒作党风廉政建设和反腐败工作报告。副市长周辉斌作重要讲话。

（赵　俊）

【省卫生厅厅长张健衡阳调研】 2014年4月22日，省卫生厅厅长张健率有关处室负责人到衡阳调研医改及相关工作。张健厅长一行深入衡阳县金兰镇卫生院、衡阳县人民医院等单位实地查看，了解各单位有关工作情况。视察衡阳市中心医院异地新建项目工地，并在市卫生局三楼会议室进行调研座谈，40余人参会。

（赵　俊）

计划生育

【概况】 2014年，衡阳市人口与计划生育委员会（简称计生委）围绕“稳、实、新”三字做好工作。据报表统计，2014年，全市出生9.79万人，人口出生率为12.54‰，符合政策生育率为81.74%（按常住人口统计），出生性别比为110.07。在全省考核评比中：衡阳市为先进单位；珠晖区、雁峰区、蒸湘区、南岳区为模范单位，石鼓区为先进单位；衡阳县、衡东县、衡山县、衡南县、祁东县、耒阳市为先进单位，常宁市由重点管理单位升为合格单位。（李　智）

【改革创新】 2014年，计生委面对卫计合并、单独两孩政策的实施，提出“以稳定低生育水平为主线，以创先求进、创新求变、创优求强为目标，以基础先导、宣传引导、激励诱导、服务主导为支撑，强化手段，夯实基础，完善机制，推进转型发展，打造计生工作‘升级版’”的工作思路。（1）工作方式上实施“基础织网、春风情暖、服务创新、人才强计、文化孕育”等五大工程。（2）健全综治部门齐抓共管的责任体系，各计生综治部门履行人口计生工作职责，实现资源共享、整体联动。建立日常工作责任落实机制，组建常年调查小分队，不定期进村入户明查暗访；建立全市县乡党政领导、计生干部手机短信督办平台。（3）全市“单独两孩”政策实施规范有序，截至11月25日，全市受理“单独两孩”办证申请3490例，审批通过3454例，未通过30例。落实城镇独生子女父母奖励新办法，截至11月24日，全市录入城镇奖励对象110308人，其中审批通过110210人。注重把稳定低生育水平与提高出生人口素质两个方面结合起来，统筹推进。在确保人口目标全面完成的基础上，全面推进国家免费孕前优生健康检查项目工作，实现提标扩面，服务人群由农村夫妇扩大到城镇夫妇，项目经费结算标准由240元/对提高到300元/对。截至10月底，全市对79933名目标人群进行免费检测，早孕随访率为99.83%，妊娠结局随访率为92.23%。（李　智）

【机制改革】 （1）考核评估机制。2014年，对计划生育工作的考核进行改革，实行全程考核评估机制，全程跟踪、重点督办，对一些反映重点工作的数据，通过网络信息平台进行比对，实行月度计分，按月下发考核通报，年终汇总纳入年度考核评估。（2）利益导向机制。拟出台《衡阳市关于进一步加强计划生育特殊困难家庭扶助工作的意见》。2014年，全市确认计划生育家庭奖扶对象34903人，计划生育家庭特别扶助对象2605人，其中特扶对象在国家和省定标准的基础上，每人每月增加100元。全年预计发放奖扶金3350万元、特扶金1072万元，并将独生子女保健费的发放和独生子女在分配集体收益中增加一人份额纳入计划生育年度目标管理考核。全年独生子女保健费发放人数25311人，有203户独生子女家庭在征地补偿款上享受增加一人份额的待遇。

（李　智）

【基础工作】 （1）流动人口服务管理。以流动人口计生协会为平台，将计生服务阵地前移至异地。2014年，各流动人口计生协会及时提供流动人口出生信息40361条，动员落实避孕节育措施10726例，帮助广大流出群众办理各种证照628个，协助维权讨薪942件，协助解决就业7261人、解决子女入学入托2943人次、办理计生证件44555个。（2）文化建设。利用报纸、电视、网站等多种载体，开展宣传教育活动，在《衡阳日报》、衡阳电视台设立专栏，在主流媒体登载计生稿件160余篇。培育新型生育文化，每个县（市）区均在公园、广场，建成1～2个高标准的人口文化广场。（3）实报数据。下调工作指标，使上报符合政策生育率等主要指标值回归真实；出台《计生工作检查考核的纪律规定》，明确五条禁令，所有调查人员均签订纪律承诺书。（李　智）

【队伍建设】　夯实计生工作的主体力量，建立优胜劣汰的竞争上岗机制。对基层计生干部普遍实行考察选拔，竞争上岗。建立有效的培训机制。2014年，先后对乡镇分管领导、计生办主任、法规员、统计员、信息员进行业务培训；在全市开展“乡级计生办主任述绩”和“村级计生专干比武”活动，在市广电中心举行“乡级计生办主任述绩演讲”决赛。建立工作绩效的动态考核机制。指导基层制定一整套业务考核方案，实行工作绩效按月考核、工资补助按月兑现。（李　智）

重点医院选介

【南华大学附属第一医院】　2014年，医院内分泌科、心血管内科、心胸外科、肿瘤学、护理学等5个专科首次获得湖南省重点专科项目；开展的“脑卒中高危人群筛查和干预项目”获国家卫计委授予的先进单位荣誉；获国家自然科学基金项目资助5项；通过南华大学临床教学认证；由医院培训的南华大学临床技能竞赛代表队在第三届湖南省大学生临床技能竞赛中获特等奖。（1）医疗与护理数据。2014年，医院门诊人数1440136人次，比2013年增长14.6%；住院人数75515人次，比2013年增长15.4%，其中内科住院人数42178人次，外科住院人数32780人次，重症病房557人次；医院手术台次22481台，比2013年增长9.8%。医院业务收入15.71亿元，同比增长20.49%。（2）医保、农合工作。实行医保、农合窗口“一站式”服务模式；全年回笼统筹资金4.1亿余元，资金回笼率达92%；完成3个城区农合省级平台建设。（3）科研工作。医院组织申报各级各类科研课题139项，获立项课题32项，资助经费213.2万。其中获得国家自然科学基金5项，湖南省自然科学基金2项，省科技厅课题6项，省卫生厅资助课题4项，省教育厅科研课题5项，市科技局科研课题10项。湖南省卫生厅第二批重大疾病研究中心组建项目“湖南省胃癌研究中心”和湖南省科技厅“湖南省脊柱微创临床医疗技术示范基地”项目通过年度考核评估。刘江华教授团队申报的《糖尿病血管并发症的基础与临床研究》科研成果获湖南省科技进步二等奖，姜浩教授团队组织申报的《胃癌发生机制与防治机制的应用性研究》科研成果获衡阳市科技进步一等奖。2014年度医院获22个国家知识产权局实用新型专利。组织完成内科学湖南省“十二五”重点学科的2014年度检查工作。全院医务人员在各类学术期刊发表学术论文328篇，其中SCI收录28篇，国内核心期刊116篇。（4）护理工作。加大护理督查力度，督查480余次；落实护理安全目标，上报护理不良事件87例；组织各级护士进行公共培训30次。取得的成就。护理学申报湖南省重点专科项目；医院骨科护理为“湖南省护理学会骨科专业委员会”主委单位，并成为中华医学会骨科分会护理学组委单位；申报南华大学教改课题并立项4项，护理部选送的论文参加湖南省第十五届自然科学优秀论文评比获三等奖。（5）规范化培训。成为国家卫计委认定的第一批住院医师规范化培训基地，通过21个专业基地的认定。2014年招收社会化学员50余人，南华大学首批参加“5+3”培训计划的在读研究生14人进入医院培训，培训人数达200余人。协助湖南省卫计委、南华大学举办两期“湖南省全科医师骨干师资培训班”。（6）教学工作。2014年，医院接收临床实习学生398人、其他专业586人，临床见习学生282人。授理论课4986学时，见习课15634学时；南华大学临床教学认证通过；获得省级教研教改课题立项2项、南华大学教研教改课题立项20项；挑选4位教师赴英国南威尔士大学学习。（周王艳）

【南华大学附属第二医院】
（1）医疗指标。2014年，医院医疗总收入7.58亿元，同比增长2.85%。门诊总人次54.7万人，同比增长14.39%。住院总人次4.59万人，同比减少11.56%。

手术总台次14214台，同比减少2.79%。（2）培训。全年组织病历书写培训1000余人次，检查在架病历1100余份；终末病历检查800余份，甲级病历率达到90%以上，保障医疗质量和医疗安全。（3）药品管理。严格落实合理用药奖惩管理办法，规范抗菌药物等药品的合理应用，全年医院平均药品结构比控制在32%，处于行业优秀水平。（4）系统升级。完成体检系统的全面升级，完善体检系统与医院各个系统的对接。（5）教学工作。2014年，完成统招50个不同层次班级临床理论教学的教学组织及管理工作。完成2011级本科临床医学、眼耳鼻喉、麻醉学专业247名学生学习、生活管理。接受2010级临床医学、麻醉、影像、五官、护理等9个本科专业269名学生生产实习。聘请英国儿科专家Miss Mary Reeves参与并指导全院的临床及青年教师的培养工作。承担南华大学2009级临床医学专业学生参加第五届全国高等医学院校大学生临床技能竞赛培训任务，获湖南省赛特等奖、华中赛区一等奖、全国总决赛一等奖。（6）科研、重点学科和重点专科建设。2014年，申报国家自然科学基金13项，立项1项；省自然科学基金13项，立项1项。泌尿外科、神经内科、消化内科、重症医学科评为湖南省重点专科。（7）队伍建设。2014年，省青年骨干教师验收合格1名，遴选蒸湘学者1名。推荐各类高、中、初级专业技术职务评审77人；完成专业技术职务及工人技术等级聘任134人；考核招录60人，含博士2人，硕士19人；人事代理转聘26人；合同制聘用4人。启动合同制员工专业技术职务聘任工作。（8）合作发展。与中国医学科学院北京阜外医院合作，成立中国医学科学院北京阜外医院临床技术交流培训基地（衡阳），提升衡阳地区心血管病的防治能力。（9）星辉生殖医院完成年收入目标2130万，2014年8月通过技术资质准入校验，成为衡阳地区唯一合法开展试管婴儿技术的专科医院。南华附二醴陵兆和医院业务量发展迅速，生物细胞治疗中心较2013年也有较大发展。

（刘俞辰）

【南华大学附属南华医院】 2014年，医院门急诊病人188619人次，较2013年增长5.74%；出院病人31030人次，较2013年增长10.40%；手术15919台次，较2013年增加11.18%。医院总收入44236.19万元，较2013年增长13.51%。医院编制床位1000张，实际开放床位1280张。（1）医疗护理。落实医疗核心制度，推进医院规范管理。执行会诊制度。抓好抗菌药物临床应用督查和管理工作。落实业务院长查房制度。加强“三基”培训和考试考核：全年组织92次考试，5939人次参考。参加湖南省医院评审三基考试，获湖南省第三名，衡阳市第一名。医疗事故、纠纷发生率同比2013年下降19.51%，赔偿金额下降61.49%。加大护士培训力度，改进护理质量。质量考核标准由普涉标准向专科专病专项标准扩充。消毒供应中心通过省卫生厅及省消毒供应中心验收。（2）专科建设。全年立项课题22项，其中国家自然科技基金1项，省科技厅3项，省卫生厅2项，省教育厅3项，市科技局13项，教改课题14项。全年发表学术论文总数183篇，其中SCI收录10篇，国内核心期刊31篇。手外科、普外科顺利申报并成为湖南省重点建设专科。将原来手外骨科4个病区、关节运动病区、脊柱外科融合成手外骨科医院。加强亚专科建设，建设并开放新产科病区，肿瘤科一、二科病区独立，原有泌尿外科病区独立成科。医院挂牌为国家级核应急救援分队。对呼吸内镜、消化内镜等10项诊疗技术进行准入申报，完成内镜操作资质评审工作。5月份与中华医学会疼痛第一临床中心联合举办“2014年全国慢性疼痛诊疗新技术新进展研讨会暨颈、腰椎间盘突出症微创治疗规范化学习班”。制定下发《南华大学附属南华医院新技术新项目评审与奖励办法》，全年开展新技术新项目28项。申报并获得3个2015年国家级继续教育项目，两项护理技术获得国家发明专利。（3）教学工作。做好临床医学专业认证相关工作。完成南华大学2011级临床医学151人两个学期的教学任务；完成见习带教理论课时2530节，见习课时5788节，组织考试考查28次。完成大学护理、医学影像、医学检验、药学等专业116名本科实习生的实践教学。录取研究生45名，毕业研究生41名。选派优秀教师参加海南大学举办的 PBL 教学培训班。参加学校第四届大学生临床技能竞赛，获三等奖。（4）医院管理。医院门、急诊医技住院综合楼于 9 月 15 日动工，完成第一期基坑支护工程、土方工程、筏板工程及负二层（主体）部分梁柱工程。配合新门诊楼建设工程，完成门诊楼强电改造 2 期工程；新建并投入使用三层食堂。全年完成医疗设备采购 72 台（件），合同金额为 630.82 万元。完善并升级门诊及住院医生工作站、门诊一卡通、电子医嘱、电子病历、医技报告调阅等系统。加快医院信息系统相关业务整合。先后完成 10 余项自主开发项目。（5）队伍建设。2014 年，医院引进博士 1 名，在职完成学业的博士 2 名；在读博士 14 人。完成 2014 年公开招聘工作，合计 78 人。申报 9 个国家住院医师规范化培训协同基地。送出进修医生、护士 17 人，外出短期学习交流 166 人次。（6）卫校工作。全年招收护理、药剂、助产 3 个专业学生 1640 人。毕业学生 998 人，就业率为 98.6%，专业对口就业率为 98%。护理、药剂、助产等 3 个专业实施性教学计划被市教育局评为优秀教学计划。（粟愿丹）

【衡阳市中心医院】 2014 年，医院完成门、急诊及健康体检 41.6 万人次，同比增长 9.7%；住院量 50215 人次，同比增长 11.03%；出院患者平均住院日 11.6 天，同比下降 1.1 天；床位周转次数 34.6 次，同比下降 2.7 次；床位使用率 108.3%，入出院诊断符合率 99.69%；药占比为 40.24%，较 2013 年同期下降 0.21%。全年总收入 7.12 亿元，其中医疗业务收入 5.81 亿元，同比增长 9.44%；收支结余 1.56 亿元，同比增长 52.74%；国有资产 13.04 亿元，同比增长 23%。华新分院完成收入 1.2 亿元，较 2013 年增长 20%。（1）基本建设。医院形成一院四址新格局，占地 24.67 公顷。一期住院门诊大楼主体 9 月份封顶，获衡阳市重点项目先进奖；二期老年养护院项目于 12 月份开工奠基；三期健康服务大楼项目征地工作取得省市批复；来雁分院进入议事日程，其简易门诊 2013 年年底运行开诊。医院获得专项资金 5400 万元。（2）医疗质量。对质控科定期对全院各科室病历和质量查房进行督查。坚持二线班值班制。制定出台《医疗质量管理制度》《病历质控奖罚规定》《业务查房工作规定》《“危急值”报告制度》及《转院转诊制度》，新推行《手术风险评估制度》《加床申请制度》《住院超过 30 天病人管理制度》并严格按照制度执行。医院临床路径科室覆盖率继续提高。不断完善护理管理体系。成立护理文书小组等 8 个质量安全组。（4）科研教学。全年有 100 多篇论文在国家级、省级以上期刊上发表。申报省卫生厅科研课题 2 项、衡阳市科技局科技项目 8 项，4 篇论文获得省医学会优秀学术论文奖。先后派送 26 名医务人员到国内大型医院进修；完善与南方医科大学的硕士研究生导师培养工作，增加学术型硕士导师 1 名，兼职导师 20 名；省专业技术委员会副主任委员达到 5 名，衡阳市专业委员会主委 2 名、副主委 7 名，省级以上专业委员会委员超过 10 名。两人在南方医科大学 2014 年临床教师教学能力竞赛（临床技能竞赛）获奖。院长申锦林被省卫计委、省人事厅评为“湖南省名中医”。举办儿科学术年会、泌尿外科“输尿管软镜技术学术研讨会”暨“钬激光软镜技术联合培训基地”挂牌仪式、衡阳市护理管理干部岗位培训班。制订并完善 68 名进修医师和 154 名实习医师的学习计划。被国家卫计委授予“全国住院医师规范化培训基地”。开展罕见小脑实质性血管母细胞瘤切除术，单鼻孔经蝶窦入路垂体腺瘤切除手术，内镜下钛夹辅助高频电切治疗多颗巨大结肠息肉切除术，首例电子支气管镜代内科胸腔镜胸膜活检术；下颌正中径路右口咽舌癌根除术＋前臂游离皮瓣修复术等多项新技术。新开设风湿免疫科、产科 VIP 病房。（5）服务水平。完善门诊预约挂号平台与基层医疗机构网络平台联网。新增门诊自助打印报告单系统、HIS 管理软件。深入节假日门诊、诊疗服务“一卡通”。（冷晓君）

【衡阳市中医医院】 衡阳市中医医院创建于 1952 年，国家三级甲等中医医院、全国示范中医医院。2005 年挂牌为湖南中医药大学附属衡阳医院，是一家集医疗、科研、教学于一体的现代化综合性中医医院。医院占地 3.53 公顷，建筑面积 5.8 万平方米。编制床位900张。有在职职工560人，博士2人、硕士38人。硕士研究生导师23人。主任医师16人，副主任医（药、护）师76人。国家级名中医传承工作室指导老师1人，国家级、省级名老中医5人，享受政府津贴的专家4人。医院开设15个一级临床学科，14个临床病区，其中肾病科为国家级重点学科、专科，肺病科、中风科、骨伤科、心病科为省级重点专科。（1）医疗业务指标。2014年，全院完成门诊人次170695人，同比增加13%；完成住院人次20964人，同比增加9%；全院业务收入同比增加10.2%。（2）办院方向。医院坚持发挥中医药特色优势的办院方向。2012年，在纪念“衡阳会议”30周年座谈会上，被国家中医药管理局总结为“中医衡阳模式”。“衡阳模式”包括：坚持中医院姓“中”的办院理念、坚持“五个一”的服务理念、独特的中医外治理念、“前店后厂”的中药管理理念，推行医药并重，院内成立中药饮片加工炮制中心，实行中药饮片自产自销，确保中药饮片质量。（3）专科特色。建好国医馆，改善就医环境。2014年年初，医院将门诊楼三楼改建为国医馆，业务面积700平方米，总投资100余万元。医生的工作环境、病人的就医环境大为改善，病人的就医流程更加便捷，向现代化综合性中医医院的愿景迈进一大步。中医外治。2014年，医院以门诊中医综合治疗区、病房中医综合治疗室的建设为抓手，进一步推动中医外治工作，组织15个学科进行中医综合治疗答辩会，并制定《中医综合治疗手册》。全院开展中医综合治疗项目86项。治未病战略。2014年，医院被列为全国中医治未病能力建设项目单位。根据国家中医药管理局下发的《中医治未病能力建设项目实施方案》，衡阳市成立项目建设领导小组。医院独立设置治未病科，设科主任、副主任各1名，专职工作人员6名，科室占地面积130平方米，设有中医健康体检区、健康咨询指导区、健康干预调养区、健康宣教区。衡阳市老年养生保健协会挂靠医院，以老年养生保健及全市老干保健为平台，延伸治未病领域。（杨澄莉）

【衡阳市妇幼保健院】 2014年，衡阳市妇幼保健院完成门诊624670人次，住院19232人次，总收入为18988万元，门诊、住院人次较2013年增幅分别为7.05%、6.8%，医疗收入增幅为12.21%。手术5182次，急诊46472人次。药品收入7015万元，所占比例39.36%，较2013年同比下降1.24%。（1）保健工作。5岁以下儿童死亡率为7.75‰，较2013年下降0.7个百分点；全市孕产妇死亡率控制在14.54/10万之内；产妇建卡率达到94.82%，孕产妇系统管理率达到88.98%；产妇早检率到达88.57%；3岁以下儿童系统管理率达到86.98%，7岁以下儿童保健管理率达到89.02%；新生儿疾病筛查率达到92.11%，新生儿听力筛查率达到89.86%；叶酸补服率达到96.74%；农村孕产妇住院分娩补助率达到90.21%；筛查率为66.98%；全年产妇艾滋病病毒检测率达到99.93%；产妇梅毒检检测率达到99.67%；乙肝表面抗原检测达到为99.56%。（2）医疗护理。推进专科能力建设。妇科在宫腹腔镜微创手术方面发展迅速，完成衡阳市首例腹腔镜下宫颈环扎术，妇科手术微创比在80%以上。三大产科齐头并进，分娩人数达5251人次，增幅为11.2%，会阴侧切率较2013年降低13个百分点；新生儿重症监护室先后开展极低出生体重儿PICC技术、肺泡表面活性物质及联合DUPAP治疗新生儿呼吸衰竭等新技术。核心制度落实到位。医院以医疗护理核心制度为医疗质量的生命线，以三级医师查房制度、疑难病例讨论制度、术前讨论制度、死亡病例讨论制度、术前病例讨论制度、医师交接班制度为重点狠抓落实，同时进一步完善院外会诊程序。（3）科研工作。有4项科研项目通过市科技局的审批立项，妇科完成省级立项申报1项。在研市级科研项目13个，省级1个，如《固尔苏治疗新生儿胎粪吸入综合征临床研究》《先天性肢体畸形病因流行病学研究》等。全院医技人员撰写专业论文54篇，其中国家级刊物30篇，省级刊物20篇。医院妇产科被认定为全省住院医师规范化培训专业基地。先后派出青年骨干20余名，到受援医院进行查房带教、示范手术、讲课教学等。全年派驻医务人员到岗率100%，同时医院免费接受受援单位进修人员8名。（4）医疗服务。开展抗菌药物临床应用专项整治行动，住院患者抗菌药物使用率由原来的97%下降到50.52%，门诊抗菌药物使用率由原来的35%下降到20%以下，I类切口抗菌药物使用率由原来的76%下降到14%，DDD值由原来的73下降到40以下。按照要求实施临床合理用血指导，对各科用血计划和大量输血实行考核、监督与审批制度。护理服务。在门诊开展PAC健康知识讲座。加强预检分诊和各门诊楼层的分诊工作。提高助产质量，降低会阴侧切率，促进自然分娩。（王　湘）

社会福利与保障

人力资源和社会保障

【就业创业】 2014年，全市新增城镇就业7.67万人，农村劳动力转移就业6.21万人，失业人员、就业困难对象再就业5.12万人，城镇零就业家庭100%实现动态就业援助，城镇登记失业率4.08%，控制在4.5%以内。开展“就业创业援助进校园”公益活动，1700多名高校毕业生得到就业援助。举办“春风行动”“就业援助月”等招聘会120多场，为富士康、蓝思科技等70多家重点企业招聘员工4000余人。组织2000多名技工院校学生到伟创力、富士康等公司见习就业，协助企业招工7.9万人次。市人力资源市场被国家人社部评为“全国人力资源诚信服务示范机构”。重视省级创业型城市创建工作，成功通过省里验收，位列全省第二。实施“开放带动、创业富民”总战略，涌现“最美村官”秦玥飞、“幸福农庄主”周文、“蔬菜大王”陶新宇等一大批创业典型。全市建成各类创业孵化基地254家，其中省级3家、市级101家，吸纳入驻小企业近4000家，奖励23家创业孵化基地240万元，南华、师院、技师学院等大学生创业园发展形势良好。全市发放小额担保贷款2.9亿元，扶持成功创业或带动稳定就业近2万人次；开发公益性岗位9489个，落实岗位补贴2053万元、社保补贴2690万元、小额担保贷款贴息3000万元。 （陈 洁）

【社会保障】 围绕“人人享有，共享增长”目标，加大扩面、征缴、调待、管控力度。（1）用好政策，重点推进小微企业、非公单位员工、劳务派遣员工、灵活就业人员、城镇个体工商户、建筑务工人员等群体参保，全市五大社会保险参保总量达731.35万人次。（2）推行“五险六统一”制度，即统一登记、统一申报、统一基数、统一征缴、统一分账、统一稽核，做实征缴计划，规范征缴行为，建立诚信征缴制度，确保应收尽收。全市征缴各类基金59.25亿元，其中企业职工养老保险实现基金征缴26.5亿元；通过稽核补漏，医保人均缴费基数达到2840元，同比增长15.5%。（3）落实企业退休人员养老金“十连调”政策，为全市24.58万名企业退休人员月人均增加养老金179元，企业退休人员月养老金人均达1621元；出台统一的城乡养老保险政策，缴费档次由5个提高为14个，参保退休人员每人每月基础养老金达到75元；被征地农民社保待遇“五连调”，每次增加均在100元以上；医保出台新的支付政策和缴费标准。（4）健全基金管理制度，推行软件科学管理，落实基金监管责任，保证基金专款专用，基金安全完整率和规范运作率达100%。 （陈 洁）

【人事人才】 建立50家重点企业联系机制，配合11家企业引进紧缺型、创新型人才38名。引进海外人才智力，引进海外人才36名。建立特变电工、天雁机械等4个市级“技能大师工作室”，实行技能人才传帮带。利用培训补贴政策，为企业培养高级工以上的高技能人才2741名。申报省级首席专家服务基地培养人才，改革专家选拔机制，起草《衡阳市享受市政府特殊津贴专家选拔管理办法》。为161名享受国务院特殊津贴人员及市学科带头人发放特殊津贴53.94万元。表彰在衡阳工作的8名外籍专家。抓好公务员、事业单位公开招聘、“三支一扶”三大考试，引进、招聘、选考各类人才2571人（其中公务员招考330人；43家事业单位公开招聘419人；10个县市区招聘计划1794人；招募“三支一扶”大学生28名）。修订《衡阳市市直单位营职以下军队转业干部（含专业技术军队转业干部）安置办法》。 （陈 洁）

【劳动关系】 全市签订工资集体协商协议960份，覆盖5247家企业21.4万名职工，建制率达到88%。调解仲裁各类人事劳动争议案件4500多起，其中市本级立案受理990件，结案率达到97.6%。开展农民工工资支付专项执法检查行动，检查各类用人单位223家，处理大案、要案23宗，为4972名劳动者追回工资4896.75万元，其中农民工工资4021.83万元。化解信访风险，稳控重点群体。落实领导干部轮流坐班接访制度，每天安排一名处级干部和一名科级干部到局信访接待室轮流接待上访群众。对到市委、政府的个访、集访、闹访，做到有访必接、逢访必处；对涉军群体，明确责任领导、责任单位，实行包接访、包协调、包回复、包督查、包移交的“五包”责任制；对涉及人社部门政策的7名上访老户集中排查，实行包案稳控化解，全部调处到位。全年接待来访群众在9000人次以上，没有出现一起非正常赴省进京上访事件，没有出现一起恶性事件，没有发生一起群体性事件。

（陈　洁）

【全面改革工作】 抽调全局精干力量、组建工作专班，全面参与支持国有企业改制工作，修订完善企业改制职工安置政策，启动全市86家国有集体企业改制审档、测算、对接工作，完成审档和初步测算的36家，其中列入省考核任务（16家）的12家，为62家企业清欠社保申请挂账8.6亿元，化解一批改制企业遗留问题。推进社保基金省级统收统支；做好企业养老保险费率过渡试点，争取省里批准5家企业过渡试点；整合城镇居民养老保险和新型农村养老保险，建立统一的城乡居民养老保险制度；制定实施职工与城乡居民养老保险制度衔接办法，出台衔接实施方案，促进参保人员在城乡之间顺畅转移；做好被征地农民参加生活保障人员自愿选择参加城镇职工养老保险和城乡居民养老保险转保工作。加大医保改革力度，建立定点医疗机构淘汰机制，对评分在60分以下的医疗机构取消定点资格；调整医保政策，加大监督力度，切实扭转医保长期亏损局面；加大社保卡发放力度，210万人申办社保卡；推进人事制度改革，规范招人用人制度，开发就业岗位，消除各种就业歧视；做好市、县政府机构改革准备工作，完成人社改革扫尾任务，衡阳、衡南2个县的人事、劳动部门合并；人力资源市场管理职能调整整合。

（陈　洁）

民　政

【概况】 2014年，衡阳市民政局以深化改革为主线，以目标管理为抓手，以民生需求为导向，以作风建设为保障，加快转型升级步伐，民政工作整体提升。社会救助体系进一步健全完善，实现精准救助；民政重点领域改革破冰。并乡合村改革试点成为全市全面深化改革的亮点之一，得到省改革办的高度肯定；殡葬改革创造“衡阳经验”，在全省推广；成功创建“全省双拥模范城”，军休工作获得全省绩效评估先进单位，2所军休所获评全省首批“五星”级军休所；涉军服务保障工作在2015年全省民政工作会议上作典型经验发言；慈善募捐取得历史性突破，全年募集善款逾1300万元；市民政局获评全省民政工作先进单位，军休、双拥、为民办实事、新闻宣传等多个单项工作在全省评先。

（李　湘）

【社会救助体系】 （1）城乡低保。2014年，城市低保标准市“五区”提高到370元/月，其他县（市）不低于330元/月，农村低保标准“五区”提高到185元/月，其他县（市）不低于165元/月；全市月均保障城市低保对象为7.3万户、11.99万人，占全市非农业人口的6.8%，累计发放低保金38815.9万元，发放物价补贴1306.85万元，月人均救助水平278.8元；月均保障农村低保对象为15.1万户、28.7万人，占全市非农业人口的4.66%，累计发放农村低保金39253.44万元，发放物价补贴共3136.06万元，月人均救助123元。(2) 五保供养。2014年，全市月均供养农村五保对象50943人，其中分散供养对象41702人，集中供养对象9241人。累计发放农村五保供养资金16598.2万元，物价补贴560.4万元。其中发放分散供养金11099.6万元，分散供养物价补贴462.4万元，分散供养水平2770元/人/年，超过考核标准130元；发放集中供养金5498.6万元，集中供养物价补贴98万元，集中供养水平6063.5元/人/年。完成17所敬老院新建任务，新增床位数945张。(3) 城乡医疗救助。对农村五保户参合个人缴费部分实行全额资助，城乡低保对象参保参合予以资助，全年共资助439244人参加新农合和城镇居民基本医疗保险，支出救助资金2774.26万元；对33548人次进行门诊医疗救助，发放救助金1540.48万元；对53931人次进行住院医疗救助，发放救助金6435.58万元；逐步开展重大疾病医疗救助，全年共对5211人次进行救助，累计发放医疗救助金1118.12万元。(4) 城乡低保大整治。坚持重点解剖与全面核查相结合，问题整改与制度建设相促进，开展城乡低保专项整治活动，调查复核城乡低保对象386328人，复核率达96%，全市共有26464人退出低保，其中绝大多数属于动态管理正常退出；“人情保”“错保”退出人数为1398人，占全部复核对象的0.36%。《中国纪检监察报》对全市低保整改工作经验进行重点报道。(5)健全社会救助工作机制。推进“一门受理、协同办理”机制，全市80%以上的乡镇建立“一门受理、协同办理”平台；组织筹建家庭经济状况核对机制，市、县两级落实信息比对机制机构、编制、人员、经费，70%以上的县开展信息比对工作；建立社会救助监督检查机制，出台《关于进一步加强最低生活保障工作监督管理的意见》，完善年检年审和人大代表、政协委员抽查制度，明确责任追究办法。(6)防灾减灾救灾工作。全年共争取救灾资金3230余万元，紧急转移安置人口3.99万人次，确保受灾群众在12小时内得到有效救助；加大防灾减灾示范社区创建力度，解决城区社区创建经费2万元/个，这在全省属首创。成功创建4个全国综合减灾示范社区，11个省级综合减灾示范社区；全面推行救灾资金社会化发放，12个县（市）区冬令春荒救灾款全部实现社会化发放。

（李　湘）

【优抚安置军休工作】　按照“抓基层打基础、攻重点破难点、铸品牌创特色、促融合塑形象”的工作思路，成功创建“全省双拥模范城”。本市先后组织召开市委议军会、军政座谈会，特别是在市委议军会上，一揽子研究解决驻衡部队提出的9项具体问题，为部队发展消除后顾之忧；开展慰问活动，组织市级领导和市双拥工作领导小组成员过“军事日”活动和参加烈士陵园大型公祭活动；按照“共建一对、带动一片、促进一方”的思路，全市驻衡部队独立团以上单位与49个社区、81家企业或院校结成军民共建对子，并创建4个双拥共建示范点；打造衡阳“流动热土”——南海舰队“衡阳舰”；在全市退役军人中深入开展“双带双促”活动，初步建成40个乡镇“退役军人之家”。全面落实各项优抚政策，实现医疗保障待遇、伤残评定、重点优抚对象住房等方面的“百分之百落实”，确保优抚对象的稳定。加大退伍安置工作力度，市委市政府将退役士兵安置工作列入市直单位绩效考核的内容，全市退役士兵安置率达98%。

（李　湘）

【社会福利及老龄事业】　(1)加快养老事业发展。加快全市居家养老服务设施建设步伐，探索推进社区日间照料和老年人互助养老等服务模式。全市新建288所农村幸福院，新增日间照料养老服务场所17个，新增日间照料床位366张。市区两级投资600多万元建设一批社区居家养老示范项目，引导社会组织、志愿者、家政服务企业、医疗卫生机构和社区网络等参与养老服务，获得良好的社会反响。推进基本养老服务补贴工作，实施失能困难老人社会化服务工作，全市基本养老服务补贴覆盖率达到56.2%，均已超额完成指标考核任务。(2)规范专项社会事务管理。全市高龄补贴政策得到全面落实，全市发放高龄津贴1404余万元，办理《老年优待证》3.48万个。提升婚姻登记服务水平，全市共办理结婚登记68753对，离婚登记11389对，婚姻登记“三率”均达100%。对生活无着的流浪、乞讨人员实施救助，保障其基本生活权益，全年全市共救助流浪乞讨人员28000余人。(3)构建关爱服务体系。坚持“政府支持、村级主办、社会参与、自主管理、互助服务”的原则，全市现有464所农村幸福院，服务覆盖25.35万余人，重点为农村留守儿童、妇女、老年人提供关爱服务。(4)探索推进困境儿童保障制度。实施困境儿童分类保障制度，重点救助部分事实无人抚养或家庭困难的困境儿童，全市共为7489名困境儿童发放基本生活费；继续完善儿童福利机构基础设施建设，全年为1213名机构养育孤儿、4039名散居孤儿发放生活费3500余万元。

（李　湘）

【殡葬改革】　2014年元月起，衡阳市全面启动殡葬改革工作，在市委、市政府的高度重视和高位推动下，殡葬设施提质升级，殡改宣传无缝覆盖，殡改执法密集到位，整体工作推进有绩有效，全市城区搭设灵棚治丧基本杜绝，城区火化率由2014年的50%提高至80%，殡葬改革工作得到各级领导和广大群众的高度好评。全省殡葬改革工作会议在衡阳市召开，现场推介“衡阳殡改经验”。（1）完善殡葬服务设施。在市委、市政府大力支持下，衡阳殡仪馆按照国家二级标准进行建设，设备设施逐步完善配套。现有特大、大、中型悼念厅9个，便民悼念厅12个，简易悼念厅8个，火化炉5台，骨灰存放格位4000个，基本能满足城区殡仪服务需求。各县（市）也加大对殡仪服务设施的建设和改造力度，投入资金约545万元，为推行殡葬改革奠定基础。（2）加强殡改执法。组织人员定期或不定期上街巡查300余次，发现违规殡葬行为及时劝导制止、协调处置，将问题解决在萌芽状态，全年成功劝阻违规殡葬行为41起。开展严格执法工作，拆除、收缴违规搭建治丧灵棚121起，强制执法3起。组织开展打击“非殡仪服务车辆运输遗体专项治理”行动，查处违规营运遗体车辆近20台次。（3）落实惠民政策措施。免除四类特殊群体基本丧葬费用达12万余元；落实便民悼念厅办理一天丧事、简易悼念厅办丧事三天以内免收悼念厅租用费的惠民措施，免收悼念厅租用费约1万元。在殡仪馆办丧事的平均费用每起约5000元左右，大幅低于搭灵棚办丧事的费用，让丧属切实得实惠。清明期间协调相关部门开通清明祭扫免费专线公交，接送人员3万余人次，营造低碳出行、安全有序、文明节俭的祭祀氛围。

（李　湘）

【地名清理规范】　（1）并乡合村改革先行试点。对全市4886个村的基本情况进行全面调查摸底，在衡阳县井头镇、长安乡率先试点，两个试点乡镇的并村工作已经全部完成。井头镇由59个村调整为38个村，长安乡由17个村调整为7个村、1个居委会，新村人数在1800～4000人左右，新村支两委换届选举已全部完成。井头镇村两委干部从231人精简到166人，长安乡村两委干部从58人精简到39人。（2）加强地名公共服务。2014年，完成1条市级界线和5条县级界线的界线联检工作，编制出版《衡阳市行政区划图》和《衡阳市市辖区行政区划图》。规范地名规划管理，及时启动地名前置审批工作和《衡阳市城市地名专项规划》编制工作。

（李　湘）

【基层政权和社区建设】　（1）第九次村委会换届选举。此次村委会换届选举组织有力，程序规范，风清气正，效果较好。全市4801个有选举任务的村全部完成换届选举工作。据统计，参选率为97.6%，参选比例较2011年的94.3%提高3.3%，村主任连任的村3736个，占比78%，村支书、村主任“一肩挑”的村2953个，占比61.5%。（2）健全村（居）民议事会议制度。继续加大“家门口服务工程”指导力度，通过协商民主的方式，发挥“四会四议”作用，让更多的居民群众自觉参与社区建设。推进村务公开民主管理工作，各县（市）区以巩固发展“难点村”治理成果为途径，围绕农村基层民主、维护农民合法权益，加强民主管理。利用乡镇办公用房建设开展一站式服务大厅和建章立制，制定全市村务公开目录。2014年，在6个社区开展省级和谐社区建设，成功创建25个市级和谐社区建设示范社区，16个市级农村社区建设示范村。（3）推进城乡社区网格化管理进程，增强城乡社区服务功能和自治功能，切实做到服务群众“零距离”。城镇社区居委会依法自治达标率为94.45%，农村村委会依法自治达标率为92.47%。

（李　湘）

【慈善福彩工作】　市委常委会、市政府常务会专题研究慈善工作，慈善事业迎来发展的春天。市委、市政府出台《关于加快慈善事业发展的意见》，党政两办下发慈善一日捐的文件，全市机关、企事业单位、学校、部队慈善募捐参与率100%，在职干部职工参与率100%，全年已募集善款突破1300万元，单笔捐赠数额、捐赠范围、捐赠人数在衡阳市慈善募捐上实现重大的历史性突破。开展慈善公益活动，成功推出“关爱抗战老兵”“温暖校园”等新型慈善项目，慈善救助惠及更多特困群众。培育和弘扬慈善理念、慈善文化，组织开展“衡阳慈善奖”评选，着力建设衡阳大慈善。加大福彩发行力度，全市销售福利彩票4.31亿元，同比增长23.8%。

（李　湘）

【社会组织管理】　在社会组织登记管理和培育发展上大胆创新，出台《衡阳市社会组织评估管理办法（试行）》《关于开展2014年市级社会组织评估工作的通知》等文件，实现制度破冰。对行业协会商会类、科技类、公益慈善类和城乡社区服务类四类社会组织实行直接登记，全市共直接登记社会组织21个。加快推进行业协会商会与行政机关脱钩工作，为社会组织让渡空间。市民政局投资60万建立市社会组织培育基地，按照“进驻—孵化—评估—出壳”的模式，将一些具有发展潜力的社会组织引进基地培育和扶持，现已筛选有创新性及发展潜力的7家公益组织入驻，并且从福彩公益金中安排15万元用于购买培训基地的日常管理和技能培训等社会服务。（李　湘）

【改革行政审批制度】 2014年，市民政局对现有行政审批事项进行全面梳理，先后取消和下放2批共4项行政审批事项，一批涉及对企业、社会组织的资质资格认定事项被取消或下放。如取消社会团体分支（代表）机构设立、变更、注销登记，下放社会福利企业证书核发等3项审批事项，实现行政审批“瘦身”。

（李　湘）

【民政基础服务设施建设】 按照国家二级馆标准建设市殡仪馆，后续建设工程于5月底全面完工，园林景观建设12月22日完工；市烈士陵园陈列馆完成装修工程并对外开馆，举行全市首次公祭活动和首次烈士公祭活动；市福利院养老示范楼介护老年公寓已完成装修，并于10月正式投入使用；市第二精神病院新院装修完毕，正在配备医疗设施；巷荫岭军休所整体搬迁新址3.33公顷土地得到省国土资源厅批复同意，正在加紧规划设计；市第二福利院已完成立项手续，进入规划设计阶段。（李　湘）

残疾人事业

【概况】 2014年，衡阳市残疾人联合会扎实开展党的群众路线教育实践活动，以实施省政府为民办实事项目为契机，积极推进全市残疾人事业的发展，全面完成省、市各项年度工作任务，为全省实现“两个全面”的目标，为打造“工业重镇、文化名城、旅游胜地、宜居家园”的升级版新衡阳做出积极的贡献。

（肖恒兵）

【优化残疾群体服务设施】 经过4年的不懈努力，建筑面积达7500平方米的集残疾人康复、教育、培训、维权等于一体综合性服务大楼，于2013年5月正式投入使用。2013年8月26日，衡阳市残疾人康复中心与湖南湘雅博爱康复医院携手打造衡阳博爱康复医院正式启用，这是衡阳市残疾人事业发展史上的一件大事，也是迫切需要康复的残疾朋友现实生活中的喜事。康复医院有先进的设备、优秀的团队、科学的理念，为康复对象开展脑瘫康复、低视力康复、中医治疗康复、聋儿语训、假肢装配、人工耳蜗移植、辅助器具适配等多项康复服务。市残联依托市残疾人康复中心、衡阳博爱康复医院和市内各专业康复机构，积极争取中央、省和市财政支持，扎实开展残疾人康复工作，实施“七彩梦”行动计划，促进残疾人康复服务常态化。装配假肢402例，发放辅助器具1100例，贫困残疾儿童抢救性康复606例，免费为540例贫困精神病患者发放药物和115例重度贫困精神病患者实施住院救助。由市人大常委会牵头的启聪扶贫计划为20例贫困聋儿实施人工耳蜗植入手术，计划投入资金372万元。爱耳日、爱眼日义务为市民发放宣传资料4000份，免费发放助听器和助视器600具。

（肖恒兵）

【发展慈善扶残福利基金】 2014年4月建立残疾人基金会公众微信平台，与北京夏天传媒和衡阳金锤拍卖公司举办当代中国名家花鸟名画展，现场筹得善款100万元。7月，与共青团市委、柒零鸿商在西湖饭店成功举办“柒零慈善”酒会，现场为8户贫困残疾人及残疾人家庭大学生每人发放助学资金3千元。（肖恒兵）

【为民办实事工程】 2014年4月，市残联为民办实事“贫困残疾人救助工程”项目启动，出台《2014年衡阳市为民办实事“贫困残疾人救助工程”项目实施方案》，按照省、市要求，精心组织，加大投入，强化监督，项目实施进展顺利。“贫困残疾人康复救助工程”省定任务349名救助对象，“贫困残疾人家庭无障碍改造工程”省定任务60名。在此基础上，市残联争取市委、市政府的支持，实施贫困残疾人家庭无障碍改造“百千万工程”，计划三年时间，争取爱心单位和爱心人士100名，为1000户贫困残疾人家庭实施无障碍改造，每户资金10000元。2014年3月，结合党的群众路线教育实践活动，开展“走近残疾人、服务千万家”残疾人辅助器具流动服务车下乡活动，历行6个月，行程万里，遍及全市12个县市区，受到广大残疾朋友的热烈欢迎，全年有近万名残疾人及亲人因此而受益。

（肖恒兵）

【制定惠残政策】 2012年7月16日，市政府召开第六次政府常务会议，会议决定从8月1日起，对雁峰区、蒸湘区、石鼓区、珠晖区、南岳区五个城区年满十八周岁的贫困重度残疾人实施特殊生活补助，补助标准按非农业户口的生活补助60元/人·月，农业户口的生活补助40元/人·月。此项新举措为城区特困重度残疾人提供专项救助。截止年末，四个城区共有3406名重度残疾人享受此项优惠政策，累计发放资金近300万元。常宁市采取低保提标的办法落实重度残疾人生活补助。2014年全市除衡南县、衡阳县两县正在落实之中外，其余县（市）区重度残疾人特殊生活补贴全部落实到位；2014年10月，全市重度残疾人护理补贴出台，全市57701名一、二级重度残疾人将享受每月50元的护理补贴；市残联全面推进残疾人养老保险、医疗保险等优惠政策的落实，协调市财政局、地税局、人社局、民政局、卫生局、国税局、工商局、扶贫办等单位出台衡阳市残疾人“十二五”教育、就业、扶贫、托养服务、社会保障等相关配套措施。目前，全市32.28万残疾人进入最低生活保障，占残疾人总数的69.6%；农村重度残疾人的社保经费交纳的起点经费都是政府买单；全市有42.9万残疾人参加医疗保险，占残疾人总数的92.7%；争取中残联的资金支持，为全市4027名贫困肢体残疾人发放残疾人机动轮椅车燃油补贴104.7万元；争取省残联的资金支持，为全市90名贫困残疾人或残疾人家庭大学生和省特教衡阳籍50名中专学生发放助学资金45万元。 （肖恒兵）

【创新残疾人职业培训】 按照省残联要求，市残联认真制定全市残疾人职业技能和实用技术培训工作方案，组织开展培训工作，全市计划共开办实用技术、职业技能、定岗、SYB培训班30期，培训残疾人1800人，争取80%的残疾人通过培训实现就业与创业。市残联还协调财政、地税部门加大残保金征收力度，代扣代征金额出现逐年上升趋势，2014年，全市代扣代征残保金3400余万元，比2013年增长17.5%。2014年6月，衡阳市组团参加全省第五届残疾人职业技能竞赛，获得团体部分第二名，取得历史性的突破。 （肖恒兵）

【残疾人文体宣传工作】 为及时宣传残疾人事业取得的新成就、新举措、新经验和新发展，市残联进一步加大宣传力度，2014年3月，与《衡阳日报》合作创办《扶持助残·有你有我》专刊，通过报纸、杂志、电台、网站、微信、手机报等各类新闻媒体的辐射效应，及时报道残疾人工作和残疾人自强自立事迹，提振残疾人工作者的信心和士气，激励广大残疾人自强自立，营造“助残扶残、有你有我”的良好社会舆论氛围。在全省残联系统的“好新闻”评比中，共6篇新闻入围，其中，一等奖2篇次、二等奖2篇次、三等奖2篇次。5月，由市残工委牵头，市残联承办的第24次全国助残日“关心帮助残疾人、实现美好中国梦”在太阳广场举行，市委主要领导出席活动并发表对全市残疾人的祝福。8月，全省第八届残疾人艺术汇演，衡阳在全省18个一等奖项目中获3个第一，位居全省之首。9月，在第九届全省残运会上衡阳获金牌总数第7名，一举摘除落后的帽子，实现历史性的跨越。 （肖恒兵）

【残疾人信访维权工作】 市残联建立健全领导干部定期接访制、领导包案处访制、机关干部适时下访制等各项制度，强化属地管理，明确责任追究。2014年，共接待来信来访134人次，完结率达100%，没有出现非正常上访、群体上访、赴省进京上访等情况，为全市的和谐稳定做出积极的贡献。8月份，完成市政府交办的原残联实业公司要求打捆改制案和残疾人报刊亭上访案两件积案。市残联依托湖南省莫彬彬律师事务所建立市残疾人法律救助中心，加强残疾人的政策维权，积极维护残疾人的合法权益不受侵犯。2014年，共救助流浪残疾人164人。（肖恒兵）

红十字会救助

【社会救助】 （1）红十字人道救助。在2014年“红十字博爱送万家”活动中，衡阳市各级红十字会组织共筹集现金90180元、发放物资价值425475元，共计515655元（其中省红十字会物资价值398475元），受益群众达到3081人。市红十字会将清理募捐箱收到的善款用于慰问，一方面将平日热心市民捐献的旧衣物清理干洗好，组织红十字志愿者将衣物和购买的食品送到地下通道、天桥下的城市流浪人群手中，帮助他们抵御严寒侵袭；一方面购置价值20000元的大米和食用油等生活物资用于慰问走访弱势群体。耒阳市红十字会将爱心人士捐赠价值10000元的旧电视机41台发放到洲陂乡敬老院以及36户特困家庭；同时自筹资金6000元购买食用油、大米等物资并联合其他单位开展“双联”走访慰问活动，受益40余户。衡山县红十字会对白果镇、新桥镇、永和乡等七个乡镇进行慰问，发放棉被、食用油、棉衣等价值44000余元的生活物资。雁峰区红十字会举办“同心爱心超市”，把爱心团体和志愿者服务结合起来，对贫困学子、孤寡老人、因病致贫的特困家庭人员进行“一帮一”和“多对一”的服务。衡南县红十字会派出慰问小组和医疗小分队，为村民开展卫生救护知识讲座，并为老百姓免费看病及发放药物。祁东县红十字会接受爱心企业捐赠的价值5000元的棉衣棉鞋将其与下发的物资分发给各乡镇200余户困难户家中。蒸湘区红十字会深入农村、社区以及敬老院、孤儿院进行节前走访慰问，送去慰问金12900元，慰问物资100余件，价值3800余元。衡南县红十字会对生活困难的村民进行走访，发放慰问金2000元，为川口乡敬老院24位老人发放春节物资2500余元。石鼓区红十字会深入农村困难户及卫生系统的困难职工家庭，为每户送去慰问金，共计11000元。（2）丰富关爱救助方式。一方面积极开展义诊活动。全年多次组织团体会员单位和医疗志愿队伍在莲湖广场、晶珠广场等大型公共场所为过往群众进行义务医疗咨询和送医送药活动。南岳区红十字会组织医务人员深入拜殿乡为留守儿童及老人免费体检，还组织专家在南岳镇开展深入基层的“服务百姓健康行动”；博爱周期间，衡东县红十字会结合“党的群众路线教育实践活动”组织全县公立医院在街道、厂矿、居委会、村委会广泛开展义诊；雁峰区组织医疗志愿者为夕阳红敬老院开展健康讲座和义诊活动。2014年，全市各级红十字会共组织开展义诊60余次，就诊13200余人次，累计发放药品价值153000余元。一方面积极开展慈善募捐。2014年，市红十字会在全市共设置红十字爱心募捐箱46个，由工作人员定期清点和维护，募集的所有善款全部用于慰问和救助困难人群。中秋节慰问一名父亲器官捐献而母亲患有精神疾病的初二在读学生，为其送去衣物、食用油和大米。11月，市红十字会工作人员将来自爱心人士捐赠的20包御寒衣物，购买的20袋米、40桶油一起送到市第一精神病医院，希望让这里的贫困精神病患者过一个温暖舒适的冬天。市红十字会为一名等待骨髓移植手术的白血病患儿戴宜畅募集爱心善款102000元；继续资助一名母亲患重病的贫困大学生谢细连2000元；救助一名急性重型再生障碍性贫血患者陈善思2000元；救助衡阳县一位独力抚养三个小孩上学的母亲3000元。珠晖区红十字会为再生障碍性贫血患者、残疾病人及困难户募集资金40000元；衡南县红十字会为4名白血病患儿家庭送去慰问金4000元；常宁市红十字会通过“慈善一日捐”募捐活动，为困难群众募集183700元；耒阳市红十字会募集善款42400元用于慰问困难户；南岳区红十字会为贫困户、孤儿送去慰问金35800元；衡东县红十字组织“心得乐”爱心捐助活动，为贫困学生募集195030万元。2014年全市各级红十字会共募集善款613420元用于慰问困难人群，为帮扶衡阳市弱势群体，传递爱心，做出应有的贡献。（涂闻卿）

【完善救灾机制】 （1）夯实备灾救灾网络。市红十字会作为市防汛抗旱指挥部、应急管理领导小组、防灾减灾委员会重要成员单位之一，积极将《衡阳市红十字会突发事件应急预案》纳入市政府部门预案，各县市区红十字会相应制定自然灾害应急预案。市红十字会还在市第一人民医院、市中心医院两家医院设立红十字应急救护培训基地，明确以这两家医院骨干医务人员为主要力量的一支红十字卫生应急救护队伍，定期组织模拟灾害现场训练，为全市的备灾救灾提供有力保障。同时积极提升群众的备灾救灾意识，结合防灾减灾日宣传开展一系列活动。5月，与市卫生局联合在莲湖广场就防灾减灾日进行大型宣传活动，同时组织市中心医院的医务志愿者在莲湖广场现场进行应急救护培训和演练，为过往行人普及灾害意外急救知识500人次，发放宣传资料10000余份，提高市民对防灾减灾的意识。(2) 募捐体系进一步完善。8月3日，在云南省昭通市鲁甸地区发生里氏6.5级地震，造成617人死亡。市红十字会迅速行动，在《衡阳日报》、衡阳电视台等媒体上第一时间发出倡议，号召全社会行动起来积极捐款捐物，以爱心支援灾区人民。同时实行24小时值班制度，保证随时接收群众的爱心善款。其间，共募集善款236105元，善款用于灾区人民的生产恢复和家园重建。(3) 灾害反应能力有所提高。2014年6月，衡阳市连降暴雨，导致许多地区灾情严重，灾民苦不堪言。在获悉衡阳县金兰镇高源村因暴雨导致多处房屋、村路、农田被毁，许多灾民无家可归、生活十分困难的情况后，专职副会长尹向阳带领市红十字会工作人员，迅速自筹一批救灾物资，于5月29日送往高源村帮助灾后重建，为受灾严重的15户村民送去空调被、大米、食用油、衣服、蚊帐共计价值8200余元的物资。同时第一时间上报灾情，向省红会争取救灾物资，包括家庭包、棉被、帐篷、消毒衣等物资，累计价值近23万余元，并将物资及时分发到有需要的地区。12月12日，市红十字会积极争取上级扶贫救助资金，从中国红十字总会国家彩票公益金项目争取到22吨优质大米，价值11万元，用于救助常宁市的蓬塘山岐村，江河、官岭、宜潭、新河等乡镇村民，为山区困难户在寒冬里带来温暖。

（涂闻卿）

【生命关爱工程】 (1) 扎实推进造血干细胞和无偿献血工作。结合红十字会重要宣传活动，开展大型的造血干细胞和无偿献血宣传活动。通过举办讲座、大型宣传活动，让大家对造血干细胞的发展历史及捐献造血干细胞的意义和步骤有初步的了解。积极与中心血站联系，在大型献血活动中开展造血干细胞捐献宣传活动，通过发放宣传册、悬挂横幅、现场咨询答疑等方式，取得较好的效果。同时，定期安排工作人员对全市的献血车、爱心献血屋的工作人员进行培训，及时补充和发放相应的宣传资料和表格。11月11日，省红十字造血干细胞捐献者资料库管理中心主任何一平在市红十字会专职副会长尹向阳的陪同下前往市中心血站进行座谈调研，市红十字会与市中心血站就下一阶段如何加强合作与联系，进一步推动造血干细胞捐献的宣传工作达成一致意见。2014年完成造血干细胞志愿者资料入库160人/份，进入高分辨程序4人，其中1人进入体检程序，2015年1月20日成功捐献1人。(2) 人体器官捐献事业有新气象。坚持大力开展宣传普及工作，结合红十字会各项活动积极在报纸、网站等媒体上进行宣传普及。全市群众对遗体和人体器官捐献知识的知晓率和认同率都有显著提高，同时联合南华大学附二医院在全市各类二级以上医院的ICU、神经内外科的医务人员中进行专业知识宣传，建立健全潜在捐献者信息报告机制。积极选派红十字会工作人员和医院医务人员参加中国红十字会总会和卫计委举办的协调员培训班，不断扩充协调员队伍。2014年全市成功完成8例器官捐献，成功挽救14名肾病患者、6名肝病患者的生命，为延续全市危重患者的生命起到积极作用。

（涂闻卿）

【业务工作凸显成效】 (1) 应急救护培训工作。市红十字会联合各区红十字会开展红十字救护进社区、进学校、进企业等一系列救护普及培训。2014年在黄茶岭社区、旭升小学、香江百货集团、电大、警官培训中心等单位部门开展多次初级救护知识普及培训，共培训6150人次。衡东县红十字会组织师资为三樟完小、衡东一中等四所学校的2000余名学生开展应急救护培训，发放宣传资料5000余份；衡山县红十字会在人民广场和开云中学举行7场急救知识普及培训活动，培训人员达1500余人；珠晖区红十字会在青少年校外活动中心为210名中小学生开展2期救护培训，进一步增强学校师生的自救互救能力；雁峰区红十字会联合区消防大队为白沙工业园富士康公司开展大型应急演练活动，并现场教授心肺复苏、止血包扎技能，培训员工1000余人。2014年全市应急救护普及培训近10000余人，发放应急救护宣传手册20000余份。同时，积极为高危行业、工厂等有需要的群众开展初级救护员培训。2014年以来，为常宁荣成鞋厂、行者户外俱乐部、衡山卓盈服装有限公司、欧姆龙衡阳有限公司的员工举办多期初级救护员培训班，共有66名学员通过考试，取得红十字初级救护员资质。由幸福天使基金资助的南岳的AAAAA景区救护站项目已顺利完成200名景区救护员的培训工作，通过培训更好地保障景区游客的生命安全，进一步提升景区的服务形象和质量。（2）红十字青少年工作。4月，市红十字会与旭升小学联合举办一次“心手相连”爱心义卖活动，学生们将自己珍藏的文具、玩具、书籍、书法、绘画作品都捐赠出来义卖，善款全部捐献给市红十字会用于救助家庭贫困的器官捐献者家属以及慰问孤儿院儿童。市红十字会认真为申请小天使基金彩票公益金的白血病患儿家庭做好资料审核把关等相关工作，全年共报送资料35份。同时，2014年将36名白血病患儿的小天使基金彩票公益项目资助告知书发送至患儿家长手中，申请成功的患儿每人将获得3万元~5万元左右的救助金，共计110万元。衡东县红十字会组织卫生系统开展“心得乐”爱心捐助活动，为100名贫困学生捐赠现金195030元，文具200套（价值2.56万元），并结成一对一帮扶对象6对。祁东县红十字会积极关注留守儿童的健康成长，开展“小书包，大爱心”活动，为全县6个乡镇的留守儿童送去书包和文具500多份，价值6000余元。常宁市红十字会为该市盐湖镇3名贫困学生争取到广富诚集团有限公司捐助的50000元的助学款，帮助寒门学子圆校园梦。（3）艾滋病关爱工作。12月1日上午9时在蒸湘区晶珠广场以“行动起来，向‘零’艾滋迈进”为主题开展大型科普宣传活动。来自市中心医院、市第一人民医院等共计14家团体会员单位的100余志愿者及爱德基金会在广场设立宣传台、宣传点进行防艾科普宣传。活动当天累计发放宣传资料20000余份，安全套10000余个，设立宣传展板30余块，悬挂横幅20余条，接受群众咨询300余次。当天，市人民政府副市长周辉斌及市红十字会专职副会长尹向阳带领市红十字会工作人员前往蒸湘街道，看望慰问艾滋病患者，并为艾滋病患者家庭送上食用油、大米及奶粉，活动期间累计发放慰问物资价值6000余元。（涂闻卿）

县市区概况

衡南县

【地理、区划与人口】 衡南县位于衡阳市东南部，因地处南岳衡山之南而得其名。东界安仁县，南连耒阳、常宁市，西邻祁东县，北抵衡阳、衡山、衡东县，并从东南西三面环抱衡阳市城区。县城位于距衡阳市城区18公里的云集镇。全县辖23个镇3个乡和1个办事处，下设85个居委会、741个村委会；278个居民小组、9565个村民小组。总面积2621.1平方公里，其中陆地2378.6平方千米，占90%；水域242.5平方千米，占10%。

2014年年末，全县户籍总人口112.46万人，37.48万户；常住人口97.38万人，32.4万户，其中男58.97万人，女38.41万人；城镇人口35.93万人，农村人口61.45万人，城镇化率达36.9%。全年出生人口14145人，出生率12.76‰，死亡率6.85‰，人口自然增长率5.9‰，出生人口性别比为108.66。年内气温日平均18.5℃，极端最高气温38.3℃，出现在7月31日，极端最低气温－1.9℃，出现在2月11日。全年总降水量为1422.3毫米。

【经济总量】 全县完成生产总值（GDP）252.42亿元，增长9.1%。其中第一产业实现增加值59.93亿元，增长4.5%；第二产业实现增加值123.27亿元，增长8.9%，第三产业实现增加值69.23亿元，增长13.5%。

三次产业结构比由2013年同期的24.2∶49.7∶26.1调整为23.7∶48.8∶27.5，第一产业比重降低0.5个百分点，第三产业比重提高1.4个百分点。

三次产业对经济增长的贡献率分别达11.7%、49.2%和39.1%，其中工业对经济增长的贡献率达41.9%。

【农业】 全县完成农业总产值96.62亿元，增长4.5%，全县实有耕地面积65.76千公顷，与2013年持平，其中水田57.67千公顷；全年完成粮食播种面积108.37千公顷，增长2.1%，其中谷物种植面积100.86千公顷，增长1.8%；油料种植面积41.93千公顷，增长4.8%；棉花种植面积4.56千公顷，增长8.3%；烟叶种植面积1.94千公顷，下降42.3%。

粮食总产量达59.58万吨，增长2.7%；油料产量达6.76万吨，增长7.8%；棉花产量达0.62万吨，增长3.8%；烟叶产量达0.55万吨，减少40%；瓜果总产量10万吨，增长4.2%；肉类产量达16.02万吨，增长1.1%，其中：禽肉产量2.76万吨，较2013年减少1%；水产品产量5.89万吨，增长4.9%；生猪存栏108万头，增长1.5%，其中：能繁母猪11.39万头，减少0.1%；生猪出栏178.4万头，增长2.1%；家禽存笼1139.04万羽，增长3.3%；家禽出笼1842.4万羽，减少3.3%。

全县完成造林面积3287公顷，其中荒地造林面积1200公顷，实有封山育林面积2087公顷。新增农民专业合作社206家，累计达630家。

【工业】 全县完成工业总产值245.15亿元，其中规模以上工业实现总产值208.71亿元。全部工业实现增加值96.54亿元，其中规模以上工业实现增加值57.31亿元，增长9.4%；其中铅产量1.1万吨，增长12.5%。；水泥164.1万吨，下降5.6%；有色金属1.1万吨，增长10%；电子元件0.6亿只，增长20%；钨精矿1437.7吨，增长7.3%。实现主营业务收入102.62亿元，实现利润3.71亿元，产品产销率100.09%。

【固定资产投资与项目建设】 全县固定资产投资完成161.02亿元，增长25.0%。其中城镇固定资产投资完成155.1亿元，增长25.3%；房地产投资主要指标完成情况及增速中房地产投资5.92亿元，增长17.4%；房屋施工面积125.18万平方米，增长25.1%，其中住宅面积110.84万平方米，增长27.8%；房屋新开工面积54.69万平方米，增长34.9%，其中住宅面积49.38万平方米，增长33.1%；房屋竣工面积18.39万平方米，下降3.8%，其中住宅面积15.81万平方米，下降10.3%；商品房销售面积25.21万平方米，增长18.2%；商品房销售额4.35亿元，增长21.5%。衡阳南岳机场、湘江土谷塘航电枢纽船闸、衡茶吉铁路顺利通航通车，新塘埠大桥成功合龙。

【招商引资】 全县共引进外资项

目33个，到位外资8580万美元，增长16.94%；引进内资项目68个，到位内资24.3亿元，增长10.6%。其中，引进投资额过亿元项目9个，投资额过5000万元项目28个。全县实现外贸进出口总额3041万美元，增长26.4%。

【建筑业】 全县建筑业完成总产值96.4亿元，增长7.6%，完成增加值26.73亿元，增长8.0%。

【国内贸易与对外经济】 全县实现社会消费品零售总额73.37亿元，增长12.8%。从区域看，城镇实现消费品零售总额61.64亿元，增长12.8%，乡村市场实现消费品零售额11.73亿元，增长13.2%；从消费形态看，批发业营业额完成5.18亿元，增长12.9%，零售业营业额完成60.81亿元，增长12.8%，住宿业营业额完成0.27亿元，增长13.04%，餐饮业营业额完成7.11亿元，增长12.8%。

【运输、邮电与通信业】 全县交通运输、仓储及邮政业实现增加值19.38亿元，增长4.3%。公路运输客运量完成59.8万人/次，旅客周转量1683.3万人公里，货物周转量20200.9万吨公里。全面实施农村公路通畅、通达工程，完成县乡公路改造73.2公里，通村公路通畅工程73.8公里，年底全县公路通车总里程达3406公里，其中水泥路1933公里。

全县完成邮电业务总量24762万元，同比增长7.7%。其中邮政业务总量6008万元、电信业务总量3934万元、联通业务总量4870万元、移动业务总量9950万元；互联网宽带用户39747户，增长334.5%。

【财政、金融与保险业】 全县财政总收入完成14.78亿元，增长15.3%（国税3.02亿元，增长20.78%；地税6.72亿元，增长14.6%；财政5.03亿元，增长13.13%），其中：一般预算收入10.96亿元，增长15.6%。全县一般预算支出35.58亿元，增长5.39%。其中：教育支出6.91亿元，增长4.2%；社会保障和就业支出6.42亿元，增长14.2%；医疗卫生支出5.18亿元，增长27.57%。

全县金融业实现增加值2.78亿元，增长13.7%，金融机构各项存款余额175.27亿元，增长12.8%；金融机构各项贷款余额58.39亿元，增长20.6%。

全县财产保险完成保费收入8147万元，其中：车辆险保费收入3575万元；农业险3796万元；非车险776万元，其中健康险保费收入201万元，意外伤害险保费收入95万元。

【科技、教育与文化事业】 全年组织县内单位申报各类科技计划项目34个。实施各级科技计划项目13个，其中农业项目7个，工业项目3个，社会发展项目2个，产学研合作项目1个。申请专利27件，成功授权56件。20家高新技术企业实现高新技术产品产值67.61亿元，实现高新技术产品增加值36.62亿元，高新技术产业增加值占GDP比重达14.5%，较2013年同期提高5.3个百分点。

全县共有各类学校282所，其中：小学224所，中学55所，职业技术学校3所；学生总数12.63万人，其中：小学在校学生62990人，中学在校学生57149人，职业技术学校在校学生6175人。全年新建义务教育阶段合格学校51所，新建农村公办幼儿园6所。

全县拥有艺术表演团体2个，群众艺术馆、文化馆151个，公共图书馆1个，博物馆、纪念馆11个，省级非物质文化遗产项目保护目录2个，无线数据电视台1座，无线数据电视节目55套，有线数字电视用户达5万户。广播和电视综合覆盖率分别达到99.9%。

【卫生与体育事业】 全县综合医院4个，卫生机构拥有床位数2824张，卫生技术人员2600人，其中医师1279人，注册护士752人。疾病预防控制机构1个，卫生技术人员72人；妇幼保健院1个，卫生技术人员89人。县乡两级新型农村合作医疗住院补偿率达87.7%，农村五保户对象在县乡级新农合定点医疗住院实行基本医疗费全免，国家基本药物制度落实率达100%。

全县拥有各类健身队伍100余支，公共体育场地1063处，举办各类体育活动100余场次，全县运动员在参加各级比赛中，获得国家级金牌2枚，银牌4枚，省级金牌10枚、银牌8枚、铜牌

12 枚。

【旅游业】 全县接待国内外游客 98.79 万人次，增长 25%；实现旅游总收入 1.71 亿元，增长 30%；全县有四星级乡村旅游点 6 个，省级旅游家庭旅馆 4 个；农业示范点 2 个；名镇名村各 1 个；AAA 级景区 2 个。

【城乡建设】 滨江南路等 4 条道路已竣工，滨江西路、雅园北路正在硬化，泉梓路等 9 条道路启动建设；云集大道及云峰路提质改造、沿江风光带工程（云集大桥至鸿业路段）即将开工；县自来水厂二期扩容工程开始运营，垃圾填埋场投入使用，机场污水处理厂主体已竣工。小城镇建设投入不断加大，全年硬化街道 23 公里，新建下水道 19 公里、垃圾场 5 座、垃圾池 260 个，安装果皮箱 600 个，路灯 500 盏。农村环境面貌持续改观，创建“秀美村庄”达标村 103 个。

【环境与安全生产】 全县城区空气质量优良天数达到 361 天，优良率达到 99%；二氧化硫、氮氧化物、化学需氧量、氨氮等工业企业主要污染物排放总量削减率分别为 3.09%、13.93%、3.12% 和 4.32%；工业固体废物综合利用率为 90%；区域环境噪声平均值为 54.3 分贝。年末全县三座中型水库蓄水总量 2545.3 万立方米。森林覆盖率 33.65%。

全县规模工业综合能源消费量 26.2942 万吨标准煤，单位 GDP 能耗（2010 年不变价）0.59 吨标准煤/万元。

全县发生各类生产安全事故 57 起，死亡 6 人，重伤 41 人，经济损失 32.2 万元，亿元生产总值（GDP）生产安全事故死亡率 0.0302，交通事故死亡率 0.175，火灾事故死亡率 0.0103。

【人民生活与社会保障】 全县城镇居民人均可支配收入 23534 元，增长 9.8%，农村居民人均可支配收入 14898 元，增长 12.3%；家庭人均消费总支出 11204 元，居民人均文教娱乐服务消费支出 1677 元，居民文教娱乐服务消费支出占消费支出比重达 15.0%，人均住房使用面积 50.4 平方米。

全县各项社会保险参保人数 90 万人次（缴费人数达 68.5 万人），其中：企业养老保险 3.3 万人、机关事业养老保险 2.1 万人、医疗保险（包括职工医保、居民医保、生育保险）15.4 万人、工伤保险人数 5.5 万人、失业保险参保人数 3.7 万人、新型农村养老保险人数达 38.5 万人。城镇职工基本医疗保险、城镇居民基本医疗保险、生育保险、工伤保险赔付支出分别为 8223 万元、4610 万元、132 万元和 1075 万元。

城镇新增就业人数 7592 人、失业人员再就业 3752 人、就业困难对象再就业 1102 人、零就业家庭动态就业援助达 100%；新增农村劳动力转移就业 9035 人，分别完成目标任务的 115%、110.4%、110.2%、100%、120.9%。

全县共有 1 个福利中心、26 个敬老院、5 个村级“五保之家”，供养人数 1933 人。销售福利彩票 2664 万元，接收社会定向捐赠 493.992 万元，“慈善一日捐”活动共收到捐款 51.7 万元。全县城镇低保月均保障 1.1 万人，全年累计发放最低生活保障金 3398 万元，月人均补差 259.1 元；农村低保月均保障 4.58 万人，全年累计发放最低生活保障金 6331 万元，月人均补差 114.7 元。全县共发放城乡医疗救助资金 1405.4 万元，救助 6.1 万人次。

全县保障性住房建设完工 13.5 万平方米。解决农村饮水不安全人数 5.3884 万人，新增公租房 396 套，城市棚户区改造 973 户，改扩建乡镇敬老院 2 所，支持农村危房改造 1120 户。

【存在主要问题】 经济总量不够大，产业转型升级的任务仍然艰巨；工业支撑能力还不够强，特色产业、主导产业不够突出；现代服务业发展不够快，县城人气有待提升；部分项目推进速度不快，要素保障的难题依然存在；发展环境须进一步优化，机关效能建设仍需加强。

【“欢乐潇湘、幸福衡南”群文活动开幕】 2014 年 4 月 18 日上午，衡南县“欢乐潇湘·幸福衡南”群众文艺汇演在县城云集拉开序幕，本地原创的舞蹈、小品、戏曲等节目闪耀舞台，展示衡南人民的良好精神风貌。节目以音乐、舞蹈、征文、美术、书法、摄影等多种形式，突出群众文化的魅力、原创性和地域特色，广泛传播衡南文化正能量。本次文化活动分为文艺汇演和广场舞大赛两大板块，经启动仪式、海选、初赛、复赛、决赛五个环节，历时5个月，活动内容丰富，旨在广泛组织和吸引民办文艺团体、民间艺人和普通群众在活动中自我展示、自我教育、自我提升，通过展演接地气、显特色的群众文艺作品和节目，展现衡南的新魅力、新风貌。

【衡南县首宗土地开发权拍卖成交】 2014年5月9日，衡南县对三塘镇朝阳路两厢33.3公顷土地的开发权和3.079公里朝阳路市政工程施工建设权进行公开拍卖。这也是衡南县乃至全市首宗土地开发权拍卖，最终衡阳市海元投资有限公司以每公顷960万元，总价3.2亿元将该宗土地开发权收入囊中。三塘镇朝阳路为衡州大道在三塘镇的延伸线，设计路幅宽度60米，其中车行道为双向六车道，宽达42米，两旁人行道及绿化带共计18米，工程总投资约8500万元。此次公开拍卖既规避政府行政决策风险，同时又整合土地开发跟项目建设的需求，是一个共建双赢、互惠互利的好方式。

【衡南县船山商会成立】 2014年5月21日，衡南县船山商会正式成立，这是继云集商会之后县贸促会组织筹建的第二家直属社团机构。据了解，船山商会是以在衡南县经商的衡阳县籍人士为载体组成的民间组织，以“兴商旺城”为宗旨，致力为商会会员提供指导、协调、咨询、信息等服务，并协助政府实施行业管理，促进县域经济快速发展。

【宝盖镇获评省乡村旅游“十大好去处”】 2014中国湖南旅游产业博览会开展系列旅游产品评选活动，共评选出“湖南乡村旅游十大好去处”十大类奖项70个。衡南县省级旅游名镇宝盖镇被评为“记忆里的乡愁”原味乡村休闲地；“绿野——芙蓉”山庄被评为老年乡村休闲养生养老基地；近尾洲莲湖湾被评为乡村休闲垂钓基地。

【湘南地区规模最大的综合性汽贸城落户云集】 10月14日，衡南县与湖南大利投资集团有限公司举行签约仪式，标志着总投资20亿元的云集大利汽贸城项目正式落户衡南。该项目建成后，将成为湘南地区规模最大、功能最全、品位最高的综合性汽贸城。云集大利汽贸城项目的签订，对于推进衡南县域经济发展，加速“旺市融城”步伐，具有十分重大的战略意义。云集大利汽贸城项目位于衡南县城云集镇衡云干线与云集大道交汇处，紧靠衡阳南岳机场，占地面积53公顷，总建筑面积87.9万平方米。项目按照大规模、多功能、人性化、生态化的设计理念，将集乘用车、商用车销售，汽车维修，汽车装潢美容，二手车交易，汽车零配件销售和车辆检测，名车会展，金融、保险、商场酒店等功能于一体。项目建成后将引进上千家企业和经营户，年销售额可达70亿元，年创税近亿元，安排就业人员上万人。

【世行考察团深入衡南考察农产品产地安全提升工程项目】 2014年10月23日，世界银行专家团及省农委数位专家深入湖南省衡南县，就衡南县“农产品产地安全提升工程项目”进行考察，并就相关贷款事宜进行洽谈。考察团一行先后来到衡南县咸塘镇长塘村和欧阳村，实地考察衡南县龙石膏矿污染区的农田治理情况和欧阳村经过重金属污染治理后的蔬菜基地，并详细询问当地干群相关情况。在下午举行的座谈会上，考察团与相关职能部门就如何提升农产品产地安全质量等进行面对面交流，并对衡南农产品安全质量提升工作给予高度评价。近年来，衡南县按照“突出重点、分类治理、分区治理、分步治理”的总体思路，强化“管”“控”“治”，有序推进全县土壤重金属及其他污染源治理和耕地修复试点示范，从全局意义上改善衡南农业的生产环境和辖区人民的生活环境。已要求45家非法和“十五小”企业建立治理台账，限期整改；对7家环保手续不全企业和6家没有环保手续企业进行停产整治；关停6家涉铅、锌、铟、钒类重金属企业。通过整合实施“农业生态家园”“乡村清洁工程”“千亿斤粮食产能工程”“秸杆还田”等项目，在全县推广测土配方施肥11.3万公顷、秸杆还田4.7万公顷，改造农田基础设施2.7万公顷，修建沼气池18400座、排污渠和灌溉渠173千米。

【衡南县将打造全市第一个油菜生态公园】 衡南县2014年度高标准农田建设项目涉及县境泉湖镇、谭子山镇共10个行政村，财政总投资2395万元，建设高标准农田1200公顷。工程任务包括开挖渠道35公里，衬砌渠道26.35公里，新建排灌站1座，新修机耕路12.14公里，扩建加固小型蓄水工程19座，购置农业机械4台套，改良土壤453公顷，示范推广533公顷，科技培训3000人次，推广太阳能诱蛾杀虫灯65盏，安装服务农业生产的气象电子显示屏2块。项目进展顺利，2015年春节前可全面竣工验收和工程结算完毕。衡南县还引进湖南省展望生物科技发展有限公司建设衡阳市第一个高规格油菜生态公园。该公园将以泉湖镇红湖村至七塘村2.6公里“开发长廊”为中心，结合“泉湖二月八”省级非物质文化遗产和当地种植油菜的传统习惯，注入更多文化要素，科学规划建设园区景点，建立起“油菜生态文化走廊”，致力把“油菜公园”打造成为“生态农业园、观光休闲园、科技示范园、文化产业园”。

【衡南县开展“演艺惠民、送戏下乡”活动】 2014年11月13日上午，衡南县三塘镇前进村村部前坪人山人海，掌声如潮。由衡南县文广新局主办、县花鼓戏剧团承办的“演艺惠民、送戏下乡”第80场花鼓戏专场在这里举行，为近千名村民送上演出。演出现场，充满浓郁乡土气息的衡洲花鼓戏《福寿图》演出时长3个时，紧紧围绕敬老爱老主题，同时，20余名文化志愿者还在现场开展志愿服务活动。衡南县2014年“演艺惠民，送戏下乡”还将在全县巡演20场，旨在宣传社会主义核心价值观，展现新农村、和谐家园的新面貌，歌颂美好生活。

【衡南县售出排污权“第一单”】 2014年11月27日上午，衡南县联丰骨制品有限公司以每吨15000元和每吨25000元的价格，向衡阳市排污权交易所成功申购1.57吨二氧化硫和1.02吨氮氧化物排污权指标，这是衡南县主要污染物排污权交易的“第一单”，此举打破衡南县排污权无偿使用的历史，排污权将逐步进场挂牌转让，实行有偿使用。在衡阳市排污权交易所内，交易所和联丰骨制品有限公司相关负责人，分别在《湖南省主要污染物排污权交易确认表》和《湖南省主要污染物排污权交易合同》上郑重签名，联丰骨制品有限公司以49050元的交易金额购得1.57吨二氧化硫和1.02吨氮氧化物排放指标。自2014年7月开始，衡南县实施排污权有偿使用和交易政策，主要污染物十年排污权交易政府指导价格标准为：化学需氧量2万元/吨，氨氮4万元/吨，二氧化硫1.5万元/吨，氮氧化物2.5万元/吨。企业可以通过协议、竞价、拍卖等方式参与市场交易，交易购得的排污权，十年内不需缴纳排污权有偿使用费。

【县自来水厂二期工程试运营】 2014年12月1日，衡南县自来水厂二期扩建工程计划全面试运营。水厂扩建工程设备安装工作已基本结束，仅剩下土地平整及绿化建设等扫尾工作。县自来水厂二期扩建工程于2013年9月动工，项目总投资约3500万元，设计规模为日供水量3万吨，可以满足10万人~15万人的用水需求，设计采用常规水处理工艺添加臭氧、活性炭处理生产工艺，出厂水质达到国家饮用水标准。运营后，可缓解以前用水高峰期县城经常停水等状况。

【衡南县举行“环城跑”】 2014年12月25日，“迎接高飞时代，奔向小康社会”环城跑活动在县四大家机关大院前坪启动。县自行车协会60多位骑手行进在队伍最前方，50多名青年志愿者紧随其后，拉开环城跑大幕。在黄科卫等县领导领跑下，来自部分乡镇，县直机关各单位，县属各企事业单位，县城所在地各企业、部分社区居委会及相关社团组织共2000余人，从县四大家前坪幸福起跑，经黄金路、新塘路、云集大道、雅园路返回，行程约3000米。

【衡南县启动“十三五”规划编制工作】 2014年12月22日，衡南县召开“十三五”规划编制工作动员大会，全面启动“十三五”规划编制工作，动员全县上下科学严谨、有序高效做好相关工作。会议强调，“十三五”规划是确定衡南县未来五年经济社会发展思路、明确发展目标和发展重点的纲领性文件，是政府履行宏观调控、经济调节和公共服务职责的重要依据。县委县政府要求全县各级各部门要加强和提高思想认识，把握时代背景和工作进度，明确工作任务，结合衡南县情，有前瞻、讲科学、求高效地完成编制工作。此次衡南县“十三五”规划编制工作分四阶段实施。第一阶段为2014年，主要开展规划前期工作；第二阶段为2015年5月底前，主要开展规划纲要框架起草工作；第三阶段为2015年5月至2015年11月底，主要是根据县委“十三五”规划建议精神，研究起草“十三五”规划纲要草案；第四阶段为2016年上半年，主要是规划的发布工作。

【衡南县文艺工作座谈会召开】 2014年12月31日上午，衡南县召开文艺工作座谈会。中共衡南县委书记曾祥月与衡南籍在外艺术家代表，衡南县部分老艺术家、各文艺协会骨干会员共60余人齐聚一堂，学习贯彻习近平总书记文艺工作座谈会重要讲话精神，共商文艺繁荣发展大计。会上，各文艺界代表纷纷发言，畅谈自身学习体会，为文艺事业发展积极建言献策。曾祥月对县文艺工作取得的成绩表示肯定。其指出，衡南的发展需要文艺的繁荣，文艺的繁荣需要艺术创作，艺术创作则需要不断地超越。曾祥月要求文艺工作者努力贯彻落实习近平总书记重要讲话精神，站在时代的最高点，深入社会的最基层，不断加强自身修养，为衡南经济社会发展和中国梦的衡南篇章做出贡献。衡南文艺事业呈现出一派繁荣发展的生动景象。贺山峰的词作《我的民工兄弟》获全国第二届“民族之声”歌曲创作金奖；县杂技团《万里长征小红军》获第八届中国杂技金菊奖；欧阳慧环的工笔画《伊恋园之果》在中国军事博物馆展出；张紫映微宣讲节目《十八大精神真正好》受到省委的高度赞赏；衡南还荣获“中国楹联文化先进县”“湖南诗词之乡”等荣誉称号。

县委、人大、政府、政协领导名录

中共衡南县委员会

书　记　曾祥月

副书记　邹小敏　吴旭东

常　委　申伟亮　周秋生

曾小成　朱诗军

王振国　黄日荣

黄科卫　徐旭敏

衡南县人大常委会

主　任　邱清燕(女)

副主任　曾庆军　谢小明

阳冬生　邓中文(女)

刘志伟(兼)

衡南县人民政府

县　长　邹小敏

副县长　申伟亮　周秋生

许　志（挂职）

倪美平　谭　冰(女)

张东成　李一帆

贺喜洋

政协衡南县委员会

主　席　梁国雄

副主席　王　炜　何龙生

罗平石(兼)

夏海蓉(女,兼)

谢　炜(兼)

县行政企事业单位负责人

组织部部长、统战部长	曾小成
纪委书记	朱诗军
县委办公室主任	王振国
政法委书记	黄日荣
宣传部部长	黄科卫
武装部部长	徐旭敏
政委	周久虎
云集工业园主任	刘振国
县委党校校长	贺育生
人大办公室主任	王旭华
政府办公室主任	倪小明
政协秘书长	阳和平
政协办公室主任	王祥彬
纪委办公室主任	刘伟宏
政务中心主任	胡宏勇
商务局局长	周新生
农办主任	宁云忠
发展和改革局局长	邱清令
经济和信息化局局长	倪勇军
人口和计划生育局局长	罗小玲
共青团县委书记	王国梁
妇联主席	费明巧(女)
老干局局长	廖卫平
编办主任	陈建辉
档案局局长	刘启和
党史办主任	肖　斌
科协主席	王志兰
工商联会长	王芳志
台办主任	颜明亮
监察局局长	李小林
民政局局长	黄小琼
国土局局长	贺遵元
地方志办公室主任	蒋东山
信访局局长	刘华军
城建投主任	刘弟军
信息办主任	唐春晖
侨务办主任	杨安平
侨联主席	邹玉灿

人民防空办公室主任 陈朝晖
卫生局局长 王 励
食品药品监督管理局局长 王芳捍
文联主席 胡 素
文化广电新闻出版局局长 唐鸣春
文化市场综合执法局局长 傅贤瑜
广播电视台台长 贺金平
体育局局长 阳祥云
公安局局长 张东成
政委 胡国平
人民检察院检察长 陈文新
人民法院院长 廖宏伟
交警大队大队长 符方华
消防大队大队长 曾高山
司法局局长 罗友平
防范和处理邪教办主任 张成初
综合治理办公室主任 周克清
文明办主任 胡志勋
法制办主任 贺良湧
住房和城乡建设局局长 杨松柏
乡镇企业局局长 王文诚
教育局局长 唐群国
旅游局局长 刘来涛
科技局局长 黄国兴
环保局局长 阳文吉
房产局局长 周小珠
城乡规划局局长 廖承飞
物价局局长 周四平
人社局局长 邓河平
统计局局长 谢小平
物资管理中心主任 陈春豫
国家统计局衡南调查队队长 唐代清
农业局局长 黄跃峰
畜牧水产局局长 胡良炜
林业局局长 祝小雪
水利局局长 李桂花
移民局局长 贺 信
农机局局长 肖 华
农村经营管理局局长 胡玉元

气象局局长 成少丽
农业综合开发办公室主任 罗滨峰
烟叶办主任 王新华
交通运输局局长 黄跃进
公路局局长 胡忠新
邮政局局长 罗琮全
邮政储蓄银行衡南支行行长 刘少华
电信公司经理 赵 冰
移动通讯公司经理 詹伟平
联通公司经理 雷 鸣
电力局局长 邓伟途
轻工业总公司总经理 罗忠汉
质量技术监督局局长 邓林军
石油公司经理 罗伟东
财政局局长 周向阳
安全生产监督管理局局长 胡南云
国税局局长 何 铭
地税局局长 王芳柏
审计局局长 唐代增
工商局局长 李启明
商业总公司总经理 何龙勇
供销社理事会主任 陆元华
烟草局局长 李柞衡
农业银行行长 李晓喜
浦发村镇银行行长 陈力平
农业发展银行行长 吴文志
农村信用联社理事长 邹小平
建设银行衡南支行行长 陈 方
工商银行行长 黄启森
人寿保险公司经理 周余庆
财保公司经理 谭光明
粮食局局长 唐云秋
新华书店经理 胡革立
粮油企业集团公司经理 刘宏权
市场管理局局长 唐小云
残联理事长 黄金生
住房公积金管理中心主任 蒋宏武
人民医院院长 王孝诚
市第五技校校长 全昌宏

交通投总经理 张东平
海事处处长 吴 斌
一中校长 李绍斌
二中校长 胡大刚
三中校长 朱 斌
五中校长 罗战辉
教师进修学校校长 左国太
职业中专校长 邓红君
向阳镇书记 阳俊杰
镇长 肖俊毅
廖田镇书记 周金生
镇长 何小衡
茶市镇书记 罗惑敏
镇长 刘小坤
相市乡书记 欧阳海鹏
乡长 刘向群
冠市镇书记 倪 明
镇长 刘建武
江口镇书记 肖建华
镇长 吕孝平
宝盖镇书记 刘小明
镇长 廖维良
花桥镇书记 陈新彬
镇长 邱清毅
川口乡书记 杨宏辉
乡长 曾凡琪
铁丝塘镇书记 王承福
镇长 胡文海
泉溪镇书记 谢凌起
镇长 谢秋生
洪山镇书记 尹小华
镇长 李乔生
咸塘镇书记 谢秋生
镇长 康国军
三塘镇书记 段 鸣
镇长 黄红贵
洲市乡书记 阳晓宏
乡长 江佰虎
谭子山镇书记 肖明旭
镇长 全昌华

泉湖镇书记　唐耀明
镇长　罗俊元
鸡笼镇书记　刘传伟
镇长　阳姣丽
柞市镇书记　阳永生
镇长　李选军
茅市镇书记　罗文生
镇长　李春辉
硫市镇书记　谢　辉
镇长　肖威威
栗江镇书记　刘　峰
镇长　周小云
近尾洲镇书记　欧雪梅
镇长　颜小国
车江镇书记　刘检云
镇长　唐荣华
松江镇书记　汤爱民
镇长　孙志芳
云集镇书记　曾利华
镇长　欧　剑
歧山办事处书记　肖恒会
主任　谢芸梅

（胡英武　谢剑波）

衡阳县

【地理、区划与人口】　衡阳县位于湖南中部偏南、衡阳市西北部。2001年行政区划调整后，县境地跨北纬26°52′~27°23′，东经110°52′~112°45′，东西相距74公里，南北相距55公里，总面积2558平方公里。县城（西渡）东北至衡山县界53公里，东南至衡阳市蒸湘区界10公里，南至衡南县界24公里，西至邵东县界40公里，西南至祁东县界44公里，西北至双峰县界54公里。2014年年末，全县共辖9个乡，17个镇，861个村民委员会，45个社区居委会。

2014年年末，全县户籍总人口123.48万人，比2013年减少346人。全年出生人口15226人，人口出生率为12.55‰，上升2.4个千分点；死亡人口7837人，死亡率为6.46‰，下降0.05个千分点；人口自然增长率为6.09‰，上升0.29个千分点。出生人口性别比为121.66。年末常住总人口112.52万人，比2013年增加0.56万人，其中城镇人口40.88万人，乡村人口71.64万人，城镇化率36.33%，比2013年提高0.38百分点。

【经济总量】　2014年，全县实现地区生产总值263.23亿元，按可比价格计算，增长9.3%。其中，第一产业增加值63.18亿元，增长4.6%；第二产业增加值104.94亿元，增长7.5%；第三产业增加值95.11亿元，增长14.7%。第一产业增加值占生产总值的比重为24.0%，第二产业增加值比重为39.9%，第三产业增加值比重为36.1%，第一、第二、第三产业对经济增长的贡献率分别为11.8%、34.6%和53.6%。

【农业】　2014年，实现农林牧渔总产值104.73亿元，增长4.6%。继续保持“全国粮食生产标兵县”“全国生猪调出大县”地位。全年粮食播种面积104.52千公顷，增加2.46千公顷，增长2.4%，其中稻谷播种面积93.41千公顷，增加1.76千公顷，增长1.9%。油料播种面积50.05千公顷，增加0.63千公顷，增长1.3%。棉花播种面积7.66千公顷，减少0.14千公顷，下降1.8%。全年粮食总产量62.57万吨，增加1.6万吨，增长2.6%，其中稻谷产量57.9万吨，增加1.1万吨，增长2.0%。油料总产量7.75万吨，增加0.19万吨，增长2.6%；棉花总产量1.07万吨，减少0.04万吨，下降3.9%。水果总产量1.63万吨，增加0.67万吨，增长4.3%。全年出栏生猪189.29万头，增加2.85万头，增长1.5%；年末生猪存栏106.39万头，增长1.4%。出笼家禽2098.15万羽，下降3.3%。全年肉类总产量17.47万吨，增长0.3%。禽蛋产量4.12万吨，增长3.1%。全年水产品产量6.4万吨，比2013年增加0.18万吨，增长3.0%。年末农田有效灌溉面积达40.98万亩，节水灌溉面积0.25万亩。年末农业机械总动力达81.36万千瓦，其中全年新增4.37万千瓦。

【工业】　2014年，实现工业增加值97.67亿元，增长7.4%。规模以上工业实现增加值71.79亿元，增长7.4%。工业增加值占GDP的比重达37.3%。在规模以上工业总产值中，股份制企业增长9.14%，外商及港澳台商投资企业下降3.2%。轻工业增长20.05%，重工业增长3.79%。工业用电量达4.58亿千瓦时。全年规模以上工业企业实现利润总额11.3亿元，下降8.8%。其中股份制企业10.48亿元，下降18.3%，外商及港澳台商投资企业0.35亿元，增长29.6%。国家、省、市科技项目立项14项，申请专利260件。成功申报高新技术产品企业10家，实现高新技术产品产值77.28亿元，增长23.8%。新增中国驰名商标2件，国家地理标志产品1个。2014年末，西渡高新区实现技工贸总收入134亿元，其中规模工业增加值35亿元，高新技术产值56亿元，实现税收4.26亿元。

【固定资产投资与项目建设】 2014年，完成固定资产投资（不含农户）188.34亿元，增长24.4%。其中，第一产业投资12.54亿元，减少20.3%；第二产业投资96.4亿元，增长24.5%；第三产业投资79.4亿元，增长36.4%。在第二产业投资中，工业投资96.99亿元，增长25.3%。产业投资76.09亿元，占总投资比重达40.4%。全年房地产开发投资5.8亿元，下降30.91%。其中住宅投资4.83亿元，下降30.7%；商业营业用房投资0.71亿元，下降21.87%。商品房施工面积134.9万平方米，下降15.84%；商品房竣工面积32.5万平方米，下降56.0%；商品房销售面积38.23万平方米，下降32.19%；商品房销售额9.2亿元，下降26.98%。

新开工项目236个，实施省市重点项目51个。农业方面：13座小二型水库除险加固工程全部完工。9处集中供水工程全面完成，解决农村安全饮水问题5.75万人。1.9万亩高标准基本农田建设顺利通过省级综合验收。工业方面：西渡高新区4平方公里核心片内7条道路和6个安置区开工建设。盛必达服饰、春天制药机械建成投产。誉城盛机械、胜玉高科正在进行设备安装。云天锅炉二期、长鑫建材二期、安邦农资等项目完成土地平整。太阳能光伏电站、角山米业、维泰总部、阳光陶瓷二期等项目建设扎实推进。服务业方面：龙湾商业步行街完成工程量的30%。岣嵝峰国家森林公园创建省级生态示范区和洪市镇旅游休闲小镇完成申报工作。城镇建设方面：蒸西大道累计完成投资1.56亿元，二标段已试通车。S315线英陂至县三中路段城市化改造全部完成。英南新区一期完成投资2亿元。县自来水公司6万吨新水厂完成施工设计和征地。污水处理厂扩能建设正式动工，建设县城饮用水源保护区纳污管网和污水处理二期管网17.3公里。交通方面：娄衡高速公路主线和连接线完成土石方工程60%、控制性工程40%。怀邵衡铁路衡阳县段即将完成征地拆迁。衡西公路完成路基工程60%。S210线改造项目基本完成。S315路面换板改造1.9万平方米。通村公路改造完成196公里。

【招商引资】 2014年，全县引进外资项目14个，实际利用外商直接投资8680万美元，增长18.9%。实际引进境内省外项目107个，到位资金57.67亿元，增长3.2%。

【建筑业】 2014年，实现建筑业产值21.3亿元，建筑面积276万平方米，产值同比增长26.2%。劳保基金征收严格按照省市有关文件执行，共征收517.66万元，比2013年增长129%。建筑业安全生产监管基本实现城乡全覆盖，143个项目纳入安全监管，全年下发安全隐患整改通知书761份；责令停工整改通知书70份，纠正安全生产违法违规项目35处，消除各类安全隐患856条。建设工程招标投标率一直稳定在100%，2014年招标项目41处，建筑面积38万平方米，中标价11.9亿元，市政道路25千米。县内建筑劳务企业已增至18家。

【国内贸易与对外经济】 2014年，实现社会消费品零售总额68.56亿元，增长13.0%。分地区看，城镇消费品零售额58.39亿元，增长13.4%；乡村消费品零售额10.26亿元，增长10.3%。分行业看，批发业10.86亿元，增长13.7%；零售业49.97亿元，增长13.0%；住宿业1.45亿元，增长12.0%，餐饮业6.37亿元，增长12.6%。全年货物进出口总额8100万美元，增长12.5%。其中，出口1745万美元，增长9.7%；进口6355万美元，增长12.5%。进出口相抵，逆差4610万美元。

【运输、邮电与通信业】 2014年，全县交通运输、仓储和邮政业实现增加值5.13亿元，增长5.2%。全社会货物周转量1.49亿吨公里，增长0.8%。其中公路货物周转量1.46亿吨公里，增长

1.3%。全社会旅客周转量3.48亿人公里，增长0.5%。其中公路旅客周转量3.39亿人公里，增长0.49%。行政村客运（公交）班线通达率96.0%。全年邮电业务总量3.0亿元，增长19.0%，其中，邮政业务总量0.5亿元，增长51.9%，电信业务总量2.5亿元，增长14.1%。全年发行报刊654.44万份，杂志41.03万份，包件3.87万件，函件20.57万件；年末固定电话用户6.59万户，固定电话普及率为5.86户/百人；年末移动电话用户54.17万户，移动电话普及率为48.14户/百人；互联网宽带用户数28.0万户，普及率为24.88户/百人。

【财政、金融与保险业】 全年财政总收入11.6亿元，增长15.01%，其中税收收入8.3亿元，增长15.42%。实现地方财政收入8.06亿元，增长15.13%，非税收入3.3亿元，增长14.0%。上划中央“两税”1.59亿元，增长2.75%；上划中央、省所得税1.25亿元，增长35.15%，上划省级收入0.7亿元，增长14.03%。全县财政一般预算支出36.85亿元，增长14.64%。教育、科学技术、文化体育与传媒、社会保障和就业、医疗卫生、节能环保、农林水事务和住房保障支出分别增长0.22%、9.01%、36.30%、8.23%、38.53%、39.23%、13.69%和48.05%。年末金融机构各项人民币存款余额239.82亿元，增长17.9%，其中个人储蓄存款余额201.46亿元，增长17.4%。全县金融机构各项人民币贷款余额75.27亿元，增长10.5%，中长期贷款余额为56.6亿元，增长10.3%。贷存比为31.39%。年末拥有各类保险机构13家，全年实现保费收入33345.1万元，增长12.5%。其中寿险收入20964.78万元，增长12.4%；财产险收入5809.76万元，增长14.0%；健康及意外险保费收入2715.94万元，增长24.6%；农业保险收入3850.27万元，增长3.4%。各项保险业务支出23700.62万元，增长16.7%。

【科技、教育与文化事业】 2014年，全县承担各类科技计划项目16项。其中，省级项目3项，市级项目11项。签订技术合同6项，技术合同成交金额1255万元。取得市级以上科技成果6项，获得市级以上科技进步奖2项。专利申请量266件，授权量198件，分别减少20.1%和26.3%。其中，发明专利申请量76件，增长27.0%；发明专利授权量6件。实现高新技术产业增加值22.91亿元，高新技术产业增加值占GDP比重达8.7%。

2014年年底，全县共有普通小学288所（另有教学点50个），普通初中70所，普通高中7所。普通小学在校学生77216人，减少4512人，下降5.52%；普通初中在校学生43811人，减少396人，下降0.9%；普通高中在校学生21159人，增加310人，增长1.49%。全年义务教育阶段建合格学校61所，新建农村公办幼儿园2所。

2014年年底，全县有艺术表演团体7个，文化馆1个，公共图书馆1个，纪念馆1个，夏明翰事迹陈列馆1个。26个乡镇乡乡有综合文化站。广播电台1座，电视台1座。有线电视用户8.75万户，本年新增1.6万户。年末广播综合人口覆盖率99.75%，电视综合人口覆盖率99.9%，分别提高0.1个和0.05个百分点。

【卫生与体育事业】 2014年年底，全县拥有卫生机构32个（不含村卫生室）。其中，医院2家，卫生院26个，妇幼保健院1个，疾病预防机构1个。医院和卫生院拥有床位总数3337张，增长18.5%。卫生技术人员2774人，与2013年基本持平。其中，执业医师和执业助理医师1204人，增长5.5%；注册护士852人，增长9.7%。年末拥有体育场地650个。其中，体育馆3座，运动场10个，游泳池1个，各种训练房30个。全年体育彩票销量701万元，下降9.2%。人均拥有公共文化体育设施面积2.2平方米。

【旅游业】 2014年，全县共接待游客92.58万人次，实现旅游收入2.64亿元，旅游产业综合收入14.35亿元，同比增长15.6%，25.6%和19.1%。完成旅游项目建设投资1.26亿元。全县拥有岣嵝峰1个国家级森林公园，牛形山水库、斜陂堰水库2个国家级水利风景区，岣嵝峰、织女湖、宇石寨、伊山寺、湘西草堂、夏明翰故居6个市级旅游资源保护区，岣嵝、陈坪、三阳3个县级自然保护区。

【城乡建设】 加强规划编制和执行。完成全县城乡一体化总体规划编制及县城总体规划修编。科学编制西渡高新区产业发展规划和空间布局规划、界牌陶瓷工业园区规划、县城村民居住点规划及多个专项规划。完成12个乡镇重点地段详规和8个中心村规划编制。严格规划执法，强制拆除违法建筑3.3万平方米、棚架4.5万平方米。加强城乡改造和建设。全面实施“四城同创”，加大县城城区提质改造力度。启动城区“百园行动计划”和加快背街小巷改造，完成5个小游园建设和15条背街小巷改造。对县城58条街道进行补植补种绿化，县城品位得到较大提升。小城镇建设步伐加快，渣江镇、集兵镇、大安乡、樟木乡、杉桥镇等一批集镇面貌大为改观。金兰镇、洪市镇被评为“全国重点镇”。金兰镇金沙村通过美丽乡村省级示范村验收。加强环境整治和管理。全面推行“同城同管”，大力开展户外广告治理、“城区治癣”“城区禁爆”等专项整治活动，坚持县城全天候清扫保洁。持续开展农村环境综合整治，大力实施农村清洁工程，对农村生活垃圾实行集中分类处理，突出整治集镇“五乱”现象，农村生产生活环境明显改善。加强生态建设和保护。完成新造林面积4333.3公顷，通道绿化1250公里，创建“绿色村庄”52个。进一步健全森林防火体系，查处各类森林火灾案件150起。中小型水库肥水养鱼得到有效遏制，湘江流域500米禁养区内39家规模养猪场全部关闭搬迁。矿区山体复绿和矿山复绿有序推进，关闭了杉桥煤矿，对井头、界牌39家矿产开采加工企业采取限期治理和停产治理措施，实现企业废水达标排放。

【环境与安全生产】 2014年，县城污水处理率80.91%，农村垃圾集中处理率达90%。空气质量达标率100%。实际监测的地表水断面中，达到Ⅲ类标准的比重为100%。森林资源蓄积量增长率4.08%，城镇建成区绿化覆盖率36.99%。单位GDP能耗（2010年不变价）0.61吨标准煤/万元。全年生产安全事故死亡人数10人，交通事故死亡人数19人，分别增长66.6%、11.7%。亿元GDP生产安全事故死亡人数0.041人。群体性食品安全事故年报告发生数为零。2014年刑事犯罪人数281人，下降8.2%；县人民政府被省委、省政府评定为全省安全生产工作先进单位，洪市镇被省政府评为“省级安全生产示范乡镇”。

【人民生活与社会保障】 2014年，全县城镇居民人均可支配收入23853元，增长9.8%；农村居民人均可支配收入12306元，增长12.6%。城镇居民人均消费性支出18110.91元，增长4.5%。农村居民人均生活消费支出8511.55元，增长10.6%。城镇居民恩格尔系数为32.0%，农村居民恩格尔系数为34.0%。全年新增城镇就业人员10078人，比2013年增加2946人。年末全县参加企业基本养老保险和机关事业单位养老保险职工人数75311人，比2013年末增加3605人。其中，参保职工51712人，参保离退休人员23599人。城乡居民养老保险登记参保人数72.8万人，全县社会养老保险制度实现全覆盖。参加城镇基本医疗保险的人数17.24万人，增加48人。其中，参加城镇职工基本医疗保险人数4.36万人，参加城镇居民基本医疗保险人数12.88万人。参加失业保险职工人数3.67万人，增加5546人。参加工伤保险职工人数5.55万人，增加74人。参加生育保险职工人数3.21万人。参加新型农村合作医疗人数94.12万人，参合率达99.8%。

【存在主要问题】 一是发展速度不快。人均GDP、人均财政收入远低于全国、全省、全市水平。地区生产总值、社会消费品零售总额与年初目标任务尚有一定差距。二是发展质量不高。产业结构不优，发展层次较低，传统农业大而不强，工业经济后劲乏力，第三产业基础薄弱，自主创新能力欠缺。三是发展后劲不足，部分乡村的基础设施仍不健全，建设任务繁重；受大环境和政策影响，平台和企业融资门槛进一步提高，贷款难度进一步增大。

县委、人大、政府、政协领导名录

中共衡阳县委员会

书　记　王洪斌

副书记　熊超群　何子君

常　委　王苏龙　阳旭辉

肖正才　蒋达宏

杨正明　方云耕

贺　畅（女）

聂晓黎　徐振宇（挂职）

衡阳县人大常委会
主　任　刘　健
副主任　陈先礼　黄威虎(兼)
　　　　周良光　易成利(女)
衡阳县人民政府
县　长　熊超群
副县长　蒋达宏　方云耕
　　　　徐振宇（挂职）
　　　　唐宏晖　范振华
　　　　邹文胜(女)
　　　　宋任飞
副县长候选人
　　　　王致伟
政协衡阳县委员会
主　席　杨秋良(女)
副主席　彭家果　凌晓琳(兼)
　　　　陈吉红(女,兼)
　　　　廖瑞荣　宁春生(兼)

县行政企事业单位负责人

纪律检查委员会书记　王苏龙
监察局局长　黄明初
人武部政委　邹永焱
县委办公室主任　聂晓黎
机要局局长　李向东
督查室主任　陈耀云
保密局局长　冯　华
党史办主任　王　韧
组织部部长　阳旭辉
编办主任　张云芳(女)
人社局局长　李　勇
党校校长　李绪国
县直机关工委书记　王振华
老干局局长　郑新生
总工会主席　赵国运
妇联主席　张云芳
科协主席　杨晓梅
宣传部部长　贺　畅
文广新局局长　龙国华
文化市场综合执法局局长　屈晓棠
卫生局局长　谭爱平
人民医院院长　莫敏毅
爱卫办主任　汤明亮
广播电视台台长　肖高登
体育局局长　王春林
文明办主任　屈汉荣
文联主席　王雁鸣
统战部部长　阳旭辉
工商联会长　陈吉红
侨联主席　邱曙光
政法委书记　肖正才
公安局局长　唐宏晖
　　政委　许中伟
人民法院院长　张华清
人民检察院检察长　杨晓春
综治办主任　蒋永红
防范和处理邪教办主任　廖红梅
中心派出所所长　曾　彪
司法局局长　罗友叶
人大办公室主任　阳蔚文
人大内务司法工委主任　高　峰
人大财政经济工委主任　吴永定
人大预算工委主任　刘仲初
人大教科文卫工委主任　陈　涛
人大城环与资源保护工委主任
　　王振华
人大农业与农村工委主任　罗仕友
人大选举任免联络工委主任
　　黄承慧
人大研究室主任　周维龙
政府办公室主任　廖双九
西渡高新技术产业园区主任
　　刘运文
接待处主任　李海鹏
信访局局长　曾繁根
政务服务中心主任　刘炳辉
县志办主任　周海波
法制办主任　洪镇西
人防办主任　李　智
食安办主任　周在喜
城建投有限公司董事长、总经理
　　汪荣汉
移民开发局局长　罗义清
国土资源局局长　庾江荣
民政局局长　方云廷
农开办主任　宁新忠
审计局局长　凌奉云
房产局局长　刘明亮
电子政务办主任　王　欣
残联理事长　王辉国
旅游局局长　屈荣新
政协秘书长、办公室主任　刘俊辉
政协教科文卫体委员会主任
　　陈立平
政协财政经济委员会主任　阳嫦娥
政协文史学习和联络委员会主任
　　冯余宝
政协人环和法制委员会主任
　　邓存良
经信局局长　阳忠球
交通运输局局长　汪衡木
药品食品监督局局长　刘伍平
质量技术监督局局长　赵伟民
邮政局局长　祝建华
电信分公司经理　邓卫民
移动公司经理　周旭华
联通公司经理　凌　云
国家电网衡阳县公司经理　杨小平
公路局局长　肖高峰
轻工业公司总经理　阳忠球（兼）
技校校长　廖少华
商务局局长　廖明亮
粮食局局长　罗仕友
商业总公司总经理　李培运
供销社主任　胡　平
烟草专卖局局长　尹湘宾
物资行业管理办公室主任　龙平武
市场建设管理局局长　刘培学
石油公司经理　郑安生
财政局局长　王　强

国税局局长　王一名
地税局局长　文素芳
工商局局长　李小龙
人民银行行长　罗俊意
农业银行行长　谢新平
信用联社理事长　谢　罡
农发行行长　彭晓林
工商银行行长　全宏林
建设银行行长　戴阶平
邮政储蓄银行行长　刘　勇
人民保险公司经理　刘文忠
人寿保险公司经理　李锡武
农办主任　凌晓城
农业局局长　黄明成
林业局局长　邹铁合
水利局局长　陈福生
农机局局长　邓玉增
农经局局长　许亚平
畜牧水产局局长　冯晓华
能源办主任　阳友至
气象局局长　王　巍
农民负担监管办主任　贺利民
烟办主任　李云和
农广校校长　胡书冬
发展和改革局局长　贺仕吉
物价局局长　王辉宇
统计局局长　解卫国
人口和计划生育局局长　许耀新
教育局局长　李　俊
一中校长　李和平
三中校长　李　俊
六中校长　吴同春
职业中专校长　肖启梁
科技局局长　刘光长
住建局局长　段卫国
环保局局长　刘端生
规划局局长　刘国平
樟木乡书记　肖四君
　　乡长　廖俊魁
集兵镇书记　吕荫湘
　　镇长　刘耀华
岣嵝乡书记　陈新能
　　乡长　龙　骁
杉桥镇书记　胡胜利
　　镇长　王志宏
樟树乡书记　邹立新
　　乡长　陈　昊
板市乡书记　周建军
　　乡长　周绍友
潮江乡书记　蒋建平
　　乡长　王溢珅
西渡镇书记　徐拥军
　　镇长　张永灵
岘山镇书记　周新生
　　镇长　彭文辉
井头镇书记　唐仕海
　　镇长　范祚海
关市镇书记　罗永忠
　　镇长　刘春茂
演陂镇书记　龙红军
　　镇长　廖志鹏
栏垅乡书记　肖志龙
　　乡长　龙显蓉
库宗桥镇书记　蒋小阳
　　镇长　邓　琼
金兰镇书记　张宇宙
　　镇长　彭德军
洪市镇书记　宋任飞
　　镇长　谢理国
曲兰镇书记　熊国样
　　镇长　黄山森
大安乡书记　刘载宋
　　乡长　陈吉斌
金溪镇书记　王水清
　　镇长　王成生
溪江乡书记　王志宏
　　乡长　胡华忠
界牌镇书记　祝中华
石市镇书记　周忠良
　　镇长　贺小娇
渣江镇书记　蒋立冬
　　镇长　庾仲伟
三湖镇书记　唐春晖
　　镇长　贺一琪
台源镇书记　朱　斌
　　镇长　刘鸿雁
长安乡书记　冯拓远
　　乡长　颜　卫

（陈楚南）

衡山县

【地理、区划与人口】　衡山县位于衡阳市北部偏东，湘江中游西岸。2014年，衡山县辖9乡8镇，土地总面积934平方公里。年末总人口44.7万人，年末常住人口39.2万人。人口出生率13.3‰，增长率10.1‰。

【经济总量】　地区生产总值118.3亿元，增长9.2%。其中，第一产业实现增加值25.58亿元，增长4.2%；第二产业实现增加值39.16亿元，增长6.6%；第三产业实现增加值53.52亿元，增长13.4%。三次产业结构为21.6∶33.1∶45.3。人均GDP为30269元。

【农业】　农林牧渔业总产值39.2亿元，增长4.2%。其中，农业产值17.55亿元，增长5.2%；林业产值5.19亿元，增长8.5%；牧业产值13.95亿元，增长1.6%；渔业产值1.69亿元，增长8.5%；农林牧渔服务业产值8232万元，增长9.4%。粮食总产量21万吨。其他主要产品产量：油料1.61万吨，瓜果3.2万吨，茶叶432吨，水果4.1万吨，席草7230吨。出栏生猪69万头，出笼家禽892万羽，水产品1.22万吨。与2013年比较，种植业占农林牧渔业比重上升6.3个百分点，林业上升1.7个百分点，畜牧业下降8百分点，渔业和服务业与2013年基本持平。年末农业机械79359台，总动力36.79万千瓦，人均拥有农业机械1.04千瓦。全年机耕面积46.82千公顷，机插面积8千公顷，机收面积38.47千公顷，机电排灌面积41.5千公顷，农副产品加工量25.66万吨。

【工业】 规模以上工业企业实现产值81.74亿元，增长5.2%。园区产值52.27亿元，增长17%。实现工业增加值33.79亿元，增长6.2%，其中实现规模以上工业增加值22.97亿元，增长6%。规模以上工业占整个工业的比重68%，园区工业占规模工业的比重64.7%，全部工业占GDP的比重28.6%，工业对GDP的贡献率21.1%，拉动GDP增长1.9个百分点。规模以上工业企业产品产销率99.5%。高新科技企业达23家，实现高新技术产业增加值6.93亿元，占GDP比重5.9%。

【固定资产投资与项目建设】 固定资产投资74.44亿元，增长12.5%。其中：城镇投资70.58亿元，增长9.6%；房地产投资3.85亿元，增长1.2倍。90个项目开工66个，完成投资23.05亿元，较2013年度增加3.84亿元，同比增长20%；列入市重点工程考核的项目全部开工，投资计划完成市考核要求。

【招商引资】 新开工兴建并注册的固定资产投资2000万元以上的产业项目10个，新竣工并注册的固定资产投资在2000万元以上的产业项目10个；内资资金到位6.73亿元，较2013年增长2.4%；实际利用外资6948万美元，较2013年增长16%。

【建筑业】 实现建筑业增加值53672万元，增长10%。全县有资质等级的建筑业企业13家，全年完成建筑施工产值20.48亿元，增长19.1%。房屋施工面积110.53万平方米，增长17.3%。竣工面积73.38万平方米，增长26.2%。

【国内贸易与对外经济】 社会消费品零售总额21.79亿元，增长12.5%。实现城镇销售额18.32亿元，增长12.6%；实现乡村销售额3.46亿元，增长11.8%。按行业分，批发零售贸易业销售额19.2亿元，增长12.6%；住宿餐饮业销售额2.6亿元，增长11.5%。全县自营进出口总额600万美元，增长1.3倍。

【运输、邮电与通信业】 2014年末，全县拥有大小货车1709辆/9012吨，大小客车282辆/6053客位。邮电事业进一步发展，通讯更为便捷，通信信号基本实现全覆盖。年末固定电话用户总量32253户，移动电话用户占据通信主要阵地。国际互联网络用户进一步发展，固定宽带网络用户19153户。

【财政、金融与保险业】 全年完成财政总收入76728万元，增长10%。实现税收收入50393万元，税收占财政收入比重65.7%，较2013年上升0.6个百分点。实现一般预算收入56220万元，比2013年增长6.9%。全县各项存款余额97.11亿元，比2013年增长19.9%；各类贷款余额32.79亿元，比2013年增长24.4%。完成保险业务收入9452万元，增长17.8%。其中：财产险3233万元，增长19.2%；人身险6220万元，增长17.1%。

【科技、教育与文化事业】 全县拥有各类专业技术人才12716人。其中：高级职称7022人，中级职称5739人，初级职称6224人。万人拥有专业技术人员326人，跻身全国知识产权强县工程试点县。教育事业继续稳步前进，适龄儿童入学率100%，残疾儿童入学率100%，初中生年巩固率98.6%。本学年新招普通高中生2236人，毕业2112人；招收初中生4540人，毕业4439人。招收小学生4617人，毕业4600人。年末，普通高中在校学生6442人，初中在校学生14665人，小学在校学生27181人。文化、广播电视事业保持健康发展，全县继续净化文化、出版、音像市场，促进城乡精神文明建设，衡山影子戏列入世界非物质文化遗产名录，福田铺乡、白果镇获评湖南民间文化艺术之乡。

【卫生与体育事业】 年末全县医疗卫生机构24个，卫生工作人员1486人，其中卫生技术人员1208人，卫生机构病床1418张。体育事业继续发展，开展大型体育活动10次，84个行政村完成农村体育健身工程，修建健身路径3条；竞技体育水平不断提高，获省“强民杯”篮球赛三等奖，市跆拳道赛第二名；全年体彩总销量710万元，增长14%。

【旅游业】 华夏湘江综合广场投入使用，游客接待中心完成主体工程。紫金山森林公园游客服务中心正式运行，烈士纪念园竣工开放。成功举办“中国·衡山”第二届乡村生态旅游节，推出岭坡野莓谷、丹霞景区和望峰黄垅峡等新景点，白果镇涓水村成功创建湖南省特色旅游名村。

【城乡建设】 城镇基础设施进一步完善。开云新城完成投资7000万余元，新建武广路1.7公里，新征地33.3公顷，武广衡山西站至南岳公路开工建设、至黄花坪公路开展征地拆迁。黄花新区完成衡山大道西线基础工程，启动安置区和管网建设。南岳高速县城连接线通车，毛泽建公园正式动工。完成人民广场改扩建，油化提质城区道路6条，改造开云商城等背街小巷，完善供排水管网7.5公里，新增天然气管网25.4公里，扩建污水处理厂二期。新马线竣工通车，南马线启动改造，白果楚南桥重建通车，硬化农村公路50公里，改造危桥5座。除险加固小二型水库4座，实施农村安全饮水工程3处，完成龙荫港治理7.8公里，获评全省水利建设先进县。

【环境与安全生产】 湘江保护和治理“一号重点工程”成效较好，拆除关停生猪养殖场76个，取缔湘江县城段水上餐饮。开展环境污染隐患大排查，限期整改企业19家，关闭非法排污企业6家，拆除非法采砂洗砂场20处，整治历史遗留重金属尾砂矿2处，地表水水质达标率、空气环境质量优良率实现两个100%。安全生产形势保持平稳，各类事故、经济损失持续下降，创建省市示范乡镇3个，安全生产工作获得全市先进。

【人民生活与社会保障】 农民人均可支配收入15003元，增长12.3%；城镇居民人均可支配收入23817元，增长9.5%。全年城镇新增就业2350人，失业人员再就业1405人，零就业家庭实现动态清零，城镇登记失业率控制在4.1%以内。年末全县城乡居民储蓄余额达819448万元，增长17.4%，人均储蓄20974元。全县行政事业单位参加养老保险的人数为9053人，企业单位职工参加养老保险人数达26116人，参加基本医疗保险人数达42277人，工伤保险参保40586人，生育保险参保18842人，失业保险31000人。城乡居民养老保险政策全面施行，参保人数233648人。农村合作医疗参合人数355177人。

【存在主要问题】 经济基础薄弱，发展方式相对落后，应急应变能力不强，抵抗风险能力偏低；财政收支矛盾较为突出，财政收入质量不高，可用财力严重不足；新型工业化处于初级阶段，农业产业化进程不快，新型城镇化水平不高，资源环境制约比较突出，改进作风和联系群众的长效机制不健全。

【衡山影子戏入选联合国“非遗”名录】 衡山影子戏大约起源于清顺治初年，以2人包打包唱的形式演出，特别是其演唱的腔调，用的是地方方言的四平调，广泛吸收戏曲音乐、佛教、道教音乐和民间小调的营养成分，圆润甜美，独具特色，经过几百年的传承和发展，目前流传甚广，遍布衡山县及周边地区，深受群众的喜爱。2014年，衡山影子戏作为“中国皮影”的一部分，正式被联合国教科文组织入选《人类非物质文化遗产代表作录》，成为衡阳市第一个入选世界“非遗”项目。

【萱洲国家湿地公园获批成立】 萱洲国家湿地公园于2014年12月经林业部批准成立，属湖南省重要湿地，规划总面积2740公顷，范围涉及衡山3个乡（镇），园内水域主要由湘江大源渡航电枢纽衡山境内主库区和洪泛淹没区，与之相连的龙荫港、黄泥港、大源江及其周边洪泛淹没区构成。公园规划五个功能区，即保育区、恢复重建区、宣教展示区、合理利用区和管理服务区，建设期为7年，分近期和中远期建设计划。2014～2015年，完成总体规划设计、设立管理机构及基础设施建设等；2016～2020年，按总体规划要求全面完成湿地公园建设，确保如期通过国家验收。

县委、人大、政府、政协领导名录

中共衡山县委员会

书　记　周　建

副书记　秦方进　蒋　青

常　委　李育全　王新国　姚宇旺　李世钧　任中元(女)　谭秋萌　旷志军　阳建中

衡山县人大常委会

主　任　郭新衡

副主任　赵申广　赵晓阳(兼)　唐文育　戴立华(女)

衡山县人民政府

县　长　秦方进

副县长　李育全　阳建中　彭铁良　郭继放　刘　洋(女)　廖文伟　肖秋良　石镇平　(挂职)

政协衡山县委员会

主　席　盛小平

副主席　罗佳贤　文铁良(兼)　胡文星(女,兼)　周湘宁(兼)

县行政企事业单位负责人

组织部部长、统战部部长　姚宇旺

纪委书记　李世钧

政法委书记　王新国

县委办主任　旷志军

宣传部部长　任中元

人武部政委　谭秋萌

部长　张桂兰

人民法院院长　胡家舜

人民检察院检察长　聂志文

公安局局长　郭继放

政委　范　烨

总工会主席　赵晓阳

工商联主席　胡文星

经济开发区管委会主任　曹兰平

县委党校校长　彭汉梅

人大办公室主任　刘新周

政府办公室主任　肖秋良

政协办公室主任　李　刚

科协主席　陈亚雷

矿产资源税费征管办主任　陈伟新

建设投资融资中心主任　赵卫平

政务中心主任　杨超群

法制办主任　周伏立

民宗局局长　陈忠元

拆迁办主任　文更村

司法局局长　沈雁中

财政局局长　曹时国

人口和计生局局长、书记　旷立伟

审计局局长、书记　颜长坤

监察局局长　陈　琛

发展和改革局局长、书记　符文彬

国土资源局局长、书记　王　峰

环保局局长、书记　周冬初

商务局局长　谭　斌

卫生局局长　聂水平

民政局局长　戴建衡

经信局局长、书记　江　南

住建局局长、书记　阳　涛

城乡规划局局长　曹波宁

人防办主任　戴玉辉

教育局局长、书记　王维荣

县交警大队大队长　刘洪国

教导员　李顺国

体育局局长　周湘宁

文广新局局长　余庆丰

文化市场综合执法局局长　夏建军

广播电视台台长　唐立华

科技局局长、书记　徐爱民

农办主任、书记　黄润葵

农业局局长　李待琪

林业局局长　张海量

水利局局长　周后冬

畜牧局局长　颜昌茂

农机局局长、书记　王　琪

经营管理局、书记　郭晶亮

农业开发办主任　肖尧阶

能源生态局局长、书记　符汉文

移民开发局局长　廖志光

房产管理局局长　彭玲龙

供销社主任　尹朝阳

粮食局局长　宗维平

信访局局长　符洪钧

安监局局长　郑　彪

物价局局长、书记　符立平

统计局局长、书记　李高明

人社局局长　刘　伟

交通运输局局长　周定德

档案局局长　杨应军

史志办主任　熊仲荣

接待处　曹海龙

老干局局长　杨才能

团县委　李　婷

旅游局局长　杨　群

妇联主席　廖建萍

编办主任　周永兵

新华书店经理　文志强

质量技术监督局局长　王德柱

烟草局局长　阳建成

国税局局长　曹麒麟

地税局局长　陈　驰

气象局局长　杨科传

人民银行衡山支行行长　廖先进

工行衡山支行行长　邹岳平

中行衡山支行行长　廖哲谦

农行衡山支行行长　刘仕成

建行衡山支行行长　刘艳平

农发行衡山支行行长　符良炎

邮政储蓄银行衡山支行行长　周永斌
农村信用联社理事长　屈夏清
电力局局长　管小玲
公路局局长　易宏伟
工商局局长　李磊建
电信衡山县分公司经理　谭彦宇
邮政局局长　黄　斌
移动衡山县分公司经理　常筱瑛
联通衡山县公司经理　龙文斌
水文局局长　伍　辉
中石化衡山经营部经理　曾爱国
地方海事处处长　丁丰林
食品药品监督管理局局长　唐云翔
住房公积金管理中心主任　阳卫国
人民医院院长　张祥林
残联理事长　刘　勇
岳云中学校长　李桂元
二中校长　李海云
三中（职业中专）校长　肖海军
四中校长　廖炎军
教师进修学校校长　康泰平
开云实验中学校长　刘志成
开云镇书记　彭　华
　　镇长　李宇坤
长江镇书记　李春林
　　镇长　文新民
福田铺乡书记　李涌文
　　乡长　王　燕
岭坡乡书记　汪　波
　　乡长　胡奇才
望峰乡书记　李　伟
　　乡长　廖继峰
白果镇书记　刘衡岳
　　镇长　旷学礼
长青乡书记　唐自立
　　乡长　宾智敏
江东乡书记　罗光辉
　　乡长　宋少峰
贯塘乡书记　杨湘衡
　　乡长　陈昌义
新桥镇书记　彭　君
　　镇长　李云国
马迹镇书记　陈燕春
　　镇长　康才伟
东湖镇书记　周智勇
　　镇长　朱学锋
店门镇书记　颜海峰
　　镇长　夏　懿
萱洲镇书记　袁晓斌
　　镇长　刘爱民
贺家乡书记　朱向华
　　乡长　曹亚明
永和乡书记　符文忠
　　乡长　康岳峰
沙泉乡书记　任秋良
　　乡长　符云槐

（宾科鹏）

衡东县

【地理、区划与人口】　衡东县位于湖南省东部偏南，居湘江中游洣水流域，东邻攸县，南接安仁、衡南，西濒湘江，与衡山、湘潭隔水相望，北与株洲接壤。南北长72.9公里，东西宽53.6公里，地理坐标为北纬26°47′～27°27′，东经112°45′～113°17′，总面积1926平方公里，约占全省总面积的0.9%。衡东县辖15个镇9个乡，561个村，20个社区居委会。2014年末，全县年末常住人口为64.21万人，其中城镇人口22.55万人，乡村人口41.66万人。全年出生人口9861人，死亡人口为8952人，常住人口出生率1.42‰，人口增速进入拐点期。

【经济总量】　2014年，衡东县完成地区生产总值214.14亿元，增长9.6%。其中，第一产业增加值37.62亿元，增长4.7%；第二产业增加值84.51亿元，增长7.8%；第三产业增加值92.01亿元，增长13.5%。第一、第二、第三产业占全县GDP的比重为17.57∶39.46∶42.97，产业占比“二降一升”：第一产业占比降低0.46个百分点，第二产业占比下降1.72个百分点，第三产业占比提高2.18个百分点。第三产业占GDP的比重上升，现代服务业发展提速。按常住人口计算，人均GDP为33418元，增长9.63%。

【农业】　2014年，衡东县农业总产值67.12亿元，增长4.7%。主要农作物播种面积保持平稳。粮食播种面积66.82千公顷，增长1.1%；油料种植面积21.56千公顷，减少4.2%；蔬菜种植面积12.31千公顷，增长12.1%。主要农产品产量保持增长。粮食总产量40万吨，增长2.6%；出栏肉猪104.53万头，增长0.8%；出栏牛0.6万头，增长3.4%；出栏羊5.1万头，增长4.5%；出笼家禽943.25万羽，减少3.6%；水产品产量1.82万吨，增长5.2%。

【工业】　2014年，衡东县规模以上工业企业达到82家，规模以上工业增加值占全部工业的比重达到83.6%。2014年全县全部工业增加值79.74亿元，增长7.9%。工业对GDP贡献率为33.1%，拉动GDP增长3.2个百分点。主要工业产品产量有升有降。其中：服装2531万件，增长10.36%；中成药0.3万吨，减少40%；水泥145.7万吨，增长38.1%；饲料15万吨，增长17.18%；锌4.9万吨，减少0.2%。全年规模以上工业实现销售产值147.04亿元，减少25.55%；实现利润4.86亿元，减少18.73%；上缴税金5.37亿元，减少28.11%；全部从业人员平均人数2.39万人，减少2.44%。

【固定资产投资与项目建设】 2014年，全县固定资产投资完成112.36亿元，增长24.1%。工程施工项目达331个，增长23.5%，其中本年新开工项目249个，增长24.5%。本年投产项目个数247个，增长29.3%。全县工业更新改造投资60.98亿元，增长14.3%，占全县固定资产投资的比重为54.3%。其中：工业技术改造投资43.92亿元，增长7.8%。房地产开发投资6.44亿元，减少9%。商品房竣工面积14.7万平方米，减少56.1%。商品房屋销售面积21.6万平方米，减少18.5%。

【招商引资】 2014年，衡东县签约项目合同引资30亿元，完成投资额15.3亿元，固定资产投资2000万元以上的新开工项目18个；内联引资完成26亿元，增长20%。全年开工建设重点项目68个，完成投资39亿元，其中30个省市重点建设项目完成投资30.6亿元。华亚玻璃、恒建油茶产业基地、育星小学、城北棚户区改造等一批重点项目顺利建成；机油泵公司年产350万台泵类产品新厂房建成试产，荣桓科技扩建项目基本完工，忆乐新材已正式生产，大地泵业高效节能电机项目正在抓紧建设，2015年可建成投产；南岳高速东延线、吴南公路改造等项目有力推进，栗德公路硬化接近尾声，大浦通航机场项目征拆工作如期完成；荷塘公路桥全面完成改造，永乐江大桥已基本完成桥梁下部结构，霞流公跨铁路桥正在实施接线工程，220千伏栗木变电站已经竣工。银企对接签约项目109个，落实贷款21.27亿元。完善融资平台，出台对融资公司的管理办法，新组建交通投公司，融资能力进一步增强。全年批回项目用地140公顷，较好地保障重点项目用地需要。工业用电量达到4.21亿度，增长42.47%。

【建筑业】 2014年，衡东县资质以上建筑企业15家，建筑业总产值达10.74亿元，增长4.2%，建筑业增加值4.77亿元，增长5.4%。房屋建筑施工面积67.1万平方米，减少1.2%；房屋建筑竣工面积42.6万平方米，增长0.9%。

【国内贸易与对外经济】 2014年，全县社会消费品零售总额65.47亿元，增长12.8%，扣除物价因素，实际增长12.6%。全年进出口总额3827万美元，增长13.88%。当年实际利用外资8050万美元，增长18.56%，利用内资也有大幅增长。

【运输、邮电与通信业】 2014年，全县货物周转量31.54亿吨公里，增长13.24%。其中公路货物周转量达25.52亿吨公里，增长10.5%；水运货物周转量6.02亿吨公里，增长18.5%；客运周转量27.27亿人公里，增长10.8%。全县公路线路年末里程2853公里，其中高速公路112.3公里。全县邮电业务总量19.16亿元，增长21.25%，其中邮政业务总量1.09亿元，电信业务总量15.98亿元，分别增长13.5%和30.13%。年末局用交换机总容量19.24万门。

【财政、金融与保险业】 2014年，衡东县财政总收入11.08亿元，增长2.59%。税收占财政收入的比重为58.8%，财政收入占GDP的比重为5.5%。年末全县金融机构各项存款余额136.47亿元，增长10.4%。其中储蓄存款116.31亿元，增长11.2%。金融机构各项贷款余额52.01亿元，增长10.4%。银行存贷比例为40.6%，增长17.7%。

【科技、教育与文化事业】 2014年，全县高新技术产业增加值15.32亿元。占GDP的比重为7.9%，上升0.32个百分点。全年专利授权50人，全社会科技投入不断加大。基础教育继续得到巩固。小学在校学生46087人；小学适龄儿童入学率99.99%。初中适龄人口入学率99.82%。职业教育在校学生规模扩大，普通高中在校学生呈上升趋势。中等职业教育在校学生2264人，普通高中在校学生 37179 人，增长 11.6%。全县拥有各类艺术表演团体 3 个，文化馆 1 个，公共图书馆 1 个，博物馆、纪念馆 2 个。全县有广播电台 1 座，中、短波广播发射台和转播台 3 个，广播综合人口覆盖率 99.76%，电视台 1 个，电视综合人口覆盖率 97.93%，有线电视用户 14.89 万户。放映农村公益电影 0.86 万场。年末共有档案馆 1 个。

【卫生与体育事业】 2014 年，全县拥有各类卫生机构 48 个，其中医院 3 个，妇幼保健院 1 个，疾病预防控制中心 1 个。医院、卫生院床位 2177 张，每千人拥有 3.4 张，增长 16.4%。5 岁以下儿童死亡率为 7.2‰，低于国家 12‰的控制标准。体育基础设施建设稳步推进。2014 年，全县公共文化体育设施面积达 130.5 万平方米，人均面积达 2.04 平方米，增长 21.3%。

【旅游业】 2014 年，衡东县举办三樟黄贡椒采摘体验活动、新塘南方格桑花海乡村生态旅游文化节。全年接待游客 256.8 万人次，实现旅游综合收入 18.2 亿元，分别增长 20%、21.73%。土菜产业创税 1170 万元，增长 9%。

【城乡建设】 2014 年，全县城镇化率达到 35.1%，提高 0.4 个百分点。县城污水处理率达 92%；县城建成区面积为 8.1 平方公里；城镇功能得到进一步完善，城镇集聚辐射能力进一步增强。年末公交车路数 7 路，实有公共汽车营运车 47 辆，年末实有出租汽车 100 辆。

【环境与安全生产】 2014 年，空气质量监测天数 183 天，空气质量良好以上天数 183 天，达标率为 100%，地表水监测断面 3 个，达标率为 100%；工业废水排放达标率为 100%，全县国土绿化达标率 98.5%，活立木总蓄积量 244.3 万立方米。农村垃圾集中无害化处理的行政村 546 个，增长 2.44%，农村垃圾集中处理率为 96%，提高 1.7 个百分点。全县能源消费总量为 157.16 万吨标准煤，增长 1.85%；单位 GDP 能耗为 0.8121 吨标准煤/万元，下降 6.98%。但环境承载压力加大，工业环保问题日益显现。2014 年全县各类安全事故死亡 5 人，下降 70.58%。

【人民生活与社会保障】 2014 年，衡东县全面小康实现程度为 77.4%，比 2013 年的 72.5%，提高 4.9 个百分点。城镇居民人均可支配收入 23799 元，增长 9.6%。农村居民人均可支配收入 14415 元，增长 12.4%。全县参加基本养老保险 37.6 万人；参加城乡医保人数 65.01 万人，覆盖率达 100%；全县已建立县乡两级农村居民生活保障制度，全县农村居民得到政府最低生活保障 1802 人，城乡低保覆盖率达到 65.8%；年末城镇登记失业人数为 792 人，失业率为 1.2%。各项社会公益事业、社区综合服务事业等都有较快发展。

【省委书记徐守盛衡东调研】 2014 年 4 月 12 日至 13 日，省委书记、省人大常委会主任徐守盛来到衡东县调研指导第二批党的群众路线教育实践活动，并与全省部分县市区委书记座谈，要求大力学习弘扬焦裕禄精神，践行“三严三实”要求，立足高标准严要求扎实推进第二批教育实践活动。省委常委、省委秘书长韩永文，省人大常委会党组成员、省委派驻衡阳市党的群众路线教育实践活动督导组组长杨泰波参加调研。调研中，徐守盛一行深入到衡东县大浦镇堰桥村、新塘镇等地，实地考察基层组织建设、村级集体经济发展等情况，就扎实推进教育实践活动面对面听取基层干部群众的意见。13 日下午，徐守盛在衡东县与全省部分县市区委书记进行座谈，衡东、宁乡、岳阳楼、桑植、资兴、中方等 6 个县市区就学习焦裕禄精神、践行“三严三实”要求，开展教育实践活动情况发言。认真听取大家的发言后，徐守盛联系自己各个阶段的工作经历，结合自己所学所思所获，为县市区委书记们上一堂生动的党课。徐守盛指出，县市区委书记们，都要以焦裕禄精神为镜子、以“三严三实”为标尺，对照对照，是不是把全县的村子都跑到了？是不是深入下去，解决多少问题？又有多少问题带回来研究，找到治本之策没有？徐守盛希望大家修好“六德”：为党为民的政德、务实创新的职德、为人处事的人德、清正廉洁的廉德、以身作则的公德、家庭和睦的美德。徐守盛强调，县市区委书记要把坚定党性作为固本之基，进一步加强党性修养、坚定理想信念；把一心为民作为终身信条，坚持公平公正处事、公道正派用人、胸怀坦荡待人，坚持公权姓公、公权为公、公权为民；把求真务实作为重要能力，脚踏实地、真抓实干，不贪眼前之功、不图个人之名，多干打基础、利长远、惠民生、顺民心的事；把责任担当作为职业操守，敢于较真碰硬，敢于直面问题，不怕得罪人、不怕丢选票、不怕失“人缘”；把清正廉洁作为从政底线，既守住大节，也防好小节，坚持以制度管事、管权、管人，时刻慎独慎微，始终如履薄冰、如临深渊，为人民掌好权、用好权。徐守盛最后强调，要从“严”上要求、向“实”处着力，以焦裕禄精神和“三严三实”要求组织推进教育实践活动，着力在“较真”上下功夫，坚持见物见人，以群众满意为最终评价标准，扎实推动教育实践活动走向深入；要统筹兼顾，突出抓发展、促改革、奔小康，突出惠民生、促和谐、保稳定，突出抓班子、带队伍、正风气，突出抓党建、打基础、强基层。

【衡东县举办首届广场舞大赛】 2014年6月30日，“欢乐潇湘·幸福衡阳·美丽衡东”衡东县第三届群众文化艺术节“满之源”杯广场舞大赛在县城滨江广场举行。大赛是由县委、县政府主办，县委宣传部、县文广新局、广电台、体育局、文明办共同承办，是“欢乐潇湘·幸福衡阳·美丽衡东”大型群众文化活动的组成部分，是践行党的群众路线的重要体现。广场舞大赛吸引全县25支队伍参赛，是从全县24个乡镇100多支广场舞队伍中层层海选而来，比赛共分三场，30日上、下午各举行一场复赛，产生十二强进入晚上的决赛。最终，城关镇兴东社区佳诚传媒代表队凭借《飒爽女兵》摘下桂冠，新塘镇、大桥镇分获二等奖，城关镇和谐民族代表队、文体广场代表队、吴集镇获得三等奖，荣桓镇等6支队伍获得优胜奖。10月19日下午，“欢乐潇湘·幸福衡阳”2014衡阳市全民广场舞大赛总决赛在市太阳广场落下帷幕。衡东县兴东社区代表队表演的《打起钱鞭庆丰年》，以其独特的衡东地方音乐，精心排练的舞蹈，从参赛的13支各县市区代表队中脱颖而出，荣获一等奖。

【衡东县凤凰山风电场项目开工建设】 2014年7月8日，衡东县凤凰山风电场工程举行开工仪式。凤凰山风电场项目由中水电新能源株洲风力发电有限责任公司投资约3.3亿元建设，设计安装19台单机容量为2.0兆瓦的风力发电机组，总装机容量为38兆瓦。项目预计2015年4月竣工实现并网发电，每年可实现上网电量7147万千瓦时。凤凰山风电场项目是衡东县首个风电工程，不仅填补衡东县新能源产业发展的空白，也将加快全县经济结构调整和产业升级，为县域经济的科学发展注入新的生机与活力。

【衡东县举办首届乡村生态文化节】 2014年8月23日至10月23日，衡东县举办以“秀美衡东，生态家园”为主题的中国衡东首届乡村生态旅游文化节。乡村生态文化节持续2个多月，先后举办“三樟黄贡椒采摘体验亲子活动”“三樟黄贡椒产品展销暨签约活动”“三樟黄贡椒采摘人像摄影比赛活动”“品黄椒盛宴，赏衡东土菜体验活动”“新塘格桑花海观赏体验活动”“柴山洲特别区第一农民银行旧址红色旅游活动”等一系列主题活动，300余家县外餐饮业者和十万余名县内外游客慕名前来参观、体验。

【霞流镇成功创建“国家级生态乡镇”】 2014年10月，衡东县霞流镇经省级环境保护行政主管部门的审核，报国家环境保护部批准，被国家环境保护部授予“国家级生态乡镇”称号，成为衡东县第一个成功创建的国家级生态镇。截至年末，衡东县荣桓镇、杨桥镇已成功创建省级生态镇，白莲镇、新塘镇、三樟乡、杨林镇、草市镇、高湖镇等6个乡镇正在积极申报创建“省级生态乡镇”。

【衡东县通过国家三类城市语言文字工作评估验收】 2014年11月18日至20日，省、市语言文字工作评估团对衡东县国家三类城市语言文字创建工作进行评估验收。通过查阅资料、观看宣传片、听取汇报、实地查看、座谈交流、调查问卷等形式对全县党政机关、学校、新闻媒体和公共服务行业进行检查评估。重点抽查县政府办、工商局、教育局、公安局、电视台、政府门户网、楚天中学、职专分校、幼儿园、城关一小、中医院、衡汽集团、嘉汇超市、移动公司等14个单位，以及对县城东西街规范用字进行检查。最终，衡东县以93.9的高分通过国家三类城市语言文字工作评估验收，成为衡阳市第一家通过评估的三类城市。

【存在主要问题】 一是部分指标低于预期。受宏观经济形势严峻等因素影响，经济下行压力大，经济总量、财政收入增速放缓。二是个别工作没有达到预期。受各种因素影响，个别工程项目建设进度偏慢，离预期目标有差距。三是产业转型压力大。支柱产业规模不大，土地、资金等影响发展的要素趋紧，节能减排、环境保护压力较大；农业增收制约多，农产品加工企业规模偏小，农业生产保障能力有限；城镇辐射带动能力不强。四是民生诉求仍然较多。改善民生的任务较重，维护和谐稳定的压力依然较大。五是服务发展能力不强。公共服务水平还需提高，经济发展环境有待优化，政府职能转变不够到位，特别是部分单位和部分干部职工的责任心、执行力仍需大力加强等等。

县委、人大、政府、政协领导名录

中共衡东县委员会

书　记　程少平

副书记　廖义智　谭建华

常　委　贺　般　谭春兰(女)

丁秋文　彭丽堂

蒋炳炎　肖金华

尹立鑫(援疆)

陈　嘉(女)

段忠贤

衡东县人大常委会

主　任　谭向勤

副书记　赵良成　彭青松

副主任　彭青松　罗慧斌

晏志君　刘　敏(女)

衡东县人民政府

县　长　廖义智

副县长　彭丽堂　陈　嘉(女)

夏长安　刘光荣

王春生　谭志兴

蒋林宏(挂职)

政协衡东县委员会

主　席　夏崇礼

副主席　何岳峰　邓岳华(兼)

洪春生　陈斌智(兼)

肖可员(女,兼)

县行政企事业单位负责人

纪委书记　蒋炳炎

县委办主任　丁秋文

组织部部长　贺　般

宣传部部长　谭春兰

统战部部长　贺　般

人武部政委　蒋虎韬

部长　肖金华

政法委书记　段忠贤

人民法院院长　冯　卫

人民检察院检察长　宾锡湘

衡东经济开发区管委会主任　周叶华

公安局局长　王春生

政委　陈　皓

政研室主任　刘　敏

督查室主任　陈友力

机要室主任　周　新

档案局局长　文堂保

史志办主任　陈华良

接待处主任　刘志新

老干局局长　肖　萍

县直机关工委书记　陈宏建

编办主任　向正平

党校校长　李迪清

妇联主席　文　明(女)

团委书记　倪秋华

科协主席　向美华

广播电视台台长、书记　陈招和

文化市场综合执法局局长　陈和平

人防办主任、书记　单冬文

罗帅故居管理处主任　尹诗明

侨联主席　许素珍

对台办主任　颜斌鹏

工商联主席　陈斌智

综治办主任　文晓春

防范和处理邪教办主任　颜亨伏

交警大队大队长　刘晓红

司法局局长、书记　李旭峰

人大办公室主任　李上峰

人大财经工委主任　胡　华

人大选举任免联络工委主任　阳忠华

人大农经工委主任　邓富荣

人大教科文卫工委主任　文朝晖

人大内司工委主任　向晓燕

政协秘书长、办公室主任　刘凤华

政协提案委主任　朱坤联

政协财经委主任　罗国武

政协人口资源环境和法制委主任　邓知云

政协教科文卫体委主任　胡淑娟

政协学习文史委主任　王晓瑜

政府办主任　钱永明

政府督查室主任　周金荣

电子政务办公室主任　罗　湘

法制办主任　陈宜中

信访局局长、书记 肖珍珠
民政局局长、书记 赵自文
残联理事长 赵贵雄
国土资源局局长、书记 廖红徽
审计局局长、书记 单外香
体育局局长 陈中平
移民局局长、书记 赵志辉
旅游局局长、书记 陈志伟
安监局局长、书记 罗忠奇
卫生局局长、书记 李建芸
计生局局长、书记 彭剑飞
发改局局长、书记 向水清
统计局局长、书记 彭庆桃
物价局局长、书记 康培远
人社局局长、书记 向平少
农办主任、书记 谭文灵
农业局局长、书记 向卫平
林业局局长、书记 李迪助
水利水电局局长、书记 刘仁秋
农机局局长、书记 单志雄
畜牧水产局局长、书记 夏建广
经营管理局局长、书记 李中林
农业开发办主任 李文峰
经济和信息化局局长、书记 傅春山
二轻联社负责人 康红军
交通局局长、书记 谭伟平
公路局局长、书记 邓细志
商务局局长、书记 苏金平
财政局局长、书记 阳满生
粮食局局长、书记 阳世清
供销社理事会主任 文和平
供销社监事会主任 许冬富
住房和城乡建设局局长、书记 肖侃
城乡规划局局长、书记 李思源
环境保护局局长、书记 陈和平
房产管理局局长、书记 侯锟鹏
教育局局长、书记 陈宏建

食品药品监督管理局局长、书记 尹胜生
城建投资有限公司总经理 侯富喜
地方海事处处长 伍建仲
工商局局长 向阳辉
国税局局长 彭隆忠
地税局局长 杨剑
技术监督局局长 汪自强
气象局局长 杨华
邮政局局长 周国富
电信局局长 常艺缤
移动公司经理 赵敏
联通公司经理 成惊秋
人民银行衡东支行行长 冯新华
工商银行衡东支行行长 吴探林
农业银行衡东支行行长 曾水生
农发行衡东支行行长 向端武
建设银行衡东支行行长 伍大军
中国银行衡东支行行长 陈太社
信用联社理事长 李家生
主任 肖必胜
邮政储蓄银行衡东支行行长 谢淑兰
盐务管理局局长 何俊豫
财产保险公司经理 刘数一
人寿保险公司经理 曹立中
中华联合财产保险公司 石亮
石油公司经理 彭鲜锋
烟草局局长 黄海涛
电力有限公司经理 宋文翔
书记 朱建龙
新华书店经理 袁峰
水文水资源局局长 刘四林
消防大队大队长 何文兵
湘运公司经理 王岳平
75711 部队队长 杜锦华
城关镇书记 罗敏
镇长 陈磊
大浦镇书记 谭水光
镇长 苏根林

石滩乡书记 刘庆秋
乡长 蒋小平
德圳乡书记 颜全楚
乡长 单梦平
吴集镇书记 谢正辉
镇长 彭宏平
甘溪镇书记 陈陆平
镇长 尹建新
栗木乡书记 罗平良
乡长 文忆祥
踏庄乡书记 周琼辉
乡长 刘武扬
莫井乡书记 董小平
乡长 文亚荣
杨林镇书记 谭作仁
镇长 刘雄建
高湖镇书记 周志波
镇长 刘章云
草市镇书记 柳杰夫
镇长 李远韶
高塘乡书记 罗华
乡长 尹乙鸣
南湾乡书记 刘科
乡长 周秀云
荣桓镇书记 刘志丹
镇长 刘峰
杨桥镇书记 侯茂根
镇长 李振华
蓬源镇镇长 汤迪儒
新塘镇书记 周黎
镇长 赵健
霞流镇书记 李建华
镇长 许长城
珍珠乡书记 向前
乡长 胡雪松
石湾镇书记 尹友平
白莲镇书记 宋迪云
镇长 郭诗周
大桥镇书记 谷建辉
镇长 朱爱国

三樟乡书记　　刘春元
乡长　　文小辉
（胡青燕　颜知明）

祁东县

【地理、区划与人口】　祁东县位于湖南省衡邵盆地西南边缘，湘江中游北岸，东接衡南、常宁，南连祁阳、冷水滩，西邻东安、邵阳，北抵邵东、衡阳。地理坐标为北纬26°28′1″～27°4′34″，东经111°32′16″～112°20′10″。县域周长372公里，其中界衡阳县16公里，界衡南县60公里，界常宁市18公里，界永州市（含祁阳县、冷水滩区、东安县）189公里，界邵阳市（含邵阳县、邵东县）89公里。2014年，全县辖4个乡、17个镇、4个街道办事处，土地总面积187.13千公顷。年末户籍总人口106.04万人，性别比为113.0∶100。全年出生人口1.47万人，出生率13.9‰；死亡人口0.36万人，死亡率3.4‰；人口自然增长率10.5‰；出生人口性别比为117.8∶100。

【经济总量】　全年实现地区生产总值（GDP）218.16亿元，按可比价格计算，增长9.9%。其中，第一产业实现增加值55.65亿元，增长4.7%；第二产业实现增加值82.03亿元，增长8.2%；第三产业实现增加值80.49亿元，增长15.6%。第一、第二、第三产业对全县经济增长贡献率分别为12.1%、33.7%、54.2%，分别拉动全县GDP增长1.2、3.4、5.3个百分点。按常住人口计算，人均地区生产总值21894元，增长9.1%。全县三次产业比为25.5∶37.6∶36.9。与2013年相比，第一、第二产业占比分别下降0.7、1.6个百分点，第三产业占比提高2.3个百分点。其中，工业增加值占GDP比重为36.0%，对经济增长贡献率达31.7%，拉动GDP增长3.1个百分点。

【农业】　全县农林牧渔业总产值82.75亿元，增长4.7%。农作物总播种面积153.15千公顷，增长3.4%；粮食作物播种面积79.92千公顷，增长3.5%；油料种植面积31.35千公顷，增长0.1%；蔬菜种植面积25.85千公顷，增长9.4%。粮食总产量46.16万吨，增长3.9%；出栏肉猪130.86万头，增长4.8%；出栏牛1.22万头，增长15.1%；出栏羊29.7万头，增长4.1%；出笼家禽1035.46万羽，增长0.6%；水产品产量5.34万吨，增长5.3%。全县农民专业合作社369个，增长23.4%；农民专业合作社成员5194人，增长20.6%。全年农村用电量26445万千瓦时，增长4.8%。年末农业机械总动力889679千瓦，增长9.4%。

【工业】　全县规模工业总产值201.75亿元，增长8.8%，规模工业增加值57.75亿元，增长8.3%。在规模工业中，轻工业增长8.6%，重工业增长9.3%。规模工业行业中，有色金属冶炼及压延业增长10.3%；电气机械及器材制造业增长22.2%；化学原料及化学制品制造业增长17.5%；黑色金属冶炼及压延业下降16.8%；非金属矿物制品业增长15.5%。全县规模工业实现产销率99.96%，比2013年增长0.02个百分点，实现利税24.6亿元，增长11.7%；利润15.35亿元，增长12.3%。

【固定资产投资与项目建设】　全县固定资产投资117.16亿元，增长25.1%。其中，城镇和非农户固定资产投资112.33亿元，增长23.0%；国有投资37.33亿元，增长48.5%。年内新开工项目个数201个，增长14.2%。全县工业固定资产投资66.46亿元，增长23.5%。其中，工业技术改造投资54.88亿元，增长6.2%，工业投资占固定资产投资的比重为56.7%；制造业投资59.58亿元，增长25.8%；电力、燃气及水的生产供应业投资3.86亿元，下降11.9%。全县房地产投资完成4.83亿元，增长1.05倍。商品房销售面积14.89万平方米，增长14.8%。

【招商引资】　全县引进内资项目40个，增长48.1%，实际到位内资25.8亿元，增长43.0%；新批外资项目17个，增长21.4%；实际利用外资7680万美元，增长15.0%，其中工业实际利用外资7680万美元，增长15.0%。对外劳务输出526人，增长26.0%。

【建筑业】　全县建筑业总产值11.46亿元，增长34.5%；建筑业增加值3.49亿元，增长

13.3%。房屋建筑施工面积216.79万平方米，增长38.1%；房屋建筑竣工面积41.89万平方米，增长0.1%。

【国内贸易与对外经济】 全县社会消费品零售总额77.24亿元，增长12.6%。在限额以上批发零售企业零售额中，日用品类增长19.6%，家用电器和音响类增长16.1%；五金电科类增长19.4%，家具类增长18.4%；通信器材类增长9.7%；汽车类增长20.5%。全年物价总体呈上涨态势。居民消费价格总水平上涨1.6%，商品零售价格上涨0.5%，城市间交通费价格上涨3.2%；服务项目价格上涨2.7%；在外用膳食品价格上涨0.9%；工业产品出厂价格下降1.6%；固定资产投资价格上涨1.5%；新建住宅销售价格上涨3.8%。全县进出口总额1068万美元，增长128.2%。

【运输、邮电与通信业】 全县公路货运量570.47万吨，增长5.0%，公路货运周转量57938.27万吨公里，增长8.0%；公路客运量1355.08万人，增长3.0%，公路客运周转量27941.64万人公里，增长5.0%。全县公路线路年末里程2440公里，其中高速公路里程40公里。邮电业务总量3.2亿元，其中邮政业务、电信业务总量分别为0.77亿元和2.43亿元。年末固定电话用户6.65万户，移动电话用户47.94万户，年末互联网宽带用户数4.88万户。

【财政、金融与保险业】 全县财政总收入8.94亿元，增长15.5%；其中，一般预算收入6.46亿元，增长11.4%。一般预算支出35.41亿元，增长17.1%；其中教育支出、社会保障和就业支出和医疗卫生与计划生育支出为7.43亿元、6.53亿元和4.7亿元，分别增长16.2%、26.1%和17.6%。年末全县金融机构本外币各项存款余额216.99亿元，增长14.0%。其中，个人存款185.89亿元，增长16.2%；单位存款31.12亿元，增长13.2%。金融机构本外币各项贷款余额56.06亿元，增长2.6%。其中，短期贷款为19.41亿元，下降16.5%；中长期贷款30.41亿元，增长18.7%。全年保险保费收入1.97亿元，增长16.4%。各项赔款支出0.65亿元，增长14.0%。

【科技、教育与文化事业】 全县小学适龄儿童入学率为100%。全县平均受教育年限为9.16年。中等职业教育在校学生5096人，普通高中在校学生15381人，初中学校在校学生39107人，普通小学在校学生71313人，特殊教育在校学生56人。全年完成高新技术产业增加值12.3亿元，增长13.4%。专利申请量为139件，增长27.5%，授权量为48件，下降20.0%，争取国、省科技项目4个，共获无偿科技资金120万元。顺达矿业与中南大学合作成功获得了铁矿选矿新技术——快速还原焙烧法；湖南新丰果业有限公司与中南林科大合作创办的枣业工程技术研究中心，被衡阳市科技局确定为衡阳市枣业工程技术研究中心。县图书馆全年累计完成借阅12万人次，借阅册次16.91万册次，办理电子借阅卡1021张。祁东渔鼓与永州零陵渔鼓、常德九澧渔鼓以“湖南渔鼓”为名联合申报国家级非物质文化遗产保护项目成功。申报的祁东草席传统制作技艺已成功入选衡阳市第五批市级非物质文化遗产保护项目。电视综合人口覆盖率99.6%，城区有线电视用户88672户。年末县档案馆馆内存档158735卷，已开放各类档案135826卷。

【卫生与体育事业】 全县拥有卫生机构30个，其中医院27个，妇幼保健院1个，疾病预防控制中心1个，卫生监督所1个。卫生技术人员1869人，其中执业医师和执业助理医师967人，注册护士801人，医院床位2444张。全县新建农民健身工程45个，新建室外健身路径10条。在湖南省第十二届运动会中，祁东县运动员代表衡阳市队参加射击、武术、散打、田径等项目的比赛，获得金牌4.5枚，银牌6枚，铜牌3枚。

【旅游业】 全县实现旅游总收入0.76亿元，增长23.5%，接待游客6.86万人次，增长33.4%。

【城乡建设】 全县市政基础设施项目共计13个，完成投资3.1亿元。改造南山二巷体泰路等背街小巷41条，新安装路灯553盏，其中背街小巷315盏，白云路102

盏，建设路56盏，莲花路80盏，新区雨污分离工程、莲花路、祁丰大道等开工的7条路共铺设管网8.6公里。城市污水处理量全年累计855万吨，污水处理率80.1%。新增燃气开户2589户，燃气主管网铺设近4公里、庭院管网铺设36公里；城市绿化率为35.5%；城镇化率为38.7%；完成农村危房改造1204户。投资20万元以上乡镇市政基础设施项目37个，其中重点镇基础设施100万元以上项目开工3个，乡镇街道设施进一步完善。

【环境与安全生产】 空气质量达标率为100%，地表水质达标率为100%。化学需氧量和氨氮排放总量为15880.9吨和1836.1吨，分别减少3.0%、3.5%；二氧化硫和氮氧化物排放总量分别为2463.1吨和3196.8吨，分别增长0.7%、0.3%。全年共发生各类安全生产事故48起，死亡2人，亿元GDP生产安全事故死亡率0.009。

【人民生活与社会保障】 全县城镇居民人均可支配收入19202元，增长9.2%。城镇居民人均消费性支出12172元，其中食品支出4862元、居住支出3069元、医疗保健支出627元、文化教育娱乐服务支出1501元。城镇恩格尔系数为39.9%。全县农村居民人均可支配收入10240元，增长8.0%。农村居民人均消费支出6375元，其中食品支出2517元、居住支出1495元、医疗保健支出644元，文化教育娱乐服务支出654元。农村居民家庭恩格尔系数为39.5%。全年城镇和农村最低生活保障惠及城镇居民、农村居民1.6万人和4.5万人，发放城镇和农村最低生活保障经费4635.2万元和5857.4万元，低保覆盖面进一步扩大。全县参加基本养老保险机关事业单位养老保险、企业养老保险、失业保险、工伤保险、生育保险职工人数分别为21146人、48365人、55942人、65586人、35230人，分别增长1.0%、-4.7%、1.7%、1.4%、5.0%；参加城镇居民基本医疗保险116369人，增长13.8%。社保基金安全完整率和规范运作率达100%。

【祁东人工放流180万尾鱼苗入湘江】 6月20日，祁东县在湘江祁东段归阳镇码头，人工增殖放流180万尾鱼苗入湘江，拉开“保护水资源，建设生态新祁东”工作序幕。近尾洲水电站和湘祁水电站修建之后，鱼类洄游通道阻断，大部分鱼类失去自然繁殖条件，加之人工捕鱼泛滥，湘江祁东段流域鱼类资源受到极大破坏。为提高湘江祁东段鱼类资源总量，保护生态环境。此次投放的鱼种有青、草、鲢、鳙等鱼苗，对于补充鱼类繁殖种类和损耗，恢复渔业资源，改善湘江水域生态环境，保护生物多样性和促进渔业可持续发展具有十分重要历史和战略意义。

【官家嘴风电场开工建设】 7月10日，祁东县首个风电新能源工程在官家嘴镇正式开工建设。风电场工程地处官家嘴镇芭蕉山，该山常年风速达6米/秒，风能资源集中，具备良好的风电场施工建设条件。工程总投资4.5亿元，设计安装25台2000千瓦风电力发电机组，总装机容量为5万千瓦，另配套建设一个110千伏升压站。预计2015年6月第一批机组可投产发电，12月底全部机组并网发电。正式投产后，风电场年发电达一亿千瓦小时，可解决3万户居民常年生活用电，每年将节约标准煤3.4万吨，减少排放二氧化碳8.2万吨，二氧化硫375吨，一氧化碳91吨，灰渣1.1万吨，真正成为节能减排的“无烟工厂”。

【祁东县设立四个街道办事处】 11月10日，祁东县召开永昌街道办事处、洪桥街道办事处、玉合街道办事处、白鹤街道办事处成立大会。会上，县委常委、副县长周跃军宣读《衡阳市政府关于撤销祁东县洪桥镇、白鹤铺镇并设立四个街道的通知》；县委常委、组织部长、统战部长周志敏宣读《关于四个街道办事处人事安排》。随后，县委书记雷高飞、县长杨龙金为新成立的四个街道办事处授牌。行政区划调整后，洪桥街道辖21个建制村，9个居委会，总人口8.83万人，总面积64.31平方公里，办事处驻鼎山东路273号（原洪桥镇政府驻地）；玉合街道辖17个建制村，7个居委会，总人口6.98万人，总面积60.09平方公里，办事处驻永昌大道105号；永昌街道辖20个建制村，10个居委会，总人口7.19万人，总面积52.38平方公里，办事处驻曙光路；白鹤街道辖23个建制村，11个居委会，总人口

4.07万人，总面积76.13平方公里，办事处驻白杨路（原白鹤铺政府驻地）。

【四明山森林公园成功获评国家级森林公园】 12月15日，经中国森林风景资源评价委员会审议，湖南四明山森林公园成功获评为国家级森林公园。评审会上，评审委员通过观看四明山创建专题风光片、画册、可行性研究报告，听取实地考察专家委员介绍，对湖南四明山森林公园进行全面了解，并现场听取湖南四明山国家级森林公园申报工作情况汇报以及提问答辩讨论等互动后，评审委员们对祁东县委、县政府高度重视森林公园申报工作和建设工作给予高度评价。与会专家认为，湖南四明山森林公园是耸立于衡邵盆地“干旱走廊”中央的一颗“明珠”，森林生态系统完整，生物多样性丰富，具有很高的生态功能。保护好该山的森林，对整个衡邵“干旱走廊”的治理具有重要的战略意义。同时该山还处于三市五县的交界地带，周边地区人口稠密，旅游客源市场丰富，发展森林生态旅游的市场潜力巨大。森林公园由四明山片区和鼎新湖片区两部分组成，于2013年5月启动申报工作。园区植物资源与植物景观较为丰富，共有维管束植物217科787属1586种，保护与观赏价值极高，尤以国家一级重点保护野生植物银杏、伯乐树为甚；公园现已记录鱼类32种，陆生脊椎动物199种，其中国家二级重点保护野生动物有22种。森林公园自然景观特色突出，长龙江大峡谷神秘莫测，谷内林荫蔽日，雾气缭绕，飞瀑流泉，石壁耸立，神奇美丽宛若人间仙境；腾云岭等三十六峰山体磅礴，气势雄伟，星罗棋布；“十里画廊”珍珠般串联着登仙崖、绝情谷、碧玉湖、野牛坪瀑布等优美景点；仙人弈棋惟妙惟肖伫立在刀背岐南端悬崖；鼎新湖，山环林密，水清如练，犹如一幅美妙山水画卷；庙山坑瀑布飞流直下，溅珠喷玉，与滴水岩、莲花瀑布等一起带给森林公园无限的生机和灵气。森林公园人文资源丰富，是革命的摇篮，留下王首道、张大野、王佐等革命志士的光辉足迹。也是湖南著名的宗教圣地，共有寺庵遗址49处。其中万福寺紧傍县城，始建于明朝洪武元年，香客云集，经久不衰；紫云寺远离尘嚣，梵音渺渺；腾云祖师殿遗址地势高峻，古树林立。

县委、人大、政府、政协领导名录

中共祁东县委员会

书　记　雷高飞

副书记　杜登峰

常　委　曾洪波　罗仁元

龙建程　周志敏

刘桢干　周跃军

雷建军　旷桂林

邝书先（挂职）

祁东县人大常务委员会

主　任　张永法

副主任　刘中奇

赵双凤（女，兼）

周中朝　肖友明

祁东县人民政府

县　长　杜登峰

副县长　刘桢干　周跃军

张伟麟　肖良彪

高　瑛（女）

曾旭东（挂职）

周国栋　陈小云

政协祁东县委员会

主　席　周艳春（女）

副主席　陈金定（女）　周新民

向德元（兼）

夏文运（兼）

贺安生（兼）

县行政企事业单位负责人

人武部部长	旷桂林
政委	李东伟
纪委书记	王朝阳
监察局局长	陈焱飞
县委办主任	雷建军
机要局局长	陈小勇
保密局局长	高新生
督查室主任	曾爱军
党史研究室主任	贺重阳
政策研究室主任	张上峰
档案局局长	王和平
组织部、统战部部长	周志敏
基层党建办主任	高　全
老干局局长	曾乐群
直属工委书记	唐吉祥
党校校长	曾　志
编办主任	李增庭
人社局局长	陈德元
总工会主席	周中朝
团县委负责人	彭艳玲
妇联主席	尹美莲
科协主席	旷　麟
宣传部部长	曾洪波
文广新局局长	高尚升
广播电视台台长	何明生
祁东报社社长	肖素芳
新华书店经理	刘中良

工商联会长　向德元
侨联主席　江安民
台办主任　周曙初
政法委书记　龙建程
防范和处理邪教办主任　周利民
综治办主任　王学成
公安局局长　肖良彪
　　政委　肖乔峰
人民检察院检察长　张兴德
人民法院院长　陈　忠
司法局局长　陈黎明
交警大队教导员　申瑞红
　　队　长　刘卫国
消防大队队　长　杨震林
　　教导员　黎松国
人大办主任　刘高飞
人大财工委主任　何红云
人大选举任免联络工委主任　陈安生
人大内务司法工委主任　彭建胜
人大城建环保工委主任　赵北平
人大农工委主任　陈安生
人大科教文卫工委主任　周国联
人大预算工委主任　严东华
经济开发区管委会主任　刘启明
归阳工业园主任　赵志明
政府办主任　肖　钟
法制办主任　曾兰清
信访局局长　李晓球
招商（旅游）局局长　何　剑
体育局局长　邹顺民
县志办主任　高志军
电子政务办主任　桂黛丽
政务中心主任　肖卫东
禁毒办主任　邹兴宏
食安办主任　李满元
外事侨务办主任　管晓亮
残联理事长　周建元
中心市场管理处主任　谢之明
机关事务管理局局长　邱金良

重点工程综合服务办主任　王晓红
城乡建设投资中心主任　周　军
财政局局长　官三元
科技局局长　周双桥
民政局局长　陈助元
国土资源局局长　周皆民
环保局局长　邹　皓
国税局局长　周　勇
地税局局长　尹　慧
安全生产监督局局长　何东元
移民局局长　陈高良
政协办主任　彭定芳
政协提案法制委主任　张贵平
政协财政经济联络委主任　罗华榕
政协科教文卫体委主任　曾莲英
政协文史群团委主任　尹才元
经济信息化局局长　汪选民
轻工业集团总公司总经理　张　明
供电公司经理　甘昭荣
质监局局长　曾志刚
电信祁东分公司经理　刘光忠
邮政局局长　王　勋
移动公司经理　李永新
联通公司经理　陈宗亮
发展和改革局局长　周安德
物价局局长　李祥云
统计局局长　周松生
国家调查队队长　胡登高
农办主任　谢雪峰
农业局局长　王定昊
林业局局长　王新喜
农机局局长　李　林
畜牧水产局局长　毛文智
经营管理局局长　袁养道
农业开发办主任　李晓阳
农民负担监管办主任　罗立海
水务局局长　邓松生
气象局局长　管　斌
商务局局长　刘良宝
商业集团总公司总经理　王泽全

粮食局局长　彭全元
供销社理事会主任　王晓峰
市场管理局局长　匡自强
工商局局长　赵建新
烟草局局长　周　辉
盐务局局长　肖飞虎
药监局局长　肖逸仙
人民银行行长　易　江
工商银行行长　石生明
农业银行行长　段　炼
建设银行行长　贺坚义
中国银行行长　王　璐
农业发展银行行长　苏书连
邮政银行行长　刘云华
信用联社理事长　梁新斌
人民保险公司经理　王文军
人寿保险公司经理　仇　猛
交通局局长　官东生
公路局局长　张云星
湘运集团祁东公司经理　官志刚
　　书记　蔡春红
祁东火车站站长　曾小明
　　书记　钱常青
教育局局长　唐德鸿
教育督导室主任　刘　琳
一中校　长　付三元
　　总支书　陈吉光
二中校　长　匡宗春
　　总支书　李德宝
育贤中学校长　贺安生
　　书记　邓松柏
职业中专校　长　唐卫民
　　总支书　江佰顺
教师进修学校校　长　周所有
　　总支书　陈红光
卫生局局长　陈　玲
建设局局长　郝前景
规划局局长　赵时平
房地产局局长　吕华明
人防办主任　张　瑜

人口和计划生育局局长	陈　玲
审计局局长	王君辉
洪桥街道办事处书记	陈慧忠
主任	陈　琼
玉合街道办事处书记	陈善东
永昌街道办事处书记	雷发明
主任	周超平
白鹤铺街道办事处书记	刘卫华
主任	肖湘东
金桥镇书记	邹凌云
鸟江镇书记	肖海军
镇长	李伟成
粮市镇书记	段红卫
镇长	刘康柏
河洲镇书记	陈学军
镇长	彭安华
归阳镇书记	张振宁
镇长	陈梅玉
过水坪镇书记	张　瑛
镇长	李　杰
双桥镇书记	王　绅
灵官镇书记	王志英
镇长	高建军
风石堰镇书记	龙新林
镇长	王盛华
白地市镇书记	陈一江
镇长	郝建明
黄土铺镇书记	肖　轲
镇长	周志杰
石亭子镇书记	刘红卫
镇长	丁国顺
官家嘴镇书记	彭应军
镇长	张　峰
步云桥镇书记	彭中华
镇长	龙振华
砖塘镇书记	王克强
镇长	刘文勇
蒋家桥镇书记	旷湘奇
镇长	肖旭东
太和堂镇书记	严衡阳
镇长	陈　鹏
马杜桥乡书记	李兴成
乡长	曾小卫
风歧坪乡书记	谭朝晖
乡长	彭双娣
城连墟乡书记	肖巍峰
乡长	周　波
四明山乡书记	郝迪林
乡长	段海桥

（徐文成）

常宁市

【地理、区划与人口】 常宁市位于衡阳市西部，湘江中游南岸。2014年，常宁市辖22个乡镇、4个街道办事处、1个风景名胜管理处。土地总面积2046.6平方公里，耕地50.26千公顷。年末常住人口82.86万，其中城镇人口39.27万人。人口出生率12.7‰，自然增长率6.04‰。年内气温最高37.6℃，最低-1.8℃。年降水量1205.5毫米。

【经济总量】 地区生产总值248.88亿元，增长9.8%。其中，第一产业实现增加值43.53亿元，增长4.4%；第二产业实现增加值106.08亿元，增长8.1%；第三产业实现增加值95.27亿元，增长14.5%。完成财政总收入14.11亿元，增长3.5%。其中，一般预算收入首次突破10亿元大关，达到10.79亿元，增长12.7%。社会固定资产投资134.37亿元，增长24%。社会消费品零售总额66.39亿元，增长12.4%。金融机构存、贷款余额分别为175.1亿元、65.27亿元，分别增长14.2%、23.8%。城镇和农村居民人均可支配收入分别为23238元、11740元，分别增长9.8%、12.3%。

【农业】 农林牧渔业总产值71.9亿元，增长4.4%。坚持以粮食生产为重点，实现粮食总产量48万吨，连续两年跻身全省粮食生产标兵县行列。“两油两叶”加快发展。新造油茶林0.3万公顷，“常宁茶油”获批为国家地理标志保护产品，央视《走遍中国》栏目进行专题报道。种植油菜2.7万公顷。落实烤烟面积0.21万公顷，连续三年评为全省现代烟草农业建设优秀单位。新建高山有机茶基地200公顷，塔山山岚茶先后荣获省茶博会金奖和湘茶大赛金奖。储备粮管理、农机安全生产、标准化养殖等工作均获省先进。扎实开展“三年绿化攻坚”行动，造林工作连续三年评为省先进。农田水利设施建设得到加强。广济水库正在抓紧坝基工程和上坝公路施工。完成23座小二型水库除险加固。率先建立农村产权交易中心，被评为全省农村土地仲裁和流转先进单位。新型农业经营主体不断壮大，农民专业合作社、家庭农场分别增加63家、83家。农业产业化扎实推进，新增省级农业产业化龙头企业1家，省星级农庄8家。

【工业】 突出转型升级主线，工业经济实力不断增强。全市新增规模工业企业9家，规模工业增加值101.3亿元，增长8.6%。金铜项目核心工程按期开工。瓦松铁路完成站场土地平整和施工图设计评审。水口山经济开发区志辉冶化投产，金翼粗铅、华兴冶化、宏兴化工、大宇锌业、一品新能源5个入园项目启动厂房建设。宜阳工业园新增润华新材料、尚珂伊针织、宏发玻璃等5家企业投产。浙江北高峰碳酸钙、广州喜宝鞋业、温州富罗迷鞋业等项目先后入驻。

【城乡建设】 交通建设全面提速。茶常高速常宁段完成前期工作。省道214松柏至车田段改建工程正在进行路面油化。三白、荫烟、富大、常板、田盐5条主干县道完成大修。新建通村公路90公里。青市车站主体工程开工建设。土谷塘航电枢纽移民工程、松柏千吨级码头建设进展顺利。市政建设加快推进。东一环完成泉峰东路至南三环路段油化并通车。南一环完成美化亮化。西一环南段、北一环宜水大桥加紧推进。歌剧院主体工程竣工。塔岭水厂扩建工程竣工通水。衡阳至水口山天然气长输管道工程加快建设。城区管道天然气用气量居衡阳七县市首位。城区污水处理厂二期、松柏工业污水处理厂、生活污水处理厂建成启用。城乡管理全面加强。环卫保洁力度加大，渣土运输、交通秩序全面加强，市容市貌大为改观。城乡环卫同治扎实推进，农村环境卫生状况有较大幅度好转。美丽乡村建设有序推进，西岭镇平安村评为全省美丽乡村示范村。松柏、官岭、新河跻身全国重点镇。城乡活力不断提升。与北京万景集团正式签约，对庙前景区进行综合提质。印山景区景观路灯亮化工程竣工。中田村列入全国传统村落文化遗产整体保护利用示范村。水口山工人运动陈列馆评为国家AA级景区。华岁国际商贸城展示中心主体工程建成，中国油都、南门市场加紧施工。成功创建衡阳市级金融安全区。

【社会事业】 改革改制加快推进。政府机构改革稳步推进，完成事业单位分类改革，启动食品药品监督管理体制改革。加快行政审批制度改革。新农合筹资和城区公交双轨制改革初见成效。公立医院改革顺利启动。企业改制加快扫尾。教科文卫蓬勃发展。改扩建8所城区小学，创办实验高中，城区增加中小学学位近1000个，“大班额”问题有所缓解。被评为全国农村艺术教育实验县。中医院、妇幼保健院创建为二甲医院。妇幼健康服务工作获全国先进。被评为“中国民间文化艺术（版画）之乡”。科技科普工作得到加强，福宏弹簧厂被认定为省级高新技术企业。各类事业协调发展。人口计生工作实现“脱帽升类”。国防动员、国防后备力量和人防建设得到加强，人武部评为全军健康营院。成功举办塔山瑶族乡30周年乡庆。成立慈善总会。老科协工作评为省先进。民主法治不断加强。认真办理人大议案及代表建议、批评、意见共192件，政协委员提案104件。完成第九次村委会换届选举。深入开展群众路线教育实践活动，大力整改“四风”，扎实开展专项整治，集中解决一批群众反映强烈的突出问题，干部作风有所好转。

【人民生活与社会保障】 办好一批民生实事。全面完成16项为民办实事任务。新增城镇就业9271人、农村劳动力转移就业7100人，完成农村安全饮水工程23处，解决10.29万人农村饮水安全问题。开工建设1872套保障性住房，完成851套保障性住房和700户农村危房改造，保障性住房建设工作获省先进。完成25个村农网改造升级。提升民生保障水平。城乡低保继续扩面提标，月人均补差水平分别达253元、120元。全面开展城乡低保清查。被征地农民保障得到加强。城乡居民养老保险工作连续四年评为省先进。新农合参合率99.82%。扎实推进精准扶贫，扶贫开发、农民减负工作获省先进。抓实几项底线工作。生态环保扎实推进。严格落实省政府“一号重点工程”，狠抓湘江保护和治理，湘江治理工作评为省先进。深入开展打非治违，关闭煤矿9家，安全生产得到巩固。推进“平安常宁”建设。深入开展“打黑除恶”等专项行动，综治考核全省排名第31位，被评为全省综治工作先进县（市）和衡阳市平安县（市），社会大局和谐稳定。

【成功跻身全省第二轮（2014年~2016年）特色县域经济重点县】 2014年10月，省政府正式公布第二轮特色县域经济重点县名单，常宁市铜压延产业作为特色制造产业名列其中。据悉，获得本轮特色县域经济重点县共9个单位，分为3大类（特色农副产品加工产业、特色制造产业、文化旅游产业），每个单位将在未来3年内获得每年6000万元的省级财政专项扶持。

【再获“全省粮食生产标兵县”称号】 2014年，常宁市落实粮食种植面积7.9万公顷，总产量48万吨。这是常宁市2013年被评为全省粮食生产标兵县后再次获得此项殊荣。近年来，常宁市把粮食生产作为保障国家粮食安全的政治任务和经济工作的首要任务来抓，市财政投入1400万元专项奖励资金，鼓励发展种粮大户、合作社等。2014年，常宁市种粮3.3公顷以上的大户1960户、合作社31个。

【举办塔山瑶族乡建乡30周年庆典】 常宁市塔山瑶族乡是衡阳市唯一一个少数民族乡，1984年建乡，现辖13个村、113个村民小组，总面积87.5平方公里，总人口8990人，其中瑶族人口5049人，占总人口的56.16%。2014年11月28日，常宁市按照节俭办会原则，举办塔山瑶族乡建乡三十周年庆典活动。此次活动充分展示瑶乡经济发展强劲势头、乡村面貌整体改观、社会事业有序推进的可喜变化。

【两污水处理厂建成运行】 2014年12月，常宁市城区污水处理厂二期、松柏生活污水处理厂投入试运行，两项目均为《衡阳市“十二五”主要污染物总量消减目标责任书》湘江流域治理重点工程。据悉，该市城区污水处理厂二期工程总投资3500万元，占地面积1.9公顷，日处理能力2万吨。松柏生活污水处理厂总投资4238万元，占地面积3.9公顷，日处理能力1万吨。

【广播“村村响”工程获全省推广】 2014年5月26日，常宁广播电台（调频FM103.4）开播，标志着常宁市开启用电波服务人民群众的崭新航程。该公共广播信息平台建设共投资200余万元，喇叭等终端设备覆盖全市705个村。通过城市与农村上下贯通，市区与乡镇分级可控，无线与有线、固定与移动相结合，有效整合各部门的应急预警和日常宣传资源，致力将电台打造成为“民生电台”“法规讲台”“空中舞台”和“应急平台”。此项工作，在杜家毫省长莅常调研考察时，获肯定性批示，在全省推广。

【水口山工人运动陈列馆获评国家级AA景区】 水口山工人运动陈列馆创建于1969年，目前是湖南首家、全国第二家工人运动陈列馆，毛泽东、耿飚等老一辈革命家都曾在此工作，领导发起具有先驱意义的水口山工人运动大罢工。2014年12月，经省旅游景区质量等级评定委员会组织评定，批准常宁市水口山工人陈列馆为国家级AA景区。这是常宁市水口山陈列馆自2013年5月被评为国家级文物保护单位后获得的又一殊荣。

【天衡公司在“新三板”成功上市】 2014年10月，湖南天衡儿童用品股份有限公司“新三板”挂牌获批，天衡股份成功发行，实现常宁市上市公司零的突破。据悉，该公司2011年落户常宁市，在常宁市宜阳工业走廊建立了2万余平米的现代化生产基地，目前有员工300余人。

县委、人大、政府、政协领导名录

中共常宁市委员会
副书记　李　涛　邹　锟
常　委　刘启宏　刘　军
　　　　周晓侣　唐奇林
　　　　谌惠渝(女)
　　　　阳永军　张　斌
　　　　刘国荣
常宁市人大常委会
主　任　李新华
副主任　贺幸禄　唐高峰
　　　　彭芳楠　王一花
常宁市人民政府
市　长　李　涛
副市长　刘启宏　刘　军
　　　　张　斌　刘国荣
　　　　阳　青　段政文
　　　　周丽华　史　锋(挂职)
　　　　郭松青　张　昕
　　　　蒋　隽(挂职)
政协常宁市委员会
主　席　王若君
副主席　谭云峰(兼)　吴之初
　　　　郭云全(兼)
　　　　盘　芳(女,兼)

行政企事业单位负责人

政法委书记　刘　军

组织部、统战部部长 周晓侣
宣传部部长 谌惠渝
市委办主任 张 斌
人武部部长 阳永军
纪律检查委员会书记 唐奇林
人民法院院长 陈鸿煦
人民检察院检察长 宋顺武
人大办公室主任 赵桂文
政府办公室主任 张 昕
政协秘书长、办公室主任 江月华
监察局局长 刘国生
常宁报社社长 彭国喜
保密局局长 李运喜
机要局局长 徐富胜
市委、市政府接待处主任 朱俊清
档案局局长 唐绍东
信访局局长 段 骁
史志办主任 廖爱国
民宗局局长 张石玉
党校校长 曾小春
机构编制办公室主任 汪 华
老干局局长 尹东源
总工会主席 何 军
妇联主席 刘晓梅(女)
科协主席 唐高峰
广播电视台台长 吴岳清
文广新局局长 邹求荣
文化综合执法局局长 黄小南
公安局局长 段政文
政委 刘卫平
水口山公安分局局长 李云龙
司法局局长 周晓华
交警大队大队长 崔琼璋
消防大队大队长 王书传
工商业联合会主席 盘 芳(女)
水口山经济开发区主任 蒋渝阳
人民防空主任 尹国文
宜阳工业园管委会主任 刘云华
政务服务中心主任 刘振华

城市建设投资管理办公室主任 李东徽
电子政务管理办公室主任 刘伟华
法制办主任 王 颂
外事侨务办主任 邓 珂
优化经济发展环境办公室主任 秦源生
移民开发局局长 邓承华
科技局局长 段岳松
民政局局长 肖卫东
残疾人联合会理事长 周建新
老龄办主任 宁丽艳
人口和计划生育局局长 吕秋明
国土资源局局长 颜 青
审计局局长 詹先辉
乡镇企业局局长 郭云金
环保局局长 肖荣望
招商合作局局长 段金良
体育局局长 殷庆忠
卫生局局长 雷青元
爱卫办主任 尹艺瑛
人民医院院长 刘志坚
中医院院长 邓芳文
妇幼保健院院长 胡 凡
发展和改革局局长 李支农
人力资源和社会保障局局长 罗更生
物价局局长 王经余
统计局局长 唐 彬
国家统计局常宁调查队队长 彭运瑞
经济和信息化局局长 刘文春
交通局局长 张志斌
安全生产监督局局长 许智维
轻工业总公司总经理 陈海华
煤炭工业局局长 李月初
食品药品监督管理局局长 阳林林
公路局局长 李国儒
商务局局长 张建军
财政局局长 滕 文

粮食局局长 段利圭
供销社主任 段晓宏
商业总公司总经理 彭秋桂
烟叶生产办公室主任 谢作冬
农村工作办公室主任 刘书毅
农业局局长 郭文峰
林业局局长 谢小平
水利局局长 雷荣华
洋泉水库管理局局长 谢爱平
畜牧水产局局长 刘志刚
农村经济经营管理局局长 盘玖余
农业机械管理局局长 唐雍钧
气象局局长 宾素芝
住房和城乡建设局局长 邓耀龙
城市管理行政执法局局长 雷知生
建工局局长 刘四成
自来水公司经理 邹少文
城建开发总公司总经理 邹 胜
城乡规划局局长 阳 磊
房产管理局局长 欧秋生
公积金管理中心常宁管理部主任 贺国富
教育局局长 封红伟
一中校长 肖贻华
二中校长 易 昕
教师进修学校校长 滕仲春
常宁职专学校校长 郝绍华
三中校长 张永康
质量技术监督局局长 刘春华
电力局局长 刘 雄
工商局局长 段曙辉
地税局局长 陈全红
国税局局长 欧阳成
邮政局局长 肖永红
盐务局局长 李晓衡
新华书店经理 张文霞
电信局局长 陈文忠
移动公司经理 李 晖
联通公司经理 何 军
烟草局局长 唐海峰

人民银行常宁支行行长　张向东
工商银行水口山支行行长　石剑平
工商银行常宁支行行长　汪　革
农业银行常宁支行行长　胡　炜
建设银行常宁支行行长　周足意
中国银行常宁支行行长　梁先耀
农业发展银行常宁支行行长　李爱民
农村商业银行董事长　黄敦福
邮政储蓄银行行长　王贻武
珠江村镇银行行长　车　铭
华融湘江银行行长　万慕辉
财产保险公司常宁支公司经理　杨　明
人寿保险公司常宁支公司经理　周谢宝
宜阳街道办事处书记　周林文
主任　唐　成
培元街道办事处书记　梁宇奇
主任　刘劲松
泉峰街道办事处书记　谢金山
主任　刘向阳
水口山街道办事处书记　尹建恒
主任　刘清河
水口山铅锌矿社区服务中心
书记　邹少文
主任　唐百才
柏坊铜矿社区服务中心
书记　曹廷文
主任　梁武刚
天堂山风景名胜管理处
党工委书记　王元春
主　任　李尤生
松柏镇长书记　彭文忠
镇长　刘政兵
白沙镇书记　邓清华
镇长　雷金荣
洋泉镇书记　彭旭大
镇长　刘朝阳
宜潭乡书记　朱桂虎
乡长　张明武
兰江乡书记　彭　评
乡长　彭益玲（女）
三角塘镇书记　雷发清
镇长　周晓芳
柏坊镇书记　张晓军
镇长　谢春桂
蓬塘乡书记　颜晓曦
乡长　阳韶清
烟洲镇书记　曹行贻
镇长　李　平
荫田镇书记　阳宏斌
镇长　张静扬
西岭镇书记　詹辉云
镇长　周志强
盐湖镇书记　管志善
镇长　刘新华
罗桥镇书记　彭晓洪
镇长　汪　珀
庙前镇书记　罗格文
镇长　张　涛
弥泉乡书记　唐贵琳（女）
乡长　陈辉华
板桥镇书记　刘湛艳（女）
镇长　段　立
胜桥镇书记　王志华
镇长　张良相
塔山瑶族乡书记　彭小冬
乡长　盘凤成
官岭镇书记　易泽忠
镇长　周　泉
新河镇书记　邓志军
镇长　刘卫菊（女）
大堡乡书记　王元成
乡长　吴瑞嵘
江河乡书记　袁立明
乡长　欧伯春

（刘　阳）

耒阳市

【地理、区划与人口】　耒阳市位于衡阳南部。2014 年，耒阳市辖 1 个省级正处级经济开发区，31 个乡镇、5 个街道办事处；土地总面积 2656 平方公里，耕地总面积 61.37 千公顷；年末总人口 143.43 万人，其中城镇人口 56.43 万人，人口出生率 12.94‰，自然增长率 6.83‰；年内气温最高 37.9℃，最低 -2.1℃，年降水量 1207.5 毫米。

【经济总量】　全年实现地区生产总值（GDP）354.96 亿元，按可比价格计算，增长 9.6%。其中，第一产业实现增加值 57.58 亿元，增长 4.5%；第二产业实现增加值 144.31 亿元，增长 8.1%；第三产业实现增加值 153.07 亿元，增长 13.1%。第一、第二、第三产业对全市经济增长贡献率分别为 7.4%、36.5%、56%，分别拉动全市 GDP 增长 0.7、3.5、5.4 个百分点。按常住人口计算，人均地区生产总值 30287 元，增长 8.88%。

全市三次产业比为 16.2∶40.7∶43.1。与 2013 年相比，第一、第二产业占比分别下降 0.4、1.5 个百分点，第三产业占比提高 1.9 个百分点。其中，工业增加值占 GDP 比重为 39.8%，对经济增长贡献率达 36.2%，拉动 GDP 增长 3.5 个百分点；高新技术产业增加值占地区生产总值的比重为 10.07%。

【农业】 全市农作物总播种面积155.17千公顷，下降0.15%；粮食作物播种面积89.08千公顷，增长1.48%；油料种植面积33.66千公顷，增长0.24%；蔬菜种植面积20.35千公顷，增长0.1%。粮食总产量51.24万吨，增长2.45%；出栏肉猪142.52万头，增长1.29%；出栏牛3.61万头，增长2.27%；出栏羊4.01万头，增长3.08%；出笼家禽1844.22万羽，下降3.49%；水产品产量3.03万吨，增长3.5%。

全市新增农民专业合作社111个，总共有农民专业合作社391个，其中国家级专业合作示范组织4个，省级专业合作示范组织5个；农民专业合作社成员7841人。新增家庭农场86家。

全市完成1座中型水库和19座小二型水库除险加固。马水（沙河）洲陂乡、马水乡段治理工程有序进行。新建7处集中供水工程，解决饮水不安全人口52643人。加强小型农田水利建设，年末农业机械总动力520.44万千瓦，增长6%。

【工业与建筑业】 全市工业增加值为141.03亿元，增长8.2%。其中规模工业增加值增长8.4%；规下工业增加值增长7%。出口交货值为3.75亿元，增长117%。在规模工业中，园区规模工业增加值为35.17亿元，园区集中度进一步提高。全市规模工业实现产销率99.5%，提高0.59个百分点。新产品产值8.27亿元，下降0.5%。

全市规模工业实现主营业务收入396.73亿元，下降19.1%；实现利润总额27.62亿元，下降35.1%。吸纳从业人员达5.1万人。

全市建筑业总产值6.32亿元，增长2.6%；全市建筑业增加值3.01亿元，增长5%。房屋建筑施工面积154.59万平方米，增长34.1%；房屋建筑竣工面积37.25万平方米，增长15.1%。

【固定资产投资】 全市固定资产投资完成294.09亿元，增长24.9%。其中，城镇和非农户固定资产投资286.47亿元，增长24.82%。全市房地产投资完成7.62亿元，增长27.96%。商品房销售面积20.46万平方米，增长6.57%。

全市工业固定资产投资180.01亿元，增长16.79%。工业投资占固定资产投资的比重为61.21%。

【国内贸易】 全市社会消费品零售总额92.89亿元，增长12.9%。其中，限额以上企业商品零售额25.22亿元，增长23.8%。限额以上企业商品零售额按销售单位所在地来看，城镇为21.90亿元，同比增长25.5%；乡村为3.32亿元，同比增长13.6%。

【对外经济和旅游业】 2014年，实际引进项目122个，实际利用内外资金24.7亿元，已签约合同投资总额过亿元的项目7个。全年进出口总额7549万美元，增长30.24%。

全市实现国内旅游总收入45.29亿元，增长10.8%；接待游客574.44万人次，增长13.3%，其中：过夜游客377.18万人次，增长17.9%；一日游游客197.26万人次，增长28.1%。

【交通和邮电业】 全市民用车辆拥有量达到12万辆。全年交通运输、仓储和邮政业完成增加值33.4亿元，同比增长2.6%。全年各种方式完成客运周转量5.71亿人公里，增长12.1%。全市公路线路年末里程4400公里。

全年完成电信业务总量2.12亿元，比2013年增长23.25%。年末固定电话用户7.901万户，移动电话用户49.61万户，互联网宽带用户数3.46万户。

【财政、金融和保险】 全市财政总收入21.49亿元，下降6.27%；其中，一般预算收入15亿元，增长2.35%。税收收入为14.83亿元，占总收入的69.01%。一般预算支出41.71亿元，下降0.05%。

2014年年末，耒阳市金融机构本外币各项存款余额为251.05亿元，比年初增加27.36亿元，其中人民币各项存款余额250.91亿元，比年初净增27.34亿元，增长12.23%。其中，个人存款余额为204.48亿元，比年初增加23.96亿元，增长13.27%；单位存款余额为43.23亿元，比年初增加32300万元，增长8.08%。全市金融机构各项贷款余额为98.94亿元，比年初增加134902万元，增长15.79%。年末全市存贷比为39.43%。

全市商业保险保费收入达

3.66亿元。其中，财产险保费收入1.95亿元，增长29.6%；赔款支出0.93亿元，赔付率为47.9%。人身险收入1.71亿元，增长12.32%。

【教育和科学技术】 2014年，全市有各类基础教育学校（园）635所，其中，幼儿园216所，义务教育学校409所，高中学校8所，特殊学校2所。总共有在校学生人数22.17万人，其中普通中学在校学生6.86万人，普通小学在校学生10.61万人，在园幼儿4.69万人，特殊学校在校学生119人。2014年，新增学位4000余个，创建合格学校32所，新改建校舍6.2万平方米，消除危房校舍2.45万平方米。教育质量稳步提升，高考二本以上上线1741人；高二学业水平正考一次性合格率87.06%；获省、衡阳市级优秀教育科研成果奖30余项，4个教研组获评“湖南省优秀教研组”。

2014年，全市共完成高新技术产业产值129.77亿元，实现高新技术产品增加值35.76亿元，同比增长56.6%，占全市GDP比例10.1%。目前，全市已有新华防火、炎鑫冶炼、讯通器材、金拓天油茶、润涛生物5家高新技术企业。全年共向科技部、省厅和衡阳市局申报项目24个，立项9个；共申请专利709件（发明专利215件、实用新型343件、外观设计151件）。

【文化、卫生和体育】 2014年末，全市拥有剧场、影剧院4个，公共图书馆1个，博物馆、纪念馆3个，广播电台1座，电视台2台。为第二批次18个乡镇文化站配送音响、乐器等文化设备，为418家村级农家书屋补充更新图书3.2万册次。成功创建湖南省“诗词之乡”。蔡伦古法造纸技艺成功申报为第四批国家级非物质文化遗产代表性项目名录，实现全市国家级非遗保护项目“零”的突破。完成广播电视村村通安装8515户，广播电视综合覆盖率达99.9%，有线电视用户达11.3万户。

全市拥有各类卫生机构69个，其中医院、卫生院44个，妇幼保健院1个，疾控中心1个，5个社区卫生服务中心，639个村卫生室。有卫生技术人员5026人，其中执业医师824人，执业助理医师395人，注册护士911人。医院、卫生院有床位3682张。

全市新增农村体育健身工程77个村，新建场地30多处，累计全市已有161个行政村实施农民体育健身工程项目。新增加体育社团组织2个。全年举办全市性大型群众性体育活动11次，举办大型赛事8次。在湖南省第十二届运动会耒阳市共派出运动员36名，参加青少年组和成年组男子篮球项目共计7个项目的比赛，取得金牌5.5枚、银牌8枚、铜牌2枚，总得分169分的优异成绩，获得衡阳市政府颁发的“突出贡献奖”殊荣。

【城市建设、环境和安全生产】 2014年，全市城市面积49.65平方公里。其中，建成区面积44.30平方公里。城市道路长度276公里；自来水用水户数达3.75万户；供水总量达2185万立方米；供天然气总量9.41万立方米；城市污水处理量达820万立方米；城市绿地面积达1356公顷；城市垃圾无害化处理量达19.92万吨。

主要污染物排放总量及削减率为：二氧化硫排放量为9400吨，削减率为0.04%；氮氧化物排放量为26313吨，削减率为22.9%；化学需氧量排放14957万吨，削减率为27.92%；氨氮排放量2891吨，削减率为18.2%。

全年共发生各类安全生产事故20起，死亡5人，受伤6人，分别下降83.3%、28.6%、95%。直接经济损失351.1万元，上升56%。其中，工矿商贸共发生事故3起，死亡4人；道路交通共发生事故14起，死亡1人；消防火灾共发生事故3起，无伤亡人员。

【人民生活和社会保障】 全市人均城乡居民收入19703元，其中城镇居民人均可支配收入24968元，增长9.43%；农村居民人均可支配收入14845元，增长12%。居民家庭消费总支出12407元。

2014年，全市参加机关事业单位养老保险的人数为3.53万人，企业单位参加养老保险人数3.75万人。新型农村养老保险参保人数达到68.82万人，发放人数15.74万人。参加城镇职工医疗保险参保人数7.73万人，城镇居民基本医疗保险人数16.13万人。农村合作医疗参保人数110.42万人，参合率为97.7%。

城镇居民最低生活保障人数1.23万人，农村居民最低生活保障人数5.14万人。

【获全国主要荣誉称号】　2014年，耒阳市荣获中国最具投资潜力中小城市百强县；成功获批全国"千年古县"；先后被评为全国粮食生产先进县、全国产粮大县、全国知识产权试点城市；金融服务三农工作在全国推介；蔡伦竹海成功创建为国家AAAA级景区；蔡伦古法造纸技艺入选国家级非物质文化遗产代表性项目名录；金盆居委会被评为全国和谐示范社区；金南居委会被评为全国科普示范社区。

【成功获批全国"千年古县"】耒阳市作为湖南省首批"千年古县"申报单位，被列入2014年全国12个"千年古县"申遗参评的县（市）之一，经专家评审组投票审定，被正式评定为"千年古县"。中央电视台走进耒阳拍摄"文明密码·千年古县"专题文献片，并作为中华文化输出工程在全球38个中文台展播。"千年古县"的成功获批，为耒阳今后将地名文化资源优势转化为品牌优势和发展优势提供有力的支撑，为耒阳今后文明发展、科学发展、跨越发展起到催化作用。同时，对于提升耒阳外部形象、扩大对外知名度，打造耒阳"文化大市、旅游强市"必将起到积极的促进作用。

【存在问题和困难】　经济基础薄弱、经济总量不大、人均水平较低的基本市情尚未根本改变，实现科学跨越发展的任务依然艰巨；工业化、城镇化水平不高，城乡发展还不够平衡；财政保障公共服务的能力仍然较弱，改善民生和加强社会管理的任务依然繁重；部分政府机关服务意识、服务能力、执行力不够强，改进工作作风、密切联系群众的长效机制需要进一步完善。

县委、人大、政府、政协领导名录

中共耒阳市委员会

书　记　彭玉明

副书记　刘革生　李向阳

常　委　刘红丹　管林立
　　　　黎家能　段晓赛
　　　　张东辉　廖德萍（女）
　　　　李　云　汪　军

耒阳市人大常委会

主　任　熊国华

副主任　曾阳生　曹晓江
　　　　资　雷　刘菊香（女，兼）

耒阳市人民政府

市　长　刘革生

副市长　段晓赛　张东辉
　　　　谭志锋　黄扬波
　　　　李兴武　江方敏
　　　　王　卿（女）
　　　　何　畅（女，挂职）

政协耒阳市委员会

主　席　李学玲（女）

副主席　曾祥礼
　　　　刘　英（女，兼）
　　　　邓俊义（兼）
　　　　徐进先　伍检告（兼）

市行政企事业单位负责人

纪律检查委员会书记	管林立
市委办公室主任	李　云
组织部部长	刘红丹
宣传部部长	廖德萍
统战部部长	刘红丹
统计局局长	李选武
人民法院院长	刘卫华
人民检察院检察长	左才轩
机构编制委员会办公室主任	徐冬开
政府办公室主任	李春生
经济和信息化局局长	梁贱芽
发展和改革局局长	黄小平
物价局局长	王和云
住房和城乡建设局局长	陈　宁
城管局局长	郭　伟
科技局局长	谢东平
质量技术监督局局长	胡俊斌
教育局局长	阳华耕
公安局局长	谭志锋
政委	方雨平
司法局局长	肖熙仁
监察局局长	阳发云
审计局局长	谭红平
农村工作办公室主任	谭立光
商务局局长	伍检告
政法委书记	黎家能
工商行政管理局局长	文建平
国土资源局局长	刘峥嵘
环境保护局局长	李清河
粮食局局长	邓洪元
规划局局长	徐　璞
国家税务局局长	雷小舟
地方税务局局长	胡梦麟
安监局局长	尹坤庚
档案局局长	梁春林
广播电视台台长	谷　坚
老干部工作局局长	曾晓秋
煤炭局局长	段甘霖
物资行业管理办公室主任	李育国
民政局局长	蒋从群

财政局局长 李连飞
人社局局长 钟文光
信访局局长 文昌金
党史办主任 梁瑞诗
交通运输局局长 资新根(兼)
农业局局长 周金星
林业局局长 刘 丹
水利局局长 贺 斌
文广新局局长 李乙平
卫生局局长 曾三成
文化市场综合执法局局长 谭家伟
第三人民医院 李小保
农经局局长 陈平海
体育事业局局长 曾群利
农业机械管理局局长 张国兴
共青团市委书记 王 芳
文联主席 熊艾春
市委党校校长 唐秋成
总工会主席 罗育锋
妇联主席 罗冯燕
科协主席 谷 林
工商联主席 刘菊香
旅游局局长 罗锡钢
妇幼保健院院长 罗秋生
宗教事务管理局局长 李 林
食品药品监督局局长 徐 坚
疾控中心主任 肖龙成
卫生监督所所长 李永进
市人民医院院长 黄小都
市中医院院长 谷井文
新华书店经理 刘明华
中国人民银行耒阳市支行行长 李 伟
人大办公室主任 郭兴中
人大内务司法工委主任 毛 轩
人大财工委主任 刘文芬
人大教工委主任 许梦娟
人大城工委主任 唐林辉
人大农工委主任 王爱民
人大联工委主任 李志成
政协秘书长办公室主任 曹洲文
政协提案委主任 刘 谭
政协财经委主任 邓承连
政协科教文卫体委主任 刘运力
政协文史委主任 曾祥国
政协法制群团委主任 刘悦文
轻工业行业管理办公室主任 刘功才
工商银行耒阳市支行行长 胡志岩
农业银行耒阳市支行行长 李小喜
建设银行耒阳市支行行长 肖奇军
银行耒阳市支行行长 王晓军
农业发展银行耒阳市支行行长 伍楚林
农商银行董事长 蒋生文
人民财产保险耒阳市支公司经理 左齐团
人防办主任 彭校安
市志办主任 郑久芳
红十字会副会长 李林玉
残联理事长 杨松青
矿产品相关税费征收办主任 周绍武
烤烟办主任 肖秀文
多经办主任 李建军
畜牧水产局局长 欧阳建
农经局局长 陈平海
气象局局长 凌 亮
欧阳海灌区中心管理所所长 刘乘风
人寿保险公司耒阳市支公司经理 资 勇
城市调查队队长 梁晓红
电信局局长 徐伟国
邮政局局长 郭 胜
电力局局长 江贵根
公路局局长 陈寿谆（聘用）
盐业公司经理 陆文魁
中石化耒阳支公司经理 方 峥
烟草局局长 王国平
供销社总理事会主任 陈先华
商业行业管理办公室主任 曹爱祖
一中校长 曹飞跃
二中校长 邓玉明
中等职业技术学校校长 李松林
教师进修学校校长 李小卫
市经济开发区管委会主任 谷文仕
市场管理局局长 陈清华
侨联主席 邓小凤
房产局局长 谷 峰
移民局局长 梁润剑
大市循环经济园开发公司总经理 谭爱民
交通水利建设投资有限公司 刘洪全
韶能集团耒阳电力公司总经理 谷碧成
城投公司董事长 谢东平
贸促会会长 廖 鹏
耒水湿地公园管理局局长 何孝任
夏塘镇书记 曾 伟
镇长 曹 云
竹市镇书记 张为猛
镇长 刘文开
龙塘镇书记 罗湘池
镇长 刘 硕
大义乡书记 谢廷泉
乡长 董严炜
南阳镇书记 陈晓春
镇长 王子菲
马水乡书记 谢慧荣
乡长 曹金古
洲陂乡书记 曾传海
乡长 谢小龙
亮源乡书记 李 纬
乡长 刘连乃
新市镇书记 刘桂华
镇长 周利峰
泗门洲镇书记 邱月乃
镇长 贺胜亮

公平圩镇书记 刘廷斌
镇长 欧阳辉明
小水镇书记 谷文华
镇长 李曙光
太平圩乡书记 刘仁佺
黄市镇书记 梁育波
镇长 刘　丰
南京乡书记 陈　鑫
乡长 王解琼
长坪乡书记 曹江富
乡长 梁淑荣
仁义乡书记 刘　旭
乡长 邓艾国
三顺街道办事处书记 谢淑洪
主任 廖秋林
蔡子池街道办事处书记 刘书钟
主任 张海清
灶市街街道办事处书记 刘功文
主任 黄从文
水东江街道办事处书记 陆冬生
主任 谢更碧
五里牌街道办事处书记 罗晓华
主任 郑德任
遥田镇书记 王录成
镇长 邓立英
大市乡书记 郑洪文
乡长 伍运欢
肥田乡书记 段志雄
乡长 罗育义
永济镇书记 李建安
镇长 陈汉成
三都镇书记 周　斐
镇长 刘　歆
上架乡书记 匡凌云
乡长 刘云贵
东湖圩乡副书记 贺光辉
乡长 罗　艺
导子乡书记 张小各
乡长 雷　俊
沙明乡书记 阳华生
乡长 伍永方
哲桥镇书记 刘志军
镇长 刘建国
坛下乡书记 段华金
磨形乡书记 孙宗兵
乡长 刘春梅
余庆乡书记 农　勇
乡长 钟林国
大和圩乡书记 欧阳洪研
乡长 罗湘平

（刘　丰）

南岳区

【地理、区划与人口】 南岳区位于南岳衡山脚下。2014 年，南岳区辖 3 乡 1 镇 1 街道办事处，27 个行政村，9 个居委会。全区土地总面积 181.5 平方公里。年末常住人口数为 6.24 万人，其中：城镇人口 4.29 万人，农村人口 1.95 万人，城市化率 68.8%；全年出生人口 654 人，出生率 11.11‰；死亡人口 260 人，死亡率 4.42‰，人口自然增长率 6.69‰。

【经济总量】 2014 年，南岳区全年实现地区生产总值 28.84 亿元，增长 10.4%，其中：第一、第二、第三产业增加值分别为 30339.3 万元、30539.74 万元、227472.61 万元，分别增长 4.5%、7.8%、11.5%；三次产业结构调整为 10.5∶10.6∶78.9，其中，第一、第二产业比重分别回落 0.4 个百分点，第三产业比重提高 0.8 个百分点；三次产业对经济增长的贡献率分别为 4.5%、8.2%、87.3%，分别拉动经济增长 0.4、0.9、9.1 个百分点；完成公共财政收入 5.43 亿元（不含基金收入），增长 10%；争取到位上级专项资金 2.3 亿元；完成固定资产投资 24.91 亿元，增长 25.7%；实现社会消费品零售总额 17.83 亿元，增长 12.9%；金融机构各项存款余额 44.31 亿元，贷款余额 23.48 亿元，分别增长 19.82% 和 38.71%，存贷比优化为 53%，较年初提高 7 个百分点。

【旅游产业】 2014 年，南岳区累计接待境内外游客 706.05 万人次，增长 8.86%，其中团队游客 70.45 万人次，增长 7.05%；实现旅游总收入 57.33 亿元，增长 15.19%；实现门票收入 3.05 亿元，增长 9.84%。配套设施有新加强。核心景区主要景点、交通场站实现免费无线网络覆盖；完成半山亭场站和南天门索道站改造及祝融峰景区摊位整治、忠烈祠部分烈士墓葬和多处景观环境修复；维护和建设景区游步道、安全护栏、公厕、医疗救护等基础设施，新增旅游标识标牌 80 余处。旅游营销有新突破。继续在央视播出旅游形象宣传片，开通旅游官方微信，升级南岳衡山旅游网，举办千人朝圣祭祀、汉字书法文化节、“善行天下·温暖腊八”等特色文化活动，与韶山、井冈山组建旅游战略合作联盟，区域合作进一步深化。旅游服务有新提升。强化宗教教风创建，得到中央和省委领导的肯定和推介，全省“教风年”创建现场会在南岳区召开；设立旅游安全应急救助基金，出台全区旅游行业服务标准，修编《南岳衡山导游词》，汇编《南岳奇闻趣事录》。推行淡旺季门票价格政策，严格控制社会车辆进山，加大非法营运打击力度，严格规范核心景区交通秩序，强化综合治理，优化旅游环境迈出新步伐。

【农业】 2014年，南岳区完成农林牧渔业总产值46254.72万元，增长4.6%，全年实现农林牧渔业增加值30339.3万元，增长4.5%。全年粮食播种面积2.56千公顷，油料种植面积0.12千公顷；蔬菜种植面积1.25千公顷。全年粮食产量15029吨，油料产量212吨，蔬菜产量38438吨。全年出栏生猪6.95万头、肉牛0.11万头、肉羊0.25万只、家禽39万羽。肉类总产量达5964吨、水产品产量634吨。

【工业与建筑业】 2014年，南岳区完成工业增加值18605.74万元，增长5.9%。全年辖区全部建筑业实现增加值11934万元，增长11.3%。商品房销售面积8.95万平方米，增长-33.7%，其中：现房销售面积7.01万平方米；期房销售面积1.94万平方米。

【固定资产投资与项目建设】 2014年，南岳区固定资产投资24.91亿元，增长25.7%。其中，城镇以上及非农户投资22.83亿元，增长30.7%，房地产开发投资完成2.08亿元，增长-11.6%。全区实施重点项目24个，报批土地109公顷，完成投资11亿元。其中，产业项目天子山火文化公园、共和国际养生养老文化中心、汉韵文化城、旅游农业休闲观光园、方广寺景区开发、龙凤度假村、南岳衡山文艺创作基地等稳步实施；民生项目金月完小扩建、实验中学运动场和南岳完小运动场改造、公益性墓地、兴隆水库水源地保护、农贸市场改造等建设取得积极进展。

【运输、邮电与通信业】 2014年，南岳区交通运输、仓储和邮政业完成生产总值13374万元，增长11.5%。2014年年末全区车辆保有量20299台，新登记1074台。全区营运客车拥有量200台，客位4359位。营运货车拥有量262台，货运承载吨位894吨。拥有免费公共汽车34辆。2014年全区完成邮电业务总量17712万元。增长29.8%，其中邮政298.27万元，增长27.5%，电信业务量17342.64万元，增长29.9%。

【财政与金融】 2014年，全区财政总收入5.434亿元，增长10%。其中：上划中央收入3521万元，增长15.37%，上划省级收入2303万元，增长9.04%；公共财政预算收入48516万元，增长9.68%。一般预算支出总计71647万元，增长29.79%。年末全区金融机构本外币各项存款余额443130万元，增长18.8%。其中，企业存款68314万元，增长13.45%；财政存款18438万元，增长117.93%；机关团体存款34155万元，增长5.25%；居民储蓄存款322223万元，增长19.82%。年末金融机构本外币各项贷款余额234759万元，增长38.71%。其中，短期贷款为27609万元，增长36.93%；中长期贷款206178万元，增长41.09%；其他货款972万元，增长-87.1%。

【城景乡建设】 城区建设改造力度进一步加大。潭衡西高速东湖至南岳公路改造、武广高铁衡山西站至南岳快速通道等交通项目有序推进；西城区、“两路一中心”、新城西片区、南城区、污水处理二期等城市基础设施项目全面铺开；东西南街市政基础设施及街面建筑提质改造规划设计基本完成。2014年，南岳区加强资源林政管理、造林绿化、森林病虫害防治和野生动植物保护，优化游客服务中心周边、索道运行沿线、兴隆水库大坝周边的森林景观，完成林相改造60公顷；着力推进“三边”绿化，完成通道绿化15公里；启动方广寺、水濂洞、卧虎潭三大景区详规编制；完善风景名胜资源保护管理考核机制，强化日常巡查和联合执法，加强景区内建设监管，依法拆除违章建筑和“空心房”8348平方米。新农村建设稳步推进。从交通、河道、饮水、电力、环卫等方面开展农村环境综合整治，基础设施建设一步完善，村容镇貌大有改观；美丽乡村建设和湘江保护一号重点工程稳步推进。

【环境与安全生产】 2014年，南岳区森林覆盖率76.19%，城镇建成区绿化覆盖率43.9%，年度活立木总蓄积量1335098立方米。全区环境质量稳定，环境空气质量达到国家二级空气质量标准，全年良以上天数达360天以上，达标率100%。水环境质量总体保持良好水平，主要河流和集中式生活饮用水源地等地表水质符合国家III类水质标准，达标率100%。南岳区建有污水处理厂一座，全年处理污水总量354.11万吨，污水处理率达到83%；建有无害化垃圾中转站一座，农村垃圾集中处理率达到100%。全区单位GDP能耗下降到0.29吨标准煤/万元。2014年全区共发生各类生产经营性安全事故8起，同比减少11.1%，死亡0人。亿元GDP事故死亡人数0人；工矿商贸从业人员十万人事故死亡人数0人；煤矿百万吨死亡人数0人；道路交通万车死亡人数0人。

【科技、教育和文化事业】 2014年，南岳区财政科技投入经费共计680万元，拥有专业技术人员1020人；争取湖南省县市区科技服务与创新能力提升专项特色产业类项目1个，争取市科技计划项目4项，安排并实施区级科技计划项目27项。全年申报重大项目2个，完成专利申请14件，专利授权量9件，其中发明专利申请量3件。南岳区共有各级各类公、民办学校及培训机构49所，教师1046人，学生及幼儿12139人。其中，各级各类民办学校及培训机构29所，在校学生及幼儿5628人，教职工534人。全区小学巩固率达100%，初中巩固率达99.8%，全区幼儿一年学前教育入园率100%，学前三年受教育率达89.5%；小学毕业率和就读初中比率均达100%，初中毕业升学率为96%。全区有艺术表演团体5个，文化馆1个，公共图书馆1个，博物馆、纪念馆2个、乡镇文化站5个，农家书屋27家；省级非物质文化遗产保护目录1个；数字电视用户13256户，比2013年增加1120户，电视综合人口覆盖率99.6%。

【卫生与体育事业】 2014年，南岳区各类医疗卫生机构总收入14444万元，总支出13273万元；拥有医疗卫生机构63家，其中：医院2家，基层医疗卫生机构36家，诊所13家，专业公共卫生机构10，其他医疗卫生机构2家；医疗机构拥有床位718张，使用率68.8%；拥有医疗工作人员841人。全区拥有体育场4个，体育馆1座，运动场10个，训练房2个，“农民体育健身工程”行政村17个。

【人民生活和社会保障】 2014年，南岳区城乡居民人均可支配收入达到28517元和14672元，分别增长9.1%和12%。基本养老保险参保人数10365人，其中机关事业单位参保3190人，企业参保人数7199人；全区城乡居民养老保险参保登记23822人，参保缴费8910人，实际缴费率为79%，待遇发放率100%；全区失业保险参保6700人；城镇职工基本医疗保险参保6482人；城镇居民医疗保险累计登记参保15211人，生育保险参保4844人，工伤保险参保9424人。2014年城镇新增就业1200人，失业人员再就业700人，就业困难对象再就业200人，新增农村劳动力转移就业1000人。全区基本养老服务补贴覆盖率70%，基本医疗保险覆盖率91.5%。城乡低保人数共2216人，其中城镇低保745人，农村低保1471人，全年累计发放共计最低生活保障金29712人次，705万元。

【南岳《奇游迹》获评全国优秀动画】 南岳旅游营销系列动画片《锦绣神州之奇游迹》作为湖南省唯一成功出品的原创动画片，被国家广电总局推荐为全国“2013年第三季度国产优秀动画片”，成功入围“中国梦”主题动画片全国12强，并陆续登陆全国143家电视台、视频网站、互联网电视，授权海外5家单位播映。南岳首次借助动漫旅游营销，旨在增强大众对南岳衡山的认知，培养潜在的游客群体，弘扬南岳文化旅游内涵，做到寓教于乐，进一步提升南岳的知名度，扩大旅游市场。锦绣神州之奇游迹全集动画改编自同名漫画《锦绣神州之奇游迹》，是湖南锦绣神州影视文化传媒有限公司2013年度首推的奇幻、冒险、旅游题材的热血动画作品。作品讲述一群志同道合的伙伴一起，为破坏邪恶势力的阴谋，踏上游历神州、寻找神器的冒险之旅。在《锦绣神州之奇游迹》这部动画片中，由南岳祝融化身而成的“朱雀星君”贯穿整个故事，另还有10多集剧情都发生在南岳，融合南岳自然风光及文化故事的动漫演绎充满“南岳元素”。在动画片中，南岳大庙、祝融峰、万寿广场、会仙桥等景点被真实地还原在镜头里，人文历史、自然环境、特产等用动漫主角对话的形式进行发掘，古镇、麻姑仙境等充满生机的景象也被原汁原味地呈现出来。

【南岳忠烈祠首批入选国家级抗战纪念设施、遗址名录】 2014年8月24日，为隆重纪念中国人民抗日战争暨世界反法西斯战争胜利69周年，经党中央、国务院批准，国务院发出通知公布第一批80处国家级抗战纪念设施、遗址名录，南岳忠烈祠与中国人民抗日战争纪念馆、卢沟桥、平型关大捷遗址、衡阳抗战纪念城等一起，成为首批入选国家级抗战纪念设施、遗址名录之一。南岳忠烈祠位于南岳衡山香炉峰下，于1938年筹建，1943年落成，其建筑仿南京中山陵形式建造，是中国建筑最早、规模最大的抗日战争纪念地之一，是至2014年止大陆唯一一处纪念国民党抗日阵亡将士的大型烈士陵园。1983年10月，被列为湖南省重点文物保护单位；1996年10月，被国务院列入“全国重点文物保护单位”，2009年5月，被列为全国“爱国主义教育示范基地”。

【举办建区三十周年系列活动】 2014年，是南岳建区30周年，为全面总结回顾30周年改革开放历程，南岳本着节俭淳朴、积极向上、广泛参与的原则，用制作系列展品、举办文艺汇演、组织系列体育赛事、开展旅游宣传等一系列丰富多彩的方式，吸引广大群众的积极参与，扩大对外影响，让更多的群众感受到建区30年来发生的巨大变化，畅想对美丽幸福南岳的无限憧憬。10月20日，“幸福美丽南岳”摄影作品颁奖仪式暨摄影展在游客服务中心举行，拉开南岳区系列文体旅游活动的序幕。通过对征集到的省内外88位作者的647幅摄影作品进行评选，选出优秀作品进行展览。10月25日，南岳《辉煌三十年》画册正式出版，画册以图文并茂的形式描绘千年古镇的火热生活和记录七十二峰的大美奇景。10月27日，“美丽幸福南岳三十年”板报展在行政办公大院展出，共有21块展板，展板内容以南岳三十年巨变为主题，并在游客服务中心、南岳牌坊等地巡回展出，供社会各界人士参观。10月20日到28日，南岳开展篮球、门球、乒乓球、羽毛球、环城赛、拔河六大比赛项目。10月28日晚，在南岳万寿广场举行以“欢乐潇湘·幸福南岳”为主题的大型群众文艺晚会。

【南岳衡山、韶山、井冈山成立旅游战略联盟】 2014年10月29日上午，南岳衡山、韶山、井冈山旅游战略合作联盟在南岳宣告成立。三方就完善合作保障机制、强化联合宣传营销、合力打造精品线路、共同优化旅游环境达成合作协议。三地同属国家AAAAA级景区，旅游资源十分丰富且各具特色，区域内的南岳衡山和井冈山分别具有“植物王国”和“绿色宝库”之美誉，韶山和井冈山又共同具有和伟大领袖毛泽东相关的红色旅游景点，在文化方面，韶山与南岳衡山区域相邻，凝聚纯正的湖湘文化。三地交通区位优势明显，在吸引游客方面具有得天独厚的优势。该联盟将推出一系列积极有效的举措，依托红色资源，加强区域联合，促进旅游合作与交流，共同建设湘赣边界无障碍旅游区，打造旅游黄金经济圈。

区委、人大、政府、政协领导名录

中共南岳区委员会

书　记　胡小宁

副书记　杨洪峰　曾建华

常　委　胡显西　魏仲文

　　　　文运芝　胡书伟

　　　　曹时桂　陈历昇

　　　　黄　敏(女,挂职)

南岳区人大常委会

主　任　彭旺元

副主任　释大岳(兼)　黄洲康

　　　　周孝华　旷文峰(女)

南岳区人民政府

区　长　杨洪峰

副区长　文运芝

　　　　黄　敏(女,挂职)

　　　　邹长青　崔秀兰(女)

　　　　黄顺发　肖文斌

　　　　梁刚龙　旷慧忠

政协南岳区委员会

主　席　周精华

副主席　曹　晋　旷惠丽(女)

　　　　黄至安(女,兼)

　　　　邓先平(兼)

　　　　旷顺年(兼)

区行政企事业单位负责人

纪委书记　胡显西

区委办主任 魏仲文
组织部、统战部部长 胡书伟
宣传部部长 曹时桂
政法委书记 曾建华
人武部部长 蓝曙光
政委 陈历昇
人民法院院长 龚建民
人民检察院检察长 王一平
督查室主任 赵自光
史志办主任 眭利平
档案局局长 旷春桃
机要局局长 旷 励
党校校长 陈德荣
机构编制委员会办公室主任 伍中明
老干局局长 刘莅芳
区直机关工委书记 旷汀良
事业单位登记管理局局长 袁 敏
政策研究室主任 刘运凯
台办主任 杨岳衡
综治办主任 张小平
防范和处理邪教办主任 刘 雄
维稳办主任 张国金
基层党建办主任 易铁长
文明办主任 刘 科
新闻办主任 文丽贵
网络新闻宣传管理办主任 陈 芳
广播电视台台长 刘金林
书记 赵烨平
人大常委会办公室主任 周和平
人大选举任免联络工委主任 蒋和平
人大教科文卫工委主任 旷文益
人大内务司法工委主任 旷文明
人大财政经济工委主任 胡启华
人大城环与资源保护工委主任 沈正恒
人大信访办公室主任 杨迎春
政府办主任 旷慧忠
统计局局长 肖荣华
法制办主任 王小平
发展和改革局局长 谭建红
农村工作办公室主任 陈铁清
旅游局局长 旷诗秦
教育体育局局长 王明海
民政局局长 邓先平
书记 胡巍然
司法局局长 綦新桂
财政局局长 廖飞鹏
人力资源和社会保障局局长 刘 鑫
国土资源局局长 旷文榜
住房和城乡建设局局长 刘冬林
交通运输局局长 杨承坤
卫生局局长 张志煌
人口和计划生育局局长 钟 焰
审计局局长 旷国华
物价局局长 欧阳莹
食品药品监督管理局局长 张天明
监察局局长 谭湘生
文化广电新闻出版局局长 刘元莲
人民防空办公室主任 刘宏新
电子政务管理办公室主任 袁 冕
自然保护区管理局局长 杨东亮
书记 尹朝晖
水务农机移民局局长 何良佐
安全生产监督管理局局长 郭刚毅
文物管理局局长 王伟强
民族宗教局局长 赵 涛
经济科技信息局局长 邓海良
供销粮食局局长 曹长庚
商务局局长 文祥锋
书记 刘元龙
接待处处长 朱方群
环境卫生管理局局长 易仕南
书记 段成学
规划管理局局长 赵岳峰
行政管理综合执法局局长 李 勇
环境保护管理局局长 文新义
信访局局长 戴德云
公安分局局长 肖文斌
政委 左文华
交警大队队长 李永忠
森林公安局南岳分局局长 周 勇
政委 刘昌其
房产管理处处长 赵旭东
书记 刘 伟
城建投资管理办公室主任 胡融峰
交通建设投资公司经理 唐红军
门票管理处处长 旷华南
书记 唐鸣凤
水濂洞景区管理处处长 陈瑶光
公路管理局局长 何文利
书记 李凌岳
树木园主任 彭珍宝
书记 何逢斌
南岳林场场长 周桂廷
书记 李春辉
景区管理处处长 赵生昭
书记 张安星
景区综合执法大队队长 旷岳宁
书记 康培红
南岳区第一中学校长 左传益
书记 曾淑云
实验中学校长 伍泗洋
南岳完小校长 谢小才
书记 朱桂娥
建筑管理站站长 罗如燕
书记 王卫健
疾病预防控制中心主任 杨小红
妇幼保健院院长 郑湘翅
书记 阳惠云
人民医院院长 李建华
书记 阳艳春
新农村合作医疗管理办主任 王 健
农村经营管理站站长 谭志红
政务服务中心主任 曾秋云
市场服务中心主任 刘克建
游客服务中心管理处主任 段佑秋

书记　李　辉
交通运输管理所所长　陈志凌
交通工程质量与安全监督所所长　凌军全
农村公路管理所所长　刘　庆
书记　杨　堤
社会保险处处长　康铁军
医保中心主任　胡宁平
就业服务处处长　李岳绿
城乡居民社保中心主任　刘文辉
水电站站长　唐国庆
政协秘书长、办公室主任　邹声锋
提案委员会主任　郭国辉
教科文卫体委员会主任　陈敦斌
财政经济委员会主任　杨素芬
人口资源环境和法制委员会主任　周英燕
工商业联合会会长　旷顺年
区总工会主席　杨承伟
共青团区委书记　周　全
妇女联合会主席　周　艳
残疾人事业联合会理事长　雷泽迅
归国华侨联合会主席　沈海平
文学艺术界联合会主席　康松柏
邮政局局长　周　斌
电信分公司经理　刘卫峰
移动通信南岳分公司经理　黄　彬
气象局局长　丁知明
国税局局长　杨　刚
地税局局长　王文昭
供电局局长　陈　疆
工商分局局长　何　平
质量技术监督局局长　欧阳旭东
烟草专卖局局长　罗　霖
中国银行南岳支行行长　王光智
工商银行南岳支行行长　谢利平
农业银行南岳支行行长　肖大庆
建设银行南岳支行行长　欧阳景卫
南岳农村商业银行理事长　雷小洪
邮政储蓄银行南岳支行行长　王贻武
财产保险公司南岳支公司经理　王伟民
中华联合财产保险公司经理　胡安峰
住房公积金南岳管理部主任　何双喜
消防大队队　长　谭朝晖
教导员　唐　明
岳云中学校长　李桂元
南岳电视调频发射台台长　王泽勇
南华大学附属第三医院院长　罗志刚
衡阳市干部疗养院院长　李培荣
南岳镇党委书记　廖红武
镇长　何　湘
拜殿乡党委书记　戴慧玲
乡长　熊水球
岳林乡党委书记　郑　警
乡长　王建林
龙凤乡党委书记　胡朝军
乡长　周建国
祝融街道办事处
党工委书记　徐红松
主任　高文太

（洪　雨　周　婷）

雁峰区

【地理、区划与人口】　雁峰区位于衡阳市南部，东临湘江。2014年，雁峰区辖先锋、雁峰、天马山、黄茶岭、白沙洲、金龙坪6个街道办事处和湘江乡、岳屏镇，共53个社区、14个行政村、13个管区，总面积94平方公里，其中土地面积0.303万公顷，耕地面积0.103万公顷，林地面积0.12万公顷，水域面积500公顷。全区常住人口21.9万人。人口自然增长率3.8‰，符合政策生育率93.1%。

【经济总量】　全区地区生产总值完成123.2亿元，增长10.2%，其中第一产业增加值2.51亿元，增长4.4%；第二产业增加值64.22亿元，增长7.4%；第三产业增加值56.47亿元，增长13.9%。第一、第二、第三产业贡献率分别为0.9%、39.6%、59.5%。

全面建成小康社会速度加快，小康社会总体实现程度达到87.6%。

【农业、工业和建筑业】　2014年全区农业总产值4.02亿元，增长4.5%。粮食总产量0.9万吨，蔬菜4.4万吨。水果0.67万吨，禽蛋产量0.047万吨，水产品产量0.21万吨，出笼家禽27.5万羽。全区完成工业总产值568.56亿元，增长8.2%。完成建筑业总产值28.25亿元，增长19.9%。

【固定资产投资与项目建设】　全年完成全社会固定资产投资96.46亿元，增长27.2%。深入开展“项目建设年”活动，有效推进“311”重点工程计划（即2014年全区计划实施的重点项目投资总规模达300亿元以上，年内开工建设100个项目以上，年度计划完成投资100亿元以上。），实施重点项目103个。全年策划项目78个，深度开发项目22个，引进项目21个，新增“四上”企业25

家。市场主体增至9057户，增长17%。新增湖南省著名商标10个。

【国内贸易与对外经济】 全年社会消费品零售总额为80.80亿元，同比增长12.8%。其中：限额以上批发、零售、住宿、餐饮业完成28.93亿元，增长16.3%。全年内联引资17亿元，新开工项目21个，新竣工项目18个。引进外资项目6个，投资额3216万美元，外派劳务107名。

【财政】 全年完成财税总收入14.72亿元，增长13.1%，完成地方一般预算收入2.66亿元，增长7.15%。地方一般预算支出5.22亿元，下降4.07%。

【教育和卫生】 全区在校小学生15916人，毕业2711人。学前一年教育率100%，小学、初中入学率均达100%，小学生巩固率100%，初中生巩固率100%，初中毕业生普高升学率96%。全年减免义务教育阶段学生杂费及补助公用经费837万元，支付困难学生享受免费教科书经费、补助贫困寄宿学生生活费资金共计55万元。小学教师学历合格率为100%，初中教师学历合格率100%。

卫生医疗管理年度医疗机构执业许可证校验率100%，医疗机构持证率100%，卫生技术从业人员持证率达100%。完成4家社区卫生服务中心国债项目建设。孕产妇系统管理率为93.14%，住院分娩率100%。3岁以下儿童系统管理率为90.48%。全年无重大传染疾病和重大疫情的发生。

【城乡建设】 协调推进城市建设和管理，城乡面貌实现改观。南湖公园（一期）竣工并对市民开放；二环路、东洲岛、湿地公园、幸福河改造等项目顺利推进；完成衡州大道（雁峰段）、蒸阳南路、蒸湘南路两厢提质改造工作。探索城市管理长效机制，加大占道摊担、“六小店”管理和特色街区建设力度，推行划行归市。强力整治户外广告、电动车、特殊摊担、马路市场。环卫作业实现精细化，中心城区生活垃圾无害化处理全部到位，乱搭灵堂、乱放烟花爆竹现象得到有效遏制。加强农村基础设施建设和环境综合治理。发现和整治违法违规用地建设行为为93处、31550平方米。推进湘江保护和治理“一号工程”，岳屏砂场建设有序推进，区域内20艘餐饮船、15个水泥搅拌站、10000余平方米养猪场全部拆除。完成荒山造林10公顷，新增农民专业合作社8家，完成土地流转54公顷，全年城区空气质量优良率96.7%，饮用水源地达标率100%。

【环境与安全生产】 全区工业固体废物综合利用率85%，工业项目环保“三同时”执行合格率100%。全年发生生产安全事故死亡4人，其中道路交通事故死亡3人，工矿商贸生产安全事故死亡1人。亿元地区生产总值生产安全事故死亡率为1.98%。

【人民生活与社会保障】 全区城镇居民人均可支配收入24566元，增长8.6%。全年新增城镇就业人员0.45万人。城镇零就业家庭100%实现动态就业援助。城市、农村低保对象月人均补助分别为289元、121元。城镇居民基本医疗保险住院费补偿率70%，新型农村合作医疗保险统筹地区住院费补偿率85%。

【政府自身建设】 紧扣“为民、务实、清廉”主题，按照“照镜子、正衣冠、洗洗澡、治治病”要求，深入开展党的群众路线教育实践活动，推进57项专项整治，解决影响改革发展和群众反映强烈的问题338件。主动接受人大、政协和社会监督，年内共办理市、区两级人大代表意见建议31件、政协委员提案68件，满意率100%。法制建设稳步推进，深入开展“六五”普法工作，公益村和兴隆村被评为“省民主法制示范村”。严格执行党风廉政建设责任制，切实履行“一岗双责”制度。加大公共资金使用监察、审计力度，全年共完成各类审计项目23个，查处违规资金437万元。全国第三次经济普查工作代表省、市接受国家检查获好评。

【衡山科学城落户雁峰区】 2014年衡山科学城选址启动。它是中部地区科技创新的示范区、总部经济的集聚地、改革转型的试验田，以移动互联网技术研发、制造及应用为先导，以企业总部、研发创新服务、高端制造和新城建设为核心，以电子信息、生物技术、新材料等为主导产业，以“智慧谷”和“健康谷”为两大战略重点，其中“智慧谷”选址雁峰区岳屏镇东风村、文昌村一带，总规划面积20平方公里。

【教育发展日趋均衡】 投入资金380万元，高质量、高标准完成“三通两平台”建设项目，完成环城南路小学、高兴小学两个录播中心建设，创建省级现代教育实验校3所，市级现代教育技术实验校12所，评为湖南省现代教育技术实验区。顺利实现学前教育三年行动计划目标，提前4年完成普惠性民办幼儿园的建设和认定工作，评为湖南省学前教育典型县市区。组织开展全民终身学习周、社区教育月活动，2014年，成功挂牌“国家社区教育实验区”“湖南省社区教育示范区”。

【创新机制推进项目建设】 创新领导、调度、协调、监管、奖惩五大机制，即领导层面上实施“四级管理”，调度机制上实施“四个对接”，协调管理上实施“四个统筹”，监管过程中实施“四个强化”，奖惩措施上实施“两个严格”，制定并实施《关于加快推进项目建设的意见》，顺利实施市区两级重点项目共103个，荣获2014年市“项目建设年”活动先进单位。

【探索法治雁峰建设】 在衡阳市率先制定《雁峰区法治政府建设指标体系（试行）》，确定行政决策、公共财政管理与政府投资、行政审批、行政处罚、行政服务、政府信息公开、行政监督等12个大项、46个中项、219个小项重要指标。严格规范决策程序，认真落实听证制度，2014年全区共召开12次听证会。制定《适用一般程序作出行政处罚案卷评查内容和标准（试行）》，每年对全区各行政执法单位开展案卷评查工作。出台《关于建立政府法律服务购买制度的实施意见》，建立包括5家律师事务所，10余名专家在内的法律服务购买专家库，充分调动和利用法律资源，提高政府办理涉法事务质量。

【吉湘林被公安部授予二级英模】 吉湘林，1980年4月出生，男，汉族，籍贯内蒙古科尔沁，中共党员，本科文化。2001年11月在衡阳市公安局雁峰分局参加工作，现任广场派出所副所长，三级警督。2014年11月13日，一名男子携带2瓶汽油，在衡阳市雁峰区雁城路68号三楼一出租屋内点火自焚。吉湘林不顾个人安危，挺身而出扑火救人，被大火严重烧伤。2015年1月4日，衡阳市委决定在全市开展向吉湘林学习活动，号召全市干部群众学习其一心向党、忠诚使命的政治立场，学习其维护法律、践行法治的坚定信念，学习其临危不惧、舍己救人的担当精神，学习其爱岗敬业、乐于奉献的高尚品德。吉湘林被公安部评为“二级英模”“全省重大先进典型”。

区委、人大、政府、政协领导名录

中共雁峰区委员会

书　记　邹致和

副书记　陈　骏　蒋云新

常　委　单绪平　贺卫红　孙艳平(女)　黄耀武　周春华　欧军林　聂卫华　李竞雄

雁峰区人大常委会

主　任　李　军

副主任　周　华　黄永刚(兼)　谷田生　文林森

雁峰区人民政府

区　长　陈　骏

副区长　单绪平　周春华　陈俊华　江　红(女)　陈泰山　张光耀　刘浪涛　洪　流

政协雁峰区委员会

主　席　欧阳梅芳(女)

副主席　颜新华　肖越男(女,兼)　李　萍(女)　陈祥顺(女,兼)　郭　强(兼)

区行政企事业单位负责人

纪律检查委员会书记	贺卫红
组织部部长、统战部部长	孙艳平
区委办公室主任	李竞雄
宣传部部长	欧军林
政法委书记	聂卫华
工商联主席	黄永刚
公安分局局长	陈俊华
政委	廖　勇
科学技术局局长	肖越男
政务中心主任	陈祥顺

总工会主席　　　　　　　　　　　熬国华
监察局局长　　　　　　　　　　　刘　毅
人民法院院长　　　　　　　　　　肖家亮
人民检察院检察长　　　　　　　　刘中柱
机构编制委员会办公室主任
　　　　　　　　　　　　　　　　肖美燕
防范和处理邪教办主任　　　　　　文美华
机关工委书记　　　　　　　　　　龙　淼
老干部局局长　　　　　　　　　　周光辉
共青团区委书记　　　　　　　　　唐　玲
妇女联合会主席　　　　　　　　　伍小凤
人大办公室主任　　　　　　　　　全朝虎
人大财经工委主任　　　　　　　　龙　霞
人大内务司法工委主任　　　　　　蒋雪梅
人大选举任免联络工委主任
　　　　　　　　　　　　　　　　曾令军
人大城建环保工委主任　　　　　　邓楚敏
人大教科文卫工委主任　　　　　　王容利
政府办主任、党组书记　　　　　　唐　雁
安全生产监督管理局局长　　　　　冯赛柳
发展和改革局局长、书记　　　　　邓建华
经济贸易局局长、书记　　　　　　武素梅
工业项目集聚区管委会主任
　　　　　　　　　　　　　　　　涂万里
教育文化体育局局长、书记
　　　　　　　　　　　　　　　　何井盛
科学技术局书记　　　　　　　　　蒋金华
民政局局长、书记　　　　　　　　黄建国
司法局局长、书记　　　　　　　　肖显伟
财政局局长、书记　　　　　　　　王志运
人社局局长、书记　　　　　　　　何井盛
住建局局长、书记　　　　　　　　汤　杨
农村工作办公室主任、书记
　　　　　　　　　　　　　　　　曹福寿
水利农机局局长、书记　　　　　　罗东峰
卫生局局长、书记　　　　　　　　黄　昕
人口和计划生育局局长、书记
　　　　　　　　　　　　　　　　卢雅琴
审计局局长、书记　　　　　　　　朱　莉
统计局局长、书记　　　　　　　　罗诗龙
人民防空办公室主任、书记
　　　　　　　　　　　　　　　　李华山
城管执法雁峰分局局长、书记
　　　　　　　　　　　　　　　　彭　亮
环境卫生管理局局长、书记
　　　　　　　　　　　　　　　　胡宏斌
残疾人联合会理事长　　　　　　　杨德祥
信访局局长　　　　　　　　　　　李新华
政协秘书长　　　　　　　　　　　陈　芳
政协办公室主任　　　　　　　　　欧红宇
政协提案委主任　　　　　　　　　何英文
政协财政经济委主任　　　　　　　朱章冬
政协教科文卫体委主任　　　　　　陈忠华
政协人口资源环境和法制委主任
　　　　　　　　　　　　　　　　王晓辉
先锋街道党工委书记　　　　　　　苏飞燕
　　　　　　　　　　主任　　　　刘　恒
天马山街道党工委书记　　　　　　刘　勇
　　　　　　　　　　主任　　　　张娅琳
雁峰街道党工委书记　　　　　　　彭湘波
　　　　　　　　　　主任　　　　曾向前
黄茶岭街道党工委书记　　　　　　谭海荣
　　　　　　　　　　主任　　　　陈昌华
白沙洲街道党工委书记　　　　　　蒋福宝
　　　　　　　　　　主任　　　　孙　辉
湘江乡党委书记　　　　　　　　　陈　酬
　　　　　　　　　　乡长　　　　尹　毅
岳屏镇党委书记　　　　　　　　　许和平
　　　　　　　　　　镇长　　　　肖　稹
金龙坪街道党工委书记　　　　　　刘植华
　　　　　　　　　　主任　　　　周　杰

（李云志　唐　剑）

石鼓区

【地理、区划与人口】　石鼓区位于东经112°31′40″～112°38′60″，北纬26°54′00″～27°01′13″，地处衡阳市城区西北部，东临湘江，与珠晖区隔江相望，南与雁峰区毗邻，西与蒸湘区接壤，北与衡阳县交界。2014年，辖松木、角山2个乡以及人民、青山、潇湘、五一、合江、黄沙湾、金源7个街道办事处（金源街道办事处由松木经开区管理）；45个居民委员会，30个村委会。年末常住人口23.82万，城镇常住人口22.22万人，城镇化率93.17%。人口出生率12.31‰，人口自然增长率7.28‰。

【经济总量】　实现地区生产总值（不含松木经济开发区，下同）103.85亿元，增长10.8%，高于全市0.9个百分点。其中，第一产业增加值3.89亿元，增长4.5%；第二产业增加值25.67亿元，增长7.0%；第三产业增加值74.29亿元，增长12.5%。三次产业比调整为3.8∶24.7∶71.5，其中，第一、第二产业较2013年分别下降0.1个和1.2个百分点，第三产业较2013年提高1.3个百分点。第一、第二、第三产业对全区经济增长贡献率分别为1.6%、16.4%、82.0%。

【农业】　粮食总产量为21697吨，增长5%；蔬菜总产量为58987吨，增长20%；瓜果总产量为4230吨，与2013年同期持平。畜牧水产业方面，出栏肉猪10.8万头；出栏牛0.015万头；出笼家禽90万羽；水产品2510吨。新增农业企业5个，共有各类农业企业27家，其中市级以上龙头农业加工企业15家；建成农产品基地3个，扩建蔬菜基地87公顷，建成无公害种植面积340公顷；建成标准化生猪养殖场3

个；新增农民专业合作社7个，共有农民专业合作社42个，增长20%，农民专业合作社累计成员5236人，增长4%。

【工业与建筑业】　工业增加值15.66亿元，增长4.8%，工业增加值占GDP比重为15.1%，对经济增长的贡献率为7.4%，拉动GDP增长0.8个百分点。其中，规模以上工业总产值达34.25亿元，新增规模工业企业5家；实现高新技术产业增加值8.07亿元，高新技术产业增加值占GDP比重为6.9%。全区建筑业总产值25.97亿元，增16.9%。

【固定资产投资与项目建设】　完成固定资产投资103.98亿元，增长27.1%。其中，城镇固定资产投资84.56亿元，增长21.6%。分产业来看，第一产业投资1.43亿元，增长225%；第二产业投资9.70亿元，增长－28.3%；第三产业投资92.85亿元，增长36.9%。按投资规模来看，2000万元以上项目72个，完成投资52.24亿元，亿元以上项目13个，完成投资21.01亿元。房地产开发投资19.41亿元，增长58.6%。其中，住宅投资15.36亿元，增长56.3%；办公楼投资0.92亿元，增长5.0%；商业营业用房投资1.43亿元，增长17.7%。开工建设55个重点项目，完成投资83.23亿元，增长38.1%；市重点考核的23个项目，开工复工率100%，完成投资42亿元，为年度任务的105%。完成征地385公顷，拆迁房屋面积41万余平方米。

【招商引资】　社会投资2000万元以上的产业开工项目15个，累计到位资金95030万元，其中亿元以上的项目6个，5000万元以上的项目6个。社会投资2000万元以上的竣工项目13个，累计到位资金45120万元，其中亿元以上的项目3个，5000万元以上的项目6个。内资累计到位资金17.2亿元，外资累计到位资金3298万美元，同比增长17%。全年策划、包装项目89个，深度开发38个。签约项目3个，即由美国IDF公司投资兴建的国际名品商业广场项目、湖南友谊阿波罗商业股份有限公司投资兴建的友阿供大商业综合体项目、湖南清风实业有限公司投资兴建的凤凰总部经济园项目。

【国内贸易与对外经济】　社会消费品零售总额79.86亿元，增长13.1%，增速位列全市第一。限额以上商品零售额，零售业粮油食品、饮料、烟酒类增长23.7%；服装、鞋帽、针纺织品类增长16.9%；化妆品类增长37.4%；日用品类增长11.4%；家用电器和音像器材类增长29.4%；文化办公用品类增长25.6%；家具类增长36.9%；通信器材类增长29.4%；石油及制品类增长24.7%；汽车类增长40.7%。完成外贸进出口额1757万美元，同比增长32.97%。

【财政】　完成财政总收入17.88亿元，增长13.4%，增量位居城区第二、总量位居全市第三；税收占财政总收入的比重达95.1%，排名全市第二；完成地方一般预算收入3.85亿元，增长33%，排名城区第一。完成一般预算支出7.65亿元，较2013年增加1.06亿元，增长16.09%。实现财政收支平衡，略有结余。

【科技、教育与文化事业】　科学技术支出856万元，占当年本级财政一般预算支出比例1.12%，同比增长18.1%。组织区内企业积极申报科技资金，共计争取科技资金500多万元。提升企业申请、保护、运用知识产权的能力，全区共申请专利140件，授权专利130件，专利申请及授权量都超过2013年。全区义务教育阶段中小学学杂费全免，并免除农村学生和在石鼓区就读的进城务工的农民工子女以及城市低保户子女的教辅费，共计20494人次，合计134万余元。为区内38名贫困大学生办理国家生源地信用助学贷款业务，共计26.14万元；发放中职助学金165人，共计12.38万元。编制《衡阳市石鼓区2014～2020年中小学、幼儿园布局及建设规划》。大力改善办学条件，投入1200万元高标准完成12所学校改造，实施教育城域网、安装监控系统等建设，实现校园监控全覆盖，创建1所全国安全和谐校园、6所省级安全文明校园。区公共图书馆、文化馆、乡文化站全部免费开放，区美术馆建成开放。启动“书香石鼓”全民读书活动，组织“欢乐潇湘、幸福石鼓”等4次大型广场文化活动。

【卫生与体育事业】 全区共建居民健康档案规范档案化人数20.18万份，建档率90.94%；产妇总数1807人，住院分娩率100%；系统管理1756人，系统管理率97.18%；三岁以下儿童系统管理5102人，系统管理率83.52%。落实重大传染病防控工作，推进基本公共卫生服务均等化。在全省首创“时间银行”互助医疗养老新模式。在全市首创基层医院引进数字化远程诊疗服务。搭建民营医院牵手三甲公立医院协作新平台。定期举行羽毛球、春秋季田径运动会、健美操、乒乓球、中小学生艺术展演、艺术教师基本功比赛等多项赛事活动；参加市中小学生田径运动会，再次获得小学组团体总分第一名；参加省第十二届运动会获得金牌17枚，超额完成市政府下达的金牌任务数。

【旅游业】 加快旅游项目建设，总投资12亿元、规划用地面积22公顷、总建筑面积107万平方米的旅游重点项目珠江帝景山庄，已经完成投资1.2亿元，酒店主体工程基本完工。占地面积100公顷，总投资1.2亿元的香樟生态农业园项目已经完成投资2000万元。种植玫瑰总面积80公顷，投资总额5800万元的潇湘合创玫瑰园，已经完成投资1860万元。做好行业服务工作，制定2014年旅游市场开发工作计划，报送旅游公共服务体系报表，为石鼓书院参评AAAA级景区做好前期准备，参加省旅游局举办的“2014中国湖南（第五届）旅游产业博览会”参展工作，大力提升石鼓旅游形象。

【城乡建设】 蒸阳北路延伸段建成通车，蒸水北堤风光带、红湘北路、雅士林大桥等项目基本建成，107国道改造、怀邵衡铁路、二环北路等项目顺利推进。高标准实施蒸湘北路、蒸阳北路、船山大道三条城区主干道两厢提质改造，船山大桥下存在20余年的25间门面全部拆除。补种城区主干道苗木76万株。易赖街、陕西巷等240处背街小巷基础设施改造全部完工。硬化农村道路20.5公里，完成道路绿化30余公里，植树造林34公顷。成功实施横江河、杉旭河2个中小河流治理项目。解决农村4143人饮水安全问题。完成井冲水库除险加固和银杯干渠（一期）渠道清淤护砌。扎实推进新农村建设，编制实施全区行政村村庄建设规划，制定《关于规范村民建房手续审核流程的通知》等3个文件，优化建房手续审批流程，三星村通过全省“美丽乡村”示范村验收。大力开展农村环境卫生综合整治，新建垃圾中转站15座，新农村建设示范村率先实现垃圾减量处理目标，角山乡集镇整治顺利推进，农村环境卫生综合整治排名城区第二。

【社会安定、环境与安全生产】 开展信访突出问题“大排查、大接访、大化解”工作，认真落实“五个一”包案化解制度，成功化解信访积案38个。扎实推进“四大三基”“六打六治”“三大行动”，全年未发生较大以上安全生产事故，安全生产工作实现“零”死亡，被评为全市先进单位。严格食品药品监管，保障群众“舌尖上的安全”。严厉打击非法集资，清理整顿金融机构68家。“平安石鼓”创建深入开展。综治民调排名全省第29名，位列全省第一方阵，社会治安综合治理被评为全省先进单位。

【人民生活和社会保障】 坚持财政收入向改善民生倾斜，民生支出5.47亿元，增长19%，占财政支出的比重达70.1%。17项为民办实事任务全部或超额完成，完成264套棚户区、100户农村危房改造，为农村寄宿制学校添置学生床位512个，新安装社会治安视频监控摄像头100个，省级以上公益林管护面积到位率和补偿资金发放到位率均达100%。新购和提质改造9个社区办公服务用房。城镇登记失业率控制在4.5%以内，城镇零就业家庭实现动态清零，新增城镇就业5222人，农村劳动力转移就业2301人。千方百计促进居民增收，城镇居民人均可支配收入25896元，增长8.9%。社会保险新增扩面38969人，征缴社会保险基金1.08亿元。医保参保人数197075人，新型农村合作医疗保险参保人数43372人，参合率99.5%。发放城市低保金4121.56万元、农村低保金567.32万元、廉租住房租赁补贴资金789.87万元、城乡医疗救助资金315.15万元，城乡低保月保障标准分别提高到370元和185元。

【存在主要问题】 一是发展后劲有待增强。传统商贸业优势逐渐弱化，现代服务业正在培育发展之中；工业经济支撑作用有限；项目招商的规模和质量有待进一步提高。二是要素保障还不到位。蒸水以北城市基础设施建设相对滞后，用地难、融资难等问题没有得到根本解决。三是发展环境仍需优化。控违拆违、征地拆迁矛盾突出，安置房建设欠账较多，信访维稳压力较大。

区委、人大、政府、政协领导名录

中共石鼓区委员会
书　　记　杨龙金
副 书 记　黄　辉(女)
　　　　　肖立建
常　　委　王　敏　邓昌旺
　　　　　郑建芳　尹腾芳
　　　　　赵　伟　叶　强
　　　　　周文源(女)
　　　　　陈平阳
石鼓区人大常委会
代理主任　陈国春
副 主 任　冯春娥(女,兼)
　　　　　祝家元
石鼓区人民政府
副 区 长　黄　辉(女,主持政府工作)
　　　　　王　敏　赵　伟
　　　　　谢　宏　朱建社
　　　　　陈　坚　聂文化
　　　　　贺水源　朱鸿波
政协石鼓区委员会
主　　席　王仲晓
副 主 席　曹平阳　刘振湘(兼)
　　　　　宁华梁
　　　　　徐　琼(女,兼)
　　　　　卢　行(女,兼)

区行政企事业单位负责人

政法委书记　邓昌旺
区委办主任　郑建芳
组织部长、统战部长　叶　强
宣传部长　周文源
纪委书记　陈平阳
人民法院院长　李立志
人民检察院检察长　贺晓斌
直属工委书记　李　科
机要局局长　肖云根
区委督查室主任　曾素波
老干局局长　李妍莛
台办主任　屈光明
工商联主席　冯春娥
防范和处理邪教办主任　罗友迪
总工会主席　龙平省
团委书记　万倩雯
妇联主席　张传翠
人大办主任　孙　宁
人大内务司法工委主任　王志刚
人大教科文卫工委主任　杨　蓉
人大城建环保工委主任　邹智明
人大选举任免联络工委主任　邓初中
人大财政经济农业工委主任　唐云华
政府办主任　朱鸿波
区委、区政府接待处主任　洪云辉
重点项目工作办公室主任　戴　胜
发改局局长　成志辉
经贸科技局局长　阳长辉
教育文化体育局局长　汪衡湘
监察局局长　彭爱民
民政局局长　李长刚
残联理事长　罗会林
司法局局长　邓　琳
财政局局长　贺水源
人力资源和社会保障局局长　刘卫国
住建局局长　钱　波
农村工作办公室主任　李在定
水利农机局局长　颜国清
卫生局局长　何一流
人口和计划生育局局长　郭金国
审计局局长　颜福元
人防办主任　朱华兰
城管执法局局长　曾　鸿
环卫局局长　刘孝成
环卫局党委书记　刘　珺
统计局局长　陈　沧
安监局局长　朱永忠
信访局局长　范云龙
区政府督查室主任　蒋传汉
政协秘书长、办公室主任　廖明明
政协经济联络委主任　周显伟
政协学习文史委主任　伍世梅
政协提案法制委主任　谭毓霖
政协文教卫群团委主任　刘小荣
公安分局局长　朱建社
　　政委　肖鸿元
工商分局局长　罗剑波
国税分局局长　周华平
地税分局局长　欧阳志刚
规划分局局长　傅红刚
国土分局局长　曾文杰
环保分局局长　罗成龙
价格监督检查分局局长　周卫平
信用联社主任　刘鲜华
工行城北支行行长　肖锦伟
华融湘江银行石鼓分行　李　锐
交警大队大队长　陈　磊
消防大队大队长　王长飞
市公安局综合执法警察支队　刘平安
食药局石鼓分局局长　罗春武
松木乡党委书记　王元军

乡长 曾利荣
角山乡党委书记 莫尚辉
乡长 石海燕
人民街道党工委书记 王志勇
主任 李亚晖
青山街道党工委书记 文　鸣
主任 罗轶达
潇湘街道党工委书记 吴　颖
主任 肖建军
五一街道党工委书记 李阳武
主任 刘礼美
合江街道党工委书记 王　砺
主任 曾宏辉
黄沙湾街道党工委书记 杨昌能
主任 徐崇斌

（谷琼峰）

珠晖区

【地理、区划与人口】 珠晖区位于流经衡阳市城区的湘江东岸。2014 年，珠晖区辖 2 乡、2 镇、7 个街道办事处，4 个农场。土地总面积 234 平方公里，其中耕地面积 5.44 千公顷。年末常住人口 34.06 万人。人口出生率 9.41‰，自然增长率 3.37‰。

【经济总量】 地区生产总值 184.92 亿元，增长 10.9%。三次产业结构比为 4.4∶59∶36.6。

【农业】 农林牧渔业增加值 8.15 亿元，增长 4.6%；粮食总产量为 32558 吨，增长 3.9%；油菜籽产量为 2484 吨，增长 3.1%；蔬菜总产量为 188777 吨，增长 4%；瓜果总产量为 189862 吨，增长 7.2%；蔬菜 18.88 万吨；水产品 4315 吨；出栏肉猪 25.3 万头；出栏牛 0.02 万头；出栏羊 0.09 万头；出笼家禽 60.9 万羽。

拥有 5 家全市农业产业化龙头企业，建成农产品基地 12 个，新增农民专业合作组织 18 个，目前已达 77 个，现共有农民专业合作社成员 3200 人，增长 23%。新增蔬菜种植面积 233 公顷；新建蔬菜连栋大棚 534 公顷；新建农村沼气池 8 个 30 立方米；建成标准化生猪养殖场 3 个；蔬菜、葡萄、早熟梨、花卉、苗木等特色产业逐步规模品牌化。省级新农村建设示范点曙光村通过市级验收，茶山坳水厂主体工程全面完工。新建和改进各类水利工程 5 处，累计投资 2274 万元。

【工 业】 规模工业总产值 142.95 亿元，下降 12.35%，其中增加值增长 7.3%。69 家规模工业企业实现盈利 -0.81 亿元，同比下降 70.6%。工业高新技术产值 103.45 亿元，增长 9.11%。高新技术产业增加值占 GDP 比重为 34.8%，单位 GDP 能耗 0.773 吨标准煤/万元，下降 4.59%。拥有国家级高新技术企业 1 家，占到全市总量的 33.33% 以上。拥有市级以上企业技术中心 16 家，高新技术增加值占全区 GDP 比重的 34.76% 以上。实现规模以上工业销售产值 141.63 亿元，产销率达 99.1%。

【固定资产投资与项目建设】 固定资产投资 145.03 亿元，增长 27.4%。实施各类项目 145 个，其中省市重点项目 15 个。工业固定资产投资 67.13 亿元，增长 9.4%，占固定资产投资总量的 46.3%。房地产开发投资 6.71 亿元，增长 2.9%。商品房竣工面积 1351539 平方米，商品房屋销售面积 86888 平方米。

【招商引资】 全年投资 2000 余万元，新开工项目 15 个，引资 15.83 亿元，到位 6.14 亿元。全年新竣工项目 15 个，引资 7.43 亿元，到位 5.98 亿元。全区实际利用外商直接投资 3680 万美元，实际利用内资 17 亿元。

【建筑业】 共有资质以上建筑业企业 15 个，完成总产值 108.22 亿元，上升 3.3%。房屋建筑施工面积 31.9 万平方米，房屋新开工面积 10.73 万平方米。

【财政】 全年完成财政总收入 12.95 亿元，增长 10.33%；一般预算收入 5.99 亿元，增长 27.9%。税收占财政收入的比重达 83.66%，财政总收入占 GDP 的比重达 7.01%。财政一般预算支出 9.27 亿元，增长 20.55%，其中农林水事务支出 6680 万元，增长 3.37%；科学技术支出 139 万元，增长 4.51%；医疗卫生支出 12203 万元；教育支出 15080 万元。

【科技、教育与文化事业】 实现高新技术产品产值 161 亿元。获上级部门科技项目 15 项，经费 135 万元，按新标准，累计认定有效的国家高新技术企业数 16 家，专利申请数 221 件，授权专利数

141 件，其中发明专利申请数 113 件，授权发明专利数 12 件。10 万人专利申请数 73 件，10 万人授权专利数 47 件，10 万人授权发明专利数 4 件，科技成果转化数 50 项，规模以上企业建立研发机构的比例 27%。年技术市场成交合同金额为 35700 万元，产学研合作签订项目数 22 个，技术开发和服务机构 7 家，专业技术人员总数 24500 人，万人拥有专业技术人员数 816 人，科技特派员人数 24 人，科技人员服务企业人数 17400 人。规模以上工业企业科技活动经费支出占产品销售收入的比例是 0.96%。

现有在职教师 1262 人，共有小学 42 所，九年一贯制学校 1 所，中学 4 所，在校学生 23397 人（含民办学校）。完成 3 所合格学校后续建设。投资 275 万元完成衡州路（公办）幼儿园建设。幼儿园拥有量达到 65 所，在园幼儿 8309 人，学前三年毛入园率 95%，学前一年毛入园率 100%。小学在校学生 21217 人（含民办小学），小学适龄儿童入学 100%，巩固率 100%。初中在校学生 2180 人（含民办学校）；初中适龄人口入学率 100%，巩固率 99.6%。

拥有乡镇、街道文化站 11 个，其中综合性乡镇文化站 4 个，街道文化站 7 个。文化馆 1 个，公共图书馆 1 个，纪念馆 1 个，电影院 1 个。青少年学生校外活动中心 1 个，社区文化活动中心 32 个，6000 平米以上的全民健身广场 4 个，社区文化广场 23 个，示范性学院 1 个、学校 4 个、学习中心 10 个；新增图书 1300 余册。共举办“广场旬旬演、社区周周乐”64 场，其中“广场旬旬演”4 场，“社区周周乐”60 场。

【卫生与体育事业】 拥有各类卫生机构 238 个，其中区属医院 3 家，乡镇卫生院 4 个，社区卫生服务中心 6 个，妇幼保健院 1 个，妇女儿童医院 1 个，疾病预防控制中心 1 个，卫生监督所 1 个，其他各类医疗机构及个体诊所 208 个。卫生技术人员 987 人，其中执业医师和执业助理医师 571 人，注册护士 455 人，卫生防疫人员 92 人；医院、卫生院床位 887 张。农村合作医疗和医药卫生体制改革深入推进，统筹地区新农合住院费用平均补偿率达到 65%。全区无甲类传染病报告，乙类法定传染病发病数 1063 例，发病率 332.18/10 万，全年计划免疫接种一类 16 苗，接种率 97.3% 以上；孕、产妇系统管理率 92.24%，住院分娩率 100%；7 岁以下儿童管理率 95.24%，5 岁以下儿童死亡率 7.32‰。

参加省青少年常规体育比赛获 10 枚金牌，网球代表省、市参加全国比赛获冠军 5 个，亚军 5 个，季军 8 个。

【旅游业】 全年实现旅游总收入 22.18 亿元，增长 22.27%，接待国内外游客 349.41 万人次，增长 17.1%。

【城乡建设】 全区两厢提质改造投资 4614 万元，衡州大道、湘江东路两厢拆除防盗网 44244 平方米，改造防盗网 23585.5 平方米，拆除遮阳罩 23951 米，新增绿地 23947 平方米，墙面改造 25700 平方米，墙面粉刷 66038 平方米，规整管线 8300 多米。投资约 190 万解决与市民生活息息相关的“沟不通、路不平、灯不亮”等民生项目，铺设沥青 5206 平方米，硬化路面 3320 平方米，疏通下水道 3161 米，清理化粪池 257 个，安装太阳能路灯 27 盏，特别是苏州湾社区，投资近 30 万元，油化路面 3000 平方米，新装太阳能路灯 8 盏，修复路灯 3 盏。投资 38.1 万元对狮山路、建湘路进行全面修复，铺设沥青路面 2700 平方米，修复砼路面下沉 700 平方米，投资 39 万元对蔡家皂到飞机坪一带进行修复提质，部分路段拓宽 1.5 ~ 2 米，修复砼 1802 平方米。

【环境与安全生产】 全年化学需氧量、氨氮排放量、二氧化硫排放量、氮氧化物排放量分别为 7442.42 吨、1911.70 吨、4748 吨和 3727.45 吨，分别下降 7.89%、6.12%、25.67%、0.07%。环境空气优良率为 94.3%，饮用水水源地水质达标率为 100%。美丽乡村建设顺利推进，全区共有国家级生态乡 2 个，省级生态镇 1 个，省级生态村 6 个。全年共发生安全事故 319 起，比 2013 年减少 140 起，下降 30%；死亡 76 人，增长 2.7%；重伤 183 人，比 2013 年减少 261 人，下降 58.6%；经济损失 2067 万元，比 2013 年多支出 565 万元，增长 37.6%。

【人民生活与社会保障】 城乡居民可支配收入达到 25129 元，增长9.5%。全区共征缴企业养老保险13718万元，完成年度目标任务的319%，发放基本养老金10322万元，按时足额发放率100%；失业保险102万元，完成全年目标任务的170%；新农保和城居保265万元，完成全年目标任务的102%，共发放基础养老金1113.3万元；城镇职工医疗保险1340万元，完成全年目标任务111%；城镇居民医疗保险3740万元，生育保险66万元，完成全年任务120%；基本医疗保险市级统筹开展率100%，基本医疗保险覆盖率95%。

【社会治安】 全年共化解平息各类群体性矛盾纠纷、案（事）件56起。刑事案件1836起，破案431起，破案率为23%，破案率同比2013年提高42.3%；查处行政案件2242起，同比2013年提高23%；捣毁犯罪团伙10个；刑事拘留270人，同比2013年（226人）提高19%；逮捕173人，移送起诉334人，起诉265人，行政拘留683人，强制隔离戒毒71人。

区委、人大、政府、政协领导名录

中共珠晖区委员会：

书　记　符成安

副书记　陈礼洋　袁谷平

常　委　阳丽红

梁璞存　彭建元

聂百洲　陈爱军

唐黎明　李　健

肖　斌

珠晖区人大常委会

主　任　申　杰

副主任　陈清学　邓春华（兼）

凌小敏　袁　丁

珠晖区人民政府

区　长　陈礼洋

副区长　彭建元　聂百洲

陶朝晖　史瑞光

罗　毅　罗宏俊

邹红华　廖永忠

政协珠晖区委员会

主　席　刘　浪

副主席　周春兰（女）　周定缘

曾刚乔（兼）

何奇志（兼）

丁倩茹（女，兼）

区行政企事业单位负责人

纪委书记　阳丽红

宣传部长　肖　斌

组织部长、统战部长　李　健

政法委书记　梁璞存

区委办主任　唐黎明

人民法院院长　杨硕立

人民检察院检察长　唐　晨

衡冶社区服务中心主任、副书记　刘华文

人武部部长　刘毅辉

政委　陈爱军

监察局长　周治华

直属机关工委书记　方旭辉

老干局局长　欧阳承友

区委督查室主任　宋龙绍

区接待处主任　贺国峰

档案局局长　陈婷婷

综治办主任　彭旭升

维稳办主任　吴　斌

防范和处理邪教办主任　羊　斌

编办主任　王美英

总工会主席　曹湘宁

工商联会长　何奇志

书记　周宏丽

妇联主席　周宇红

团区委书记　刘李进

科协主席　邓春华

人大办公室主任　程玉珂

人大内务司法工委主任　刘　俊

人大财经农村工委主任　赵文萍

人大教科文卫工委主任　阳绪清

人大城环工委主任　吴少华

人大联工委主任　高丽娜

政协办公室主任、秘书长　邓志超

政协提案法制委主任　廖春华

政协经济联络委主任　罗世绍

政协人口资源环境和法治委主任　杨玉琴

政协文教体卫委主任　唐　燕

政府办公室主任　谢　培

发改局局长　段平华

经发局局长、书记　胡光荣

统计局局长　刘　蓓

教文体局局长、书记　李必根

民政局局长、书记　郭　然

司法局局长　彭忠阳

财政局局长、书记　刘继承

城建投经理　曹绍平

书记　王　华

人社局局长、书记　朱迎春

住建局局长、书记　魏启吉

农办主任、书记　雷龙桥

水利农机局局长、书记　危杰林

移民开发局局长　刘夏生

卫生局局长、书记　段文景

计生局局长、书记　邹淑均

审计局局长　邓连生

商务局局长　赵冰峰

民营工委书记　匡巧明

工业园管委会主任　宋顺带

书记　周志南

信访局局长　阳佳玉

人防办主任、党组书记 彭丽梅
城市管理行政执法局局长 邹少林
畜牧水产局局长 曾刚乔
农开办主任 李娉婷(女)
科技局局长 贺东甫
党组书记 谭安宇
安监局局长 李月明
环卫局局长 张伟
党委书记 杨虹
残联理事长 刘勇
信息化办主任 王敏
政务中心主任 汤水华
食安办主任 欧阳素芳
国有土地上房屋征收中心主任 王钧
园林局局长 伍辉
政府督查室主任 蒋志辉
重点办主任 胡向东
民族宗教事务局局长 胡检成
衡阳广场管委会主任、书记 颜斌
公安珠晖分局局长 史瑞光
政委 李绍力
公安八角塘分局局长 徐海生
政委 袁丰力
珠晖交警大队大队长 柳刚科
教导员 唐富贵
城管警察分局珠晖大队大队长 张国衡
珠晖消防大队教导员 丰军亮
大队长 李鹏
珠晖工商分局局长 李翔
珠晖国税分局局长 冯建友
珠晖地税分局局长 刘利中
国土珠晖分局局长 黄书文
珠晖规划分局副书记、副局长 左奋强
珠晖价格监督检查局局长 陈雪冬
环保珠晖分局局长 胡敏
食品药品监督管理珠晖分局局长 黄响生
质量技术监督珠晖分局局长 李锦毅
市三中校长 杨乾国
书记 王伟明
市七中校长 邹鹏
书记 李良慧
市十七中校长 邓飞
书记 赵方
市十八中校长 伍小慧
市二十三中校长 彭书敏
书记 匡明生
市特殊教育学校校长 黄年春
书记 肖评今
市第四人民医院院长、书记 全金龙
核工业衡阳大华医院院长 阳志英
长沙客运段衡阳综合办主任 欧阳彬文
衡阳工务段行政办主任 符锐
衡阳车务段行政办主任 唐志斌
工行江东支行行长 何金春
建行珠晖支行行长 宾亚林
农行江东支行行长 段炼
中行江东支行行长 凌燕萍
华融湘江银行珠晖支行行长 刘向琰
珠晖区农村信用合作联社理事长 罗利豪
邮政储蓄银行火车站支行行长 陈庆锋
广东路街道书记 旷善
主任 王浩文
粤汉街道书记 奉满元
主任 刘辉
苗圃街道书记 伍建春
主任 谢子键
东风街道书记 黄秀峰
主任 陆健飞
新湘街道书记 彭钦
主任 周俏
冶金街道书记 赵鹏
主任 谭咸龙
衡州路街道书记 邹辉
主任 雷宇
和平乡书记 魏谷生
乡长 彭建军
酃湖乡书记 谢辉
代乡长 王武军
茶山坳镇书记 罗军荣
镇长 凌浩
东阳渡镇书记 胡蚰建
镇长 卿彰谦
酃湖渔场场长 何招军
金甲岭农场场长、书记 陈东方
白渔潭园艺场场长、书记 陶爱荣
松林茶场场长、书记 李分良

（肖晓初 唐知生）

蒸湘区

【地理、区划与人口】 蒸相区位于雁城西面，蒸水河岸。2014 年，全区辖 2 乡 1 镇 4 个街道办事处（长湖乡、雨母山乡，呆鹰岭镇，蒸湘、红湘、联合、华兴街道办事处），土地面积 108.44 平方公里，耕地面积 2.41 千公顷。年末常住人口 30.78 万人，其中城镇人口 27.97 万人（以上数据含衡阳市高新技术产业开发区）。

【经济总量】 地区生产总值 163.68 亿元，比 2013 年增长 9.5%。第一产业增加值 4.05 亿元，增长 4.4%；第二产业增加值 98.87 亿元，增长 7.2%；第三产业增加值 60.76 亿元，增长

14.1%。三次产业结构比为2.5:60.4:37.1。

【农业】 全年实现农林牧渔总产值6.48亿元，增长4.4%。全年粮食种植面积3.22千公顷，下降3.0%，其中稻谷种植面积3.03千公顷，比2013年减少0.11千公顷，下降3.5%；油料种植面积0.43千公顷，比2013年减少0.01千公顷，下降2.3%；棉花种植面积0.01千公顷，比2013年减少0.01千公顷，下降50%；蔬菜种植面积1.57千公顷，比2013年增加0.06千公顷，增长4.0%。

全年粮食总产量18405吨，比2013年减产89吨，下降0.5%，其中稻谷产量17861吨，比2013年减少112吨，下降0.6%。油料总产量689吨，比2013年减少34吨，下降4.7%；棉花总产量15吨，比2013年减少14吨，下降48.3%。蔬菜总产量53368吨，比2013年增加2052吨，增长4.0%。

全年出栏生猪9.75万头，比2013年减少0.85万头，下降8.0%；年末生猪存栏4.73万头，比年初减少0.2万头，下降4.1%。出笼家禽61.9万羽，比2013年减少2.6万羽，下降4.0%。全年禽蛋产量810吨，比2013年减少110吨，下降12.0%。

全年水产品产量3280吨，比2013年增加77吨，增长2.4%。

【工业和建筑业】 全年实现工业增加值90.24亿元，增长6.6%。规模以上工业增加值增长6.6%。在规模以上工业中，轻工业实现总产值32.34亿元，重工业实现总产值118.25亿元。按注册类型分，国有企业实现总产值0.14亿元，股份制企业实现总产值149.09亿元，外商和港澳台商投资企业实现总产值1.36亿元。

全年规模以上工业企业实现利润总额3.96亿元。按国民经济行业分，其中农副食品加工业实现利润0.89亿元，黑色金属冶炼和压延加工业实现利润0.53亿元，通用设备制造业实现利润0.26亿元，专用设备制造业实现利润0.26亿元，废弃资源综合利用业实现利润0.45亿元。按注册类型分，其中股份制企业实现利润3.8亿元，外商及港澳台商投资企业实现利润0.16亿元。

全年实现全社会建筑业增加值8.63亿元，增长14.3%。其中具有资质等级的总承包和专业承包建筑业企业16家，实现总产值31亿元，增长16.5%。

【固定资产投资】 全年完成固定资产投资158.78亿元，增长10.1%。其中，城镇及非农户投资140.54亿元，增长7.5%；房地产开发投资18.24亿元，增长36.6%。分产业看，第二产业完成投资36.41亿元，下降45.7%；第三产业完成投资122.38亿元，增长58.8%。

房地产开发投资中，其中住宅投资11.61亿元，增长52.4%；办公楼投资1.31亿元，下降5.9%；商业营业用房投资3.27亿元，增长35.8%；其他2.06亿元，增长6.9%。

【贸易和旅游】 全年社会消费品零售总额78.11亿元，增长12.8%。按城乡分，城镇消费品零售额61.14亿元，增长14.6%；乡村消费品零售额16.97亿元，增长6.5%。按行业分，批发业零售额7.64亿元，增长10.4%；零售业零售额64.16亿元，增长13.5%；住宿业零售额0.59亿元，增长95.72亿元，增长8.7%。

全年进出口总额1893万美元，增长58.7%。全年引进外资项目5个，比2013年减少1个，下降16.7%；实际利用外商直接投资3246万美元，增长16.0%。实际引进境内省外项目18个，比2013年减少3个，下降14.3%；到位资金18.94亿元，增长5.2%。

全年共接待游客33.5万人次，实现旅游总收入5.98亿元，分别增长40.38%和25.4%。

【财政】 全年财政总收入18.82亿元，比2013年增加2.49亿元，增长18.9%，其中税收收入18.16亿元，占财政收入的比重达96.5%。实现地方财政收入3.31亿元，增长13.0%。全区财政一般预算支出6.03亿元，增长3.5%。其中用于教育、文化体育与传媒、社会保障与就业、医疗卫生与计划生育、住房保障等民生方面的支出3.23亿元，占财政一般比提高8.2个百分点。

【文化、教育、体育和卫生】 年末拥有文化事业机构8个，其中图书馆1个，文化馆1个，其他6个。

年末拥有普通初中4所，小

学34所，幼儿园59所。

年末拥有体育场馆242个，其中体育馆17个，游泳池5个，运动场35个，各种训练房16个。

年末拥有卫生机构14个，床位540张，拥有卫生技术人员470人。

【人口和人民生活】 全年城乡居民人均可支配收入24969元，增长9.5%。其中城镇居民人均可支配收入25069元，增长9.2%；农村居民人均可支配收入14623元，增长12.5%。

【安全生产】 全年共发生各类安全生产事故28起，死亡4人，受伤9人，直接经济损失429.7万元，分别比2013年下降34.9%、下降33.3%、上升12.5%、上升2859.7%。亿元生产总值生产安全事故死亡人数为0.023人，比2013年下降37.8%。

【精心打造宜居家园】 扎实推进船山西路、衡州大道、蔡伦大道、蒸湘路等4条主次干道两厢提质改造；精心打造裕康巷、友谊巷、罗家井等各类精致小花园和绿化亮点40余处，创建省、市级园林式单位20余家；组织大规模集中拆违行动18次，拆除违法建筑162处共9.65万平方米，规范审批村民建房212户，村民建房秩序明显好转。农村环境整治荣获全市农村环境和卫生综合整治工作第一名。全年削减主要污染物化学需氧量160.33吨、氨氮排放量21.56吨、二氧化硫排放量430吨。强力推进“湘江一号工程”，取缔蒸水河畔500米范围内10个生猪养殖场，被评为全省先进单位。取缔非法砂场、搅拌场51家，清运砂砾石存量48万立方米。完成各类防护林、荒山造林794公顷，绿化公路22公里，打造“秀美村庄”16个。雨母山13.5公里郊野型绿道初具雏形，标准集镇试点工作全面启动，雨母山乡被评为全国文明村镇，灵山村被评为湖南省美丽乡村建设示范村。

【持续增进民生福祉】 19项为民办实事任务全额或超额完成，被评为市先进单位。城镇新增就业5227人，新增农村劳动力转移就业2197人。累计发放养老金、城乡困难居民低保金、救助救灾金、民政优抚金共计9071.87万元。企业退休人员基本养老金实现“十连调”，落实企业养老保险征缴基金6929万元，为全区人民免费购买意外伤害保险、农村危房保险等多个社会险种。实现487名低收入人口脱贫。建成创智残疾人康复托养中心，完成30户贫困残疾人家庭无障碍设施改造。全面推进安居工程。启动历史遗留下来的23个安置房未建项目建设，杨柳公租房、呆鹰岭中小企业园保障房、杏花村9～17号棚户区改造等项目全面启动。火车西站东山、西山、衡祁路、解放西路21号、西合路廖家湾段等棚改项目成功申报为市储备项目。30户农村危房改造任务全面完成。优化实验小学资源配置，改造中小学校17所，新增学位4095个，有效缓解大班名额紧张问题；引进民间资金创办民办小学2所；教育工作被评为“省优”。扎实推进医药卫生体制改革，开展乡村医生签约服务，严格执行基本药物制度，单独两孩政策稳妥实施，城镇独生子女父母奖励政策全面落实，人口与计生工作再次被评为“省优”。在全市率先出台农村集体聚餐食品监管细则，食品安全工作被评为“市先进”。呆鹰岭草莓协会被评为全国科普惠农兴村计划先进单位，长湖乡立新二社区被评为全省科普示范社区。民族宗教工作年度考核获全市第一名。第三次全国经济普查圆满完成，各项事业均取得新成效。

【全面创新社会管理】 全面开展烟花爆竹专项整治，取缔非法烟花爆竹销售点23家，收缴烟花爆竹近30万元。火灾防控工作到位，全年未发生较大以上火灾事故。安全生产工作被评为“市先进”。稳妥抓好信访息访工作，全区信访连续9年保持省、市先进。积极开展“扫黑恶，净环境”等专项行动，先后侦破“4·19”特大抢劫案等一批有影响力的刑事案件。联合派出所和立新二社区警务室工作经验在全省公安系统推介。创建省、市级“民主法治示范村（社区）”23个，受理法律援助案件218件，超额完成市定任务，被评为“市优”。

【切实提升行政效能】 严格落实中央八项规定、省委九条规定和市委十条规定，撤销各类领导小组和议事协调机构91个。全面清查追缴重点项目违规资金。规范金融市场管理，立案查处10起非法集资案件。出台38项规章制度，规范政府行政行为，整肃干部作风。压缩“三公”经费148万元，较2013年减少33.9%。全面禁止新建政府性楼堂馆所，全面清理“在编不在岗”“吃空饷”等现象。完成审计项目20个，查处违规资金和管理不规范资金7056万元。受理信访举报案件81件，立案23件，党纪政纪处分27人，收缴违规违纪资金350余万元。切实加强依法行政。区政府获评2014年度全市依法行政先进单位。受理各类政务服务事项10件，审结行政复议应诉案件7件，办结率100%。依法向区人大常委会报备规范性文件6件。依法受理劳动人事争议仲裁申请15起，立案办结率100%。依法办理人大代表议案建议21件、政协提案70件，办复率100%，政协提案办理工作被评为“市先进”。全面启动深化改革。对行政体制、农村土地确权登记颁证试点等8个领域、31个方面进行改革规划。落实简政放权政策，取消行政许可21项、非行政许可审批5项，将15项行政许可合并为1项，承接市下放行政审批项目16项。

区委、人大、政府、政协领导名录

中共蒸湘区委员会
书　记　周玉梅(女)
副书记　林喜洋　谢　柯
常　委　刘利民　周宏辉
　　　　王　华　尹熙明
　　　　殷苌茗　陈硕果
　　　　彭顺利　资永古

蒸湘区人大常委会
主　任　汪秋明
副主任　王殿生　陈政军(兼)
　　　　肖芳云(女)
　　　　罗锡桂(女)

蒸湘区人民政府
区　长　林喜洋
副区长　周宏辉　王　华
　　　　杨艳斌(女)
　　　　吴小平　罗　琼(女)
　　　　李正金　肖军生
　　　　罗元辉

政协蒸湘区委员会
主　席　彭东阳
副主席　汪仲兆　云　平(兼)
　　　　陈金生(兼)
　　　　谢云亚(兼)
　　　　吴兰湘(女)

区行政企事业单位负责人

纪律检查委员会书记　刘利民
区委办公室主任　彭顺利
组织部、统战部长　殷苌茗
宣传部部长　尹熙明
政法委员会书记　陈硕果
防范和处理邪教办主任　李康平
编办主任　周三清
直属机关工作委员会书记　彭伟初
信访局局长　申　弼
档案局局长　陈　玲
工商业联合会主席　谢云亚(兼)
总工会主席　陈光华(兼)
团委会书记　梁芷薇
妇女联合会主任　刘锦玲
残疾人联合会理事长　李伯利
科学技术协会主席　刘巧兰
人大办公室主任　刘力源
人大联工委主任　王礼康
人大内司委主任　黄亚君
人大教科文卫工委主任　肖松柏
人大财政经济工委主任　刘衡学
人大城环与资源保护工委主任　汤九生
人民政府办公室主任　刘朝荣
监察局局长　钟柏喜
发展改革和科学技术局局长　邓　勰
经济贸易局局长　黄文洁
农村工作办公室主任　肖泽荣
教育文化体育局局长　廖东笙
民政局局长　谢先铸
财政局局长　欧阳宏伟
人社局局长　易艳云
住房和城乡建设局局长　郑成庚
卫生局局长　陈金生(兼)
人口和计划生育局局长　夏　敏
审计局局长　钟　波
统计局局长　刘　勇
安全生产监督管理局局长　周世忠
人民防空办公室主任　刘峥嵘
水利农机局局长　刘湘涛
城市管理行政执法局局长　刘　新
环境卫生管理局局长　邓　成
政府信息化工作办公室主任　成振锋
重点工程项目管理办主任　朱忠清
钢管深加工产业园区管委会主任　唐续武
杨柳汽车销售街区管理委员会主任　刘　强
移民开发局局长　陶宏伟
园林局局长　李元昶
城市建设投资管理办公室主任　杨青松
人民政府法制办公室主任　段　威
接待处主任　李　斌
人民政府地方金融工作办公室　蒋福员
政务服务中心主任　贺登元
民族宗教事务局局长　聂　虹

交警大队大队长　刘　伟
工商分局局长　王　毅
国税分局局长　梁冰琼
地税分局局长　王吉文
环保分局局长　周平扬
国土分局局长　罗衡志
规划分局局长　杨小林
政协秘书长、办公室主任　杨松滨
政协提案法制群团委员会主任　李先宏
政协教科文卫委员会主任　罗葭初
政协财政经济委员会主任　陈智荣
政协城市建设管理委员会主任　江常军
人民武装部部长　邓宗南
政委　邹志华
人民法院院长　谷　敏
人民检察院检察长　罗名志
蒸湘公安分局局长　吴小平
政委　谭　璇
司法局局长　刘前进
长湖乡党委书记　冯时旺
乡长　周　晴
雨母山乡党委书记　谢轶平
乡长　廖章海
呆鹰岭镇党委书记　郑　刚
镇长　彭克俊
蒸湘街道党工委书记　李　松
主任　蒋　承
红湘街道党工委书记　杨安平
主任　何湘衡
联合街道党工委书记　刘著章
主任　李　嵩

（莫　彪）

人　物

市级领导
（2014 年度职务变动）

李亿龙　男，汉族，湖南省望城县人，1956 年 6 月生，中共党员，大学文化。

1975 年 6 月参加工作，望城县铜官乡下放知青。1978 年 2 月—1980 年 1 月，长沙市商业学校财会班学习。1980 年 1 月，任长沙市商业学校干部培训科教员。1980 年 10 月，长沙市二商业局财会科干部。1984 年 7 月—1989 年 10 月，先后任长沙市二商业局办公室副主任、主任。期间，1983 年 9 月—1988 年 7 月，参加中南财经学院财政税收专业函授学习，大学毕业；1986 年 6 月，加入中国共产党。1989 年 10 月—1992 年 3 月，先后任长沙市政府法制办公室副主任、主任。1992 年 3 月，任长沙市政府法制局局长（副处级）。1994 年 8 月，任长沙市政府办公厅副主任。1995 年 1 月，任长沙市政府副秘书长、办公厅副主任。1995 年 8 月，任长沙市政府副秘书长、办公厅主任。1998 年 6 月，任中共长沙市芙蓉区委副书记、区人民政府副区长、代理区长。1999 年 1 月，任中共长沙市芙蓉区委副书记、人民政府区长。期间，1997 年 9 月—1999 年 7 月，北京大学行政管理专业硕士研究生课程班学习。2000 年 10 月，任中共长沙市芙蓉区委书记、区人民政府区长。2000 年 12 月，任中共长沙市芙蓉区委书记。2002 年 9 月，任中共浏阳市委书记。2003 年 12 月，任中共长沙市委常委、中共浏阳市委书记。2006 年 5 月，中共长沙市委常委。2006 年 9 月，任中共怀化市委副书记、市人民政府代理市长。2007 年 1 月，任中共怀化市委副书记、市人民政府市长。2008 年 3 月，任中共怀化市委书记。2013 年 3 月—2014 年 1 月，任中共衡阳市委书记。2014 年 1 月 23 日，在市第十四届人民代表大会第三次会议上当选为市第十四届人民代表大会常务委员会主任；2014 年 1 月，任中共衡阳市委书记、衡阳市十四届人大常委会主任。

邓群策　男，汉族，1964 年 5 月生，湖南省祁阳县人，在职研究生学历，法学硕士，中共党员，1984 年 8 月参加工作。

1981 年 9 月—1984 年 8 月，衡阳师范专科学校中文专业学习。1984 年 8 月—1989 年 2 月，先后任湖南省建材干部学校教师、人事科干部、副科级干部。其间，1986 年 11 月加入中国共产党。1989 年 2 月—1991 年 3 月，先后任湖南省建材工业局办公室秘书、正科级干部。1991 年 3 月，任中共湖南省委组织部组织指导处主任科员。其间，1990 年 9 月—1992 年 12 月，参加中央党校函授学院经济管理专业本科学习。1993 年 9 月，任中共湖南省委组织部组织指导处副处级组织员。1997 年 4 月，任中共湖南省委组织部组织指导处副处长。2000 年 6 月，任中共省委组织部组织指导处副处长、正处级组织员。2001 年 1 月，任中共省委组织部组织指导处处长。其间，2000 年 9 月—2003 年 6 月，参加湖南师范大学法学院国际法学专业在职硕士研究生学习。2007 年 8 月，任中共湖南省委基层党建工作领导小组办公室主任、省委组织部组织指导处处长。2008 年 12 月，任中共湖南省委基层党建工作领导小组办公室主任。2011 年 4 月，任中共湖南省委组织部部务委员。2013 年 5 月至今，任中共衡阳市委副书记。2014 年 1 月，任中共衡阳市委副书记，兼任中共衡阳市委组织部部长。2014 年 10 月，任中共衡阳市委副书记，市委党校（衡阳行政学院、市社会主义学院）校长（院长），市委组织部部长。2014 年 12 月，任中共衡阳市委副书记，市委党校（衡阳行政学院、市社会主义学院）校长（院长）。

谢宏治　男，汉族，1956 年 9 月生，湖南省衡南县人，大学学历，中共党员，湖南省书法家协会行书书法委员会主任，中国书法家协会会员，湖南省楹联书法创作委员会艺术顾问，衡阳市书法家协会名誉主席。

1972 年 3 月—1978 年 10 月，下乡知青。1978 年 10 月—1981 年 7 月，衡阳师范学院历史系学生。

1981年8月—1984年8月，先后任中共衡南县委党校教师、副校长。1984年8月，任中共衡南县向阳区委书记。1990年8月，任中共衡南县委统战部长，县政协副主席。1994年6月，任中共常宁县委常委、组织部长。1995年3月，任衡阳市计生委主任、党组书记。1997年8月，任中共衡阳市城南区（现雁峰区）委书记。2000年8月，任中共衡东县委书记。2003年1月，任衡阳市人民政府副市长。其间，1993年9月—1995年12月在中央党校本科班经济专业学习，1998年9月—2000年9月参加湖南大学研究生课程班学习。2010年4月—2014年1月，任中共衡阳市委常委、宣传部长；2014年1月，任中共衡阳市委常委、宣传部长、衡阳市第十四届人大常委会副主任。2014年11月，任衡阳市第十四届人大常委会党组书记、副主任。

罗东海　男，汉族，湖南省衡南县人，中共党员，1963年4月生，中共党员，研究生学历，经济学硕士，1983年7月参加工作。

1983年7月，毕业于江苏工学院金属材料热处理专业，在衡阳拖拉机厂（今衡阳衡拖农机制造有限公司）参加工作，任技术员。1985年12月，加入中国共产党。1987年2月—1991年7月。先后任共青团衡阳市委干事、青工部副部长。1991年7月，任衡阳市青少年宫主任。1994年6月，任共青团衡阳市委副书记。其间，1993年10月—1995年8月，参加华中师范大学法商学院经济管理专业研究生班学习，获经济学硕士学位。1995年11月，任中共衡阳市郊区委员会（现蒸湘区）常委、区政府副区长。1997年8月，调任中共衡山县委常委、副书记兼党校第一校长。2002年8月，任中共衡山县委副书记，县人民政府副县长、代县长、党组书记。同年12月，任中共衡山县委副书记，县人民政府县长、党组书记。2006年6月，任中共衡山县县委书记。同年9月，任中共衡阳市委委员、中共衡山县委书记。期间，2006年10月—2007年4月，参加湖南省第六期赴美国中青年干部培训班学习。2010年1月，任中共衡阳市委常委、秘书长、办公室主任。2011年10月—2014年8月，任中共衡阳市委常委、秘书长、办公室主任、市直工委第一书记。2014年8月—2014年10月，任中共衡阳市委常委、秘书长、办公室主任，市直工委第一书记、市委全面深化改革领导小组办公室主任。2014年10月—2014年11月，任中共衡阳市委常委、市人民政府副市长候选人；2014年11月，任中共衡阳市委常委，市人民政府党组成员、副市长候选人。

廖茂雄　男，现任中共衡阳市市委常委、警备区政治委员。

1980年11月，任四十军一二一师三六二团一营炮连战士；1982年9月，在桂林陆军学院学习；1984年7月，任四十一军一二一师三六二团一营炮连排长；1988年6月，任四十一集团军一二一师三六二团一营炮连指导员；1992年8月，任四十一集团军一二一师三六二团政治处宣传股股长；1993年10月，任四十一集团军一二一师三六二团一营教导员；1994年7月，任驻香港部队深圳基地教导团一营教导员；1995年9月，任驻香港部队深圳基地教导团三营教导员；1997年8月，驻香港部队深圳基地教导团政治处主任；2000年8月，驻香港部队深圳基地教导团副政委；2001年12月，任驻香港部队医院政委；2006年8月，任湖南省郴州军分区政治部主任；2011年12月，任湖南省吉首军分区政治委员；2014年10月，任中共衡阳市委常委、衡阳警备区政治委员。

刘丽华　女，汉族，1964年3月生，在职研究生文化，湖南省衡阳县人，1981年7月参加工作，1985年6月加入中国共产党。

1978年9月—1981年7月，长沙师范学校中师专业中专班学生；1981年7月—1984年4月，衡阳自行车厂教师；1984年4月—1997年8月，先后任衡阳拖拉机厂（大型企业）教师、劳动人事处干事，团委副书记、团委书记，厂党委委员、团委书记，副厂长、纪委书记；其间，先后于1986年10月湖南省高等教育自学考试大学大专毕业，1992年8月—1994年12月，中央党校函授学院经济管理专业本科班学习，1995年9月—1996年3月，衡阳工学院企业中青年干部班学习，1996年3月—1996年9月，衡阳市经委组干科挂职。1997年8月—2000年12月，任中共耒阳市委常委、组织部长；2000年12月—2002年8月，任中共耒阳市委副书记。2002年8月—2002年12月，任中共衡阳市南岳区委副书记、政府副区长、代理区长；2002年12月—2006年5月，任中共衡阳市南岳区委副书记、政府区长；2006年5月—2006年6月，任中共衡阳市南岳区委书记、政府区长；2006年6月—2008年11月，任中共衡阳市南岳区委书记；其间，2005年9月—2007年12月，中央党校函授学院法学理论专业在职研究生班学员。2008年11月—2014年1月，任中共湖南省委台湾工作办公室（省政府台湾事务办公室）副主任、党组成员。2014年1月—2014年10月，任衡阳市第十四届人大常委会副主任。2014年11月，任中共衡阳市委常委、市委宣传部部长。

邓　柯　男，汉族，1960年2月生，大学文化，中共党员，湖南省衡阳县人。

1976年10月参加工作，国营常宁县铜钟岭林场下放知青。1978年10月，考入衡阳师范专科学校政史专业学习。1981年7月，大学毕业进入衡阳地区行署文教办，任干事。1983年11月担任衡阳市职教办干事。1984年7月，加入中国共产党。1984年12月，任衡阳市职教教育科副科长。1986年7月—1995年5月，先后任衡阳市教委宣教科副科长、正科级组织员、组干科科长。期间，1990年9月—1993年7月，参加华中师范大学思想政治教育专业函授本科班学习。1995年5月，任中共常宁县委常委、组织部部长。1997年1月，任中共衡东县委副书记、组织部部长。1997年9月，任中共衡东县委副书记。2000年2月，任中共衡阳市城北区委副书记、政府副区长、代理区长。2000年3月，任中共衡阳市城北区委副书记、政府区长。2001年6月，任中共衡阳市石鼓区委副书记、政府区长。2002年8月，任中共衡阳市石鼓区委书记。2009年7月，任衡阳市副厅级干部、中共衡阳市石鼓区委书记。2010年12月，任衡阳市副厅级干部。2011年4月，任衡阳市人民政府副市长、党组成员。2014年10月，任中共衡阳市委常委，市人民政府副市长、党组成员。2014年11月，任中共衡阳市委常委、秘书长、办公室主任、市直工委第一书记、市委全面深化改革领导小组办公室主任。

何录春　男，汉族，1971年4月出生，湖南省安仁县人，大学本科文化，1994年12月加入中国共产党，1995年6月参加工作。

1991年9月—1995年6月，湖南农业大学园艺专业本科班学习。1995年6月—1999年10月，先后任临武县同益乡人民政府干部、乡团委书记、乡人民政府副乡长、党委副书记。1999年10月—2001年2月，共青团临武县委书记。2001年2月—2001年5月，临武县武水镇党委副书记、人民政府镇长。2001年5月—2002年12月，临武县汾市乡党委书记。2002年12月—2005年6月，临武县人民政府副县长。2005年6—2006年5月，中共临武县委常委、组织部长。2006年5月—2006年12月，中共桂东县委副书记、人民政府代理县长。2006年12月—2010年4月，中共桂东县委副书记、人民政府县长。2010年4月—2010年5月，中共郴州市苏仙区委副书记、人民政府区长提名人选。2010年5月—2011年5月，中共郴州市苏仙区委副书记、人民政府区长。2011年5月—2013年12月，中共郴州市苏仙区委书记。2013年12月—2014年12月，中共常宁市委书记。2014年12月，任中共衡阳市委常委、组织部长、常宁市委书记。

朱玉萍　女，汉族，1961年9月生，大学文化，中共党员，四川省内江市人。

1978年8月—1982年7月，西南师范学院历史系史学专业学习。1982年7月参加工作，担任衡阳纺织机械厂宣传科通信干事。1983年7月，任衡阳纺织

机械厂团委副书记。1986年6月，加入中国共产党。1987年4月—1995年6月，共青团衡阳市委工作，先后任学少部部长、副书记、书记。1995年6月，任衡阳市高新技术开发区管委会主任、工委副书记。2001年4月，任衡阳市高新技术开发区管委会主任、工委书记。2003年1月，任衡阳市政协副主席、党组副书记，市高新技术开发区管委会主任、工委书记。2010年1月，任中共衡阳市委常委、统战部长，政协党组副书记，市高新技术开发区管委会主任、工委书记。2011年10月，任中共衡阳市委常委，市人民政府副市长、党组成员，市高新技术开发区管委会主任、工委书记。2012年11月—2014年4月，任中共衡阳市委常委，市人民政府副市长、党组成员，市高新技术开发区管委会主任。2014年4月—2014年10月，任中共衡阳市委常委，市人民政府副市长、党组成员；2014年10月—2014年11月，任衡阳市第十四届人民代表大会常务委员会副主任候选人、市人民政府党组成员；2014年11月，任衡阳市第十四届人民代表大会常务委员会党组副书记、副主任候选人。

李慧星　男，汉族，1957年3月生，大学文化，湖南省祁东县人，1974年5月参加工作，1982年5月加入中国共产党。

1974年5月—1979年10月，衡阳师范专科学校附属中学工人；1979年10月—1982年7月，衡阳师范专科学校中文专业大专班学生；1982年7月—1983年10月，中共衡阳市委政策研究室干事；1983年10月—1985年9月，中共衡阳市委党校学生；1985年9月—1988年1月，先后任中共衡阳市江东区宣传部副部长、共青团衡阳市江东区委书记；1988年1月—1995年6月，先后任中共衡阳市江东区委常委、组织部长，中共衡阳市江东区委常委、政府常务副区长，中共衡阳市城北区委常委、政府常务副区长；其间，1992年9月—1995年5月，湖南师范大学政治专业函授本科班学员。1995年6月—2000年1月，先后任衡阳市城市管理办公室主任、党组书记，市人民政府副秘书长、政府办党组成员、市城市管理办公室主任、党组书记，市人民政府副秘书长、政府办党组成员、市城市管理办公室主任。2000年1月—2001年11月，衡阳市建委主任、党组书记；2001年11月—2003年6月，衡阳市人民政府副秘书长、政府办党组成员。2003年6月—2009年1月，先后任中共衡东县委副书记、政府县长候选人，中共衡东县委副书记、政府副县长、代理县长，中共衡东县委副书记、政府县长，中共衡东县委书记。2009年1月—2014年1月，先后任衡阳市政协秘书长、党组成员、办公室主任，衡阳市政协副主席、党组成员；衡阳市政协常务副主席、党组副书记。2014年1月，在衡阳市十四届人大三次会议第二次全体大会上当选为市第十四届人大常委会副主任。

苏　营　男，汉族，1959年7月生，大学文化，河南省南阳市人，1976年7月参加工作，2001年1月加入九三学社。

1976年7月—1978年2月，衡阳市松林农场工人；1978年2月—1982年1月，华东工学院机械设计专业本科班学生。1982年1月—1984年1月，湘潭江麓机械厂助理工程师；1984年1月—1997年8月，先后任衡阳市科委助理研究员、市科技开发服务中心副主任、市科委主任助理。1997年8月—2001年6月，衡阳市城北区人民政府副区长；2001年6月—2003年1月，衡阳市石鼓区人民政府副区长、九三学社衡阳市委主任委员（兼）。2003年1月—2012年11月，衡阳市政协副主席（兼）、石鼓区人民政府副区长、九三学社衡阳市委主任委员（兼）；2012年11月—2014年1月，衡阳市政协副主席（兼）、九三学社衡阳市委主任委员（兼）、市人力资源和社会保障局副局长。2014年1月，在衡阳市十四届人大三次会议第二次全体大会上当选为市第十四届人大常委会副主任。2014年1月，任衡阳市第十四届人大常委会副主任、九三学社衡阳市委主任委员（兼）。

王旭明　男，汉族，1958年9月生，大学文化，

湖南省衡东县人，1975年9月参加工作，1983年8月加入中国共产党。

1975年9月—1977年12月，衡东县甘溪镇石岗大队下放知青；1977年12月—1996年6月，先后任衡东县杨桥供销社营业员、团支书、分社主任，吴集公社、吴集区计生办主任，吴集镇党委副书记、政府镇长，甘溪镇党委书记，中共衡东县委办公室副主任、督查室主任。1996年6月—2002年9月，先后任中共衡山县委常委、组织部长，中共衡山县委副书记，中共衡山县委副书记、政府副县长、代理县长，中共衡山县委副书记、政府县长。其间，1995年9月—1997年12月，中共湖南省委党校经济管理专业函授大专班学员；1997年8月—1999年12月，中央党校函授学院法律专业本科班学员；1999年5月—1999年9月，中共湖南省委党校第十九期中青班学员。2002年9月—2012年12月，先后任衡阳市人民政府副秘书长、政府办党组成员，市人民政府副秘书长、政府办党组成员、市农办主任、党组书记，市人民政府副秘书长、政府办党组成员、市委农村工作部（市农办）部长（主任）、党组书记。2012年12月—2013年2月，衡阳市政协副主席、市人民政府副秘书长、政府办党组成员、市委农村工作部（市农办）部长（主任）、党组书记；2013年2月—7月，衡阳市政协副主席、党组成员、市人民政府副秘书长、政府办党组成员、市委农村工作部（市农办）部长（主任）、党组书记；2013年7月—2014年1月，衡阳市政协副主席、党组成员。2014年1月，在衡阳市十四届人大三次会议第二次全体大会上当选为市十四届人大常委会副主任。

康　强　男，汉族，1957年10月生，大学文化，湖南省衡东县人，1975年3月参加工作，1977年2月加入中国共产党。

1975年3月—1977年12月，衡东县金花乡下放知青；1977年12月—1983年9月，先后任衡东县洋塘水电站团委书记，共青团衡东县委干事、城关镇团委书记。1983年9月—1985年8月，中共衡阳市委党校党政干部专修班学员。1985年8月—1995年6月，先后任共青团衡东县委书记、衡东县人上政府办公室副主任、中共衡阳市委组织部办公室主任；期间，1992年9月—1994年7月，中共湖南省委党校党政管理专业本科班学员。1995年6月—1999年8月，先后任中共耒阳市委常委、组织部长、中共耒阳市委副书记；1999年8月—2002年9月，衡阳市直工委书记；2002年9月—2007年1月，先后任中共衡阳县委副书记、政府副县长、代理县长，中共衡阳县委副书记、政府县长；2007年1月—2012年11月，先后任衡阳市发展和改革委员会党组书记，市发展和改革委员会主任、党组书记；2012年11月—2014年1月，先后任市发展和改革委员会主任、党组书记、市高新技术产业开发区工委书记，市高新技术产业开发区工委书记。2014年1月，在衡阳市十四届人大三次会议第二次全体大会上当选为市十四届人大常委会副主任。

周晓云　男，汉族，1958年10月生，大学文化，湖南省常宁市人，1979年11月参加工作，1982年11月加入中国共产党。

1978年1月—1979年11月，湖南省第三师范学校中师专业中专班学生；1979年11月—1984年2月，先后在常宁县文化馆、档案局工作；1984年2月—1992年9月，先后任常宁县档案局副局长，洋泉区委副书记，洋泉区委副书记、区政府区长；其间，1985年9月—1987年7月，湘潭大学档案专业脱产大专班学习；1992年9月—1997年9月，先后任中共常宁县委办公室副主任，县人民政府办公室主任、党组书记，县人民政府县长助理，常宁市人民政府市长助理；其间，1996年8月—1998年12月，中央党校函授学院经济管理专业本科班学习。1997年9月—2000年12月，中共常宁市委常委、办公室主任。2000年12月—2008年6月，先后任中共衡阳市江东区委副书记，中共衡阳市珠晖区委副书记，中共衡阳市珠晖区委副书记、政府副区长、代理区长，中共衡阳市珠晖区委副书记、政府区长；其间，2006 年 9 月—2006 年 12 月，湖南省委党校第二十九期中青班学习。2008 年 6 月—2014 年 1 月，衡阳市水利局局长、党委书记。2014 年 1 月，在衡阳市十四届人大三次会议第二次全体大会上当选为市第十四届人大常委会副主任。

张贺文　男，汉族，1967 年 10 月生，在职研究生文化，湖南省株洲市人，1987 年 12 月参加工作，1989 年 6 月加入中国共产党。

1985 年 9 月—1987 年 12 月，中共湖南省委党校党史专业大专班学生；1987 年 12 月—1993 年 11 月，先后任中南制药机械厂统计员，办公室秘书、副主任、主任，企管科科长；其间，1989 年 8 月—1991 年 12 月，中央党校函授学院经济管理专业本科班学员；1993 年 11 月—1994 年 6 月，中共长沙市西区区委办公室常委秘书；1994 年 6 月—1998 年 3 月，先后任湖南省医药管理局办公室主任科员、直属机关团委书记（副处级）、办公室副主任；其间，1997 年 9 月—2000 年 7 月，中央党校函授学经济管理专业领导干部在职研究生班学员；1998 年 3 月—2001 年 2 月，浏阳市人民政府副市长；2001 年 2 月—2003 年 5 月，浏阳市人民政府副市长、浏阳工业园党工委副书记、管委会主任（正县级）2003 年 5 月—2004 年 3 月，浏阳市人民政府副市长、湖南浏阳生物医药园党工委书记、管委会主任；2004 年 3 月—2008 年 11 月，中共浏阳市委副书记（兼）、湖南浏阳生物医药园党工委书记、管委会主任；其间，2003 年 9 月—2006 年 5 月，中南大学生物医药工程专业在职研究生班学员，获医学硕士学位；2008 年 11 月—2014 年 1 月，长沙市人民政府副厅级干部（长沙国家生物产业基地管委会主任）；2014 年 1 月 2 日，在衡阳市十四届人民代表大会第三次会议上当选为市人民政府副市长。

刘正兴　男，汉族，1967 年 9 月生，大学文化，湖南省祁东县人，中共党员。

1986 年 9 月—1989 年 7 月，衡阳师范专科学校

中文专业大专班学生；1989 年 7 月参加工作，任衡阳二橡胶厂办公室秘书；1993 年 2 月—1997 年 2 月，先后任衡阳二橡胶厂办公室副主任、主任、劳资科科长、企管科科长；其间，于 1993 年 6 月加入中国共产党；1997 年 2 月，通过公开招考调入衡阳市经济委员会，任组织人事科科员；1998 年 8 月—2003 年 7 月，先后任衡阳市经济委员会组织人事科副主任科员，组织人事科副科长、主任科员，610 办主任、办公室代主任，组织人事科科长；其间，1999 年 9 月—2003 年 10 月，在职就读湖南广播电视大学法学专业本科班；2003 年 7 月，升任衡阳市二轻工业行定管理办公室（总公司）副主任（副总经理）、党委副书记（主持党政全面工作）；2004 年 11 月，升任衡阳市二轻工业行业管理办公室（总公司）主任（总经理）、党委书记；2007 年 12 月，获高级经济师技术职称；2010 年 6 月，调任衡阳市国有资产管理委员会主任、党委副书记，兼任衡阳弘湘国有资产经营有限责任公司董事长、党组副书记；2013 年 10 月—2014 年 1 月，任衡阳市国有资产管理委员会主任、党组副书记；2014 年 1 月 2 日，在衡阳市十四届人民代表大会第三次会议上当选为市人民政府副市长。

陈　竞　男，汉族，湖南省长沙市人，1971 年 2 月生，中共党员，大学文化，公共管理硕士学位。

1987 年 9 月—1990 年 7 月，湖南省劳动人事学校人事管理专业学习；1990 年 7 月参加工作，任长沙市节约用水办公室干部；其间，1993 年 12 月，加入中国共产党；1991 年 8 月—1994 年 6 月，参加中共湖南省委党校行政管理专业函授大专班学习；1994 年 3 月—1994 年 12 月，借调长沙市城建局组宣科工作；1994 年 9 月—1997 年 6 月，参加湖南师范大学中文系汉语言文学专业函授本科班学习。1994 年 12 月—1995 年 4 月，中国建设银行长沙市分行工作；1995 年 4 月，调共青团湖南省委，先后任青工部

科员、副主任科员、企业科副科长、机关事业科科长，组织部组织科科长，办公室副主任，青工部副部长（主持工作）、部长，共青团湖南省委常委、青工部部长；其间，1996 年 12 月—1997 年 12 月，在永州市新田县十字乡老夏荣村从事建整扶贫工作。2007 年 2 月—2007 年 12 月，任中共张家界市永定区委副书记、政府副区长、代理区长；2007 年 12 月—2011 年 12 月，任中共张家界市永定区委副书记、政府区长；其间，于 2008 年 12 月，获湖南师范大学公共管理硕士学位；2009 年 3—2009 年 7 月，在湖南省委党校 36 期中青班学习。2011 年 12 月—2013 年 12 月，任中共慈利县委书记；2013 年 12 月—2014 年 10 月，任中共衡阳市石鼓区委书记；2014 年 10 月—2014 年 11 月，任衡阳市人民政府副市长候选人、中共衡阳市石鼓区委书记；2014 年 11 月—2014 年 12 月，任衡阳市人民政府党组成员、副市长候选人、中共衡阳市石鼓区委书记；2014 年 12 月，任衡阳市人民政府党组成员、副市长候选人。

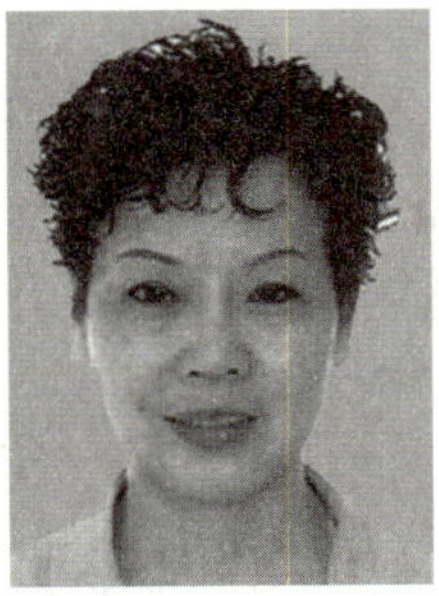

马俭平　女，汉族，1956 年 11 月生，湖北省武汉市人，自考本科，中国民主同盟盟员，1975 年 12 月参加工作。

1975 年 12 月—1988 年 12 月，衡阳市电控厂保健医生；其间，1976 年 3 月—1978 年 3 月，衡阳市卫生局“七二一”卫生职工大学学员；1985 年 9 月—1988 年 9 月，衡阳市卫生学校医疗专业学生。1988 年 12 月—1989 年 12 月，衡阳市建筑机械厂保健医生。1989 年 12 月—2001 年 4 月，先后任衡阳市教委实验幼儿园保健医生、副园长、园长；其间，1999 年 6 月，湘潭大学文秘专业自考本科毕业。2001 年 4 月—2001 年 11 月，衡阳市教委主任助理；2002 年 6 月，加入中国民主同盟；2001 年 11 月—2014 年 1 月，先后任衡阳市教育局局长助理，市教育局局长助理、中国民主同盟衡阳市委副主任委员（兼），市教育局副局长、中国民主同盟衡阳市委副主任委员（兼），中国民主同盟衡阳市委主任委员（兼）、市教育局副局长。2014 年 1 月，任政协衡阳市第十一届委员会副主席、中国民主同盟衡阳市委主任委员（兼）、市教育局副局长。

李　平　男，汉族，1958 年 4 月出生，中共党员，研究生班学历，湖南省衡阳县人，1974 年 4 月参加工作。

1974 年 4 月参加工作，衡南县鱼苗场下放知青。1976 年 5 月—1979 年 12 月，长沙空军第二航校学习。1979 年 12 月—1980 年 9 月，任长沙市东区检察院干部。1980 年 9 月—1983 年 9 月，任衡阳地区检察院助理检察员。1983 年 9 月—1985 年 7 月，衡阳师范专科学校中文专业学习。1985 年 7 月—1987 年 1 月，任衡阳市城南区检察院副检察长。1987 年 1 月—5 月，任衡南县检察院副检察长。1987 年 5 月—1991 年 5 月，任共青团衡阳市委副书记。1991 年 5 月—1993 年 5 月，任共青团衡阳市委书记、党组书记。1993 月 5 月—1994 年 7 月，任衡阳市物价局局长、党委副书记。1993 年 5 月—1995 月 7 月，华中师范法商学院经济系政治经济专业研究生班学习，获经济学硕士学位。1994 年 7 月—1995 年 6 月，任衡阳市物资产业总公司总经理、党委书记。1995 年 6 月—1997 年 1 月任衡阳市建委党委书记。1997 年 1 月—1999 年 12 月任衡阳市建委主任、党委书记。1999 年 12 月—2002 年 8 月任中共常宁市委书记。2002 年 8 月—2003 年 1 月任中共衡阳市委副秘书长。2003 年 1 月—2006 年 1 月，任衡阳市人民检察院副检察长、党组书记。2006 年 1 月—2014 年 12 月，任衡阳市人民检察院检察长、党组书记。2014 年 12 月，任衡阳市政协副主席候选人、市人民检察院检察长、党组书记。

黄保锦　男，汉族，1965 年 12 月出生，中共党员，大学本科学历，湖南省祁阳县人，1986 年 7 月参加工作。

1982 年 7 月—1986 年 7 月，华东地质学院分析系工业分析专业学习。1986 年 7 月—1992 年 12 月，任核工业 301 大队办公室秘书、机关团总支书记。1992年12月—1993年7月，任核工业四院南方分院党办主任。1993年7月—1997年6月，任核工业25公司团委副书记、宣传部副部长。1997年6月—1998年8月，任衡阳市政协提案委员会主任科员。1998年8月—1999年10月，任衡阳市政协提案委员会提案科科长。1999年10月—2000年11月，任衡阳市政协学习文史委员会学习文史科科长。2000年11月—2001年11月，任衡阳市政协学习文史委员会副主任。2001年11月—2004年11月，任衡阳市建工局副局长、党委委员。2002年3月—2003年3月，在中华人民共和国建设部市场司施工处挂职任副处长。2003年9月—2006年6月，衡阳市广播电视大学土木工程专业本科班学习。2004年11月—2010年12月，任衡阳市建工局局长、党委书记。2010年12月—2013年12月，任衡阳市住房和城乡建设局局长、党委副书记。2013年12月—2014年3月，任衡阳市住房和城乡建设局局长、党委书记。2014年3—4月，任衡阳市高新技术产业开发区工委副书记。2014年4—12月，任衡阳市高新技术产业开发区管委会主任、工委副书记。2014年12月，任衡阳市政协副主席候选人、市高新技术产业开发区管委会主任、工委副书记。

著名抗日英烈

谢翰文　1904年仲春生于湖南耒阳县城关槐树下村。7岁入塾，1919年考入衡阳新民中学，时适五四新文化运动在湘蓬勃发展，好学求进的谢翰文深受其影响。谢翰文阅读大量的进步书刊，寒暑假回乡向村里人宣传民主与革命。1925年中学毕业的谢翰文，回乡参加中共耒阳支部的活动，成为中共党员。

“五卅”惨案消息传到耒阳，县执委批准谢翰文组建宣传队，向群众宣传反帝爱国思想。6月6日，工人、农民、学生集会，谢翰文发表演说。当天，谢翰文被数千名工农学商群众选为“青沪惨案”湖南雪耻会耒阳分会会长。

“马日事变”发生时，谢翰文被派赴衡阳、耒阳交界处开展武装斗争。桐子山，处衡、耒两县结合部，谢翰文来到这里与当地党组织负责人李谷、张凯接上关系，经其串联发动，20多人参加了游击队。一天，谢翰文接到县执委“南昌起义后朱德率领的部队来到韶关，有往湘南地域发展的趋势，要做好接应准备”的指示。谢翰文与张凯迅速拟定夺矿警枪支的计划。入夜后，游击队员分批出发，来到水口山。谢翰文按联络暗号与水口山党的负责人宋乔生接上头，宋乔生告诉：凌晨1时矿警一所是自己人值班，可派人潜入枪械库提取枪支。谢翰文带领游击队员分头行动，顺利地运出49支步枪、数千发子弹。

1928年2月，朱德率南昌起义余部攻占耒阳城。朱德决定将游击队改编为工农革命军第三团，纳入部队正规编制。朱德委宋乔生为第三团团长、谢翰文为团政治委员。年底，朱德，毛泽东率红四军进军赣南闽西，生病的谢翰文留在红五军医院治疗。病愈后被留在红五军军部，担任军部秘书长。

1930年7月，红五军攻打长沙后，在永和市同红一军组成红一方面军。因部队扩编需要充实师团级干部，彭德怀调谢翰文任红三师政治委员。

1937年初，西北红军大学更名中国人民抗日军事政治大学，由保安迁至延安。谢翰文任学员第13队队长，一年后任校政治宣传科（部）长。谢翰文在抓好政治宣传的同时，抓紧理论学习不断充实自己，认真负责地给学员讲好每一堂课。谢翰文还负责办校刊《抗大》，运用这块阵地宣传党的方针政策，团结教育广大学员。

1941年初，中央军委调谢翰文任八路军总后勤部政治部主任。1942年5月24日，为打破日军围剿阴谋，八路军北方局机关、政治部、后勤部、党校、报社等2000多人分路突围。谢翰文等率总后人员经一天艰苦行军，到达辽县与涉县交界的十字岭，宿营休整。

翌日黎明，总部通讯员通知谢翰文：立即到左权副参谋长处开会。谢翰文将装有秘密文件的小皮箱交给妻子王振东，匆匆赶去总部。会议结束后，谢翰文听从左权的安排，带领后勤部人员转移。中午时分，谢翰文果敢地率领大家冲出敌人的包围圈。谢翰文因为担心负责保卫秘密文件的妻子，重新返回村子，与妻子一起不幸被俘。被俘后，谢翰文和妻子王振东与敌人进行了不屈的斗争。1942 年夏末秋初，谢翰文和妻子被日寇杀害于太原市郊，享年 38 岁。

2014 年 9 月 1 日，国务院公布第一批 300 名著名抗日英烈名录，谢翰文名列其中。

刘阳生　1904 年 3 月 1 日，刘阳生出生于衡东县草市镇丫塘村一个贫苦的家庭。

1917 年，刘山生瞒着家人外出投军。1927 年，被选送到回民革命军第四路军教导总队军官队（即湖南干部学校）学习。

淞沪会战爆发时，刘阳生任第 70 军 19 师 57 旅 113 团 3 营营长，守备浙江宁波一带海防。1937 年 9 月末，刘阳生率部参加淞沪会战，扼守蕰藻浜郭家牌楼东面的狮子桥，激战十余日，守住阵地。刘阳生在与敌肉搏中手臂负伤，被送往后方医院治疗。

1938 年 5 月，日寇进窥武汉，武汉外围会战随后在皖南、赣北长江两岸地地区揭开。7 月初，刘阳生伤愈归队，升为第 19 师 57 旅 114 团中校副团长。

1938 年 8 月 3 日凌晨，日军集中飞机、大炮猛烈轰击第 19 师阵地，57 旅旅长庄文枢被炸伤，战况非常紧急，114 团团长周昆源为代旅长，升刘阳生为 114 团团长。7 月 26 日，第十九师奉命在马祖山一线阻击日寇的先头部队南进，旋即参加庐山战役，扼守南浔铁路门户金官桥。

8 月 4 日拂晓，日军炮火集中轰击 114 团阵地。此后几天，114 团守卫的前进阵地几次失而复得，双方死伤惨重。阵地周围到处是敌我遗下的尸体和武器，咫尺之间双方为抢夺尸体和武器，又增加许多伤亡。时值盛夏酷暑，尸体很快腐烂，臭气随风飘散，刺鼻恶心。8 日，为重新夺回失去的前进阵地。刘阳生亲率敢死队与日寇展开肉博，突入敌军火力网，不幸饮弹倒地，敢死队全部壮烈牺牲，阵地失守，尸首暴露在战场上。

为了表彰刘阳生的功绩，国民政府军事委员会追谥其为陆军少将，1988 年 1 月 27 日湖南省政府追认刘阳生为革命烈士。

2015 年 8 月 24 日，国务院公布第二批 600 名著名抗日英烈名录，刘阳生名列其中。

罗芳珪　罗芳珪，1907 年 12 月 20 日生于衡东县新塘镇百叶村的一个书香门第。

1925 年夏，18 岁的罗芳珪从岳云中学毕业，与从莫斯科中山大学毕业回国的堂兄罗芳中一道投笔从戎，结伴经武汉绕道上海，乘海轮直达广州，考入黄埔军校第四期，毕业后参加北伐战争。

1934 年，罗芳珪升任国民革命军第 13 军 89 师 529 团团长。1937 年 8 月 1 日，他率领全团经张家口，抢占昌平县南口。8 月 12 日至 23 日，率部扼守南口，战线纵横十余里，以千余人抵御数万之日军。当时所部已陷日军重围，仍率部顽强突围。南口一战，大震军威，529 团被赞誉为英勇抗战的中国“四大名团”之一。

1938 年 4 月，罗芳硅率团参加台儿庄战役。6 日下午，罗芳珪到前沿阵地观察敌情，准备夜袭，不料被猝然飞来的炮弹击中头部、胸部，在战场壮烈牺牲，年仅 31 岁。

罗芳珪为国捐躯后，国民政府将其忠骸运回家乡安葬。国共两党要员纷纷写下挽联、挽词，周恩来送来的挽联情真意切：“为国家合作抗日，南口防守决死战，声震中外；作民族复兴英雄，台庄大捷成壮烈，独有千秋！”蒋介石的挽联慷慨激昂：“善战久知名，讵翼妖氛摧猛士；临危能受命，好将浩气振军魂！”

为表彰罗芳珪的功绩，国民政府军事委员会追谥其陆军少将军衔，入祀南岳忠烈祠。1988 年 5 月，国家民政部追认其为烈士。

2015 年 8 月 24 日，国务院公布第二批 600 名著名抗日英烈名录，罗芳珪名列其中。

文立正　文立正，原名文立徵，1911 年 4 月 14 日出生在衡山县东湖镇一个偏僻的山村。文立正是电影和小说《铁道游击队》中那个传奇人物李正的生活原型。

文立正于 1934 年 7 月考入北平辅仁大学化学系。

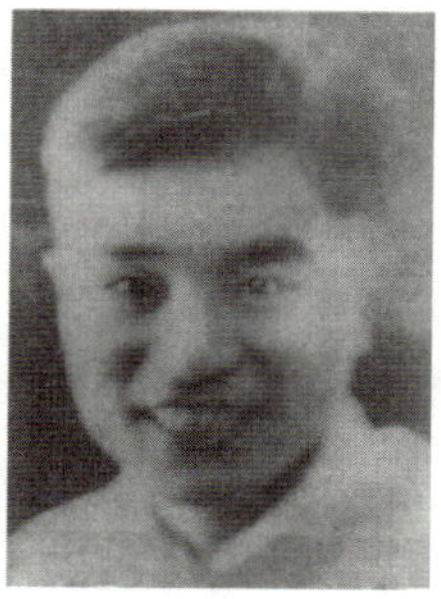

1935年，参加了“一二·九”运动，平津沦陷后他辗转到济南组织平津流亡同学会。

1938年，文立正加入中国共产党。之后，他被中共苏鲁豫边区特委派往鲁南人民抗日自卫军任政训处副处长，之后到台儿庄一带同日寇作战。

1939年，文立正任八路军115师运河支队政治部主任。在支队，文立正除了做好干部战士的政治思想工作外，特别注意利用各种公开场合向群众进行抗日宣传。1941年初文立正担任运河支队副政委，带领一部分部队主力，编为一一五师教导二旅五团三营。同年3月，被派往鲁南军区第三军分区任副政委兼政治部主任。

1942年11月，文立正奉命调任鲁南军区独立支队政委兼所属铁道游击队政委。铁道游击队长期活跃在津浦干线及枣（庄）临（城）支线上，神出鬼没地打击敌人。文立正作为第六任政委到任后，部队更是如虎添翼。文立正经常率领游击队采用灵活的战略战术，拔掉铁轨，袭击敌军火车，拔除日伪据点，掩护南来北往的干部过路。

1943年秋，文立正被派往中共山东分局党校第三期学习，至1944年4月结业，回到鲁南军区政治部工作。这年秋天，中共鲁南区党委派他到所属二地委（峰、滕、沛地区）开辟工作，任地委委员兼宣传部部长。

1945年2月，文立正到临城县六区丁家堂村开辟新区工作，给区党训班和乡村干部讲课。22日深夜，被区武装队三班副班长徐宜南勾引的汉奸申宪五的武装匪兵突然袭击，不幸遇害，壮烈牺牲。他的遗体安葬在丁家堂村西、甘桥村北的土崮上。

1949年，国家拨款在山东临沂市兴建“华东革命烈士陵园”，在烈士纪念堂内的花岗石壁上镌刻有6万余名烈士英名，文立正名列其中。

2015年8月24日，国务院公布第二批600名著名抗日英烈名录，文立正名列其中。

全国劳动模范

欧阳铭富 男，1958年9月生，湖南省衡阳县人，中共党员，在职研究生学历，湖南蒸阳律师事务所律师。2015年4月28日，被中共中央、国务院授予全国劳动模范荣誉称号。

欧阳铭富为忠诚法律援助事业，于2000年自筹资金在衡阳市率先成立县级法律援助服务团，十多年来共办理400多件援助案件，惠及400多个家庭和1000多名农民工、困难职工，老、少、妇、贫人员和上访人员。连续六年于每周二和周五到衡阳县总工会职工维权帮扶中心值班、接访。2011年为县针织厂351名职工讨回147万元工资。2012年，本县6个农民工在昆明“5·10”火灾事故中丧生，受省总工会和市政府委托，协助县总工会三上云南成功维权。2013年4月协助政府做好县氮肥厂500多名职工欠薪上访案件的维权维稳工作；6月份，在佛山办汽修厂的本县民工王建国一家老小及工人共7人遭遇火灾全部丧生，经欧阳铭富多次援助和协调，每人获补偿61万元。2014年县内一些房地产开发商乱收费，导致200多名业主代表不断上访，欧阳铭富提供法律援助，并为此向县政府出具法律意见书，意见被县长采纳得到落实。

曾被六次评为全国、全省“法律援助先进个人”，获司法部“首届全国十佳法律援助工作者”提名奖，作为全省唯一先进代表出席全国第五次法律援助工作会议暨表彰大会，受到党和国家领导人的接见，连续多年被市、县评为“先进个人”“政法系统学习标兵”“办案能手”、市、县劳动模范。

罗益勇 男，汉族，1957年出生，湖南省衡阳市人，中共党员，高中文化，衡阳市水务投资集团有限公司经理助理。2015年4月28日，被中共中央、国务院授予全国劳动模范荣誉称号。

罗益勇1981年进入衡阳市自来水公司从事管道维修工作，从一个泥瓦匠成长为衡阳市水务集团下属

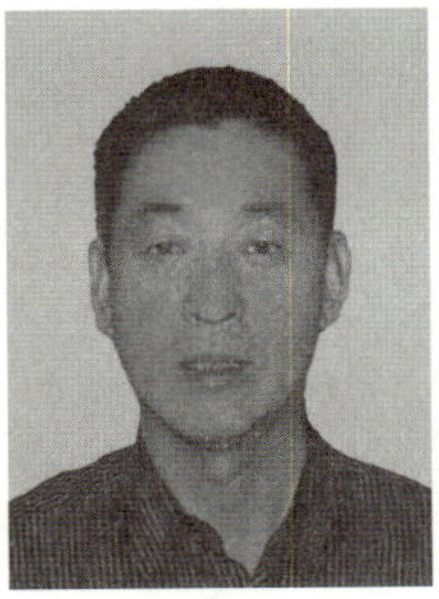

兴达市政工程有限公司经理助理，肩负着“供水110”的重任。在自来水公司，罗益勇是从事管网抢修工作时间最长的。30多年间亲历抢修任务8万多起，积累了大量的实战经验，实现供水管网抢修上的多项突破。罗益勇勤于学习、善于总结和摸索，对城市密如蛛网的管网线路、阀门位置他都做到了然于胸，被誉为“最齐全的供水管网的活地图”。正因为有扎实的技术功底，其带领的维修团队创下一天处理20起维修报漏，一夜更换6处管径DN300以上破管点的记录；其勇于创新，经常搜集、研究管网抢修最新资料，并运用到现场施工管理中，经他首次试验的“套管”不停水修复技术现已在衡阳水协全面推广。这项不停水、带水作业抢修爆裂水管的技术，解决大面积停水给用户带来不便的抢修难题，满足部分企业生产不间断供水的要求，每年为公司节约近50万元，获得企业和用户的一致好评。

罗益勇从2000年起，连续10多年被评为公司优秀党员，3次被评为建设系统优秀党员，荣获公司“十佳服务明星”“岗位能手”等多项荣誉，2010年被评为湖南省劳动模范。

唐青云　男，汉族，1962年4月生，高中文化，1996年4月参加工作，新桥镇邮政支局投递员，参加工作19年来，他年年被县局评为先进个人，2001年被省公司授予“文明投递员”、2002年被市公司评为“先进个人”、2006年入围衡阳邮政“十佳员工”、2007年被省公司授予“优秀投递员”、2009年被县政府授予“劳动模范”称号、2010年被省人民政府授予“劳动模范”称号、2012年获得衡山县首届“道德模范”称号、2013年获得衡阳市第二届“道德模范”提名奖、2014年12月获得感动中国之感动湖南人物提名奖。并多次被新闻媒体跟踪报道。2015年4月28日，被中共中央、国务院授予全国劳动模范荣誉称号。

唐青云负责新桥镇，贯塘乡18个村，155个组，450个投递点，3.5万人口，往返一趟140多公里的投递服务工作。其服务的邮路属水库库区，每天要翻山越岭翻越10多个山头，往返一趟60余里崎岖山路。19年来，唐青云从来没有延误过一个班期，丢失过一份邮件，就在父亲过世那天，也坚持把邮班走完。平均每天工作10多个小时，每年平均加班在900个小时以上，19年已干完别人33年的工作量，累计投递报刊邮件260多万件，投递准确率达100%，客户投诉始终保持零纪录。

自参加邮政工作担任投递员至今，唐青云天天奔波在邮路上。既当绿衣使者，又当“货郎馆”，义务为群众送货上门，19年累计配送携带种子1.8万公斤，农药7千余件，化肥2百吨。帮群众代寄邮件，代存款，代交电话费，捎带生活用品。唐青云把孤寡老人、残疾人员、留守儿童当做自已的亲人一样来对待，捐款、捐物累计8万余元。

蒋建喜　男，汉族，中共党员，1968年5月出生，1987年12月参加工作，高中文化，湖南衡山汽车制造有限公司生产制作部试制班班长。多次被公司评为先进工作者、优秀共产党员、厂级劳模；1992年被衡阳市授予“青年高产能手”；1994年和1997年分别被评为市机械系统优秀共产党员和模范共产党员；1997年被授予市机械系统“机械之星”荣誉称号；1995年蒋建喜所带领的班组获得团市委，团省委“青年文明号”荣誉称号；2001年5月被评为衡阳市劳动模范；2011年4月被中华全国总工会授予“全国五一劳动奖章获得者”，同时被评为湖南省劳动模范。2015年4月28日，被中共中央、国务院授予全国劳动模范荣誉称号。

在工作中，蒋建喜每年都完成四年的工作量，号称生产线上的“拼命三郎”。在技术上善于开动脑筋，力求革新。1998年，蒋建喜利用所学知识，自已设计图纸，利用先制作精度较高的样板，再制作简易模具的方法，为HSZ6902T、HSZ6908T新产品车自制敲模、土压模13付，为公司节约90万元左右。蒋建喜先后为HSZ6100D、武警指挥车、流动舞台车、多功能运兵宿营车、天然气公交车等新产品制作各种样板，敲模、土压模上百付。

二十多年来，蒋建喜进行无数次的小改革和大型项目的设计制作，特别是在冷作工专用的胎模，工装、夹具等方面的技术创新，提高产品质量和生产效率，降低劳动强度，创造价值500多万元，为企业作出重大贡献。

雷芝华 男，中共党员，1962年6月出生，1981年3月参加工作，高级技师职称，湖南省衡阳汽车运输集团有限公司耒阳分公司83车队公营车快巴驾驶员。33年来，先后20多次被省、市、集团公司评为先进个人、平安大使、行车安全标兵、劳动模范、红旗车手等荣誉称号。2014年4月被评为“全国五一劳动奖章”，同时被授予“湖南省劳动模范”。2015年4月28日，被中共中央、国务院授予全国劳动模范荣誉称号。

33年来，雷芝华无论刮风下雨，总是提前一个小时到岗对车辆进行安全检查，清洁车厢卫生，配备好晕车、中暑等药品，免费服务旅客。33年来，雷芝华始终以车为家，爱车、懂车、惜车，无论是新车还是旧车，都能保持车辆技术状况的完好率，从不让病车上路。1998年驾驶公车以来，累计节油87973升、节料23余元、节胎47.7条，共为企业节约费用73万余元。

2008年1月24日，雷芝华驾车从长沙返回耒阳时，遭遇百年不遇的冰灾，路面被封，而车上有四、五十位乘客，其中还有一位刚做完剖腹产不到三天的妇女，母婴身体很虚弱，雷芝华硬是跪在车辆旁一路砸冰一路前行。为了保证车厢内有暖气供应，雷芝华艰难步行数公里购买高价柴油和饮用水为婴儿冲泡奶粉。在连续五天四夜，饱受千辛万苦的行期里，雷芝华用自己朴实无华的行为与旅客们建立起“鱼水”之情，不少旅客被其在困难面前表现出的“辛苦我一个，幸福千万人”的精神所感动，事后纷纷与他交上朋友。

石绍峰 男，汉族，1978年5月出生，山东省蒙阴县桃屈镇金鑫村人，中共党员，高中文化，任职于王一实业集团有限公司。2015年4月28日，被中共中央、国务院授予全国劳动模范荣誉称号。

10余年来，石绍峰从一名普通防损员做起，一步一个脚印，历任熟食课主管、生鲜经理、店长等职。先后担任光辉、创景两个大店的店长。石绍峰任店长期间，船山店效益扭亏增盈，光辉店业绩节节高升，创景店营业额独占鳌头，两次被评为年度优胜门店，几年来为公司创造的利润连续递增24%以上。

石绍峰时时关爱员工，为有困难的员工排忧解难，特别是对待外地员工，像家人一样关心他们，让每个员工都感受到他无微不至的关怀。每当有员工罹患重病时，必定带头捐款，奉献爱心。石绍峰具有强烈的社会责任感，只要听说有人陷入危困中，即使不是公司员工，也主动发起募捐，为无助家庭雪中送炭。几年来，石绍峰带头组织捐款10余次，个人也捐献爱心款5000元以上。蔬果员工欧小兰的丈夫得了癌症，在其最困苦无助时，石绍峰带头捐款，并亲自将门店的筹款送到她的手中，为其带去大家庭的温暖，鼓励其勇敢的面对生活的重压。

石绍峰先后荣获“优秀员工”“优秀党员”“王一标兵”等荣誉称号。2010年，荣获湖南省“五一先锋”奖彰、湖南省“优秀共产党员”荣誉称号。

汤小奇 男，汉族，1957年11月出生，湖南省衡东县大浦镇堰桥村人，中共党员，高中文化，衡东县大浦镇堰桥村村支部书记。从事农业农村工作近40年，历任村民兵营长、村委主任、村党支部书记等职，1991年被评为全省“科技示范户”；1992年被评为全国“科技星火带头人”；1993年被评为衡阳市“模范共产党员”；1994年被评为省“三湘杰出青年代表”；1995年被评为省“劳动模范”；1996年被评为衡阳市“模范村主任”；1996年当选省第九届人大代表；2008年

当选衡阳市第十三届人大代表；2009年被评为湖南省“社会主义新农村建设先进工作者”；2012年当选为衡阳市党代表。2015年4月28日，被中共中央、国务院授予全国劳动模范荣誉称号。汤小奇几十年如一日，带领群众致富奔小康，把堰桥村建设成为富裕、秀美、文明、和谐的省级社会主义新农村。堰桥村连续11年被评为衡东县“先进基层党组织”，先后被评为省社会主义新农村建设示范村、全国民主法治示范村，原省委书记周强、现任省委书记徐守盛均到该村指导视察过工作。

张春桃 男，汉族，1964年10月出生，中共党员，高中学历，湖南省衡南县松江镇潇湘村长湖组村民。2015年4月28日，被中共中央、国务院授予全国劳动模范荣誉称号。

张春桃上世纪80年代末进城打工，掘取人生“第一桶金”，2002年年初已迈入小康的他，毅然放弃经商，回乡创业，带动家人用打工、经商挣取的资金在本组樟树坳开垦荒山50余亩，种植优质葡萄、脐橙，两年后开始投产挂果，初战告捷，张春桃满怀喜悦逐年在本村太子桅、樟树山一带扩大种植面积。在其带动下，邻近村民纷纷效仿，因地制宜发展家庭小果园，尝到致富的甜头，2014年该村村民人均可支配收入18000多元，是全县农民收入的1.2倍。

2008年3月，张春桃联合种植大户吴健生、张坤等人，发动42户农户，注资500万元，成立“湘健”有机果卉禽畜渔业产销专业合作社。“湘健”合作社成立8年多来，已发展本村农民289户，辐射邻近村组专业户300多户，连带从业受益4900多人次，合作社发展果木种植4900余亩，其中纽荷尔脐橙、红肉蜜柚、红心雪橙、沙糖橘、葡萄、水晶梨等优质水果产业不仅规模不断壮大，并且打响“湘健”品牌，形成品牌效应，多次参加省市农博会展览，目前正在积极申报省级农产品著名商标。张春桃创立的“湘健”合作社2010年被评为省级示范合作社，其本人被评为衡阳市星火科技示范户。

谷井文 男，56岁，汉族，湖南省耒阳市人，大专学历，中医内科主任医师，中共党员，衡阳市、耒阳市学科带头人，衡阳市名中医。任多个国家省级学术刊物编委、常务编委，多个国家省级医学会委员、副主任委员、理事。2015年享受国务院政府特殊津贴、2014年享受首届省政府特殊津贴；2012年全国卫生系统先进工作者、省中医药工作先进个人、全国中医医院优秀院长、全国百名优秀医院院长；省人民政府记一等功、二等功，衡阳市人民政府记二等功；获衡阳市科技进步二等奖、省科技进步三等奖、省中医药科技二等奖。2015年4月28日，被中共中央、国务院授予全国先进工作者荣誉称号。从医39年，先后在乡镇卫生院、人民医院、中医医院等基层医院工作，坚持医疗行政双肩挑。政治素质过硬，党性原则强，工作扎实肯干，医德医风高尚，业务能力强，能较好处理急危重病、疑难杂症，发表论文30余篇，拥有发明专利1项。工作业绩突出，尤对中医院管理和改革有独到之处，医院评为省文明标兵单位、全国中医医院优质护理先进病房，2014年通过国家二级甲等中医医院复评，获全国医疗质量服务放心示范单位、全国明明白白消费十佳医院、全国最佳百姓放心示范医院等殊荣。

娄　涛 女，汉族，1974年2月出生，湖南省浏阳市人，民主党派（九三学社），硕士研究生，副研究员，衡阳市环境保护局环境影响评价科科长。2015年4月28日，被中共中央、国务院授予全国先进工作者荣誉称号。

娄涛在国家一级刊物上发表多篇文章，其中《纳米TiO2光催化氧化降解有机磷农药的研究》被湖南省科学技术协会评选为一等奖；主持编写的《衡阳市第一次全国污染源普查技术报告》被省环保厅评为全省第一，并获得全国优秀普查技术报告评比二等奖。娄涛承担衡阳市全国第一次污染源普查工作。全市2

万多家工业源、农业源、生活源和集中式污染治理设施纳入此次普查范围。高质量地完成40余万字的《衡阳市第一次全国污染源普查技术报告》。在2010年4月国务院召开的第一次全国污染源普查工作总结表彰会上，市普查办被评为国家污染源普查工作先进集体，娄涛作为全国先进个人的唯一代表作典型发言。娄涛担任多项社会职务：九三学社衡阳市委委员、雁峰支社主委、衡阳市政协委员。作为雁峰支社主委，积极出钱出力组织各种社务活动，2009年荣获湖南省先进基层支社称号；作为市政协委员，提交的《加快污水处理厂建设，改善我市环境质量的建议》《发展循环经济，转变增长方式，创建环境友好型社会》和《让参政议政从虚拟空间走向现实世界》等提案得到政府的重视。

先后获得“第一次全国污染源普查工作先进个人”“2010年度湖南省劳动模范和先进工作者”、衡阳市首届“十佳优秀党外代表人士”“湖南省环境应急监测工作先进个人”“湖南省城市环境综合整治定量考核工作先进个人”“湖南省生态环境调查工作先进个人”等荣誉称号；2008年至2012年连续五年被市环保局评为优秀公务员。

逝世人物

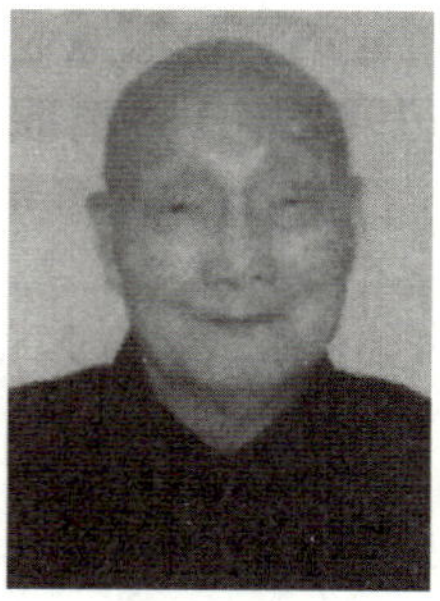

毛远耀　湖南省湘潭县韶山冲（今属湖南省韶山市）人。1912年10月生。1926年9月在韶山参加革命工作，1929年12月加入中国共产党。1937年12月，到延安抗日军政大学学习，曾任八路军总政印刷所所长兼党支部书记，军委后勤部政治部军事工业科科长、党总支书记、直属政治部党委委员，八路军第一兵工厂厂长，三五九旅七一七团供给处政委等职。1945年11月后，任大连物资管委会副主任，大连市公安局局长、党委书记，中共大连市委委员1949年4月后，任旅大市南下干部大队大队长，中共湖南衡阳市委书记、市长，湘南区委常委，湖南省委委员，湖南省工业厅厅长，青岛国营第二橡胶总厂厂长、青岛市委委员，化工部办公厅主任、部党组成员等职。1957年10月，任武汉测量制图学院党委第一书记。1987年12月离休（副部长级）。2013年6月20日在武汉逝世，享年101岁。

黄润乾　湖南省衡山县人，1933年12月5日生于北京。1945年初就读云南曲靖一中，9月转入昆明天祥中学，1951年9月入清华大学，1953年8月至1958年8月留学德国席勒大学，毕业后回国工作，1976年9月后在中国科学院云南天文台工作，1986年任研究员，同年加入中国共产党，1999年当选中国科学院院士。是云南省科协常务理事、云南省天文学会名誉理事长、中国天文学会副理事长。长期从事恒星物理研究。在双星非守恒演化、星风冲击波理论和星风物质损失等问题上做出重要贡献。发现双星有物质损失和角动量损失情况下的各种复杂因素，将双星非守恒演化奠定在严密的数理基础上；与人合作最先提出星风冲击波理论、在国际上得到广泛应用，并为紫外和X射线卫星的大量观测结果所证实；与人合作，发现对流超射对恒星演化的重要效应、并提出用造父变星的演化程来判别对流超射区大小，从而可以利用天文观测确定对流超射的方法。撰有《恒星物理》《恒星大气理论》《恒星震动理论》和《恒星结构和演化理论》等专著。2013年10月10日在昆明逝世，享年80岁。

经济统计数据

表8：2014年衡阳市国民经济和社会发展总量指标

指标	2014年	指标	2014年
人口		林业	31.73
人口（万人）		牧业	232.75
年底总人口	730.34	渔业	39.64
城镇人口	354.36	主要农产品产量（万吨）	
乡村人口	375.98	粮食	330.84
男性人口	378.35	油料	33.51
女性人口	351.99	肉类	90.77
宏观经济		水产品	28.24
一、国民经济核算（亿元）		二、工业	
地区生产总值	2395.56	主要工业产品产量	
第一产业	364.69	原盐（万吨）	197.17
第二产业	1119.88	发电量（亿千瓦小时）	63.15
第三产业	910.98	饲料（万吨）	151.29
二、固定资产投资（亿元）		服装（万吨）	3304.99
固定资产投资总额	1787.8	农用化肥（折纯）（万吨）	9.23
国有单位	822.1	化学农药（原药）（万吨）	0.47
集体单位	9.7	烧碱（折100%）（万吨）	29.22
个体经济	596.7	中成药（万吨）	5.44
三、财政（亿元）		水泥（万吨）	999.82
地方财政收入	235.26	饮料酒（万千升）	15.80
公共财政支出	409.57	原煤（万吨）	550.21
四、物价总指数（2013年=100）		十种有色金属（万吨）	31.2
居民消费价格总指数	101.6	改装汽车（万辆）	0.26
商品零售价格总指数	100.5	变压器（万千伏安）	9728.11
五、利用外资（万美元）		电力电缆（万公里）	98.54
实际利用外商直接投资	89960	生铁（万吨）	82.23
产业		粗钢（万吨）	129.65
一、农业		钢材（万吨）	116.29
耕地面积（千公顷）	381.36	规模工业企业财务指标	
农林牧渔从业人员（万人）		年底固定资产原价（亿元）	666.75
农林牧渔总产值（亿元）	591.07	利润和税金总额（亿元）	258.65
农业	273.06	三、交通运输	

续表

指标	2014 年	指标	2014 年
货运量（万吨）		金融机构人民币贷款余额	1235.48
铁路	742.6	财产险保费收入	10.22
公路	16733.25	人身险保费收入	34.89
水运	1265.73	**教育**	
客运量（万人）		教育	
铁路	1722.17	在校学生（万人）	
公路	20252.23	普通高等学校	13.74
水运	25.3	中等职业学校	7.45
四、邮电通信业		普通中学	41.2
邮电业务总量（亿元）	55.76	小学	55.33
交换机容量（万门）	577.8	国家财政性教育经费（亿元）	62.02
五、国内商业（亿元）		**家庭、生活、环境**	
社会消费品零售总额	825.51	一、家庭	
六、对外经济贸易和旅游		家庭总户数（万户）	205.82
进出口总额（亿美元）	29	二、生活	
进口额	20	城镇居民人均可支配收入（元）	24370.23
出口额	9	农村居民人均可支配收入（元）	13241.66
国际旅游		三、卫生	
来衡旅游人数（万人数）	18.82	医院与卫生院（个）	293
旅游外汇收入（亿美元）	0.85	执业（助理）医师（万人）	53.73
七、金融保险（亿元）		医院床位数（万张）	18.55
金融机构人民币存款余额	2406.17		

表 9：2014 年衡阳市全面建成小康社会统计监测结果

指标名称	单位	目标值（2020 年）	权重	2014 年	
				数值	实现程度
一、经济发展	—	—	22		75.6
1. GDP（2010 年不变价）	万元	比 2010 年翻一番	4	21980325	77.4
2. 第三产业增加值占 GDP 比重	%	≥47	2	38.0	80.9
3. 居民消费支出占 GDP 比重	%	≥36	2.5	49.5	100.0
4. R&D 经费支出占 GDP 比重	%	≥2.3	1.5	0.77	33.4
5. 每万人口发明专利拥有量	件	≥3.2	1.5	0.59	18.6

续表

指标名称	单位	目标值（2020年）	权重	2014年	
				数值	实现程度
6. 工业劳动生产率	万元/人	≥12	2.5	17.28	100.0
7. 互联网普及率	%	≥50	2.5	32.2	64.4
8. 城镇人口比重	%	≥60	3	48.5	80.9
9. 农业劳动生产率	万元/人	≥2	2.5	1.69	84.5
二、民主法制	—	—	14		84.3
10. 基层民主参选率	%	≥95	3.5	97.6	100.0
11. 廉政指数	人/万人	≤8	3.5	7.13	100.0
12. 社会安全指数	%	100	4	97.0	97.0
每万人口刑事犯罪人数	人			5.4846	92.4
每万人口交通事故死亡人数	人			0.2748	100.0
每万人口火灾事故死亡人数	人			0.0069	100.0
每万人口工伤事故死亡人数	人			0.0234	100.0
13. 每万人口拥有律师数	人	≥2.3	3	0.71	30.7
三、文化建设	—	—	14		72.7
14. 文化及相关产业增加值占GDP比重	%	≥5	3	4.10	82.1
15. 人均公共文化财政支出	元	≥200	2.5	54	26.9
16. 有线广播电视入户率	%	≥60	3	36.5	60.8
17. 每万人口拥有“三馆一站”公用房屋建筑面积	平方米	≥450	2.5	420	93.3
18. 城乡居民文化娱乐服务支出占家庭消费支出比重	%	≥6	3	5.8	96.1
四、人民生活	—	—	28		90.8
19. 城乡居民人均收入（2010年不变价）	元	比2010年翻一番	4	16578	72.2
20. 地区人均基本公共服务支出差异系数	%	≤40	1.5	38.54	100.0
21. 失业率	%	≤6	2	4.08	100.0
22. 恩格尔系数	%	≤40	2	33.9	100.0
23. 基尼系数	—	0.3～0.4	1.5	0.28	99.6
24. 城乡居民收入比	以农为1	≤2.8	1.5	1.84	100.0
25. 城乡居民家庭住房面积达标率	%	≥60	2	67.5	100.0
26. 公共交通服务指数	%	100	2		100.0
每万人拥有公共交通车辆	标台	≥14			100.0
行政村客运班线通达率	%	≥95		96.6	100.0
27. 平均预期寿命	岁	≥76	2	74.8	98.4
28. 平均受教育年限	年	≥10.5	2	9.5	90.7
29. 每千人口拥有执业医师数	人	≥1.95	1.5	1.64	83.9

续表

指标名称	单位	目标值（2020年）	权重	2014年	
				数值	实现程度
30. 基本社会保障覆盖率	%	≥95	3		95.9
基本养老保险覆盖率	%	≥95		82.3	86.6
基本医疗保险覆盖率	%	≥95		100.0	100.0
31. 农村自来水普及率	%	≥80	1.5	57.7	72.2
32. 农村卫生厕所普及率	%	≥75	1.5	52.2	69.6
五、资源环境	—	—	22		82.1
33. 单位GDP能耗（2010年不变价）	吨标准煤/万元	≤0.62	3	0.727	85.3
34. 单位GDP能耗（2010年不变价）	立方米/万元	≤110	3	152.5	72.1
35. 单位GDP建设用地占用面积（2010年不变价）	公顷/亿元	≤62	3	71.6	86.6
36. 空气质量达标率	%	100	2	94.2	94.2
37. 环境质量指数	%	100	4		89.8
PM2.5达标天数比例	%	≥95		70.8	74.6
地表水达标率	%	≥90		94.8	100.0
森林覆盖率	%	≥23		46.0	100.0
城市建成区绿化覆盖率	%	≥40		36.5	91.2
38. 主要污染物排放强度指数	%	100	4		56.6
单位GDP化学需氧量排放强度	吨/亿元	≤27.7		66.65	41.6
单位GDP二氧化碳硫排放强度	吨/亿元	≤24.6		37.58	65.5
单位GDP氨氮排放强度	吨/亿元	≤2.78		8.34	33.3
单位GDP氮氧化物排放强度	吨/亿元	≤24		27.89	86.0
39. 城市生活垃圾无害化处理率	%	≥85	3	100	100.0
总实现程度	—	—	100		82.1

说明：单位GDP二氧化碳排放量用空气质量达标率替代，PM2.5达标天数比例只有6个市州有数据，其他市州用平均数据替代

表10：2014年衡阳市各县市区生产总值

计量单位：亿元、%

	生产总值（GDP）		第一产业增加值		第二产业增加值		第三产业增加值	
	2014	增长	2014	增长	2014	增长	2014	增长
全　市	2395.56	9.9	364.69	4.5	1119.88	9.1	910.98	13.1
珠晖区	184.92	10.9	8.15	4.6	109.16	9.9	67.61	13.4
雁峰区	123.20	10.2	2.51	4.4	64.22	7.4	56.47	13.9
石鼓区	103.85	10.8	3.89	4.5	25.67	7.0	74.29	12.5

续表

	生产总值（GDP）		第一产业增加值		第二产业增加值		第三产业增加值	
	2014	增长	2014	增长	2014	增长	2014	增长
蒸湘区	163.68	9.5	4.05	4.4	98.87	7.2	60.77	14.1
南岳区	28.84	10.4	3.03	4.5	3.05	7.8	22.75	11.5
衡阳县	263.23	9.3	63.18	4.6	104.94	7.5	95.11	14.7
衡南县	252.42	9.1	59.93	4.5	123.27	8.9	69.23	13.5
衡山县	118.26	9.2	25.58	4.2	39.16	6.6	53.52	13.4
衡东县	214.14	9.6	37.62	4.7	84.51	7.8	92.01	13.5
祁东县	218.16	9.9	55.65	4.7	82.03	8.2	80.49	15.6
耒阳市	354.96	9.6	57.58	4.5	144.31	8.1	153.07	13.1
常宁市	244.88	9.8	43.53	4.4	106.08	8.1	95.27	14.50
高新区	48.37	13.2	0.21	4.4	13.01	6.4	35.15	16.2
松木	134.62	26.0	—	—	120.68	29.3	13.94	2.0
白沙洲	13.17	13.1	—	—	12.99	14.9	0.18	-47.3

表 11：2014 年衡阳市各县市区主要经济指标在全省排位情况

单位：亿元

市县		珠晖区	雁峰区	石鼓区	蒸湘区	南岳区	衡阳县	衡南县	衡山县	衡东县	祁东县	耒阳市	常宁市
生产总值	绝对值	184.92	202.10	117.32	177.20	28.24	263.23	252.42	118.26	214.14	218.16	354.96	244.88
	位次	58	48	77	61	121	33	36	75	47	44	17	40
	速度（%）	10.9	14.0	11.6	9.7	10.4	9.3	9.1	9.2	9.6	9.9	9.6	9.8
	位次	41	2	17	83	60	89	93	91	84	76	84	78
第一产业	绝对值	8.15	2.51	3.89	4.05	3.03	63.18	59.93	25.58	37.62	55.65	57.58	43.53
	位次	96	119	114	113	117	5	6	51	33	10	8	26
	速度（%）	4.6	4.4	4.5	4.4	4.5	4.6	4.5	4.2	4.7	4.7	4.5	4.4
	位次	51	87	66	87	66	51	66	109	40	40	66	87
第二产业	绝对值	109.16	142.69	39.14	111.54	3.05	104.94	123.27	39.16	84.51	82.03	144.31	106.08
	位次	41	29	84	39	123	45	34	83	52	55	28	42
	速度（%）	9.9	13.7	10.5	7.1	7.8	7.5	8.9	6.6	7.8	8.2	8.1	8.1
	位次	72	8	67	106	100	103	86	108	100	93	94	94
第三产业	绝对值	67.61	56.9	74.29	61.62	22.75	95.11	69.23	53.52	92.01	80.49	153.07	95.27
	位次	57	68	47	62	107	28	54	70	31	40	16	27

续表

市县		珠晖区	雁峰区	石鼓区	蒸湘区	南岳区	衡阳县	衡南县	衡山县	衡东县	祁东县	耒阳市	常宁市
第三产业	速度(%)	13.4	15.3	12.5	15.3	11.5	14.7	13.5	13.4	13.5	15.6	13.1	14.5
	位次	34	2	57	2	78	12	30	34	30	1	43	17
规模工业增加值	速度(%)	7.3	14.0	10.8	6.9	3.1	7.4	9.4	6.0	8.1	8.3	8.4	8.6
	位次	110	1	74	87	103	61	85	54	73	69	115	70
固定资产投资	绝对值	145.03	163.00	137.74	214.55	24.91	188.34	161.02	74.44	112.36	117.16	294.09	134.37
	位次	55	45	58	31	117	36	46	91	73	68	13	61
	速度(%)	27.4	23.5	29.8	13.7	25.7	24.4	25.0	12.5	24.1	25.1	24.9	24.0
	位次	18	40	10	108	22	29	27	111	31	26	28	33
社会消费品零售总额	绝对值	91.48	80.80	79.86	89.74	17.83	68.65	73.37	21.79	65.47	77.24	92.89	66.39
	位次	23	32	34	25	101	48	43	97	54	37	22	52
	速度(%)	13.0	12.8	13.1	12.8	12.9	13.0	12.8	12.5	12.8	12.6	12.9	12.4
	位次	29	52	22	52	40	29	52	86	52	78	40	96
城镇居民人均可支配收入	绝对值	25460	24566	25896	25069	28517	23853	23534	23817	23799	19202	24968	23238
	位次	29	36	22	30	16	41	45	42	43	80	32	48
	速度(%)	9.4	8.6	8.9	9.2	9.1	9.8	9.8	9.5	9.6	9.2	9.4	9.8
	位次	32	111	88	54	63	12	12	23	17	54	32	12
农村居民人均纯收入	绝对值	14675	14504	14554	14623	14672	12306	14898	15003	14415	10240	14845	11740
	位次	24	29	28	27	25	51	22	21	31	68	23	55
	速度(%)	12.8	12.0	12.0	12.5	12.0	12.6	12.3	12.3	12.4	8.0	12.0	12.3
	位次	13	37	37	19	37	18	26	26	23	118	37	26

表12：2014全市及各县市区主要经济指标完成情况

表12－1　　**2014年1～3月全市及各县市区主要经济指标完成情况**

制表单位：衡阳市统计局

计量单位：亿元、%

增速排位	地区生产总值			财政总收入			规模以上工业增加值		固定资产投资			社会消费品零售总额		
	单位	1～3月	增长	单位	1～3月	增长	单位	增长	单位	1～3月	增长	单位	1～3月	增长
	全市	411.74	9.0	全市	56.56	25.8	全市	12.7	全市	218.29	25.8	全市	186.88	12.8
第一	珠晖区	24.41	10.7	衡山县	1.88	65.6	祁东县	13.6	蒸湘区	19.31	27.6	石鼓区	18.12	13.4
第二	石鼓区	21.12	10.6	耒阳市	5.88	54.0	衡山县	13.4	石鼓区	21.11	27.0	珠晖区	20.76	13.2
第三	衡东县	41.89	9.8	珠晖区	3.12	43.9	珠晖区	12.9	常宁市	16.94	27.0	雁峰区	18.35	13.1
第四	祁东县	48.14	9.3	蒸湘区	4.43	42.3	衡阳县	11.5	衡东县	15.21	26.8	南岳区	4.04	13.0
第五	衡阳县	53.22	9.2	雁峰区	3.46	39.0	衡南县	10.4	珠晖区	18.41	26.6	蒸湘区	17.72	12.9
第六	雁峰区	29.55	8.2	石鼓区	4.34	32.0	蒸湘区	10.2	雁峰区	17.13	26.6	常宁市	15.09	12.9
第七	南岳区	5.46	8.1	衡东县	2.86	30.3	衡东县	10.2	祁东县	10.61	26.3	衡阳县	15.51	12.8

续表

增速排位	地区生产总值			财政总收入			规模以上工业增加值		固定资产投资			社会消费品零售总额		
	单位	1~3月	增长	单位	1~3月	增长	单位	增长	单位	1~3月	增长	单位	1~3月	增长
	全市	411.74	9.0	全市	56.56	25.8	全市	12.7	全市	218.29	25.8	全市	186.88	12.8
第八	衡山县	21.97	8.0	祁东县	2.05	22.6	常宁市	7.9	衡阳县	20.32	26.0	衡东县	14.80	12.7
第九	蒸湘区	27.92	7.4	常宁市	3.62	20.4	南岳区	7.5	耒阳市	33.50	25.5	祁东县	17.49	12.6
第十	衡南县	46.90	7.1	衡南县	3.64	11.7	耒阳市	6.0	南岳区	3.04	25.3	衡山县	4.93	12.4
第十一	耒阳市	70.06	4.1	衡阳县	2.68	5.6	石鼓区	1.9	衡山县	10.67	25.2	耒阳市	20.91	12.3
第十二	常宁市	39.43	3.7	南岳区	1.31	4.4	雁峰区	1.5	衡南县	16.60	24.6	衡南县	16.52	12.2
—	高新开发区	13.70	8.1	高新开发区	3.25	34.4	高新开发区	-12.5	高新开发区	5.28	-9.0	高新开发区	2.63	12.5
—	白沙洲工业园	29.15	27.6	白沙洲工业园	5.42	48.7	白沙洲工业园	35.5	白沙洲工业园	7.67	43.3	白沙洲工业园	—	—
—	松木经开区	3.33	25.5	松木经开区	1.55	20.5	松木经开区	28.3	松木经开区	3.20	49.8	松木经开区	—	—

说明：雁峰区、石鼓区、蒸湘区各项指标值均不含白沙洲工业园、松木经济开发区、高新开发区

表12-2　　2014年1~6月全市及各县市区主要经济指标完成情况

制表单位：衡阳市统计局　　计量单位：亿元、%

增速排位	地区生产总值			财政总收入			规模以上工业增加值		固定资产投资			社会消费品零售总额		
	单位	1~6月	增长	单位	1~6月	增长	单位	增长	单位	1~6月	增长	单位	1~6月	增长
	全市	931.98	8.3	全市	116.98	14.0	全市	8.2	全市	721.06	26.4	全市	377.56	13.0
第一	南岳区	11.43	10.4	蒸湘区	9.36	31.8	衡阳县	11.0	珠晖区	65.94	39.8	石鼓区	36.58	13.4
第二	珠晖区	67.70	10.0	衡山县	3.85	18.6	衡南县	8.4	衡南县	72.59	35.7	珠晖区	41.90	13.3
第三	雁峰区	60.34	9.8	珠晖区	6.53	18.2	衡东县	8.3	常宁市	60.81	35.3	衡东县	29.99	13.2
第四	衡阳县	112.26	9.7	衡南县	7.12	16.3	珠晖区	7.2	石鼓区	47.21	33.1	雁峰区	37.20	13.1
第五	常宁市	98.91	9.2	石鼓区	9.19	15.9	蒸湘区	7.1	蒸湘区	67.86	31.0	衡阳县	31.38	13.1
第六	祁东县	95.23	8.9	祁东县	4.32	14.9	常宁市	7.0	雁峰区	39.93	25.7	蒸湘区	35.76	13.0
第七	石鼓区	44.68	8.8	雁峰区	7.21	14.5	耒阳市	6.7	耒阳市	116.37	25.7	衡南县	33.54	12.9
第八	蒸湘区	64.57	8.7	衡阳县	5.82	12.1	石鼓区	6.4	衡东县	48.50	25.6	南岳区	8.14	12.9
第九	衡东县	86.94	7.8	南岳区	2.73	10.3	雁峰区	6.3	祁东县	44.04	24.9	常宁市	30.42	12.8
第十	衡南县	100.95	7.6	耒阳市	11.95	8.3	祁东县	6.2	衡阳县	71.86	13.5	耒阳市	42.33	12.6
第十一	耒阳市	154.58	5.2	常宁市	7.44	7.4	衡山县	6.1	南岳区	7.66	12.1	祁东县	35.26	12.5
第十二	衡山县	41.57	0.0	衡东县	5.05	0.3	南岳区	6.0	衡山县	28.04	-3.0	衡山县	9.94	12.4
—	高新区	22.38	5.5	高新区	6.86	30.7	高新区	-19.1	高新区	2.02	13.7	高新区	5.31	12.6
—	白沙洲	25.41	11.4	白沙洲	11.45	30.8	白沙洲	13.4	白沙洲	19.13	56.9	白沙洲	—	—
—	松木	5.38	9.5	松木	3.30	29.0	松木	14.6	松木	15.27	37.1	松木	—	—

说明：雁峰区、石鼓区、蒸湘区各项指标值均不含白沙洲工业园、松木经济开发区、高新开发区

表12-3　　2014年1~9月全市及各县市区主要经济指标完成情况

制表单位：衡阳市统计局　　计量单位：亿元、%

增速排位	地区生产总值			财政总收入			规模以上工业增加值		固定资产投资			社会消费品零售总额		
	单位	1~9月	增长	单位	1~9月	增长	单位	增长	单位	1~9月	增长	单位	1~9月	增长
	全市	1662.49	9.3	全市	172.68	14.0	全市	8.7	全市	1181.87	23.0	全市	583.00	12.9
第一	石鼓区	78.89	10.9	石鼓区	12.97	21.8	衡南县	8.9	珠晖区	97.30	31.3	石鼓区	56.47	13.3
第二	珠晖区	128.68	10.8	珠晖区	9.61	17.4	耒阳市	8.4	雁峰区	76.00	30.1	珠晖区	64.73	13.2
第三	雁峰区	85.07	10.7	雁峰区	10.62	15.6	常宁市	8.1	衡南县	113.00	29.6	衡阳县	48.50	13.1
第四	蒸湘区	113.24	9.6	衡阳县	8.72	14.9	衡东县	7.9	衡阳县	121.94	29.2	南岳区	12.59	13.0
第五	南岳区	19.46	9.5	南岳区	4.03	14.3	衡阳县	7.8	祁东县	78.42	29.1	雁峰区	57.12	12.9

续表

增速排位	地区生产总值			财政总收入			规模以上工业增加值		固定资产投资			社会消费品零售总额		
	单位	1～9月	增长	单位	1～9月	增长	单位	增长	单位	1～9月	增长	单位	1～9月	增长
	全市	1662.49	9.3	全市	172.68	14.0	全市	8.7	全市	1181.87	23.0	全市	583.00	12.9
第六	常宁市	168.47	9.4	衡南县	10.41	14.1	珠晖区	7.3	耒阳市	208.17	28.7	衡东县	46.27	12.9
第七	衡阳县	186.96	9.3	耒阳市	15.97	12.6	祁东县	7.2	常宁市	93.09	28.6	常宁市	47.02	12.8
第八	祁东县	157.05	9.2	蒸湘区	14.00	12.0	雁峰区	6.9	衡东县	79.32	27.0	耒阳市	65.47	12.7
第九	衡东县	141.15	8.5	常宁市	10.57	8.9	南岳区	6.8	南岳区	17.79	25.4	蒸湘区	55.13	12.7
第十	耒阳市	238.94	8.1	衡山县	5.39	8.7	蒸湘区	5.4	石鼓区	76.07	13.6	衡南县	51.72	12.6
第十一	衡南县	165.67	7.7	祁东县	5.93	7.7	衡山县	5.2	蒸湘区	94.51	10.2	祁东县	54.43	12.4
第十二	衡山县	75.20	7.6	衡东县	7.28	-5.4	石鼓区	5.0	衡山县	31.54	-29.5	衡山县	15.35	12.2
—	高新区	33.89	9.3	高新区	9.65	22.3	高新区	-2.1	高新区	27.44	14.5	高新区	8.21	12.7
—	白沙洲工业园	81.70	18.6	白沙洲工业园	17.84	29.4	白沙洲工业园	21.7	白沙洲工业园	41.75	26.3	白沙洲工业园	—	—
—	松木经开区	8.18	11.8	松木经开区	4.94	30.3	松木经开区	14.6	松木经开区	25.53	35.1	松木经开区	—	—

说明：雁峰区、石鼓区、蒸湘区各项指标值均不含白沙洲工业园、松木经济开发区、高新开发区

表12-4　　2014年1～12月全市及各县市区主要经济指标完成情况

制表单位：衡阳市统计局

计量单位：亿元、%

增速排位	地区生产总值			财政总收入			规模以上工业增加值		固定资产投资			社会消费品零售总额		
	单位	1～12月	增长	单位	1～12月	增长	单位	增长	单位	1～12月	增长	单位	1～12月	增长
	全市	2395.56	9.9	全市	235.26	11.0	全市	9.3	全市	1767.01	22.9	全市	825.51	12.8
第一	珠晖区	184.92	10.9	蒸湘区	18.82	18.9	衡南县	9.4	珠晖区	145.03	27.4	石鼓区	79.86	13.1
第二	石鼓区	103.85	10.8	祁东县	8.94	15.5	常宁市	8.6	雁峰区	96.46	27.2	珠晖区	91.48	13.0
第三	南岳区	28.84	10.4	衡南县	14.78	15.3	耒阳市	8.4	石鼓区	103.98	27.1	衡阳县	68.65	13.0
第四	雁峰区	123.20	10.2	衡阳县	11.60	15.0	祁东县	8.3	南岳区	24.91	25.7	耒阳市	92.89	12.9
第五	祁东县	218.16	9.9	石鼓区	17.88	13.4	衡东县	8.1	祁东县	117.16	25.1	南岳区	17.83	12.9
第六	常宁市	244.88	9.8	雁峰区	14.72	13.1	衡阳县	7.4	衡南县	161.02	25.0	雁峰区	80.80	12.8
第七	耒阳市	354.96	9.6	珠晖区	12.95	10.3	珠晖区	7.3	耒阳市	294.09	24.9	蒸湘区	78.11	12.8
第八	衡东县	214.14	9.6	衡山县	7.67	10.0	雁峰区	7.1	衡阳县	188.34	24.4	衡南县	73.37	12.8
第九	蒸湘区	163.68	9.5	南岳区	5.43	10.0	蒸湘区	6.6	衡东县	112.36	24.1	衡东县	65.47	12.8
第十	衡阳县	263.23	9.3	耒阳市	21.37	5.7	衡山县	6.0	常宁市	134.37	24.0	祁东县	77.24	12.6
第十一	衡山县	118.26	9.2	常宁市	14.11	3.5	石鼓区	4.7	衡山县	74.44	12.5	衡山县	21.79	12.5
第十二	衡南县	252.42	9.1	衡东县	11.08	2.6	南岳区	3.1	蒸湘区	158.78	10.1	常宁市	66.39	12.4
—	高新区	48.37	13.2	高新区	13.59	20.6	高新区	9.1	高新区	55.77	25.0	高新区	11.63	12.8
—	白沙洲工业园	134.62	26.0	白沙洲工业园	22.63	26.2	白沙洲工业园	29.3	白沙洲工业园	66.53	18.6	白沙洲工业园	—	—
—	松木经开区	13.17	13.1	松木经开区	7.03	39.4	松木经开区	14.9	松木经开区	33.76	39.1	松木经开区	—	—

说明：雁峰区、石鼓区、蒸湘区各项指标值均不含白沙洲工业园、松木经济开发区、高新开发区

表13：2014年各县市区投资和重点项目建设指标完成情况

制表单位：衡阳市重点办　　　　单位：个、亿元、%

类别	项目开工情况				完成投资情况			
	个数任务	实施项目个数	开工数	占任务（%）	投资任务	完成投资 1～11月累计	完成投资 1～12月累计	占任务（%）
合计	400	445	445	111.3	817	721.51	823.13	100.8
一、七县市	170	243	243	142.9	310	286.77	318.03	102.6
衡南县	26	33	33	126.9	50	43.74	51.21	102.4
衡阳县	26	26	26	100	50	44.67	51.22	102.4
衡山县	20	34	34	170	30	25.8	30.57	101.9
衡东县	20	29	29	145	30	26.25	30.6	102
祁东县	26	35	35	134.6	50	47.36	51.23	102.5
常宁市	26	40	40	153.8	50	48.26	52.1	104.2
耒阳市	26	46	46	176.9	50	50.69	51.1	102.2
二、五区	91	106	111	122	171	164.47	176.98	103.5
雁峰区	21	22	27	128.6	40	39.96	42.39	106
石鼓区	21	23	23	109.5	40	39.07	42	105
珠晖区	21	29	29	138.1	40	37.34	40.43	101.1
蒸湘区	21	21	21	100	40	37.36	40.5	101.3
南岳区	7	11	11	157.1	11	10.74	11.66	106
三、“两区一园”	57	76	76	133.3	102	97.04	103.83	101.8
高新开发区	7	11	11	157.1	12	10.21	12.14	101.2
白沙工业园	25	34	34	136	55	53.09	56.01	101.8
松木开发区	25	31	31	124	35	33.74	35.68	101.9
四、国省市及其他	82	101	101	123.2	234	173.23	224.29	95.9

说明：县市区及两区一园项目个数含打捆子项目

☆【经济统计数据】版块内容来源于衡阳统计局《衡阳市领导干部统计手册2015》。

政策法规选登

衡阳市中心城区国有土地上房屋征收与补偿实施办法

第一章 总 则

第一条 为规范我市中心城区国有土地上房屋征收与补偿活动，维护公共利益，保障被征收房屋所有权人（以下简称被征收人）的合法权益，保障城市建设顺利进行，根据国务院《国有土地上房屋征收与补偿条例》（国务院令第590号，以下简称《条例》）、《湖南省实施〈国有土地上房屋征收与补偿条例〉办法》（省政府令第268号）规定，结合我市实际，制定本实施办法。

第二条 为了公共利益的需要，在本市石鼓区、雁峰区、珠晖区、蒸湘区以及高新技术产业开发区、松木经济开发区、白沙洲工业园区（以下统称中心城区）行政区域内实施国有土地上房屋征收与补偿活动，适用本实施办法。

第三条 市人民政府依法加强对本行政区域内房屋征收与补偿工作的领导，依法审批确定本市中心城区纳入国有土地上房屋征收范围的项目。各中心城区人民政府负责各自行政区域内国有土地上房屋征收与补偿工作。高新技术产业开发区、松木经济开发区、白沙洲工业园范围内的国有土地上房屋征收与补偿工作，以及市中心城区范围内确需由市人民政府负责的国有土地上房屋征收与补偿工作，由市人民政府负责。

市房产管理局是市人民政府的房屋征收部门，统一管理和指导全市国有土地上房屋征收与补偿工作。市人民政府在市房产管理局设立市国有土地上房屋征收管理办公室，负责组织实施由市人民政府负责的房屋征收与补偿工作；负责组织实施全市中心城区国有土地上房屋征收项目的房地产评估、土地评估、资产评估及征收成本核评工作；负责以市人民政府为房屋征收与补偿主体的项目房屋征收补偿方案的拟订；负责对以各中心城区人民政府为房屋征收与补偿主体的项目房屋征收补偿方案的审核工作；负责对各中心城区房屋征收中心征收补偿资金使用等工作予以监督管理。

各中心城区国有土地上房屋征收中心是各中心城区人民政府的房屋征收部门，负责组织实施各自行政区域内的房屋征收与补偿工作。

第四条 市房屋征收部门或者中心城区房屋征收部门可以委托房屋征收实施单位，承担房屋征收与补偿的具体工作。房屋征收实施单位不得以营利为目的。高新技术产业开发区、松木经济开发区、白沙洲工业园区范围内国有土地上房屋征收与补偿工作，由市房屋征收部门负责组织，并委托上述“两区一园”管委会具体实施。

市房屋征收部门或者中心城区房屋征收部门对受本部门委托的房屋征收实施单位在委托范围内具体实施的房屋征收与补偿行为负责监督，并对其行为后果承担法律责任。

房屋征收实施单位在房屋征收实施过程中，可以根据实际需要聘用部分业务素质好、征收经验丰富的工作人员从事征收与补偿工作，上述工作人员必须接受各中心城区房屋征收部门专业培训合格后，方可上岗。

第五条 市房屋征收部门和中心城区房屋征收部门工作经费按市政府确定的标准列入征收项目总费用，统一拨付给市房屋征收部门，存入房屋征收专户，市房屋征收部门根据各中心城区房屋征收部门相应征收项目工作进度拨付工作经费。工作经费的具体规定由市财政局会同市房产管理局另行制定。

第六条 市房屋征收部门采取调研、定期汇总情况通报、年度考核等方式加强对各中心城区房屋征收部门、房屋征收实施单位的指导、管理与监督。

第七条 市、中心城区两级人民政府所属财政、城乡规划、国土资源、发展改革、物价等有关部门及乡镇人民政府、街道办事处、社区居委会应当依照本实施办法的规定相互配合，协助做好房屋征收与补偿工作。

第八条 国有土地上房屋征收范围内未登记建筑的调查认定工作由市城乡规划部门负责，具体办法由市城乡规划部门会同相关部门制定并报市人民政府批准执行。市国土资源、城管执法、房产管理等部门和各中心城区人民政府应予积极配合。

市人民政府和各中心城区人民政府及其相关部门应当依法加强对建设活动的监督管理，对违反城乡规划进行建设的，应当及时依法予以处理。对违法建筑物，各中心城区人民政府应当会同城管执法、城乡规划等部门予以强制拆除。

第九条 从事房屋征收评估的房地产价格评估、土地评估和资产评估机构，应当具有相应资质，依法依规、独立、客观、公正地开展房屋征收评估工作。市房产管理局应加强对房地产价格评估机构及房地产价格评估专家委员会的管理与监督，市国土资源局应加强对土地评估机构的管理与监督，市财政局应加强对资产评估机构的管理与监督。具体管理规定由各职能部门另行制定。

第十条 中心城区国有土地上房屋征收项目实行征收补偿成本核算与结算制度，由市房屋征收部门统一组织房屋征收成本核算，并出具核评报告，其中政府投资项目征收核评报告须上报市人民政府批准。政府投资项目房屋征收补偿费用由市财政或市属投融资单位结算拨付；非政府投资项目房屋征收补偿费用由项目业主拨付。安置房项目建设责任主体为中心城区人民政府或项目业主。

政府投资建设项目一律纳入房屋征收范围，房屋征收评估先予采取整体评估，由市房屋征收部门根据房地产评估、土地评估和资产评估报告及相关政策规定出具项目征收成本核评报告，上报市人民政府批准；市财政或市属投融资单位对各中心城区人民政府采取项目征收补偿费用包干实施。先预拨项目房屋征收前期相关工作费用，再根据市国有土地上房屋征收管理办公室的核评报告所定标准拨付补偿费用。房屋征收实施过程中确需分户评估的，依法依规开展分户评估，根据分户评估结果予以补偿。

经批准纳入房屋征收的非政府投资建设项目，房屋征收评估一律采取分户评估方式，由市房屋征收部门统一组织房地产评估、土地评估、资产评估及房屋征收成本核算，并出具核评报告，作为拨付项目房屋征收补偿费用的依据。

第十一条 市住房城乡建设部门应加强国有土地上房屋征收项目的房屋拆除施工安全监督管理。房屋拆除工程应当由具有相应资质等级的建筑施工企业承担，按规定办理房屋拆除施工安全备案手续。

第十二条 市房屋征收部门或者中心城区房屋征收部门应当对下列房屋征收与补偿信息予以公布：

（一）房屋征收与补偿相关法规和政策；

（二）房屋征收决定；

（三）征收补偿方案；

（四）补助、奖励政策和标准；

（五）房屋征收范围内调查结果；

（六）被征收房屋分户的初步评估结果；

（七）被征收房屋分户补偿情况。

前款规定的房屋征收与补偿信息，第（一）项应当向社会公布；第（二）至（七）项应当在征收范围内公布。

第十三条 任何组织和个人对违反本实施办法规定的行为，都有权向属地人民政府、房屋征收部门和其他有关部门举报。接到举报的属地人民政府、房屋征收部门和其他有关部门对举报应当及时核实、处理。

监察机关应当加强对参与房屋征收与补偿工作的政府和有关部门或者单位及其工作人员的监察。

第二章　征收决定

第十四条 为了保障国家安全、促进国民经济和社会发展等公共利益的需要，有下列情形之一，确需征收房屋的，由市人民政府或者中心城区人民政府作出房屋征收决定：

（一）国防和外交的需要；

（二）由政府组织实施的能源、交通、水利等基础设施建设的需要；

（三）由政府组织实施的科技、教育、文化、卫生、体育、环境和资源保护、防灾减灾、文物保护、社会福利、市政公用等公共事业的需要；

（四）由政府组织实施的保障性安居工程建设的需要；

（五）由政府依照城乡规划法有关规定组织实施的对危房集中、基础设施落后等地段进行旧城区改建的需要；

（六）法律、行政法规规定的其他公共利益的需要。

前款规定的确需征收房屋的各项建设活动，应当符合当地国民经济和社会发展规划、土地利用总体规划、城乡规划和专项规划。保障性安居工程建设、旧城区改建，应当纳入本行政区域国民经济和社会发展年度计划。

第十五条 项目业主因公共利益需要市人民政府或者中心城区人民政府征收房屋的，应向市房屋征收部门或者中心城区房屋征收部门提出房屋征收申请，并提交下列资料：

（一）发改部门出具的符合当地经济和社会发展规划的会签意见；

（二）国土资源部门出具的符合土地利用总体规划会签意见及项目用地红线图；

（三）城乡规划部门出具的符合城乡规划和专项规划的会签意见及项目用地规划蓝线图或红线图；

（四）保障性安居工程建设、旧城区改建项目还应提供纳入市国民经济和社会发展年度计划的相关文件；

（五）法律法规规定的其他资料。

市房屋征收部门或者中心城区房屋征收部门应在收到申请之日起10个工作日内对建设项目进行审查，提出审查意见按程序报市人民政府批准纳入国有土地上房屋征收范围，经批准后应予公布。由中心城区房屋征收部门报请市人民政府批准的征收项目，应及时报市房屋征收部门备案。

第十六条 房屋征收范围确定并公布后，被征收人不得在房屋征收范围内实施新建、扩建、改建房屋和改变房屋用途等不当增加补偿费用的行为；违反规定实施的，不予补偿。

市房屋征收部门或者中心城区房屋征收部门应当将前款所列事项书面通知发改、城乡规划、国土资源、工商、税务、房产管理等有关行政管理部门暂停办理上述相关手续。暂停办理相关手续的书面通知应当载明暂停期限。暂停期限自征收范围确定之日起不得超过1年。如超过1年期限须重新书面通知相关部门延长暂停期限。

第十七条 市房屋征收部门或者中心城区房屋征收部门应组织房屋征收实施单位对房屋征收范围内的房屋权属、区位、用途、成新、建筑面积、装修装饰及附属设施、国有土地使用证、户籍证明或者组织机构代码证、营业执照等情况进行调查登记，被征收人应当予以配合。未登记建筑调查资料应当及时报送市城乡规划部门会同国土资源等部门予以认定，并上报市人民政府批准。房屋征收部门需要调查被征收房屋相关信息的，城乡规划、国土资源等相关部门应予协助。调查结果应当在房屋征收范围内向被征收人公布。

对认定为合法建筑的，应当分类给予补偿；对未超过批准期限的临时建筑，按建筑成本并结合使用年限给予补偿；对违法建筑和超过批准期限的临时建筑不予补偿。

第十八条 市房屋征收部门或者中心城区房屋征收部门根据调查结果及依法选定的房地产价格评估机构出具的评估结果，拟订房屋征收补偿方案报同级人民政府。市人民政府或者中心城区人民政府应当组织相关部门对征收补偿方案进行论证，并在征收范围内发布房屋征收补偿方案征求意见公告，征求被征收人意见，征求意见期限不得少于30日。

由中心城区房屋征收中心拟订房屋征收补偿方案的，中心城区房屋征收中心应当将修改后的房屋征收补偿方案报市国有土地上房屋征收管理办公室审核。

因旧城区改建需要征收房屋，50%以上被征收人认为征收补偿方案不符合《条例》规定的，市房屋征收部门或者中心城区房屋征收部门应当组织由被征收人、公众代表和中心城区相关单位参加的听证会，并根据听证会情况修改方案。

市人民政府或者中心城区人民政府应当将征求意见情况和根据公众意见修改的情况及时公布。

第十九条 市人民政府或者中心城区人民政府作出房屋征收决定前，应当进行社会稳定风险评估。社会稳定风险评估按照“属地管理，分级负责”的原则，由项目所在地中心城区人民政府办公室牵头具体实施，组织同级维稳、公安、民政、人力资源社会保障、信访等部门及项目所在地街道办事处和社区参加论证，对下列事项作出预警评价：

（一）房屋征收事项是否经过合法性和可行性论证；

（二）实施房屋征收是否产生行政争议和具有化解的可能；

（三）征收补偿资金和产权调换房源能否筹措

到位；

（四）拟定的征收补偿方案是否公平、合理。

社会稳定风险评估预警评价应当提出可实施、暂缓实施或者不可实施的意见。对可实施房屋征收的项目，中心城区人民政府应当制定社会稳定风险因素的防范、化解和处置预案。

由市人民政府负责房屋征收与补偿的项目，房屋征收决定涉及被征收房屋户数在 1000 户以上的，应当经市人民政府常务会议讨论决定。

由中心城区人民政府负责房屋征收与补偿的项目，房屋征收决定涉及被征收房屋户数在 500 户以上的，应当经中心城区人民政府常务会议讨论决定。

第二十条 市人民政府或者中心城区人民政府根据房屋征收相关资料和征求意见依法作出房屋征收决定，并在征收范围内发布公告。

房屋征收决定公告应载明征收范围、征收补偿方案、征收部门、征收实施单位、征收实施期限、行政复议、行政诉讼权利等。

房屋被依法征收的，国有土地使用权同时依法收回。

第三章 补 偿

第二十一条 作出房屋征收决定的市人民政府或者中心城区人民政府对被征收人给予的补偿包括：

（一）被征收房屋价值的补偿；

（二）因征收房屋造成的搬迁、临时安置的补偿；

（三）因征收房屋造成的停产停业损失的补偿。

第二十二条 被征收人符合住房保障条件的，市人民政府或者中心城区人民政府应当优先给予住房保障。

（一）申请保障性住房租赁补贴的，自被征收人签订补偿协议的当月起发放；

（二）申请提供公共租赁住房的，保障次序列同期申请的非被征收人之前。

对被征收人提供保障性住房的次序，按照订立补偿协议后实际搬迁的先后顺序确定。

第二十三条 被征收房屋的权属、面积、结构、用途等以房屋权属证书和房屋登记簿为准；房屋权属证书与房屋登记簿的记载不一致的，除有证据证明房屋登记簿确有错误外，以房屋登记簿为准；原用途及性质为住宅房屋，现改为非住宅房屋使用，以城乡规划部门和法律法规规定的其他有关部门的批准文件为准。

第二十四条 对被征收房屋价值的补偿，不得低于房屋征收决定公告之日被征收房屋类似房地产的市场价格。被征收房屋的价值，由具有相应资质的房地产价格评估机构按照房屋征收评估办法评估确定。房屋征收的估价时点为征收决定公告之日。房地产价格评估机构出具评估报告，应当对被征收房屋类似的房地产的市场价格予以说明。

被征收人对评估确定的被征收房屋价值有异议的，可以自收到评估报告之日起 10 日内向原房地产价格评估机构申请复核评估。对复核结果有异议的，可以自收到复核结果之日起 10 日内向被征收房屋所在地的房地产价格评估专家委员会申请鉴定。

第二十五条 市房屋征收部门应建立健全房地产价格评估机构备选库，根据房地产价格评估机构的申请，对其中依法登记注册，具有良好执业信用记录、具备国有土地上房屋征收评估实力且具有三级以上资质的房地产价格评估机构严格审核纳入备选库，并向社会公布。

第二十六条 房屋征收评估可采取整体评估、分户评估或两者相结合的方式进行。实施整体评估的房地产价格评估机构通过公开抽签的方式确定并由公证机关公证。实施分户评估的房地产价格评估机构由被征收人协商选定；协商不成的，由市房屋征收部门组织，通过公开抽签方式确定并由公证机关公证，具体程序按下列规定执行：

（一）市房屋征收部门根据征收项目的实际情况和备选库中的房地产价格评估机构执业信用及从事国有土地上房屋征收评估实绩等情况，从中提供 3 家或 3 家以上机构，供被征收人协商选定；

（二）被征收人应当在市房屋征收部门发布公开选择房地产价格评估机构公告之日起 7 个工作日内，从以上提供的房地产价格评估机构中协商选定，并将选定结果以书面形式报市房屋征收部门；

（三）协商不成的，由市房屋征收部门组织，邀请被征收人代表参与，公证人员公证，以公开抽签方式从以上提供的房地产价格评估机构中予以确定；

（四）市房屋征收部门公布被征收人协商选定或公开抽签确定的房地产价格评估机构名单。

同一征收项目的房屋征收评估工作，原则上由一家房地产价格评估机构承担。房屋征收范围较大的项目，可以由两家及以上房地产价格评估机构共同承担。由两家及以上房地产价格评估机构承担的，应当共同协商确定一家房地产价格评估机构为牵头单位；牵头单位应当组织共同承担项目评估工作的房地产价格评估机构对评估技术与方法进行沟通，统一标准。

被征收人协商选定的或以公开抽签方式确定的房地产价格评估机构，均由市房屋征收部门作为委托人委托评估。

房地产价格评估机构应当独立、客观、公正地开展房屋征收评估工作，任何单位和个人不得干预。

第二十七条　政府投资建设项目征收补偿资金由市财政部门或市属投融资单位负责筹集与管理，并开设征收补偿专户，按照经市人民政府批准的房屋征收成本核算报告将征收补偿资金在房屋征收决定发布前按进度足额存入该账户，市财政部门或市属投融资单位应根据房屋征收工作启动和项目实施征收补偿的实际需要，及时将资金按进度分期拨付给市房屋征收部门或者中心城区房屋征收部门，专户储存、专款专用。非政府投资建设但已经市人民政府批准纳入房屋征收范围自筹资金的项目，由项目业主按照市国有土地上房屋征收管理办公室出具的房屋征收成本核评报告将征收补偿资金在征收决定发布前按进度足额存入市房屋征收部门设立的征收补偿专用账户，根据房屋征收工作启动和项目实施征收补偿的实际需要，及时将资金按进度分期拨付给中心城区房屋征收部门或房屋征收实施单位，专户储存、专款专用。房屋征收补偿资金自觉接受财政、审计、监察等部门的监督、检查。

第二十八条　被征收人可以选择货币补偿，也可以选择房屋产权调换。

被征收人选择货币补偿的，被征收房屋的补偿金额由受委托的房地产价格评估机构根据被征收房屋的区位、用途、结构、成新、建筑面积、装饰装修、附属设施以及占地面积、土地使用权等因素，以房地产市场评估价格确定。因被征收人原因，被征收房屋装饰装修无法入户评估的，房地产市场评估价格中可暂不包括装饰装修因素。在被征收房屋拆除前，被征收人同意评估的，应及时评估；不同意评估的，按本实施办法第三十条规定执行。

被征收人选择房屋产权调换的，市人民政府或者中心城区人民政府应当提供用于产权调换的房屋，并应根据被征收房屋的市场评估价格和所调换房屋的市场评估价格（政府有特别规定除外）与被征收人计算、结清产权调换的差价。

因旧城区改建征收个人住宅，被征收人选择在改建地段进行房屋产权调换的，如改建或就近地段具备新建房屋安置条件，市人民政府或者中心城区人民政府应当提供改建地段或者就近地段的房屋。

确因改建地段或就近地段不能安置的，可异地安置。

第二十九条　征收非住宅房屋，如在被征收范围内按规划不能新建非住宅房屋的，按同等价值予以补偿。

第三十条　因被征收人原因无法确定房屋室内装饰装修价值的，在人民法院根据补偿决定依法强制执行时，市房屋征收部门或中心城区房屋征收部门应组织房地产价格评估机构对室内装饰装修进行现场勘察记录，评估确定价值，并向公证机关办理证据保全。

第三十一条　房屋征收实施单位应当对被征收人支付搬迁补助费。征收住宅房屋，属货币补偿的或一次性现房安置的每户付给1000元，属于过渡安置的每户付给2000元。

征收非住宅房屋，按征收房屋建筑面积支付搬迁补助费给被征收人，属货币补偿或一次性安置的，每平方米付给8元，属过渡安置的每平方米付给16元，但涉及工矿企业、商场等搬迁设备比较多的，或有无法搬迁及无法恢复使用设备的，由房屋征收实施单位和被征收人共同委托有相应资质的资产评估公司评估确定价值，作为补偿依据。如双方无法就共同委托达成一致或被征收人拒绝选择资产评估公司的，其中任何一方可以向市房屋征收部门提出申请，由市房屋征收部门组织，以公开抽签方式确定有相应资质的资产评估公司进行评估确定价值予以补偿，但对已废弃的设备不予补偿。

第三十二条　征收住宅房屋或办公、仓储等非住宅房屋，由被征收人自行安排过渡的，房屋征收实施单位应按被征收房屋房地产评估价格（建筑面积每平方米单价）的6‰计付每月每平方米临时安置补助费给被征收人。

征收生产、营业性用房，造成被征收人停产停业直接损失的，房屋征收实施单位应按被征收房屋评估价格（建筑面积每平方米单价）的7‰计付每月每平方米停产停业损失补助费给被征收人。停产停业损失补助费与临时安置补助费只计一项，不得重复计算。

对被征收人实施货币补偿或一次性现房安置的，房屋征收实施单位不支付临时安置补助费和停产停业损失补助费。

第三十三条　征收住宅房屋，市人民政府或者中心城区政府未按期交付产权调换房，延长过渡期限的，自逾期之月起，应当按照下列规定每月向被征收人支付临时安置补助费：

（一）被征收人自行解决周转用房的，过渡期限延期12个月以内的，按照标准的150%支付；过渡期限延期超过12个月的，按照标准的200%支付；

（二）向被征收人提供周转用房，除继续提供周转用房外，过渡期限延期12个月以内的，按照标准的50%支付；过渡期限延期超过12个月的，按照标准的100%支付。

第三十四条　对在房屋征收决定公告规定的期限内签订房屋征收与补偿协议并完成搬迁的被征收人，平均按被征收房屋建筑面积150元/平方米设定提前搬迁奖，具体由房屋征收实施单位根据被征收人搬迁时间先后明确奖励标准。

征收住宅房屋，被征收人选择货币补偿的，另给予一次性奖励每户5000元。

第三十五条　市房屋征收部门或者中心城区房屋征收部门与被征收人依照本实施办法的规定，就补偿方式、补偿金额和支付期限、用于产权调换房屋的地点和面积、临时安置补助费或者周转用房、停产停业损失、搬迁期限、过渡方式和过渡期限等事项，订立补偿协议。

市房屋征收部门应当制定房屋征收补偿协议的示范文本，中心城区房屋征收工作必须统一使用上述示范文本。

补偿协议订立后，一方当事人不履行补偿协议约定的义务的，另一方当事人可以依法提起诉讼或仲裁。

中心城区房屋征收部门与被征收人签订补偿协议后，应当及时将协议报市房屋征收部门备案。

第三十六条　市房屋征收部门或者中心城区房屋征收部门与被征收人在征收补偿方案确定的签约期限内达不成补偿协议，或者被征收房屋所有权人不明确的，由市房屋征收部门或者中心城区房屋征收部门报请同级人民政府依照本实施办法的规定，按照征收补偿方案作出补偿决定，并在房屋征收范围内予以公告。

由中心城区房屋征收部门拟订的补偿决定，在报中心城区人民政府批准发布前，须先报市国有土地上房屋征收管理办公室审核。

被征收人对补偿决定不服的，可以依法申请行政复议，也可以依法提起行政诉讼。

第三十七条　实施房屋征收应当先补偿，后搬迁。先补偿是指房屋征收当事人就房屋征收补偿已达成一致并签订了协议，履行了相关给付义务，或虽未达成协议，但市人民政府或者中心城区人民政府已经依法作出补偿决定。其中作出货币补偿决定的，其补偿资金已全部储存到专户；作出产权调换决定的，产权调换的房屋地点、面积已明确。对被征收人给予补偿后，被征收人应当在补偿协议约定或者补偿决定确定的搬迁期限内完成搬迁。

任何单位和个人不得采取暴力、威胁或者违反规定中断供水、供热、供气、供电和道路通行等非法方式迫使被征收人搬迁。禁止建设单位参与搬迁活动。

第三十八条　被征收人在法定期限内不申请行政复议或者不提起行政诉讼，在补偿决定规定的期限内又不搬迁的，由市人民政府或者中心城区人民政府依法申请人民法院强制执行。

强制执行申请书应当附具补偿金额和专户存储账号、产权调换房屋和周转用房的地点和面积等材料。

第三十九条　市房屋征收部门或者中心城区房屋征收部门应当依法建立房屋征收补偿档案，并将分户补偿情况在房屋征收范围内向被征收人公布。

审计机关应当加强对征收补偿资金管理和使用情况的监督，并公布审计结果。

第四章　法律责任

第四十条　市人民政府或者中心城区人民政府及

房屋征收部门的工作人员在房屋征收与补偿工作中不履行本实施办法规定的职责，或者滥用职权、玩忽职守、徇私舞弊的，由上级人民政府或者本级人民政府责令改正，通报批评；造成损失的，依法承担赔偿责任；对直接负责的主管人员和其他直接责任人员，依法给予处分；构成犯罪的，移送司法机关依法追究刑事责任。

第四十一条 采取暴力、威胁或者违反规定中断供水、供热、供气、供电和道路通行等非法方式迫使被征收人搬迁，造成损失的，依法承担赔偿责任；对直接负责的主管人员和其他直接责任人员，依法给予处分；构成违反治安管理行为的，依法给予治安管理处罚；构成犯罪的，移送司法机关依法追究刑事责任。

第四十二条 采取暴力、威胁等方法阻碍依法进行的房屋征收与补偿工作，构成违反治安管理行为的，依法给予治安管理处罚；构成犯罪的，移送司法机关依法追究刑事责任。

第四十三条 贪污、挪用、私分、截留、拖欠征收补偿费用的，责令改正，追回有关款项，限期退还违法所得，对有关责任单位通报批评、给予警告；造成损失的，依法承担赔偿责任；对直接负责的主管人员和其他直接责任人员，依法给予处分；构成犯罪的，移送司法机关依法追究刑事责任。

第四十四条 房地产价格评估机构或者房地产估价师出具虚假或者有重大差错的评估报告的，依据国务院《条例》第三十四条规定，由发证机关责令限期改正，给予警告，对房地产价格评估机构并处5万元以上20万元以下罚款，对房地产估价师并处1万元以上3万元以下罚款，并记入信用档案；情节严重的，吊销资质证书、注册证书；造成损失的，依法承担赔偿责任；构成犯罪的，移送司法机关依法追究刑事责任。

第五章 附 则

第四十五条 各县市、南岳区可根据本实施办法，结合各地实际情况，制定本行政区域内国有土地上房屋征收与补偿的具体办法。

第四十六条 本实施办法自公布之日起施行。2011年12月17日施行的《衡阳市国有土地上房屋征收与补偿暂行办法》（衡政发〔2011〕43号文件）同时废止。

2011年1月21日前已依法取得房屋拆迁许可证已启动但尚未完成的拆迁项目，继续沿用原有拆迁规定办理；本实施办法施行前已启动但尚未作出房屋征收决定的征收项目，由市人民政府统一移交给各中心城区人民政府，按本实施办法规定完成后续征收工作。

（衡政发〔2014〕24号）

衡阳市人民政府关于建立统一的城乡居民基本养老保险制度的实施意见

各县市区人民政府、市直机关各单位：

为贯彻落实国务院关于整合城乡居民基本养老保险制度的要求，根据《湖南省人民政府关于建立统一的城乡居民基本养老保险制度的实施意见》（湘政发〔2014〕24号）的有关精神，在总结我市新型农村社会养老保险（以下简称新农保）和城镇居民社会养老保险（以下简称城居保）工作经验的基础上，市人民政府决定，将新农保和城居保两项制度合并实施，建立统一的城乡居民基本养老保险（以下简称城乡居民养老保险）制度。现提出如下实施意见：

一、指导思想

按照全覆盖、保基本、有弹性、可持续的方针，以增强公平性、适应流动性、保证可持续性为重点，全面推进和不断完善覆盖全体城乡居民的基本养老保险制度，充分发挥社会养老保险对保障人民基本生活、调节社会收入分配、促进城乡经济社会协调发展的重要作用。

二、任务目标

坚持和完善社会统筹与个人账户相结合的制度模式，巩固和拓宽个人缴费、集体补助、政府补贴相结合的资金筹集渠道，完善基础养老金和个人账户养老金相结合的待遇支付政策，强化长缴多得、多缴多得的激励机制，建立基础养老金正常调整机制，健全服务网络，提高管理水平，为参保居民提供方便快捷的服务。“十二五”末，在全市基本实现新农保和城居保制度合并实施，并与职工基本养老保险制度相衔接，与家庭养老、社会救助、社会福利等其他社会保障政策相配套，更好地保障参保城乡居民的老年基本生活。

三、参保范围

年满16周岁（不含在校学生），具有本市户籍，非国家机关和事业单位工作人员及不属于职工基本养老保险制度覆盖范围的城乡居民，在户籍地参加城乡居民养老保险。

四、基金筹集

城乡居民养老保险基金由个人缴费、集体补助和政府补贴构成。

（一）个人缴费。参加城乡居民养老保险的人员（以下简称参保人）应当按规定逐年缴纳养老保险费。缴费标准目前设为每年100元、200元、300元、400元、500元、600元、700元、800元、900元、1000元、1500元、2000元、2500元、3000元14个档次。参保人自主选择缴费档次，多缴多得。按照国家、省统一规定，全市依据经济发展和城乡居民收入增长等情况适时调整缴费档次标准。

（二）集体补助。有条件的村集体经济组织应当对参保人缴费给予补助，补助标准由村民委员会召开村民会议民主确定，鼓励有条件的社区将集体补助纳入社区公益事业资金筹资范围。鼓励其他社会经济组织、公益慈善组织、个人为参保人缴费提供资助。补助、资助金额不超过我市最高缴费档次标准。

（三）政府补贴。1. 各级政府对参保人缴费给予补贴。参保人选择年缴纳100元、200元档次的，补贴标准不低于每人每年30元，其中省平均补贴20元，其余部分由各县市区补贴；选择年缴纳300元、400元档次的，补贴标准不低于每人每年40元，其中省平均补贴28元，其余部分由各县市区补贴；选择年缴纳500元及以上档次的，补贴标准不低于每人每年60元，其中省平均补贴40元，其余部分由各县市区补贴。对选择年缴纳500元以上档次的，每提高一个档次缴费的增加5元补贴，所需资金由各县市区政府负担。其中四城区政府补贴部分除省补贴外其余部分按照市财政补贴70%，区财政补贴30%的比例负担；高新技术产业开发区、白沙洲工业园、松木经济开发区政府补贴部分除省补贴外其余部分由各园区自行负担。2. 对特别困难群体参保给予补助。对完全丧失劳动能力、没有收入来源等缴费困难群体，县市区人民政府代其缴纳全部每年最低缴费档次的养老保险费；对重度残疾人，县市区人民政府凭《残疾人证》为其代缴全部每年最低缴费档次的养老保险费；对其他缴费困难群体，县市区人民政府按最低缴费档次给予部分补助。具体办法由各县市区人民政府确定，所需资金由各县市区负担。

五、建立个人账户

城乡居民养老保险经办机构为每个参保人员建立终身记录的养老保险个人账户。个人缴费、政府对参保人的缴费补贴、集体补助及其他社会经济组织、公益慈善组织、个人对参保人的缴费资助，全部记入个人账户。个人账户储存额按国家规定计息。

参保人不得退保或提前支取个人账户储存额。参保人员中断缴费的，其个人账户由社会保险经办机构予以保留，并不间断计息。

六、养老保险待遇及调整

城乡居民养老保险待遇由基础养老金和个人账户养老金构成，支付终身。

（一）基础养老金。在中央确定的基础养老金最低标准基础上，省人民政府依照国家基础养老金正常调整机制，结合实际情况适时调整基础养老金标准。县市区政府可在中央和省基础养老金基础上适当提高本地方基础养老金水平，所需资金由县市区政府负担。鼓励参保人长期缴费，参保人缴费累计超过15年的，每增加1年缴费，其基础养老金每月增加1元（不含补缴年限），所需资金由县市区负担。

（二）个人账户养老金。个人账户养老金月计发标准为个人账户全部储存额除以139（与现行职工基本养老保险个人账户养老金计发系数相同）。参保人死亡后，其个人账户中的资金余额可以依法继承。

（三）丧葬补助金。建立丧葬补助金制度，参保人员死亡的，其遗属在办理注销登记后可领取丧葬补助金。珠晖、雁峰、石鼓、蒸湘四城区及高新技术产业开发区、松木经济开发区、白沙洲工业园丧葬补助金标准为600元/人，所需资金由市财政和四城区人民政府按7:3比例分担，高新技术产业开发区、松木经济开发区、白沙洲工业园所需资金由各园区自行承担。其余各县市区可参照此标准执行，有条件的地方可以适当提高丧葬补助金标准，但不能超过当地人均基础养老金标准的20个月，具体办法由各县市区政府确定。

七、养老保险待遇领取条件

参加城乡居民养老保险的个人，年满60周岁、累计缴费满15年，且未领取国家规定的基本养老保障待遇的，可以从符合领取条件的次月起按月领取城乡居民养老保险待遇。

新农保或城居保制度实施时已年满60周岁，在本意见印发之日前未领取国家规定的基本养老保障待遇的，不用缴费，自本意见实施之月起，可以按月领取城乡居民养老保险基础养老金；距规定领取年龄不足15年的，应逐年缴费，也允许补缴，累计缴费不超过15年；距规定领取年龄超过15年的，应按年缴费，累计缴费不少于15年。因各种原因中断缴费或隔年补缴的，中断期间及补缴年限不享受政府的缴费补贴。

城乡居民养老保险待遇按月实行社会化发放，待遇领取人员自死亡次月起停止发放养老金，其直系亲属应当在其死亡后的1个月内，到当地城乡居民养老保险经办机构办理待遇停发手续，未及时办理待遇停发手续而多领取的养老保险待遇要及时退回。

城乡居民养老保险经办机构应当按时足额支付养老保险待遇，每年对待遇领取人员进行核对；村（居）民委员会或社区服务中心要协助城乡居民养老保险经办机构开展工作，在行政村（社区）范围内对参保人员待遇领取资格进行公示。城乡居民养老保险经办机构在开展资格认证中，应将城乡居民养老保险待遇领取人员与职工基本养老保险待遇等领取记录进行比对，确保不重、不漏、不错；对于重复领取、骗取、冒领养老金待遇的应及时追回。对及时（1个月内）申报死亡的给予100元/人奖励，对举报骗取、冒领养老金待遇的按200元/人给予奖励，所需资金由各县市区自行承担。

八、转移接续与制度衔接

参加城乡居民养老保险的人员在缴费期间因户籍迁移，需在省内转移城乡居民养老保险关系的，在迁入地申请转移养老保险关系，不转个人账户资金，按迁入地规定继续参保缴费，缴费年限累计计算，个人账户储存额由省在年内统一进行结算；需跨省转移的，在迁入地申请转移养老保险关系，一次性转移个人账户全部储存额，并按迁入地规定继续参保缴费，缴费年限累计计算。已经按规定领取城乡居民养老保险待遇的，无论户籍是否迁移，其养老保险关系不转移。

城乡居民养老保险制度与职工基本养老保险、优抚安置、城乡居民最低生活保障、农村五保供养等社会保障制度以及农村部分计划生育家庭奖励扶助制度的衔接，按国家有关规定执行。

九、基金管理和运营

将新农保基金和城居保基金合并为城乡居民养老保险基金，完善城乡居民养老保险基金财务会计制度和各项业务管理制度。城乡居民养老保险基金纳入社会保障基金财政专户，实行“收支两条线”管理，单独记账、独立核算，基础养老金与个人账户基金分账管理，个人账户基金不得用于发放基础养老金。进一步建立和完善个人账户基金省级集中管理制度，各县市区用当年筹集的个人账户基金收入支付当年个人账户支出后，不得用于其他支出或与其他资金混账管理，要按规定的期限结算上解。个人账户基金上解前，县市区应对基金的安全和保值增值负责。上解的个人账户基金纳入省级财政专户管理，任何地区、部门、单位和个人均不得挤占挪用、虚报冒领。

各级财政补助资金纳入同级财政预算，要采取“当年先行预拨，次年据实结算，差额多退少补”的办法，按年进行结算。

城乡居民养老保险基金按照国家统一规定投资运营，实现保值增值。城乡居民养老保险经办机构应当定期向社会公布城乡居民参加养老保险情况以及基金的收入、支出、结余和收益情况。

十、基金监督

各县市区人力资源和社会保障部门要会同有关部

门认真履行监管职责，建立健全内控制度和基金稽核监督制度，对基金的筹集、上解、划拨、发放、存储、管理等进行监控和检查，并按规定披露信息，接受社会监督。财政部门、审计部门按各自职责，对基金的收支、管理和投资运营情况实施监督。对虚报冒领、挤占挪用、贪污浪费等违纪违法行为，由有关部门按国家法律法规严肃处理。各县市区要建立有村（居）民代表参加的社会监督制度，通过对基金管理过程加强监督，做到基金管理公开透明。

十一、经办管理服务与信息化建设

各县市区人民政府要切实加强城乡居民养老保险经办能力建设，科学整合现有公共服务资源和社会保险经办管理资源，充实加强基层经办力量，为城乡居民养老保险经办工作提供必要的场地、设施设备、经费保障。城乡居民养老保险工作经费纳入同级财政预算，不得从城乡居民养老保险基金中开支。

城乡居民养老保险经办机构要认真记录参保人缴费和领取待遇情况，建立参保档案，按规定妥善保存。县市区经办城乡居民养老保险业务的机构要按内部控制要求，配齐配足各岗位所需工作人员，主要负责城乡居民养老保险参保登记管理、缴费申报管理、基金征缴、个人账户建账与管理、待遇核定与发放、保险关系转移接续、档案管理、统计分析等工作。

乡镇（街道）在现有人员编制中明确1名以上专职工作人员负责城乡居民养老保险经办工作，并保证完成工作任务所必需的工作经费。乡镇（街道）经办工作人员主要负责参保人员的参保资格、基本信息、缴费信息、待遇领取资格及关系转移接续等初审，组织本乡镇（街道）待遇领取资格人员资格认证工作，采集、录入、核对、上报有关信息和情况，对村（居）民委员会协办员进行业务培训。

村（居）民委员会要明确1名人员协助乡镇（街道）经办人员办理业务。要建立工作经费与服务人群、工作质量挂钩的“以奖代补”机制，纳入村级组织运转保障机制考核。珠晖、雁峰、石鼓、蒸湘四城区及高新技术产业开发区、松木经济开发区、白沙洲工业园，每缴费1人给予经办人4元代办经费，所需资金由市财政和四城区人民政府按5:5比例分担，其中高新技术产业开发区、松木经济开发区、白沙洲工业园所需资金由各园区自行承担。其余各县市区可参照此标准执行，有条件的地方可以适当提高标准，具体办法由各县市区人民政府确定。村（居）民委员会业务协办人员具体负责城乡居民养老保险参保登记、待遇申领、关系转移接续等各业务环节所需材料的收集与上报，开展政策宣传和适龄人员参保动员，提醒参保人员按时缴费，进行死亡申报、待遇领取资格认证、有关情况摸底调查等信息采集、公示工作。

按照统一规划、统一开发和全省数据大集中的原则，建立健全全省统一的城乡居民养老保险信息管理系统，并将其纳入“金保工程”建设，与其他公民信息管理系统实现信息资源共享。各地不得擅自开发、使用其他信息管理系统，也不得擅自对信息管理系统进行修改。要将信息网络向基层延伸，实现省、市、县、乡镇（街道）、社区实时联网，有条件的可延伸到行政村。要大力推行全国统一的社会保障卡，方便参保人持卡缴费、领取待遇和查询本人参保信息。

十二、金融服务

城乡居民养老保险合作金融服务机构由各县市区负责按照就地、就近、就便满足参保人缴费和领取养老金的原则，采取招投标或竞争性谈判方式选择确定，一个县市区只能选择一家合作金融服务机构。省、县级人力资源社会保障部门设立城乡居民养老保险基金收入户、支出户。县市区财政部门要在财政部规定的社保专户开户数范围之内，设专账核算。

确定合作金融服务机构后，各县市区应根据金融服务基本标准以及服务协议中金融机构作出的服务承诺，建立对合作金融机构服务城乡居民养老保险工作的考核评价制度及退出机制，定期对合作金融机构的服务进行评估，及时反馈参保群众对金融服务的意见。

十三、加强组织领导和政策宣传

各县市区人民政府要充分认识建立城乡居民养老保险制度的重要性，将其列入当地经济社会发展规划和年度目标管理考核体系，切实加强组织领导，切实发挥政府主导作用。要将城乡居民养老保险制度建设作为推进基本公共服务均等化的重要基础工程，优化财政支出结构，加大财政投入，为城乡居民养老保险制度建设提供坚实的财力保障。要做好政策宣传工作，全面准确地宣传政策，注重运用通俗易懂的语言和群众易于接受的方式，深入基层开展宣传活动，引导城乡居民踊跃参保、持续缴费、增加积累，保障参保人的合法权益。

各县市区人力资源和社会保障部门要切实履行主管部门职责，会同有关部门做好城乡居民养老保险工作的统筹规划和政策制定、统一管理、综合协调等工作。

各县市区人民政府要根据本实施意见，结合本地实际情况，在充分调研、缜密测算、多方论证的基础上，制定具体实施办法，报省、市人力资源和社会保障部门审核备案后组织实施。市人力资源和社会保障部门要加强政策执行和制度实施的监督。

各县市区要注意研究实施过程中出现的新情况、新问题，积极探索、总结解决问题的办法和经验，妥善处理改革、发展和稳定的关系，重要情况要及时向市人力资源和社会保障局报告。

本意见自印发之日起实施，已有规定与本意见不一致的，按本意见执行。

衡阳市人民政府

2014 年 12 月 9 日

衡阳市人民政府关于衡阳市城区自来水价格调整及实行居民阶梯式水价的通告

根据《湖南省城市供水价格管理办法》（湘价服〔2013〕12 号）、《湖南省物价局湖南省住房和城乡建设厅转发〈国家发展改革委住房城乡建设部关于加快建立完善城镇居民用水阶梯价格制度的指导意见〉的通知》（湘价服〔2014〕49 号）的有关规定，经省发展和改革委员会批复同意，现就我市城区自来水价格调整及实行居民阶梯式水价的有关事项通告如下：

一、城区居民生活用水价格调整为 1.56 元/立方米、非居民生活用水价格调整为 2.30 元/立方米、特种用水价格调整为 6.00 元/立方米（以上各类水价均含 0.08 元/立方米水资源费）。

城区自来水价格调整后，原各类自来水用户交纳的污水处理费、垃圾处理费等仍按原征收方式与标准执行不变。

二、我市对已实施“一户一表，抄表到户”的城区居民实行阶梯式水量，按三级水量设置，第一级水量为每月每户 15 立方米以内（含 15 立方米），价格为 1.56 元/立方米；第二级水量为每月每户 16—30 立方米（含 30 立方米），价格为 2.30 元/立方米；第三级水量为每月每户 30 立方米以上，价格为 3.04 元/立方米。

居民生活用水 4 人（含 4 人）以下家庭，按户均用水量计价，超 4 人家庭，按实超人数每人每月 4 立方米核增第一、二级水量。对尚未实施直接抄表到户的居民用户暂不实施阶梯水价，水价按照第一阶梯水价标准执行。

三、对特困户、低保户每月每户减免 5 立方米水费。

四、本通告自 2014 年 11 月 1 日起执行。执行后第一次抄表量按原价格执行，第二次抄表量按新的用水价格执行。

衡阳市人民政府

2014 年 10 月 22 日

关于衡阳市第二次土地调查主要数据成果的公报

根据国务院统一部署，衡阳市人民政府自 2007 年 7 月 1 日起开展第二次土地调查（以下简称二次调查）并以 2009 年 12 月 31 日为标准时点汇总二次调查数据。二次调查首次采用统一的土地利用分类国家标准，首次采用政府统一组织。地方实地调查、分级控制成果质量的组织模式，首次采用覆盖全市遥感影像的调查底图，实现了图、数、实地一致。全面查清了我市1.53万平方公里范围内的土地利用状况，掌握了各类土地资源家底。

现将主要数据成果公布如下：

一、衡阳市主要地类数据

耕地：39.15万公顷（587.29万亩）

园地：3.48万公顷（52.22万亩）

林地：71.48万公顷（1072.23万亩）

草地：7.4万公顷（111.79万亩）

城镇村及工矿用地：12.74万公顷（191.12万亩）

交通运输用地：2.59万公顷（38.79万亩）

水域及水利设施用地：11.40万公顷（171.03万亩）

其他土地：4.69万公顷（70.42万亩）

按三大类分，全市农用地125.98万公顷（1889.70万亩），建设用地15.01万公顷（225.13万亩），未利用地12.00万公顷（180.04万亩）。

二、全市耕地分布与质量状况

（一）耕地分布

衡阳市北部有南岳衡山坐落，地势不平。中南部地势稍平，有舂陵水、蒸水、耒水依次汇入湘江，耕地条件稍好。

全市耕地主要分布在衡阳中南部的衡阳县、衡南县、祁东县、耒阳市、常宁市五个县（市），耕地面积为30.88万公顷（463.23万亩），占耕地总面积的78%。

其他七个县（市）区，耕地面积为8.27万公顷（124.06万亩），占耕地总面积的22%。其中南岳区、衡东县、衡山县三个县区耕地面积较少，为6.99万公顷（104.92万亩），占耕地总面积的18%。珠晖、雁峰、石鼓、蒸湘四个区因为是市城区，耕地面积最少，为1.28万公顷（19.13万亩），占耕地总面积的4%。

（二）耕地质量

全市耕地按坡度划分，2度以下耕地12.52万公顷（587.29万亩），占32%；2—6度耕地13.99万公顷（209.79万亩），占35.6%；6—15度耕地10.96万公顷（164.50万亩），占28%；15—25度耕地1.55万公顷（23.31万亩），占4%；25度以上的耕地0.12万公顷（1.81万亩），占0.3%。主要是零星、无规则分布在各县（市）区。（见表14）。

表14　全市25度以上的坡度耕地面积

地区	面积（公顷）	占比
全　市	1205.85	100%
珠晖区	0	0
雁峰区	0	0
石鼓区	0	0
蒸湘区	0	0
南岳区	52.23	4%
衡阳县	197.84	16%
衡南县	33.25	3%
衡山县	39.64	3%
衡东县	32.41	3%
祁东县	551.23	46%
耒阳市	251.14	21%
常宁市	48.11	4%

三、坚持最严格的耕地保护制度和节约用地制度，坚决守住耕地保护红线和粮食安全底线，确保我市实有耕地数量基本稳定

二次调查数据显示，2009年全市耕地39.15万公顷（587.29万亩），比基于一次调查逐年变更到2009年初的耕地数据多出2.08万公顷（31.13万亩），主要是由于调查标准、技术方法的改进和农村税费政策调整等因素影响，使二次调查的数据更加全面、客观、准确。

从耕地总量和区位看，全市有相当数量的耕地位于我市中南部，其中高质量的耕地位于沿河流域、中小型水库及城镇周边。

（一）人均耕地少，耕地质量不高

全市总人口725万，人均耕地数量仅有0.81亩，低于全省人均耕地0.9亩的水平，只占全国人均耕地数量1.52亩的53%，是世界人均耕地面积3.38亩的24%，逼近联合国粮农组织提出的人均耕地0.8亩的警戒线。我市属于丘陵地区，成片的耕地少，土地利用特点是占用耕地、林地为主。经过多年建设占用了

大量优质耕地，补充的耕地只是在数量上达到了要求。

（二）耕地后备资源不足

耕地后备资源等级比例和人均占有量差别也很大。土地整理开发复垦条件的难易程度不同，基础设施条件和地形地貌条件差异也比较明显，完全要求在各县（市）区内实现占补平衡可能有难度。

（三）土地粗放利用现象突出

城乡土地利用缺乏统筹，工业园区产业集聚效应较差，土地集约利用程度不高，农村宅基地比重偏大，利用率不高。土地抛荒，闲置，多圈、多占时有发生。

综合分析现有耕地数量、质量和人口增长、发展用地需求等因素，我市耕地保护形势仍十分严峻。人均耕地少。耕地质量总体不高。耕地后备资源不足的基本市情没有改变。同时，建设用地增加与经济社会发展要求相适应，但部分地方建设用地格局失衡、利用粗放。效率不高，建设用地供需矛盾比较突出。因此，必须毫不动摇坚持最严格的耕地保护制度和节约用地制度，在严格控制增量土地的同时，进一步加大盘活存量土地的力度，大力推进生态文明建设。

四、相关政策说明

根据中央要求，各县（市）区应充分共享应用二次调查成果。各级政府、各有关部门编制规划和计划时应采用二次调查成果数据，土地利用规划、耕地保护、用地审批、不动产统一登记等国土资源管理工作以二次调查及年度变更调查数据为准，切实发挥调查成果的基础性作用。

我市二次调查成果公布后，相关支农惠农政策，不因地类变化而改变。

五、具体分类面积见表 15

表 15 **衡阳市土地利用分类面积**

（2009 年末） 单位：公顷

行政区	土地调查面积	耕地	园地	林地	草地	城镇村及工矿用地	交通运输用地	水域及水利设施用地	其他土地
珠晖区	21864.68	5589.72	855.05	4243.50	383.66	5198.63	984.17	4167.70	442.25
雁峰区	8323.05	1541.36	151.91	1742.89	221.58	2560.35	458.19	1359.91	286.85
石鼓区	10477.93	2875.73	37.98	2436.83	681.86	2414.23	409.23	1423.32	198.75
蒸湘区	11164.92	2749.13	278.37	1330.86	807.60	4129.29	270.15	1373.82	225.70
南岳区	17927.78	1992.89	286.81	13365.10	63.69	1150.90	262.13	294.108	512.18
衡阳县	255861.30	69668.21	4734.95	129279.50	4330.80	17044.66	4481.61	18683.76	7637.81
衡南县	261418.30	69664.55	4583.54	100204.67	30743.70	20499.68	4378.63	24085.51	7258.02
衡山县	93492.56	22854.58	1112.35	49808.83	503.61	8105.06	1929.93	6644.67	2533.53
衡东县	192676.43	45102.28	1437.50	103271.98	3138.99	15302.44	3266.02	16581.44	4575.78
祁东县	187101.19	54536.41	12836.89	68201.10	12634.53	16096.61	2245.88	12077.68	8472.09
耒阳市	264825.37	64695.57	5840.59	135261.66	11266.59	19822.21	4217.45	13784.88	9936.42
常宁市	204790.46	50257.79	2657.37	105670.61	9748.10	15086.20	2956.12	13545.25	4869.02
合计	1529923.97	391528.22	34813.32	714817.53	74524.71	127410.26	25859.51	114022.02	46948.40

衡阳市国土资源局

衡阳市统计局

衡阳市第二次土地调查工作领导小组办公室

2014 年 7 月 9 日

特别鸣谢单位

（排名不分先后）

衡阳市国土资源局

衡阳县国土资源局

衡阳市烟草专卖局

湖南有线衡阳网络有线公司

衡阳市公共交通集团有限公司

中国建设银行股份有限公司衡阳市分行

湖南四海神龙实业集团有限公司

衡阳市耀江实业开发有限公司